Longman Learner's Dictionary of English

inglese – italiano
italiano – inglese

I WISH YOU TO
LEARN GOOD!

SMACK

I LOVE YOU

NIC

Longman
Learner's
Dictionary of
English

---

inglese – italiano
italiano – inglese

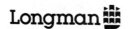

Longman Group UK Limited,
Longman House, Burnt Mill, Harlow,
Essex CM20 2JE, England
and Associated Companies throughout the world

First published 1988
Second impression 1988

ISBN 0-582-96409-1

Set in 8/8½pt. Linotron Times
Printed and bound in Great Britain by
Richard Clay Ltd, Bungay, Suffolk

Gli editori e la redazione desiderano ringraziare quanti hanno ispirato alla stesura del Dizionario, in particolare Brian Abbs, Ingrid Freebairn e Luciano Mariani, e inoltre i numerosi insegnanti e studenti italiani che ci hanno fornito preziose informazioni su come consultano i dizionari e sui loro bisogni specifici.

Direttore editoriale
Della Summers

Direttore di redazione
Susan Maingay

Redattori
Deborah Tricker
Erica Smith
Stephen Crowdy

Consulenti
di pedagogia
Callisto Baschera
Eugenio Ripamonti

Lessicografi
Adrian Stenton
John Williams

Produzione
Clive McKeough
Kath Leonard

Design
Giles Davies
Arthur Lockwood

Traduzione
Lexus Ltd.

Consulenti italiani
Dott. Gianni Borgo
Dr. Anna Bull
Maurizia Garzia
Marta Monteleoni

Illustrazioni
Liz Roberts
Jerry Collins

Consulenza fonetica
Dinah Jackson

Note grammaticali
Callisto Baschera

Copertina
Margaret Camp
Geoff Sida

Assistenti alla
redazione
Sue Kent
Suzy Allen
Monique Simmonds

Contents/Indice

Come si usa il dizionario

Un nuovo tipo di dizionario

Il *Longman Learner's Dictionary of English* è un tipo completamente nuovo di dizionario bilingue, scritto appositamente per gli italiani che studiano l'inglese. Si differenzia dagli altri dizionari per due aspetti principali. In primo luogo ha lo scopo di aiutare i principianti non solo a capire l'inglese, ma anche a saperlo <u>usare</u>. Nella sezione inglese–italiano, perciò, troverete molte informazioni sulla grammatica di ogni parola e molti esempi utili che vi mostrano come quella stessa parola si usa nella lingua inglese. In secondo luogo, proprio perchè il dizionario è destinato in particolare agli studenti italiani, i compilatori sono stati in grado di analizzare e mettere a confronto le due lingue, e di fornire informazioni sull'inglese di particolare rilevanza per le persone di madrelingua italiana.

Nell'aprire questo dizionario noterete che la parte inglese–italiano è notevolmente più lunga della parte italiano–inglese. Ciò perchè abbiamo tenuto conto del fatto che gli studenti italiani di solito vogliono conoscere il significato e l'uso delle parole *inglesi*. La parte italiano–inglese è destinata solo ad una consultazione rapida e ha lo scopo di aiutarvi a scegliere la parola giusta da cercare nella parte inglese–italiano.

Potete cominciare il vostro studio guardando l'una o l'altra delle due sezioni, a seconda dei vostri bisogni.

Per verificare il significato di una parola inglese –
cercatela nella parte inglese–italiano. Se volete usare questa parola per iscritto o oralmente, scoprite come si usa guardando il codice grammaticale e gli esempi.

Se pensate a qualcosa in italiano e volete sapere come si dice in inglese –
prima di tutto cercate la parola italiana nella sezione italiano–inglese. (Se la voce italiana ha diverse accezioni in inglese, accertatevi di scegliere l'accezione che abbia il significato che vi serve.) Se conoscete già la parola inglese e sapete come si usa, non vi occorre altro. Se volete saperne di più, allora cercatela nella sezione inglese–italiano.

Cosa c'è nel dizionario

Sezione inglese–italiano

Questa sezione contiene più di 5000 voci e comprende tutte le parole più importanti che occorre conoscere per i primi anni di apprendimento dell'inglese.

Significato e uso

Sotto ogni voce troverete la traduzione fondamentale in italiano e inoltre molti esempi utili che mostrano come la parola si usa di solito in inglese. Abbiamo avuto cura di mettere in evidenza i casi in cui l'inglese e l'italiano usano modi diversi per esprimere gli stessi concetti; in questi casi quindi non è appropriato ricorrere ad una traduzione letterale. Per esempio, alla voce inglese **quick** troverete la traduzione italiana *veloce, rapido*. Negli esempi però, vedrete che la frase "Andy was quick to finish his homework because he wanted to watch the football on TV" è tradotta *Andy si sbrigò a finire i compiti perchè voleva guardare il calcio alla TV*.

Perciò gli esempi hanno lo scopo di mostrare come dire qualcosa in inglese o in italiano nell'uso corrente.

Grammatica

Ogni voce comprende tutte le informazioni grammaticali più importanti. Oltre alle abbreviazioni che indicano se un verbo è transitivo o intransitivo e se un sostantivo è numerabile oppure no, vi forniamo tutti i plurali irregolari e le forme verbali del passato. Abbiamo anche aggiunto informazioni sulle preposizioni rette da ciascun sostantivo, verbo o aggettivo, per esempio: **search** ⟨**for**⟩, *identical* ⟨*with, to*⟩, ecc. E, naturalmente, gli esempi sono stati scelti con cura per illustrare il comportamento grammaticale del vocabolo inserito in un determinato contesto.

Pronuncia

Tutte le voci sono accompagnate da una trascrizione fonetica con i simboli dell'Alfabeto Fonetico Internazionale. Prima è indicata la comune pronuncia inglese, e ad essa seguono le eventuali varianti americane. Inoltre, poichè sappiamo che la pronuncia di una parola inglese crea difficoltà per chi sta imparando la lingua, ogni parola di due o più sillabe è segnata in modo da mostrare su quale sillaba cade l'accento.

Parole derivate
Le voci di questo dizionario vi aiutano ad ampliare la conoscenza del lessico perchè vi mostrano quali suffissi si possono aggiungere ad una parola per trasformare un verbo in un sostantivo (**shop – shoppers**), un aggettivo in un avverbio (**safe – safely**), un sostantivo in un altro sostantivo (**sightseeing – sightseer**), ecc. In alcuni casi troverete anche dei rimandi ad altre parole che sono simili, appartengono alla stessa famiglia, o sono di significato opposto.

Note
Alcune voci sono seguite da una nota che può mettervi in guardia da possibili trappole linguistiche nell'uso di una parola, evidenziare delle particolarità di stile (per esempio se la parola si usa in un contesto particolarmente formale), oppure spiegare la differenza tra un gruppo di parole di analogo significato.

Trabocchetti
Talvolta una parola inglese è simile nella forma ad una parola italiana ma ha un significato diverso o si usa in un modo diverso. In questo caso, troverete una nota esplicativa in fondo alla voce che vi spiegherà la differenza.

Note grammaticali
Nel Dizionario appaiono 19 note grammaticali disposte in ordine alfabetico. Queste note hanno lo scopo di riassumere i punti fondamentali e di fornire pratiche tabelle di facile consultazione.

Illustrazioni
Il Dizionario comprende anche 16 illustrazioni a piena pagina disposte in ordine alfabetico, le quali vi raccontano la storia di una ragazza e un ragazzo italiani che vanno a soggiornare in Inghilterra presso una famiglia inglese. Mentre loro fanno conoscenza con la vita e le abitudini inglesi, voi avete l'opportunità di partecipare alla loro scoperta del linguaggio e del lessico su argomenti tipo **Clothes** (il vestiario), **Entertainment** (i divertimenti) e **Relationships** (i rapporti con gli altri).

Sezione italiano–inglese

La sezione italiano–inglese, che contiene più di 5000 voci, è destinata ad una consultazione rapida e si propone di aiutare lo studente a trovare la parola giusta da cercare nella sezione inglese–italiano. Per esempio, se uno studente non sa come si dice *succedere* in inglese, cercherà questa voce nella sezione italiano–inglese e troverà la parola **happen**. Se sa esattamente come usare la parola, non gli occorre altro. Se invece non lo sa oppure vuole accertarsene, andrà a vedere nella sezione inglese–italiano dove troverà tutte le informazioni necessarie.

Guida al dizionario

Ortografia

Grafie diverse

inquire *o* **enquire** /ɪnˈkwaɪə^r/*vt*
⟨*pass rem e p pass* **inquired**, *p pres*
inquiring⟩ ⟨**about**⟩ *domandare,*
chiedere, informarsi (su):

Le diverse grafie sono
indicate qui.

Grafie britannica e americana

labour *(IB) o* **labor** *(IA)* /ˈleɪbə^r/ *s*
1 ⟨*num e non num*⟩ *lavoro, fatica,*
compito:

Le grafie americane sono
indicate così.

Plurali irregolari

tomato /təˈmɑːtəʊ‖ – ˈmeɪ–/ *s*
⟨*pl* **tomatoes**⟩ *pomodoro:*

Il plurale è in **-os** oppure **-oes**? Qui vi mostriamo la
grafia corretta. *–vedi anche*
gli Esercizi

Verbi irregolari

wipe /waɪp/ *vt*
⟨*pass rem e p pass* **wiped**, *p pres* **wiping**⟩
⟨**up**⟩ *pulire, pulire con lo straccio,*
strofinare:

La grafia cambia? Se cambia,
ve la mostriamo qui. *–vedi*
anche gli Esercizi

Suono/pronuncia

Suono

painting /ˈpeɪntɪŋ/ *s*
1 ⟨*non num*⟩ *pittura:*

La pronuncia di ogni parola è
indicata così.

Accento

ability /əˈbɪləti/ *s*
⟨*num e non num*⟩ ⟨**to do sthg**⟩ *abilità,*
capacità (di fare qc):

Si dice <u>a</u>bility o a<u>bi</u>lity?

Pronuncia americana

> **art** /ɑ:t‖ɑ:rt/ *s*
> ⟨*num e non num*⟩ *arte:*

Le differenze nella pronuncia
americana sono comprese.

Per maggiori informazioni sulla pronuncia vedi *La Tavola Fonetica.*

Significato

Più di un significato

> **follow** /'fɒləʊ‖'fɑ:/v
> **1** *vt, vi seguire:* You lead the way and
> I'll follow. *Tu fai strada e io ti seguo.*
> **2** *vt, vi seguire:* What
> would you like to follow your main
> course? We've got ice cream, apple
> pie, trifle . . . *Cosa vorreste dopo la
> portata principale? Abbiamo gelato,
> torta di mele, zuppa inglese . . .* **3** *vt,
> vi seguire, capire:* I didn't follow what
> he was saying. *Non ho seguito quello
> che diceva.* **4** *vt seguire, attenersi a:* Did
> you follow the instructions properly?
> *Hai seguito bene le istruzioni?*

Molte parole hanno più di un
significato. La prima
accezione è la più comune,
ma non dimenticatevi di
controllare anche le altre.
– *vedi anche* gli Esercizi

Esempi d'uso

> **less**[1] /les/ *agg, pron*
> ⟨*compar di* (**a**) **little**⟩ *meno, quantità
> minore:* We should all eat less
> chocolate and fewer biscuits.
> *Dovremmo tutti mangiare meno
> cioccolato e meno biscotti.* We'll be in
> Milan in less than an hour. *Saremo a
> Milano in meno di un'ora.* The blue
> dress costs less than the red one. *Il
> vestito blu costa meno di quello rosso.*

Molti esempi utili vi
mostrano come si usa la
parola.
--*vedi anche* gli Esercizi

Grammatica

Categorie grammaticali

> **dash**[1] /dæʃ/ *vi*
> *correre, precipitarsi:* Andy dashed
> home to see the match on TV. *Andy è
> corso a casa a vedere la partita alla TV.*
>
> **dash**[2] *s*
> ⟨*pl* **dashes**⟩ **1** ⟨*s sing*⟩ *corsa:* She had to
> make a dash for the bus. *Ha dovuto
> fare una corsa per prendere l'autobus.*

Queste lettere vi dicono se la
parola è un sostantivo o un
verbo.
–vedi anche gli Esercizi

Famiglie di parole

> **annual** /ˈænjʊəl/ *agg*
> *annuale:* We're holding our annual
> sports day on June 11th. *Terremo la
> nostra annuale giornata sportiva
> l'undici di giugno.* **—annually** *avv*
> *annualmente*

Le parole che fanno parte di
una stessa famiglia e
corrispondono a diverse
categorie grammaticali sono
spesso evidenziate in questo
modo.

Codice grammaticale

Sostantivi numerabili e non
numerabili

> **flight** /flaɪt/ *s*
> **1** ⟨*num e non-num*⟩ *volo:* a picture of a
> bird in flight, *la raffigurazione di un
> uccello in volo* **2** ⟨*num*⟩ *volo:* Emilio
> got a non-stop flight from Heathrow to
> Naples. *Emilio prese un volo diretto da
> Heathrow a Napoli.*
>
> **bread** /bred/ *s*
> ⟨*non num*⟩ *pane:* a slice of bread, *una
> fetta di pane*

Queste parole vi dicono se
potete usare il nome al
plurale. ⟨*num*⟩ vuol dire che
potete, mentre ⟨*non num*⟩
indica che la forma plurale o
non esiste, o esiste ma ha un
altro significato.
*–vedi anche La Nota
Grammaticale* **Countable and
Uncountable Nouns** e gli
Esercizi

Verbi transitivi e intransitivi

bark[1] /baːk‖baːrk/ *vi*
⟨**at**⟩ *abbaiare:* The dog always barks when somebody knocks at the door. *Il cane abbaia sempre quando qualcuno bussa alla porta.*

contain /kənˈteɪn/ *vt*
⟨*non usato nelle forme progressive*⟩ *contenere:* Does this food contain any artificial colouring? *Questo cibo contiene coloranti artificiali?*

Queste lettere vi dicono se il verbo regge un complemento oggetto. *vi* indica che non potete usare il verbo con un complemento oggetto. *vt* indica che dovete usare il verbo con un complemento oggetto.

Verbi seguiti da una preposizione o un avverbio

listen /ˈlɪsən/ *vi*
⟨**to**⟩ *ascoltare, prestare orecchio a:* I listened carefully, but I couldn't hear what they were saying. *Ho ascoltato attentamente, ma non sono riuscito a sentire quello che dicevano.* | Kate is listening to the radio. *Kate sta ascoltando la radio.*

Le preposizioni rette dai verbi sono date tra parentesi e usate negli esempi. *–vedi anche* gli Esercizi

Verbi seguiti da un altro verbo

enjoy /ɪnˈdʒɔɪ/ *vt*
1 ⟨**sthg** *o* **doing sthg**⟩ *gradire (qc o fare qc):* Anne is enjoying her course very much. *Ad Anna piace molto il suo corso.* | Andy enjoys taking the dog for walks. *Ad Andy piace portare il cane a fare passeggiate.*

want /wɒnt‖wɔːnt, wɑːnt/ *vt*
⟨*non usato nelle forme progressive*⟩ **1** ⟨**sthg** *o* **to do sthg**⟩ *volere (qc o fare qc):* I'm hungry. I want something to eat. *Ho fame. Voglio mangiare qualcosa.*

Queste lettere vi dicono che *enjoy* è seguito spesso da un verbo nella forma gerundiva con *-ing*, e che *want* è seguito spesso da un verbo all'infinito.

Verbi fraseologici- "Phrasal Verbs"

put away *vt* ⟨**put sthg ←→ away**⟩ *mettere qualcosa a posto:* Lucy, will you put your toys away now, please. *Lucy, adesso metti i giocattoli a posto, per favore.*

La freccia ←→ indica che potete dire sia *put your toys away* sia *put away your toys.*

Come si sceglie la parola giusta

Formale e informale

kid /kɪd/ *s*
(fam) **1** *bambino, -a; ragazzino, -a:*

Sarebbe corretto usare questa parola in un tema in classe?

Parole inglesi e americane

pavement /'peɪvmənt/ *(IB) anche* **sidewalk** *(IA) s*
marciapiede:

Vi mostra la parola americana che ha lo stesso significato.

Note d'uso

produce² /'prɒdju:s‖ 'prɑʊdu:s/ *s*
⟨*non num*⟩ *prodotto, prodotti:* The farmer sends his produce to market, where it is sold. *L'agricoltore manda i propri prodotti al mercato, dove questi vengono venduti.* | dairy produce, *latticini*
■*Nota:* **Produce** *è usato soltanto nel senso di prodotto agricolo:* farm **produce**. **Product** *è un termine più generale e si riferisce al risultato di qualsiasi attività produttiva o ad altri processi naturali:* the **products** of industry, *i prodotti dell'industria.* | Success is the product of hard work. *Il successo è il risultato di duro lavoro.*

La nota d'uso spiega il significato e l'uso di parole simili tra loro.

Sinonimi

football /'fʊtbɔːl/ *s*
1 *anche* **soccer** ⟨*non num*⟩ *calcio, football:*

Vi mostra un'altra parola che potete usare con lo stesso significato.

Contrari

big /bɪg/ *agg*
⟨*compar* **bigger**, *sup* **biggest**⟩ **1** *grande:*
These shoes are too big for me. *Queste
scarpe sono troppo grandi per me.*
— *contrario* SMALL *o* LITTLE

Vi mostra una parola con il
significato opposto.

Parole imparentate

watch² *s*
⟨*pl* **watches**⟩ *orologio:* "Have you got
the time?" "Sorry. My watch has
stopped." *"Sai l'ora?" "Mi dispiace,
ma mi si è fermato l'orologio."* | a
digital watch, *un orologio digitale*
■ *Nota: La parola* **watch** *si riferisce a
orologi da polso o da tasca soltanto
mentre la parola* **clock** *si riferisce a
qualsiasi altro tipo di orologio.*

Vi mostra una parola
imparentata o che potrebbe
crearvi confusione.

Trabocchetti

brave /breɪv/ *agg*
coraggioso: It was very brave of you to
jump in the river and save the little
boy. *Sei stato molto coraggioso a
gettarti nel fiume a salvare il ragazzino.* |
Lucy was very brave to tell the strange
man to go away. *Lucy è stata molto
coraggiosa a dire allo sconosciuto di
andarsene.*
▲ *Trabocchetto: Non confondere
l'aggettivo inglese* **brave** *con l'aggettivo
italiano* **bravo**, *che è generalmente
tradotto da* **clever** *o da* **good at:** John is
good at Maths. *John è bravo in
matematica.* | Kate is very clever. *Kate è
molto brava.*

Vi mostra i "falsi amici" di
chi traduce dall'italiano in
inglese.

Alcuni esercizi

a b c d e f g h i j k l m n o p q r s t u v w x y z

1. Come trovare rapidamente una parola

Le voci in questo dizionario sono elencate in ordine alfabetico. Le parole che cominciano con la lettera **a** si trovano all'inizio del dizionario, quelle con la **m** sono a metà circa, e quelle con la **z** in fondo. Così, per esempio, se volete trovare la parola **medium**, sapete subito dove cercarla senza dover sfogliare tutte le pagine del dizionario.

Per aiutarvi a trovare in fretta le parole, la prima, o l'ultima, voce di ogni pagina appare in alto sul margine.

- Mettete queste parole in ordine alfabetico. Le prime due sono già indicate.

box	_ask_
zoo	_box_
fan	
ask	
house	

- Ora ripetete l'esercizio con le seguenti parole:

and	_about_
about	
August	
allow	
agree	
address	

Queste sono tutte parole che cominciano con la lettera **a**, perciò per metterle in ordine alfabetico dovrete guardare la seconda lettera. La **b** viene prima della **n**, quindi **about** precede **and** nel dizionario.

Naturalmente, se le prime due lettere delle parole sono le stesse, dovrete guardare la terza, e così di seguito.

2. Sostantivo, verbo, aggettivo

Quando incontrate una parola nuova dovete sapere di che tipo di parola si tratta prima che possiate usarla in una frase.

- Osservate le parole qui sotto, e decidete in quali frasi le potreste usare.

table	**new**	**small**
eat	**sleep**	**teacher**
goat	**red**	**work**

---

1. I can see the ....
2. I .... at home.
3. My house is ....

Le parole che si possono usare nella prima frase sono tutti nomi di persona, luogo, animale o cosa, cioè sono sostantivi. Le parole che si possono usare nella seconda frase indicano tutte ciò che qualcuno o qualcosa fa o è: sono verbi. Le parole che si possono usare nella terza frase descrivono tutte qualcosa: sono aggettivi.

- Adesso cercate le parole seguenti nel dizionario e inseritele nella colonna di appartenenza.

sell	**grow**	**make**
door	**lovely**	**river**
bright	**want**	**bird**

sostantivo	verbo	aggettivo

3. Come trovare l'esatto significato di una parola inglese

Qualche volta parole con grafie omonime hanno diverse funzioni grammaticali. In questo caso il dizionario le elenca come voci separate.

Delay può essere un sostantivo o un verbo.

- Quale voce vi dà il significato di **delay** corrispondente all'uso che se ne fa nella seguente frase? **delay**[1] o **delay**[2]?

*The plane was **delayed** for three hours.*

---

delay[1] /dɪˈleɪ/ s
⟨**of, in**⟩ *ritardo (di, in):* There was a delay of half an hour before the boat sailed. *La nave partì con mezz'ora di ritardo.*
delay[2] vt
⟨**sthg** o **doing sthg**⟩ *ritardare (qc o a fare qc):* The flight was delayed for two hours. *Ci fu un ritardo di due ore sul volo.*|We delayed going out until the weather improved. *Aspettammo che il tempo migliorasse per andare fuori.*

Spesso una parola ha più significati. I significati diversi sono numerati chiaramente sotto una stessa voce.

- Quale significato di **demonstrate** si usa in questa frase? **1** o **2**?

*The students **demonstrated** about the new university exams.*

---

demonstrate /ˈdemənstreɪt/ v
⟨*pass rem e p pass* **demonstrated**, *p pres* **demonstrating**⟩ **1** ⟨**sthg** o **that**⟩ *dimostrare (qc o che):* Miss Harris demonstrated the effects of water on iron. *La signorina Harris ha dimostrato gli effetti dell'acqua sul ferro.*|She demonstrated that iron rusts. *Ha dimostrato che il ferro arrugginisce.* **2** vi ⟨**about, against**⟩ *fare una manifestazione (su, contro):* Trafalgar Square is where people often demonstrate. *Spesso vengono fatte manifestazioni a Trafalgar Square.*
— **demonstrator** s *manifestante*

- Nelle frasi seguenti le parole in **neretto** hanno tutte più di un significato. Cercatele nel dizionario, poi scrivete il numero corrispondente al significato corretto.

1. I can't find the right **expression** in English. ....
2. She'd really like to live in the **country**. ....
3. Can you send someone to **fix** the television? ....
4. Her skirt is made of **cotton**. ....

4. Come usare gli esempi

Gli esempi vi spiegano meglio il significato di una parola e come la si usa in una frase.

● Guardate per esempio:

> **foot** /fut/ *s*
> ⟨*pl* **feet**⟩ **1** *piede:* He kicked the ball with his left foot. *Diede un calcio al pallone col suo piede sinistro.*|My feet are sore after all that walking. *Mi fanno male i piedi dopo tutto quel camminare.* **2** **on foot** *a piedi:* Do you go to school on foot or by bus? *Vai a scuola a piedi o in autobus?* **3** *piede, fondo:* See the note at the foot of the page. *Vedi la nota a piè di pagina.*|at the foot of the mountain, *ai piedi della montagna* **4** *piede:* The shelf is three feet long. *La mensola è lunga tre piedi.*|I am five foot *o* feet tall. *Sono alto cinque piedi.* – *vedi anche La Tavola* **Weights and Measures**

Dall'esempio vediamo che **on foot** significa "a piedi", mentre **the foot of a hill** o **page** significa "i piedi di una collina o il fondo di una pagina", e **foot** è anche una misura di lunghezza col plurale **foot** o **feet**.

Vi consigliamo di leggere sempre attentamente gli esempi, perchè vi dicono molto sull'uso di una parola.

5. I tempi dei verbi

Alla maggior parte dei verbi si aggiunge **-ing** per ottenere la forma progressiva, e **-ed** per il passato remoto e per il participio passato.
Per esempio: **walk**

Peter is **walking** home from school.
He **walked** home from school yesterday.
He has **walked** home from school every day this week.

Alcuni verbi modificano la desinenza, oppure hanno forme irregolari per il passato.

Per esempio: **drive**

Peter's mother is **driving** home from work.
She **drove** home from work yesterday.
She has **driven** home from work every day this week.

In questo dizionario tutte le forme difficili o irregolari per il passato sono indicate sotto la voce principale.
–*vedi anche* **Le Note Grammaticali** Past *e* Present

● Cercate queste parole nel dizionario e scrivete delle frasi come quelle sopra.

eat	**fly**	**swim**
catch	**read**	**teach**

6. Le forme plurali dei sostantivi

Alla maggior parte dei sostantivi si aggiunge **-s** per ottenere il plurale (come **dog**: a **dog**, some **dogs**). Alcuni sostantivi hanno plurali irregolari (come **man**: a **man**, some **men**). Questo dizionario vi mostra quando non si deve semplicemente aggiungere la **-s** per ottenere il plurale.

● Cercate questi sostantivi nel dizionario. Scrivete delle frasi usandoli al plurale.

child	**foot**	**shelf**
box	**leaf**	**enemy**

–*vedi anche* **La Nota Grammaticale** Plurals of Nouns

7. Sostantivi non numerabili

Alcuni sostantivi non hanno una forma plurale (come **water**). Sono non numerabili, cioè non si possono usare con **a** o **an.** Questo dizionario vi indica quando un sostantivo non è numerabile.

• Cercate questi sostantivi nel dizionario. Poi decidete se sono
numerabili e quindi utilizzabili nella frase numero **1**, o se invece
sono non numerabili e perciò adatti alla frase numero **2**.

cup	**flour**	**bread**
milk	**spoon**	**bottle**

> **1.** I bought three .... s from the shop.
>
> **2.** I bought some .... from the shop.

—*vedi anche La Nota Grammaticale* **Countable and
Uncountable Nouns**

8. Quale preposizione usare?

Molti sostantivi, verbi e aggettivi reggono generalmente una data
preposizione (per esempio: an **explanation of** o **for** qualcosa; **depend on**
qualcuno o qualcosa; **far from** un luogo, ecc.).
Questo dizionario indica quale preposizione segue generalmente una
parola.

• Cercate le parole in **neretto** sul dizionario, poi scrivete la
preposizione che manca nelle seguenti frasi:

> **1.** I'll **discuss** the problem .... my friend.
>
> **2.** London's **famous** .... its double-decker buses.
>
> **3.** My composition is very **different** .... John's.
>
> **4.** We had a **discussion** .... politics in class today.

Grammar Codes/Codice grammaticale

⟨**doing sthg**⟩   indica che un verbo può essere seguito da un altro verbo nella forma **-ing**: I **like** playing football. *Mi piace giocare a calcio.* | We **watched** them playing football. *Li abbiamo guardati giocare a calcio.*

⟨**do sthg**⟩   indica che un verbo può essere seguito da un verbo all'infinito senza **to**: You **must** tell the police. *Devi dirlo alla polizia!* | I **saw** him leave early today. *L'ho visto partire presto oggi.*

⟨*non num*⟩   non numerabile: un sostantivo che non si può numerare e manca della forma plurale: We drink **milk** with our dinner. *A cena beviamo latte.* | There isn't much **milk** left. *Non c'è più molto latte.*

⟨*non usato al compar o sup*⟩   indica che un aggettivo o un avverbio manca della forma comparativa o superlativa (con **-er/-est** o con **more/most**): a **main** road, *una strada principale*

⟨*non usato nelle forme progressive*⟩   indica che un verbo non si usa nella forma progressiva (cioè non segue il verbo **be** col gerundivo **-ing**): I **hate** football. (*NON* I am hating football.) *Detesto il calcio.* | She **knows** him well. *Lo conosce bene.*

⟨*num*⟩   numerabile: un sostantivo che si può numerare e che ha la forma plurale: | There are a lot of **dictionaries** in the library. *Ci sono molti dizionari nella biblioteca.*

⟨*preceduto da* **the**⟩   un sostantivo che è il nome di un posto, un'organizzazione, ecc. realmente esistenti, e che è sempre preceduto dall'articolo determinativo: the **White House**, *la Casa Bianca*

⟨**sbdy sthg**⟩   indica che un verbo può essere seguito da un complemento indiretto e subito dopo da un complemento oggetto: **Give** the teacher your book. *Dai il tuo libro all'insegnante.*

⟨*seguito da un verbo al singolare o al plurale*⟩   indica un nome collettivo. Al singolare può essere seguito da un verbo al singolare o (specialmente in inglese britannico) da un verbo al plurale: The football **team** is/are playing tonight. *La squadra di calcio gioca stasera.*

⟨*solo attributivo*⟩	un aggettivo che precede sempre il sostantivo cui si riferisce: a **main** road, *una strada principale*
⟨*solo predicativo*⟩	un aggettivo che segue sempre il sostantivo cui si riferisce, generalmente dopo **be** o un verbo come **become** o **seem**: Andy's **ill**. *Andy è malato.*
s pl	sostantivo plurale: un sostantivo che si accompagna solo ad un verbo o un pronome plurale e manca della forma singolare: These **trousers** are too tight. *Questi pantaloni sono troppo stretti.*
s sing	sostantivo singolare: un sostantivo usato solo al singolare e che manca della forma plurale: I'll have to have a **think** about that. *Devo farci un pensierino.*
⟨**that**⟩	indica che una parola può essere seguita da una frase oggettiva introdotta da **that**: He **read** that oil prices were going down. *Ha letto che i prezzi del petrolio sarebbero scesi.*
⟨**(that)**⟩	indica che una parola può essere seguita da una frase oggettiva con o senza **that**: He **knew** he would be late for work. *Sapeva che sarebbe arrivato tardi al lavoro.*|I'm **sorry** you failed your exams. *Mi dispiace che tu sia stato bocciato agli esami.*
⟨**to do sthg**⟩	indica che una parola può essere seguita da un verbo all'infinito con **to**: I **want** to leave early today. *Voglio partire presto oggi.*|We're **ready** to go. *Siamo pronti ad andare.*
vi	verbo intransitivo: un verbo che non ha il complemento oggetto: They all **came** yesterday. *Sono venuti tutti ieri.*|We **set off** at 7 o'clock. *Ci avviammo alle 7.*
vt	verbo transitivo: un verbo seguito dal complemento oggetto: She **rides** a bicycle to school. *Va a scuola in bicicletta.*|He **made up** a good excuse. *Inventò una buona scusa.*

Pronunciation table/Tavola fonetica

Consonanti

simbolo	esempio
b	**back**
d	**day**
ð	**then**
dʒ	**jump**
f	**fat**
g	**get**
h	**hot**
j	**yet**
k	**key**
l	**led**
m	**sum**
n	**sun**
ŋ	**sung**
p	**pen**
r	**red**
s	**soon**
ʃ	**fishing**
t	**tea**
tʃ	**cheer**
θ	**thing**
v	**view**
w	**wet**
x	**loch**
z	**zero**
ʒ	**pleasure**

Vocali

simbolo	esempio	simbolo	esempio
iː	**sheep**	uə	**ritual**
ɪ	**ship**	eɪə	**player**
i	**happy**	əuə	**lower**
ᵻ	**acid**	aɪə	**tire**
e	**bed**	auə	**tower**
æ	**bad**	ɔɪə	**employer**
ɑː	**calm**		
ɒ	**pot**		
ɔː	**caught**		
ʊ	**put**		
u	**actuality**		
ᵿ	**ambulance**		
uː	**boot**		
ʌ	**cut**		
ɜː	**bird**		
ə	**cupboard**		
eɪ	**make**		
əu	**note**		
aɪ	**bite**		
au	**now**		
ɔɪ	**boy**		
ɪə	**here**		
iə	**peculiar**		
eə	**there**		
uə	**poor**		

Segni particolari

‖ separa la pronuncia britannica dalla variante americana: la pronuncia britannica è a sinistra del simbolo, quella americana alla sua destra

/ˈ/ indica l'accento principale

/ˌ/ indica l'accento secondario

/ʳ/ alla fine di una parola indica che /r/ è generalmente pronunciato nell'inglese americano ed è pronunciato nell'inglese britannico quando la parola successiva inizia con un suono vocalico

/ᵻ/ indica che alcuni parlanti pronunciano /ɪ/ e altri pronunciano /ə/

/ᵿ/ indica che alcuni pronunciano /ʊ/ e altri pronunciano /ə/

/ᵊ/ indica che /ə/ può essere pronunciato oppure no

Abbreviations/Abbreviazioni

abbr	abbreviazione	*s*	sostantivo
agg	aggettivo	**sbdy**	somebody (=qualcuno)
art det	articolo determinativo	*sing*	singular
art indet	articolo indeterminativo	**sthg**	something (=qualcosa)
avv	avverbio	*sup*	superlativo
compar	comparativo	*tecn*	termine tecnico
cong	congiunzione	*v aus*	verbo ausiliare
dimostr	dimostrativo	*vi*	verbo intransitivo
ecc	eccetera	*vr*	verbo riflessivo
fam	familiare	*vt*	verbo transitivo
fem	femminile		
form	formale		
IA	inglese americano		
IB	inglese britannico		
impers	impersonale		
inter	interiezione		
masc	maschile		
non num	non numerabile		
num	numerabile		
pass rem	passato remoto		
pers	persona, personale		
pl	plurale		
poss	possessivo		
p pass	participio passato		
p pres	participio presente		
prep	preposizione		
pres	presente		
pron	pronome		
qc	qualcosa		
qn	qualcuno		
rel	relativo		

inglese – italiano

A, a

A, a /eɪ/
 A, a
A /eɪ/ s
 ottimo, massimo punteggio: Andy got
 an A for his history essay. *Andy ha
 preso "ottimo" nel compito scritto di
 storia.*
a /ə; *forma enfatica* eɪ/ *anche* **an**
 (*davanti a vocale*) *articolo
 indeterminativo*
 1 *un, uno, una:* Write a story about
 one of your neighbours. *Scrivete una
 storia su uno dei vostri vicini di casa.|*
 "Can you lend me a pencil?" "Yes.
 You'll find some on my desk." *"Puoi
 prestarmi una matita?" "Sì. Ne puoi
 trovare alcune sulla mia scrivania."|*"I
 think I'll have a coffee." "But you've
 only just had one!" *"Penso di
 prendermi un caffè." "Ma ne hai
 appena bevuto uno!"|*I want to be a
 nurse when I leave school. *Quando
 avrò finito le scuole, voglio fare
 l'infermiera.|*A computer needs to be
 programmed before it can be used.
 *Prima di poter usare un computer,
 bisogna programmarlo.|*Lucy is
 learning to ride a bicycle. *Lucy sta
 imparando ad andare in bicicletta.
 – vedi anche* ONE (*Nota*) **2** (*in
 combinazione con espressioni
 numeriche*): There were a few
 people/a lot of people waiting at the
 bus stop. *Alla fermata dell'autobus
 c'era un po'/un mucchio di gente in
 attesa.|*I bought a pound/kilo of
 potatoes. *Ho comprato una libbra/un
 chilo di patate.|*You owe me a
 hundred/a thousand pounds. *Tu mi
 devi cento/mille sterline.*
 ■*Nota: Anche se* **a** *e* **one** *sono
 entrambe traduzioni di* **uno, una** *o* **un,**
 esse non si usano indistintamente. **One**
 *si usa solo quando si vuol dare
 importanza al numero di oggetti in
 questione:* I want a cake. *Voglio un
 dolce.|*I want one cake. *Voglio un
 dolce, non due o tre. Nello stesso
 modo, dire* **one** *hundred è molto più
 preciso che dire* **a** *hundred. – vedi
 anche* ONE (*Nota*)
 3 (*col valore distributivo di "ogni"*) *a,
 per:* I wash my hair three times a week.
 *Io mi lavo la testa tre volte alla
 settimana.|*These sweets are twenty
 pence a packet. *Queste caramelle
 costano venti pence al pacchetto.|*In
 Britain, petrol costs nearly two pounds
 a gallon. *La benzina in Gran Bretagna
 costa quasi due sterline al gallone. –
 vedi anche* AN, ONE *e La Nota
 Grammaticale* **Articles**
abbey /'æbi/ s
 abbazia: We visited Westminster
 Abbey and the Houses of Parliament.
 *Abbiamo visitato l'Abbazia di
 Westminster ed il Palazzo del
 Parlamento.*
abbreviation /əˌbriːviˈeɪʃən/ s
 abbreviazione: BBC is an abbreviation
 for the British Broadcasting
 Corporation. *BBC è l'abbreviazione di
 British Broadcasting Corporation.*
ability /əˈbɪləti/ s
 ⟨*num e non num*⟩ ⟨**to do sthg**⟩ *abilità,
 capacità (di fare qc):* The teacher was

impressed by Kate's musical ability. *La professoressa fu impressionata dall'abilità musicale di Kate.*|Some mammals have the ability to see in the dark. *Certi mammiferi hanno la capacità di vedere al buio.*

able /'eɪbəl/ *agg*

1 be able to ⟨**do sthg**⟩ *potere, sapere, essere capace/in grado di, riuscire a (fare qc):* If the operation succeeds, the old man will be able to see again. *Se l'operazione riuscirà, il vecchio sarà di nuovo in grado di vedere.*|Mrs Morgan was able to fix the car herself. *La signora Morgan riuscì ad aggiustarsi la macchina da sola.* – *vedi anche* COULD (*Nota*) **2** ⟨*compar* **abler**, *sup* **ablest**⟩ *bravo, abile, capace:* Kate is a very able student. *Kate è una studentessa molto brava.*

■*Nota: La forma verbale* be able to *più l'infinito serve per sostituire i tempi mancanti del verbo* can, *come ad esempio il futuro o il passato prossimo:* The librarian **will be able to** help you. *L'assistente bibliotecario ti potrà essere d'aiuto.*|I**'ve been able to** swim since I was seven years old. *So nuotare da quando avevo sette anni.*

abolish /ə'bɒlɪʃ||ə'bɑː-/ *vt*
abolire: Will the new government abolish military service? *Il nuovo governo abolirà il servizio militare?*
— **abolition** *s* ⟨*non num*⟩ *abolizione*

about[1] /ə'baut/ *prep*

1 *complemento di argomento circa:* English people often talk about the weather. *Gli inglesi spesso parlano del tempo.*|a book about computers, *un libro di informatica*|I accidentally knocked your bike over. Sorry about that. *Senza farlo apposta ti ho buttato giù la bici. Mi dispiace.* **2 How about . . . ?** *o* **What about . . . ?** (*per suggerire un'idea o fare una proposta*) *che ne diresti/direste di . . . ?, ti/vi va*

di . . . ?: What shall we have for dinner? How about fish and chips? *Cosa mangiamo per cena? Che ne diresti di pesce con patatine?*|How about going to the zoo tomorrow? *Che ne direste di andare allo zoo domani?* **3 What about . . . ?** (*per domandare informazioni o sollevare problemi*) *e . . . ?, che ne pensi/pensate di . . . ?:* "Where's Kate?" "She's upstairs." "What about Andy?" "He's at the cinema with John." *"Dov'è Kate?" "È di sopra." "E Andy, dov'è andato?" "È al cinema con John."*|Mum will take us to the party in the car, but what about getting home? *La mamma ci può accompagnare alla festa in macchina, ma poi come faremo a tornare a casa?*

about[2] *avv*

1 *circa:* a village about thirty miles from London, *un paese a circa trenta miglia da Londra*|The tickets will cost about ten pounds each. *I biglietti costano circa dieci sterline l'uno.* **2** *qua e là, in giro:* The children were rushing about all over the place. *I bambini correvano all'impazzata qua e là.*| There are very few people about in central London on a Sunday morning. *Di domenica mattina si vede pochissima gente in giro per il centro di Londra.*

above /ə'bʌv/ *prep, avv*

1 (*al di*) *sopra, su:* Hang the picture above the fireplace. *Appendi il quadro sopra al caminetto.*|We could hear strange noises coming from the flat above. *Sentivamo degli strani rumori provenire dall'appartamento al piano di sopra.*|Please refer to the instructions in the paragraph above. *Si prega di far riferimento alle istruzioni contenute nel paragrafo precedente.* **2** *al di sopra, oltre, più:* If petrol goes above £2 a gallon we'll have to sell the

car. *Se la benzina sale oltre le due
sterline al gallone, saremo costretti a
vendere la macchina.*|Only children of
11 and above are allowed in to the
disco. *Solo i ragazzi dagli undici anni
in su sono ammessi alla discoteca.*|The
temperature is above zero for the first
time in three weeks. *Per la prima volta
dopo tre settimane la temperatura è al
di sopra dello zero.* – contrario
BELOW; *vedi anche L'Illustrazione*
Prepositions

abroad /ə'brɔːd/ *avv*
all'estero: Emilio often travels abroad
on business. *Emilio spesso va all'estero
per affari.*|Many language students
have the chance to study abroad. *Molti
studenti di lingue hanno occasione di
andare a studiare all'estero.*

absence /'æbsəns/ *s*
⟨*num e non num*⟩ ⟨*from*⟩ *assenza,
mancanza (da):* The club secretary
apologized for his absence from the
previous meeting. *Il segretario del
circolo si scusò per la sua assenza dalla
riunione precedente.*

absent /'æbsənt/ *agg*
⟨*from*⟩ *assente, mancante (da):* The
teacher asked John why he had been
absent from school the previous day.
*La professoressa domandò a John
perchè fosse mancato da scuola il
giorno prima.*

accent /'æksənt||'æksent/ *s*
1 *accento:* Andy is quite good at
Italian, but he still speaks it with an
English accent! *Andy è piuttosto bravo
in italiano, ma lo parla ancora con un
accento inglese!* 2 *accento:* The word
"più" has a grave accent on the "u".
*La parola "più" ha un accento grave
sulla "u".*

accept /ək'sept/ *vi, vt*
1 *accettare:* I offered them a drink and
they all accepted. *Offrii loro da bere
ed accettarono tutti.*|You shouldn't

accept lifts from strangers. *Non
dovresti accettare passaggi da
sconosciuti.* 2 *accettare:* Bruno asked
Claudia out on Friday and she
accepted. *Bruno ha invitato Claudia ad
uscire venerdì, e lei ha accettato.*|
Britain accepted the terms of entry
into the EEC. *La Gran Bretagna ha
accettato le condizioni per
l'ammissione alla CEE.*

acceptable /ək'septəbəl/ *agg*
accettabile: A driving licence is
acceptable as proof of identity. *La
patente è sufficiente come documento
d'identità.*

accident /'æksɪdənt/ *s*
1 *incidente, svista, infortunio:* I didn't
tread on your toes on purpose. It was
an accident. *Non l'ho fatto apposta a
pestarle i piedi. È stata una svista.*|Mr
Morgan has had an accident in the
kitchen. *Al signor Morgan è capitato
un infortunio in cucina.* 2 **by accident**
per caso/sbaglio: I only found out by
accident that Cindy was in England.
*Ho scoperto solo per caso che Cindy
era in Inghilterra.*|I picked up your
briefcase by accident. *Ho preso la tua
valigetta per sbaglio.* 3 *incidente:*
Gina's brother was killed in a car/road
accident. *Il fratello di Gina è rimasto
ucciso in un incidente d'auto/stradale.*|
Many accidents are caused by drunken
drivers. *Molti incidenti sono provocati
da guidatori in stato di ubriachezza.*
– *vedi anche* DISGRACE (*Trabocchetto*)
e INCIDENT (*Trabocchetto*)

accidental /ˌæksɪ'dentl/ *agg*
accidentale, casuale, involontario: An
accidental explosion caused the plane
to crash. *Un'esplosione accidentale fece
precipitare l'aereo.* – *vedi anche*
CASUAL (*Trabocchetto*)

accidentally /ˌæksɪ'dentəli/ *avv*
accidentalmente, involontariamente:
I'm afraid I accidentally broke your

camera. *Temo di averti rotto inavvertitamente la macchina fotografica.*

accommodate /ə'kɒmədeɪt||ə'kɑː-/ *vt* ⟨*pass rem e p pass* **accommodated**, *p pres* **accommodating**⟩ alloggiare, ospitare: This flat can accommodate a family of six. *In questo appartamento c'è posto per una famiglia di sei persone.*

accommodation /ə,kɒmə'deɪʃən|| ə,kɑː-/ *s* sistemazione, alloggio: It's very difficult to find cheap accommodation (*IB*) *o* accommodations (*IA*) in a big city. *È molto difficile trovare una sistemazione economica in una grande città.*
■*Nota: La parola* **accommodation** *è un sostantivo non numerabile in inglese britannico, ma numerabile in inglese americano.*

according to /ə'kɔːdɪŋ tə, tʊ; *forma enfatica* tuː||-ɔr-/ *prep*
1 secondo, stando a: According to John, there's going to be a big pop concert in Dover during the summer. *Secondo John, quest'estate dovrebbe esserci un grande concerto pop a Dover.*|It's four o'clock according to my watch. *Stando al mio orologio, sono le quattro.* **2** a seconda di: The children were divided into six groups according to age. *I bambini furono divisi in sei gruppi a seconda dell'età.*

account¹ /ə'kaʊnt/ *s*
1 resoconto, relazione: The policeman didn't believe my account of what happened. *Il poliziotto non credette alla mia versione dell'accaduto.*
2 conto: I'm going to open a bank account. *Intendo aprirmi un conto in banca.*|Gina went to the bank to put some money into her savings account. *Gina andò in banca per versare dei soldi sul suo libretto di risparmio.*

3 conto: I'll give you cash for the blouse, but could you put the shoes on my account? *Pago la camicetta in contanti, ma mi può mettere le scarpe in conto?*

account² *vt*
⟨**account for sthg**⟩ spiegare, rendere conto di qc: How do you account for all these mistakes? *Come ti spieghi tutti questi errori?*|Government departments have to account for their expenditure. *I ministeri di governo devono rendere conto delle loro spese.*

accuracy /'ækjʊrəsi/ *s*
⟨*non num*⟩ esattezza, precisione: The weather cannot be predicted with perfect accuracy. *Non si può prevedere il tempo con assoluta precisione.*

accurate /'ækjʊrət/ *agg*
esatto, preciso: The newspaper report of the game was not very accurate. *La cronaca della partita sul giornale non era del tutto precisa.*|Are these figures accurate? *Sono esatte queste cifre?*
— **accurately** *avv* esattamente, con precisione
▲*Trabocchetto: L'aggettivo* **accurate** *e l'avverbio* **accurately** *non hanno lo stesso senso di cura ed attenzione dell'aggettivo* **accurato** *e dell'avverbio* **accuratamente**, *che in inglese possono essere tradotti con* **neat, neatly**: an accurate piece of work, *un lavoro preciso*|a neat piece of work, *un lavoro accurato*

accuse /ə'kjuːz/ *vt*
⟨*pass rem e p pass* **accused**, *p pres* **accusing**⟩ ⟨**of**⟩ accusare (di): Peter was accused of stealing the computers from the school. *Peter fu accusato di aver rubato i computer della scuola.*
— **accusation** *s* accusa

ache¹ /eɪk/ *vi*
⟨*pass rem e p pass* **ached**, *p pres* **aching**⟩ dolere, fare male: My feet were aching after that long walk. *Mi*

*facevano male i piedi dopo quella
lunga camminata.*

ache² *s*
⟨*num e non num*⟩ *dolore, màle:* I've
had an ache in my back for a couple of
days now. *È già da un paio di giorni
che sento un dolore alla schiena.*|I've
got (a) really bad stomach ache. *Ho
un mal di stomaco terribile.*

headache *s*
mal di testa, emicrania

toothache *s*
mal di denti

achieve /ə'tʃiːv/ *vt*
⟨*pass rem e p pass* **achieved,** *p pres*
achieving⟩ *ottenere, realizzare:* Kate
achieved her ambition of going to
college. *Kate realizzò la sua ambizione
di andare al college.*|You'll never
achieve anything if you don't do any
work. *Non otterrai mai niente se non ti
dai da fare.*

achievement /ə'tʃiːvmənt/ *s*
⟨*num e non num*⟩ *conseguimento,
risultato:* Winning four gold medals
was an incredible achievement.
*Vincere quattro medaglie d'oro fu un
risultato sbalorditivo.*

acid /'æsɪd/ *s*
⟨*num e non num*⟩ *acido*

acne /'ækni/ *s*
⟨*non num*⟩ *acne:* Many teenagers
suffer from acne. *Molti adolescenti
soffrono di acne.*

acre /'eɪkəʳ/ *s*
acro: One hectare equals 2.471 acres.
Un ettaro equivale a 2,471 acri. – *vedi
anche* **La Tavola** Weights and Measures
a p.

across /ə'krɒs||ə'krɔːs/ *prep, avv*
1 *attraverso:* Don't run across the
road! Walk across slowly. *Non correre
quando attraversi la strada! Cammina
con calma.*|The dog swam across the
river. *Il cane attraversò il fiume a
nuoto.*|We drove across the desert and

through the city to get to the coast.
*Siamo passati in macchina attraverso il
deserto e oltre la città per raggiungere
la costa.* **2** *oltre, dall'altra parte (di), al
di là (di):* John lives in the house
across the street. *John abita nella casa
al di là della strada.*
■*Nota: Anche* **over** *può significare
"dall'altra parte di" una linea o "al di
là di" una barriera, ma non va confuso
con* **across.** **Across** *indica solo uno
spostamento lungo una superficie
piana, mentre* **over** *comporta pure
l'idea di scavalcamento o superamento
di un ostacolo:* I ran **across** the field
and **climbed/jumped over** the fence.
*Attraversai il campo di corsa e
scavalcai lo steccato.* – *vedi anche*
THROUGH (*Nota*) *e* **L'Illustrazione
Prepositions**

act¹ /ækt/ *v*
1 *vi comportarsi:* John's been acting
very strangely lately. Is anything
wrong? *È da un po' che John si
comporta in modo molto strano . C'è
qualcosa che non va?*|We've been
friends for years, but he acted as if
he'd never seen me before! *Siamo
amici da molti anni, eppure lui mi ha
trattato come se non mi avesse mai
visto prima!* **2** *vi agire:* We must act
before it's too late, and we're all
destroyed by nuclear weapons.
*Dobbiamo agire prima che sia troppo
tardi, e che veniamo tutti distrutti dalle
armi nucleari.*|I decided to act on my
doctor's advice and give up smoking.
*Ho deciso di seguire i consigli del mio
medico e di rinunciare al fumo.* **3** *vi*
⟨*as*⟩ *fungere (da):* When the children
play football, Mr Morgan sometimes
agrees to act as (the) referee. *Quando
i bambini giocano a calcio, il signor
Morgan a volte accetta di fungere da
arbitro.*|**Than** is normally considered a
conjunction, but in some sentences it

acts as a preposition. **Than** *è
normalmente considerato una
congiunzione, ma in alcune frasi può
fungere da preposizione.* **4** *vi recitare:*
I've acted in several of Shakespeare's
plays. *Ho recitato in parecchi drammi
di Shakespeare.*|David Bowie is a good
singer, but he can't act. *David Bowie è
bravo come cantante, ma non sa
recitare.*

■*Nota: Il verbo* **act** *in questo senso
teatrale può essere usato solo
intransitivamente:* Roger Moore has
acted in many films. *Roger Moore ha
recitato in molti film. Il verbo transitivo
corrispondente è* **play** *(interpretare):*
Roger Moore has **played** James Bond
many times. *Roger Moore ha
interpretato molte volte la parte di
James Bond.*

act² *s*
1 *atto:* an act of bravery, *un atto di
coraggio*|Damaging the fence was a
criminal act. *Rovinare la palizzata è
stato un atto criminale.* **2** *legge:* Many
governments have passed a race
relations act. *Molti governi hanno
passato una legge sulle relazioni
razziali.* **3** *atto:* The King is killed in
act 2 scene 1. *Il Re viene ucciso
nell'atto secondo, scena prima.*

action /ˈækʃən/ *s*
⟨*num e non num*⟩ *azione:* The
government's actions suggest that they
are committed to their plan. *Le azioni
del governo dimostrano l'impegno dei
suoi membri a tener fede al loro
programma.*|The headmistress decided
to **take action** against the school
bullies. *La preside decise di prendere
dei provvedimenti contro gli allievi più
prepotenti.*|The progressive tenses are
used to describe continuous actions. *I
tempi progressivi si usano per
descrivere azioni continuate.*|"Star
Wars" is a very exciting film, with

plenty of action. *"Guerre stellari" è un
film sensazionale, pieno d'azione.*

active /ˈæktɪv/ *agg*
1 *attivo:* an active member of the
Labour Party, *un attivista del partito
laburista*|He's not a very active person.
He doesn't like sport, for instance. *Lui
non è un tipo molto attivo. Non gli
piacciono gli sport, ad esempio.*|The
dog is usually very active early in the
morning. *Il cane di solito è molto
vivace al mattino presto.* **2** *attivo:* The
sentence "John found the money" is
active. The sentence "The money was
found by John" is passive. *La frase
"John ha trovato i soldi" è attiva. La
frase "I soldi sono stati trovati da
John" è passiva.*|Rewrite these passive
sentences in the active (voice).
*Riscrivere queste frasi volgendole dal
passivo all'attivo.*

activity /ækˈtɪvˌti/ *s*
⟨*pl* **activities**⟩ **1** ⟨*non num*⟩ *attività:*
There's a lot of activity in town on
market days. *C'è molta attività in città
nei giorni di mercato.* **2** ⟨*num*⟩
attività, occupazione: What are your
main leisure activities? *Quali sono i
tuoi passatempi principali?*|an activity
holiday, *una vacanza di attività*

actor /ˈæktəʳ/ *s*
attore: Bruno is very interested in the
theatre, and wants to be an actor when
he leaves college. *Bruno si interessa
molto di teatro e, una volta finito il
college, vuole fare l'attore.*

actress /ˈæktrɪs/ *s*
attrice: Brooke Shields is my favourite
actress. *Brooke Shields è la mia attrice
favorita.*

actual /ˈæktʃuəl/ *agg*
⟨*non usato al compar o sup*⟩ ⟨*solo
attributivo*⟩ *reale, vero, effettivo:* The
actual cost of Kate's trip to Milan was
much higher than we expected. *Il
viaggio di Kate a Milano in realtà è*

venuto a costare molto più di quanto non ci aspettassimo.

▲*Trabocchetto: Non confondere* **actual** *con l'italiano* **attuale***, che in inglese si dice* **current** *o* **present***. Per la stessa ragione,* **attualmente** *nel significato di "al giorno d'oggi" si rende in inglese con* **at present** *o* **nowadays** *e non con* **actually***.*

actually /'æktʃʊəli, -tʃəli/ *avv* effettivamente, in realtà, di fatto: I wasn't looking forward to going out, but actually we had a good time. *Non avevo granché voglia di uscire, ma a dire il vero ci siamo divertiti.*|The bus was actually on time for once this morning! *Per una volta tanto il pullman è stato puntuale stamattina!* – *vedi anche* ACTUAL (*Trabocchetto*)

AD /,eɪ di:/ *abbr di* **Anno Domini** *d.C., dopo Cristo:* 300 AD, *300 d.C. – confrontare con* BC

ad /æd/ *s abbr fam di* **advertisement** *annuncio pubblicitario, inserzione:* Andy looked at the ads in the newspaper to see if there were any bikes for sale. *Andy diede un'occhiata alle inserzioni sul giornale, per vedere se ci fossero delle bici in vendita.*

adapt /ə'dæpt/ *vi, vt* ⟨**for, to**⟩ *adattare(-si) (per, a):* Sue adapted to living in Italy quite quickly. *Sue si adattò a vivere in Italia abbastanza presto.*|The novel has been specially adapted for television. *Il romanzo è stato adattato appositamente per la televisione.*

add /æd/ *v* 1 *vi, vt* ⟨**to**⟩ *aggiungere(-si), sommare (a):* Add the milk to the mixture slowly, stirring all the time. *Aggiungere a poco a poco il latte alla miscela, continuando a mescolare.*|Add up these figures to get the total.

Sommare queste cifre per ottenere il totale. 2 *vt* ⟨**sthg** *o* **that** *o* **to**⟩ *aggiungere (qc o che), dire oltre (a):* "Have a good time in Milan," said Mr Morgan. "And don't forget to send us a postcard!" added Mrs Morgan. *"Divertiti a Milano," disse il signor Morgan. "E non scordarti di mandarci una cartolina!" aggiunse la signora Morgan.*|I have nothing to add to what I said yesterday. *Non ho niente da aggiungere a quello che ho detto ieri.*

addition /ə'dɪʃən/ *s* 1 ⟨*non num*⟩ *addizione:* Lucy is learning addition and subtraction at school. *Lucy sta imparando a fare le addizioni e sottrazioni a scuola.* 2 ⟨*num*⟩ *aggiunta:* There have been several additions to the class this year, with new students coming from abroad. *Quest'anno ci sono state parecchie aggiunte alla classe, con dei nuovi arrivati dall'estero.* 3 **in addition (to)** *in aggiunta (a), oltre (a):* Mr and Mrs Morgan won a free holiday, and a cheque for £500 in addition. *I signori Morgan hanno vinto una vacanza gratis e per di più un assegno da 500 sterline.*|In addition to playing hockey and netball, Gina also swims! *Oltre a giocare a hockey e a pallavolo, Gina fa anche nuoto!*

additional /ə'dɪʃənəl/ *agg* addizionale, supplementare: We need some additional information before we can give you a passport. *Abbiamo bisogno di qualche informazione in più, prima di poterle rilasciare il passaporto.*

address[1] /ə'dres||ə'dres, 'ædres/ *s* indirizzo: Write your name and address on the back of the cheque. *Scriva il suo nome, cognome ed indirizzo sul retro dell'assegno.*|My address is 35, Acacia Avenue, Surbiton. *Il mio indirizzo è Acacia*

Avenue, 35, Surbiton.

address² /ə'dres/ *vt*

⟨**to**⟩ *indirizzare (a):* The letter was addressed to Kate but Andy opened it by mistake. *La lettera era indirizzata a Kate ma Andy l'ha aperta per sbaglio.*

address book /ə'dres bʊk/ *s*

⟨*pl* **address books**⟩ *libretto degli indirizzi:* Kate lost her diary and address book when her bag was stolen. *Kate ha perso agenda e libretto degli indirizzi quando le hanno rubato la borsetta.*

adjective /'ædʒɪktɪv/ *s*

aggettivo: Adjectives are used to describe the qualities of a person or thing: a **tall** man, a **pink** flower, an **interesting** discussion. *Gli aggettivi si usano per descrivere le qualità di una persona o cosa: un uomo alto, un fiore rosa, una discussione interessante.*

adjust /ə'dʒʌst/ *vi, vt*

⟨**to**⟩ *adattare(-si), regolare(-si) (a):* Peter found it difficult to adjust to his new school. *Per Peter fu difficile adattarsi alla sua nuova scuola.*|Andy had to adjust the seat of his bike so that his feet touched the ground. *Andy ha dovuto regolare la sella della sua bici, per arrivare a toccare terra con i piedi.*

adjustment /ə'dʒʌstmənt/ *s*

⟨*num e non num*⟩ *modifica:* The headmistress has made a few adjustments to the school timetable. *La preside ha apportato delle modifiche all'orario della scuola.*

admire /əd'maɪə'/ *vt*

⟨*pass rem e p pass* **admired**, *p pres* **admiring**⟩ ⟨**for**⟩ *ammirare (per):* Gina stood in front of the shop window, admiring all the marvellous clothes. *Gina si fermò davanti alla vetrina ad ammirare tutti quei meravigliosi vestiti.*|I admire you for your honesty. *Ti ammiro per la tua onestà.*

— **admirer** *s ammiratore, ammiratrice*

admission /əd'mɪʃən/ *s*

⟨*non num*⟩ *ammissione, ingresso:* Lots of museums now have an admission charge. *Moltissimi musei adesso hanno l'ingresso a pagamento.*

admit /əd'mɪt/ *v*

⟨*pass rem e p pass* **admitted**, *p pres* **admitting**⟩ **1** *vt, vi* ⟨**sthg** *o* **doing sthg** *o* **that**⟩ *ammettere, riconoscere (qc o di avere fatto qc o che):* John admitted (to) breaking the ornament. *John ammise di aver rotto il soprammobile.*| Kate admitted that Andy was a better swimmer than her. *Kate riconobbe che Andy sapeva nuotare meglio di lei.* **2** *vt* ⟨**to**⟩ *ammettere (in o a):* Visitors wearing shorts or mini-skirts are not admitted to St. Peter's. *I turisti in calzoncini corti o minigonna non sono ammessi in San Pietro.*

adolescent /ˌædə'lesənt/ *agg, s*

adolescente: Adolescents face many problems of social adjustment. *Gli adolescenti si trovano a fronteggiare molti problemi di adattamento nella società.* — **adolescence** *s* ⟨*non num*⟩ *adolescenza*

adult /'ædʌlt, ə'dʌlt/ *agg, s*

adulto(-a), maggiorenne: Children under 15 may go and see this film only if accompanied by an adult. *I minori di quindici anni possono andare a vedere questo film solo se accompagnati da un adulto.*

advance¹ /əd'vɑːns||əd'væns/ *vi, vt*

⟨*pass rem e p pass* **advanced**, *p pres* **advancing**⟩ ⟨**on**⟩ *avanzare:* Napoleon's army advanced on Moscow. *L'esercito di Napoleone avanzò su Mosca.*

advance² *s*

progresso: The microcomputer has been a great advance in office equipment. *Il microprocessore ha rappresentato un grande progresso nel campo degli accessori d'ufficio.*

advanced /əd'vɑ:nst||əd'vænst/ *agg*
avanzato, superiore: Claudia is taking
advanced English lessons. *Claudia*
frequenta un corso superiore
d'inglese.|There are three swimming
classes: beginners, intermediate and
advanced. *Ci sono lezioni di nuoto a*
tre livelli: elementare, intermedio e
superiore.

advantage /əd'vɑ:ntɪdʒ||əd'væn-/ *s*
⟨*num e non num*⟩ *vantaggio:* One of
the advantages of being British is that
you don't have to do military service.
Uno dei vantaggi di essere cittadino
britannico è che non si deve fare il
servizio militare.

adventure /əd'ventʃəʳ/ *s*
⟨*num e non num*⟩ *avventura:* The
famous explorer has written a book
about her adventures in the jungle. *La*
famosa esploratrice ha scritto un libro
sulle sue avventure nella giungla.|Most
children like reading adventure
stories. *Quasi tutti i bambini amano*
leggere i racconti d'avventura.
— **adventurous** *agg avventuroso*

adverb /'ædvɜ:b||-ɜ:rb/ *s*
avverbio: Adverbs can be formed by
adding the suffix -ly to the
corresponding adjective: a **polite**
answer|She answered **politely.** *Gli*
avverbi si possono formare
aggiungendo il suffisso -ly all'aggettivo
corrispondente: a **polite** answer|She
answered **politely.**

advertise /'ædvətaɪz||-ər-/ *vi, vt*
⟨*pass rem e p pass* **advertised,** *p pres*
advertising⟩ *pubblicizzare,*
reclamizzare, mettere un annuncio:
Someone is advertising a bicycle for
sale. *Qualcuno ha messo un annuncio*
di vendita per una bicicletta.|We
should advertise in the local paper if
we want to sell the car. *Dovremmo*
mettere un annuncio sul giornale

locale, se vogliamo vendere la
macchina.|David Bowie's new record
has been advertised on TV. *Il nuovo*
disco di David Bowie è stato
reclamizzato alla televisione.

advertisement /əd'vɜ:tɪˌsmənt||
ˌædvər'taɪz-/ *anche* **ad, advert** (*fam*) *s*
⟨**for**⟩ *pubblicità, reclame, annuncio*
pubblicitario: The advertisements on
TV are often more interesting than the
programmes! *La reclame in TV*
sovente è più interessante dei
programmi!|She saw an advertisement
for a job in the newspaper. *Ha visto*
l'annuncio per un lavoro sul giornale.

advertising /'ædvətaɪzɪŋ||-ər-/ *s*
⟨*non num*⟩ *pubblicità:* The radio
station is financed by advertising. *La*
stazione radio è finanziata dalla
pubblicità.

advice /əd'vaɪs/ *s*
consiglio, consigli: I need some advice.
What should I do about my noisy
neighbours? *Ho bisogno di un*
consiglio. Cosa devo fare per porre
rimedio al chiasso dei miei vicini di
casa?|Let me give you some advice/a
piece of advice. *Lascia che ti dia dei*
consigli/un consiglio.|If you'd followed
my advice you wouldn't be in this
mess. *Se tu avessi seguito il mio*
consiglio, non ti troveresti in questo
pasticcio.
■*Nota: La parola* **advice** *non è*
numerabile. Quando si parla di un
consiglio in inglese si parla di **a piece of**
advice.
▲*Trabocchetto: Non confondere la*
parola **advice** *con la parola italiana*
avviso, che si traduce **warning.**

advise /əd'vaɪz/ *vi, vt*
⟨*pass rem e p pass* **advised,** *p pres*
advising⟩ ⟨**sbdy to do sthg** *o* **that**⟩
consigliare (qn di fare qc o che): I
advise you to see a doctor. *Ti consiglio*
di andare da un dottore.|She advised

me not to give up while I was only
halfway through my course. *Mi ha
sconsigliato di ritirarmi quando mi
trovavo solo a metà del corso.*
aerial /'eəriəl/ *anche* **antenna** (*IA*) *s*
antenna: You plug the aerial into the
back of the TV set. *L'antenna va
connessa al retro del televisore.*
aeroplane /'eərəpleɪn/ *anche* **plane,**
anche **airplane** (*IA*) *s*
aeroplano – *vedi anche* **L'Illustrazione
Arriving**
affair /ə'feəʳ/ *s*
(*generalmente plurale*) affari: I had to
put my tax affairs in order before the
end of the year. *Ho dovuto mettermi in
regola con le tasse prima della fine
dell'anno.*|Ministers discussed foreign
affairs at yesterday's meeting. *Alla
riunione di ieri, i ministri hanno
discusso degli affari di politica estera.*
affect /ə'fekt/ *vt*
avere effetto su, concernere: Medical
experts disagree about how smoking
affects your health. *Gli esperti di
medicina dissentono sugli effetti del
fumo per la salute.*|The new
regulations do not affect students who
are taking the exam this year. *I nuovi
regolamenti non concernono gli
studenti che sosterranno l'esame
quest'anno.*
affection /ə'fekʃən/ *s*
⟨*non num*⟩ (**for, towards**) affetto
(*per, verso*): Dogs often show
affection towards human beings. *I cani
spesso mostrano segni d'affetto verso
gli esseri umani.*
affirmative /ə'fɜːmətɪv||-ɜːr-/ *agg, s*
affermativo: Give affirmative short
answers to the following questions.
*Dare brevi risposte affermative alle
seguenti domande.*|Put these negative
sentences into the affirmative. *Volgere
queste frasi dalla forma negativa a
quella affermativa.*

afford /ə'fɔːd||-ɔːrd/ *vt*
⟨*sthg o* **to do sthg**⟩ ⟨*per lo più
all'infinito in combinazione con* **can,
could** *o* **be able to**⟩ *permettersi (qc),
permettersi il lusso (di fare qc):* We
can't afford a holiday this year.
*Quest'anno non ci possiamo permettere
una vacanza.*|I can't afford a hundred
pounds for a bike! *Non posso spendere
cento sterline per una bici!*|Can you
afford to lend me five pounds? *Sei in
grado di prestarmi cinque sterline?*
afraid /ə'freɪd/ *agg*
1 be/feel afraid ⟨**that** *o* **of**⟩ *temere,
avere paura (che o di):* Lucy is afraid
of big dogs, ever since one bit her
when she was a baby. *Lucy ha paura
dei cani grossi, fin da quando uno l'ha
morsicata da bambina.*|As I entered
the cave, I suddenly felt afraid. *Non
appena entrai nella caverna, mi venne
improvvisamente paura.*|I'm afraid that
I won't get this job and I really want
it. *Temo di non farcela ad ottenere
questo impiego, eppure ci tengo
proprio. – vedi anche* FEAR (*Nota*) *e*
FRIGHTENED (*Nota*) **2 I'm afraid**
(*formula di cortesia per esprimere
scuse o rincrescimento*) *temo che,
purtroppo:* Your mother may be in
hospital for a long time, I'm afraid.
*Può darsi che Sua madre debba
fermarsi in ospedale a lungo,
purtroppo.*|"Has the concert been
cancelled?" "I'm afraid so." *"È stato
cancellato il concerto?" "Temo di sì."*|
"Did I pass the exam?" "I'm afraid
not." *"Ho superato l'esame?" "Temo
di no."*
after /'ɑːftəʳ||'æf-/ *prep, avv, cong*
1 ⟨*complemento di tempo*⟩ *dopo
(di/che):* After dinner we sat and
watched television. *Dopo cena ci
siamo seduti a guardare la televisione.*|
After a few minutes, he got up and
walked out of the room. *Dopo alcuni*

minuti, lui si è alzato ed è uscito dalla stanza.|What letter comes after C in the alphabet? *Che lettera dell'alfabeto viene dopo C?*|Telephone me either tomorrow or **the day after.** *Telefonami o domani o dopodomani.*|Can I borrow that book after you've finished reading it? *Mi puoi prestare quel libro, dopo che hai finito di leggerlo?* **2** ⟨*complemento di luogo*⟩ *dietro (di), in cerca di:* The murderer knew that the police were after him. *L'assassino sapeva che la polizia lo cercava.*|Mr Wells has left his umbrella here. Go and run after him with it, will you, Kate? *Il signor Wells ha dimenticato qui l'ombrello. Corrigli dietro a restituirglielo, per favore, Kate.* **3 after all** *dopo/nonostante tutto, alla fin fine:* I'm afraid I can't come to the cinema after all. I have some work to do. *Mi dispiace, ma alla fin fine non posso venire al cinema. Ho da fare del lavoro.*

afternoon /ˌɑːftəˈnuːn||ˌæftər-/ *s* *pomeriggio:* It was sunny in the morning but it rained in the afternoon. *Al mattino c'era il sole, ma è piovuto di pomeriggio.*|On Saturday afternoons they usually go to the cinema. *Il sabato pomeriggio di solito vanno al cinema.*

good afternoon *inter* (*form*) *buon giorno, buona sera*

afterward /ˈɑːftəwəd||ˈæftərwərd/ *anche* **afterwards** (*IB*) *avv* *dopo, poi:* You can go to the cinema, but you must come straight home afterward. *Puoi andare al cinema, ma dopo devi tornare subito a casa.*|We did our homework and afterward we watched television. *Abbiamo fatto i compiti e poi abbiamo guardato la televisione.*

again /əˈgen, əˈgeɪn||əˈgen/ *avv* **1** *di nuovo, ancora, un'altra volta:* It

rained on May 1st, and then it didn't rain again until June 30th. *È piovuto il primo maggio, e poi non è più piovuto fino al 30 giugno.*|I'm sure we'll meet again some day. *Sono sicuro che ci rivedremo un giorno o l'altro.*|I'm going to listen to this record **once again** before I go to bed. *Voglio sentire ancora una volta questo disco prima di andare a letto.* **2** *di nuovo:* I wasn't feeling very well yesterday, but I'm better again today. *Ieri non mi sentivo molto bene, ma oggi sto di nuovo meglio.*|Grandma walked all the way to town and all the way back again. *La nonna se l'è fatta tutta a piedi fino in città, e poi di nuovo al ritorno.*

against /əˈgenst, əˈgeɪnst||əˈgenst/ *prep* **1** ⟨*complemento di luogo*⟩ *contro:* They leant their bicycles against the wall and went into the shop. *Appoggiarono le biciclette al muro ed entrarono nel negozio.*|We could hear the rain beating against the windows. *Sentivamo la pioggia picchiettare contro le finestre.* – *vedi anche* **L'Illustrazione Prepositions 2** *contro:* The team's next match is against Juventus. *La prossima partita della squadra è contro la Juventus.*|Gina went on a demonstration against nuclear weapons. *Gina è andata ad una manifestazione contro le armi nucleari.*|Stealing is **against the law.** *Rubare è contro la legge.* **3** *contro:* Vaccination protects you against certain types of disease. *La vaccinazione serve come protezione contro certi tipi di malattie.*

age /eɪdʒ/ *s* **1** *età, anni:* State your name, age and occupation. *Dichiarare nome e cognome, età e professione.*|Sue is the same age as me. *Sue ha la mia stessa età.*|Peter is 14 **years of age.** *Peter ha quattordici anni.* **2** *età, era:* the space age, *l'era spaziale*|During the Stone Age, men lived in caves. *Durante l'Età della Pietra, gli uomini vivevano nelle caverne.* **3 ages** (*fam*) *secoli, un secolo:* John always takes ages to wash his hair. *John ci mette sempre un secolo a lavarsi i capelli.*|I haven't been to the cinema for ages. *È da secoli che non vado al cinema.* **4 old age** *vecchiaia*

agent /'eɪdʒənt/ s
agente, rappresentante: The company has received a telex from its agent in New York. *La ditta ha ricevuto un telex dal suo rappresentante di New York.*|He was accused of being a Russian **secret agent**. *È stato accusato di essere un agente segreto russo.*
  travel agent's s
  agenzia di viaggi

ago /ə'gəʊ/ avv
fa, addietro: These houses were built twenty years ago. *Queste case vennero costruite vent'anni fa.*|How long ago did she leave? *Da quanto tempo è andata via? – vedi anche* FOR (*Nota*)

agony /'ægəni/ s
⟨*pl* **agonies**⟩ ⟨*num e non num*⟩ *agonia:* Last time I had toothache I was in agony for three days. *L'ultima volta che ho avuto mal di denti, sono stato in agonia per tre giorni.*

agree /ə'gri:/ v
⟨*pass rem e p pass* **agreed**, *p pres* **agreeing**⟩ **1** *vi, vt* ⟨**with sbdy that**⟩ *convenire (che), accordarsi (su), essere d'accordo (con):* I agree with you. *Sono d'accordo con te.*|We all agreed that John had drawn the best picture. *Convenimmo tutti che John aveva fatto il miglior disegno.*|Peace terms have been agreed between the two countries. *Le condizioni di pace sono state accordate tra le due nazioni.* **2** *vi* ⟨**to do sthg** *o* **to**⟩ *acconsentire (a):* David agreed to lend me his record

player. *David ha acconsentito a prestarmi il suo giradischi.*|The unions did not agree to some of the management's proposals. *I sindacati non hanno acconsentito a certe proposte della direzione.*

agreement /ə'gri:mənt/ s
⟨*num e non num*⟩ *accordo, patto:* We had an agreement not to talk at breakfast. *Abbiamo fatto un patto di non parlare a colazione.*

agriculture /'ægrɪˌkʌltʃər/ s
⟨*non num*⟩ *agricoltura:* I've always been interested in agriculture, so I decided to become a farmer. *Mi sono sempre interessato di agricoltura, e perciò ho deciso di fare l'agricoltore.*
  — **agricultural** agg *agricolo*

ah /ɑ:/ inter
ah: Ah! Here you are at last! *Ah! Eccoti, finalmente!*

ahead /ə'hed/ avv, agg
davanti, in avanti: The road ahead was blocked by a fallen tree. *La strada davanti era bloccata da un albero caduto.*|Go **straight ahead** until you come to the post office. *Continui sempre dritto finchè non arriva alla posta.*

aid¹ /eɪd/ s
⟨*num e non num*⟩ *aiuto, assistenza:* Many Western countries have been sending aid to Ethiopia. *Molti paesi occidentali hanno inviato aiuti in Etiopia.*|I managed to translate the poem **with the aid of** a dictionary. *Sono riuscito a tradurre la poesia con l'aiuto del dizionario.*|first aid, *pronto soccorso*

aid² vt
(*form*) *aiutare:* The woman aided the criminals to escape. *La donna aiutò i criminali a scappare.*
■*Nota: Il verbo* **help** *ha quasi lo stesso significato ed è meno formale e molto più comune del verbo* **aid**.

AIDS /eɪdz/ s
⟨*non num*⟩ AIDS (sindrome
immunologica)

aim¹ /eɪm/
1 *vi, vt* ⟨**at, for**⟩ mirare, puntare,
dirigere (a, su, contro): He aimed the
snowball at me, but missed. *Mirò la
palla di neve su di me, ma mi mancò.*|
The hunter was aiming for a deer, but
the bullet hit a tree instead. *Il
cacciatore sperava di colpire un cervo,
ma la pallottola andò a finire contro un
albero.* **2** *vi* ⟨**to do sthg** o **for**⟩ mirare,
aspirare (a fare qc o a): Kate aims to
be a physicist. *Kate mira a fare la
scienziata in fisica.*|I'm aiming for a
gold medal at the next Olympic
Games. *Aspiro ad una medaglia d'oro
nelle prossime Olimpiadi.*

aim² s
1 mira, bersaglio: He **took aim** and
fired. *Prese la mira e sparò.*|He was
trying to shoot a rabbit, but his aim
wasn't very good. *Cercava di colpire
un coniglio, ma la sua mira non era
molto buona.* **2** ⟨*num*⟩ scopo,
obiettivo, proposito: The aim of this
dictionary is to help you as much as
possible to improve your English. *Lo
scopo di questo dizionario è di aiutarvi
il più possibile a perfezionare
l'inglese.*|What are the aims of the
United Nations? *Quali sono gli
obiettivi delle Nazioni Unite?*

air /eəʳ/
1 ⟨*non num*⟩ aria, atmosfera: Air
consists mainly of nitrogen and
oxygen. *L'aria consiste principalmente
d'azoto e d'ossigeno.*|I'm going outside
to get some **fresh air**. *Esco a prendere
un po' d'aria buona.* **2** ⟨*non num*⟩
aria, cielo: She threw the ball up into
the air. *Lanciò la palla in aria.*|You
can travel to Greece by land, sea or
air. *Si può andare in Grecia per terra,
mare o via aerea.*|The meeting was

held outside **in the open air**. *La
riunione si tenne fuori all'aria aperta.*
3 ⟨*s sing*⟩ aria, aspetto, atteggiamento:
There was an air of excitement before
the match. *C'era un clima elettrizzante
prima dell'incontro.*
  open-air agg
all'aperto: an open-air concert, *un
concerto all'aperto*

air-conditioning /ˈeəkənˈdɪʒənɪŋ/ s
⟨*non num*⟩ aria condizionata: "Why is
it so hot?" "The air-conditioning isn't
working." *"Perchè fa così caldo?"
"Non funziona l'aria condizionata."*

aircraft /ˈeəkrɑːft||ˈeərkræft/ s
⟨*pl* **aircraft**⟩ velivolo: Aeroplanes,
helicopters and gliders are all types of
aircraft. *Gli aeroplani, gli elicotteri e
gli alianti sono tutti tipi di velivoli.*

air force /ˈeəfɔːs||ˈeərfɔːrs/ s
⟨*pl* **air forces**⟩ ⟨*seguito da un verbo al
singolare o al plurale*⟩ aviazione
militare: My father was in the air force
during the war. *Mio padre era
nell'aviazione durante la guerra.*

airline /ˈeəlaɪn||ˈeər-/ s
⟨*seguito da un verbo al singolare o al
plurale*⟩ compagnia aerea: Alitalia is
one of Europe's major airlines.
*L'Alitalia è una delle principali
compagnie aeree d'Europa.*

air mail /ˈeəmeɪl||ˈeər-/ s
⟨*non num*⟩ posta aerea: Kate sends
letters to her Japanese penfriend by
air mail. *Kate scrive al suo
corrispondente giapponese per via
aerea.*

airplane /ˈeəpleɪn||ˈeər-/ s
IA di **aeroplane** aeroplano

airport /ˈeəpɔːt||ˈeərpɔːrt/ s
aeroporto: Gina arrived at the airport
two hours ago to catch her plane to
Milan. *Due ore fa Gina è arrivata
all'aeroporto per prendere l'aereo per
Milano.*

air steward /ˈeər ˌstjuːəd||ˌstuːərd/ s

⟨*pl* **air stewards**⟩ *assistente di volo:*
The air steward showed us how to
fasten our seat belts. *L'assistente di
volo ci mostrò come allacciare le
cinture di sicurezza.*

alarm¹ /ə'lɑːm‖ə'lɑːrm/ *s*
allarme: I heard the fire alarm and
quickly left the library. *Sentii l'allarme
antincendio e uscii di tutta fretta dalla
biblioteca.*|The alarm on my alarm
clock isn't working. *La suoneria della
mia sveglia non funziona.*

alarm² *vt, vi*
allarmare, turbare: an alarming
increase in the number of robberies,
*un aumento allarmante del numero di
rapine*|Don't be alarmed, it's only me.
Non allarmarti, sono solo io.

alarm clock /ə'lɑːm klɒk‖ə'lɑːrm
klɑːk/ *s*
⟨*pl* **alarm clocks**⟩ *sveglia*

album /'ælbəm/ *s*
⟨*pl* **albums**⟩ 1 *album:* a stamp album,
un album per i francobolli|a
photograph album, *un album di
fotografie* 2 *anche* **LP** *trentatrè giri,
long playing, LP:* Have you heard the
new Paul Young album? *Hai ascoltato
il nuovo trentatrè giri di Paul Young?*

alcohol /'ælkəhɒl‖-hɔːl/ *s*
⟨*non num*⟩ *alcool:* I knew he'd been
drinking, because I could smell alcohol
on his breath. *Sapevo che aveva
bevuto, perchè gli sentivo l'alcool
nell'alito.*

alcoholic /ˌælkə'hɒlɪk‖-'hɔː-/ *agg*
alcolico: an alcoholic drink, *una
bevanda alcolica*

ale /eɪl/ *s*
⟨*num e non num*⟩ *variante di* **beer**
birra

algebra /'ældʒɪbrə/ *s*
⟨*non num*⟩ *algebra*

alike /ə'laɪk/ *agg, avv*
⟨*solo predicativo*⟩ *simile, somigliante:*
Kate and Andy are very much alike.

Kate e Andy si somigliano
moltissimo.|We seem to think alike on
the question of nuclear weapons.
*Sembra che la pensiamo nello stesso
modo sul problema delle armi nucleari.*

alive /ə'laɪv/ *agg*
⟨*solo predicativo*⟩ *vivo, in vita:* The
old man was only just alive when they
found him. *Il vecchio era ancora vivo
per un pelo quando lo trovarono.*

all¹ /ɔːl/ *agg, pron*
1 *tutto:* Andy didn't have time to
finish all (of) his homework. *Andy non
ha avuto tempo di finire tutti i
compiti.*|I didn't read all the book, just
a few chapters. *Non ho letto tutto il
libro, soltanto qualche capitolo.*|We
walked all the way here. *Abbiamo
camminato fino qui.* 2 *tutti:* You must
answer all (of) the questions. *Dovete
rispondere a tutte le domande.*|All the
plates are in the cupboard *o* The plates
are all in the cupboard. *I piatti sono
tutti nella credenza.*|All cows eat grass.
Tutte le mucche mangiano erba.|We all
o All of us agree with you. *Siamo tutti
d'accordo con te.*|I asked them all *o* all
of them but everybody said they were
too busy to help. *Ho chiesto ad
ognuno di loro, ma hanno tutti risposto
di essere troppo indaffarati per potermi
aiutare. – confrontare con* EVERY *e*
EVERYBODY 3 **at all** *affatto,
assolutamente:* "There's nothing at all
wrong with you," said the doctor. *"Lei
non ha assolutamente nulla," disse il
dottore.*|I don't like it at all. *Non mi
piace affatto.* 4 **Not at all!** *di niente!,
non c'è di che!:* "I'm sorry to have
troubled you." "Not at all!" *"Mi
dispiace di averla disturbata." "Non c'è
di che!" – vedi anche* THANKS (*Nota*)

all² *avv*
1 *del tutto, completamente:* Lucy got
paint all over her clothes. *Lucy si è
sporcata tutti i vestiti di vernice.*|My

hands are all sticky. *Ho le mani tutte appiccicose.* **2** *pari:* The result of the match was two all. *Il risultato della partita è stato di due pari.*

allow /ə'laʊ/ *vt*
1 ⟨sthg *o* to do sthg⟩ *permettere (qc o di fare qc):* Smoking is not allowed on the tube. *Sulla metropolitana non è permesso fumare.*|We don't allow dogs in the restaurant. *Non si ammettono i cani nel ristorante.*|Linda's parents sometimes allow her to stay out all night. *I genitori di Linda qualche volta le permettono di passare tutta la notte fuori casa.* – *vedi anche* PERMIT (*Nota*)
2 be allowed to ⟨do sthg⟩ *essere permesso a qn di (fare qc):* The students will be allowed to ask questions at the end of the lecture. *Agli studenti sarà permesso fare domande al termine della lezione.*|Buses can turn right at the end of the road, but cars aren't allowed to. *Agli autobus è consentito di svoltare a destra alla fine della strada, ma è vietato alle automobili.*
■*Nota: La forma perifrastica* **be allowed to** *più l'infinito serve per sostituire i tempi mancanti di* **may***, come ad esempio il futuro o il passato prossimo:* You **won't be allowed to** take any photographs. *Non potrai fare nessuna fotografia.*|The prisoners **have been allowed to** have visitors this week. *Questa settimana i detenuti hanno potuto ricevere visite.*

allowance /ə'laʊəns/ *s*
⟨num e non num⟩ *variante spec IA di* **pocket money** *paga settimanale*

all right¹ /ˌɔːl 'raɪt/ *anche* **alright** (*fam*) *agg, avv*
⟨non usato al compar o sup⟩ **1** ⟨solo predicativo⟩ *bene:* I heard that Andy fell off his bike. Is he all right? *Ho sentito che Andy è caduto dalla bici. Sta bene?* **2** *discreto, non male:* John's

work is all right, but it could be better. *Il rendimento di John è discreto, ma potrebbe andare meglio.*|Our team finished bottom of the league last season, but we're doing all right this season. *La nostra squadra è finita in fondo alla classifica la scorsa stagione, ma quest'anno non stiamo giocando male.*

all right² *inter*
⟨esclamazione di consenso⟩ *va bene, d'accordo:* "Shall we go home now?" "All right." *"Andiamo a casa adesso?" "Va bene."*|"Please, Mum, buy it for me!" "Oh, all right!" *"Ti prego, Mamma, compramelo!" "Beh, d'accordo!"*

almost /'ɔːlməʊst||'ɔːlməʊst, ɔːl'məʊst/ *avv*
quasi: Hurry up. It's almost three o'clock. *Sbrigati. Sono quasi le tre.*|I've almost finished. *Ho quasi finito.* – *vedi anche* NEARLY (*Nota*)

alone /ə'ləʊn/ *agg, avv*
⟨solo predicativo⟩ **1** *solo, da solo:* "Does Cindy live alone?" "Yes." "Oh, dear. She must be very lonely." "No. She has lots of visitors." *"Vive da sola Cindy?" "Sì." "Che peccato. Deve sentirsi molto sola." "No. Riceve molte visite."*|I'd like to be alone now, please. *Ora vorrei rimanere solo, se non vi dispiace.* **2** leave sthg/sbdy alone *lasciar stare/in pace qn:* Leave that vase alone. It's very valuable. *Lascia stare quel vaso. È di grande valore.*|Leave the dog alone. He might bite you. *Lascia in pace il cane. Ti potrebbe mordere.*

along¹ /ə'lɒŋ||ə'lɔːŋ/ *prep, avv*
1 *lungo:* He walked along the path. *Camminò lungo il sentiero.*|We went on a boat trip along the River Thames. *Siamo andati a fare una gita in battello lungo il Tamigi.*|They walked along, chatting about their work.

Camminarono, parlando del loro lavoro. **2** *lungo, a fianco di:* They planted trees along the river. *Piantarono alberi lungo i fianchi del fiume.* – *vedi anche* **L'Illustrazione Prepositions**

aloud /ə'laʊd/ *anche* **out loud** *avv*
ad alta voce: Lucy is still learning to read so she often reads aloud. *Lucy sta ancora imparando a leggere, è per questo che spesso legge ad alta voce.*

alphabet /'ælfəbet/ *s*
alfabeto: There are 26 letters in the alphabet. *Nell'alfabeto ci sono ventisei lettere.*|the Greek alphabet, *l'alfabeto greco*

alphabetical /ˌælfə'betɪkəl/ *agg*
alfabetico: The entries in this dictionary are in alphabetical order. *Le voci in questo dizionario sono in ordine alfabetico.* — **alphabetically** *avv in ordine alfabetico*

already /ɔːl'redi/ *avv*
1 *già, ormai:* Andy's finished his homework already! *Andy ha già finito i compiti!*|She'd already learnt to read by the time she was five. *Sapeva già leggere all'età di cinque anni.* **2** *già, in precedenza, prima d'ora:* "Do you want to see this film?" "No. I've already seen it." *"Vuoi vedere questo film?" "No. L'ho già visto."* – *vedi anche* STILL (*Nota*)

alright *variante di* **all right**

also /'ɔːlsəʊ/ *avv*
anche: We've got two dogs and a cat. We've also got a canary. *Abbiamo due cani ed un gatto. Abbiamo anche un canarino.*|English is also spoken in Australia and New Zealand. *L'inglese si parla anche in Australia e Nuova Zelanda.*|Bruno is **not only** handsome **but also** intelligent. *Bruno non è solo bello, ma anche intelligente.*

altar /'ɔːltər/ *s*
altare: The bride and groom stood at

the altar. *Gli sposi stavano davanti all'altare.*

alter /'ɔːltər/ *vt, vi*
alterare(-si), cambiare: Bad weather forced us to alter our plans to go camping. *Il cattivo tempo ci ha costretto a alterare i nostri piani per il campeggio.*|I've known him for twenty years, and he never seems to alter. *Sono vent'anni che lo conosco, e sembra che non cambi mai.*

alteration /ˌɔːltə'reɪʃən/ *s*
alterazione, modifica: Davina had to make an alteration to her dress when she lost weight. *Davina ha dovuto fare una modifica al suo vestito quando è dimagrita.*

alternate /ɔːl'tɜːnɪt||'ɔːltɜːr-, 'æl-/ *agg*
⟨*solo attributivo*⟩ *alterno, uno sì ed uno no:* Cindy works alternate Saturdays in the shop. *Cindy lavora in negozio un sabato sì ed uno no.*

alternative[1] /ɔːl'tɜːnətɪv||ɔːl'tɜːr-, æl-/ *agg*
⟨*solo attributivo*⟩ *alternativo:* The road was blocked so we had to take an alternative route. *La strada era bloccata, così abbiamo dovuto fare un percorso alternativo.*

alternative[2] *s*
alternativa: You'll have to have an operation. There is no alternative. *Dovrai subire un'operazione. Non c'è alternativa.*

although /ɔːl'ðəʊ/ *anche* **though** *cong*
benchè, sebbene, anche se: Although she was very busy, Mrs Morgan took us to the zoo. *Sebbene fosse molto impegnata, la signora Morgan ci accompagnò allo zoo.*|Carlo can understand English although he doesn't speak it very well. *Carlo capisce l'inglese, anche se non sa parlarlo molto bene.*

altogether /ˌɔːltə'geðər/ *avv*
1 *del tutto, completamente:* I'm not

altogether sure what I want to do when I leave school. *Non sono del tutto sicuro di cosa voglio fare quando avrò finito la scuola.* **2** *tutto sommato, nell'insieme, complessivamente:* Some parts of the film were very frightening, but altogether I enjoyed it. *Alcune parti del film facevano davvero paura, ma nel complesso mi è piaciuto.*

always /'ɔ:lwʌz, -weɪz/ *avv*
1 *sempre, ogni volta:* The bus is always late; it's never on time. *L'autobus è sempre in ritardo; mai una volta che sia puntuale.*|The alarm clock doesn't always wake me up. *Non sempre la sveglia mi butta giù dal letto.* **2** *sempre, per sempre:* I shall always remember my holiday in Milan. *Ricorderò per sempre la mia vacanza a Milano.* **3** *(con la forma progressiva) in continuazione, troppe volte:* He's always asking silly questions! *Fa domande stupide in continuazione!*

a.m. /ˌeɪ'em/ *avv*
(per indicare le ore del mattino) del mattino: When it's midday in London it's 7 a.m. in New York. *Quando a Londra è mezzogiorno, a New York sono le sette del mattino.* – *confrontare con* P.M.;| *vedi anche* **La Nota Grammaticale Telling the Time**

am /m, əm/ *forma enfatica* æm/
1ª pers sing pres del verbo **be**
sono: I am happy *o* I'm happy. *Sono contenta.*|Am I disturbing you? *Per caso ti disturbo?*
■*Nota: Se ad una affermazione si fa seguire una domanda retorica di coda, per la prima persona singolare di* **be** *si dovrà usare* **aren't I**: I'm taller than you, **aren't I?** *Sono più alto di te, non è vero?*

amaze /ə'meɪz/ *vt*
⟨*pass rem e p pass* **amazed**, *p pres* **amazing**⟩ *meravigliare, stupefare:* I was amazed to see myself on television. *Rimasi meravigliata al vedermi alla televisione.*|He told us some amazing stories about hunting tigers in India. *Ci ha raccontato delle storie stupefacenti sulla caccia alle tigri in India.* — **amazement** *s stupore, sorpresa, meraviglia*

ambition /æm'bɪʃən/ *s*
⟨*num e non num*⟩ *ambizione:* One of her ambitions is to win an Olympic gold medal. *Una delle sue ambizioni è di vincere una medaglia d'oro alle Olimpiadi.*|To be successful, a businessman needs to have a certain amount of ambition. *Per riuscire, un uomo d'affari ha bisogno di una certa carica d'ambizione.*

ambitious /æm'bɪʃəs/ *agg*
ambizioso: an ambitious politician, *un uomo politico ambizioso*

ambulance /'æmbjʊləns/ *s*
ambulanza: Andy was taken to hospital in an ambulance when he broke his leg. *Andy fu portato all'ospedale in ambulanza quando si ruppe la gamba.*

among /ə'mʌŋ/ *anche* **amongst** (*IB*) *prep*
tra, fra: Vincenzo moved among the crowd giving out leaflets. *Vincenzo si faceva largo in mezzo alla folla distribuendo volantini.*|The seagulls build their nests among the rocks. *I gabbiani fanno i nidi tra gli scogli.*|The food was divided among the starving children. *I viveri furono spartiti fra i bambini che morivano di fame.*
■*Nota: Among e* **between** *sono sostanzialmente sinonimi, ma la loro scelta dipende dal contesto.* **Between** *dà l'esatta posizione di una cosa o persona fra altri due o più oggetti chiaramente definiti e separati:* The library is **between** the church and the post office. *La biblioteca si trova tra la chiesa e la posta.* **Among** *invece colloca*

approssimativamente una cosa o persona in mezzo a una massa indistinta o un numero imprecisato di altri oggetti: The library is somewhere **among** those buildings. *La biblioteca è da qualche parte tra quegli edifici.*
– vedi anche *L'Illustrazione*
Prepositions

amount /ə'maʊnt/ s
quantità, somma: We wasted a huge amount of time trying to fix the old bike. *Abbiamo perso un sacco di tempo cercando di aggiustare la vecchia bici.*|A very small amount of the poison in your blood is enough to kill you. *Basta una piccolissima quantità del veleno nel sangue per uccidere.*|The bus drivers won't give you change if you don't have the right amount. *I bigliettai sugli autobus non danno il resto se non si versa la somma giusta.*
■*Nota: In frasi affermative si preferisce usare* **amount** *e* **quantity,** *seguiti da sostantivi non numerabili, per esprimere l'idea di* **much** *(che per lo più ricorre soltanto in frasi interrogative o negative):* a large **amount/quantity** of cheese, *moltissimo formaggio. Tra i due,* **quantity** *è più formale. Il vocabolo corrispondente a* **many** *in frasi affermative è invece* **number,** *regolarmente seguito da sostantivi numerabili:* a large **number** of chairs, *moltissime sedie. Osserva che in inglese informale la locuzione* **a lot of** *è l'espressione più comune in tutti questi casi.*

amuse /ə'mjuːz/ vt, vi
⟨pass rem e p pass **amused,** p pres **amusing**⟩ *divertire, intrattenere:* an amusing story, *una storia divertente*| Bruno amused us with his animal impressions. *Bruno ci divertì con le sue imitazioni degli animali.*

amusement /ə'mjuːzmənt/ s
1 ⟨non num⟩ *divertimento:* To my

great amusement Andy fell flat on his face. *Con mio grande divertimento, Andy cadde dritto sulla faccia.*
2 ⟨num⟩ *passatempo:* His favourite amusement is ringing doorbells then running away. *Il suo passatempo preferito è di suonare il campanello alle porte e poi scappar via.*|We went to the **amusement arcade** and played space invaders. *Siamo andati alla sala giochi e abbiamo giocato a "space invaders".*

an /ən; *forma enfatica* æn/ art indet
(davanti a vocale o **h** *muta)* un, uno, una: At the zoo we saw a giraffe, a kangaroo and an elephant. *Allo zoo abbiamo visto una giraffa, un canguro, ed un elefante.*|an unusually tall giraffe, *una giraffa più alta del normale*|The journey takes an hour. *Ci vuole un'ora a fare il viaggio.* – vedi anche A (*Nota*), ONE (*Nota*), e *La Nota Grammaticale* **Articles**
■*Nota: La scelta fra* **a** *ed* **an** *dipende solo dalla pronuncia della sua lettera iniziale. Se la parola seguente comincia con un suono consonantico (compresi* **h, j,** *e* **w**), *si userà* **a:** a university; *se invece la parola comincia con suono vocalico si userà* **an:** an old university.

analyse (*IB*) o **analyze**(*IA*) /'ænəlaɪz/ vt
⟨pass rem e p pass **analysed,** p pres **analysing**⟩ *analizzare:* We analysed a sample of the milk to see if it was good enough to drink. *Abbiamo analizzato un campione di latte per vedere se fosse buono da bere.*

analysis /ə'næləsɪs/ s
⟨pl **analyses** /ə'næləsiːz/⟩ ⟨num e non num⟩ *analisi:* A detailed analysis of the crime figures appeared in the newspapers. *Sui giornali è comparsa un'analisi dettagliata delle statistiche sulla criminalità.*

anchor /'æŋkəʳ/ s

àncora
ancient /'eɪnʃənt/ *agg*
antico: the history of ancient Rome, *la
storia dell'antica Roma*| Our
physics teacher is really ancient! *Il
nostro professore di fisica è un
matusalemme!*
and /ənd, ən, *forma enfatica* ænd/ *cong*
1 *e, ed:* We brought some tables and
chairs into the room. *Abbiamo portato
dei tavoli e delle sedie nella stanza.*|At
the zoo we saw a bear, a gnu and an
elephant. *Allo zoo abbiamo visto un
orso, uno gnu ed un elefante.*|He was
cold and hungry. *Aveva freddo e
fame.*|She got into the car and drove
off. *È salita in macchina ed è partita.*|
I'm Jenny and this is Lucy. *Io sono
Jenny e questa è Lucy.* **2** *più:* 2 and 2
is *o* are 4. *2 più 2 fa 4.*|"What's 2 and
9?" "11." *"Quanto fa 2 più 9?" "11."*
3 (*in combinazione con l'imperativo di*
come, go *e* **try**) *a, di:* Go and tell Kate
that her dinner's ready. *Va' a dire a
Kate che la sua cena è pronta.*|Come
and look at this lizard. *Vieni a vedere
questa lucertola.*|Try and get there on
time, John! *Cerca di trovarti là
puntuale, John!*
angel /'eɪndʒəl/ *s*
angelo — **angelic** *agg angelico*
anger /'æŋgəʳ/ *s*
⟨*non num*⟩ *rabbia:* Claudia tried to
hide her anger at what the man had
said. *Claudia cercò di nascondere la
propria rabbia per ciò che l'uomo
aveva detto.*
angle /'æŋgəl/ *s*
angolo: a right angle, *un angolo retto*|
an angle of 40 degrees, *un angolo di 40
gradi*
angry /'æŋgri/ *agg*
⟨*compar* **angrier**, *sup* **angriest**⟩ ⟨**about
sthg, with sbdy**⟩ *arrabbiato, in collera
(per, con):* The teacher got angry at
John because he wasn't paying

attention. *La professoressa si arrabbiò
con John perchè non era attento.*|There
were some angry shouts from the
crowd. *Ci furono alcune grida di
collera da parte della folla.* — **angrily**
avv rabbiosamente
animal /'ænɪməl/ *s*
animale: He takes photographs of wild
animals such as foxes and bats. *Fa
fotografie di animali selvatici come
volpi e pipistrelli.*|Humans are
supposed to be the cleverest of the
animals. *Gli esseri umani sono ritenuti
i più intelligenti fra gli animali.*|the
animal kingdom, *il regno animale*
ankle /'æŋkəl/ *s*
caviglia: Andy broke his ankle when
he fell off his bike. *Andy si è fratturato
la caviglia quando è caduto dalla bici.*
anniversary /ˌænɪ'vɜːsəri||-ɜːr-/ *s*
⟨*pl* **anniversaries**⟩ *anniversario:* Mr
and Mrs Morgan celebrated their 16th
wedding anniversary by going out for a
meal. *I signori Morgan hanno
festeggiato il loro sedicesimo
anniversario di matrimonio andando a
cena fuori.*
announce /ə'naʊns/ *vt*
⟨*pass rem e p pass* **announced**, *p pres*
announcing⟩ ⟨**sthg** *o* **that**⟩ *annunciare
(qc o che):* The government
announced that there would be a
public holiday to celebrate the royal
wedding. *Il governo annunciò che ci
sarebbe stato un giorno di vacanza
nazionale per festeggiare le nozze reali.*
announcement /ə'naʊnsmənt/ *s*
annuncio, comunicato: An
announcement came over the ship's
loudspeaker. *Venne fatto un annuncio
attraverso l'altoparlante della nave.*
annoy /ə'nɔɪ/ *vt*
infastidire, seccare, irritare: I was
really annoyed because we missed the
beginning of the film. *Ero veramente
seccato perchè perdemmo l'inizio del*

film.

▲ *Trabocchetto: Non confondere* **annoy** *con l'italiano* **annoiare**, *che in inglese si dice* **bore.**

annoying /əˈnɔɪjɪŋ/ *agg*
fastidioso, seccante, irritante: That fly is really annoying! *Quella mosca è una vera seccatura!*

annual /ˈænjʊəl/ *agg*
annuale: We're holding our annual sports day on June 11th. *Terremo la nostra annuale giornata sportiva l'undici di giugno.*|Most people take their annual holiday in July or August. *La maggior parte della gente prende le ferie in luglio o agosto.*|the annual general meeting of the computer society, *l'annuale convegno generale della società d'informatica*
— **annually** *avv annualmente*

anorak /ˈænəræk/ *s*
giacca a vento (con cappuccio)

another /əˈnʌðəʳ/ *agg, pron*
1 *un altro, un secondo, ancora:* Carl Lewis has won another gold medal. *Carl Lewis ha vinto un'altra medaglia d'oro.*|"That banana was delicious!" "Would you like another (one)?" *"La banana era squisita!" "Ne desidera un'altra?"*|There are four chairs in the dining room and another three in the living room. *Ci sono quattro sedie nella sala da pranzo ed altre tre nel salotto.* **2** *un altro, uno differente:* I have the same birthday as another boy in my class. *Sono nato lo stesso giorno di un altro mio compagno di classe.*|We're going to sell this house and buy another (one). *Abbiamo intenzione di vendere la nostra casa per comprarne un'altra.*

one another *pron*
l'un l'altro – vedi anche EACH (*Nota*)

answer[1] /ˈɑːnsəʳ||ˈæn-/ *s*
1 ⟨**to**⟩ *risposta (a):* Give affirmative short answers to the following

questions. *Dare brevi risposte affermative alle seguenti domande.*|I haven't had an answer to my letter yet. *Non ho ancora ricevuto una risposta alla mia lettera.* **2** *soluzione, risultato:* I couldn't think of an answer to our problem. *Non riuscivo a trovare una soluzione per il nostro problema.*

answer[2] *vi, vt*
1 *rispondere:* If you answer all the questions correctly, you win a prize. *Se rispondi giusto a tutte le domande, vinci un premio.*|I asked John where he had been but he didn't answer. *Domandai a John dov'era stato, ma lui non rispose.* **2** *(andare a) rispondere:* Will you answer the phone please, Andy? *Andy, puoi rispondere al telefono per favore?*|I rang the doorbell but nobody answered (it). *Suonai alla porta ma non rispose nessuno.*

ant /ænt/ *s*
formica

anteater /ˈænt.iːtəʳ/ *s*
formichiere

antelope /ˈæntɪləʊp||ˈæntəl-/ *s*
⟨*pl* **antelopes** *o* **antelope**⟩ *antilope*

antenna /ænˈtenə/ *s*
⟨*pl* **antennas**⟩ *IA di* **aerial** *antenna (televisiva)*

anxiety /æŋˈzaɪəti/ *s*
⟨*pl* **anxieties**⟩ ⟨*num e non num*⟩ *ansia, impazienza:* The anxiety showed in his face. *Gli si leggeva l'ansia in volto.*

anxious /ˈæŋkʃəs/ *agg*
1 ⟨**about**⟩ *ansioso, inquieto (per):* Mr Morgan was getting anxious because it was getting very late and Andy hadn't come home. *Il signor Morgan cominciava a preoccuparsi perchè si stava facendo molto tardi e Andy non era tornato a casa.* **2** ⟨**to do sthg** *o* **for**⟩ *desideroso, impaziente (di fare qc o di):* The police are anxious to contact anybody who saw the accident. *La*

polizia era impaziente di contattare urgentemente chiunque avesse visto l'incidente. — **anxiously** *avv* ansiosamente

any[1] /'eni/ *agg, pron*
1 ⟨*generalmente in frasi negative o interrogative*⟩ qualche, alcuno, nessuno, un po' di, del: *Mr and Mrs Turner haven't got any children. I signori Turner non hanno figli.*|Is there *any coffee left? C'è ancora un po' di caffè?*|I haven't read any of these *books. Io non ho letto nessuno di questo libri.* **2** ⟨*uno*⟩ qualsiasi, (uno) qualunque, ogni: *Any bus from this stop will take you to the Tower of London. Qualsiasi pullman che parta da questa fermata porta alla Torre di Londra.*|You can telephone me any *time you like. Puoi telefonarmi a qualsiasi ora.*|"What record shall I put *on?" "Any. I'm not fussy." "Che disco devo mettere?" "Uno qualunque. Per me fa lo stesso."* – vedi anche ANYONE (*Nota*), e **La Nota Grammaticale Some and Any**

any[2] *avv*
1 un po', affatto: *"Are you feeling any better today?" "Yes. Much better, thank you." "Stai un po' meglio oggi?" "Sì. Molto meglio, grazie."*|"Was the *film any good?" "No. It was boring." "Valeva la pena di vederlo il film?" "No. Era noioso."* **2** **any more** o **any longer** ancora, non . . . più: *Mr Morgan doesn't work here any more. Il signor Morgan non lavora più qui.*| I'm not going to wait here any longer! *Non starò qui ad aspettare molto più a lungo!*

anybody /'eni,bɒdi, 'enibədi||-,bɑːdi/ *anche* **anyone** *pron*
1 ⟨*generalment in frasi negative o interrogative*⟩ qualcuno, nessuno: *Does anybody know where Kate is? Qualcuno sa dov'è Kate?*|I hope that

these jokes don't offend anybody. *Spero che queste barzellette non offendano nessuno.* – vedi anche SOMEBODY (*Nota*) **2** chiunque: Hang-gliding is so easy anybody could *do it. Volare col deltaplano è così facile che chiunque potrebbe farlo.*|Anybody who says that is a liar. *Chiunque dica ciò è un bugiardo.*

anyhow /'enihaʊ/ *avv*
– vedi ANYWAY

anyone /'eniwʌn/ *pron*
– vedi ANYBODY
■*Nota: Non confondere il pronome unico* **anyone** *(corrispondente ad* **anybody***) con* **any one** *scritto separato, che è solo una forma rafforzativa di* **any** *sottolineante il fatto che si allude ad uno ed uno solo oggetto (uno qualsiasi):* **Any one** of those bikes could be *Andy's. Una qualsiasi di quelle bici potrebbe essere di Andy.*

anything /'eniθɪŋ/ *pron*
1 ⟨*generalmente in frasi negative o interrogative*⟩ qualche cosa, qualcosa, alcuna cosa, niente: *Do you want anything else to eat? Desidera qualcos'altro da mangiare?*|"What's *that noise?" "I can't hear anything." "Cos'è questo rumore?" "Io non sento niente."* – vedi anche SOMETHING (*Nota*) **2** qualsiasi cosa, qualunque *cosa, tutto: Can you pass me something to wipe up this mess? Anything will do. Mi puoi passare qualcosa per pulire questo pasticcio? Qualsiasi cosa va bene.*

anyway /'eniweɪ/ *anche* **anyhow** *avv* ad ogni modo, in ogni caso, comunque: *I wasn't feeling very tired but I decided to go to bed anyway. Non mi sentivo particolarmente stanco, ma decisi lo stesso di andare a letto.*| That dress doesn't suit you. Anyway, *it's too expensive. Quel vestito non ti sta bene. In ogni caso, è troppo caro.*

Apostrophe-s

L'uso del segno 's

- My mother**'s** tall. = My mother **is** tall.
  Mia madre è alta.

Il segno **'s** *è la forma contratta del verbo* **is** *(= terza persona singolare del verbo* **be***).*

- My mother**'s** got a nice skirt on. = My mother **has** got a nice skirt on.
  Mia madre indossa una bella gonna.

Il segno **'s** *è la forma contratta del verbo* **has** *(= terza persona singolare del verbo* **have***).*

Osservazioni

▶ *Le forme contratte sono comunemente usate in inglese parlato e in inglese scritto non formale.*

- My mother**'s** skirt
  la gonna di mia madre
Il segno **'s** *indica la forma possessiva.*

- My mother**'s** skirt**'s** red.
  La gonna di mia madre è rossa.
Il primo **'s** *indica il possesso, il secondo* **'s** *indica* **is***.*

Apostrophe-s

-s possessivo

Il genitivo sassone si usa solitamente con le persone per indicare che qualcosa appartiene a qualcuno.

Con sostantivi singolari

▶ *Il nome del possessore è seguito da un apostrofo e da una -s e precede la cosa o la persona posseduta, che perde l'articolo.*

- **Andy's** birthday is the twenty-first of April.
  Il compleanno di Andy è il 21 aprile.

- Whose sweater is this? It's **Sue's**.
  Di chi è questo maglione? È di Sue.

Con sostantivi plurali

▶ *Il nome del possessore, quando forma il plurale in modo regolare e termina cioè -s/-es, è seguito solo dall'apostrofo.*

▶ *I sostantivi che formano plurale in modo irregolare sono seguiti dall'apostrofo e dalla -s.*

- The **Johnsons'** daughter is older than me.
  La figlia dei Johnson è maggiore di me.

- The **boys'** clothes were all over the floor.
  I vestiti dei ragazzi erano disseminati sul pavimento.

- The **children's** school is over there.
  La scuola dei bambini è laggiù.

- The **women's** cloakroom is through that door.
  Il guardaroba per le donne è oltre quella porta.

anywhere /'eniweə^r/ *avv*
1 ⟨*generalmente in frasi negative o interrogative*⟩ *da qualche parte, da nessuna parte:* I never go anywhere without my umbrella. *Io non vado mai da nessuna parte senza l'ombrello.*
– *vedi anche* SOMEWHERE (*Nota*) **2** *in qualsiasi luogo, da qualunque parte, dovunque:* Sit anywhere you like. *Sedetevi dove preferite.*

apart /ə'pɑːt||-ɑːrt/ *avv*
1 *separato:* They built the new houses very close together. They're only six metres apart. *Le nuove case sono state costruite tutte molto vicine. Tra l'una e l'altra ci sono solo sei metri di distanza.*|John and Andy were always talking to each other in class, so the teacher told them to sit apart. *John e Andy parlavano sempre tra di loro in classe, e perciò la maestra li ha fatti sedere separati.* **2** *a*/*in pezzi:* Mrs Morgan had to take the computer apart to fit the new chip. *La signora Morgan ha dovuto smontare il computer per inserirvi il nuovo microcircuito.*|The car was blown apart by a bomb. *L'auto fu sventrata da una bomba.* **3** **apart from** *a parte:* Apart from one or two spelling mistakes, your work is very good. *A parte uno o due errori di ortografia, il tuo compito è eccellente.*|It was quite cold at the beginning of June. Apart from that, it's been a marvellous summer. *Faceva piuttosto freddo all'inizio di giugno. Ma a parte ciò, è stata un'estate magnifica.* **4** **tell apart** *distinguere:* When they were babies you couldn't tell them apart. *Quando erano piccoli, non li si poteva distinguere l'uno dall'altro.*

apartment /ə'pɑːtmənt||-ɑːr-/ *s*
IA di **flat** *appartamento*

ape /eɪp/ *s*
scimmia: Most people now accept that humans are descended from apes. *Quasi tutti oramai accettano la teoria che gli esseri umani siano derivati dalle scimmie.*

apologize *o* **apologise** (*IB*) /ə'pɒlədʒaɪz||ə'pɑ-/ *vi*
⟨*pass rem e p pass* **apologized**, *p pres* **apologizing**⟩ ⟨**for sthg to sbdy**⟩ *scusarsi, chiedere scusa (a, di, per):* John! You must apologize to the man for your rude behaviour. *John! Devi scusarti con quel signore per la tua sgarbatezza.*

apology /ə'pɒlədʒi||ə'pɑː-/ *s*
⟨*pl* **apologies**⟩ *scusa:* John offered the man an apology. *John porse le proprie scuse al signore.*

apostrophe /ə'pɒstrəfi||ə'pɑː-/ *s*
apostrofo
■*Nota: Il segno d'apostrofo sostituisce le lettere mancanti da una forma contratta, come* **I'm** *invece di* I am. *Anche se le lettere elise sono più di una, l'apostrofo è sempre uno solo, come in* **can't** *al posto di* cannot. *In inglese l'apostrofo serve inoltre ad indicare il genitivo, come in* Andy's new bike, *la bici nuova di Andy.* – *vedi anche* **La Nota Grammaticale Apostrophe** -s *a p. 22*

apparatus /ˌæpə'reɪtəs||-'ræ-/ *s*
⟨*non num*⟩ *apparecchiatura, attrezzo:* Make a list of the apparatus used in the experiment. *Fate una lista delle apparecchiature adoperate nell'esperimento.*|We've got a new piece of apparatus in the gym. *Abbiamo un nuovo attrezzo nella palestra.*

appear /ə'pɪə^r/ *vi*
1 *apparire, comparire:* A new star has appeared in the sky. *È apparsa una nuova stella in cielo.*|We stood in St. Peter's Square, waiting for the Pope to appear on the balcony. *Siamo stati in Piazza San Pietro ad aspettare che il*

Papa comparisse al balcone. **2** 〈**to do** *o* **that**〉 〈*non usato nelle forme progressive*〉 *sembrare, parere (fare o che):* She appeared tired after her long journey. *Aveva l'aria stanca dopo il lungo viaggio.*|It appears that we won't be going to England after all. *Sembra che dopo tutto non potremo andare in Inghilterra.*|The snow appears to be melting. *Pare che la neve si stia sciogliendo.*

appearance /ə'pɪərəns/ *s*
1 *apparenza, aspetto, aria:* John's general appearance is rather untidy. *In generale John ha un modo di presentarsi alquanto trascurato.*|They changed the whole appearance of the school just by painting it. *La scuola ha cambiato completamente aspetto grazie ad una semplice mano di vernice.*
2 *apparizione, comparsa:* The next appearance of Halley's Comet will be in 2062. *La prossima apparizione della Cometa di Halley si verificherà nel 2062.*|It is the actress's first appearance at a London theatre. *È il debutto dell'attrice in un teatro londinese.*

apple /'æpəl/ *s*
mela

application /ˌæplɪ'keɪʃən/ *s*
domanda, richiesta: The company received over 200 applications for one job. *La ditta ha ricevuto più di duecento richieste d'impiego per un solo posto di lavoro.*|an application form, *un modulo per domanda di lavoro*

apply /ə'plaɪ/ *v*
〈*pass rem e p pass* **applied**, *p pres* **applying**〉 **1** *vi* 〈**for**〉 *fare/presentare domanda (per):* Cindy applied for lots of summer jobs, but didn't even get any interviews. *Cindy ha fatto domanda per molti lavori estivi, ma non è riuscita ad ottenere neanche un*

colloquio. **2** *vi, vt applicare(-si), riferirsi:* The law applies to us all. *La legge si applica a tutti noi.*

appoint /ə'pɔɪnt/ *vt*
nominare: Mrs Smith has been appointed manager of the Dover branch of the company. *La signora Smith è stata nominata direttrice nella succursale di Dover.*

appointment /ə'pɔɪntmənt/ *s*
1 〈*num e non num*〉 *nomina:* The school governors met to discuss the appointment of a new head teacher. *Il consiglio d'amministrazione della scuola si è riunito per discutere la nomina di un nuovo preside.* **2** 〈*num*〉 *appuntamento:* I have an appointment at the hairdresser's at six o'clock. *Ho un appuntamento dal parrucchiere alle sei.*|I made an appointment to see the doctor, but I had to cancel it. *Ho preso un appuntamento con il dottore, ma ho dovuto cancellarlo.*

approach /ə'prəʊtʃ/ *vi, vt*
avvicinare (-si), approssimarsi: The car slowed down as it approached the junction. *L'auto rallentò in prossimità dell'incrocio.*|The weather is getting colder. Winter is approaching. *Sta facendo più freddo. L'inverno si sta avvicinando.*

appropriate /ə'prəʊpriɪt/ *agg*
〈**for, to**〉 *appropriato, adatto (per, a):* Fill in the blanks with the appropriate form of the verb **be.** *Inserire negli spazi bianchi la forma appropriata del verbo "essere".*

approval /ə'pruːvəl/ *s*
〈*num e non num*〉 *approvazione, consenso:* People under 18 need their parents' approval before they can get married. *I minori di diciotto anni hanno bisogno del consenso dei genitori prima di potersi sposare.*

approve /ə'pruːv/ *v*
〈*pass rem e p pass* **approved**, *p pres*

approving⟩ **1** *vt approvare:*
Government decisions have to be
approved by Parliament. *Le decisioni
del Governo devono essere approvate
dal Parlamento.* **2** *vi* ⟨**of**⟩ ⟨*non usato
nelle forme progressive*⟩ *approvare,
accettare:* I don't approve of racial
discrimination. *Io non accetto la
discriminazione razziale.*|Before Maria
went to the party, she asked her
parents if they approved. *Prima di
andare alla festa, Maria domandò ai
propri genitori se approvassero.*

approximate /ə'prɒksɨmɨt||ə'prɑːk-/
agg
approssimato, approssimativo: What
will be the approximate cost of the
new Channel tunnel? *Quale sarà il
costo approssimativo del nuovo tunnel
sotto la Manica?* — **approximately**
avv approssimativamente: There are
approximately 350 students in the
school. *Ci sono approssimativamente
350 studenti nella scuola.*

April /'eɪprəl/ *s*
aprile: We're hoping to go to Florence
in April. *Speriamo di andare a Firenze
in aprile.* – *vedi anche La Nota
Grammaticale* **Days and Dates**

apron /'eɪprən/ *s*
grembiule: I'll just put my apron on
before I start baking. *Mi metto solo il
grembiule e poi comincio ad usare il
forno.*

aptitude /'æptɪtjuːd/ *s*
attitudine, disposizione – *vedi anche*
ATTITUDE (*Trabocchetto*)

aquarium /ə'kweəriəm/ *s*
⟨*pl* **aquariums** *o* **aquaria**⟩ *acquario:*
The aquarium at London Zoo contains
hundreds of species of fish. *L'acquario
dello Zoo di Londra contiene centinaia
di specie di pesci.*

are /əʳ/; *forma enfatica* ɑːʳ/
*2ª pers sing e 1ª, 2ª, 3ª pers pl pres del
verbo* **be**   *sei, siamo*

siete, sono: Frank! Where are you?
Frank! Dove sei?|Kate and Andy are
watching TV. *Kate e Andy stanno
guardando la TV.* – *vedi anche La Nota
Grammaticale* **The Verb "be"**

area /'eəriə/ *s*
1 ⟨*num*⟩ *area, zona:* Rain will spread
from the south to all areas of the
country. *La pioggia si propagherà dal
sud a tutte le zone del paese.*|Houses
are very expensive in this area of
London. *Le case sono molto care in
questa zona di Londra.* **2** ⟨*num e non
num*⟩ *area:* You work out the area of
a rectangle by multiplying its length by
its width. *L'area di un rettangolo si
trova moltiplicando la base per
l'altezza.*

aren't /ɑːnt||'ɑːrənt/
contraz di **are not***:* Kate and Andy
aren't coming after all. *Alla fin fine
Kate e Andy non vengono.*|You're Mr
Porter's son, aren't you? *Lei è il figlio
del signor Porter, non è vero?* – *vedi
anche* AM (*Nota*), *e La Nota
Grammaticale* **The Verb "be"**

argue /'ɑːgjuː||'ɑːr-/ *vi*
⟨*pass rem e p pass* **argued**, *p pres*
arguing⟩ ⟨**about sthg, with sbdy**⟩
disputare, litigare: Please don't argue,
you two. *Per piacere non mettetevi a
litigare, voi due.*|The council argued
with the company over where the new
factory should be built. *La giunta ha
disputato con la società su dove
costruire il nuovo stabilimento.*

argument /'ɑːgjʊmənt||'ɑːr-/ *s*
discussione, litigio: Kate had an
argument with Andy about whose turn
it was to do the washing up. *Kate ha
avuto un litigio con Andy su chi
doveva lavare i piatti.*

▲*Trabocchetto:* **Argument** *in inglese
non indica l'argomento di una
discussione (che invece si dice* **topic** *o*
subject)*, bensì il contrasto d'idee o di*

parole vero e proprio. Si noti inoltre che un **argument** *è una contesa animata, spesso degenerante in bisticcio, mentre uno scambio di vedute pacato e ragionevole si chiama* **discussion**.

arithmetic /ə'rɪθmətɪk/ *s*
⟨*non num*⟩ *aritmetica:* Lucy is learning arithmetic at school. *Lucy studia aritmetica a scuola.*

arm /ɑːm‖ɑːrm/ *s*
1 *braccio:* Gina broke her arm playing hockey. *Gina si è rotta il braccio giocando a hockey.* **2** ⟨*generalmente plurale*⟩ *arma:* The USA sells a lot of arms to Israel. *Gli Stati Uniti vendono moltissime armi ad Israele.*

armchair /'ɑːmtʃeəʳ, ˌɑːm'tʃeəʳ‖ 'ɑːrm-, ˌɑːrm-/ *s*
poltrona: We have a settee and two armchairs in the lounge. *Abbiamo un divano e due poltrone nel salotto.*

army /'ɑːmi‖'ɑːr-/ *s*
⟨*pl* **armies**⟩ ⟨*seguito da un verbo al singolare o al plurale*⟩ *esercito:* to join the army, *arruolarsi nell'esercito*|The British army was *o* were sent to Northern Ireland in 1969. *Nel 1969 l'esercito britannico venne mandato nell'Irlanda del Nord.*

around[1] /ə'raʊnd/ *anche* **round** (*IB*) *avv, prep*
1 *intorno (a), attorno (a):* The neighbours have put a fence around their garden. *I vicini hanno messo un recinto intorno al loro giardino.*|It'll be quicker if we drive around the town, rather than through it. *Facciamo prima se andiamo attorno alla città, invece di attraversarla.*|The helicopter was flying around in circles overhead. *L'elicottero volteggiava in cerchio sopra di noi.* **2** *in giro (per), qua e là (per):* A guide offered to show us around the cathedral. *Una guida si offrì di farci fare il giro della*

cattedrale.|There were a lot of people walking around outside the cinema. *C'era un sacco di gente che gironzolava fuori del cinema.* **3** (*per indicare movimento rotatorio*) *around to face me. Kate si voltò per guardarmi in faccia.*

around[2] *anche* **about** *avv*
intorno a, all'incirca: The tickets will probably cost around five pounds each. *Probabilmente i biglietti costeranno all'incirca cinque sterline l'uno.*|The stadium can hold around 100,000 people. *Lo stadio può tenere intorno alle centomila persone.*

arrange /ə'reɪndʒ/ *vt*
⟨*pass rem e p pass* **arranged,** *p pres* **arranging**⟩ **1** ⟨*sth o to do sth*⟩ *preparare, organizzare, combinare (qc o di fare qc):* Claudia arranged to meet Bruno outside the cinema. *Claudia ha combinato un appuntamento con Bruno fuori del cinema.*|Kate and Andy are arranging a party for next Saturday. *Kate e Andy stanno organizzando una festa per sabato prossimo.* **2** *sistemare, ordinare, disporre:* In a library the books are arranged alphabetically in sections. *In una biblioteca i libri sono sistemati in ordine alfabetico per sezioni.*|The secretary arranged her papers neatly on her desk. *La segretaria ha messo tutte le sue carte ben in ordine sulla scrivania.*
▲*Trabocchetto:* **Arrange** *non si riferisce mai all'idea di* **arrangiarsi,** *traducibile in inglese con* **manage somehow**: There was not much food left, but we **managed somehow**. *Non era rimasto molto da mangiare, ma ci siamo arrangiati.*

arrangement /ə'reɪndʒmənt/ *s*
⟨*num e non num*⟩ ⟨**to do sth** *o* **for**⟩ *preparativo, piano, programma (di fare qc o per):* My secretary makes all

Articles

a, an – *articolo indeterminativo*   **the** – *articolo determinativo*

– There's **a** girl in the garden.
  C'è una ragazza in giardino.
– **An** Alfa Romeo is **an** Italian car.
  L'Alfa Romeo è un'auto italiana.

– **The** children are playing in
  the park.
– *I bambini giocano nel parco.*

▸ *L'articolo indeterminativo ha due forme:*
  a *davanti a consonante e a suoni consonantici* /jʊ/:

  a cat   **a** house   **a** European

  an *davanti a vocale, a suoni vocalici e davanti a parole che iniziano con* **h** *muta:*

  an orange   **an** hour   **an** honest person

▸ *L'articolo determinativo ha una sola forma:*
  the. *Si pronuncia* /ðə/ *davanti a consonante e suoni consonantici, e* /ðiː/ *davanti a vocale, a suoni vocalici e davanti a parole che iniziano per* **h** *muta.*

Uso dell'articolo "a/an"

a/an si usano:

▸ *davanti a sostantivi numerabili singolari per indicare qualcuno o qualcosa di cui non conosciamo l'identità o qualcuno/qualcosa che non è stato nominato prima:*

– There's **a** letter on your desk.
  C'è una lettera sulla tua scrivania.
– She's just bought **a** new camera.
  Ha appena comprato una nuova macchina fotografica.
– He's **an** Italian actor.
  È un attore italiano.

Articles

▶ *davanti ad un sostantivo numerabile singolare per indicare in senso generico un'intera categoria di persone, animali o cose:*

- **An** elephant can live for many years.
  Un elefante può vivere per molti anni.

Osservazioni

▶ *Per indicare una quantità indefinita di persone o cose, davanti a sostantivi numerabili plurali o sostantivi non numerabili – là dove in italiano si usa l'articolo partitivo, o non si mette articolo – in inglese si usano* **some** *o* **any**:

- There are **some** letters on your desk.
  Ci sono delle lettere sulla tua scrivania.
- Have we got **any** coffee left?
  Abbiamo ancora caffè?
- –vedi anche **La Nota Grammaticale Some and Any**

▶ *Si omette l'articolo davanti a sostantivi numerabili plurali o sostantivi non numerabili che rappresentano una categoria generale:*

- They always have sandwiches for lunch.
  A pranzo mangiano sempre panini.
- She never drinks coffee.
  Non beve mai caffè.

▶ *Anche se l'italiano* **uno**, **una** *si può tradurre sia con* **one** *sia con* **a**, *queste parole si usano in modi diversi.* **One** *si usa soltanto per sottolineare che di un qualcosa ce n'è una sola quantità:*

- I've got **a** sister called Lucy.
  Ho una sorella che si chiama Lucy.
- I've only got **one** sister.
  Ho solo una sorella (non due o tre).
- "Would you like **a** cake?" "Yes, please." "How many cakes would you like?" "Just **one** cake, please, but could I have two biscuits?"
  "Vuoi una pasta?" "Sì, grazie." "Quante paste vuoi?" "Una sola grazie, ma potrei avere due biscotti?"

Articles

Uso dell'articolo "the"

the *si usa:*

▶ *davanti a sostantivi numerabili singolari e plurali definiti, quando sappiamo cioè di quale persona o cosa si stia parlando:*

  – **The** doctor in **the** picture is Italian.
  La dottoressa nella fotografia è italiana.
  – She showed me **the** camera she had bought in London.
  Mi fece vedere la macchina fotografica che aveva comprato a Londra.

▶ *davanti ad un sostantivo non numerabile quando ha un significato limitato (come "il caffè di quel ristorante"):*

  – **The** coffee in that restaurant is very good.
  In quel ristorante il caffè è ottimo.
  – We're studying **the** history of London.
  Stiamo studiando la storia di Londra.
  – They didn't enjoy **the** dinner they had last night.
  Non gli è piaciuta la cena di ieri sera.

▶ *davanti ad un sostantivo che indica qualcosa di unico o che non si ripeterà:*

  – **The** sun is shining in **the** sky.
  Il sole brilla nel cielo.

▶ *davanti ad un sostantivo numerabile singolare utilizzato in senso generico, ma indicante un'intera categoria:*

  – **The** panda is an interesting animal.
  Il panda è un animale interessante.

▶ *davanti ai nomi di strumenti musicali:*

  – Sue can play **the** violin.
  Sue sa suonare il violino.

Articles

▶ *davanti ad alcuni nomi comuni:*

- Let's go to **the** cinema.
  Andiamo al cinema.
- She lives in **the** country.
  Vive in campagna.

▶ *davanti ai nomi di fiumi, canali, catene di montagne, mari, arcipelaghi, davanti a nomi plurali di nazioni, e davanti ai nomi di nazioni che contengono un nome comune, come* Republic, Union, Kingdom, *ecc., seguito dalla preposizione* **of**:

- **the** (river) Thames
  il (fiume) Tamigi
- **the** People's Republic of China
  la Repubblica Popolare Cinese

Osservazioni

In molti casi là dove in italiano si usa l'articolo, in inglese questo è omesso:

▶ *davanti a sostantivi non numerabili che rappresentano una categoria generale:*

- Exercise is good for your health.
  L'esercizio ti fa bene alla salute.
- She likes history but maths is her favourite subject.
  La storia le piace, ma la sua materia preferita è la matematica.

▶ *davanti a sostantivi numerabili plurali che rappresentano una categoria generale:*

- I like cats but I don't like dogs.
  Mi piacciono i gatti ma non i cani.
- Oranges are expensive.
  Le arance sono costose.

the arrangements for my business trips. *La mia segretaria fa tutti i preparativi per i miei viaggi d'affari.*

arrest[1] /ə'rest/ *vt*
arrestare: The police arrested the woman for the murder. *La polizia ha arrestato la donna per l'omicidio.*

arrest[2] *s*
arresto: The police made 20 arrests following the violence at the football match. *La polizia ha fatto venti arresti in seguito agli atti di violenza scoppiati durante la partita di calcio.*|You are **under arrest**. *Lei è in stato di arresto.*

arrival /ə'raɪvəl/ *s*
arrivo: The Pope was met on his arrival by members of the royal family. *Al suo arrivo il Papa fu ricevuto da alcuni membri della famiglia reale.*|The flight indicator board shows arrivals and departures. *Il tabellone dei voli indica gli arrivi e le partenze.*

arrive /ə'raɪv/ *vi*
⟨*pass rem e p pass* **arrived**, *p pres* **arriving**⟩ ⟨**at, in**⟩ *arrivare (a, in):* What time does the train arrive in London? *A che ora arriva a Londra il treno?*|Claudia finally arrived in a taxi. *Claudia finalmente arrivò in taxi.*

arrow /'ærəʊ/ *s*
freccia: a bow and arrow, *un arco (con frecce)*|To find your way out of the tube station, just follow the arrows. *Per trovare l'uscita dalla stazione della metropolitana, basta seguire le frecce.*

art /ɑːt||ɑːrt/ *s*
⟨*num e non num*⟩ *arte:* Picasso is one of the great figures of modern art. *Picasso è uno dei grandi personaggi dell'arte moderna.*|a work of art, *un'opera d'arte*|The cinema is perhaps the most popular of the arts. *Il cinema è probabilmente la più popolare delle arti.*

art gallery /'ɑːt ˌgæləri||'ɑːrt-/ *s*

⟨*pl* **art galleries**⟩ *galleria d'arte:* There are a lot of museums and art galleries in London. *Ci sono un'infinità di musei e gallerie d'arte a Londra.*

article /'ɑːtɪkəl||'ɑːr-/ *s*
1 *articolo, oggetto:* There were some unusual articles for sale at the antique shop. *C'erano alcuni oggetti insoliti in vendita dall'antiquario.* **2** *articolo:* a newspaper article, *un articolo di giornale* **3** *articolo:* In English the definite article is **the** and the indefinite article is **a, an.** *In inglese l'articolo determinativo è* **the** *e l'articolo indeterminativo è* **a, an.** – *vedi anche La Nota Grammaticale* **Articles** *a p. 28*

artist /'ɑːtɪst||'ɑːr-/ *s*
artista: I like the painting but I don't know the name of the artist. *Il quadro mi piace, ma non conosco il nome dell'artista.*

artistic /ɑː'tɪstɪk||ɑːr-/ *agg*
artistico: artistic skills like music and drawing, *talenti artistici come la musica ed il disegno*

as[1] /əz; *forma enfatica* æz/ *prep*
1 ⟨*nei comparativi di uguaglianza*⟩ *come, quanto:* A chimpanzee isn't as big **as** a gorilla. *Uno scimpanzè non è grande quanto un gorilla.*|Kate is exactly the same age as Andy. *Kate ha esattamente la stessa età di Andy.*
2 *come, da:* John went to the fancy-dress party as a cowboy. *John è andato alla festa in maschera vestito da cow-boy.*|We use Kate's old bedroom as a study. *Usiamo la vecchia camera da letto di Kate come studio.*|As a holiday resort, Rimini is wonderful, but I wouldn't want to live there. *Come centro di vacanza Rimini è stupenda, ma non mi piacerebbe viverci.*

as[2] /əz; *forma enfatica* æz/ *cong*
1 ⟨*nei comparativi di uguaglianza*⟩ *come, quanto:* I'm not as stupid **as** you

think! *Non sono (così) stupido come pensi tu!*|Now push as hard **as** you can. *Ora spingi quanto più forte puoi.*|I'm exactly the same age as my mother was when she got married. *Ho esattamente gli stessi anni che aveva mia madre quando si sposò.* **2** come, nel modo in cui: As the teacher said, you won't pass your exams if you don't work hard. *Come ha detto il professore, non sarete promossi agli esami se non vi impegnate a fondo.*| You may do as you wish. *Puoi fare come vuoi.*|John was late for school as usual. *John, come al solito, era in ritardo per andare a scuola.* **3** mentre, quando: I just caught sight of Gina as she was going into school. *Gina l'ho appena intravista mentre entrava a scuola.*|Just as I was falling asleep, the telephone rang. *Proprio quando stavo per addormentarmi, ha suonato il telefono.* **4** dato che, poichè: As the teachers are on strike, Kate and Andy have got the day off school. *Poichè gli insegnanti fanno sciopero, Kate ed Andy oggi non vanno a scuola.*

as if anche **as though** *cong* come se, quasi che: I feel as if I haven't slept for a week. *Mi sento come se non avessi dormito per una settimana.*|It looks as if it's going to rain. *Sembra che stia per piovere.*

as³ /əz; *forma enfatica* æz/ *avv* 〈*nei comparativi di uguaglianza: spesso non tradotto*〉 così, tanto: A chimpanzee isn't **as** big as a gorilla. *Uno scimpanzè non è grosso come un gorilla.*|Now push **as** hard as you can. *Ora spingi quanto più forte puoi.*

ash /æʃ/ *s* 〈*pl* ashes〉 〈*non num o pl*〉 cenere: There was cigarette ash all over the carpet after the party. *Finita la festa, c'era cenere di sigarette su tutta la moquette.*|The firemen had to sort

through the ashes of the building after the fire. *I pompieri dovettero setacciare le ceneri dell'edificio dopo l'incendio.*

ashamed /ə'ʃeɪmd/ *agg* 〈**to do sthg** *o* **that** *o* **of**〉 vergognoso, imbarazzato (di fare qc o che o di): He felt ashamed when he came last in the race. *Provò vergogna quando arrivò ultimo nella corsa.*|You should be ashamed of yourself. Behaving like that in front of everybody! *Dovresti vergognarti. Comportarsi in quel modo davanti a tutti!*

ashtray /'æʃtreɪ/ *s* portacenere

ask /ɑːsk‖æsk/ *vt, vi*
1 〈**if** *o* **wh-**〉 domandare se o chi/che: The students will be allowed to ask questions at the end of the lecture. *Gli studenti potranno fare domande alla fine della lezione.*|The teacher asked me why I was late. *Il professore mi domandò perchè fossi in ritardo.*|The neighbours were asked if they had seen anything unusual before the robbery. *Ai vicini di casa fu domandato se avessero notato qualcosa di strano prima del furto.* **2** 〈**sbdy for sthg** *o* **sbdy to do sthg**〉 chiedere, richiedere (qc o di fare qc): Wendy's father asked the girls to help him in the garden. *Il padre di Wendy ha chiesto alle ragazze di aiutarlo in giardino.*|I went into the shop and asked for a loaf of bread. *Entrai nel negozio e chiesi una forma di pane.*|If you need any help, just ask. *Se hai bisogno d'aiuto, non hai che da chiederlo.* **3** invitare: Kate and Andy have asked John round for tea. *Kate ed Andy hanno invitato John a prendere il tè a casa loro.*|He was in love with the girl, but he was too shy to ask her out. *Lui era innamorato della ragazza, ma era troppo timido per invitarla ad uscire insieme.*

asleep /ə'sliːp/ *agg*
  1 be asleep *dormire:* Don't make too
  much noise. The baby's asleep. *Non
  fate troppo rumore. Il bambino
  dorme.*|A moment ago she was **fast
  asleep,** but now she's wide awake. *Un
  momento fa era profondamente
  addormentata, ma ora si è svegliata del
  tutto. – vedi anche* SLEEP **(***Nota***) 2 fall
  asleep** *addormentarsi:* I fell asleep on
  the train. *Mi sono addormentato in
  treno. – contrario* AWAKE

assist /ə'sɪst/ *vt, vi*
  ⟨**in**⟩ *assistere, aiutare (in):* A team of
  nurses assisted the doctor in
  performing the operation. *Un'équipe
  d'infermiere assistì il dottore durante
  l'intervento. – vedi anche* ASSISTANCE
  (*Nota***)**

assistance /ə'sɪstəns/ *s*
  ⟨*non num*⟩ *assistenza, aiuto:* You
  cannot possibly solve this problem
  without the assistance of a computer
  expert. *Non hai la minima possibilità
  di riuscire a risolvere questo problema
  senza l'aiuto di un esperto in computer.*
  ■*Nota: Le parole* **assist** *e* **assistance**
  sono più formali della parola **help.**

assistant /ə'sɪstənt/ *s*
  assistente, aiutante: a shop assistant, *un
  commesso*|The professor has two
  assistants to help him in the
  laboratory. *Il professore ha due
  assistenti che lo aiutano in laboratorio.*

assume /ə'sjuːm‖ə'suːm/ *vt*
  ⟨*pass rem e p pass* **assumed,** *p pres*
  assuming⟩ ⟨*sthg o that*⟩ *presumere,
  supporre, dare per scontato (qc o che):*
  Some British people assume that all
  foreigners speak English. *Certuni in
  Gran Bretagna danno per scontato che
  tutti gli stranieri parlino inglese.*

astronaut /'æstrənɔːt‖-nɔːt, -nɑːt/ *s*
  astronauta

at /ət; *forma enfatica* æt/ *prep*
  1 ⟨*complemento di stato in luogo*⟩ *a,*
  in: at the end of the street, *in fondo
  alla strada*|at school, *a scuola*|They're
  staying at a hotel. *Stanno in un
  albergo.*|Does this train stop at
  Croydon? *Si ferma a Croydon questo
  treno?*|Andy is sitting at his desk.
  Andy è seduto al suo banco. **2** ⟨*segue
  alcuni verbi*⟩ *a, verso, contro,
  addosso:* He threw a snowball at me,
  but it missed. *Mi ha lanciato contro
  una palla di neve, ma mi ha mancato.*|
  Everybody's always laughing at
  Martin. *Tutti ridono sempre di
  Martin.*|Andy shouted at his little sister.
  Andy ha sgridato la sua sorellina.|
  Look at that car! *Guarda quella
  macchina!* **3** ⟨*complemento di tempo
  determinato*⟩ *a, in, di:* Kate will be
  home at five o'clock. *Kate sarà a casa
  alle cinque.*|The bus is always full at
  this time. *A quest'ora l'autobus è
  sempre pieno.* **4** ⟨*per indicare
  condizione od occupazione*⟩ *a, in:* The
  two countries have been at war for
  three years. *I due paesi sono in guerra
  da tre anni.*|All the hotel guests were
  at breakfast. *I clienti dell'albergo erano
  tutti a colazione.*|John is very good at
  football. *John è bravissimo a calcio.*
  – vedi anche L'*Illustrazione*
  Prepositions

ate /et, eɪt‖eɪt/
  pass rem del verbo **eat**

athlete /'æθliːt/ *s*
  atleta: The athletes were warming up
  before the race. *Gli atleti facevano
  riscaldamento prima della gara.*

athletic /æθ'letɪk, əθ-/ *agg*
  atletico: Richard is not very athletic.
  He can't even run 100 metres. *Richard
  non è molto atletico. Non riesce
  neanche a fare i cento metri.*

athletics /æθ'letɪks, əθ-/ *s*
  ⟨*non num*⟩ *atletica:* Athletics is
  becoming more popular. *L'atletica sta
  diventando più popolare.*

atlas /'ætləs/ s
⟨pl **atlases**⟩ atlante (geografico): The atlas contains detailed maps of every part of the world. L'atlante contiene le cartine particolareggiate di ogni regione del mondo.

atmosphere /'ætməsfɪəʳ/ s
1 atmosfera, aria: The earth's atmosphere consists mainly of nitrogen and oxygen. L'atmosfera terrestre è composta principalmente d'azoto e d'ossigeno. 2 atmosfera, ambiente: a club where business people can relax in a pleasant atmosphere, un circolo dove le persone d'affari possono distendersi in una cordiale atmosfera

attach /ə'tætʃ/ vt
1 ⟨to⟩ attaccare, unire, fissare (a): Andy attached the mirror to the handlebars of his bike. Andy si è fissato lo specchietto al manubrio della bici. 2 **be attached to** essere attaccato/affezionato a: The Morgan family are very attached to their dog, Ben. La famiglia Morgan è molto affezionata al suo cane, Ben.

attack¹ /ə'tæk/ v
1 vt, vi attaccare, aggredire, assalire: The man was jailed for attacking the policeman. L'uomo fu incarcerato per avere aggredito il poliziotto.|The city was attacked by enemy aircraft. La città fu attaccata da aerei nemici. 2 vt attaccare: The newspapers attacked the government's plans. La stampa ha attaccato i piani del governo. 3 vt attaccare: A swarm of locusts attacked the crops and destroyed them. Uno sciame di cavallette ha attaccato i raccolti e li ha distrutti.

attack² s
1 ⟨against, on⟩ attacco, aggressione, assalto (contro): Attacks on old people seem to be increasing. I casi di aggressione contro gli anziani sembrano in aumento.|Our army was

under attack. Il nostro esercito era sotto attacco. 2 ⟨against, on⟩ attacco (contro): In her speech, the Prime Minister made a strong attack on the trade unions. Nel suo discorso, il Primo Ministro ha lanciato un duro attacco contro i sindacati. 3 attacco, accesso: My grandfather has had a heart attack. Mio nonno ha avuto un attacco di cuore.|an attack of rheumatism, un accesso di reumatismi

attempt¹ /ə'tempt/ vt
⟨sthg o to do sthg⟩ tentare (qc o di fare qc), provare (qc o a fare qc): They attempted to leave the restaurant without paying. Tentarono di uscire dal ristorante senza pagare.|In the exam, you should attempt all the questions. All'esame dovresti provare a rispondere a tutte le domande.
■Nota: Il verbo **attempt** è più formale del verbo **try**.

attempt² s
⟨to do sthg o at, on⟩ tentativo, prova (a fare qc o in): He passed his driving test at the second attempt. Ha passato l'esame di guida al secondo tentativo.| She is going to make an attempt on the world high jump record. Cercherà di battere il primato mondiale di salto in alto.

attend /ə'tend/ vt
frequentare, assistere a, partecipare a: Kate and Andy attend the same school. Kate e Andy frequentano la stessa scuola.|Not many people attended the meeting. Non parteciparono molte persone alla riunione.

attention /ə'tenʃən/ s
⟨non num⟩ attenzione: He never **pays attention** when you talk to him, so he never remembers what you say. Non fa mai attenzione quando gli si parla, così non ricorda mai cosa gli si dica.| Could I have your attention for a

moment, please. *Potrei avere la vostra attenzione per un momento, per favore.*

attic /'ætɪk/ s
soffitta, mansarda

attitude /'ætɪtjuːd||-tuːd/ s
⟨to⟩ opinione su: People's attitudes to marriage have changed a great deal in the last thirty years. *Negli ultimi trent'anni l'opinione della gente nei confronti del matrimonio è cambiata in misura considerevole.*

▲*Trabocchetto: La parola* **attitude** *non corrisponde all'italiano* **attitudine** *nel senso di predisposizione o inclinazione, che in inglese si rende con* **aptitude.**

attract /ə'trækt/ vt
attrarre, attirare: I'm very attracted to Bruno. *Sono molto attratta da Bruno.*| The sports centre attracts many young people from the town. *Il centro sportivo attira molti giovani dalla città.*

attraction /ə'trækʃən/ s
⟨num e non num⟩ attrazione, attrattiva: London's museums and art galleries are great tourist attractions. *I musei e le gallerie d'arte di Londra sono grandi attrattive per i turisti.*| Work has little attraction for me. *Il lavoro ha poca attrazione per me.*

attractive /ə'træktɪv/ agg
attraente: I find him very attractive. *Lo trovo molto attraente.*

audience /'ɔːdiəns||'ɔː-, 'ɑː-/ s
⟨seguito da un verbo al singolare o al plurale⟩ pubblico, spettatori: The entire audience stood up and applauded at the end of the concert. *Alla fine del concerto, l'intero pubblico si alzò in piedi ed applaudì.*

audiovisual /'ɔːdi-əʊ 'vɪʒʊəl/ agg
audiovisivo: An audiovisual language course uses films and cassettes. *In un corso audiovisivo di lingua si fa uso di film e di cassette.*

August /'ɔːgəst/ s
agosto – vedi anche **La Nota Grammaticale** Days and Dates

aunt /ɑːnt||ænt/ anche **auntie, aunty** (fam) s
zia: Aunt Margaret, our mother's sister, is coming to stay with us next week. *Zia Margaret, la sorella di nostra madre, verrà a stare con noi la prossima settimana.*

author /'ɔːθəʳ/ s
autore (-trice): The author of the book was in the shop, and she signed a copy for me. *L'autrice del libro era in libreria e me ne ha firmato una copia.*

authority /ɔː'θɒrɪti, ə-||ə'θɑː-, ə'θɒː-/ s
⟨pl authorities⟩ 1 ⟨non num⟩ autorità: The new teacher has a lot of authority with the children. *Il nuovo maestro ha molta autorità con i bambini.* 2 ⟨num⟩ autorità: We complained to the local authority because the street lights weren't working. *Ci siamo lamentati con le autorità locali perchè l'illuminazione stradale non funzionava.*|If you lose your passport, you should inform the authorities immediately. *Se si smarrisce il passaporto, si dovrebbero immediatamente informare le autorità.*

autograph /'ɔːtəgrɑːf||-græf/ s
autografo: I got Niki Lauda's autograph at Monza last year. *L'anno scorso a Monza mi sono fatto fare l'autografo da Niki Lauda.*
— **autograph** vt fare l'autografo

automatic /ˌɔːtə'mætɪk/ agg
automatico: an automatic washing machine, *una lavatrice automatica*|All workers accept an automatic pay increase every year. *Tutti gli operai ricevono ogni anno un aumento automatico di stipendio.* – **automatically** avv automaticamente

autumn /'ɔːtəm/ anche **fall** (IA) s
autunno: The school year starts in the

autumn. *L'anno scolastico comincia in autunno.*

available /ə'veɪləbəl/ *agg*
disponibile: I'm sorry but Mrs Morgan isn't available at the moment, could you call back later? *Mi dispiace, ma la signora Morgan non è libera al momento: può richiamare più tardi?|* The new David Bowie album will be available in the shops next month. *Il nuovo long playing di David Bowie sarà in vendita nei negozi il prossimo mese.*

avalanche /'ævəlɑːnʃ||-læntʃ/ *s*
valanga: There is always the danger of an avalanche when you are skiing in the mountains. *C'è sempre pericolo di una valanga quando si scia in montagna.*

avenue /'ævᵻnjuː||-nuː/ *s*
viale: the wide avenue that leads to Buckingham Palace, *l'ampio viale di accesso a Buckingham Palace*

average¹ /'ævərɪdʒ/ *agg*
medio: Ted is of average height/weight for his age. *Ted è di altezza media/peso medio per la sua età.|*Kate is very good at physics, but only average at chemistry. *Kate è bravissima in fisica, ma solo media in chimica.*

average² *s*
media: "What is the average of 3, 7 and 8?" "6." *"Qual è la media fra 3, 7 e 8?" "6."|***On average,** I receive about 20 letters per week. *In media ricevo circa venti lettere alla settimana.*

average³ *vt*
⟨*pass rem e p pass* **averaged,** *p pres* **averaging**⟩ *calcolare la media di, fare in media:* Since I started jogging, I've been averaging about 20 km per week. *Da quando ho cominciato a fare jogging, tengo una media di circa venti chilometri alla settimana.*

avoid /ə'vɔɪd/ *vt*
⟨*sthg o doing sthg*⟩ *evitare (qc o di*

fare qc): Mrs Morgan just avoided an accident by braking hard. *La signora Morgan è riuscita ad evitare un incidente per un pelo, frenando al massimo.|*I think Bruno's trying to avoid me. I hope I haven't upset him. *Ho l'impressione che Bruno stia cercando di evitarmi. Spero di non averlo turbato.|*I try to avoid travelling in the rush hour. *Cerco di evitare di spostarmi durante le ore di punta.*

awake¹ /ə'weɪk/ *agg*
⟨*solo predicativo*⟩ *sveglio:* I'm so tired I can't stay awake. *Sono così stanco che non riesco a stare sveglio.|*She was fast asleep a moment ago, but now she's **wide awake.** *Dormiva sodo un momento fa, ma ora è completamente sveglia.* – *contrario* ASLEEP

awake² *vi*
⟨*pass rem* **awoke,** *p pass* **awoken**⟩ *svegliarsi, destarsi:* I awoke at dawn. *Mi sono svegliato all'alba.*
■*Nota: Il verbo* **awake** *è più formale e meno comune del verbo* **wake up.**

away /ə'weɪ/ *avv, agg*
1 *via:* Go away and leave me alone! *Vattene via e lasciami in pace!|*The birds fly away as soon as they hear a noise. *Gli uccelli volano via non appena sentono un rumore.* **2** ⟨*nelle misurazioni di distanza*⟩ *lontano, distante:* Bruno lives three kilometres away from the school. *Bruno abita a tre chilometri di distanza dalla scuola.|* How far away are those mountains? *Quanto distano quelle montagne?* **3** *assente, via:* We usually go away for two weeks in the summer. *Di solito andiamo via per due settimane d'estate.|*"Could I speak to Mrs Morgan please?" "I'm afraid she's away on business at the moment." *"Potrei parlare con la signora Morgan per favore?" "Mi dispiace, ma al momento si è assentata per affari."|*

"Where's Kate?" "She's away today."
"Dov'è Kate?" "È via oggi." **4** *via:* I
put my keys away somewhere safe and
now I can't find them. *Ho messo via le
chiavi in un posto sicuro, ed adesso
non riesco a trovarle.*|The dangerous
chemicals are locked away in a
cupboard. *Le sostanze chimiche
pericolose sono riposte in un
armadietto sotto chiave.* **5** *via:* Andy
gave all his sweets away and then had
none left for himself. *Andy ha dato via
tutte le caramelle, ed alla fine non
glien'era rimasta neanche una per sè.*|
I'll just throw away these old papers.
Butto via solo questi vecchi giornali.

awful /'ɔːfəl/ *agg*
terribile, spaventoso: The weather has
been awful recently. *Il tempo è stato
terribile negli ultimi tempi.*|The plane
crash was an awful tragedy.
*L'incidente aereo è stata una tragedia
spaventosa.*

awfully /'ɔːfəli/ *avv*
terribilmente, spaventosamente: I'm
awfully sorry. *Sono spiacentissimo.*|It
was awfully kind of you to help. *Sei
stato terribilmente gentile ad aiutarmi.*

awkward /'ɔːkwəd‖-ərd/ *agg*
1 *goffo, impacciato:* an awkward
movement, *un movimento impacciato*|
Some teenage boys feel awkward and
embarrassed when they meet girls.
*Alcuni ragazzini diventano impacciati
ed imbarazzati insieme alle ragazze.*
2 *scomodo, inopportuno,
imbarazzante:* Our visitors arrived at
an awkward moment. *I nostri ospiti
sono arrivati in un momento
inopportuno.*

awoke /ə'wəʊk/
pass rem del verbo **awake**

awoken /ə'wəʊkən/
p pass del verbo **awake**

B,b

B, b /biː/
B, b

baby[1] /'beɪbɪ/ *s*

⟨*pl* **babies**⟩ *bambino:* Don't make so much noise, the baby's asleep. *Non fare così tanto rumore, il bambino sta dormendo.* – *vedi anche* CHILD (*Nota*)

baby[2] *agg*

⟨*non usato al compar o sup*⟩ (*solo attributivo*) *piccolo, cucciolo:* a baby gorilla, *un piccolo di gorilla*

baby-sit /'beɪbɪ ˌsɪt/ *vi*

⟨*pass rem e p pass* **baby-sat**, *p pres* **baby-sitting**⟩ *fare il/la baby-sitter:* Mr and Mrs Morgan are going to the cinema so Cindy and Rick have to baby-sit for Lucy. *I signori Morgan vanno al cinema, così Cindy e Rick devono badare a Lucy.*

baby-sitter /'beɪbɪ sɪtəʳ/ *s*
baby-sitter

back[1] /bæk/ *s*

1 *schiena:* Emilio hurt his back when he tried to lift the heavy box. *Emilio si è fatto male alla schiena mentre cercava di sollevare la pesante cassa.*|He stood with his back to us. *Stava in piedi volgendoci le spalle.* **2** *dietro, retro, fondo:* He always sits at the back of the class. *Si siede sempre in fondo alla classe.*|The children were playing in the small garden at the back of the house. *I bambini stavano giocando nel giardinetto dietro alla casa.*|I didn't recognize him. I could only see the back of his head from where I was standing. *Non lo riconobbi. Potevo solo vedere il retro della sua testa da*

dove mi trovavo. **3** *schienale:* She hung her coat on the back of the chair. *Appese il cappotto allo schienale della sedia.*

back[2] *avv*

1 *indietro:* Stand back while I light the firework. *Sta' indietro mentre accendo il mortaretto.*|The police moved the crowd back to make enough room for the procession. *La polizia fece indietreggiare la folla per dar spazio alla processione.* **2** (*dove qc stava prima*): Put the book back on the shelf when you've finished with it. *Rimetti il libro sullo scaffale quando hai finito.*| "Can I speak to Kate, please?" "I'm afraid she's out." "Oh. Can you ask her to call me when she comes back?" *"Posso parlare a Kate, per favore?" "Mi dispiace, è fuori." "Oh. Le può chiedere di chiamarmi quando ritorna?"*|I've forgotten my purse. I'll just run back to the house and fetch it. *Ho dimenticato il mio borsellino. Corro indietro fino a casa per andarlo a prendere.*|This record belongs to Andy. I must give it back to him. *Questo disco è di Andy. Devo restituirglielo.* **3** *in cambio, in risposta:* I write my sister a letter every week, but she never writes back. *Scrivo una lettera a mia sorella ogni settimana ma non mi risponde mai.*|John phoned while you were out. He wants you to phone him back. *John ha telefonato mentre eri fuori. Vuole che gli ritelefoni.*

back[3] *agg*

⟨*solo attributivo*⟩ *di dietro, posteriore:* The cinema was nearly full and we could only get seats in the back row. *Il cinema era quasi pieno e potemmo solo trovare posto nell'ultima fila.*|The children are playing in the back garden. *I bambini stanno giocando nel giardino sul retro.*|I left my briefcase on the back seat of the car. *Ho lasciato la mia valigetta sul sedile posteriore della macchina.*

back⁴ *vt, vi*
indietreggiare, fare marcia indietro: She backed the car into the parking space. *Fece retromarcia, e parcheggiò la macchina nello spazio.*

  back up *vt*
⟨**back sbdy/sth ⟷ up**⟩ *spalleggiare, sostenere:* The driver said he wasn't to blame for the accident, and several witnesses backed him up. *Il guidatore disse che lui non era responsabile dell'incidente e vari testimoni lo sostennero.*

back door /'bæk 'dɔːʳ/ *s*
⟨*pl* **back doors**⟩ *porta sul retro:* She opened the back door and went out into the garden. *Aprì la porta retrostante ed uscì in giardino.*

background /'bækgraʊnd/ *s*
sfondo: This is a photo of the hotel we stayed in. You can just see the mountains in the background. *Questa è una foto dell'albergo in cui stavamo. Puoi intravedere le montagne sullo sfondo.*

back-up /'bækʌp/ *agg*
⟨*solo attributivo*⟩ *di sostegno, di supporto:* A successful racing driver needs a good back-up team. *Un buon corridore ha bisogno di una buona equipe di sostegno.*

backward /'bækwəd||-ərd/ *anche* **backwards** *(IB)* *avv*
indietro, all'indietro: She pushed him, and he fell backward into the

swimming pool. *Lei lo spinse, e lui cadde all'indietro nella piscina.*|"Step" written backward spells "pets". *"Step" scritto all'indietro diventa "pets".*

backyard /ˌbæk'jɑːd||-'jɑːrd/ *s*
cortile o giardino retrostante: The children are playing in the backyard. *I ragazzi stanno giocando nel cortile retrostante.*

bacon /'beɪkən/ *s*
⟨*non num*⟩ *pancetta:* We sometimes have bacon and eggs for breakfast. *Qualche volta mangiamo per colazione pancetta ed uova.*

bad /bæd/ *agg*
⟨*compar* **worse**, *sup* **worst**⟩ **1** *cattivo, brutto:* "Your work is not very good. In fact it's bad." "It's not that bad." *"Il tuo lavoro non va molto bene. In realtà va male." "Non è così male."*| Perhaps we only see the bad side of him. *Forse vediamo solo i suoi aspetti negativi.*|John's good at football but he's really bad at tennis. *John gioca bene a calcio ma a tennis gioca proprio male.*|He has been a bad boy. *È stato un bambino cattivo.* – *contrario* GOOD **2** *grave, severo, brutto:* John's got a bad cold and can't play for the team on Saturday. *John ha un brutto raffreddore e sabato non può giocare per la squadra.*

badge /bædʒ/ *s*
distintivo, scudetto: Sue has got a great new Prince badge. *Sue ha un bellissimo distintivo nuovo di Prince.*| Emilio wears an anti-nuclear badge. *Emilio porta un distintivo di protesta anti-nucleare.*

badly /'bædli/ *avv*
⟨*compar* **worse**, *sup* **worst**⟩ **1** *male:* Sandro did very badly in his exams. *Sandro è andato molto male agli esami.* |The house was very badly painted and had to be redone. *La casa è stata pitturata molto male e si è dovuto rifare*

il lavoro. – contrario WELL

2 *seriamente, gravemente:* Andy was not badly injured when he fell off his bike. *Andy non si è ferito gravemente quando è caduto dalla bicicletta.*

badminton /'bædmɪntən/ *s*
⟨*non num*⟩ *badminton:* Kate and Andy sometimes play badminton after school. *Kate ed Andy giocano qualche volta a badminton dopo la scuola.*
– *vedi anche* COURT (***Nota***)

bag /bæg/ *s*
borsa, sacchetto, borsetta: a shopping bag, *una borsa della spesa*|a bag of sweets, *un sacchetto di caramelle*|Andy carries his tracksuit and trainers in a sports bag. *Andy porta la tuta e le scarpette da ginnastica in una borsa dello sport.*|a sleeping bag, *un sacco a pelo*

baggage /'bægɪdʒ/ *s*
⟨*non num*⟩ *bagaglio, bagagli:* Claudia checked in her baggage and then boarded the plane. *Claudia consegnò il suo bagaglio e poi salì a bordo dell'aereo.*

bake /beɪk/ *vi, vt*
⟨*pass rem e p pass* **baked**, *p pres* **baking**⟩ *cuocere al forno:* Emilio is baking a cake for Sue's birthday. *Emilio sta preparando una torta per il compleanno di Sue.*

baker /'beɪkə'/ *s*
fornaio: The baker took the bread out of the oven. *Il fornaio prese il pane dal forno.*

baker's /'beɪkəz/ *s*
panificio, forno: I'm just going to the baker's for a loaf. *Devo solo andare dal fornaio per il pane.*

balance¹ /'bæləns/ *vi, vt*
⟨*pass rem e p pass* **balanced**, *p pres* **balancing**⟩ *bilanciarsi, tenersi in equilibrio, tenere in equilibrio:* The performer balanced on a wire high above the circus ring. *L'artista si tenne*
in equilibrio su una corda tesa sopra la pista del circo.

balance² *s*
1 ⟨*non num*⟩ *equilibrio:* The performer kept her balance for a long time. *L'artista mantenne l'equilibrio a lungo.*|John lost his balance and fell off the wall. *John perse l'equilibrio e cadde giù dal muro.* **2** ⟨*num*⟩ *bilancia:* We used a balance to measure the chemicals for the experiment. *Usammo una bilancia per pesare le sostanze chimiche per l'esperimento.*

balcony /'bælkənɪ/ *s*
⟨*pl* **balconies**⟩ *balcone:* We sat on the balcony, enjoying the evening sun. *Stavamo seduti sul balcone a goderci il tramonto.*

bald /bɔːld/ *agg*
⟨*compar* **balder**, *sup* **baldest**⟩ *calvo:* Mr Wilson went bald when he was still quite young. *Il signor Wilson diventò calvo quando era ancora piuttosto giovane.*|a bald head, *una testa calva*

ball /bɔːl/ *s*
palla, pallone: to kick/throw/catch a ball, *calciare/tirare/prendere una palla*

ballet /'bæleɪ||bæ'leɪ, 'bæleɪ/ *s*
⟨*num e non num*⟩ *danza classica:* a ballet dancer, *un ballerino classico/una ballerina classica*

balloon /bə'luːn/ *s*
1 *palloncino:* We had lots of coloured balloons at the party. *Avevamo moltissimi palloncini colorati alla festa.*|At the peace rally the demonstrators launched thousands of balloons into the air. *Al raduno per la pace i dimostranti liberarono in aria migliaia di palloncini.* **2** *pallone aerostatico, mongolfiera:* They tried to fly across the ocean in a balloon. *Provarono ad attraversare l'oceano a bordo di un pallone aerostatico.*

ballooning /bə'luːnɪŋ/ *s*
⟨*non num*⟩ *volare in pallone*

aerostatico — **balloonist** *s aeronauta, pilota di pallone aerostatico*

banana /bəˈnɑːnə||-ˈnæ-/ *s*
⟨*pl* **bananas**⟩ *banana:* She peeled the banana and then ate it. *Ha sbucciato la banana e poi l'ha mangiata.*

band /bænd/ *s*
1 ⟨*seguito da un verbo al singolare o al plurale*⟩ *banda (musicale), complesso:* a rock band, *un complesso rock*|The band is *o* are going on tour next month. *La banda andrà in tourné il prossimo mese.* 2 *banda, striscia, nastro, fascia:* A rubber band held the papers together. *Una fascia di gomma teneva insieme le carte.*

bang¹ /bæŋ/ *vt, vi*
1 *battere, picchiare, sbattere:* They banged the cupboard against the door when they tried to take it out. *Hanno sbattuto l'armadio contro la porta mentre cercavano di tirarlo fuori.*|The door banged shut. *La porta si è chiusa sbattendo.*|Who's that banging at the door? *Chi è che batte alla porta?*
2 *battere:* He banged his knee on the table when he stood up. *Ha battuto il ginocchio contro il tavolo quando si è alzato.*

bang² *s*
colpo, scoppio: There was a loud bang as the door blew shut. *Si è sentito un forte colpo quando la porta si è chiusa sbattendo.*|We heard several bangs as the guns were fired. *Abbiamo sentito diversi colpi allo sparo delle pistole.*

bank /bæŋk/ *s*
1 *banca:* Kate has a savings account at the bank. *Kate ha un libretto di risparmio in banca.* 2 *sponda, riva, argine:* We sat on the river bank, fishing. *Sedevamo sulla riva del fiume a pescare.*

bank holiday /ˌbæŋk ˈhɒlɪdɪ||ˈhɑlɪdeɪ/ *anche* **public holiday** *s*
⟨*pl* **bank holidays**⟩ *festa nazionale,*

giorno di festa: Christmas Day is a bank holiday in many countries. *Il giorno di Natale è una festa nazionale in molti paesi.*

bar /bɑːʳ/ *s*
1 *sbarra:* There were bars across the window. *C'erano delle sbarre alla finestra.* 2 *pezzo:* a bar of chocolate, *una tavoletta di cioccolato*|a bar of soap, *una saponetta* 3 *bar:* She went up to the bar and ordered a drink. *Andò al bar ed ordinò da bere.*|a snack bar, *una tavola calda*|a coffee bar, *un bar*

barbecue /ˈbɑːbɪkjuː||ˈbɑːr-/ *s*
barbecue, grigliata all'aperto
— **barbecue** *vt* ⟨*pass rem e p pass* **barbecued,** *p pres* **barbecuing**⟩
arrostire alla brace

barber /ˈbɑːbəʳ||ˈbɑːr-/ *s*
barbiere
■*Nota:* **Barber** *dà l'idea di un ambiente un po' all'antica, e non si usa per i indicare il posto dove gli uomini vanno per un taglio alla moda; questo viene infatti chiamato* **hairdresser's.**

bare /beəʳ/ *agg*
1 ⟨*di una persona*⟩ *nudo:* I like walking on the sand with bare feet. *Mi piace camminare sulla sabbia a piedi nudi.* 2 *vuoto, spoglio:* a bare cupboard, *una credenza vuota*|a bare floor with no carpet, *un pavimento spoglio senza tappeto*

barefoot /ˈbeəfʊt||ˈbeər-/ *agg, avv*
a piedi nudi, scalzo: I like walking barefoot in the sea. *Mi piace camminare a piedi nudi nel mare.*

bargain /ˈbɑːgɪn||ˈbɑːr-/ *s*
affare, occasione: This coat was a real bargain. They knocked five pounds off in the sale. *Questo cappotto è stato proprio un'occasione. È stato svenduto con uno sconto di cinque sterline.*

bark¹ /bɑːk||bɑːrk/ *vi*
⟨**at**⟩ *abbaiare:* The dog always barks

when somebody knocks at the door. *Il cane abbaia sempre quando qualcuno bussa alla porta.*

bark² *s*

1 ⟨*num*⟩ abbaiare: That dog has a ferocious bark. *Quel cane ha un abbaiare inferocito.* **2** ⟨*non num*⟩ corteccia (di albero)

barmaid /'bɑːmeɪd||'bɑːr-/ *s*
barista: She works as a barmaid at the hotel. *Lavora come barista all'albergo.*

barman /'bɑːmən||'bɑːr-/ *s*
⟨*pl* **barmen**⟩ barista, barman: He's a barman at the King's Head. *Fa il barman al "King's Head".*

barometer /bə'rɒmɪtəʳ||-'rɑː/ *s*
barometro

barrel /'bærəl/ *s*
barile: a barrel of oil/beer, *un barile di olio/birra*

base /beɪs/ *s*
base: The base of the pillar is chipped and will have to be repaired. *La base del pilastro è scheggiata e bisogna ripararla.*

baseball /'beɪsbɔːl/ *s*
⟨*non num*⟩ baseball: to play baseball, *giocare a baseball*

basin /'beɪsən/ *s*
1 terrina: a pudding basin, *una forma per budino*|The nurse brought the old man a basin of water so that he could have a wash. *L'infermiera portò un catino d'acqua al vecchio così che potesse lavarsi.* **2** anche **washbasin** lavabo, lavandino
◼**Nota:** *Molte persone usano* **washbasin** *per indicare il lavandino del bagno, e* **sink** *per quello della cucina.*

basis /'beɪsɪs/ *s*
⟨*pl* **bases** /'beɪsiːz/⟩ base, fondamento: I don't understand the basis of your argument. *Non capisco il fondamento della tua polemica.*

basket /'bɑːskɪt||'bæ-/ *s*
cesto, cesta, cestino: a shopping

basket, *un cestello per la spesa*|a wire basket in a supermarket, *un cestello in un supermercato*|The cats are sleeping in their basket. *I gatti stanno dormendo nel loro cesto.*|a wastepaper basket, *un cestino della carta*

basketball /'bɑːskɪtbɔːl||'bæs-/ *s*
⟨*non num*⟩ pallacanestro, basket: Bruno plays basketball for the school team. *Bruno gioca a pallacanestro per la squadra della scuola.*

bat¹ /bæt/ *s*
1 pipistrello: a vampire bat, *un vampiro* **2** mazza: a cricket bat, *una mazza da cricket*

bat² *vi*
⟨*pass rem e p pass* **batted**, *p pres* **batting**⟩ battere, colpire con una mazza: It's your turn to bat. *Tocca a te battere.*

bath¹ /bɑːθ||bæθ/ *s*
1 anche **bathtub** (spec IA) vasca da bagno **2** bagno: I always **have a bath** on Sundays. *Faccio sempre il bagno la domenica.*

bath² *vt, vi*
fare il bagno: I'm just going to bath the baby before she goes to bed. *Vado a fare il bagno alla bambina prima che vada a letto.*

bathe /beɪð/ *vi, vt*
⟨*pass rem e p pass* **bathed**, *p pres* **bathing**⟩ **1** fare il bagno: Kate and Andy like to go bathing in the sea. *A Kate ed a Andy piace andare a fare il bagno nel mare.* **2** lavare: Andy bathed the scratches on his knee when he fell off his bike. *Andy si è lavato i graffi sul ginocchio quando è caduto dalla bicicletta.*

bathroom /'bɑːθrʊm, -ruːm||'bæθ-/ *s*
(stanza da) bagno – vedi anche *L'Illustrazione* **Bathroom**

battery /'bætərɪ/ *s*
⟨*pl* **batteries**⟩ pila, batteria: The car won't start. I think the battery's flat

Mr Morgan shaves every morning.
Il signor Morgan si rade ogni mattina.

plug

razor

plug

washbasin

shower

shampoo

towel

Andy washes his hair twice a week.
Andy si lava i capelli due volte alla settimana.

Mrs Morgan cleans her teeth twice a day.
La signora Morgan si lava i denti due volte al giorno.

mirror

toothbrush

toothpaste

toilet

Hurry up in there! I want to have a shower.
Sbrigati! Voglio farmi la doccia.

tap

bath

sponge

soap

Lucy has a bath before she goes to bed.
Lucy fa il bagno prima di andare a letto.

The Verb "be"

present simple

forma affermativa	forma negativa	forma interrogativa
I am	I am not	am I...?
you are	you are not	are you...?
he/she/it is	he/she/it is not	is he/she/it...?
we/they are	we/they are not	are we/they...?

Osservazioni

▶ *Le forme contratte sono* **I'm, you're, he's, she's, it's, we're, they're, I'm not,** *you/we/they* **aren't** *e he/she/it* **isn't.** *Sono forme tipiche della lingua parlata. Si usano anche nella lingua scritta informale; ad esempio, quando si scrive una lettera ad un amico, un parente, ecc. – vedi anche* **La Nota Grammaticale Apostrophe -s**

▶ *Osserva che in queste frasi si usa il verbo* **be** *in inglese, mentre si usa il verbo* **avere** *in italiano.:*

- "How old are you?" "I'm 12."
  "Quanti anni hai?" "Ne ho 12."
- I'm hungry.
  Ho fame.
- Andy was so thirsty he drank all the lemonade.
  Andy aveva così sete che ha bevuto tutta la limonata.
- Sandro's sleepy.
  Sandro ha sonno.

Risposte brevi

- "Are you Italian?" "Yes, I am."
  "Sei italiano?" "Sì."
- "Is she at home?" "No, she isn't".
  "È a casa?" "No."

The Verb "be"

past simple

forma affermativa	forma negativa	forma interrogativa
I was	I was not	was I...?
you were	you were not	were you...?
he/she/it was	he/she/it was not	was he/she/it...?
we/they were	we/they were not	were we/they...?

Osservazioni

▸ *Le forme contratte sono I/he/she/it* **wasn't** *e you/we/they* **weren't**.

▸ *Le forme italiane dell'imperfetto, del passato prossimo e del passato remoto possono spesso essere tradotte in inglese col* **past simple**.

- *Erano le 10.*
  It was ten o'clock.
- *Sono stato ammalato per due giorni.*
  I was ill for two days.
- *Fummo contenti di quel regalo.*
  We were pleased with the present.

Risposte brevi

- "Were you at home yesterday?" "Yes, I was."
  "Eri a casa ieri?" "Sì."
- "Was Kate at school on Tuesday?" "No, she wasn't."
  "Era a scuola Kate martedì?" "No."

In italiano si risponderebbe a questo tipo di domande con sì o no. In inglese, oltre a **yes** *or* **no** *si deve aggiungere il pronome soggetto e il verbo ausiliare.*

again! *La macchina non si mette in moto. Penso che la batteria sia di nuovo scarica.*

BC /ˌbiːˈsiː/ *abbr di* **Before Christ** *a. C., avanti Cristo:* 200 BC *200 a. C.* – *confrontare con AD*

be /bi; *forma enfatica* biː/ *v* ⟨*pass rem* **was, were,** *p pres* **been,** *p pres* **being**⟩ **1** (*per mostrare l'identità di qc o qn*) *essere:* "What's that?" "It's my handkerchief." *"Che cos'è quello?" "È il mio fazzoletto."*|Let me introduce you. Kate, this is Bernard. *Vi presento. Kate, questo è Bernard.*|I want to be a doctor when I leave school. *Voglio diventare dottore quando lascio la scuola.* **2** (*per mostrare le qualità di qc o qn*) *essere:* Your hands are dirty. *Hai le mani sporche.*|Autumn is my favourite season. *L'autunno è la mia stagione preferita.*|Gina was very glad to see me. *Gina era molto contenta di vedermi.*|Don't be silly! *Non essere stupido!* **3** (*per mostrare la posizione di qc o qn*) *essere:* The book is on the table. *Il libro è sul tavolo.*|Where are my shoes? *Dove sono le mie scarpe?*| John wasn't at school yesterday. *John non era a scuola ieri.*|Aberdeen is in Scotland. *Aberdeen è in Scozia.* **4** (*per mostrare l'ora o la data*) *essere:* "What time is it?" "It's five o'clock." *"Che ora è?" "Sono le cinque."*|Easter is usually in April. *Pasqua è generalmente ad Aprile.*|It was Monday before we saw him again. *Lo rivedemmo soltanto lunedì.* **5** *v aus* (*per formare tempi progressivi*): Kate and Andy are watching TV. *Kate ed Andy stanno guardando la TV.*|I crept out of the classroom when the teacher wasn't looking. *Sgattaiolai fuori dalla classe quando l'insegnante non guardava.*|We're going to play tennis on Saturday. *Giocheremo a tennis*

sabato.|Are you going to come to Sue's party? *Vieni alla festa di Sue?* **6** *v aus* (*per formare il passivo*) *essere, venire:* The house was built in 1926. *La casa fu costruita nel 1926.*|I think I'm being followed. *Penso di essere seguito.* – *vedi anche La Nota Grammaticale* The Verb "be" *a p. 46*

beach /biːtʃ/ *s* ⟨*pl* **beaches**⟩ *spiaggia:* When we went to the seaside we just lay on the beach in the sun. *Quando andammo al mare, non facemmo altro che sdraiarci al sole sulla spiaggia.*|a sandy beach, *una spiaggia di sabbia*|

bean /biːn/ *s* *fagiolo:* Andy's favourite meal is baked beans on toast. *Il pasto preferito di Andy è fagioli in umido su pane tostato.*|coffee beans, *chicchi di caffè*| French bean, *fagiolino*

bear[1] /beəʳ/ *s* *orso:* a polar bear, *un orso polare*

bear[2] *vt* ⟨*pass rem* **bore,** *p pass* **borne**⟩ **1** *reggere, sostenere:* Be careful! That plank might not bear your weight. *Sta' attento! Quella tavola potrebbe non reggere il tuo peso.* **2** *form di* **carry** *portare, recare:* The Three Kings bore gifts of gold, frankincense and myrrh. *I Re Magi portarono in regalo oro, incenso e mirra.* **3** ⟨sth o **to do** sth o **doing** sth⟩ (*non usato nelle forme progressive*) *sopportare* (*qc o di fare qc*): I can't bear the smell of cigarettes. *Non posso sopportare l'odore delle sigarette.*|Lucy couldn't bear to wait for Christmas Day to open her presents. *Lucy non poteva sopportare di dover attendere Natale per aprire i suoi regali.* – *vedi anche* SUPPORT (*Trabocchetto*)

beard /bɪəd‖bɪərd/ *s* *barba:* He has a short black beard and a moustache. *Ha la barba corta e nera* *ed i baffi.* — **bearded** *agg barbuto*

beast /biːst/ *s*
1 (*form*) bestia, animale 2 bruto, animale: Leave me alone, you beast! *Lasciami stare, animale!*

beat[1] /biːt/ *vt*
⟨*pass rem* **beat**, *p pass* **beaten**⟩
1 *battere, picchiare, percuotere:* When gorillas are angry they beat their chests. *Quando i gorilla sono arrabbiati, si percuotono il petto.*
2 *sbattere:* Beat the egg whites until they become stiff. *Sbattete il bianco delle uova fino a che diventi una spuma compatta.* 3 *battere:* Her heart beat quickly after the race. *Il cuore le batteva forte dopo la corsa.* 4 *battere, sconfiggere:* The team was beaten again on Saturday. *Sabato la squadra è stata di nuovo battuta.*

beat[2] *s*
battito, colpo: My heart missed a beat when I saw that child nearly get run over. *Mi prese un colpo quando vidi che quel bambino era stato quasi investito.*

beater /'biːtəʳ/ *s*
frullino, battipanni: an egg beater, *un frullino per le uova*

beautiful /'bjuːtᵻfəl/ *agg*
bello: What a beautiful day! Let's go for a picnic. *Che bella giornata! Andiamo a fare un picnic.*|Everybody admired her beautiful dress. *Tutti ammirarono il suo bel vestito.*
■*Nota:* Gli aggettivi **beautiful, good-looking, handsome** e **pretty** sono tutti usati per descrivere la bellezza fisica di una persona. **Beautiful** e **pretty** sono più comunemente usati per donne e bambini. **Handsome** è più comunemente usato per uomini. **Good-looking** e **attractive** sono usati per entrambi donne e uomini.

beautifully /'bjuːtᵻfəli/ *avv*
splendidamente, magnificamente: She

can sing beautifully. *Sa cantare splendidamente.*

beauty /'bjuːti/ *s*
⟨*pl* **beauties**⟩ ⟨*num e non num*⟩
bellezza, bello: Cleopatra was admired for her great beauty. *Cleopatra era ammirata per la sua grande bellezza.*| the beauties of the English country-side, *le bellezze della campagna inglese*

because /bɪ'kɒz, bɪ'kəz||bɪ'kɔːz, bɪ'kəz/ *cong*
perchè: I missed my train because it left early. *Ho perso il treno perchè è partito in anticipo.*|"Why are you buying it?" "Because I like it." *"Perchè lo compri?" "Perchè mi piace."*

become /bɪ'kʌm/ *vi*
⟨*pass rem* **became**, *p pass* **become**, *p pres* **becoming**⟩ diventare, divenire: The team practised hard and gradually they became very good. *La squadra si è allenata duramente e, gradualmente, è diventata ottima.*|After she left college, Anna became an engineer. *Dopo aver lasciato il college, Anna divenne un ingegnere.*

bed /bed/ *s*
letto: Andy went to bed late and found it very difficult to get up the next morning. *Andy andò a letto tardi e fece molta fatica ad alzarsi la mattina successiva.*|I usually make my own bed. *Di solito mi rifaccio il letto da solo.*|Come on! Get out of bed, it's time for school! *Forza! Salta fuori dal letto, è ora di andare a scuola!*|It's ten o'clock and Tim is still in bed. *Sono le dieci e Tim è ancora a letto.*

bedroom /'bedrʊm, -ruːm/ *s*
camera (da letto), stanza da letto – vedi anche **L'Illustrazione Bedroom** *a p. 50*

bedside /'bedsaɪd/ *s*
fianco del letto, capezzale: a bedside table/lamp, *un comodino/una lampada*

da comodino

bedtime /'bedtaɪm/ s

ora di coricarsi: Come on, children. It's bedtime! *Andiamo bambini. È ora di coricarsi!*

bee /biː/ s

ape

beef /biːf/ s

⟨*non num*⟩ *manzo:* a slice of roast beef, *una fetta di manzo arrosto – vedi anche* COW (*Nota*)

been /biːn, bɪn‖bɪn/

1 *p pass di* be*:* Your work has been excellent this term. *Il tuo lavoro è stato eccellente questo trimestre.*|Kate's been invited to Sue's party. *Kate è stata invitata alla festa di Sue.*|We've been playing football all afternoon. *Noi abbiamo giocato a calcio tutto il pomeriggio.* **2** *p pass di* go*:* Have you ever been to England? *Sei mai stato in Inghilterra?*|Has the postman been yet? *È già passato il postino?* ◼**Nota:** *Osserva la differenza fra* **been** *e* **gone:** Kate's been to the shops. (*Kate è andata ai negozi ed è già tornata.*) Kate's gone to the shops. (*Kate è andata ai negozi e non è ancora tornata.*)

beer /bɪəʳ/ s

⟨*non num*⟩ *birra:* We need some beer and some wine for the party. *Abbiamo bisogno di birra e di vino per la festa.*|a glass/bottle/pint of beer, *un bicchiere/una bottiglia/una pinta di birra*

beetroot /'biːtruːt/ (*IB*) *anche* **beet** (*IA*) s

⟨*num e non num*⟩ *barbabietola*

before¹ /bɪ'fɔːʳ/ avv

prima: Have you ever been to England before? *Sei mai stato in Inghilterra prima d'ora?*

before² prep

1 *prima di:* We must meet before eight o'clock. The film starts at

quarter past. *Dobbiamo incontrarci prima delle otto, il film inizia alle otto ed un quarto.*|I saw John yesterday. No, it was the day before yesterday. *Ho visto John ieri. No, è stato ieri l'altro.* **2** *davanti a, prima di:* Kate Morgan comes before Paula Smith in the school register. *Kate Morgan viene prima di Paula Smith sul registro scolastico.*

before³ cong

prima di, prima che: Brush your teeth before you go to bed. *Lavati i denti prima di andare a letto.*

beg /beg/ vi, vt

⟨*pass rem e p pass* **begged**, *p pres* **begging**⟩ ⟨*sthg/sbdy to do sthg o for*⟩ **1** *supplicare (di fare qc), implorare (qc o di fare qc):* He begged me to help him. *Mi supplicò di aiutarlo.* **2** **I beg your pardon** (*form*) *mi scusi:* "I beg your pardon. I didn't see you." "That's all right." *"Mi scusi. Non l'avevo vista." "Non fa niente."*|"Can you tell me the time, please?" "I beg your pardon?" "I said can you tell me the time, please?" *"Mi può dire l'ora per favore?" "Come ha detto, scusi?" "Ho detto: mi può dire l'ora per favore?"*

beggar /'begəʳ/ s

mendicante

begin /bɪ'gɪn/ vi, vt

⟨*pass rem* **began**, *p pass* **begun**, *p pres* **beginning**⟩ ⟨*sthg o to do sthg o doing sthg*⟩ *cominciare, iniziare (qc o a fare qc):* Write a short story. Begin like this . . . *Scrivete un racconto. Iniziate così . . .* |It's just begun to rain *o* begun raining again. *È appena cominciato a piovere di nuovo.*|What time does the film begin? *A che ora inizia il film?*

beginner /bɪ'gɪnəʳ/ s

principiante: "Do you speak French?" "Well, I'm just a beginner." *"Parli*

*francese?" "Beh, sono solo un
principiante."*

beginning /bɪˈgɪnɪŋ/ *s*
inizio, principio: At the beginning of
the race John was at the back, but he
came through to win. *All'inizio della
corsa John era tra gli ultimi, ma
recuperò e vinse.*|We're leaving at the
beginning of August. *Partiamo
all'inizio di agosto.*

behalf /bɪˈhɑːf‖bɪˈhæf/
on behalf of (*IB*), *o* **in behalf of** (*IA*)
per conto di, a nome di: Hello. I've
come on behalf of my mother, who's
not well. *Salve. Sono venuto per conto
di mia madre, che non sta bene.*

behave /bɪˈheɪv/ *vi*
⟨*pass rem e p pass* **behaved,** *p pres*
behaving⟩ *comportarsi, comportarsi
bene:* The children behaved very well
at the concert. *I bambini si sono
comportati molto bene al concerto.*|
John, will you behave (yourself)!
John, vuoi comportarti bene!

behaviour (*IB*) *o* **behavior**(*IA*)
/bɪˈheɪvɪəʳ/ *s*
⟨*non num*⟩ *comportamento:* The
children's behaviour at the concert was
very good. *Il comportamento dei
bambini al concerto è stato ottimo.*

behind¹ /bɪˈhaɪnd/ *avv*
1 *dietro, indietro:* John rode off down
the road and I followed at a safe
distance behind. *John si avviò in
bicicletta lungo la strada, ed io lo seguii
a distanza di sicurezza.* **2** *dietro,
indietro:* Oh, no! I've left my purse
behind. I'll have to go back and get it.
*Oh, no! Ho dimenticato il borsellino.
Dovrò tornare indietro a prenderlo.*

behind² *prep*
1 *dietro:* There's a small garden
behind the house. *C'è un piccolo
giardino dietro la casa.*|I sit behind
Jenny in class. *Mi siedo dietro di Jenny
in classe.* **2** *indietro:* Our team is only

three points behind the league leaders.
*La nostra squadra è a soli tre punti di
distanza dalla squadra in testa alla
classifica. – vedi anche* **L'Illustrazione
Prepositions**

being /ˈbiːɪŋ/ *s*
essere: a strange being from another
planet, *uno strano essere da un altro
pianeta*|a human being, *un essere
umano*

belief /bɪˈliːf/ *s*
⟨*num e non num*⟩ ⟨**in**⟩ *fede (in),
convinzione, credenza:* She has a
strong belief in God. *Ha una ferma
fede in Dio.*|It is my belief that I failed
the exam because the questions were
too hard! *Sono convinto di essere stato
bocciato all'esame a causa delle
domande troppo difficili!*|strong
religious beliefs, *forti credenze
religiose*

believe /bɪˈliːv/ *vt*
⟨*pass rem e p pass* **believed,** *p pres*
believing⟩ ⟨*non usato nelle forme
progressive*⟩ **1** *credere:* I don't believe
you. *Non ti credo.*|He didn't believe
my story. *Non credette alla mia storia.*
2 ⟨**in**⟩ *credere (a, in):* Do you believe
in Father Christmas? *Credi a Babbo
Natale?*|Many people believe in God.
Molte persone credono in Dio. **3**
⟨**that**⟩ *credere, pensare (che):* I
believe that Kate wants to go to
college. *Credo che Kate vuole andare
al college.*

bell /bel/ *s*
campana, campanello: The church
bells rang at the wedding. *Le campane
della chiesa suonarono allo sposalizio.*|
We were all waiting for the bell to
ring. *Aspettavamo tutti che il
campanello suonasse.*

belong /bɪˈlɒŋ‖bɪˈlɔːŋ/ *vi*
⟨*non usato nelle forme progressive*⟩
⟨**to**⟩ **1** *appartenere (a):* That pen
belongs to me. *Quella penna mi*

appartiene. **2** *appartenere (a):* Do you belong to the local church? *Appartieni alla parrocchia del quartiere?*

belongings /bɪˈlɒŋɪŋz||bɪˈlɔːŋ-/ *s pl*
ciò che si possiede: Cindy gathered all her belongings and left. *Cindy raccolse tutte le sue cose e partì.*

below¹ /bɪˈləʊ/ *avv*

1 *sotto:* Only children of seven and below are allowed on the playground. *L'accesso al parco giochi è consentito solo ai bambini dai sette anni in giù.*| My brother goes to the same school as me but he is in the class below. *Mio fratello va alla mia stessa scuola, ma in una classe inferiore di un anno.*
2 *oltre, in seguito, in fondo:* Use the notes below to help you. *Vedi le note a piè di pagina per aiutarti.*|See the diagram below. *Vedi il diagramma in fondo.* – contrario ABOVE

below² *prep*
sotto: Submarines travel below the surface of the sea. *I sottomarini viaggiano sotto la superficie del mare.*| Only children below the age of seven are allowed in this playground. *Solo i bambini al di sotto dei sette anni possono accedere a questo parco giochi.* – contrario ABOVE; *vedi anche* **L'Illustrazione Prepositions**

belt /belt/ *s*
cintura: These trousers are very loose around the waist. I'll have to wear a belt. *Questi pantaloni sono molto larghi intorno alla vita. Devo portare una cintura.*|If you're sitting in the front seat of a car, always fasten your seat belt. *Se siedi nella parte anteriore della macchina, allacciati sempre la cintura.*

beltway /ˈbeltweɪ/ *s*
IA di **ring road** circonvallazione

bench /bentʃ/ *s*

1 *panchina, panca:* a park bench, *una panchina di un parco* **2** *banco:* a work

bench, *un banco di lavoro*

bend¹ /bend/ *vi, vt*
⟨*pass rem e p pass* **bent**⟩ **1** *piegare, curvare:* Be careful! The road bends sharply here. *Fa' attenzione! C'è una curva stretta in questo punto della strada.* **2** ⟨**down, over**⟩ *curvare (-si), piegare (-si):* She bent over/down to pick up the bag from the floor. *Si piegò per raccogliere la borsa dal pavimento.*

bend² *s*
curva: a sharp bend in the road, *una curva stretta sulla strada*

beneath /bɪˈniːθ/ *prep, avv*
sotto: They buried the dog beneath the tree. *Seppellirono il cane sotto l'albero.*

bent /bent/
pass rem e p pass del verbo **bend**

beside /bɪˈsaɪd/ *prep*
accanto a, vicino a: The fridge is beside the cupboard. *Il frigo è accanto alla credenza.*|Wendy's parents live beside the park. *I genitori di Wendy abitano vicino al parco.*

besides /bɪˈsaɪdz/ *avv, prep*
inoltre, oltre a: Three people in the class went to college besides Kate. *Oltre a Kate, tre altri ragazzi della sua classe andarono al college.*

best¹ /best/ *agg*
superlativo di **good** *(il) migliore:* Sue is Kate's best friend. *Sue è la migliore amica di Kate.*|This book is the best there is on engineering. *Questo libro è il migliore che ci sia sull'ingegneria.*

best² *avv*
superlativo di **well** *meglio:* The one who plays best in the game will win a prize. *Il miglior giocatore vince un premio.*|I like it best when we're on holiday. *Più di tutto, mi piace essere in vacanza.*

best³ *s*
do one's best *fare del proprio meglio:* Martin did his best but he still failed

the exam. *Martin fece del suo meglio ma venne lo stesso bocciato all'esame.*

bet¹ /bet/ *s*

scommessa, puntata: Mrs Morgan likes to have a bet on the horses now and then. *Alla signora Morgan piace fare una puntata sui cavalli, di tanto in tanto.*

bet² *vi, vt*

⟨*pass rem e p pass* **bet**, *p pres* **betting**⟩ ⟨*sthg/sbdy that*⟩ scommettere (con *qn/qc che*), puntare (*qc*): John bet me five pounds that he would pass the exam! *John mi ha scommesso con me cinque sterline che avrebbe passato l'esame!*|I bet Sandro doesn't come! *Scommetto che Sandro non verrà!*

better¹ /'betər/ *agg*

comparativo di **good** o **well** migliore: Kate is better at chemistry than Andy. *Kate è migliore di Andy in chimica.*| Andy's feeling a little better now, but he's not well enough to go to school yet. *Andy si sente un po' meglio ora, ma non sta ancora abbastanza bene per poter andare a scuola.*|Andy is better now, so he can go back to school. *Andy sta meglio adesso e può tornare a scuola.*

better² *avv*

comparativo di **well** meglio: John runs better than he used to. *John corre meglio di quanto era solito.*|She knows what happened better than I do. She was there! *Lei sa ciò che è accaduto meglio di me. Era là!*

between /bɪ'twiːn/ *prep*

tra, fra: You can choose between the two coats. *Puoi scegliere tra i due cappotti.*|Describe the relationship between these two people. *Descrivi il rapporto tra queste due persone.*|I thought I could see Kate moving among the crowd. There she is, between Andy and John. *Mi è sembrato di vedere Kate camminare tra*

la folla. Eccola là, tra Andy e John.| You'll have to share this between the four of you. *Dovrete dividervelo fra voi quattro.* – *vedi anche* AMONG (*Nota*) *e* **L'Illustrazione Prepositions**

beware /bɪ'weər/ *vi*

⟨**of**⟩ (*usato solo negli avvertimenti*) stare attento, fare attenzione, guardarsi da: Beware of the dog. | *Attenti al cane.*

Bible /'baɪbəl/ *s*

Bibbia: Genesis is the first book of the Bible. *Genesis è il primo libro della Bibbia.*

bicycle /'baɪsɪkəl/ *anche* **bike** (*fam*) *s*

bicicletta: Lucy is learning to ride a bicycle. *Lucy sta imparando ad andare in bicicletta.*|He goes to work on his bicycle o by bicycle. *Va a lavorare in bicicletta.*

big /bɪg/ *agg*

⟨*compar* **bigger**, *sup* **biggest**⟩

1 grande: He likes to drive big, fast cars. *Gli piace guidare macchine grosse e veloci.*|These shoes are too big for me. *Queste scarpe sono troppo grandi per me.*|When I pass my exams I'm going to throw a big party. *Quando passo gli esami farò una grande festa.* – *contrario* SMALL o LITTLE **2** più vecchio: Don't cry. You're a big boy now. *Non piangere. Sei grande adesso.*|My big sister is called Julia. *Mia sorella più grande si chiama Julia.* – *contrario* LITTLE

bike /baɪk/ *s*

fam di **bicycle** bicicletta, bici: I fell off my bike and bruised my knee. *Sono caduto dalla bicicletta e mi sono fatto male al ginocchio.*

bill /bɪl/ *s*

conto, bolletta: After we'd finished our meal, we asked the waiter for the bill. *Dopo il pasto domandammo il conto al cameriere.*|Have you paid the electricity bill yet? *Hai pagato la bolletta dell'elettricità?*

billiards /'bɪljədz||-ərdz/ s
⟨*non num*⟩ ⟨*seguito da un verbo al singolare*⟩ *biliardo:* Billiards is my father's favourite sport. *Il biliardo è lo sport favorito di mio padre.*

billion /'bɪljən/ *agg, pron, s*
1 (*spec IA*) *miliardo:* a billion *o* one billion stars, *un miliardo di stelle*
2 (*IB*) *un trilione*

bin /bɪn/ s
contenitore per spazzatura, bidone: The dustman came to empty the bins. *Lo spazzino venne a svuotare i bidoni della spazzatura.*|a waste-paper bin, *un cestino della carta*

bingo /'bɪŋgəʊ/ s
⟨*non num*⟩ *bingo:* The old cinema has been converted into a bingo hall. *Il vecchio cinema è stato convertito in una sala da bingo.*

binoculars /bɪ'nɒkjələz, baɪ-|| -'nɑːkjələrz/ s pl
binocolo: I use my binoculars mainly for birdwatching. *Uso il mio binocolo soprattutto per l'osservazione degli uccelli.*|a pair of binoculars, *un paio di binocoli*

biological /ˌbaɪə'lɒdʒɪkəl/ agg
biologico: the biological processes that go on inside the body, *i processi biologici all'interno del corpo umano*

biology /baɪ'ɒlədʒi||-'ɑːl-/ s
⟨*non num*⟩ *biologia:* We study human biology at school. *Studiamo biologia umana a scuola.* — **biologist** s *biologo*

bird /bɜːd||bɜːrd/ s
uccello: Birds were singing in the trees. *Gli uccelli cantavano tra gli alberi.*

biro /'baɪərəʊ/ s
⟨*pl* **biros**⟩ *penna a sfera, biro:* A biro is easier to use than a fountain pen. *Una biro è più facile da usare che una penna stilografica.*

birth /bɜːθ||bɜːrθ/ s
1 *nascita:* On Christmas Day we celebrate the birth of Jesus Christ. *A Natale celebriamo la nascita di Gesù.*| The baby weighed eight pounds at birth. *Il bambino pesava otto libbre alla nascita.*|date of birth, *data di nascita* **2** give birth to *partorire, dare alla luce:* The dog gave birth to seven puppies last Sunday. *La cagna ha partorito sette cuccioli domenica scorsa.*

birthday /'bɜːθdeɪ||'bɜːr-/ s
compleanno: My birthday is (on) March 22nd. *Il mio compleanno è il 22 Marzo.*|a birthday party/present, *una festa/un regalo di compleanno*|Happy Birthday! *Buon Compleanno!*

biscuit /'bɪskɪt/ *anche* **cookie** (*IA*) s
biscotto: Lucy is eating a chocolate biscuit. *Lucy sta mangiando un biscotto al cioccolato.*|Would you prefer ice cream or cheese and biscuits? *Preferisci gelato o formaggio e biscotti?*

bit¹ /bɪt/ *pass rem del verbo* **bite**

bit² s
1 *pezzo:* I wrote her telephone number on a bit of paper. *Ho scritto il suo numero di telefono su un pezzo di carta.*|My mum made me eat every last bit of my cabbage. *Mamma mi fece mangiare ogni pezzo di quel cavolo.*| The vase fell off the mantelpiece and was smashed to bits. *Il vaso cadde dal camino e si ruppe in pezzi.* **2** ⟨*s sing*⟩ *un po':* I'm hoping for a bit of sunshine this afternoon. *Spero che ci sia un po' di sole questo pomeriggio.*| We need to buy some more milk; there's only a bit left. *Abbiamo bisogno di comprare più latte; ce n'è rimasto solo un po'.*|I'm going out to do a bit of shopping. *Esco a fare un po' di spesa.* **3** a bit ⟨*come avverbio*⟩ *un po':* Kate was ill yesterday, but

she's feeling a bit better today. *Kate era malata ieri ma sta un po' meglio oggi.*|These jeans are a little bit too big for me. *Questi jeans sono un po' troppo grandi per me.*|Let's wait a bit and see what happens. *Aspettiamo un po' e vediamo che succede.*

bitch /bɪtʃ/ s
⟨pl **bitches**⟩ *cagna – vedi anche* DOG (*Nota*)

bite¹ /baɪt/ vt, vi
⟨pass rem **bit**, p pass **bitten**, p pres **biting**⟩ ⟨**into**, **off**⟩ *mordere:* Don't be afraid of the dog. He won't bite (you). *Non aver paura del cane. Non morde.*| The boy bit into the apple. *Il ragazzo morse la mela.*|She bit off a piece of toffee and started chewing it. *Morse un pezzo di toffee e cominciò a masticarlo.*

bite² s
morso: Can I have a bite of your banana? *Posso avere un morso della tua banana?*|Her face was covered in insect bites. *La sua faccia era coperta di morsi d'insetto.*

bitter¹ /ˈbɪtər/ agg
amaro: This medicine tastes bitter. *Questa medicina è amara.*

bitter² s
⟨non num⟩ *bitter (tipo di birra):* I asked the barman for a pint of bitter. *Ho ordinato una pinta di bitter al barista.*

black¹ /blæk/ agg
1 *nero:* Andy has black hair. *Andy ha i capelli neri.*|a black-and-white television, *una televisione in bianco e nero* **2** *negro:* a black American *un americano negro*

black² s
⟨num e non num⟩ *nero:* She was dressed in black for the funeral. *Era vestita di nero per il funerale.*

blackboard /ˈblækbɔːd||-ɔːrd/ s
lavagna: The teacher drew a map of

Australia on the blackboard. *L'insegnante disegnò una mappa dell'Australia sulla lavagna.*

blame¹ /bleɪm/ vt
⟨pass rem e p pass **blamed**, p pres **blaming**⟩ ⟨**sbdy for sthg**⟩ *prendersela (con), dare la colpa (a):* If anything goes wrong, don't blame me! *Se qualcosa va male non prendertela con me!*|The newspapers blamed the government for the price increase. *I giornali accusarono il governo per l'aumento dei prezzi.*

blame² s
⟨non num⟩ ⟨**for sthg**⟩ *colpa:* The judge laid o put the blame for the accident on the driver of the car. *Il giudice diede la colpa dell'incidente al guidatore della macchina.*

blank¹ /blæŋk/ agg
⟨non usato al compar o sup⟩ *vuoto, in bianco:* a blank sheet of paper, *un foglio di carta in bianco*

blank² s
spazio vuoto: Fill in each blank with the correct preposition. *Riempi ogni spazio con la preposizione giusta.*

blanket /ˈblæŋkɪt/ s
coperta: We put an extra blanket on the bed in winter. *Mettiamo una coperta in più sul letto in inverno.*

bleed /bliːd/ vi, vt
⟨pass rem e p pass **bled**⟩ *perdere sangue, sanguinare:* Is that cut on your leg still bleeding? *Sanguina ancora quel taglio sulla gamba?*

blew /bluː/
pass rem del verbo blow

blind /blaɪnd/ agg
⟨compar **blinder**, sup **blindest**⟩ *cieco:* I helped the blind man to cross the road. *Aiutai il cieco ad attraversare la strada.* — **blindness** s ⟨non num⟩ *cecità*

blink /blɪŋk/ vi, vt
sbattere gli occhi: She blinked (her eyes) at the bright light. *Chiuse gli*

occhi per la forte luce.
block[1] /blɒk||blɑːk/ *s*

1 *oggetto solido, blocco:* a block of
ice, *un blocco di ghiaccio*|The baby is
playing with his building blocks. *Il
bambino sta giocando con le sue
costruzioni.* **2** *edificio, blocco:* a
ten-storey block of flats, *un blocco di
appartamenti a dieci piani*|They have
knocked down the old cinema to build
an office block. *Hanno abbattuto il
vecchio cinema per costruire un blocco
di uffici.*

block[2] *vt*

⟨**up**⟩ *ostruire, bloccare, tappare:* A
pile of stones blocked the entrance to
the cave. *Un ammasso di pietre
bloccava l'entrata della caverna.*|My
nose is all blocked up and I can't
breathe. *Il mio naso è tappato e non
riesco a respirare.*

blockage /ˈblɒkɪdʒ||ˈblɑː-/ *s*
ostruzione: The plumber removed the
blockage from the water pipe.
*L'idraulico rimosse l'ostruzione dal
tubo dell'acqua.*

blond *o* **blonde** (*fem*) /blɒnd||blɑnd/
agg, s
biondo, bionda: Most Scandinavians
have blond hair. *La maggior parte
degli scandinavi hanno i capelli
biondi.*|He's dark, but his sisters are
blonde. *Lui è bruno, ma le sue sorelle
sono bionde.*

blood /blʌd/ *s*
⟨*non num*⟩ *sangue*

blouse /blauz||blaus/ *s*
camicetta: She was wearing a white
blouse and a red skirt. *Lei indossava
una camicetta bianca ed una gonna
rossa.*

blow[1] /bləʊ/ *v*
⟨*pass rem* **blew**, *p pass* **blown**⟩ **1** *vi, vt*
soffiare, sventolare, far volare: I
dropped my newspaper and it blew
away in the wind. *Feci cadere il*

giornale che volò via col vento.|: The
strong wind blew several trees down.
Il forte vento sradicò numerosi alberi.|
The wind's blowing strongly tonight, I
think there'll be a storm. *Il vento
soffia forte stanotte, penso ci sarà una
tempesta.* **2** *vt suonare:* She blew her
whistle to end the game. *Fischiò per
porre termine alla partita.*|He sat in the
traffic jam, blowing his horn. *Seduto
in macchina, suonava il clacson
nell'ingorgo stradale.* **3** **blow one's
nose** *soffiarsi il naso:* Will you stop
sniffing and blow your nose! *Vuoi
smettere di tirare su col naso?
Soffiatelo!*

 blow up *vt, vi*
⟨**blow sthg ↔ up**⟩ **1** *esplodere,
scoppiare, far saltare:* The old church
was blown up in the war. *La vecchia
chiesa venne fatta saltare in aria
durante la guerra.* **2** *gonfiare:* Andy
was late for school because one of the
tyres on his bike was flat and he had to
blow it up. *Andy fece tardi a scuola
perchè una delle gomme della sua
bicicletta era a terra e dovette gonfiarla.*

blow[2] *s*
1 *colpo:* He got a blow on the nose
playing rugby. *Si prese un colpo sul
naso giocando a rugby.* **2** *colpo:* It was
a great blow to John to find that he
had been left out of the team. *Fu un
brutto colpo per John scoprire di essere
stato escluso dalla squadra.*

blue /bluː/ *agg*
blu: a clear blue sky, *un limpido cielo
blu*|a navy blue skirt, *una gonna blu
marino*

blush[1] /blʌʃ/ *vi*
⟨**with**⟩ *arrossire (per):* Bruno blushed
with embarrassment when he realized
what he had done. *Bruno arrossì per
l'imbarazzo quando si rese conto di
cosa aveva fatto.*

blush[2] *s*

rossore
boa /'bəʊə/ *anche* **boa constrictor** *s*
boa
boar /bɔːʳ/ *s*
⟨*pl* **boar** *o* **boars**⟩ *verro:* wild boar,
cinghiale – vedi anche PIG (*Nota*)
board¹ /bɔːd||bɔːrd/ *s*
tavola, asse: They put up wooden
boards to cover the broken windows.
*Fissarono dei pannelli di legno per
coprire le finestre rotte.*|a bread board,
un tagliere|a notice board *o* bulletin
board (*IA*), *un tabellone*|a draining
board, *uno scolatoio*
board² *vt*
salire a bordo di, imbarcarsi su: They
went through the security check and
then boarded the plane. *Passarono il
controllo di sicurezza e quindi salirono
a bordo dell'aereo.*|We boarded the
ship just before it sailed. *Salimmo a
bordo della nave proprio poco prima
che salpasse.*
boast¹ /bəʊst/ *vi, vt*
⟨*that o* about⟩ *vantarsi, gloriarsi (di):*
Vincenzo boasted that he could run
faster than anyone else, but he was
beaten by Bruno in the race. *Vincenzo
si vantava di correre più veloce di
chiunque altro, ma nella corsa venne
battuto da Bruno.*|He had been
boasting about his speed before the
race. *Si era vantato della propria
velocità prima della corsa.*
boast² *s*
⟨*that*⟩ *vanteria, vanto:* His boast was
that he could run faster than anyone
else. *Il suo vanto era quello di poter
correre più veloce di chiunque altro.*
boat /bəʊt/ *s*
imbarcazione, barca: a rowing boat,
una barca a remi|From Dover, you can
take the boat over to France. *Da
Dover puoi prendere un battello per la
Francia.*
■*Nota: La parola* **boat** *si usa*

*solitamente in riferimento ad
imbarcazioni di piccole dimensioni:* a
motor boat, a fishing boat. *Per le
imbarcazioni più grandi si usa
solitamente la parola* **ship**.
body /'bɒdi||'bɑːdi/ *s*
⟨*pl* **bodies**⟩ **1** *corpo:* a diagram of the
human body, *un diagramma del corpo
umano*|He had lots of bruises on his
body, and some cuts on his arms and
legs, after he fell off his bike. *Aveva
numerosi lividi sul corpo ed alcune
ferite sulle braccia e sulle gambe, dopo
essere caduto dalla bicicletta.*
2 *cadavere, corpo:* They found three
bodies in the burnt-out building.
*Ritrovarono tre corpi nell'edificio
distrutto dall'incendio.*
boil /bɔɪl/ *vi, vt*
1 *bollire, far bollire:* I'll boil some
water to make the tea. *Faccio bollire
dell'acqua per il tè.* **2** *far bollire,
lessare:* a boiled egg, *un uovo alla
coque*
  hard-boiled *agg*
sodo
bone /bəʊn/ *s*
⟨*num e non num*⟩ *osso:* Andy broke a
bone in his ankle when he fell off his
bike. *Andy si è fratturato la caviglia
quando è caduto dalla bicicletta.*
book¹ /bʊk/ *s*
libro: I like reading books and
magazines. *Mi piace leggere libri e
riviste.*|She's written a book about
the Australian aborigines. *Ha scritto
un libro sugli aborigeni australiani.*|a
library book, *un libro della biblioteca*|
an exercise book, *un quaderno*
book² *vt, vi*
prenotare, riservare, fissare: There's
usually a long queue outside the
cinema, so it's best to book your
seats/tickets in advance. *Generalmente
c'è una lunga coda di fronte al cinema,
quindi è meglio prenotare i biglietti in*

anticipo.|to book a table in a restaurant, *prenotare un tavolo al ristorante*

bookcase /'bʊk-keɪs/ s
libreria: I took the dictionary down from the bookcase. *Ho preso il dizionario dalla libreria.*

bookshelf /'bʊkʃelf/ s
⟨*pl* **bookshelves**⟩ *scaffale per i libri*

bookshop /'bʊkʃɒp||-ʃɑːp/ s
libreria: Lila works in a large bookshop in London. *Lila lavora in una grande libreria di Londra.*

boot /buːt/ s
stivale, scarpone: Gina wore her boots during the winter. *Gina indossò gli stivali durante l'inverno.*

border /'bɔːdə'||'bɔːr-/ s
1 *bordo, orlatura:* The invitation cards had a red border on them. *I biglietti d'invito avevano il bordo rosso.*
2 *confine, frontiera:* We had to show our passports when we crossed the border. *Quando passammo il confine, dovemmo mostrare i passaporti.*

bore¹ /bɔː'/ vt
⟨*pass rem e p pass* **bored,** *p pres* **boring**⟩ *annoiare:* It was very boring having to listen to all those speeches. *Fu molto noioso dover ascoltare tutti quei discorsi.*|I'm bored with this book. *Questo libro mi ha annoiato.*
– *vedi anche* ANNOY (*Trabocchetto*)

bore² s
noia: All Peter can talk about is his new computer game. He's a real bore! *Peter non sa parlare d'altro che del suo nuovo videogioco. È una vera noia!*

bore³ *pass rem del verbo* **bear**

boredom /'bɔːdəm||'bɔːr-/ s
⟨*non num*⟩ *noia, noiosità:* I fell asleep with boredom! *Mi sono addormentata dalla noia!*

born /bɔːn||bɔːrn/ agg
⟨*generalmente predicativo*⟩ *nato:* Sue was born in Manchester, but brought up in Dover. *Sue è nata a Manchester, ma è cresciuta a Dover.*

borne /bɔːn||bɔːrn/
p pass del verbo **bear**

borrow /'bɒrəʊ||'bɑː-, 'bɔː-/ vi, vt
⟨**from**⟩ *prendere in prestito (da):* "Can you lend me some money, please?" "How much would you like to borrow?" *"Puoi prestarmi dei soldi, per favore?" "Quanto vorresti prendere in prestito?"* – *vedi anche* LEND (*Nota*)

boss¹ /bɒs||bɔːs/ s
capo: I'll have to ask the boss if I can have Friday off. *Dovrò chiedere al capo se posso prendermi il venerdì di vacanza.*

boss² vi, vt
⟨**about, around**⟩ *comandare, spadroneggiare:* Teachers seem to like bossing people about. *Sembra che agli insegnanti piaccia spadroneggiare.*|Stop bossing me around! *Smetti di spadroneggiare con me!*

bossy /'bɒsi||'bɔːsi/ agg
⟨*compar* **bossier,** *sup* **bossiest**⟩ (*fam*) *prepotente, autoritario:* He's so bossy he wants to organize everything. *È così autoritario da voler sempre organizzare tutto.*

both /bəʊθ/ agg, pron, avv
tutti (e) due, entrambi, ambedue: You can have either ice-cream or cheesecake, but not both. *Puoi prendere o il gelato o il dolce al formaggio, ma non tutti e due.*|Both (of) the children wanted to play with the same toy. *Entrambi i bambini volevano giocare con lo stesso giocattolo.*|She can speak both Russian and Chinese. *Lei parla sia il russo che il cinese.* – *vedi anche* EVERY (*Nota*)

bother¹ /'bɒðə'||'bɑː-/ v
1 *vt disturbare, seccare, dar fastidio a:* I'm sorry to bother you, but could I borrow your dictionary? *Mi scusi se la disturbo; potrei avere in prestito il suo*

dizionario? **2** *vi* ⟨**to do sthg** *o* **doing sthg** *o* **about**⟩ *preoccuparsi (di fare o di), disturbarsi (a fare o per):* Don't bother to do *o* doing the dishes this evening. *Non disturbarti a lavare i piatti stasera.*

bother² *s*
⟨*num e non num*⟩ *seccatura, fastidio, disturbo:* "Thank you very much for your help." "It was no bother." *"Molte grazie per l'aiuto." "Non c'è di che."*

bottle /'bɒtl||'bɑːtl/ *s*
bottiglia, flacone: a bottle of beer/wine/milk, *una bottiglia di birra/vino/latte* — **bottle**
vt imbottigliare, mettere sotto vetro

bottom¹ /'bɒtəm||'bɑː-/ *s*
1 *fondo, base:* His clothes were lying in a pile at the bottom of the stairs. *I suoi vestiti erano ammassati al fondo delle scale.*|See the note at the bottom of the page. *Vedi nota a piè di pagina.* **2** *fondo, estremità:* If you go to the bottom of the road, you'll see the post office on your left. *Se va in fondo alla strada, vedrà l'ufficio postale alla sua sinistra.*

bottom² *agg, pron*
1 *ultimo:* the bottom rung of the ladder, *l'ultimo gradino della scala* **2** *il peggiore:* Mark came bottom of the class in maths. *Mark fu il peggiore della classe in matematica.*|The bottom three teams are relegated to Division 2. *Le tre squadre peggiori sono relegate in serie B.* **3** *sedere:* He fell over and hurt his bottom. *Cadde e si fece male al sedere.*

bought /bɔːt/
pass rem e p pass del verbo **buy**

bounce¹ /baʊns/ *vi, vt*
⟨*pass rem e p pass* **bounced**, *p pres* **bouncing**⟩ *rimbalzare, far rimbalzare:* The ball bounced off the post and into the net. *La palla rimbalzò sul palo ed entrò in porta.*|She bounced the ball on

the floor. *Fece rimbalzare la palla sul pavimento.*

bounce² *s*
rimbalzo, elasticità

bow¹ /bəʊ/ *s*
1 *fiocco:* Lucy had a bow in her hair. *Lucy aveva un fiocco nei capelli.*|He tied the ribbon in a bow and stuck it on the present. *Fece un fiocco col nastro e lo fissò sul regalo.* **2** *arco:* a bow and arrow, *un arco e freccia* **3** *archetto*

bow² baʊ/ *vi, vt*
chinare, inchinarsi: The men bowed when the Queen entered. *Gli uomini si inchinarono quando la Regina entrò.*

bowl /bəʊl/ *s*
scodella, piatto fondo, bacinella: a washing-up bowl, *un catino*|a sugar bowl, *una zuccheriera*|a bowl of soup, *una scodella di minestra* – *vedi anche* DISH (*Nota*)

box¹ /bɒks||bɑːks/ *s*
scatola: a cardboard/wooden box, *una scatola di cartone/legno*|a box of chocolates, *una scatola di cioccolatini*|a phone box *o* telephone box, *una cabina telefonica*

box² *vi, vt*
fare pugilato: John is learning to box at the sports club. *John sta imparando a fare pugilato al club sportivo.*

boxer /'bɒksə'||'bɑː-/ *s*
pugile

boxing /'bɒksɪŋ||'bɑː-/ *s*
⟨*non num*⟩ *pugilato, boxe:* the world heavyweight boxing champion, *il campione mondiale di pugilato a peso massimo*

Boxing Day /'bɒksɪŋ deɪ||'bɑːk-/ *s*
il giorno di Santo Stefano: Boxing Day is a bank holiday in England. *Il giorno di Santo Stefano è festa nazionale in Inghilterra.*

boy /bɔɪ/
s bambino, ragazzo: The Morgans

have three children; a boy and two girls. *I Morgan hanno tre bambini: un maschio e due femmine. – vedi anche* CHILD (**Nota**)

boyfriend /'bɔɪfrend/ *s*
ragazzo: Ann has gone out with her new boyfriend. *Ann è uscita con il suo nuovo ragazzo.*

bra /brɑː/ *s*
reggiseno, reggipetto

brace /breɪs/ *s*
apparecchio odontoiatrico: I had to wear a brace for a few months to try to straighten my teeth. *Ho dovuto mettere l'apparecchio per alcuni mesi per cercare di raddrizzare i denti.*

bracelet /'breɪslɪt/ *s*
braccialetto, bracciale: Claudia wore a gold bracelet on her left wrist. *Claudia indossava un braccialetto d'oro al polso sinistro.*

braces (*IB*) /'breɪsɪz/ *anche* **suspenders** (*IA*) *s pl*
bretelle: John was wearing a pair of bright red braces, but Andy preferred a belt. *John indossava un paio di bretelle rosso acceso, mentre Andy preferiva la cintura.*

bracket /'brækɪt/ *s*
1 *parentesi:* In the sentence "He said (that) he wanted help.", "that" is in brackets. *Nella frase* "He said (that) he wanted help.", "that" *è fra parentesi.* **2** *sostegno, supporto:* Kate fixed the brackets to the wall while Andy prepared the shelf. *Kate fissò i supporti al muro mentre Andy preparava lo scaffale.*

brain /breɪn/ *s*
cervello

brake[1] /breɪk/ *s*
freno: Andy put on his brakes but his bike didn't slow down! *Andy afferrò i freni ma la bicicletta non rallentò!*

brake[2] *vi, vt*
⟨*pass rem e p pass* **braked,** *p pres*

braking⟩ *frenare:* Mrs Morgan had to brake quickly to avoid the dog. *La signora Morgan dovette frenare bruscamente per evitare il cane.*

branch /brɑːntʃ‖bræntʃ/ *s*
ramo: The children were swinging from a rope tied to the branch of a tree. *I bambini si dondolavano su di una corda legata al ramo di un albero.*

brand-new /brænd njuː‖brænd nuː/ *agg*
nuovo fiammante, nuovo di zecca: Andy saved up and bought himself a brand-new racing bike. *Con i risparmi Andy si comprò una bicicletta nuova fiammante.*

brave /breɪv/ *agg*
⟨*compar* **braver,** *sup* **bravest**⟩
coraggioso: It was very brave of you to jump in the river and save the little boy. *Sei stato molto coraggioso a gettarti nel fiume a salvare il ragazzino.*|Lucy was very brave to tell the strange man to go away. *Lucy è stata molto coraggiosa a dire allo sconosciuto di andarsene.*
▲*Trabocchetto: Non confondere l'aggettivo inglese* **brave** *con l'aggettivo italiano* bravo, *che è generalmente tradotto da* **clever** *o da* **good at:** John is good at Maths. *John è bravo in matematica.*|Kate is very clever. *Kate è molto brava.*

bravery /'breɪvəri/ *s*
⟨*non num*⟩ *coraggio:* You showed great bravery when you jumped into the river to save the little boy. *Hai dimostrato grande coraggio nel gettarti nel fiume a salvare il ragazzino.*

bread /bred/ *s*
⟨*non num*⟩ *pane:* a slice of bread, *una fetta di pane*|a loaf of bread, *una forma di pane*|I must remember to get some bread while I'm out. *Devo ricordarmi di prendere il pane mentre sono fuori.*

breadcrumbs /'bredkrʌmz/ *s*

briciole di pane

break¹ /breɪk/ *v*

⟨*pass rem* **broke**, *p pass* **broken**⟩ **1** *vi, vt* rompersi, spezzarsi, rompere, spezzare: He dropped the cup and broke it/and it broke. *Fece cadere la tazza e la ruppe/che si ruppe.*|The school has a room full of broken chairs. *Nella scuola c'è una stanza piena di sedie rotte.* **2** *vi* **down** rompersi, guastarsi: The clock's broken. I'll have to take it to be repaired. *L'orologio si è rotto. Dovrò portarlo a fare aggiustare.*|The car's broken down again! *La macchina si è rotta di nuovo!* **3** *vt* rompere, trasgredire: He broke the law by driving too fast. *Trasgredì la legge correndo troppo forte con la macchina.*|to break a promise, *mancare ad una promessa*

break² *s*

1 fenditura, apertura **2** pausa, sosta: We've worked long enough. I think we deserve a break. *Abbiamo lavorato abbastanza. Penso che meritiamo una pausa.*|a coffee break, *una pausa per il caffè*

breakfast /'brekfəst/ *s*

⟨*num e non num*⟩ *(prima) colazione:* After breakfast I clean my teeth and then go to school. *Dopo colazione mi lavo i denti e poi vado a scuola.*|I usually have breakfast at eight o'clock. *Di solito faccio colazione alle otto.*| What do you have for breakfast? *Cosa prendi per colazione?*

breast /brest/ *s*

seno, mammella

breath /breθ/ *s*

⟨*num e non num*⟩ respiro, fiato, alito: Can you hold your breath for a minute? *Sei capace di trattenere il respiro per un minuto?*|I'm **out of breath** after all that running. *Sono senza fiato dopo tutta quella corsa.*|She took a deep breath and began her speech. *Fece un respiro profondo e poi iniziò il suo discorso.*

breathe /briːð/ *vi, vt*

⟨*pass rem e p pres* **breathed**, *p pres* **breathing**⟩ respirare: The doctor asked me to breathe in and out deeply a few times. *Il dottore mi chiese di inspirare ed espirare profondamente un po' di volte.*|He's still breathing so he must be alive. *Respira ancora, deve essere ancora vivo.*

brick /brɪk/ *s*

mattone: a house made of brick(s), *una casa in mattoni*

bride /braɪd/ *s*

sposa: The bride walked down the aisle with her father. *La sposa percorse la navata assieme al padre.* — **bridal** *agg* da sposa, nuziale

bridegroom /'braɪdgruːm, -grʊm/ *s*

sposo: The bridegroom and the best man waited by the altar. *Lo sposo ed il testimone aspettavano presso l'altare.*

bridesmaid /'braɪdzmeɪd/ *s*

damigella d'onore: When my daughter got married all of her cousins were bridesmaids. *Quando mia figlia si sposò, tutte le sue cugine fecero le damigelle d'onore.*

bridge /brɪdʒ/ *s*

ponte: They have just built a new road bridge over the river. *Hanno appena costruito un nuovo ponte carrabile sul fiume.*

brief /briːf/ *agg*

⟨*compar* **briefer**, *sup* **briefest**⟩ breve: The teacher only had time for a brief meeting with each child's parents. *L'insegnante ebbe solo tempo per un breve incontro con i genitori di ciascun bambino.*

briefcase /'briːfkeɪs/ *s*

cartella: Mrs Morgan always brings some work home in her briefcase. *La signora Morgan porta sempre del lavoro a casa nella sua cartella.*

briefly /briːfli/ *avv*
brevemente: I managed to speak to him briefly before I left. *Sono riuscito a parlargli brevemente prima di partire.*

brigade /brɪ'geɪd/ *s*
– *vedi* FIRE BRIGADE

bright /braɪt/ *agg*
⟨*compar* **brighter,** *sup* **brightest**⟩
1 brillante, splendente, luminoso: a bright sunny day, *una splendida giornata di sole* **2** brillante, acceso, vivace: a bright blue skirt, *una gonna blu brillante* **3** pronto, intelligente, brillante: I've just had this bright idea. *Mi è appena venuta questa brillante idea.*|a bright child, *un bambino intelligente*

brilliant /'brɪljənt/
agg **1** sfolgorante, brillante: We were dazzled by the brilliant white light. *Fummo abbagliati dalla luce bianca brillante.* **2** brillante: She was a brilliant student who went on to become a senior politician. *Era una studentessa brillante ed ha proseguito fino a diventare una donna politica di rilievo.* – **brilliance** *s* ⟨*non num*⟩ **1** splendore **2** genialità

bring /brɪŋ/ *vt*
⟨*pass rem e p pass* **brought**⟩ portare: Do you mind if I bring a friend to your party? *Ti dispiace se porto un amico alla tua festa?*|The children brought me some flowers while I was in hospital. *I ragazzi mi portarono dei fiori mentre ero in ospedale.*|Have you brought your camera? *Hai portato la tua macchina fotografica?*|You can borrow my book, but you must bring it back tomorrow. *Puoi prendere il mio libro in prestito, ma me lo devi riportare domani.*
■*Nota:* Bring *significa venire in un determinato posto con qualcosa o con qualcuno:* They came to my party and **brought** me a lovely present. *Sono venuti alla mia festa e mi hanno portato un bel regalo.* Fetch *significa andare in un posto e portare qualcosa indietro:* I have to **fetch** the children from school at four o'clock. *Devo andare a prendere i ragazzi da scuola alle quattro. – vedi anche* TAKE (*Nota*)
 bring up *vt*
⟨**bring sbdy ↔ up**⟩ crescere, educare: She was brought up in Italy. *È stata cresciuta in Italia.*

broad /brɔːd/ *agg*
⟨*compar* **broader,** *sup* **broadest**⟩ largo, ampio: The boxer had very broad shoulders. *Il pugile aveva le spalle molto ampie.*

brochure /'brəʊʃəʳ, -ʃʊəʳ|| brəʊ'ʃʊər/ *s*
opuscolo, dépliant: a holiday brochure, *un dépliant per le vacanze*

broke /brəʊk/
pass rem del verbo **break**

broken /'brəʊkən/
p pass del verbo **break**

brooch /brəʊtʃ/ *s*
⟨*pl* **brooches**⟩ spilla, fermaglio: Gina wore a little lizard brooch on her jumper. *Gina aveva sul maglione una piccola spilla a forma di lucertola.*

broom /bruːm, brʊm/ *s*
scopa

brother /'brʌðəʳ/ *s*
fratello: This boy is Frank. He's Ann's brother. *Questo ragazzo è Frank. È il fratello di Ann.*|Ann and Frank are brother and sister. *Ann e Frank sono fratello e sorella.*

brother-in-law /'brʌðəʳ ɪn lɔː/ *s*
⟨*pl* **brothers-in-law**⟩ cognato

brought /brɔːt/
pass rem e p pass del verbo **bring**

brown /braʊn/ *agg*
marrone, castano: In autumn, the leaves turn brown. *In autunno, le foglie diventano marroni.*

bruise[1] /bruːz/ *s*

livido: Andy had a bruise on his leg after he had fallen off his bike. *Andy si è fatto un livido sulla gamba cadendo dalla bicicletta.*

bruise² *vt, vi*
⟨*pass rem e p pass* **bruised,** *p pres* **bruising**⟩ *fare (-si) un livido:* Andy bruised his leg when he fell off his bike. *Andy si è fatto un livido sulla gamba cadendo dalla bicicletta.*|Some people bruise easily. *Certuni si coprono facilmente di lividi.*

brush¹ /brʌʃ/ *s*
⟨*pl* **brushes**⟩ *spazzola, scopa, pennello:* a brush and comb, *una spazzola ed un pettine*|This floor needs sweeping. Where's the brush? *Bisogna scopare per terra. Dov'è la scopa?*

brush² *vt*
spazzolare: Brush your teeth before you go to bed. *Lavati i denti prima di andare a letto.*|Brush your hair, it's a mess. *Spazzolati i capelli, sei tutto arruffato.*

bubble¹ /'bʌbəl/ *s*
bolla, bollicina: When you pour a coke all the bubbles rise to the top. *Quando si versa la coca-cola, tutte le bollicine salgono in superficie.*

bubble² *vi*
⟨*pass rem e p pass* **bubbled,** *p pres* **bubbling**⟩ *fare bollicine, spumeggiare, ribollire:* The boiling water was bubbling away in the pan. *L'acqua ribolliva nella pentola.*

bucket /'bʌkɪt/ *s*
secchio: a bucket of water, *un secchio d'acqua*

build /bɪld/ *vt, vi*
⟨*pass rem e p pass* **built**⟩ *costruire:* They're building a new housing estate on the edge of town. *Stanno costruendo un nuovo complesso edilizio ai margini della città.*|a house built of bricks, *una casa costruita in mattoni*
■ *Nota: Il verbo* **build** *è più comune*

del verbo **construct.**

building /'bɪldɪŋ/ *s*
costruzione, edificio, palazzo: The Sears building in Chicago is the tallest in the world. *Il palazzo Sears a Chicago è il più alto del mondo.*

bulb /bʌlb/ *s*
1 *bulbo:* We planted some bulbs in the autumn. *In autunno abbiamo interrato alcuni bulbi.* **2** *lampadina:* The light in the kitchen has burnt out. Have we got a new bulb? *La lampadina della cucina si è fulminata. Abbiamo una lampadina nuova?*

bull /bʊl/ *s*
toro – vedi anche COW (*Nota*)

bullet /'bʊlɪt/ *s*
proiettile, pallottola: The surgeon had to extract a bullet from the policeman's leg. *Il chirurgo dovette estrarre un proiettile dalla gamba del poliziotto.*

bulletin /'bʊlətɪn/ *s*
bollettino: Here's the latest bulletin about the President's health. *Ecco l'ultimo bollettino medico concernente la salute del Presidente.*|a news bulletin, *un bollettino notiziario*

bully /'bʊli/ *s*
⟨*pl* **bullies**⟩ *bullo, prepotente:* Most schools have a bully who threatens the younger and smaller children. *Nella gran parte delle scuole c'è un prepotente che minaccia i bambini più giovani e più piccoli.*

bump¹ /bʌmp/ *vt, vi*
⟨**against, into**⟩ *sbattere (contro), scontrarsi (con):* The tall man bumped his head on the low doorway. *L'uomo alto sbatté la testa contro la bassa entrata.* |The two cars bumped into each other, but no damage was done. *Le due auto si scontrarono, ma non ci furono danni.*

bump² *s*
1 *botta, colpo:* There was a slight

bump when the two cars touched. *Ci fu una lieve botta quando le due macchine si toccarono.* **2** *bernoccolo, gonfiore:* The man had a bump on his head from when he'd walked into the low doorway. *L'uomo si era fatto un bernoccolo alla testa passando sotto la bassa entrata.*

bun /bʌn/ *s*
pandolce: a cream bun, *un pandolce alla panna*

bunch /bʌntʃ/ *s*
⟨*pl* **bunches**⟩ *mazzo, gruppo:* a bunch of flowers, *un mazzo di fiori* | a bunch of grapes, *un grappolo d'uva*

bundle /'bʌndl/ *s*
fagotto, fascio: He tied the newspapers into a bundle ready to be thrown away. *Fece dei giornali un fascio da buttar via.* | a bundle of old clothes for the jumble sale, *un fagotto di vecchi vestiti per la vendita di beneficenza*

bungalow /'bʌngələʊ/ *s*
bungalow, villetta ad un piano

burglar /'bɜːglə^r||'bɜːr-/ *s*
svaligiatore, ladro: A burglar broke into the house and stole some jewellery. *Un ladro è penetrato nella casa ed ha rubato dei gioielli.*

burglary /'bɜːgləri||'bɜːr-/ *s*
⟨*pl* **burglaries**⟩ ⟨*num e non num*⟩ *svaligiamento, furto (con scasso):* The number of burglaries increases during periods of high unemployment. *Il numero degli svaligiamenti cresce nei periodi di alta disoccupazione.*

burial /'beriəl/ *s*
⟨*num e non num*⟩ *sepoltura, seppellimento:* After the funeral service we stood by the grave and watched the burial. *Dopo il rito funebre restammo presso la tomba ad assistere alla sepoltura.*

burn¹ /bɜːn||bɜːrn/ *vt, vi*
⟨*pass rem e p pass* **burned** *o* **burnt** (*IB*)⟩ *bruciarsi, bruciare, scottarsi,*

scottare: A fire has burned down the school. *Un incendio ha distrutto la scuola.* | We burnt all the leaves in the autumn. *Bruciammo tutte le foglie in autunno.* | Oh no! I've burnt a hole in my shirt with a match! *Oh no! Ho fatto un buco nella camicia con il fiammifero!* | Andy burnt his finger on the iron. *Andy si è scottato il dito con il ferro da stiro.*

burn² *s*
scottatura, bruciatura, ustione: Andy has a nasty burn on his finger where he touched the hot iron. *Andy ha una brutta scottatura sul dito dove ha toccato il ferro da stiro.*

burst /bɜːst||bɜːrst/ *vi, vt*
⟨*pass rem e p pass* **burst**⟩ *(far) scoppiare:* The children burst the balloons. *I bambini fecero scoppiare i palloncini.* | The tyre burst after Andy ran over some glass. *La gomma si bucò quando Andy passò su dei vetri.* | The water pipes burst in the freezing weather. *Le tubazioni dell'acqua sono scoppiate con il gelo.*

bury /'beri/ *vt*
⟨*pass rem e p pass* **buried,** *p pres* **burying**⟩ **1** *seppellire:* The dog buried his bone in the garden. *Il cane seppellì l'osso in giardino.* **2** *seppellire:* My grandmother is buried in the cemetery by the church. *Mia nonna è seppellita nel cimitero a fianco della chiesa.*

bus /bʌs/ *s*
⟨*pl* **buses**⟩ *autobus:* We just caught/missed the bus. *Abbiamo appena preso/perso l'autobus.* | to get on/off the bus, *salire sull'/scendere dall'autobus* | The journey takes about 20 minutes by bus. *Ci vogliono circa venti minuti a fare il viaggio in autobus.*

bush /bʊʃ/ *s*
cespuglio: There are lots of flowering trees and bushes in the park. *Ci sono*

molti alberi e cespugli fioriti nel parco.

business /'bɪznɪs/ s

1 ⟨*non num*⟩ *affari:* Many college graduates are hoping for a career in business or the civil service. *Molti laureati sperano di fare carriera negli affari o nell'amministrazione statale.*| The shops always do good business just before Christmas. *I negozi fanno sempre buoni affari appena prima di Natale.* **2** ⟨*num*⟩ *impresa:* Many new small businesses are started each year, but few of them last very long. *Numerose piccole imprese vengono avviate ogni anno, ma poche durano a lungo.*|Mr Morgan runs his own business. *Il signor Morgan dirige la sua impresa.* **3** ⟨*non num*⟩ *affare, faccenda:* "Would you like a drink, inspector?" "No, thanks. I'm here **on business.**" *"Desidera bere qualcosa, ispettore?" "No, grazie. Sono qui in servizio."*|It's none of your business where I've been. *Non ti riguarda dove io sia stato.*|"What's that?" "Mind your own business!" *"Che cos'è quello?" "Pensa ai fatti tuoi!"*

bus stop /bʌs stɒp||bʌs stɑːp/ s
⟨*pl* **bus stops**⟩ *fermata dell'autobus:* We waited at the bus stop for what seemed like hours. *Aspettammo alla fermata dell'autobus per un periodo di tempo che ci parve durare delle ore.*

bust /bʌst/ s
(*usato principalmente per le misure dei vestiti ecc.*) *giro petto, busto (di donna):* "What size do you take.?" "Thirty-four inch bust." *"Che misura hai?" "Ottantasei centimetri di busto."*

busy /'bɪzi/ agg
⟨*compar* **busier,** *sup* **busiest**⟩
1 *occupato, indaffarato, movimentato:* Dover is a busy port. *Dover è un porto molto attivo.*|We've got a busy day tomorrow. *Abbiamo una giornata intensa domani.*|I'm a bit busy at the

moment, can you come back later? *Sono un po' indaffarato al momento, puoi ripassare più tardi?* **2** (*IA*) (*di telefono*) *occupato:* The line's busy at the moment. *La linea è occupata in questo momento.*

but /bət; *forma enfatica* bʌt/ cong
ma: a sunny but cool day, *un giorno di sole ma freddo*|Andy likes horror films, but Kate doesn't. *Ad Andy piacciono i film dell'orrore, ma non a Kate.*|I'd like to go to England this summer, but I just can't afford to. *Mi piacerebbe andare in Inghilterra quest'estate, ma non posso proprio permettermelo.*

butcher /'bʊtʃəʳ/ s
macellaio: The butcher wiped his bloody hands. *Il macellaio pulì le mani insanguinate.*

butcher's /'bʊtʃəz/ s
macelleria: I must get some meat from the butcher's. *Devo andare dal macellaio a comprare della carne.*

butter /'bʌtəʳ/ s
⟨*non num*⟩ *burro:* a pound of butter, *una libbra di burro*|Many people use margarine instead of butter. *Molte persone usano la margarina al posto del burro.*

butterfly /'bʌtəflaɪ||-ər-/ s
⟨*pl* **butterflies**⟩ **1** ⟨*num*⟩ *farfalla* **2** ⟨*non num*⟩ (*nuoto a*) *farfalla:* John is swimming in the 100 metres butterfly. *John nuoterà nei cento metri farfalla.*

buttermilk /'bʌtə,mɪlk||-ər-/ s
⟨*non num*⟩ *siero (del latte)*

button /'bʌtn/ s
bottone: Do up your buttons, it's cold outside. *Abbottonati, fa freddo fuori.*| to sew on a button, *attaccare un bottone*

buy[1] /baɪ/ vt
⟨*pass rem e p pass* **bought,** *p pres* **buying**⟩ *comprare, acquistare:* We can

buy some ice-creams from the van. *Possiamo comprare dei gelati dal furgoncino.*|We bought the children some clothes. *Abbiamo comprato dei vestiti ai bambini.*|After Andy bought his new bike, he sold his old one to Paul. *Dopo aver comprato la sua nuova bicicletta, Andy vendette la vecchia a Paul.*

buy² s
acquisto: That leather coat in the sale was a good buy. *Il cappotto in pelle in svendita è stato un buon affare.*

buzz¹ /bʌz/ vi
ronzare

buzz² s
ronzio, brusio

by¹ /baɪ/ prep
1 *vicino (a), accanto (a), presso:* Claudia was standing by the cinema entrance waiting for Bruno. *Claudia era accanto all'entrata del cinema ad aspettare Bruno.*|The post office is just by the town hall. *La posta è proprio accanto al municipio.*|Sue lives by the sea. *Sue abita vicino al mare.* – *vedi anche* **L'Illustrazione Prepositions**
2 ⟨sthg o doing sthg⟩ *per (qc o facendo qc):* Bruno went into the cinema by the side door, and so didn't see Claudia. *Bruno era entrato nel cinema per l'ingresso laterale, e così non aveva visto Claudia.*|He had gone to the cinema by bus. *Era andato al cinema in autobus.*|He went through the wrong door by mistake. *Entrò dalla porta sbagliata per errore.*|The thief escaped from the police by hiding in the bushes. *Il ladro sfuggì alla polizia nascondendosi in mezzo alla boscaglia.* **3** ⟨complemento d'agente o mezzo efficiente in frasi passive⟩ *da, di:* The thief is being hunted by the police. *Il ladro è ricercato dalla polizia.*|The news was followed by a programme about birds. *Il telegiornale*

fu seguito da un programma sugli uccelli. – *vedi anche* PASSIVE (*Nota*)
4 *di:* The film was by Stephen Spielberg. *Il film era di Stephen Spielberg.*|a new song by David Bowie, *una nuova canzone di David Bowie* **5** *per, entro:* We have to finish this job by the end of next week. *Dobbiamo finire questo lavoro entro la fine della prossima settimana.*|By the time I arrived at the office, Claudia had already left. *Quando finalmente arrivai in ufficio, Claudia se n'era già andata.* **6 by oneself** *da solo:* She stood there by herself for over half an hour. *Rimase lì in piedi da sola per più di mezz'ora.*|Are you going to do everything all by yourself? *Farai tutto da solo?*

by² avv
oltre, da parte, via: The car drove by without stopping. *La macchina passò oltre senza fermarsi.*|As time goes by, the old woman's memory is beginning to fade. *Più passa il tempo, più alla vecchia signora comincia a venir meno la memoria.*

bye /baɪ/ inter
(*fam*) (*usato nell'accomiatarsi da qn*) *ciao!:* "I must go. See you!" "Bye!" *"Devo andare. Ci vediamo!" "Ciao!"* – *vedi anche* GOODBYE (*Nota*)

C, c

C, c /siː/
C, c

cab /kæb/ s
taxi: When we arrived we took a cab to the hotel. *Quando arrivammo prendemmo un taxi fino all'hotel.*

cabbage /ˈkæbɪdʒ/ s
⟨num e non num⟩ cavolo

cable /ˈkeɪbəl/ s
cavo: They're laying the electricity cables under the road. *Stanno impiantando i cavi dell'elettricità sotto la strada.*

cable car /ˈkeɪbəl kɑːʳ/ s
⟨pl **cable cars**⟩ funivia: When we went on our skiing holiday we took a cable car to the top of the slope. *Quando siamo andati in vacanza a sciare, abbiamo preso la funivia fino in cima alla pista.*

café /ˈkæfeɪ‖kæˈfeɪ, kə-/ s
caffè, bar: "Fancy a coffee?" "Yes. Look, there's a café just across the road. *"Che ne dici di un caffè?" "Sì. Guarda, c'è un bar proprio dall'altra parte della strada."*
■Nota: In inglese il **café** è più di un nostro bar ma meno di un ristorante: ci si può andare per bere bevande non alcoliche, fare colazione, avere uno spuntino o un pasto veloce, ma non per un pranzo o una cena completi.

cafeteria /ˌkæfɪˈtɪəriə/ s
posto di ristoro, self-service
■Nota: Per lo più la **cafeteria** è un posto di ristoro all'interno di un locale pubblico, quale un grande magazzino o un cinema. La mensa di una scuola,

di una fabbrica o di una caserma invece generalmente si chiama **canteen.**

cake /keɪk/ s
⟨num e non num⟩ torta, dolce: Would you like another piece of cake? *Desidera un'altra fetta di torta?*

calculate /ˈkælkjʊleɪt/ vi, vt
⟨pass rem e p pass **calculated,** p pres **calculating**⟩ fare calcoli, calcolare, prevedere: Andy calculated that if he had to save his pocket money for a new bike it would take him two years! *Andy ha calcolato che se dovesse mettere da parte il suo stipendio settimanale per comprarsi una bici nuova, gli ci vorrebbero due anni!*
— **calculation** s ⟨num e non num⟩ calcolo

calculator /ˈkælkjʊleɪtəʳ/ s
calcolatore, macchina calcolatrice: Maths students are often allowed to take calculators into their exams now. *Adesso gli studenti di matematica possono spesso portarsi la calcolatrice agli esami.*

calendar /ˈkælɪndəʳ/ s
calendario: We hung the new calendars on the wall on January 1st. *Il primo di gennaio abbiamo appeso al muro i nuovi calendari.*

calf /kɑːf‖kæf/ s
⟨pl **calves**⟩ vitello – vedi anche COW (Nota)

call[1] /kɔːl/ v
1 vi, vt ⟨out⟩ chiamare: That's my dad calling me. I'll have to go now. *C'è mio padre che mi chiama. Devo andare subito.*|She called out, hoping that

somebody would hear her. *Lei si mise a chiamare ad alta voce, sperando che qualcuno la sentisse.* **2** *vt chiamare:* We're going to call the baby Gina. *Chiameremo la bambina Gina.*|What's your dog called? *Come si chiama il tuo cane?*|Don't you call me a liar! *Non chiamarmi bugiardo!* **3** *vi* ⟨**for, round**⟩ *passare (da), fare visita (a):* Sue called round for tea. *Sue è venuta a farci visita per il tè.*|I'll call for you, then we'll go on to the cinema together. *Ti passo a prendere e poi andiamo al cinema insieme.* **4** *vi, vt chiamare per telefono:* Gina called to tell us when she'd be arriving. *Ha telefonato Gina per dirci quando dovrebbe arrivare.*|I think I'll call Kate and see if she wants to go out tonight. *Penso che chiamerò Kate per vedere se vuole uscire stasera.*

call² *s*
1 *telefonata, chiamata:* I must just make a phone call/a telephone call before we go out. *Devo solo fare una telefonata prima che usciamo.*|I had a call from Kate last night. *Ho ricevuto una telefonata da Kate ieri sera.*|a long-distance call, *una chiamata interurbana* **2** ⟨**for**⟩ *richiamo, grido (di):* a call for help, *un grido d'aiuto* **3** *visita:* Grandad got a call from the health visitor last week. *La scorsa settimana il nonno ha ricevuto una visita dell'assistente sociale per la sanità.*

calm /kɑːm‖kɑːm, kɑːlm/ *agg*
⟨*compar* **calmer,** *sup* **calmest**⟩
1 *calmo, sereno:* Claudia felt very calm before her exams. *Claudia si sentiva molto calma prima degli esami.* **2** *calmo:* The sea was very calm when we went to France, so no one was sick. *Il mare era molto calmo quando siamo andati in Francia, così, nessuno si è sentito male.* — **calmly** *avv con calma, tranquillamente:* Claudia

went calmly into the examination room. *Claudia entrò nell'aula degli esami con calma.*

calorie /'kæləri/ *s*
caloria: "Do you know how many calories there are in that bar of chocolate?" "I don't care. I like it!" *"Sai quante calorie ci sono in quella tavoletta di cioccolato?" "Non me ne importa niente. A me piace."*|a calorie-controlled diet, *una dieta a controllo calorico*

came /keɪm/
pass rem del verbo **come**

camel /'kæməl/ *s*
cammello

camera /'kæmərə/ *s*
⟨*pl* **cameras**⟩ *macchina fotografica:* Gina bought a new camera so that she could take some pictures/photographs of her holiday. *Gina si è comprata una nuova macchina fotografica per fare delle foto delle sue vacanze.*

camp¹ /kæmp/ *s*
campeggio: We put up our tent on the camp site. *Abbiamo montato la tenda nel campeggio.*|The children are going to a summer camp where they will do lots of sports like riding, swimming and so on. *I bambini vanno in un campeggio estivo dove faranno molti sport come equitazione, nuoto e così via.*

camp² *vi*
fare campeggio: We camped in a field near the beach for a couple of nights. *Abbiamo trascorso un paio di notti in un campeggio vicino alla spiaggia.*

campaign /kæm'peɪn/ *s*
campagna: The government has launched a campaign against drugs. *Il governo ha lanciato una campagna contro la droga.*

camper /'kæmpəʳ/ *s*
1 *campeggiatore:* Many farmers allow campers to stay in their fields

overnight. *Molti contadini consentono ai campeggiatori di stare per una notte sui loro campi.* 2 (*IA*) *anche* **motor caravan** (*IB*) *camper:* When they were in America, Kate and Andy spent two weeks travelling round in a camper. *Mentre erano in America, Kate ed Andy sono andati in giro per due settimane in camper.*

camping /'kæmpɪŋ/ s
⟨*non num*⟩ *campeggio:* This summer the children are going camping in Wales. *Quest'estate i bambini vanno a fare campeggio in Galles.*|to go on a camping holiday, *fare una vacanza in campeggio*

can¹ /kən; *forma enfatica* kæn/ *v aus*
⟨*pass rem* **could**⟩ ⟨*seguito da un infinito senza il* **to**⟩ 1 (*per indicare capacità*) *sapere, essere capace di, essere in grado di:* Emilio can speak four languages. *Emilio sa parlare quattro lingue.*|I can't open the window. *Non posso aprire la finestra.*|I can't do my maths homework, Kate. You'll have to help me. *Non sono capace di fare i compiti di matematica, Kate. Dovrai aiutarmi.*|Can you play the piano? *Sai suonare il pianoforte?* 2 (*per indicare possibilità*) *potere:* We can buy four ice-creams with this money. *Possiamo comprare quattro gelati con questi soldi.*|What can we do to help the starving children in Ethiopia? *Che cosa si può fare per soccorrere i bambini denutriti dell'Etiopia?* 3 (*in combinazione con verbi di percezione, generalmente non tradotto*) *riuscire a:* I can see/hear a car in the distance. *Vedo/sento una macchina in lontananza.*|Can you remember where you left the keys? *Ti ricordi di dove hai lasciato le chiavi?* 4 (*per indicare permesso*) *potere, avere il permesso/diritto di:* My dad says I can't go out until I've finished my

homework. *Mio papà dice che non posso uscire finchè non ho finito i compiti.*|Can I ask you a question? *Posso farti una domanda?*
■*Nota: Nelle richieste di permesso* **can** *è molto più comune e meno formale di* **may.** 5 (*forma di cortesia per chiedere dei favori*) *potere:* Can you pass me the dictionary, please? *Puoi passarmi il dizionario, per favore?* 6 (*per indicare la ricorrenza o normalità di certi eventi*) *potere:* Main roads can be dangerous places for children. *Le strade principali a volte sono luoghi pericolosi per i bambini.*|Rhinoceroses can grow up to 15 feet long. *I rinoceronti possono crescere fino a quindici piedi di lunghezza. – vedi anche* **La Nota Grammaticale Modals**

can² /kæn/ *s*
anche **tin** *lattina, scatola:* a can of oil, *una lattina di olio*|a can of beans, *una scatola di fagioli*

canal /kə'næl/ *s*
canale: Canals in Britain are used mainly for holidays, now. *Oggigiorno i canali in Gran Bretagna sono sfruttati principalmente per turismo.*|the Suez Canal, *il Canale di Suez*

canary /kə'neəri/ *s*
⟨*pl* **canaries**⟩ *canarino*

cancel /'kænsəl/ *vt*
⟨*pass rem e p pass* **cancelled** (*IB*) *o* **canceled** (*IA*), *p pres* **cancelling** (*IB*) *o* **canceling** (*IA*)⟩ *cancellare, annullare:* We had to cancel the match because we didn't have a referee! *Abbiamo dovuto cancellare l'incontro perchè non avevamo un arbitro!*

candidate /'kændɪdʒt||-deɪt, -dʒt/ *s*
1 *candidato, aspirante:* There were three candidates in the local election. *C'erano tre candidati per le elezioni locali.*|Anna was one of the school's strongest candidates for a place at university. *Anna era uno dei candidati*

più favoriti della scuola per un posto all'università. **2** *candidato, esaminando:* Candidates must not talk to each other during the examination. *I candidati non possono comunicare fra di loro durante l'esame.*

candle /'kændl/ s

candela: We lit a candle in memory of our grandmother. *Abbiamo acceso una candela in memoria di nostra nonna.*|a birthday cake with six candles on it for Lucy, *una torta con sei candele per il compleanno di Lucy*

candy /'kændɪ/ s

⟨*non num*⟩ ⟨*spec IA*⟩ *caramella, dolciumi*

cane /keɪn/ s

canna: We tied the tomato plants to some canes to stop them from falling over. *Abbiamo legato le piante di pomodoro ad alcune canne perchè non cadessero più.*

cannot /'kænət, -nɒt||-nɑːt/

forma negativa enfatica o formale di **can**: I cannot tolerate noisy children! *Io non posso soffrire i bambini chiassosi!*|Such suggestions cannot be taken seriously. *Non si possono prendere sul serio certi suggerimenti.*

■*Nota:* Cannot *va sempre scritto come una parola unica. – vedi anche La Nota Grammaticale* Modals

canoe[1] /kə'nuː/ s

canoa: Gina is saving up to buy a canoe. *Gina sta risparmiando per comprarsi una canoa.*

canoe[2] vi

⟨*pass rem e p pass* **canoed**, *p pres* **canoeing**⟩ *andare in canoa:* Gina wants to canoe *o* to go canoeing down the river. *Gina vuole andare in canoa lungo il fiume.*

can opener /kən 'əʊpənər/ *anche* **tin opener** s

⟨*pl* **can openers**⟩ *apriscatole*

can't /kɑːnt||kænt/

contraz di **cannot**: I can't open the window. *Non riesco ad aprire la finestra.*|You can't go unless you're home by eleven o'clock. *Non puoi andare via a meno che tu sia a casa entro le undici. – vedi anche La Nota Grammaticale* Modals

canteen /kæn'tiːn/ s

mensa – vedi anche CAFETERIA (*Nota*), *e L'Illustrazione* Lunch in the School Canteen

cap /kæp/ s

1 *berretto* **2** *tappo, cappuccio:* Andy! I wish you'd put the cap back on the toothpaste when you've finished with it! *Andy! Vuoi farmi il piacere di rimettere il tappo al dentifricio quando hai finito di usarlo!*

capable /'keɪpəbəl/ agg

⟨*of*⟩ *capace, in grado (di):* Claudia is a very capable person. She can do anything she tries. *Claudia è una persona molto capace. Riesce a fare qualsiasi cosa provi.*|I'm sorry, but I'm not capable of lifting that crate by myself. *Mi dispiace, ma non sono in grado di alzare quella cassa da solo.*

capacity /kə'pæsɪti/ s

⟨*pl* **capacities**⟩ ⟨*num e non num*⟩ *capacità:* The capacity of this bottle is one litre. *La capacità di questa bottiglia è di un litro.*|a car with an engine capacity of four litres, *un'automobile con una cilindrata di quattro litri*

capital /'kæpɪtl/ s, agg

1 *capitale:* a capital city, *una capitale*| "What's the capital of Scotland?" "Edinburgh." *"Qual'è la capitale della Scozia?" "Edimburgo."* **2** *maiuscola:* "A", "B" and "C" are capital letters, "a", "b", and "c" are small letters. *"A", "B", e "C" sono lettere maiuscole, "a", "b", e "c" sono lettere minuscole.*

captain /'kæptɪn/ s

1 *capitano, comandante:* the captain of the ship/plane, *il capitano della nave/dell'aereo* **2** *capitano:* Gina is captain of the darts team. *Gina è capitano della squadra di freccette.*

car /kɑːʳ/ *s*

1 *automobile, macchina:* Mrs Morgan takes the children to school in her car. *La signora Morgan accompagna i figli a scuola in macchina.*|Driving a car is very different from riding a bicycle. *Guidare la macchina è molto diverso dall'andare in bicicletta.*|It's impossible to reach the village by car. *È impossibile raggiungere il villaggio in automobile.* **2** *anche* **carriage** *vagone, carrozza ferroviaria*

caramel /'kærəməl, -mel/ *s*

⟨*num e non num*⟩ *zucchero caramellato:* a cream caramel, *un crème caramel*

caravan /'kærəvæn/ *s*

roulotte, carrozzone: When we were younger we used to take our caravan to the seaside. *Quando eravamo più giovani, andavamo al mare in roulotte.*

card /kɑːd||kɑːrd/ *s*

1 *biglietto d'auguri, tessera, carta:* a birthday card, *un biglietto d'auguri per il compleanno*|When you join our club, we send you a membership card. *Quando vi iscrivete al nostro club, vi mandiamo una tessera.*|a credit card, *una carta di credito* **2** *anche* **playing card** *carta (da gioco):* a pack of cards, *un mazzo di carte*|Shall we have a game of cards? *Facciamo una partita a carte?*

cardboard /'kɑːdbɔːd||'kɑːrdbɔːrd/ *s, agg*

⟨*non num*⟩ *(di) cartone:* Have you got a large cardboard box I can pack my books in? *Hai uno scatolone di cartone in cui possa imballare i miei libri?*

cardigan /'kɑːdɪgən||'kɑːr-/ *s*

cardigan: Gina wears a blue cardigan over her school blouse. *Gina indossa un cardigan blu sulla camicetta della scuola.*

cardinal number /ˌkɑːdənəl 'nʌmbəʳ||ˌkɑːr-/ *s*

⟨*pl* **cardinal numbers**⟩ *numero cardinale:* 1, 2, 3 are cardinal numbers. 1st, 2nd and 3rd are ordinal numbers. *1, 2, 3 sono numeri cardinali. 1°, 2°, e 3° sono numeri ordinali.*

care¹ /keəʳ/ *vi*

⟨*pass rem e p pass* **cared**, *p pres* **caring**⟩ ⟨*about o that*⟩ *preoccuparsi, tenerci, interessarsi (di o che):* Claudia cares about the future of the whale. *Claudia si preoccupa del futuro delle balene.*|"Kate's piece of cake is bigger than mine." "Yes, but my strawberries are smaller." "I don't care! I want a bigger piece." *"La fetta di torta di Kate è più grande della mia." "Sì, ma le mie fragole sono più piccole." "Non me ne importa! Voglio una fetta più grande."*|Peter doesn't really care about himself, but he'll help anybody else. *Peter non si preoccupa molto per sè, ma è pronto ad aiutare chiunque altro.*

care for *vt*

⟨**care for sbdy** *o* **sthg**⟩ *curarsi di qn, occuparsi di qn:* When his Gran was ill Bruno cared for her very well. *Quando sua nonna era malata, Bruno se ne prendeva grande cura.*

care² *s*

1 ⟨*num*⟩ *preoccupazione:* Peter always looks as though he's got all the cares of the world on his shoulders. *Sembra sempre che Peter abbia tutte le preoccupazioni del mondo sulle sue spalle.* **2** ⟨*non num*⟩ *cura:* When their parents go out for the evening, Kate and Andy **take care of** Lucy. *Quando i loro genitori escono di sera, Kate ed Andy si prendono cura di Lucy.*|Her life was devoted to the care of the mentally handicapped. *La sua vita era dedicata alla cura degli handicappati mentali.* 3 ⟨*non num*⟩ *attenzione, prudenza:* Remember! Be careful when you cross the road. *Ricorda di fare attenzione quando attraversi la strada.*

careful /'keəfəl||'keər-/ *agg* *attento, prudente:* Remember! Be careful when you're crossing the road. *Ricorda! Sta' attento quando attraversi la strada.*|Frank is very careful with money. *Frank sta molto attento ai soldi.*

carefully /'keəfəli||'keərfəli/ *avv* *attentamente, accuratamente:* Listen carefully, everybody. *Ascoltate tutti attentamente.*

careless /'keələs||'keər-/ *agg* *disattento:* It was very careless of you to drop the shopping all over the road. *Sei stato proprio sbadato a rovesciare tutta la spesa per la strada.* — **carelessly** *avv distrattamente, con poco impegno*

car park /kɑːʳ pɑːk||kɑːʳ park/ *s* ⟨*pl* **car parks**⟩ *parcheggio:* Is there a car park at the station? *C'è un parcheggio alla stazione?*|a multi-storey car park, *un parcheggio a più piani*

carpenter /'kɑːpɪntəʳ||'kɑːr-/ *s* *falegname, carpentiere:* The local carpenter came and made some bookshelves for us. *Il falegname locale è venuto a farci degli scaffali per i libri.*

carpet /'kɑːpɪt||'kɑːr-/ *s* *moquette:* We've got a green carpet in the sitting room, with a nice brown rug in front of the fire. *Nel soggiorno abbiamo la moquette verde con un bel tappeto marrone davanti al caminetto.*

carriage /'kærɪdʒ/ *s* 1 (*IB*) anche **car** (*spec IA*) *vagone:* Let's try and find a seat in the carriage next to the engine. *Cerchiamo di*

trovare un posto nel vagone vicino alla locomotiva. 2 *carrozza:* The Queen went to Charles and Diana's wedding in an open carriage. *La regina andò al matrimonio di Carlo e Diana su una carrozza aperta.*

carrier bag /'kærɪəʳ bæg/ *s* ⟨*pl* **carrier bags**⟩ *borsa di plastica, sacchetto per la spesa:* Can I have a carrier bag, please? *Mi può dare un sacchetto, per favore?*

carrot /'kærət/ *s* ⟨*num e non num*⟩ *carota*

carry /'kæri/ *vt* ⟨*pass rem e p pass* **carried**, *p pres* **carrying**⟩ 1 (*di persone*) *portare con sè (in mano):* He is carrying an umbrella. *Porta un ombrello.*|I can't carry this, it's too heavy. *Non riesco a trasportarlo, è troppo pesante.*

■*Nota: Il verbo* **portare** *nel senso di indossare è tradotto in inglese dal verbo* **wear**, *non dal verbo* **carry**.

2 (*di cose*) *portare, trasportare:* The train carries goods all over the country. *Il treno trasporta merci in ogni parte della nazione.*|This pipe carries the oil to the refinery. *Questa tubazione porta il petrolio alla raffineria.*

carry on *vi* ⟨**carry on doing sthg** *o* **with**⟩ *continuare (qc o a fare qc):* I'm too tired to finish this now, I'll carry on with it tomorrow. *Sono troppo stanco per finire questo adesso, lo continuerò domani.*|I'll carry on painting later. *Continuerò a pitturare dopo.*

carton /'kɑːtn||'kɑːrtn/ *s* *cartone:* an egg carton, *un cartone di uova*

cartoon /kɑː'tuːn||kɑːr-/ *s* 1 *vignetta:* a funny cartoon in the paper, *una vignetta divertente sul giornale* 2 *cartone animato:* I love watching the Tom and Jerry cartoons on television. *Adoro guardare i cartoni*

animati di Tom e Jerry alla televisione.
   strip cartoon *s*
fumetto
case /keɪs/ *s*
1 *anche* **suitcase** *valigia:* When Bruno
went to England he took a whole case
full of warm pullovers! *Quando Bruno
è andato in Inghilterra si è portato
dietro un'intera valigia di maglie
pesanti!* **2** *caso:* There have been
several cases of theft in the school
lately. *Di recente a scuola ci sono stati
parecchi casi di furto.*|The hospital has
never had to deal with a case of rabies
before. *L'ospedale non ha mai avuto a
che fare con un caso di idrofobia in
precedenza.*|This was one of the
famous detective's most interesting
cases. *Questo fu uno dei casi più
interessanti del famoso investigatore.*
3 *caso:* In certain cases, students may
be required to take an oral
examination. *In certi casi si potrà
richiedere agli studenti di sostenere un
esame orale.*|"I don't feel like going
out this afternoon." **"In that case** you
can help me with the decorating."
*"Non ho voglia di uscire oggi
pomeriggio." "In tal caso mi puoi dare
una mano a pitturare."*
   in case *cong, avv*
in caso, caso mai: "Take your
umbrella in case it rains." "It won't
rain." "Well, take it anyway. Just in
case!" *"Prendi l'ombrello in caso
dovesse piovere." "Non pioverà." "E
va bene, prendilo lo stesso. Non si sa
mai!"*
cash¹ /kæʃ/ *s*
⟨*non num*⟩ *soldi (in contanti):* I'm
afraid I haven't got enough cash. Will
you take a cheque? *Mi dispiace ma
non ho abbastanza soldi in contanti.
Accettate un assegno?*
cash² *vt*
incassare, riscuotere: I'd like to cash

this cheque, please. *Vorrei incassare
questo assegno, per favore.*
cash desk /'kæʃ desk/ *s*
⟨*pl* **cash desks**⟩ *cassa:* You pay at the
cash desk when you leave the
restaurant. *Si paga alla cassa prima di
uscire dal ristorante.*
cashier /kæ'ʃɪəʳ/ *s*
cassiere
cash register /'kæʃ ˌredʒɪstəʳ/ *s*
⟨*pl* **cash registers**⟩ *(registratore di)
cassa*
cassette /kə'set/ *s*
cassetta, musicassetta: Kate has over a
hundred records and cassettes. *Kate
fra dischi e cassette ne ha più di cento.*
cassette recorder /kə'set
rɪˌkɔːdəʳ||-ɔːr-/ *s*
⟨*pl* **cassette recorders**⟩ *registratore a
cassette*
castle /'kɑːsəl||'kæ-/ *s*
castello: There's an old castle in
Dover. *C'è un vecchio castello a
Dover.*
casual /'kæʒʊəl/ *agg*
1 *disinvolto, informale, sportivo:*
casual clothes, *abbigliamento sportivo*
2 *disinvolto, indifferente:* He's very
casual in his attitude to school; he
doesn't seem to care about it at all. *Ha
un atteggiamento molto disinvolto nei
confronti della scuola; sembra che non
gliene importi niente.*
▲*Trabocchetto: Non confondere
l'aggettivo inglese* **casual** *con l'aggettivo
italiano* **casuale**, *che è generalmente
tradotto da* **chance** *o* **accidental:** a
chance meeting, *un incontro casuale.*
cat /kæt/ *s*
1 *gatto* **2** *felino:* big cats like the
cheetah, *grandi felini come il ghepardo*
catch¹ /kætʃ/ *vt*
⟨*pass rem e p pass* **caught**⟩ **1** *afferrare,
prendere:* I threw the ball to Kate and
she caught it. *Lanciai la palla a Kate e
lei l'afferrò.*|Catch! Oh dear, he's

dropped it. *Prendi! Oh no, l'ha fatto cadere.* **2** *catturare, prendere:* The cat caught a mouse. *Il gatto ha preso un topo.* **3** *catturare, arrestare:* The police caught the terrorists as they were trying to leave the country. *La polizia ha catturato i terroristi mentre cercavano di lasciare il paese.* **4** (*con riferimento a mezzi di trasporto*) (*riuscire a) prendere, arrivare in tempo per:* We just caught the last bus home. *Prendemmo giusto in tempo l'ultimo autobus per casa.* **5** (*con riferimento a malattie) prendere:* I seem to have caught a cold. *Sembra che mi sia preso il raffreddore.*

catch² *s*
presa: Good catch, Kate! *Ottima presa, Kate!*

cathedral /kə'θiːdrəl/ *s*
cattedrale: St Paul's Cathedral, *la Cattedrale di San Paolo*

Catholic /'kæθəlɪk/ *agg, s*
cattolico

cattle /'kætl/ *s pl*
bestiame

caught /kɔːt/
pass rem e p pass del verbo **catch**

cauliflower /'kɒlɪˌflaʊəʳ||'kɔː-, 'kɑː-/ *s*
cavolfiore

cause¹ /kɔːz/ *s*
causa: The police still don't know the cause of the accident. *La polizia non conosce ancora la causa dell'incidente.*

cause² *vt*
⟨*pass rem e p pass* **caused,** *p pres* **causing**⟩ ⟨*sthg o sbdy to do sthg*⟩ *causare (qc), indurre (a fare qc), far sì che:* The fire was caused by a gas explosion. *L'incendio fu causato da un'esplosione del gas.*|What caused Kate to leave so early? *Cos'è che ha fatto partire Kate così presto?*

caution /'kɔːʃən/ *s*
⟨*non num*⟩ *cautela, attenzione:* Caution! Wet floor! *Attenzione!*

Pavimento bagnato!

cautious /'kɔːʃəs/ *agg*
cauto, attento: Mr Morgan is a very cautious driver. He never goes very fast. *Il signor Morgan è un guidatore molto prudente. Non va mai molto veloce.*

ceiling /'siːlɪŋ/ *s*
soffitto: Kate and Andy got paint in their hair when they were painting the bedroom ceiling. *Kate ed Andy si sono riempiti i capelli di vernice mentre pitturavano il soffitto della camera da letto.*

celebrate /'selɪbreɪt/ *vi, vt*
⟨*pass rem e p pass* **celebrated,** *p pres* **celebrating**⟩ *festeggiare, celebrare:* Mr and Mrs Morgan had a party to celebrate their wedding anniversary. *I signori Morgan hanno dato una festa per celebrare il loro anniversario di matrimonio.* — **celebration**
s festeggiamento: The celebrations went on all night. *I festeggiamenti continuarono per tutta la notte.*

cellar /'seləʳ/ *s*
cantina: The Morgans have made their cellar into a workshop. *I Morgan hanno trasformato la loro cantina in un'officina.*

Celsius /'selsɪəs/ *s, agg*
anche **centigrade,** *anche* **C** (*abbr*)
centigrado: 15°C *si legge* fifteen degrees Celsius
■*Nota: La scala centigrada (ufficialmente nota in Gran Bretagna come* Celsius, *dal nome dello scienziato svedese) ha oramai preso il sopravvento su quella* Fahrenheit *nella misurazione della temperatura.* – *vedi anche* FAHRENHEIT (*Nota*)

cement /sɪ'ment/ *s*
⟨*non num*⟩ *cemento:* The dog walked over the wet cement and left paw marks all over it. *Il cane camminò sul cemento fresco e lasciò le impronte*

delle zampe dappertutto.

cemetery /'semɪtrɪ‖-terɪ/ *s*
⟨*pl* **cemeteries**⟩ *cimitero:* My
grandparents were buried in the public
cemetery because the little graveyard
by the church was full. *I miei nonni
sono stati sepolti nel cimitero
comunale, perchè il piccolo
camposanto presso la chiesa era tutto
occupato.*

centigrade *o* **Centigrade** /'sentɪɡreɪd/
s, agg
anche **Celsius,** anche **C** (*abbr*)
centigrado – vedi anche CELSIUS
(*Nota*) *e* FAHRENHEIT (*Nota*)

centimetre (*IB*) *o* **centimeter**(*IA*)
/'sentɪˌmiːtər/ anche **cm** (*abbr*) *s*
centimetro – vedi anche **La Tavola
Weights and Measures** *a p.*

central /'sentrəl/ *agg*
centrale: Jane works in a bookshop in
central London. *Jane lavora in una
libreria nel centro di Londra.*|the four
central squares of a chessboard, *le
quattro caselle al centro di una
scacchiera*

central heating /'sentrəl 'hiːtɪŋ/ *s*
⟨*non num*⟩ *riscaldamento centrale*

centre (*IB*) *o* **center** (*IA*) /'sentər/ *s*
1 *centro:* Draw a line from the centre
of the circle to the circumference.
*Tracciate una linea dal centro del
cerchio alla circonferenza.*|Sometimes
they go into the centre of London.
*Qualche volta vanno in centro a
Londra.*|They caught a bus to the
town centre. *Hanno preso un autobus
per andare nel centro della città.*
2 *centro:* Shall we go to the sports
centre for a game of squash? *Andiamo
al centro sportivo per una partita di
squash?*|The new equipment is tried
out at the test centre. *Il nuovo
equippaggiamento viene collaudato al
centro di prova.*

century /'sentʃərɪ/ *s*

⟨*pl*.**centuries**⟩ *secolo:* There is a
twelfth-century castle in Dover. *A
Dover c'è un castello del dodicesimo
secolo.*

cereal /'sɪərɪəl/ *s*
⟨*num e non num*⟩ **1** *cereale* **2** *cereali:*
For breakfast I usually have cereal and
a glass of milk. *Per colazione di solito
prendo cereali ed un bicchiere di latte.*

certain[1] /'sɜːtn‖'sɜːrtn/ *agg*
⟨**that** *o* **of**⟩ *certo, sicuro (che o di):* I'm
certain (that) I saw Claudia in town
yesterday. *Sono certo di aver visto
Claudia in città ieri.*

certain[2] *agg, pron*
certo, alcuno: There are certain parts
of the city that I won't go to on my
own. *Ci sono certe parti della città in
cui non andrei da solo.*

certainly /'sɜːtnlɪ‖'sɜːr-/ *avv*
1 *di certo, sicuramente:* Tarantulas are
certainly not the cheapest pets. *Le
tarantole di certo non sono gli animali
domestici più economici.*
2 ⟨*rafforzativo o sostitutivo di* **yes**⟩
certamente, ma sicuro, senz'altro:
"Could you help me with this box,
please?" "Certainly." *"Puoi aiutarmi
con questa scatola per favore?" "Ma
certo."* **3 Certainly not!** ⟨*rafforzativo
di* **no**⟩ *no di certo!, neanche per idea!:*
"John, will you lend me some
money?" "Certainly not!" *"John, puoi
prestarmi dei soldi?" "Neanche per
idea!"*

chair /tʃeər/ *s*
sedia: He hung his jacket on the back
of the chair. *Appese la giacca allo
schienale della sedia.*

chairman /'tʃeəmən‖'tʃeər-/ anche
chairwoman (*fem*) *s*
⟨*pl* **chairmen** (*masc*), **chairwomen**
(*fem*)⟩ *presidente:* The chairman
opened the meeting and then
introduced the speaker. *Il presidente
aprì la riunione e poi presentò*

l'oratore.

■*Nota: Quando non si conosce o non si vuole specificare il sesso di chi presiede una riunione, si può ricorrere al termine neutro* **chairperson** *o più semplicemente* **chair** *(da alcuni preferito).*

chalk¹ /tʃɔːk/ s

⟨*num e non num*⟩ *gesso, calcare:* "Write it on the blackboard, Philip." "Where's the chalk?" *"Scrivilo sulla lavagna, Philip." "Dov'è il gesso?"*| Dover is famous for its chalk cliffs. *Dover è famosa per le sue scogliere di calcare.*

chalk² *vi, vt*

segnare/scrivere col gesso: We chalked the score of the darts team on the board. *Abbiamo segnato sulla lavagna il punteggio della squadra di freccette.*

chamber /'tʃeɪmbəʳ/ s

⟨*antiquato*⟩ *camera, sala:* the Chamber of Horrors in the museum, *la stanza degli orrori al museo*

champion /'tʃæmpiən/ s

campione (-essa): Gina was the school darts champion for the second time this year. *Quest'anno Gina è diventata per la seconda volta campionessa di freccette a scuola.*

championship /'tʃæmpiənʃɪp/ s

campionato: Gina won the darts championships for the second year running. *Gina ha vinto i campionati di freccette per il secondo anno.*

chance¹ /tʃɑːns||tʃæns/ s

1 ⟨*non num*⟩ *caso:* I met Gina in town quite **by chance.** *Ho incontrato Gina in città proprio per caso.* **2** ⟨*num*⟩ *possibilità, probabilità:* There is a good chance that the team will win the league this year. *C'è una buona probabilità che quest'anno la squadra vinca il campionato.* **3** ⟨*num*⟩ ⟨**to do sthg**⟩ *occasione, opportunità (di fare qc):* When Claudia got the chance

to go to England she took it at once. *Quando le si presentò l'occasione di andare in Inghilterra, Claudia la colse al volo.*|I'm afraid I haven't had a chance to finish reading your book yet. *Mi dispiace, ma non ho ancora avuto occasione di finire il tuo libro.* **4** ⟨*num*⟩ *rischio:* Andy took a chance and rode home in the dark with no lights. *Andy preferì rischiare e andò a casa al buio su una bicicletta senza luci.*

chance² *agg*

casuale, fortuito – vedi anche CASUAL (*Trabocchetto*)

change¹ /tʃeɪndʒ/ v

⟨*pass rem e p pass* **changed,** *p pres* **changing** **1** *vt, vi cambiare, mutare:* The town hasn't changed much in the past twenty years. *La città non è cambiata molto negli ultimi vent'anni.*| Gina's changed her hairstyle again! *Gina ha di nuovo cambiato pettinatura!*|Society is gradually being changed by new technology. *La società è in graduale processo di trasformazione per effetto della nuova tecnologia.*|I've **changed my mind.** I will come with you after all. *Ho cambiato idea. Vengo con voi dopo tutto.* **2** *vt cambiare:* Kate's computer didn't work, so she took it back to the shop and changed it. *Dato che il suo computer non funzionava, Kate lo portò indietro al negozio e se lo fece cambiare.* **3** *vi, vt cambiarsi:* Bruno is upstairs changing for the party. *Bruno è di sopra che si cambia per la festa.*|I'll just change my shirt before we go out. *Mi cambio solo la camicia prima che usciamo.* **4** *vt fare il cambio di:* Andy! Will you help me to change the bed, please? *Andy! Mi aiuti a cambiare le lenzuola, per favore?*|Oh no! The baby needs changing again! *Oh no! Bisogna di nuovo cambiare il bambino!* **5** *vt* cambiare: I needed some coins for the phone, so I changed a five-pound note at the bank. *Avevo bisogno di alcune monete per il telefono, così mi sono fatto cambiare una banconota da cinque sterline in banca.*|to change pounds into dollars, *cambiare sterline in dollari*

change[2] *s*
1 ⟨*num e non num*⟩ ⟨*in, of, to*⟩ *cambiamento (di, in)*: There have been many changes in the school since I left. *Ci sono stati molti cambiamenti nella scuola da quando l'ho finita io.*| The government has decided to make some changes to the immigration laws. *Il governo ha deciso di apportare alcune modifiche alle leggi sull'immigrazione.* 2 ⟨*sing*⟩ *cambio, diversivo:* Instead of going to the cinema, let's go to the youth club for a change. *Invece di andare al cinema, andiamo al club per i giovani, tanto per cambiare.*|Take grandma to the seaside with you. It'll be a change for her. *Porta la nonna al mare con te. Sarà un diversivo per lei.* 3 ⟨*non num*⟩ *resto:* Thank you. There's your receipt and your change. *Grazie. Ecco la ricevuta col resto.*|I gave her a five-pound note, and she gave me the record and 30 pence change. *Porsi una banconota da cinque sterline e lei mi diede il disco con trenta pence di resto.* 4 ⟨*non num*⟩ *spiccioli, moneta:* Have you got any change for the telephone? *Hai degli spiccioli per il telefono?*

changing room /'tʃeɪndʒɪŋ ˌruːm/ *s*
spogliatoio: "Can I try this on, please?" "Yes, the changing room's over here." *"Posso provare questo, per favore?" "Sì, lo spogliatoio è qui."*

chapter /'tʃæptəʳ/ *s*
capitolo: Open your books and turn to chapter three. *Aprite il libro ed andate al capitolo tre.*

character /'kærˌktəʳ/ *s*
1 ⟨*sing o non num*⟩ *carattere:* a person with a very strong character, *una persona dal carattere molto forte*| The character of the town has changed since they built the new shopping centre. *La città ha cambiato carattere da quando hanno costruito il nuovo centro commerciale.* 2 ⟨*num*⟩ *personaggio:* We had to write an essay on the different characters in the play. *Dovevamo scrivere un tema sui diversi personaggi del dramma.*

characteristic[1] /ˌkærˌktəˈrɪstɪk/ *s*
caratteristica: Members of the same family often have certain characteristics in common. *I membri della stessa famiglia spesso hanno certe caratteristiche in comune.*

characteristic[2] *agg*
caratteristico, tipico: It was characteristic of Kate to stay and help the others when she'd finished. *Era tipico di Kate rimanere ad aiutare gli altri quando lei aveva finito.*

charge[1] /tʃɑːdʒ‖tʃɑːrdʒ/ *v*
⟨*pass rem e p pass* **charged,** *p pres* **charging**⟩ 1 *vi, vt* chiedere, prendere, far pagare: What do you charge for repairing a bike? *Quanto prendete per aggiustare una bici?* 2 *vt* accusare: The police charged the woman with the robbery. *La polizia accusò la donna della rapina.* 3 *vt* attaccare, scagliarsi: The bull charged at the man in the ring. *Il toro si scagliò verso l'uomo nell'arena.*|The children charged into the room. *I ragazzi si scagliarono dentro la stanza.*

charge[2] *s*
1 *tariffa, prezzo richiesto:* There'll be a charge of two pounds per person to enter the museum. *Il museo imporrà una tariffa d'ingresso di due sterline per persona.*|a service charge in a restaurant, *la tariffa per il servizio in*

un ristorante 2 **in charge of** *sotto la responsabilità di, alle cure di:* Bruno was left in charge of the class while the teacher went out. *Bruno era stato incaricato di fare il capoclasse mentre l'insegnante era fuori.* 3 *accusa:* The woman was arrested on a charge of robbery. *La donna venne arrestata sotto accusa di rapina.* 4 *carica:* There was a charge for the door when the last bell sounded. *Tutti si scagliarono alla porta quando l'ultima campanella suonò.*

charity /'tʃærˌti/ s
⟨pl **charities**⟩ 1 ⟨non num⟩ *carità* 2 ⟨num e non num⟩ *associazione di beneficenza, istituto di carità:* "Help the Aged" is a charity that helps old people. *"Help the Aged" è un'associazione di beneficenza che aiuta gli anziani.*|The band will be playing at a charity concert. *Il complesso si presterà ad un concerto di beneficenza.*

charm¹ /tʃɑːm‖tʃɑːrm/ s
1 ⟨non num⟩ *fascino:* Bruno has a lot of charm; he usually gets what he wants. *Bruno è pieno di fascino; di solito ottiene ciò che vuole.* 2 ⟨num⟩ *ciondolo, amuleto:* a charm bracelet, *un braccialetto con ciondoli*

charm² vt
affascinare: Bruno usually charms people into giving him what he wants. *Di solito Bruno riesce a farsi dare da tutti ciò che vuole servendosi del suo fascino.*

charming /'tʃɑːmɪŋ‖-ɑːr-/ agg
incantevole: Bruno is a charming young man. *Bruno è un giovane incantevole.*

chart /tʃɑːt‖tʃɑːrt/ s
grafico, diagramma: The children have put a chart on the wall to show how much they have grown. *I bambini hanno appeso un grafico alla parete per mostrare quanto sono cresciuti.*

chase¹ /tʃeɪs/ vt
⟨pass rem e p pass **chased**, p pres **chasing**⟩ ⟨**after**⟩ *inseguire, rincorrere:* The dog was chasing the ball. *Il cane stava rincorrendo la palla.*|John chased after Paul, but he didn't catch him. *John tentò di inseguire Paul, ma non riuscì ad acchiapparlo.*

chase² s
inseguimento: John gave up the chase when he realized he wouldn't catch Paul. *John rinunciò all'inseguimento di Paul quando si rese conto di non poterlo raggiungere.*

chat¹ /tʃæt/ vi
⟨pass rem e p pass **chatted**, p pres **chatting**⟩ ⟨**about**⟩ *chiacchierare (di):* Andy! Paul! Will you stop chatting and get on with your work! *Andy! Paul! Smettetela di chiacchierare e andate avanti nel compito!*

chat² s
chiacchierata: We were just having a chat and the teacher came up and told us to be quiet and get on with our work. *Stavamo solo facendo una chiacchierata quando il professore è venuto da noi e ci ha detto di star zitti e di continuare il nostro lavoro.*

cheap /tʃiːp/ agg
⟨compar **cheaper**, sup **cheapest**⟩ *economico, poco caro, a buon mercato:* Petrol used to be cheap, but now it's quite expensive. *Un tempo la benzina era a buon prezzo, ma ora è piuttosto cara.*|Naples is full of cheap restaurants. *Napoli è piena di ristoranti economici.* – contrario EXPENSIVE
■ **Nota:** *L'aggettivo* **cheap** *è molto più comune dell'aggettivo* **economical**.

cheat¹ /tʃiːt/ vi
imbrogliare: I'm not playing any more unless you stop cheating! *Non gioco più se non la smetti di imbrogliare!*| Follow this diet. And no cheating!

Segui questa dieta. E niente imbrogli!
cheat² *s*
imbroglione
check¹ /tʃek/ *vi, vt*
⟨**sthg** o **that**⟩ *controllare, verificare:*
Check the spelling of any words you
don't know in a dictionary. *Controlla
su un dizionario come si scrivono le
parole che non conosci.*|I checked to
see if the money was still in the
drawer. *Mi accertai che i soldi fossero
ancora nel cassetto.*|"Is the baby
asleep?" "I'll just go and check."
*"Dorme il bambino?" "Aspetta che
vado a controllare."*
  check in *vi, vt*
*presentare all'accettazione, registrare
all'arrivo:* Claudia and Sandro
checked in their suitcases at the check-
in desk. *Claudia e Sandro
presentarono le loro valigie al banco
accettazioni.*|Mr and Mrs Morgan
checked in at the hotel reception desk.
*I signori Morgan registrarono il loro
arrivo alla recezione dell'albergo.*
check² *s*
1 *controllo, verifica:* I'll give the tyres
a quick check before we drive any
further. *Sarà meglio che faccia un
rapido controllo dei pneumatici prima
di continuare il viaggio.* **2** *IA di*
cheque *assegno (bancario)* **3** *IA di*
tick *spunto (segno di* ✓*)*
checked /tʃekt/ *anche* **check** *agg*
a quadretti, a scacchi: Paul bought a
checked shirt. *Paolo ha comprato una
camicia a quadretti.*
checkers /'tʃekəz||-ərz/ *s*
⟨*non num*⟩ *IA di* **draughts** *dama*
check-in desk /'tʃekın ˌdesk/ *s*
banco accettazioni
cheek /tʃiːk/ *s*
1 ⟨*num*⟩ *guancia, gota* **2** ⟨*non num*⟩
sfacciataggine, faccia tosta: The
teacher told John not to give her any
more cheek. *La professoressa ha*

avvertito John di smetterla di fare la
faccia tosta con lei.
cheeky /'tʃiːki/ *agg*
⟨*compar* **cheekier**, *sup* **cheekiest**⟩
sfacciato: The teacher told John not to
be so cheeky. *L'insegnante ha detto a
John di non essere così sfacciato.*
cheer¹ /tʃɪəʳ/ *s*
grido d'incoraggiamento, urrà: There
were loud cheers when the team won
the league: *Ci furono fragorose grida
di esultanza quando la squadra vinse il
campionato.*
cheer² *vi, vt*
esultare, acclamare: Everyone cheered
when the team won the league on
Saturday. *Sabato tutti hanno esultato
quando la squadra ha vinto il
campionato.*
cheers /tʃɪəz||tʃɪərz/ *inter*
cin cin, (alla) salute: "Well, cheers!"
"Cheers." *"Bene, alla tua salute!"
"Alla tua."*
cheese /tʃiːz/ *s*
⟨*non num*⟩ *formaggio:* I'll have a kilo
of cheese, please. *Mi dia un chilo di
formaggio, per favore.*
cheeseburger /'tʃiːzbɜːgəʳ||-ɜːr-/ *s*
hamburger al formaggio: I'll have a
cheeseburger and chips, please. *Io
prendo un hamburger al formaggio e
delle patatine, per favore.*
cheetah /'tʃiːtə/ *s*
ghepardo: The cheetah is the fastest
animal on land. *Il ghepardo è l'animale
più veloce su terra.*
chef /ʃef/ *s*
chef, capocuoco: There's a new chef in
the French restaurant. *C'è un nuovo
chef al ristorante francese.*
chemical¹ /'kemıkəl/ *s*
sostanza chimica: The chemicals are
kept in a locked cupboard when
they're not being used in a lesson. *Le
sostanze chimiche sono tenute in un
armadio chiuso a chiave, quando non*

sono usate per una lezione.

chemical² *agg*

chimico: There was a strong chemical reaction between the two substances. *Ci fu una violenta reazione chimica tra le due sostanze.*

chemist (*IB*) /ˈkemɪst/ *s*

1 *anche* **pharmacist** (*spec IA*) *farmacista:* The chemist recommends these lozenges for a sore throat. *Il farmacista consiglia queste pasticche per il mal di gola.* **2** *anche* **chemist's** (*IB*), **drugstore** (*IA*) *farmacia:* I went to the chemist for some tablets for my headache. *Sono andato in farmacia a prendermi delle compresse per il mal di testa.* **3** *chimico – vedi anche* PHARMACIST (*Nota*) *e* PHARMACY (*Nota*)

chemistry /ˈkemɪstri/ *s*

⟨*non num*⟩ *chimica:* a chemistry lesson, *una lezione di chimica*

cheque (*IB*) *o* **check** (*IA*) /tʃek/ *s*

assegno: "Will you take a cheque?" "Yes, if you have a cheque card." *"Accetta un assegno?" "Sì, se ha una carta assegni."*

traveller's cheque *s*

assegno internazionale, traveller's cheque

cheque card (*IB*) *o* **check card**(*IA*) /ˈtʃek kɑːd‖-kɑrd/ *s*

⟨*pl* **cheque cards**⟩ *carta assegni:* "Will you take a cheque?" "Yes, if you have a cheque card." *"Accetta un assegno?" "Sì, se ha una carta assegni."*

cherry /ˈtʃeri/ *s*

⟨*pl* **cherries**⟩ *ciliegia*

chess /tʃes/ *s*

⟨*non num*⟩ *scacchi:* Shall we have a game of chess? *Facciamo una partita a scacchi?*

chessboard /ˈtʃesbɔːd‖-bɔːrd/ *s*

scacchiera

chest /tʃest/ *s*

1 *petto:* Paolo has a strange pain in his chest. *Paola ha uno strano dolore al petto.* **2** *baule, cassa:* When we moved house we packed all our books and toys in tea chests. *Quando abbiamo traslocato, abbiamo imballato tutti i libri ed i giocattoli in casse per il tè.*|a treasure chest, *uno scrigno del tesoro*

chest of drawers /tʃest əv drɔːz‖ -drɔːrz/ *s*

⟨*pl* **chests of drawers**⟩ *cassettone:* Kate has a wardrobe and a chest of drawers in her bedroom. *Kate ha un guardaroba ed un cassettone nella sua stanza.*

chew /tʃuː/ *vi, vt*

masticare: Lucy, will you please chew your food before you swallow it or you'll make yourself sick! *Lucy, vuoi per piacere masticare il cibo prima di tranguigiarlo, o finirai con lo star male!*

chewing gum /ˈtʃuːɪŋ ɡʌm/ *s*

⟨*non num*⟩ *gomma da masticare:* Would you like a piece of chewing gum? *Vuoi una gomma da masticare?*

chicken /ˈtʃɪkɪn/ *s*

⟨*num e non num*⟩ *pollo:* We had chicken and chips for dinner. *Abbiamo mangiato pollo e patatine per cena.*

■*Nota:* La parola **chicken** indica il pollo sia come carne da pietanza sia come animale vivo; così **farmyard chickens** sono i polli di fattoria. *Quando si usa nel senso di carne da pietanza, la parola* **chicken** *non è numerabile:* Would you like some more roast chicken? *Vuoi ancora del pollo arrosto? – vedi anche* HEN (*Nota*)

chief¹ /tʃiːf/ *s*

⟨*pl* **chiefs**⟩ *capo:* an American Indian chief, *un capotribù amerindo*

chief² *agg*

⟨*non usato al compar o sup*⟩ *principale:* One of Britain's chief exports is oil. *Uno dei principali prodotti d'esportazione della Gran*

Bretagna è il petrolio.

child /tʃaɪld/ *s*

⟨*pl* **children**⟩ bambino, figlio: Listen, Bob! You're an impossible child! *Bob, sta' a sentire! Sei un bambino impossibile!*|The Morgans have three children: two girls and a boy. *I Morgan hanno tre figli: due femmine e un maschio.*

■*Nota: La parola inglese child è il termine generale, che si riferisce a bambini dai due ai dodici anni. Un bambino o una bambina al di sotto di due anni si chiama a baby. Un ragazzo o una ragazza di età superiore ai dodici anni si chiama a teenager. Se si vuole specificare il sesso, si parla di a girl o a boy, o, se di età inferiore ai dieci anni, di a little girl o a little boy. Quando i genitori parlano dei loro figli, usano la parola generale children, o più specificatamente chiamano una figlia a daughter e un figlio a son.*

childhood /'tʃaɪldhʊd/ *s*

⟨*num e non num*⟩ infanzia: Mr Morgan had a happy childhood in London. *Il signor Morgan ha avuto un'infanzia felice a Londra.*

childish /'tʃaɪldɪʃ/ *agg*

infantile, puerile, bambinesco: Andy! Don't be so childish. *Andy! Non fare il bambino.*

■*Nota: Sia childish sia childlike caratterizzano chi è rimasto infantile rispetto alla propria età, ma non sono equivalenti nè interscambiabili. Childish è un aggettivo negativo usato per disapprovare chi è immaturo o si comporta in modo puerile, mentre childlike è l'attributo positivo di chi ha conservato certe qualità proprie dell'infanzia, quali innocenza, grazia ecc.*

childlike /'tʃaɪldlaɪk/ *agg*

da bambino, semplice, ingenuo: Bruno still has a certain childlike innocence about him. *Bruno ha ancora una certa aria innocente da bambino.* – vedi anche CHILDISH (*Nota*)

children /'tʃɪldrən/

pl di **child**

chill[1] /tʃɪl/ *vi, vt*

ghiacciare: chilled wine, *vino ghiacciato*

chill[2] *s*

freddo, colpo di freddo: I can't stop sneezing. I think I must have got a bit of a chill. *Non riesco a smettere di starnutire, penso di essermi preso un colpo di freddo.*

chimney /'tʃɪmni/ *s*

camino, ciminiera: There's a bird's nest in the chimney above the attic. *C'è un nido di uccelli sul camino sopra la soffitta.*|Smoke was pouring from the factory chimneys. *Il fumo usciva in grande quantità dalle ciminiere della fabbrica.*

chin /tʃɪn/ *s*

mento: Sandro's got a nasty spot on his chin. *Sandro ha un brutto brufolo sul mento.*

china /'tʃaɪnə/ *s*

⟨*non num*⟩ porcellana: a china ornament, *un soprammobile di porcellana*

chip[1] /tʃɪp/ *s*

1 frammento, scheggia: Small chips of plaster kept falling from the ceiling. *Dal soffitto continuavano a staccarsi dei pezzetti d'intonaco.*|This glass has a chip out of it. *Questo bicchiere è scheggiato.* 2 patatina fritta: I'll have a hamburger and chips, please. *Mi dia un hamburger con patatine per favore.*|a fish and chip shop, *una rosticceria che vende pesce e patatine fritte* – vedi anche FRENCH FRIES (*Nota*) 3 anche **microchip** microcircuito integrato, chip

chip[2] *vt*

⟨*pass rem e p pass* **chipped,** *p pres*

chipping⟩ *scheggiare:* I chipped the cup when I was washing it. *Mi si è scheggiata la tazza mentre la lavavo.*

chocolate /'tʃɒklɪt‖'tʃɑ:kəlɪt, 'tʃɔ:k-/ s

⟨*num e non num*⟩ *cioccolato, cioccolatino:* a bar of chocolate, *una tavoletta di cioccolato*|a box of chocolates, *una scatola di cioccolatini*|a cup of hot chocolate, *una tazza di cioccolata*

choice /tʃɔɪs/ s

1 ⟨*num*⟩ *scelta:* Andy thinks he made the right choice when he chose his new bike. *Andy pensa di avere fatto la scelta giusta quando si è preso la bici nuova.* **2** ⟨*non num*⟩ *scelta, alternativa:* I'm afraid you've got no choice. You must go to school. *Mi dispiace ma non hai scelta. Devi andare a scuola.* **3** ⟨*num*⟩ *selezione, assortimento:* There was a huge choice of bikes in the shop. *C'era un enorme assortimento di bici nel negozio.*

choir /'kwaɪəʳ/ s

⟨*seguito da un verbo al singolare o al plurale*⟩ *coro:* Gina sings in the school choir. *Gina canta nel coro della scuola.*

choke /tʃəʊk/ vi, vt

⟨*pass rem e p pass* **choked**, *p pres* **choking**⟩ *soffocare (-si):* Lucy was choking on a large piece of meat. *Lucy si stava soffocando con un grosso pezzo di carne.*

choose /tʃu:z/ vi, vt

⟨*pass rem* **chose**, *p pass* **chosen**, *p pres* **choosing**⟩ **1** ⟨**between, from**⟩ *scegliere (tra):* They can choose between two footballs. *Possono scegliere tra due palloni.*|Choose the right answers from the boxes below. *Scegliere le risposte giuste fra quelle riportate nelle seguenti caselle.* **2** ⟨**to do sthg**⟩ *preferire, decidere (di fare qc):* Bruno chose to stay behind and finish his work while the others went to the cinema. *Bruno*

ha preferito rimanere a finire il compito, mentre gli altri andavano al cinema.

chop[1] /tʃɒp‖tʃɑ:p/ vi, vt

⟨*pass rem e p pass* **chopped**, *p pres* **chopping**⟩ ⟨**up**⟩ *tagliare, spaccare (a pezzi):* Mr Morgan was chopping wood in the garden. *Il signor Morgan stava spaccando la legna in giardino.*

chop[2] s

1 *taglio netto, colpo (d'ascia, ecc.)* **2** *braciola:* a pork chop, *una braciola di maiale*

chose /tʃəʊz/

pass rem del verbo **choose**

chosen /'tʃəʊzən/

p pass del verbo **choose**

christen /'krɪsən/ vt

battezzare: The baby was christened on Saturday. *Il neonato è stato battezzato sabato.* — **christening** s *battesimo*

Christian /'krɪstʃən, -tiən/ s, agg *cristiano (-a)*

Christmas /'krɪsməs/ s

Natale: a Christmas present, *un regalo di Natale*|Merry Christmas! *Buon Natale!*

church /tʃɜ:tʃ‖tʃɜ:rtʃ/ s

⟨*pl* **churches**⟩ *chiesa:* We go to church every Sunday. *Andiamo in chiesa ogni domenica.*|The Church is opposed to warfare. *La Chiesa è contro la guerra.*

cider /'saɪdəʳ/ s

⟨*non num*⟩ *sidro:* Would you like a glass of cider? *Vuoi un bicchiere di sidro?*

cigar /sɪ'gɑ:ʳ/ s

sigaro: "Do you smoke at all?" "Just a cigar after dinner." *"Non fumi mai?!" "Solo un sigaro dopo cena."*

cigarette /ˌsɪgə'ret/ s

sigaretta: Fewer people are smoking cigarettes because of the risk of lung cancer. *Meno gente fuma sigarette per il rischio del cancro ai polmoni.*|a packet of cigarettes, *un pacchetto di sigarette*

cinema /'sɪnɟmə/ *anche* **movie theater** *(IA) s*
cinema: Let's go to the cinema and see a film. *Andiamo al cinema a vedere un film.* – *vedi anche* CIRCLE (*Nota*)

circle /'sɜːkəl||'sɜːr-/ *s*
1 *cerchio:* It's easy to draw a circle using a pair of compasses. *È facile disegnare un cerchio con un compasso.*|The children stood in a circle and held hands. *I bambini stavano in cerchio tenendosi per mano.* **2** *galleria:* The cheapest seats are at the back of the circle. *I posti più economici sono sul retro della galleria.*
■*Nota:* *In un teatro o cinema i posti in platea, allo stesso livello del palcoscenico, si chiamano* **stalls** *(poltrone). Il* **circle** *(galleria) dove la vista è meno buona ed i posti sono più economici, è una balconata sospesa al di sopra del palcoscenico. In alcuni teatri vi è pure un* **dress circle** *(prima galleria) con posti di lusso al di sotto del* **circle.**

circular /'sɜːkjʊləʳ||'sɜːr-/ *agg*
circolare: a circular racetrack, *una pista circolare*

circus /'sɜːkəs||'sɜːr-/ *s*
⟨*pl* **circuses**⟩ *circo:* We went to the circus because Lucy wanted to see the clowns. *Siamo andati al circo perchè Lucy voleva vedere i pagliacci.*

city /'sɪti/ *s*
⟨*pl* **cities**⟩ *città:* Peter's family left the city to go and live in the country. *La famiglia di Peter ha lasciato la città per andare a vivere in campagna.* – *vedi anche* TOWN (*Nota*)

civil /'sɪvəl/ *agg*
1 ⟨*solo attributivo*⟩ *civile, borghese:* a civil wedding ceremony, *una cerimonia di matrimonio civile* **2** ⟨*solo attributivo*⟩ *civile, fra cittadini:*

the Spanish civil war, *la guerra civile spagnola* **3** *garbato, educato:* You might at least try to be civil to them, even if you don't like them. *Potresti almeno cercare di essere garbato con loro, anche se ti sono antipatici.*

civilization *o* **civilisation** *(IB)*
/ˌsɪvəl-aɪ'zeɪʃən||-vəl-ɟzeɪ-/ *s*
⟨*num e non num*⟩ *civiltà:* the civilization of ancient Rome, *la civiltà dell'antica Roma*

civilize *o* **civilise** *(IB)* /'sɪvəl-aɪz/ *vt*
⟨*pass rem e p pass* **civilized,** *p pres* **civilizing**⟩ *civilizzare*

claim¹ /kleɪm/ *vt*
1 *reclamare, rivendicare:* I left my coat on the bus, so I had to go all the way to the bus station to claim it. *Avevo dimenticato il cappotto sull'autobus, così sono dovuto andare fino al capolinea per reclamarlo.* **2** ⟨*sthg o to do sthg o that*⟩ *sostenere, pretendere (qc o di fare qc o che):* John claimed that he did his homework on his own, but the teacher didn't believe him. *John sosteneva che aveva fatto i compiti da solo, ma il professore non gli ha creduto.*|Andy claims to know everything about David Bowie! *Andy si vanta di sapere tutto su David Bowie!* – *vedi anche* PRETEND (*Trabocchetto*)

claim² *s*
1 *rivendicazione, richiesta:* a pay claim, *una richiesta di pagamento* **2** ⟨*that*⟩ *affermazione, pretesa (che):* The teacher doesn't believe John's claim that he did his homework by himself. *Il professore non crede alla pretesa di John di avere fatto i compiti da solo.*

clap¹ /klæp/ *vi, vt*
⟨*pass rem e p pass* **clapped,** *p pres* **clapping**⟩ *applaudire:* When Paolo finished his speech the audience clapped loudly. *Quando Paolo finì il*

suo discorso il pubblico applaudì fragorosamente.

clap[2] *s*

applauso: When Paolo finished his speech the audience gave him a clap. *Quando Paolo finì il suo discorso, il pubblico gli fece un applauso.*

class /klɑːs‖klæs/ *s*

⟨*pl* **classes**⟩ **1** ⟨*seguito da un verbo al singolare o al plurale*⟩ *classe:* John and Andy are in the same class at school. *A scuola John ed Andy sono nella stessa classe.*|The whole class was *o* were sorry when their teacher retired. *L'intera classe era dispiaciuta quando la loro professoressa andò in pensione.*|Mrs Morgan goes to an evening class to study car mechanics. *La signora Morgan va a scuola serale per studiare meccanica automobilistica.* **2** ⟨*seguito da un verbo al singolare o al plurale*⟩ *classe:* the working class, *la classe operaia*|a middle class area of the town, *una zona della città abitata dalla classe media* **3** *classe, categoria:* When I take the train I always go second class. *Quando prendo il treno, viaggio sempre in seconda classe.*

classical /'klæsɪkəl/ *agg*

classico: to listen to classical music, *ascoltare musica classica*

classroom /'klɑːs-rum, -ruːm‖'klæs-/ *s*

aula, classe: The students waited for the teacher in the classroom. *Gli studenti aspettarono il professore in classe.*

clause /klɔːz/ *s*

proposizione: In the sentence "If Anna does well in her exams she will go to university", there are two clauses: "If Anna does well in her exams" and "she will go to university" *Nel periodo* "If Anna does well in the exams, she will go to university" *ci sono due proposizioni:* "If Anna does well in the exams" *e* "she will go to

university".

claw[1] /klɔː/ *s*

artiglio, unghia: The cheetah cannot draw in its claws. *Il ghepardo non ha le unghie retrattili.*

claw[2] /klɔː/ *vi, vt*

graffiare, ghermire

clean[1] /kliːn/ *agg*

⟨*compar* **cleaner**, *sup* **cleanest**⟩ *pulito:* Make sure your hands are clean before you handle food. *Rassicurati di avere le mani pulite prima di toccare il cibo.*| Mr Morgan puts on a clean shirt every morning. *Il signor Morgan mette una camicia pulita ogni mattina.* – *contrario* DIRTY

clean[2] *vi, vt*

pulire: I clean the flat every Friday. *Nel mio alloggio faccio sempre la pulizia il venerdì.*|to clean one's teeth, *lavarsi i denti*

cleaner /'kliːnəʳ/ *s*

addetto (-a) alle pulizie: She works as a cleaner at the local school. *Lavora come donna delle pulizie alla scuola locale.*|a window cleaner, *un pulitore di finestre (di professione)*|a vacuum cleaner, *un aspirapolvere*

clear[1] /klɪəʳ/ *agg*

⟨*compar* **clearer**, *sup* **clearest**⟩ **1** *limpido, trasparente:* a clear liquid, *un liquido limpido*|a clear sky, *un cielo limpido* **2** *chiaro, distinto:* Her speech was very clear. I understood every word. *Il suo discorso è stato molto chiaro. Ho capito ogni parola.*|She made a difficult subject very clear. *Era riuscita a rendere molto chiaro un argomento difficile.*

clear[2] *avv*

in modo chiaro/distinto: She spoke **loud and clear.** I could hear every word. *Parlava forte e chiaro. Non mi sfuggiva neanche una parola.*

clear[3] *vi, vt*

1 *chiarire, rischiarire (-si):* Kate

cleared her throat before starting to speak. *Kate si schiarì la gola prima di cominciare a parlare.*|After the storm the sky cleared. *Dopo il temporale il cielo si rischiarì.* **2** *sgombrare, rimuovere, liberare:* I'll just clear these dishes from the table and then we can wash up. *Aspetta che sgombro la tavola e poi possiamo lavare i piatti.*|to clear snow from the road *o* to clear the road of snow, *sgombrare la neve dalla strada/sgombrare la strada dalla neve*

 clear up *vi, vt*
⟨**clear sthg ↔ up**⟩ *rassettare, mettere qc in ordine:* I'll just clear up and then I'll go to bed. *Metto solo un po' di ordine e poi vado a letto.*|Andy, will you go and clear your room up, please? *Andy, puoi andare a riordinarti la camera, per favore?*

clearly /'klɪəlɪ||'klɪrlɪ/ *avv*
chiaramente, distintamente: Speak loudly and clearly. *Parla a voce alta e distinta.*

clerk /klɑːk||klɜːrk/ *s*
impiegato (-a): a booking clerk at the railway station, *un bigliettaio della stazione ferroviaria*

clever /'klevəʳ/ *agg*
⟨*compar* **cleverer**, *sup* **cleverest**⟩ ⟨**at**⟩ *intelligente, bravo (in qc):* Kate is very clever at nearly everything she does. *Kate riesce molto bene in quasi tutto ciò che fa.* – *vedi anche* BRAVE (***Trabocchetto***) — **cleverly** *avv con intelligenza, ingegnosamente*

cliff /klɪf/ *s*
scogliera, dirupo: Dover is famous for its white chalk cliffs. *Dover è famosa per le sue scogliere di calcare bianco.*| Someone fell off the top of the cliff and into the sea. *Qualcuno è caduto in mare dalla cima della scogliera.*

climate /'klaɪmɪt/ *s*
clima: Brazil has a tropical climate. *In Brasile c'è un clima tropicale.*

climb[1] /klaɪm/ *vi, vt*
salire, arrampicarsi, scalare: Can you climb a rope? *Sei capace di arrampicarti su una corda?*|to climb the stairs, *salire le scale*|We climbed slowly up the hillside. *Salimmo lentamente lungo il fianco della collina.*

climb[2] *s*
salita, arrampicata, scalata: It was a long climb up the hillside. *È stata una lunga salita su per la collina.*

clinic /'klɪnɪk/ *s*
clinica, reparto ospedaliero: I have to go to the clinic to see the doctor. *Devo andare in clinica per vedere il dottore.*| Mrs Morgan took Lucy to the children's clinic at the hospital. *La signora Morgan ha portato Lucy al reparto pediatrico dell'ospedale.*

clock /klɒk||klɑːk/ *s*
orologio: an alarm clock, *una sveglia*|a grandfather clock, *una pendola a colonna* – *vedi anche* WATCH (***Nota***)

close[1] /kləʊz/ *vi, vt*
⟨*pass rem e p pass* **closed**, *p pres* **closing**⟩ **1** *chiudere (-si):* Will you close the door when you go out, please? *Puoi chiudere la porta quando esci, per favore?*|Now close your books and answer these questions. *Adesso chiudete i libri e rispondete a queste domande.* **2** *chiudere:* The shops close at midday on Thursday. *Il giovedì i negozi chiudono a mezzogiorno.* – *contrario* OPEN

close[2] /kləʊs/ *agg*
⟨*compar* **closer**, *sup* **closest**⟩ **1** ⟨**to**⟩ *vicino, prossimo (a):* Our school is very close to the sports centre. *La nostra scuola è molto vicina al centro sportivo.* **2** *intimo:* Claudia and Gina are close friends. *Claudia e Gina sono amiche intime.* – *vedi anche* CONFIDENT (***Trabocchetto***)

close[3] /kləʊs/ *avv*
⟨*compar* **closer**, *sup* **closest**⟩ ⟨**to**⟩

vicino (a), accanto (a), presso: We live
quite close to the sports centre.
*Abitiamo abbastanza vicino al centro
sportivo.*|Claudia and Gina always sit
close together. *Claudia e Gina si
siedono sempre vicine.*

cloth /klɒθ‖klɔːθ/ *s*
1 ⟨*non num*⟩ *stoffa, tessuto:* I bought
some nice cloth to make a skirt with.
*Ho comprato della bella stoffa per
farmi una gonna.* 2 ⟨*num*⟩ *panno,
straccio:* I'll dry the dishes. Where's
the cloth? *Asciugo io i piatti. Dov'è lo
straccio?*

clothes /kləʊðz, kləʊz/ *s pl*
abiti, vestiti: Gina is going shopping to
buy some new summer clothes. *Gina
vuole andare a fare un giro dei negozi
per rinnovarsi il guardaroba estivo.*

clothing /'kləʊðɪŋ/ *s*
⟨*non num*⟩ ⟨*form*⟩ *abbigliamento:*
articles of clothing, *capi
d'abbigliamento*

cloud /klaʊd/ *s*
nuvola, nube: Look at those dark
clouds. I think it's going to rain.
*Guarda quelle nuvole nere. Penso che
stia per piovere.*

cloudy /'klaʊdi/ *agg*
⟨*compar* **cloudier,** *sup* **cloudiest**⟩
nuvoloso, coperto: It's very cloudy, I
think it's going to rain. *È molto
nuvoloso, penso che pioverà.*

club /klʌb/ *s*
1 *circolo, società, club:* I decided to
join the local youth club. *Ho deciso di
iscrivermi al circolo giovanile del mio
quartiere.*|The chess club has about 20
members. *Il club degli scacchi ha circa
venti membri.*|Which football club do
you support? *Per che squadra di calcio
tieni?* 2 *massa, bastone*

clue /kluː/ *s*
indizio, pista: The police haven't
found any clues about the identity of
the robbers. *La polizia non ha trovato*

*alcun indizio circa l'identità dei
rapinatori.*|"What's on TV tonight?"
"I haven't (got) a clue." *"Che cosa c'è
alla TV stasera?" "Non ne ho la benché
minima idea."*

cm *s*
abbr di **centimetre** – *vedi anche La
Tavola* **Weights and Measures** *a p.*

coach[1] /kəʊtʃ/ *s*
⟨*pl* **coaches**⟩ 1 *pullman, corriera:* The
class is going on a coach trip to the
Natural History Museum in London.
*La classe farà una gita in corriera al
Museo di Storia Naturale di Londra.*
2 *anche* **carriage** (*IB*), **car** (*spec IA*)
vagone, carrozza ferroviaria
3 *carrozza, cocchio:* The Queen went
to the opening of parliament in a
horse-drawn coach. *La regina si è
recata all'inaugurazione del parlamento
su una carrozza a cavalli.* 4 *allenatore
(-trice), istruttore (-trice):* a swimming
coach, *un istruttore di nuoto*

coach[2] *vi, vt*
allenare: Emilio used to be a champion
swimmer, and he now coaches the
local team. *Ai suoi tempi Emilio era
un campione di nuoto, e adesso fa
l'allenatore per la squadra locale.*

coal /kəʊl/ *s*
⟨*non num*⟩ *carbone:* We have a coal
fire in our living room. *Abbiamo un
camino a carbone nel soggiorno.*

coalfield /'kəʊlfiːld/ *s*
⟨*spesso plurale*⟩ *bacino carbonifero:*
Britain's most important coalfields are
in Yorkshire. *I più importanti bacini
carboniferi della Gran Bretagna si
trovano nello Yorkshire.*

coalminer /'kəʊlmaɪnəʳ/ *s*
minatore

coast /kəʊst/ *s*
costa: Dover is on the south-east coast
of England. *Dover si trova sulla costa
sudorientale dell'Inghilterra.*|It was a
lovely day so we decided to go to the

Would you like to try it on?
Vuoi provarlo?

Yes, please.
Sì, grazie.

UNDERWEAR

COATS

SKIRTS

Do you think this dress suits me?
Pensi che questo vestito mi stia bene?

Yes, you look great.
Sì, stai benissimo.

earring

sweater

zip

belt

jacket

jeans

socks

trainers

jacket

shirt

tie

sleeve

button

pocket

trousers

shoes

coast. *Era una bella giornata, così decidemmo di andare sulla costa.*

coastguard /'kəʊstgɑːd||-ɑːrd/ *s*
guardacoste: The coastguard raised the alarm when he saw the yacht turn over in the stormy seas. *Il guardacoste diede l'allarme quando vide capovolgersi lo yacht nel mare in tempesta.*

coat /kəʊt/ *anche* **overcoat** *s*
cappotto, soprabito: Put your coat on, it's cold outside. *Mettiti il cappotto, fa freddo fuori.*

cock /kɒk||kɑːk/ *anche* **rooster** (*spec IA*) *s*
gallo – vedi anche HEN (*Nota*)

cocktail /'kɒkteɪl||'kɑːk-/ *s*
cocktail: fruit cocktail, *macedonia di frutta*|prawn cocktail, *antipasto di gamberetti*

code /kəʊd/ *s*
1 ⟨*num e non num*⟩ *codice:* a secret message written in code, *un messaggio segreto scritto in codice* 2 ⟨*num*⟩ *codice:* Do you know what the dialling code for Ipswich is? *Sai qual è il prefisso di Ipswich?*|postcode, *codice di avviamento postale*

coffee /'kɒfi||'kɔːfi, 'kɑːfi/ *s*
⟨*num e non num*⟩ *caffè:* I haven't got any coffee. *Non ho caffè.*|Two coffees, please. *Due caffè, per piacere.* |Would you like a cup of coffee? *Vuole una tazza di caffè?*|a coffee table, *un tavolino*

coin /kɔɪn/ *s*
moneta: I had no coins for the telephone, so I had to get some change from a shop. *Non avevo moneta per il telefono, perciò mi sono dovuto procurare degli spiccioli in un negozio.*

Coke /kəʊk/ *s*
⟨*num e non num*⟩ (*fam* ®) *Coca, Coca Cola:* We can buy the ice-creams and the Cokes in the interval. *Possiamo comprarci i gelati e le Coche*

durante l'intervallo.

cold[1] /kəʊld/ *agg*
⟨*compar* **colder**, *sup* **coldest**⟩ *freddo:* It's cold outside. Take your coat. *Fa freddo fuori. Prenditi il cappotto.*|Have you got any cold drinks? *Avete qualcosa di freddo da bere?* – *contrario* HOT

cold[2] *s*
1 ⟨*s sing*⟩ ⟨*preceduto da* **the**⟩ *il (tempo) freddo:* I hate going out in the cold. *Odio uscire col freddo.* 2 ⟨*num*⟩ *raffreddore:* John has a cold so he has to stay in bed for a day or two. *John ha il raffreddore, così deve rimanere a letto per un paio di giorni.*

collar /'kɒlə'||'kɑː-/ *s*
colletto

collect /kə'lekt/ *vt*
1 *collezionare, fare la raccolta di:* Andy collects foreign stamps. *Andy colleziona francobolli esteri.*
2 *andare/venire a prendere, ritirare:* If Mrs Morgan gets home early, she collects the children from school. *Quando riesce a rincasare presto, la signora Morgan va a prendere i figli a scuola.*

collection /kə'lekʃən/ *s*
raccolta, collezione: My cousin's got nearly a thousand badges in her collection. *Mia cugina ha quasi mille distintivi nella sua collezione.*|a stamp collection, *una collezione di francobolli*

college /'kɒlɪdʒ||'kɑː-/ *s*
istituto superiore, facoltà universitaria, college: Anna hopes to go to teacher training college. *Anna spera di entrare al college di avviamento professionale per insegnanti.*

colon /'kəʊlən/ *s*
(segno d'interpunzione) due punti

colonel /'kɜːnəl||'kɜːr-/ *s*
colonnello

colour (*IB*) *o* **color** (*IA*)[1] /'kʌlə'/

s

⟨*num e non num*⟩ *colore:* "What colour are his eyes?" "They're blue, I think." *"Di che colore ha gli occhi?" "Blu, credo."*|What's your favourite colour? *Qual è il tuo colore preferito?*

colour (*IB*) *o* **color** (*IA*)[2] *vt*
colorare: to colour in a picture, *colorare una figura*|He coloured it blue. *Lo colorò di blu.*

column /'kɒləm||'kɑː-/ *s*
1 *colonna:* Put a tick in one of the two columns to show "yes" or "no". *Apporre un segno in una delle due colonne per indicare "sì" o "no".*
2 *colonna:* There were several columns supporting the front of the building. *C'erano parecchie colonne che sorreggevano la parte anteriore dell'edificio.*

comb[1] /'kəʊm/ *s*
pettine: a brush and comb, *una spazzola e un pettine*

comb[2] *vt*
pettinare (-si): Gina combed her hair before she went out. *Gina si diede una pettinata prima di uscire.*

combination /ˌkɒmbɪ'neɪʃən||ˌkɑːm-/ *s*
⟨*num e non num*⟩ *combinazione:* Kate's combination of helpfulness and pleasantness makes her very popular. *Grazie alle sue doti congiunte di disponibilità e cortesia, Kate si fa benvolere da tutti.*

combine /kəm'baɪn/ *vi, vt*
⟨*pass rem e p pass* **combined,** *p pres* **combining**⟩ *combinare (-si), unire (-si):* Because Lucy was born on December 24th, she always has a combined birthday and Christmas present. *Siccome è nata il 24 dicembre, Lucy riceve sempre un regalo unico per il compleanno ed il Natale.*

combine harvester /'kɒmbaɪn 'hɑːvɪˌstə[r]||'kɑːm-'hɑːr-/ *s*

⟨*pl* **combine harvesters**⟩
mietitrebbiatrice

come /kʌm/ *vi*
⟨*pass rem* **came,** *p pass* **come,** *p pres* **coming**⟩ *venire:* The car was coming towards us very quickly. *La macchina veniva di gran carriera verso di noi.*|A tall man with a beard came into the room. *Un uomo alto e con la barba entrò nella stanza.*|John came running down the street. *John venne correndo per la strada.* **2** *venire (in compagnia):* Would you like to come to our party? *Hai voglia di venire alla nostra festa?*| John wants to come with us to the cinema. *John vuole venire al cinema con noi.*|"Kate and Andy, are you ready?" "We're just coming." *"Kate ed Andy, siete pronti?" "Veniamo subito."*|As soon as you have time, come and see us in Milan. *Appena avete tempo, venite a trovarci a Milano.* **3** *pervenire, arrivare, giungere:* I've been waiting for half an hour and the bus still hasn't come. *È da mezz'ora che aspetto e l'autobus non è ancora arrivato.*|The post comes at about half past nine. *La posta arriva intorno alle nove e mezza.* **4** *avvicinarsi, essere imminente:* Christmas is coming. *Natale si sta avvicinando.*|Coming soon to BBC Television, a new series of "Dallas". *In onda prossimamente sulla BBC, una nuova serie di "Dallas".*

come back *vi*
(ri)tornare: We flew to Milan and came back by train. *Siamo andati a Milano in aereo e tornati in treno.*|Wait until your mother comes back from the shops. *Aspetta che la tua mamma ritorni dalla spesa.*

come down *vi*
1 *venire giù, scendere:* John came down for breakfast at half past nine. *John è sceso a far colazione alle nove e*

mezza.|The kitten won't come down out of that tree. *Il gattino non vuole venir giù da quell'albero.* **2** *calare, abbassarsi, ridursi:* The price of petrol came down soon after the oil price fell. *Il prezzo della benzina è calato subito dopo il ribasso del prezzo del petrolio.* **3** *crollare:* The roof of the house came down in the storm. *Il tetto della casa è crollato con la tempesta.*

come from *vt*
1 ⟨*non usato nelle forme progressive*⟩ *venire da, essere (nativo) di:* Cindy comes from California. *Cindy viene dalla California.*|Mary lives in Milan but she comes from Liverpool. *Mary abita a Milano ma è di Liverpool.* **2** *provenire, derivare da:* Where is that strange noise coming from? *Da dove proviene quello strano rumore?*|Wine comes from grapes. *Il vino si ricava dall'uva.*

come in *vi*
entrare: I knocked. "Come in," said a voice from inside the room. *Bussai. "Avanti", disse una voce da dentro la stanza.*|I opened the door and the cat came in. *Aprii la porta ed entrò il gatto. – vedi anche* ENTER (*Nota*)

come on *vi*
⟨*generalmente all'imperativo*⟩ **1** (*per incoraggiare o sollecitare qn a fare qc*) *forza, coraggio, dai:* Come on, children. Hurry up! *Forza, bambini. Sbrigatevi!*|Come on! Let's get the tickets. *Dai! Prendiamo i biglietti.* **2** (*per esprimere sorpresa o impazienza a quanto si ascolta*) *ma va', ma no, andiamo:* "I'll never play football again. Not after last Saturday!" "Oh come on. You'll get over it." *"Non giocherò mai più a calcio. Specialmente dopo l'altro sabato." "Ma va'. Supererai anche questa."*

come round *vi*

passare da, fare una visita a, fare un salto da: Why don't you come round for a meal tonight? *Perché non vieni a mangiare qualcosa da noi stasera?*

come up *vi*
1 ⟨**to**⟩ *avvicinarsi (a):* He came up (to me) and introduced himself. *Mi si è avvicinato e si è presentato.* **2** *sorgere, essere sollevato:* The question of your membership came up at the meeting. *La tua condizione di socio è stata sollevata all'assemblea.*|Do you think fractions will come up in the exam? *Pensi che all'esame ci sarà qualche domanda sulle frazioni?*

comedian /kə'miːdiən/ *s*
comico

comedienne /kə‚miːdi'en/ *s*
comica

comedy /'kɒmɪdi||'kɑː-/ *s*
⟨*pl* **comedies**⟩ ⟨*num e non num*⟩ *commedia*

comet /'kɒmɪt||'kɑː-/ *s*
cometa: The last time we saw Halley's Comet was in 1986. *L'ultima volta che abbiamo visto la cometa di Halley è stato nel 1986.*

comfort[1] /'kʌmfət||-ərt/ *s*
1 ⟨*non num*⟩ *comodità, agiatezza, comfort:* We all like to live in comfort. *A noi tutti piace vivere nell'agiatezza.* **2** ⟨*num*⟩ *conforto, consolazione, sollievo:* Lucy's teddy was a great comfort to her when she wasn't well. *L'orsacchiotto è stato di grande consolazione a Lucy mentre non stava bene.*

comfort[2] *vt*
confortare, consolare, rincuorare: We all tried to comfort Anna after her mother's death. *Cercammo tutti di confortare Anna dopo la morte di sua madre.*

comfortable /'kʌmftəbəl, 'kʌmfət-|| 'kʌmfərt-, 'kʌmft-/ *agg*
comodo, confortevole: a nice

comfortable chair, *una bella sedia comoda*|I didn't feel very comfortable in that unfamiliar bed. *Non mi sentivo a mio agio in quel letto nuovo.*

comic¹ /'kɒmɪk||'kɑ:-/ *s*

1 *giornalino, giornale a fumetti:* Lucy likes reading comics. *Lucy si diverte a leggere i fumetti.* **2** *comico:* a television comic, *un comico televisivo*

comic² *agg*

comico, umoristico

comma /'kɒmə||'kɑ:mə/ *s*

(segno d'interpunzione) virgola

   inverted commas *s pl*

   virgolette

command¹ /kə'mɑ:nd||kə'mænd/ *vi, vt*

1 ⟨**to do sthg** *o* **that**⟩ *ordinare(di fare qc o che):* The police chief commanded his officers to take up their positions. *Il capitano di polizia ordinò ai suoi agenti di prendere posizione.* **2** *comandare, avere il comando di:* The general commands a huge army overseas. *Il generale è a capo di ingenti truppe oltremare.*

command² *s*

1 ⟨*num*⟩ *ordine:* Commands given by senior officers must be obeyed. *Gli ordini degli ufficiali superiori devono essere obbediti.* **2** ⟨*non num*⟩ *comando:* The general has a huge army under his command. *Il generale ha un enorme esercito sotto il suo comando.*

comment¹ /'kɒment||'kɑ:-/ *s*

commento, osservazione: I just made a comment about the weather and everybody started yawning. *Ho solo fatto un commento sul tempo e tutti hanno cominciato a sbadigliare.*

comment² *vi, vt*

⟨**that** *o* **on, upon**⟩ *osservare (che), fare commenti (su):* The newspaper asked the headteacher to comment on the increase in thefts at the school. *Il*

giornale domandò i commenti del preside sull'aumento dei furti a scuola.

commentary /'kɒməntəri|| 'kɑ:mənteri/ *s*

⟨*pl* **commentaries**⟩ ⟨*num e non num*⟩ *radio/telecronaca:* I prefer to listen to the cricket commentaries on the radio. *Preferisco seguire il cricket in radiocronaca.*

commentator /'kɒmənteɪtəʳ||'kɑ:-/ *s*

radio/telecronista: The radio commentators have to be much more skilful than the television ones, because they have no pictures. *I radiocronisti devono essere molto più abili dei telecronisti, perchè non hanno le immagini.*

committee /kə'mɪti/ *s*

⟨*seguito da un verbo al singolare o al plurale*⟩ *comitato, commissione, consiglio:* Each year we elect four pupils on to the staff-student committee, so that they can tell the teachers what we think about the school. *Ogni anno eleggiamo quattro studenti per il consiglio scolastico, in modo che possano comunicare agli insegnanti le nostre opinioni sulla scuola.*

common /'kɒmən||'kɑ:-/ *agg*

⟨*compar* **commoner,** *sup* **commonest**⟩ *comune:* John is a very common name. *John è un nome molto comune.*

communicate /kə'mju:nɪ̩keɪt/ *vi, vt*

⟨*pass rem e p pass* **communicated,** *p pres* **communicating**⟩ *comunicare:* Now we can communicate across the world by satellite in seconds. *Oggigiorno è possibile comunicare via satellite da un capo all'altro del mondo nello spazio di secondi.*

communication /kə̩mju:nɪ̩'keɪʃən/ *s*

⟨*non num o plurale*⟩ *comunicazione:* Communication was very difficult because we did not speak the same language. *La comunicazione era molto*

Comparative and Superlative Adjectives

young	young**er**	young**est**
larg**e**	larg**er**	larg**est**
fa**t**	fa**tt**er	fa**tt**est
funn**y**	funn**i**er	funn**i**est
good	better	best
bad	worse	worst
much	more	most
little	less	least

Osservazioni

▸ *Gli aggettivi composti da una sola sillaba (più alcuni di due sillabe, come "easy" e "yellow") formano il comparativo con l'aggiunta del suffisso* **-er** *ed il superlativo con* **-est**.

▸ *Se la parola finisce in* **e**, *si aggiunge solo* **-r/-st**.

▸ *Se la parola finisce con una sola consonante preceduta da una sola vocale, si raddoppia la consonante prima di aggiungere* **-er/-est**.

▸ *Se la parola finisce in* **y** *preceduta da consonante si cambia* **y** *in* **i** *prima di aggiungere* **-er/-est**.

▸ *Alcuni aggettivi hanno forme irregolari. In questo dizionario potete trovare le forme comparative e superlative di tali aggettivi alla voce corrispondente.*

Comparative and Superlative Adjectives

▸ *Per formare il comparativo degli aggettivi polisillabi si deve porre* **more** *davanti all'aggettivo. Per formare il superlativo si pone* **most**.

- "Do you like geography?" "Yes, but I think history is **more interesting**." "I think English is the **most interesting** subject we do at school."
  "Ti piace la geografia?" "Sì, ma penso che la storia sia più interessante." "Penso che l'inglese sia la materia più interessante che studiamo a scuola."

▸ *Il superlativo è sempre preceduto dall'articolo* **the**. *Dopo un superlativo spesso si usano le preposizioni* **in** *(quando si riferisce ad un luogo) e* **of** *(con parole che indicano il gruppo al quale la persona/cosa appartiene):*

- Kate's **the** most intelligent **of** all my friends.
  Kate è la più intelligente di tutti i miei amici.
- He's **the** tallest person **in** our class.
  È il più alto della classe.

▸ *Notate che l'aggettivo superlativo inglese di cui si parla traduce il superlativo relativo italiano e non il superlativo assoluto.*

▸ *Se il secondo termine di paragone è espresso, al comparativo si fa seguire* **than**:

- Jane is taller **than** her brother.
  Jane è più alta di suo fratello.
- I think geography's more interesting **than** history.
  Penso che la geografia sia più interessante della storia.
- Your bike's better **than** mine.
  La tua bici è migliore della mia.

difficile perchè non parlavamo la stessa lingua.|a communications satellite, un satellite per le comunicazioni

communist /'kɒmjʊnɪst||'kɑː-/ *agg, s* comunista: the communist party, *il partito comunista*

company /'kʌmpəni/ *s*
⟨*pl* **companies**⟩ ⟨*seguito da un verbo al singolare o al plurale*⟩ *compagnia, società, ditta:* The company is *o* are expanding this year, so there should be some new jobs. *Quest'anno la società si sta espandendo, così dovrebbero esserci dei nuovi posti di lavoro.*

comparative /kəm'pærətɪv/ *agg, s* comparativo: In the sentence "John is quite tall, but Andy is taller, and Bruno is the tallest of the three", "taller" is the comparative, and "tallest" is the superlative of "tall". *Nella frase "John is quite tall, but Andy is taller, and Bruno is the tallest of the three", "taller" e "tallest" sono rispettivamente il comparativo ed il superlativo di "tall". – vedi anche La Nota Grammaticale* **Comparative and Superlative Adjectives** *a p. 94*

compare /kəm'peəʳ/ *vt*
⟨*pass rem e p pass* **compared**, *p pres* **comparing**⟩ ⟨**with**⟩ *confrontare (con):* Compare your opinions with those of your partner. *Confronta le tue opinioni con quelle del tuo compagno.*

comparison /kəm'pærɪsən/ *s*
⟨*num e non num*⟩ *confronto, paragone:* Andy's not a very good footballer, but in comparison with me he's wonderful. *Andy non è un gran calciatore, ma in confronto a me è straordinario.*

compartment /kəm'pɑːtmənt||-ɑːr-/ *s* scompartimento: The first compartment was full so we moved along the carriage until we found one with some empty seats. *Il primo*

scompartimento era pieno così continuammo lungo il vagone finchè ne trovammo uno con dei posti liberi.

compass /'kʌmpəs/ *s*
bussola: We would have got lost in the woods if Bruno hadn't had his compass with him. *Ci saremmo smarriti fra i boschi, se Bruno non avesse avuto con sè la sua bussola.*

compensate /'kɒmpənseɪt||'kɑːm-/ *vt*
⟨*pass rem e p pass* **compensated**, *p pres* **compensating**⟩ ⟨**for**⟩ *risarcire (per):* Drunken drivers should have to compensate their victims for the injuries they cause. *I guidatori ubriachi dovrebbero risarcire le loro vittime per i danni causati.*

compensation /ˌkɒmpən'seɪʃən||ˌkɑːm-/ *s*
⟨*non num*⟩ *risarcimento:* The judge ordered the firm to pay compensation to the injured workers. *Il giudice ordinò alla ditta di pagare i risarcimenti ai lavoratori lesi.*

compete /kəm'piːt/ *vi*
⟨*pass rem e p pass* **competed**, *p pres* **competing**⟩ *competere, gareggiare:* There were sixteen people competing for two places in the final. *C'erano sedici concorrenti a gareggiare per due posti in finale.*

competition /ˌkɒmpɪ'tɪʃən||ˌkɑːm-/ *s* competizione, gara, concorso: I entered a newspaper competition to find a slogan for a new washing powder. *Ho partecipato ad una competizione giornalistica per trovare uno slogan per un nuovo detersivo.*

competitor /kəm'petɪtəʳ/ *s* concorrente: The competitors lined up at the start of the race. *I concorrenti si allinearono alla partenza della corsa.*

complain /kəm'pleɪn/ *vi, vt*
⟨**that** *o* **about**⟩ *reclamare, protestare (che o di):* Kate's computer didn't work properly, so she complained and

was given a new one. *Dato che il suo computer non funzionava bene, Kate reclamò e se ne fece dare uno nuovo.*

complaint /kəm'pleɪnt/ *s*
reclamo, protesta: Kate had to make a complaint about her computer. *Kate ha dovuto fare un reclamo per il suo computer.*

complete[1] /kəm'pli:t/ *agg*
1 *completo, intero:* Gina has a complete set of David Bowie concert programmes. *Gina ha una serie completa dei programmi dei concerti di David Bowie.* 2 *completo, assoluto, totale:* Lucy's birthday party was a complete success. Everybody enjoyed themselves. *La festa per il compleanno di Lucy è riuscita alla perfezione. Si sono divertiti tutti.*

complete[2] *vt*
⟨*pass rem e p pass* **completed,** *p pres* **completing**⟩ *completare:* Choose a word from the list to complete the sentences. *Scegliere una parola fra quelle della lista e completare le frasi.*

completely /kəm'pli:tli/ *avv*
completamente, assolutamente, del tutto: Lucy's party was completely successful. We all enjoyed ourselves. *La festa di Lucy è stata un successo assoluto. Ci siamo tutti divertiti.*

complicated /'kɒmplɪkeɪtɪd||'kɑːm-/ *agg*
complicato: When Bruno agreed to help organize the hockey team's trip to Rome it seemed very simple, but it soon became quite complicated. *Quando Bruno accettò di organizzare la gita a Roma per la squadra di hockey, sembrava tutto molto semplice, ma presto diventò piuttosto complicato.*

compliment[1] /'kɒmplɪmənt|| 'kɑːm-/ *s*
complimento: They paid me the compliment of asking me to come back and play for the team next week.

Mi fecero l'onore di chiedermi di tornare a giocare per la squadra la settimana successiva.

compliment[2] /'kɒmplɪment|| 'kɑːm-/ *vt*
⟨**on**⟩ *complimentarsi (per):* They complimented me on how well I had played, and asked me to come back next week. *Si complimentarono con me per come avevo giocato, e mi chiesero di tornare la settimana successiva.*

compose /kəm'pəuz/ *vi, vt*
⟨*pass rem e p pass* **composed,** *p pres* **composing**⟩ *comporre:* Mozart started to compose (music) when he was five. *Mozart cominciò a comporre musica a cinque anni.*

composer /kəm'pəuzəʳ/ *s*
compositore: Mozart was a famous Austrian composer. *Mozart fu un famoso compositore austriaco.*

composition /ˌkɒmpə'zɪʃən||ˌkɑːm-/ *s*
⟨*num e non num*⟩ 1 *componimento, tema in classe:* Write a short composition called "Why I Like Holidays". *Svolgete un breve tema dal titolo "Perchè mi piacciono le vacanze".* 2 *composizione:* Mozart had written several compositions by the time he was six. *Mozart aveva già scritto parecchie composizioni all'età di sei anni.*

comprehensive /ˌkɒmprɪ'hensɪv|| ˌkɑːm-/ *agg*
completo, esauriente: She wrote a very comprehensive report on what was wrong with the tax system. *Stese un rapporto molto dettagliato su cosa c'era di sbagliato nel sistema tributario.*

▲*Trabocchetto:* Comprehensive *non corrisponde a nessuno dei due significati dell'italiano* comprensivo. *Comprensivo nel senso di indulgente o aperto in inglese si dice* understanding *o* sympathetic, *mentre* comprensivo *nel*

senso di inclusivo si traduce con
inclusive.

comprehensive school
/ˌkɒmprɪ'hensɪv skuːl||ˌkɑːm- skuːl/ *s*
⟨*pl* **comprehensive schools**⟩ *scuola
media superiore*

computer /kəm'pjuːtəʳ/ *s*
elaboratore elettronico, computer:
Cindy's father works in the computer
industry. *Il padre di Cindy lavora
nell'industria dell'informatica.*

concentrate /'kɒnsəntreɪt||'kɑːn-/ *vi,
vt*
⟨*pass rem e p pass* **concentrated,** *p pres*
concentrating⟩ ⟨**on**⟩ *concentrarsi (su):*
You can't concentrate on your
homework when you're watching TV.
*Non puoi concentrarti sui compiti
mentre guardi la televisione.*

concentration /ˌkɒnsən'treɪʃən||
ˌkɑːn-/ *s*
⟨*non num*⟩ *concentrazione:* Andy's
concentration kept being interrupted
by the football on television. *La
concentrazione di Andy era
continuamente interrotta dalla partita di
calcio alla televisione.*

concern[1] /kən'sɜːn||-ɜːrn/ *vt*
preoccupare, interessare, riguardare:
I'm very concerned about Andy. He
looks pale. *Sono molto preoccupato
per Andy. Sembra pallido.*|You
needn't come to the meeting. It
doesn't concern you. *Non c'è bisogno
che tu venga alla riunione. Non
riguarda te.*

concern[2] *s*
1 ⟨*num e non num*⟩ *affare, cosa che
riguarda, interesse:* I'm afraid that
your problems are no concern of mine.
*Mi dispiace, ma i tuoi problemi non
sono affar mio.* **2** ⟨*nonnum*⟩
preoccupazione, ansietà: Kate and
Andy felt great concern for their
grandma when she was ill, because she
was very old. *Kate ed Andy rimasero*

*in grande ansia per la nonna, durante
la sua malattia, perchè era molto
anziana.*

concerning /kən'sɜːnɪŋ||-ɜːr-/ *prep
riguardo a, concernente, circa:* I am
replying to your letter concerning a
job with our company. *Rispondo alla
Vostra lettera concernente un impiego
nella nostra compagnia.*|a story
concerning the inhabitants of a small
village, *una storia riguardante gli
abitanti di un piccolo villaggio*
■*Nota:* La preposizione **concerning** *è
più formale della preposizione* **about** *e
per lo più riservato alle lettere
commerciali.*

concert /'kɒnsət||'kɑːnsərt/ *s
concerto:* Have you seen David Bowie
in concert? *Hai visto David Bowie in
concerto?*|a rock concert, *un concerto
rock*

condition /kən'dɪʃən/ *s*
1 ⟨*num e non num*⟩ *condizione,
forma:* This bike's in very good
condition for its age. *Questa bici è in
ottime condizioni per gli anni che ha.*|
Claudia hasn't been training for a
couple of months so she's feeling a bit
out of condition. *Claudia non ha fatto
allenamento per un paio di mesi, così
adesso si sente un po' fuori forma.*
2 ⟨*num*⟩ *condizione:* One of the
conditions of getting a visa for Canada
is that you have enough money for the
length of your stay. *Una delle
condizioni per ottenere un visto per il
Canada è che si deve essere in possesso
di sufficiente valuta per la durata del
soggiorno.*

conduct /kən'dʌkt/ *vt
condurre, dirigere:* Davina got the
chance to conduct the school
orchestra. *Davina ha avuto
l'opportunità di dirigere l'orchestra
della scuola.*

conductor /kən'dʌktəʳ/ *s*

1 *direttore d'orchestra* **2 bus conductor** *biglettaio d'autobus*

confidence /'kɒnfɪdəns||'kɑːn-/ *s*
⟨*non num*⟩ ⟨**in**⟩ *sicurezza, fiducia (in)*: Kate has a lot of confidence in herself. *Kate ha molta fiducia in se stessa.*
▲*Trabocchetto*: *Non confondere la parola inglese* **confidence** *con la parola italiana* **confidenza**. *La parola* **confidenza** *nel senso di familiarità, intimità è tradotta dalle parole inglesi* **closeness** *o* **close**: Kate and Sue are very close. *Kate e Sue hanno molta confidenza.*

confident /'kɒnfɪdənt||'kɑːn-/ *agg*
⟨**that** *o* **of**⟩ *sicuro (che o di)*: Kate is very confident that she can do what she wants to do. *Kate si sente molto sicura di poter fare ciò che vuole fare.*

confirm /kən'fɜːm||-ɜːrm/ *vt*
⟨**sthg** *o* **that**⟩ *confermare (qc o che)*: Bruno rang up to book the sports hall for a match, and then wrote to confirm the booking. *Bruno ha fatto una telefonata per prenotare il campo da gioco per una partita, e poi ha scritto per confermare la prenotazione.*

conflict[1] /'kɒnflɪkt||'kɑːn-/ *s*
⟨*num e non num*⟩ *conflitto*

conflict[2] /kən'flɪkt/ *vi*
essere in conflitto: The two drivers' reports of the accident conflicted, and so the insurance company didn't know who was in the wrong. *I resoconti dell'incidente dei due autisti discordavano, e così la società d'assicurazioni non sapeva chi avesse torto.*

confuse /kən'fjuːz/ *vt*
⟨*pass rem e p pass* **confused**, *p pres* **confusing**⟩ **1** *confondere*: The man was confused after the accident. He didn't know where he was. *L'uomo era confuso dopo l'incidente. Non sapeva dove si trovasse.* **2** *confondere*:

I always confuse John and James. They look so alike. *Io confondo sempre John e James. Si somigliano tanto.*

confusion /kən'fjuːʒən/ *s*
⟨*non num*⟩ *confusione*: There were ten players fighting for the ball, and in the confusion somebody scored! *C'erano dieci giocatori che lottavano per la palla, e nella confusione qualcuno segnò!*

congratulate /kən'grætʃʊleɪt/ *vt*
⟨*pass rem e p pass* **congratulated**, *p pres* **congratulating**⟩ ⟨**sbdy on sthg**⟩ *congratularsi (con qn per qc)*: Peter congratulated Anna on getting a place at university. *Peter si congratulò con Anna per essere riuscita ad entrare all'università.*

congratulations /kən,grætʃʊ'leɪʃənz/ *s pl*
⟨**on**⟩ *congratulazioni, felicitazioni (per)*: Congratulations! I hear you got a place at university. *Congratulazioni! Ho saputo che sei stata ammessa all'università.*

conjunction /kən'dʒʌŋkʃən/ *s*
congiunzione: In the sentence "I missed the bus and had to walk home", "and" is a conjunction. *Nella frase "I missed the bus and had to walk home" "and" è una congiunzione.*

connect /kə'nekt/ *vt*
connettere, collegare: Connect the points A, B and C to make a circle. *Collegare i punti A, B e C per ottenere un cerchio.*|Kate is just connecting the printer to her computer. *Kate sta giusto connettendo la stampatrice al computer.*

connection /kə'nekʃən/ *s*
1 ⟨*num*⟩ *collegamento, contatto*: The printer isn't working. There must be a loose connection somewhere. *La stampante non funziona. Deve esserci*

un contatto guasto da qualche parte.
2 ⟨*num e non num*⟩ nesso, rapporto: There is a strong connection between smoking and lung cancer. *C'è uno stretto rapporto tra il fumo ed il cancro ai polmoni.*

conscience /'kɒnʃəns||'kɑːn-/ *s* coscienza: My conscience tells me I shouldn't have done that. *La mia coscienza mi dice che non avrei dovuto farlo.*

conscious /'kɒnʃəs||'kɑːn-/ *agg* cosciente, consapevole: The man became conscious again almost immediately after his fall. *L'uomo riprese conoscenza quasi subito dopo la caduta.*

consider /kən'sɪdə^r/
1 *vi, vt* ⟨*sthg o doing sthg*⟩ considerare (qc), pensare (di fare): Andy is considering buying a new bike. *Andy sta considerando la possibilità di comprarsi una bici nuova.*
2 *vt* ⟨*non usato nelle forme progressive*⟩ considerare, giudicare: Her teachers consider Anna to be a very good student. *I professori considerano Anna un'ottima studentessa.*

considerate /kən'sɪdərɪt/ *agg* pieno di attenzioni e premure per gli altri

▲*Trabocchetto:* *Non confondere l'aggettivo inglese* **considerate** *con l'aggettivo italiano* **considerato,** *che è tradotto dall'aggettivo* **respected.**

consideration /kən,sɪdə'reɪʃən/ *s* ⟨*non num*⟩ **1** considerazione, riflessione: After a lot of consideration, Gina decided that she had to leave the hockey team and concentrate on her school work. *Dopo lunga riflessione, Gina decise che doveva lasciare la squadra di hockey per concentrarsi sullo studio.*
2 sollecitudine, premura: The children

showed a lot of consideration when their father was ill, and helped a lot around the house. *I bambini si sono dimostrati davvero premurosi quando loro padre era malato, ed hanno aiutato molto in casa.*

consist /kən'sɪst/
consist of *vt*
⟨*non usato nelle forme progressive*⟩
⟨**consist of** *sthg*⟩ consistere di qc: A word processor consists of a computer, a screen and a printer, a keyboard, and, of course, a program. *Un processore consiste di un computer, uno schermo con stampatrice, una tastiera e, naturalmente, un programma.*

consonant /'kɒnsənənt||'kɑːn-/ *s* consonante: In the word "pat", "p" and "t" are consonants and "a" is a vowel. *Nella parola "pat", "p" e "t" sono consonanti e "a" è una vocale.*
■*Nota:* *Tecnicamente le parole* **consonant** *e* **vowel** *si riferiscono non a lettere dell'alfabeto ma a diversi tipi di suoni. In questo dizionario i suoni di vocali inglesi sono rappresentati da simboli fonetici* /iː, ɪ, e, œ, ɑː, ɒ, ɔː, ʊ, uː, ʌ, ɜː, ə, ə/. *Gli altri simboli rappresentano* **consonants.** *– vedi anche* **La Tavola Fonetica**

constant /'kɒnstənt||'kɑːn-/ *agg* costante, continuo: When it gets too hot in school we have to put up with the constant hum of the air conditioner. *Quando fa troppo caldo a scuola, dobbiamo sopportare il continuo ronzio del condizionatore d'aria.*

constituency /kən'stɪtʃuənsi/ *s* ⟨*pl* **constituencies**⟩ collegio elettorale

constituent /kən'stɪtʃuənt/ *s* membro di un collegio elettorale, elettore: The MP came to visit her constituents to ask their views on the war. *La deputata è passata a trovare gli* *elettori della propria circoscrizione per domandare il loro parere sulla guerra.*

construct /kən'strʌkt/ vt

costruire: Kate and Andy helped their mother construct a shelter for the horse. *Kate ed Andy hanno aiutato la loro madre a costruire un riparo per il cavallo.*

■*Nota: Il verbo* **construct** *è più formale del verbo* **build.**

construction /kən'strʌkʃn/ s

1 ⟨*non num*⟩ *costruzione, edilizia:* Cindy's uncle is a construction engineer. *Lo zio di Cindy fa l'ingegnere edile.* **2** ⟨*num*⟩ *fabbricato, edificio:* The new construction on the edge of town is going to be a supermarket. *Il nuovo fabbricato ai margini della città verrà adibito a supermercato.*

consume /kən'sjuːm‖-'suːm/ vt

⟨*pass rem e p pass* **consumed,** *p pres* **consuming**⟩ **1** *mangiare e bere:* They were all small children at Lucy's party but they managed to consume an awful lot of food. *Erano tutti bambini piccoli alla festa di Lucy, ma sono riusciti a mangiare un sacco di vivande.* **2** *consumare:* The car's consuming rather a lot of petrol; I'll have to take it to the garage. *La mia macchina consuma un po' troppa benzina, dovrò portarla dal meccanico.* **3** *distruggere:* The fire quickly consumed the building. *Il fuoco distrusse velocemente l'edificio.*

consumption /kən'sʌmpʃn/ s

⟨*non num*⟩ *consumo:* The car's petrol consumption has increased; I'll have to take it into the garage. *L'auto si è messa a consumare più benzina, dovrò portarla in officina.*

contact¹ /'kɒntækt‖'kɑːn-/ s

1 ⟨*non num*⟩ *contatto:* There was a minor accident at the traffic lights. There was contact between two cars

but no damage was done. *Ci fu un piccolissimo incidente al semaforo. Le due macchine si sono toccate ma non c'è stato alcun danno.* **2** ⟨*num e non num*⟩ *contatto:* Claudia kept **in contact with** Bruno all the time she was in England. *Claudia si è tenuta in contatto con Bruno per tutta la durata del suo soggiorno in Inghilterra.*

contact² vt

contattare, mettersi in contatto con: I wasn't able to contact Kate by phone, so I wrote her a note. *Non sono riuscita a raggiungere Kate per telefono, perciò le ho scritto un biglietto.*

contain /kən'teɪn/ vt

⟨*non usato nelle forme progressive*⟩ *contenere:* Does this food contain any artificial colouring? *Questo cibo contiene coloranti artificiali?*

container /kən'teɪnəʳ/ s

contenitore, recipiente: The container burst, and the powder spilt everywhere. *Il contenitore esplose e la polvere si sparse dappertutto.*

content¹ /'kɒntent‖'kɑːn-/ s

⟨*non num*⟩ **1** *contenuto, argomento:* The use of language in your essay is excellent, but the content is poor. It's just not a good story. *L'uso della lingua nel tuo tema è eccellente, ma il contenuto lascia a desiderare. È proprio il racconto che non funziona.* **2 contents** (*pl*) *contenuto:* The container burst, and the contents spilt all over the floor. *Il contenitore esplose ed il contenuto si rovesciò su tutto il pavimento.*

content² /kən'tent/ agg

⟨*solo predicativo*⟩ *contento, soddisfatto (di):* Mr Wilson is very content with his little shop. He's not very ambitious. *Il signor Wilson è molto soddisfatto del suo piccolo negozio. Non ha grandi ambizioni lui.*

contest /'kɒntest||'kɑːn-/ s
gara, concorso: We held a contest to
see who could keep quiet for the
longest time. John lost! *Abbiamo fatto
una gara per vedere chi era capace di
starsene zitto più a lungo. John ha
perso!*

continent /'kɒntɪnənt||'kɑːn-/ s
1 *continente:* the continent of Africa,
il continente africano **2 the Continent**
*l'Europa continentale (distinta dalla
Gran Bretagna):* "Where did you go
for your holidays?" "We went touring
on the Continent." *"Dove siete andati
per le vacanze?" "Abbiamo fatto un
giro per l'Europa."* — **continental**
agg continentale

continual /kən'tɪnjuəl/ *agg*
continuo, ripetuto
■*Nota: Gli aggettivi* **continual** *e*
continuous, *pur riferendosi entrambi
all'idea di continuità, non vanno
confusi nè sono interscambiabili.*
Continual *indica una serie di azioni che
si ripetono a ritmo costante e spesso
fastidioso (come rumori, interruzioni,
preoccupazioni):* a **continual** ringing
on the telephone, *un continuo squillo
del telefono.* **Continuous** *invece
definisce azioni o cose che durano
ininterrottamente nel tempo o nello
spazio (come un flusso, uno scroscio di
piogga, un combattimento):* There was
a **continuous** flow of water from the
broken pipe. *C'era una continua
perdita d'acqua dalla tubatura rotta.*

continue /kən'tɪnjuː/ *vi, vt*
⟨*pass rem e p pass* **continued,** *p pres*
continuing⟩ ⟨*sth o to do sthg o doing
sthg*⟩ *continuare (qc o a fare qc):* Kate
continued working *o* to work late into
the night. *Kate continuò a lavorare
fino a notte avanzata.*

continuous /kən'tɪnjʊəs/ *agg*
continuo, ininterrotto – vedi anche
CONTINUAL *(Nota)*

contract /'kɒntrækt||'kɑːn-/ s
contratto: The director offered Bruce
Lee a film contract. *Il regista offrì a
Bruce Lee un contratto per un film.*

contrary /'kɒntrəri||'kɑːntreri/ s
on the contrary (*per esprimere un
parere contrario*) *al contrario,
tutt'altro:* "I suppose you love lying in
the sun?" "On the contrary! I just go
bright pink and very sore!" *"Immagino
che tu adori startene sdraiato al sole?"
"Al contrario! Divento solo rosso e
tutto dolorante!"*

contrast[1] /'kɒntrɑːst||'kɑːntræst/ s
⟨*num e non num*⟩ *contrasto:* The
contrast between what Alan says he'll
do and what he actually does is huge.
*Il contrasto fra ciò che Alan dice di
fare e quello che fa in realtà è enorme.*

contrast[2] /kən'trɑːst||-'træst/ *vi, vt .*
mettere in contrasto, contrapporre: The
film contrasted Europe, with its food
mountains, and Ethiopia, where
people are dying of hunger. *Il film
contrapponeva l'Europa, con le sue
montagne di viveri, all'Etiopia, dove la
gente muore di fame.*|Compare and
contrast these two passages.
*Confrontare e contrapporre questi due
brani.*

control[1] /kən'trəʊl/ *vt*
⟨*pass rem e p̀ pass* **controlled,** *p pres*
controlling⟩ *controllare, dirigere,
regolare*

control[2] s
⟨*non num*⟩ **1** *controllo, autorità,
comando* **2 passport control** *controllo
dei passaporti:* Please make your way
to passport control before boarding
the plane. *Siete pregati di accedere al
controllo dei passaporti prima
dell'imbarco sull'aereo.*

convenience /kən'viːnɪəns/ s
⟨*num e non num*⟩ *comodità,
vantaggio, utilità:* The convenience of
having a dishwasher means that the

family can do more pleasant things in the evening. *Il vantaggio di avere una lavastoviglie è che di sera, in famiglia, si possono fare cose più divertenti.*

convenient /kənˈviːniənt/ *agg*
⟨**for, to**⟩ *comodo (per)*: It's very convenient having a dishwasher. You just put the dishes in and forget about them! *È molto comodo avere una lavastoviglie. Basta metterci dentro i piatti e non ci pensi più!*|The sports centre is very convenient. It's just down the road from the school. *Il centro sportivo è molto comodo. È solo a due passi dalla scuola sulla stessa via.*

▲*Trabocchetto*: *L'aggettivo* **convenient** *non ha mai il significato italiano di vantaggioso dal punto di vista economico.* **Conveniente**, *in questo senso, in inglese si dice* **good value**: This second-hand camera is really **good value**. *Questa macchina fotografica di seconda mano è davvero conveniente.*

conversation /ˌkɒnvəˈseɪʃən|| ˌkɑːnvər-/ *s*
⟨*num e non num*⟩ *conversazione*: Kate was having a quiet conversation with Claudia, when Andy and John arrived. *Kate stava conversando tranquillamente con Claudia, quando arrivarono Andy e John.*

convince /kənˈvɪns/ *vt*
⟨*pass rem e p pass* **convinced**, *p pres* **convincing**⟩ ⟨**that** *o* **of**⟩ *convincere, persuadere (che o di)*: I was not convinced that she was telling the truth. *Non ero convinto che lei stesse dicendo la verità.*

cook¹ /kʊk/ *s*
cuoco

cook² *vi, vt*
cuocere, cucinare, preparare: Mr Morgan cooks the children their evening meal when he comes home

from work. *Il signor Morgan prepara il pasto serale ai bambini quando torna a casa dal lavoro.*|The meat should cook for at least an hour. *La carne dovrebbe cuocere almeno per un'ora.*

cooker /ˈkʊkəʳ/ *s*
fornello, cucina: an electric cooker with a large oven and grill, *una cucina elettrica con un grande forno ed il grill* – vedi anche STOVE (*Nota*)

cookie /ˈkʊki/ *s*
⟨*IA di* **biscuit**⟩ *biscotto*

cool¹ /kuːl/ *agg*
⟨*compar* **cooler**, *sup* **coolest**⟩ *fresco*: I'd love a nice cool drink. *Avrei proprio voglia di una bella bevanda fresca.*

cool² *vi, vt*
⟨**down**⟩ *rinfrescare (-si)*: I think I'll go indoors and cool down a bit. *Penso che andrò dentro a rinfrescarmi un po'.*

cooperate /kəʊˈɒpəreɪt||-ˈɑːp-/ *vi*
⟨*pass rem e p pass* **cooperated**, *p pres* **cooperating**⟩ ⟨**with sbdy**⟩ *cooperare (con qn)*: The job will be finished sooner if you cooperate. *Il lavoro sarà finito prima se tu cooperi.*

cooperation /kəʊˌɒpəˈreɪʃən||-ˌɑːp-/ *s*
⟨*non num*⟩ *cooperazione*: We managed to do our report without his cooperation. *Riuscimmo a fare la nostra relazione senza la sua cooperazione.*

cooperative /kəʊˈɒpərətɪv||-ˈɑːp-/ *agg*
disponibile, disposto a collaborare: Thank you all for being so cooperative. *Grazie a tutti per essere così disponibili.*

coordinate /kəʊˈɔːdʒneɪt||-ˈɔːr-/ *vt, vi*
⟨*pass rem e p pass* **coordinated**, *p pres* **coordinating**⟩ *coordinare*: We all did our bits of the project, and Claudia coordinated the whole thing. *Abbiamo avuto tutti la nostra parte nel progetto, e Claudia ha coordinato l'intero lavoro.*

copy¹ /'kɒpi||'kɑːpi/ s
⟨pl **copies**⟩ **1** *copia:* Kate gave me a copy of her notes for the work I'd missed. *Kate mi diede una copia dei suoi appunti sulle lezioni che mi ero perso.* **2** *copia, esemplare:* I've lost my copy of "The Leopard". Can I borrow yours? *Ho perso la mia copia de "Il Gattopardo". Mi puoi prestare la tua?*

copy² *vt*
⟨*pass rem e p pass* **copied**, *p pres* **copying**⟩ *copiare:* The teacher writes the questions on the board, and the students copy them into their books. *Il professore scrive le domande alla lavagna, e gli studenti le copiano sui quaderni.*|Copy and complete these sentences. *Trascrivete e completate queste frasi.*

coral /'kɒrəl||'kɔː-, 'kɑː/ s
⟨*non num*⟩ *corallo:* Tahiti has lots of white sandy beaches and coral reefs. *A Tahiti ci sono molte spiagge di sabbia bianca e barriere coralline.*

cork /kɔːk||kɔːrk/ s
⟨*num e non num*⟩ *sughero, tappo:* Can you take the cork out of this bottle, please? *Puoi stappare questa bottiglia, per favore?*

corkscrew /'kɔːkskruː||'kɔːrk-/ s
cavatappi

corn /kɔːn||kɔːrn/ s
⟨*non num*⟩ **1** *grano, frumento:* a field of corn, *un campo di grano* **2** *anche* **sweetcorn** (*IB*), **maize** (*spec IA*) *granturco, mais:* Do you like corn on the cob? *Ti piacciono le pannocchie di granturco?*

corner /'kɔːnə'||'kɔːr-/ s
angolo, spigolo: the pub round the corner, *il bar dietro l'angolo*|In the corner of the room we found an enormous spider. *Nell'angolo della stanza abbiamo scoperto un ragno enorme.*|I'll meet you at the corner by the post office. *Ti aspetto all'angolo*

dell'ufficio postale.

cornflakes /'kɔːnfleɪks||'kɔrn-/ s pl
fiocchi di granturco: Mr Morgan likes cornflakes for breakfast. *Per colazione, al signor Morgan piace prendere fiocchi di granturco.*

correct¹ /kə'rekt/ agg
corretto, giusto, esatto: Number the pictures in the correct order. *Numera le figure nel giusto ordine.*|Have you got the correct time, please? *Ha l'ora esatta, per favore?*

correct² *vt*
correggere: Today Ms Jones is correcting her pupils' homework. *Oggi la signora Jones è impegnata a correggere i compiti dei suoi allievi.*

corridor /'kɒrɪdɔː'||'kɔːrɪdər, 'kɑː-/ s
corridoio: You mustn't run down the corridors. *Non dovete correre lungo i corridoi.*

cosmetics /kɒz'metɪks||kɑːz-/ s pl
cosmetici, trucco: She dropped her cosmetics bag and broke her lipstick and mirror. *Le è scivolata per terra la borsa del trucco e le si sono rotti il rossetto e lo specchio.*

cost¹ /kɒst||kɔːst/ s
costo, spesa: The cost of a holiday abroad increases every year. *Il costo di una vacanza all'estero aumenta ogni anno.*|Buying petrol is just one of the costs involved in running a car. *La spesa per la benzina non è che una delle tante necessarie per tenere una macchina.*

cost² *vi, vt*
⟨*pass rem e p pass* **cost**⟩ ⟨*non usato nelle forme progressive neanche al passivo*⟩ *costare:* How much did those shoes cost? *Quanto sono costate, quelle scarpe?*|Bacon costs 95p a pound. *La pancetta affumicata costa 95 pence alla libbra.*|It cost me five pounds to get into the disco.

L'ingresso alla discoteca mi è costato cinque sterline. – vedi anche PRICE (*Nota*)

costume /'kɒstjʊm||'kɑːstuːm/ *s*
costume, vestito: *For the fancy dress party Andy made a Superman costume. Per la festa in maschera Andy si è fatto un costume da Superman.*|swimming costume, costume da bagno
▲ *Trabocchetto*: *Non confondere* **costume** *che significa* **costume** *nel senso di abbigliamento teatrale o da festa, con* **custom** *che invece si riferisce al* **costume** *nel senso di usanza tradizionale.*

cot /kɒt||kɑːt/ *s*
culla, lettino

cottage /'kɒtɪdʒ||'kɑː-/ *s*
villetta, casetta rustica, cottage

cotton /'kɒtn||'kɑːtn/ *s*
⟨*non num*⟩ **1** *cotone:* a cotton blouse, *una camicetta di cotone* **2** *filo (di cotone):* I need to sew a button on my shirt. Where's the cotton? *Ho bisogno di cucirmi un bottone alla camicia. Dov'è il filo?*

cotton wool /'kɒtn wʊl||'kɑːtn -/ *s*
⟨*non num*⟩ *cotone idrofilo, ovatta:* She takes her make-up off with cotton wool. *Si toglie il trucco con del cotone idrofilo.*

couch /kaʊtʃ/ *s*
⟨*pl* **couches**⟩ *divano, sofà:* There was a couch and two armchairs in the room. *C'erano un divano e due poltrone nella stanza.*

cough[1] /kɒf||kɔːf/ *vi*
tossire: *John keeps coughing and sneezing. I think he's got a cold. John continua a tossire e starnutire. Penso che si sia raffreddato.*

cough[2] *s*
tosse: *John has a cough and a sore throat. John ha la tosse e mal di gola.*

could /kəd; *forma enfatica* kʊd/ *v aus*

⟨*seguito da un infinito senza* to⟩
1 (*pass rem di* can) (*per indicare possibilità, capacità o permesso*) potei (*-esti, ecc.*), potevo (*-evi, ecc.*), ho (*hai, ecc.*) potuto: *We didn't have any money, so we couldn't go to the cinema. Non avevamo neanche un soldo, e così non siamo potuti andare al cinema.*|I could swim a lot better when I was younger. *Nuotavo molto meglio quando ero giovane.*|My dad said I couldn't go out until I'd finished my homework. *Il babbo mi ha detto che non potevo uscire finchè non avessi finito i compiti.* **2** ⟨*condizionale di* can⟩ *potrei (-esti, ecc.):* If we knew what his problem was, we could help him. *Se sapessimo qual è il suo problema, saremmo in grado di aiutarlo.*|I could mend your bike tomorrow if I had the tools. *Potrei aggiustarti la bici domani, se avessi gli strumenti.* **3** (*per indicare possibilità teorica*): We could all die in a nuclear war. *Potremmo morire tutti in una guerra nucleare.*|"I wonder why John's late?" "He could have missed the bus." *"Chissà perchè John è in ritardo?" "Potrebbe aver perso il pullman."* **4** (*forma di cortesia per chiedere un favore*): Could you pass me the dictionary, please? *Mi potresti passare il dizionario, per favore?*
■*Nota*: *Parlando del passato,* **could** *può essere usate per dire che qualcuno aveva l'abilità o il potere di fare qualcosa:* She could play the piano when she was five. *Sapeva suonare il piano all'età di cinque anni. Per esprimere l'idea di avere l'abilità di fare qualcosa e poi farla si può usare il verbo* **manage to** *o* **be able to**: I managed to *o* I was able to get the tickets I wanted. *Sono riuscita a ottenere i biglietti che volevo. Il verbo* **succeed in**, *seguito da un verbo al*

Countable and Uncountable Nouns

In questo dizionario ⟨num⟩ vuol dire "numerabile" e ⟨non num⟩ vuol dire "non numerabile". Se un sostantivo non ha ⟨num⟩ o ⟨non num⟩ stampato a fianco vuol dire che è sempre numerabile.

Sostantivi numerabili

Le parole "apple" e "chair" sono entrambi sostantivi numerabili perchè sono cose che si possono contare; ce ne può essere più di una.

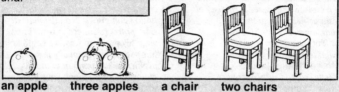

an apple   **three apples**   **a chair**   **two chairs**

*Questi sostantivi possono essere usati al plurale o, con **a** o **an**, al singolare.*

Sostantivi non numerabili

Le parole "sand" e "water" sono sostantivi non numerabili perchè sono sostanze che non si possono contare.

water   **sand**

Questi sostantivi non sono generalmente usati al plurale. Alcuni sostantivi come "love" e "beauty" (sostantivi astratti) non si possono contare perchè non si riferiscono a cose fisiche come mele e sedie. Anche questi sono sostantivi non numerabili.

Countable and Uncountable Nouns

Sostantivi allo stesso tempo numerabili e non numerabili

Alcuni sostantivi, come "light" e "coffee", possono essere numerabili quando hanno un significato, e non numerabili quando ne hanno un altro:

by the light of the moon
al chiaro di luna

a pot of coffee
un barattolo di caffè

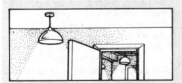

You've left all the lights on.
Hai lasciato tutte le luci accese.

Three coffees, please.
Tre caffè, per favore.

gerundio (-ing), ha lo stesso significato ma è piuttosto formale: He succeeded in passing the examination. È riuscito a passare l'esame. Ma la forma verbale **could not** *può essere usata per esprimere l'idea di mancanza di successo: I couldn't o was unable to find the person I was looking for. Non potei trovare la persona che stavo cercando. – vedi anche La Nota Grammaticale* **Modals**

couldn't /'kʊdnt/
contraz di **could not**: I couldn't go because I was ill. *Non potevo andarci perchè ero malato.*

council /'kaʊnsəl/ *s*
⟨*seguito da un verbo al singolare o al plurale*⟩ *comune:* The council is o are going to build a new sports centre. *Il comune sta per costruire un nuovo centro sportivo.*

count /kaʊnt/ *v*
1 *vi contare:* Lucy is learning to count. *Lucy sta imparando a contare.*|Count to twenty slowly. *Conta lentamente fino a venti.* **2** *vt, vi contare:* Andy counted the books but there was one missing. *Andy contò i libri, ma ne mancava uno.*|The old miser sits in his bedroom, counting his money. *Il vecchio taccagno se ne sta seduto nella sua stanza a contarsi i soldi.* **3** *vi contare, valere, importare:* The goal didn't count, because the referee had blown his whistle. *La rete non contò perchè l'arbitro aveva fischiato.*

countable noun /'kaʊntəbəl naʊn/ *s*
⟨*pl* **countable nouns**⟩ *sostantivo numerabile:* In the sentence "I bought three loaves of bread", "loaf" is a countable noun, "bread" is an uncountable noun. *Nella frase "I bought three loaves of bread" "loaf" è un sostantivo numerabile, "bread" è un sostantivo non numerabile. – vedi anche La Nota Grammaticale* **Countable**

and Uncountable Nouns *a p. 106*
counter /'kaʊntəʳ/ *s*
1 *banco:* There was a new assistant serving behind the counter at the newsagent's. *C'era un nuovo commesso a servire dietro il banco del giornalaio.* **2** *gettone da gioco, fiche:* For this game you need a dice and some counters. *Per questo gioco occorrono un dado e alcune fiche.*

country /'kʌntri/ *s*
⟨*pl* **countries**⟩ **1** ⟨*num*⟩ *paese:* How many countries are there in Europe? *Quanti paesi ci sono in Europa?*|Rain will spread to all parts of the country. *La pioggia si diffonderà su tutte le parti del paese.* **2** *anche* **countryside** /'kʌntrisaɪd/ ⟨*non num*⟩ *campagna:* Peter lives on a small farm in the country. *Peter vive in una piccola fattoria di campagna.*

couple /'kʌpəl/ *s*
⟨*seguito da un verbo al singolare o al plurale*⟩ **1** ⟨*spesso nel senso generico di "alcuni"*⟩ *paio:* a couple of pounds, *un paio di libbre* **2** *coppia:* a married couple, *una coppia di sposi*

courage /'kʌrɪdʒ||'kɜːr-/ *s*
⟨*non num*⟩ *coraggio:* Gina showed great courage when she dived into the lake to rescue the little boy. *Gina ha dimostrato un grande coraggio quando si è tuffata nel lago per salvare il ragazzino.*

courageous /kə'reɪdʒəs/ *agg*
coraggioso: It was very courageous of Gina to dive into the lake and save the little boy. *È stato molto coraggioso da parte di Gina tuffarsi nel lago per salvare il ragazzino.*
■*Nota: L'aggettivo* **courageous** *è meno comune dell'aggettivo* **brave.**

course /kɔːs||kɔːrs/ *s*
1 *corso, rotta:* The winner of the marathon completed the course in 2 hours 50 minutes. *Il vincitore della*

maratona completò il percorso in due ore e cinquanta minuti.|The boat was many miles **off course** before they realized and turned back. *Il battello rimase fuori rotta per parecchie miglia, prima che se ne accorgessero e tornassero indietro.* **2** *corso:* Anna will be taking a three-year course at university. *Anna seguirà un corso triennale all'università.*|a short course in spoken French, *un corso rapido di francese orale* **3** *portata, piatto:* For the main course I'll have the fish. *Per secondo prendo il pesce.*|a three-course meal, *un pasto con tre portate* **4** **of course/of course not** *certamente/certo che no:* I'll come and meet you at the airport, of course. *Verrò ad aspettarti all'aeroporto, naturalmente.*|"I can't open the door." "Of course you can't. You're using the wrong key!" *"Non riesco ad aprire la porta." "Certo che no. Stai usando la chiave sbagliata!"*

coursebook /'kɔːsbʊk||'kɔːrs-/ *s*
libro di testo, manuale: The coursebook contains exercises at the end of each chapter. *Il libro di testo contiene degli esercizi alla fine di ogni capitolo.*

court /kɔːt||kɔːrt/ *s*
1 *corte, tribunale:* The prisoner was taken to court where he was charged with the robbery. *Il prigioniero comparve in tribunale dove fu imputato di rapina.* **2** *campo:* a tennis court, *un campo da tennis*
■*Nota: La parola* **court** *è usata soltanto in riferimento a sport come tennis, squash e badminton.*

cousin /'kʌzən/ *s*
cugino (-a): I've got three uncles, two aunts, and ten cousins! *Io ho tre zii, due zie, e dieci cugini!*

cover¹ /'kʌvər/ *vt*
⟨sthg *o* in, with⟩ *coprire, rivestire (qc o di, con):* Cover the meat so the flies

don't get on it. *Copri la carne, così le mosche non ci vanno sopra.*|Cover the list of irregular verbs and see how many you can remember. *Copri l'elenco dei verbi irregolari e vedi quanti riesci a ricordarne.*|Kate's bedroom walls are covered in posters. *Le pareti della camera di Kate sono tutte rivestite di poster.*

cover² *s*
1 *copertura, fodera:* a cushion cover, *una fodera da cuscino* **2** *copertina:* There's a picture of Princess Diana on the cover of the magazine. *C'è una foto della Principessa Diana sulla copertina della rivista.*

cow /kaʊ/ *s*
mucca: Beef comes from cows. *La carne di manzo proviene dalle mucche.*|The farmer milks the cows every morning. *Il contadino munge ogni mattina le mucche.*
■*Nota: La parola* **cow** *indica solo la femmina adulta. Il maschio si chiama* **a bull** *e l'animale giovane* **a calf**. *La carne degli animali adulti si chiama* **beef**, *e quella dell'animale giovane si chiama* **veal**.

cowboy /'kaʊbɔɪ/ *s*
mandriano, cow-boy: The cowboys were drinking in the saloon *I cow-boy bevevano nel saloon.*

coyote /'kɔɪ-əʊt, kɔɪ'əʊti||'kaɪ-əʊt, kaɪ'əʊti/ *s*
⟨*pl* **coyotes** *o* **coyote**⟩ *coyote*

crab /kræb/ *s*
granchio

crack¹ /kræk/ *vi, vt*
1 *incrinare (-si):* Most of the windows were broken or cracked. *Quasi tutte le finestre erano rotte o incrinate.*|I dropped the plate on the floor and it cracked, but at least it didn't break. *Mi è sfuggito il piatto per terra e si è incrinato, ma almeno non si è rotto.* **2** *schioccare:* The jockey cracked the

whip to make the horse run faster. *Il
fantino schioccò la frusta per far
accelerare il cavallo.*

crack² *s*

1 *incrinatura, crepa:* I'm not going to
drink out of that glass. There's a crack
in it. *Non intendo bere da quel
bicchiere. È scheggiato.* **2** *schiocco,
schianto:* a crack of thunder, *un colpo
di tuono*|There was a loud crack as the
hunter fired his gun. *Ci fu un forte
schiocco quando il cacciatore sparò col
fucile.*

cracker /'krækə'/ *s*

cracker: After the main course, we
had crackers and cheese. *Dopo il
secondo, abbiamo preso il formaggio
con dei cracker.*

crane /kreɪn/ *s*

gru: The crane was lifting the wood off
the lorry. *La gru tirava su la legna dal
camion.*

crash¹ /kræʃ/ *vi, vt*

1 *scontrarsi, avere un incidente
automobilistico:* The car crashed into
the tree. *La macchina si scontrò contro
l'albero.*|He crashed the car into the
tree. *Andò a sbattere con la macchina
contro l'albero.* **2** *fracassarsi:* The
dishes crashed to the floor. *I piatti per
terra si fracassarono.*

crash² *s*

⟨*pl* **crashes**⟩ **1** *scontro, incidente
automobilistico:* There was a bad crash
at the corner of the road today. *Oggi
c'è stato un brutto incidente all'angolo
della strada.* **2** *schianto, fracasso:*
There was a huge crash as the dishes
hit the floor. *Ci fu un gran fracasso
quando i piatti finirono sul pavimento.*

crate /kreɪt/ *s*

cassa, cassetta (da imballaggio): a crate
of milk/beer, *una cassetta di
latte/birra*|Crates of machinery were
being loaded on to the ship. *Delle
casse di macchinari venivano caricate*

sulla nave.

crawl /krɔːl/ *vi*

*brulicare, trascinarsi, camminare
carponi:* The baby has just learned to
crawl. *Il bambino ha appena imparato
a camminare carponi.*|Insects were
crawling over the floor and walls.
*Insetti brulicavano sul pavimento e
sulle pareti.*

crayon /'kreɪən, -ɒn||-ɑːn, -ən/ *s*

pastello: Lucy is colouring in her book
with crayons. *Lucy sta facendo disegni
a pastello sul quaderno.*

crazy /'kreɪzi/ *agg*

⟨*compar* **crazier,** *sup* **craziest**⟩
(*piuttosto fam*) *pazzo, matto:* That was
a crazy thing to do. *È stata una follia.*

cream /kriːm/ *s*

⟨*non num*⟩ *panna, crema:* Would you
like cream or ice cream with your
apple pie? *Preferisci la panna o il
gelato con la torta di mele?*|ice cream,
gelato

create /kriˈeɪt/ *vt*

creare: Ms Davis was responsible for
creating a new range of computer
software. *La signora Davis era
responsabile della creazione di una
nuova gamma di programmi per
computer.*

creation /kriˈeɪʃən/ *s*

⟨*num e non num*⟩ *creazione:* This
dress is one of Polly's creations.
*Questo vestito è una delle creazioni di
Polly.*

creative /kriˈeɪtɪv/ *agg*

creativo: Polly is a very creative
dressmaker. *Polly è una sarta molto
creativa.* — **creativity** *s* ⟨*non num*⟩
creatività

credit /'kredʒt/ *s*

⟨*non num*⟩ **1** *riconoscimento, merito:*
It was my idea, but Paul got all the
credit for it. *L'idea era stata mia, ma
Paul si prese tutto il merito.* **2** *credito:*
We bought the dishwasher **on credit**. It

won't be paid for for two years.
Abbiamo acquistato la lavastoviglie a credito. Non finiremo di pagarla prima di due anni.

crew /kruː/ s
⟨*seguito da un verbo al singolare o al plurale*⟩ equipaggio: I'd like to welcome you aboard on behalf of Captain Rossi and the crew. *Voglio darvi il benvenuto a bordo a nome del capitano Rossi e dell'equipaggio.* |The ship sank but the crew was *o* were saved. *La nave affondò ma l'equipaggio venne tratto in salvo.*

cricket /'krɪkʌt/ s
⟨*non num*⟩ cricket: The cricket team came bottom of the league this year. *Quest'anno la squadra di cricket è arrivata ultima nel campionato.*

cried /kraɪd/
pass rem e p pass del verbo **cry**

crime /kraɪm/ s
⟨*num e non num*⟩ crimine, delitto: There has been an increase in violent crime lately. *Recentemente c'è stato un aumento di crimini violenti.*|The woman was arrested for several crimes in the area. *La donna venne arrestata per numerosi crimini compiuti nella zona.*

criminal /'krɪmʌnəl/ s
criminale: The criminal was arrested and sent to prison. *Il criminale venne arrestato e mandato in prigione.*

crisis /'kraɪsʌs/ s
⟨*pl* crises⟩ /'kraɪsiːz/ crisi: There was a crisis when a lorry carrying nuclear weapons crashed into a railway train on a crossing. *Ci fu una crisi quando un camion che trasportava armi nucleari si scontrò con un treno su un passaggio a livello.*

crisp¹ /krɪsp/ agg
⟨*compar* crisper, *sup* crispest⟩
croccante, fragrante, fresco: a crisp lettuce, *un cespo di lattuga croccante*

crisp² s
patatina: a packet of crisps, *un pacchetto di patatine*

critic /'krɪtɪk/ s
critico: the television critic in the newspaper, *il critico televisivo sul giornale.*

critical /'krɪtɪkəl/ agg
critico: Everyone was very critical of the goalkeeper after the game. *Erano tutti molto critici verso il portiere dopo la partita.*

criticism /'krɪtʌsɪzəm/ s
⟨*num e non num*⟩ critica: The goalkeeper got a lot of criticism after the game. *Il portiere ricevette molte critiche dopo la partita.*

criticize *o* **criticise** (*IB*) /'krɪtʌsaɪz/ vt, vi
⟨*pass rem e p pass* criticized, *p pres* criticizing⟩ criticare: Everybody criticized the goalkeeper after the game, but it wasn't all his fault. *Tutti criticarono il portiere dopo la partita, ma non era stata tutta colpa sua.*

crockery /'krɒkəri||'krɑː-/ s
⟨*non num*⟩ vasellame, stoviglie

crocodile /'krɒkədaɪl||'krɑː-/ s
coccodrillo

crop /krɒp||krɑːp/ s
raccolto: The crops are dying because there is no rain. *I raccolti stanno andando a male perchè non c'è pioggia.*|There was a good crop of rice *o* a good rice crop this year. *C'è stato un buon raccolto di riso quest'anno.*

cross¹ /krɒs||krɔːs/ s
⟨*pl* crosses⟩ croce: A tick means the answer is correct and a cross means that it's wrong. *Un segno di* ✓ *indica che la risposta è corretta mentre una crocetta indica che la risposta è sbagliata.*|Each grave is marked by a wooden cross. *Ogni tomba è contrassegnata con una croce di legno.*

cross² vt, vi

attraversare: Be careful when you cross the road. *Fa' attenzione quando attraversi la strada.*|It took them six days to cross the desert. *Ci hanno messo sei giorni ad attraversare il deserto.*

cross³ *agg*
⟨*non usato al compar o sup*⟩ *arrabbiato:* Claudia was cross because Kate had kept her waiting for half an hour. *Claudia era arrabbiata perchè Kate l'aveva fatta aspettare per mezz'ora.*

crossing /'krɒsɪŋ||'krɔː-/ *s*
attraversamento pedonale: You should always cross the road at a crossing. *Dovresti sempre attraversare la strada su un passaggio pedonale.*|pelican crossing, *attraversamento pedonale a controllo manuale*|zebra crossing, *passaggio pedonale a strisce*

cross-legged /ˌkrɒs 'legd||ˌkrɔːs 'legɟd/ *avv, agg*
a gambe incrociate: The children were sitting cross-legged on the floor. *I bambini erano seduti per terra a gambe incrociate.*

crowd¹ /kraʊd/ *s*
⟨*seguito da un verbo al singolare o al plurale*⟩ *folla, ressa:* There were crowds of shoppers everywhere. *C'era dappertutto una folla di gente che faceva acquisti.*|She disappeared into the crowd. *Sparì in mezzo alla folla.*

crowd² *vi*
affollarsi, accalcarsi: The fans crowded around David Bowie after the concert. *Dopo il concerto gli ammiratori di David Bowie gli si affollarono intorno.*

crowded *agg*
affollato, pieno zeppo: a crowded beach, *una spiaggia affollata*

crown¹ /kraʊn/ *s*
corona

crown² *vt*
incoronare: Elizabeth II was crowned in 1953. *Elisabetta Seconda venne incoronata nel 1953.*

cruel /'kruːəl/ *agg*
⟨*compar* **crueller**, *sup* **cruellest**⟩ ⟨**to**⟩ *crudele (verso):* That old man is very cruel to his dog, he often beats it. *Quel vecchio è molto crudele con il suo cane, lo picchia spesso.*|a cruel remark, *un commento perfido* — **cruelly** *avv crudelmente*

cruelty /'kruːəltɪ/ *s*
⟨*non num*⟩ ⟨**to**⟩ *crudeltà (verso):* The man was jailed for cruelty to his wife and children. *L'uomo venne incarcerato per crudeltà verso la moglie ed i figli.*

crumb /krʌm/ *s*
briciola: All the cake had been eaten, and there were only a few crumbs left on the plate. *La torta era stata mangiata tutta, e non ne rimanevano che poche briciole sul piatto.*

crust /krʌst/ *n*
corteccia, crosta: a crust of bread, *una crosta di pane*|the earth's crust, *la corteccia terrestre*

cry¹ /kraɪ/ *vi, vt*
⟨*pass rem e p pass* **cried**, *p pres* **crying**⟩ **1** *piangere:* Lucy was crying because she had lost her teddy. *Lucy piangeva perchè aveva perso il suo orsacchiotto.* **2** ⟨**out**⟩ *gridare, urlare, strillare:* We could hear someone crying for help, but we couldn't see him. *Sentivamo qualcuno gridare aiuto, ma non riuscivamo a vederlo.*| He cried out in pain. *Urlò dal dolore.*

cry² *s*
⟨*pl* **cries**⟩ **1** *grido, urlo, strillo:* We could hear his cries for help, but we couldn't see him. *Sentivamo le sue grida di soccorso, ma non riuscivamo a vederlo.* **2** ⟨*s sing*⟩ *pianto:* I often feel better after a good cry. *Spesso mi sento meglio dopo un bel pianto.*

cucumber /'kjuːkʌmbəʳ/ *s*

cetriolo

cuddle¹ /'kʌdl/ *vi, vt*
⟨*pass rem e p pass* **cuddled,** *p pres* **cuddling**⟩ *coccolare, abbracciare affettuosamente:* Mr Morgan cuddled Lucy before she went to bed. *Il signor Morgan coccolò Lucy prima di mandarla a letto.*

cuddle² *s*
coccola, abbraccio affettuoso: Mr Morgan gave Lucy a cuddle before she went to bed. *Il signor Morgan fece una coccola a Lucy prima che andasse a letto.*

culture /'kʌltʃəʳ/ *s*
⟨*num e non num*⟩ *cultura, civiltà:* The Arabs have a different religion and culture from our own. *Gli Arabi hanno una cultura ed una religione differenti dalle nostre.*

cup /kʌp/ *s*
tazza, tazzina: a cup of coffee/tea, *una tazza di caffè/tè*|Would you like your tea in a cup or a mug? *Il tè lo vuoi in una tazza piccola o grande?*|a cup and saucer, *una tazza e piattino*

cupboard /'kʌbəd||-ərd/ *s*
credenza, armadio a muro: The plates are in the cupboard. *I piatti sono nella credenza.*

curb /kɜːb||kɜːrb/ *s*
IA di **kerb** *orlo del marciapiede*

cure¹ /kjʊəʳ/ *vt*
⟨*pass rem e p pass* **cured,** *p̶ pres* **curing**⟩ *curare, guarire:* I went to the doctor to see if he could cure my headache. *Sono andata dal dottore per vedere se aveva qualche rimedio per il mio mal di testa.*

cure² /'kjʊəʳ/ *s*
⟨**for**⟩ *cura, rimedio (per, contro):* There is no cure for the common cold. *Non c'è nessun rimedio per il raffreddore comune.*|Doctors are still searching for a cure for cancer. *I dottori stanno ancora ricercando una*

cura contro il cancro.

curious /'kjʊəriəs/ *agg*
curioso: "Was that Claudia I saw you with last night?" "Why do you want to know?" "I was just curious." *"Era Claudia quella che ho visto con te l'altra sera?" "Perchè lo vuoi sapere?" "Ero solo curioso." –* **curiosity** *s* ⟨*non num*⟩ *curiosità*

curl¹ /kɜːl||kɜːrl/ *s*
ricciolo

curl² *vi, vt*
arricciare (-si)

curly /'kɜːli||'kɜːrli/ *agg*
⟨*compar* **curlier,** *sup* **curliest**⟩ *riccio, riccioluto, crespo:* curly hair, *capelli ricci*

current¹ /'kʌrənt||'kɜːr-/ *agg*
corrente, attuale, contemporaneo: We study **current affairs** at school. *Studiamo attualità a scuola. – vedi anche* ACTUAL **(Trabocchetto)**

current² *s*
1 ⟨*num e non num*⟩ *corrente:* an electric current, *una corrente elettrica*
2 ⟨*num*⟩ *corrente:* The current is too strong for swimming off this beach. *La corrente è troppo forte in questa spiaggia per nuotare al largo.*

curtain /'kɜːtn||'kɜːrtn/ *s*
tenda, sipario: Mrs Morgan drew the curtains. *La signora Morgan tirò le tende.*|The curtain rose and the play began. *Si alzò il sipario e lo spettacolo cominciò.*

cushion /'kʊʃən/ *s*
cuscino: Here, put a cushion on that hard chair. *Ecco, metti un cuscino su quella sedia dura.*

custard /'kʌstəd||-ərd/ *s*
⟨*non num*⟩ *crema:* Would you like custard or ice cream with your apple pie? *Preferisci della crema o del gelato sulla torta di mele?*

custom /'kʌstəm/ *s*
costume, usanza: It is a custom in our

school for each new pupil to have his
or her photograph taken. *È un
costume della nostra scuola fare una
fotografia di ogni nuovo arrivato.*
– *vedi anche* COSTUME (*Trabocchetto*)

customer /'kʌstəməʳ/ s
cliente: The shopkeeper was busy
serving his customers, and didn't see
Lucy come in. *Il negoziante era
impegnato a servire i clienti, e non vide
entrare Lucy.*

customs /'kʌstəmz/ s
⟨seguito da verbo al singolare o al
plurale⟩ dogana: There is o are no
customs at the border between
Belgium and Holland. *Non c'è nessuna
dogana al confine tra Belgio e
Olanda.*|The customs officer asked us
if we had anything to declare. *Il
doganiere ci domandò se avessimo
qualcosa da dichiarare.*

cut¹ /kʌt/ v
⟨pass rem e p pass **cut**, p pres **cutting**⟩
1 *vt, vi tagliare:* I cut the cake in half.
Ho tagliato la torta a metà.|John has
had his hair cut. *John si è fatto tagliare
i capelli.* 2 *vt tagliarsi, farsi un taglio:*
Andy cut his leg when he fell off his
bike. *Andy si è fatto un taglio alla
gamba quando è caduto dalla bici.*

  cut down *vt*
⟨**cut sthg ↔ down**⟩ *abbattere (qc):* Mr
Morgan is cutting down the dead trees
in the garden. *Il signor Morgan sta
abbattendo gli alberi morti del
giardino.*

  cut off *vt*
1 ⟨**cut sthg ↔ off, cut sthg off sthg**⟩
troncare qc, mozzare qc, tagliare: Mr
Morgan is in the garden, cutting the
dead branches off the trees. *Il signor
Morgan è in giardino a tagliare i rami
morti dagli alberi.*|Cut off about 10 cm
of sticky tape. *Tagliate una striscia di
nastro adesivo lunga circa 10 cm.*
2 ⟨**cut sbdy/sthg ↔ off**⟩ *interrompere*

qn, disconnettere qc: Hello! Hello! Oh
no, we've been cut off again. *Pronto!
Pronto! Oh no, è di nuovo caduta la
linea.* |They cut off the electricity
because we didn't pay the bill. *Ci
hanno tagliato l'elettricità perchè non
abbiamo pagato la bolletta.*

cut² s
taglio: Andy has a cut on his hand.
Andy ha un taglio sulla mano.|a short
cut, *una scorciatoia*

cutlery /'kʌtləri/ s
⟨*non num*⟩ *posate*

cycle /'saɪkəl/ vi
⟨*pass rem e p pass* **cycled**, *p pres*
cycling⟩ *andare in bicicletta:* Andy
cycles to school every day. *Andy va
tutti i giorni a scuola in bicicletta.*

cyclist /'saɪklɪst/ s
ciclista: I see lots of cyclists on the way
to work each morning. *Vedo molti
ciclisti ogni mattina, quando vado al
lavoro.*

D, d

D, d /diː/
  D, d

'd *contrazione di*
  1 would: I'd like a drink, please.
  Vorrei qualcosa da bere, per favore.
  2 had: I'd just finished when Andy
  arrived. *Avevo appena finito quando è
  arrivato Andy.*

d' *contrazione di* do:
  D'you want to go to the pictures
  tonight? *Vuoi andare al cinema
  stasera?*

dad *o* **Dad** /dæd/ *s*
  papà: Can you lend me a pound, dad?
  Mi puoi prestare una sterlina, papà?

daddy *o* **Daddy** /'dædi/ *s*
  ⟨*pl* **daddies** *o* **Daddies**⟩ ⟨*usato spesso
  da bambini piccoli*⟩ *papà:* Is mummy
  coming home soon, daddy? *Torna
  presto a casa la mamma, papà?*

daft /dɑːft‖dæft/ *agg*
  ⟨*compar* **dafter**, *sup* **daftest**⟩ *sciocco:*
  "I want to be a magician." "Don't be
  daft! That's not a real job!" *"Voglio
  fare il mago." "Che sciocco! Non è
  mica un lavoro vero, quello!"*

daily /'deɪli/ *agg*
  quotidiano, giornaliero: Mrs Morgan is
  doing her daily exercises. *La signora
  Morgan sta facendo la ginnastica
  quotidiana.* — **daily** *avv quotidianamente, giornalmente:* The Morgan
  family have their milk delivered daily.
  *Alla famiglia Morgan viene consegnato
  il latte ogni mattina.*

dairy /'deəri/ *s*
  ⟨*pl* **dairies**⟩ *centrale del latte:* Tankers
  take the milk from the farm to the
  dairy. *Le autocisterne portano il latte
  dalla fattoria alla centrale del latte.*|
  dairy products, *latticini*

daisy /'deɪzi/ *s*
  ⟨*pl* **daisies**⟩ *margherita:* The little girl
  is picking daisies in the grass. *La
  bambina raccoglie margherite
  nell'erba.*

damage¹ /'dæmɪdʒ/ *s*
  ⟨*non num*⟩ ⟨**to**⟩ *danno:* The damage
  to the car can easily be repaired. *Il
  danno alla macchina può facilmente
  essere riparato.*|The proprietors will
  not be liable for any damage. *La
  direzione declina ogni responsabilità
  per eventuali danni.*|The storm did a
  lot of damage. *La tempesta causò molti
  danni.*

damage² *vt*
  ⟨*pass rem e p pass* **damaged**, *p pres*
  damaging⟩ *danneggiare:* "Were you
  hurt?" "No, but the car was
  damaged." *"Vi siete fatti male?" "No,
  ma la macchina è rimasta
  danneggiata.*|Smoking can seriously
  damage your health. *Fumare può
  danneggiare seriamente la tua salute.*
  – *vedi anche* HARM (*Nota*)

dance¹ /dɑːns‖dæns/ *vi, vt*
  ⟨*pass rem e p pass* **danced**, *p pres*
  dancing⟩ *ballare:* Chris asked me to
  dance with him. *Chris mi ha chiesto di
  ballare con lui.* — **dancer** *s ballerino
  (-a)*

dance² *s*
  1 *ballo:* We learnt a new dance at the
  disco last night. *Abbiamo imparato un
  nuovo ballo ieri sera in discoteca.*

2 *festa:* Are you going to the dance tonight? *Vai alla festa stasera?*

dancing /'dɑːnsɪŋ||'dænsɪŋ/ *s*
⟨*non num*⟩ *ballo, danza:* Kate loves Michael Jackson's dancing. *A Kate piace moltissimo come balla Michael Jackson.*|Andy promised to take Claudia disco dancing. *Andy ha promesso di portare Claudia a ballare in discoteca.*|Lucy goes to a dancing school. *Lucy va a scuola di ballo.*

danger /'deɪndʒəʳ/ *s*
1 ⟨*non num*⟩ *pericolo:* Danger! Strong currents! No swimming! *Pericolo! Forti correnti! Vietata la balneazione!* |Sue put her life in danger when she ignored the sign. *Sue ha messo in pericolo la sua vita non curandosi dell'avviso.*|The cheetah is **in danger of** extinction. *Il ghepardo è in via di estinzione.* 2 ⟨*num*⟩ ⟨*spesso pl*⟩ *pericolo, rischio:* Our teachers warned us about the dangers of smoking. *I nostri insegnanti ci hanno messo in guardia contro i rischi del fumo.*

dangerous /'deɪndʒərəs/ *agg*
pericoloso: These men are dangerous criminals. *Questi uomini sono pericolosi criminali.*|Our teachers told us that smoking can be dangerous. *I nostri insegnanti ci hanno detto che il fumo può essere pericoloso.*

dangerously /'deɪndʒərəsli/ *avv*
pericolosamente: He drove dangerously. *Ha guidato in maniera pericolosa.*|Grandmother is dangerously ill. *La nonna è in pericolo di morte.*

dare /deəʳ/ *v*
⟨*pass rem e p pass* **dared**, *p pres* **daring**⟩ 1 *vi* **do sthg** *o* **to do sthg** *non usato nelle forme progressive*⟩ *osare (fare):* I'm warning you. Don't you dare say that again! *Ti avviso. Non osare ripeterlo!*|I daren't tell you what

he said to me! *Non oso dirti quello che mi ha detto!*|I dare not think what it'll be like when it's even hotter. *Non oso pensare come sarà quando farà ancora più caldo.*|I wouldn't dare to go out alone after midnight. *Non oserei uscire da solo dopo mezzanotte.* 2 *vt* ⟨**sbdy** *o* **to do sthg**⟩ *sfidare (qn a fare qc):* I dared him to jump across the stream. *Lo sfidai a saltare oltre il ruscello.*

daring /'deərɪŋ/ *agg*
audace: a daring act/attempt/crime *un'azione/un tentativo/un crimine audace*|They made a daring attempt to break the record, but just failed. *Hanno tentato coraggiosamente di superare il record, ma non ci sono riusciti.* – *contrario* LIGHT

dark[1] /dɑːk||dɑːrk/ *agg*
⟨*compar* **darker**, *sup* **darkest**⟩ 1 *buio:* It'll be dark soon. Let's go home. *Farà presto buio. Andiamo a casa.*|You're right. It is getting dark. *Hai ragione. Si sta facendo buio.* 2 ⟨*di un colore*⟩ *scuro:* John wears dark brown trousers and a green blazer to school. *John, a scuola, indossa pantaloni marrone scuro ed un blazer verde.* – *contrario* LIGHT

dark[2] *s*
⟨*non num*⟩ *buio:* In some cities people are afraid to go out after dark. *In alcune città la gente ha paura di uscire col buio.*|Mrs Wilde told Peter to be home before dark. *La signora Wilde ha detto a Peter di essere a casa prima di sera.*|Is it true that cats can see well in the dark? *È vero che i gatti riescono a vedere bene al buio?*|Are you afraid of the dark? *Hai paura del buio?*

darkness /'dɑːknəs||'dɑːrknəs/ *s*
⟨*non num*⟩ *oscurità, buio:* We couldn't see very well because of the darkness. *Non riuscivamo a vedere bene a causa del buio.*

darling /'dɑːlɪŋ||'dɑːr-/ *s*

caro, tesoro: Hurry up, darling, or we'll be late. *Sbrigati, caro, o faremo tardi.*|What can I get you, darling? *Cosa desideri, caro/cara?*
■*Nota: La parola* **darling** *è spesso usata da persone che lavorano in negozi e ristoranti come forma amichevole di indirizzo ai clienti.*

dart /dɑːt||dɑːrt/ *s*
freccetta: to play darts, *giocare a freccette* – **dartboard** *s bersaglio per freccette*

dash¹ /dæʃ/ *vi*
correre, precipitarsi: Andy dashed home to see the match on TV. *Andy è corso a casa a vedere la partita alla TV.*

dash² *s*
⟨*pl* **dashes**⟩ **1** ⟨*s sing*⟩ *corsa:* She had to make a dash for the bus. *Ha dovuto fare una corsa per prendere l'autobus.* **2** *trattino:* Morse Code is made up of dots ... and dashes ---. *L'alfabeto Morse è fatto di punti ... e trattini ---.*

date¹ /deɪt/ *s*
1 *data:* "What's the date today?" "It's the second of May." *"Che giorno è oggi?" "È il due maggio."*|Excuse me, sir, but you forgot to write the date on your cheque. *Mi scusi, signore, ma ha dimenticato di datare l'assegno.* – *vedi anche* **La Nota Grammaticale Days and Dates** *a p.* 118. **2** **date of birth** *data di nascita:* Can I have your name and date of birth, please? *Posso sapere il suo nome e la data di nascita, per favore?* **3** *appuntamento:* Diana's got a date with her boyfriend Dave at six o'clock. *Diana ha un appuntamento con Dave, il suo ragazzo, alle sei.* **4** *dattero*
out of date *o* **out-of-date** *agg* ⟨*attributivo*⟩ *fuori moda, scaduto*
up to date *o* **up-to-date** *agg* ⟨*attributivo*⟩ *aggiornato, moderno, ben informato, attuale*

date² *vt*

⟨*pass rem e p pass* **dated**, *p pres* **dating**⟩ *datare:* Tim asked his history teacher if she could date a piece of old pottery that he had found. *Tim ha chiesto alla sua insegnante di storia di datare un vecchio oggetto in ceramica che aveva trovato.*
date from *v*
⟨**date from sthg**⟩ ⟨*non usato nelle forme progressive*⟩ *risalire a:* This law dates from 1852. *Questa legge risale al 1852.*|a manuscript dating from the fourteenth century, *un manoscritto risalente al quattordicesimo secolo*
■*Nota: Normalmente il soggetto è esclusivamente in terza persona.*

daughter /'dɔːtər/ *s*
figlia: The Coopers have three children, two sons and a daughter. *I Cooper hanno tre bambini, due maschi e una femmina.* – *vedi anche* CHILD (**Nota**)

daughter-in-law /'dɔːtər ɪn lɔː/ *s*
⟨*pl* **daughters-in-law**⟩ *nuora*

dawn¹ /dɔːn/ *s*
alba: She woke at dawn on the date of her interview. *Il giorno del colloquio si svegliò all'alba.*

dawn² *vi*
albeggiare: The day dawned bright and clear. *Il giorno spuntò luminoso e chiaro.*

day /deɪ/ *s*
1 *giorno:* There are seven days in a week. *Ci sono sette giorni in una settimana.*|Kate is staying with Sue for a few days. *Kate starà da Sue per qualche giorno.*|They play together every day. *Giocano insieme ogni giorno.*|I went to see them the day before yesterday. *Sono andato a trovarli l'altro ieri.*|Wendy will be 25 the day after tomorrow. *Wendy compie 25 anni dopodomani.* **2** **one day** *un giorno:* One day, I'll be famous. *Un giorno sarò famoso.*|One

Days and Dates

Giorni

► *I giorni della settimana sono:* **Monday, Tuesday, Wednesday, Thursday, Friday, Saturday, Sunday.**

► *Osserva che sempre si scrivono con la lettera maiuscola, e che non si mette mai l'articolo:*

- "What day is it today?" "It's Friday."
  "Che giorno è oggi?" "È venerdì."

► *Davanti ai giorni della settimana si deve usare la preposizione* **on,** *per indicare qualcosa che avviene in un giorno specifico, tranne quando il nome del giorno è preceduto da un aggettivo come* **next, last, every, this,** *ecc.:*

- We've got an exam **on Monday.**
  Abbiamo un esame lunedì.
- We've got an exam **next Monday.**
  Abbiamo un esame lunedì prossimo.

► *Per indicare "tutti i lunedì", ecc., si usa la preposizione* **on** *e la* **-s** *del plurale.*

- Do you go to school **on** Saturday**s**?
  Andate a scuola il sabato?

Mesi

► *I mesi dell'anno sono:* **January, February, March, April, May, June, July, August, September, October, November, December.**

► *Osserva che sempre si scrivono con la lettera maiuscola.*

► *Si usa la preposizione* **in** *soltanto con il nome del mese, e la preposizione* **on** *con una data specifica:*

- The school year ends **in July** and starts again **in September.**
  L'anno scolastico finisce a luglio e ricomincia a settembre.
- Our summer holidays start **on July 26th** and finish **on September 8th.**
  Le nostre vacanze estive cominciano il 26 luglio e finiscono l'8 settembre.

Days and Dates

▶ *Con le date si usano sempre i numeri ordinali. Quando si dice una data ad alta voce, bisogna usare l'articolo* **the** *e la preposizione* **of**, *anche se non si scrivono.*

1st May	*si legge*	**the first of** May
3rd November	*si legge*	**the third of** November
26th July	*si legge*	**the twenty-sixth of** July

– "When's your birthday?" "It's 16th June."
 "Quand'è il tuo compleanno?" "È il 16 giugno."

– *vedi anche* **Le Note Grammaticale** **Letter Writing** *e* **Numbers**

▶ *I numeri dell'anno si leggono a coppie:* 1988 *si legge* nineteen eighty-eight. | 1905 *si legge* nineteen oh/əʊ/five. | Monday, 1st June 1968 *si legge* Monday, the first of June nineteen sixty-eight.

▶ *Ma gli anni in cui non figurano le decine, ad esempio,* 1800 *o* 1900, *si leggono in questo modo:* eighteen hundred, nineteen hundred, *ecc.*

Preposizioni

Osserva quali preposizioni si usano quando ci si riferisce a determinati periodi dell'anno.

▶ *Si usa la preposizione* **in** *con i mesi, le stagioni, gli anni e i secoli:*

It happened
- **in** June
- **in** spring
- **in** 1985
- **in** the nineteenth century (= *nell'ottocento*)

▶ *Si usa la preposizione* **at** *con periodi di vacanza:*

It happened
- **at** Christmas
- **at** Easter
- **at** the weekend

MA
- **on** Christmas Day *(perchè si tratta di un giorno specifico)*

day, as the prince was riding through
the forest, . . . *Un giorno, mentre il
principe cavalcava nella foresta, . . .*
3 *giorno:* You can phone me at work
during the day. *Mi puoi telefonare al
lavoro durante il giorno.*|We spent all
day on the beach and went to a disco
in the evening. *Trascorremmo tutto il
giorno sulla spiaggia ed andammo in
una discoteca la sera.*|In summer, the
days are longer. *In estate i giorni sono
più lunghi.* **4 Have a nice day!** *(spec
IA)* *(come formula di cortesia)* Buona
giornata "Thank you". "You're
welcome. Have a nice day!" "Grazie."
"Prego. Buona giornata!"
■*Nota:* L'espressione è usata, per
esempio, da un negoziante per salutare
un cliente che lascia il negozio.
5 *giorno lavorativo:* My sister works a
seven-hour day. *Mia sorella lavora
sette ore al giorno.*|The working day
normally begins between eight and
nine o'clock. *Un giorno lavorativo
normalmente inizia tra le otto e le
nove.*|Peter's not here. It's his day off.
Peter non c'è. È il suo giorno libero.|I
think I'll have a day off tomorrow.
*Penso che prenderò un giorno di ferie
domani.* **6** ⟨*generalmente plurale*⟩
tempi, giorni: In those days audiences
were very noisy. These days they're
very quiet. *A quei tempi il pubblico era
molto rumoroso. Di questi tempi è
molto più silenzioso.*|**In days to come,**
you'll regret that you didn't go to
university. *Nei giorni a venire,
rimpiangerai di non essere andato
all'università.*|I'd like to spend the rest
of my days travelling. *Mi piacerebbe
trascorrere il resto dei miei giorni
viaggiando.*|

Boxing Day *s*
il giorno di Santo Stefano
Christmas Day *s* Natale
New Year's Day *s*

Capodanno
weekday *s*
giorno della settimana, giorno feriale:
We only go to school on weekdays.
*Andiamo a scuola soltanto nei giorni
feriali.*
daylight /'deɪlaɪt/ *s*
⟨*non num*⟩ *luce (del giorno), chiaro:*
We don't have as many hours of
daylight in the winter. *Non abbiamo
così tante ore di luce durante l'inverno.*
daytime /'deɪtaɪm/ *s*
⟨*non num*⟩ *giorno:* You can
sometimes see the moon in the
daytime. *Certe volte si riesce a vedere
la luna di giorno.*
dead¹ /ded/ *agg*
⟨*non usato al compar o sup*⟩ **1** *morto:*
Her father is dead. He died in 1984.
Suo padre è morto. Morì nel 1984.|a
dead flower, *un fiore morto*
2 *assoluto, completo:* We sat there in
dead silence. *Sedevamo lì in assoluto
silenzio.*
dead² *avv*
1 *di colpo:* She stopped dead when
she saw me. "I thought you'd gone,"
she said. *Si fermò di colpo quando mi
vide. "Pensavo te ne fossi andato,"
disse.* **2** *(fam) davvero:* I've seen that
film. It's dead boring. *Ho visto quel
film. È davvero noioso.*|This book I'm
reading is dead interesting. *Il libro che
sto leggendo è davvero interessante.*
deadlock /'dedlɒk||-lɑːk/ *s*
⟨*num e non num*⟩ *punto morto:* The
peace talks have reached (a) deadlock.
*Le trattative per la pace hanno
raggiunto un punto morto.*
deaf /def/ *agg*
⟨*compar* **deafer,** *sup* **deafest**⟩ *sordo:*
You'll have to shout. I'm a bit deaf.
Devi gridare. Sono un po' sordo.
deal¹ /diːl/ *s*
1 *accordo:* Andy made a deal with
John to borrow his bike. *Andy si è*

messo d'accordo con John per prendere a prestito la sua bici. **2 a great deal** *molto, un sacco di:* Kate did a great deal of work for her physics project. *Kate ha lavorato un sacco per la ricerca di fisica.*

deal² *vt, vi*
⟨*pass rem e p pass* **dealt**⟩ ⟨**out**⟩ *distribuire, dare:* Mr Green dealt the cards. *Il signor Green distribuì le carte.*

  deal with *vt*
1 ⟨**deal with sbdy**⟩ *avere a che fare, trattare (con qn/qc):* Andy likes dealing with people, so he might work in a hotel. *Ad Andy piace avere a che fare con la gente, quindi può darsi che lavorerà in un albergo.*|Nina dealt with that customer for me. *Nina trattò con quel cliente al posto mio.* **2** ⟨**deal with sthg/sbdy**⟩ *occuparsi (di qn/qc), trattare (qn/qc):* Miss Harris had to deal with the girl who felt ill in class. *La signorina Harris ha dovuto occuparsi della ragazza che si è sentita male in classe.*|I don't know how to deal with this kind of problem. *Non so come trattare questo tipo di problema.*

dear¹ /dɪəʳ/ *agg*
⟨*compar* **dearer,** *sup* **dearest**⟩ **1** *caro:* Pat is one of my dearest friends. *Pat è una delle mie più care amiche.* **2** (*al inizio di una lettera*) *caro, gentile:* Dear Andy, *Caro Andy*|Dear Sir/Madam, *Gentile signore/signora*| Dear Mrs Davies, *Gentile signora Davies* **3** *caro:* This jacket's very dear. Have you got anything a little cheaper? *Questa giacca è molto cara. Avete niente che costi un po' meno?*

dear² *s*
caro, tesoro: Hallo, dear, what's your name? *Ciao, tesoro, come ti chiami?*| Coming, dear. I'm just waiting for Lucy. *Arrivo, caro. Sto solo aspettando Lucy.*
■*Nota: La parola* **dear** *è spesso usata*

da persone che lavorano in negozi e ristoranti come forma amichevole di indirizzo ai clienti.

dear³ *inter*
oh dear (*una educata esclamazione, quando si è fatto qualcosa di sbagliato o sciocco*) *oh cielo:* Oh dear! I forgot to lock the front door! *Oh cielo! Ho dimenticato di chiudere la porta d'ingresso!*

death /deθ/ *s*
⟨*num e non num*⟩ **1** *morte:* Paul was shocked by the death of his mother. *Paul è rimasto scioccato dalla morte di sua madre.*|the death sentence, *la condanna a morte* **2 to death** *mortalmente, a morte:* I've read that book. I was **bored to death.** *Ho letto quel libro. Mi ha annoiato a morte.*|I'm **sick to death** of you! You do nothing but complain! *Mi hai veramente rotto! Non fai altro che lamentarti!*

debate¹ /dɪ'beɪt/ *s*
⟨**on sthg with sbdy**⟩ *dibattito* ⟨*a proposito di, su, con*⟩: Visitors to parliament can listen to the debates. *Chi visita il parlamento può ascoltare i dibattiti.*|We had a school debate on the freedom of the press. *A scuola abbiamo avuto un dibattito sulla libertà di stampa.*

debate² *vt, vi*
⟨*pass rem e p pass* **debated,** *p pres* **debating**⟩ *dibattere:* Parliament is debating hanging again. *In parlamento si sta nuovamente dibattendo sull'impiccagione.*

December /dɪ'sembəʳ/ *s*
dicembre: It sometimes snows in December. *A volte nevica in dicembre.*
– vedi anche **La Nota Grammaticale Days and Dates**

decent /'diːsənt/ *agg*
1 *rispettabile:* decent behaviour, *un comportamento rispettabile* **2** *decente:* You can get a decent meal there quite

cheap. *Si può avere un pasto decente lì ad un prezzo modico.* — **decently** *avv* *in modo rispettabile, gentilmente*

decide /dɪ'saɪd/ *vt, vi* ⟨*pass rem e p pass* **decided**, *p pres* **deciding*⟩ ⟨*sth o* to do *sth o* that *o* **between***⟩ decidere (qc o di fare qc o che o tra):* They decided to go and see a film. *Hanno deciso di andare a vedere un film.*|One morning Anna decided she must get a new job. *Una mattina Anna decise che doveva cambiare lavoro.*|Andy couldn't decide between the two bikes. *Andy non riusciva a decidersi tra le due biciclette.*

decision /dɪ'sɪʒən/ *s* ⟨**to do** *sth o* that*⟩ decisione (di fare qc o che):* Kate made the decision to go on her own. *Kate prese la decisione di andare da sola.*|They finally came to *o* reached a decision. They would stay. *Alla fine giunsero ad una decisione. Sarebbero rimasti.*

deck /dek/ *s* *ponte di coperta, piattaforma:* They stayed on deck while it was sunny. *Rimasero sul ponte finchè ci fu il sole.*| You get a great view of the city from the top deck of the bus. *Si può godere una stupenda vista della città dal piano superiore dell'autobus.*

deckchair /'dektʃeəʳ/ *s* *sedia a sdraio:* Mr Morgan was sitting in a deckchair on the beach. *Il signor Morgan era seduto su una sedia a sdraio sulla spiaggia.*

declare /dɪ'kleəʳ/ *vt* ⟨*pass rem e p pass* **declared**, *p pres* **declaring*⟩ 1 ⟨**that***⟩ dichiarare (che):* The minister declared that the government was going to act on football violence. *Il ministro dichiarò che il governo aveva intenzione di intervenire per quanto riguardava la violenza negli stadi.* 2 *dichiarare:* Anything to declare, sir? *Ha qualcosa*

da dichiarare, signore?

decorate /'dekəreɪt/ *vt* ⟨*pass rem e p pass* **decorated**, *p pres* **decorating*⟩ ⟨**with***⟩ decorare, ornare, addobbare (con):* Sue decorated her room with posters. *Sue ha addobbato la sua stanza con poster.*

decoration /ˌdekə'reɪʃən/ *s* ⟨*num e non num*⟩ **1** *decorazione:* The decoration of the hotel was very modern. *L'albergo era decorato in uno stile molto moderno.* **2** ⟨*generalmente plurale*⟩ *addobbo, decorazione:* The children hung the decorations on the Christmas tree. *I bambini appesero gli addobbi sull'albero di Natale.*

decrease[1] /dɪ'kriːs/ *vi, vt* ⟨*pass rem e p pass* **decreased**, *p pres* **decreasing*⟩ diminuire:* The number of people killed in road accidents has decreased since the wearing of seat belts was made compulsory. *Il numero di vittime di incidenti stradali è diminuito da quando è diventato obbligatorio mettere le cinture di sicurezza.*

decrease[2] *s* ⟨**in***⟩ diminuzione (in):* There has been a decrease in the number of people killed on the road. *Il numero delle vittime di incidenti stradali è diminuito.*

deep /diːp/ *agg* ⟨*compar* **deeper**, *sup* **deepest**⟩ **1** *profondo:* "How deep is the pool?" "It's four metres deep." *"Quanto è profonda la piscina?" "Quattro metri."*|the deepest part of the ocean, *la parte più profonda dell'oceano* – *contrario* SHALLOW **2** *profondo:* He took a deep breath and started running. *Respirò a fondo e iniziò a correre.*|She was in a deep sleep. *Dormiva profondamente.*|Some people have deep feelings for their country. *Certe persone nutrono sentimenti profondi nei confronti del proprio* *paese.* **3** *cupo:* a deep red carpet, *un tappeto rosso cupo* — **deeply** *avv* *profondamente:* deeply held beliefs, *credenze profondamente radicate*

deer /dɪə^r/ *s*
⟨*pl* **deer**⟩ *cervo:* The children saw some deer in the park. *I bambini hanno visto dei cervi nel parco.*

defence (*IB*) *o* **defense**(*IA*) /dɪ'fens/ *s*
⟨*non num*⟩ **1** *difesa:* They were demonstrating in defence of free speech. *Facevano una manifestazione in difesa della libertà di parola.*
2 *difesa:* The government has increased its spending on defence. *Il governo ha aumentato la spesa per la difesa.*
   self-defence *s*
   legittima difesa

defend /dɪ'fend/ *vt*
⟨**against, from**⟩ *difendere (da):* The demonstrators were defending the principle of free speech. *I manifestanti difendevano il principio della libertà di parola.*|The ancient Britons couldn't defend themselves against the Roman army. *Gli antichi Britanni non poterono difendersi dall'esercito romano.*

definite /'defɪnɪt, 'defənɪt/ *agg*
sicuro, deciso: I might go to university when I leave school, but I haven't made a definite decision yet. *Può darsi che vada all'università quando finisco la scuola, ma non ho ancora preso una decisione precisa.*|I'll be there at nine o'clock, and that's definite! *Sarò lì alle nove; e questo è sicuro!*

definite article /'defɪnɪt ɑːtɪkəl|| 'defən-/ *s*
⟨*pl* **definite articles**⟩ *articolo definitivo:* **The** is the only form of the definite article in English. **The** *è l'unica forma dell'articolo definitivo in inglese.*

definitely /'defɪnɪtli, 'defənɪtli/ *avv*

decisamente, sicuramente: "Don't you agree?" "Definitely!/Definitely not!" *"Non sei d'accordo?" "Decisamente!/Decisamente no!"*|John is definitely coming to the party. *John verrà sicuramente alla festa.*

definition /ˌdefɪ'nɪʃən/ *s*
definizione

degree /dɪ'griː/ *s*
1 *grado:* The temperature is twenty-five degrees Celsius. *La temperatura è di venticinque gradi Celsius.* **2** ⟨**in**⟩ *laurea (in):* Miss Harris has a degree in English and Education. *La signorina Harris ha una laurea in Inglese e Pedagogia.* **3** ⟨**of**⟩ *grado (di):* He does have a certain degree of ability at maths. *È vero che ha una certa abilità in matematica.*

delay¹ /dɪ'leɪ/ *s*
⟨**of, in**⟩ *ritardo (di, in):* There was a delay of half an hour before the boat sailed. *La nave partì con mezz'ora di ritardo.*

delay² *vt*
⟨**sthg** *o* **doing sthg**⟩ *ritardare (qc o a fare qc):* The flight was delayed for two hours. *Ci fu un ritardo di due ore sul volo.*|We delayed going out until the weather improved. *Aspettammo che il tempo migliorasse per andare fuori.*

deliberate /dɪ'lɪbərɪt/ *agg*
intenzionale: That was no accident. It was deliberate. *Non fu un incidente. Fu intenzionale.* — **deliberately** *avv* *apposta, intenzionalmente*
   ▲*Trabocchetto:* Non confondere l'aggettivo inglese **deliberate** con l'aggettivo italiano **deliberato**, che è generalmente tradotto con **determined**: He's determined to succeed. *È deliberato al successo.*

delicatessen /ˌdelɪkə'tesən/ *s*
salumeria: Mr Morgan goes to the delicatessen once a week. *Il signor*

Morgan va in salumeria una volta alla
settimana.

delicious /dɪˈlɪʃəs/ agg
delizioso: That pie looks delicious!
Quella torta ha un aspetto delizioso!

delight /dɪˈlaɪt/ s
⟨num e non num⟩ grande piacere: It
was a delight to go home again. *Fu un
gran piacere tornare di nuovo a casa.*

delighted /dɪˈlaɪtʒd/ agg
estremamente lieto, deliziato: "Why
don't you call me by my first name?"
"I'd be delighted to." *"Perchè non ci
chiamo del tu?" "Mi farebbe molto
piacere."*

deliver /dɪˈlɪvəʳ/ vt
consegnare, recapitare: Kate has a
part-time job delivering newspapers.
*Kate recapita giornali come lavoro
part-time.*

delivery /dɪˈlɪvəri/ s
⟨pl **deliveries**⟩ ⟨num e non num⟩
recapito, consegna: The next delivery
is not until this afternoon. *La prossima
consegna non sarà prima di questo
pomeriggio.*|a delivery of coal, *una
consegna di carbone.*

demand¹ /dɪˈmɑːnd‖dɪˈmænd/ vt
⟨sthg o to do sthg o that⟩ pretendere
(qc o di fare qc o che): Mr Green
demanded to know what had
happened. *Il signor Green pretese di
sapere cosa fosse accaduto.*

demand² s
⟨for, that⟩ 1 ⟨num⟩ pretesa, richiesta
(di): Their demands for more nurses
have been ignored. *Le loro richieste di
avere più infermieri sono state ignorate.*
2 ⟨non num⟩ richiesta: There isn't
much demand for raincoats in the
Sahara Desert. *Non c'è grande
richiesta di impermeabili nel deserto del
Sahara.*

democracy /dɪˈmɒkrəsi‖dɪˈmɑː-/ s
⟨pl **democracies**⟩ ⟨num e non num⟩
democrazia: Everyone has the right to

vote in a democracy. *Tutti hanno
diritto al voto in una democrazia.*

democratic /ˌdeməˈkrætɪk/ agg
democratico: It was a democratic
decision so we should accept it. *Fu una
decisione democratica e pertanto
dovremmo accettarla.* — **democratically**
avv democraticamente

demonstrate /ˈdemənstreɪt/ v
⟨pass rem e p pass **demonstrated**, p
pres **demonstrating**⟩ 1 vt ⟨sthg o that⟩
dimostrare (qc o che): Miss Harris
demonstrated the effects of water on
iron. *La signorina Harris ha
dimostrato gli effetti dell'acqua sul
ferro.*|She demonstrated that iron
rusts. *Ha dimostrato che il ferro
arrugginisce.* 2 vi ⟨about, against⟩ fare
una manifestazione (su, contro):
Trafalgar Square is where people often
demonstrate. *Spesso vengono fatte
manifestazioni a Trafalgar Square.*
— **demonstrator** s manifestante

demonstration /ˌdemənˈstreɪʃən/ s
1 ⟨num e non num⟩ ⟨that o of⟩
dimostrazione (che o di): She gave us a
demonstration of the new machine. *Ci
diede una dimostrazione sul
funzionamento della nuova macchina.*
2 anche **demo** (fam) ⟨about, against⟩
manifestazione: (su, contro): They
went on a demonstration against
nuclear weapons. *Andarono ad una
manifestazione contro le armi nucleari.*

dense /dens/ agg
⟨compar **denser**, sup **densest**⟩ fitto,
intenso: Traffic is very dense at rush
hours. *Il traffico è molto intenso nelle
ore di punta.*

dentist /ˈdentʒst/ s
dentista: I've been to the dentist's.
Sono stata dal dentista.|I'm going to
see the dentist at one o'clock. *Vado
dal dentista all'una.*

depart /dɪˈpɑːt‖-ɑːrt/ vi
⟨from⟩ partire (da): The 6 o'clock

train will depart from platform 16. *Il treno delle 6 parte dal binario 16.*
■*Nota:* Depart *appare spesso su avvisi, comunicazioni, ecc.* Leave *è il termine più comune.*

department /dɪ'pɑːtmənt‖-ɑːr-/ *s*
reparto: Mr Wilson works in the Personnel Department. *Il signor Wilson lavora all'Ufficio del Personale.*

department store /dɪ'pɑːtmənt stɔːʳ/ *s*
⟨*pl* **department stores**⟩ *grande magazzino*

departure /dɪ'pɑːtʃəʳ‖-ɑːr-/ *s*
⟨*num e non num*⟩ *partenza:* Peter's friends were puzzled by his unexpected departure. *Gli amici di Peter rimasero sconcertati dalla sua partenza imprevista.*|Arrivals and departures are shown on the notice board. *Arrivi e partenze sono segnati sul tabellone.*

departure lounge /dɪ'pɑːtʃəʳ laundʒ‖-ɑːr-/ *s*
⟨*pl* **departure lounges**⟩ *sala d'imbarco:* Would passengers for Flight 123 please proceed to the departure lounge. *I passeggeri del Volo 123 sono pregati di accedere nella sala d'imbarco.*

depend /dɪ'pend/ *vi*
⟨**on**⟩ **1** *contare (su):* You can't depend on the weather. *Non si può contare sul tempo.*|The government depends on civil servants to carry out its decisions. *È compito dell'amministrazione pubblica mettere in pratica le decisioni del governo.* **2** ⟨*non usato nelle forme progressive*⟩ *dipendere (da):* The kind of music I like depends on how I feel at the time. *Il tipo di musica che mi piace dipende dall'umore del momento.*|Whether we go to the seaside depends on the weather. *Dipende dal tempo se andiamo o meno al mare.*|"Do you like going to discos?" "It depends." *"Ti piace andare in*

discoteca?" "Dipende." — **dependent** *s persona a carico*

deposit[1] /dɪ'pɒzɪt‖dɪ'pɑː-/ *s*
versamento: Andy made a deposit of ten pounds to his account. *Andy ha fatto un versamento di dieci sterline sul suo conto.*

deposit[2] *vt*
⟨**in, with**⟩ *versare (in, presso):* Andy deposited his money (with the cashier) in the bank. *Andy ha versato i soldi (al cassiere) in banca.*

depot /'depəʊ‖'diːpəʊ/ *s*
magazzino, deposito: a bus/train depot, *una rimessa per autobus/ferroviaria*|The milkmen collect their supplies from the depot. *I lattai passano in magazzino a fare le loro scorte.*|a coal depot, *un deposito del carbone*

depress /dɪ'pres/ *vt*
deprimere, rattristare: The news from Africa depressed the children. *Le notizie dall'Africa rattristarono i bambini.*|Carol was depressed by the news. *Carol fu rattristata dalle notizie.*|The news was depressing. *Le notizie erano deprimenti.*

depression /dɪ'preʃən/ *s*
1 ⟨*num e non num*⟩ *depressione:* His depression was not helped by more bad news. *Le ulteriori cattive notizie non migliorarono la sua depressione.* **2** *depressione, crisi:* The depression in Britain in the early 1930s is being repeated today for many people. *La depressione in Gran Bretagna dell'inizio degli anni trenta si sta ripresentando per molta gente oggi.*

deprive /dɪ'praɪv/ *vt*
⟨*pass rem e p pass* **deprived**, *p pres* **depriving**⟩ ⟨**of**⟩ *privare (di):* The prisoners were deprived of their clothes. *I prigionieri furono privati dei loro vestiti.*

dept *abbr scritta di* **department**

dipartimento (si usa spesso negli avvisi)

depth /depθ/ *s*

⟨*num e non num*⟩ **1** *profondità:* How do scientists measure the depth of the ocean? *Come fanno gli scienziati a misurare la profondità dell'oceano?* **2** *out of one's depth perso completamente:* John is out of his depth when it comes to mechanics. *John è perso completamente quando si tratta di meccanica.* **3** *in depth nei dettagli, in modo approfondito:* We don't have time to discuss this problem in depth. *Non abbiamo tempo di discutere questo problema a fondo.*|an in-depth study of the British economy, *uno studio approfondito dell'economia britannica*

descend /dɪ'send/ *vi, vt*
scendere: They descended the hill to the coast. *Scesero lungo la collina fino alla costa.*
■*Nota: Il verbo descend è più formale e meno comune del verbo go down.*

descendant /dɪ'sendənt/ *s*
⟨*of*⟩ *discendente (di):* James is a descendant of a famous inventor. *James è un discendente di un famoso inventore.*

describe /dɪ'skraɪb/ *vt*
⟨*pass rem e p pass* **described**, *p pres* **describing**⟩ *descrivere:* Can you describe what happened? *Puoi descrivere quello che è successo?*| Describe yourself, giving your name, age, hobbies, etc. *Descrivete voi stessi, dicendo il vostro nome, età, passatempi ecc.*

description /dɪ'skrɪpʃən/ *s*
descrizione: Write a description of yourself. Give your age, height, sex, etc. *Date una descrizione di voi stessi per iscritto. Scrivete nome, altezza, sesso ecc.*

desert /'dezət||-ərt/ *s*
deserto

deserted /dɪ'zɜːted/ *agg*
vuoto, deserto: The football ground was deserted. The match was yesterday! *Il campo di calcio era deserto. La partita era ieri!*

desert island /'dezət 'aɪlənd||-ərt-/ *s*
⟨*pl* **desert islands**⟩ *isola deserta:* Imagine that your ship sank and you are on a desert island. *Immaginate che la vostra nave affondi e che vi troviate su un'isola deserta.*

deserve /dɪ'zɜːv||-ɜːrv/ *vt*
⟨*pass rem e p pass* **deserved**, *p pres* **deserving**⟩ ⟨*sthg o to do sthg*⟩ ⟨*non usato nelle forme progressive*⟩ *meritare (qc o di fare qc):* Kate deserved to pass her exams. She worked very hard. *Kate meritava di passare gli esami. Ha studiato veramente tanto.*| You don't deserve to win. You're hopeless! *Non meriti di vincere. Sei un caso disperato.*|I think I deserve a rest after all that hard work! *Credo di meritarmi un po' di riposo dopo aver lavorato così tanto!*

design[1] /dɪ'zaɪn/ *vt, vi*
progettare: An architect designs houses and other buildings. *Un architetto progetta case ed altri edifici.*|Can you design and write a poster for the competition? *Puoi progettare il disegno e le scritte per un poster per la gara?* — **designer** *s progettista, modellista*

design[2] *s*
1 *disegno:* I like the design on this rug. *Mi piace il disegno di questo tappeto.* **2** *progetto:* There were several designs for the new shopping centre. *C'erano diversi progetti per il nuovo centro di vendita.*

desk /desk/ *s*
tavolo, banco, scrivania: Andy has a pencil, a rubber and a book on his desk. *Andy ha una matita, una gomma ed un libro sul suo banco.*

desperate /'despərɪt/ agg
⟨**to do sthg** o **for**⟩ disperato, pronto a
tutto (pur di fare qc o per): Kate was
desperate to do well in her exams.
*Kate avrebbe dato qualsiasi cosa per
riuscire bene agli esami.*|I'm desperate
for something to drink. *Darei tutto per
qualcosa da bere.* — **desperately** avv
disperatamente

dessert /dɪ'zɜːt||-ɜːrt/ s
⟨num e non num⟩ dolce: I don't want
a dessert, thank you. *Non voglio il
dolce, grazie.*|I won't have anything
for dessert. I'm on a diet. *Non prendo
il dolce. Sono a dieta.*

destination /ˌdestɪ'neɪʃən/ s
destinazione: On certain lines trains go
to more than one destination. *Su certe
linee i treni hanno diverse
destinazioni.*|It is important to know
the final destination of the train. *È
importante conoscere la destinazione
finale del treno.*

destroy /dɪ'strɔɪ/ vt
distruggere: The fire completely
destroyed the building. *L'incendio
distrusse completamente l'edificio.*

destruction /dɪ'strʌkʃən/ s
⟨non num⟩ distruzione: The
destruction of the building was caused
by fire. *L'incendio causò la distruzione
dell'edificio.*

detach /dɪ'tætʃ/ vt, vi
⟨**from**⟩ staccare (da): The shelves can
be easily detached from the wall. *Gli
scaffali si possono staccare dalla parete
con facilità.*

detached house /dɪˌtætʃt 'haʊs/ s
⟨pl **detached houses**⟩ casa autonoma
(non unita alle altre), villa
■*Nota: Una* **detached house** *è
completamente indipendente dalle case
vicine.* **Semi-detached houses** *sono
costruite in blocchi di due.* **Terraced
houses** *fanno parte di un unico lungo
isolato, dove sono allineate l'una
accanto all'altra.*

detail /'diːteɪl||dɪ'teɪl/ s
⟨num e non num⟩ dettaglio: Introduce
a few personal details into your letter.
*Inserisci alcuni dettagli personali nella
tua lettera.*|Write for details to the
BBC. *Per ulteriori informazioni
rivolgersi alla BBC.*|Can you tell me
what happened in detail? *Puoi dirmi
nei dettagli cos'è successo?*

detective /dɪ'tektɪv/ s
investigatore, detective

determined /dɪ'tɜːmɪnd||-ɜːr-/ agg
⟨**to do sthg**⟩ deciso (a fare qc),
deliberato: John is determined to do
well this year. *John è deciso ad avere
buoni risultati quest'anno.*

device /dɪ'vaɪs/ s
⟨**for**⟩ strumento, apparecchio (per
fare): It is a new electronic device for
landing aeroplanes. *È un nuovo
strumento elettronico per far atterrare
gli aeroplani.*

devil /'devəl/ s
diavolo

devote /dɪ'vəʊt/ vt
⟨pass rem e p pass **devoted,** p pres
devoting⟩ ⟨**to**⟩ dedicare (a): He
devotes all his time to his family.
Dedica tutto il suo tempo alla famiglia|
Ben the dog is devoted to Lucy. *Il
cane Ben è molto affezionato a Lucy.*

dew /djuː||duː/ s
⟨non num⟩ rugiada: There is often
dew on the grass first thing in the
morning. *La mattina presto l'erba è
spesso coperta di rugiada.*

diagram /'daɪəgræm/ s
diagramma, grafico, schema: Kate
drew a diagram to explain how a
gearbox works. *Kate ha fatto uno
schema per spiegare come funziona la
scatola del cambio.*

dial¹ /daɪəl/ s
disco (combinatore)

dial² vi, vt

⟨*pass rem e p pass* **dialled** (*IB*) *o* **dialed** (*IA*), *p pres* **dialling** (*IB*) *o* **dialing** (*IA*)⟩ *comporre (un numero), fare (un numero):* Andy dialled the number and waited for the pips. *Andy fece il numero ed aspettò il segnale acustico.*

dialogue (*IB*) *o* **dialog**(*IA*) /'daɪəlɒg/ *s*

dialogo: The students had to write a dialogue between a customer and a shop assistant. *Gli studenti dovevano scrivere un dialogo tra un cliente ed un commesso.*

diary /'daɪəri/ *s*

⟨*pl* **diaries**⟩ *agenda, diario:* He checked his diary to see if he was free that night. *Controllò sull'agenda per vedere se era libero quella sera.*|Lucy doesn't keep a diary yet. *Lucy non tiene ancora un diario.*

dice /daɪs/ *s*

⟨*pl* **dice**⟩ *dado:* You need a dice and some counters to play this game. *Per giocare a questo gioco occorrono un dado e dei gettoni.*

dictionary /'dɪkʃənəri‖-neri/ *s*

⟨*pl* **dictionaries**⟩ *dizionario:* If you don't know how to pronounce a word you can look it up in a dictionary. *Se non sapete come si pronuncia una parola, potete cercarla su un dizionario.*

did /dɪd/

pass rem di **do**: Did you enjoy the film last night? *Ti è piaciuto il film di ieri sera? – vedi anche La Nota Grammaticale Past*

didn't /'dɪdnt/

contraz di **did not**: Claudia didn't want to watch TV, so she went for a walk with Kate. *Claudia non voleva guardare la TV, così uscì per fare una passeggiata con Kate.*

die /daɪ/ *vi*

⟨*pass rem e p pass* **died**, *p pres* **dying**⟩ **1** *morire:* Anna's father is dead. He died of old age. *Il padre di Anna è morto. È morto di vecchiaia.*|The plants have died. We forgot to water them. *Le piante sono morte. Ci siamo dimenticati di bagnarle.* **2** **be dying for** (*fam*) *avere una voglia matta di:* Put the kettle on. I'm dying for a cup of tea. *Metti a bollire dell'acqua. Ho una voglia matta di una tazza di tè.*

diet¹ /'daɪət/ *s*

dieta, regime alimentare: I could eat much more, but I'm **on a diet**. I'm trying to lose weight. *Potrei mangiare molto di più, ma sono a dieta. Sto tentando di dimagrire.*

■**Nota:** *Per* **diet** *si intende tutto ciò che uno mangia.* He lives on a diet of fish and chips, *significa che egli mangia sempre pesce e patatine. Quando si dice che qualcuno è* **on a diet**, *si intende che costui sta cercando di dimagrire o mangiando di meno, oppure che mangia un certo tipo di cibo per questioni di salute.*

diet² *vi*

essere a dieta: I mustn't eat any more; I'm dieting. *Non devo mangiare più! Sono a dieta.*

■**Nota:** *Il verbo* **diet** *si usa solo riferito ad una cura dimagrante. Non si riferisce ad un tipo di alimentazione legata a motivi di salute.*

difference /'dɪfərəns/ *s*

⟨*num e non num*⟩ ⟨**between**⟩ *differenza (tra):* I can't **tell the difference** between the twins. *Non riesco a distinguere i gemelli.*

different /'dɪfərənt/ *agg*

⟨**from, than, to**⟩ *differente, diverso (da):* I agree with Ann, but for a different reason. *Sono d'accordo con Ann, ma per un motivo diverso.*| Young people are different from older people in their tastes and beliefs. *I giovani sono diversi dalle persone più anziane per quanto concerne gusti ed* *idee.* — **differently** *avv diversamente, in modo differente*

■*Nota: Sebbene* **different to** *e* **different than** *si usano spesso, gli insegnanti in genere preferiscono la forma* **different from.**

difficult /'dɪfɪkəlt/ *agg*

1 ⟨**to do sthg**⟩ *(fare qc):* I can't answer this question. It's too difficult. *Non so rispondere a questa domanda. È troppo difficile.*|It's difficult to find night nurses for hospitals. *È difficile trovare infermieri per il turno di notte negli ospedali.*|It's difficult for them to find a room. *Hanno difficoltà a trovare una stanza.* **2** *difficile:* "We can't go out. The car's broken down." "Oh, don't be so difficult! We can easily go by bus." *"Non possiamo uscire. La macchina è guasta." "Oh, non fare il difficile! Possiamo benissimo andare con l'autobus."*

difficulty /'dɪfɪkəltɪ/ *s*

⟨*pl* **difficulties**⟩ ⟨*num e non num*⟩ ⟨**doing sthg** *o* **with**⟩ *difficoltà, problema (a/nel fare qc o in, con):* He often has difficulty with his homework. *Spesso ha difficoltà con i còmpiti.*|We had a lot of difficulties doing that last job. *Abbiamo avuto un sacco di problemi per fare quell'ultimo lavoro.*|I had great difficulty getting them to listen to my idea. *Ho avuto grandi difficoltà a persuaderli ad ascoltare la mia idea.*

dig /dɪg/ *vt, vi*

⟨*pass rem e p pass* **dug**, *p pres* **digging**⟩ *scavare (in):* Mr Morgan was digging (in) the garden. *Il signor Morgan stava scavando in giardino.*| Ben, our dog, dug a hole in the lawn. *Ben, il nostro cane, ha scavato una buca nel prato.*

dining room *s*

⟨*pl* **dining rooms**⟩ *sala da pranzo:* The Morgan family has breakfast in the kitchen, but they eat in the dining room in the evening. *La famiglia Morgan fa colazione in cucina, ma di sera cena in sala da pranzo.*

dinner /'dɪnəʳ/ *s*

⟨*num e non num*⟩ *cena:* Mr Morgan made the dinner while the children set the table. *Il signor Morgan preparava la cena mentre i bambini apparecchiavano la tavola.*|We had fish, chips and peas for dinner. *Mangiammo pesce, patatine e piselli a cena.*

■*Nota: La parola* **dinner** *può riferirsi o al pasto di mezzogiorno, o a quello serale, ma mai ad entrambi. Se* **dinner** *si riferisce al pasto di mezzogiorno, il pasto serale viene chiamato* **supper** *o* **tea.** *Qualora si riferisca al pasto serale, il pasto di mezzogiorno viene chiamato* **lunch.** *Comunque per* **dinner** *si intende sempre un pasto piuttosto consistente.*

dinosaur /'daɪnəsɔːʳ/ *s*

dinosauro: We saw some fantastic dinosaurs in the museum. *Abbiamo visto dei dinosauri fantastici al museo.*

diplomacy /dʒ'pləʊməsi/ *s*

⟨*non num*⟩ *diplomazia*

diplomat /'dɪpləmæt/ *s*

diplomatico

diplomatic /ˌdɪplə'mætɪk/ *agg*

diplomatico: The foreign branch of the civil service is known as the diplomatic service. *La sezione straniera dell'amministrazione pubblica è conosciuta come corpo diplomatico.*

direct[1] /dʒ'rekt, daɪ-/ *agg*

diretto: Planes travel on the fastest, most direct routes. *Gli aerei percorrono le rotte più veloci e dirette.*

direct[2] *vt*

1 ⟨**to**⟩ *indicare la strada (per):* Excuse me. Can you direct me to the bus station? *Mi scusi, può indicarmi la strada per la stazione degli autobus?*

■*Nota: Il verbo* **direct** *è piuttosto*

formale. Generalmente si direbbe, ad esempio: Can you **tell me the way to** the bus station? **2** *dirigere*: The film "ET" was directed by Stephen Spielberg. *Il film "ET" era diretto da Stephen Spielberg.*

direction /dɪ'rekʃən, daɪ-/ s
1 ⟨*num*⟩ *direzione*: "Which direction are we travelling in?" "North." *"In che direzione viaggiamo?" "Nord."*|We looked in the direction of the sound. *Guardammo in direzione del suono.*| The crowd were running in all directions. *La folla correva in tutte le direzioni.* **2** ⟨*num*⟩ ⟨*generalmente pl*⟩ *istruzione, indicazione*: We followed the directions on the packet, but the cake tasted awful! *Abbiamo seguito le istruzioni che erano sulla scatola, ma la torta aveva un sapore orribile!*|I asked a passerby for directions to the bus station. *Domandai ad un passante la strada per la stazione degli autobus.*

directly /dɪ'rektli, daɪ-/ *avv*
direttamente: My salary is paid directly into the bank each month. *Il mio stipendio è pagato direttamente in banca ogni mese.*|You must go directly to the cinema. Don't stop anywhere on the way. *Devi andare direttamente al cinema. Non fermarti strada facendo da nessuna parte.*

direct object /daɪ'rekt 'ɒbdʒɪkt/ – *vedi* OBJECT[1]

director /dɪ'rektəʳ, daɪ-/ s
1 *direttore, dirigente*: a sales director, *direttore commerciale*|a meeting of the board of directors, *un incontro del consiglio di amministrazione*|the managing director of the company, *l'amministratore delegato della ditta* **2** *regista*: Spielberg, the famous film director, *Spielberg, il famoso regista*

directory /daɪ'rektəri, dɪ-/ s
⟨*pl* **directories**⟩ *guida*: a directory of small businesses, *una guida delle ditte*

minori|telephone directory, *una guida telefonica*

direct question /dʒ'rekt 'kwestʃən, daɪ-/ s
⟨*pl* **direct questions**⟩ *domanda diretta*: A direct question should always end with a question mark. *Una domanda diretta dovrebbe sempre terminare con un punto interrogativo.*

direct speech /dʒ'rekt spiːtʃ, daɪ-/ s
⟨*non num*⟩ *discorso diretto*: "I think I'll go now," he said. This is an example of direct speech. In **indirect** or **reported speech** this would become: He said that he thought he would go then. *"Penso che andrò via adesso," disse. Questo è un esempio di discorso diretto. Se fosse un **indirect** o un **reported speech**, sarebbe: Disse che pensava che sarebbe andato via allora.*

dirt /dɜːt‖dɜːrt/ s
⟨*non num*⟩ *sporco*: Look at your coat! It's covered in dirt! *Guarda il tuo cappotto! È tutto sporco!*

dirty /'dɜːti‖'dɜːr-/ *agg*
⟨*compar* **dirtier,** *sup* **dirtiest**⟩ *sporco*: Benjamin, our dog, is very dirty and needs a bath. *Benjamin, il nostro cane, è molto sporco ed ha bisogno di un bagno.*|Kate prefers wearing jeans because they don't get so dirty. *Kate preferisce indossare jeans perchè non si sporcano tanto.* – *contrario* CLEAN

disabled /dɪs'eɪbəld/ *agg, s*
invalido: Many public buildings now make access easier for the disabled. *In molti edifici pubblici ora l'accesso è reso più semplice per gli invalidi.*

disagree /ˌdɪsə'griː/ *vi*
⟨*pass rem e p pass* **disagreed,** *p pres* **disagreeing**⟩ ⟨**about sthg with sbdy**⟩ *non essere d'accordo (su qc con qn)*: Andy disagreed with Sandro about who would win the European Cup Final. *Andy non era d'accordo con Sandro su chi avrebbe vinto la finale di*

Coppa Europa.

disagreement /ˌdɪsəˈɡriːmənt/ s
⟨num e non num⟩ ⟨about sthg with sbdy⟩ *discussione, disaccordo (su, tra, con):* Andy and Sandro had a disagreement about who would win the elections. *Andy e Sandro hanno avuto una discussione su chi avrebbe vinto le elezioni.*

disappear /ˌdɪsəˈpɪəʳ/ vi
sparire: We watched the UFO for half an hour. Then it disappeared. *Guardammo l'UFO per mezz'ora. Poi sparì.*|It's teatime and the girls have disappeared. Go and call them, Andy. *È ora di cena e le ragazze sono sparite. Va' a chiamarle, Andy.*

disappearance /ˌdɪsəˈpɪərəns/ s
⟨non num⟩ *scomparsa:* The boy's disappearance was very worrying. *La scomparsa del ragazzo era molto preoccupante.*

disappointed /ˌdɪsəˈpɔɪntɪd/ vt
⟨about, with, in⟩ *deluso (da):* Andy was very disappointed with his exam results. *Andy era molto deluso dai risultati del suo esame.*

disappointing /ˌdɪsəˈpɔɪntɪŋ/ agg
deludente: Andy's exam results were very disappointing. *I risultati dell'esame di Andy sono stati molto deludenti.*

disappointment /ˌdɪsəˈpɔɪntmənt/ s
⟨num e non num⟩ *delusione:* Andy's exam results were a disappointment to him. *I risultati dell'esame sono stati una delusione per Andy.*

disaster /dɪˈzɑːstəʳ||dɪˈzæ-/ s
⟨num e non num⟩ *disastro:* Then disaster struck. The plane caught fire. *E poi ci fu il disastro. L'aeroplano prese fuoco.*

disc /dɪsk/ s
disco: The dog has his name on a disc on his collar. *Il cane ha il suo nome scritto su un dischetto sul collare.*

disco /ˈdɪskəʊ/ s
⟨pl **discos**⟩ *discoteca:* "How about going to a disco?" "Sorry, I hate dancing." "*È se andassimo in discoteca?*" "*Scusa, ma odio ballare.*"| A few restaurants have music or disco dancing. *Alcuni ristoranti hanno musica o balli da discoteca.*

discourage /dɪsˈkʌrɪdʒ||-ˈkɜːr-/ vt
⟨pass rem e p pass **discouraged**, p pres **discouraging**⟩ *scoraggiare:* Telephone companies discourage women who live alone from putting their names in telephone directories. *Le società telefoniche scoraggiano le donne che vivono da sole a mettere il loro nome nelle guide telefoniche.*

discover /dɪsˈkʌvəʳ/ vt
⟨sthg o that⟩ **1** *scoprire (qc o che):* Andy discovered that he quite liked Sandro after all. *Andy scoprì che dopo tutto Sandro gli era piuttosto simpatico.*|We soon discovered where the present was hidden. *Presto scoprimmo dov'era nascosto il regalo.* **2** *scoprire (qc o che):* Who discovered penicillin? *Chi ha scoperto la penicillina?*

discovery /dɪsˈkʌvəri/ s
⟨pl **discoveries**⟩ ⟨num e non num⟩ ⟨that o of⟩ *scoperta:* The discovery that the atom could be split led to the invention of the atom bomb. *La scoperta della possibilità di scissione dell'atomo portò all'invenzione della bomba atomica.*

discuss /dɪˈskʌs/ vt
⟨with⟩ *discutere (di) (con):* Discuss the diagram with your partner. *Discutete lo schema col vostro compagno.*|The family discussed their holiday at breakfast. *A colazione, la famiglia discusse delle vacanze.*
■*Nota: Il verbo* **discuss** *non si usa con una preposizione. Si dice* talk **about** the weather, *ma* **discuss** the weather

(with somebody).

discussion /dɪˈskʌʃən/ s
⟨num e non num⟩ ⟨**about**⟩
discussione, dibattito (su): We had a
class discussion about the election.
*Abbiamo discusso in classe delle
elezioni.*|I heard a discussion on the
radio about the role of women in
society. *Ho sentito un dibattito alla
radio sul ruolo delle donne nella
società.* – vedi anche ARGUMENT
(*Trabocchetto*)

disgrace /dɪsˈɡreɪs/ s
⟨s sing o non num⟩ vergogna, sfavore:
Ben the dog's in disgrace. He's eaten
all the sausages. *Il cane Ben è in
castigo. Ha mangiato tutte le salsiccie.*|
The bus service in this town is a
disgrace. *Il servizio degli autobus in
questa città è una vergogna.*
▲*Trabocchetto: Non confondere la
parola inglese* **disgrace** *con la parola
italiana* **disgrazia**, *che è generalmente
tradotta con* **misfortune** *o* **accident**.

disgraceful /dɪsˈɡreɪsfəl/ agg
vergognoso: That programme was
disgraceful. *Quel programma era
vergognoso.* — **disgracefully** avv
vergognosamente

disgusting /dɪsˈɡʌstɪŋ, dɪzˈɡʌstɪŋ/ agg
disgustoso, terribile: What a disgusting
smell! *Che odore terribile!*|Andy, stop
making that disgusting noise! *Andy,
smetti di fare quel rumore disgustoso!*

dish /dɪʃ/ s
⟨pl dishes⟩ **1** piatto: He put the
vegetables in a dish, ready to be
served. *Ha messo le verdure su un
piatto di portata per servirle a tavola.*
■*Nota: La parola* **dish** *si riferisce a un
recipiente più fondo di quello che in
inglese è chiamato* **plate**. *La parola*
bowl *indica un contenitore ancora più
profondo.*
2 the dishes i piatti: After the meal
Andy washed o did the dishes. *Dopo*

il pasto Andy ha lavato i piatti. **3**
piatto, pietanza: They have some
interesting dishes at the Korean
restaurant. *Hanno dei piatti
interessanti al ristorante coreano.*

dislike¹ /ˌdɪsˈlaɪk/ vt
⟨pass rem e p pass **disliked**, p pres
disliking⟩ ⟨**sthg** o **doing sthg**⟩ non
piacere (qc o fare qc): These are the
jobs which many people dislike. *Questi
sono i lavori che non piacciono a molta
gente.*|I dislike working in summer.
Non mi piace lavorare d'estate.

dislike² s
⟨num e non num⟩ ⟨**of, for**⟩ antipatia
(per): The likes and dislikes of teenagers change very quickly. *Le prefe-
renze e le antipatie degli adolescenti
cambiano molto velocemente.*

disorganized /dɪsˈɔːɡənaɪzd||-ɔːr-/ agg
disorganizzato, disordinato: The attic
is a bit disorganized at the moment.
*La soffitta è un po' in disordine al
momento.*|Andy is a disorganized
person. *Andy è una persona
disorganizzata.*

display¹ /dɪˈspleɪ/ vt
esporre: The football team's trophies
are displayed at the club. *I trofei della
squadra di calcio sono esposti al club.*

display² s
⟨num e non num⟩ mostra, esposizione:
There was a display of the children's
work at school. *Ci fu una mostra dei
lavori dei bambini alla scuola.*|The
children's work is **on display** at the
school. *I lavori dei bambini sono
esposti alla scuola.*

distance /ˈdɪstəns/ s
⟨num e non num⟩ **1** distanza:
Measure the distance from your desk
to the window. *Misura la distanza tra il
tuo banco e la finestra.*|We shouldn't
use the car for short distances. *Non
dovremmo usare la macchina per
distanze brevi.* **2 in the distance** in

lontananza: Claudia and Sandro could just see the coast in the distance. *Claudia e Sandro riuscivano appena a vedere la costa in lontananza.*

distant /'dɪstənt/ *agg*
distante: a distant sound, *un suono in lontananza*|a distant place, *un paese lontano*

distinction /dɪ'stɪŋkʃən/ *s*
⟨between⟩ *differenza (tra):* the distinction between rich and poor countries, *la differenza tra paesi ricchi e poveri*

distinguish /dɪ'stɪŋgwɪʃ/ *vt, vi*
⟨from, between⟩ *distinguere (tra, da):* Dogs are colour blind. They can't distinguish between red and green. *I cani sono daltonici. Non riescono a distinguere il rosso dal verde.*

distinguished /dɪ'stɪŋgwɪʃt/ *agg*
noto, eminente: a distinguished musician, *un eminente musicista*

distinguishing /dɪ'stɪŋgwɪʃɪŋ/ *agg*
⟨solo attributivo⟩ *particolare, caratteristico:* Did the thief have any distinguishing marks? *Il ladro aveva qualche segno particolare?*

district /'dɪstrɪkt/ *s*
distretto, quartiere: Ealing is a district of London. *Ealing è un quartiere di Londra.*|Do you live in this district? *Abiti in questo quartiere?*

disturb /dɪ'stɜːb‖-ɜːrb/ *vt*
disturbare: No. I don't want to disturb her while she's working/sleeping. *No. Non voglio disturbarla mentre lavora/dorme.*

dive¹ /daɪv/ *vi*
⟨pass rem **dived** o **dove** (IA), p pass **dived**, p pres **diving**⟩ ⟨in, into⟩ *tuffarsi (in):* Can you dive? *Sai tuffarti?*|Sandro dived into the pool. *Sandro si tuffò in piscina.* — **diver** *s tuffatore, palombaro:* a deep-sea diver, *un palombaro*

dive² /daɪv/ *s*

⟨into⟩ *tuffo (in)*

divide /dɪ'vaɪd/ *vt, vi*
⟨pass rem e p pass **divided**, p pres **dividing**⟩ 1 ⟨among, between, in, into⟩ *dividere (tra), dividersi (in):* Claudia divided the chocolate in half. *Claudia divise la cioccolata a metà.*| The road divided into two. *La strada si divideva in due.*|Kate divided the chocolate between the three of them. *Kate divise la cioccolata tra loro tre.* 2 ⟨by, into⟩ *dividere (per, in):* 99 divided by three is 33. *99 diviso (per) tre fa 33.*

division /dɪ'vɪʒən/ *s*
1 ⟨non num⟩ *divisione, ripartizione:* The division of work between men and women has no biological basis. *Non c'è una motivazione biologica per la divisione del lavoro tra uomini e donne.* 2 ⟨num⟩ *sezione, filiale, reparto:* Graziella hopes to work in the overseas division of a big company. *Graziella spera di lavorare nel reparto estero di una grande ditta.*|The English Football League has four divisions. *Ci sono quattro divisioni nella lega inglese di calcio.* 3 ⟨non num⟩ *divisione:* The maths teacher taught them multiplication and division. *L'insegnante di matematica insegnò loro le moltiplicazioni e le divisioni.*

divorce¹ /dɪ'vɔːs‖-ɔːrs/ *vt, vi*
⟨pass rem e p pass **divorced**, p pres **divorcing**⟩ *divorziare:* They're getting divorced soon. *Divorzieranno presto.*| She is divorcing him next week. *Divorzierà da lui la settimana prossima.*

divorce² *s*
⟨num e non num⟩ *divorzio:* She's getting a divorce from him next week. *Divorzierà da lui la settimana prossima.*|Many people do not approve of divorce. *Molti sono contrari al divorzio.*

do¹ /duː/ *v*
⟨*3ª pers sing pres* **does**, *pass rem* **did**, *p pass* **done**, *p pres* **doing**⟩ **1** *vt* *fare (una cosa in particolare):* Do exercise 3 on page 56. *Fai l'esercizio 3 a pagina 56.*|Mrs Morgan is doing the decorating. *La signora Morgan sta pitturando la casa.*|Have you ever done kung fu? *Hai mai fatto kung fu? – vedi anche* MAKE (*Nota*) **2** *vt* (*per definire azioni in generale*) *fare:* "What are you doing?" "I'm trying to open the window." *"Cosa stai facendo?" "Sto cercando di aprire la finestra."*| "What shall we do tomorrow?" "Let's go to the zoo." *"Che facciamo domani?" "Andiamo allo zoo."*|What can I do for you, sir? *In cosa posso servirla, signore? – vedi anche* MAKE (*Nota*) **3** *vi* *riuscire, andare* (*bene/male*): Milan are doing well/badly in the League. *Il Milan sta andando bene/male nel campionato.*| How did you do in the exams? *Come sono andati gli esami?* **4 How do you do?** (*form*) *piacere:* "Betty McIntosh, this is Maurizia Garzia." "How do you do?" "How do you do?" *Betty McIntosh, Le presento Maurizia Garzia." "Piacere." "Piacere."*
■*Nota: È piuttosto formale dire* **How do you do?** *quando si viene presentati a qualcuno. È più comune, ora, dire semplicemente* **Hello.** *Però, nel caso in cui la persona a cui si viene presentati dica* **How do you do?**, *la risposta corretta è* **How do you do?** *– vedi anche* L'*Illustrazione* **Arriving 5** *vi essere sufficiente:* "How much money do you need?" "Ten pounds will do." *"Di quanto hai bisogno?" "Dieci sterline vanno bene."*|**That'll do** now! Stop talking and get on with your work! *Ora basta! Smetti di parlare e continua a lavorare!* **6** *v aus* ⟨*si usa in frasi negative e interrogative*⟩: I don't like

milk. *Non mi piace il latte.*|What did you buy with your pocket money? *Che cosa hai comprato con i tuoi soldi?*| How long does it take you to get to school? *Quanto ci metti per arrivare a scuola?*|Kate didn't have time to write to anybody. *Kate non ebbe il tempo di scrivere a nessuno. – vedi anche* **Le Note Grammaticali Past** *e* **Present 7** *v aus* ⟨*usato come rafforzativo*⟩: How nice to see you! <u>Do</u> come in! *Che piacere vederti! Prego, entra!*|I <u>did</u> enjoy that meal! *Mi è proprio piaciuto questo pasto!* **8** *v aus* ⟨*si usa al posto di un altro verbo*⟩: "Mr Morgan doesn't speak French." "Yes, he does." *"Il signor Morgan non parla francese." "Sì, lo parla."*|My sister learnt to swim before I did. *Mia sorella ha imparato a nuotare prima di me.*|"Throw those old newspapers away." "I already have done." *"Getta via quei vecchi giornali." "L'ho già fatto." – vedi anche* MAKE (*Nota*)

do² *s*
dos and don'ts *quello che si può e quello che non si può fare:* Sue's sister told her the dos and don'ts of working in an office. *La sorella di Sue le ha detto quello che si può e quello che non si può fare quando si lavora in un ufficio.*

dock¹ /dɒk||dɑːk/ *s*
bacino, molo: Andy met John at the docks. *Andy ha incontrato John al molo.*

dock² *vi, vt*
entrare in bacino: Sandro and Claudia's ship docked at midnight. *La nave su cui viaggiavano Sandro e Claudia entrò in bacino a mezzanotte.*

doctor /'dɒktə‖'dɑːk-/ *anche* **Dr** (*abbr scritta*) *s*
medico, dottore: My mother's a doctor at the hospital. *Mia madre lavora come medico all'ospedale.*|Lucy had a

cough so Mrs Morgan took her to see the doctor. *Lucy aveva la tosse, così la signora Morgan l'ha portata dal medico. – vedi anche* Dr

does /dəz; *forma enfatica* dʌz/
terza persona presente singolare del verbo **do**: "What does your mother do?" "She's a pharmacist." *"Cosa fa tua madre?" "È una farmacista."*
– vedi anche **La Nota Grammaticale Present**

doesn't /'dʌzənt/
contraz di **does not**: Sandro doesn't like English food, but Claudia does. *A Sandro non piace il cibo inglese, ma a Claudia sì.*

dog /dɒg‖dɔːg/ *s*
cane: The Morgan family have a dog called Ben. *I Morgan hanno un cane che si chiama Ben.*
■*Nota*: **Dog** *è il termine generico per cane. A volte per cagna si usa il termine* **bitch**, *e per cucciolo il termine* **puppy**.

doggy *o* **doggie** /'dɒgi‖'dɔːgi/ *s*
⟨*pl* **doggies**⟩ (*termine familiare usato nel linguaggio infantile*) *cane, cagnolino*: Look at the doggy, Lucy. *Lucy, guarda il cagnolino.*

dole /dəʊl/ *s*
⟨*non num*⟩ (*fam*) *sussidio di disoccupazione*: Jenny's sister has been **on the dole** for six months now. *È da sei mesi che la sorella di Jenny riceve il sussidio di disoccupazione.*

doll /dɒl‖dɑːl, dɔːl/ *s*
bambola: The children are playing with their dolls. *Le bambine giocano con le bambole.*

dollar /'dɒlə'‖'dɑː-/ *s*
dollaro: That'll be ten dollars fifty, please. *Sono dieci dollari e cinquanta, per favore.*

dolly /'dɒli‖'dɑːli, 'dɔːli/ *s*
⟨*pl* **dollies**⟩ (*termine familiare usato nel linguaggio infantile*) *bambola*: Do you want your dolly, Lucy? *Vuoi la tua bambola, Lucy?*

dome /dəʊm/ *s*
cupola: The children visited the dome in St Paul's Cathedral. *I bambini hanno visitato la cupola nella cattedrale di San Paolo.*

domestic /də'mestɪk/ *agg*
domestico: domestic jobs/chores/duties, *lavori di casa*|Domestic animals like cats and dogs used to be wild. *Un tempo gli animali domestici come il cane ed il gatto erano selvatici.*

dominate /'dɒmɪneɪt‖'dɑː-/ *vt*
⟨*pass rem e p pass* **dominated**, *p pres* **dominating**⟩ *dominare*: The western nations no longer dominate the world economy. *Le nazioni occidentali non hanno più il dominio sull'economia mondiale.*|Mr Berger seems to dominate his whole family. *Il signor Berger sembra dominare l'intera famiglia.*|Trafalgar Square is dominated by Nelson's column. *In Trafalgar Square domina la colonna di Nelson.*

domination /ˌdɒmɪ'neɪʃən‖'dɑː-/ *s*
⟨*non num*⟩ ⟨**over**⟩ *dominazione, dominio (su)*: The western nations' domination over the world economy is not as strong as it once was. *Il dominio delle nazioni occidentali sull'economia mondiale non è più così forte come un tempo.*

don /dɒn‖dɑːn/ *s*
(*docente nelle università di Oxford e Cambridge*) *don*

donate /dəʊ'neɪt‖'dəʊneɪt/ *vt, vi*
⟨*pass rem e p pass* **donated**, *p pres* **donating**⟩ *donare, fare una donazione*: The children donated some money to the famine appeal. *I bambini hanno donato dei soldi per la causa della carestia.*

donation /dəʊ'neɪʃən/ *s*

⟨**of**⟩ *donazione (di):* The children made a donation of five pounds to the appeal. *I bambini hanno fatto una donazione di cinque sterline alla causa.*

done /dʌn/
p pass del verbo **do**: Have you done your homework yet? *Hai fatto i tuoi compiti?*

donkey /'dɒŋki||'dɑːŋki/ *s*
⟨*pl* **donkeys**⟩ *asino*

don't /dəʊnt/
contraz di **do not**: Sandro and Claudia don't speak much English yet. *Sandro e Claudia non parlano ancora molto l'inglese.*|Don't be cheeky, Kate. *Non essere sfacciata, Kate. – vedi anche La Nota Grammaticale* **Present**

door /dɔːʳ/ *s*
porta: Come in and shut the door. *Entra e chiudi la porta.*|There's someone at the door. *Ha bussato qualcuno.*|Will you answer the door please, Andy? *Puoi andare ad aprire, per favore, Andy?*|the back door, *la porta sul retro*|the front door, *la porta d'ingresso*|An old couple live next door to us. *Una vecchia coppia abita affianco a noi.*

doorstep /'dɔːstep||'dɔːr-/ *s*
soglia: The milkman delivers milk and dairy produce to the doorstep. *Il lattaio recapita il latte e i latticini sulla porta di casa.*

doorway /'dɔːweɪ||'dɔːr-/ *s*
soglia, porta: The children stood in the shop doorway waiting for the bus. *I bambini erano fermi sulla porta del negozio aspettando l'autobus.*

dot /dɒt||dɑːt/ *s*
punto, puntino: Join the dots to complete the diagram. *Unite i punti per completare il disegno.*

double¹ /'dʌbəl/ *agg*
1 *doppio:* We've got a double science lesson with Ms Gold today. *Abbiamo due ore di scienze con la signora Gold*

oggi.|The Morgan family have a double lock on their front door. *I Morgan hanno una serratura doppia sulla porta d'ingresso.*|a double bend, *una doppia curva* **2** *doppio:* a double bed, *un letto matrimoniale*|a double room in a hotel, *una stanza doppia in un albergo*

double² *vt, vi*
⟨*pass rem e p pass* **doubled**, *p pres* **doubling**⟩ *raddoppiare:* Think of a number. Double it. *Pensa un numero. Raddoppialo.*|The plant doubled in size in a few weeks. *La pianta è raddoppiata in grandezza in poche settimane.*

double-decker /ˌdʌbəl'dekəʳ/
anche **double-decker bus** *s*
⟨*pl* **double-deckers**⟩ *autobus a due piani:* London's buses are mostly red double-deckers. *Gli autobus a Londra sono per lo più rossi ed a due piani.*

doubt¹ /daʊt/ *vt*
⟨*sthg o that o if, whether*⟩ ⟨*non usato nelle forme progressive*⟩ *dubitare (che):* I doubt (that) John will come tonight. *Dubito che John venga stasera.*

doubt² *s*
⟨*num e non num*⟩ ⟨*that o about*⟩ *dubbio (che, su):* There is no doubt that he will be late. He always is! *Sarà senza dubbio in ritardo. È sempre in ritardo!*|I had my doubts about coming, but I'm glad I did! *Avevo i miei dubbi se venire, ma sono contenta di essere venuta!*

doubtful /'daʊtfəl/ *agg*
⟨*that o if, whether*⟩ *dubbioso, improbabile (che):* It is doubtful that John will come now. *È improbabile che John arrivi adesso.*|I feel doubtful about his sincerity. *Sono dubbioso della sua sincerità.*

dove¹ /dəʊv/
(IA) pass rem del verbo **dive**

dove² /dʌv/ s
colombo (-a)

down /daʊn/ *avv, prep*

1 *giù:* I'll have to go down to the cellar to fetch the wine. *Devo scendere in cantina per prendere il vino.*|Lucy was jumping up and down. *Lucy saltava su e giù.*|He ran down the hill. *Corse giù per la collina.*|She poured the dirty water down the sink. *Ha versato l'acqua sporca giù per il lavandino.* — *contrario* UP; *vedi anche* **L'Illustrazione Prepositions 2** (*verso un luogo più basso*): Put your cup down on the table. *Appoggia la tazza sul tavolo.*|Would you like to sit down? *Vuole sedersi?* **3** (*per indicare un breve tragitto*) *giù:* Go down the road for about a mile and then turn left. *Continui su questa strada per circa un miglio e poi giri a sinistra.*|I'll walk down to the shops with you. *Vengo a fare una passeggiata con te fino ai negozi.* **4** (*usato per esprimere lo spostamento da nord a sud*) *giù:* We were driving down (the motorway) from Milan to Florence. *Stavamo scendendo da Milano a Firenze (in autostrada).* — *contrario* UP

5 (*suggerisce una minore quantità di qualcosa*): Andy! Turn the radio down! *Andy! Abbassa il volume della radio!*|The car slowed down as it approached the junction. *L'a macchina rallentò in prossimità dell'incrocio.*| Unemployment is down again this month. *Il livello della disoccupazione è di nuovo sceso in questo mese.* — *contrario* UP

  upside-down *avv, agg*
capovolto, alla rovescia

downstairs /ˌdaʊnˈsteəz ||-ˈərz/ *avv*
al piano di sotto, giù: Come downstairs. *Vieni giù.*|"Is the bathroom downstairs?" "No. It's upstairs." *"Il bagno è al piano di sotto?" "No. È di sopra."*|You're not allowed to smoke downstairs on a double-decker bus. *Su un autobus a due piani non è consentito fumare di sotto.* — *contrario* UPSTAIRS

downward /ˈdaʊnwəd ||-wərd/ *anche* **downwards** (*IB*) *avv, agg*
in giù, verso il basso: Lucy lay face downwards in the grass. *Lucy era stesa a faccia in giù nell'erba.*|When the handle is pointing downward, the machine is off. *Quando la maniglia è rivolta verso il basso, la macchina è spenta.* — *contrario* UPWARD

doze¹ /dəʊz/ *vi*
⟨*pass rem e p pass* **dozed**, *p pres* **dozing**⟩ *sonnecchiare:* "Sorry! I didn't mean to wake you." "It's all right. I was just dozing." *"Scusa! Non intendevo svegliarti." "Non importa. Stavo solo sonnecchiando."*

  doze off *vi*
appisolarsi: Mrs Morgan dozed off in her chair. *La signora Morgan si è appisolata sulla sedia.*

doze² *s sing*
sonnellino: "Sorry! I didn't mean to wake you." "It's all right. I was just having a doze." *"Scusa! Non intendevo svegliarti." "Non fa niente. Stavo solo facendo un sonnellino."*

dozen /ˈdʌzən/ *s*

1 ⟨*pl* **dozen**⟩ *dozzina:* Two dozen eggs, please. *Due dozzine di uova, per favore.* **2 dozens of** *un sacco di, decine di:* There were dozens of people in the queue. *C'erano decine di persone in fila.*

Dr /ˈdɒktəʳ||ˈdɑːk-/
abbr scritta di **Doctor** *Dott.:* Lucy's appointment with Dr Hill is at one o'clock. *L'appuntamento di Lucy con la Dottoressa Hill è all'una.*

■*Nota:* **Dr** *appare esclusivamente come parte di un nome. Non appare mai da solo.*

draft /drɑːft||dræft/ s
IA di **draught** spiffero, corrente

draftsman /'drɑːftsmən||'dræfts-/ s
⟨pl **draftsmen**⟩ IA di **draughtsman**
disegnatore tecnico

drafty /'drɑːfti||'dræfti/ agg
⟨compar **draftier**, sup **draftiest**⟩ IA di
draughty pieno di spiffero

drag /dræg/ vt
⟨pass rem e p pass **dragged**, p pres
dragging⟩ trascinare: Andy and Kate
dragged the heavy box across the
floor. *Andy e Kate trascinarono la
pesante scatola sul pavimento.*

dragon /'drægən/ s
drago: Stories about dragons and
knights don't frighten me! *Non mi
spaventano le favole sui draghi e i
cavalieri!*

drain[1] /dreɪn/ s
scarico: Kate helped her father to
unblock the drain. *Kate ha aiutato suo
padre a sturare lo scarico.* – vedi anche
DRAINPIPE (*Nota*)

drain[2] vi, vt
⟨**away, off**⟩ scolare: The rainwater
drained away down the gutter.
*L'acqua piovana sgocciolava giù nella
grondaia.*|After they drained the
marsh, they were able to farm it.
*Dopo aver bonificato la palude, furono
in grado di coltivare il terreno.*|The
plates are draining on the **draining
board**. *I piatti stano scolando sullo
scolatoio.*

drainpipe /'dreɪnpaɪp/ s
tubatura
■*Nota*: L'acqua che scola da un tetto si
raccoglie nel **gutter**, scola lungo il
drainpipe, e finisce nel **drain**.

drake /dreɪk/ s
maschio dell'anitra – vedi anche DUCK
(*Nota*)

drama /'drɑːmə||'drɑːmə, 'dræmə/ s
1 ⟨non num⟩ arte drammatica: Andy
studies drama at school. *Andy studia*

arte drammatica a scuola. 2 ⟨num⟩
dramma: "King Lear" is one of
Shakespeare's great dramas. "Re
Lear" è uno dei grandi drammi di
Shakespeare. 3 ⟨num e non num⟩
agitazione: There was a bit of drama at
work today. A man collapsed. *C'è
stata un po' di agitazione al lavoro
oggi. Un uomo è svenuto.* — **dramatic**
agg drammatico

drank /dræŋk/
pass rem del verbo **drink**

draught (IB) o **draft** (IA) /drɑːft||
dræft/ s
spiffero, corrente: There's a cold
draught coming (in) under the door:
*C'è uno spiffero di aria fredda che
filtra da sotto la porta.*

draughtboard (IB) o /'drɑːftbɔːd||
'dræftbɔːrd/ anche **checkerboard** (IA) s
scacchiera

draughts (IB) /drɑːfts||dræfts/ anche
checkers (IA) s
⟨non num⟩ dama: Do you play
draughts? *Giochi a dama?*|Kate thinks
that draughts is an easier game than
chess. *Kate pensa che giocare a dama
sia più facile che giocare a scacchi.*

draughtsman (IB) o **draftsman**(IA)
/'drɑːftsmən||'dræfts-/ s
⟨pl **draughtsmen**⟩ disegnatore,
progettista: John's older sister is a
draughtsman. *La sorella maggiore di
John fa la progettista.*

draughty (IB) o **drafty**(IA) /'drɑːfti||
'dræfti/ agg
⟨compar **draughtier**, sup **draughtiest**⟩
pieno di spiffero: a draughty room, *una
stanza piena di spifferi*

draw /drɔː/ vt, vi
⟨pass rem **drew**, p pass **drawn**⟩
1 disegnare: The children are learning
to draw and paint. *I bambini stanno
imparando a disegnare e a dipingere.*|
Kate drew a line across the map. *Kate
fece una linea di traverso sulla carta.*

2 draw the curtains *tirare le tende:*
Andy drew the curtains and put the
light on. *Andy tirò le tende ed accese la
luce.*

draw in *vt*
⟨**draw sthg ↔ in**⟩ *ritrarre:* The
cheetah cannot draw in its long claws.
*I lunghi artigli del ghepardo non sono
retrattili.*

draw up *v*
1 *vi fermarsi:* The car drew up outside
the school, and Mr Green got out. *La
macchina si fermò fuori dalla scuola, e
il signor Green scese.* **2** *vt* ⟨**draw sthg
↔ up**⟩ *avvicinare:* Why don't you
draw your chair up to the fire? *Perchè
non avvicini la tua sedia al fuoco?*

drawer /drɔːʳ/ *s*
cassetto: Kate keeps her pens in her
desk drawer. *Kate tiene le sue penne
nel cassetto della scrivania.*|a chest of
drawers, *un cassettone*

drawing /ˈdrɔːɪŋ/ *s*
1 ⟨*num*⟩ *disegno:* Lucy did a drawing
of Cleopatra. *Lucy ha disegnato
Cleopatra.* **2** ⟨*non num*⟩ *disegno:*
Lucy is good at drawing and painting.
Lucy è brava in disegno e a dipingere.

drawing pin *(IB)* /ˈdrɔːɪŋ ˌpɪn/ *anche*
thumbtack *(IA) s*
⟨*pl* **drawing pins**⟩ *puntina da disegno:*
He stuck the postcard to the notice
board with a drawing pin. *Attaccò la
cartolina alla lavagna con una puntina
da disegno.*

drawn /drɔːn/ *p pass del verbo* **draw**

dreadful /ˈdredfəl/ *agg*
spaventoso, orribile: The accident was
quite dreadful. Many people were
drowned. *L'incidente fu veramente
spaventoso. Molte persone
affogarono.*|The weather was dreadful last
weekend. *Il tempo è stato orribile lo
scorso fine settimana.*

dream[1] /driːm/ *vi*
⟨*pass rem e p pass* **dreamed** *o* **dreamt**

(IB)⟩ **1** ⟨*that* o *about, of*⟩ *sognare:*
Lucy dreamt about Cleopatra last
night. *Lucy ha sognato Cleopatra
stanotte.*
■*Nota:* Il verbo **dream** è sempre
seguito dalle preposizioni **of** o **about** al
contrario del verbo **sognare**. **2** *of*
2 ⟨*of doing sthg*⟩ *sognare (di fare qc):*
Andy dreams of becoming a world-
famous chef. *Andy sogna di diventare
un cuoco di fama internazionale.*

dream[2] *s*
⟨*about*⟩ *sogno (di):* Lucy had a dream
about Cleopatra. *Lucy ha sognato
Cleopatra.*

dreamer /ˈdriːməʳ/ *s*
sognatore (-trice): Andy's a bit of a
dreamer. He's always going to do
something wonderful! *Andy è un po'
sognatore. Quello che ha intenzione di
fare è sempre qualcosa di meraviglioso!*

dreamt /dremt/ *pass rem e p pass del
verbo* **dream**

dress[1] /dres/ *s*
vestito: Kate wears a cotton dress to
school in the summer. *D'estate Kate
indossa un vestito di cotone per andare
a scuola.*|fancy dress, *vestito in
maschera*

dress[2] *vi, vt*
1 *vestirsi, vestire:* In the morning Kate
washes, dresses and has breakfast in
just half an hour. *Al mattino Kate ci
mette solo mezz'ora per lavarsi, vestirsi
e far colazione.*|Hurry up and **get
dressed,** or you'll be late for school!
*Sbrigati e vestiti, altrimenti sarai in
ritardo a scuola!*
■*Nota:* Il verbo **get dressed** è più
comune del verbo **dress**.
2 ⟨*in*⟩ *vestirsi (di):* Mrs Morgan likes
to dress casually when she's at home.
*Quando è a casa, alla signora Morgan
piace portare abiti sportivi.*|
Mourners often dress in black. *Spesso
chi è in lutto veste di nero.*

dress up *vi*
1 ⟨**in, as**⟩ *indossare, travestirsi, vestirsi (da):* Lucy likes dressing up in her mother's clothes. *A Lucy piace indossare i vestiti della mamma.*|Andy used to dress up as a nurse. *Andy si vestiva da infermiere.* **2** *mettersi tutto elegante:* Don't dress up too much for your interview. *È meglio se non ti metti tutto elegante per il colloquio.*

dressing table /'dresɪŋ ˌteɪbəl/ *s*
toeletta

drew /druː/
pass rem del verbo **draw**

drill¹ /drɪl/ *vt, vi*
fare dei buchi, forare: Mrs Morgan drilled some holes in the wall to put up the shelves. *La signora Morgan ha fatto dei buchi nel muro per montare gli scaffali.*

drill² *s*
trapano

drink¹ /drɪŋk/ *vt, vi*
⟨*pass rem* **drank**, *p pass* **drunk**⟩
1 *bere:* In the morning, I usually drink coffee. *Di mattina in genere bevo il caffè.*|You don't expect me to drink out of a dirty glass! *Non vorrai mica che beva in un bicchiere sporco!*
2 *bere:* Don't drink and drive! *Non guidare in stato di ubriachezza.*

drink² *s*
⟨*num e non num*⟩ *bibita, qualcosa da bere:* Would you like a drink? *Bevi qualcosa?*|We need some food and drink for the party. *Abbiamo bisogno di cibo e bevande per la festa.*|The dog is having a drink of water. *Il cane si sta abbeverando.*|a soft drink, *un analcolico*

drinking straw /'drɪŋkɪŋ ˌstrɔː/ *s*
⟨*pl* **drinking straws**⟩ *cannuccia*

drive¹ /draɪv/ *v*
⟨*pass rem* **drove**, *p pass* **driven**, *p pres* **driving**⟩ **1** *vi, vt guidare:* I learnt to drive (a car) when I was 18. *Ho imparato a guidare la macchina quando avevo 18 anni.*|I'd better not drink. I have to drive home. *Farei meglio a non bere. Devo guidare fino a casa.*|Mrs Morgan drove the family down to Dover. *La signora Morgan ha accompagnato la famiglia a Dover con la macchina.* **2** *vt spingere, sospingere:* Strong currents drove the boat out to sea. *Forti correnti hanno spinto la barca al largo.*|The farmer was driving his cattle along the road. *Il pastore stava spingendo il suo gregge lungo la strada.*

drive² *s*
1 *giro in macchina:* The Morgans went for a drive to the coast. *I Morgan sono andati a fare un giro in macchina sulla costa.* **2** *viale d'accesso:* Mrs Morgan parks her car in the drive. *La signora Morgan parcheggia la macchina nel viale d'accesso.*

driver /'draɪvə*r*/ *s*
autista, guidatore: Following the accident, the police want to interview the driver of the car. *Dopo l'incidente la polizia vuole interrogare il guidatore della macchina.*|a bus driver, *un autista di autobus*|a racing driver, *un corridore*

drop¹ /drɒp‖drɑːp/ *vt, vi*
⟨*pass rem e p pass* **dropped**, *p pres* **dropping**⟩ *lasciar cadere, cadere:* John dropped the hot casserole onto the kitchen floor. *John lasciò cadere la casseruola calda sul pavimento della cucina.*|The casserole dropped from his hands. *La casseruola gli cadde dalle mani.*

drop in *vi*
fare un salto: Andy dropped in to see Bernadette on his way home from school. *Andy ha fatto un salto da Bernadette tornando da scuola.*

drop out *vi*
⟨**of**⟩ *abbandonare, ritirarsi (da):* Kate

had to drop out of the team when she hurt her leg. *Kate ha dovuto ritirarsi dalla squadra quando si è fatta male alla gamba.*

drop² *s*
goccia: I felt a drop of rain on my nose. *Ho sentito una goccia di pioggia sul naso.* | There's a drop of lemonade left. Would anybody like it? *C'è ancora una goccia di limonata. La vuole nessuno?*

drove /drəʊv/
pass rem del verbo **drive**

druggist /'drʌgɪst/ *s*
IA di **chemist** *farmacista – vedi anche* PHARMACIST (*Nota*)

drum¹ /drʌm/ *s*
1 *tamburo:* Bruno's brother plays the drums in a band. *Il fratello di Bruno suona la batteria in un complesso.*
2 *bidone:* an oil drum, *un bidone di olio*

drum² *vt, vi*
⟨*pass rem e p pass* **drummed**, *p pres* **drumming**⟩ **1** *suonare (la batteria)*
2 *tamburellare:* He drummed his fingers on the table. *Tamburellava con le dita sul tavolo.* — **drummer** *s* *batterista*

drunk¹ /drʌŋk/
p pass del verbo **drink**

drunk² *anche* **drunken**
⟨*solo attributivo*⟩ ⟨*compar* **drunker**, *sup* **drunkest**⟩ *ubriaco:*
He sounded very drunk. *Dalla voce sembrava molto ubriaco.* | Too many traffic accidents are caused by drunk(en) drivers. *Troppi incidenti stradali sono causati da guidatori ubriachi.*

drunk³ *s*
ubriacone

dry¹ /draɪ/ *agg*
⟨*compar* **drier**, *sup* **driest**⟩ *asciutto:*
Here. This coat will keep you dry in the rain. *Ecco. Questo cappotto ti*

riparerà dalla pioggia. | Be careful! The paint's not dry yet. *Fai attenzione! La vernice non è ancora asciutta.* | The weather will be hot and dry. *La temperatura sarà alta e non si prevedono piogge.* – *contrario* WET

dry² *vi, vt*
⟨*pass rem e p pass* **dried**, *p pres* **drying**⟩ *asciugare:* After his bath, they dry the dog in front of the fire. *Dopo il bagno, asciugano il cane davanti al fuoco.*

dry up *vi*
asciugare i piatti: Who's going to dry up? *Chi va ad asciugare i piatti?*

duchess /'dʌtʃɪs/ *s*
duchessa

duck¹ /dʌk/ *s s*
anatra
■*Nota:* Duck *si riferisce all'anatra sia maschio che femmina. Un altro termine per anatra maschio è* **drake,** *mentre gli anatroccoli si chiamano* **ducklings.**

duck² *vi, vt:*
abbassarsi: The man was rather tall so he had to duck to get through the doorway. *L'uomo era piuttosto alto e quindi dovette abbassarsi per passare attraverso la porta.*

duckling /'dʌklɪŋ/ *s*
anatroccolo – vedi anche DUCK (*Nota*)

due /djuː||duː/ *agg*
1 ⟨**to do sthg** *o* **at**⟩ *atteso:* The next bus isn't due until five o'clock. *Il prossimo autobus non passa prima delle cinque.* | The train is due to leave at ten past six. *Il treno parte alle sei e dieci.* **2** You should pay him what he is due. *Dovresti dargli i soldi che gli spettano.* | Our thanks are due to Claudia for her help. *Dobbiamo i nostri ringraziamenti a Claudia per il suo aiuto.*

due to /djuː tə, tʊ; *forma enfatica* tuː|| duː tə, tʊ; *forma enfatica* tuː/ *prep*
a causa di: It's due to you that we

missed the bus. *È colpa tua se abbiamo perso l'autobus.*|Sandro's accident was due to carelessness. *L'incidente di Sandro fu dovuto a imprudenza.*

dug /dʌg/
pass rem e p pass del verbo **dig**

duke /djuːk‖duːk/ *s*
duca

dull /dʌl/ *agg*
⟨*compar* **duller**, *sup* **dullest**⟩ **1** *cupo, grigio:* "What's the weather like?" "It's a bit dull today." "Com'è il tempo?" "È un po' grigio oggi."|a rather dull yellow, *un giallo piuttosto spento* **2** *noioso:* That was an exceptionally dull programme. *Quel programma era incredibilmente noioso.*

duration /djʊˈreɪʃən‖dʊ-/ *s*
⟨*non num*⟩ *durata:* What's the usual duration of this illness? *Qual'è normalmente la durata di questa malattia?*

during /ˈdjʊərɪŋ‖ˈdʊ-/ *prep*
durante: Claudia made a lot of friends during her first visit to England. *Claudia si è fatta un sacco di amici nel corso della sua prima visita in Inghilterra.*|What did you do during your holidays? *Cos'hai fatto durante le vacanze?*|Sandro fell ill during his holiday. *Sandro si è ammalato durante le vacanze.*

dust[1] /dʌst/ *s* •
⟨*non num*⟩ *polvere:* Look at the dust! And I've only just cleaned the place! *Guarda la polvere! E pensare che ho appena pulito!*

dust[2] *vt, vi*
spolverare: The Morgans dust their house twice a week. *I Morgan spolverano in casa due volte la settimana.*

dustbin /ˈdʌstˌbɪn/ *s*
bidone della spazzatura

duster /ˈdʌstər/ *s*

straccio per la polvere

dusty /ˈdʌsti/ *agg*
⟨*compar* **dustier**, *sup* **dustiest**⟩ *polveroso:* These rooms get very dusty. *Queste stanze si riempiono di polvere.*

duty /ˈdjuːti‖ˈduːti/ *s*
⟨*pl* **duties**⟩ **1** ⟨*num e non num*⟩ *dovere:* It's the duty of all adults to vote in an election. *È dovere di tutti gli adulti votare alle elezioni.* **2** ⟨*num*⟩ *compito, servizio:* Can you tell me the other duties of the job? *Può dirmi quali altri compiti sono previsti per questo lavoro?* **3 on duty** *in servizio, di guardia, di turno:* Which doctor is on duty tonight? *Chi è il medico di guardia stasera?* **4 off duty** *fuori servizio:* an off-duty policeman, *un poliziotto non in servizio*

duty-free /ˈdjuːti friː‖ˈduː-/ *agg*
⟨*non usato al compar o sup*⟩ *esente da dazio:* Sandro bought his camera cheap at the duty-free shop. *Sandro ha comperato ad un prezzo basso la macchina fotografica al duty-free.*

duvet /ˈduːveɪ/ *s*
piumone

dwarf /dwɔːf‖dwɔːrf/ *s*
⟨*pl* **dwarfs** *o* **dwarves**⟩ *nano*

dying /ˈdaɪ-ɪŋ/
p pres del verbo **die**

dynamic /daɪˈnæmɪk/ *agg*
dinamico: Miss Harris is a very dynamic person. *La signorina Harris è una persona molto dinamica.*

E, e

E, e /iː/
E, e

each¹ /iːtʃ/ *agg, pron*
1 *ogni, ciascuno, ognuno:* The teacher
gave each student a map. *L'insegnante
ha dato ad ogni studente una carta
geografica.*|Each country has its own
customs and traditions. *Ogni nazione
ha le proprie usanze e tradizioni.*|He
was carrying a box under each arm.
·*Aveva una scatola sotto ogni braccio.*|
All these insects look the same, but
each one is different. *Questi insetti
sembrano tutti uguali, ma ognuno è
diverso.*|Each of us has a responsibility
towards the society we live in. *Ognuno
di noi ha una responsabilità nei
confronti della società in cui viviamo.*|
Our children each have their own
rooms. *I nostri bambini hanno
ciascuno la propria stanza. – vedi
anche* EVERY (*Nota*) **2 each other**
anche **one another** *l'un l'altro:* In the
office, we all call each other by our
first names. *In ufficio, ci chiamiamo
tutti per nome.*|Claudia and Gina were
wearing each other's clothes. *Claudia e
Gina avevano ciascuna il vestito
dell'altra.*|The cats sat staring at each
other. *I gatti se ne stavano seduti
fissandosi l'un l'altro.*
■*Nota:* **Each other** *e* **one another** *sono
equivalenti, ma si tende a preferire* **each
other** *parlando di due sole cose o
persone:* The **two** women were talking
to **each other.** *Le due donne parlavano
fra di loro. Con* **one another** *invece
generalmente ci si riferisce a più di due*
cose o persone: The **four** women were
talking to **one another.** *Le quattro
donne parlavano fra di loro.*

each² *avv*
l'uno, ciascuno: Tickets for the disco
are one pound fifty each. *I biglietti per
la discoteca costano una sterlina e
cinquanta l'uno.*|There aren't enough
textbooks for the students to have one
each. *Non ci sono abbastanza libri di
testo perchè gli studenti possano averne
uno per ciascuno.*

eager /ˈiːgəʳ/ *agg*
⟨**to do sthg** *o* **that** *o* **for**⟩ *impaziente,
ansioso (di fare qc), avido, desideroso
(di qc):* Andy is eager to get home to
watch the football on TV. *Andy è
ansioso di tornare a casa per vedere la
partita di pallone in TV. —* **eagerly**
avv con impazienza

eagle /ˈiːgəl/ *s*
aquila

ear /ɪəʳ/ *s*
orecchio: You can tell an African
elephant by its big ears. *Si può
riconoscere un elefante africano dalle
orecchie grandi.*

early /ˈɜːli||ˈɜːrli/ *agg, avv*
⟨*compar* **earlier,** *sup* **earliest**⟩
1 *prima, in anticipo:* The bus was
early for once this morning. *Per una
volta l'autobus era in anticipo questa
mattina.*|Andy arrived at the cinema
ten minutes early. *Andy arrivò al
cinema dieci minuti in anticipo.*
2 *presto:* It started to rain early in the
morning. *Cominciò a piovere la
mattina presto.*|the early years of the

nineteenth century, *i primi anni del diciannovesimo secolo – contrario* LATE

earn /ɜːn‖ɜːrn/ *vt*
guadagnare: Andy used to earn some money by delivering newspapers before school. *Andy guadagnava dei soldi distribuendo i giornali prima di andare a scuola. – confrontare con* WIN

earring /ˈɪə.rɪŋ/ *s*
orecchino

earth /ɜːθ‖ɜːrθ/ *s*
1 *anche* **Earth** *terra, Terra:* How far is it from the Earth to the Moon? *Quanto dista la Terra dalla Luna?*
2 ⟨*non num*⟩ *terra:* The earth was very dry and hard. *La terra era molto arida e dura.*

easily /ˈiːzɪli/ *avv*
facilmente: John will win the race easily. *John vincerà la corsa facilmente.*|"The car won't start!" "OK. We can easily go by bus." *"L'auto non parte!" "OK. Possiamo facilmente andare in autobus."*

east[1] /iːst/ *avv*
a oriente, verso est: We were travelling east. *Eravamo diretti a oriente.*|This window faces east. *Questa finestra dà verso est.*

east[2] *agg*
⟨**of**⟩ *orientale, a est (di):* the east coast of Scotland, *la costa orientale della Scozia*|Milan˙is east of Turin. *Milano è a est di Torino.*
■*Nota: L'aggettivo inglese* **oriental** *è usato in inglese soltanto in riferimento a qualcosa o qualcuno di provenienza asiatica. In tutti gli altri casi si usano le parole* **east** *ed* **eastern**.

east o **East**[3] *s*
⟨*preceduto da* **the**⟩ *est, oriente:* Rain will spread from the east to all parts of the country by nightfall. *Entro il calar della notte la pioggia si diffonderà da est verso tutte le parti del paese.*|the

Far/Middle East, *il Lontano/Medio Oriente*

Easter /ˈiːstəʳ/ *s*
Pasqua: The Morgan family goes to Brittany every year at Easter. *La famiglia Morgan va in Bretagna ogni anno a Pasqua.*

eastern /ˈiːstən‖-ərn/ *agg*
⟨*non usato al compar o sup*⟩ *orientale, dell'est:* Eastern parts of the country will have rain, but the west will remain dry. *Le parti ad est della nazione avranno pioggia, mentre l'ovest rimarrà asciutto. – vedi anche* EAST (*Nota*)

eastward /ˈiːstwəd‖-wərd/ *agg, avv*
est, verso est: We were sailing eastward. *Navigavamo verso est.*

easy /ˈiːzi/ *agg*
⟨*compar* **easier**, *sup* **easiest**⟩ ⟨**to do**⟩ *facile:* Kate thought that her exams were quite easy this year. *Kate pensava che gli esami fossero piuttosto facili quest'anno.*|John's house is easy to find. It's next to the bank. *È facile trovare la casa di John. È accanto alla banca.*

eat /iːt/ *vt, vi*
⟨*pass rem* **ate**, *p pass* **eaten**⟩ *mangiare:* I'm hungry. I want something to eat. *Ho fame. Voglio qualcosa da mangiare.*|Mr and Mrs Morgan **eat out** about once a week. *I signori Morgan mangiano fuori circa una volta la settimana.*

eater /ˈiːtəʳ/ *s*
(*usato solo con un'altra parola che descriva il modo di mangiare*) *mangiatore, mangione:* John's a big eater. *John è un gran mangione.*|He's a fussy eater. *È difficile nel mangiare.*

echo[1] /ˈekəʊ/ *s*
⟨*pl* **echoes**⟩ *eco:* We could hear the echo of our voices in the empty hall. *Potevamo sentire l'eco delle nostre voci nel salone vuoto.*

echo² *vi*
⟨*pass rem e p pass* **echoed,** *p pres*
echoing⟩ *echeggiare:* Our voices
echoed in the empty hall. *Le nostre
voci echeggiarono nel salone vuoto.*

economic /ˌekəˈnɒmɪk, iː-‖-ˈnɑː-/ *agg*
⟨*non usato al compar o sup*⟩
economico: The Third World is facing
severe economic difficulties. *Il Terzo
Mondo sta fronteggiando gravi
problemi economici. – vedi anche*
ECONOMICAL (*Nota*)

economical /ˌekəˈnɒmɪkəl, ˌiː-‖-ˈnɑː-/
agg
economico: Small cars are usually
more economical than big ones. *Le
macchine piccole in genere sono più
economiche di quelle grandi.*
■*Nota:* Sia **economic** sia **economical**
corrispondono all'italiano **economico**
ma non vanno confusi. **Economic**
*significa economico nel senso di
relativo alla scienza economica o
all'economia di una nazione:* the
government's **economic** policy, *la
politica economica del governo.*
Economical *invece si riferisce a ciò che
è economico perchè fa risparmiare, o
ad un individuo economico cioè
parsimonioso:* an **economical** heating
system, *un impianto di riscaldamento
economico.*

economics /ˌekəˈnɒmɪks, ˌiː-‖-ˈnɑː-/ *s*
⟨*non num*⟩ *economia:* Harold wants
to study economics at university.
*Harold vuole studiare economia
all'università.*|Economics is not an
exact science. *L'economia non è una
scienza esatta.*|home economics,
economia domestica

economy /ɪˈkɒnəmi‖ɪˈkɑː-/ *s*
⟨*pl* **economies**⟩ *economia:* The
government tries to manage the
country's economy. *Il governo cerca di
organizzare l'economia del paese.*

edge /edʒ/ *s*

orlo, bordo: Don't walk too close to
the edge of the pavement. *Non
camminare troppo vicino al bordo del
marciapiede.*|The edge of the plate was
chipped. *L'orlo del piatto era
scheggiato.*

edition /ɪˈdɪʃən/ *s*
edizione: The evening edition of the
paper carries the latest news.
*L'edizione serale del giornale porta le
ultime notizie.*

editor /ˈedɪtər/ *s*
direttore (di giornale), redattore: The
editor of the local paper asked Mrs
Morgan to write an article about the
peace group. *Il direttore del quotidiano
locale chiese alla signora Morgan di
scrivere un articolo sul gruppo per la
pace.*

educate /ˈedjʊkeɪt‖ˈedʒə-/ *vt*
⟨*pass rem e p pass* **educated,** *p pres*
educating⟩ *istruire:* She was educated
at University College, London. *Ha
studiato all'University College di
Londra. – vedi anche* EDUCATION
(*Trabocchetto*)

education /ˌedjʊˈkeɪʃən‖ˌedʒə-/ *s*
⟨*non num*⟩ *istruzione:* Education in
Britain is compulsory until you're 16.
*L'istruzione in Gran Bretagna è
obbligatoria fino all'età di 16 anni.*|
primary/secondary education,
istruzione elementare/secondaria|
further education, *istruzione dopo la
scuola superiore*|higher education,
istruzione universitaria|physical
education, *educazione fisica*
— **educational** *agg* (*a carattere*)
educativo
▲*Trabocchetto: La parola* **education**
*indica l'istruzione che si riceve a scuola
o la cultura di un individuo, e non
l'educazione impartita dai genitori (che
si dice* **upbringing***) o le buone maniere
di una persona (in inglese* **politeness***).*
An **educated** person *perciò non sarà*

una persona beneducata, bensì una persona istruita o colta.

effect /ɪˈfekt/ *s*
effetto: Bad weather had the effect of delaying the boat. *Il cattivo tempo ha avuto l'effetto di far ritardare la nave.*| the effects of bad weather, *le conseguenze del cattivo tempo*

effective /ɪˈfektɪv/ *agg*
efficace: This new weedkiller is very effective. *Questo nuovo diserbante è molto efficace.*

efficient /ɪˈfɪʃənt/ *agg*
efficiente, efficace: The new buses help to make the service more efficient. *I nuovi autobus contribuiscono a rendere il servizio più efficiente.* — **efficiently** *avv in modo efficiente, in modo efficace*

effort /ˈefət||ˈefərt/ *s*
⟨*num e non num*⟩ ⟨*to do sthg*⟩ *sforzo (di fare qc):* Andy made a great effort to do well this year. *Andy si è davvero sforzato di andare bene quest'anno.*| Despite his efforts John didn't get into the school team. *Nonostante i suoi sforzi John non è entrato a far parte della squadra della scuola.*

egg /eg/ *s*
uovo: The wren laid three eggs in its nest. *Lo scricciolo depose tre uova nel suo nido.*|Lucy likes a boiled egg for breakfast. *A Lucy piace mangiare un uovo alla coque a colazione.*|Mr Morgan has bacon and eggs. *Il signor Morgan prende le uova con la pancetta.*

eight /eɪt/ *agg, pron, s*
otto — **eighth** *agg ottavo – vedi anche La Nota Grammaticale Numbers*

eighteen /eɪˈtiːn/ *agg, pron, s*
diciotto – vedi anche La Nota Grammaticale Numbers

eighty /ˈeɪti/ *agg, pron, s*
ottanta – vedi anche La Nota Grammaticale Numbers

either[1] /ˈaɪðəʳ||ˈiː-/ *det, pron*
1 *l'uno o l'altro:* "Shall I wear the blue dress or the red one?" "Either. It doesn't matter." *"Metto il vestito blu o quello rosso?" "L'uno o l'altro. Non ha importanza."*|Either team *o* Either of the teams could win. *L'una o l'altra delle squadre potrebbero vincere.*
■*Nota: Nella lingua scritta formale,* **either** *è seguito da un verbo al singolare:* **Has either of you** seen this film before? *Nella lingua parlata e in quella scritta, poco formale, è spesso seguito da un verbo al plurale:* **Have either of you** seen this film before?
2 *entrambi:* There's a bookshop on either side of the street. *C'è una libreria su entrambi i lati della strada.*

either[2] *cong, avv*
1 Either . . . or . . . (*si usa per introdurre una serie di possibilità*) *o . . . o:* You can have either hamburgers or fish for lunch. *Puoi mangiare o hamburger o pesce a pranzo.*|In the evenings, I either watch TV or read. *La sera o guardo la TV o leggo.*|Your father is either upstairs or in the garden. *Tuo padre è o di sopra o in giardino.* **2** ⟨*in frasi negative*⟩ *neanche, nemmeno:* I rang you at home and you weren't there so I rang you at the office and you weren't there either! Where were you? *Ti ho telefonato a casa ma non c'eri, allora ti ho telefonato in ufficio ma non eri neanche lì! Dov'eri?*

elbow /ˈelbəʊ/ *s*
gomito

elder /ˈeldəʳ/ *agg, pron*
maggiore (di due membri della stessa famiglia): When the king died, the elder of the two sons became king. *Quando il re morì, il maggiore dei due figli divenne re.*|My elder brother is a bus driver. *Mio fratello maggiore è autista di autobus.*

■*Nota: La parola* **elder** *può essere usata solo per le persone. Per le cose bisogna usare la parola* **older.**

eldest /'eldɪst/ *agg, pron*
il maggiore: My eldest brother Geoff wants to go to university. *Il maggiore dei miei fratelli Geoff vuole andare all'università.*

elect /ɪ'lekt/ *vt*
eleggere: They elected Ronald Reagan President. *Hanno eletto presidente Ronald Reagan.*

election /ɪ'lekʃən/ *s*
elezione: to win/lose an election, *vincere/perdere le elezioni*|a general election, *le elezioni politiche*|the local elections, *le elezioni amministrative*
— **electoral** *agg* elettorale

electric /ɪ'lektrɪk/ *agg*
elettrico: an electric cooker, *una cucina elettrica*
■*Nota: Non confondere* **electric** *con* **electrical.** *Qualsiasi cosa che funziona a corrente o produce energia elettrica è* **electric: an electric car/cooker/ generator.** *Per tutto il resto si usa* **electrical: an electrical engineer/ fault.**

electrical /ɪ'lektrɪkəl/ *agg*
⟨solo attributivo⟩ elettrico: an electrical fault in the cooker, *un guasto elettrico alla cucina* – vedi anche ELECTRIC (*Nota*)

electrician /ɪˌlek'trɪʃən/ *s*
elettricista: The electrician came to repair the cooker. *L'elettricista è venuto a riparare la cucina.*

electricity /ɪˌlek'trɪsəti/ *s*
⟨non num⟩ elettricità, energia elettrica: I use electricity for cooking, but gas for heating. *Uso l'energia elettrica per cucinare, ma il gas per il riscaldamento.*

electromagnetic /ɪˌlektrəʊmæg'netɪk/ *agg*
elettromagnetico: The Japanese Maglev train uses electromagnetic power to lift it off the rails. *Il treno giapponese Maglev usa energia elettromagnetica per sollevarsi sulle rotaie.*

electronic /ɪˌlek'trɒnɪk‖-'trɑː-/ *agg*
elettronico: a new electronic device that will enable aeroplanes to land safely, *un nuovo dispositivo elettronico che permetterà agli aeroplani di atterrare senza problemi*

elegant /'elɪgənt/ *agg*
elegante: an elegant person, *una persona elegante* — **elegantly** *avv* elegantemente

elephant /'elɪfənt/ *s*
elefante: It's an African elephant. Look at its big ears. *È un elefante africano. Guarda le sue orecchie grandi.*

eleven /ɪ'levən/ *agg, pron, s*
undici — **eleventh** *agg* undicesimo
– vedi anche La Nota Grammaticale Numbers

eliminate /ɪ'lɪmɪneɪt/ *vt*
⟨pass rem e p pass **eliminated,** p pres **eliminating**⟩ ⟨**from**⟩ eliminare (da): Why are famine and poverty so difficult to eliminate? *Perchè è così difficile eliminare la carestia e la povertà?*

else /els/ *avv*
1 ⟨qc o qn in più⟩ altro: Would you like something else to eat? *Vuoi mangiare qualcos'altro?*|I know that John was at the party. Who else was there? *So che John era alla festa. Chi altro c'era?* **2** ⟨qc o qn diversi⟩ altro, diverso: If you don't want orange juice I can get you something else. *Se non vuoi il succo d'arancia posso offrirti qualcos'altro.*|Everybody else has gone home. *Tutti gli altri sono andati a casa.*
■*Nota:* **Else** *è generalmente preceduto da una clausola interrogativa* (**what, who** *ecc.*), *o da una parola che*

comincia con some-, any-, no- *o* every-.
3 or else *oppure, altrimenti:* Be
careful or else you'll drop it! *Stai
attento, altrimenti lo farai cadere!*|
Finish your homework or else! *Finisci i
compiti, sennò vedi!*

embarrass /ɪmˈbærəs/ *vt*
imbarazzare: John was embarrassed
when he fell off his new bike. *John era
imbarazzato quando cadde dalla
bicicletta nuova.*|It was very
embarrassing for him. *Fu molto
imbarazzante per lui.*

embarrassment /ɪmˈbærəsmənt/ *s*
⟨*non num*⟩ *imbarazzo:* John couldn't
hide his embarrassment when he fell
off his new bike. *John non potè
nascondere l'imbarazzo quando cadde
dalla bicicletta nuova.*

emerge /ɪˈmɜːdʒ||-ˈɜːr-/ *vi*
⟨*pass rem e p pass* **emerged**, *p pres*
emerging⟩ ⟨**from**⟩ **1** *emergere (da):*
The dog finally emerged from the
bushes. *Il cane finalmente emerse dai
cespugli.* **2** *emergere, risultare:* It
emerged from our meeting that we
needed to do some more work on the
project. *Dal nostro incontro risultò che
dovevamo lavorare ancora al progetto.*

emergency /ɪˈmɜːdʒənsi||-ɜːr-/ *s*
⟨*pl* **emergencies**⟩ *emergenza:* In an
emergency, go straight to the hospital.
*In caso di emergenza, vai direttamente
all'ospedale.* ·

emigrate/ ˈemɪˌɡreɪt/ *vi*
emigrare

emperor /ˈempərəʳ/ *s*
imperatore: Nero was the Emperor of
Rome. *Nerone fu imperatore di Roma.*

employ /ɪmˈplɔɪ/ *vt*
dare impiego a, impiegare, assumere:
The factory employs two thousand
people. *La ditta impiega duemila
persone.*|I am employed as a
carpenter. *Sono assunto come
carpentiere.* — **employee** *s* *impiegato,*

dipendente — **employer** *s* *datore di
lavoro*

employment /ɪmˈplɔɪmənt/ *s*
⟨*non num*⟩ *impiego, lavoro,
occupazione:* House building provides
employment for many people.
L'edilizia dà lavoro a molte persone.

empty[1] /ˈempti/ *agg*
⟨*compar* **emptier**, *sup* **emptiest**⟩ *vuoto:*
an empty glass, *un bicchiere vuoto*|:
The bus is always empty when you
don't want it and always full when you
do! *L'autobus è sempre vuoto quando
non serve e sempre pieno quando
serve!* – *contrario* FULL

empty[2] *vt, vi*
⟨*pass rem e p pass* **emptied**, *p pres*
emptying⟩ *vuotare, vuotarsi, versare:*
He emptied the bucket/emptied the
water down the drain. *Vuotò il
secchio/versò l'acqua nello scarico.*|The
school empties at four o'clock. *La
scuola si svuota alle quattro.*
■*Nota: Il verbo* **empty** *si usa sia per il
contenitore che per la cosa contenuta.*

emu /ˈiːmjuː/ *s*
⟨*pl* **emus** *o* **emu**⟩ *emu*

encourage /ɪnˈkʌrɪdʒ||ɪnˈkɜːr-/ *vt*
⟨*pass rem e p pass* **encouraged**, *p pres*
encouraging⟩ ⟨**sbdy to do sthg**⟩
incoraggiare (a fare qc): Mrs Morgan
encouraged Kate to go on the trip. *La
signora Morgan incoraggiò Kate a
partecipare al viaggio.*

encouragement /ɪnˈkʌrɪdʒmənt||
ɪnˈkɜːr-/ *s*
⟨*non num*⟩ *incoraggiamento:* Kate
needed no encouragement. She
wanted to go on the trip. *Kate non
aveva bisogno di incoraggiamento.
Voleva partecipare al viaggio.*

encouraging /ɪnˈkʌrɪdʒɪŋ||ɪnˈkɜːr-/
agg
incoraggiante: encouraging shouts
from the crowd, *grida di
incoraggiamento dalla folla*

end[1] /end/ s

1 *fine:* At the end of the month Sandro and Claudia are coming to Dover. *Alla fine del mese Sandro e Claudia verranno a Dover.*|The castle is on your right at the end of the street. *Il castello è alla tua destra in fondo alla strada.* **2 in the end** *alla fine, finalmente:* He had to take his history exam three times, but in the end he passed. *Dovette sostenere l'esame di storia tre volte, ma alla fine fu promosso.*

end[2] vi, vt

finire, terminare: The film didn't end until 11.30. *Il film non terminò prima delle 11.30.*|The film ended happily. *Il film aveva un lieto fine.*|They ended the evening with a drink and then went to bed. *Conclusero la serata bevendo qualcosa e poi andarono a letto.*

ending /'endɪŋ/ s

fine, conclusione: The film had a very sad ending. *Il film aveva una fine molto triste.*

enemy /'enəmi/ s

⟨*pl* **enemies**⟩ **1** *nemico:* The police want to know if the murdered man had any enemies. *La polizia vuole sapere se l'uomo assassinato aveva dei nemici.* **2** ⟨*seguito da un verbo al singolare o al plurale*⟩ *nemico:* The enemy was o were preparing to attack. *Il nemico si preparava ad attaccare.*

energetic /ˌenə'dʒetɪk||-ər-/ agg

energico, attivo: John is very energetic; he's always doing things. *John è molto attivo; è sempre impegnato a fare qualcosa.*

▲*Trabocchetto: Non confondere l'aggettivo inglese* **energetic** *con l'aggettivo italiano* **energetico**, *che è generalmente tradotto con* **energy**, **energy-giving:** the energy crisis, *la crisi energetica*|energy-giving food, *cibi energetici*

energy /'enədʒi||-ər-/ s

⟨*non num*⟩ **1** *energia, forza:* She has lots of energy. *È piena di energia.* **2** *energia, forza:* atomic energy, *energia atomica*|If people take in more energy in food than they use up in exercise, they put on weight. *Se uno assume col cibo più energia di quella che usa con l'esercizio fisico, mette su chili.*

engaged /ɪn'geɪdʒd/ agg

⟨*non usato al compar o sup*⟩ **1** *anche* **busy** (*IA*) (*di telefono*) *occupato:* The number's still engaged. I'll call again later. *Il numero è ancora occupato. Chiamerò più tardi.* **2** *fidanzato:* Sue's sister got engaged to her boyfriend last week. *La sorella di Sue si è fidanzata col suo ragazzo la settimana scorsa.*

engagement /ɪn'geɪdʒmənt/ s

1 *fidanzamento:* Sue's sister announced her engagement last week. *La sorella di Sue ha annunciato il suo fidanzamento la settimana scorsa.* **2** *impegno:* I can't see you on Tuesday; I've already got several engagements then. *Non ti posso incontrare martedì; ho già molti impegni per quel giorno.*

engine /'endʒɪn/ s

motore: a car engine, *il motore di una macchina*

■*Nota: La parola* **engine** *si riferisce generalmente al motore di una macchina, di un treno o di un aereo. Nel caso di motori più piccoli si usa la parola* **motor:** The washing machine needs a new motor. *La lavatrice ha bisogno di un motore nuovo.*

  fire engine s

autopompa antincendio

engineer /ˌendʒɪ'nɪəʳ/ s

ingegnere, tecnico: a civil engineer, *un ingegnere civile*|Scientists and engineers have developed a new high

speed train. *Scienziati e ingegneri hanno costruito un nuovo treno ad alta velocità.*
■*Nota: La parola* **engineer** *in inglese è meno specifico della parola* **ingegnere** *in italiano. Può corrispondere più genericamente a* **tecnico**.

engineering /ˌendʒɪ'nɪərɪŋ/ s
⟨*non num*⟩ ingegneria: Anna is studying engineering at university. *Anna studia ingegneria all'università.*

enjoy /ɪn'dʒɔɪ/ vt
1 ⟨*sthg o doing sthg*⟩ gradire (*qc o fare qc*): Anne is enjoying her course very much. *Ad Anna piace molto il suo corso.*|Andy enjoys taking the dog for walks. *Ad Andy piace portare il cane a fare passeggiate.* 2 **enjoy oneself** *divertirsi:* Lucy enjoyed herself at the party. *Lucy si è divertita alla festa.*

enjoyable /ɪn'dʒɔɪəbəl/ agg
gradevole, piacevole: Anna finds her course very enjoyable. *Anna trova molto gradevole il suo corso.*

enjoyment /ɪn'dʒɔɪmənt/ s
⟨*non num*⟩ piacere, divertimento: Anna gets a lot of enjoyment from her course. *Anna trae molto piacere dal suo corso.*

enormous /ɪ'nɔːməs||-ɔːr-/ agg
enorme: In the corner of the attic is an enormous cupboard. *Nell'angolo della mansarda c'è un'enorme credenza.*

enough[1] /ɪ'nʌf/ agg, pron
abbastanza: We've got enough money for the tickets. *Abbiamo abbastanza soldi per i biglietti.*|There isn't enough milk. *Non c'è abbastanza latte.*|There aren't enough oranges. *Non ci sono abbastanza arance.*|We need lots of chairs. Do you think we've got enough? *Ci servono molte sedie. Pensi che ne abbiamo abbastanza?*

enough[2] avv
⟨*si usa sempre dopo un aggettivo o avverbio*⟩ abbastanza,

sufficientemente: Is that room big enough for the meeting? *Quella stanza è grande abbastanza per l'incontro?*| The sea is warm enough to swim in. *Il mare è caldo a sufficienza per nuotare.*|I didn't act quickly enough to prevent the crash. *Non agii con velocità sufficiente a prevenire l'incidente.*

enquire /ɪn'kwaɪəʳ/ vi, vt
⟨*pass rem e p pass* **enquired**, *p pres* **enquiring**⟩ – vedi INQUIRE

enquiry /ɪn'kwaɪəri||'ɪŋkwəri, ɪn'kwaɪəri/ s
⟨*pl* **enquiries**⟩ – vedi INQUIRY

enter /'entəʳ/ vt, vi
entrare: Miss Harris entered the room. *La signora Harris entrò nella stanza.*| Britain entered the Common Market in 1974. *La Gran Bretagna entrò nel Mercato Comune nel 1974.*
■*Nota: Osserva che il verbo* **enter** *non è seguito da alcuna preposizione. Inoltre questo verbo è più formale del verbo* **go in** *o* **come in**.

entertain /ˌentə'teɪn||-ər-/ vt
intrattenere, far divertire: We were entertained by street musicians as we waited to go into the cinema. *Mentre aspettavamo di entrare al cinema fummo intrattenuti da suonatori ambulanti.*

entertainer /ˌentə'teɪnəʳ||-tər-/ s
artista: There are often street entertainers at Covent Garden in London. *Ci sono spesso artisti ambulanti al Covent Garden di Londra.*

entertainment /ˌentə'teɪnmənt||-tər-/ s
⟨*num e non num*⟩ divertimento, trattenimento, spettacolo: There is often free street entertainment at Covent Garden. *Ci sono spesso spettacoli di piazza gratuiti al Covent Garden.*

enthusiasm /ɪn'θjuːziæzəm||ɪn'θuː-/ s

⟨*non num*⟩ *entusiasmo:* Kate waited for her exam results without enthusiasm. She didn't think she'd done well. *Kate aspettò i risultati degli esami senza entusiasmo. Non pensava di essere andata bene.*

enthusiastic /ɪnˌθjuziˈæstɪk‖ɪnˌθuː-/ *agg*

entusiasta: an enthusiastic new teacher, *un nuovo insegnante entusiasta*

entire /ɪnˈtaɪəʳ/ *agg*

⟨*solo attributivo*⟩ *intero, completo, tutto:* The entire class was late for school last week. *Tutta la classe è arrivata tardi a scuola la settimana scorsa.*

entirely /ɪnˈtaɪəli‖-ər-/ *avv*

del tutto, completamente, interamente: I agree entirely with what you say. *Sono completamente d'accordo con ciò che dici.*

entrance /ˈentrəns/ *s*

1 ⟨*num*⟩ *entrata, ingresso:* I'll meet you at the side entrance to the school. *Ti aspetterò all'ingresso laterale della scuola.* **2** ⟨*non num*⟩ *entrata, ingresso:* The entrance fee includes food and drink. *La tariffa d'ingresso comprende la consumazione.*

entry /ˈentri/ *s*

⟨*pl* **entries**⟩ **1** ⟨*non num*⟩ *ingresso, entrata:* Britain finally gained entry into the Common Market in 1974. *La Gran Bretagna ottenne finalmente l'ingresso nel Mercato Comune nel 1974.*|No entry! *Vietato l'ingresso.* **2** ⟨*num*⟩ *iscrizione:* The organizers of the competition received over a thousand entries. *Gli organizzatori della competizione ricevettero più di mille iscrizioni.*

envelope /ˈenvələup/ *s*

busta: I need to buy some writing paper and envelopes. I have to write some letters. *Devo comprare della*

carta da lettere e delle buste. Devo scrivere alcune lettere.

envious /ˈenviəs/ *agg*

invidioso: John was rather envious of Andy's new bike. *John era abbastanza invidioso della nuova bicicletta di Andy.*

environment /ɪnˈvaɪərənmənt/ *s*

ambiente: More people are interested in the environment now. *Sempre più gente oggi si interessa all'ambiente.*

— **environmental** *agg ambientale:* environmental issues like acid rain and nuclear weapons, *questioni ecologiche come la pioggia acida e le armi nucleari*

envy /ˈenvi/ *vt*

invidia: They were green with envy when they read my essay. *Erano verdi d'invidia quando lessero il mio tema.*

equal[1] /ˈiːkwəl/ *agg*

pari, uguale: They give the children equal amounts of pocket money. *Danno ai bambini la stessa paga settimanale.*|equal rights for women, *pari diritti per le donne*

equal[2] *vt*

⟨*pass rem e p pass* **equalled** (*IB*) *o* **equaled** (*IA*), *p pres* **equalling** (*IB*) *o* **equaling** (*IA*)⟩ *essere pari o uguale a:* 3 × 4 = 12 *si legge* three times four equals twelve.|Michele Alboreto equalled the lap record in practice. *Michele Alboreto durante le prove ha eguagliato il record del giro.*

equal[3] /ˈiːkwəl/ *s*

pari: Men and women should be treated as equals in law. *Bisognerebbe che gli uomini e le donne fossero trattati dalla legge come pari.*

equality /ɪˈkwɒlɪti‖ɪˈkwɑː-/ *s*

⟨*non num*⟩ *parità, eguaglianza:* There has been a long struggle for the equality of women. *La lotta per ottenere la parità di diritti tra uomo e donna è stata lunga.*

equally /ˈiːkwəli/ *avv*

ugualmente, allo stesso modo: Britain has introduced laws to make sure that women and men are treated equally. *In Gran Bretagna sono state introdotte le leggi che assicurano la parità di trattamento tra donne e uomini.*|Work and leisure are equally important. *Lavoro e divertimento sono ugualmente importanti.*

equipment /ɪˈkwɪpmənt/ *s*
⟨*non num*⟩ *attrezzatura, apparecchiatura:* The firm sells office equipment: computers, typewriters, filing cabinets etc. *La ditta vende attrezzature per ufficio: computer, macchine da scrivere, schedari, ecc.*| camping equipment, *attrezzatura da campeggio*

equivalent /ɪˈkwɪvələnt/ *s*
equivalente: Some English words don't have an Italian equivalent. *Alcune parole inglesi non hanno un equivalente italiano.*|What is the equivalent of the House of Commons in Italy? *Cos'è l'equivalente della House of Commons in Italia?*
— **equivalent** *agg equivalente*

er /ɜːʳ, əʳ/ *inter*
ehm: "What would you like to drink?" "Er . . . coffee, please." *"Cosa vuoi da bere?" "Ehm . . . caffè, grazie."*

error /ˈerəʳ/ *s*
errore, sbaglio
■*Nota: La parola* **error** *è più formale della parola* **mistake.**

escape /ɪˈskeɪp/ *vi*
⟨*pass rem e p pass* **escaped***, p pres* **escaping**⟩ ⟨*from*⟩ *scappare, fuggire, evadere (da):* The prisoner escaped from the courtroom. *Il prigioniero fuggì dall'aula giudiziaria.*|an escaped prisoner, *un evaso*

escape² *s*
fuga, evasione: The prisoner made her escape by jumping from a window of the courtroom. *La prigioniera effettuò*

la fuga saltando da una finestra *dell'aula giudiziaria.*

especially /ɪˈspeʃəli/ *anche*
specially *avv*
1 *specialmente, in particolare:* Italy is very hot in summer, especially in August. *In Italia fa molto caldo in estate, soprattutto in agosto.*|Kate works very hard, especially at exam time. *Kate studia molto, specialmente nel periodo degli esami.*
2 *particolarmente, più che mai:* Now that the price of oil has gone up, it's especially important to save energy. *Ora che il prezzo del petrolio è salito è più che mai importante fare risparmio d'energia.*|"Are you busy at the moment?" "Not especially. *"Sei occupato adesso?" "Non particolarmente."*

essay /ˈeseɪ/ *s*
⟨*about, on*⟩ *tema, saggio (su):* John writes good essays sometimes. *John scrive dei bei temi a volte.*|an essay on *o* about the history of Milan, *un saggio sulla storia di Milano*

essential /ɪˈsenʃəl/ *agg*
essenziale: I think that good music is essential for a party. *Penso che della buona musica sia essenziale ad una festa.*

estate /ɪˈsteɪt/ *s*
proprietà: The factory is situated on an industrial estate outside the town. *La fabbrica è situata su una proprietà industriale fuori città.*|a housing estate, *un quartiere residenziale*

etc /ˌet ˈsetərə/
abbr scritta di **etcetera** *ecc, eccetera:* The company sells office equipment: computers, typewriters, filing cabinets, etc. *La ditta vende attrezzature per ufficio: computer macchine da scrivere, schedari, ecc.*

evaluate /ɪˈvæljueɪt/ *vt*
⟨*form*⟩ *valutare, stimare:* Teachers

have to evaluate their students' performance at the end of each term. *Gli insegnanti devono valutare il rendimento dei loro studenti alla fine di ogni trimestre.* — **evaluation** s ⟨num e non num⟩ *valutazione, stima*

eve /iːv/ s sing
(*di festa religiosa*) *vigilia:* We had an all-night party on New Year's Eve. *Abbiamo fatto festa per tutta la notte a Capodanno.*|Christmas Eve, *la vigilia di Natale*

even¹ /'iːvən/ agg
1 *piatto, piano, liscio:* A billiard table must have an even surface. *Un tavolo da biliardo deve avere la superficie liscia e piana.* — *contrario* UNEVEN
2 *pari:* We've won two games each, so now we're even. *Abbiamo vinto due giochi ciascuno, perciò adesso siamo pari.* **3** (*di numero*) *pari:* 2, 4, and 6 are even numbers; 1, 3, and 5 are odd numbers. *2, 4, 6 sono numeri pari; 1, 3 e 5 sono dispari.* — *contrario* ODD
— **evenly** *avv uniformemente, in parti uguali:* I spread the cream evenly over the cake. *Ho spalmato la panna uniformemente sulla torta.*

even² *avv*
1 *persino, addirittura:* Even young children can operate computers these days. *Oggigiorno persino i bambini piccoli possono far funzionare i computer.*|Not only did Emilio invite Kate and Andy to Milan for a holiday, he even offered to pay their fares. *Non solo Emilio invitò Kate ed Andy a Milano, ma addirittura si offrì di pagare i loro biglietti.*|My son never writes to me. He doesn't even telephone me any more. *Mio figlio non mi scrive mai. Non mi telefona addirittura più.* **2** (*per rafforzare un comparativo*) *anche, addirittura:* It's even colder today than it was yesterday. *Oggi fa ancora più freddo*

di ieri. **3** **even if** *anche se, benchè, sebbene:* Even if we could afford it, we wouldn't go abroad for our holidays. *Anche se potessimo permettercelo non andremmo in vacanza all'estero.*
4 **even though** *nonostante:* The room still felt quite cold, even though the central heating had been on for an hour. *La stanza era ancora fredda, nonostante il riscaldamento fosse stato acceso per un ora.*

evening /'iːvnɪŋ/ s
sera, serata: In the evening(s), I either do my homework or watch TV. *La sera o faccio i compiti o guardo la TV.*|What shall we have for dinner this evening? *Cosa mangiamo a cena stasera?* — *vedi anche* TONIGHT (**Nota**)
  good evening *inter*
  buona sera

eventual /ɪ'ventʃuəl/ agg
finale: We are sure of the eventual success of our project. *Siamo certi del successo finale del nostro progetto.*
▲ **Trabocchetto:** *Non confondere l'aggettivo* **eventual** *e l'aggettivo italiano* **eventuale**, *che è tradotto* **possible** *o* **probable**.

eventually /ɪ'ventʃuəli/ avv
finalmente, alla fine: We waited patiently and eventually the rabbit appeared again. *Aspettammo pazientemente e finalmente il coniglio riapparve.*
▲ **Trabocchetto:** *Non confondere l'avverbio inglese molto comune* **eventually** *e l'avverbio italiano* **eventualmente**, *che è tradotto* **in case** *o* **if necessary**.

ever /'evəʳ/ avv
1 *mai:* Have you ever been to England? *Sei mai stato in Inghilterra?*|"Star Wars" was the best film I've ever seen. *"Guerre stellari" è stato il film più bello che abbia mai visto.* **2** **ever since** *da quando:* I have lived here ever since I was a child. *Vivo qui fin*

da quando ero bambino. **3 ever after**
per sempre, da allora in poi: The
prince and princess lived happily ever
after. *Da allora il principe e la*
principessa vissero felici e contenti.
– vedi anche FOREVER

every /'evri/ *agg*
1 *ogni, ciascuno:* Boats go in and out
of the port every day. *Le barche*
entrano e escono dal porto ogni
giorno.|Every seat on the bus was taken.
Tutti i posti a sedere sull'autobus erano
occupati.|Every racing driver wants to
win a Grand Prix. *Ogni corridore*
vuole vincere un Grand Prix.|When I
took my shirts out of the washing
machine, every one was ruined!
Quando ho tirato fuori le camicie dalla
lavatrice, erano tutte rovinate! **2** *(per*
indicare frequenza) ogni: The festival
is held (once) every two years. *Il*
festival si tiene (una volta) ogni due
anni.|"How often do the buses run?"
"About every ten minutes." *"Ogni*
quanto passano gli autobus?" "Circa
ogni dieci minuti." **3 every other** *uno*
sì e uno no: Sue goes to Florence
every other month. *Sue va a Firenze a*
mesi alterni o Sue va a Firenze un mese
sì e uno no.

■*Nota:* **Each** *ed* **every** *sono pressochè*
sinonimi, ma vengono usati con
sfumature diverse di significato. **Every**
sottolinea l'idea di completezza e
appartenenza ad un gruppo (tutti
quanti senza eccezione), mentre **each**
isola i singoli membri di un gruppo
(ciascuno preso individualmente).
Entrambi reggono il verbo al singolare,
tranne nei casi in cui **each** *è posposto al*
soggetto della frase: **Every** child has a
hobby. *I bambini hanno tutti quanti un*
hobby.|**Each** child has a different
hobby. *Ogni bambino ha un hobby*
differente.|The children **each** have
different hobbies. *I bambini hanno*

ciascuno un hobby differente. *Con*
riferimento a due sole cose o persone,
si può usare **each** *ma non* **every,** *perchè*
in inglese l'idea di "tutti e due" è già
resa da **both,** *che vuole sempre il*
plurale: **Both** my parents are ill. *I miei*
genitori sono entrambi malati.

everybody /'evribɒdi||-bɑːdi/ *anche*
everyone *pron*
tutti, ciascuno: Everybody in the room
was looking at me. *Nella stanza tutti*
guardavano me.|Good morning,
everybody. *Buongiorno a tutti.*|Not
everybody wants to get married. *Non*
tutti si vogliono sposare.

everyone /'evriwʌn/ *anche*
everybody *pron*
tutti, ciascuno: In Mali the crops are
dying and everyone is hungry. *A Mali*
stanno andando distrutti i raccolti e
tutti sono affamati.

everything /'evriθiŋ/ *pron*
⟨*seguito da un verbo al singolare o al*
plurale⟩ *tutto, ogni cosa:* Everything is
so expensive in London! *Tutto costa*
così caro a Londra!|We have got
everything we need. *Abbiamo tutto*
l'occorrente.

everywhere /'evriweəʳ/ *pron*
dappertutto, ovunque: I've looked
everywhere for my glasses and I still
can't find them. *Ho cercato gli occhiali*
dappertutto eppure non riesco a
trovarli.|Claudia and Bruno go
everywhere together. *Claudia e Bruno*
vanno insieme dappertutto.

exact /ig'zækt/ *agg*
esatto, corretto: The exact time is 3:22
and 44 seconds. *L'ora esatta è 3.22 e*
44 secondi.

exactly /ig'zæktli/ *avv*
1 *esattamente:* It is exactly four
o'clock. *Sono le quattro in punto.*
2 *esattamente, precisamente:* Tell me
exactly what you think of my
suggestion. *Dimmi esattamente quello*

che pensi della mia proposta.|Well, it's not exactly the colour I wanted. *Beh, non è esattamente il colore che volevo.*| "So you agree with me, then?" "Well, not exactly, no." *"Allora sei d'accordo con me?" "Beh, non del tutto, no."* **3** *(come risposta a una cosa detta) esattamente, proprio così, giusto:* "So you believe, minister, that we should spend more on education?" "Exactly!" *"Quindi lei ritiene, signor ministro, che si dovrebbe spendere di più per l'istruzione?" "Esattamente!"*

exaggerate /ɪgˈzædʒəreɪt/ *vi, vt* ⟨*pass rem e p pass* **exaggerated,** *p pres* **exaggerating**⟩ *esagerare:* John was exaggerating when he said he was very ill. He had a cold! *John esagerava quando ha detto che era molto malato. Aveva il raffreddore!* — **exaggeration** *s* ⟨*num e non num*⟩ *esagerazione*

exam /ɪgˈzæm/ *s* *abbr di* **examination** *esame:* Kate passed all her exams. *Kate ha superato tutti gli esami.*|Andy failed one of his exams and had to take it again. *Andy è stato bocciato in uno degli esami e l'ha dovuto rifare.*

examination /ɪgˌzæmɪˈneɪʃən/ *s* **1** *anche* **exam** *(fam) esame, prova:* You have to sit *o* take an examination to get a job in the Civil Service. *Devi dare un esame per ottenere un posto nell'amministrazione pubblica.* **2** *esame:* The doctor gave me a thorough examination. *La dottoressa mi esaminò attentamente.*|a medical examination, *un esame medico*

examine /ɪgˈzæmɪn/ *vt* ⟨*pass rem e p pass* **examined,** *p pres* **examining**⟩ *esaminare:* The optician examined my eyes. *L'ottico mi esaminò gli occhi.*|The shopkeeper examined the fifty pound note to see if it was real. *Il negoziante esaminò la banconota da cinquanta sterline per*

vedere se era buona.

example /ɪgˈzɑːmpəl‖ɪgˈzæm-/ *s* **1** *esempio:* Look at the example. *Vedi l'esempio.*|Here is an example of . . . *Ecco un esempio di . . .* **2 for example** *per esempio:* Write a list of what you need. For example: coffee, bread . . . *Scrivete una lista di ciò che vi serve. Per esempio: caffè, pane . . .*

exceed /ɪkˈsiːd/ *vt* *superare:* The driver was stopped for exceeding the speed limit. *L'autista venne fermato per aver superato il limite di velocità.*

excellent /ˈeksələnt/ *agg* *eccellente, ottimo:* Claudia did some excellent work on the history of Milan. *Claudia ha fatto un ottimo lavoro sulla storia di Milano.*

except /ɪkˈsept/ *anche* **except for** *prep* *tranne, a parte:* We've got Maths every day except Friday. *Abbiamo matematica ogni giorno tranne il venerdì.*|Poor John. Everybody passed the exam except him. *Povero John. Tutti hanno superato l'esame eccetto lui.*

exception /ɪkˈsepʃən/ *s* *eccezione*

exceptional /ɪkˈsepʃənəl/ *agg* *eccezionale:* Kate is an exceptional student. *Kate è una studentessa eccezionale.*

exceptionally /ɪkˈsepʃənəli/ *avv* *eccezionalmente, incredibilmente:* The English are exceptionally dull: they're always talking about the weather! *Gli inglesi sono incredibilmente monotoni: parlano sempre del tempo!*|Kate did exceptionally well in her exams. *Kate è andata eccezionalmente bene agli esami.*

excited /ɪkˈsaɪtɪd/ *agg* *eccitato:* The children were very excited at the thought of the long summer holidays. *I bambini erano* *molto eccitati al pensiero delle lunghe vacanze estive.*

excitement /ɪkˈsaɪtmənt/ *s*
⟨non num⟩ *eccitazione:* The children's excitement was due to the visit of Princess Diana. *L'eccitazione dei bambini era dovuta alla visita della principessa Diana.*

exciting /ɪkˈsaɪtɪŋ/ *agg*
eccitante: The thought of going to Milan was very exciting. *Il pensiero di andare a Milano era molto eccitante.*

exclude /ɪkˈskluːd/ *vt*
⟨pass rem e p pass **excluded**, p pres **excluding**⟩ *escludere (da):* John had to be excluded from the team because he broke his leg. *Dovettero escludere John dalla squadra perchè si era rotto una gamba.*

exclusive /ɪkˈskluːsɪv/ *agg*
esclusivo: He belongs to an exclusive club in Rome. *Appartiene ad un esclusivo club a Roma.*|an exclusive hotel, *un albergo esclusivo*

excuse¹ /ɪkˈskjuːz/ *vt*
1 *scusare, perdonare:* Please excuse my bad handwriting, but I broke my wrist a few weeks ago. *Ti prego, perdonami per la mia brutta scrittura, ma mi sono rotto il polso qualche settimana fa.*|Such violent behaviour cannot be excused. *Un comportamento così violento non può essere perdonato.*
2 **Excuse me** (*per iniziare a parlare con qn*) *Mi scusi:* Excuse me. Does this train stop at Naples? *Mi scusi. Questo treno si ferma a Napoli?*|Excuse me, please. *Permesso, scusi.* (=*Vorrei passare*).
■*Nota: In inglese britannico* **excuse me** *si usa quando si vuole attirare l'attenzione di qualcuno per parlare loro o per passare. In inglese americano* **excuse me** *si usa per scusarsi.* **Sorry** *si usa per scusarsi in entrambi i casi.* **Pardon** *si usa quando*

non si è capito qualcosa e si vuole che l'interlocutore ripeta. **I beg your pardon** *è un modo più formale di dire* **sorry** *o* **pardon.**

excuse² /ɪkˈskjuːs/ *s*
⟨for⟩ *scusa:* His excuse for being late was that the bus was full and that he had to wait for the next one. *La scusa che presentò per il ritardo fu che l'autobus era pieno e aveva dovuto aspettare che ne arrivasse un altro.*

execute /ˈeksɪkjuːt/ *vt*
⟨pass rem e p pass **executed**, p pres **executing**⟩ *giustiziare:* People convicted of murder are executed in some states of America. *Le persone dichiarate colpevoli di assassinio sono giustiziate in alcuni stati americani.*
— **execution** *s* ⟨num e non num⟩ *esecuzione*

executive /ɪgˈzekjʊtɪv/ *s*
dirigente: business executives, *dirigenti commerciali*

exercise¹ /ˈeksəsaɪz||-ər-/ *s*
1 ⟨num e non num⟩ *esercizio (fisico), ginnastica:* There are many exercises to help you keep fit. *Ci sono molti esercizi che aiutano a mantenersi in forma.*|Jogging is a popular form of exercise. *Il jogging è una forma diffusa di esercizio fisico.*|To lose weight, exercise is more efficient than a diet. *Per dimagrire, la ginnastica è più efficace di una dieta.* **2** ⟨num⟩ *esercizio:* We did an exercise on the present perfect tense today. *Abbiamo fatto un esercizio sul passato prossimo oggi.*

exercise² *vi, vt*
⟨pass rem e p pass **exercised**, p pres **exercising**⟩ *fare moto, esercitare, tenere in esercizio:* Some people exercise to keep fit, others to lose weight. *Alcune persone fanno moto per mantenersi in forma, altri per dimagrire.*

exercise book /ˈeksəsaɪz bʊk||-ər-/ *s*

exhibit 158

⟨pl **exercise books**⟩ quaderno: Andy
copied his essay into his exercise book.
Andy copiò il tema sul quaderno.

exhibit [1] /ɪɡ'zɪbɪt/ vt
esibire, mostrare

exhibit [2] s
oggetto esposto

exhibition /ˌeksɪ'bɪʃən/ s
mostra, esibizione: an exhibition of
Italian paintings, *una mostra di quadri
italiani*

exist /ɪɡ'zɪst/ vi
⟨non usato nelle forme progressive⟩
1 *esistere:* The problem of violence
exists everywhere in the world. *Il
problema della violenza esiste in tutte le
parti del mondo.* **2** *sopravvivere,
vivere:* Many people in Africa have to
exist on a handful of grain a day.
*Molte persone in Africa devono
sopravvivere con una manciata di
grano al giorno.*

existence /ɪɡ'zɪstəns/ s
⟨non num⟩ *esistenza:* The elephant is
the biggest animal in existence.
*L'elefante è il più grande animale
esistente.*|A life of poverty can be a
painful existence. *Una vita di povertà
può essere un'esistenza penosa.*

exit /'eɡzɪt, 'eksɪt/ s
uscita: a fire exit, *un'uscita di sicurezza*

expand /ɪk'spænd/ vi, vt
espandere, espandersi: The company is
expanding its business in Britain. *La
ditta sta espandendo i suoi affari in
Gran Bretagna.* — **expansion** s ⟨non
num⟩ *espansione*

expect /ɪk'spekt/ vt
⟨sthg o to do sthg o that⟩ *aspettarsi (qc
o di fare qc o che):* Anna expects to go
to university to study engineering.
*Anna si aspetta di andare all'università
e studiare ingegneria.*|Has the post
arrived? I'm expecting a letter. *È
arrivata la posta? Aspetto una lettera.*|
Anna's teachers expect her to go to

university. *I suoi professori si
aspettano che Anna vada all'università.*

expedition /ˌekspɪ'dɪʃən/ s
spedizione: a camping expedition, *una
spedizione in tenda*

expense /ɪk'spens/ s
⟨num e non num⟩ *spesa, costo:* The
expense of repairing the car meant
that I had no money left to go on
holiday. *La spesa per riparare la
macchina fece sì che non mi restassero
soldi per andare in vacanza.*

expensive /ɪk'spensɪv/ agg
costoso, caro: "How much are they?"
"Ten pounds, madam." "They're very
expensive!" *"Quanto vengono?"
"Dieci sterline, signora." "Sono molto
cari!"*|"Is that a cheap watch?" "No.
It's an expensive one." *"È a buon
prezzo quell'orologio?" "No. È caro."*
– contrario CHEAP

experience /ɪk'spɪərɪəns/ s
1 ⟨non num⟩ *esperienza:* It's difficult
to get a job if you don't have much
experience. *È difficile trovare lavoro se
non hai molta esperienza.*|Older
people have more experience than
young people. *I vecchi hanno più
esperienza dei giovani.* **2** ⟨num⟩
esperienza, avventura: Going to Milan
was a really exciting experience.
*L'andare a Milano fu un'esperienza
veramente eccitante.*

experienced /ɪk'spɪərɪənst/ agg
⟨in⟩ *esperto (di):* an experienced
teacher, *un insegnante con esperienza*

expert /'ekspɜːt||-ɜːrt/ s
⟨in, on⟩ *esperto (in):* Emilio is an
expert in concrete buildings. *Emilio è
un esperto in edifici di calcestruzzo.*|an
electronics expert, *un esperto in
elettronica*

explain /ɪk'spleɪn/ vt, vi
⟨sthg o that⟩ *spiegare (qc o che):* Kate
explained to Andy how a gearbox
works. *Kate spiegò a Andy come*

funziona il cambio.|Can you explain the meaning of this word? *Puoi spiegare il significato di questa parola?*

explanation /ˌeksplə'neɪʃən/ *s*
⟨**of, for**⟩ spiegazione (di, per): Kate gave an explanation of how a gearbox works. *Kate fornì una spiegazione su come funziona il cambio.*

explode /ɪk'spləʊd/ *vi, vt*
⟨*pass rem e p pass* **exploded,** *p pres* **exploding**⟩ (far) esplodere: A bomb exploded at the station. *Una bomba esplose alla stazione.*

explore /ɪk'splɔːʳ/ *vt*
⟨*pass rem e p pass* **explored,** *p pres* **exploring**⟩ esplorare: Kate and Andy hope to explore northern Italy in the summer. *Kate ed Andy sperano di esplorare l'Italia settentrionale quest'estate.*

explosion /ɪk'spləʊʒən/ *s*
esplosione: The whole house was destroyed by the explosion. *La casa venne completamente distrutta dall'esplosione.*

explosive /ɪk'spləʊsɪv/ *s*
esplosivo

express¹ /ɪk'spres/ *s*
trèno rapido: We took the express to Edinburgh. *Prendemmo il rapido per Edimburgo.*

express² *vt*
esprimere: The Mach scale is used to express speeds faster than sound. *Si usa la scala di Mach per esprimere le velocità superiori a quella del suono.*| Policemen are not allowed to express political opinions. *I poliziotti non hanno il permesso di esprimere opinioni politiche.*

expression /ɪk'spreʃən/ *s*
1 *espressione*: It's not always easy to think of the right expression. *Non è sempre facile trovare l'espressione giusta.* 2 *espressione*: a sad expression, *un'espressione triste*

extinct /ɪk'stɪŋkt/ *agg*
estinto: Many animals are extinct because they have been hunted by people in too large numbers. *Molti animali sono estinti perchè sono stati cacciati dall'uomo in quantità eccessiva.* — **extinction** *s* ⟨*non num*⟩ estinzione: The cheetah is in danger of extinction. *Il ghepardo è in pericolo di estinzione.*

extra /'ekstrə/ *agg*
extra, in più: We usually get extra food over Christmas because the shops are shut. *Solitamente compriamo del cibo in più a Natale perchè i negozi sono chiusi.*|Andy spends the extra money he gets from his paper round on records and books. *Andy spende i soldi in più che ricava dalla distribuzione dei giornali per libri e dischi.*

extreme /ɪk'striːm/ *agg*
estremo

extremely /ɪk'striːmli/ *avv*
estremamente: It was an extremely interesting trip. *Fu un viaggio estremamente interessante.*

eye /aɪ/ *s*
occhio: What colour are your eyes? *Di che colore hai gli occhi?*

eyebrow /'aɪbraʊ/ *s*
sopracciglio

eyelash /'aɪlæʃ/ *s*
ciglio

eyelid /'aɪlɪd/ *s*
palpebra

F, f

F, f /ef/
F, f

fabulous /'fæbjʊləs/ *agg*
favoloso, meraviglioso, da favola:
Kate won a fabulous prize in the
competition – a trip to Italy! *Kate nel
concorso ha vinto un premio favoloso:
un viaggio in Italia!*

face¹ /feɪs/ *s*
1 *faccia, viso:* Go and wash your face!
It's filthy! *Vatti a lavare la faccia! È
sudicia!* **2** *fronte, faccia, facciata:* a
clock face, *un quadrante di orologio*|
the north-west face of Mount Everest,
*la parete nord-ovest del Monte
Everest*|a miner who works at the coal
face, *un minatore che lavora alla fronte
di carbone*

face² /feɪs/ *vt, vi*
⟨*pass rem e p pass* **faced**, *p pres*
facing⟩ *essere di fronte a, fronteggiare,
guardare verso:* The Morgans' house
faces south, so the front garden is very
sunny. *La casa dei Morgan è rivolta a
sud, quindi il giardino anteriore è
molto soleggiato.*|The two boys sat
facing each other. *I due ragazzi erano
seduti uno di fronte all'altro.*

fact /fækt/ *s*
1 *fatto:* The encyclopedia is full of
curious facts. *L'enciclopedia è piena di
fatti curiosi.*|I'm sorry I'm late. The
fact is, I wasn't sure whether to come
or not. *Scusa il ritardo. Il fatto è che
non ero sicuro se venire o no.* **2 the
fact that** *il fatto che:* The fact that the
thief was drunk at the time did not
affect the judge's decision. *Il fatto che*

il ladro fosse ubriaco al momento del
furto non influenzò la decisione del
giudice.*|I had to go and watch the
match, despite the fact that I hate
football. *Dovetti andare a vedere la
partita, nonostante odio il calcio.* **3 in
fact** *in realtà, anzi:* Our dog Ben
doesn't like dog food; in fact he hates
it. *Al nostro cane Ben non piace il cibo
per cani, anzi, lo odia.*
■*Nota: Spesso si usa* **in fact** *per
introdurre un'affermazione opposta
alla precedente.*

factory /'fæktəri/ *s*
⟨*pl* **factories**⟩ *fabbrica, stabilimento:* to
work in a factory, *lavorare in una
fabbrica*|factory workers, *operai di una
fabbrica*|a car factory, *una fabbrica di
automobili*
▲*Trabocchetto: Non confondere la
parola inglese* **factory** *con la parola
italiana* **fattoria***, che è tradotta* **farm**.

faculty /'fækəlti/ *s*
⟨*pl* **faculties**⟩ *facoltà:* a member of the
science/English faculty, *un membro
della facoltà di scienze/di inglese*

Fahrenheit /'færənhaɪt/ *s, agg*
abbr scritta **F** *scala Fahrenheit:* 75°F *si
legge* seventy-five degrees Fahrenheit
■*Nota: Per convertire i gradi
Fahrenheit in gradi centigradi, sottrarre
32 e moltiplicare per :* 68°F = 20°C.
– *vedi anche* CELSIUS (*Nota*)

fail /feɪl/ *vi, vt*
1 ⟨**to do sthg**⟩ *non riuscire (a fare qc),
fallire:* The crops failed because there
was no rain. *Il raccolto andò male
perché non c'era stata pioggia.*|Andy

failed to get into the tennis team. *Andy non riuscì a entrare nella squadra di tennis.*|They failed to inform us of their decision. *Non ci informarono della loro decisione.* **2** ⟨sthg *o* **to do sthg**⟩ *essere bocciato (in qc), non superare (qc):* John failed his history exam by two marks. *John per due punti è stato bocciato all'esame di storia.*|Mr Morgan failed his driving test three times before he finally passed it. *Il signor Morgan non superò per tre volte l'esame di guida prima di essere finalmente promosso.*

failure /ˈfeɪljəʳ/ *s*
1 ⟨num e non num⟩ *fallimento:* The plan ended in failure. *Il progetto è fallito.* **2** ⟨num e non num⟩ *mancanza, guasto:* An electrical failure caused the lights to go out. *Un guasto della rete elettrica fece andar via la luce.*|a crop failure due to drought, *la rovina di un raccolto dovuta a siccità* **3** ⟨num⟩ *fallito, frana:* He was a bit of a failure in business. *Era un po' un fallito negli affari.*

fair[1] /feəʳ/ *agg*
⟨compar **fairer**, sup **fairest**⟩ **1** *onesto, giusto:* It's not fair! Kate's allowed to stay out late and I'm not! *Non è giusto! Kate può rincasare tardi e io no!* **2** *medio, discreto, modesto:* Andy has a fair chance of passing the exam, but it's not fair. *Andy ha discrete possibilità di superare l'esame, ma la cosa non è sicura.*|a **fair-sized** garden, *un giardino di grandezza discreta* **3** *chiaro, biondo:* What does he look like? Is he fair or dark? *Com'è? È biondo o bruno?*|She's got fair hair and brown eyes. *Ha i capelli chiari e gli occhi castani.*

fair[2] *anche* **funfair** *s*
luna park: There's always a fair on the common at Easter. *C'è sempre il luna park nel parco a Pasqua.*

fairly /ˈfeəli||ˈfeərli/ *avv*
abbastanza, piuttosto, discretamente: Sue is fairly tall. *Sue è piuttosto alta.*| We expect John to do fairly well, but he won't pass all his exams. *Ci aspettiamo che John vada abbastanza bene, ma non supererà tutti gli esami.* – *vedi anche* RATHER (*Nota*)

faith /feɪθ/ *s*
1 ⟨non num⟩ ⟨in⟩ *fede, fiducia (in):* Andy has great faith in himself. He knows he'll do well. *Andy ha molta fiducia in se stesso. Sa che andrà bene.* **2** ⟨num e non num⟩ *fede, religione:* the Christian faith, *la fede cristiana*|the Muslim faith, *la fede musulmana*

faithful /ˈfeɪθfəl/ *agg*
fedele: a faithful dog, *un cane fedele*

faithfully /ˈfeɪθfəl-i/ *avv*
1 *fedelmente:* He promised me faithfully he would come. *Mi promise solennemente che sarebbe venuto.*
2 **Yours faithfully** (*si usa a conclusione di una lettera formale, iniziata con* **Dear Sir** *o* **Dear Madam**) *Distinti saluti*
■*Nota:* Quando non si conosce il nome della persona a cui si scrive si usa **Yours faithfully**. *Quando se ne conosce il nome si usa* **Yours sincerely**. – *vedi anche La Nota Grammaticale* **Letter Writing**

fall[1] /fɔːl/ *vi*
⟨pass rem **fell**, *p pass* **fallen**⟩ **1** *cadere, precipitare:* John broke his arm when he fell from the tree. *John si ruppe il braccio cadendo dall'albero.*|The vase fell off the table. *Il vaso cadde dal tavolo.*|Huge snowflakes were falling from the sky. *Enormi fiocchi di neve cadevano giù dal cielo.* **2** ⟨over⟩ *cadere:* Mrs Morgan fell (over) and broke her wrist. *La signora Morgan cadde e si ruppe il polso.*|My baby brother's learning to walk, and he keeps falling over. *Il mio fratellino sta imparando a camminare e continua a*

cadere. **3** *cadere, scendere:* The temperature fell to – 1°C. *La temperatura calò a – 1°C.*|The price of fresh fruit and vegetables always falls in the summer. *Il prezzo della frutta fresca e della verdura scende sempre d'estate.* **4** *(usato in alcune espressioni)* I **fell ill** just before my holiday and so I couldn't go. *Mi ammalai appena prima della vacanza e così non potei andare.*| They **fell in love** one summer in Milan. *Si innamorarono un'estate a Milano.*| **fall asleep,** *dormire* **5** *cadere:* A shocked silence fell over the crowd. *Un attonito silenzio piombò sulla folla.*|The badgers come out as soon as darkness falls. *I tassi escono fuori appena calano le tenebre.*

fall² *s*

1 *caduta:* Mrs Morgan had a bad fall and broke her wrist. *La signora Morgan ebbe una brutta caduta e si ruppe il polso.* **2** ⟨**in**⟩ *calo, caduta, riduzione (di):* a sharp fall in temperature, *un forte calo della temperatura*|Businessmen are hoping for a fall in the price of oil. *Gli uomini d'affari sperano in un ribasso del prezzo del petrolio.* **3** *caduta:* a fall of snow, *una nevicata* **4** *IA di* **autumn** *autunno*

false /fɔːls/ *agg*

1 *falso, finto:* New York is the capital of the USA. True or false? *New York è la capitale degli Stati Uniti d'America. Vero o falso?*|He was accused of giving false information to the police. *Fu accusato di aver fornito informazioni false alla polizia.* – *contrario* TRUE **2** *falso, posticcio:* false teeth, *denti falsi*

fame /feɪm/ *s*

⟨*non num*⟩ *fama, notorietà*

familiar /fə'mɪlɪər/ *agg*

familiare, noto: Red buses are a familiar sight in London. *Gli autobus*

rossi sono uno spettacolo familiare a Londra.|Your face seems familiar. Have we met before? *La tua faccia mi è familiare. Ci siamo già incontrati?*

familiarly /fə'mɪlɪəli||-lɪər-/ *avv*

familiarmente: The clock tower of the Houses of Parliament is known familiarly as Big Ben. *Il campanile del Palazzo del Parlamento è familiarmente noto come Big Ben.*

family /'fæməli/ *s*

⟨*pl* **families**⟩ ⟨*seguito da un verbo al singolare o al plurale*⟩ *famiglia:* Claudia's family is *o* are coming to England for a holiday. *La famiglia di Claudia verrà in Inghilterra per una vacanza.*|The lion, the leopard and the cheetah are all members of the big cat family. *Il leone, il leopardo e il ghepardo sono tutti membri della famiglia dei grandi felini.*|the royal family, *la famiglia reale*

family tree /'fæməli triː/ *s*

⟨*pl* **family trees**⟩ *albero genealogico:* Kate and Andy looked through the local records to try to trace their family tree. *Kate ed Andy hanno scorso i registri del luogo per cercare di rintracciare il loro albero genealogico.*

famine /'fæmɪn/ *s*

⟨*num e non num*⟩ ⟨*spesso usato senza articolo*⟩ *carestia, fame:* Drought caused famine in parts of Africa. *La siccità ha causato una carestia in alcune parti dell'Africa.*

famous /'feɪməs/ *agg*

⟨**for**⟩ *famoso, noto (per):* Lots of famous people eat at this restaurant. *Molte persone famose mangiano in questo ristorante.*|Dover is famous for its white chalk cliffs. *Dover è famosa per le sue bianche scogliere di gesso.*

fan /fæn/ *s*

1 *ventaglio, ventilatore:* an electric fan, *un ventilatore elettrico* **2** ⟨**of**⟩ *ammiratore, tifoso (di):* Emilio has always been a fan of Tina Turner. *Emilio è sempre stato un ammiratore di Tina Turner.*|a coachload of football fans, *un pullman di tifosi di calcio*

fanatic /fə'nætɪk/ *s*

⟨*si usa spesso dopo un sostantivo*⟩ *appassionato, fanatico:* a camera fanatic/film fanatic, *un fanatico della fotografia/del cinema*

fancy¹ /'fænsi/ *vt*

⟨*sthg o doing sthg*⟩ **1** ⟨*si usa spesso per esprimere sorpresa*⟩ *pensare, figurarsi, immaginare (qc o di fare qc):* Fancy going to school in your slippers! *Immagina! Andare a scuola in ciabatte!*|"Mrs Johnson's just had twins." "Well, **fancy that!**" *"La signora Johnson ha avuto due gemelli." "Ma pensa un po'!"* **2** *desiderare, aver voglia di (qc o fare qc):* Do you fancy going to the pictures on Saturday? *Hai voglia di andare al cinema sabato?*|I don't know why, but I just fancy a new jacket. *Non so perchè, ma desidero proprio una giacca nuova.*

fancy² *agg*

⟨*compar* **fancier**, *sup* **fanciest**⟩ **1** *fantasia, stravagante:* He was wearing a really fancy suit. *Portava un abito davvero stravagante.*|a fancy design, *un motivo fantasia* **2** **fancy dress** *costume:* a fancy dress party, *una festa in maschera*|We went to the party in fancy dress. *Andammo alla festa mascherati.*

fantastic /fæn'tæstɪk/ *agg*

fantastico, meraviglioso: Claudia thinks David Bowie is fantastic. *Claudia pensa che David Bowie è fantastico.*

far /fɑːʳ/ *avv, agg*

⟨*compar* **farther** *o* **further**, *sup* **farthest** *o* **furthest**⟩ **1** ⟨**from**⟩ *lontano, distante (da):* How far is it from London to New York? *Quanto dista Londra da New York?*|Is your school

far from where you live? *La tua scuola è lontana da dove abiti?*|It's too far to walk. Can't we go by bus? *È troppo lontano per andare a piedi. Possiamo andare in autobus?*|The bus was too far away for me to see the number. *L'autobus era troppo lontano per vedere il numero.* – *contrario* NEAR

■*Nota:* **A long way (from)** *è generalmente preferito a* **far (from)** *in frasi affermative:* The school is **a long way from** where I live. **2** ⟨*davanti ai comparativi*⟩ *molto, di gran lunga:* John's work is far better this year. *Il lavoro di John è molto migliore quest'anno.*|It's far too early to go to bed. *È troppo presto per andare a letto.* **3** **as far as** *fino a, nella misura in cui, per quanto:* We walked as far as the church, then came home. *Camminammo fino alla chiesa, poi tornammo a casa.*|As far as I know, there's nothing wrong with my health. *Per quanto io sappia, non c'è niente che non vada con la mia salute.* **4** **so far** *per ora, finora:* I've enjoyed my holiday so far. How about you? *Per ora mi è piaciuta la vacanza. E a te?*

fare /feəʳ/ *s*

tariffa, prezzo del biglietto: I haven't got enough for the bus/train fare. *Non mi bastano i soldi per il biglietto dell'autobus/del treno.*|Fares, please! *Biglietti prego!* Children under fifteen pay half fare. *I ragazzi al di sotto dei quindici anni pagano metà tariffa.*

farewell /feə'wel||feər-/ *s, agg*

addio, arrivederci: John has organized a farewell party for Tim. *John ha organizzato una festa d'addio per Tim.*

■*Nota: Dire* **farewell** *per congedarsi è forma antiquata.*

farm /fɑːm||fɑːrm/ *s*

fattoria: a dairy farm, *un caseificio*| Peter used to live on a farm. *Peter viveva in una fattoria.* – *vedi anche*

FACTORY (*Trabocchetto*)

farmer /'fɑːmə^r||'fɑːrmər/ *s*
agricoltore, cultivatore
■*Nota: Chi possiede una fattoria viene chiamato* **farmer**. *Il contadino che lavora in una fattoria non di sua proprietà si chiama* **farm labourer** *o* **farm worker**.

farming /'fɑːmɪŋ||'fɑːrmɪŋ/ *s*
⟨*non num*⟩ *agricoltura, allevamento:* Farming is the biggest industry in the EEC. *L'agricoltura è il settore più importante all'interno della CEE.*| sheep farming, *allevamento di pecore*

farther /'fɑːðə^r||'fɑːr-/
compar di **far** – *vedi anche* FURTHER

farthest /'fɑːðɪst||'fɑːr-/
sup di **far** – *vedi anche* FURTHEST

fascinate /'fæsɪneɪt/ *vt*
⟨*pass rem e p pass* **fascinated**, *p pres* **fascinating**⟩ ⟨*by, with*⟩ *affascinare, incantare (con):* I'm fascinated by steam engines. *Sono affascinato dalle locomotive a vapore.*

fascinating /'fæsɪneɪtɪŋ/ *agg*
affascinante: We watched a fascinating programme on TV last night. *Guardammo un programma affascinante alla TV ieri sera.*

fascination /ˌfæsɪ'neɪʃən/ *s*
⟨*sing o non num*⟩ ⟨*for, of*⟩ *fascino (per, di):* The city has a strange fascination for those who visit it. *La città ha uno strano fascino per coloro che la visitano.*

fashion /'fæʃən/ *s*
⟨*num e non num*⟩ **1** *moda, stile:* I like to follow fashion. *Mi piace seguire la moda.*|a fashion magazine, *una rivista di moda* **2** **in fashion** *di moda:* Short hair is **in fashion** again. *I capelli corti sono tornati di moda.* **3** **out of fashion** *fuori moda, antiquato*

fashionable /'fæʃənəbəl/ *agg*
alla moda, di moda: a fashionable club, *un club alla moda*|fashionable clothes, *abiti alla moda* — **fashionably** *avv* *alla moda*

fast¹ /fɑːst||fæst/ *agg*
⟨*compar* **faster**, *sup* **fastest**⟩ **1** *rapido, veloce:* a fast car, *un'auto veloce* **2** ⟨*solo predicativo*⟩ *che è avanti:* My watch is five minutes fast. *Il mio orologio è avanti di cinque minuti.* – *contrario* SLOW

fast² *avv*
1 *rapidamente, velocemente:* Cheetahs can run very fast. *I ghepardi possono correre molto velocemente.*|Slow down! You're driving too fast! *Rallenta! Stai andando troppo forte!* – *contrario* SLOWLY **2** **fast asleep** *profondamente addormentato:* The baby is fast asleep. *Il bambino dorme profondamente.*

fasten /'fɑːsən||'fæ-/ *vt, vi*
⟨*to*⟩ *allacciare, legare (a):* Please fasten your seatbelts. *Per favore allacciate le cinture.*|This shirt is a bit too small for me. I can't fasten the top button. *Questa camicia è un po' troppo piccola per me. Non riesco ad abbottonare il primo bottone.*

fast food /'fɑːst 'fuːd||'fæ-/ *s*
⟨*non num*⟩ *cibi pronti:* a chain of American fast-food restaurants, *una catena di ristoranti americani a cibi pronti*

fat¹ /fæt/ *agg*
⟨*compar* **fatter**, *sup* **fattest**⟩ *grasso:* He is fat but his wife is thin. *Lui è grasso ma sua moglie è magra.* – *contrario* SLIM, THIN

fat² *s*
⟨*non num*⟩ *grasso:* She cut the fat off the meat before she ate it. *Tolse il grasso dalla carne prima di mangiarla.*

father /'fɑːðə^r/ *s*
padre: Claudia's father is an engineer, and her mother is a teacher. *Il padre di Claudia fa l'ingegnere e sua madre l'insegnante.* – *vedi anche* PARENT (*Trabocchetto*)

father-in-law /'fɑːðə^r-ɪn-lɔː/ s
⟨pl **fathers-in-law**⟩ *suocero*
fault /fɔːlt/ s
  1 ⟨**in**⟩ *guasto, difetto (in):* a small
  electrical fault, *un piccolo guasto
  elettrico* **2** **It's my/your/etc fault** *È
  colpa mia/tua/ecc:* It was my fault, so
  I'll pay for any damage that I caused.
  *È stata colpa mia, quindi pagherò per
  tutti i danni che ti ho causato.*|Don't
  blame the teacher. It wasn't her fault
  that you failed the exam! *Non dare la
  colpa all'insegnante. Non è stata colpa
  sua se non hai superato l'esame.*
faulty /'fɔːlti/ agg
  ⟨compar **faultier**, sup **faultiest**⟩
  difettoso: a faulty electric plug, *una
  presa difettosa*
favour (IB) o **favor** (IA) /'feɪvə^r/ s
  1 *favore, piacere:* I wonder if you
  could **do me a favour**? *Potresti farmi
  un favore?*|Could I **ask you a favour**?
  Posso chiederti un piacere? **2** **in favour
  of** *favorevole a:* Are you in favour of
  shops opening on Sundays? *Sei
  favorevole all'apertura dei negozi di
  domenica?* **3** **in sbdy's favour, in
  favour of sbdy** *a favore di qualcuno:*
  The judge decided in my favour. *Il
  giudice decise in mio favore.*|The judge
  decided in favour of the defendant. *Il
  giudice decise a favore dell'imputato.*
favourable (IB) o **favorable**(IA)
  /'feɪvərəbəl/ agg
  favorevole: favourable conditions for
  sailing, *condizioni favorevoli per la
  vela*
favourite¹ (IB) o **favorite**(IA)
  /'feɪvərɪt/ agg
  ⟨non usato al compar o sup⟩ *preferito,
  favorito:* Maths is my favourite
  subject. *Matematica è la mia materia
  favorita.*
favourite² (IB) o **favorite**(IA) s
  preferito, favorito: Andy's seen lots of
  films but "Star Wars" is his favourite.

Andy ha visto molti film ma "Guerre
Stellari" è il suo preferito.
fear¹ /fɪə^r/ s
  ⟨num e non num⟩ *paura, timore:* The
  child was trembling with fear when
  they found him in the woods. *Il
  bambino stava tremando di paura
  quando lo trovarono nel bosco.*
fear² vt
  ⟨non usato nelle forme progressive⟩
  temere, avere paura di: Most people
  fear death. *La maggior parte della
  gente teme la morte.*
  ■*Nota: Il verbo* **be afraid of** *si usa più
  spesso del verbo* **fear:** I'm afraid of
  mice. *Ho paura dei topi.* – vedi anche
  FRIGHTENED (*Nota*)
feather /'feðə^r/ s
  piuma, penna
feature /'fiːtʃə^r/ s
  tratto, caratteristica: One of the most
  interesting features of the town is the
  castle. *Una delle caratteristiche più
  interessanti della città è il castello.*
February /'februəri, 'febjuri‖'febjueri/
  s
  febbraio: It often snows in February.
  Spesso nevica a febbraio. – vedi anche
  La Nota Grammaticale Days and Dates
fee /fiː/ s
  onorario, tassa, retta: The price
  includes travel and the entrance fee. *Il
  prezzo comprende il viaggio e la tassa
  d'ingresso.*|school fees, *retta scolastica*|
  doctor's fees, *onorario di medico*
feed /fiːd/ vt, vi
  ⟨pass rem e p pass **fed**⟩ ⟨**on**⟩ *nutrire,
  dare da mangiare a, nutrirsi (di),
  mangiare:* How often do you feed the
  dog? *Con che frequenza dai da
  mangiare al cane?*|The baby needs
  feeding again. *Bisogna di nuovo dar
  da mangiare al bambino.*|Do not
  disturb the gorillas while they're
  feeding. *Non disturbare i gorilla
  mentre mangiano.*|Some large birds

feed on plants, seeds, insects and small animals. *Certi grandi uccelli si nutrono di piante, semi, insetti e piccoli animali.*

feel /fiːl/ *v*

⟨*pass rem e p pass* **felt**⟩ **1** *vt* sentire, palpare: You can feel the quality of this material just by touching it. *Puoi sentire la qualità di questa stoffa semplicemente toccandola* **2** *vi* sentire (-si): "How are you feeling?" "I don't feel very well, actually." *"Come ti senti?" "A dire il vero non mi sento molto bene."*|I feel a bit cold. Can I turn the heating on? *Ho un po' freddo. Posso accendere il riscaldamento?*|The rollercoaster makes me feel sick. *Le montagne russe mi fanno venir la nausea.* **3** *vi* sentire (-si): I feel very happy today. *Mi sento molto felice oggi.*|He felt so stupid when he realized what he'd done. *Si sentì così stupido quando si accorse di quello che aveva fatto.*|How do you feel about this idea? *Cosa pensi di quest'idea?*| She felt that it was time to leave. *Sentì che era ora di andare.* **4** **feel like** sentirsi di, aver voglia di: You've got to go to school, even if you don't feel like it. *Devi andare a scuola, anche se non ne hai voglia.*|Do you feel like a drink? *Vuoi bere qualcosa?*|I didn't feel like talking to anyone, so I went home. *Non mi andava di parlare con nessuno, così andai a casa.*

feeling /'fiːlɪŋ/ *s*

1 ⟨generalmente singolare⟩ sensazione, senso: a feeling of relief, *una sensazione di sollievo*|I have a feeling that she won't come. *Ho la sensazione che lei non verrà.*

2 ⟨generalmente plurale⟩ sentimenti: They hurt my feelings when they didn't invite me to the party. *Sono rimasto male quando non mi hanno invitato alla festa.*

feet /fiːt/

pl di **foot**

fell /fel/

pass rem del verbo **fall**

fellow /'feləʊ/ *s*

1 ⟨*fam, piuttosto antiquato*⟩ tipo, tizio, uomo: Some fellow came to see you when you were out, but I've forgotten his name now. *È venuto un tizio a cercarti mentre eri fuori, ma ora non ricordo il suo nome.* **2** membro (di college, accademia ecc): a Fellow of Trinity College, *un membro del corpo docente al Trinity College*

felt[1] /felt/

pass rem e p pass del verbo **feel**

felt[2] *s*

feltro

felt pen /felt' pen/ *s*

pennarello: Colour in the graph with crayons or felt pens. *Colora il grafico con pastelli o pennarelli.*

female[1] /'fiːmeɪl/ *agg*

femminile, femmina: a female elephant, *un elefante femmina* – vedi anche FEMININE (*Nota*)

female[2] *s*

femmina: The group of birds consisted of seven females and one male. *Il gruppo di uccelli era costituito da sette femmine ed un maschio.*

feminine /'femɪnɪn/ *agg*

1 femminile: He has a rather feminine voice. *Ha una voce piuttosto femminile.*|a room decorated in feminine pinks and pastels, *una stanza decorata in colori femminili*

■*Nota:* Paragona **female/male** con **feminine/masculine**. **Female** e **male** sono usati per mostrare a quale sesso un animale o una persona appartiene, e quando si parla delle caratteristiche di un sesso o dell'altro: the male/female body|a male/female bird. **Feminine** e **masculine** sono usati solo per persone, per descrivere qualità che sono considerate tipiche di uno o dell'altro *sesso:* He has delicate feminine hands.|He seems a very masculine sort of person. **2** *femminile:* In Italian, nouns can be either masculine or feminine. *In italiano i sostantivi possono essere maschili o femminili.*

fence /fens/ *s*
steccato, staccionata: a garden fence, *lo steccato di un giardino*|We put up a wooden fence. *Abbiamo eretto uno steccato di legno.*|a barbed-wire fence, *un recinto di filo spinato*

ferry /'feri/ *s*
⟨*pl* **ferries**⟩ *traghetto:* We boarded the car ferry at Dover. *Ci imbarcammo sul traghetto per le auto a Dover.*

fertile /'fɜːtaɪl||'fɜːrtl/ *agg*
fertile, fecondo: fertile land, *terreno fertile*|a fertile mind, *una mente prolifica*

festival /'festɪvəl/ *s*
festival, festa: a religious festival, *una festa religiosa*|At the Edinburgh Festival you can go to new plays, concerts, etc. *Al Festival di Edimburgo si possono andare a vedere e sentire nuove commedie, concerti ecc.*

fetch /fetʃ/ *vt*
andare a prendere: I'll go and fetch the chess board and then we can play. *Vado a prendere la scacchiera e poi potremo giocare.*|Could you fetch the scissors from the kitchen, please. *Vai a prendere le forbici dalla cucina, per favore.* – *vedi anche* BRING (*Nota*)

few /fjuː/ *agg, pron*
1 ⟨*compar* **fewer**, *sup* **fewest**⟩ *pochi, alcuni, qualche:* Very few people turned up for the meeting. *Si presentarono all'incontro pochissime persone.*|Few of them could remember what had happened. *Pochi di loro potevano ricordare quello che era successo.*|There were too few textbooks for the students to have one each. *C'erano troppo pochi libri di*

testo perchè gli studenti ne potessero avere uno a testa.
■*Nota:* **Few** *è più formale di* **not many**. **2 a few** *alcuni, qualche:* Sue's staying with me for a few days. *Sue starà con me qualche giorno.*|I had a few letters and a postcard this morning. *Ho ricevuto alcune lettere e una cartolina stamattina.*|A few of us are going to the cinema this evening. Would you like to come? *Alcuni di noi vanno al cinema stasera. Vuoi venire?*|"Would you like some more peas?" "Just a few, please." *"Vuoi ancora dei piselli?" "Solo un po', grazie."* **3 quite a few** *parecchi, non pochi:* I haven't got many stamps from Bulgaria, but I've got quite a few from Romania. *Non ho molti francobolli della Bulgaria, ma ne ho un bel po' della Romania.*
■*Nota: Sia* **few** *sia* **a few** *indicano un numero limitato di cose o persone, ma c'è una sensibile differenza di significato.* **Few** *ha il significato più negativo di pochi, scarsi, quasi nessuno, mentre* **a few** *si riferisce positivamente ad alcuni, alquanti.*

fiction /'fɪkʃən/ *s*
⟨*non num*⟩ *narrativa:* Mrs Morgan likes to read history and biography, but her husband prefers fiction. *Alla signora Morgan piace leggere la storia e le biografie, ma suo marito preferisce la narrativa.*|science fiction, *fantascienza*

field[1] /fiːld/ *s*
1 *campo:* The farmer is ploughing the field with a tractor. *L'agricoltore ara il campo con il trattore.*|a field of oats, *un campo di avena*|a football field, *un campo di calcio* **2** *campo, settore:* an expert in the field of international relations, *un esperto nel campo dei rapporti internazionali*

field[2] *agg*

⟨*solo attributivo*⟩ *su campo:* The high jump is a field event. *Il salto in alto è uno sport su campo.*|Carl Lewis is a great **track and field** athlete. *Carl Lewis è un grande atleta su campo e su pista.*

fierce /fɪəs||fɪərs/ *agg*
⟨*compar* **fiercer**, *sup* **fiercest**⟩ *feroce, furioso:* Look at that dog! Isn't it fierce! *Guarda quel cane! Com'è feroce!* — **fiercely** *avv* ferocemente, furiosamente

fifteen /fɪfˈtiːn/ *agg, pron*
quindici – *vedi anche* **La Nota Grammaticale Numbers**

fifth /fɪfθ, fɪftθ/ *agg, pron*
quinto – *vedi anche* **La Nota Grammaticale Numbers**

fifty /ˈfɪfti/ *agg, pron*
cinquanta – *vedi anche* **La Nota Grammaticale Numbers**

fight[1] /faɪt/ *vi, vt*
⟨*pass rem e p pass* **fought**⟩ ⟨**against, with**⟩ **1** *lottare, combattere (contro, con):* Gorillas are very strong but they do not often fight. *I gorilla sono molto forti ma combattono raramente.*|Many Americans refused to fight in Vietnam. *Molti americani si rifiutarono di combattere in Vietnam.* **2** *azzuffarsi, litigare:* Kate and Andy are always fighting. *Kate ed Andy litigano sempre.*|Stop fighting, you two! *Smettete di litigare voi due!* **3** *combattere, opporsi a:* Many parents are fighting the Government's plans to close the school. *Molti genitori si oppongono al progetto del governo di chiudere la scuola.*

fight[2] *s*
lotta, zuffa: Andy got into a fight at school and came home with a black eye. *Andy si è azzuffato a scuola ed è tornato a casa con un occhio nero.*|the fight against crime, *la lotta contro il crimine*

figure /ˈfɪɡəʳ||ˈfɪɡjər/ *s*
1 *numero, cifra:* You have to write the amount in words and figures on a cheque. *Su un assegno l'ammontare si deve scrivere in parole e in cifre.*|facts and figures, *fatti e cifre* **2** *figura:* the familiar figure of the postman on his bike, *la figura familiare del postino in bicicletta*|a national figure, *un personaggio di fama nazionale*

file /faɪl/ *s*
cartella: Write up the experiment in your chemistry file for homework. *Scrivete l'esperimento nella vostra cartella di chimica per compito.*

fill /fɪl/ *vt, vi*
⟨**up, with**⟩ *riempire, riempirsi:* They filled the bags with apples that had fallen from the trees. *Riempirono le borse di mele cadute dagli alberi.*|The hall quickly filled (up) before the concert. *La sala si riempì in fretta prima del concerto.*

fill in *o* **fill out** *(IA) vt* ⟨**fill sthg in/out**⟩ ⟨**with**⟩ *compilare qc (con):* Sandro and Claudia had to fill in a form to get their passports. *Sandro e Claudia dovettero compilare un modulo per avere il passaporto.*|Fill in the blanks. *Riempite gli spazi.*

film[1] /fɪlm/ *s*
1 *anche* **movie** *(IA)* ⟨*num*⟩ *film:* What time does the film start? *A che ora comincia il film?*|Can I watch the late-night film on TV? *Posso restare a guardare il film alla televisione fino a tardi?* **2** ⟨*num e non num*⟩ *pellicola, rullino:* I have to go to the camera shop to buy a film. *Devo andare al negozio di articoli fotografici a comprare un rullino.*

film[2] *vt, vi*
filmare, riprendere: A television crew were filming the football match. *Una troupe televisiva stava riprendendo la partita di calcio.*

filmstrip /'fɪlm͵strɪp/ s
filmina: We saw a filmstrip about a car factory at school today. *Abbiamo visto una filmina su una fabbrica di auto a scuola oggi.*

filthy /'fɪlθi/ agg
⟨compar **filthier,** sup **filthiest**⟩ *sudicio, sporco:* Your clothes are filthy! What have you been doing? *Hai i vestiti sudici! Che cos'hai fatto?*

final¹ /'faɪnl/ agg
⟨solo attributivo⟩ *finale, ultimo:* I had one final check to make absolutely sure I'd got my wallet. *Feci un ultimo controllo per essere assolutamente sicuro di avere il portafoglio.*

final² s
finale: Andy and Kate went to see the Cup Final at Wembley. *Andy e Kate andarono a vedere la finale di coppa a Wembley.*

finally /'faɪnəli/ avv
1 *finalmente, alla fine:* The train finally left, over an hour late. *Il treno finalmente partì con più di un'ora di ritardo.* **2** *per finire, per concludere:* Finally, I would like to thank everybody who helped today. *Per concludere, vorrei ringraziare tutti quelli che hanno aiutato oggi.*

find /faɪnd/ vt
⟨pass rem e p pass **found**⟩ ⟨non usato nelle forme progressive⟩ **1** *trovare:* I've looked everywhere and I still can't find my gloves. *Ho guardato dappertutto e ancora non riesco a trovare i guanti.*|We couldn't find their house and so we had to ask the way. *Non riuscivamo a trovare la loro casa e perciò dovemmo chiedere indicazioni.* **2** *trovare:* It won't be easy to find a job when you leave school. *Non sarà facile trovare un lavoro quando lasci la scuola.*|Andy wants me to pay him back next week, but I don't know where I'm going to find the money.

Andy vuole che gli restituisca quanto gli devo la prossima settimana, ma non so dove troverò i soldi.

 find out vt, vi
⟨find sthg ↔ out, find out (that)⟩ *scoprire, venire a sapere (qc o che):* Did the police find out anything at the scene of the crime? *La polizia ha scoperto qualcosa sul luogo del delitto?* |I've found out that our house used to belong to a duke. *Ho scoperto che la nostra casa apparteneva a un duca.*

fine¹ /faɪn/ agg
⟨compar **finer,** sup **finest**⟩ **1** ⟨non usato al compar o sup⟩ *sano, in salute:* "Hello. How are you?" "Fine, thank you." *"Salve, come stai?" "Bene, grazie."* **2** *bello, sereno:* Another fine day is forecast for tomorrow. *Per domani si prevede un'altra bella giornata.* **3** *bello, fine, raffinato:* a fine example of a sixteenth-century warship, *un bell'esempio di nave da guerra cinquecentesca*

fine² avv
bene, benissimo: "I've finished." "Fine. You can go now." *"Ho finito." "Bene. Ora puoi andare."*

fine³ s
multa: In Britain, if you park your car on a yellow line you might have to pay a fine. *In Gran Bretagna, se parcheggi su una linea gialla ti può capitare di dover pagare una multa.*

fine⁴ vt
⟨pass rem e p pass **fined,** p pres **fining**⟩ ⟨for⟩ *multare, dare una multa a (per):* In London alone about forty thousand people a year are fined for drunken driving. *Solo a Londra si multano circa quarantamila persone all'anno per guida in stato di ebbrezza.*

finger /'fɪŋgəʳ/ s
dito: little finger, *mignolo*

fingernail /'fɪŋgəneɪl‖-ər-/ s
unghia (della mano)

finish¹ /'fınıʃ/ *vt, vi*
⟨**sthg** *o* **doing sthg**⟩ *finire, completare (qc o di fare qc):* If they finish their homework early they often watch TV. *Se riescono a finire i compiti presto, spesso si mettono a guardare la televisione.*|What time does the film finish? *A che ora finisce il film?*|I'll come out when I've finished doing the dishes. *Uscirò quando avrò finito di lavare i piatti.*

finish² *s*
⟨*pl* **finishes**⟩ *fine, conclusione:* an exciting finish to the race, *un appassionante finale di gara*

fire /faıəʳ/ *s*
1 *fuoco, incendio:* The house **caught fire** and was burned to the ground. *La casa prese fuoco e venne completamente distrutta.*|Help! The house is **on fire!** *Aiuto! La casa è in fiamme.*|John **set fire to** the pile of old leaves. *John appiccò il fuoco al mucchio di foglie secche.* **2** *fuoco:* If you're feeling cold, come and sit in front of the fire. *Se senti freddo vieni a sederti di fronte al fuoco.*|an electric fire, *una stufa elettrica*|a gas fire, *una stufa a gas*|a coal fire, *una stufa a carbone*|Andy gets up early in winter to light the fire. *Andy si alza presto d'inverno per accendere il fuoco.*

firearm /'faıərɑːm||-ɑːrm/ *s*
⟨*si usa generalmente al plurale*⟩ *arma da fuoco:* In Britain the police do not often carry firearms. *In Gran Bretagna la polizia non porta spesso armi da fuoco.*
■*Nota:* **Firearm** *è una parola leggermente formale. Più spesso si usa la parola* **gun.**

fire brigade /faıəʳ brı'geıd/ *s*
⟨*pl* **fire brigades**⟩ (*seguito da verbo singolare o plurale*) *pompieri, vigili del fuoco:* The fire brigade answers *o* answer hundreds of alarm calls each

month. *I pompieri ogni mese rispondono a migliaia di chiamate.*

fire engine /faıəʳ 'endʒ̧ın/ *s*
⟨*pl* **fire engines**⟩ *autopompa antincendio*

fireman /'faıəmən||-ər-/ *s*
⟨*pl* **firemen**⟩ *pompiere, vigile del fuoco*

fireplace /'faıəpleıs||-ər-/ *s*
caminetto, camino: I put the letter on the mantelpiece above the fireplace. *Ho messo la lettera sulla mensola sopra il caminetto.*

fire station /faıəʳ 'steıʃən/ *s*
⟨*pl* **fire stations**⟩ *caserma dei pompieri*

firm¹ /fɜːm||fɜːrm/ *agg*
⟨*compar* **firmer,** *sup* **firmest**⟩ *solido, saldo:* That chair's not very firm. Try this one. *Quella sedia non è molto solida. Prova questa.*|a firm grip, *una presa salda —* **firmly** *avv solidamente, saldamente*

firm² *s*
⟨*seguito da un verbo al singolare o al plurale*⟩ *azienda, ditta, impresa:* Mr Morgan works for a building firm in Dover. *Il signor Morgan lavora per un'impresa di costruzioni a Dover.*|The firm is *o* are doing quite well. *La ditta va abbastanza bene.*

first¹ /fɜːst||fɜːrst/ *agg, pron*
1 ⟨**to do sthg**⟩ *primo:* Andy was the first (person) to arrive. *Andy fu il primo ad arrivare.*|Take the first turning on the left. *Prendi la prima svolta a destra.*|Which came first, the chicken or the egg? *Cosa viene prima, l'uovo o la gallina? – contrario* LAST; *vedi anche* **La Nota Grammaticale Numbers 2** *primo del mese:* The date is the first of March. *È il primo marzo.*|They leave for Holland on the first. *Partono per l'Olanda il primo. – vedi anche* **La Nota Grammaticale Days and Dates 3 at first** *dapprima, all'inizio:* At first I thought I was the only one there. *All'inizio pensai di*

essere l'unico presente. – vedi anche
FIRST[2] (*Nota*)
first[2] *avv*

prima di tutto: Later we can sit and
watch TV, but first we must do the
shopping. *Più tardi possiamo sederci e
guardare la TV, ma prima di tutto
dobbiamo andare a fare la spesa.*
■*Nota:* **1** First *significa "prima di
tutto".* **2** First *e* firstly *implicano una
serie di idee, azioni o istruzioni:* First
I'll explain the problem, then I'll
suggest a solution and finally I'll ask
for your suggestions. *Prima spiegherò
il problema, poi suggerirò una
soluzione e fine ti alla domanderò dei
consigli.* **3** At first *indica un
cambiamento della situazione più in là
nel tempo.:* At first I thought it was
difficult; then I realized it was very
easy. *Prima ho pensato che fosse
difficile; poi ho capito che era molto
facile.*
first aid /fɜːst eɪd‖fɜːrst eɪd/ *s*

⟨*non num*⟩ *pronto soccorso:* If you
learn to give someone first aid, you
might save a life. *Se impari a offrire un
pronto soccorso a qualcuno, potresti
salvare una vita.*
first-class /fɜːst klɑːs‖fɜːrst klæs/ *agg*

⟨*non usato al compar o sup*⟩ *di prima
classe:* a first-class hotel, *un albergo di
prima classe*
firstly /ˈfɜːstli‖-ɜːr-/ *avv*

per prima cosa, per cominciare:
Firstly, I would like to thank the team
for playing so well. Secondly I would
like to thank our supporters. *In primo
luogo, vorrei ringraziare la squadra per
aver giocato così bene. In secondo
luogo, vorrei ringraziare i nostri tifosi
. . . – vedi anche* FIRST (*Nota*)
fish[1] /fɪʃ/ *s*

⟨*pl* **fish** *o* **fishes**⟩ ⟨*num e non num*⟩
1 *pesce:* Look at all those fish
swimming in the pond! *Guarda tutti*

quei pesci nel laghetto!|I never eat
meat, and I don't eat much fish either.
*Non mangio mai carne e non mangio
neanche molto pesce.* **2** **fish and chips**
(*generalmente seguito da verbo
singolare*) *pesce e patatine:* Fish and
chips is my favourite meal. *Pesce e
patatine è il mio piatto preferito.*|a fish
and chip shop, *una rosticceria che
vende pesce e patatine fritte*
■*Nota: Osserva che il plurale di* fish *è
normalmente* **fish.**
fish[2] *vi*

⟨**for**⟩ *pescare:* Kate and Mr Morgan
are fishing for carp. *Kate ed il signor
Morgan pescano carpe.*|Kate and Mr
Morgan often **go fishing** at the
weekend. *Kate ed il signor Morgan
vanno spesso a pescare durante il fine
settimana.*
fish finger /ˌfɪʃ ˈfɪŋgəʳ/ *s*

bastoncino di pesce
fishing /ˈfɪʃɪŋ/ *s*

⟨*non num*⟩ *pesca:* Fishing is a very
relaxing pastime. *La pesca è un
passatempo molto rilassante.*|a fishing
rod/net, *una canna/una rete da pesca*
fishmonger /ˈfɪʃmʌŋgəʳ‖-mɑːŋ-,
-mʌŋ-/ *s*

pescivendolo
fist /fɪst/ *s*

pugno: a clenched fist, *un pugno
serrato*
fit[1] /fɪt/ *vi, vt*

⟨*pass rem e p pass* **fitted,** *p pres*
fitting⟩ **1** *calzare bene, mi calza bene
essere della misura giusta:* This jacket
doesn't fit (me). It's too small. *Questa
giacca non mi calza bene. È troppo
piccola.*|I hope I can fit all my clothes
in *o* into one suitcase. *Spero di poter
sistemare tutti i miei vestiti in una sola
valigia.*
■*Nota: Attenzione a non confondere i
verbi* fit *e* suit: That dress doesn't **fit**
you! *Quel vestito non è della tua*

taglia.|That dress doesn't **suit** you. *Quel vestito non ti sta bene, non è il tuo stile.* **2** *mettere, fissare:* Andy fitted some mirrors on his bike. *Andy ha messo degli specchi sulla bicicletta.*

fit² *agg*

⟨*compar* **fitter,** *sup* **fittest**⟩ **1** *sano, in forma:* I feel much fitter since I started jogging. *Mi sento molto più in forma da quando ho iniziato a fare jogging.*| simple exercises to help you keep fit, *semplici esercizi che ti aiutano a stare in forma* **2** ⟨**to do sthg** *o* **for**⟩ *adatto (a fare o per):* You're not fit to be the team captain. *Non sei adatto per essere il capo della squadra.*|This food isn't fit for a dog! *Questo cibo fa schifo!*

five /faɪv/ *agg, pron, s* cinque – *vedi anche* **La Nota Grammaticale** Numbers

fix /fɪks/ *vt*

1 *applicare, fissare:* I'm just fixing the number plate on to the car. *Sto solo applicando la targa alla macchina.* **2** *riparare, aggiustare:* Andy's helping Mrs Morgan to fix the car. *Andy sta aiutando la signora Morgan a riparare la macchina.*

fizzy /'fɪzi/ *agg*

⟨*compar* **fizzier,** *sup* **fizziest**⟩ *frizzante, effervescente:* a fizzy drink, *una bevanda gassata*

flag /flæg/ *s* *bandiera:* The flag was flapping in the wind. *La bandiera sventolava al vento.*

flake /fleɪk/ *s* *fiocco:* soap flakes, *scaglie di sapone*| flakes of snow, *fiocchi di neve*

flame /fleɪm/ *s* *fiamma:* The flames leapt from the burning wood. *Balzavano le fiamme dalla legna che bruciava.*|The whole house was **in flames** within minutes. *In pochi minuti tutta la casa fu in fiamme.*

flap¹ /flæp/ *s* *lembo, falda:* to stick down the flap on

an envelope, *incollare il lembo di una busta*|a flap on a pocket, *una falda su una tasca*

flap² *vt, vi*

⟨*pass rem e p pass* **flapped,** *p pres* **flapping**⟩ *sbattere:* The bird flapped its wings and took off. *L'uccello sbattè le ali e prese il volo.*|a flag flapping in the wind, *una bandiera che sventola nel vento*

flash¹ /flæʃ/ *s*

⟨*pl* **flashes**⟩ *lampo:* I was dazzled by the flash from the camera. *Fui abbagliato dal flash della macchina fotografica.*|a flash of lightning *o* a lightning flash, *un lampo*

flash² *v*

1 *vi, vt (far) lampeggiare, (far) brillare:* The light flashed on and off. *La luce brillava e si spegneva.*|The driver flashed his lights as a warning. *L'autista fece lampeggiare i fari come avvertimento.* **2** *vi volare:* The holiday seemed to flash by *o* past. *Le vacanze sono volate.*|The whole of her past life flashed before her eyes. *Tutta la sua vita passata le apparve davanti agli occhi.*

flashlight /'flæʃlaɪt/ *s* *IA di* **torch** *torcia elettrica*

flat¹ /flæt/ *agg*

⟨*compar* **flatter,** *sup* **flattest**⟩ **1** *piatto:* a building with a flat roof, *un edificio con il tetto piatto*|She laid the map out flat on the table. *Stese la mappa sul tavolo.* **2** *(di pneumatico) a terra, sgonfio:* The tyre's flat. Have you got a spare? *La gomma è a terra. Hai quella di ricambio?*

flat² *(IB) anche* **apartment** *(IA) s* *appartamento:* David has a flat in a large house. *David ha un appartamento in una grande casa.*|The Smiths live in **a block of flats.** *Gli Smith abitano in un condominio.*

flavour *(IB) o* **flavor***(IA)* /'fleɪvə*ʳ*/ *s*

gusto, sapore: three flavours of ice cream, *tre gusti di gelato*|What flavour (of) milkshake would you like? *A che gusto lo desideri il frullato?*

flew /fluː/
pass rem del verbo **fly**

flight /flaɪt/ *s*
1 〈*num e non num*〉 *volo:* a picture of a bird in flight, *la raffigurazione di un uccello in volo* **2** 〈*num*〉 *volo:* Emilio got a non-stop flight from Heathrow to Naples. *Emilio prese un volo diretto da Heathrow a Napoli.*|Flight number 231 to London is now boarding. *Il Volo N° 231 per Londra è pronto all'imbarco.*

flightless /'flaɪtləs/ *agg*
incapace di volare: The ostrich is a flightless bird. *Lo struzzo è un uccello incapace di volare.*

float /fləʊt/ *vi*
(**on**) *galleggiare (su):* Bits of wreckage were floating on the water where the boat had sunk. *Dove era affondata la barca galleggiavano dei relitti.*

flock /flɒk||flɑːk/ *s*
〈*seguito da un verbo al singolare o al plurale*〉 *gregge, stormo:* A flock of sheep was *o* were grazing in the field. *Nel prato pascolava un gregge di pecore.*|a flock of pigeons, *uno stormo di piccioni*

flood[1] /flʌd/ *s*
alluvione, inondazione: Many people were killed in the flood. *Molte persone perirono nell'alluvione.*|flood damage, *danni di alluvione*

flood[2] *vt*
inondare, essere inondato: The town was flooded when the river burst its banks after the heavy rain. *La città si allagò quando straripò il fiume dopo le forti piogge.*|The radio station was flooded with requests for the group's new record. *La stazione radio fu sommersa di richieste del nuovo disco*

del gruppo.

floor /flɔːr/ *s*
1 *pavimento:* There were no chairs so we sat on the floor. *Non c'erano delle sedie, così ci siamo dovuti sedere sul pavimento.* **2** *piano:* David has a flat on the second floor. *David ha un appartamento al secondo piano.*|a ground-floor room, *una stanza a pianterreno*

floorboard /'flɔːbɔːd||'flɔːrbɔːrd/ *s*
asse di pavimento

floppy disk *o* **floppy disc** /ˌflɒpi 'dɪsk|| ˌflɑːpi/
〈*pl* **floppy disks**〉 *dischetto magnetico flessibile, floppy disk:* Microcomputers use floppy disks to store data. *I microcomputer usano dischi magnetici flessibili per registrare i dati.*

flour /flaʊər/ *s*
〈*non num*〉 *farina:* Cakes are made with flour, eggs, sugar and milk. *Le torte si fanno con farina, uova, zucchero e latte.*

flow /fləʊ/ *vi*
fluire, scorrere: The Nile flows into the Mediterranean near Cairo. *Il Nilo sfocia nel Mediterraneo vicino al Cairo.*

flower /'flaʊər/ *s*
fiore: a bunch of flowers, *un mazzo di fiori*

flown /fləʊn/
p pass del verbo **fly**

flu /fluː/ *anche* **influenza** (*form*) *s*
〈*non num*〉 *influenza:* Mr Morgan has got flu and can't go to work. *Il signor Morgan ha l'influenza e non può andare al lavoro.*

fluent /'fluːənt/ *agg*
1 *dalla parola facile:* Mrs Morgan is a very fluent speaker. *La signora Morgan ha la parola facile.* **2** *sciolto:* Sandro speaks fluent English. *Sandro parla inglese correntemente.*|a fluent speaker of English, *una persona che*

parla inglese con scioltezza|He is fluent in English. *Parla inglese correntemente.* — **fluently** *avv con disinvoltura, correntemente*

flute /fluːt/ *s*
flauto: Do you play the flute? *Suoni il flauto?*

fly¹ /flaɪ/ *v*
⟨*pass rem* **flew**, *p pass* **flown**, *p pres* **flying**⟩ **1** *vi volare:* birds flying through the air, *uccelli che volano nell'aria* **2** *vi volare, andare in aereo:* Emilio flew from Heathrow to Milan. *Emilio andò a Milano da Heathrow in aereo.* **3** *vt pilotare:* A pilot is a person who flies aeroplanes. *Un pilota è una persona che guida gli aeroplani.*

fly² *s*
⟨*pl* **flies**⟩ *mosca*

foal /fəʊl/ *s*
puledro

fog /fɒg||faːg, fɔːg/ *s*
⟨*non num*⟩ *nebbia:* early morning fog, *nebbia mattutina*

foggy /'fɒgi||'faːgi, 'fɔːgi/ *agg*
⟨*compar* **foggier**, *sup* **foggiest**⟩
nebbioso: a foggy day, *una giornata di nebbia*

fold /fəʊld/ *vt*
⟨**up**⟩ *(ri)piegare:* She folded the lett r and put it in the envelope. *Piegò la lettera e la mise nella busta.*|He folded (up) the tablecloth and put it away. *Piegò la tovaglia e la mise via.*

folk¹ /fəʊk/ *anche* **folks** (*IA*) *s pl*
gente: ordinary folk, *gente semplice*
■*Nota: La parola più usata è* **people**. *Si tende a usare* **folk** *solo in certe frasi come* **old folk**, **country folk**.

folk² *agg*
⟨*non usato al compar o sup*⟩ ⟨*solo attributivo*⟩ *popolare, folkloristico, folk:* folk music, *la musica folk*

follow /'fɒləʊ||'faː-/ *v*
1 *vt, vi seguire:* You lead the way and I'll follow. *Tu fai strada e io ti seguo.*

2 *vt, vi venire dopo, seguire:* What would you like to follow your main course? We've got ice cream, apple pie, trifle . . . *Cosa vorreste dopo la portata principale? Abbiamo gelato, torta di mele, zuppa inglese . . .* **3** *vt, vi seguire, capire:* I didn't follow what he was saying. *Non ho seguito quello che diceva.* **4** *vt seguire, attenersi a:* Did you follow the instructions properly? *Hai seguito bene le istruzioni?*

following /'fɒləʊɪŋ||'faː-/ *agg*
⟨*solo attributivo*⟩ *seguente, successivo:* Give short answers to the following questions. *Date risposte brevi alle seguenti domande.*

fond /fɒnd||faːnd/ *agg*
⟨*compar* **fonder**, *sup* **fondest**⟩ ⟨**of**⟩
affezionato (a): Well, I'm fond of England but I prefer Scotland. *Beh, sono affezionato all'Inghilterra ma preferisco la Scozia.*

food /fuːd/ *s*
⟨*non num*⟩ *cibo:* We went shopping for some food and drink for the party. *Siamo andati a comperare cibi e bevande per la festa.*|Do you like Taiwanese food? *Ti piace la cucina di Taiwan?*
    fast food *s*
cibi pronti: a fast food restaurant, *un ristorante "fast food"*

fool¹ /fuːl/ *s*
⟨*spesso usato in esclamazioni di rabbia*⟩ *scemo, sciocco, stupido:* You stupid fool! Look what you've done! *Stupido! Guarda cos'hai fatto!*

fool² *vt*
ingannare, imbrogliare: I fooled them into thinking that I was 18. *Li ho ingannati facendo loro pensare che avevo 18 anni.*

foolish /'fuːlɪʃ/ *agg*
stupido, sciocco, scemo: That was a foolish thing to do. *Hai fatto una cosa*

stupida. — **foolishly** *avv stupidamente, da scemo*

foot /fʊt/ *s*

⟨*pl* **feet**⟩ **1** *piede:* He kicked the ball with his left foot. *Diede un calcio al pallone col suo piede sinistro.*|My feet are sore after all that walking. *Mi fanno male i piedi dopo tutto quel camminare.* **2** **on foot** *a piedi:* Do you go to school on foot or by bus? *Vai a scuola a piedi o in autobus?* **3** *piede, fondo:* See the note at the foot of the page. *Vedi la nota a piè di pagina.*|at the foot of the mountain, *ai piedi della montagna* **4** *piede:* The shelf is three feet long. *La mensola è lunga tre piedi.*|I am five foot *o* feet tall. *Sono alto cinque piedi.* – *vedi anche* **La Tavola Weights and Measures** *a p.*

football /'fʊtbɔːl/ *s*

1 *anche* **soccer** ⟨*non num*⟩ *calcio, football:* to play football, *giocare a football, giocare a calcio*|a football team/club/match/pitch, *una squadra/un club/una partita/un campo di football*| football boots, *scarpe da pallone* **2** ⟨*num*⟩ *pallone:* We can't play; I haven't got a football. *Non possiamo giocare: non ho il pallone.* — **footballer** *s calciatore*

footbridge /'fʊt,brɪdʒ/ *s*

passerella: Always use the footbridge to cross the railway line. *Usate sempre la passerella per attraversare i binari.*

for[1] /fə'r/; *forma enfatica* fɔː'r/

prep

1 *per, destinato a:* I have a present for you. *Ho un regalo per te.*|The Morgans have bought a new rug for the living room. *I Morgan hanno comprato un tappeto nuovo per il soggiorno.* **2** *per, per conto di:* Let me carry that heavy suitcase for you. *Lascia che porti io quella valigia pesante per te.*|She's doing research into heart disease for an international drugs company. *Sta*

compiendo delle ricerche sui disturbi cardiaci per conto di una società farmaceutica internazionale.* **3** *per, in direzione di:* Is this the train for Newcastle? *È questo il treno per Newcastle?* **4** ⟨*complemento di causa od effetto*⟩ *per, a causa di, in seguito a:* He was sent to prison for murder. *Fu mandato in carcere per omicidio.*|The coach driver explained the reasons for the delay. *Il conducente della corriera spiegò le ragioni del ritardo.*|She got a prize for her essay. *Ottenne un premio per il suo tema.* **5** ⟨*complemento di scopo*⟩ *per:* What's this switch for? *Per che cos'è questo interruttore?*|This cloth is for drying the dishes. *Questo straccio è per asciugare i piatti.* **6** ⟨*dopo* **too** *o* **enough**⟩ *per:* Decorating the house is too much work for one person. *Decorare la casa è troppo lavoro per una sola persona.*| Make sure you've got enough petrol for the journey. *Assicurati di avere benzina a sufficienza per il viaggio.*| Our house isn't big enough for a party. *La nostra casa non è abbastanza grande per una festa.* **7** ⟨*complemento di significato*⟩ *per:* What's the Italian (word) for "post office"? *Come si dice in italiano "post office"?*|The symbol for "A" in Morse Code is ·- *Nell'alfabeto Morse il simbolo di "A" è* ·-. **8** ⟨*complemento di prezzo o costo*⟩ *per:* She paid twenty-five pounds for the tickets. *Ha pagato i biglietti venticinque sterline.*|I sold my car for five hundred pounds. *Ho venduto la macchina per cinquecento sterline.*| Lovely melons, four for a pound! *Meloni bellissimi, quattro per una sterlina!* **9** ⟨*complemento di tempo continuato*⟩ *per, da:* My father was in the army for two years during the war. *Mio padre è stato due anni nell'esercito durante la guerra.*|It's been raining for

six hours. *Piove da sei ore.*|I've been waiting here for an hour! *Aspetto qui da un'ora.*|Our team hasn't won a match for three months. *Sono tre mesi che la nostra squadra non vince una partita.*
■*Nota:* For *specifica la durata di un'azione ininterrotta (ormai conclusa o ancora in corso):* I lived in London **for** three years. *Ho abitato a Londra per tre anni.*|I've been living in London **for** three years. *Abito a Londra da tre anni.* **Since** *invece si riferisce al particolare momento del passato in cui ebbe inizio un'azione che continua nel presente:* I've been living in London **since** 1984. *Abito a Londra dal 1984.* **Ago** *infine indica l'intervallo di tempo esistente tra un'azione avvenuta nel passato ed il presente:* I came to live in London three years **ago.** *Venni abitare a Londra tre anni fa.* **10** ⟨*in combinazione con alcuni verbi*⟩: Claudia waited for Bruno outside the cinema. *Claudia aspettò Bruno fuori dal cinema.*|He came up to me and asked for a cigarette. *Mi si avvicinò e chiese una sigaretta.*|Lucy had swallowed some paint, so Mrs Morgan sent for the doctor. *Poichè Lucy aveva inghiottito della vernice, la signora Morgan mandò a chiamare il dottore.* **11** ⟨*seguito dal soggetto di una proposizione all'infinito*⟩: Is it safe for us to swim here? *È prudente se nuotiamo qui?*|Can you find somewhere for me to stay? *Puoi trovarmi un posto dove fermarmi?*| They paid for their children to go to private schools. *Pagarono per mandare i figli in scuole private.*|It's impossible for water to flow uphill. *È impossibile che l'acqua scorra in salita.* **12** **be good/bad for sbdy** *fare bene/male a qn:* Fresh vegetables are good for you. *La verdura fresca ti fa bene.*|Smoking is

bad for your health. *Il fumo ti fa male alla salute.*

for² /fə*ʳ*; *forma enfatica* fɔː*ʳ*/ *cong*
(*form*) siccome, poichè, perchè: I know he's gone, for I saw him leave. *So che è andato, perchè l'ho visto partire.*

forbid /fə'bɪd||fər-/ *vt*
⟨*pass rem* **forbade**, *p pass* **forbidden**, *p pres* **forbidding**⟩ ⟨*sthg o sbdy to do sthg*⟩ vietare, proibire (*qc o a qn di fare qc*): Smoking is forbidden in petrol stations. *È vietato fumare nelle stazioni di servizio.*|I forbid you to go out with them again. *Ti proibisco di uscire ancora con loro.*

force¹ /fɔːs||fɔːrs/ *vt*
⟨*pass rem e p pass* **forced**, *p pres* **forcing**⟩ ⟨*sthg o sbdy to do sthg*⟩ costringere, obbligare (*qn a fare qc*), forzare (*qc*): I forced them to stay in and do their homework. *Li costrinsi a restare in casa a fare i compiti.*|She forced the door open. *Aprì a forza la porta.*

force² *s*
1 ⟨*non num*⟩ forza: We struggled against the force of the storm. *Lottammo contro la forza del temporale.* **2** ⟨*num*⟩ forza: the police force, *la forza di polizia*|The **armed forces** consist of the army, the navy and the **air force.** *Le forze armate sono costituite dall'esercito, la marina e l'aviazione.*

forecast /'fɔːkɑːst||'fɔːrkæst/ *s*
previsione: The weather forecast said it would be dry and sunny, but it rained! *Le previsioni del tempo avevano detto che ci sarebbe stato il sole, ma è piovuto!*

forehead /'fɒrɪd, 'fɔːhed||'fɔːrɪd, 'fɑːrɪd/ *s*
fronte

foreign /'fɒrɪn||'fɔː-, 'fɑː-/ *agg*

⟨non usato al compar o sup⟩ straniero:
Peter collects foreign stamps. *Peter fa
raccolta di francobolli stranieri.*|Most
British people do not speak a foreign
language. *La maggior parte della gente
in Gran Bretagna non parla una lingua
straniera.*

foreigner /'fɒrɪ̩nə'||'fɔː-, 'fɑː-/ s
straniero

forest /'fɒrɪst||'fɔː-, 'fɑː-/ s
foresta: Many of the world's forests
are being cut down. *Molte delle foreste
della terra vengono abbattute.*

forever o **for ever** /fə'revə'/ avv
per sempre, eternamente: The mad
scientist wanted to live forever. *Lo
scienziato matto voleva vivere per
sempre.*

forget /fə'get||fər-/ vt, vi
⟨pass rem **forgot**, p pass **forgotten**, p
pres **forgetting**⟩ ⟨sthg o to do sthg o
doing sthg o that o about⟩ ⟨non usato
nelle forme progressive⟩ dimenticare
(-si), scordare (-si) (qc o di fare qc o
che o di): I forgot (to bring) the
shopping list again. *Mi sono di nuovo
dimenticato (di portare) la lista della
spesa.*|Don't forget that we're going
oùt tonight. *Non scordarti che stasera
usciamo.*|I'll never forget going to
Milan for the first time. *Non
dimenticherò mai la prima volta che
sono andato a Milano.*
■*Nota: Osserva la differenʒa fra le
forme verbali* **forget doing** *e* **forget to
do**: I'd forgotten seeing that film.
*Avevo dimenticato di aver visto quel
film. (L'ho visto ma non lo ricordavo
fino a quel momento.)* I'd forgotten to
lock the door. *Avevo dimenticato di
chiudere a chiave la porta. (Non l'ho
chiusa perchè me ne sono dimenticato.)*

forgetful /fə'getfəl||fər-/ agg
smemorato, dimentico: Gina is very
forgetful! She forgot to go to school
today! *Gina è molto smemorata! Oggi*
si è dimenticata di andare a scuola!

forgive /fə'gɪv||fər-/ vt
⟨pass rem **forgave**, p pass **forgiven**, p
pres **forgiving**⟩ ⟨sthg o sbdy o for⟩
perdonare(qc o qn per): I can't forgive
you for what you said last night. *Non
posso perdonarti per ciò che hai detto
ieri sera.*

fork /fɔːk||fɔːrk/ s
1 forchetta: a knife and fork, *coltello e
forchetta* 2 forca, forcone: a garden
fork and spade, *una forca e una vanga
per il giardino* 3 biforcazione, bivio:
Go left at the fork, and that takes you
into Dover. *Al bivio vada a sinistra, e
quella strada la porta a Dover.*

form[1] /fɔːm||fɔːrm/ s
1 modulo, formulario: Please fill in
the form and return it to the post
office. *Si prega di compilare il modulo
e di restituirlo all'ufficio postale.*|an
application form for a job, *un modulo
per domanda di lavoro* 2 forma: He
found a piece of wood in the form of
an animal. *Ha trovato un pezzo di
legno in forma di animale.* 3 forma,
tipo: There are many different forms
of government throughout the world.
*Ci sono molti diversi tipi di governo nel
mondo.*|Fill in the blanks with the
correct form of the verb **be**. *Inserisci la
forma corretta del verbo* **be**. 4 classe:
Andy and Kate are in the third form at
school. *Andy e Kate frequentano la
terza a scuola.*|a sixth form college,
*una scuola esclusivamente per la
preparazione degli esami di maturità.*

form[2] vt, vi
formare, formarsi: These rocks were
formed thousands of years ago. *Queste
rocce si sono formate migliaia di anni
fa.*

formal /'fɔːməl||'fɔːr-/ agg
formale, serio: a formal letter applying
for a job, *una lettera formale per far
domanda di lavoro* — **formally** avv

formalmente

former /'fɔːmə'||'fɔːr-/ *agg*
⟨*solo attributivo*⟩ precedente: a former member of parliament, *un ex parlamentare*

formerly /'fɔːməli||'fɔːrmərli/ *avv*
precedentemente, in precedenza: Sue Invernizzi was formerly a teacher in England. *In precedenza Sue Invernizzi faceva l'insegnante in Inghilterra.*

forthcoming /ˌfɔːθ'kʌmɪŋ||ˌfɔːrθ-/ *agg*
⟨*non usato al compar o sup*⟩ prossimo, imminente: notices of forthcoming marriages in a newspaper, *annunci di prossimi matrimoni in un giornale*

fortnight (*IB*) /'fɔːtnaɪt||'fɔːrt-/ *s*
quindici giorni, due settimane: Kate and Andy hope to spend a fortnight in Milan next summer. *Kate ed Andy sperano di passare due settimane a Milano l'estate prossima.*|I'm going to Spain in a fortnight. *Tra quindici giorni vado in Spagna.*

fortunate /'fɔːtʃənət||'fɔːr-/ *agg*
fortunato: She was fortunate enough to get a teaching job in Milan. *Ha avuto la fortuna di trovare posto come insegnante a Milano.* — **fortunately** *avv* fortunatamente, per fortuna

fortune /'fɔːtʃən||'fɔːr-/ *s*
fortuna: He made a fortune buying and selling oil in Rotterdam. *Ha accumulato una fortuna facendo compravendita di petrolio a Rotterdam.*|Their new car must have cost a fortune! *La loro macchina nuova dev'essere costata un capitale!*

forty /'fɔːti||'fɔːrti/ *agg, pron*
quaranta – vedi anche *La Nota Grammaticale* **Numbers**

forward /'fɔːwəd||'fɔːrwərd/ anche **forwards** *avv*
in avanti: The queue slowly moved forward. *La coda andava avanti lentamente.* – vedi anche **look forward**

to (LOOK)

fought /fɔːt/
pass rem e p pass del verbo **fight**

foul[1] /faʊl/ *agg*
⟨*compar* **fouler,** *sup* **foulest**⟩ schifoso, sgradevole: a foul smell, *una puzza schifosa*|foul weather, *tempo terribile*

foul[2] *s*
fallo, infrazione: In basketball, if you commit five fouls you have to drop out of the game. *Nella pallacanestro, se si commettono cinque falli bisogna abbandonare il gioco.*

found[1] /faʊnd/ *vt*
fondare, costituire: The University of Cambridge was founded several centuries ago. *L'università di Cambridge venne fondata molti secoli fa.*

found[2]
pass rem e p pass del verbo **find**

foundations /faʊn'deɪʃənz/ *s pl*
fondamenta: They're laying the foundations for the new school. *Stanno gettando le fondamenta della nuova scuola.*

fountain /'faʊntɪn/ *s*
fontana

fountain pen /'faʊntɪn pen/ *s*
⟨*pl* **fountain pens**⟩ penna stilografica

four /fɔː'/ *agg, pron, s*
quattro — **fourth** *agg, pron* quarto – vedi anche QUARTER e *La Nota Grammaticale* **Numbers**

fourteen /ˌfɔː'tiːn||ˌfɔːr-/ *agg, pron, s*
quattordici – vedi anche *La Nota Grammaticale* **Numbers**

fraction /'frækʃən/ *s*
1 *frazione:* ½ and ¼ are fractions. *½ e ¼ sono frazioni.* Do you work with fractions, or with decimals? *Lavorate con le frazioni o con i decimali?* **2** *piccola parte, frammento:* Many of us remember only a fraction of what we learn at school. *Molti di noi ricordano solo una piccola parte di*

ciò che hanno imparato a scuola.

frame /freim/ *s*

cornice, intelaiatura: a picture frame, *una cornice per quadri*|a door frame, *l'intelaiatura di una porta*

frank /fræŋk/ *agg*

⟨*compar* **franker,** *sup* **frankest**⟩ *franco, schietto, onesto:* I like people who are frank when they talk. *Mi piace la gente che parla schiettamente.*|a frank opinion, *un'opinione franca* — **frankly** *avv francamente*

free¹ /fri:/ *agg*

⟨*compar* **freer,** *sup* **freest**⟩ **1** *libero:* The students felt free when they finally left school for the last time. *Gli studenti si sentirono liberi quando finalmente uscirono da scuola per l'ultima volta.*|The prisoner was **set free** after long years in jail. *Il prigioniero venne liberato dopo molti anni di prigione.*|It is dangerous to let animals run free near roads. *È pericoloso lasciare che gli animali corrano liberi vicino alla strada.* **2** *libero, senza impegni:* What do you do in your free time? *Cosa fai nel tempo libero?*|I'm usually free on Wednesday afternoons. *Di solito sono libero il mercoledì pomeriggio.*|Are you free for dinner *o* free to come to dinner on Tuesday? *Sei libero martedì per venire a cena?* **3** *gratuito, gratis:* The music course is free to students and pensioners. *Il corso di musica è gratuito per studenti e pensionati.*|free tickets for the concert, *biglietti gratis per il concerto*

duty-free *agg, avv franco di dazio*

free² *avv*

gratuitamente: Very young children and old people can often travel free on buses. *Spesso i bambini molto piccoli e i vecchi possono viaggiare gratuita-mente sugli autobus.*

free³ *vt*

⟨*pass rem e p pass* **freed,** *p pres* **freeing**⟩ ⟨**from**⟩ *liberare (da):* The new government freed all the political prisoners. *Il nuovo governo ha liberato tutti i prigionieri politici.*

freedom /'fri:dəm/ *s*

⟨*non num*⟩ *libertà:* The Spanish people fought for many years for their freedom. *Gli spagnoli hanno lottato molti anni per ottenere la libertà.*|The children enjoyed the freedom of the school holidays. *I bambini si sono goduti la libertà delle vacanze scolastiche.*|freedom of speech, *la libertà di parola*

freely /'fri:li/ *avv*

liberamente: You can speak freely in front of my friend. *Puoi parlare liberamente davanti al mio amico.*| Women still cannot move about freely in some countries. *Tuttora in alcuni paesi le donne non possono circolare liberamente.*

freestyle /'fri:stail/ *s*

stile libero: He's swimming in the 200 metres freestyle. *Nuota nei 200 metri stile libero.*

freeze /fri:z/ *v*

⟨*pass rem* **froze,** *p pass* **frozen,** *p pres* **freezing**⟩ **1** *vi, vt congelarsi, congelare, gelare:* Water freezes at 0°C. *L'acqua gela a 0°C.*|Outside it's freezing. Even the lake has frozen. *Fuori si gela. Anche il lago è ghiacciato.* **2** *vi* (*fam*) ⟨*generalmente alla forma progressiva*⟩ *gelare, avere molto freddo:* I'm not going out. It's freezing outside! *Non esco. Fuori si gela!*|I'm freezing. Can we put the fire on? *Sto morendo di freddo. Possiamo accendere la stufa?*

freezer /'fri:zə'/ *s*

freezer, congelatore: Mr and Mrs Morgan have just bought a new freezer. *I signori Morgan hanno appena comprato un nuovo freezer.*

freight /freɪt/ *anche* **goods** *s*
⟨*non num*⟩ merci

French bean /frentʃ biːn/ *s*
⟨*pl* **French beans**⟩ *fagiolino*

French fries /frentʃ fraɪz/ *s pl*
variante spec IA di **chips** *patatine fritte:* Do you want French fries with your meal? *Vuoi le patatine fritte per contorno?*

■*Nota: In inglese britannico l'espressione* **French fries** *è usata soltanto nel linguaggio formale dei ristoranti. In tutti gli altri casi la parola* **chips** *è usata.*

frequency /ˈfriːkwənsɪ/ *s*
⟨*pl* **frequencies**⟩ ⟨*non num*⟩ *frequenza, incidenza:* The greater frequency of crimes seems to be linked to unemployment. *La maggior frequenza di crimini sembra essere collegata alla disoccupazione.*
2 ⟨*num*⟩ *frequenza:* radio frequencies, *frequenze radio*

frequent /ˈfriːkwənt/ *agg*
frequente: Kate and Andy are frequent visitors to Dover castle. *Kate ed Andy sono visitatori abituali del castello di Dover.* — **frequently** *avv* spesso, frequentemente

fresh /freʃ/ *agg*
⟨*compar* **fresher**, *sup* **freshest**⟩ *fresco:* fresh fruit and vegetables, *frutta e verdura fresca*
▲*Trabocchetto: L'aggettivo* **fresh** *non ha generalmente il senso di "freddo".*

Friday /ˈfraɪdɪ/ *s*
venerdì – vedi anche **La Nota Grammaticale Days and Dates**

fridge /frɪdʒ/ *anche* **refrigerator** ⟨*form*⟩ *s*
frigo: We keep the milk in the fridge. *Teniamo il latte in frigo.*

friend /frend/ *s*
amico (-a): Gina is Claudia's best

friend. *Gina è la migliore amica di Claudia.*|Kate and John are good friends. *Kate e John sono buoni amici.*|I'd like you to meet a friend of mine. *Vorrei farti conoscere un mio amico.*

friendliness /ˈfrendlɪnɪs/ *s*
⟨*non num*⟩ *cordialità, benevolenza:* I didn't welcome the new boy's friendliness. *Non accolsi la cordialità del nuovo ragazzo.*

friendly /ˈfrendlɪ/ *agg*
⟨*compar* **friendlier**, *sup* **friendliest**⟩ ⟨**to, towards, with**⟩ *cordiale, amichevole (con):* We're lucky to have such friendly neighbours. *Siamo fortunati ad avere dei vicini così cordiali.*|Andy is friendly with most of the children at school. *Andy a scuola è amichevole con quasi tutti i bambini.*

friendship /ˈfrendʃɪp/ *s*
⟨*num e non num*⟩ *amicizia:* John values Andy's friendship. *John tiene all'amicizia di Andy.*|Friendships made in school don't always last when you leave. *Le amicizie iniziate a scuola non sempre durano quando si lascia la scuola.*

fries /fraɪz/ *s pl*
– *vedi* FRENCH FRIES

fright /fraɪt/ *s*
⟨*generalmente singolare*⟩ *paura, terrore, spavento:* The huge dog gave me a fright when it barked behind me. *Il cagnone mi fece prendere uno spavento quando mi abbaiò dietro.*

frighten /ˈfraɪtn/ *vt*
⟨**away**⟩ *spaventare:* Ghost stories don't frighten me! *Le storie di fantasmi non mi fanno paura!*|The sound of the car engine frightened the birds away. *Il motore dell'auto era così rumoroso che fece fuggire via gli uccelli dallo spavento.*

frightened /ˈfraɪtnd/ *agg*
⟨**to do sthg** *o* **that** *o* **of**⟩ *spaventato (di*

o per fare qc): I was too frightened to go near the dog. *Ero troppo spaventato per avvicinarmi al cane.*| The old lady was frightened that she might be robbed. *L'anziana signora aveva il terrore di essere derubata.*|a frightened child, *un bambino spaventato*

■*Nota: Confronta gli aggettivi* **frightened** *e* **afraid. Frightened of/by** *si riferisce normalmente ad un momento specifico di paura, spesso improvvisa, mentre* **afraid of** *si riferisce a paura che dura nel tempo:* I was frightened by the snake. *Fui spaventato dal serpente.*|I am afraid of snakes. *Ho paura dei serpenti. L'aggettivo* **afraid** *deve sempre essere usato dopo i verbi* **be, feel, seem, look,** *ecc., mentre l'aggettivo* **frightened** *può essere usato da solo prima o dopo un sostantivo:* The child was afraid of the dark. *Il bambino aveva paura del buio.*|The child was frightened by the noise. *Il bambino fu spaventato dal rumore.*|a frightened child, *un bambino spaventato.*

frightening /'fraɪtnɪŋ/ *agg* spaventoso: Being locked in the cellar was a very frightening experience. *Rimanere chiusa dentro la cantina è stata un'esperienza spaventosa.*

frog /frɒg‖frɑːg, frɔːg/ *s* rana

from /frəm; *forma enfatica* frɒm‖frəm; *forma enfatica* frʌm, frɑːm/ *prep* **1** *da:* The train goes from Dover to London. *Il treno va da Dover a Londra.*|Dad, this is Sue. She's a friend from school. *Papà, ti presento Sue. È una compagna di scuola.*|David is from Manchester. *David è di Manchester.*|I translated the letter from Italian into English. *Ho tradotto la lettera dall'italiano all'inglese.* **2** *da, da parte di:* I managed to borrow five

pounds from my brother. *Sono riuscito ad avere in prestito cinque sterline da mio fratello.*|a letter from Claudia, *una lettera di Claudia* **3** *da, con:* Pasta is made from flour. *La pasta si fa con la farina.* **4** ⟨*complemento di distanza*⟩ *da:* Manchester is about two hundred miles from London. *Manchester dista circa duecento miglia da Londra.* **5** ⟨*complemento di causa*⟩ *per, di:* He's been suffering from a bad back for years. *Sono anni che soffre di mal di schiena.*|She died from her injuries. *È morta per le ferite.*

front[1] /frʌnt/ *s* **1** *parte anteriore, davanti:* Gina usually sits near the front of the class. *Gina di solito sta seduta vicino ai primi posti della classe.*|The front of the house was covered in ivy. *La facciata della casa era ricoperta d'edera.*|I like to sit in the front, next to the driver. *Mi piace star seduto davanti, vicino all'autista.* **2 in front** *davanti:* Don't drive too close to the car in front. *Non accostarti troppo alla macchina davanti.*|The Italian runner was in front for most of the race. *Il corridore italiano rimase in testa per quasi tutta la gara.* **3 in front of** *davanti a:* the woman in front of me in the queue, *la signora davanti a me nella coda*|The cat was asleep in front of the fire. *Il gatto era addormentato davanti al fuoco.*

▲*Trabocchetto: Non confondere la preposizione* **in front of** *con la preposizione di fronte a, che è tradotta* **opposite**: The bank is opposite the post office. *La banca è di fronte all'ufficio postale. – vedi anche* **L'Illustrazione Prepositions** **4** ⟨*passeggiata*⟩ *lungomare:* In the evening, we went for a walk along the front. *Alla sera siamo andati a fare una passeggiata sul lungomare.*

front² *agg*
⟨*solo attributivo*⟩ *di fronte, anteriore, primo:* When I go to a pop concert, I like to sit in the front row. *Quando vado a un concerto di musica pop, mi piace sedermi in prima fila.*|the horse's front legs, *le zampe anteriori del cavallo*

front door /frʌn dɔːʳ/ *s*
⟨*pl* **front doors**⟩ *porta d'ingresso, porta principale*

frost /frɒst||frɔːst/ *s*
⟨*s sing o non num*⟩ *gelo:* It will be a cold night with frost in many areas. *Sarà una notte fredda con gelate in molte zone.* — **frosty** *agg* ⟨*compar* **frostier,** *sup* **frostiest**⟩ *gelido*

froze /frəʊz/
pass rem del verbo **freeze**

frozen /'frəʊzən/
p pass del verbo **freeze**

fruit /fruːt/ *s*
⟨*num e non num*⟩ *frutto, frutta:* a kilo of fruit, *un chilo di frutta*|fresh fruit and vegetables, *verdura e frutta fresca*

fry /fraɪ/ *vt*
⟨*pass rem e p pass* **fried,** *p pres* **frying**⟩ *friggere:* Do you want your eggs fried or boiled? *Vuoi le uova fritte o alla coque?*

frying pan /'fraɪ-ɪŋ pæn/ *s*
⟨*pl* **frying pans**⟩ *padella*

fuel /fjʊəl||fjuːəl/ *s*
⟨*num e non num*⟩ *combustibile:* Diesel is becoming more popular as a fuel for cars. *La nafta si sta diffondendo come combustibile per automobili.*

full /fʊl/ *agg*
1 ⟨**of**⟩ *pieno (di):* The buses are always full during the rush hour. *Gli autobus sono sempre pieni durante l'ora di punta.*|The bath was too full and was starting to overflow. *Il bagno era troppo pieno e cominciava a straripare.*|: Your homework is full of mistakes. You'll have to do it again. *Il*

tuo compito è pieno di errori. Dovrai rifarlo. – *contrario* EMPTY **2** ⟨**up**⟩ *pieno, sazio:* I can't eat another thing. I'm really full (up). *Non posso mangiare più niente. Sono pieno.* **3** *completo, intero:* Write your full name and address on the form. *Scrivi il tuo nome, cognome e indirizzo per esteso sul modulo.*|Write your name **in full.** *Scrivi il tuo nome per esteso.*

full stop /fʊl stɒp||fʊl stɑːp/ *anche* **period** (*IA*) *s*
⟨*pl* **full stops**⟩ *punto:* A sentence should always end with a full stop. *Una frase dovrebbe sempre finire con un punto.*

full-time /ˌfʊl 'taɪm/ *agg, avv*
tempo pieno: He used to work full-time, but now he only works three days a week. *Lavorava a tempo pieno, ma adesso lavora solo tre giorni alla settimana.*|Looking after a family is a full-time job! *Badare a una famiglia è un lavoro a tempo pieno!* – *confrontare con* PART-TIME

fully /'fʊli/ *avv*
pienamente, completamente, del tutto: The police are fully satisfied that she had nothing to do with the robbery. *La polizia è del tutto soddisfatta che lei non ha avuto niente a che fare col furto.*|a fully licensed restaurant, *un ristorante pienamente autorizzato alla vendita di alcolici*

fun /fʌn/ *s*
⟨*non num*⟩ **1** *divertimento, spasso:* Kate and Andy had great fun at the seaside. *Kate ed Andy si sono divertiti un sacco al mare.*|It's not much fun being ill. *Non è un gran divertimento essere malati.* **2** **make fun of** *prendere in giro, farsi gioco di:* Most children make fun of their teachers. *La maggior parte dei bambini prende in giro gli insegnanti.*|I don't like being made fun of. *Non mi piace essere preso*

in giro.

function[1] /'fʌŋkʃən/ *s*
funzione, scopo: What's the function of this part of the engine? *Che funzione ha questo pezzo del motore?*

function[2] *vi*
funzionare: This engine functions best at high speed. *Questo motore rende al massimo ad alta velocità.*

fund /fʌnd/ *s*
fondo: They set up a fund for the disaster victims. *Organizzarono una raccolta di fondi per le vittime della tragedia.*

funeral /'fjuːnərəl/ *s*
funerale, esequie: The children went to their grandmother's funeral. *I bambini andarono al funerale della nonna.*

funeral director /'fjuːnərəl dɪˌrektə[r], daɪ-/ *s*
⟨*pl* **funeral directors**⟩ *impresario di pompe funebre*

funfair /'fʌnfeə[r]/ *s*
giostre, luna park: There's a funfair in Dover every Easter. *Ogni Pasqua a Dover ci sono le giostre.*

funnel /'fʌnəl/ *s*
imbuto: He poured the petrol into the tank through a funnel. *Versò la benzina nel serbatoio con un imbuto.*

funny /'fʌni/ *agg*
⟨*compar* **funnier**, *sup* **funniest**⟩
1 *buffo, divertente:* a really funny television show, *uno spettacolo televisivo veramente divertente* **2** *buffo, strano:* That's funny. I'm sure I left my shoes in the bedroom and now I can't find them. *Che strano! Sono sicuro di aver lasciato le scarpe in camera da letto ed ora non riesco a trovarle.*| There was a funny noise coming from the car engine. *C'era uno strano rumore proveniente dal motore dell'auto.*

fur /fɜː[r]/ *s*
⟨*num e non num*⟩ *pelo, pelliccia:*

Many people now refuse to wear fur coats. *Oggigiorno molte persone si rifiutano di portare la pelliccia.*

furious /'fjʊəriəs/ *agg*
furente, arrabbiato: Andy was furious when John was late for the match. *Andy era furente quando John arrivò tardi alla partita.*

furnish /'fɜːnɪʃ||'fɜːr-/ *vt*
⟨**with**⟩ *arredare (con):* Mr and Mrs Morgan couldn't afford to furnish their house straight away. *I signori Morgan non potevano permettersi di arredare subito la casa.*|a well-furnished flat, *un appartamento ben ammobiliato*

furniture /'fɜːnɪtʃə[r]||'fɜːr-/ *s*
⟨*non num*⟩ *mobilia, mobili:* Mr and Mrs Morgan bought some new furniture last week. *I signori Morgan hanno comperato dei mobili nuovi la settimana scorsa.*|a piece of furniture, *un mobile*|All the furniture has been taken out of the dining room. *Tutti i mobili sono stati portati fuori dalla sala da pranzo.*
■*Nota: La parola* **furniture** *in inglese è non numerabile anche se in italiano l'idea equivalente di "mobili" è per lo più plurale.*

furry /'fɜːri/ *agg*
⟨*compar* **furrier**, *sup* **furriest**⟩ *peloso:* a furry rabbit, *un coniglio peloso*|a furry toy, *un giocattolo di peluche*

further /'fɜːðə[r]||'fɜːr-/ *avv, agg*
1 *anche* **farther**; *compar di* **far** *più lontano, oltre:* We walked much further than we intended. *Abbiamo camminato molto più di quel che volevamo.* **2** *di più, ulteriore:* We decided to stay in Italy a further two weeks. *Decidemmo di restare in Italia per altre due settimane.*|Have you anything further to discuss with me? *Ha qualcos'altro da discutere ulteriormente con me?*
■*Nota: Non si può usare* **farther** *per il*

Future

In inglese ci si può riferire ad eventi futuri in modi diversi a seconda di che cosa si voglia esprimere.

be going to

Si usa la struttura **be going to** *per esprimere:*

▶ *l'intenzione, il proposito di fare qualcosa: il soggetto dell'azione ha fatto un progetto ed esprime azioni che ha già deciso di fare.*

- I'm going to write a letter.
  Scriverò una lettera.
- Andy's going to watch TV tonight.
  Andy guarderà la TV stasera.

▶ *una previsione che si basa sull'evidenza del momento.*

- It's going to rain.
  Pioverà. (Ci sono molte nuvole nere in cielo.)

Osservazioni

▶ *Quando si forma il futuro con la struttura* **be going to** *si usa: soggetto + verbo* **be** *al presente (am/is/are) +* **going** *+ verbo all'infinito con la particella* **to**.

▶ *Per fare la forma negativa o interrogativa si rende negativo o interrogativo il verbo* **be**:

- I'm not going to do the washing up – it's Andy's turn.
  Non intendo lavare i piatti – tocca a Andy.
- Is it going to rain, do you think?
  Che dici, pioverà?

will

Si usa l'ausiliare **will** *('ll) e* **will not (won't)** *seguito dall'infinito senza* **to** *per indicare:*

▶ *la volontà di fare o la disponibilità a fare qualcosa:*

- I'll help you with your homework, if you like.
  Ti aiuto con i compiti, se vuoi.
- He won't listen; he's already made up his mind.
  Non vuole ascoltare; ha già deciso.

Future

▶ *un'azione che si sta decidendo nel momento in cui si parla:*

– I think I'll go and see John this evening.
  Penso di andare a trovare John stasera.

▶ *una previsione:*

– Italy will probably win the match.
  Probabilmente l'Italia vincerà la partita.

L'uso della forma "shall"

Generalmente si usa **will** *e* **will not** *per tutte le persone,
soprattutto nelle forme abbreviate* **'ll** *e* **won't**. *In inglese formale
talvolta si usa* **shall** *invece di* **will** *per le prime persone* **I** *e* **we**:

– I shall be delighted to attend.
  Sarò felicissimo di intervenire.

Nota che la forma interrogativa **shall I...?** *si usa per offrirsi di fare
qualcosa:* **Shall I** help you with the washing up? *mentre* **shall
we...?** *si usa per suggerire o proporre di fare qualcosa:*

– **Shall we** go swimming tomorrow?
  Andiamo a nuotare domani?

present progressive

*Si usa il presente progressivo quando si parla di un evento futuro
che è già stato deciso ed è collegato con una situazione presente.
Negli esempi qui sotto, un appuntamento ed un invito sono stati
dati o accettati. In questo caso il significato è simile a quello
espresso con* **be going to** *usato per azioni già decise.*

– I'm seeing Cindy this evening.
  Vedo Cindy stasera.
– She's coming to dinner.
  Viene a cena.

senso 2. Si noti anche che dopo
anything, something, *ecc. si usa*
further: I have nothing further to say
about it. *Non ho più nulla da dire al
riguardo.*

further education /ˌfɜːrðər
edʒəˈkeɪʃən||ˌfɜːr-/ *s*
⟨*non num*⟩ *sistema d'istruzione dopo
la scuola superiore:* Harry went to a
college of further education to get
some extra qualifications. *Harry andò
ad un istituto di specializzazione per
ottenere ulteriori qualificazioni.*

furthermore /ˌfɜːðəˈmɔːr||
ˈfɜːrðərmɔːr/ *avv*
(*form*) *inoltre, per di più:* The new
power station will be very expensive to
build, and furthermore, it will create
environmental problems. *La nuova
centrale elettrica sarà molto costosa da
costruire e, per di più, creerà dei
problemi ambientali.*

furthest /ˈfɜːðɪst||ˈfɜːr-/ *anche*
farthest *avv, agg*
sup di **far** *il più lontano:* Twenty miles
is the furthest I've ever walked. *Venti
miglia è il più lontano che abbia mai
camminato.*

fuss¹ /fʌs/ *s*
⟨*sing o non num*⟩ ⟨*about*⟩ *trambusto,
storie (per):* There's always a big fuss
at school when somebody is caught
smoking. *A scuola c'è sempre un gran
trambusto quando qualcuno è sorpreso
a fumare.|*She always makes such a lot
of fuss when we're late. *Fa sempre
tante storie quando siamo in ritardo.|*
The cat enjoys being **made a fuss of.**
*Al gatto fa piacere essere al centro
dell'attenzione.*

fuss² *vi*
fare storie, agitarsi: Stop fussing,
Andy! I can make my own breakfast!
*Smettila di fare tante storie, Andy!
Sono capace di farmi la colazione da
solo!*

fussy /ˈfʌsi/ *agg*
⟨*compar* **fussier,** *sup* **fussiest**⟩
meticoloso, pignolo, schizzinoso: Cleo
the cat is very fussy about what she
eats. *Cleo è una gatta molto
schizzinosa nel mangiare.|*"Which film
shall we go and see?" "I'm not fussy.
You choose." *"Che film andiamo a
vedere?" "Per me fa lo stesso. Scegli
tu."*

future¹ /ˈfjuːtʃər/ *s*
⟨*s sing o non num o preceduto da* **the**⟩
1 *futuro:* In the future, we should all
have more leisure time. *Nel futuro,
tutti noi dovremmo avere più tempo
libero.|*The cars of the future will have
smaller, but more powerful, engines.
*Le macchine del futuro avranno il
motore più piccolo, ma più potente.|*
Anna has a promising future as an
engineer. *Anna ha un promettente
futuro come ingegnere.* **2 in future**
d'ora in poi, in futuro: In future I want
you to be home by ten o'clock! *D'ora
in poi voglio che tu sia a casa entro le
dieci!*

future² *agg*
⟨*solo attributivo*⟩ *futuro:* The school
netball team look like future
champions. *I membri della squadra di
netball sembrano futuri campioni.* a
verb tense used to refer to future
events, *un tempo verbale usato per
riferirsi ad avvenimenti nel futuro
– vedi anche* **La Nota Grammaticale
Future** *a p.185*

G, g

G, g /dʒiː/
G, g

gadget /ˈɡædʒɪt/ s
aggeggio, arnese: an electrical gadget for opening tins, *un aggeggio elettrico per aprire le scatolette*

gain /ɡeɪn/ vt
1 *vincere, conseguire, ottenere:* to gain experience, *acquisire esperienza*
2 *aumentare (di), acquistare:* The doctor told him he had gained too much weight over Christmas. *Il dottore gli disse che era aumentato troppo di peso durante il periodo natalizio.*|The car gained speed. *L'auto ha acquistato velocità.*|My watch gains five minutes a day. *Il mio orologio va avanti di cinque minuti al giorno.*

gallery /ˈɡæləri/ s
⟨pl **galleries**⟩ *galleria*

gallon /ˈɡælən/ s
gallone: a gallon of petrol, *un gallone di benzina – vedi anche La Tavola Weights and Measures*

game /ɡeɪm/ s
1 *gioco, partita:* We played lots of games at Christmas. *Abbiamo fatto molti giochi a Natale.*|a game of chess/cards, *una partita a scacchi/carte*|Rugby is a team game. *Il rugby è un gioco di squadra.* **2** (*fam*) *gioco, tranello:* What's your game, then? *Ma allora, a che gioco stai giocando?*|**The game's up!** Drop your guns! *È finita! Gettate le armi!*|**to give the game away,** *scoprire il proprio gioco*

games /ɡeɪmz/ s

1 ⟨*non num*⟩ ⟨*seguito da un verbo al singolare*⟩ *educazione fisica:* John's very good at games. *John è molto bravo in educazione fisica.*|Games is his favourite lesson. *L'ora di educazione fisica è la sua lezione preferita.* **2** *giochi, gare:* The last Olympic Games were held in Los Angeles. *Gli ultimi Giochi Olimpici si sono tenuti a Los Angeles – vedi anche* **L'Illustrazione Games Lesson**

gander /ˈɡændəʳ/ s
papero, oca maschio – vedi anche GOOSE (***Nota***)

gang /ɡæŋ/ s
banda, combriccola: a gang of youths roaming the streets, *una banda di giovinastri che gironzola per le strade*|Do you want to join our gang? *Vuoi far combriccola con noi?*

gaol (*IB*) /dʒeɪl/ s, vt
– vedi JAIL

gap /ɡæp/ s
apertura, lacuna, divario: Fill in the gaps to complete the story. *Riempire le lacune per completare la storia.*|a gap in the hedge/fence, *un'apertura nella siepe/nel recinto*|the generation gap, *il divario fra generazioni*

garage /ˈɡærɑːʒ, -ɪdʒ‖ɡəˈrɑːʒ/ s
1 *garage:* It's raining. Did you put the car away in the garage? *Piove. Hai messo la macchina in garage?*
2 *stazione di servizio:* It's miles to the next garage, and we're about to run out of petrol! *Mancano ancora chilometri e chilometri alla prossima stazione di servizio, e siamo quasi*

Training — **tracksuit**

John is jogging.   Andy is skipping.

Gym

shorts

Rounders

ball

bat

trainers

Sandro is throwing the ball.   Claudia is catching the ball.

Kate is climbing a rope.
Sue is hopping.

Swimming

Netball

ball

net

T-shirt

Claudia is diving.
Kate is swimming.

This is Kate jumping.

Hockey

net

hockey stick

ball

Sue is running. Kate is hitting the ball.

Football

goal

ball

This is Sandro kicking the ball.

rimasti a corto di benzina.
garden /'gɑːdn||'gɑːr-/ *s*
1 *giardino:* The Morgans' new house
has a lovely garden. *La nuova casa dei
Morgan ha un bel giardino.*
2 ⟨*generalmente plurale*⟩ *giardini
pubblici*
gardener /'gɑːdnəʳ||'gɑːr-/ *s*
giardiniere
gardening /'gɑːdnɪŋ||'gɑːr-/ *s*
⟨*non num*⟩ *giardinaggio:* I think I'll
do a bit of gardening this afternoon.
*Penso che farò un po' di giardinaggio
questo pomeriggio.*
gas /gæs/ *s*
⟨*pl* **gases**⟩ **1** ⟨*num*⟩ *gas:* Hydrogen
and oxygen are gases. *L'idrogeno e
l'ossigeno sono dei gas.* **2** ⟨*non num*⟩
gas: a gas cooker, *una cucina a gas*|a
gas leak, *una fuga di gas* **3** *anche*
gasoline; *IA di* **petrol** *benzina*
gate /geɪt/ *s*
cancello: You should always close the
gate when you leave a field. *Dovresti
chiudere sempre il cancello quando esci
da un campo.*
gateau /'gætəʊ||gɑːˈtəʊ/ *s*
⟨*pl* **gateaux**⟩ ⟨*num e non num*⟩ *torta:*
Would you like a piece of gateau?
Vorresti una fetta di torta?
gateway /'geɪt-weɪ/ *s*
ingresso, porta: Dover is sometimes
called the gateway to Europe. *Talvolta
Dover viene chiamata la porta
dell'Europa.*
gather /'gæðəʳ/ *vi, vt*
1 *radunare (-si):* A crowd gathered
round the entertainers. *La folla si
radunò intorno agli artisti.* **2** ⟨*up*⟩
raccogliere: She gathered up all her
books and papers and left. *Raccolse
tutti i suoi libri e le sue carte e se ne
andò.* **3** *acquistare, aumentare:* The
car gathered speed as it began to
travel downhill. *La macchina acquistò
velocità appena cominciò ad andare in*

discesa. — **gathering** *s* *raduno,
assembramento*
gave /geɪv/
pass rem del verbo **give**
gazelle /gəˈzel/ *s*
gazzella
GCSE /ˌdʒiː siː es ˈiː/ *s abbr di* **General
Certificate of Secondary Education**
*esame sostenuto da studenti britannici
dai 15 ai 16 anni*
geese /giːs/
pl di **goose**
general /'dʒenərəl/ *agg*
1 *generale:* There has been a general
rise in prices over the past few years.
*Negli ultimi anni c'è stato un aumento
generale dei prezzi.*|the general public,
il grande pubblico **2 in general** *in
genere, generalmente:* In general the
north of England is colder than the
south. *Generalmente il nord
dell'Inghilterra è piu freddo del sud.*
general election /'dʒenərəl ɪˈlekʃən/
s
⟨*pl* **general elections**⟩ *elezioni
politiche:* In Great Britain, a general
election must be held at least once
every five years. *In Gran Bretagna le
elezioni politiche si devono tenere
almeno una volta ogni cinque anni.*|
The Prime Minister has called a
general election for June 9th. *Il Primo
Ministro ha indetto le elezioni generali
per il 9 giugno.*
generalize /'dʒenərəlaɪz/ *vi*
⟨*pass rem e p pass* **generalized,** *p pres*
generalizing⟩ *generalizzare:* You can't
generalize from one small incident!
*Non puoi generalizzare sulla base di un
unico piccolo incidente!*
— **generalization** *s* ⟨*num e non num*⟩
generalizzazione
generally /'dʒenərəli/ *avv*
generalmente, di solito: In England the
shops are generally closed on Sundays.
In Inghilterra i negozi sono

generalmente chiusi di domenica.

generation /ˌdʒenəˈreɪʃən/ s

⟨*seguito da un verbo al singolare o al plurale*⟩ *generazione:* the younger/older generation, *la nuova/vecchia generazione*

generous /ˈdʒenərəs/ agg

generoso: Lucy's lucky because she has a generous brother. *Lucy è fortunata perchè ha un fratello generoso.*

— **generosity** s ⟨*non num*⟩ *generosità*

genius /ˈdʒiːniəs/ s

⟨*pl* **geniuses**⟩ *genio:* Haydn said that Mozart was a musical genius. *Haydn disse che Mozart era un genio della musica.*

gentle /ˈdʒentl/ agg

⟨*compar* **gentler**, *sup* **gentlest**⟩ *dolce, lieve:* Be gentle with him; he's still very small. *Sii dolce con lui; è ancora piccino.*|a gentle slope, *un lieve pendio*|a gentle push, *una lieve spinta*

gentleman /ˈdʒentlmən/ s

⟨*pl* **gentlemen**⟩ *signore:* Good evening, ladies and gentlemen. *Signore e signori, buona sera.*|This gentleman is waiting to see the doctor. *Questo signore è in attesa di vedere il dottore.*

■*Nota: La parola* **gentleman** *è piuttosto formale. È spesso usata quando si parla di un uomo rispettosamente, soprattuto in sua presenza:* Mr.Smith, there's a gentleman to see you. *Signor Smith, c'e un signore per lei.*|Ladies and gentlemen, may I introduce our speaker. *Signore e signori, vi presento il nostro interlocutore.* **Gentlemen** *è la scritta che compare sui gabinetti pubblici per signori.*

gently /ˈdʒentli/ avv

garbatamente, dolcemente, delicatamente: Close the door gently behind you. *Chiudi la porta garbatamente quando esci.*|She gently

took the toy away from him. *Gli prese il giocattolo dolcemente.*

genuine /ˈdʒenjuːɪn/ agg

genuino, autentico, vero: Is this genuine leather? *È vera pelle?*

geography /dʒiˈɒɡrəfi, ˈdʒɒɡrəfi‖ dʒiˈɑːg-/ s

⟨*non num*⟩ *geografia*

gesture /ˈdʒestʃəʳ/ s

gesto: He made a rude gesture. *Ha fatto un gesto volgare.*

get /ɡet/ v

⟨*pass rem* **got**, *p pass* **got** (*spec IB*) *o* **gotten** (*IA*), *p pres* **getting**⟩ **1** vt *prendere, procurare (-si), comprare:* We went to the booking office to get the tickets. *Siamo andati a prendere i biglietti all'ufficio prenotazioni.*|What shall I get John for his birthday? *Cosa posso comprare a John per il suo compleanno?*|Would you like a drink? What can I get you? *Vuoi qualcosa da bere? Cosa posso offrirti?* **2** vt *ricevere, ottenere, guadagnare (-si):* I got a letter from my brother yesterday. *Ieri ho ricevuto una lettera da mio fratello.*|Andy got first prize in the essay competition. *Andy ha vinto il primo premio nel concorso per il miglior tema.* **3** vt **have got** (*equivalente di* **have**) *avere, possedere:* I've got two brothers and a sister. *Io ho due fratelli ed una sorella.*|John's got a headache and a sore throat. *John ha mal di testa e mal di gola. – vedi anche La Nota Grammaticale* The Verb "have" **4** v aus **have got** ⟨*to do sthg*⟩ (*equivalente di* **have to** *o* **must**) *dover (fare qc), aver qc da fare:* Andy's got to finish his homework before he can go out. *Andy deve finire i compiti prima di poter uscire. – vedi anche La Nota Grammaticale* Modals **5** **get sthg right/wrong** *capire/fare qc correttamente/scorrettamente:* Kate got the first question right. *Kate ha*

risposto bene alla prima domanda.|
You got my address wrong on the
envelope. *Hai scritto il mio indirizzo
sbagliato sulla busta.* 6 ⟨*seguito da
aggettivo predicativo*⟩ *diventare,
divenire, farsi:* My grandmother is very
ill and she's getting worse. *Mia nonna
è molto malata e si sta aggravando.*|
The suitcase seemed to get heavier
and heavier. *Sembrava che la valigia
diventasse sempre più pesante.*|I'm
getting too old for discos and parties.
*Sto diventando troppo vecchio per
discoteche e feste.* 7 ⟨*seguito da
participio passato*⟩ *essere, venire,
rimanere:* They **got married** last week.
Si sono sposati la settimana scorsa.|
How does it take you to **get
dressed** in the morning? *Quanto
impieghi a vestirti al mattino?*|(*fam*)
Get lost and leave me alone! *Sparisci e
lasciami in pace!* 8 *vi andare, arrivare:*
How did you get here so soon? *Come
hai fatto ad arrivare così presto?*|What
time do you normally get to work in
the morning? *Di solito a che ora arrivi
al lavoro al mattino?*|The cat's stuck in
the tree and can't get down. *Il gatto è
rimasto intrappolato sull'albero e non
riesce a scendere.*

   get away *vi*
fuggire, farla franca: They tried to
catch the thief but he got away. *Hanno
cercato di catturare il ladro, ma è
riuscito a farla franca.*

   get in *vt, vi*
⟨**get in sthg**⟩ (*con riferimento a
automobile, camion, taxi o barca*)
salire (in/su qc): Mrs Morgan got in
the car and drove off. *La signora
Morgan salì in auto e partì.*

   get off *vt, vi*
⟨**get off sthg**⟩ (*con riferimento a
cavallo, bicicletta, motocicletta,
autobus, treno, aereo o nave*)
smontare, scendere, sbarcare da (qc): I

watched the passengers get off the
train. *Ho guardato i passeggeri
scendere dal treno.*|Stop the bus! I
want to get off! *Fermate l'autobus!
Voglio scendere!*

   get on *v*

1 *vt, vi* ⟨**get on sthg**⟩ (*con
riferimento a cavallo, bicicletta,
motocicletta, autobus, treno, aereo o
nave*) *montare, salire, imbarcarsi su
(qc):* Everyone was pushing to get on
the train. *Tutti spingevano per salire
sul treno.*|The bus stopped and I got
on. *L'autobus si fermò ed io vi salii
sopra.* **2** *vi* ⟨**get on with sthg**⟩
*procedere, andare avanti, fare
progressi (in):* How are you getting on
in your new job? *Come te la cavi nel
tuo nuovo impiego?*|Stop talking and
get on with your homework. *Smettete
di chiacchierare ed andate avanti con i
vostri compiti.* **3** *vi* ⟨**get on with sbdy**⟩
andare d'accordo (con qn): The two
girls get on very well together *o* with
each other. *Le due ragazze vanno
molto d'accordo.*

   get out *vi*
⟨**get out of sthg**⟩ (*con riferimento a
automobile, camion, taxi o barca*)
scendere (da): The taxi stopped and
two men got out. *Il taxi si fermò e due
uomini ne scesero.*

   get up *vi*
alzarsi: What time do they get up? *A
che ora si alzano?*

geyser /'giːzəʳ||'gaɪ-/ *s*
sorgente calda, geyser

ghost /gəust/ *s*
fantasma, spettro: What's the matter?
You look as if you've seen a ghost.
*Che ti succede? Hai la faccia di chi ha
appena visto un fantasma.*

giant[1] /'dʒaɪənt/ *s*
gigante

giant[2] *agg*
⟨*solo attributivo*⟩ *gigante, gigantesco:*

a giant redwood tree, *una sequoia gigante*|a giant-size packet of soap powder, *un pacco di detersivo formato gigante*

gift /gɪft/ *s*
1 *dono, regalo:* a free gift with each purchase, *un omaggio con ciascun acquisto* **2** ⟨**for**⟩ *dono, talento (di):* Claudia has a gift for languages. *Claudia ha il dono delle lingue.*

gigantic /dʒaɪˈgæntɪk/ *agg*
gigantesco, enorme

gin /dʒɪn/ *s*
⟨*non num*⟩ *gin:* A gin and tonic, please. *Un gin tonic, per favore.*

ginger /ˈdʒɪndʒəʳ/ *s*
⟨*non num*⟩ *zenzero*

ginger ale /ˈdʒɪndʒəʳ eɪl/ *s*
⟨*non num*⟩ *bevanda gassosa allo zenzero*

giraffe /dʒɪˈrɑːf||-ˈræf/ *s*
giraffa

girl /gɜːl||gɜːrl/ *s*
ragazza: Who's that girl in the photo? *Chi è quella ragazza nella foto?*| They've got three children, two girls and a boy. *Hanno tre figli, due femmine ed un maschio.*|a little girl, *una bambina* – vedi anche CHILD (*Nota*)

girlfriend /ˈgɜːlfrend||ˈgɜːrl-/ *s*
ragazza: Is that your girlfriend in the photo? *È la tua ragazza quella nella foto?*

give /gɪv/ *vt*
⟨*pass rem* **gave**, *p pass* **given**, *p pres* **giving**⟩ **1** ⟨**to**⟩ *dare, regalare (a):* I took a book off the shelf and gave it to John. *Ho preso un libro dallo scaffale e l'ho dato a John.*|Andy gave Kate a box of chocolates for her birthday. *Andy ha regalato a Kate una scatola di cioccolatini per il suo compleanno.*|I was given a new coat for Christmas. *Ho ricevuto un cappotto nuovo per Natale.*|Who do you think they will

give the prize to? *A chi pensi daranno il premio?* **2** *dare:* Could you give me some advice? *Potresti darmi un consiglio?*|I gave him some suggestions about what to do. *Gli ho dato dei suggerimenti circa il da farsi.*|She was given two days to make up her mind. *Le vennero dati due giorni per prendere una decisione.* **3** (*in espressioni idiomatiche*) *dare, fare:* He gave the door a push and it swung open. *Diede una spinta alla porta che si spalancò.*|She gave a short, nervous laugh. *Scoppiò improvvisamente in una risata nervosa.*|I'll give you a ring this evening if there's any news. *Ti darò un colpo di telefono stasera, se ci saranno delle novità.* **4** *dare, indire:* Kate and Andy gave a party for their friends. *Kate ed Andy hanno dato una festa per i loro amici.*|The Prime Minister is going to give a press conference. *Il Primo Ministro indirrà una conferenza stampa.*

give away *vt*
⟨**give sthg** ↔ **away**⟩ *dare via, disfarsi di:* When we moved house we gave away all our old furniture. *Quando abbiamo traslocato, abbiamo dato via tutti i nostri vecchi mobili.*

give back *vt*
⟨**give sthg** ↔ **back**⟩ ⟨**to sbdy**⟩ *ridare, restituire qc (a qn):* He still hasn't given me back the book I lent him. *Non mi ha ancora restituito il libro che gli avevo prestato.*|Could you give me my pen back, please? *Potresti ridarmi la mia penna, per piacere?*|This record belongs to Andy. I ought to give it back to him. *Questo disco è di Andy. Dovrei restituirglielo.*

give out *vt*
⟨**give sthg** ↔ **out**⟩ *distribuire qc (a):* The teacher told Andy to give out the textbooks. *La professoressa disse ad Andy di distribuire i libri di testo.*

give up v

1 vi rinunciare, arrendersi: David had to give up halfway through the marathon. David ha dovuto arrendersi a metà della maratona.|"Can't you guess the answer?" "No, I give up." "Non riesci a indovinare la risposta?" "No, ci rinuncio." **2** vt ⟨**give sthg ↔ up, give up doing sthg**⟩smettere (di fare qc): Mrs Morgan is trying to give up smoking. La signora Morgan sta cercando di smettere di fumare.

glad /glæd/ agg

⟨compar **gladder**, sup **gladdest**⟩ ⟨**to do sthg** o **that** o **of**⟩ contento, lieto (di fare qc o che, di): They were glad that the old man was all right after his fall. Erano contenti che il vecchio stesse bene dopo la caduta.|I was very glad to hear that you passed your exams. Sono stato lieto di sapere che hai superato gli esami.

gladly /'glædli/ avv

con piacere, volentieri: A guide will gladly take you on a tour of the castle. Una guida sarà lieta di accompagnarvi a fare un giro del castello.

glass /glɑːs||glæs/ s

⟨pl **glasses**⟩ **1** ⟨non num⟩ vetro: Is that vase made of glass or plastic? Quel vaso è fatto di vetro o di plastica?|a glass jar, un barattolo di vetro **2** ⟨num⟩ bicchiere: Would you like a glass of milk? Vuoi un bicchiere di latte?

glasses /'glɑːsɪz||'glæ-/ s pl

occhiali: I have to wear glasses to read or watch TV. Devo mettermi gli occhiali per leggere o guardare la TV.

glide /glaɪd/ vi

⟨pas rem e p pass **glided**, p pres **gliding**⟩ muoversi con grazia, librarsi: The seagull glided gracefully through the air. Il gabbiano si librava con grazia attraverso l'aria.|She glided into the room. Entrò con grazia nella stanza.

glider /'glaɪdəʳ/ s

aliante

glitter /'glɪtəʳ/ vi

scintillare, luccicare: All that glitters is not gold. (proverbio) Non è tutt'oro quel che luccica.|The sea glittered in the sun. Il mare scintillava sotto il sole.

glory /'glɔːri/ s

⟨num e non num⟩ gloria: John was covered in glory when he won the race. John si coprì di gloria quando vinse la corsa. — **glorious** agg glorioso: What a glorious day! Che giornata fantastica!

glove /glʌv/ s

guanto: a pair of gloves, un paio di guanti|to wear gloves, portare i guanti

glue¹ /gluː/ s

⟨non num⟩ colla

glue² vt

⟨pass rem e p pass **glued**, p pres **gluing** o **glueing**⟩ incollare: She glued the handle onto the cup. Ha attaccato il manico della tazza con la colla.

go¹ /gəʊ/ vi

⟨pass rem **went**, p pass **gone**, p pres **going**⟩ **1** andare: Does this bus go to Liverpool Street? Va a Liverpool Street questo autobus?|We went by train and came back by bus. Siamo andati in treno e tornati in pullman.|I saw him go into the shop. L'ho visto entrare nel negozio. **2** ⟨p pass **been**⟩ andare in viaggio: Where did you go for your holidays last year? Dove siete andati in vacanza l'anno scorso?|I asked them where they'd been for their holidays. Gli ho chiesto dove erano stati per le vacanze.|"Where have you been?" "I've just been for a walk." "Dove sei stato?" "Sono solo andato a fare un giro."|Have you ever been to Milan? Sei mai stato a Milano? – vedi anche BEEN (**Nota**) **3** ⟨to⟩ frequentare, andare regolarmente (a):

Does Lucy go to school yet? *Va già a scuola Lucy?*|The Morgan family goes to church on Sundays. *La domenica la famiglia Morgan va in chiesa.*
4 *andarsene, partire:* It's getting late. I'll have to go now. *Si sta facendo tardi. Devo andarmene ora.*|By the time we got to the station, the train had already gone. *Quando finalmente arrivammo alla stazione, il treno era già partito.* **5** ⟨*non usato nelle forme progressive*⟩ ⟨**from, to**⟩ ⟨*di vie di comunicazione*⟩ *andare (da . . . a):* The M1 motorway goes from London to Leeds. *L'autostrada M1 va da Londra a Leeds.*|This path goes down to the harbour. *Questo sentiero va giù al porto.* **6** *funzionare:* If the car won't go, we'll have to take the bus. *Se la macchina non parte, dovremo prendere l'autobus.* **7** ⟨*doing sthg o* **for**⟩ *andare (a fare qc):* How often do you go swimming? *Ogni quanto vai a nuotare?*|I think I'll go for a walk. *Penso che andrò a fare una passeggiata.* **8 go and . . .** ⟨*seguito dall'infinito senza* **to**⟩ *andare a:* I think I'll go and have a bath. *Penso che andrò a farmi un bagno.*|Go and tell Jane there's a phone call for her. *Va' a dire a Jane che la cercano al telefono.* **9** *diventare, farsi:* My father is going bald. *Mio padre sta diventando calvo.*| The milk has ̸gone sour. *Il latte è andato a male.* **10** *v aus* **be going** ⟨**to do sthg**⟩ ⟨*per esprimere futuro immediato o intenzionale*⟩: I'm going to have a drink. Can I get you one? *Vado a prendere qualcosa da bere. Posso offrirti qualcosa?*|I think it's going to rain. *Penso che stia per piovere.*|I'm not going to wait here all day! *Non intendo starmene qui ad aspettare tutto il giorno! – vedi anche* **La Nota Grammaticale** Future
  go around *vi*

essere in giro, andare in giro: Kate always goes around with Sue. *Kate va sempre in giro con Sue.*|There are a lot of coughs and colds going around just now. *In questo periodo ci sono in giro tantissimi raffreddori e mal di gola.*
  go away *vi*
andare via, allontanarsi, assentarsi: "Go away, Lucy!" "No, I won't!" *"Vattene Lucy!" "No, non me ne vado!"*|We're having a long holiday this year, because we didn't go away at all last year. *Quest'anno ci prenderemo una lunga vacanza, perchè l'anno scorso non ci siamo mossi affatto.*
  go back *vi*
(ri)tornare (a): Gina is going back to Italy tomorrow. *Gina torna in Italia domani.*
  go down *vi*
scendere, calare: The standard of your work has gone down this year. *Il livello del tuo lavoro è sceso molto quest'anno.*|Personal computers are going down in price. *I personal computer stanno calando di prezzo. – vedi anche* DESCEND (*Nota*)
  go on *vi*
⟨**go on doing sthg**⟩ *continuare (a fare qc):* Go on walking until you get to the post office. *Continua a camminare fino a quando arrivi all'ufficio postale.*|Yes, go on. What happened next? *Sì, continua. Che cosa è successo dopo?*
  go out *vi*
1 *uscire:* Why don't we all go out for a meal tonight? *Perchè non andiamo tutti a cena fuori stasera?*|The cat doesn't want to go out because it's raining. *Il gatto non vuole andare fuori perchè piove.* **2** ⟨**go out with sbdy**⟩ *uscire (insieme, con):* Peter and Anna have been going out (together) for six weeks now. *Peter ed Anna stanno insieme da sei settimane.*|Who is Gina going out with at the moment? *Con*

chi esce Gina adesso?
  go up *vi*
salire, aumentare: The price of oil has
gone up by 10%. *Il prezzo del petrolio
è salito del 10%.*

go² *s*
⟨*pl* **goes**⟩ *(piuttosto familiare)*
1 *tentativo:* No, that's not the right
answer. Have another go. *No, non è
questa la risposta giusta. Riprovaci.*
2 *turno:* Whose go is it? *A chi
tocca?*

goal /gəʊl/ *s*
1 *rete, porta:* Who's in goal? *Chi è in
porta?* **2** *rete, gol:* Bruno scored a
great goal. *Bruno ha segnato un
fantastico gol.*

goalkeeper /'gəʊlˌkiːpə'/ *s*
(nel gioco del calcio e simili) portiere:
You can be (the) goalkeeper. *Tu puoi
fare il portiere.*

goat /gəʊt/ *s*
capra

god /gɒd||gɑːd/ *s*
1 ⟨*num*⟩ *dio, divinità:* The planets are
named after Roman gods. *I pianeti
sono chiamati con i nomi di divinità
romane.* **2 God** ⟨*s sing*⟩ *Dio:*
Christians believe that Jesus was the
Son of God. *I Cristiani credono che
Gesù fosse il Figlio di Dio.*

goddess /'gɒdʒs||'gɑːd-/ *s*
dea, divinità

gold¹ /gəʊld/ *s*
⟨*non num*⟩ *oro:* Mrs Morgan's
wedding ring is made of gold. *La fede
della signora Morgan è d'oro.*

gold² *agg*
⟨*non usato al compar o sup*⟩ **1** *d'oro:*
a gold watch, *un orologio d'oro*
2 *color oro:* My bike's gold with black
wheels. *La mia bicicletta è color oro
con le ruote nere.*

golden /'gəʊldən/ *agg*
d'oro, dorato, aureo

goldfish /'gəʊldˌfɪʃ/ *s*

⟨*pl* **goldfish** *o* **goldfishes**⟩ *pesce rosso*

golf /gɒlf||gɑːlf, gɔːlf/ *s*
⟨*non num*⟩ *golf:* a golf course, *un
campo da golf*

gone /gɒn||gɔːn/
p pass del verbo **go** – *vedi anche* BEEN
(**Nota**)

good¹ /gʊd/ *agg*
⟨*compar* **better**, *sup* **best**⟩ **1** *buono,
bello:* "Let's get up early tomorrow
and go jogging." "What a good idea!"
"*Domani alziamoci presto e andiamo a
fare un po' di corsa.*" "*Che buona
idea!*"|"Was the weather good?" "No,
it was pretty bad, actually." "*Era bello
il tempo?*" "*No, a dire il vero era
piuttosto brutto.*"|Kate has been
getting good marks for her essays.
*Kate sta prendendo dei bei voti nei
temi.* – *contrario* BAD **2** ⟨*to do sthg*⟩
piacevole, divertente (fare qc): Have a
good time! *Buon divertimento!*|It's
good to see you again. *Mi fa piacere
rivederti.* **3 be good for sbdy/sthg** *fare
bene a qn/qc, essere salutare per qn/qc:*
Fresh fruit and vegetables are good for
you. *Frutta e verdura fresche fanno
bene.*|Are low oil prices good for the
economy? *Un basso livello nei prezzi
del petrolio è salutare per l'economia?*
– *contrario* BAD **4** ⟨*of, to*⟩ *caro,
gentile, premuroso (da parte di, nei
confronti di):* John is a good friend of
mine. *John è un mio caro amico.*|She's
very good to her grandchildren. *Lei è
molto premurosa verso i nipoti.*|It was
good of you to help us. *È stato gentile
da parte tua aiutarci.* **5** *bravo,
beneducato, ubbidiente:* Now you must
be good when you go and visit your
gran. *Mi raccomando, fa' il bravo
quando vai a trovare la nonna.* **6** ⟨*at*⟩
bravo (in): Kate is very good at
languages. *Kate è molto brava nelle
lingue.* – *vedi anche* BRAVE
(**Trabocchetto**) **7** ⟨*solo attributivo*⟩

abbondante, parecchio, molto: A good number of countries have sent food to Ethiopia. *Parecchie nazioni hanno inviato generi alimentari in Etiopia.*|A **good many** people would agree with you. *Ci sarebbe un bel po' di gente ad avere la tua stessa opinione.* **8** (*in combinazione con esclamazioni di sorpresa, disappunto, ecc*): Good Heavens! It's six o'clock already! *Santo cielo! Sono già le sei!*|Good grief! Can't you understand even the simplest instructions! *Accidenti! Non riesci neppure a capire le istruzioni più semplici!*

good² s
⟨*non num*⟩ **1** (*il*) *bene:* the struggle between good and evil, *il conflitto fra il bene ed il male* **2 do sbdy good** *fare bene a qualcuno:* Go out and get some fresh air. It'll do you good! *Esci a prendere una boccata d'aria. Ti farà bene!* **3 It's no good** ⟨*doing sthg*⟩ *è inutile, non serve a nulla (fare qc):* It's no good. I can't finish this pudding! It's too much for me. *È inutile. Non posso mangiare tutto questo dolce! È troppo per me.*|It's no good trying to persuade her. She won't even listen. *Non serve a nulla tentare di persuaderla. Non starà neppure a sentire.* **4 for good** *una volta per tutte, definitivamente:* Gina has gone back to Italy for good. *Gina è tornata in Italia definitivamente.*

good³ inter
bene!, bravo!, ben fatto!: "Did you get any wine?" "Yes." "Good!" *"Hai preso del vino?" "Sì." "Bene!"*|"What's the capital of Spain?" "Madrid." "Good." *"Qual è la capitale della Spagna?" "Madrid." "Bravo."*
– *vedi anche* WELL (*Nota*)

good afternoon /ˌɡʊd ˌɑːftəˈnuːn‖ˌɡʊd ˌæftər-/ *inter*
(*piuttosto formale*) *buon pomeriggio,*

buona sera: Good afternoon, Madam. Can I help you? *Buona sera, Signora. Posso servirla?*

goodbye /ɡʊdˈbaɪ/ *inter*
(*formula di congedo*) *arrivederci, ciao:* "Well, I must be going now. Goodbye." "Bye. See you tomorrow." *"Beh, devo proprio andare adesso. Arrivederci." "Ciao. A domani."*
■*Nota: Due forme più familiari di* **goodbye** *sono* **bye** *e* **bye-bye.** – *vedi anche L'Illustrazione* **Waving Goodbye**

good evening /ɡʊd ˈiːvnɪŋ/ *inter*
(*piuttosto formale*) *buonasera:* "Good evening, John." "Good evening, Mr Morgan." *"Buonasera, John." "Buonasera, Signor Morgan."*

good-looking /ˌɡʊd ˈlʊkɪŋ/ *agg*
(*di persone*) *di bell'aspetto:* He is very good-looking. *È un uomo di bell'aspetto.* – *vedi anche* BEAUTIFUL (*Nota*)

good morning /ɡʊd ˈmɔːnɪŋ‖-ˈmɔr-/ *inter*
(*piuttosto formale*) *buongiorno:* "Good morning, Mrs Taylor." "Good morning Kate." *"Buongiorno, Signora Taylor." "Buongiorno, Kate."*

good-natured /ˌɡʊdˈneɪtʃəd/ *agg*
buono, gentile: The dog won't bite. He's very good-natured. *Il cane non morde. È molto buono.*

goodness /ˈɡʊdnɪs/ *s*
⟨*non num*⟩ **1** *bontà:* Fresh vegetables are full of goodness. *La verdura fresca è piena di bontà.* **2** *buon Dio!, santo cielo!:* Oh, my goodness! I've won a holiday in America! *Oh, Dio mio! Ho vinto una vacanza in America!*|For goodness' sake will you stop fighting! *Per amor del cielo, volete smetterla di litigare!*

good night /ɡʊd ˈnaɪt/ *inter*
buonanotte: "Good night." "Good night. See you in the morning." *"Buonanotte." "Buonanotte. Ci*

vediamo domattina."

goods /gʊdz/ *s pl*

1 *beni, articoli, prodotti:* Many goods and services can be provided by the state. *Molti beni e servizi possono essere forniti dallo stato.*|stolen goods, *articoli rubati* **2** *anche* **freight** *merce, merci:* a goods train, *un treno merci*

good-tempered /gʊd'tempəd‖ -ərd/ *agg*

buono: The dog won't harm you. He's very good-tempered. *Il cane non ti farà alcun male. È molto buono.*

goose /guːs/ *anche* **gander** (*masc*) *s* ⟨*pl* **geese**⟩ *oca*

■Nota: *La parola* **goose** *è il termine generale per oca, mentre la parola* **gander** *è usato soltanto per l'oca maschio. Il papero si chiama* **gosling**.

gorgeous /'gɔːdʒəs‖'gɔːr-/ *agg* (*fam*) *stupendo, bellissimo:* She was wearing a gorgeous new dress. *Indossava un vestito nuovo stupendo.*

gorilla /gə'rɪlə/ *s* *gorilla*

gosh /gɒʃ‖gɑːʃ/ *inter* (*per esprimere sorpresa*) *perdinci!:* Gosh, you got your money back then! *Perdinci, allora te li hanno restituiti i soldi!*

gosling /'gɒzlɪŋ‖'gɑːz-, -'gɔːz-/ *s* *papero, ochetta – vedi anche* GOOSE (*Nota*)

got /gɒt‖gɑːt/ *pass rem e p pass del verbo* get – *vedi anche La Nota Grammaticale* **The Verb "have"**

Gothic /'gɒθɪk‖'gɑː-/ *agg* *gotico:* The Houses of Parliament are Gothic-style buildings. *Il palazzo del Parlamento è in stile gotico.*

gotten (*IA*) /'gɒtn‖'gɑːtn/ *p pass del verbo* get

govern /'gʌvən‖-ərn/ *vi, vt* *governare:* Parliament governs the country. *Il parlamento governa il*

paese.

government /'gʌvəmənt, ‖'gʌvənmənt‖|'gʌvərn-/ *s* ⟨*num e non num*⟩ ⟨*seguito da un verbo al singolare o al plurale*⟩ *governo:* The government is *o* are hoping to reduce taxes. *Il governo spera di poter ridurre le tasse.*|All governments should promote peace. *Tutti i governi dovrebbero promuovere la pace.*

grade /greɪd/ *s*

1 *grado, livello:* low-grade fuel, *carburante a basso tenore* **2** *voto:* What grade did you get in your exam? *Che voto hai preso all'esame?*

gradual /'grædʒʊəl/ *agg* *graduale:* a gradual increase in prices, *un graduale aumento dei prezzi*

gradually /'grædʒʊəli/ *avv* *gradualmente, poco alla volta:* The first underground railway was opened in 1863, and others have gradually been added. *La prima linea della metropolitana fu aperta nel 1863, e le altre sono state aggiunte poco alla volta.*

graduate¹ /'grædʒʊeɪt/ *vi* ⟨**from, in**⟩ *laurearsi (a, in):* Mrs Morgan graduated from Leicester University in 1971. *La signora Morgan si è laureata all'Università di Leicester nel 1971.* — **graduation** *s* ⟨*non num*⟩ (*conseguimento della*) *laurea*

graduate² /'grædʒʊt/ *s* *laureato (-a):* a university graduate, *un laureato/una laureata*|Most teachers nowadays are graduates. *La maggior parte degli insegnanti oggi sono laureati.*

■Nota: *In Gran Bretagna si chiama* **graduate** (*laureato*) *chi ha completato un corso di studi universitari.* **Undergraduate** (*studente universitario*) *è invece chi tuttora frequenta un'università senza essersi ancora* *laureato.* **Postgraduate** *(laureato specializzando) infine è chi, già in possesso di un titolo universitario, è impegnato in un corso superiore di specializzazione spesso in vista di un dottorato.*

grain /greɪn/ *s*
1 ⟨*non num*⟩ *cereali, granaglie:* We need to send more grain to Africa. *Dobbiamo mandare più cereali in Africa.* **2** ⟨*num*⟩ *granello:* a grain of sand/salt, *un granello di sabbia/sale*

gram *o* **gramme** /græm/ *s*
grammo – vedi anche La Tavola **Weights and Measures**

grammar /ˈgræməʳ/ *s*
⟨*num e non num*⟩ *grammatica:* We study French grammar at school, but we can't speak the language very well. *Studiamo la grammatica francese a scuola, ma non parliamo molto bene la lingua.*

gramophone /ˈgræməfəʊn/ *s*
(antiquato) grammofono: a gramophone record, *un disco grammofonico*

gran *o* **Gran** /græn/ *s*
(fam) (spesso usato, specialmente dai bambini, nel rivolgersi alla nonna) nonna: "Hello, Gran!" said Andy. *"Ciao, nonna!" disse Andy.*

grand /grænd/ *agg*
⟨*compar* **grander,** *sup* **grandest**⟩
grandioso, imponente: a grand cathedral, *una cattedrale imponente|* the grand old man of literary criticism, *il gran vecchio della critica letteraria*

grandad *o* **Grandad** /ˈgrændæd/ *anche* **granddad, Granddad** *s*
nonno: Grandad, can we go to the zoo now? *Nonno, perchè non andiamo allo zoo adesso?*

grandchild /ˈgræntʃaɪld/ *s*
⟨*pl* **grandchildren**⟩ *nipote, nipotino (-a) (di nonni):* Granny Morgan has seven grandchildren. *Nonna Morgan*

ha sette nipotini.

granddaughter /ˈgrænˌdɔːtəʳ/ *s*
nipote, nipotina (di nonni)

grandeur /ˈgrændʒəʳ/ *s*
⟨*non num*⟩ *(form) splendore, sfarzo*

grandfather *o* **Grandfather** /ˈgrændˌfɑːðəʳ/ *s*
nonno

grandfather clock /ˈgrændfɑːðə klɒk ||-klɑːk/- *s*
⟨*pl* **grandfather clocks**⟩ *pendola a colonna*

grandma *o* **Grandma** /ˈgrænmɑː/ *s*
⟨*pl* **grandmas**⟩ *(spesso usato, specialmente dai bambini, nel rivolgersi alla nonna) nonna, nonnina:* Will you hold my hand, Grandma? *Nonna, mi dai la mano?*

grandmother *o* **Grandmother** /ˈgrænˌmʌðəʳ/ *s*
nonna

grandpa *o* **Grandpa** /ˈgrænpɑː/ *s*
⟨*pl* **grandpas**⟩ *(spesso usato, specialmente dai bambini, nel rivolgersi al nonno) nonno, nonnino:* Grandpa, did you go on demonstrations when you were young? *Nonno, quando eri giovane andavi alle manifestazioni?*

grandparent /ˈgrænˌpeərənt/ *s*
nonno (-a): My grandparents are both sixty-three. *I miei nonni hanno tutti e due sessantatre anni.*

Grand Prix /ˌgrɒn ˈpriː|ˌgrɑːn-/ *s*
⟨*pl* **Grand Prix**⟩ *Gran Premio*

grandson /ˈgrænsʌn/ *s*
nipote, nipotino (di nonni)

granny *o* **Granny** /ˈgræni/ *s*
⟨*pl* **grannies**⟩ *(spesso usato, specialmente dai bambini, nel rivolgersi alla nonna) nonna:* When they came in, Granny Morgan was sitting at the kitchen table. *Quando entrarono, la nonna dei Morgan era seduta al tavolo della cucina.*

grant /grɑːnt||grænt/ *s*
sussidio, borsa di studio: Peter got a

grant to go to college. *Peter ha avuto una borsa di studio per il college.*|a student grant, *una borsa di studio*

grape /greɪp/ s
chicco d'uva: a bunch of grapes, *un grappolo d'uva*

grapefruit /'greɪpfruːt/ s
⟨*pl* **grapefruit** *o* **grapefruits**⟩
pompelmo

graph /græf, grɑːf‖græf/ s
grafico: Draw a graph to show the rise in prices over time. *Tracciate un grafico per mostrare l'aumento dei prezzi nel tempo.*

grass /grɑːs‖græs/ s
⟨*non num*⟩ *erba:* In summer people enjoy sitting on the grass in the sun. *D'estate alla gente piace stare seduta sull'erba a prendere il sole.*

grassland /'grɑːslænd‖'græs-/ s
⟨*spesso plurale*⟩ *terreno erboso, prateria:* the grasslands of South America, *le praterie dell'America del Sud*

grate /greɪt/ vt
⟨*pass rem e p pass* **grated**, *p pres* **grating**⟩ *grattugiare:* Will you grate the carrots? *Puoi grattugiare le carote?*
− **grater** s *grattugia:* a cheese grater, *una grattugia per il formaggio*

grateful /'greɪtfəl/ agg
⟨**to, for**⟩ *grato, riconoscente (a, per):* I am grateful to you for your help. *Ti sono grato per il tuo aiuto.* − **gratitude** s ⟨*non num*⟩ *gratitudine*

grave¹ /greɪv/ s
fossa, sepolcro

grave² agg
⟨*compar* **graver**, *sup* **gravest**⟩ *grave, serio:* a grave matter, *un fatto grave*
− **gravely** avv *gravemente, seriamente*

great¹ /greɪt/ agg
⟨*compar* **greater**, *sup* **greatest**⟩
1 *grande:* The computer exhibition was a great success. *La mostra sull'informatica è stata un gran*

successo.|The famine has caused great suffering throughout Africa. *La carestia ha provocato grandi sofferenze in tutta l'Africa.*|Andy's greatest ambition is to play football for England. *La più grande aspirazione di Andy è di giocare a calcio per l'Inghilterra.* − *vedi anche* LARGE
(*Nota*) **2** ⟨*intensivo in espressioni di quantità*⟩: **A great many** people would disagree with you. *Moltissime persone dissentirebbero da te.*|**A great deal** of research is being done into this disease. *Si stanno conducendo moltissime ricerche su questo male.*
3 *grande, eccellente:* Pele was certainly a great footballer. *Pele era senza dubbio un grandissimo calciatore.*|The Mona Lisa is one of the world's greatest paintings. *La Gioconda è uno dei più grandi dipinti del mondo.*| Alexander the Great, *Alessandro Magno* **4** ⟨*fam*⟩ *stupendo, fantastico, formidabile:* I love David Bowie. I think he's great. *Io adoro David Bowie. Per me è formidabile.*|That was a great film! *È stato un film stupendo!*| It's great to see you again. *È fantastico rivederti.*

great² inter
⟨*fam*⟩ ⟨*per esprimere approvazione o soddisfazione*⟩ *bene!, benissimo!, splendido!:* "We've been invited to spend the summer holidays in Italy." "Great!" *"Quest'estate siamo stati invitati a passare le vacanze in Italia." "Fantastico!"*|"I'm ready now." "Great. Let's go." *"Sono pronto adesso." "Benissimo. Andiamo."*

greater *o* **Greater** /'greɪtə^r/ agg
la zona circostante di una città: Greater London, *Londra e dintorni*

greatly /'greɪtli/ agg
⟨*form*⟩ *molto:* We were greatly impressed by the beauty of the landscape. *Eravamo molto colpiti dalla*

bellezza del panorama.

greed /griːd/ *s*

⟨*non num*⟩ avidità, golosità

greedy /'griːdi/ *agg*

⟨*compar* **greedier**, *sup* **greediest**⟩
avido, ingordo, goloso: Don't be so
greedy! Haven't you had enough? *Non
essere così ingordo! Non ne hai forse
avuto abbastanza?*

green /griːn/ *agg*

⟨*compar* **greener**, *sup* **greenest**⟩ *verde*:
a light green jacket, *una giacca verde
chiaro*

greengrocer /'griːn‚grəʊsər/ *s*

fruttivendolo: I'm just going to the
greengrocer's. *Sto giusto andando dal
fruttivendolo.*

greet /griːt/ *vt*

salutare: They greeted each other
warmly. *Si sono salutati
calorosamente.* — **greeting** *s* saluto

grew /gruː/

pass rem del verbo **grow**

grey /greɪ/ *agg*

⟨*compar* **greyer**, *sup* **greyest**⟩ *grigio*: a
grey sky, *un cielo grigio*

greyhound /'greɪhaʊnd/ *s*

levriero

grief /griːf/ *s*

⟨*non num*⟩ **1** dolore, sofferenza,
angoscia **2** **Good grief!** *Santo cielo!,
Accidenti!, Mamma mia!*: Good grief!
They've got another new car!
*Accidenti! Si sono comprati un'altra
macchina nuova!*

grill[1] /grɪl/ *vt*

cuocere ai ferri, arrostire alla griglia:
I'll have a grilled pork chop. *Io prendo
una costoletta di maiale ai ferri.*

grill[2] *s*

griglia, graticola: I'll put the chops
under the grill. *Metto le costolette sulla
griglia.*

grind /graɪnd/ *vt*

⟨*pass rem e p pass* **ground**⟩ *macinare*

groan[1] /grəʊn/

gemito

groan[2] *vi*

gemere: He lay there, groaning with
pain. *Era lì sdraiato e gemeva dal
dolore.*

grocer /'grəʊsər/ *s*

droghiere: I'm just going out to the
grocer's (shop). I'll be back soon.
*Vado un attimo in drogheria. Torno
subito.*

groceries /'grəʊsəriz/ *s pl*

generi alimentari, spesa: The Morgans
get the week's groceries from the
supermarket. *I Morgan fanno la spesa
settimanale al supermercato.*

groom /gruːm, grʊm/ *s*

1 *stalliere* **2** *anche* **bridegroom** *sposo*:
The bride and groom stood before the
altar. *La coppia degli sposi stava di
fronte all'altare.*

ground[1] /graʊnd/ *s*

1 ⟨*non num*⟩ terreno, terra, suolo:
After the race, the runners lay on the
ground, exhausted. *Al termine della
gara, i corridori si sdraiarono per terra,
sfiniti.*|We're looking for some dry
ground to put up our tent. *Siamo alla
ricerca di un posto asciutto per montare
la tenda.* **2** ⟨*num*⟩ *campo*: We got to
the football ground just in time. *Siamo
arrivati al campo di calcio appena in
tempo.*

playground *s*

cortile per la ricreazione, campo giochi

ground[2]

pass rem e p pass del verbo **grind**

ground floor /graʊnd flɔːr/ *s*

⟨*pl* **ground floors**⟩ *pianterreno*: The
stationery department is on the ground
floor. *Il reparto cartoleria si trova al
pianterreno.*

groundnut /'graʊndnʌt/ *s*

IA di **peanut** *arachide*

group[1] /gruːp/ *s*

⟨*seguito da un verbo al singolare o al
plurale*⟩ *gruppo*: We often work in

groups at school. *A scuola spesso lavoriamo in gruppi.*|a pop group, *un complesso pop*|A group of men were standing on the corner of the street. *Un gruppo di uomini stava in piedi all'angolo della strada.*

group² *vt*
⟨together⟩ raggruppare: The youngest children are all grouped together for games. *I bambini più giovani sono raggruppati tutti insieme per gli sport.*

grow /grəʊ/ *v*
⟨*pass rem* **grew**, *p pass* **grown**⟩ **1** *vi* crescere, aumentare: The children are growing quickly, aren't they? *I bambini crescono in fretta, non è vero?* **2** *vt* coltivare, fare crescere: I'm trying to grow an orange tree. *Sto cercando di fare crescere un arancio.* — **growth** *s* ⟨*non num*⟩ crescita

growl /graʊl/ *vi*
⟨at⟩ ringhiare (contro): The dog growled at the visitors. *Il cane ringhiò contro gli ospiti.* — **growl** *s* ringhio

guarantee¹ /ˌgærənˈtiː/ *s*
⟨that *o* of⟩ garanzia (che *o* di): a two-year guarantee, *due anni di garanzia*

guarantee² *vt, vi*
⟨*pass rem e p̸ pass* **guaranteed**, *p pres* **guaranteeing**⟩ ⟨sthg *o* to do sthg *o* that⟩ garantire (qc *o* di fare qc *o* che): I guarantee that I will replace it if you are not completely satisfied. *Le garantisco che Glielo sostituirò se Lei non sarà del tutto soddisfatto.*

guard¹ /gɑːd‖gɑːrd/ *s*
1 ⟨*num e non num*⟩ guardia, guardiano, custode: a security guard, *una guardia di sicurezza*|a guard dog, *un cane da guardia*|Soldiers and police were **on guard** at the airport. *Soldati e polizia erano di guardia all'aeroporto.* **2** ⟨*num*⟩ capotreno: The guard waved his flag and the train pulled away. *Il capotreno sventolò la bandierina ed il*

treno si allontanò.|the guard's van, *il vagone di servizio*

guard² *vt*
fare la guardia a, sorvegliare: Soldiers and police were guarding the airport. *Soldati e polizia erano di sorveglianza all'aeroporto.*

guess¹ /ges/ *vt, vi*
⟨sthg *o* that⟩ **1** *(tirare a)* indovinare (qc *o* che): If you don't know the right answer, then just guess. *Se non sai la risposta giusta, cerca almeno di indovinare.*|See if you can guess how old I am. *Indovina un po' quanti anni ho.*|"Guess who I just saw in town!" "Who?" "David Bowie!" *"Indovina chi ho appena visto in città!" "Chi?" "David Bowie!"* **2 Guess what!** *(per comunicare una notizia eccitante)* Indovina un po'!, Sai una cosa?: "Guess what!" "What?" "I'm going to America next week!" *"Indovina un po'!" "Che cosa?" "La prossima settimana vado in America!"*

guess² *s*
supposizione: I could only make a guess at the answer. *Potevo solamente tirare a indovinare la risposta.*|Go on, have a guess! You might be right! *Su, prova a indovinare! Potresti azzeccarci!*

guest /gest/ *s*
ospite, cliente (d'albergo): There were several guests staying at the hotel. *All'hotel alloggiavano parecchi clienti.*

guide¹ /gaɪd/ *vt*
⟨*pass rem e p pass* **guided**, *p pres* **guiding**⟩ guidare, fare da guida: a guided tour of the castle, *una visita guidata del castello*

guide² *s*
guida: A guide will show you round the House of Commons. *Una guida vi farà visitare la Camera dei Comuni.*| The **guide book** contains a chapter on restaurants. *La guida contiene un*

capitolo sui ristoranti.

guilt /gɪlt/ *s*
⟨*non num*⟩ *colpa, colpevolezza*

guilty /'gɪlti/ *agg*
⟨*compar* **guiltier,** *sup* **guiltiest**⟩ ⟨*of*⟩ *colpevole (di):* He was found guilty of assault. *Fu riconosciuto colpevole di aggressione.*|I felt very guilty about leaving you to clear up. *Mi sono sentita molto colpevole per averti lasciato pulire.*

guitar /gɪ'tɑːʳ/ *s*
chitarra: Can you play the guitar? *Sai suonare la chitarra?*

gum[1] /gʌm/ *s*
1 ⟨*non num*⟩ *gomma, colla* **2** *anche* **chewing gum** ⟨*non num*⟩ *gomma da masticare, chewing-gum* **3** ⟨*num*⟩ *gengiva:* You should brush your teeth and gums regularly. *Dovresti lavarti i denti e le gengive regolarmente.*

gum[2] *vt*
⟨*pass rem e p pass* **gummed,** *p pres* **gumming**⟩ *ingommare, incollare:* gummed envelopes, *buste gommate*

gun /gʌn/ *s*
arma da fuoco, pistola, fucile: She fired the gun in self-defence. *Ha sparato per legittima difesa.*

gust /gʌst/ *s*
folata, raffica: A sudden gust of wind blew the tile off the roof. *Un'improvvisa raffica di vento ha spazzato via la tegola dal tetto.*

gutter /'gʌtəʳ/ *s*
1 *grondaia:* Some birds have built a nest in the gutter. *Degli uccelli hanno fatto il nido sulla grondaia.* – *vedi anche* DRAINPIPE (**Nota**) **2** *cunetta:* He threw his cigarette end into the gutter. *Gettò il mozzicone della sigaretta nella cunetta del marciapiede.*

gym /dʒɪm/ *s*
1 ⟨*non num*⟩ *ginnastica:* We've got gym next lesson. *Abbiamo ginnastica alla prossima ora.* **2** *anche* **gymnasium** (*form*) ⟨*num*⟩ *palestra:* The school basketball team was practising in the gym. *La squadra di pallacanestro della scuola si stava allenando in palestra.*

gymnast /'dʒɪmnæst, -nəst/ *s*
ginnasta

gymnastics /dʒɪm'næstɪks/ *s*
⟨*non num*⟩ *ginnastica:* Gymnastics is a popular sport. *La ginnastica è uno sport molto popolare.*

H,h

H, h /eɪtʃ/
  H, h

habit /'hæbɪt/ s
  ⟨num e non num⟩ ⟨of⟩ abitudine (di):
  Smoking is a bad habit. Fumare è un
  vizio.|I'm not in the habit of going out
  in the evenings. Non ho l'abitudine di
  uscire di sera.

had /d, əd, həd; forma enfatica hæd/
  pass rem e p pass del verbo **have** –
  vedi anche **La Nota Grammaticale The
  Verb "have"**

hadn't /'hædnt/
  contraz di **had not** – vedi anche **La
  Nota Grammaticale The Verb "have"**

hair /heəʳ/
  1 ⟨non num⟩ capelli, peli: Andy has
  got black hair. Andy ha i capelli neri.
  2 ⟨num⟩ capello, pelo: There are dog
  hairs all over the settee. Ci sono peli di
  cane su tutto il divano.

haircut /'heəkʌt||'heər-/ s
  taglio (di capelli): I need a haircut.
  Devo andare a tagliarmi i capelli.

hairdresser /'heə,dresəʳ||'heər-/
  1 parrucchiere (-a): She works as a
  hairdresser. Fa la parrucchiera.
  2 anche **hairdresser's** (salone di)
  parrucchiere: There's a hairdresser
  opposite the Post Office. C'è un
  parrucchiere di fronte alla posta.

hairy /'heəri/ agg
  ⟨compar **hairier**, sup **hairiest**⟩ peloso:
  a hairy arm, un braccio peloso|a hairy
  black spider, un ragno nero e peloso

half /hɑːf||hæf/ s, pron
  ⟨pl **halves**⟩ 1 metà: Would you like
  half of my sandwich? Vuoi metà del

mio panino?|He cut the sandwich **in
half**. Tagliò il panino a metà. 2 mezzo:
Lucy's four and a half years old. Lucy
ha quattro anni e mezzo. 3 ⟨pl anche
halfs⟩ mezza pinta (di birra): Two
halves of bitter, please. Due mezze
birre, per cortesia. 4 **half past
(one/two/three**, etc) (l'una /le due/le tre,
ecc.) e mezza: It's half past five. Sono
le cinque e mezza.

half-day /'hɑːfdeɪ||'hæf-/ agg
  ⟨solo attributivo⟩ mezza giornata: I
  forgot! It's half-day closing on
  Thursdays. Che sbadato! Al giovedì i
  negozi chiudono per mezza giornata.|a
  half-day holiday, mezza giornata di
  vacanza

hall /hɔːl/ s
  1 atrio, ingresso: Hang your coat in
  the hall. Appendi il cappotto
  nell'ingresso. 2 palazzo, sala: a
  concert hall, una sala per concerti
  3 salone: The concert was held in the
  school hall. Il concerto si tenne
  nell'aula magna.
    town hall s
  municipio, palazzo comunale

hallelujah o **alleluia** /,hælɪ'luːjə/ inter,
  s
  alleluia

hallo /hə'ləʊ, he-, hæ-/ inter
  variante IB di **hello** ciao!

halt[1] /hɔːlt/ vt, vi
  fermare (-si), arrestare (-si): "Halt!"
  shouted the policeman. "Alt!" gridò il
  poliziotto.

halt[2] s sing
  sosta, fermata: The train came to a

halt and we boarded it. *Il treno si fermò e noi vi salimmo.*

■*Nota:* **Halt,** *sia come sostantivo che come verbo, è più formale di* **stop.**

halve /hɑːv‖hæv/ *vt*

⟨*pass rem e p pass* **halved,** *p pres* **halving**⟩ *dividere a metà:* If people stopped drinking and driving, the number of road accidents could be halved. *Se la gente smettesse di guidare in stato di ubriachezza, il numero degli incidenti stradali si potrebbe dimezzare.*

ham /hæm/ *s*

⟨*num e non num*⟩ *prosciutto:* a ham sandwich, *un panino al prosciutto*|a ham salad, *un'insalata mista con prosciutto*

hamburger /'hæmbɜːgəʳ‖-ɜːr-/ *s*
hamburger: Two hamburgers, please. *Due hamburger, per favore.*

hammer[1] /'hæməʳ/ *s*
martello

hammer[2] *vt, vi*
dare colpi con il martello (a), martellare: He hammered the nail into the wood. *Piantò il chiodo nel legno col martello.*

hammock /'hæmək/ *s*
amaca: He was swinging on a hammock in the garden. *Si dondolava sull'amaca nel giardino.*

hand /hænd/ *s*

1 *mano:* She carried the bag in her left hand. *Portava la borsa con la mano sinistra.*|She held the child's hand to cross the road. *Diede la mano al bambino per fargli attraversare la strada. – vedi anche* shake hands (SHAKE) **2** by hand *a mano:* She sewed the hem by hand. *Ha cucito l'orlo a mano.* **3** hand in hand *mano nella mano, tenendosi per mano:* They walked to school hand in hand. *Andavano a scuola tenendosi per mano.* **4** give sbdy a hand *dare una*

mano a qn: "Can I give you a hand with that suitcase?" "No. I'm OK, thanks." *"Posso darti una mano con quella valigia?" "No. Posso fare da solo, grazie."* **5** on (the) one hand . . . on the other hand *da un lato/una parte . . . dall'altro/altra:* On (the) one hand I would like to buy a new car, but on the other hand I don't want to spend all my savings. *Da un lato mi piacerebbe comprare una macchina nuova, ma dall'altro non voglio spendere tutti i miei risparmi.*
6 *lancetta*

left-hand *agg*
a sinistra

left-handed *agg*
mancino, per mancini

right-hand *agg*
a destra

right-handed *agg*
destrorso, per destrorsi

handbag /'hændbæg/ *s*
borsetta: She took her purse out of her handbag. *Tirò fuori il borsellino dalla borsa.*

handicraft /'hændɪkrɑːft‖-kræft/ *s*
⟨*generalmente plurale*⟩ *artigianato, prodotti d'artigianato:* a shop selling local handicrafts, *un negozio che vende oggetti dell'artigianato locale*

handkerchief /'hæŋkətʃɪf‖-kər-/ *s*
anche **hankie** *o* **hanky** (*fam*) *fazzoletto*

handle[1] /'hændl/ *s*
manico, maniglia, manovella: The handle has come off my case. *Mi si è staccato il manico della valigia.*|the door handle, *la maniglia della porta*

handle[2] *vt*
⟨*pass rem e p pass* **handled,** *p pres* **handling**⟩ **1** *toccare, maneggiare:* You should not handle food with dirty hands. *Non dovresti toccare il cibo con le mani sporche.* **2** *tenere sotto controllo, controllare:* The teacher couldn't handle the noisy class.

L'insegnante non riusciva a tenere sotto controllo la classe rumorosa.|She handles the car well. *Ha un buon controllo sulla macchina.*

handsome /'hænsəm/ *agg* ⟨*generalmente riferito agli uomini*⟩ *bello, avvenente:* Dave's very handsome. *Dave è molto bello.* – *vedi anche* BEAUTIFUL (*Nota*)

hang /hæŋ/ *v* **1** *vt* ⟨*pass rem e p pass* **hung**⟩ *appendere:* Hang your coat on the hook in the hall. *Appendi il cappotto all'attaccapanni dell'ingresso.*|Can you hang this picture on the wall for me? *Mi puoi appendere questo quadro alla parete?* **2** *vi* ⟨*pass rem e p pass* **hung**⟩ *pendere:* There was a rope hanging from the tree. *Dall'albero pendeva una corda.* **3** *vt, vi* ⟨*pass rem e p pass* **hanged**⟩ *impiccare:* He was hanged for murder. *Fu impiccato per omicidio.*

hang on *vi* ⟨**hang on to sthg**⟩ *aggrapparsi, tenersi (a):* Hang on to the branch. I'll get a ladder to help you down. *Tienti aggrappato al ramo. Vado a prendere una scala per aiutarti a scendere.*

hang glide /'hæŋ ˌglaɪd/ *vi* ⟨*pass rem e p pass* **hang glided**, *p pres* **hang gliding**⟩ *andare in deltaplano:* Andy learnt to hang glide last summer. *L'estate scorsa Andy ha imparato a volare con il deltaplano.* — **hang glider** *s deltaplano*

hang gliding /'hæŋ ˌglaɪdɪŋ/ *s* ⟨*non num*⟩ *sport del deltaplano:* Is hang gliding really safe? *Non è pericoloso volare con il deltaplano?*

hangman /'hæŋmən/ *s* ⟨*pl* **hangmen**⟩ *boia, carnefice*

hankie *o* **hanky** /'hæŋki/ *s* ⟨*pl* **hankies**⟩ *fam di* **handkerchief** *fazzoletto*

happen /'hæpən/ *vi* **1** ⟨**to**⟩ *accadere, succedere (a):* What's happening outside? *Cosa sta succedendo fuori?*|Something strange happened to me the other day. *L'altro giorno mi è successa una cosa strana.* **2** ⟨**to do**⟩ *capitare (di fare):* If you happen to see her, invite her to the party. *Se ti capita di vederla, invitala alla festa.*

happily /'hæpɪˌli/ *avv* *allegramente, con gioia, tranquillamente:* He was singing happily to himself. *Canticchiava spensieratamente tra sè e sè.*

happiness /'hæpɪnɪs/ *s* ⟨*non num*⟩ *felicità:* years of happiness together, *anni di felicità insieme*

happy /'hæpi/ *agg* ⟨*compar* **happier**, *sup* **happiest**⟩ **1** ⟨**with** *o* **to do sthg** *o* **(that)**⟩ *contento, felice, allegro (di o di fare o che):* Andy was very happy with his new bike. *Andy era molto contento della bicicletta nuova.*|We spent many happy days by the river. *Abbiamo trascorso molti giorni felici lungo il fiume.*|I'd be happy to stay and help you. *Mi farebbe piacere rimanere ad aiutarti.*|I'm happy (that) you decided to stay. *Sono contento che tu abbia deciso di rimanere.* **2** ⟨*per esprimere auguri*⟩ *buon, felice:* Happy birthday! *Buon compleanno!*|Happy New Year! *Buon anno/Felice anno nuovo!*

happy-go-lucky /ˌhæpi gəʊ 'lʌki/ *agg* *spensierato:* She has a happy-go-lucky nature. *È un tipo spensierato.*

harbour (*IB*) *o* **harbor**(*IA*) /'hɑːbəʳ||'hɑːr-/ *s* *porto:* The boats stayed in the harbour during the storm. *Durante la tempesta le imbarcazioni rimasero nel porto.*

hard[1] /hɑːd||hɑːrd/ *agg* ⟨*compar* **harder**, *sup* **hardest**⟩ **1** *duro:* A tortoise has a long neck and a very hard shell. *La tartaruga ha il collo lungo e un guscio molto duro.*

– *contrario* SOFT **2** ⟨**to do sthg**⟩ *difficile, arduo (fare qc):* The exams were very hard this year. *Quest'anno gli esami sono stati molto difficili.*|It's hard to understand what she's saying. *È difficile capire cosa sta dicendo.* **3** ⟨**on**⟩ *rigido, inclemente, severo (con):* The teachers are sometimes too hard on the pupils. *A volte gli insegnanti trattano troppo severamente i loro allievi.*|Many farm animals died in the long hard winter. *Molti animali d'allevamento morirono durante il lungo e rigido inverno.*

hard² *avv*
duramente, sodo: Andy worked hard but he still didn't pass all his exams. *Andy ha studiato molto ma non è riuscito ugualmente a superare tutti gli esami.*

hard-boiled /haːd bɔild||haːrd bɔild/ *agg*
(detto di uova) sodo: Does Andy like hard-boiled eggs? *Piacciono le uova sode ad Andy?*

hardly /'haːdli||'haːrdli/ *avv*
appena, a stento, quasi non: He speaks so quietly that I can hardly hear him. *Parla così sommessamente che riesco a mala pena a sentirlo.*|I hardly ever go out in the evenings. *Non esco quasi mai di sera.*

hardy /'haːdi||'haːrdi/ *agg*
⟨*compar* **hardier**, *sup* **hardiest**⟩ *resistente, robusto:* Only a few hardy people go swimming in winter. *Soltanto pochi audaci vanno a nuotare d'inverno.*|hardy plants, *piante resistenti al gelo*

harm¹ /haːm||haːrm/ *s*
⟨*non num*⟩ *male:* The child went missing but came to no harm. *Il bambino si smarrì, ma non gli accadde nulla di male.*|It wouldn't do you any harm to eat a bit less. *Non ti farebbe certo male mangiare un po' meno.*

harm² *vt*
far male a, nuocere a: It's all right. I won't harm you. *Sta' tranquillo. Non ti farò male.*
■*Nota: Sia* **harm** *sia* **hurt** *riguardano principalmente esseri viventi, mentre* **damage** *si riferisce unicamente ad oggetti inanimati:* I accidentally damaged Andy's bike. *Per disgrazia ho danneggiato la bici di Andy. A differenza di* **harm** *comunque,* **hurt** *comporta necessariamente l'inflizione di dolore:* Ouch! You're **hurting** me! *Ahi, mi fai male!*

harmful /'haːmfəl||'haːrm-/ *agg*
⟨**to**⟩ *dannoso, nocivo (a, per):* Smoking has been shown to be harmful to your health. *È stato dimostrato che il fumo è nocivo alla salute.*

harmless /'haːmləs||'haːrm-/ *agg*
innocuo: The dog looks fierce, but he's quite harmless really. *Il cane ha un'aria feroce, ma in realtà è del tutto innocuo.*

harsh /haːʃ||haːrʃ/ *agg*
⟨*compar* **harsher**, *sup* **harshest**⟩ *severo, duro:* harsh words, *parole dure*|a harsh punishment, *una severa punizione*

harvest¹ /'haːvɪst||'haːr-/ *s*
raccolto: There was a poor harvest because of the drought. *Ci fu un magro raccolto a causa della siccità.*

harvest² *vt*
raccogliere, mietere: They harvest the rice when it is ripe. *Raccolgono il riso quando è maturo.*

has /s, z, əz, hæz; *forma enfatica* hæz/ *3ª pers sing pres del verbo* **have**
– *vedi anche* **La Nota Grammaticale The Verb "have"**

hasn't /'hæzənt/
contraz di **has not**: He hasn't written for a month. *È da un mese che non scrive.*|She hasn't got much money at

the moment. *Non ha molti soldi al momento.* – *vedi anche La Nota Grammaticale* **The Verb "have"**

hat /hæt/ *s*
cappello: She wears a hat when she goes to church. *Si mette il cappello per andare in chiesa.*

hate¹ /heɪt/ *vt*
⟨*pass rem e p pass* **hated**, *p pres* **hating**⟩ ⟨*non usato nelle forme progressive*⟩ **1** *odiare:* The two men hated each other. *I due uomini si odiavano.* **2** ⟨*sthg o to do sthg o doing sthg*⟩ (*fam*) *odiare (qc), detestare (qc), dispiacere (di fare qc):* I hate going to the dentist. *Odio andare dal dentista.*|I hate to ask, but could you lend me five pounds? *Mi dispiace doverlo chiedere, ma potresti prestarmi cinque sterline?*

hate² *s*
⟨*non num*⟩ *odio:* He looked at me with hate in his eyes. *Mi lanciò un'occhiata piena d'odio.*

have /v, əv, həv; *forma enfatica* hæv/ *v*
⟨*3ª pers sing* **has**, *pass rem e p pass* **had**, *p pres* **having**⟩ **1** *anche* **have got** *vt* ⟨*non usato nelle forme progressive*⟩ *avere, possedere:* Andy has black hair. *Andy ha i capelli neri*|"Have you got a motorbike?" "I used to have one." *"Hai una moto?" "Una volta ne avevo una."*|Lucy's got a cold. *Lucy ha il raffreddore.*|Andy has a secret wish to become a pop star. *Andy ha la segreta ambizione di diventare un divo pop.* – *vedi anche La Nota Grammaticale* **The Verb "have" 2** *vt* ⟨*non usato nelle forme progressive*⟩ *avere, ricevere:* Claudia has had a letter from Bruno yesterday. *Ieri Claudia ha ricevuto una lettera da Bruno.* **3** *vt* ⟨*usato con un nome per indicare un'azione*⟩: What did you have for breakfast? *Cos'hai preso a colazione?*|Did you have a wash this morning? *Ti sei lavato*

stamattina?|Peter's having a party on Friday. Can I go? *Peter darà una festa venerdì. Posso andarci?* **4** *v aus* ⟨*per formare i tempi composti degli altri verbi*⟩ *avere, essere:* I have *o* I've written a letter to my mother. *Ho scritto una lettera a mia madre.*|Has Mrs Morgan gone out? *È uscita la signora Morgan?*|"Have they arrived?" "Yes, they have/No, they haven't." *"Sono arrivati?" "Sì, sono arrivati/No, non sono arrivati."*|When I woke up, it had stopped raining. *Quando mi sono svegliato, aveva smesso di piovere.* – *vedi anche La Nota Grammaticale* **Past 5 have sthg done** *far fare qc:* I had the car repaired last week. *Ho fatto aggiustare la macchina la settimana scorsa.*|I'll have this job finished by Friday. *Farò in modo che questo lavoro sia finito entro venerdì.*| Andy has had his hair cut. *Andy si è fatto tagliare i capelli.* **6** *anche* **have got** *v aus* ⟨**to do sthg**⟩ *dovere, essere obbligato a (fare qc):* I have to go now. Paul's waiting. *Ora devo andare. Paul sta aspettando.*|"I don't want to go to school." "Well, you've got to!" *"Non voglio andare a scuola." "Beh, ci devi andare!"*|You don't have to eat the vegetables if you don't want to. *Non sei obbligato a mangiare la verdura se non ne hai voglia.*|I had to pay to get into the museum. *Mi hanno fatto pagare per entrare nel museo.* ■*Nota:* **Had to** *funge da normale passato di* **must**. *Se al presente vi è una differenza tra* **must** *e* **have to**, *è che* **must** *tende a suggerire un obbligo morale o dettato dell'interno, mentre* **have to** *si riferisce ad un dovere imposto dall'esterno. Confrontare questi frasi:* I'm feeling ill. I **must** go to the doctor's. *Mi sento poco bene. Devo andare dal dottore.*|I **have to** go to the doctor's to pick up some

The Verb "have"

present simple

forma affermativa	forma negativa	forma interrogativa
I have (got)	I have not (got)	have I (got)...?
you have (got)	you have not (got)	have you (got)...?
he/she/it has (got)	he/she/it has not (got)	has he/she/it (got)...?
we/they have (got)	we/they have not (got)	have we/they (got)...?
	I do not have	do I have...?
	you do not have	do you have...?
	he/she/it does not have	does he/she/it have...?
	we/they do not have	do we/they have...?

Osservazioni

▶ Le forme contratte sono **I've, you've, he's, she's, it's, we've,** I/you/we/they **haven't** e he/she/it **hasn't.** *Sono forme tipiche della lingua parlata. Si usano anche nella lingua scritta informale. –vedi anche **La Nota Grammaticale** Apostrophe -s*

▶ *La forma con* **got** *si usa soltanto quando* **have** *ha il significato di "possedere".*

▶ *Quando* **got** *è usato dopo* **have** *non cambia il significato della frase. La particella* **got** *si usa soprattutto nella lingua parlata o quella scritta di tipo familiare o informale.*

▶ *La forma con* **got** *è più usata nell'inglese britannico che nell'inglese americano.*

The Verb "have"

▶ *Quando non si usa la particella* **got**, *generalmente si usa l'ausiliare* **do/does** *per formare le forme negativa e interrogativa e nelle risposte brevi:*

- I **don't have** many posters in my bedroom.
  Non ho molti manifesti nella mia stanza.
- My friend Sue **doesn't have** much money.
  La mia amica Sue non ha molti soldi.
- "**Do** you **have** any stamps?" "No, I **don't**. But Sue **does**."
  "Hai dei francobolli?" "No, non ne ho. Ma Sue ne ha."

▶ *Quando* **have** *non si usa col significato di "possedere", non è mai accompagnato dalla particella* **got**, *e le forme negativa e interrogativa sono costruite con l'ausiliare* **do**:

- "What time do you have lunch?" "We usually have lunch at 12.30 and tea at 5.30."
  "A che ora pranzate?" "Di solito pranziamo alle 12,30 e ceniamo alle 5,30."

Risposte brevi

- "Have you got a cat?" "Yes, I have."
  "Hai un gatto?" "Sì."
- "Has Sue got a car?" "No, she hasn't."
  "Sue ha la macchina?" "No."

Nelle risposte brevi il verbo **have** *non è seguito dalla particella* **got**.

The Verb "have"

past simple

forma affermativa	forma negativa	forma interrogativa
I/you he/she/it we/they | had	I/you he/she/it we/they | did not have	did | I/you he/she/it we/they | have...?
	I/you he/she/it we/they | had not	had | I/you he/she/it we/they | ...?

Osservazioni

► Le forme contratte sono **didn't have** e **hadn't**.

► Al passato la forma **had** è piu comune di **had got**.

► Di solito si usa l'ausiliare **did** nelle forme negativa e interrogativa del passato.

Risposte brevi

– "Did you have a computer in your primary school?" "No, we didn't."
  "Avevate un computer alla scuola elementare?" "No."
– "Did people have television in 1960?" "Yes, they did."
  "La gente aveva la televisione nel 1960?" "Sì."

–vedi anche **La Nota Grammaticale** Past

medicine for my mother. *Mi tocca andare dal dottore a ritirare della medicina per mia madre. I due verbi comunque si possono considerare pressochè sinonimi. – vedi anche La Nota Grammaticale* Modals

have on *vt*

⟨**have (got)** sthg↔**on**⟩ ⟨*non usato nelle forme progressive*⟩ *indossare, avere indosso qc:* He had on his best suit and tie. *Indossava l'abito buono e la cravatta.*|He's got nothing on! *Non ha niente indosso!*

haven't /'hævənt/

contraz di **have not**: I haven't got time to stop! *Non ho tempo di fermarmi!*| We haven't seen you for ages. *È un secolo che non ti vediamo.*

he /i, hi; *forma enfatica* hiː/ *pron pers* ⟨*pl* **they**⟩ *egli, lui:* I saw John yesterday. He looked very well. *Ieri ho visto John. Stava molto bene.*|I don't want to know what his sister said; I want to know what he said. *Non mi importa sapere cosa ha detto sua sorella; voglio sapere cosa ha detto lui. – vedi anche La Nota Grammaticale* Personal Pronouns

head[1] /hed/ *s*

1 *testa, capo:* He banged his head on the doorframe. *Ha battuto la testa contro lo stipite della porta.* **2** *testa, cervello:* Can't you use your head and think for once? *Non puoi usare la testa una volta tanto?* **3** **go to sbdy's head** *dare alla testa a qn:* You'll be top of the class, but don't let it go to your head. *Sarai il primo della classe, ma non montarti la testa.* **4** *testa:* the head of the queue, *l'inizio della coda*|the head of a nail, *la capocchia di un chiodo* **5** *capo:* the head (teacher), *il/la preside*|the heads of state, *i capi di Stato*

head[2] *v*

1 *vt essere in testa a:* A caravan

headed the long line of traffic. *Una roulotte era in testa alla lunga colonna di traffico.* **2** *vt essere a capo di:* The Prime Minister heads the government and appoints the cabinet. *Il Primo Ministro è a capo del governo e designa il Gabinetto.* **3** *vi* ⟨**for**⟩ *dirigersi (verso):* We headed home after the match. *Ci dirigemmo a casa dopo la partita.*|traffic heading for Dover, *il traffico alla volta di Dover*|We spent two hours in the zoo, then headed back towards the coach. *Abbiamo passato due ore allo zoo, dopodichè abbiamo fatto ritorno al pullman.*

headache /'hedeɪk/ *s*

mal di testa: I've got a headache and a sore throat. *Ho mal di testa e mal di gola.*

heading /'hedɪŋ/ *s*

titolo: Write the heading on each piece of paper. *Scrivi il titolo su ciascun foglio.*

headline /'hedlaɪn/ *s*

(di giornale) tittolo, testata

headquarters /'hed,kwɔːtəz||-ɔːrtərz/ *s* *sede centrale*

headphone /'hedfəʊn/ *s* *cuffia, auricolare*

head teacher /,hed 'tiːtʃəʳ/ *anche* **headmaster** (*masc*) *o* **headmistress** (*fem*) *s* *direttore (-trice), preside*

health /helθ/ *s*

⟨*non num*⟩ *salute:* Smoking is bad for your health. *Il fumo è nocivo alla salute.*

healthy /'helθi/ *agg* ⟨*compar* **healthier**, *sup* **healthiest**⟩ *sano:* I'm perfectly healthy. *Sono perfettamente sano.*|healthy living, *vita sana*

hear /hɪəʳ/ *vt, vi* ⟨*pass rem e p pass* **heard**⟩ /hɜːd||hɜːrd/ ⟨*non usato nelle forme progressive*⟩ **1** *sentire, udire:* I'm afraid I can't hear very well. *Mi dispiace, ma non sento molto bene.*|He listened but he couldn't hear anything. *Si mise in ascolto ma non riusciva a sentire nulla.*|I heard John say that he couldn't come tonight. *Ho sentito dire da John che non poteva venire stasera.* **2** ⟨**sthg** *o* (**that**)⟩ *sentire, sapere (qc o che):* I heard (that) you were getting married. *Ho sentito che ti stavi per sposare.*

  hear from *vt*
⟨*non usato nelle forme progressive*⟩
⟨**hear from sbdy**⟩ *ricevere notizie da qn:* "Have you heard from Claudia recently?" "Yes. She sent me a letter last week." *"Hai avuto notizie da Claudia di recente?" "Sì. Mi ha mandato una lettera la settimana scorsa."*

hearing /'hɪərɪŋ/ *s*
⟨*non num*⟩ *udito:* I'm afraid my hearing isn't very good; could you speak a little louder? *Mi dispiace, non sento molto bene; potrebbe parlare un po' più forte?*

heart /hɑːt||hɑːrt/ *s*
1 ⟨*num*⟩ *cuore:* a heart transplant, *un trapianto cardiaco* **2** *cuore:* He has a kind heart. *Ha un cuore gentile.*|all the feelings of love in my heart, *tutti i sentimenti d'amore nel mio cuore* **3** **break sbdy's heart** *spezzare il cuore a qualcuno:* It broke his heart when his wife died. *Gli si spezzò il cuore quando sua moglie morì.*

heat[1] /hiːt/ *s*
⟨*non num*⟩ *calore:* the heat of an Italian summer, *la calura dell'estate italiana*|We could feel the heat from the fire. *Sentivamo il calore del fuoco.*

heat[2] *vt*
⟨**up**⟩ *scaldare, riscaldare:* I'll just heat up your dinner in the oven. *Provvedo subito a riscaldarti la cena nel forno.*|The house is heated by electricity. *La casa è riscaldata ad elettricità.*

heater /'hiːtəʳ/ *s*
calorifero, stufa: a fan heater, *un termoventilatore*|electric heater/convector heater/gas heater, *stufa elettrica/convettore/stufa a gas*

heating /'hiːtɪŋ/ *s*
⟨*non num*⟩ *riscaldamento:* Can you turn the heating on, please? *Puoi accendere il riscaldamento, per favore?*
  central heating *s*
riscaldamento centrale

heaven /'hevən/ *s*
⟨*non num*⟩ **1** *paradiso, cielo* **2** ⟨**good**⟩ **Heavens!** *(esclamativo per esprimere sollievo, sorpresa ecc.)* oh cielo!, santo cielo!: Heavens! Is it five o'clock already? *Oh cielo! Sono già le cinque?*|Good heavens! It's my old friend Emilio! *Santo cielo! Ecco il mio vecchio amico Emilio!*

heavy /'hevi/ *agg*
⟨*compar* **heavier,** *sup* **heaviest**⟩
1 *pesante:* That bag looks heavy. Let me help you carry it. *Quella borsa sembra pesante. Lascia che ti aiuti a portarla.* **2** *forte, intenso:* The traffic's very heavy tonight. *C'è un traffico molto intenso stasera.*|heavy rain, *pioggia forte – contrario* LIGHT
— **heavily** *avv* *pesantemente, forte:* It began to rain heavily. *Cominciò a piovere forte.*

he'd /id, hid; *forma enfatica* hiːd/
1 *contraz di* **he had**: When I arrived at the party, he'd already left. *Quando arrivai alla festa, lui se n'era già andato.* **2** *contraz di* **he would**: If Andy was here, he'd know what to do. *Se Andy fosse qui, lui saprebbe cosa fare.*

hedge /hedʒ/ *s*
siepe: Many farmers cut down their hedges to make bigger fields. *Molti agricoltori tagliano via le siepi per ottenere dei campi più grandi.*

heel /hiːl/ *s*

tallone, calcagno

height /haɪt/ s

⟨num e non num⟩ altezza, statura: Andy is average height for his age. *Andy è di statura media per la sua età.*|How would you measure the height of that building? *Come faresti tu a misurare l'altezza di quell'edificio?*
■*Nota: Sebbene si usi il termine* **height** *per indicare la statura di una persona, quando si parla della statura in piedi o metri si usa l'aggettivo* **tall**: Andy is five feet tall. *Ma:* The building is three hundred feet high.

heir /eəʳ/ *anche* **heiress** (*fem*) /eəre/ s

⟨to⟩ erede (di, a): an heir to a fortune/to the throne, *l'erede di una fortuna/al trono*

held /held/

pass rem e p pass del verbo **hold**

helicopter /'helɪkɒptəʳ||-kɑːp-/ s

elicottero: The President arrived by helicopter. *Il Presidente arrivò in elicottero.*

he'll /iːl, hiːl; *forma enfatica* hiːl/

contraz di **he will** – *vedi anche Le Note Grammaticali* **Future** *e* **Modals**

hell /hel/ s

⟨non num⟩ **1** inferno **2 a hell of** (*usato come rafforzativo*) infernale, del diavolo, davvero: Wales is a hell of a place to be when it's wet and windy. *Il Galles è un posto da cani quando piove 'e tira il vento.*|This is a hell of a good motorbike! *Questa è una moto formidabile!* **3 hell!** (*esclamativo per esprimere frustrazione ecc.*) porca miseria!, accidenti!: Oh hell! I've forgotten to post the letter again! *Porca miseria! Mi sono di nuovo dimenticato d'imbucare la lettera.*
■*Nota: Nei significati 2 e 3,* **hell** *è da taluni considerato volgare.*

hello *o* **hallo, hullo** (*IB*) /həˈləʊ, he-/ inter

ciao!, salve!: "Hello. My name's

Kate." "Hello, Kate. I'm John." *"Ciao. Mi chiamo Kate." "Ciao, Kate, io sono John."*|Hello, Gina. How are you today? *Ciao, Gina. Come va oggi?*|Hello. Charles Smith speaking. (*al telefono*) *Pronto. Sono Charles Smith.*
■*Nota:* **Hello** *è la più comune e generica formula di saluto in inglese, ed è appropriata quando si incontra tanto un conoscente quanto un estraneo. – vedi anche* **L'Illustrazione Arriving**

helmet /'helmɪt/ s

casco, elmetto: Everybody in the factory has to wear a safety helmet. *All'interno della fabbrica tutti devono portare l'elmetto di protezione.*|a motorcycle helmet, *un casco da motociclista*

help¹ /help/ vi, vt

1 aiutare: My mum says I'm lazy and that I don't help around the house. *Mia madre dice che sono pigro e non aiuto in casa.*|Andy helped his mother (to) fix the lawn mower. *Andy aiutò sua madre a riparare il tosaerba.*|"Can I help you?" "Yes. I'd like a pound of cheese, please." *"Desidera?" "Vorrei mezzo chilo di formaggio, per favore."* **2 help oneself** ⟨to⟩ prendersi, servirsi (di): "Can I have an apple, please?" "Yes. Help yourself." *"Posso prendere una mela, per favore?" "Sì. Serviti pure."*|Why don't you help yourself to a drink? *Perchè non ti versi qualcosa da bere?* **3 can't help** ⟨doing sthg⟩ non poter fare a meno (di o di fare qc): I can't help losing. I can't run very fast. *Cosa posso farci se perdo sempre? Non riesco proprio a correre veloce.*|I couldn't help overhearing your conversation. *Non ho potuto evitare di ascoltare di sfuggita la vostra conversazione.*|The smell of paint always makes John sneeze. He can't help it. *L'odore della vernice fresca fa* *sempre starnutire John. Non c'è rimedio.*

help² *s*

⟨*non num*⟩ **1** *aiuto:* Dad, I need some help with my homework. *Papà, ho bisogno di aiuto nei compiti.*|This car manual has been a big help to me. *Questo manuale per la macchina mi è stato di grande aiuto.*|The au pair is a great help around the house. *La ragazza alla pari è di grande aiuto in casa.*|a mother's help, *una domestica* **2 Help!** (*usato quando uno è in pericolo, per attirare l'attenzione degli altri) aiuto!:* Help! I'm stuck in this tree! *Aiuto! Non riesco più a scendere dall'albero!*

helpful /'helpfəl/ *agg*
utile, di grande aiuto: a very helpful book, *un libro molto utile*|a helpful neighbour, *un vicino molto servizievole*|Thank you, you've been very helpful. *Grazie, mi sei stato di grande aiuto.*

helpless /'helpləs/ *agg*
incapace, indifeso: The bird lay helpless, its wing broken. *L'uccello giaceva inerme con un'ala spezzata.*

hemisphere /'hemɪsfɪər/ *s*
emisfero: Europe is in the northern hemisphere. *L'Europa si trova nell'emisfero settentrionale.*

hen /hen/ *s*
gallina
■*Nota:* Hen *si riferisce alla femmina adulta. Il maschio si chiama* **a cock** *e l'animale giovane* **a chick**. *La carne della gallina si chiama* **chicken**. – *vedi anche* CHICKEN (*Nota*)

her¹ /əʳ, həʳ; *forma enfatica* hɜːʳ/ *agg poss*
suo, di lei: Ann is with her new boyfriend. *Ann sta con il suo nuovo ragazzo.*|Kate said that it was ⟨u⟩her⟨c⟩ idea, not Andy's. *Kate ha detto che l'idea era sua, non di Andy.*

– *vedi anche* **La Nota Grammaticale Possessive Adjectives and Pronouns**

her² *pron pers*
⟨*forma oggetto di* **she**⟩ *lei, la:* "I haven't seen Gina for ages." "I saw her yesterday. She's fine." *"È da secoli che non vedo Gina." "L'ho vista ieri. Sta bene."*|Where's Lucy? I've got a present for her. *Dov'è Lucy? Ho un regalo per lei.* – *vedi anche* **La Nota Grammaticale Personal Pronouns**

herd /hɜːd||hɜːrd/ *s*
(*seguito da un verbo singolare o plurale) mandria, branco:* a herd of cattle, *una mandria di bovini*|large herds of deer in Richmond Park, *enormi branchi di cervi a Richmond Park*

here /hɪəʳ/ *avv*
1 *qui, qua:* David! John is here! *David! C'è John!*|Lucy. Come here please. *Lucy. Vieni qui, per favore.*| The harbour is three miles from here. *Il porto è a tre miglia da qui.*|"Shall I put the suitcases here?" "No. Put them over there." *"Le valigie, le devo posare qua?" "No. Mettile là."* **2** (*per attirare l'attenzione su qualcuno o qualcosa) ecco:* Here comes Lucy now. *Ecco che arriva Lucy.*|Here's the book you were looking for. It was under the table. *Ecco il libro che stavi cercando. Era sotto il tavolo.*|You are listening to BBC Radio 4. Here is the news. *Siete in ascolto della BBC Radio 4, e questo è il notiziario.* **3 Here you are** *ecco qui/qua, eccoti servito, eccola servita:* "Can I have a sandwich, please?" "Yes. Here you are." "Thanks." *"Posso avere un panino, per favore?" "Sì. Ecco qui." "Grazie."* **4** *qui:* The robots of the future are already here! *I robot del futuro sono già tra di noi!*

hereditary /hɪˈredɪtəri||-teri/ *agg*
ereditario: Membership of the House of Lords is often hereditary. *L'essere*

membro della Camera dei Lord è spesso un diritto ereditario.

hers /hɜːz||hɜːrz/ *pron poss*
il suo, la sua, di lei: I lost my pen, so Kate lent me hers. *Ho perso la penna, e così Kate mi ha prestato la sua. – vedi anche La Nota Grammaticale* **Possessive Adjectives and Pronouns**

herself /ə'self, hə-; *forma enfatica* hɜː-|| ər-, hər-; *forma enfatica* hɜːr-/ *pron rifl*
1 *se stessa, si:* I wonder if the Queen likes to watch herself on TV? *Chissà se fa piacere alla Regina guardarsi alla TV?*|She cooked herself a meal and went to bed. *Si preparò qualcosa da mangiare e andò a letto.*|Kate shared the money between herself and John. *Kate divise il denaro tra se stessa e John.* **2** *forma enfatica di* **she** *lei stessa, proprio lei, lei in persona:* Mrs Morgan fixed the tap herself, so there was no need to call a plumber. *La signora Morgan riuscì ad aggiustare il rubinetto da sè, e perciò non ci fu bisogno di chiamare un idraulico.*

he's /iz, hiz; *forma enfatica* hiːz/
1 *contraz di* **he is**: "Where's Andy?" "He's in the garden." *"Dov'è Andy?" "È in giardino." – vedi anche La Nota Grammaticale* **The Verb "be" 2** *contraz di* **he has**: He's finished his homework. *Ha finito i compiti. – vedi anche La 'Nota Grammaticale* **The Verb "have"**

hesitate /'hezɪteɪt/ *vi*
⟨*pass rem e p pass* **hesitated**, *p pres* **hesitating**⟩ ⟨**to do sthg**⟩ *esitare (a fare qc):* Lucy hesitated for a moment, and then entered the shop. *Lucy esitò un momento, poi entrò nel negozio.*|Do not hesitate to ask me if you need any help. *Non aver paura di chiedermelo se hai bisogno di aiuto.*

hesitation /ˌhezɪ'teɪʃən/ *s*
⟨*non num*⟩ *esitazione:* She answered without hesitation. *Rispose senza*

esitare.

hey /heɪ/ *inter*
(*per attirare l'attenzione di qualcuno*) *ehi!, olà!:* Hey, Jenny, look! *Ehilà, Jenny, guarda!*
■**Nota:** È considerato maleducato attirare l'attenzione di uno sconosciuto in questo modo.

hi /haɪ/ *inter*
(*fam*) (*formula di saluto*) *ciao!, salve!:* Hi, David. Where are you going? *Ciao, David. Dove vai?*

hiccup /'hɪkʌp, -kəp/ *s*
⟨*generalmente plurale*⟩ *singhiozzo:* Andy's got (the) hiccups again! *Andy ha di nuovo il singhiozzo!*

hide /haɪd/ *vi, vt*
⟨*pass rem* **hid**, *p pass* **hidden**, *p pres* **hiding**⟩ *nascondere (-si), celare (-si):* Lucy hid behind the tree so no one could see her. *Lucy si nascose dietro l'albero cosicchè nessuno potesse vederla.*|Andy hid Kate's present in his locker at school. *Andy ha nascosto il regalo per Kate nel suo armadietto a scuola.*

hieroglyphics /ˌhaɪərə'glɪfɪks/ *s pl*
geroglifici: The ancient Egyptians wrote in hieroglyphics. *Gli antichi Egizi scrivevano in geroglifici.*

high¹ /haɪ/ *agg*
⟨*compar* **higher**, *sup* **highest**⟩ **1** *alto, elevato:* a high wall, *una parete alta*| Everest is the highest mountain in the world. *L'Everest è la montagna più alta del mondo.*|"How high is the Sears building?" "It's six hundred feet high." *"Quant'è alto l'edificio della Sears?" "È alto seicento piedi."*
■**Nota:** Osserva la posizione di **tall** e **high** *nelle frasi:* The building is three hundred feet **high**. Andy is five feet six inches **tall**. **2** *alto, grande, intenso (di livello, valore ecc.):* The metal can withstand very high temperatures. *Il metallo può resistere ad altissime*

temperature.|We wanted to buy the house, but the price was too high. *Arremmo voluto comprare la casa, ma il prezzo era troppo caro.* **3** *forte:* The high winds blew some tiles off the roof. *I forti venti hanno spazzato via alcune tegole dal tetto.*|a high-speed train, *un treno ad alta velocità* **4** *alto, acuto, forte (mus):* Women's voices are higher than men's. *Il tono di voce della donna è più acuto di quello maschile.*|I like singing, but I can't reach the high notes. *Mi piace cantare, ma non riesco a toccare le note alte.* – *contrario* LOW

high² *avv*
in alto: the plane flew high over the city. *L'aereo sorvolò in alto la città.*|He threw the ball high into the air. *Lanciò la palla su per aria.*

high jump /'haɪ dʒʌmp/ *s*
salto in alto: He's doing the high jump. *Sta eseguendo il salto in alto.*

highlight¹ /'haɪlaɪt/ *s*
momento culminante, punto saliente, notizia di rilievo: Tonight we'll show you highlights of yesterday's race. *Stasera trasmetteremo le fasi salienti della gara di ieri.*|Meeting the Queen was the highlight of my career. *L'incontro con la Regina rappresentò il momento culminante della mia carriera.*

highlight² *vt* •
⟨*pass rem e p pass* **highlighted**⟩ *dare risalto a, mettere in rilievo:* The news report highlighted the violence on the march. *Il notiziario diede risalto alle manifestazioni di violenza durante il corteo.*

hike¹ /haɪk/ *vi*
⟨*pass rem e p pass* **hiked,** *p pres* **hiking**⟩ *fare un'escursione/una gita a piedi:* They went hiking on the moors. *Fecero un'escursione a piedi nella brughiera.* — **hiker** *s escursionista (a*

piedi)

hike² *s*
escursione/gita a piedi: They went on a hike across the moors. *Fecero un'escursione nella brughiera.*

hill /hɪl/ *s*
collina: There is an excellent view from the top of the hill. *Si gode un eccellente panorama dalla cima della collina.*

hillside /'hɪlsaɪd/ *s*
pendio di una collina: There was a small village on the hillside. *Sul pendio della collina c'era un piccolo villaggio.*

him /ɪm; *forma enfatica* hɪm/ *pron pers*
⟨*pl* **them**⟩
forma oggetto di **he** *lui, lo:* "Have you seen John?" "Yes, I saw him five minutes ago." *"Hai visto John?" "Sì, l'ho visto cinque minuti fa."*|It was Andy's book, so I gave it to him. *Era il libro di Andy, e perciò l'ho dato a lui.* – *vedi anche* **La Nota Grammaticale Personal Pronouns**

himself /ɪm'self; *forma enfatica* hɪm-/ *pron rifl*
⟨*pl* **themselves**⟩ **1** *se stesso, si:* Mr Morgan cut himself shaving. *Il signor Morgan si è tagliato facendosi la barba.*|Andy has bought himself some new shoes. *Andy si è comprato delle scarpe nuove.*|The old man was talking to himself. *Il vecchio parlava tra sè e sè.* **2** *forma enfatica di* **him** *lui stesso, proprio lui, lui in persona:* The medals were presented by the President himself. *Le medaglie furono consegnate dal Presidente in persona.*|John's mum usually helps him with his homework, but this evening he is doing it (by) himself. *John normalmente si fa aiutare dalla mamma nei compiti, ma stasera li sta facendo tutti da solo.*

hint¹ /hɪnt/ *s*
1 *allusione, cenno:* I looked at my

watch, but he didn't take the hint. *Ho guardato l'orologio, ma lui non ha capito l'antifona.* **2** ⟨*generalmente plurale*⟩ *suggerimento, consiglio utile:* She gave me some hints on how to mend the clock. *Mi ha dato dei suggerimenti su come riparare l'orologio.*

hint² *vt, vi*
⟨**that**⟩ *alludere (a), fare capire (che):* I hinted that we should go home. *Feci capire che dovevamo andare a casa.*

hip /hɪp/ *s*
1 *anca, fianco* **2** – *vedi* HURRAY

hippopotamus /ˌhɪpəˈpɒtəməs||-ˈpɑː-/ *anche* **hippo** (*fam*) *s*
⟨*pl* **hippopotamuses** *o* **hippopotami**⟩ *ippopotamo*

hire (*IB*)¹ /haɪəʳ/ *vt*
⟨*pass rem e p pass* **hired,** *p pres* **hiring**⟩ *affittare, noleggiare:* We hired a car for the weekend. *Abbiamo noleggiato una macchina per il week-end.*
■*Nota:* **Hire** e **rent** *sono sinonimi ma si usano in differenti contesti.* **Hire** *si usa quando l'oggetto è un'automobile o un abito, mentre* **rent** *si usa quando l'oggetto è un alloggio o un televisore.*

hire² *s*
⟨*non num*⟩ *noleggio:* Is this boat for hire? *Si può noleggiare questa barca?*

his¹ /ɪz; *forma enfatica* hɪz/ *agg poss*
'suo, di lui: John is doing his home-work. *John sta facendo i compiti*| Andy said it was his idea, not Kate's. *Andy ha detto che era una sua idea, non di Kate.* – *vedi anche* **La Nota Grammaticale Possessive Adjectives and Pronouns**

his² /hɪz/ *pron poss*
suo, sua, di lui: I lost my pen so Peter lent me his. *Ho perso la mia penna e così Peter mi ha prestato la sua.* – *vedi anche* **La Nota Grammaticale Possessive Adjectives and Pronouns**

historian /hɪˈstɔːriən / *s*
storiografo (-a), studioso (-a) di storia

historic /hɪˈstɒrɪk||-ˈstɔː-, -ˈstɑː-/ *agg*
storico, memorabile: a historic meeting between the two great leaders, *un incontro storico tra i due grandi leader*
■*Nota:* **Historical** *è l'aggettivo regolarmente derivato da* **history** *e significa "di storia o relativo alla storia":* a **historical** novel *è un romanzo di carattere storico.* **Historic** *invece si riferisce a un evento "importante nella storia" o "che fa storia":* Man's first landing on the moon was a **historic** event. *Il primo sbarco dell'uomo sulla luna è stato un evento memorabile.*

historical /hɪˈstɒrɪkəl||-ˈstɔː-, -ˈstɑː-/ *agg*
storico, di storia, storicamente accaduto: We did a historical study of the town. *Abbiamo fatto uno studio storico della città.*

history /ˈhɪstəri/ *s*
⟨*non num*⟩ *storia:* We've got history on Wednesday and Friday. *Abbiamo storia il mercoledì ed il venerdì.*|an important moment in the history of Europe, *un momento importante nella storia dell'Europa*
  natural history *s*
⟨*non num*⟩ *scienze naturali*

hit¹ /hɪt/ *vt*
⟨*pass rem e p pass* **hit,** *p pres* **hitting**⟩ **1** *colpire, battere, picchiare:* He hit me because I was rude to him. *Mi ha picchiato perchè sono stato sgarbato con lui.* **2** *urtare contro, scontrarsi con:* The car slid off the road and hit a tree. *L'auto è uscita di strada ed è andata a sbattere contro un albero.*

hit² *s*
successo: The new show was a great hit with the children. *Il nuovo spettacolo ha avuto un gran successo con i bambini.*|a hit record, *un disco di*

successo

hitch-hike /'hɪtʃhaɪk/ *vi*
⟨*pass rem e p pass* **hitch-hiked,** *p pres*
hitch-hiking⟩ *fare l'autostop, viaggiare
in autostop:* I always hitch-hike. It's
the cheapest way to travel. *Faccio
sempre l'autostop. È il modo più
economico di viaggiare.* — **hitch-hiker**
s autostoppista

h'm /m, m/ *inter*
⟨*per esprimere dubbio, disaccordo,
insoddisfazione, ecc*⟩ *uhm:* H'm, I
wonder if she's telling the truth. *Uhm,
chissà se sta dicendo il vero.*

hobby /'hɒbi||'hɑː-/ *s*
⟨*pl* **hobbies**⟩ *passatempo, hobby:*
Anna's hobby is collecting stamps. *Il
passatempo di Anna è collezionare
francobolli.*|Do you have a hobby?
Hai un hobby?

hoe /həʊ/ *s*
zappa — **hoe** *vt, vi zappare*

hold¹ /həʊld/ *vt*
⟨*pass rem e p pass* **held**⟩ **1** *tenere:* She
held the papers in her left hand.
*Teneva i documenti nella mano
sinistra.*|Can I hold the baby? *Posso
tenere il bambino? – vedi anche* KEEP
(*Nota*) **2** ⟨*non usato nelle forme
progressive*⟩ *contenere, avere una
capacità di:* This jug holds a litre of
milk. *Questa caraffa contiene un litro
di latte.* **3** *tenere, indire:* We held a
meeting to talk about the school sports
day. *Abbiamo tenuto una riunione per
discutere sul giorno delle gare
scolastiche.*|The Olympic Games are
held every four years. *I giochi olimpici
si tengono ogni quattro anni.* **4** **hold
one's breath** *trattenere il respiro:* He
held his breath to try to stop his
hiccups. *Trattenne il respiro per cercare
di fermare il singhiozzo.*|We held our
breath until the child was safe.
*Restammo col fiato sospeso finché il
bambino non fu salvo.*

hold on *vi*
attendere, rimanere in linea: "Can I
speak to Dick, please?" "Hold on a
moment please, I'll fetch him." *"Posso
parlare con Dick, per favore?"
"Aspetta un attimo, vado a chiamarlo."*

hold up *vt*
⟨**hold sbdy** *o* **sthg ↔ up**⟩ *trattenere qn,
rallentare, bloccare qc:* Traffic was
held up by the accident. *Il traffico è
rimasto bloccato a causa dell'incidente.*

hold² *s*
1 *presa, stretta:* Keep hold of my hand
while we cross the road. *Tieniti alla mia
mano mentre attraversiamo la strada.*|
She caught hold of the rope. *Afferrò la
corda.* **2** **get hold of** *procurarsi,
rintracciare, pescare:* I've been trying
to get hold of a copy of that record for
ages. *Ho cercato una copia di quel
disco per una vita.*

hole /həʊl/ *s*
buco, buca: Cut a hole in the middle
of the paper. *Ritaglia un foro al centro
del foglio.*|a hole in the road, *una buca
sulla strada*

holiday (*IB*) /'hɒlədi||'hɑːlədeɪ/ *anche*
vacation (*IA*) *s*
vacanza: Sandro and Claudia are **on
holiday** in England. *Sandro e Claudia
sono in vacanza in Inghilterra.*|Where
are you going for your holiday *o*
holidays this year? *Dove vai in
vacanza quest'anno?*|Kate and Andy
have three weeks' holiday at Easter.
*Kate e Andy hanno tre settimane di
vacanza a Pasqua.*|the school
holiday(s), *le vacanze scolastiche*

bank holiday *s*
festa nazionale, giorno di festa

hologram /'hɒləɡræm||'həʊləɡræm,
'hɑː-/ *s*
ologramma: Some credit cards use
holograms for security reasons. *Alcune
carte di credito fanno uso di ologrammi
per motivi di sicurezza.*

holy /'həʊli/ *agg*
⟨*compar* **holier**, *sup* **holiest**⟩ *santo:* a
bottle of holy water, *una bottiglia
d'acqua santa*

home[1] /həʊm/ *s*
casa, patria, paese natio: My home is
in Milan but I'm staying with friends in
Dover. *Abito a Milano ma sto con
degli amici a Dover.*|I think I'll stay **at
home** tonight. *Penso che rimarrò a
casa stasera.*

home[2] *avv*
a casa: Well, I must go home now.
Bye! *Bene, devo andare a casa adesso.
Ciao!*

home[3] *agg*
⟨*non usato al compar o sup*⟩ ⟨*solo
attributivo*⟩ *natale, d'origine:* My
home town is Milan. *La mia città
natale è Milano.*|The basketball team
have a home game this week. *La
squadra di pallacanestro gioca in casa
questa settimana.*

home economics /həʊm
ˌekə'nɒmɪks, ˌiː-||-'nɑː-/ *s*
⟨*non num*⟩ *economia domestica:*
We've got Home Economics on Friday
morning. *Abbiamo economia
domestica il venerdì mattina.*

home-made /ˌhəʊm'meɪd/ *agg*
fatto in casa: home-made bread, *pane
fatto in casa*

homesick /'həʊmˌsɪk/ *agg*
nostalgico (di casa o di patria): Andy
and Kate didn't feel at all homesick
when they went to Milan for a holiday.
*Andy e Kate non sentirono affatto
nostalgia di casa quando andarono in
vacanza a Milano.*

homework /'həʊmwɜːk||-ɜːrk/ *s*
⟨*non num*⟩ *compiti:* Peter forgot to do
his homework again last night. *Peter
ieri sera si è di nuovo dimenticato di
fare i compiti.*

honest /'ɒnɪst||'ɑːn-/ *agg*
onesto: He got the job because he

looked honest. *È stato assunto perchè
sembrava una persona onesta.*

honestly /'ɒnɪstli||'ɑːn-/ *avv*
1 *onestamente; sinceramente:* How
many people can honestly say that
they like going to school? *Quante
persone possono dire sinceramente di
amare la scuola?* **2** *insomma,
veramente:* Well, honestly, what a
stupid thing to do! *Ma insomma che
stupidata!*

honesty /'ɒnɪsti||'ɑːn-/ *s*
⟨*non num*⟩ *onestà*

honey /'hʌni/ *s*
⟨*non num*⟩ *miele*

honour[1] *(IB) o* **honor** *(IA)*
/'ɒnər||'ɑnər/ *s*
⟨*num e non num*⟩ *onore:* It was an
honour to be chosen for the national
team. *È stato un onore essere scelto per
la nazionale.*

honour[2] *(IB) o* **honor** *(IA) vt*
onorare: We felt honoured when the
Prime Minister visited the school. *Ci
sentimmo onorati quando il Primo
Ministro venne a visitare la scuola.*

hood /hʊd/ *s*
cappuccio: Put your hood up. It's
raining. *Mettiti il cappuccio. Sta
piovendo.*

hoof /huːf||hʊf/ *s*
⟨*pl* **hoofs** *o* **hooves**⟩ *zoccolo*

hooray /hʊ'reɪ/ *inter*
– *vedi* HURRAY

hope[1] /həʊp/ *vt, vi*
⟨*pass rem e p pass* **hoped**, *p pres*
hoping⟩ ⟨**to do sthg** *o* **(that)** *o* **for**⟩
sperare (di fare qc o che o in): I hope
to see you again soon. *Spero di
rivederti presto.*|"Can you come to my
party?" "I hope so *o* I hope that I can
come." *"Puoi venire alla mia festa?"
"Spero di sì o spero di poter venire."*|
"Is it still raining?" "I hope not!"
"Piove ancora?" "Spero di no!"|I hope
(that) she doesn't find out what we've

done. *Spero che lei non venga a sapere cosa abbiamo fatto.*|We're hoping for some better weather next week. *Ci aspettiamo un tempo migliore per la prossima settimana.*

hope[2] *s*

⟨*num e non num*⟩ ⟨**that** *o* **of**⟩ *speranza (che o di):* There's no hope of her coming this late. *Non c'è da aspettarsi che venga così tardi.*

hopeful /'həupfəl/ *agg*

⟨**that**⟩ *fiducioso, promettente:* I am still hopeful that she will turn up. *Spero ancora che si faccia viva.*

hopefully /'həupfəli/ *avv*

1 *fiduciosamente, con buone speranze:* "Are there any presents for me?", asked Lucy hopefully. *"C'è qualche regalo per me?", domandò Lucy piena di speranza.* **2** *come si spera, se tutto va bene:* Hopefully, she'll turn up soon. *Se tutto va bene, fra poco dorrebbe essere qui.*

■*Nota: Benchè disapprovato da molti, quest'ultimo uso di* **hopefully** *sta diventando sempre più comune non solo in IA ma anche in IB.*

hopeless /'həupləs/ *agg*

1 ⟨**to do sthg**⟩ *disperato, irreparabile, impossibile:* It's hopeless to try and persuade them. *È inutile cercare di persuaderli.*|a hopeless situation, *una situazione disperata* **2** ⟨**at**⟩ (*fam*) *negato (per):* I'm hopeless at French. *Sono negato per il francese.*

horn /hɔːn||hɔːrn/ *s*

1 *corno:* a cow's horns, *le corna di una mucca,* **2** *clacson:* The driver blew her horn when the child ran into the road. *La guidatrice suonò il clacson quando il bambino sbucò di corsa sulla strada.*

horoscope /'hɒrəskəup||'hɑː-, 'hɔː-/ *s* *oroscopo:* What does your horoscope say for today? *Cosa dice il tuo oroscopo oggi?*

horrible /'hɒrəbəl||'hɔː-, 'hɑː-/ *agg*

orribile, spaventoso: a horrible accident, *un incidente spaventoso*| John's been saying some horrible things about me, but they're all untrue. *John si è messo a spifferare degli orrendi pettegolezzi sul mio conto, ma sono tutte menzogne.*

horrify /'hɒrɪfaɪ||'hɔː-, 'hɑː-/ *vt*

⟨*pass rem e p pass* **horrified,** *p pres* **horrifying**⟩ *far inorridire, impressionare, sconvolgere:* I was horrified at/by the news. *Rimasi sconvolto dalla notizia.*|a horrifying increase in the number of road accidents, *un impressionante aumento del numero di incidenti stradali*

horror /'hɒrə||'hɔː-, 'hɑː-/ *s*

⟨*non num*⟩ **1** *orrore:* The terrible news filled us with horror. *La terribile notizia ci riempì d'orrore.* **2** *horror film film dell'orrore:* Have you seen the new horror film? *Hai visto il nuovo film dell'orrore?*

horse /hɔːs||hɔːrs/ *s*

cavallo: The cowboy got on his horse. *Il cowboy salì a cavallo.*

horse racing /'hɔːs,reɪsɪŋ||'hɔːrs-/ *s*

⟨*non num*⟩ *corse di cavalli:* I like to watch the horse racing on the TV. *Mi diverto a guardare le corse dei cavalli alla TV.*

horse riding /'hɔːs ,raɪdɪŋ||'hɔːrs-/ *s*

⟨*non num*⟩ *equitazione:* We went horse riding on holiday. *Abbiamo fatto equitazione durante le vacanze.*

hospital /'hɒspɪtl||'hɑː-/ *s*

ospedale: We had to take Paul to hospital when he broke his leg. *Abbiamo dovuto portare Paul in ospedale quando si è rotto la gamba.*| He's been in hospital for a couple of weeks. *È in ospedale da due settimane.*

host /həust/ *s*

ospite (chi ospita), padrone di casa: Our host was Mr Kent. *Ci ospitò il signor Kent.*

hostel /'hɒstl||'hɑː-/ s
ostello, pensione:
  youth hostel s
ostello della gioventù

hostess /'həʊstɪs/ s
ospite (chi ospita), padrona di casa:
Our hostess was Mrs Kent. *Ci ospitò la
signora Kent.*

hot /hɒt||hɑːt/ agg
⟨*compar* hotter, *sup* hottest⟩ *(molto)
caldo, bollente, rovente:* The weather
was very hot today. *Ha fatto molto
caldo oggi.*|A nice hot drink will soon
warm you up. *Una bella bevanda calda
ti riscalderà subito. – contrario* COLD;
vedi anche WARM (*Nota*)

hot dog /'hɒt dɒg||'hɑːt dɑːg/ s
⟨*pl* **hot dogs**⟩ *hot dog (panino
imbottito con salsiccia calda e senape):*
Would you like onions and mustard on
your hot dog? *Vuoi cipolle e senape
sull'hot dog?*

hotel /həʊ'tel/ s
albergo, hotel: Mr and Mrs Morgan
stayed at *o* in a hotel in London. *I
signori Morgan hanno alloggiato in un
hotel a Londra.*
■*Nota: Davanti a* **hotel** *si può usare
indifferentemente* **a** *o* **an.**

hour /aʊəʳ/ s
1 *ora:* There are sixty minutes in an
hour. *In un'ora ci sono sessanta
minuti.*|We had to wait **half an hour** to
be served. *Dovemmo aspettare
mezz'ora per essere serviti.*|The
journey to school takes **a quarter of an
hour** by car. *Ci vuole un quarto d'ora
ad andare a scuola in macchina. – vedi
anche La Nota Grammaticale* **Telling
the Time 2** *(usando un orologio con
tutte le 24 ore) ore:* It's sixteen
hundred hours. *Sono le ore 16. (16.00
= 4 del pomeriggio)* **3** hours *ore
(periodo di tempo):* We had to wait
(for) hours for a bus. *Abbiamo dovuto
aspettare l'autobus delle ore.*

  rush hour s
ora di punta

house /haʊs/ s
1 *casa:* The Morgan family lives in a
detached house in Dover. *La famiglia
Morgan vive in una villa a Dover.*|We
sold our flat and bought a house.
*Abbiamo venduto l'appartamento per
comprarci una casa. – vedi anche*
DETACHED HOUSE, SEMI-DETACHED
HOUSE *e* TERRACED HOUSE **2** *camera:*
the House of Commons, *la Camera dei
Comuni*|the House of Lords, *la
Camera dei Lord*|the Houses of
Parliament, *il (palazzo del)
Parlamento*
  public house s
taverna-bar, pub

household /'haʊshəʊld/ s
⟨*seguito da un verbo al singolare o al
plurale) casa, famiglia:* Don't make so
much noise. You'll wake the entire
household. *Non fare tanto rumore.
Sveglierai tutta la casa.*|household
goods, *articoli per la casa*

housewife /'haʊswaɪf/ s
⟨*pl* **housewives**⟩ *casalinga, massaia*

housework /'haʊswɜːk||-ɜːrk/ s
⟨*non num) lavori domestici, faccende
domestiche:* Mr and Mrs Morgan have
to do the housework when they get in
from work. *I signori Morgan devono
fare i lavori domestici quando tornano
dal lavoro.*

housing /'haʊzɪŋ/ s
⟨*non num) (problemi dell')edilizia,
(complesso di) case:* There's not
enough new housing in the town. *Non
ci sono abbastanza case nuove in città.*

housing estate /'haʊzɪŋ ɪ'steɪt/ s
⟨*pl* **housing estates**⟩ *quartiere
residenziale:* They built two new
housing estates on the edge of the
town. *Hanno costruito due nuovi
quartieri residenziali alla periferia della
città.*

hover /ˈhɒvəʳ||ˈhʌ-, ˈhɑː-/ vi
1 (di uccelli, velivoli, ecc) librarsi,
volteggiare: The bee hovered over the
flower before landing on it. L'ape si
librò sopra il fiore prima di posarvisi.
2 (di persone) aggirarsi, attardarsi,
indugiare: He just keeps hovering
around but doesn't say anything! Gira
continuamente intorno ma non dice
nulla!

hovercraft /ˈhɒvəkrɑːft||ˈhʌvərkræft,
ˈhɑː-/ s
⟨pl **hovercraft** o **hovercrafts**⟩
hovercraft: We went to France by
hovercraft. Siamo andati in Francia in
hovercraft.

how /haʊ/ avv
1 come (in che modo): How does this
machine work? Come funziona questo
apparecchio?|Can you tell me how to
get to the station, please? Mi sa dire
come si fa ad andare alla stazione, per
favore?|How do you say "station" in
Italian? Come si dice "station" in
italiano? **2** come (in che condizione):
How is your father after his operation?
Come sta tuo padre dopo
l'operazione?|"How are you?" "I'm
very well, thank you. And you?"
"Come stai?" "Sto bene grazie. E tu?"|
"How's your new job?" "It's great,
thanks." "Come va il nuovo lavoro?"
"È fantastico, grazie." – vedi anche
how do you do (DO), e LIKE² (Nota)
3 (esclamativo) quanto, che: Do you
remember when we went to Milan?
How it rained! Ti ricordi quando
siamo andati a Milano? Quanto
pioveva!|How nice of you to come and
see me. Che carino da parte tua venire
a trovarmi. **4** ⟨in combinazione con
aggettivi o avverbi⟩ quanto: How old
were you when you got married?
Quanti anni avevi quando ti sei
sposato?|How far is it from London to
Dover? Quanto c'è fra Londra e

Dover?|How often do you go to the
cinema? Ogni quanto vai al cinema?
5 how many quanti: How many people
are coming to the party? Quante
persone verranno alla festa?|"My
hobby is collecting stamps." "How
many have you got?" "Colleziono
francobolli come hobby." "Quanti ne
hai?" **6 how much** quanto: How much
wool will I need to knit Kate a
jumper? Di quanta lana avrò bisogno
per fare un maglione a Kate?|Can you
remember how much those shoes cost?
Ti ricordi quanto costano queste
scarpe?|It doesn't matter how much
you complain, she won't take any
notice. Non importa quanto ti lamenti,
lei non ci farà assolutamente caso.

however¹ /haʊˈevəʳ/ cong
(form) comunque, tuttavia, però: I am
very angry with you. However, I have
decided not to punish you. Sono
davvero arrabbiato con te. Tuttavia ho
deciso di non punirti.|There are,
however, certain exceptions to this
rule. Ci sono comunque alcune
eccezioni a questa regola.

however² avv
1 per quanto: They go for a walk
every Sunday, however cold it is!
Vanno a fare una passeggiata ogni
domenica, per quanto freddo possa
fare. **2** comunque, in qualunque
modo: The Management cannot be
held responsible for damage, however
caused. La Direzione non si ritiene
responsabile di eventuali danni,
comunque essi siano stati arrecati.

howl /haʊl/ vi
gridare, urlare, ululare: The dog
howled when it was locked in the
house. Il cane si metteva a latrare
quando rimaneva chiuso in casa.

hug¹ /hʌɡ/ vt
⟨pass rem e p pass **hugged**, p pres
hugging⟩ abbracciare, stringere a sè:

They hugged each other when they met. *Quando si incontrarono si abbracciarono.*

hug² *s*
abbraccio, stretta: She gave him a hug. *Lei lo strinse in un abbraccio.*

huge /hju:dʒ/ *agg*
⟨*compar* **huger,** *sup* **hugest**⟩ enorme: a huge house, *una casa enorme*|Winning a hundred thousand pounds has made a huge difference to my life. *La vincita di centomila sterline ha cambiato sostanzialmente la mia vita.*

hullo /hʌˈləʊ/ *inter*
variante IB di **hello** ciao!, salve!

human¹ /ˈhjuːmən/ *agg*
umano: Some chimpanzees can seem quite human. *Alcuni scimpanzè sembrano quasi umani.*

human² anche **human being** *s*
essere umano: In some ways gorillas are very like humans. *Sotto certi aspetti i gorilla assomigliano molto agli esseri umani.*

humorous /ˈhjuːmərəs||ˈhjuː-, ˈjuː-/ *agg*
umoristico, spiritoso, divertente: a humorous film/book, *un film/libro còmico*|a humorous remark, *un'osservazione spiritosa*
■*Nota: L'aggettivo* **humorous** *è più formale dell'aggettivo* **funny.**

humour (IB) o **humor** (IA) /ˈhjuːməʳ||ˈhjuː-, ˈjuː-/ *s*
⟨*non num*⟩ umorismo, comicità: She has a good **sense of humour.** *Ha un buon senso dell'umorismo.*

hundred /ˈhʌndrɪd/ *agg, pron, s*
1 cento: a hundred o one hundred pages, *cento pagine*|two hundred people, *duecento persone*|a o one hundred and one days, *cento e un giorni*|my grandfather's (one) hundred and first birthday, *il centounesimo compleanno di mio nonno*
■*Nota: Quando il numero 100 è* preceduto da migliaia, l'aggettivo **one** (non l'articolo a) va pronunciato: 6,152 = six thousand **one** hundred and fifty two. **2 hundreds of** centinaia di: Kate has got hundreds of posters and photos on her bedroom wall. *Kate ha centinaia di manifesti e fotografie sulle pareti della sua camera da letto.*
— **hundredth** *agg, pron* centesimo
– *vedi anche* **La Nota Grammaticale Numbers**

hung /hʌŋ/
pass rem e p pass del verbo **hang**

hunger /ˈhʌŋgəʳ/ *s*
⟨*non num*⟩ fame: Many millions of people still die from hunger. *Ci sono ancora milioni di persone che muoiono di fame.*

hungry /ˈhʌŋgri/ *agg*
⟨*compar* **hungrier,** *sup* **hungriest**⟩ affamato: I'm hungry. I want something to eat. *Ho fame. Vorrei qualcosa da mangiare.*|Andy is hungry and thirsty. *Andy ha fame e sete.*

hunt¹ /hʌnt/
1 *vt, vi* cacciare: The cheetah hunts its prey on open ground. *Il ghepardo caccia la preda sulla radura.*|They want to go hunting in Africa. *Vogliono andare a caccia in Africa.* **2** *vt* ⟨**for**⟩ cercare: I've hunted everywhere for my wallet but I can't find it. *Ho cercato il portafoglio dappertutto, ma non riesco a trovarlo.*

hunt² *s*
caccia: a fox-hunt, *una caccia alla volpe*

hunter /ˈhʌntəʳ/ *s*
cacciatore: The hunters approached the elephants. *I cacciatori si avvicinarono agli elefanti.*

hunting /ˈhʌntɪŋ/ *s*
⟨*non num*⟩ caccia: Do you think hunting is a cruel sport? *Ritieni che la caccia sia uno sport crudele?*

hurray o **hooray** /huˈreɪ/ *inter*

urrà!, evviva!: Hurray! We've won!
Urrà! Abbiamo vinto!|Three cheers for
the other team. Hip, hip, hurray! *E
per l'altra squadra un triplice evviva:
hip, hip, hip urrà!*

hurry[1] /'hʌri||'hɜːri/ *vi*
⟨*pass rem e p pass* **hurried,** *p pres*
hurrying⟩ ⟨*up*⟩ *affrettarsi, sbrigarsi,
fare presto:* If I hurry I should just
catch the bus. *Se mi sbrigo, dovrei fare
appena in tempo a prendere l'autobus.*|
I must hurry or I'll be late. *Devo far
presto o sarò in ritardo.*

hurry[2] *s*
fretta: in a hurry, *in fretta*|Mr Morgan's
always late so he's always in a hurry. *Il
signor Morgan è sempre in ritardo e
perciò ha sempre fretta.*

hurt /hɜːt||hɜːrt/ *vi, vt*
⟨*pass rem e p pass* **hurt**⟩ *ferire, fare
male a:* Ouch! My leg hurts when I
touch it. *Ahi! Mi fa male la gamba
quando la tocco.*|My watch strap is too
tight and it hurts my wrist. *Il cinturino
dell'orologio è troppo stretto e mi fa
male al polso.*|She hurt her leg playing
hockey. *Si è fatta male alla gamba
giocando ad hockey.* – vedi anche
HARM (*Nota*)

husband /'hʌzbənd/ *s*
marito

hut /hʌt/ *s*
capanna, baracca: a workers' hut on a
building site, *una baracca dei manovali
in un cantiere*

hydrogen /'haɪdrədʒən/ *s*
⟨*non num*⟩ *idrogeno*

hymn /hɪm/ *s*
inno: The congregation sang a
well-known hymn. *L'assemblea dei
fedeli cantò un celebre inno.*

I, i

I, i /aɪ/
 I, i

I /aɪ/ *pron pers*
io: I live in Milan. *Io abito a Milano.*|
Kate likes to play hockey, but I prefer
football. *A Kate piace giocare a
hockey, mentre io preferisco il calcio.*|
Peter and I would like to invite you to
dinner. *Peter e io avremmo piacere di
invitarvi a cena.* – *vedi anche* **La Nota
Grammaticale** **Personal Pronouns**

ice /aɪs/ *s*
⟨*non num*⟩ *ghiaccio*: Would you like
some ice in your drink? *Vuoi un po' di
ghiaccio nel bicchiere?*|Be careful.
There's ice on the roads. *Attento. Le
strade sono ghiacciate.*

iceberg /'aɪsbɜːg‖-ɜːrg/ *s*
iceberg: The Titanic hit an iceberg and
sank. *Il Titanic andò contro un iceberg
e affondò.*

ice cream /ˌaɪs 'kriːm/ *s*
⟨*num e non num*⟩ *gelato*: Can we have
an ice cream at the cinema? *Possiamo
prendere il gelato al cinema?*|Would
you like some ice cream with your
fruit? *Vuoi un po' di gelato con la
frutta?*

icy /'aɪsi/ *agg*
⟨*compar* **icier**, *sup* **iciest**⟩ **1** *gelido*:
The water was so icy that nobody
wanted to swim. *L'acqua era così
gelida che nessuno voleva nuotare.*
2 *ghiacciato, gelato*: Be careful. The
roads are a bit icy. *Attento. Le strade
sono un po' ghiacciate.*

I'd /aɪd/
1 *contraz di* **I had**: I told the teacher

that I'd been ill. *Dissi al professore che
ero stato malato.* **2** *contraz di* **I would**:
If I had £100, I'd buy a new bike. *Se
avessi 100 sterline, mi comprerei una
bici nuova.*

idea /aɪ'dɪə/ *s*
1 *idea, nozione, pensiero*: You
needn't tell me exactly what she said,
just the general idea. *Non è il caso che
tu mi ripeta esattamente le sue parole,
mi basta l'idea generale.*
2 *suggerimento, piano, proposito*:
"Let's go to the cinema this
afternoon." "What a good idea!"
*"Andiamo al cinema questo
pomeriggio." "Che buona idea!"*
3 **have no idea** *non avere idea, non
sapere affatto*: "What time is it?" "I've
no idea." *"Che ore sono?" "Non ne ho
idea."*

identical /aɪ'dentɪkəl/ *agg*
⟨*with, to*⟩ *identico (a)*: The two bikes
are identical. *Le due bici sono
identiche.*|My jacket is identical
with/to yours. *La mia giacca è identica
alla tua.*

identification /aɪˌdentɪfɪ'keɪʃən/ *s*
⟨*non num*⟩ *identificazione, documento
d'identificazione*: an exercise on the
identification of plants, *un esercizio di
identificazione delle piante*|Have you
got any identification? *Ha un
documento d'identificazione?*

identify /aɪ'dentɪfaɪ/ *vt*
⟨*pass rem e p pass* **identified,** *p pres*
identifying⟩ *identificare, riconoscere*:
You can identify an Indian elephant
by its smaller ears. *Un elefante indiano*

If-Clauses

Le frasi condizionali sono formate da due parti di cui una indica la condizione necessaria perchè si verifichi l'azione espressa dall'altra parte.

1° tipo

Nelle frasi condizionali del 1° tipo si parla di azioni future che sono considerate probabili: è probabile che l'azione si verificherà.

- **If** you get up late   you'll (= you will) miss the train.
  Se ti sveglierai tardi perderai il treno.

- **If** she studies hard   she'll (= she will) pass her exams.
  Se studierà molto passerà gli esami.

- She'll (= she will) pass her exams   **if** she studies hard.
  Passerà gli esami se studierà molto.
- They'll (= they will) go round the world   **if** they win the pools.
  Faranno il giro del mondo se vinceranno alla lotteria.

Osservazioni

▶ *Nelle proposizioni introdotte da* **if** *si usa il presente semplice, anche se l'azione è rivolta al futuro. Nella proposizione principale è generalmente usato* **will** *seguito dall'infinito senza la particella* **to**.

▶ *Invece di* **will** *si può usare* **can** *o* **may/might** *seguiti dall'infinito senza* **to**:

- If it's fine tomorrow we might go swimming.
  Se domani fa bel tempo potremmo andare a nuotare.

▶ *Come puoi osservare l'ordine delle proposizioni può cambiare:*
  if + *proposizione condizionale* + *proposizione con* **will**
  proposizione con **will** + **if** + *proposizione condizionale*

▶ *Nota che quando si parla di fatti generali il presente semplice è usato in entrambe le parti della frase:*
- If you eat too much, you get fat.
  Se si mangia troppo, si diventa grassi.

If-clauses

2° tipo

Nelle frasi condizionali del 2° tipo si parla di azioni future possibili, ma non molto probabili, e di azioni immaginarie o impossibili:

- **If** I went to live on a desert island   I'd (= I would) take a radio with me.
  Se andassi a vivere su un'isola deserta mi porterei una radio.

- **If** I were you   I'd (= I would) catch the earlier train.
  Se fossi in te prenderei il treno che parte prima.

- I'd (= I would) visit her   **if** I had time.
  Le farei visita se avessi tempo.

- I'd (= I would) go out   **if** it stopped raining.
  Uscirei se smettesse di piovere.

Osservazioni

► *Nelle proposizioni introdotte da* **if** *si usa il passato. Nota che in queste proposizioni la forma* **were** *è generalmente usata per tutte le persone del verbo* **be**:

- If I/you/she were rich, we'd travel round the world.
  Se io fossi/tu fossi/lei fosse ricco/ricca, viaggeremmo per il mondo.

► *Nella proposizione principale si usa* **would** *seguito dall'infinito senza* **to**. *Invece di* **would** *si può usare* **could** *o* **might** *seguiti dall'infinito senza* **to**.

► *L'ordine delle proposizioni può cambiare:*
if *+ proposizione condizionale + proposizione con* **would**
proposizione con **would** *+* **if** *+ proposizione condizionale*

–vedi anche La Nota Grammaticale Modals

lo si riconosce dalle orecchie più piccole.

identikit /aɪ'dentɟˌkɪt/ *s, agg*
identikit: The police have issued an identikit picture of the woman they're looking for. *La polizia ha diffuso un identikit della donna che sta cercando.*

identity /aɪ'dentɟti/ *s*
⟨*pl* **identities**⟩ *identità:* The identity of the author is unknown. *L'identità dell'autore è sconosciuta.*|Many people in Europe carry an identity card, but in Britain this is not necessary. *Molte persone in Europa si portano dietro la carta d'identità, ma in Gran Bretagna non è necessario.*

if /ɪf/ *cong*
1 ⟨*in frasi condizionali*⟩ *se, nel caso che, qualora:* If you hurry, you might just catch the train. *Se ti sbrighi puoi ancora prendere il treno.*|It would be better if we told them the bad news straight away. *Sarebbe meglio comunicare loro la brutta notizia immediatamente.*|If you'd worked harder, you would have passed the exam. *Se ti fossi impegnato di più, avresti superato l'esame.*|Do you mind if I join you? *Vi dispiace se mi unisco alla vostra compagnia?*|Have you got a credit card? If not, apply for one. *Hai una carta di credito? Se non ce l'hai, richiedine una.*|Did you see the accident? If so, get in touch with the police. *Hai visto l'incidente? In tal caso, mettiti in contatto con la polizia.* – *vedi anche* **La Nota Grammaticale If-clauses** *a p. 226* **2** *anche* **whether** ⟨*in frasi interrogative indirette*⟩*se:* Ask him if he speaks English. *Domandagli se parla l'inglese.*|She wanted to know if I had any brothers or sisters. *Voleva sapere se avevo fratelli o sorelle.*|I can't remember if I posted that letter or not. *Non ricordo se ho spedito o no quella lettera.* **3** *as* **if** *come se, quasi*

4 *even* **if** *anche se, quand'anche, ammesso che:* "We're definitely going to the zoo tomorrow." "Even if it's raining?" *"Domani andiamo sicuramente allo zoo." "Anche se piove?"*|Even if I had the money, I wouldn't lend it to you. *Anche se avessi il denaro, a te non lo presterei.* **5** *if* I **were** *you nei tuoi panni, al tuo posto, se fossi in te:* If I were you I'd take a taxi. The bus might be late. *Se fossi in te prenderei un taxi. L'autobus potrebbe tardare.* **6** *what* **if . . . ?** *e se:* What if you're wrong? *E se sbagli?* ■*Nota: Le frasi interrogative indirette introdotte da* **if** *ricorrono soprattutto dopo verbi quali* **ask, wonder, remember, know.**

ignorance /'ɪgnərəns/ *s*
⟨*non num*⟩ ⟨**of**⟩ *ignoranza (di)*

ignorant /'ɪgnərənt/ *agg*
⟨**of, about**⟩ *ignorante, all'oscuro (di):* Most of us are quite ignorant of the workings of government. *La maggior parte di noi è completamente all'oscuro del funzionamento del governo.*

ignore /ɪg'nɔː^r/ *vt*
⟨*pass rem e p pass* **ignored,** *p pres* **ignoring**⟩ *ignorare, non far caso a:* I saw my teacher in town but he just ignored me. *Ho visto il mio insegnante in città ma lui ha fatto finta di non vedermi.*|I called to him but he ignored me. *Lo chiamai ma lui mi ignorò.*|The driver ignored the red light and carried on. *Il guidatore non osservò il rosso e proseguì.* ▲*Trabocchetto:* In inglese questo verbo indica sempre un'azione intenzionale nel senso di non dare retto a qn/qc, o di far finta di non accorgersi di qn/qc.

I'll /aɪl/
contraz di I **will** *o* I **shall:** I'll call for you after school. *Ti vengo a chiamare dopo scuola.*|I'll be very busy next

week. *Sarò molto occupata la settimana prossima. – vedi anche La Nota Grammaticale Modals*

ill /ɪl/ *agg*

⟨*non usato al compar o sup*⟩ ⟨*solo predicativo*⟩ *malato, ammalato:* Gina was very ill, so we took her to the hospital. *Gina era molto malata, perciò la portammo all'ospedale.*|I've been feeling ill all day. *È tutto il giorno che mi sento poco bene. – confrontare con* SICK

illegal /ɪ'liːgəl/ *agg*

illegale, illecito: It is illegal to sell alcohol to children under 18. *È illegale vendere alcolici ai ragazzi al di sotto dei 18 anni.*

illness /'ɪlnɪs/ *s*

⟨*num e non num*⟩ *malattia:* Mr Morgan was off work with a serious illness. *Il signor Morgan rimase a casa dal lavoro per una malattia grave.*

ill-treat /ɪl'triːt/ *vt*

maltrattare: The cruel man ill-treated his children. *Quell'uomo crudele maltrattava i suoi bambini.*

illustrate /'ɪləstreɪt/ *vt*

⟨*pass rem e p pass* **illustrated,** *p pres* **illustrating**⟩ *illustrare:* an illustrated book, *un libro illustrato*

illustration /ˌɪlə'streɪʃən/ *s*

illustrazione, figura: a book with beautiful colour illustrations, *un libro con belle illustrazioni a colòri*

I'm /aɪm/

contraz di **I am** *sono:* I'm really glad you could come. *Sono proprio contenta che tu sia potuto venice.*| Hello. I'm Kate. What's your name? *Ciao. Sono Kate. Come ti chiami? – vedi anche La Nota Grammaticale* **The Verb "be"**

imagination /ɪˌmædʒɪ'neɪʃən/ *s*

⟨*non num*⟩ *immaginazione, fantasia:* The teacher said my story showed a lot of imagination. *L'insegnante disse che*

la mia storia dimostrava molta fantasia.

imagine /ɪ'mædʒɪn/ *vt*

⟨*pass rem e p pass* **imagined,** *p pres* **imagining**⟩ **1** ⟨*sthg o* **doing** *sthg o* **(that)**⟩ *immaginare (-si), figurarsi:* I want you to imagine that you are marooned on a desert island. *Voglio che immaginiate di essere bloccati su un'isola deserta.*|I like my job, but I can't imagine doing it for the rest of my life. *Mi piace il mio lavoro, ma non mi ci vedo a farlo per tutto il resto della vita.* **2** ⟨*sthg o* **(that)**⟩ *immaginare (-si), fantasticare:* The accident never happened. You just imagined it. *L'incidente non è mai accaduto. Te lo sei solo immaginato.*|He imagines that everybody hates him. *Crede che tutti lo odino.* **3** [**(that)**] ⟨*non usato nelle forme progressive*⟩ *supporre, presumere:* I imagine (that) you know about our problem. *Suppongo che tu sia al corrente del nostro problema.*

immediate /ɪ'miːdɪət/ *agg*

immediato: I got an immediate reply to my letter, but it said I hadn't got the job. *Ebbi una risposta immediata alla lettera, ma diceva che non avevo ottenuto il posto di lavoro.*

immediately /ɪ'miːdɪətli/ *avv*

immediatamente, subito: When I saw the advert I rang up immediately, but the bike had already been sold. *Quando vidi l'inserzione telefonai immediatamente, ma la bici era già stata venduta.*|Come here! Immediately! *Vieni qui! Subito!*

immigrant /'ɪmɪgrənt/ *s*

immigrante

immigration /ˌɪmɪ'greɪʃən/ *s*

⟨*non num*⟩ *immigrazione:* Immigration is strictly controlled in many countries. *In molti paesi l'immigrazione è rigidamente controllata.*

immune /ɪ'mjuːn/ *agg*

⟨**to, from**⟩ *immune (a o da):*
Vaccination can make people immune
to certain diseases. *La vaccinazione
permette di immunizzare la gente
contro certe malattie.* — **immunity**
s ⟨non num⟩ *immunità*

impatient /ɪm'peɪʃənt/ *agg*
impaziente: "I wish John would hurry
up." "Don't be so impatient. We've
got plenty of time." *"Vorrei che John
si sbrigasse." "Non essere così
impaziente. Abbiamo un sacco di
tempo."* — **impatience** s ⟨non num⟩
impazienza — **impatiently** *avv*
con impazienza, con ansia: We waited
impatiently for John to arrive.
*Aspettavamo con ansia che arrivasse
John.*

import[1] /ɪm'pɔːt||-ɔːrt/ *vt*
⟨**from**⟩ *importare (da):* Britain
imports tea from India. *La Gran
Bretagna importa tè dall'India.*

import[2] /'ɪmpɔːt||-ɔːrt/ *s*
⟨num e non num⟩ *importazione,
articolo importato:* The British car
industry is threatened by foreign
imports. *L'industria automobilistica
britannica è minacciata dall'importazione estera.*

importance /ɪm'pɔːtəns||-ɔːr-/ *s*
⟨non num⟩ *importanza:* a matter of
great importance, *una questione di
grande importanza*

important /ɪm'pɔːtənt||-ɔːr-/ *agg*
⟨**that** *o* **to do**⟩ *importante (che o fare):*
I think that food and drink are
important, but music is essential for a
good party. *Penso che il cibo e le
bevande siano importanti, ma la
musica è essenziale per una bella
festa.*|It is important to understand the
exact nature of the problem. *È
importante capire l'esatta natura del
problema.*|an important meeting, *una
riunione importante*

impossible /ɪm'pɒsɪbəl||ɪm'pɑː-/ *agg*

1 *impossibile:* A train which travels at
over 500 km/h? It sounds impossible.
*Un treno che viaggia a più di 500
chilometri all'ora? Sembra impossibile.*
2 ⟨fam⟩ *impossibile, insopportabile:*
Martin was impossible when he was a
child. *Martin era insopportabile da
bambino.*

impress /ɪm'pres/ *vt, vi*
impressionare, stupire: I was impressed
by your reaction. *Sono rimasta
impressa dalla tua reazione.*|He's
always trying to impress. *Cerca sempre
di stupire.*
■*Nota: Il verbo* **to impress (sbdy)** *ha
sempre un carattere positivo in inglese.*

improve /ɪm'pruːv/ *vt, vi*
⟨pass rem e p pass **improved,** p pres
improving⟩ *migliorare:* My health has
improved a lot this year. *La mia salute
quest'anno ha fatto grandi progressi.*|
Mrs Morgan is trying hard to improve
her French. *La signora Morgan si sta
sforzando di perfezionare il francese.*

improvement /ɪm'pruːvmənt/ *s*
⟨num e non num⟩ *miglioramento:*
There has been a noticeable
improvement in Andy's work this
year. *C'è stato un notevole
miglioramento nel lavoro di Andy
quest'anno.*

in[1] /ɪn/ *prep*
1 *dentro, in:* The cake is in the oven.
La torta è in forno.|The kittens are
sleeping in the basket. *I gattini
dormono nella cesta.*|I left my gloves
in the car. *Ho lasciato i guanti dentro
la macchina.* **2** ⟨complemento di stato
in luogo⟩ *in, a:* The children went
swimming in the sea. *I bambini sono
andati a fare il bagno in mare.*|My
grandmother is in hospital. *Mia nonna
è all'ospedale.*|The Morgan family lives
in Dover. *La famiglia Morgan vive a
Dover.*|Dover is in England. *Dover è
in Inghilterra.* **3** ⟨complemento di

posizione o direzione⟩ *in:* Don't stand in front of the television! *Non metterti davanti alla televisione!*|He was lying in the middle of the road. *Giaceva in mezzo alla strada.*|We were travelling in the direction of Paris. *Eravamo in viaggio alla volta di Parigi.* **4** ⟨*con riferimento a parti del corpo umano*⟩ *in, a:* I have a pain in my right leg. *Ho un dolore alla gamba destra.*|He punched me in the stomach. *Mi diede un pugno nello stomaco.*|The sun was shining in my eyes. *Il sole mi brillava negli occhi.* **5** ⟨*per esprimere condizioni meteorologiche*⟩ *in, a, sotto:* The children were lying in the sun. *I bambini erano sdraiati al sole.*|Do you like walking in the rain? *Ti piace camminare sotto la pioggia?*|The old man was robbed in broad daylight. *Il vecchio venne derubato in pieno giorno.* **6** ⟨*complemento di tempo determinato*⟩ *a, in, di:* My sister was born in 1978. *Mia sorella è nata nel 1978.*|I woke in the middle of the night. *Mi svegliai nel cuore della notte.*|Emilio is going to France in January. *Emilio andrà in Francia a gennaio.* **7** ⟨*complemento di durata*⟩ *in, durante:* He can run 100 metres in 12 seconds. *Corre i 100 metri in 12 secondi.*|This government has achieved very little in five years. *Questo governo ha conseguito scarsissimi risultati in cinque anni.* **8** ⟨*complemento di tempo riferito al futuro*⟩ *entro, fra, in capo a:* We're going on holiday in two weeks *o* in two weeks' time. *Fra due settimane andiamo in vacanza.*|"Come and eat your dinner." "In a minute." *"Vieni a cenare." "Fra un minuto."* **9** ⟨*con riferimento alla parte di un'opera*⟩ *in, sopra, dentro:* Who's that girl in the picture? *Chi è quella ragazza nella foto?*|a character in a book, *il*

personaggio di un libro|Kate was in the school play last year. *Kate era nella recita scolastica l'anno scorso.* **10** ⟨*con riferimento a professioni*⟩: a career in politics/publishing, *una carriera in politica/editoria*|"What do you do for a living?" "I'm in computers." *"Cosa fai nella vita?" "Lavoro nel campo dei computer."* **11** ⟨*per esprimere appartenenza*⟩ *in, dentro:* Andy used to be in the scouts. *Andy era negli scout.*|John is in the school football team. *John è nella squadra di calcio della scuola.* **12** ⟨*complemento di distribuzione*⟩ *in:* They stood in a circle/in a line. *Erano schierati in cerchio/fila.*|We worked in groups. *Lavoravamo in gruppi.* **13** ⟨*complemento di modo*⟩ *in, a, con:* The message was written in pencil. *Il messaggio era scritto a matita.*|He spoke in a quiet voice. *Parlò a voce bassa.*|The book was in Italian. *Il libro era in italiano.*|The meeting was held in public. *L'incontro si tenne in pubblico.* **14** ⟨*complemento di stato o condizione*⟩ *in:* Kate was in danger. *Kate era in pericolo.*|John is always in a hurry. *John va sempre di fretta.*|The whole building was in flames. *L'intero edificio era in fiamme.* **15** ⟨*di abbigliamento*⟩ *con:* a girl in a red dress, *una ragazza col vestito rosso*|I went to the interview in my new suit. *Mi presentai al colloquio col vestito nuovo.* **16** ⟨*complemento partitivo*⟩ *su, fra:* One student in every four fails the exam. *Uno studente su quattro viene respinto all'esame.*|a tax rate of twenty-five pence in the pound, *un tasso imponibile di venticinque pence per sterlina – vedi anche L'Illustrazione*

Prepositions

in[2] *avv*

1 *dentro, verso l'interno:* Mum is baking a cake with cherries in. *La* *mamma sta cuocendo una torta col ripieno di ciliegie.*|I opened the door and the cat ran in. *Aprii la porta ed il gatto si precipitò dentro.* **2** *a/in casa, in ufficio, in stazione/porto, ecc.:* "Is Kate in?" "Yes. Come in." *"È in casa Kate?" "Sì. Entra."*|What time will you be in this evening? *A che ora rientri questa sera?* **3** *arrivato:* Applications have been coming in by the sackful. *Sono arrivate domande a sacchi.*|You can go, but you must be in by nine o'clock. *Puoi andare, ma devi essere a casa per le nove.* **4** *(fam) di/alla moda, in voga, in stagione:* Is short hair in or out this year? *I capelli corti sono di moda o no quest'anno?*

inch /ɪntʃ/ *s*
pollice – vedi anche La Tavola **Weights and Measures**

incident /'ɪnsɪdənt/ *s*
caso, avvenimento: These strange incidents cannot be explained by natural science. *Questi strani avvenimenti non si possono spiegare in termini di scienza naturale.*|There was a nasty incident outside the supermarket last week. An old lady was robbed. *La settimana scorsa c'è stato un fattaccio fuori del supermercato. Hanno rapinato una vecchia.*

▲ *Trabocchetto: Non confondere la parola* **incident**, *che si riferisce ad un qualsiasi evento singolare o degno di nota, con la parola italiana* **incidente**, *che è generalmente tradotta* **accident**: He was killed in a road accident. *Rimase ucciso in un incidente stradale.*

include /ɪn'kluːd/ *vt*
⟨*pass rem e p pass* **included,** *p pres* **including**⟩ ⟨**sthg** *o* **doing sthg**⟩
includere, comprendere (qc o fare qc): Does the price for the room include breakfast? *Il prezzo della stanza comprende la colazione?*|The room is

only £25 a week, (with) breakfast included. *La stanza costa solo 25 sterline alla settimana, colazione compresa.*|Andy's job includes sorting the papers as well as delivering them. *Il lavoro di Andy include anche lo smistamento dei giornali oltre alla loro consegna.*

including /ɪn'kluːdɪŋ/ *prep*
compreso, incluso, tra cui: Michael Jackson has lots of animals in his private zoo, including an eight-foot long boa constrictor. *Michael Jackson ha molti animali nel suo zoo privato, perfino un serpente boa di otto piedi.*

income /'ɪŋkʌm, 'ɪn-/ *s*
⟨*num e non num*⟩ *reddito, rendita:* People on low incomes sometimes get help from the state. *Le persone con reddito basso a volte ricevono assistenza dallo stato.*

incorrect /ˌɪnkə'rekt/ *agg*
sbagliato, errato, scorretto: In the exam, you lose one mark for each incorrect answer. *All'esame ti verrà detratto un punto per ogni risposta · sbagliata.* **— incorrectly** *avv in modo errato, scorrettamente:* He answered the question incorrectly. *Non ha risposto correttamente alla domanda.*
■*Nota: L'aggettivo* **incorrect** *è più formale dell'aggettivo* **wrong.**

increase¹ /ɪn'kriːs/ *vt, vi*
⟨*pass rem e p pass* **increased,** *p pres* **increasing**⟩ *aumentare, accrescere (-si):* The oil companies have increased the price of petrol again. *Le compagnie petrolifere hanno di nuovo aumentato il prezzo della benzina.*

increase² /'ɪŋkriːs/ *s*
aumento: There has been another increase in the number of road accidents. *C'è stato un altro aumento del numero di incidenti stradali.*

indeed /ɪn'diːd/ *avv*
1 *(usato dopo* **very** *come rafforzativo)*

proprio, davvero: Kate did very well indeed in her exams. *Kate è andata proprio bene agli esami.* **2** *(form)* *(come breve risposta o affermazione) davvero, veramente, certamente:* "What lovely weather we're having!" "Yes, indeed." *"Che bel tempo abbiamo!" "Sì, è proprio vero."*|I thought that Kate would win the prize, and indeed she did. *Sospettavo che Kate vincesse il premio, e lei lo ha vinto veramente.*

indefinite article /ɪnˈdefənɪt ˈɑːtɪkəl‖ -ˈɑːr-/ s
⟨*pl* **indefinite articles**⟩ *articolo indeterminativo – vedi anche La Nota Grammaticale Articles*

independence /ˌɪndɪˈpendəns/ s
⟨*non num*⟩ ⟨**from**⟩ *indipendenza (da):* The country gained its independence from British rule in 1964. *Il paese conquistò l'indipendenza dalla dominazione britannica nel 1964.*

independent /ˌɪndɪˈpendənt/ agg
1 *indipendente:* The country became independent in 1964. *Il paese divenne indipendente nel 1964.* **2** *indipendente, autonomo:* Kate has always been very independent, even when she was a child. *Kate è sempre stata molto indipendente, anche da bambina.*

index /ˈɪndeks/ s
⟨*pl* **indexes** *o* **indices**⟩ *indice:* There is an alphabetical index of words in the back of your coursebook. *C'è un indice alfabetico delle parole in fondo al tuo libro di testo.*

indicate /ˈɪndɪkeɪt/ vt
⟨*pass rem e p pass* **indicated,** *p pres* **indicating**⟩ ⟨**sthg** *o* **that**⟩ *indicare (qc o che):* Churches are indicated on the map by a cross. *Sulla pianta le chiese sono indicate con una croce.*|The car was indicating left but turned right. *La macchina aveva la freccia a sinistra ma girò a destra.*

indirect object /ˌɪndɪˌrekt ˈɒbdʒɪkt/ – *vedi* OBJECT¹

indirect question /ˌɪndɪˈrekt ˈkwestʃən/ s
⟨*pl* **indirect questions**⟩ *domanda indiretta:* An indirect question can be introduced by "if", "whether" or a question word, like "what" or "when". *Una domanda indiretta può essere introdotta da "if", "whether" o da una parola interrogativa, come "what" o "when".*

individual¹ /ˌɪndɪˈvɪdʒuəl/ agg
individuale, singolo: The teacher was able to give the students individual attention. *L'insegnante riusciva a seguire gli studenti individualmente.*

individual² s
1 *individuo:* Many organizations exist to protect the rights of the individual against the authorities. *Esistono molte organizzazioni per proteggere i diritti dell'individuo contro le autorità.* **2** *(fam)* *(spesso usato nelle descrizioni) individuo, tipo, tale:* Who's that strange-looking individual? *Chi è quel tipo dall'aria strana?*

indoor /ˈɪndɔːʳ/ agg
⟨*solo attributivo*⟩ *al coperto:* indoor sports like badminton and table tennis, *sport praticati al coperto come il volano e il ping-pong*

indoors /ˌɪnˈdɔːz‖-ɔːrz/ avv
in casa, al coperto: We rushed indoors when it started to rain. *Corremmo in casa quando cominciò a piovere.*

industrial /ɪnˈdʌstriəl/ agg
industriale: an old industrial town in the north of Italy, *una vecchia città industriale nel nord dell'Italia*|They are building a new industrial estate on the edge of the town. *Stanno costruendo un nuovo complesso industriale ai margini della città.*

industry /ˈɪndəstri/ s
⟨*pl* **industries**⟩ ⟨*num e non num*⟩

industria: Cindy's father works in the computer industry. *Il padre di Cindy lavora nel settore dei computer.*|The old industries are dying and new ones are growing. *Le vecchie industrie deperiscono e le nuove prosperano.*

infant school /'ɪnfənt skuːl/ *s*
⟨*pl* **infant schools**⟩ scuola materna (per bambini dai 5 ai 7 anni)

infect /ɪn'fekt/ *vt*
⟨**with**⟩ *infettare, contagiare (con):* In the past, many dogs were infected with rabies. *In passato molti cani erano infetti di rabbia.*

infection /ɪn'fekʃən/ *s*
⟨*num e non num*⟩ *infezione, contagio:* a throat/chest infection, *un'infezione alla gola/al torace*

infectious /ɪn'fekʃəs/ *agg*
infettivo, contagioso: an infectious disease, *una malattia infettiva*

infinitive /ɪn'fɪnɪtɪv/ *s, agg*
infinito: The verb **learn** is followed by the infinitive with **to:** I learnt to swim when I was very young. *Il verbo* **learn** *è seguito dall'infinito con* **to:** I learnt to swim when I was very young.

influence¹ /'ɪnfluəns/ *s*
⟨*num e non num*⟩ ⟨**on**⟩ **1** *influenza, influsso:* The school has a strong influence on the child's development. *La scuola esercita una forte influenza sullo sviluppo del bambino.* **2 a good/bad influence** *un'influenza positiva/negativa, un influsso buono/cattivo:* I'm sure he's a bad influence on Andy. *Sono sicuro che ha un cattivo influsso su Andy.*

influence² *vt*
⟨*pass rem e p pass* **influenced,** *p pres* **influencing**⟩ *influenzare, influire su:* You mustn't allow your emotions to influence your decision. *Non devi lasciarti influenzare dalle emozioni nelle tue decisioni.*

influenza /ˌɪnflu'enzə/ *s*

⟨*non num*⟩ *form di* **flu** *influenza*

inform /ɪn'fɔːm||-'ɔːrm/ *vt*
⟨**sbdy (that)** *o* **of, about**⟩ *dire, informare, comunicare (qn che o di, su):* The headmistress informed Martin's parents that he wasn't doing very well at school. *La direttrice informò i genitori di Martin che il loro figlio non andava molto bene a scuola.*|I shall inform you of the date of the next meeting. *Ti comunicherò la data della prossima assemblea.*
■**Nota:** *Il verbo* **inform** *è più formale del verbo* **tell.**

information /ˌɪnfə'meɪʃən||-ər-/ *s*
⟨*non num*⟩ *informazione:* Andy went to the library to find some information about racing bikes. *Andy andò in biblioteca a cercare informazioni sulle biciclette da corsa.*|He found an interesting piece of information. *Trovò un'informazione interessante.*

inhabitant /ɪn'hæbɪtənt/ *s*
abitante: The town's inhabitants were very upset by the plans for the new motorway. *Gli abitanti della cittadina erano sconvolti dai progetti della nuova autostrada.*

initial /ɪ'nɪʃəl/ *s*
iniziale: She wrote her initials at the bottom of the page. *Scrisse le proprie iniziali in fondo alla pagina.*|What do the initials M.P. stand for? *Che cosa rappresentano le iniziali M.P.?*

initiative /ɪ'nɪʃətɪv/ *s*
⟨*non num*⟩ *iniziativa:* The company is looking for a person with initiative to manage their new branch. *La ditta sta cercando una persona con un po' d'iniziativa che diriga la loro nuova filiale.*

inject /ɪn'dʒekt/ *vt*
⟨**with, into**⟩ *iniettare (qc), fare un'iniezione (di qc a qn):* The dog was injected against rabies. *Fecero un'iniezione contro la rabbia al cane.*

injection /ɪn'dʒekʃən/ s
⟨num e non num⟩ iniezione: The dentist
gave me an injection. *Il dentista
mi fece un'iniezione.*

injure /'ɪndʒəʳ/ vt
⟨pass rem e p pass **injured**, p pres
injuring⟩ ferire, fare male a: Kate
injured her leg playing hockey. *Kate si
fece male a una gamba giocando a
hockey.*|Several people were injured in
the car crash. *Molte persone rimasero
ferite nell'incidente d'auto.*

injury /'ɪndʒəri/ s
⟨pl **injuries**⟩ ⟨num e non num⟩ ferita,
lesione: She needed hospital treatment
for her injuries. *Aveva bisogno di
assistenza ospedaliera per curarsi le
ferite.*

ink /ɪŋk/ s
⟨non num⟩ inchiostro: Please write
the answers in ink, not in pencil. *Si
prega di scrivere le risposte a penna,
non a matita.*

inquire o **enquire** /ɪn'kwaɪəʳ/ vt
⟨pass rem e p pass **inquired**, p pres
inquiring⟩ ⟨about⟩ domandare,
chiedere, informarsi (su): I must
inquire about the times of the trains.
Devo informarmi sull'orario dei treni.
■*Nota: Il verbo **inquire** è più formale
del verbo **ask**.*

inquiry o **enquiry** /ɪn'kwaɪəri‖
'ɪŋkwəri, ɪn'kwaɪəri s
⟨pl **inquiries**⟩ richiesta di
informazioni: I asked at the inquiries
office about trains to Dover.
*Domandai dei treni per Dover
all'ufficio informazioni.*

insect /'ɪnsekt/ s
insetto

inside[1] /ɪn'saɪd/ prep, avv
dentro, all'interno: A small child was
trapped inside the burning car. *Un
bambino piccolo rimase intrappolato
dentro la macchina in fiamme.*|He
opened the box and looked inside.

*Aprì la scatola e diede un'occhiata
all'interno.*

inside[2] /'ɪnsaɪd/ s
interno: The inside of the house is
painted dark green. *L'interno della
casa è decorato in verde scuro.*

insincere /ˌɪnsɪn'sɪəʳ/ agg
poco sincero, falso, finto: an insincere
smile, *un sorriso falso*

inspect /ɪn'spekt/ vt
ispezionare, controllare: Mr Morgan
had the car inspected by a mechanic
before he bought it. *Il signor Morgan
fece controllare la macchina da un
meccanico prima di comprarla.*|Our
tickets were inspected on the train. *I
biglietti ci furono controllati sul treno.*
■*Nota: Il verbo **inspect** è più formale
del verbo **look at** e spesso implica uno
scopo preciso.*

inspection /ɪn'spekʃən/ s
⟨num e non num⟩ controllo, ispezione,
verifica: The soldiers had to tidy up
their beds before the inspection. *I
soldati dovettero riordinare i letti prima
dell'ispezione.*

inspector /ɪn'spektəʳ/ s
ispettore: a school inspector, *un
ispettore scolastico*|a ticket inspector
on a train, *il controllore dei biglietti su
un treno*

instance /'ɪnstəns/ s
⟨of⟩ 1 caso, esempio (di): I usually
agree with him, but in this instance I
think he is wrong. *Di solito vado
d'accordo con lui, ma in questo caso
credo che abbia torto.* 2 **for instance**
per esempio: John is sometimes very
foolish. Only the other day, for
instance, he bought a bike with faulty
brakes. *John è talvolta molto
imprudente. L'altro giorno, per
esempio, ha comprato una bici con
freni difettosi.*|Some cities, London
and Paris for instance, have their own
underground system. *Alcune città, per*

*esempio Londra e Parigi, sono dotate
di una propria ferrovia metropolitana.*

instant /'ɪnstənt/ *agg*
istantaneo: instant coffee, *caffè
istantaneo*|They took an instant dislike
to each other. *Si presero
immediatamente in reciproca antipatia.*
— **instantly** *avv immediatamente,
all'istante*

instead /ɪn'sted/ *avv*
1 *invece:* It was too wet to play
football, so they went to the cinema
instead. *Era una giornata troppo
piovosa per giocare a calcio: andarono
al cinema invece.* **2** **instead of** ⟨sthg o
doing sthg⟩ *invece di, al posto di* ⟨qc o
fare qc⟩: Why don't you do something
useful instead of just sitting around all
day? *Perchè non fai qualcosa di utile
invece di startene seduto tutto il
giorno?*|Would you like to go to the
concert instead of me? *Hai voglia di
andare al concerto al mio posto?*

instinct /'ɪnstɪŋkt/ *s*
⟨*num e non num*⟩ *istinto:* Ben, our
dog, seems to know his way home by
instinct. *Il nostro cane, Ben, pare
trovare la strada di casa per istinto.*

instruct /ɪn'strʌkt/ *vt*
1 ⟨to do sthg⟩ *dare istruzioni,
ordinare, incaricare (di fare qc):* I was
instructed to wait here until the
teacher arrives. *Mi è stato ordinato di
aspettare qui finchè non arriva il
professore.*
■*Nota: Il verbo* instruct *è più formale
del verbo* tell.
2 *istruire, insegnare a:* The older
workers instruct the apprentices. *Gli
operai più vecchi insegnano la
professione agli apprendisti.*
— **instructor** *s istruttore, maestro:* a
judo instructor, *un maestro di judo*

instruction /ɪn'strʌkʃən/ *s*
istruzione, ordine, direttiva: You must
obey the teacher's instructions. *Devi*

ubbidire agli ordini dell'insegnante.*|We
followed the instructions on the packet
and made some bread. *Seguimmo le
istruzioni sulla confezione e facemmo
del pane.*

instrument /'ɪnstrəmənt/ *s*
1 *strumento, arnese:* telescopes and
other optical instruments, *telescopi ed
altri strumenti ottici* **2** *anche* **musical
instrument** *strumento musicale*

insult[1] /ɪn'sʌlt/ *vt*
insultare, offendere: an insulting
remark, *un'osservazione offensiva*

insult[2] /'ɪnsʌlt/ *s*
insulto, affronto: They shouted insults
at the younger boys. *Lanciarono
insulti ai ragazzi più piccoli.*

insurance /ɪn'ʃʊərəns/ *s*
⟨*non num*⟩ *assicurazione:* Mrs
Morgan took out an insurance policy
when she bought her new car. *La
signora Morgan sottoscrisse una
polizza d'assicurazione quando
acquistò la macchina nuova.*

insure /ɪn'ʃʊəʳ/ *vt*
⟨*pass rem e p pass* **insured,** *p pres*
insuring⟩ ⟨**against**⟩ *assicurare
(contro):* Mrs Morgan insured her new
car against theft and damage. *La
signora Morgan assicurò l'auto nuova
contro il furto e i danni.*

intelligent /ɪn'telɪdʒənt/ *agg*
intelligente: an intelligent person, *una
persona intelligente*|an intelligent thing
to do, *una cosa intelligente da fare*
— **intelligence** *s intelligenza*

intend /ɪn'tend/ *vt*
⟨**to do sthg** *o* **that**⟩ *intendere, proporsi
di (fare o che):* Kate intends to
become an engineer when she grows
up. *Kate vuole fare l'ingegnere da
grande.*|I had intended to go to the
library today, but I didn't have time.
*Mi ero proposto di andare in biblioteca
oggi, ma non ne ho avuto il tempo.*

intense /ɪn'tens/ *agg*

intenso, forte: the intense heat from the fire, *il calore intenso del fuoco*
— **intensely** *avv* *intensamente*
— **intensity** *s* ⟨*non num*⟩ *intensità*

intention /ɪn'tenʃən/ *s*
⟨**to do** *o* **of**⟩ *intenzione, proposito (di fare o di):* I have no intention of resigning. *Non ho alcuna intenzione di dimettermi.*

interest[1] /'ɪntrɪst/ *s*
1 ⟨*non num*⟩ ⟨**in**⟩ *interesse (per):* Martin doesn't show any interest in his schoolwork; all he cares about is football. *Martin non dimostra alcun interesse a scuola; non bada ad altro che al calcio.* **2** ⟨*num*⟩ *interesse:* Watching TV seems to be his only interest. *Pare che la TV sia il suo unico interesse.*|Kate has many interests and hobbies. *Kate ha molti interessi e passatempi.*

interest[2] *vt*
interessare: Pop music is all that interests Alison these days. *La musica pop è l'unica cosa che interessa ad Alison di questi tempi.*

interested /'ɪntrɪstɪd/ *agg*
⟨**in**⟩ *interessato (a):* I'm not really interested in politics. *Non sono granché interessato alla politica.*

interesting /'ɪntrɪstɪŋ/ *agg*
interessante: There are many interesting places to see in Dover. *Ci sono molti posti interessanti da vedere a Dover.*|I don't find mathematics very interesting. *Non trovo molto interessante la matematica.*

interfere /ˌɪntə'fɪəʳ/-tər-/ *vi*
⟨*pass rem e p pass* **interfered,** *p pres* **interfering**⟩ ⟨**in, with**⟩ *interferire (con), intromettersi (in):* David is always interfering in things that don't concern him. *David si intromette sempre in cose che non lo riguardano.*| That dreadful noise is interfering with my work. *Quel terribile rumore mi*

impedisce di lavorare.
— **interference** *s* ⟨*non num*⟩ *interferenza*

international /ˌɪntə'næʃənəl/-tər-/ *agg*
internazionale: Michael Jackson is an international superstar. *Michael Jackson è un divo internazionale.*|an international hockey match, *una partita internazionale di hockey*

interpret /ɪn'tɜːprɪt/-ɜːr-/ *vt, vi*
interpretare, fare da interprete: These old legends can be interpreted in many different ways. *Queste antiche leggende si possono interpretare in molti modi diversi.*

interpreter /ɪn'tɜːprɪtəʳ/-ɜːr-/ *s*
interprete: Cindy wants to be an interpreter when she leaves university. *Cindy vuole fare l'interprete dopo l'università.* – confrontare con
TRANSLATOR

interrogative /ˌɪntə'rɒɡətɪv/-'rɑː-/ *agg*
interrogativo: "Any" is used mainly in negative and interrogative sentences. *"Any" si usa principalmente in frasi negative e interrogative.*

interrupt /ˌɪntə'rʌpt/ *vt, vi*
interrompere, interrompersi: I was trying to tell Andy about my holidays, but Lucy kept interrupting (us). *Cercavo di raccontare ad Andy delle mie vacanze, ma Lucy continuò ad interromperci.* — **interruption** *s* ⟨*num e non num*⟩ *interruzione*

interview[1] /'ɪntəvjuː/-ər-/ *s*
colloquio, intervista: Liz got an interview for London University. *Liz ha avuto un colloquio per essere ammessa all'Università di Londra.*|a radio interview with the Prime Minister, *un'intervista alla radio con il primo ministro*

interview[2] *vt*
sottoporre a colloquio, intervistare: The police are interviewing suspects. *La polizia sta interrogando i sospetti.*|

The Prime Minister was interviewed on the radio. *Il primo ministro venne intervistata alla radio.*

into /'ɪntə; davanti a vocali 'ɪntʊ; *forma enfatica* 'ɪntuː/ *prep*

1 ⟨*complemento di moto entro luogo*⟩ *in, dentro:* We went into the cinema. *Entrammo nel cinema.*|Lucy jumped into the water. *Lucy saltò in acqua.*|She disappeared into the crowd. *Sparì nella folla.* **2** (*per indicare una collisione*) *contro:* The car crashed into the tree. *La macchina si schiantò contro l'albero.*|Andy ran into the old lady as she came out of the shop. *Andy andò a sbattere contro l'anziana signora mentre usciva dal negozio.* **3** (*per indicare un mutamento di stato*) *in, a:* Can you translate this sentence into Italian? *Puoi tradurre questa frase in italiano?*|Kate turned the spare room into a study. *Kate convertì la stanza degli ospiti in uno studio.*|Andy dropped the bottle and it broke into little pieces. *Andy lasciò cadere la bottiglia e questa andò in mille pezzi.*
– *vedi anche* **L'Illustrazione Prepositions**

intransitive /ɪn'trænsɪtɪv/ *agg*
intransitivo: In the sentence: We arrived safely, arrive is an intransitive verb. *Nella proposizione* We arrived safely, arrive *è un verbo intransitivo.*
– *confrontare con* TRANSITIVE

introduce /ˌɪntrə'djuːs||-'duːs/ *vt*
⟨*pass rem e p pass* **introduced,** *p pres* **introducing**⟩ *introdurre, presentare, far conoscere:* "Have you met Andy?" "No." "Well, let me introduce you. Andy, this is Gina. Gina, Andy." *"Conosci Andy?" "No." "Bene, vi presento. Andy, ti presento Gina. Gina, Andy."*|I introduced Gina to Andy. *Ho presentato Gina ad Andy.*|The new teacher introduced peace studies into the school. *Il nuovo*

insegnante ha introdotto nella scuola gli studi sulla pace.

introduction /ˌɪntrə'dʌkʃən/ *s*
1 *introduzione, presentazione:* Shall I make the introductions? Andy, this is Gina. Gina, Andy. *Lasciatemi fare le presentazioni! Andy, ti presento Gina. Gina, ecco Andy.* **2** (**to**) *introduzione (a, di):* The introduction explains how the author came to write the book. *L'introduzione spiega come l'autore abbia deciso di scrivere il libro.*

invent /ɪn'vent/ *vt*
inventare: After scientists discovered how to split the atom, atomic weapons were invented. *Dopo che gli scienziati ebbero scoperto come scindere l'atomo vennero inventate le armi atomiche.*
— **inventor** *s inventore:* the inventor of the electric light bulb, *l'inventore della lampadina elettrica*

invention /ɪn'venʃən/ *s*
⟨*num e non num*⟩ *invenzione:* Since the invention of the telephone, international communications have become much easier. *È a partire dall'invenzione del telefono che le comunicazioni internazionali sono diventate più facili.*

inverted commas /ɪnˌvɜːtəd 'kɒməz|| -ɜːrtəd 'kɑːməz/ *s pl*
virgolette

invisible /ɪn'vɪzɪbəl/ *agg*
invisibile: The house was invisible in the fog, and we walked right past it. *La casa era invisibile nella nebbia, e camminando la superammo senza accorgercene.* — **invisibility** *s* ⟨*non num*⟩ *invisibilità*

invitation /ˌɪnvɪ'teɪʃən/ *s*
⟨**to** *o* **to do**⟩ *invito (a o a fare):* Did you get an invitation to Susan's party? *Hai ricevuto l'invito alla festa di Susan?*

invite /ɪn'vaɪt/ *vt*
⟨*pass rem e p pass* **invited,** *p pres*

inviting⟩ ⟨**to** o **to do**⟩ *invitare (a o a fare):* They invited all their friends to their party. *Invitarono tutti gli amici alla loro festa.*|She invited me to go swimming with her. *Mi invitò ad andare a nuotare con lei.*

iron[1] /'aɪən||'aɪərn/ *s*

·**1** ⟨*non num*⟩ *ferro:* iron bars, *sbarre di ferro* **2** ⟨*num*⟩ *ferro (da stiro)*

iron[2] *vt, vi*

stirare: Andy is ironing his shirt. *Andy si sta stirando la camicia.*

irritate /'ɪrɪteɪt/ *vt*

⟨*pass rem e p pass* **irritated,** *p pres* **irritating**⟩ *irritare:* It really irritates me when the train is late. *Mi dà veramente sui nervi quando il treno è in ritardo.* — **irritation** *s* ⟨*num e non num*⟩ *irritazione*

irritating /'ɪrɪteɪtɪŋ/ *agg*

irritante: That fly is really irritating. It won't go away. *Quella mosca è veramente irritante. Non vuole andarsene.*

is /s, z, əz; *forma enfatica* ɪz/ *v*

3ª pers sing pres del verbo be *è:* Kate is very clever. *Kate è molto intelligente.*|Andy is watching TV. *Andy guarda la TV.*

■*Nota: La forma verbale* is *è usata, come le altre voci del verbo* to be, *per formare le forme* progressive *dei verbi:* It is raining. *Piove/sta piovendo.*|She is ·eating. *Mangia/sta mangiando. – vedi anche* **La Nota Grammaticale The Verb "be"**

island /'aɪlənd/ *s*

isola: Sicily is an island. *La Sicilia è un'isola.*|a desert island, *un'isola deserta*

isle /aɪl/ *s*

(*generalmente accompagnato dal nome proprio*) *isola:* the Isle of Man, *l'isola di Man*

isn't /'ɪzənt/

contraz di **is not:** Frank isn't in his room. He's at the cinema. *Frank non è in camera sua. È al cinema.*|It's great, isn't it? *È meraviglioso, vero?*|She isn't coming tonight. *Non viene stasera.*

issue[1] /'ɪʃuː, 'ɪsjuː||'ɪʃuː/ *vt*

⟨*pass rem e p pass* **issued,** *p pres* **issuing**⟩ *emettere, distribuire:* The government issued a warning about driving in the fog. *Il governo ha diffuso una nota di avvertimento per quando si guida con la nebbia.*

issue[2] *s*

numero: the June issue of Time magazine, *il numero di giugno della rivista Time*

it /ɪt/ *pron pers neutro*

⟨*pl* **they, them**⟩ **1** *esso, essa:* "Where's your suitcase?" "It's over there." *"Dov'è la tua valigia?" "È là."*|The government said that it was going to increase taxes. *Il governo dichiarò che intendeva aumentare le tasse.*

■*Nota: Contrariamente all'italiano, in inglese non si possono omettere i pronomi personali soggetto, incluso il pronome* it.

2 (*pronome complemento*) *lo, la, gli, le:* He took the money out of his pocket and put it on the table. *Estrasse il denaro dalla tasca e lo mise sul tavolo.*|The cat was miaowing, so I gave it something to eat. *Il gatto stava miagolando, perciò gli diedi qualcosa da mangiare.*|I've posted the letter, but I forget to put a stamp on it. *Ho imbucato la lettera, ma mi sono dimenticato di metterci il francobollo.*

3 (*per nominare o identificare qualcosa*): "What's that?" "It's an electric toothbrush." *"Cos'è quello?" "È uno spazzolino da denti elettrico."*|"Who was that at the door?" "It was only the postman." *"Chi era alla porta?" "Solo il postino."*|"Hello, Dover 26139." "Hello Sue, it's me, Kate." *"Pronto, Dover 26139." "Pronto Sue, sono io, Kate."*

4 ⟨*in espressioni di tempo*⟩: It's six o'clock. I must go. *Sono le sei. Devo andare.*|Thank goodness it's Friday tomorrow. *Grazie a Dio domani è venerdì.* **5** ⟨*come soggetto di verbi impersonali*⟩: I think it's going to rain. *Penso che pioverà.*|It takes me twenty minutes to walk to school. *Mi ci vogliono venti minuti per andare a scuola a piedi.* – *vedi anche La Nota Grammaticale* **Personal Pronouns**

Italian[1] /ɪˈtæliən/ *s*
italiano: How do you say "book" in Italian? *Come si dice "book" in italiano?* Mrs Morgan speaks fluent Italian. *La signora Morgan parla italiano correntemente.*

Italian[2] *agg*
italiano: "Are you English?" "No, I'm Italian." *"Sei inglese?" "No, sono italiana."*

Italy /ˈɪtəli/ *s*
Italia: Kate and Andy are going to Italy next year. *Kate e Andy andranno in Italia l'anno prossimo.* "Where are you from?" "I'm from Italy." *"Di dove sei?" "Sono italiana."*

it's /ɪts/
1 *contraz di* **it is***:* It's raining. *Piove.*
2 *contraz di* **it has***:* It's stopped raining. *Ha smesso di piovere.*

its /ɪts/ *agg, pron poss*
suo, sua, di esso, di essa: The government announced its plans to increase taxes. *Il governo annunciò i suoi piani per aumentare le tasse.*|The dog was chasing its tail. *Il cane rincorreva la sua coda.* – *vedi anche La Nota Grammaticale* **Possessive Adjectives and Pronouns**

itself /ɪtˈself/ *pron rifl*
⟨*pl* **themselves**⟩ **1** *forma riflessiva di* **it** *si, sè:* The computer can switch itself on and off. *Il computer si può accendere e spegnere da solo.*|The dog looked at itself in the mirror. *Il cane si*

guardò allo specchio. **2** (*usato come rafforzativo*) *stesso:* The government itself said that it had made a mistake. *Il governo stesso dichiarò di aver fatto un errore.*|I had to wait a long time, but the journey itself was quite short. *Ho dovuto aspettare a lungo, ma il viaggio di per se stesso è stato abbastanza corto.*

I've /aɪv/
contraz di **I have***:* I've just finished my homework. *Ho appena finito i compiti.*|I've been watching TV all afternoon. *Ho guardato la TV tutto il pomeriggio.* – *vedi anche La Nota Grammaticale* **The Verb "have"**

J, j

J, j /dʒeɪ/
J, j

jacket /'dʒækɪt/ *s*
giacca, giacchetta: Andy wore his new
jacket to the disco. *Andy si mise la
giacca nuova per andare in discoteca.*

jail¹ *o* **gaol** (*IB*)/dʒeɪl/ *s*
carcere, prigione: The man was sent to
jail. *L'uomo fu mandato in prigione.*|
He was sentenced to three years in
jail. *Venne condannato a tre anni di
carcere.*

jail² *o* **gaol** (*IB*) *vt*
incarcerare, imprigionare: The man
was jailed for three years. *L'uomo
venne messo in carcere per tre anni.*

jam /dʒæm/ *s*
⟨*non num*⟩ marmellata, confettura di
frutta: Lucy had toast and jam for
breakfast. *Lucy per colazione mangiò
pane tostato e marmellata.*|Would you
prefer jam or marmalade? *Preferisci
marmellata di frutta o solo d'arance?*
– *vedi anche* MARMALADE (*Nota*)
　traffic jam *s*
ˋingorgo stradale

January /'dʒænjuəri, -njuri||-jueri/ *s*
gennaio – *vedi anche La Nota
Grammaticale* **Days and Dates**

jar /dʒɑːʳ/ *s*
vasetto, barattolo (di vetro): a jar of
olives, *un vasetto di olive*|a jam jar, *un
barattolo da marmellata*

jaw /dʒɔː/ *s*
mascella, mandibola: He punched me
in the jaw. *Mi diede un pugno sulla
mandibola.*

jazz /dʒæz/ *s*

⟨*non num*⟩ jazz: a jazz trumpeter, *un
trombettista jazz*

jealous /'dʒeləs/ *agg*
⟨**of**⟩ geloso (di): Peter was very
jealous when Sarah got the prize.
*Peter morì di gelosia quando Sarah
ottenne il premio.* — **jealousy** /'dʒeləsi/
s ⟨*non num*⟩ gelosia

jeans /dʒiːnz/ *s pl*
jeans: a pair of jeans, *un paio di jeans*|
Those jeans are too big for you. *Quei
jeans sono troppo grandi per te.*

jeep /dʒiːp/ *s*
jeep: They travelled across India by
jeep. *Viaggiarono attraverso l'India in
jeep.*

jelly /'dʒeli/ *s*
⟨*pl* **jellies**⟩ ⟨*num e non num*⟩ gelatina
(di frutta): The children had
strawberry jelly and ice cream at the
party. *Ai bambini fu dato gelatina di
fragole e gelato alla festa.*

jersey /'dʒɜːzi||-ɜːr-/ *s*
maglia, pullover: Andy always wears a
grey jersey at school. *Andy a scuola
porta sempre un maglione grigio.*
– *vedi anche* JUMPER (*Nota*)

jet /dʒet/ *s*
1 jet, aereo a reazione: Kate and Andy
flew to Milan by jet. *Kate e Andy
andarono a Milano a bordo di un jet.*
2 getto, spruzzo: A jet of water shot
out of the pipe. *Dalla tubatura schizzò
un getto d'acqua.*

jewel /ˌdʒuːəl/ *s*
gioiello: The Queen wore her finest
jewels at the banquet. *La regina
indossò i gioielli migliori al*

banchetto.|a jewel robbery, *un furto di gioielli*

jewellery *o* **jewelry** *(IA)* /'dʒuːəlrɪ/ *s* ⟨*non num*⟩ *gioielli, articoli di gioielleria:* Gold is often used to make jewellery. *Spesso si usa l'oro per fabbricare gioielli.*

jigsaw /'dʒɪgsɔː/ *anche* **jigsaw puzzle** *s* *puzzle, gioco di pazienza:* Kate and Andy are doing a jigsaw puzzle. *Kate ed Andy stanno facendo un puzzle.*

job /dʒɒb||dʒɑːb/ *s*
1 *lavoro, impiego, occupazione:* Anna wants to get a job as an engineer. *Anna vuole trovare un impiego come ingegnere.*|Andy has a holiday job hiring out deckchairs on the beach. *Andy, come lavoro per le vacanze, dà a nolo sedie a sdraio sulla spiaggia.*
2 *compito, impresa, incarico:* Mr and Mrs Morgan share all the jobs around the house, like washing up and making the beds. *I coniugi Morgan si spartiscono tutte le faccende domestiche, come lavare i piatti e rifare i letti.*|It'll be a simple job to mend the tap. *Sarà una cosa elementare riparare il rubinetto.*

jog /dʒɒg||dʒɑːg/ *vi* ⟨*pass rem e p pass* **jogged,** *p pres* **jogging**⟩ *fare footing, fare jogging:* I jog for half an hour then rest. *Faccio footing per mezz'ora e poi mi riposo.*| They go jogging every day. *Vanno a fare jogging ogni giorno.*

join /dʒɔɪn/ *v*
1 *vt, vi unire, unirsi, collegare, collegarsi:* Join the ends of the rope in a knot. *Riunisci i capi della corda con un nodo.*|The neck joins the head to the body. *Il collo collega la testa con il busto.* 2 *vt unirsi a, raggiungere:* We're going to the cinema. Why don't you join us? *Stiamo andando al cinema. Perchè non vieni con noi?* 3 *vt, vi iscriversi a, arruolarsi in,* *diventare membro di:* Andy's thinking of joining the scouts. *Andy pensa di entrare nei boy-scout.*|Martin wants to join the army when he leaves school. *Finita la scuola, Martin intende arruolarsi nell'esercito.*

joint /dʒɔɪnt/ *s*
1 *giuntura:* My joints were aching after that long climb. *Dopo quella lunga scalata, mi facevano male tutte le articolazioni.* 2 *pezzo di carne (da cuocere al forno):* Mr Morgan bought a lamb joint for dinner. *Il signor Morgan ha comprato una costata d'agnello per cena.*|the Sunday joint, *l'arrosto della domenica*

joke[1] /dʒəʊk/ *s*
1 *barzelletta:* My brother is very good at telling jokes. *Mio fratello sa raccontare bene le barzellette.*
2 *scherzo, burla:* The children love playing **practical jokes** on the teacher. *I bambini amano fare brutti scherzi al loro insegnante.*

joke[2] *vi* ⟨*pass rem e p pass* **joked,** *p pres* **joking**⟩ 1 *scherzare:* Don't get angry. I was only joking! *Non prendertela. Stavo solo scherzando!* 2 **you must be joking!** *stai scherzando!, non dirai sul serio!:* "The team played well on Saturday." "You must be joking. They were awful!" *"La squadra ha giocato bene sabato." "Vuoi scherzare? Ha fatto pena!"*

journalism /'dʒɜːnəl-ɪzəm||-ɜːr-/ *s* ⟨*non num*⟩ *giornalismo*

journalist /'dʒɜːnəlɪst||-ɜːr-/ *s* *giornalista*

journey /'dʒɜːnɪ||-ɜːr-/ *s* *viaggio:* We went on a long journey across Europe. *Abbiamo fatto un lungo viaggio attraverso l'Europa.*|a bus/train journey, *un viaggio in autobus/treno – vedi anche* TRAVEL *(Nota)*

joy /dʒɔɪ/ s

⟨num e non num⟩ gioia: You could see the joy on her face as she opened her presents. *Le si poteva leggere la gioia in volto, mentre apriva i regali.*
— **joyful** agg gioioso

judge¹ /dʒʌdʒ/ s

1 giudice, magistrato: The judge sentenced the woman to five years in prison. *Il giudice condannò la donna a cinque anni di carcere.* **2** giudice (di gara), arbitro: The line judge said that the ball was out. *Il guardalinee dichiarò che la palla era fuori.*|the judges at the flower show, *la giuria della mostra di fiori*

judge² vt, vi

⟨pass rem e p pass **judged**, p pres **judging**⟩ **1** giudicare: I was asked to judge the competition. *Mi hanno chiesto di fare da giudice nella gara.*|I judged John (to be) the winner of the competition. *Ho dichiarato John vincitore della gara.* **2** ⟨sthg o that o by⟩ giudicare (qc), ritenere (che): It's difficult to judge the speed of the traffic. *È difficile valutare la velocità del traffico.*|Judging by his accent, I'd say he was American. *A giudicare dall'accento, direi che fosse americano.*
— **judgment** s ⟨num e non num⟩ giudizio

judo /'dʒuːdəʊ/ s

⟨non num⟩ judo: a judo instructor, *un maestro di judo*

jug /dʒʌg/ (IB) anche **pitcher** (IA) s brocca, caraffa: a milk/water jug, *una brocca per il latte/l'acqua*|a jug of water, *una brocca (piena) d'acqua*

juggle /'dʒʌgəl/ vi, vt

⟨pass rem e p pass **juggled**, p pres **juggling**⟩ ⟨with⟩ fare giochi di destrezza/prestigio (con), manipolare: A man at the circus taught me how to juggle (with tennis balls). *Un uomo del circo mi ha insegnato a fare giochi di destrezza (con palline da tennis).*
— **juggler** s giocoliere

juice /dʒuːs/ s

⟨non num⟩ succo: fruit juice, *succo di frutta*|Would you like some orange juice/a glass of orange juice? *Vuoi del succo d'arancia/un bicchiere di succo d'arancia?*

juicy /'dʒuːsi/ agg

⟨compar **juicier**, sup **juiciest**⟩ succoso, sugoso: a juicy orange, *un'arancia succosa*

July /dʒʊ'laɪ/ s

luglio – vedi anche *La Nota Grammaticale* **Days and Dates**

jumble /'dʒʌmbəl/ vi, vt

⟨pass rem **jumbled**, p pres **jumbling**⟩ ⟨up⟩ mescolare, gettare alla rinfusa: These sentences have all been jumbled up. Write them out in the correct sequence. *Queste frasi sono state tutte scombinate. Ricopiale nel giusto ordine.*

jump¹ /dʒʌmp/ vi

1 saltare: Lucy was jumping up and down with excitement. *Lucy saltellava su e giù per l'eccitazione.*|The cat jumped onto the wall when she saw the dog. *Il gatto balzò sul muro non appena vide il cane.*|Kate jumped into the water. *Kate saltò in acqua.*|He jumped over the gate. *Scavalcò il cancello con un salto.* **2** sussultare, trasalire: You made me jump. I didn't think that there was anybody here. *Mi hai fatto sobbalzare. Pensavo che non ci fosse nessuno qui.*

jump² s

salto, balzo: high jump, *salto in alto*| long jump, *salto in lungo*

jumper /'dʒʌmpəʳ/ s

maglione, pullover: Kate wore her new red jumper to school. *Kate si è messa il nuovo maglione rosso per andare a scuola.*
■*Nota*: Le parole **jumper**, **jersey**,

pullover *e* **sweater** *alludono tutti allo stesso capo di abbigliamento.*

June /dʒuːn/ *s*
giugno – vedi anche La Nota Grammaticale **Days and Dates**

jungle /'dʒʌŋgəl/ *s*
giungla: Gorillas live in the jungle. *I gorilla vivono nella giungla.*

junior /'dʒuːniəʳ/ *s, agg*
minore, inferiore: a job as an office junior, *un lavoro come impiegato subalterno*|a junior position in the company, *una posizione secondaria nella compagnia*

junior school /'dʒuːniəʳ skuːl/ *s*
⟨*pl* **junior schools**⟩ *scuola elementare (per ragazzi dai 7 agli 11 anni):* Lucy will move up to the junior school next year. *L'anno prossimo Lucy passerà alla scuola elementare.*

just[1] /dʒəst; *forma enfatica* dʒʌst/ *avv*

1 *proprio, esattamente:* The new bike was just what Andy wanted. *La bicicletta nuova era proprio ciò che voleva Andy.*|The bus left just as I arrived at the stop. *L'autobus partì proprio quando arrivai alla fermata.*| Rest is just as important as training and exercise. *Il riposo ha esattamente la stessa importanza dell'allenamento e dell'esercizio.* **2** *appena, a stento, per un pelo:* I ran all the way to the station, but just missed the train. *Ho corso per tutta la strada fino alla stazione, ma ho perso il treno per un soffio.*|If you run, you might just catch the bus. *Se fai una corsa, potresti fare appena in tempo a prendere l'autobus.*| If I stand on tiptoe I can just reach the top shelf. *Se mi metto in punta di piedi, riesco a mala pena a toccare lo scaffale più in alto.*|There was just enough food for everybody. *C'era cibo appena appena sufficiente per tutti quanti. – vedi anche* **only just**

(ONLY[2]) **3** *appena, poco:* His birthday is just before Christmas. *Il suo compleanno cade appena prima di Natale.*|The journey to school takes just over twenty minutes. *Per andare a scuola ci vogliono poco più di venti minuti.*|David lives in a village just outside Dover. *David vive in un paese appena fuori Dover.* **4** *appena, or ora, poco fa:* Andy has just phoned. He's going to be a bit late. *Ha appena telefonato Andy. Farà un po' tardi.*| Hello, David! We were just talking about you! *Ciao, David! Stavamo giusto parlando di te!*|I had just fallen asleep when I was awoken by a noise. *Mi ero appena addormentato che un rumore mi svegliò.* **5** *soltanto, appena:* "Would you like anything to eat?" "No. Just coffee, please." *"Vuoi mangiare qualcosa?" "No, grazie, solo caffè."*|Don't just stand there. Give me a hand. *Non stare lì impalato. Dammi una mano.*|"How many chocolates have you had?" "Just two!" *"Quanti cioccolatini hai mangiato?" "Appena due!"*

just[2] /dʒʌst/ *agg*
giusto, onesto, meritato: a just reward/punishment, *una giusta ricompensa/punizione*

justice /'dʒʌstɪs/ *s*
⟨*non num*⟩ *giustizia:* The criminal was **brought to justice.** *Il criminale fu consegnato alla giustizia.*

K,k

K, k /keɪ/
K, k

kangaroo /ˌkæŋɡə'ruː/ *s*
⟨*pl* **kangaroos**⟩ *canguro*

karate /kə'rɑːti/ *s*
⟨*non num*⟩ *karatè:* a karate class, *una lezione di karatè*

kebab /kɪ'bæb‖kɪ'bɑːb/ *s*
spiedino: a lamb kebab, *uno spiedino d'agnello*

keen /kiːn/ *agg*
1 to be keen ⟨**on sthg** *o* **doing sthg**⟩ *essere appassionato (di), essere entusiasta (di):* Kate is not too keen on rock music. *A Kate non piace molto la musica rock.*|I'm very keen on dancing. *Mi piace molto ballare.* **2 to be keen** ⟨**to do sthg**⟩ *tenere (a fare qc):* Andy was keen to go to the concert. *Andy ci teneva ad andare al concerto.*

keep /kiːp/ *v*
⟨*pass rem e p pass* **kept**⟩ **1** *vt tenere:* "I must give you your magazine back." "That's all right. You can keep it. I'm not likely to read it again." *"Devo restituirti la rivista." "Non importa. La puoi tenere. Non credo che la rileggerò."*|I used to keep all my old clothes, but now I just throw them away. *Una volta tenevo tutti i miei vestiti vecchi, ma ora faccio prima a buttarli via.*
■*Nota: È importante distinguere* **keep** *da* **hold,** *benchè spesso questi due verbi si possano rendere in italiano con* **tenere. Keep** *si riferisce a qualcosa in possesso di chi parla ma non necessariamente a portata di mano:* I keep my pens in this drawer. *Tengo le penne in questo cassetto.* **Hold** *invece implica uno specifico contatto fisico con l'oggetto in questione:* He **held** the pen in his left hand. *Teneva la penna con la sinistra.*
2 *vt custodire, accudire a, occuparsi di:* Can you keep my car for me until I come back from Italy? *Mi puoi guardare la macchina finchè non ritorno dall'Italia?*|Lucy is going to keep the little bird until it's better. *Lucy intende tenere l'uccellino finchè non starà meglio.*|My sister kept the children while I was in hospital. *Mia sorella mi ha tenuto i bambini mentre ero in ospedale.* **3** *vt tenere, conservare:* Andy keeps his books on a shelf in his room. *Andy tiene i libri su uno scaffale della sua stanza.*|The milk won't turn sour if you keep it in the fridge. *Il latte non va a male se lo tieni in frigo.* **4** *vi, vt restare, conservarsi:* Many old people find it hard to keep warm in winter. *Per molte persone anziane è difficile stare al caldo d'inverno.*|A lot of people go jogging to keep fit. *Molta gente fa jogging per tenersi in forma.*|Try to keep him warm until the ambulance arrives. *Cerca di tenerlo al caldo finchè non arriva l'autoambulanza.*|The previous owners have kept the car in good condition. *I proprietari di prima hanno tenuto la macchina in buone condizioni.*| **5** *vi* ⟨**doing sthg**⟩ *continuare (a fare qc):* Keep going until you reach the church, and then turn right. *Vai sempre dritto finchè non*

arrivi alla chiesa, poi gira a destra. |
John keeps falling off his bike. He'll
hurt himself one day. *John cade
continuamente dalla bici. Un giorno
finirà per farsi male.* | **6** *vt mantenere,
sostentare, provvedere a:* It is difficult
to keep a family on a low wage. *È
difficile mantenere una famiglia con
uno stipendio basso.* | **7** *vt tenere,
allevare:* The farmer keeps a few
chickens to provide the family with
eggs. *L'agricoltore tiene delle galline
per fornire la famiglia di uova.* **8** *vi (di
cibo) durare, conservarsi:* Fresh meat
doesn't keep long in hot weather. *La
carne fresca non si mantiene a lungo
col caldo.* **9** *vi (fam) stare, andare:*
"Hello. How are you keeping?" "Oh.
Quite well, thank you." *"Ciao. Come
stai?" "Oh, abbastanza bene, grazie."*
10 *vt mantenere, rispettare:* Can you
keep a secret? *Sai mantenere un
segreto?* | Andy kept his promise
and took Lucy to the funfair.
*Andy mantenne la promessa ed
accompagnò Lucy al luna park.* | The
doctor complained that some people
never kept their appointments. *Il
dottore si lamentò perchè alcuni
pazienti non rispettavano mai gli
appuntamenti.* **11** *vt tenere (qc per
iscritto):* Keep a note of how much
money you spend. *Tieni nota di quanto
spendi.* | I try to keep a diary, but there
are some days when I can't think of
anything to write. *Cerco di tenere un
diario, ma ci sono dei giorni in cui non
riesco a pensare a niente da scrivere.*
12 *vt (fam) trattenere, far ritardare:*
"You're late. What kept you?" "I
missed the bus!" *"Sei in ritardo. Cosa
ti ha trattenuto?" "Ho perso
l'autobus!"*

kerb (*IB*) o **curb** (*IA*) /kɜːb‖kɜːrb/ *s*
bordo del marciapiede: Stop at the
kerb before you cross the road.
*Fermati sull'orlo del marciapiede prima
di attraversare la strada.*

ketchup /'ketʃəp/ *s*
⟨*non num*⟩ *ketchup:* Can I have some
tomato ketchup with my hamburger,
please? *Posso avere del ketchup con
l'hamburger, per favore?*

kettle /'ketl/ *s*
bollitore: I'll just put the kettle on and
make us a cup of tea. *Aspetta che
metto a scaldare il bollitore e ci
facciamo un po' di tè.* | The kettle's
boiling. *L'acqua bolle.* – vedi anche
L'Illustrazione Kitchen

key /kiː/ *s*
1 *chiave:* Do you have your own front
door key? *Hai la tua chiave per il
portone di casa tua?* **2** *tasto:* I hit the
wrong key and typed the word wrong.
*Ho premuto il tasto sbagliato e battuto
male la parola.* **3** *chiave, soluzione,
risposta:* The key at the back of the
book tells you the answers to all the
exercises. *L'appendice in fondo al
libro vi dà le soluzioni di tutti gli
esercizi.* the key to his/her success, *la
chiave del suo successo* |

keyboard /'kiːbɔːd‖-bɔːrd/ *s*
tastiera

kick¹ /kɪk/ *vt, vi*
calciare, prendere a calci: He kicked
the ball into the goal. *Colpì la palla in
rete.* | In kung fu you can kick, punch,
scratch and even bite! *Nel kung fu è
consentito dare calci, pugni, graffiare e
perfino mordere!*

kick² *s*
calcio: He gave the car a kick, but it
still didn't start! *Diede un calcio alla
macchina, ma non partì lo stesso!*

kid /kɪd/ *s*
(*fam*) **1** *bambino, -a, ragazzino, -a:*
Are the kids home from school yet?
Sono già tornati da scuola i bambini?
2 kid brother/sister *fratellino/sorellina:*
My kid brother follows me everywhere

I go. *Il mio fratellino mi segue dovunque io vada.*

kidnap /'kɪdnæp/ *vt*

⟨*pass rem e p pass* **kidnapped** (*IB*) *o* **kidnaped** (*IA*), *p pres* **kidnapping** (*IB*) *o* **kidnaping** (*IA*)⟩ *rapire, sequestrare:* The banker's daughter was kidnapped on her way home from school. *La figlia del banchiere venne rapita mentre tornava da scuola.* – **kidnapper** *s rapitore, rapitrice*

kidney /'kɪdni/ *s*

rene, rognone: We're having steak and kidney pie for tea. *Mangeremo pasticcio di manzo e rognoni per cena.*

kill /kɪl/ *vt*

uccidere, ammazzare: The young girl was killed in a car crash. *La giovane rimase uccisa in un incidente d'auto.* | The armed robbers killed the bank clerk. *I rapinatori armati uccisero l'impiegato di banca.* | The last few tomato plants were killed by the frost. *Le poche piante di pomodoro rimaste vennero distrutte dal gelo.*

killer /'kɪlə^r/ *s*

assassino: The police are hunting for the killers. *La polizia sta dando la càccia agli assassini.*

kilo /'kiːləʊ/ *s*

⟨*pl* **kilos**⟩ *abbr di* **kilogram** *chilo:* Two kilos of potatoes, please. *Due chili di patate, per favore.* – *vedi anche La Tavola* Weights and Measures *a p.*

kilogram *o* **kilogramme** /'kɪləgræm/ *s chilogrammo*

kilometre (*IB*) *o* **kilometer**(*IA*) /'kɪlə,miːtə^r, kɪ'lɒmɪtə^r|| kɪ'lɑːmɪtər/ *s*

chilometro: It's 5565 kilometres from London to New York. *Londra dista 5565 chilometri da New York.* – *vedi anche La Tavola* Weights and Measures *a p.*

kind¹ /kaɪnd/ *s*

tipo, genere, specie: There are many different kinds of fish. *Ci sono molte speci diverse di pesce.* | What kind of bike do you want? *Che tipo di bicicletta vuoi?*
■*Nota:* Kind, sort *e* type *sono pressochè sinonimi.*

kind² *agg*

⟨*compar* **kinder,** *sup* **kindest**⟩ *gentile:* It was very kind of you to help us. *È stato molto gentile da parte vostra darci il vostro aiuto.* | a kind person, *una persona gentile* | He was very kind to me when I needed help. *È stato molto gentile con me quando avevo bisogno di aiuto.*

kindly /'kaɪndli/ *avv*

1 *gentilmente, cordialmente:* He treated me kindly when I needed help. *Mi ha trattato con cortesia quando avevo bisogno di aiuto.* **2** *per cortesia:* Would you kindly carry this suitcase for me? *Mi faresti il piacere di portare questa valigia?* | Kindly take a seat. *Si accomodi per favore.*

king /kɪŋ/ *s*

re: King George VI (*si legge* King George **the** Sixth) *re Giorgio VI*

kingdom /'kɪŋdəm/ *s*

regno: the Kingdom of Saudi Arabia, *il regno dell'Arabia Saudita* | the United Kingdom, *il Regno Unito*
■*Nota: Anche il regno di una regina* (**queen**) *si chiama* **kingdom.**

kiosk /'kiːɒsk||-ɑːsk/ *s*

1 *chiosco:* The newspaper kiosk opens at 5:30 a.m. *L'edicola apre alle 5.30 del mattino.* **2** *cabina (del telefono):* a telephone kiosk, *una cabina telefonica*

kiss¹ /kɪs/ *vt, vi*

baciare, baciarsi: They kissed (each other) fondly. *Si baciarono affettuosamente.* | My father kissed me goodnight, and I went to sleep. *Mio padre mi diede il bacio della buonanotte, ed andai a dormire.*

kiss² *s*

bacio: a kiss on the cheek/on the lips, *un bacio sulla guancia/sulle labbra*|He gave me a goodnight kiss. *Mi augurò la buonanotte con un bacio.*

kit /kɪt/ *s*

1 ⟨*non num*⟩ *attrezzatura, equipaggiamento:* Have you got all your camping kit? *Hai tutta l'attrezzatura per il campeggio?* **2** ⟨*num*⟩ *scatola di montaggio:* a plastic construction kit, *una scatola di costruzioni di plastica*

kitchen /'kɪtʃɪn/ *s*

cucina: We sometimes eat breakfast in the kitchen. *A volte facciamo colazione in cucina.* – vedi anche *L'Illustrazione* **Kitchen**

kitten /'kɪtn/ *s*

gattino

knee /niː/ *s*

ginocchio: Andy fell over and bruised his knee. *Andy si è inciampato e si è fatto un livido al ginocchio.*

kneel /niːl/ *vi*

⟨*pass rem e p pass* **knelt** (*IB*) *o* **kneeled** (*IA*)⟩ ⟨**down, on**⟩ *inginocchiarsi (su):* We knelt (down) and prayed. *Ci mettemmo in ginocchio a pregare.*

knew /njuː||nuː/

pass rem del verbo **know**

knife /naɪf/ *s*

⟨*pl* **knives**⟩ *coltello:* Have you put the knives and forks on the table? *Hai messo in tavola coltelli e forchette?* ■*Nota: In inglese si usa dire* **knives and forks,** *non* **forks and knives.**

knit /nɪt/ *vi, vt*

⟨*pass rem e p pass* **knit** *o* **knitted,** *p pres* **knitting**⟩ *lavorare a maglia, fare la calza:* My mother knitted me a scarf. *Mia madre mi ha fatto una sciarpa a maglia.*

knob /nɒb||nɑːb/ *s*

pomello: a door knob, *il pomello di una porta*

knock[1] /nɒk||nɑːk/ *vi, vt*

bussare, colpire: There's someone knocking on the door. *C'è qualcuno che bussa alla porta.*|I accidentally knocked the glass off the table. *Per disgrazia ho fatto cadere il bicchiere dal tavolo.*

knock down *vt*

⟨**knock sbdy/sthg ↔ down**⟩

1 *abbattere qn/qc:* They knocked down the old houses to build new ones. *Demolirono le vecchie case per costruirne di nuove.* **2** *investire qn/qc:* She was knocked down by a bus. *Venne investita da un autobus.*

knock over *vt*

1 ⟨**knock sthg ↔ over**⟩ *rovesciare:* You nearly knocked over my glass. *Mi hai quasi rovesciato il bicchiere.* **2** ⟨**knock sbdy ↔ over**⟩ *atterrare:* He punched me and knocked me over. *Mi buttò a terra con un pugno.*

knock[2] *s*

colpo, botta: There was a knock at the door. *Hanno bussato alla porta.*

knot /nɒt||nɑːt/ *s*

nodo: She tied a knot in the string. *Fece un nodo alla corda.*

know /nəʊ/ *vt, vi*

⟨*pass rem* **knew,** *p pass* **known**⟩ ⟨*non usato nelle forme progressive*⟩ **1** ⟨**sthg** *o* **(that)**⟩ *sapere, conoscere (qc o che):* I knew you were busy, so I didn't invite you. *Sapevo che avevi da fare e perciò non ti ho invitato.*|"Where's Kate?" "I don't know." *"Dov'è Kate?" "Non lo so."*|Do you know why she was angry? *Lo sai perchè era arrabbiata?* **2 I know!** *ho un'idea!, lo so io!:* "What shall we do today?" "I know! Let's go to the seaside." *"Cosa facciamo oggi?" "Ho un'idea! Andiamo al mare."*|Now where did I put the key? I know! It's in my jacket pocket. *Dove ho mai messo la chiave? Ah sì! È nella tasca della giacca.* **3 you know** *(usato come rafforzativo) sai,*

sapete: She's a teacher, you know. *È un'insegnante, sai.*

■*Nota: L'espressione* **you know** *è molto comune nell'inglese parlato, ma per lo più non significa quasi nulla.*
4 *conoscere, avere familiarità con:* I've known Peter for years. *È da anni che conosco Peter.*|Do you know London well? *Conosci bene Londra?*

knowledge /'nɒlɪdʒ||'nɑ:-/ *s*
⟨*non num*⟩ *conoscenza, sapere:* Knowledge is more than just a list of facts. *Il sapere è più che una semplice collezione di fatti.*|Kate has a good knowledge of physics. *Kate sa bene la fisica.*|general knowledge, *cultura generale*

known /nəʊn/
p pass del verbo **know**

knuckle /'nʌkəl/ *s*
nocca

koala bear /kəʊ'ɑ:lə beəʳ/ *s*
⟨*pl* **koala bears**⟩ *koala*

kung fu /ˌkʌŋ 'fu:/ *s*
⟨*non num*⟩ *kung fu:* Kung fu is a form of Chinese boxing. *Il kung fu è una forma di boxe cinese.*

L, l

L, l /el/
L, l

label¹ /'leɪbəl/ s
etichetta, cartellino: a name and
address label, *un'etichetta con nome e
indirizzo*|the price label, *il cartellino
del prezzo*

label² vt
⟨pass rem e p pass **labelled** (IB) o
labeled (IA), p pres **labelling** (IB) o
labeling (IA)⟩ etichettare, mettere un
cartellino a: Bottles containing poison
should always be clearly labelled. *Le
bottiglie che contengono veleno
dovrebbero sempre essere
contrassegnate in modo leggibile.*

labour (IB) o **labor** (IA) /'leɪbə'/
s
1 ⟨num e non num⟩ lavoro, fatica,
compito: In spite of our labours we
could not finish the job on time.
*Nonostante i nostri sforzi, non
riuscimmo a finire il lavoro in orario.*|
The garage charged thirty pounds for
the headlamp and ten pounds for
labour. *L'officina fece pagare trenta
sterline per il faro anteriore e dieci di
manodopera.* **2** manodopera,
lavoratori: There is a large pool of
unskilled labour in the town. *C'è una
grande riserva di manodopera non
specializzata in città.*
■*Nota: La parola* **labour** *è più formale
della parola* **work.**

labourer (IB) o **laborer**(IA)
/'leɪbərə'/ s
manovale: a farm labourer, *un
lavoratore agricolo, un bracciante*|a

building labourer, *un manovale, un
muratore*

lack¹ /læk/ vt
⟨form⟩ essere privo di, mancare di:
Some of the older houses still lack
bathrooms. *Alcune delle case più
vecchie sono ancora prive del bagno.*|
He lacks the intelligence/qualifications
to become an engineer. *Difetta
dell'intelligenza/dei requisiti necessari
per diventare ingegnere.*

lack² s sing
⟨of⟩ scarsità, mancanza: The crops
failed because of (the) lack of rain. *Il
raccolto andò male per la mancanza di
pioggia.*|There is often a lack of
understanding between children and
their parents. *Spesso tra genitori e figli
manca una giusta intesa.*

ladder /'lædə'/ s
scala: She climbed up the ladder to fix
the gutter. *Salì sulla scala per riparare
la grondaia.*

lady /'leɪdi/ s
⟨pl **ladies**⟩ signora: Good evening,
ladies and gentlemen. *Signore e
signori, buonasera.*|I helped an old
lady to cross the road. *Ho aiutato una
vecchia signora ad attraversare la
strada.*
■*Nota: La parola* **lady** *è più formale
della parola* **woman.** *Una toilette per
signore è contrassegnata da* **Ladies.**

lager /'lɑːgə'/ s
⟨num e non num⟩ birra chiara: I don't
like lager. I prefer bitter. *Non mi piace
la birra chiara. Preferisco quella
amara.*|Two lagers and a packet of

crisps, please. *Due birre e un pacchetto di patatine, per favore.*

laid /leɪd/
pass rem e p pass del verbo **lay**

lain /leɪn/
p pass del verbo **lie**

lake /leɪk/ *s*
lago: Shall we go for a swim in the lake? *Andiamo a fare una nuotata nel lago?*

lamb /læm/ *s*
⟨num e non num⟩ agnello: You can see lots of lambs in the spring. *Si vedono molti agnelli in primavera.*|We had lamb for dinner. *A cena abbiamo mangiato (carne di) agnello.*

lamp /læmp/ *s*
lampada: a bicycle lamp, *un fanale da bicicletta*|Switch off the light and put the table lamp on. *Spegni la luce e accendi la lampada (da tavolo).*|a standard lamp, *una lampada a stelo*

lamppost /'læmp-pəʊst/ *s*
lampione, palo della luce: The car crashed into the lamppost. *La macchina è andata a sbattere contro il palo della luce.*

lampshade /'læmpʃeɪd/ *s*
paralume

land¹ /lænd/ *s*
1 ⟨non num⟩ terra: You can travel to Greece by land, sea or air. *Si può raggiungere la Grecia per via di terra, mare o aria.*|The cheetah is the fastest animal on land. *Il ghepardo è l'animale più veloce su terra.*|We had been sailing for a month before we reached dry land. *Navigammo per un mese prima di toccare la terraferma.*
2 ⟨num⟩ (antiquato) terra, paese, nazione: Marco Polo visited many distant lands. *Marco Polo visitò molte terre lontane.* 3 ⟨non num⟩ terra, suolo: He has worked on the land all his life. *Ha lavorato la terra per tutta la vita.* 4 ⟨non num⟩ terreno,

appezzamento: Building land for sale. *Terreno edificabile in vendita.*

land² *vi, vt*
1 atterrare, far atterrare: We are about to land at Heathrow airport. *Stiamo per atterrare all'aeroporto di Heathrow.*|The bird landed on the bush. *L'uccello si posò sul cespuglio.*| The pilot must know how to land the plane in an emergency. *Il pilota deve essere in grado di fare atterrare l'apparecchio in caso d'emergenza.*
2 approdare, sbarcare: We landed at Southampton after sailing across the Atlantic. *Dopo avere attraversato l'Atlàntico, sbarcammo a Southampton.*

landing /'lændɪŋ/ *s*
1 atterraggio: We had a bumpy landing. *Avemmo un atterraggio pieno di scossoni.* 2 pianerottolo: He stood on the landing, waiting for me to come upstairs. *Stette sul pianerottolo, aspettando che io salissi le scale.*

landlady /'lænd,leɪdɪ/ *s*
⟨pl **landladies**⟩ padrona di casa, affittacamere

landlord /'lændlɔːd||-ɔːrd/ *s*
padrone di casa, affittacamere

landscape /'lændskeɪp/ *s*
paesaggio: The landscape looks fantastic from the air. *Il paesaggio è fantastico visto dall'alto.*

lane /leɪn/ *s*
vicolo, sentiero: We walked down the lane to the farm. *Percorremmo la stradicciola che portava alla fattoria.*

language /'læŋgwɪdʒ/ *s*
1 ⟨non num⟩ linguaggio, facoltà di parola: Language is what distinguishes humans from animals. *Il linguaggio è ciò che distingue l'uomo dagli animali.*|Can you explain these ideas in simple language? *Sapresti spiegare queste nozioni in linguaggio semplice?*
2 ⟨num⟩ lingua: Julia speaks three

languages. *Julia sa parlare tre lingue.*|a foreign language, *una lingua straniera*| Peter hopes to study modern languages at university. *Peter spera di studiare lingue moderne all'università.*

large /lɑːdʒ‖lɑːrdʒ/ *agg*
⟨*compar* **larger**, *sup* **largest**⟩ grande: Andrea works in a large bookshop in London. *Andrea lavora in una grande libreria di Londra.*|"Do you want a large loaf?" "No. Just a small one." *"Vuole una pagnotta grande?" "No. Me ne basta una piccola."* – *contrario* SMALL *Nota: L'aggettivo* **large** *è più formale dell'aggettivo* **big**. *Con l'aggettivo* **great** *invece si fa per lo più riferimento a qualità astratte o morali:* **great** pleasure/interest/improvement, *grande piacere/interesse/miglioramento*

laser /'leɪzəʳ/ *s*
laser: Some eye surgery is done with lasers now. *Certe operazioni agli occhi oggi si fanno col laser.*|a laser show at the disco, *uno spettacolo con effetti laser in discoteca*

last[1] /lɑːst‖læst/ *agg, pron*
⟨*non usato al compar o sup*⟩ **1** ⟨**to do sthg**⟩ ultimo: George was the last (person) to arrive, as usual! *George è stato l'ultimo ad arrivare, come al solito!*|Z is the last letter in the alphabet. *Z è l'ultima lettera dell'alfabeto.*|Andy came last in the obstacle race. *Andy arrivò ultimo nella corsa di ostacoli.* – *contrario* FIRST **2** ultimo, scorso: What was the last film you saw? *Qual è l'ultimo film che hai visto?*|Cindy started a new job last week. *Cindy ha cominciato un nuovo lavoro la settimana scorsa.*|Did you see that horror film on television last night? *Ieri sera hai visto quel film dell'orrore alla televisione?* – *confrontare con* NEXT.
■*Nota:* Last *può essere usato prima di qualsiasi espressione di un punto pre-* ciso nel tempo come: **last year, last July, last winter.** *Nota che in queste frasi l'articolo non è usato.* **3 at last** *finalmente:* Ah! Here you are at last! We've been waiting for you for half an hour. *Ah! Eccoti finalmente! È mezz'ora che ti aspettiamo.*

last[2] *vi*
durare: The good weather didn't last very long this summer. *Il bel tempo non è durato molto quest'estate.*|Try to make your pocket money last the whole week. *Cerca di far bastare i tuoi spiccioli per tutta la settimana.*|This cheap watch didn't last very long. It's broken already. *Questo orologio a buon mercato non è durato tanto. È già rotto.*

late /leɪt/ *agg, avv*
⟨*compar* **later**, *sup* **latest**⟩ **1** ⟨**for**⟩ in ritardo (per): The bus is always late. It's never early. *L'autobus è sempre in ritardo. Mai una volta che sia in anticipo.*|Andy was late for school again today. *Oggi Andy ha di nuovo fatto tardi a scuola.*|John arrived at the cinema ten minutes late. *John è arrivato al cinema dieci minuti in ritardo.* **2** tardi: It's late. I think I'll go to bed. *E' tardi. Penso di andare a dormire.*|Kate got home late after the party. *Kate è rientrata tardi dopo la festa.* – *contrario* EARLY

lately /'leɪtli/ *avv*
di recente, ultimamente: You've been looking ill lately. *È da un po' di tempo che hai una brutta cera.*|There haven't been any good pop concerts lately. *Negli ultimi tempi non c'è stato nessun bel concerto di musica pop.*

laugh[1] /lɑːf‖læf/ *vi*
⟨**at**⟩ ridere (per qc/di qn): We all laughed at the joke. *Ridemmo tutti per la barzelletta.*

laugh[2] *s*
riso, risata: Not a single laugh could be

heard from the audience. *Non si sentiva neanche una risata fra il pubblico.*|She has a strange laugh. *Ha uno strano modo di ridere.*|We all had a good laugh at the cartoons. *Ci siamo fatti tutti delle belle risate ai cartoni animati.* – *vedi anche* LAUGHTER (*Nota*)

laughter /'lɑːftəʳ||'læf-/ s

⟨*non num*⟩ *riso, risata:* You could hear the laughter from outside the cinema. *Si sentivano le risate anche fuori del cinema.*

■*Nota:* **Laughter** *è il suono di una o più persone che ridono;* **a laugh** *è l'atto o il modo di ridere di un individuo;* **a laugh** *è anche usato colloquialmente per indicare l'ilarità provocata da una barzelletta o da un evento buffo.*

lavatory /'lævətəri||*anche* **toilet** *s*

⟨*pl* **lavatories**⟩ 1 *gabinetto:* He poured some disinfectant down the lavatory. *Versò del disinfettante nel gabinetto.* 2 *bagno:* Can you tell me where the lavatory is, please? *Mi può dire dov'è il bagno, per favore?*

■*Nota: La parola* **lavatory** *è più formale della parola* **toilet**.

law /lɔː/ s

⟨*num e non num*⟩ *legge:* Parliament has just passed a new law. *Il Parlamento ha appena approvato una nuova legge.*|There is a law against riding a motorbike without a helmet. *C'è una legge che proibisce la guida della moto senza casco.*|It is **against the law** to drink and drive in Britain. *In Gran Bretagna è vietato dalla legge guidare in stato di ebbrezza.*

lawn /lɔːn/ s

prato: Andy mows the lawn every Sunday. *Andy taglia il prato ogni domenica.*

lawnmower /'lɔːnməʊəʳ/ s

falciatrice (da giardino)

lawyer /'lɔːjəʳ/ s

avvocato: We hired a lawyer to represent us in court. *Andammo da un avvocato per farci rappresentare in tribunale.*

lay[1] /leɪ/ vt

⟨*pass rem e p pass* **laid**, *p pres* **laying**⟩ 1 *adagiare, posare, stendere:* Lay a newspaper on the table if you're going to clean your shoes. *Metti un giornale sul tavolo se ci vuoi pulire le scarpe sopra.*|It was nice to lay my head on a soft pillow. *Fu piacevole posare la testa su un morbido cuscino.*|We have to take the furniture out of the room before we can lay the carpet. *Dobbiamo togliere i mobili dalla stanza prima di stendere la moquette.* 2 *apparecchiare, preparare:* I laid the table for dinner. *Ho apparecchiato la tavola per la cena.* 3 (*di uccelli*) *deporre, fare:* The hen laid three eggs last week. *La settimana scorsa la gallina ha fatto tre uova.*

■*Nota:* **Lay** *e* **lie** (= *sdraiarsi*) *sono due verbi facili da confondere. Il passato remoto di* **lie** *è* **lay**: **She lay in bed and read a book.** *Era sdraiata sul letto e leggeva un libro. Il passato remoto del verbo* **lay** *è* **laid**: **She laid the baby on the bed.** *Stese il bambino sul letto.* – *vedi anche* LIE[2] (*Nota*)

lay[2] *pass rem del verbo* **lie**[1]

lazy /'leɪzi/ agg

⟨*compar* **lazier**, *sup* **laziest**⟩ *pigro:* He's lazy and never helps around the house. *È pigro e non si sforza di dare un aiuto in casa.* – **laziness** *s* ⟨*non num*⟩ *pigrizia*

lead[1] /liːd/ vt, vi

⟨*pass rem e p pass* **led**⟩ 1 *guidare, accompagnare:* You lead (the way) and we'll follow. *Facci strada e noi ti verremo dietro.*|I led them to the school office. *Li accompagnai alla segreteria della scuola.*|The priest led the procession into the church. *Il prete*

guidò la processione dentro la chiesa.
2 *portare, condurre:* This road leads to the harbour. *Questa strada conduce al porto.* **3** *guidare, dirigere, essere a capo di:* Mrs Thatcher is the first woman to lead the Conservative Party. *La signora Thatcher è la prima donna alla testa del partito conservatore.*
4 *condurre, essere in testa:* Our team was leading 1 – 0 at half time, but we lost the match. *La nostra squadra vinceva per 1 a 0 all'intervallo, ma poi perdemmo la partita.*|Anna was leading the race until she tripped and fell. *Anna condusse la gara fino a quando inciampò e cadde.*

lead² /liːd/ *s*
1 *guida, esempio:* Britain is following the lead of the rest of Europe and adopting the metric system. *La Gran Bretagna sta seguendo l'esempio del resto dell'Europa nell'adottare il sistema metrico decimale.* **2 be in the lead** *essere in vantaggio:* The Italian driver was in the lead until he spun off the track. *Il corridore italiano era in vantaggio finchè non sbandò fuori pista.* **3** *anche* **leash** *(form) guinzaglio:* Dogs must be kept on a lead in the park. *I cani vanno tenuti al guinzaglio nel parco.*

lead³ /led/ *s*
⟨*non num*⟩ *piombo:* Lead water pipes are being replaced because they poison the water. *I tubi idraulici di piombo sono in via di sostituzione perchè avvelenano l'acqua.*

leader /ˈliːdəʳ/ *s*
capo, leader: the leader of the Labour Party, *il capo del partito laburista*|The American runner is just behind the leaders. *Il corridore americano viene subito dopo i primi.*

leaf /liːf/ *s*
⟨*pl* **leaves**⟩ *foglia:* In autumn the leaves fall from the trees. *D'autunno le foglie cadono dagli alberi.*

league /liːg/ *s*
lega, federazione: Liverpool won the Football League (championship) again last year. *L'anno scorso il Liverpool ha di nuovo vinto il campionato di calcio.*

leak¹ /liːk/ *vi*
perdere, colare: The radiator is leaking. *Il radiatore perde.*

leak²
perdita: The plumber has fixed the leak in the water pipe. *L'idraulico ha riparato la perdita nel tubo dell'acqua.*

lean /liːn/ *vi, vt*
⟨*pass rem e p pass* **leant** /lent/*o* **leaned** /liːnd/⟩ **1** *vi* ⟨*over*⟩ *essere piegato, essere inclinato:* The trees at the top of the hill all lean over because of the wind. *Gli alberi in cima alla collina sono tutti piegati a causa del vento.*|the leaning tower of Pisa, *la torre pendente di Pisa* **2** *vi* ⟨*over*⟩ *(di persona) chinarsi, piegarsi (su):* The man at the next desk leaned over to see what I was writing. *L'uomo seduto al banco accanto si piegò per vedere cosa scrivevo.*|She leaned out of the window to watch the parade. *Si sporse dalla finestra per vedere la parata.* **3** *vi, vt* ⟨*against*⟩ *appoggiare, appoggiarsi (a, contro):* Please don't lean your bikes against the shop window. *Per favore, non appoggiate la bicicletta alla vetrina.*|He leaned against the wall while he was waiting. *Si appoggiò al muro mentre aspettava.*

leap¹ /liːp/ *vi*
⟨*pass rem e p pass* **leapt** /lept/*o* **leaped** /lept||liːpt/⟩ ⟨*over, into, across*⟩ *saltare, balzare (sopra, in, oltre):* The dog leapt over the fence. *Il cane saltò oltre lo steccato.*|He had to leap across the stream. *Dovette scavalcare il ruscello con un salto.*|She rushed out of the changing room and leapt into

the pool. *Si precipitò fuori dallo spogliatoio e si tuffò d'un balzo nella piscina.*

leap² *s*
salto, balzo: One small step for a man, one giant leap for mankind. *Niente più che un passetto per un uomo, ma un balzo da gigante per l'umanità.*

leap year /'li:p jɪə^r, -jɜ:^r||-jɪər/ *s*
⟨*pl* **leap years**⟩ *anno bisestile*

learn /lɜ:n||lɜ:rn/ *vt, vi*
⟨*pass rem e p pass* **learnt** *o* **learned**⟩
1 ⟨*sthg o to do sthg*⟩ *imparare (qc o fare qc):* When did you learn to swim? *Quando hai imparato a nuotare?*|What languages are you learning at school? *Quali lingue impari a scuola?*|Kate is learning how to ride a horse. *Kate sta imparando ad andare a cavallo.*|Young children learn very quickly. *I bambini piccoli imparano molto in fretta.* **2** *vt imparare a memoria, studiare:* She had to learn the names of all the chemical elements for her exam. *Ha dovuto studiare i nomi di tutti gli elementi chimici per l'esame.* – **learner** *s principiante:* a learner driver, *un autista principiante*

leash /li:ʃ/ *s*
– *vedi* LEAD² 3

least¹ /li:st/ *agg, pron*
sup di **little** *minimo, il meno:* All the cars cost the same, but this one uses (the) least petrol. *Le auto hanno tutte lo stesso prezzo, ma questa è quella che consuma meno benzina.*|Which of the three dresses costs the least? *Quale fra questi tre vestiti costa di meno?*

least² *avv*
1 ⟨*davanti ad aggettivi e avverbi*⟩ *meno (di tutti):* We left the least important business to the end of the meeting. *Abbiamo lasciato l'affare meno importante per la fine della riunione.* **2** *sup di* **little** *(di) meno, minimamente:* The car broke down when we could least afford to fix it. *La macchina si guastò quando meno potevamo permetterci di farla aggiustare.* **3 at least** *almeno, come minimo:* We are expecting at least 40 people to come to the party. *Aspettiamo almeno quaranta persone alla festa.*|The food may have been awful, but at least it was cheap. *Il vitto sarà stato orrendo, ma per lo meno costava poco.*

leather /'leðə^r/ *s*
⟨*non num*⟩ *cuoio, pelle:* The fans loved Michael Jackson's red leather jacket. *Gli ammiratori di Michael Jackson andavano pazzi per la sua giacca di pelle rossa.*

leave /li:v/ *vt, vi*
⟨*pass rem e p pass* **left**⟩ **1** *partire, andarsene, abbandonare:* Alan is leaving London to go and live in the country. *Alan lascerà Londra per andarsene a vivere in campagna.*|The train leaves from Platform 4. *Il treno parte dal binario 4.*|Maria wants to be an interpreter when she leaves university. *Maria vuole fare l'interprete quando finirà l'università.* – *vedi anche* DEPART (*Nota*) **2** *lasciare, affidare, dimenticare:* Can I leave a message for John? *Posso lasciare un messaggio per John?*|I left my umbrella on the train. *Ho dimenticato l'ombrello sul treno.* **3 be left** *rimanere:* Is there any coffee left? *È rimasto del caffè?*|There are only about ten thousand gorillas left in the world. *Non ci sono che diecimila gorilla rimasti al mondo.*

led /led/
pass rem e p pass del verbo **lead**

ledge /ledʒ/ *s*
sporgenza, orlo: a window ledge, *un davanzale*

left¹ /left/ *agg*
⟨*solo attributivo*⟩ *sinistro:* She broke her left leg when she fell down the

stairs. *Si è rotta la gamba sinistra cadendo dalle scale.* – *contrario* RIGHT

left[2] *s*

sinistra: The light switch is on your left *o* on the left as you enter. *L'interruttore della luce è alla tua sinistra appena entrato.*

left[3] *avv*

a sinistra: Turn left at the end of the road, then take the first turning on the right. *Gira a sinistra in fondo alla strada, poi prendi la prima a destra.*

left[4] *pass rem e p pass del verbo* leave – *vedi anche* **be left** (LEAVE)

left-hand /'left hænd/ *agg*

⟨*solo attributivo*⟩ *di/a sinistra:* the top left-hand corner of the picture, *l'angolo in alto a sinistra della figura*

left-handed /left'hændʒd/ *agg*

mancino

leg /leg/ *s*

1 *gamba:* She broke her leg playing hockey. *Si è rotta una gamba giocando a hockey.* **2** *gamba:* The chair leg is broken. *La gamba della sedia è rotta.*

 cross-legged *agg, avv*

a gambe incrociate o accavallate

legal /'li:gəl/ *agg*

1 *legittimo, lecito:* Is it legal to park your car on a yellow line? *È lecito parcheggiare la macchina sulla striscia gialla?* **2**. *legale, giuridico:* She took legal action against her noisy neighbours. *Fece causa ai suoi rumorosi vicini.*|the legal profession, *la professione forense*

leisure /'leʒəʳ||'li:-/ *s*

⟨*non num*⟩ *tempo libero, svago:* Should people be educated for leisure rather than for work? *Non si dovrebbe educare la gente allo svago piuttosto che al lavoro?*|sport and other leisure activities, *lo sport e altre attività del tempo libero*

lemon /'lemən/ *s*

limone: lemon juice, *succo di limone*

lemonade /ˌlemə'neɪd/ *s*

⟨*num e non num*⟩ *limonata:* Anna bought some lemonade for the party. *Anna ha comprato della limonata per la festa.*|A bottle of lemonade, please. *Una bottiglia di limonata, per favore.*| Two lemonades and a coke, please. *Due limonate e una coca, per favore.*

lend /lend/ *vt*

⟨*pass rem e p pass* lent⟩ ⟨to sbdy⟩ *prestare, dare in prestito (a qn):* Can you lend me two pounds? *Mi puoi prestare due sterline?*|She lent her pen to her brother, but she never got it back. *Prestò la penna a suo fratello, ma non la riebbe mai.*|She lent her brother her pen. *Prestò la penna a suo fratello.*

■*Nota:* Lend *e* borrow *si riferiscono alla stessa idea ma da due opposti punti di vista (da parte di chi dà e da parte di chi riceve il prestito). Così,* "My mother **lent** me five pounds" *equivale a* "I **borrowed** five pounds **from** my mother".

length /leŋθ/ *s*

⟨*num e non num*⟩ **1** *lunghezza:* They measured the length and width of the garden. *Misurarono la lunghezza e la larghezza del giardino.*|These trousers are the wrong length. I'll have to turn them up. *Questi pantaloni non sono della lunghezza giusta. Li dovrò risvoltare.* **2** *durata:* He never stays in one town for any **length of time**. *Non si ferma mai in una città per un po' di tempo.*

leopard /'lepəd||-ərd/ *s*

leopardo

less[1] /les/ *agg, pron*

compar di (a) **little** *meno, quantità minore:* We should all eat less chocolate and fewer biscuits. *Dovremmo tutti mangiare meno cioccolato e meno biscotti.*|We'll be in Milan in less than an hour. *Saremo a*

Letter Writing

Una lettera informale

Claudia ha ricevuto una lettera da Kate Morgan, sua pen-friend inglese. Nel risponderle Claudia scrive l'indirizzo di Kate sulla busta seguendo questo schema:

Name	*Nome*
Number and Street	*Numero e Via*
Town or City	*Città*
County	*Contea*
Country	*Paese*
Post Code	*Codice Postale*

Questa è la busta di Claudia:

stamp

Kate Morgan
8 Grove Place
Dover
Kent
Inghilterra
DO3 5BQ

envelope

Letter Writing

Questa è la risposta di Kate:

> 8 Grove Place
> Dover
> Kent
> DO3 5BQ
>
> 7 December 1987
>
> Dear Claudia,
>
> Thank you very much for your letter. I like pop music too. My favourite singer is George Michael.
>
> I'd love to come to Milan this summer. How long can I stay?
>
> Write soon,
>
> Love,
>
> Kate.

L'indirizzo

L'indirizzo del mittente (chi scrive la lettera) è scritto in alto a destra.

Osserva che il nome del mittente non si scrive insieme all'indirizzo del mittente, ma compare soltanto in fondo alla lettera. Osserva che negli indirizzi si usano le seguenti abbreviazioni:

St = Street   Ave = Avenue   Rd = Road

Letter Writing

La data

La data si può scrivere in diversi modi.
Ad esempio:

5/1/88	3/4/89
5/1/1988	3/4/1989
5 January, 1988	3 April 1989
5th January, 1988	3rd April, 1989
January 5th, 1988	April 3rd, 1989

L'apertura

La formula di apertura della lettera si scrive in alto a sinistra immediatamente sotto la data o sulla stessa riga.
Dopo Dear ..... e il nome si mette di solito la virgola (in Gran Bretagna) o i due punti (negli Stati Uniti); poi si va a capo iniziando a scrivere con la lettera maiuscola.

Il corpo della lettera

È importante mantenere un paragrafo per ogni argomento. (Ad esempio, gli argomenti potrebbero essere: casa, città, famiglia, hobbies, ecc.)

Chiusura

Quando si scrive ad amici cari o parenti si può usare **Love** per concludere una lettera.
Quando si scrive a qualcuno che conosciamo bene ma non intimamente si può usare **Yours**.
Con conoscenti o persone di cui si conosce soltanto il nome si usa **Yours sincerely**.
In lettere molto formali o lettere d'affari a persone che non conosciamo, la formula usata è **Yours faithfully**.

Firma

La firma è scritta sotto la formula di chiusura. (Se la firma non è leggibile, scrivi il tuo nome tra parentesi in stampatello sotto la firma.)

Milano in meno di un'ora.|The blue dress costs less than the red one. *Il vestito blu costa meno di quello rosso.*

less² *avv*

1 ⟨*davanti ad aggettivi e avverbi*⟩ *meno:* We'll wait. The next bus may be less crowded. *Possiamo aspettare. Forse il prossimo autobus sarà meno affollato.*|Some things become **less and less** important as you grow older. *Alcune cose diventano sempre meno importanti a mano a mano che si invecchia.* **2** *compar di* (**a**) *little* (*di*) *meno:* We go to the cinema less than we used to. *Andiamo al cinema meno di prima.*

lesson /'lesən/ *s*
lezione, ora: Is it time for your English lesson? *È ora per la lezione di inglese?*

let /let/ *vt*
⟨*pass rem e p pass* **let**, *p pres* **letting**⟩ **1** ⟨*seguito dall'infinito senza* **to**⟩ *permettere, lasciare:* Do your parents let you stay out late? *I tuoi genitori ti lasciano star fuori fino a tardi?*|I wanted to go to their party, but my mother wouldn't let me. *Desideravo andare alla loro festa, ma mia madre non volle saperne.*|Why don't you let us give you a lift to the station? *Perchè non ti lasci dare un passaggio fino alla stazione sulla nostra auto?* **2** **let go** ⟨*of*⟩ *mollare (qc), lasciare andare (qn):* Remember. Don't let go of the rope. *Ricordati. Non mollare la corda.*|Let go (of me)! Let me go! *Molla! Lasciami andare!* **3** **let's** *anche* **let us** ⟨*per formare l'imperativo*⟩ Let's all go out for supper! *Andiamo tutti fuori a cena!*|Let's dance! *Balliamo!*
■*Nota:* **Let's** *è una forma di imperativo usata per suggerire o proporre qualcosa.*

letter /'letə'/ *s*
1 *lettera, carattere:* the twenty-six letters of the Roman alphabet, *le ventisei lettere dell'alfabeto romano*|Sentences begin with a capital letter. *I periodi si cominciano con la maiuscola.* **2** *lettera:* I wrote a letter to my sister, but I forgot to post it. *Ho scritto una lettera a mia sorella, ma mi sono dimenticato di spedirla.*

letterbox (*IB*) /'letəbɒks||'letərbɑ:ks/ *anche* **mailbox** (*IA*) *s*
1 *anche* **postbox** (*IB*) *buca delle lettere:* The postwoman was collecting the letters from the letterbox. *La postina raccoglieva le lettere dalla buca.* **2** *cassetta delle lettere (presso la porta di ogni casa)*

lettuce /'letʃs/ *s*
⟨*num e non num*⟩ *lattuga*

level¹ /'levəl/ *agg*
⟨*with*⟩ **1** *piano, in piano, allo stesso livello (di):* This table isn't level. *Questo tavolo non è in piano.*|You need level ground to build a tennis court. *Ci vuole un terreno piano per costruire un campo da tennis.*|Can you make the top of the bookcase level with the desk? *Puoi far sì che la parte superiore dello scaffale sia a filo della scrivania?* **2** *pari, alla pari (di) (sport):* The Italian runner has **drawn level** with the leaders. *Il corridore italiano si è portato alla pari di quelli in testa.*|The score was level at half time. *Il risultato all'intervallo era di parità.*

level² *s*
livello: The town is two hundred metres above sea level. *La città è a duecento metri sopra il livello del mare.*|The house is on the side of a hill, so it is built on two levels. *La casa è sul fianco di una collina, perciò è costruita su due livelli.*

lever /'li:və'||'le-, 'li:-/ *s*
leva: You pull this lever to start the machine. *Per azionare la macchina si tira questa leva.*

liar /'laɪə'/ *s*

bugiardo (-a), mentitore (-trice): That's not true, you liar! *Non è vero, bugiardo!*

liberal /'lɪbərəl/ *agg*
liberale, tollerante: He has a liberal attitude towards crime and punishment. *Ha delle idee liberali nei confronti del reato e della pena.*

liberation /ˌlɪbə'reɪʃən/ *s*
⟨*non num*⟩ *liberazione:* women's liberation, *la liberazione delle donne*| liberation from hunger, *liberazione dalla fame*

library /'laɪbrəri||-breri/ *s*
⟨*pl* **libraries**⟩ *biblioteca:* Kate has gone to the library to borrow some books. *Kate è andata in biblioteca a prendere dei libri in prestito.*
— **librarian** *s bibliotecario*

licence *o* **license** (*IA*) /'laɪsəns/ *s*
licenza, permesso: You have to be seventeen before you can get a driving licence. *Bisogna avere diciassette anni prima di poter ottenere la patente di guida.*

license *vt*
⟨*pass rem e p pass* **licensed**, *p pres* **licensing**⟩ *autorizzare, permettere:* a fully licensed restaurant, *un ristorante autorizzato alla vendita di bevande alcoliche.*

license plate /'laɪsəns pleɪt/ *s*
⟨*pl* **license plates**⟩ *IA di* **numberplate** *targa*

lick /lɪk/ *vt*
leccare: He licked the blood off his cut finger. *Si leccò il sangue dal dito tagliato.*|The cat licked the plate clean. *Il gatto ha pulito il piatto leccandolo.*
— **lick** *s leccata:* The dog gave my hand a lick. *Il cane mi ha dato una leccata alla mano.*

licorice *o* **liquorice** /'lɪkərɪs, -rɪʃ/ *s*
⟨*non num*⟩ *liquirizia*

lid /lɪd/ *s*
coperchio: a saucepan lid, *un*

coperchio di pentola|She put the cake in the box and closed the lid. *Lei mise la torta dentro la scatola chiudendola col coperchio.*

lie¹ /laɪ/ *vi*
⟨*pass rem* **lay**, *p pass* **lain**, *p pres* **lying**⟩ 1 (*di persone*) *giacere, sdraiarsi, stare disteso:* I'd like to lie in bed all day. *Vorrei restare a letto tutto il giorno.*|I spent most of my holiday lying on the beach. *Ho passato quasi tutte le vacanze sdraiato sulla spiaggia.* 2 (*di cose*) *giacere:* The book was lying open on the table. *Il libro giaceva aperto sul tavolo.*|Don't leave your jacket lying on the floor. *Non lasciare la giacca buttata lì per terra.* 3 *stare, trovarsi, essere situato:* Malta lies to the south of Sicily. *Malta si trova a sud della Sicilia.*|The treasure lies buried somewhere in the desert. *Il tesoro è sepolto da qualche parte nel deserto.* – *vedi anche* LAY (*Nota*) *e* LIE² (*Nota*)

lie down *vi*
sdraiarsi, coricarsi: I'm tired. I think I'll go and lie down for a while. *Sono stanco. Penso che andrò un po' a coricarmi.*

lie² *vi*
⟨*pass rem e p pass* **lied**, *p pres* **lying**⟩ *mentire, dire bugie:* I'm sorry. I shouldn't have lied to you. *Mi spiace. Non avrei dovuto mentirti.*
■**Nota:** *Questo verbo ha una forma passata regolare,* **lied**, *al contrario del verbo* **lie¹** *con significato "sdraiarsi", "giacere".*

lie³ *s*
menzogna, bugia: John told lies about his sister and was punished. *John ha raccontato bugie su sua sorella ed è stato punito.*

life /laɪf/ *s*
⟨*pl* **lives**⟩ 1 ⟨*non num*⟩ *vita, esistenza:* There is no life on the moon. *Non c'è*

vita sulla luna.|Many people believe in life after death. *Molta gente crede nella vita oltre la morte.* 2 ⟨*num*⟩ He has worked on the railways all his life. *Ha lavorato tutta la vita nelle ferrovie.*| Emilio and Sue lead very busy lives. *Emilio e Sue conducono una vita molto attiva.* 3 ⟨*non num*⟩ *vita, vivacità:* The children are full of life first thing in the morning. *I bambini sono pieni di vita la mattina presto.*|There was no sign of life in the empty house. *Non c'era segno di vita nella casa vuota.*

lifeboat /'laɪfbəʊt/ *s*
scialuppa di salvataggio

lifetime /'laɪftaɪm/ *s*
vita: There had been many changes in the town during the old man's lifetime. *C'erano stati molti cambiamenti nella città durante la vita del vecchio.*

lift¹ /lɪft/ *vt*
sollevare, alzare: Can you help me lift this box? It's very heavy. *Puoi aiutarmi a sollevare questa cassa? È molto pesante.*|A hovercraft is lifted off the ground on a cushion of air. *L'hovercraft si solleva dal terreno su un cuscinetto d'aria.*

lift² *s*
1 *anche* **elevator** (*IA*) *ascensore, montacarichi:* We live on the top floor, so we normally use the lift. *Abitiamo all'ultimo piano e perciò normalmente prendiamo l'ascensore.* 2 **to give sbdy a lift** *dare un passaggio a qc:* Cindy gave Kate and Andy a lift to school. *Cindy diede un passaggio a Kate ed Andy fino a scuola.*

light¹ /laɪt/ *s*
1 ⟨*non num*⟩ *luce:* The small window doesn't let much light into the room. *La piccola finestra non lascia entrare molta luce nella stanza.* 2 ⟨*s sing*⟩ (*in espressioni di questo tipo* **light** *ha il significato di "fuoco"*) Can you give me a light, please? *Per favore mi fa*

accendere?|Have you got a light? *Ha da accendere?* 3 ⟨*num*⟩ *luce, lampada:* Switch off all the lights before you go to bed. *Spegni tutte le luci prima di andare a letto.*
  traffic lights *s*
semaforo

light² *agg*
⟨*compar* **lighter,** *sup* **lightest**⟩
1 *luminoso, pieno di luce:* It gets light about five o'clock in the summer. *D'estate comincia a far chiaro intorno alle cinque.* – *contrario* DARK 2 *chiaro, pallido:* a light green skirt, *una gonna verde chiaro*|Her hair is lighter than her sister's. *Ha i capelli più chiari di sua sorella.* – *contrario* DARK
3 *leggero:* The box was light enough for me to carry by myself. *La cassa era abbastanza leggera perchè ce la facessi a trasportarla da solo.* – *contrario* HEAVY 4 *leggero, debole, moderato:* We had a light breakfast before flying to Milan. *Facemmo una colazione leggera prima del volo per Milano.*| There may be some light rain in the afternoon. *Nel pomeriggio ci potrà essere un po' di pioggia leggera.* – *contrario* HEAVY

light³ *vt*
⟨*pass rem e p pass* **lit**⟩ ⟨**up**⟩
1 *illuminare, rischiarare:* The moon lit up the night sky. *La luna illuminava il cielo notturno.*|The room was lit by candles. *La stanza era a luce di candele.* 2 *accendere, dare fuoco a:* It's a bit cold. Shall we light the fire? *Fa un po' freddo. Accendiamo il fuoco?*| to light a cigarette, *accendere una sigaretta*

lighthouse /'laɪthaʊs/ *s*
faro: There is a Roman lighthouse in Dover. *C'è un faro di origine romana a Dover.*

lightning /'laɪtnɪŋ/ *s*
⟨*non num*⟩ *lampo, fulmine:* There was

a lot of thunder and lightning during the storm. *Ci furono molti tuoni e fulmini durante il temporale.*|a flash of lightning *o* a lightning flash, *un lampo*

like¹ /laɪk/ *vt*

⟨*non usato nelle forme progressive*⟩ **1** ⟨*sthg o doing sthg*⟩ *piacere (qc o fare qc):* Do you like hamburgers? *Ti piacciono gli hamburger?*|I like going to the cinema. *Mi piace andare al cinema.*|Andy likes getting up early in summer. *Ad Andy piace alzarsi presto d'estate.* **2** ⟨*sthg o to do sthg*⟩ (*al condizionale per esprimere il proprio desiderio o chiedere un desiderio altrui*) *volere, desiderare (qc o fare qc):* I'd like a hamburger, please. *Vorrei un hamburger, per favore.*|Would you like to go to the cinema on Friday? *Hai voglia di andare al cinema venerdi?* ■*Nota: La costruzione del verbo* **to like** *è diversa dalla costruzione italiana di 'piacere'. Il soggetto del verbo* **like** *è sempre una persona o un animale, e non l'oggetto che piace:* I like roses. *Mi piacciono le rose.*

like² *prep*

1 *come, nello stesso modo di:* Kate can swim like a fish. *Kate sa nuotare come un pesce.*|The noise of that car engine sounds like an old man coughing. *Il motore di quell'auto scoppietta come un vecchio con la tosse.* **2** *simile:* I'm not at all like my brother, although we're twins. *Io non assomiglio affatto a mio fratello, benché siamo gemelli.*|Andy needs to buy school things like pens, pencils, and a ruler. *Andy deve comprarsi gli accessori per la scuola come penne, matite e righello.*|Like most countries, Britain now uses the metric system. *Al pari di quasi tutte le altre nazioni, anche in Gran Bretagna ora si usa il sistema metrico decimale.* **3** **like that/this** *così:* Don't do it like that. It's

dangerous. *Non farlo così. È pericoloso.*|Do you always dance like this? *Balli sempre così?* **4** **what is sbdy/sthg like?** *com'è qn/qc?:* What's that cake like? It's very nice. *Com'è quel dolce? È molto buono.*|"What's Claudia like?" "She's very nice/very attractive." *"Com'è Claudia?" "È molto simpatica/molto attraente."* ■*Nota: Confrontare la domanda* **What's Claudia like?** *con la domanda* **How is Claudia?** *La risposta alla prima domanda è una descrizione della personalità o dell'aspetto di Claudia. La risposta alla seconda domanda descrive lo stato di salute di Claudia.*

likely /'laɪkli/ *agg*

⟨*to do sthg o that*⟩ *probabile:* It's likely to rain. *È probabile che piova.* – *vedi anche* UNLIKELY (*Nota*)

likes /laɪks/ *s pl*

gusti, cose che piacciono: Make a list of your **likes and dislikes.** *Fa' una lista delle cose che ti piacciono e di quelle che non ti piacciono.*

limb /lɪm/ *s*

arto

limit¹ /'lɪmɪt/ *s*

⟨*to*⟩ *limite, confine (a):* There is no limit to what you can do if you try. *Non c'è limite a ciò che puoi fare se ti ci provi.*|He was fined for breaking the speed limit. *Fu multato per aver superato il limite di velocità.*

limit² *vt*

⟨*to*⟩ *limitare, contenere, restringere (a):* My parents limit the amount of pocket money I spend on sweets. *I miei genitori impongono un limite agli spiccioli che posso spendere in dolciumi.*|Invitations will be limited to former pupils of the school. *Gli inviti saranno ristretti agli ex allievi della scuola.*

line¹ /laɪn/ *s*

1 *linea, riga, tratto:* Draw a line across

your paper to divide it in two. *Tira una riga attraverso il foglio per dividerlo in due.* **2** *anche* **queue** *fila, coda (di persone):* There was a long line of people waiting to go into the cinema. *C'era una lunga fila di gente che aspettava di entrare al cinema.* **3** *fune, corda, filo; lenza:* The boat was tied to the dock with a nylon line. *La barca era legata al molo con una fune di nylon.* **4** *linea (telefonica):* This is a very bad line. I can hardly hear you. *La linea è disturbata. Ti sento a malapena.* **5** *linea (ferroviaria):* You should always use the footbridge to cross the railway line. *Si dovrebbe sempre usare la passerella per attraversare la ferrovia.*

line² *vt*
⟨*pass rem e p pass* **lined**, *p pres* **lining**⟩ *allineare, allinearsi, schierarsi lungo:* The crowds lined the streets to welcome the Queen. *La folla si era allineata lungo le strade per accogliere la regina.*

  line up *vi, vt*
⟨**line sbdy/sthg ↔ up**⟩ *fare la coda, mettere in riga qn/qc:* She lined up to buy her train ticket. *Si mise in coda per comprare il biglietto del treno.*| They lined the students up to count them before they got onto the coach. *Misero in riga gli studenti per contarli prima che salissero sull'autobus.*

link¹ /lɪŋk/ *s*
anello, legame, collegamento: Dover is an important link between Britain and Europe. *Dover è un importante punto di collegamento fra la Gran Bretagna e l'Europa.*|Is there a link between smoking and lung cancer? *C'è un qualche nesso tra il fumo ed il cancro ai polmoni?*

link² *vt*
⟨**together, up**⟩ *collegare, unire (insieme):* A railway line links the

airport to the city. *Una linea ferroviaria collega l'aeroporto alla città.*|Sentences can be linked with "and" and "but". *Le proposizioni si possono collegare con "e" e "ma".*

lion /'laɪən/ *s*
leone: We saw lions and tigers at the zoo. *Allo zoo abbiamo visto i leoni e le tigri.*

lioness /laɪən'es, -ŋɪs/ *s*
leonessa: The lioness has just given birth to cubs. *La leonessa ha appena partorito i suoi cuccioli.*

lip /lɪp/ *s*
labbro: She kissed him on the lips. *Lo baciò sulle labbra.*|a cut lip, *un labbro tagliato*

lipstick /'lɪp,stɪk/ *s*
⟨*non num*⟩ *rossetto*

liquid /'lɪkwɪd/ *s*
⟨*num e non num*⟩ *liquido:* More liquid flowed out of the tank. *Uscì dell'altro liquido dal serbatoio.*|He put two liquids into the test tube. *Versò due liquidi nella provetta.* – **liquid** *agg liquido*

liquorice *o* **licorice** /'lɪkərɪs, -rɪʃ/ *s*
⟨*non num*⟩ *liquirizia:* Would you like some liquorice? *Vuoi della liquirizia?*

list¹ /lɪst/ *s*
lista, elenco: He made a list of the things he needed from the shops. *Ha fatto una lista delle cose che aveva bisogno di comprare.*|a shopping list, *una lista della spesa*|a list of names, *un elenco di nomi*

list² *vt*
elencare, fare una lista di: He listed all the things he still had to do. *Fece una lista di tutte le cose che doveva ancora fare.*

listen /'lɪsən/ *vi*
⟨**to**⟩ *ascoltare, prestare orecchio a:* I listened carefully, but I couldn't hear what they were saying. *Ho ascoltato attentamente, ma non sono riuscito a*

sentire quello che dicevano.|Kate is listening to the radio. *Kate sta ascoltando la radio.*|Will you listen to me when I'm talking to you! *Vuoi stare a sentirmi quando ti parlo!*

lit /lɪt/
pass rem e p pass del verbo **light**

literature /'lɪtərətʃəʳ||-tʃuər/ *s*
⟨*non num*⟩ *letteratura:* We study French literature at school. *Studiamo letteratura francese a scuola.*

litre (*IB*) *o* **liter** (*IA*) /'liːtəʳ/ *s*
litro: She bought half a litre of oil for the car. *Comprò mezzo litro di olio per la macchina. – vedi anche La Tavola* **Weights and Measures**

little[1] /'lɪtl/ *agg*
⟨*compar* **littler**, *sup* **littlest**⟩
1 ⟨*soprattutto davanti a un sostantivo*⟩ *piccolo:* A little mouse ran across the floor. *Un topolino attraversò di corsa il pavimento.*|a nice little cottage by the sea, *un grazioso villino al mare – contrario* BIG **2** *piccolo, giovane:* Two little boys ran down the street. *Due ragazzini correvano lungo la strada.*|My little brother is called John. *Il mio fratellino si chiama John. – contrario* BIG; *confrontare con* SMALL

little[2] *agg, pron*
1 ⟨*compar* **less**, *sup* **least**⟩ *poco:* I have very little money left. *Mi sono rimasti pochissimi soldi.*|Little has been said about the serious problems we are facing. *Si è detto ben poco sui gravi problemi che dobbiamo fronteggiare.*
■*Nota:* **Little** *è più formale di* **not much.**
2 a little *un po' di:* She left me a little money when she died. *Mi ha lasciato un po' di soldi alla sua morte.*|"Would you like milk in your coffee?" "Just a little." *"Vuoi del latte col caffè?" "Solo un poco."*

little[3] *avv*

1 ⟨*compar* **less**, *sup* **least**⟩ *poco, quasi per niente:* The swimming pool is little used during the winter. *La piscina è poco usata d'inverno.* **2 a little** *un po', piuttosto:* "How are you feeling today?" "A little better, thank you." *"Come stai oggi?" "Un po' meglio, grazie."*|I managed to sleep a little on the train. *Sono riuscito a dormire un po' sul treno.*

little finger /ˌlɪtl 'fɪŋgəʳ/ *s*
⟨*pl* **little fingers**⟩ *mignolo (della mano)*

live[1] /lɪv/ *vi*
⟨*pass rem e p pass* **lived**, *p pres* **living**⟩
1 *vivere, essere vivo, esistere:* All four of my grandparents are still living. *Tutti e quattro i miei nonni sono ancora vivi.*|The giant tortoise can live for a hundred and fifty years. *La tartaruga gigante può vivere centocinquanta anni.* **2** *abitare, risiedere, dimorare:* Anna lives in a flat in the centre of town. *Anna abita in un appartamento nel centro della città.*|Giraffes live in Africa. *Le giraffe vivono in Africa.*

  live on *vt*
⟨**live on sthg**⟩ *vivere di (qc), sostentarsi con (qc):* The prisoners live on bread and water. *I prigionieri campano a pane ed acqua.*|I managed to live on very little money when I was a student. *Riuscivo a sopravvivere con pochissimi soldi da studente.*

live[2] /laɪv/ *agg*
⟨*solo attributivo*⟩ *vivo:* Andy brought home a live snake from the woods. *Andy si è portato a casa un serpente vivo dal bosco.*

lively /'laɪvli/ *agg*
⟨*compar* **livelier**, *sup* **liveliest**⟩ *vivace, animato:* a lively person, *una persona vivace*

liver /'lɪvəʳ/ *s*
fegato

living[1] /'lɪvɪŋ/ *agg*

vivo, vivente: Do you think we will find living beings on Mars? *Pensi che troveremo degli esseri viventi su Marte?*

living² *s*

1 *vivere, (mezzi di) sostentamento, (spese di) sussistenza:* "What do you do for a living?" "I'm a plumber." *"Come ti guadagni da vivere?" "Faccio l'idraulico."* **2** *cost of living costo della vita, carovita:* The cost of living rose by seven per cent last year. *Il costo della vita è salito del sette per cento l'anno scorso.* **3** *standard of living tenore/livello di vita:* Our standard of living has increased steadily since the war. *Il nostro tenore di vita è migliorato costantemente dopo la guerra.*

living room /'lɪvɪŋ ruːm, -rum/ *s*

⟨*pl* **living rooms**⟩ *soggiorno:* Kate and Andy often do their homework in the living room. *Kate e Andy spesso fanno i compiti nel soggiorno.* – *vedi anche* ***L'Illustrazione Sitting Room***

'll *contraz di* **shall** *o* **will**

load¹ /ləʊd/ *s*

1 *carico (peso):* a lorry with a load of olives, *un camion con un carico di olive* **2** *-load carico (capienza):* a lorry-load of olives, *il carico di olive di un camion*|a bus-load of tourists, *i turisti di una corriera*

load² *vt*

⟨*up, with*⟩ *caricare (di), riempire (di):* The ship was loaded and ready to sail. *La nave era carica e pronta per salpare.*|They loaded the taxi with parcels. *Riempirono il taxi di pacchi.*

loaf /ləʊf/ *s*

⟨*pl* **loaves**⟩ *pane, pagnotta:* a loaf of bread, *una forma di pane*|a sliced loaf, *del pane in cassetta*

loan¹ /ləʊn/ *s*

prestito: I asked the bank for a loan to buy a new car. *Ho chiesto un prestito*

alla banca per comprarmi una macchina nuova.

loan² *vt*

⟨*to*⟩ *prestare, dare in prestito (a):* The bank loaned me the money to buy a new car. *La banca mi ha prestato il denaro per comprare una macchina nuova.*

local /'ləʊkəl/ *agg*

⟨*non usato al compar o sup*⟩ *locale, del posto, del quartiere:* paintings by local artists, *dipinti di artisti del posto*|The children went to the local school. *I bambini frequentavano la scuola rionale.*|The Morgans get a local and a national newspaper. *I Morgan un giornale locale ed uno*

locate /ləʊ'keɪt||'ləʊkeɪt/ *vt*

⟨*pass rem e p pass* **located**, *p pres* **locating**⟩ **1** *collocare, situare:* The new school was located on the edge of the town. *La nuova scuola era situata ai margini della città.* **2** *localizzare:* The pilot uses radar to locate the target. *Il pilota si serve del radar per localizzare il bersaglio.*

location /ləʊ'keɪʃən/ *s*

posizione, appezzamento di terreno: These fields would be an ideal location for a new school. *Questi terreni potrebbero essere un appezzamento ideale per la costruzione di una scuola.*

lock¹ /lɒk||lɑːk/ *s*

1 *serratura:* We fitted a new lock on the door after the burglary. *Abbiamo cambiato la serratura alla porta dopo che sono venuti i ladri.*|The box had a large lock on it. *La cassa aveva una grossa serratura.* **2** *chiusa (di canale)*

lock² *vt*

chiudere a chiave: The front door was locked and I didn't have a key! *Il portone d'ingresso era chiuso ed io non avevo la chiave!*|Did you lock the car? *Hai chiuso la macchina?*

log /lɒg‖lɔːg, lɑːg/ s
ceppo, ciocco: We collected logs for the fire. *Abbiamo raccolto ceppi per il fuoco.*|a log fire, *un fuoco di ceppi*

logic /'lɒdʒɪk‖'lɑː-/ s
⟨non num⟩ logica

logical /'lɒdʒɪkəl‖'lɑː-/ agg
logico: a logical sequence of events, *una sequenza logica di avvenimenti*
— **logically** avv logicamente, in modo logico

lollipop /'lɒlipɒp‖'lɑːlipɑːp/ anche **lolly** (*IB*) s
lecca lecca: Lucy is licking a lollipop. *Lucy sta succhiando un lecca lecca.*

lonely /'ləʊnli/ agg
⟨compar **lonelier**, sup **loneliest**⟩
solitario, triste e solo: Andy and Kate have so many friends they are never lonely. *Andy e Kate hanno così tanti amici che non si sentono mai soli.*|The old man has been very lonely since his wife died. *Il vecchio è rimasto molto solo da quando gli è morta la moglie.*

long¹ /lɒŋ‖lɔːŋ/ agg
⟨compar **longer**, sup **longest**⟩ 1 lungo: These trousers are too long. *Questi pantaloni sono troppo lunghi.*|The Nile is the longest river in the world. *Il Nilo è il più lungo fiume del mondo.*|The school is a long way from our house. *La scuola è molto distante da casa nostra.* – vedi anche FAR (*Nota*)
2 lungo (di misure): Andy's model plane is three feet long. *L'aeromodello di Andy è lungo tre piedi.*|How long is the River Thames? *Quanto è lungo il fiume Tamigi?* 3 lungo (nel tempo), di lunga durata: a long time ago, *molto tempo fa*|The Prime Minister made a long speech. *Il Primo Ministro tenne un lungo discorso.* – contrario SHORT

long² avv
1 a lungo, per molto tempo: "I'm just going to the shops." "Will you be long?" "No." *"Sto andando a fare la spesa." "Starai via tanto?" "No."*|It won't take long to finish my essay. *Non ci metterò molto a finire il tema.*
2 how long quanto tempo, quanto: How long have you been living here? *Da quanto tempo abiti qui?*|How long did you have to wait? *Quanto hai dovuto aspettare?*

long jump /'lɒŋ dʒʌmp‖'lɔːŋ dʒʌmp/ s
⟨pl **long jumps**⟩ salto in lungo: He's doing the long jump. *Sta facendo il salto in lungo.*

loo /luː/ s
(*IB, fam*) gabinetto, toilette: Can I use the loo, please? *Posso andare in bagno, per favore?*

look¹ /lʊk/ vi
1 guardare: "Look! Over there!" "What? I can't see anything." *"Guarda! Là!" "Ma che cosa? Io non vedo niente."*|The shop assistant asked if he could help us but I told him we were just looking. *Il commesso ci domandò se volessimo essere serviti, ma io gli risposi che stavamo solo guardando.* 2 sembrare, parere, avere l'aria: "You look tired." "I am. I've been playing hockey all morning." *"Sembri stanco." "Lo sono. Ho giocato a hockey tutta la mattina."*| Kate and Andy look well. They've just come back from Spain. *Kate e Andy hanno un bell'aspetto. Sono appena tornati dalla Spagna.*|What does your new teacher look like? *Com'è la tua nuova professoressa?*

  look after vt
  ⟨look after sbdy/sthg⟩ badare a (qn/qc), occuparsi di (qn/qc): An air steward looks after the passengers on a plane. *L'assistente di volo si occupa dei passeggeri di un aereo.*

  look at vt
  ⟨look at sbdy/sthg⟩ guardare (qn/qc), osservare (qn/qc): Andy looked at his watch. "It's five o'clock," he said.

Andy guardò l'orologio e disse: "Sono le cinque."|Just look at those pigeons! Aren't there a lot of them! *Guarda quei colombi! Quanti sono!*

look for *vt*

⟨**look for** sbdy/sthg⟩ *cercare (qn/qc):* I looked everywhere for Lucy, but I couldn't find her. *Ho cercato Lucy dappertutto, ma non sono riuscito a trovarla.*

look forward to *vt*

⟨**look forward to** sthg *o* **doing** sthg⟩ *aspettare con ansia (qc), non vedere l'ora (di fare qc):* Kate and Andy are looking forward to going to Milan next summer. *Kate ed Andy non vedono l'ora di andare a Milano l'estate prossima.*

look out *vi*

⟨**look out for** sthg⟩ *fare attenzione (a), stare in guardia (per):* Look out! You nearly hit that cyclist! *Attento! Per poco non toccavi quel ciclista!*

look through *vt*

⟨**look through** sthg⟩ *esaminare (qc), scorrere (qc):* Kate looked through her books to try to find one on magnetism. *Kate rovistò i suoi libri per rintracciarne uno sul magnetismo.*

look up *vt*

⟨**look** sthg ↔ **up**⟩ *cercare qc (consultando un dizionario, un orario ecc.)* You can look up the meanings of words you don't know in a dictionary. *Il significato delle parole che non conosci lo puoi trovare in un dizionario.*

look² *s*

1 *sguardo, occhiata:* Come and have a look at this insect, Kate. *Vieni a dare un'occhiata a questo insetto, Kate.* **2** *aria, espressione:* I knew he was in pain from the look on his face. *Capii che soffriva dall'espressione sul suo volto.* **3** *aspetto:* I don't like the look of that sky. I think it's going to rain. *Non mi convince l'aspetto di quel cielo.*

Penso che pioverà.

looks /lʊks/ *s pl*

bell'aspetto, presenza fisica: He kept his (good) looks even as an old man. *Mantenne la sua bella presenza anche da vecchio.*

loose /luːs/ *agg*

⟨*compar* **looser,** *sup* **loosest**⟩ **1** *sciolto, molle, allentato:* The door handle was working loose, so Kate tightened it up. *La maniglia della porta si era allentata, perciò Kate la strinse.*|I think my tooth's coming loose. I'll have to see the dentist. *Penso che mi si stia cominciando a muovere il dente. Dovrò andare dal dentista.* – *contrario* TIGHT **2** *(di abiti) largo, abbondante:* It's best to wear loose clothes in hot weather. *È meglio portare vestiti larghi quando fa caldo.* – *contrario* TIGHT **3** **break** *o* **get loose** *sciogliersi, liberarsi, scappare:* The goat broke *o* got loose and ran away. *La capra si liberò e scappò via.*

loosely /'luːsli/ *avv*

mollemente, scioltamente: His arms hung loosely by his side. *Le braccia gli penzolavano sciolte ai fianchi.*

loosen /'luːsən/ *vt, vi*

allentare (-si), slacciare (-si): If you feel faint, loosen your clothing. *Se ti senti svenire, slacciati i vestiti.* – *contrario* TIGHTEN

lorry /'lɒri||'lɔːri, 'lɑːri/ *(IB) anche* **truck** *(esp IA) s* ⟨*pl* **lorries**⟩ *autocarro, camion:* a milk lorry, *un camion del latte*

lose /luːz/ *v*

⟨*pass rem e p pass* **lost,** *p pres* **losing**⟩ **1** *vt perdere, smarrire:* I've lost my binoculars. I can't find them anywhere. *Ho perso il binocolo. Non riesco a trovarlo da nessuna parte.* **2** *vt, vi perdere, essere sconfitto:* We lost the game by two goals. *Abbiamo perso la partita per due reti.*|Andy always loses his arguments with Kate. *Andy ha sempre la peggio nelle discussioni con Kate.* **3** *vt perdere, diminuire in:* I've been on a diet for two weeks, and I haven't lost any weight. *Sono a dieta da due settimane, e non ho perso un etto.*

loss /lɒs||lɔːs/ *s*
⟨*num e non num*⟩ *perdita:* Her death is a great loss to us all. *La sua morte rappresenta una grave perdita per tutti noi.*

lost /lɒst||lɔːst/ *pass rem e p pass di* lose
perso: Emilio got totally lost looking for the station. *Emilio si è completamente perso cercando la stazione.*|I think we're lost. *Credo che ci siamo persi.*

lot /lɒt||lɑːt/ *s*
1 a lot of *molto, molti, una grande quantità di:* Kate eats a lot of biscuits. *Kate mangia un sacco di biscotti.*|I have a lot of work to do this evening. *Questa sera ho un mucchio di lavoro da fare.* **2 a lot** (*usato come pronome*) *molto, molti:* "Did you send any Christmas cards?" "Yes, a lot." *"Hai mandato dei biglietti d'auguri per Natale?" "Sì, un mucchio."*|He says a lot, but he doesn't do very much. *Parla parla, ma non è che si dia molto da fare.* **3 a lot** (*usato come avverbio*) *molto, di gran lunga:* He goes out a lot in the evenings. *Esce molto di sera.*| John's father is a lot older than Andy's. *Il padre di John è molto più vecchio del padre di Andy.* **4 lots** (*fam*) *un mucchio di, un sacco di:* Kate and Andy have lots of friends. *Kate ed Andy hanno un'infinità di amici.*|There was lots to eat and drink at the party. *Alla festa c'era da mangiare e da bere a bizzeffe.*

■**Nota: A lot of** (*singolare*) *e* **lots of** (*plurale*) *possono entrambi riferirsi a sostantivi tanto singolari quanto*

plurali: tutti e due cioè possono significare sia "molto" che "molti". In frasi affermative è preferibile usare **a lot of** *invece di* **much** *o* **many.** – *vedi anche* AMOUNT (*Nota*)

loud /laʊd/ *agg, avv*
⟨*compar* **louder,** *sup* **loudest**⟩ *rumoroso, chiassoso; a voce alta, forte:* Could you speak louder, please? I can't hear you. *Puoi alzare la voce, per favore? Non ti sento.*|The TV's too loud. Turn it down. *La TV è troppo forte. Abbassa il volume.* – *contrario* SOFT — **loudly** *avv a voce alta:* She spoke very loudly. *Parlava a voce molto alta.*

loudspeaker /ˌlaʊdˈspiːkəʳ, ˈlaʊdˌspiːkəʳ/ *s* .
altoparlante: The departure of the flight to Milan was announced over the loudspeaker. *La partenza del volo per Milano fu annunciata dall'altoparlante.*

lounge /laʊndʒ/ *s*
sala, soggiorno: We watched TV in the lounge. *Guardammo la tivù in salotto.*|a hotel lounge, *il salone di un albergo*

love[1] /lʌv/ *vt*
⟨*pass rem e p pass* **loved,** *p pres* **loving**⟩ ⟨*non usato nelle forme progressive*⟩ **1** *amare, voler bene a:* They love each other very much. *Si amano moltissimo.* **2** ⟨*sthg o* **to do sthg** *o* **doing sthg**⟩ *piacere* (*qc o fare qc*): I love liquorice. *Adoro la liquirizia.*|Kate loves to go fishing *o* loves going fishing with her father. *A Kate piace molto andare a pescare con suo padre.*|"Would you like to come to the party?" "I'd love to." *"Vuoi venire alla festa?" "Molto volentieri."*

love[2] *s*
⟨*non num*⟩ **1** ⟨*for*⟩ *amore* (*per*): They were very much **in love** (**with** each other). *Erano molto innamorati.*|his

love for his children, *il suo amore per i figli* 2 ⟨of⟩ *passione, amore (per):* a love of books, *una passione per i libri* 3 *(alla fine di una lettera) con affetto:* That's all my news. Write soon. Love, Kate. *Questo è tutto da parte mia. Scrivimi presto. Con affetto, Kate.* ■*Nota: Love si usa solo quando si scrive ad un amico o ad un parente. – vedi anche La Nota Grammaticale Letter Writing* 4 *zero (tennis):* Becker leads forty–love. *Becker è in vantaggio quaranta a zero. – vedi anche* NOUGHT *(Nota)*

lovely /ˈlʌvli/ *agg*
⟨*compar* **lovelier**, *sup* **loveliest**⟩ *bello, attraente, piacevole:* Ted's new house has a lovely garden. *La nuova casa di Ted ha un bel giardino.*

low[1] /ləʊ/ *agg*
⟨*compar* **lower**, *sup* **lowest**⟩ 1 *basso:* a low table, *un tavolo basso*|The bus couldn't get under the low bridge. *L'autobus non poteva passare sotto il ponte basso.* 2 *basso (di misure):* Very low temperatures are expected overnight. *Si prevedono temperature molto basse per la notte.*|quality goods at low prices, *merci di qualità a bassi prezzi* 3 *basso (di volume):* She was speaking in a low voice so as not to wake the baby. *Parlava sottovoce per non svegliare il neonato.*|I turned the record player down low. *Abbassai il volume del giradischi.*|He has a very low voice. *Ha una voce molto bassa.* 4 *basso, grave – contrario* HIGH

low[2] *avv*
in basso, profondamente: They had to bend down low to get under the fence. *Dovettero abbassarsi per passare sotto lo steccato.*|The plane flew low over the houses. *L'aereo sorvolò le case a bassa quota.*

lower /ˈləʊəʳ/ *vt*
1 *abbassare, calare:* They lowered the coffin into the grave. *Calarono la bara nella tomba.* 2 *diminuire, ridurre:* The shops lowered their prices for the sale. *I negozi hanno ridotto i prezzi per la svendita.*|Lower your voice. Somebody might hear. *Parla più piano. Qualcuno potrebbe sentirti.*

luck /lʌk/ *s*
⟨non num⟩ 1 *fortuna, sorte, caso:* It was only bad luck that caused Mr Morgan to fail his driving test. *È stato solo per sfortuna se il signor Morgan è stato bocciato all'esame di guida.* 2 **Good luck!** *buona fortuna!, auguri!:* Good luck for/in your exams! *Auguri per gli esami!*

lucky /ˈlʌki/ *agg*
⟨*compar* **luckier**, *sup* **luckiest**⟩ *fortunato:* I've been very lucky recently. I won twice at cards. *Sono stato molto fortunato ultimamente. Ho vinto due volte a carte.*|Lucky you! Going to Florence for your holiday. *Beato te che te ne vai in vacanza a Firenze!*

luggage /ˈlʌgɪdʒ/ *(IB) o* **baggage** *(spec IA) s*
⟨non num⟩ *bagaglio:* Kate and Andy took five suitcases with them on their holiday. I don't know how they carried so much luggage. *Kate ed Andy si sono portati dietro cinque valigie in vacanza. Non so come abbiano fatto a trasportare un tale bagaglio.*

lump /lʌmp/ *s*
1 *pezzo, blocco:* a lump of rock/coal, *un blocco di roccia/carbone* 2 *bernoccolo, gonfiore:* I've got a lump on my head from when I walked into the door. *Ho un bernoccolo sulla testa da quando sono andato a sbattere contro la porta.* 3 *zolletta:* a sugar lump, *una zolletta di zucchero*

lunch /lʌntʃ/ *anche* **luncheon** *(form) s*
seconda colazione, pranzo: We have lunch at 1.30. *Pranziamo all'una e*

mezza.|They took a packed lunch with them when they went sailing for the day. *Si sono portati il pranzo al sacco quando sono partiti per una giornata in barca a vela. – vedi anche* DINNER *(Nota) e L'Illustrazione a p. 271*

luxury /'lʌkʃəri/ *s*
⟨*non num*⟩ *lusso:* They lived in luxury in the big hotel. *Vivevano nel lusso al grand hotel.*|a luxury hotel/apartment, *un albergo/appartamento di lusso*
— **luxurious** /lʌg'zjʊərɪəs‖ləg'ʒʊərɪəs/ *agg lussuoso, di lusso*

lying /'laɪ-ɪŋ/
p pres del verbo **lie**

M,m

M, m /em/

  M, m

m *abbr di* **metre**

  m, metro

machine /məˈʃiːn/ *s*

  macchina: Andy is learning to use a sewing machine. *Andy sta imparando a usare la macchina da cucire.*|Many farms use milking machines these days. *Di questi tempi molte fattorie usano mungitrici automatiche.*

  washing machine /ˈwɒʃɪŋ məˌʃiːn/ *s* lavatrice

machinery /məˈʃiːnəri/ *s*

  ⟨*non num*⟩ macchinario, macchine: The machinery in the factory is being replaced with more modern machines. *Stanno sostituendo il macchinario della fabbrica con macchine più moderne.*

mad /mæd/ *agg*

  ⟨*compar* **madder**, *sup* **maddest**⟩

  1 *pazzo, matto::* Some people go mad in their old age. *Certa gente invecchiando impazzisce.* **2** *folle, matto:* I can diet for a couple of days, but then I go mad and eat lots and lots. *Per un paio di giorni riesco a stare a dieta, ma poi do i numeri e mangio a non finire.*|a mad driver, *un guidatore folle* **3** ⟨*about*⟩ ⟨*solo predicativo*⟩ *matto (per), entusiasta (di):* Graziella is mad about Prince. *Graziella va matta per Prince.* **4** ⟨*at*⟩ *arrabbiato, infuriato (con):* It makes me mad when I see all that money going to waste. *Mi fa arrabbiare vedere tutti quei soldi sprecati.*|My mother is mad at me because I didn't do the shopping. *Mia madre è furente con me perchè non ho fatto la spesa.* — **madly** *avv* pazzamente, alla follia: She's madly in love with him. *È innamorata pazza di lui.*

madam *o* **Madam** /ˈmædəm/ *s*

  1 ⟨*usato nelle formule di cortesia, specialmente nei negozi*⟩ *signora:* "How much are these shoes?" "Twenty pounds, madam." *"Quanto vengono queste scarpe?" "Venti sterline, signora."*

  ■*Nota: Rivolgendosi ad un'estranea in genere non si usa* **madam**. *Per esempio, per domandare cortesemente a un'estranea la strada per andare alla stazione, si dice* Excuse me. Could you tell me the way to the station, please?

  2 **Dear Madam** ⟨*nell'intestazione di una lettera formale*⟩ *Gentile Signora:* Dear Madam, . . . Yours faithfully, Sue Invernizzi, *Gentile Signora, . . . Distinti saluti, Sue Invernizzi*

  ■*Nota: Si comincia una lettera con* **Dear Madam** *solo quando non si conosce il cognome della signora cui si scrive.* – *vedi anche* **La Nota Grammaticale Letter Writing**

made /meɪd/

  pass rem e p pass del verbo **make**

magazine /ˌmæɡəˈziːn‖ˈmæɡəziːn/ *s*

  rivista: I read a magazine while I was waiting to see the doctor. *Ho letto una rivista mentre aspettavo dal dottore.*|a fashion magazine/a car magazine/a pop magazine, *una rivista di moda/di automobilismo/pop*

magic /ˈmædʒɪk/ *s*

⟨*non num*⟩ **1** *magia:* She disappeared as if by magic. *Scomparve come per incanto.* **2** *giochi di prestigio* — **magical** *agg magico* — **magically** *avv magicamente*

magician /məˈdʒɪʃən/ *s*
mago, prestigiatore

magnet /ˈmæɡnɪt/ *s*
calamita — **magnetic** *agg magnetico*

magnificent /mæɡˈnɪfɪsənt/ *agg*
magnifico: The jewels looked magnificent. *I gioielli erano magnifici.* | The royal wedding was a magnificent occasion. *Le nozze reali furono uno splendido avvenimento.* | a magnificent exhibition, *una mostra stupenda*

magnify /ˈmæɡnɪfaɪ/ *vt*
⟨*pass rem e p pass* **magnified,** *p pres* **magnifying**⟩ *ingrandire, amplificare*

magnifying glass /ˈmæɡnɪfaɪŋ ɡlɑːs||-ˈglæs/ *s*
⟨*pl* **magnifying glasses**⟩ *lente d'ingrandimento:* Andy used a magnifying glass to study the stamps. *Andy usò una lente d'ingrandimento per esaminare i francobolli.*

mail /meɪl/ *s*
⟨*non num*⟩ *posta, servizio postale:* Is there any mail for me today? *C'è posta per me oggi?* | I can be contacted by mail or by telephone. *Mi si può raggiungere per posta o per telefono.* | air mail, *posta aerea*

mailbox (*IA*) /ˈmeɪlbɑːks/ *s*
– *vedi* LETTERBOX

main /meɪn/ *agg*
⟨*non usato al compar o sup*⟩ ⟨*solo attributivo*⟩ *principale, più importante:* What are the main industries in France? *Quali sono le principali industrie della Francia?* | We drove into Dover on the main road. *Siamo entrati in Dover con la macchina per la via principale.*

mainly /ˈmeɪnli/ *avv*
principalmente: Kung fu became

popular mainly because of Bruce Lee. *Il kung fu entrò in voga soprattutto per merito di Bruce Lee.* | The students are mainly Italian. *Gli studenti sono in maggior parte italiani.*

maize /meɪz/ *s*
⟨*non num*⟩ *mais, granturco:* Maize is used to make popcorn. *Per fare il popcorn si usa il mais.*

Majesty /ˈmædʒɪsti/ *s*
⟨*pl* **Majesties**⟩ ⟨*appellativo di rispetto riservato ai sovrani*⟩ *Maestà:* Welcome to Milan, Your Majesty. *Benvenuta a Milano, Vostra Maestà.* | Her Majesty, the Queen, *Sua Maestà la Regina*

major /ˈmeɪdʒər/ *agg*
⟨*non usato al compar o sup*⟩ ⟨*solo attributivo*⟩ *principale, maggiore, (più) importante:* Tourism is a major industry in London. *L'industria turistica è una delle principali attività di Londra.* | A heart transplant is a major operation. *Il trapianto cardiaco è un'operazione seria.*

majority /məˈdʒɒrɪti||məˈdʒɑː-/ *s*
⟨*pl* **majorities**⟩ ⟨*seguito da un verbo al singolare o al plurale*⟩ *maggioranza, maggior parte:* The majority of the population lives *o* live in the countryside. *La maggior parte della popolazione vive in campagna.*

make¹ /meɪk/ *vt*
⟨*pass rem e p pass* **made,** *p pres* **making**⟩ **1** *fare, produrre, costruire:* She made some bookshelves. *Ha costruito degli scaffali per libri.* | He made them a cup of coffee. *Fece loro una tazza di caffè.* | His shirt is made of cotton. *La sua camicia è di cotone.* | Paper is made from wood. *La carta si fa dal legno.* **2** *rendere, trasformare in:* His first film made him a star. *Il suo primo film fece di lui una stella.* | Passing her exams made Kate very happy. *La promozione agli esami rese Kate molto felice.* **3** ⟨*seguito*

dall'infinito senza **to**⟩ *far (fare qc a qn), costringere (qn a fare qc):* Mrs Morgan made Andy tidy up his room before he went out. *La signora Morgan fece riordinare la stanza ad Andy, prima di lasciarlo uscire.*|He made me promise to keep the secret. *Mi fece promettere di mantenere il segreto.* **4** *(riferito al letto) fare, riordinare:* Andy makes his bed every morning before he goes to school. *Andy rifà il letto ogni mattina prima di andare a scuola.* **5** *guadagnare:* Peter makes some extra money by delivering newspapers. *Peter guadagna qualche soldo in più consegnando giornali.*|He **makes a living** as a street musician. *Si guadagna da vivere facendo il suonatore ambulante.* **6** *fare, pronunciare:* The Prime Minister has made a speech about economic policy. *Il primo ministro ha tenuto un discorso di politica economica.*|He made some very rude remarks. *Fece dei commenti molto offensivi.* **7** *fare, effettuare, compiere:* I was too ill to make the journey. *Ero troppo indisposto per poter fare il viaggio.*|Business people have to make some very difficult decisions. *Gli uomini d'affari devono prendere delle decisioni molto difficili.* ■*Nota: Normalmente i verbi* **do** *e* **make** *si traducono entrambi in italiano con* **fare,** *ma non sono perfettamente sinonimi nè interscambiabili. Per lo più* **do** *si riferisce ad un'azione o attività generica, mentre* **make** *denota più concretamente una costruzione o creazione. Confrontare questi frasi:* Mrs Morgan **does** aerobics at night school. *La signora Morgan fa ginnastica a scuola serale.*| Mrs Morgan **makes** pots at night school. *La signora Morgan fa ceramica a scuola serale. Questa comunque è da intendersi più come una distinzione di*

massima che non come una regola, e i due verbi entrano in molte espressioni idiomatiche che vanno imparate ciascuna nel proprio contesto.

make up *v*
1 *vt* ⟨**make sthg** ↔ **up**⟩ *inventar(si), fabbricar(si), escogitare:* I can't tell them the real reason why I was late. I'll have to make up an excuse. *Non posso dire loro il vero motivo per cui ho ritardato. Dovrò trovare una scusa.*|That's not your real name! You made it up! *Questo non è il tuo vero nome! Te lo sei inventato!*
2 *vi, v rifl* ⟨**make (oneself) up**⟩ *truccarsi, imbellettarsi:* Actors have to make (themselves) up before they go on stage. *Gli attori devono mettersi il trucco prima di entrare in scena. – vedi anche* **make up one's mind** (MIND)
make² *s*
marca, tipo: What make and model is that motorbike? *Di che marca e modello è quella moto?*
make-up /ˈmeɪkʌp/ *s*
⟨*non num*⟩ *trucco, belletto:* Gina spends a lot of her pocket money on make-up. *Gina spende gran parte dei suoi spiccioli in cosmetici.*
male¹ /meɪl/ *agg*
maschile, maschio: a male gorilla, *un gorilla maschio – vedi anche* FEMININE (*Nota*)
male² *s*
maschio: The group of birds consisted of seven females and one male. *Il gruppo di uccelli era composto di sette femmine ed un maschio.*
man /mæn/ *s*
⟨*pl* **men**⟩ **1** ⟨*num*⟩ *uomo:* A man and two women came into the room. *Un uomo e due donne entrarono nella stanza.*|Who's that tall man over there? *Chi è quell'uomo alto laggiù? – vedi anche* GENTLEMAN (*Nota*)
2 *persona, uomo:* All men are equal.

Tutti gli uomini sono uguali. **3**
⟨*sing*⟩ *uomo, umanità:* Man has been
to the moon. *L'uomo è stato sulla
luna.*|Man is the most intelligent of all
the animals. *L'uomo è il più
intelligente fra tutti gli animali.*

manage /'mænɪdʒ/ *v*
⟨*pass rem e p pass* **managed,** *p pres*
managing⟩ **1** *vt dirigere,
amministrare:* My cousin and his wife
manage a hotel in Brighton. *Mio
cugino e sua moglie mandano avanti
un albergo a Brighton.* **2** *vi, vt* ⟨**sthg** *o*
to do sthg⟩ *riuscire (in qc o a fare qc),
farcela (in qc o a fare qc):* Andy just
managed to get his homework finished
in time. *Andy è riuscito a finire il
compito appena appena in tempo.*|
"Can I help you?" "No, thanks. I can
manage." *"Hai bisogno di aiuto?"
"No, grazie. Ce la faccio (da solo)."*
– *vedi anche* ARRANGE (*Trabocchetto*)

management /'mænɪdʒmənt/ *s*
1 ⟨*non num*⟩ *direzione,
amministrazione, gestione:* Poor
management is to blame for many
company failures. *Il fallimento di
molte imprese è da imputare a cattiva
gestione.* **2** ⟨*num*⟩ ⟨*seguito da un
verbo al singolare o al plurale*⟩
*direzione, consiglio di
amministrazione:* The management
is/are hoping to expand the company
next year. *La direzione spera di
ampliare l'azienda l'anno prossimo.*

manager /'mænɪdʒə'/ *s*
1 *manager, dirigente:* Nina is a
manager at the plastics factory. *Nina è
una dirigente della fabbrica di plastica.*
2 *anche* **manageress** (*fem*) *gestore,
amministratore:* Can I see the
manager, please? *Posso vedere il
gestore, per favore?*|If you have a
problem, please speak to the
manageress. *In caso di difficoltà, si
prega di rivolgersi all'amministratrice.*

mango /'mæŋgəʊ/ *s*
⟨*pl* **mangoes** *o* **mangos**⟩ *mango*

manner /'mænə'/ *s*
1 *maniera, modo:* Martin was
behaving in a very strange manner.
*Martin si comportava in modo molto
strano.*|The food was cooked in the
traditional manner. *Il cibo era cucinato
alla maniera tradizionale.* **2** ⟨*s sing*⟩
comportamento, condotta: His manner
was rather unfriendly. *Il suo contegno
era piuttosto ostile.*

manners /'mænəz/|-ərz/ *s pl*
maniere, educazione: It's good
manners to say "Excuse me" when you
walk in front of somebody. *È buona
educazione dire "Mi scusi" quando si
passa davanti a qualcuno.*|Where are
your manners? *Che modi sono questi?*

mantelpiece /'mæntlpiːs/ *anche*
mantelshelf *s*
cappa, mensola di caminetto: Giorgio
put his books on the mantelpiece.
*Giorgio ha messo i libri sulla mensola
del camino.*

manual /'mænjuəl/ *agg*
manuale: manual labour/work, *lavoro
manuale* – **manually** *avv* manualmente, a mano*

manufacture¹ /ˌmænjʊ'fæktʃə'/ *vt*
⟨*pass rem e p pass* **manufactured,** *p
pres* **manufacturing**⟩ *produrre,
fabbricare, confezionare:* This factory
manufactures plastic cartons. *Questa
fabbrica produce scatole di plastica.*

manufacture² *s*
⟨*non num*⟩ *produzione, fabbricazione:*
a chemical used in the manufacture of
sulphuric acid, *una sostanza chimica
usata per la preparazione dell'acido
solforico*

manufacturer /ˌmænjʊ'fæktʃərə'/ *s*
produttore, produttrice, fabbricante:
The company is well known as a
manufacturer of plastic cartons.
L'azienda è nota per la produzione di

scatole di plastica.|a toy manufacturer, *un industriale dei giocattoli*

many /'meni/ *agg, pron*
⟨*compar* **more**, *sup* **most**⟩ ⟨*usato principalmente in frasi interrogative o negative*⟩ *molti, numerosi, parecchi:* We haven't got much coffee and we haven't got many biscuits. *Non abbiamo molto caffè e neppure molti biscotti.*|I sent a lot of Christmas cards, but I didn't receive very many. *Ho mandato un sacco di biglietti di Buon Natale, ma non ne ho ricevuti molti.*| Many of my friends live abroad. *Molti dei miei amici vivono all'estero.* – vedi anche **how many** (HOW), **too many** (TOO), AMOUNT (*Nota*), e LOT (*Nota*)

map /mæp/ *s*
mappa, carta (geografica): Sandro looked at the map to try to find Dover. *Sandro cercò Dover sulla carta geografica.*|a map of northern Italy, *una cartina dell'Italia settentrionale*

marathon /'mærəθən||-θɑːn/ *s*
maratona: She's running (in) the marathon. *Lei partecipa alla maratona.*

March /mɑːtʃ||mɑːrtʃ/ *s*
marzo – vedi anche La Nota Grammaticale Days and Dates

march[1] /mɑːtʃ||mɑːrtʃ/ *vi*
marciare: The soldiers marched through the town. *I soldati attraversarono la città marciando.*

march[2] *s marcia*

margarine /ˌmɑːdʒə'riːn, ˌmɑːgə-|| 'mɑːrdʒərɪn/ *s*
⟨*non num*⟩ *margarina:* Do you want butter or margarine on your sandwiches? *Vuoi burro o margarina coi panini?*

mark[1] /mɑːk||mɑːrk/ *s*
1 *macchia, traccia, segno:* I'll never get this mark off my trousers! *Non riuscirò più a togliere questa macchia dai pantaloni!* **2** *voto:* They always work hard, and they usually get good

marks for their essays. *Si impegnano sempre a fondo, e di solito prendono dei bei voti nei temi.* **3** *segno, marchio:* The TV interviewer chalked a mark on the floor where she wanted me to stand. *L'intervistatrice televisiva fece un segno col gesso sul pavimento dove voleva che io mi mettessi.*|a question mark, *un punto interrogativo*|quotation marks, *virgolette*

mark[2] *vt, vi*
1 *correggere:* I can't come out. I've got all these exams to mark. *Non posso uscire. Devo correggere tutte queste prove d'esame.* **2** *segnare, marcare, indicare:* A wooden cross marks the grave. *Una croce di legno contrassegna la tomba.*

market /'mɑːkɪt||'mɑːr-/ *s*
mercato: The market is held in the main square of the town every Friday. *Il mercato si tiene ogni venerdì nella piazza principale del paese.*|a fish market, *un mercato del pesce*

marmalade /'mɑːməleɪd||'mɑːr-/ *s*
⟨*non num*⟩ *marmellata d'agrumi:* Do you want marmalade or jam with your toast? *Vuoi marmellata d'arance o di altri frutti sul pane tostato?*

▲ *Trabocchetto: Sia* **marmalade** *sia* **jam** *si traducono in italiano con 'marmel lata', ma* **marmalade** *indica solo una confettura di arance (o comunque di agrumi), mentre* **jam** *può essere di qualsiasi altro frutto.*

marriage /'mærɪdʒ/ *s*
⟨*num e non num*⟩ *matrimonio, nozze:* Their marriage took place in a registry office. *Il loro matrimonio si svolse al municipio.*|They had a long and happy marriage. *Ebbero un matrimonio lungo e felice.*

marry /'mæri/ *v*
pass rem e p pass **married**, *p pres* **marrying 1** *vi, vt sposare:* Tom and Susan have decided **to get married** *o* to

marry. *Tom e Susan hanno deciso di sposarsi.*|Is he married or single? *È sposato o celibe?*|We've been married for five years now. *Sono cinque anni che siamo sposati* **2** *vt (di sacerdote, sindaco, ecc.) sposare, unire in matrimonio:* They were married by the bishop. *Li ha sposati il vescovo.*

martial arts /ˈmɑːʃəl ɑːts||ˈmɑːr- ɑːrts/ *s pl*
arti marziali: The martial arts have become very popular because of the Bruce Lee films. *Le arti marziali hanno acquistato molta popolarità grazie ai film di Bruce Lee.*

marvellous (*IB*) o **marvelous**(*IA*) /ˈmɑːvələs||ˈmɑːr-/ *agg*
meraviglioso, fantastico: We had a marvellous holiday in Italy. *Abbiamo avuto una bellissima vacanza in Italia.*
— **marvellously** *avv meravigliosamente*

masculine /ˈmæskjŭlŭn/ *agg*
1 *maschile, virile:* a deep masculine voice, *una profonda voce maschile*
– *vedi anche* FEMININE (*Nota*)
2 *maschile:* In Italian, nouns can be either masculine or feminine. *In italiano i sostantivi possono essere maschili o femminili.*

mash /mæʃ/ *vt*
schiacciare, passare: mashed potatoes, *purè di patate*

mass /mæs/ *s*
massa, ammasso, mucchio: There was a mass of cloud gathering in the distance. *In lontananza si stava addensando un ammasso di nuvole.*

mass noun /ˈmæs naʊn/ *anche* **uncountable noun** *s*
⟨*pl* **mass nouns**⟩ *sostantivo non numerabile:* 'Luggage' is a mass noun in English, but 'bag' is a countable noun.| *In inglese* **luggage** *non ammette il plurale, mentre* **bag** *è un sostantivo numerabile.*
■*Nota: In questo dizionario i sostantivi*

non numerabili sono indicati con l'abbreviazione ⟨*non num*⟩. – *vedi anche La Nota Grammaticale* **Countable and Uncountable Nouns**

match[1] /mætʃ/ *s*
⟨*pl* **matches**⟩ **1** *gara, incontro, partita:* a football match, *una partita di calcio*
2 *combinazione, accostamento:* Those shoes would be a perfect match for my blue dress. *Quel paio di scarpe andrebbe benissimo col vestito blu.*
3 *fiammifero:* a box of matches, *una scatola di fiammiferi*

match[2] *vt, vi*
corrispondere, intonarsi, combaciare: Your shoes match your dress perfectly. *Le tue scarpe si intonano perfettamente col tuo vestito.*

material /məˈtɪərɪəl/ *s*
1 ⟨*num*⟩ *materiale, sostanza:* What materials are used in the manufacture of cars? *Che materiali si usano per la produzione delle automobili?*|Wood and stone are building materials. *Il legno e la pietra sono materiali da costruzione.*|Iron ore is one of the raw materials from which steel is made. *Il minerale di ferro è una delle materie prime da cui si ricava l'acciaio.* **2** ⟨*non num*⟩ *tessuto, stoffa:* a fine piece of material, *un bello scampolo di stoffa*

mathematics /ˌmæθ₃ˈmætɪks/ *anche* **maths** (*fam*) *s*
⟨*non num*⟩ *matematica*
— **mathematical** *agg matematico*

maths /mæθs/ *anche* **math** (*IA*) *s*
⟨*non num*⟩ (*fam*) *matematica:* Mary's doing her maths homework. *Mary sta facendo i compiti di matematica.*|Maths is not my favourite subject. *La matematica non è la mia materia preferita.*

matter[1] /ˈmætər/ *s*
1 ⟨*num*⟩ *questione, faccenda, argomento:* There's a small matter I'd like to talk to you about if I may. *C'è*

una cosetta di cui vorrei parlarti, se è possibile.|It's a matter of life and death. *È una questione di vita o di morte.* **2** *difficoltà, fastidio, problema:* What's the matter? Why are you crying? *Cosa c'è che non va? Perchè piangi?*|"There's nothing the matter with you," said the doctor impatiently. *"Lei non ha assolutamente nulla," esclamò il dottore con impazienza.* **3** ⟨*non num*⟩ *materia, sostanza:* Matter is made up of atoms and molecules *La materia è costituita di atomi e molecole.*

matter² *vi*
⟨*non usato nelle forme progressive*⟩ *importare:* It doesn't matter if we miss the bus. There'll be another one in a few minutes. *Non importa se perdiamo l'autobus. Ce n'è un altro tra pochi minuti.*

mature¹ /mə'tʃʊəʳ/ *agg*
1 *maturo, adulto::* a mature elephant, *un elefante adulto* **2** *maturo::* Kate's very mature for her age. *Kate è molto matura per la sua età.* – *vedi anche* RIPE (*Nota*)

mature² *vi*
⟨*pass rem e p pass* **matured,** *p pres* **maturing**⟩ *maturare:* The wine is left to mature in wooden barrels. *Il vino lo si lascia stagionare in botti di legno.*

maximum /'mæksɪməm/ *s, agg*
massimo: Each bus can carry a maximum of thirty passengers. *Ogni autobus può trasportare al massimo trenta passeggeri.*|The maximum temperature tomorrow is expected to be around 20°C. *La temperatura massima prevista per domani si aggirerà sui 20 gradi centigradi.* – *contrario* MINIMUM

May /meɪ/ *s*
maggio – *vedi anche La Nota Grammaticale* **Days and Dates**

may /meɪ/ *v aus*

⟨*seguito dall'infinito senza* **to**⟩
1 *potere, essere possibile o probabile:* You may need to buy petrol, so take some money with you. *Può darsi che tu debba fare benzina, perciò prenditi un po' di soldi.*|"Why is he late?" "He may have missed the bus." *"Perchè ritarda?" "Forse ha perso l'autobus."*| "Do you think he'll come?" "He may." *"Pensi che verrà?" "Può darsi di sì."* **2** ⟨*pass rem* **might**⟩ *potere, avere il permesso di:* "May I go now, please?" "Not until you've finished!" *"Per favore, posso uscire adesso?" "Non prima di aver finito!"*|You may cross the road only when the green man is showing. *È consentito attraversare la strada solo quando compare il segnale dell'omino verde.* – *vedi anche La Nota Grammaticale* **Modals**

maybe /'meɪbi/ *avv*
forse, può darsi: "Do you want a penfriend, Kate?" "Maybe. Tell me more." *"Vuoi un amico per corrispondenza, Kate?" "Può darsi. Spiegati meglio."*

me /mi; *forma enfatica* miː/ *pron pers*
forma accusativa e dativa di **I** *me, mi:* Stop treating me like a child! *Smettila di trattarmi come un bambino!*|She gave me a drink. *Mi diede da bere.*|I'd like an ice cream. Can you get one for me, please? *Vorrei un gelato. Me ne prendi uno, per favore?*|"Who's that?" "It's me, Sue." *"Chi è?" "Sono io, Sue"* |Andy is older than me *o* than I am. *Andy è più vecchio di me.* – *vedi anche La Nota Grammaticale* **Personal Pronouns**

meal /miːl/ *s*
1 *pasto:* Breakfast is my favourite meal of the day. *La colazione è il pasto della giornata che preferisco.* **2** *cibo, piatto:* John's favourite meal is fish and chips. *Il piatto preferito di John è pesce fritto con patatine.*

mean¹ /miːn/ *vt*

⟨*pass rem e p pass* **meant**⟩ ⟨*non usato nelle forme progressive*⟩ **1** ⟨**sthg o (that)**⟩ *significare (qc o che)*: What does "intransitive" mean? *Che cosa significa "intransitive"?*|A red traffic light means "Stop". *Il semaforo rosso significa "Stop".*|Look at that beautiful sunset! That means it's going to be a nice day tomorrow. *Guarda che magnifico tramonto! Vuol dire che domani sarà una bella giornata.* **2** ⟨**sthg o to do sthg o that**⟩ *intendere (qc o fare qc o che)*: I meant to give you the book back, but I forgot. *Avevo intenzione di restituirti il libro ma me ne sono dimenticato.*|He said he was coming at six o'clock, but he meant eight. *Disse che sarebbe venuto alle sei, ma intendeva dire alle otto.*

mean² *agg*

⟨*compar* **meaner,** *sup* **meanest**⟩ **1** taccagno, avaro, tirchio Elio is very mean; he never shares his sweets. *Elio è molto tirchio: non offre mai le sue caramelle.* **2** ⟨**of**⟩ sgarbato, poco gentile (da parte di, meschino): It was mean of Kate not to let Lucy play with her old toys. *È stato poco gentile da parte di Kate non lasciar usare a Lucy i suoi vecchi giocattoli.*|Kate was mean to refuse. *Kate è stata poco gentile a rifiutare.*

meaning /ˈmiːnɪŋ/ *s*

significato, senso: The verb "get" has several meanings. *Il verbo "get" ha parecchi significati.*

measure¹ /ˈmeʒəʳ/ *vt*

⟨*pass rem e p pass* **measured,** *p pres* **measuring**⟩ *misurare, prendere le misure di*: The shop assistant measured me to see what size shirt I needed. *La commessa mi prese le misure per vedere che taglia ci volesse per la mia camicia.*|They measure speed in miles per hour in Britain. *In*

Gran Bretagna la velocità si misura in miglia all'ora.

measure² *s*

misura: In Britain they still use the mile as a measure of distance. *In Gran Bretagna si usa ancora il miglio come misura di distanza.*|weights and measures, *pesi e misure*

measurement /ˈmeʒəmənt||-ʒər-/ *s*

⟨*generalmente plurale*⟩ *misura*: The shop assistant took my measurements when I went to buy a new dress. *La commessa mi prese le misure quando andai a comprare un vestito nuovo.*

meat /miːt/ *s*

⟨*non num*⟩ *carne*: Mrs Morgan went to the butcher's to buy some meat for dinner. *La signora Morgan andò dal macellaio a comprare della carne per la cena.*

mechanic /mɪˈkænɪk/ *s*

meccanico: David is a motorbike mechanic. *David è un meccanico delle moto.*

mechanical /mɪˈkænɪkəl/ *agg*

meccanico: a mechanical digger, *una scavatrice meccanica* — **mechanically** *avv* meccanicamente

medal /ˈmedl/ *s*

medaglia: Carl Lewis won four gold medals in the 1984 Olympic Games. *Carl Lewis vinse quattro medaglie d'oro nelle Olimpiadi del 1984.*|The old soldier was wearing his medals. *Il vecchio soldato portava indosso le sue decorazioni.*

medallist (*IB*) o **medalist**(*IA*) /ˈmedəlɪst/ *s*

vincitore di medaglia: Carl Lewis was a gold medallist in the Olympic Games. *Carl Lewis fu medaglia d'oro alle Olimpiadi.*

media /ˈmiːdɪə/ *s pl*

⟨*preceduto da* **the**⟩ *mass media, mezzi di grande diffusione*: The Royal Family gets a lot of attention from the media. *La famiglia reale riceve molta attenzione da parte dei mass media.*

medicine /'medsən||'medʒsən/ s
1 ⟨num e non num⟩ *medicinale, farmaco:* a bottle of medicine, *un flacone di medicinale*|All medicines should be safely locked away. *Tutte le medicine andrebbero tenute al sicuro sotto chiave.* 2 ⟨non num⟩ *medicina:* Gina hopes to study medicine at university. *Gina spera di studiare medicina all'università.*

medium /'miːdɪəm/ agg
⟨solo attributivo⟩ *medio, mediano:* Andy is (of) medium height. *Andy è di media statura.*

medium-sized /'miːdɪəm,saɪzd/ agg
di media grandezza/misura: Dover is a medium-sized town. *Dover è una città di media grandezza.*

meet /miːt/ vt, vi
⟨pass rem e p pass **met**⟩
1 *incontrar(si):* Lucy met her teacher on the bus. *Lucy trovò l'insegnante sull'autobus.*|They agreed to meet outside the cinema. *Si misero d'accordo di incontrarsi fuori del cinema.* 2 *essere presentato a, fare la conoscenza di:* "Claudia, I'd like you to meet my father." "Claudia, vorrei presentarti mio padre." "Piacere, signor Morgan."|"Hello." "Hello. Nice to meet you." "Salve". "Salve. Piacere di conoscerla."*|Have you two met before? Vi conoscete già voi due?*

meeting /'miːtɪŋ/ s
incontro, riunione, assemblea: We arranged a meeting of the computer club for Friday. *Abbiamo organizzato una riunione del circolo del computer per venerdì.*|The councillor was criticized for not attending any council meetings. *Il consigliere venne criticato perchè non era mai presente alle riunioni della giunta.*

melt /melt/ vi, vt
fondere, sciogliere: The ice melted in the afternoon sun. *Il ghiaccio si sciolse sotto il sole del pomeriggio.*

member /'membəʳ/ s
membro, socio: the members of the chess club, *i soci del circolo di scacchi*| a member of the Labour Party, *un membro del partito laburista*|Cleo the cat is almost a member of the family! *Cleo, la gatta, è quasi un membro della famiglia!*

Member of Parliament /'membəʳ əv 'pɑːləmənt||-'pɑːr-/ anche MP (abbr) ⟨pl **Members of Parliament**⟩ (in Gran Bretagna) *membro del parlamento, deputato:* the Member of Parliament for Bradford East, *il deputato per il collegio elettorale di Bradford Est*

memory /'meməri/ s
⟨pl **memories**⟩ 1 ⟨num e non num⟩ *memoria:* Kate has a good memory. She can remember everything she reads. *Kate ha una buona memoria. Riesce a ricordare tutto ciò che legge.* 2 ⟨num⟩ *ricordo:* Emilio and Sue have happy memories of their holiday in France. *Emilio e Sue hanno dei bei ricordi della loro vacanza in Francia.* 3 ⟨num e non num⟩ *memoria:* a computer with only a small memory, *un computer dotato solo di memoria limitata*

men /men/
pl di **man**

menace /'menəs/ s
minaccia, pericolo: People who drive too fast are a menace to other people. *Le persone che guidano troppo forte sono un pericolo pubblico.*

menacing /'menəsɪŋ/ agg
minaccioso: the menacing figure of the monster, *la figura minacciosa del mostro*

mend /mend/ vt

riparare, aggiustare: Kate is mending her bicycle. *Kate sta aggiustando la bicicletta.*

mental /'mentl/ *agg*

⟨*non usato al compar o sup*⟩ *mentale:* mental arithmetic, *calcolo mentale*|The doctors don't know if the man's problem is mental or physical. *I medici non sanno se il disturbo di quell'uomo sia di natura fisica o psichica.*

— **mentally** *avv* *mentalmente*

mention /'menʃən/ *vt*

⟨*sthg o* **(that)**⟩ *menzionare (qc o che), accennare (a qc o al fatto che):* When I was talking to Alan about his school work he mentioned that they had a new teacher. *Mentre parlavo con Alan di scuola, lui mi accennò che avevano un nuovo insegnante.*|"Thank you." "Don't mention it!" *"Grazie." "Di niente."*

menu /'menjuː/ *s*

menu: There were no vegetarian dishes on the menu. *Non c'erano piatti vegetariani nel menu.*

merchant /'mɜːtʃənt||'mɜːr-/ *s*

mercante, commerciante (all'ingrosso): a coal merchant, *un mercante di carbone*

merchant navy /ˌmɜːtʃənt 'neɪvi|| ˌmɜːr-/ *s*

⟨*pl* **merchant navies**⟩ *marina mercantile:* Paolo was in the merchant navy for seven years. *Paolo è stato nella marina mercantile per sette anni.*

mess /mes/ *s*

⟨*s sing o non num*⟩ *confusione, disordine, pasticcio:* Andy's room is always in a mess. *La stanza di Andy è sempre in disordine.*|Go and tidy up that mess! *Va' a riordinare quel caos!*| You look a mess! What have you been doing? *Ma guarda come sei ridotto! Che cosa hai fatto?* – **messy** *agg*

⟨*compar* **messier**, *sup* **messiest**⟩ *disordinato*

mess about *o* **mess around** *vi gingillarsi, darsi dattorno senza combinare nulla:* Stop messing about and get on with your homework! *Smettila di fare lo scemo e va' avanti col compito!*

mess up *vt*

⟨**mess sthg↔up**⟩ *mettere in disordine, combinare un pasticcio, guastare (qc):* How could you mess up a simple job like changing a light bulb? *Ma come hai potuto combinare un pasticcio con una cosa elementare come cambiare una lampadina?*|Andy tidies (up) his room every weekend, but it doesn't take him long to mess it up again. *Andy riordina la sua stanza ogni fine settimana ma non gli ci vuole molto a rimetterla in disordine.*

message /'mesɪdʒ/ *s*

⟨**to do** *o* **that**⟩ *messaggio, comunicazione:* I'm afraid Kate's not here. Can I take a message? *Purtroppo Kate è uscita. Vuole lasciar detto qualcosa?*|Kate got a message to phone John. John was out so Kate then left a message for him! *Kate era stata avvertita di dover telefonare a John. Ma John era fuori, e così fu Kate che dovette lasciare un messaggio per lui!*

■**Nota:** *Quando si risponde al telefono al posto di una persona assente, è buona educazione domandare:* "Would you like to leave a **message**?"

— **messenger** /'mesəndʒəʳ/ *s messaggero (-a), fattorino (-a)*

met /met/

pass rem e p pass del verbo **meet**

metal /'metl/ *s*

⟨*num e non num*⟩ *metallo:* a metal chair, *una sedia di metallo*|gold and other precious metals, *l'oro e altri metalli preziosi*

meteor /'miːtɪəʳ/ *s meteora*

meteorite /'mi:tɪəraɪt/ s
meteorite: This crater was made by a meteorite. *Questo cratere è stato prodotto da una meteorite.*

meter /'mi:tə'/ s
contatore: a gas meter, *un contatore del gas*|a parking meter *un parchimetro*

method /'meθəd/ s
metodo, sistema: Today we learnt a new method of doing multiplication sums. *Oggi abbiamo imparato un nuovo metodo per fare le moltiplicazioni.*|old-fashioned teaching methods, *metodi antiquati di insegnamento*

metre (*IB*) o **meter** (*IA*) /,mi:tə'/ s
metro: He can run four hundred metres in fifty seconds. *Corre i quattrocento metri in cinquanta secondi. – vedi anche **La Tavola Weights and Measures***

metric /'metrɪk/ agg
metrico: Britain has not yet fully adopted the metric system. *La Gran Bretagna non ha ancora adottato interamente il sistema metrico decimale.*|We use both the metric system and the imperial system. *Usiamo sia il sistema metrico che quello inglese.*

mice /maɪs/
pl di **mouse**

microcomputer /,maɪkrəʊkəm'pju:tə'/ *anche* **micro** (*fam*) s
microcomputer: Many children are now learning to use a microcomputer at school. *Molti bambini adesso imparano a usare il microcomputer a scuola.*

microphone /'maɪkrəfəʊn/ *anche* **mike** (*fam*) s
microfono

microscope /'maɪkrəskəʊp/ s
microscopio

midday /,mɪd'deɪ/ s

⟨*non num*⟩ *mezzogiorno:* At midday some small shops close for an hour. *A mezzogiorno alcuni piccoli negozi chiudono per un'ora. – vedi anche **La Nota Grammaticale Telling the Time***

middle[1] /'mɪdl/ s
mezzo, centro: She stood in the middle of the room. *Stava in piedi al centro della stanza.*|I often wake in the middle of the night. *Sovente mi sveglio nel cuore della notte.*

middle[2] agg
⟨*solo attributivo*⟩ *medio, centrale:* We live in the middle house of the three. *Noi abitiamo nella casa di mezzo fra le tre.*|The middle part of the film is boring, but the end is more exciting. *La parte centrale del film è noiosa, ma il finale è più emozionante.*

midnight /'mɪdnaɪt/ s
⟨*non num*⟩ *mezzanotte:* The New Year celebrations begin at midnight. *I festeggiamenti di Capodanno cominciano a mezzanotte.*|Mr Morgan didn't get home until after midnight. *Il signor Morgan non rientrò fin dopo mezzanotte. – vedi anche **La Nota Grammaticale Telling the Time***

might /maɪt/ v aus
⟨*seguito dall'infinito senza* to⟩ **1** (*per indicare possibilità*) *può darsi che, è possibile che:* He might come, but I doubt it. *Può darsi che venga, ma ho i miei dubbi.*|"Why is he late?" "He might have missed the train." *"Perchè ritarda?" "È possibile che abbia perso il treno."* **2** *pass rem di* **may** (*form*) (*usato specialmente nel discorso indiretto*) *potessi (potesse, ecc.):* They asked if they might go home early. *Domandarono se potessero andare a casa presto. – vedi anche **La Nota Grammaticale Modals***

mike /maɪk/ s
abbr fam di **microphone** *microfono*

mild /maɪld/ agg

⟨*compar* **milder,** *sup* **mildest**⟩
1 *leggero, lieve, blando:* The doctor said I had a mild throat infection. *Il dottore disse che avevo una leggera infezione alla gola.*|mild cheese/coffee, *formaggio/caffè leggero – contrario* STRONG **2** *(di tempo)* mite, temperato: mild weather, *tempo mite*|a mild winter, *un inverno mite*

mile /maɪl/ *s*
1 *miglio:* a village about thirty miles from London, *un villaggio a circa trenta miglia da Londra*|The cheetah can run at seventy miles per hour. *Il ghepardo può correre a settanta miglia all'ora.* **2** **for miles** *per miglia e miglia:* You can see all the towns and villages for miles. *Si possono vedere tutti i paesi e le città per miglia e miglia.*|We walked for miles and miles. *Camminammo per miglia e miglia.* – *vedi anche La Tavola* **Weights and Measures**

military /'mɪlɪtəri||-teri/ *agg*
militare: military history, *storia militare*

milk¹ /mɪlk/ *s*
⟨*non num*⟩ *latte:* Can I have a glass of milk, please? *Posso avere un bicchiere di latte, per favore?*|a bottle of milk, *una bottiglia di latte*

milk² *vt*
mungere: Mr McGregor milks the cows every morning. *Il signor McGregor munge le mucche ogni mattina.*

milkman /'mɪlkmən/ *s*
⟨*pl* **milkmen**⟩ *lattaio:* The milkman comes at six o'clock each morning and leaves two bottles of milk. *Il lattaio arriva tutte le mattine alle sei e lascia due bottiglie di latte.*

milkshake /'mɪlkʃeɪk/ *s*
frullato, frappè: Would you like a banana milkshake? *Vuoi un frappè alla banana?*

mill /mɪl/ *s*
mulino

millet /'mɪlɪt/ *s*
⟨*non num*⟩ *miglio:* millet porridge, *pappa di miglio*

millimetre (*IB*) *o* **millimeter**(*IA*)
/'mɪlɪˌmiːtə^r/ *anche* **mm** (*abbr*) *s*
millimetro: This book is 125 mm wide. *Questo libro è largo 125 mm.* – *vedi anche La Tavola* **Weights and Measures**

million /'mɪljən/ *agg, pron, s*
⟨*pl* **million** *o* **millions**⟩ **1** *milione:* There are now several million unemployed throughout Europe. *Attualmente ci sono parecchi milioni di disoccupati in tutta Europa.* **2** **millions of** *caterve di:* There seemed to be millions of people at the concert. *Sembrava che ci fossero milioni di persone al concerto.*
■*Nota:* Non si usa of dopo **million**, tranne che nell'espressione **millions of**: five million people|ten million pounds. – *vedi anche La Nota Grammaticale* **Numbers**

mince /mɪns/ *s*
⟨*non num*⟩ *carne tritata:* We had mince for dinner. *Abbiamo mangiato carne tritata per cena.*

mind¹ /maɪnd/ *s*
⟨*num e non num*⟩ **1** *mente, intelletto:* A thought suddenly came into my mind. *Tutto d'un tratto mi passò per la mente un pensiero.* **2** **change one's mind** *cambiare idea, mutare proposito:* I was going to go to town today but I've changed my mind. I'll stay at home instead. *Stavo per andare in città oggi ma ho cambiato idea. Resterò a casa invece.* **3** **make up one's mind** ⟨**to do sthg**⟩ *decidersi (a fare qc), prendere una risoluzione (di fare qc):* I can't make up my mind whether to buy the red dress or the blue one. *Non riesco a decidermi se comprare il vestito rosso o*

quello blu.|She made up her mind to study medicine at university. *Ha deciso di studiare medicina all'università.*

mind[2] *vt, vi*
1 ⟨**sthg** *o* **doing sthg**⟩ ⟨*non usato nelle forme progressive*⟩ (*dis*)*piacere, avere qc in contrario (se):* "Do you mind if I smoke?" "No, not at all." "*Ti dispiace se fumo?*" "*No, affatto.*"|"Would you mind turning the radio down?" "No, of course not." "*Ti spiacerebbe abbassare la radio?*" "*No, certo che no.*"|"Would you like tea or coffee?" "Either, I don't mind." "*Vuoi tè o caffè?*" "*Quello che preferisci, per me fa lo stesso.*"
■*Nota: Si usa per lo più in frasi interrogative o negative condizionali come formula di cortesia.*
2 **never mind** *non importa, non preoccuparti, pazienza:* "I forgot to bring your book back." "Never mind. I'll come and collect it tomorrow." "*Mi sono dimenticato di riportarti il libro.*" "*Non fa nulla. Vengo a prenderlo domani.*"
3 *badare a, occuparsi di:* Cindy is minding the children while Mr and Mrs Morgan are out. *Cindy bada ai bambini mentre i signori Morgan sono fuori.* **4** ⟨**sthg** *o* (**that**)⟩ *fare attenzione, stare attento (a qc o che):* Mind your head! The door's very low. *Attenzione alla testa! La porta è molto bassa.*|Mind (that) you don't bang your head. *Bada di non battere la testa.*|**Mind out!** There's a car coming. *Attento! Arriva una macchina.*
■*Nota: Si usa per lo più all'imperativo come formula di avvertimento.*
5 **mind one's own business** (*fam*) *fare gli affari propri, non impicciarsi:* "Is she your new girl friend?" "Mind your own business!" "*È la tua nuova ragazza?*" "*Pensa ai fatti tuoi!*"
mine[1] /maɪn/ *pron poss*

mio, mia: Andy is a friend of mine. *Andy è un mio amico.*|"Where's my pen?" "Is this it?" "Yes, that's mine." "*Dov'è la mia penna?*" "*E' questa?*" "*Sì, è proprio la mia.*" – *vedi anche La Nota Grammaticale* Possessive Adjectives and Pronouns
mine[2] *s*
miniera: a coal/gold mine, *una miniera di carbone/d'oro*
miner *s minatore*
mineral /'mɪnərəl/ *s*
minerale: iron ore and other minerals, *minerale di ferro e altri minerali*|Is this object animal, vegetable, or mineral? *Questo oggetto è animale, vegetale o minerale?*
mineral water /'mɪnərəl 'wɔːtəʳ|| -'wɔː-, 'wɑː-/ *s*
⟨*non num*⟩ *acqua minerale:* Would you like some mineral water? *Gradisce dell'acqua minerale?*
mini /'mɪni/ *agg*
⟨*non usato al compar o sup*⟩ ⟨*solo attributivo*⟩ (*fam*) *mini, minuscolo:* a mini skirt, *una minigonna*|There was a mini riot in the school playground. *È scoppiata una mezza rivoluzione nel cortile della scuola.*
miniature /'mɪniətʃəʳ, 'mɪnɪtʃəʳ|| 'mɪnɪətʃuər/ *agg*
⟨*solo attributivo*⟩ *in miniatura, in scala ridotta:* a miniature railway, *una ferrovia in miniatura* – **miniature** *s miniatura:* He collects miniatures by famous artists. *Colleziona miniature di artisti famosi.*
minimum /'mɪnɪməm/ *s, agg*
minimo: The workers are paid a minimum of five pounds per hour. *Agli operai si paga un minimo di cinque sterline all'ora.*|The minimum temperature overnight is expected to be around 4°C. *La temperatura minima prevista per la notte è intorno ai 4 gradi centigradi.* – *contrario*

MAXIMUM

minister /'mɪnɪstər/ s
1 *ministro, sacerdote:* a Methodist minister, *un pastore metodista*
2 *ministro:* the Minister of Education, *il ministro dell'istruzione pubblica*
– **prime minister** *primo ministro*

minor /'maɪnər/ agg
⟨*non usato al compar o sup*⟩ ⟨*solo attributivo*⟩ *minore, secondario:* a minor illness, *una malattia secondaria*|I have a few minor criticisms to make. *Ho alcune obiezioni da fare solo riguardo a punti secondari.*

minority /maɪ'nɒrɪti||mɪ'nɔ:-, mɪ'nɑ:-/ s
⟨*pl* **minorities**⟩ ⟨*seguito da un verbo al singolare o al plurale*⟩ *minoranza:* Only a minority of the population now lives *o* live in the countryside. *Oramai solo una minoranza della popolazione vive in campagna.*

minstrel /'mɪnstrəl/ s
menestrello, giullare: The King was entertained by minstrels. *Il re si faceva intrattenere da giullari di corte.*

minus /'maɪnəs/ prep
1 *meno:* Sixty minus forty equals twenty. *Sessanta meno quaranta fa venti. (60 – 40 = 20)* 2 *meno:* The overnight temperature was minus five degrees Celsius (– 5°C). *La temperatura notturna fu di meno cinque gradi centigradi (– 5°C).*

minute /'mɪnɪt/ s
1 *minuto (primo):* The bus leaves for school at twenty-two minutes past eight. *L'autobus parte per la scuola alle otto e ventidue.*|George's watch is ten minutes slow. *L'orologio di George è indietro di dieci minuti.*|It takes ten minutes to walk to school. *Ci vogliono dieci minuti per andare a scuola a piedi.* – *vedi anche* **La Nota Grammaticale Telling the Time**
2 *attimo, istante, momento:* Can you

come here (for) a minute, please? *Puoi venire qui un attimo per favore?*|Wait a minute! I won't be long. *Aspetta un momento! Non ci metterò tanto.*|I'll be ready in a minute. *Sarò pronto tra un momento.*

minute² /maɪ'nju:t||-'nu:t/ agg
minuto, minuscolo: a minute particle of dust, *una minuscola particella di polvere*

miracle /'mɪrəkəl/ s
miracolo: It was a miracle that anyone survived the fire. *È stato un miracolo se qualcuno è sopravvissuto all'incendio.* – **miraculous** agg *miracoloso:* It was a miraculous escape. *Fu una fuga miracolosa.*

mirror /'mɪrər/ s
specchio: He looked at himself in the mirror. *Si guardò allo specchio.*

miser /'maɪzər/ s
avaro (-a), taccagno (-a), spilorcio: The old miser never gave any money to charity. *Il vecchio spilorcio non dava mai una lira in beneficenza.*

miserable /'mɪzərəbəl/ agg
1 *triste, infelice:* Andy was miserable when his new bike was stolen. *Andy era molto triste quando gli rubarono la bici nuova.* 2 *penoso, squallido, deprimente:* What a miserable day! Will it ever stop raining? *Che giornataccia! Smetterà mai di piovere?*
▲ *Trabocchetto: A differenza dell'italiano* **miserabile**, *l'inglese* **miserable** *non ha generalmente una connotazione di povertà.*

misfortune /mɪs'fɔ:tʃən||-ɔ:r-/ s
sfortuna, disgrazia – *vedi anche* DISGRACE (*Trabocchetto*)

Miss /mɪs/ s
signorina: Miss Kate Morgan, *la signorina Kate Morgan* – *vedi anche* Ms (*Nota*)

miss /mɪs/ v
1 *vt, vi perdere, mancare a, fare tardi*

a: George missed the train because his watch was slow. *George perse il treno perchè aveva l'orologio indietro.*|We're going to miss the film if you don't hurry up! *Perderemo il film se non ti muovi!* **2** *fallire, sbagliare:* One of the robbers shot at a policewoman, but, luckily, he missed (her). *Uno dei rapinatori sparò ad una poliziotta, ma per fortuna mancò il colpo.* **3** *vt* ⟨*sthg o* **sbdy** *o* **doing sthg**⟩ *avere nostalgia di, sentire la mancanza di (qc o qn):* Mr and Mrs Morgan missed Kate while she was in Milan. *I signori Morgan soffrirono la mancanza di Kate mentre era a Milano.*|They missed being with the children. *Mancò loro la compagnia dei bambini.*

missing /'mɪsɪŋ/ *agg*
mancante, perso, smarrito: My purse is missing. Has anybody seen it? *È sparito il mio borsellino. Qualcuno l'ha visto?*|Can you guess the missing number: 3, 6, 9, 15? *Sei capace di indovinare il numero che manca: 3, 6, 9, 15?*

mist /mɪst/ *s*
⟨*num e non num*⟩ *nebbiolina, foschia, bruma:* early morning mist, *foschia mattutina* — **misty** *agg* ⟨*compar* **mistier,** *sup* **mistiest**⟩ *nebbioso, fosco*

mistake[1] /mɪ'steɪk/ *s*
errore, sbaglio: Peter's homework was full of mistakes. *Il compito di Peter era pieno di errori.*|Can I borrow your rubber? I've made a mistake doing this crossword. *Mi puoi prestare la gomma? Ho fatto un errore in questo cruciverba.*|I'm afraid I took your coat **by mistake.** *Mi dispiace, ma per sbaglio ho preso il tuo soprabito. – vedi anche* ERROR (*Nota*)

mistake[2] *vt*
⟨*pass rem* **mistook,** *p pass* **mistaken,** *p pres* **mistaking**⟩ *fraintendere, confondere, scambiare:* He'd mistaken what she said and phoned the wrong number. *Aveva frainteso ciò che aveva detto e telefonò al numero sbagliato.*|I mistook the bank for a post office and asked for some stamps. *Scambiai la banca per un ufficio postale ed entrai a chiedere dei francobolli.*

misunderstand /ˌmɪsʌndə'stænd||-ər-/ *vt*
⟨*pass rem e p pass* **misunderstood**⟩ *capire male, fraintendere*

mix /mɪks/ *vt, vi*
mescolare, mischiare, combinare: He mixed the flour, egg, and water to make the pasta. *Mischiò la farina, l'uovo e l'acqua per fare la pasta.*|Oil and water don't mix. *L'olio non si mescola con l'acqua.*

 mix up *vt*
⟨**mix sthg** *o* **sbdy**↔**up**⟩ ⟨**with**⟩
1 *confondere qn o qc (con), scambiare qn o qc (per):* The two towns have very similar names and people often mix them up. *Le due città si chiamano quasi allo stesso modo e spesso la gente confonde l'una con l'altra.*
2 *confondere, scombinare:* I dropped my papers and now they are all mixed up. *Mi sono caduti i fogli ed ora sono tutti scombinati.*|Your clothes have got mixed up with mine. *I tuoi vestiti sono andati a finire insieme coi miei.*

mixer /'mɪksə'/ *s*
miscelatore, impastatrice: an electric food mixer, *uno sbattitore elettrico*|a concrete mixer, *una betoniera*

mixture /'mɪkstʃə'/ *s*
⟨*num e non num*⟩ *miscuglio, mistura:* a mixture of beer and lemonade, *un cocktail di birra e limonata*

mm *abbr di* **millimetre**
mm, millimetro

modal – *vedi La Nota Grammaticale a p. 290*

model[1] /'mɒdl||'mɑːdl/ *s*
1 *modellino:* a wax model of Michael Jackson, *una riproduzione in cera di*

Michael Jackson|a model aeroplane, *un aeromodello* **2** *indossatore (-trice), modello (-a):* a fashion model, *un indossatore, un'indossatrice di moda* **3** *modello, tipo:* The Panda is Fiat's most popular model. *La Panda è il modello più popolare della Fiat.*

model² /'mɒdl||'mɑ:dl/ *vt, vi* ⟨*pass rem e p pass* **modelled** *(IB) o* **modeled** *(IA), p pres* **modelling** *(IB) o* **modeling** *(IA)*⟩ *fare l'indossatore (-trice) (di):* Shirley has been modelling (clothes) ever since she left school. *Shirley ha sempre fatto l'indossatrice di moda sin da quando ha finito le scuole.*

modern /'mɒdn||'mɑ:dərn/ *agg* *moderno:* Kate and Andy go to a very modern school. *Kate e Andy frequentano una scuola molto moderna.*

moisture /'mɔɪstʃəʳ/ *s* ⟨*non num*⟩ *umidità:* There is very little moisture in the desert. *C'è pochissima umidità nel deserto.*

molecule /'mɒlɪkju:l||'mɑ:-/ *s* *molecola*

mom *o* **Mom** /mɒm||mɑ:m/ *s* *IA di* **mum** *mamma:* This is my mom and dad. *Ecco mia mamma e mio papà.*

moment /'məʊmənt/ *s* *momento, attimo, istante:* Wait a moment. I've forgotten my wallet. *Aspetta un momento. Ho dimenticato il portafoglio.*|He should be back in a moment. *Dovrebbe essere di ritorno a momenti.*|"Can I speak to Kate, please?" "Just a moment. I'll go and get her." *"Posso parlare con Kate, per favore?" "Solo un istante che vado a chiamarla."*|"Can I speak to Kate, please?" "I'm sorry. She's out **at the moment**." *"Posso parlare con Kate, per favore?" "Mi spiace. Al momento è fuori."*

mommy *o* **Mommy** /'mɒmi||'mɑ:mi/ *s*

IA di **mummy** *mammina*

Monday /'mʌndi/ *s* *lunedì – vedi anche La Nota Grammaticale* **Days and Dates**

money /'mʌni/ *s* ⟨*non num*⟩ *denaro, soldi:* We've got enough money for the tickets. *Abbiamo abbastanza soldi per i biglietti.*|Let's see how much money we've got. *Vediamo quanto denaro abbiamo.*|I can't go with you. I haven't got any money. *Non posso venire con te. Non ho un soldo in tasca.*|pocket money, *spiccioli, paga settimanale*

monitor /'mɒnɪtəʳ||'mɑ:-/ *s* **1** *capoclasse:* The teacher has made Kate a monitor. *L'insegnante ha nominato Kate capoclasse.* **2** *monitor:* a computer with a colour monitor, *un computer con un monitor a colori*

monk /mʌŋk/ *s* *monaco, frate*

monkey /'mʌŋki/ *s* *scimmia*

monotonous /mə'nɒtənəs||mə'nɑ:-/ *agg* *monotono:* a monotonous job on a production line, *un lavoro monotono alla catena di montaggio*|a teacher with a monotonous voice, *un insegnante dalla voce monotona* — **monotony** *s* ⟨*non num*⟩ *monotonia*

monster /'mɒnstəʳ||'mɑ:n-/ *s* *mostro:* The ship was attacked by a sea monster. *La nave fu aggredita da un mostro marino.*

month /mʌnθ/ *s* *mese:* At the end of the month Kate and Andy are going to Milan. *Alla fine del mese Kate e Andy andranno a Milano.*|They're going away for a month. *Se ne vanno per un mese.*|Paul starts work in a month *o* in a month's time. *Paul comincerà a lavorare fra un mese.* — **monthly** *agg, avv* *mensile, mensilmente, ogni mese:* a monthly

Modals

I modali sono verbi che si usano insieme ad un altro verbo di cui modificano il significato. I principali verbi modali inglesi sono: **can, could, may, might, shall, should, will, would, must** *e* **ought to.**

La tabella in questa pagina spiega la grammatica dei verbi modali – come si usano per formare le frasi. La tabella nella pagina a fianco descrive i vari significati che i verbi modali possono esprimere.

Grammatica

Per quanto riguarda la grammatica, i verbi modali differiscono dalla maggior parte degli altri verbi nei modi seguenti:

▶ *Sono seguiti da un infinito senza la particella* **to:**
  – I **can** swim.
  So nuotare.
  – You **must** go.
  Devi andare.
  MA **ought** *è seguito da* **to** +*l'infinito:*
  – You **ought to** go.
  Dovresti andare.

▶ *Hanno una sola forma per tutte le persone. Pertanto la terza persona singolare non prende la* **-s:**
  – She **can** swim.
  Sa nuotare.
  – He **must** go.
  Deve andare.

▶ *Nelle domande* **do** *e* **did** *si omettono, e il soggetto viene dopo il verbo modale:*
  – **Can** I go now?
  Posso andare adesso?
  – **Ought** we **to** tell the police?
  Dovremmo avvertire la polizia?
  – **Will** the train be late?
  Il treno avrà ritardo?

Modals

▶ *Nelle frasi negative si accompagnano a* **not** *o* **n't***, ma* **do** *e* **did** *si omettono:*
- I **couldn't/could not** lift it.
  Non potei sollevarlo.
- It **won't/will not** rain.
  Non pioverà.
- You **oughtn't to/ought not to** do that.
  Non dovresti farlo.

▶ *Nel discorso indiretto (quando si descrive ciò che qualcun altro ha detto) le forme di questi modali generalmente cambiano:*

can*:*
- "I **can** speak French."
  "So parlare il francese."
- She said she **could** speak French.
  Ha detto che sapeva parlare il francese.

may*:*
- "We **may** not be able to come."
  "Forse non potremo venire."
- They said they **might** not be able to come.
  Hanno detto che forse non sarebbero potuti venire.

shall*:*
- "**Shall** I post the letter?"
  "Imposto la lettera?"
- She asked if she **should** post the letter.
  Ha chiesto se doveva impostare la lettera.

will*:*
- "We **will** probably be late."
  "Probabilmente faremo tardi."
- They said they **would** probably be late.
  Hanno detto che probabilmente avrebbero fatto tardi.

Modals

▶ Le forme degli altri modali di solito non cambiano:

- "I **would** like some coffee."
  Vorrei un po' di caffè."
- She said she **would** like some coffee.
  Ha detto che vorrebbe un po' di caffè.
- "You **ought to** work harder."
  "Dovresti lavorare di più."
- He told me I **ought to** work harder.
  Mi ha detto che dovrei lavorare di più.

Uso

I verbi modali si usano per esprimere funzioni diverse. Le più comuni sono:

▶ **per esprimere capacità**

- She **can** speak French.
  Sa parlare il francese.
- I **could** swim when I was five.
  Sapevo nuotare a cinque anni.
- I **couldn't** lift it – it was too heavy.
  Non potei sollevarlo – era troppo pesante.

Could *esprime capacità al passato, ma al suo posto si usano spesso espressioni come* **was able to** *o* **managed to***:*

- With John's help I **was able to** lift it/I **managed** to lift it.
  Con l'aiuto di John riuscii a sollevarlo.

▶ **per chiedere o dare permesso**

- You **can** go now if you like.
  Puoi andare adesso se vuoi.
- Students **may** borrow up to six books.
  Gli studenti possono prendere in prestito fino a un massimo di sei libri.

Modals

- **Could** we go now, please?
  Possiamo andare adesso, per favore?
- **Might** I open the window?
  Potrei aprire la finestra?

La parola che si usa di solito per chiedere o dare permesso è
can. *May è più formale.* **Could** *e* **might** *sono due modi educati
per chiedere (non per dare) permesso.*

▶ *per fare richieste*
- **Will** you/**Would** you/**Could** you close the door, please?
  Apriresti/Potresti aprire la porta, per piacere?
- **Can** you help me to lift this?
  Mi aiuti a sollevare questo?

Con questa funzione **will**, **would** *e* **could** *sono più cortesi di*
can.

▶ *per esprimere offerta d'aiuto, proposito, decisione*
- **Shall** I open it for you?
  Te la apro io?
- **Shall** we go to the cinema?
  Andiamo al cinema?
- **Can** I help you with your bags?
  Posso aiutarti con le borse?
- I'**ll** carry your bags if you like.
  Ti porto le borse se vuoi.

In questi casi con **shall** *il soggetto è soltanto una prima persona*
(**I** *o* **we**).

▶ *per esprimere obbligo e necessità*
- You **must** finish this work today.
  Devi finire questo lavoro oggi.
- I **have to** go/I've **got to** go now.
  Devo andare.
- I **must** phone my mother.
  Devo telefonare a mia madre.

Modals

Il verbo **had to** *si usa per esprimere necessità in passato:*
- I **had to** leave early yesterday.
  Sono dovuto partire presto ieri.

► *per dare consigli e suggerimenti*

- You **should/ought** to see the doctor.
  Dovresti vedere il medico.

► *per parlare del futuro*

- It **will** probably rain tomorrow.
  Probabilmente domani pioverà.
- We **shall** be away next week.
  La settimana prossima saremo via.

Shall *di solito si usa soltanto quando il soggetto è una prima persona, ed è meno comune di* **will** *se riferito al futuro.*

► *per parlare di possibilità nel presente o nel futuro*

- It **may/might** snow tonight.
  Stasera potrebbe nevicare.
- Don't touch that wire – it **could** be dangerous.
  Non toccare quel filo elettrico – potrebbe essere pericoloso.
- Learning English **can** be fun.
  Imparare l'inglese qualche volta può essere divertente.

L'uso di **might** *o* **could** *indica un evento meno sicuro.*

► *per esprimere certezza o la convinzione che una cosa dev'essere vera*

- You've been working all day – you **must** be tired.
  Hai lavorato tutto il giorno – devi essere stanco.

Can't *ha il significato opposto di* **must** *in questo contesto, ovvero esprime la convinzione che una cosa non può essere vera:*

- You haven't done any work – you **can't** be tired.
  Non hai fatto niente – non puoi essere stanco.

magazine, *una rivista mensile*

monument /ˈmɒnjǧmənt||ˈmɑː-/ *s*
monumento: Nelson's Column is one
of London's most famous monuments.
*La colonna di Nelson è uno dei
monumenti più famosi di Londra.*

mood /muːd/ *s*
umore, stato d'animo: Andy's in a bad
mood because someone stole his new
bike. *Andy è di cattivo umore perchè
gli hanno rubato la bici nuova.*|The
teacher must be in a good mood
today. We didn't get any homework!
*L'insegnante dev'essere di buon umore
oggi. Non abbiamo avuto compiti!*
— **moody** *agg* ⟨compar **moodier**, *sup*
moodiest⟩ *lunatico:* a moody person,
una persona lunatica

moon /muːn/ *s*
luna: Man first landed on the moon in
1969. *L'uomo è atterrato per la prima
volta sulla luna nel 1969.*

moonlight /ˈmuːnlaɪt/ *s*
⟨non num⟩ chiaro di luna: We could
see our way clearly in the moonlight.
*Vedevamo chiaramente la strada al
chiar di luna.*

moral /ˈmɒrəl||ˈmɔː-/ *agg*
morale: a moral judgment, *un giudizio
morale*|Is it moral to kill animals for
food? *È morale uccidere animali per
nutrirsi?*

morals /ˈmɒrəlz||ˈmɔː-/ *s pl*
moralità, principi morali: I'm afraid
that you have no morals when it comes
to business. *Purtroppo tu non badi a
morale quando si tratta di affari.*

more¹ /mɔːʳ/ *agg, pron*
1 compar di **much** o **many** *(di) più:*
Kate's got more books than Andy, but
she's got fewer records. *Kate ha più
libri di Andy, ma meno dischi.*|Andy
spends more time playing than
studying. *Andy passa più tempo a
giocare che non a studiare.*|The red
dress costs more than the blue one. *Il*

vestito rosso è più caro di quello blu.
2 ancora, di più, altro: Would you like
some more coffee? *Vuoi dell'altro
caffè?*|Kate has written two essays, but
she's still got one more to do. *Kate ha
fatto due temi, ma ne deve scrivere
ancora un altro.*|I'm afraid there isn't
any more milk. *Purtroppo non c'è più
latte.*|I would like to know a bit more
about your school. *Vorrei sapere
qualcosa di più sulla tua scuola.*

more² *avv*
1 ⟨per formare il comparativo della
maggior parte di lunghi aggettivi e
avverbi⟩ più: Hockey is more exciting
than football. *L'hockey è più
appassionante del calcio.*|You should
come and see us more often. *Dovresti
venirci a trovare più spesso.*|Clothes
are getting **more and more** expensive.
I vestiti diventano sempre più cari.
2 compar di **much** di più: You should
go out more in the evenings. *Dovresti
uscire di più la sera.* 3 ⟨per indicare
ripetizione⟩ ancora, di nuovo: I'll just
go over the instructions once more. *Vi
ripeterò le istruzioni ancora una volta.*
4 **any more** ⟨solo in frasi negative⟩
(non) più: I'm afraid that Gina doesn't
live here any more. *Mi dispiace ma
Gina non abita più qui.*|He doesn't
write to me any more. *Non mi scrive
più.*

morning /ˈmɔːnɪŋ||ˈmɔːr-/ *s*
1 mattina, mattino, mattinata: Tom
gets up early every morning to do his
paper round. *Tom si alza presto ogni
mattina per fare la consegna dei
giornali.*|"Good night." "Good night.
I'll see you in the morning."
*"Buonanotte." "Buonanotte. A
domattina."*|I saw Mr Morgan in town
this morning. *Stamattina ho visto il
signor Morgan in città.* 2 **good
morning** buongiorno: Good morning,
Claudia. What would you like for

breakfast? *Buongiorno, Claudia. Cosa desideri per colazione?*

Morse Code /ˌmɔːs 'kəʊd||ˌmɔːrs-/ s ⟨*non num*⟩ *alfabeto Morse*

most¹ /məʊst/ *agg, pron*

1 *sup di* **much** *o* **many** *(di) più, il massimo:* Who drinks (the) most coffee in your family? *Chi beve più caffè nella tua famiglia?*|The United States won the most medals at the Olympics. *Gli Stati Uniti sono la nazione che ha vinto più medaglie alle Olimpiadi.*|Which of the three dresses costs the most? *Quale fra questi tre vestiti costa di più?* **2** *la maggior parte di, il maggior numero di:* Most of the students wore a school uniform. *La maggior parte degli studenti portava la divisa scolastica.*|I've done most of my homework. *Ho finito quasi tutti i compiti.*|Most children enjoy eating ice cream. *Quasi tutti i bambini amano il gelato.*

most² *avv*

1 ⟨*per formare il superlativo relativo di aggettivi e avverbi polisillabi*⟩ *il più, la più:* St Peter's is the most famous church in the world. *La basilica di San Pietro è la chiesa più famosa del mondo.*|Which of the three clocks tells the time (the) most accurately? *Qual è l'orologio più preciso fra questi tre?* **2** *sup di* **much** *(di) più, maggiormente, soprattutto:* What did you like most about your holiday? *Cos'è che ti è piaciuto di più della tua vacanza?* **3** *(form)* ⟨*per formare il superlativo assoluto*⟩ *molto, estremamente, davvero, -issimo:* It was a most interesting trip. *Fu una gita davvero interessante.*

mostly /'məʊstli/ *avv*
prevalentemente, per lo più, quasi sempre: Those books are mostly Andy's. *Quei libri sono quasi tutti di Andy.*

mother /'mʌðəʳ/ s
madre: Lucy's parents are at home. Her father is watching TV and her mother is reading the newspaper. *I genitori di Lucy sono a casa. Suo padre guarda la televisione e sua madre legge il giornale. – vedi anche* PARENT *(Trabocchetto)*

mother-in-law /'mʌðəʳ-ɪn-lɔː/ s ⟨*pl* **mothers-in-law**⟩ *suocera*

motor /'məʊtəʳ/ s
motore: an electric motor, *un motore elettrico – vedi anche* ENGINE *(Nota)*

motorbike /'məʊtəbaɪk||-tər-/ s
(fam) moto, motocicletta: Cindy is learning to ride a motorbike. *Cindy sta imparando ad andare in moto.*

motorboat /'məʊtəbəʊt||-tər-/ s
motoscafo

motorcycle /'məʊtəˌsaɪkəl||-tər-/ *anche* **motorbike** *(fam)* s
motocicletta

motorway /'məʊtəweɪ||-tər-/ s
(IB) autostrada

mountain /'maʊntʃn/ s
montagna, monte: Which is the highest mountain in Europe? *Qual è il monte più alto d'Europa?*

mourn /mɔːn||mɔːrn/ vi, vt
⟨**for, over**⟩ *addolorarsi (per), essere in lutto (per):* He's still mourning (over) the loss of his job. *È ancora addolorato per la perdita del suo lavoro.*

mouse /maʊs/ s
⟨*pl* **mice**⟩ **1** *topo* **2** *mouse (comando a distanza per computer):*

moustache *(IB) o* **mustache** *(IA)* /mə'staːʃ||'mʌstæʃ/ s
baffi: He has a short black moustache, but no beard. *Ha dei baffetti neri, ma non la barba.*

mouth /maʊθ/ s
bocca: The fish was opening and closing its mouth. *Il pesce era boccheggiante.*

move¹ /muːv/ *v*
⟨*pass rem e p pass* **moved,** *p pres* **moving**⟩ 1 *vt* (ri)muovere, spostare: Has anyone moved my bike? I can't find it. *Qualcuno ha spostato la mia bici? Non riesco a trovarla.*|We'll have to move the furniture out of the room before we can decorate. *Dovremo trasportare i mobili fuori della stanza prima di cominciare a decorare.* 2 *vi* muoversi, procedere:The cars were moving slowly because of the fog. *Le automobili procedevano lentamente a causa della nebbia.*|The bee moved from flower to flower. *L'ape passava di fiore in fiore.* 3 *vi, vt anche* **move house** traslocare, trasferirsi: We're moving (house) on Thursday. *Traslochiamo giovedì.*

move² *s*
1 *movimento, mossa:* One move and you're dead! *Fai un gesto e sei morto!* 2 *mossa, turno:* Whose move is it? *A chi tocca muovere?*|Before you can play chess properly, you have to learn the moves. *Prima di poter giocare a scacchi correttamente, si devono imparare le mosse.*

movement /ˈmuːvmənt/ *s*
1 *movimento:* Every movement caused the old man pain. *Ogni movimento causava dolore al vecchio.* 2 ⟨*seguito da un verbo al singolare o al plurale*⟩ *movimento:* the women's movement, *il movimento femminista*

movie (*IA*) /ˈmuːvi/ *s*
film

movie theater /ˈmuːvi ˌθɪətəʳ/ *s*
cinema

mow /məʊ/ *vt*
⟨*pass rem* **mowed,** *p pass* **mown** *o* **mowed**⟩ *falciare, tagliare:* Andy is mowing the lawn. *Andy sta tagliando il prato.*|lawn mower, *falciatrice*

MP /ˌemˈpiː/ *s*
⟨*pl* **MPs** *o* **MP's**⟩ *abbr di* **Member of Parliament** *membro del Parlamento, deputato (alla Camera dei Comuni)*

Mr /ˈmɪstəʳ/ *s*
signore: Mr Morgan, *il signor Morgan* – vedi anche **Ms** (***Nota***)

Mrs /ˈmɪsɪz/ *s*
signora: Good morning, Mrs Morgan. *Buongiorno, signora Morgan.* – vedi anche **Ms** (***Nota***)

Ms /mɪz, məz/ *s*
signora: Dear Ms Taylor, . . . Yours sincerely, Andy Morgan. *Gentile signora Taylor, . . . Distinti saluti, Andy Morgan.*
■***Nota:*** *Nel caso di un uomo, sposato o no, si usa sempre il titolo* **Mr.** *Nel caso di una donna invece, se sposata si chiama* **Mrs,** *se nubile si chiama* **Miss.** *Attualmente però, onde evitare discriminazioni, si tende a preferire il generico appellativo* **Ms** *per tutte le donne, indipendentemente dal loro stato coniugale.*

much¹ /mʌtʃ/ *agg, pron*
⟨*compar* **more,** *sup* **most**⟩
⟨*principalmente in frasi interrogative o negative*⟩ *molto, parecchio, gran parte:* We haven't got much coffee and we haven't got many biscuits. *Non abbiamo molto caffè e neppure molti biscotti.*|He didn't tell me very much about his holiday. *Non ci ha raccontato molto della sua vacanza.*| Much of what he said was untrue. *Gran parte di ciò che ha detto era falso.* – vedi anche **how much** (HOW), **too much** (TOO), AMOUNT (***Nota***) *e* LOT (***Nota***)

much² *avv*
1 ⟨*principalmente in frasi interrogative o negative*⟩ *molto, spesso, a lungo:* I don't go out much in the evenings. *Non esco molto di sera.* 2 ⟨*per rafforzare aggettivi o avverbi*⟩ *molto, assai, di gran lunga:* I'm much too busy to go out tonight. *Sono di gran*

lunga troppo occupato per uscire stasera.|He's much older than I thought he was. *È molto più vecchio di quanto pensassi.*|Thank you very much. *Grazie mille.*

mud /mʌd/ *s*
⟨*non num*⟩ fango, melma: We scraped the dried mud off our shoes. *Ci siamo puliti le scarpe grattando via il fango secco.*

muddy /'mʌdi/ *agg*
⟨*compar* **muddier,** *sup* **muddiest**⟩ fangoso, melmoso: a muddy path/field, *un sentiero/campo fangoso*

mug /mʌg/ *s*
boccale, bicchierone, tazza: Do you want your coffee in a cup or a mug? *Vuoi il caffè in una tazza o in un boccale?*

multiplication /ˌmʌltɪplɪ'keɪʃən/ *s*
⟨*non num*⟩ moltiplicazione: a multiplication sum, *una moltiplicazione*

multiply /'mʌltɪplaɪ/ *v*
⟨*pass rem e p pass* **multiplied,** *p pres* **multiplying**⟩ **1** *vt* moltiplicare: If you multiply six by nine, you get fifty-four. *Se si moltiplica sei per nove, si ottiene cinquanta quattro.* **2** *vi* moltiplicarsi, riprodursi, crescere: Flies multiply at an enormous rate. *Le mosche si riproducono con enorme velocità.*| There isn't enough food for the rapidly multiplying population. *Non c'è cibo a sufficienza per la popolazione in rapido aumento.*

multi-storey /ˌmʌltɪ'stɔːri/ *agg*
⟨*solo attributivo*⟩ a più piani, di molti piani: a multi-storey car park, *un parcheggio a più piani*

mum *o* **Mum** /mʌm/ *anche* **mom** (*IA*) *s*
mamma: "Lucy! Where are you?" "I'm here, Mum." *"Lucy! Dove sei?" "Sono qui, mamma."*

mummy *o* **Mummy** /'mʌmi/ *anche* **mommy** (*IA*) *s*

mammina: Can I have an ice cream, please, Mummy? *Mammina, mi prendi il gelato per favore?*

murder¹ /'mɜːdəʳ||'mɜːr-/ *s*
⟨*num e non num*⟩ assassinio, omicidio: He was convicted of murder. *Fu riconosciuto colpevole di omicidio.*

murder² *vt*
assassinare: He was murdered inside the bar. *Fu assassinato nel bar.*
— **murderer** *s* assassino, omicida

muscle /'mʌsəl/ *s*
muscolo: Jogging helps build up your leg muscles. *Fare jogging aiuta a rinvigorire i muscoli delle gambe.*

museum /mjuː'zɪəm||mjʊ-/ *s*
museo

music /'mjuːzɪk/ *s*
⟨*non num*⟩ musica: I like listening to music on the radio. *Mi piace ascoltar musica alla radio.*|classical/pop/folk/ rock music, *musica classica/pop/folk/ rock*

musical¹ /'mjuːzɪkəl/ *agg*
1 ⟨*solo attributivo*⟩ musicale: a musical instrument, *uno strumento musicale* **2** dotato per la musica, appassionato di musica: I'm not very musical, I'm afraid. *Non sono molto dotato per la musica, purtroppo.*

musical² *s*
musical, commedia musicale: The students put on a musical at Christmas. *Gli studenti hanno allestito una commedia musicale per Natale.*

musician /mjuː'zɪʃən||mjʊ-/ *s*
musicista: I'd like to work in the theatre as an actor or a musician. *Mi piacerebbe lavorare in teatro come attore o musicista.*

must /məst; *forma enfatica* mʌst/ *v aus*
⟨*seguito dall'infinito senza* **to**⟩ **1** *dovere*: I must remember to post that letter. *Devo ricordarmi di imbucare quella lettera.*|You mustn't cross the road when the red man is

showing. *Non si deve attraversare la strada quando sul semaforo compare l'omino rosso.*|I must wash the car on Sunday. I had to wash it last Sunday too! *Devo lavare la macchina domenica. Anche domenica scorsa l'ho dovuta lavare!*|A year ago, the doctor said that I should lose some weight. Now he says that I must lose it or I risk a heart attack. *Un anno fa il dottore disse che avrei dovuto perdere alcuni chili. Adesso dice che devo assolutamente perderli, altrimenti rischio un Attacco cardiaco.*|I must go home. I have to make the dinner tonight. *Devo andare a casa. Stasera devo preparare la cena. – vedi anche* HAVE (*Nota*), *e La Nota Grammaticale* **Modals 2** (*per esprimere forte probabilità o certezza logica*) *dovere:* You must be tired after your long journey. *Devi essere stanco dopo il tuo lungo viaggio.*|There's no one here. They must have all gone home. *Qui non c'è nessuno. Devono essere andati tutti a casa.*|Hello. You must be Claudia. *Ciao. Tu devi essere Claudia.*

mustache /'mʌstæʃ/ *s*
IA di **moustache** *baffi*

mustard /'mʌstəd||-ərd/ *s*
⟨*non num*⟩ *senape:* Do you want mustard on your hamburger? *Vuoi della senape sull'hamburger?*

my /maɪ/ *agg poss*
mio: "Have you seen my pen?" "Is this it?" "Yes, that's mine." *"Hai visto la mia penna?" "È questa?" "Sì, quella è la mia."*|I broke my leg playing hockey. *Mi sono rotto la gamba giocando a hockey. – vedi anche La Nota Grammaticale* **Possessive Adjectives and Pronouns**

myself /maɪ'self/ *pron rifl*
1 ⟨*usato come oggetto di un verbo o dopo una preposizione*⟩ *me (stesso), mi:* I enjoyed myself tremendously. *Mi*
sono divertito enormemente.*|I hurt myself playing hockey. *Mi sono fatto male giocando a hockey.*|I shared the money equally between Kate and myself. *Ho spartito il denaro in parti uguali tra me e Kate.* **2** *forma enfatica di* **I** *io stesso, proprio io, io in persona:* I will do this job myself. *Questo lavoro me lo sbrigherò io personalmente.*|I painted the house all by myself. *Ho dipinto la casa da solo.*

mysterious /mɪ'stɪərɪəs/ *agg*
misterioso: a mysterious accident, *un misterioso incidente*|a mysterious-looking stranger, *un forestiero dall'aspetto misterioso*
— **mysteriously** *avv misteriosamente:* He died mysteriously in 1973. *Morì misteriosamente nel 1973.*

mystery /'mɪstəri/ *s*
⟨*pl* **mysteries**⟩ ⟨*num e non num*⟩ *mistero:* The cause of the accident remains a mystery. *La causa dell'incidente rimane un mistero.*|I like reading mystery stories. *Mi piace leggere i racconti del mistero.*

N, n

N, n /en/
N, n

nail¹ /neɪl/ s
1 *chiodo:* a hammer and some nails,
un martello e dei chiodi **2** *unghia:*
After he'd had a bath, Andy cut his
nails. *Finito il bagno, Andy si tagliò le
unghie.* – *vedi anche* FINGERNAIL *e*
TOENAIL

nail² *vt*
⟨**to, on**⟩ *inchiodare, fissare con i
chiodi (a, su):* I nailed the floorboards
down. *Ho inchiodato le assi del
pavimento.*

name¹ /neɪm/ s
nome: What's your name? *Come ti
chiami?*|My name's Lucy Morgan. *Mi
chiamo Lucy Morgan.*|Can you tell me
the name of that village? *Saprebbe
dirmi che paese è quello?*|The company
has changed its name again. *La società
ha di nuovo cambiato nome.*

name² *vt*
⟨*pass rem e p pass* **named**, *p pres*
naming⟩ *chiamare, mettere nome a,
menzionare:* Can you name three
Scottish cities? *Puoi menzionare il
nome di tre città scozzesi?*|I name this
ship "Royal Princess". *Battezzo questa
nave "Royal Princess".*|I was named
after my grandmother. *Fui chiamata
col nome di mia nonna.*

narrate /nəˈreɪt||ˈnæreɪt, næˈreɪt, nə-/
vt
⟨*pass rem e p pass* **narrated**, *p pres*
narrating⟩ (*form*) *raccontare, narrare:*
She narrated the story while we acted
the parts. *Raccontava la storia mentre*

noi recitavamo le parti. – **narrator** *s
narratore*

narrow /ˈnærəʊ/ *agg*
⟨*compar* **narrower**, *sup* **narrowest**⟩
stretto: The stairs in the old house
were very steep and narrow. *Le scale
della vecchia casa erano molto ripide e
strette.*|a narrow path down to the
harbour, *un sentiero stretto che
conduce giù al porto* – *contrario* WIDE

nasty /ˈnɑːsti||ˈnæsti/ *agg*
⟨*compar* **nastier**, *sup* **nastiest**⟩ *cattivo,
disgustoso, antipatico:* Don't be so
nasty! *Non essere così cattivo!*|a nasty
taste in my mouth, *un sapore
disgustoso in bocca*|That was a nasty
thing to say! *Quello che hai detto è
disgustoso!* – *contrario* NICE

nation /ˈneɪʃən/ *s*
nazione: The President regularly
broadcasts to the nation. *Il presidente
si rivolge regolarmente alla nazione per
radio e per televisione.*|The whole
nation was shocked by the air disaster.
*L'intera nazione fu sciocata dal
disastro aereo.*|the United Nations, *Le
Nazioni Unite*

national /ˈnæʃənəl/ *agg*
nazionale: All Italian footballers want
to play for the national team. *Tutti i
calciatori italiani desiderano giocare
nella Nazionale.*|a national newspaper,
un quotidiano nazionale|How many
national holidays do you have? *Quante
feste nazionali avete?*

nationality /ˌnæʃəˈnæl̩ti/ *s*
⟨*pl* **nationalities**⟩ *nazionalità:* Please
write your name, address, and

nationality on the form. *Si prega di indicare nome, cognome, indirizzo e nazionalità sul modulo.*|People of all nationalities visit the Vatican. *Gente di tutte le nazionalità visita il Vaticano.*

national park /ˈnæʃənəl paːk‖paːrk/ s ⟨*pl* **national parks**⟩ *parco nazionale*: Serengeti is a national park in Tanzania. *Serengeti è un parco nazionale della Tanzania.*

natural /ˈnætʃərəl/ *agg*
1 *naturale*: The natural resources of a country can include coal, oil, gas, minerals, etc. *Le risorse naturali di un paese possono comprendere carbone, petrolio, gas, minerali vari, ecc.*|He died of natural causes in his old age. *È morto di morte naturale in età avanzata.* **2** ⟨**to do sthg**⟩ *normale, naturale*: It's natural to feel a bit nervous when you go to the dentist. *È più che naturale essere un po' agitati quando si va dal dentista.*|It's not natural to sleep for fourteen hours a day! *Non è normale dormire quattordici ore al giorno!*

natural history /ˈnætʃərəl ˈhɪstəri/ s ⟨*non num*⟩ *scienze naturali*: a visit to the natural history museum, *una visita al museo di scienze naturali.*

naturally /ˈnætʃərəli‖-tʃərəli, -tʃərli/ *avv*
1 *naturalmente, spontaneamente*: Just act naturally and nobody will suspect anything. *Non hai che da comportarti con naturalezza e nessuno sospetterà niente.*|Is your hair naturally wavy or did you have it permed? *I tuoi capelli sono naturalmente ondulati o ti sei fatta fare la permanente?* **2** ⟨*usato esclamativamente nelle risposte o in affermazioni enfatiche*⟩ *certo, ovviamente*: Naturally you will feel tired with two children to look after. *Si capisce che ti sentirai stanco con due bambini da accudire.*|"I suppose you

expect to do well in your exams?" "Naturally!" *"Immagino che tu conti di andare bene agli esami." "Certo che sì!"*

nature /ˈneɪtʃəʳ/ s
1 ⟨*non num*⟩ *natura*: Man has always tried to control the forces of nature. *L'uomo ha sempre cercato di controllare le forze della natura.*|We had a film about spiders in our nature study lesson. *Nell'ora di scienze naturali abbiamo visto un documentario sui ragni.*
2 ⟨*generalmente singolare*⟩ *natura, indole, carattere*: It's (in) Anna's nature to be mischievous. *È nell'indole di Anna essere birichina!*|a kind nature, *un carattere gentile*|kind by nature, *gentile per natura*
  good-natured *agg*
buono, cordiale: The dog won't bite. He's very good-natured. *Il cane non morde. È molto buono.*

naughty /ˈnɔːti‖ˈnɔːti, ˈnɑːti/ *agg* ⟨*compar* **naughtier**, *sup* **naughtiest**⟩ *monello, birichino, cattivo*: a naughty child, *un bambino monello*|It was naughty of you to eat all those sweets. *Sei stato cattivo a mangiare tutte quelle caramelle.*

navy /ˈneɪvi/ s ⟨*pl* **navies**⟩ ⟨*seguito da un verbo al singolare o al plurale*⟩ *marina (militare)*: How many battleships has *o* have the navy got? *Quante navi da guerra ha la marina?*

navy blue /ˈneɪvi bluː/ *anche* **navy** *agg* *blu marino*: a navy blue uniform, *una divisa blu marino*

near[1] /nɪəʳ/ *agg* ⟨*compar* **nearer**, *sup* **nearest**⟩ *vicino*: Can you tell me where the nearest chemist's is, please? *Può dirmi, per favore, dov'è la farmacia più vicina?*| "Is the post office far from here?" "No. It's quite near." *"È lontana la*

posta?" "No, è abbastanza vicina."
near² *avv, prep*

⟨*compar* **nearer,** *sup* **nearest**⟩ ⟨**to**⟩
vicino, accanto: You can watch the
TV, but don't sit too near. *Guarda
pure la tivù, ma non stare seduto
troppo vicino.*|The man standing
nearest (to) the door is Mr Morgan.
*L'uomo in piedi più vicino alla porta è
il signor Morgan.*|Jane lives really near
me. *Jane abita proprio vicino a me.*
– *contrario* FAR

nearly /'nɪəli||'nɪərli/ *avv*
quasi, per poco: Lucy is nearly six!
Lucy ha quasi sei anni!|I've nearly
finished. *Ho quasi finito.*|He nearly
missed the train. *Per poco non perse il
treno.*
■*Nota:* **Nearly** e **almost** *sono molto
simili di significato e spesso
interscambiabili, tranne che davanti a
un aggettivo di qualità dove solo* **almost**
è appropriato: That dog is **almost**
human! *Quel cane è quasi umano!*

neat /niːt/ *agg*
⟨*compar* **neater,** *sup* **neatest**⟩ *ordinato,
pulito:* Andy keeps his room neat and
tidy. *Andy tiene la sua stanza sempre
in ordine.*|She's got very neat
handwriting. *Ha una scrittura molto
ordinata.* — **neatly** *avv accuratamente,
con precisione:* Fold the cloth neatly.
Ripiegare il tessuto con cura. – *vedi
anche* ACCURATE (***Trabocchetto***)

necessary /'nesɪsəri||-seri/ *agg*
⟨**to do sth** *o* **for**⟩ *necessario (fare qc o
per):* Food is necessary for all living
things. *Il cibo è indispensabile a tutti
gli esseri viventi.*|Is it really necessary
for me to do all this homework? *Devo
proprio fare tutti questi compiti?*

necessity /nɪ'sesɪti/ *s*
⟨*pl* **necessities**⟩ ⟨*num e non num*⟩
necessità: Are washing machines and
fridges necessities or luxuries? *Le
lavatrici ed i frigoriferi sono generi di*

prima necessità o di lusso?

neck /nek/ *s*
collo: I strained my neck painting the
ceiling. *Mi sono sforzato il collo
decorando il soffitto.*
  necktie (*IA*) *s*
cravatta

need¹ /niːd/ *vt*
⟨*non usato nelle forme progressive*⟩
1 ⟨**sth** *o* **to do sth**⟩ *avere bisogno (di
qc o di fare qc):* Everybody needs
somewhere to live. *Tutti hanno
bisogno di un posto dove vivere.*|I'm
filthy. I need a bath. *Sono sudicia. Ho
bisogno di un bagno.*|More lorries are
needed to deliver the grain.
*Occorrono più camion per distribuire il
grano.*|I didn't need a coat. It was
warm and sunny outside. *Non mi
serviva il cappotto. Fuori c'era il sole e
faceva caldo.*|This towel needs
washing. *Bisogna lavare
quest'asciugamano.*|Have you got a
moment? I need to talk to you. *Hai un
minuto? Ho bisogno di parlarti.*|I need
to buy some bread on the way home.
*Ho bisogno di comprare il pane al
ritorno.* – *vedi anche* OCCUR
(***Trabocchetto***) **2** ⟨*generalmente in frasi
interrogative o negative*⟩ *dovere, essere
necessario:* You needn't go if you
don't want to. *Non è necessario
andare, se non vuoi.*|Need you take all
that luggage with you? *Devi proprio
portarti dietro tutto quel bagaglio?*|
"Must you be home by ten o'clock?"
No, I needn't (be)." *"Devi essere a
casa entro le dieci?" "No, non
necessariamente."*

need² *s*
⟨*sing e non num*⟩ ⟨**to do sth** *o* **for**⟩
bisogno (di fare qc o di): There is a
need for more new houses in the town.
C'è bisogno di più case nuove in città.|
Many people in Africa are **in need of**
food and water. *Molta gente in Africa*

ha bisogno di cibo e di acqua.|children **in need,** *bambini bisognosi*|There's no need for you to come if you don't want to. *Non occorre che tu vieni se non vuoi.*|**There's no need to** get angry! *Non è davvero il caso di arrabbiarsi!*

needle /'niːdl/ *s*
ago: Andy is trying to thread a needle. *Andy sta cercando di infilare un ago.*|a knitting needle, *un ferro da calza*

negative[1] /'negətɪv/ *agg*
negativo: "Any" is used mainly in negative and interrogative sentences. *Si usa "any" principalmente in frasi negative e interrogative.*|The results were negative. *I risultati erano negativi.*|Their reaction was negative. *La loro reazione fu negativa.*

negative[2]
negativo: We sent the negatives to be developed. *Abbiamo mandato i negativi a far sviluppare.*

neighbour (*IB*) *o* **neighbor**(*IA*) /'neɪbə'/ *s*
vicino: My next-door neighbour is very friendly and helpful. *La mia vicina di casa è molto cordiale e servizievole.*

neither[1] /'naɪðə'||'niː-/ *agg, pron*
nè l'uno nè l'altro, nessuno dei due: "Would you like tea or coffee?" "Neither, thank you." *"Gradisce del tè o del caffè?" "Nè l'uno nè l'altro, grazie."*|Neither boy *o* Neither of the boys could swim. *Nessuno dei due ragazzi sapeva nuotare.*
■*Nota: Nell'inglese scritto e formale,* **neither** *è considerato singolare:* **Neither of my parents speaks Italian.** *Ma in stile colloquiale (sia scritto che parlato), è più spesso seguito da un verbo al plurale:* **Neither of my parents speak Italian.**

neither[2] *cong, avv*
1 Neither . . . nor . . . *nè . . . nè . . . .* Neither Kate nor Andy had been to Italy before. *Nè Kate nè Andy erano stati in Italia prima.*|I have neither seen the film nor read the book. *Non ho nè visto il film nè letto il libro.*
2 *neanche, nemmeno, neppure:* Kate doesn't speak French and neither does Andy. *Kate non sa parlare francese e nemmeno Andy lo sa.*|"I can't swim." "Neither can I." *"Non so nuotare." "Neanch'io."*

nephew /'nefjuː, 'nev-||'nef-/ *s*
nipote (maschio, di zii): My nephew's name is George. *Mio nipote si chiama George.* – *confrontare con* NIECE

nerve /nɜːv||nɜːrv/ *s*
nervo: The dentist's drill touched a nerve and I jumped. *Il trapano del dentista mi toccò un nervo ed io feci un salto.*|That noise is **getting on my nerves.** *Quel rumore mi sta dando ai nervi.*

nervous /'nɜːvəs||'nɜːr-/ *agg*
nervoso, agitato, apprensivo: Are you nervous when you go to the dentist? *Hai paura quando vai dal dentista?*
▲*Trabocchetto: La parola* **nervous,** *a differenza della parola italiana* **nervoso,** *nel linguaggio comune allude a uno stato timido, apprensivo, confuso, per esempio prima di un esame o quando si è in imbarazzo con qualcuno. Non indica un aspetto permanente del carattere.*

nest /nest/ *s*
nido: There's a bird's nest in the chimney. *C'è un nido d'uccelli nel camino.* — **nest** *vi fare il nido,* nidificare: The pigeons are nesting in the chimney. *I piccioni stanno facendo il nido nel camino.*

net /net/ *s*
rete: I don't like tennis, because I can never get the ball over the net. *Il tennis non mi piace, perchè non riesco mai a mandare la pallina al di là della rete.*|a fishing net, *una rete da pesca*

never /'nevə'/ *avv*

mai, non . . . mai: The bus is never on time. It's always late! *L'autobus non è mai in orario. È sempre in ritardo.*| Kate and Andy have never been to Italy. *Kate e Andy non sono mai stati in Italia.* – *vedi anche* **never mind** (MIND)

new /njuː||nuː/ *agg*
⟨*compar* **newer**, *sup* **newest**⟩ *nuovo:* I sold my old bike and bought a new one. *Ho venduto la mia vecchia bicicletta e ne ho comprata una nuova.*|Anna is with her new boyfriend. *Anna sta con il suo nuovo ragazzo.*|Mrs Morgan's just bought a **brand-new** car. *La signora Morgan ha appena comprato una macchina nuova di zecca.*|Kate had never been to Milan before, so it all seemed new to her. *Kate non era mai stata prima a Milano, così tutto le sembrava nuovo.*
– *contrario* OLD

news /njuːz||nuːz/ *s*
⟨*non num*⟩ ⟨*usato collettivamente con il verbo al singolare*⟩ **1** *bollettino, notiziario:* We always listen to the news on the radio. *Ascoltiamo sempre il giornale radio.*|Here is the latest news. *Ecco le ultime notizie.*
2 *informazioni, notizie, novità:* Kate got some good news today. Claudia is coming to Dover for a holiday. *Kate ha ricevuto una bella notizia oggi. Claudia verrà in vacanza a Dover.*| Paul told me an interesting piece of news the other day. *L'altro giorno Paul mi ha raccontato una novità interessante.*

newsagent (*IB*) /'njuːz,eɪdʒənt|| 'nuːz-/ *s*
anche **newsagent's** *giornalaio:* Mr Morgan went to the newsagent's to get a paper. *Il signor Morgan è andato dal giornalaio a comprare il giornale.*

newspaper /'njuːs,peɪpə˚||'nuːz-/ *s*
anche **paper** *s*

giornale: I try to read the newspaper every day. *Cerco di leggere il giornale ogni giorno.*|a local/national newspaper, *un giornale locale/ nazionale*

new year *s*
⟨*generalmente sing; preceduto da* **the**⟩ *anno nuovo:* Cindy starts her new job in the new year. *Cindy comincia il suo nuovo lavoro nell'anno nuovo.*|Happy New Year! *Buon anno!, Felice anno nuovo!*

next[1] /nekst/ *agg*
⟨*non usato al compar o sup*⟩ **1** *vicino:* Andy and Kate live in the next house to me. *Andy e Kate abitano nella casa subito dopo la mia.* **2** *prossimo, successivo:* What time is the next train to Dover? *A che ora è il prossimo treno per Dover?*|"When are you going away?" "Next Wednesday." *"Quando parti?" "Mercoledì prossimo."*|Cindy is starting a new job next week/year. *La prossima settimana/l'anno prossimo Cindy comincia un nuovo lavoro.*
– *confrontare con* LAST

next[2] *avv*
1 *dopo, poi:* What did Andy do next? *E poi cos'ha fatto Andy?*|What are you going to do next? *E adesso che farai?*| Who's next? *Chi è il prossimo?* **2** **next to** *accanto a, a fianco di:* Sandro is sitting next to Carlo. *Sandro è seduto accanto a Carlo.*|The bank is next to the Post Office. *La banca è accanto all'Ufficio Postale.* – *vedi anche* *L'Illustrazione* **Prepositions**

next door /nekst dɔːʳ/ *avv*
accanto, nella/della casa accanto: The people next door are very friendly. *I miei vicini di casa sono molto cordiali.*|I'm just going next door for a minute. *Vado un attimo qui accanto.*

nice /naɪs/ *agg*
⟨*compar* **nicer**, *sup* **nicest**⟩ *bello, piacevole, simpatico:* What a nice

room! *Che bella stanza!*|a nice day, *una bella giornata*|Hello, Claudia. Nice to meet you. *Ciao Claudia. Piacere di conoscerti.*|This fish is nice. Did you cook it yourself? *Questo pesce è buono. L'hai cucinato tu?*|"What do you think of Sandro?" "He seems very nice." *"Cosa pensi di Sandro?" "Sembra molto simpatico."*|"I really like Kate." "Yes, she's so nice, isn't she?" *"Kate mi piace davvero." "Sì, è molto simpatica, vero?"* – contrario NASTY — **nicely** *avv* gentilmente: Ask him nicely. *Chiediglielo per bene.*

niece /niːs/ *s*
nipote *(femmina, di zii)*: Mrs Morgan's niece is called Cindy. *La nipote della signora Morgan si chiama Cindy.* – confrontare con NEPHEW

night /naɪt/ *s*
1 notte: It must have rained during the night. *Deve essere piovuto durante la notte.*|We spent three nights in a hotel in Milan. *Abbiamo passato tre notti in un hotel a Milano.*|Emilio stayed up all night working. *Emilio restò tutta la notte alzato a lavorare.*,|Night was falling by the time we got home. *Si stava ormai facendo notte quando rientrammo a casa.*|Good night! *Buona notte!* **2** sera, serata: We had a night out in London last week. We had a meal and then went to the cinema. *La settimana scorsa abbiamo passato una serata fuori a Londra. Siamo andati a cena e poi al cinema.*|What did you do last night? *Cosa avete fatto ieri sera?*
   midnight *s*
   mezzanotte
night club /'naɪtklʌb/ *s*
⟨*pl* **night clubs**⟩ locale notturno, night(-club): We went to a couple of night clubs when we were in London. *Siamo andati in un paio di locali notturni quando eravamo a Londra.*
nightmare /'naɪtmeəʳ/ *s*

incubo: The children had nightmares about the monsters. *I bambini ebbero degli incubi sui mostri.*

nil /nɪl/ *s*
zero: Liverpool won three nil. *Il Liverpool ha vinto per tre a zero.* – vedi anche NOUGHT (*Nota*)

nine /naɪn/ *agg, pron, s*
nove – **ninth** *agg, pron nono* – vedi anche *La Nota Grammaticale* **Numbers**

nineteen /ˌnaɪn'tiːn/ *agg, pron, s*
diciannove – vedi anche *La Nota Grammaticale* **Numbers**

ninety /'naɪnti/ *agg, pron, s*
novanta – vedi anche *La Nota Grammaticale* **Numbers**

no¹ /nəʊ/ *inter*
(*si usa per negare, rifiutare qualcosa o esprimere disaccordo*) no: "Has it stopped raining yet?" "No, it hasn't." *"Non ha ancora smesso di piovere?" "No."*|"Will you help me with my homework tonight?" "No." *"Mi puoi aiutare a fare i compiti stasera?" "No."*|"It's too far to walk." "No, it's not. Don't be so lazy." *"È troppo lontano per andarci a piedi." "No, non è vero. Non essere così pigro."*
■*Nota:* In inglese non è considerato educato rispondere negativamente ad una domanda con un semplice **No**. Generalmente è perciò necessario, ripetere il verbo ausiliare della domanda: "Has Kate arrived yet?" "No, she hasn't."|"Can you come with us?" "No, I'm afraid I can't."

no² *agg*
nessuno, non . . . alcuno: We've got no lemonade left. Will you have something else? *La limonata è finita. Ti va qualcos'altro?*|Are there any biscuits in the house? *Non ci sono biscotti in casa?*|There's no hope. *Non c'è nessuna speranza.* – vedi anche *La Nota Grammaticale* **Some and Any**

nobody /'nəʊbədi||-,bɑːdi, -bədi/ *anche*

no one *pron*
nessuno: At first I thought there was nobody there. *Lì per lì ho pensato che non ci fosse nessuno.*|Nobody told me you were coming. *Nessuno mi ha detto che saresti venuta.*

nod[1] /nɒd||nɑːd/ *vi, vt*
⟨*pass rem e p pass* **nodded,** *p pres* **nodding**⟩ *fare un cenno col capo, annuire:* When I asked him if he understood, he nodded, so I continued. *Quando gli domandai se avesse capito, accennò di sì, e perciò io proseguii.*

nod[2] *s*
cenno (del capo): She gave a nod to show that she agreed. *Fece un cenno col capo per dire che era d'accordo.*

noise /nɔɪz/ *s*
⟨*num e non num*⟩ *rumore, chiasso:* Don't make so much noise, your mother's on the phone. *Non fare tanto chiasso, tua madre sta parlando al telefono.*|What was that noise? *Cos'è stato quel rumore?*

noisy /'nɔɪzi/ *agg*
⟨*compar* **noisier,** *sup* **noisiest**⟩ *rumoroso, chiassoso:* London is a very noisy city because there is so much traffic. *Londra è una città molto rumorosa perchè è così piena di traffico.*|noisy children, *bambini chiassosi*

none /nʌn/ *pron*
nessuno, nemmeno uno, nulla: None of them wants to go home. *Nessuno di loro vuole andare a casa.*|I've drunk all the milk. There's none left. *Ho bevuto tutto il latte. Non ce n'è proprio più.*
■*Nota: Nell'inglese scritto e formale,* **none** *è considerato singolare:* **None of the children likes spaghetti.** *Ma in stile colloquiale (sia scritto che parlato), è più spesso seguito da un verbo al plurale:* **None of the children like spaghetti.** *– vedi anche* **La Nota**

Grammaticale **Some and Any**

nonsense /'nɒnsəns||'nɑːnsens/ *s*
⟨*non num*⟩ *sciocchezze:* Don't talk nonsense. *Non dire sciocchezze.*| "You're late!" "Nonsense! I'm right on time." *"Sei in ritardo!"* *"Sciocchezze! Sono giusto in orario."*

nonstop[1] /ˌnɒn'stɒp||ˌnɑːn'stɑːp/ *avv*
ininterrottamente, senza sosta: You can fly nonstop from New York to Milan. *Si può volare senza scalo da New York a Milano.*|The people sitting behind us talked nonstop all through the film. *Quelli seduti dietro di noi continuarono a parlare senza tregua per tutta la durata del film.*

nonstop[2] *agg*
continuo, (di viaggio) diretto, non stop: There is a nonstop flight to Milan. *C'è un volo diretto per Milano.*| In a newspaper office, it's nonstop activity all day. *Nella redazione di un giornale c'è un'attività incessante da mattina a sera.*

no one /'nəʊ wʌn/ *pron*
⟨*sinonimo di* **nobody**⟩ *nessuno* No one will notice if we go now. *Nessuno ci farà caso se vai via adesso.*

nor /nɔːr/ *cong, avv*
⟨*generalmente correlativo di* **neither** *o* **not**⟩ *nè, neanche, nemmeno:* "I'm not very tidy." "Nor am I." *"Non sono molto ordinato." "Neanch'io."*|"I don't want to go!" "Nor do I!" *"Non voglio andare!" "Nemmeno io!"*|Neither my mother nor my father nor my grandparents can drive. *Nè mia madre nè mio padre nè i miei nonni sanno guidare. – vedi anche* NEITHER

normal /'nɔːməl||'nɔːr-/ *agg*
⟨**to do sthg**⟩ *normale:* a normal day at school, *un giorno di scuola come tanti altri*|It's not normal to sleep all day and all night. *Non è normale dormire giorno e notte.*

normally /'nɔːməli||'nɔːr-/ *avv*
1 *normalmente:* He seems to be behaving quite normally. *Pare comportarsi in modo del tutto normale.*
2 *generalmente:* English houses normally have two floors. *Le case inglesi sono generalmente a due piani.*| On Sundays I normally get up early and go for a walk. *Di solito la domenica mi alzo presto e vado a fare una passeggiata.*

north[1] /nɔːθ||nɔːrθ/ *avv*
verso/a nord: We travelled north to Milan. *Ci dirigemmo a nord verso Milano.*

north[2] *agg*
del nord, settentrionale: the North Pole, *il Polo Nord*

north[3] *s*
⟨*preceduto da* **the**⟩ *nord, settentrione:* I'm from the north of England. *Sono del nord dell'Inghilterra.*|

north-east[1] /,nɔːθ'iːst||,nɔːrθ-/ *s*
⟨*preceduto da* **the**⟩ *nord-est*

north-east[2] *agg, avv*
nord-est, verso nord-est

northern /'nɔːðən||'nɔːrðərn/ *agg*
del nord, settentrionale: northern Italy, *l'Italia del nord*|the Northern Hemisphere, *l'emisfero settentrionale*

northward *anche* **northwards**
/'nɔːθwəd||'nɔːrθwərd/ *agg, avv*
verso nord: We sailed northward for several days. *Navigammo verso nord per diversi giorni.*

north-west[1] /,nɔːθ'west||,nɔːrθ-/ *s*
⟨*preceduto da* **the**⟩ *nord-ovest*

north-west[2] *agg, avv*
nordo-ovest, verso nord-ovest

nose /nəʊz/ *s*
naso: When I had a cold I had to keep blowing my nose. *Quando ho avuto il raffreddore, dovevo continuamente soffiarmi il naso.*

nostril /'nɒstrɪl||'nɑː-/ *s*
narice

not /nɒt||nɑːt/ *anche* **n't** (*contraz*) *avv*
non: "You're fat!" "No, I'm not!" *"Sei grasso!" "No, non è vero!"*|"Would you like a drink?" "No, thanks. I'm not thirsty." *"Vuoi qualcosa da bere?" "No, grazie. Non ho sete."*|Do not open the doors while the train is moving. *Non aprire gli sportelli finchè il treno è in movimento.*|"Have you finished your homework?" "No." "Why not?" *"Hai finito i compiti?" "No." "E perchè no?"*|"Will you have to go into hospital?" "I hope not." *"Dovrai andare in ospedale?" "Spero di no."*

note[1] /nəʊt/ *s*
1 *nota, biglietto, appunto:* I wrote a note to Bruno to say I couldn't go out on Friday. *Ho scritto un biglietto a Bruno per dirgli che non sarei potuto uscire venerdì.*|I'll make a note of your new phone number. *Mi prenderò nota del tuo nuovo numero di telefono.*| Students have to learn to take notes in lectures. *Gli studenti devono imparare a prendere appunti durante le lezioni.*
2 *banconota, biglietto (di banca):* a ten-pound note, *una banconota da dieci sterline* 3 *nota (musica):* He can recognize any pop song from the first few notes. *Sa riconoscere qualsiasi canzone pop dalle prime poche note.*

note[2] *vt*
⟨*pass rem e p pass* **noted**, *p pres* **noting**⟩ *notare, osservare:* Please note that the canteen closes at 2 p.m. today. *Per favore, notare che il refettorio chiude alle 2 del pomeriggio oggi.*

notebook /'nəʊtbʊk/ *s*
taccuino, bloc-notes: The policeman wrote my name and address in his notebook. *Il poliziotto si segnò il mio nome e indirizzo sul taccuino.*

nothing /'nʌθɪŋ/ *pron*
1 *niente, nulla:* There's nothing left to
eat! *Non è rimasto nulla da mangiare!*|
It's nothing to worry about. Just a sore
throat. *Non è niente di preoccupante.
Solo un mal di gola.* **2 for nothing**
gratis, per niente: Look! I got these
stamps for nothing. *Guarda! Ho avuto
questi francobolli per niente.*

notice¹ /'nəʊtɪs/ *s*
1 *avviso:* There was a notice on the
door of the classroom. Our teacher
was ill and couldn't come to school.
*C'era un avviso sulla porta della classe.
Il nostro insegnante era ammalato e
non poteva venire a scuola.*|At the end
of morning assembly, the headmaster
reads out the notices. *Al termine di
ogni riunione mattutina, il preside legge
ad alta voce gli avvisi.* **2 take notice of**
(*per lo più usato negativamente*)
prestare attenzione a, fare caso a: Take
no notice of him. He doesn't know
what he's talking about. *Non dargli
retta. Non sa neanche lui di che cosa
sta parlando.*|I don't take any notice of
insults. *Io non bado minimamente agli
insulti.*

notice² *vi, vt*
⟨sthg *o* (that)⟩ *accorgersi (di qc/che);
notare (qc/che):* Did you notice what
film was on at the cinema tonight? *Hai
notato che film c'era al cinema
stasera?*|I noticed (that) you didn't eat
anything. Are you feeling all right? *Ho
notato che non hai mangiato nulla. Ti
senti bene?*

notice board (*IB*) /'nəʊtɪs bɔːd||
-bɔːrd/ *anche* **bulletin board** (*IA*) *s*
⟨*pl* **notice boards**⟩ *tabellone, bacheca:*
He looked at the "For Sale" ads on
the notice board. *Guardò gli annunci
di "vendesi" sul tabellone.*

nought /nɔːt/ *s*
zero
■*Nota: Quando si leggono i numeri, lo*
zero viene chiamato a volte **nought,**
altre volte **zero** *o* **oh:** 0.6 (**nought** point
six) *ma* 1.06 (one point **zero** six *o* one
point **oh** six). *Nei numeri telefonici* **0**
viene generalmente pronunciato /əʊ/:
23520 (two three five two **oh**). *Nelle
misurazioni scientifiche (ad esempio
della temperatura)* **0** *è normalmente
chiamato* **zero** (zero degrees
Fahrenheit = **seventeen point eight
degrees below zero Celsius**). *Nei
risultati sportivi invece gli inglesi usano*
nil *(mentre gli americani dicono* **zero**),
*tranne che per il tennis dove un
punteggio nullo è indicato dalla parola*
love.

noun /naʊn/ *s*
sostantivo, nome: Nouns can be
singular or plural, and countable or
uncountable. *I sostantivi possono
essere singolari o plurali, e numerabili
o non numerabili.*|countable noun,
sostantivo numerabile|mass noun *o*
uncountable noun, *sostantivo non
numerabile – vedi anche La Nota
Grammaticale* **Countable and
Uncountable Nouns**

novel /'nɒvəl||'nɑː-/ *s*
romanzo: a great novel by a new
author, *un grande romanzo di un
nuovo autore/una nuova autrice*
– **novelist** *s romanziere*

November /nəʊ'vembər, nə-/ *s*
*novembre – vedi anche La Nota
Grammaticale* **Days and Dates**

now¹ /naʊ/ *avv*
1 *ora, adesso:* What shall we do now?
Cosa facciamo adesso?|Sue used to
teach in England but now she teaches
in Milan. *Prima Sue insegnava in
Inghilterra, ma ora insegna a Milano.*
2 (*interiezione per passare a un nuovo
argomento di conversazione o per
richiamare l'attenzione di qualcuno*)
allora, dunque, ora: Now, after the
Americans had landed on the moon,

they began to think about Venus. *Gli Americani dunque, dopo essere sbarcati sulla luna, hanno cominciato a pensare a Venere.*|Now listen to me, Andy! *Ora stammi ad ascoltare, Andy!*

now² *cong*

⟨(**that**)⟩ *ora che, dal momento che:* Now (that) we're all here we can start. *Ora che ci siamo tutti, possiamo cominciare.*

now³ *s*

1 *il presente, il momento attuale:* Let's forget our worries. Now is the time to celebrate. *Dimentichiamoci dei fastidi. È ora di far festa.* **2 from now on** *d'ora in poi:* From now on, all the administrative work will be done by computer. *D'ora in avanti tutto il lavoro amministrativo sarà svolto per mezzo del computer.*

nowadays /ˈnaʊədeɪz/ *avv*

oggi, oggigiorno: Nowadays it's quite common for children to use computers at school. *Oggigiorno è abbastanza normale che i bambini usino il computer a scuola. – vedi anche* ACTUAL (*Trabocchetto*)

nowhere /ˈnəʊweəʳ/ *avv*

in nessun luogo, da nessuna parte: I had nowhere to stay when I first came to London. *Appena arrivato a Londra, non avevo nessun posto dove stare.*| Lucy had gone for a walk and was nowhere to be found. *Lucy era andata a fare una passeggiata e non si riusciva a trovarla da nessuna parte.*

n't /ənt/ *contraz di* **not**

non: Don't worry. *Non preoccuparti.*| John hasn't finished his homework yet. *John non ha ancora finito i compiti.*|Isn't it a nice day? *Che bella giornata, non trovi?*|I couldn't fix the kettle. *Non sono riuscito a riparare il bollitore.*

nuclear /ˈnjuːklɪəʳ||ˈnuː-/ *agg*

nucleare: a nuclear power station, *una*

centrale nucleare|nuclear war/weapons, *guerra nucleare/armi nucleari*

nuisance /ˈnjuːsəns||ˈnuː-/ *s*

seccatura: My three-year-old sister is a real nuisance! *Mia sorella di tre anni è una vera peste!*|What a nuisance! The car won't start. *Che seccatura! La macchina non parte.*

number¹ /ˈnʌmbəʳ/ *s*

1 *numero, cifra:* The bus was too far away for me to read the number. *L'autobus era troppo distante perchè riuscissi a leggerne il numero.*|We live at number 57. *Abitiamo al numero 57.*|Sorry. I must have the wrong number. (*al telefono*) *Mi scusi. Devo aver sbagliato numero. – vedi anche La Nota Grammaticale* Numbers *a p. 310* **2** *quantità:* There have been a number of complaints. *C'è stata una serie di reclami.*|Large numbers of people have been visiting the exhibition. *La mostra è visitata da una grande quantità di gente.*|cardinal number, *numero cardinale*|ordinal number, *numero ordinale – vedi anche* AMOUNT (*Nota*)

number² *vt*

numerare: Remember to number the pages of your essay. *Ricordati di numerare le pagine del tema.*

numberplate (*IB*) /ˈnʌmbəpleɪt||-ər-/ *anche* **license plate** (*IA*) *s*

targa: Can you read the numberplate on that car? *Riesci a leggere il numero di targa di quell'auto?*

nun /nʌn/ *s*

suora, monaca: Anna was taught by nuns in a convent school. *Anna ha studiato in un collegio retto da suore.*

nurse¹ /nɜːs||nɜːrs/ *s*

infermiere, infermiera: the doctors and nurses at the hospital, *i medici e gli infermieri dell'ospedale*

nurse² *vt*

⟨*pass rem e p pass* **nursed,** *p pres*

Numbers

Numeri cardinali		*Numeri ordinali*	
1	one	1st	first
2	two	2nd	second
3	three	3rd	third
4	four	4th	fourth
5	five	5th	fifth
6	six	6th	sixth
7	seven	7th	seventh
8	eight	8th	eighth
9	nine	9th	ninth
10	ten	10th	tenth
11	eleven	11th	eleventh
12	twelve	12th	twelfth
13	thirteen	13th	thirteenth
14	fourteen	14th	fourteenth
15	fifteen	15th	fifteenth
16	sixteen	16th	sixteenth
17	seventeen	17th	seventeenth
18	eighteen	18th	eighteenth
19	nineteen	19th	nineteenth
20	twenty	20th	twentieth
21	twenty-one	21st	twenty-first
22	twenty-two	22nd	twenty-second
30	thirty	30th	thirtieth
35	thirty-five	35th	thirty-fifth
40	forty	40th	fortieth
50	fifty	50th	fiftieth
60	sixty	60th	sixtieth
70	seventy	70th	seventieth
80	eighty	80th	eightieth
90	ninety	90th	ninetieth
99	ninety-nine	99th	ninety-ninth
100	a/one hundred	100th	a/one hundredth
101	a/one hundred and one	101st	a/one hundred and first
200	two hundred	200th	two hundredth
1,000	a/one thousand	1,000th	a/one thousandth
1,000,000	a/one million	1,000,000th	a/one millionth

Numbers

Osservazioni

▶ *Le unità e le decine si uniscono alle centinaia e alle migliaia con* **and**:

125 = a (*oppure* one) hundred **and** twenty-five
1,006 = a (*oppure* one) thousand **and** six
1,562 = a (*oppure* one) thousand five hundred **and** sixty-two

Numeri del telefono

▶ *Nota che ogni numero si legge separatamente:*
731250 *si legge* seven/three/one/two/five/oh.

▶ *Se una cifra è ripetuta si usa la parola* **double** *(doppio):*
766233 *si legge* seven/double six/two/double three.

–*vedi anche* NOUGHT *(Nota)*

nursing⟩ *curare, assistere:* He nursed
his wife through her long illness. *Ha
assistito la moglie durante tutta la sua
lunga malattia.*

nursery /'nɜːsəri‖'nɜːr-/ *s*
⟨*pl* **nurseries**⟩ *nido d'infanzia:* The
factory has a nursery where the
employees can leave their children
during the day. *Nella fabbrica c'è un
nido d'infanzia dove gli impiegati
possono lasciare i bambini durante la
giornata.*

nursery school /'nɜːsəri skuːl‖'nɜːr-/
s
⟨*pl* **nursery schools**⟩ *asilo infantile,
kindergarten:* Lucy learnt to count at
nursery school. *Lucy ha imparato a
contare all'asilo.*

nut /nʌt/ *s*
1 *noce (ed altri simili frutti secchi):* a
packet of nuts and raisins, *un
pacchetto di frutta secca e uva passa*
2 *dado:* a nut and bolt, *un dado con
bullone*

nutcracker /'nʌt,krækəʳ/ *s*
⟨*generalmente plurale*⟩ *schiaccianoci:*
Have you got a nutcracker/pair of
nutcrackers? *Hai uno schiaccianoci?*

nutmeg /'nʌtmeg/ *s*
⟨*num e non num*⟩ *noce moscata:* He
put some nutmeg on his rice pudding.
*Ha messo della noce moscata sul
budino di riso.*

nylon /'naɪlɒn‖-lɑːn/ *s*
⟨*non num*⟩ *nylon:* The rope is made
of nylon. *La corda è fatta di nylon.*|a
nylon shirt, *una camicia di nylon*

O, o

O, o /əʊ/
O, o

obedient /ə'biːdiənt/ *agg*
ubbidiente: Ben is an obedient dog.
Ben è un cane ubbidiente. — **obediently**
avv docilmente — **obedience** *s* 〈*non
num*〉 *ubbidienza*

obey /əʊ'beɪ, ə-/ *vt, vi*
ubbidire(a): He taught the dog to obey
his commands. *Insegnò al cane a
ubbidire ai suoi comandi.*|If you don't
obey the law you may be punished. *Se
non rispetti la legge puoi essere punito.*
■*Nota: Il verbo* **obey** *non è seguito da
preposizione.*

object¹ /'ɒbdʒɪkt||-'ɑːb-/ *s*
1 *oggetto:* What a strange-looking
object! What is it? *Che strano oggetto!
Cos'è?*|There were various objects in
the box. *Nella scatola c'erano vari
oggetti.* **2** *complemento oggetto*
■*Nota: Nella frase* "Andy took an
apple, an apple" è *l'***object** *del verbo*
"take", *in questo caso un* **direct object**
(=complemento oggetto). Nella frase
"Andy gave the apple to Kate", *ci
sono due* **objects:** *the apple come*
direct object *e* "Kate" *come* **indirect
object** *(=complemento di termine).*

object² /əb'dʒekt/ *vi*
〈**to sthg**〉 *protestare, disapprovare,
opporsi a:* Would you object if I left
now? *Hai qualcosa in contrario se
vado via adesso?*|I object to people
smoking in public places. *Disapprovo
chi fuma nei luoghi pubblici.*|The
people objected to the plan to build a
new motorway through the town. *La*

gente si oppose al progetto di costruire
una nuova autostrada che passasse in
mezzo alla città. — **objector** *s
obiettore, obiettrice*

objection /əb'dʒekʃən/ *s*
〈*num e non num*〉〈**to sthg**〉 *obiezione
(a):* I'd like to speak to the others in
private, if you have no objection(s). *Se
non ha nulla in contrario, desidererei
parlare agli altri in privato.*|The people
had many objections to the plans for
the motorway. *La gente fece molte
obiezioni ai progetti dell'autostrada.*

object pronoun /'ɒbdʒɪkt 'prəʊnaʊn||
'ɑːb-/ *s*
〈*pl* **object pronouns**〉 *pronome
personale complemento*
■*Nota: Nella frase,* "Claudia picked
up the pen and gave it to me", *sia* "it"
sia "me" *fungono da* **object pronouns.**

oblong /'ɒblɒŋ||'ɑːblɔːŋ/ *agg, s
oblungo, (figura) rettangolare – vedi
anche* RECTANGLE (*Nota*)

observation /ˌɒbzə'veɪʃən||ˌɑːbzər-/ *s*
1 〈*num e non num*〉 *osservazione:* The
patient is **under observation.** *Il
paziente è sotto osservazione medica.*
2 〈*num*〉 (*form*) *considerazione,
commento:* I simply made the
observation that I thought he looked
tired. *Ho solo commentato che mi
pareva avesse l'aria stanca.*

observe /əb'zɜːv||-ɜːrv/ *v*
〈*pass rem e p pass* **observed,** *p pres*
observing〉 〈**sthg** *o* **that**〉 **1** *vt, vi
osservare, notare (qc o che):* The
police asked if we had observed
anything unusual. *La polizia domandò*

mechanic

milkman

I'd like to be an English teacher. How about you?
Vorrei fare l'insegnante d'inglese. E tu?

nurse

painter/artist

secretary

house painter

photographer

taxi driver

vet

writer

se non avessimo notato nulla di insolito.
■*Nota: Il verbo* **observe** *è più formale del verbo* **notice***.*
2 *vt* fare un'osservazione, rilevare: I simply observed that you were taking a long time to make up your mind! *Mi sono limitato ad osservare che ti ci voleva un bel po' prendere una decisione.*

obstacle /'ɒbstəkəl||'ɑːb-/ *s*
ostacolo (a): an obstacle race, *una corsa a ostacoli*|There were many obstacles in the way of our plans. *C'erano molti ostacoli alla realizzazione dei nostri piani.*

obstruct /əb'strʌkt/ *vt*
ostruire: Road works are obstructing traffic in the high street. *Il traffico della via principale è bloccato da lavori stradali.*

obstruction /əb'strʌkʃən/ *s*
⟨num e non num⟩ ostruzione, impedimento: Road works are causing an obstruction in the high street. *Dei lavori stradali stanno causando un'ostruzione nella via principale.*

obtain /əb'teɪn/ *vt*
ottenere, conseguire: Programmes may be obtained at the ticket office. *Il programma è in vendita presso la biglietteria.*|It was difficult to obtain fresh food during the war. *Durante la guerra era difficile procurarsi viveri freschi.*
■*Nota: Il verbo* **obtain** *è più formale del verbo* **get***.*

obvious /'ɒbvɪəs||'ɑːb-/ *agg*
ovvio, evidente: It's obvious that we're going to be late again! *È chiaro che saremo di nuovo in ritardo!*
— **obviously** *avv* ovviamente: Kate was obviously glad to see you. *Ovviamente Kate era contenta di vederti.*

occasion /ə'keɪʒən/ *s*
volta, occasione: On special occasions like birthdays, the Morgans usually

have a party. *Di solito nelle occasioni speciali, come compleanni, i Morgan danno una festa.*
■*Nota: La parola* **occasion** *significa generalmente "volta":* On one occasion I left both my bag and umbrella on the bus. *Una volta ho lasciato la mia borsa e il mio ombrello sull'autobus. È più formale della parole* **time:** We've been there several times/(form) on several occasions. *Ci siamo stati diverse volte.*

occasional /ə'keɪʒənəl/ *agg*
occasionale, sporadico: I get the occasional letter from my brother in Canada. *Una volta ogni tanto ricevo una lettera da mio fratello in Canada.*
— **occasionally** *avv* saltuariamente, di tanto in tanto. He writes to me occasionally. *Mi scrive di tanto in tanto*

occupation /ˌɒkjʊ'peɪʃən||ˌɑːk-/ *s*
occupazione, impiego, professione: Nursing must be an interesting occupation. *Fare l'infermiera deve essere un'occupazione interessante.*|State your name, address and occupation. *Dichiarare nome e cognome, indirizzo e professione.*
■*Nota: La parola* **occupation** *è più formale di* **job** *ed è il termine ufficiale usato nei documenti e nelle domande d'impiego.- vedi* **L'Illustrazione** *a p314*

occupy /'ɒkjʊpaɪ||'ɑːk-/ *vt*
⟨pass rem e p pass **occupied**, p pres **occupying**⟩ (piuttosto formale)
occupare: The company has occupied this building since 1959. *La ditta risiede in questo fabbricato sin dal 1959.*|All the desks in the library were occupied. *Tutti i posti a sedere della biblioteca erano occupati.*

occur /ə'kɜːʳ/ *vi*
⟨pass rem e p pass **occurred**, p pres **occurring**⟩ accadere, avere luogo: Most accidents occur in the home. *La maggior parte degli incidenti capita in casa.*|The incident occurred at ten

o'clock on Friday. *Il fatto ebbe luogo venerdì alle dieci.*
■*Nota: Il verbo* **occur** *è più formale del verbo* **happen.**
▲*Trabocchetto: Non confondere i verbi* **occur** *e* **occorrere. Occorrere** *in inglese si dice* **need:** I need some string. *Mi occorre un po' di spago. Nel senso di "impiegare",* **occorrere** *si dice* **take:** It takes two hours to go to London by train. *Occorrono due ore per andare a Londra in treno.*

ocean /ˈəʊʃən/ *s*
oceano: the Atlantic Ocean, *l'Oceano Atlantico*

o'clock /əˈklɒk||əˈklɑːk/ *avv*
(per indicare un'ora esatta, non preceduta nè seguita da minuti) esatto, in punto: Look! It's 3 o'clock. We must hurry. *Ti sei accorto che sono le tre in punto? È meglio che ci sbrighiamo.*|The shops shut at five o'clock. *I negozi chiudono alle cinque.*
– *vedi anche* **La Nota Grammaticale Telling the Time**

October /ɒkˈtəʊbəʳ||ɑːk-/ *s*
ottobre – vedi anche **La Nota Grammaticale Days and Dates**

octopus /ˈɒktəpəs||ˈɑːk-/ *s*
(pl **octopuses)** *polpo, piovra*

odd[1] /ɒd||ɑːd/ *agg*
(compar **odder,** *sup* **oddest) 1** *strano, bizzarro:* That's odd. I'm sure I switched the lights off when I went out. *Che strano! Sono sicuro di aver spento la luce quando sono uscito.*
2 *(non usato al compar o sup) scompagnato, spaiato:* Andy's wearing odd socks! One grey and one blue. *Andy si è messo due calzini spaiati! Uno grigio e uno azzurro.* **3** *dispari:* The houses on this side of the street all have odd numbers. *Su questo lato della via le case hanno tutte numeri dispari.*
– *contrario* EVEN

odd[2] *s*

odds and ends *cianfrusaglie, rimasugli:* a box full of odds and ends, *una scatola piena di cianfrusaglie*

of /əv, ə; *forma enfatica* ɒv||əv, ə; *forma enfatica* ɑːv/ *prep*
1 *⟨complemento di appartenenza⟩ di:* the front wheel of Andy's bike, *la ruota anteriore della bici di Andy*|the members of the team, *i componenti della squadra*|the Bank of England, *la Banca d'Inghilterra*
2 *⟨contenente/consistente di⟩: di:* a box of matches, *una scatola di cerini*|a tin of tomatoes *una lattina di pomodori*| There was a pile of clothes lying on the floor. *Sul pavimento giaceva una pila di vestiti.* **3** *⟨complemento di quantità⟩ di:* One of my books is missing. *Manca uno dei miei libri.*|I like lots of sugar in my coffee. *Il caffè mi piace con un sacco di zucchero.*|A few of the houses have central heating. *Alcune case sono dotate di riscaldamento centrale.*|a friend of mine *o* one of my friends *un mio amico* **4** *⟨complemento di specificazione⟩ di:* a kilo of tomatoes, *un chilo di pomodori*|a pound of apples, *una libbra di mele*|The plane was travelling at a speed of 500 km/h. *L'aereo viaggiava alla velocità di 500 chilometri all' ora.*|Most children have learnt to read by the age of ten.| *La maggior parte dei bambini impara a leggere entro i dieci anni di età.*
5 *⟨complemento di denominazione⟩ di:* the big northern cities of Milan and Turin, *le grandi città settentrionali di Milano e Torino*|The sport of hang gliding is becoming more and more popular. *Lo sport del deltaplano sta diventando sempre più popolare.*
6 *⟨complemento di argomento⟩ di:* a picture of Claudia, *una foto di Claudia*|the story of Adam and Eve, *la storia di Adamo ed Eva*|What do

you think of my new dress? *Cosa ne pensi del mio nuovo vestito?* **7** ⟨*dopo sostantivi derivati da verbi transitivi*⟩ *di:* a teacher of handicapped children, *un insegnante per bambini handicappati*|after the signing of the contract, *dopo la firma del contratto*| The Queen was present at the opening of the exhibition. *La regina era presente all'inaugurazione della mostra.* **8** ⟨*retto da alcuni verbi ed aggettivi*⟩ *di:* He died of cancer. *Morì di cancro.*|Andy is very fond of swimming. *Andy è appassionatissimo di nuoto.*|He was robbed of all his possessions. *Fu derubato di tutti i suoi averi.* **9** (*per indicare i giorni del mese*): My birthday is (on) the sixth of November. *Il mio compleanno è il 6 (di) novembre.* – vedi anche **Le Note Grammaticali Apostrophe** -s *e* **Possessive Adjectives and Pronouns**

off[1] /ɒf||ɔːf/ *prep*
1 da, giù da, lontano da: I took a book off the shelf. *Presi un libro dallo scaffale.*|Kate got off the bus at the cinema. *Kate scese dall'autobus vicino al cinema.*|The poster has fallen off the wall. *È caduto il manifesto dal muro.*| Keep off the grass. *Vietato calpestare l'erba.* – *contrario* ON **2** *a poca distanza da, nei pressi di:* The house is just off the high street. *La casa è appena fuori dalla via principale.*

off[2] *avv, agg*
1 ⟨*solo predicativo*⟩ (*per indicare rimozione o separazione*) *via:* The bus stopped and the passengers got off. *L'autobus si fermò e scesero i passeggeri.*|The door knob fell off *o* came off in my hand. *Mi è restato in mano il pomello della porta.*|He took his coat off and hung it up. *Si tolse il cappotto e lo appese.* **2** (*per indicare partenza o lontananza*) *via, distante, alla larga:* He put the suitcase down

and walked off. *Posò la valigia per terra e si allontanò a piedi.*|We're going off to the seaside this weekend. *Questo fine settimana ce ne andremo al mare.* **3** *spento, disinserito (di apparecchi):* The lights were off and the house seemed empty. *Non vi erano luci accese e la casa sembrava disabitata.*|Remember to turn the TV off before you go to bed. *Ricordati di spegnere la televisione prima di andare a letto.* – *contrario* ON **4** *libero, di/in vacanza:* I think I'll have *o* take a day off (work) next week. *Penso di prendermi un giorno di vacanza la settimana prossima.*|I'm afraid John is off sick today. *Mi dispiace ma oggi John è assente per malattia.* **5** *stantio:* This fish has gone off *o* is off. It smells awful! *Questo pesce è andato a male. Ha un odore tremendo!*

offence (*IB*) *o* **offense**(*IA*) /ə'fens/ *s*
1 ⟨*num*⟩ *infrazione, reato:* It is a criminal offence to drink and drive. *È reato penale guidare in stato di ubriachezza.* **2** ⟨*non num*⟩ *offesa:* I was only joking! There's no need to **take offence.** *Stavo solo scherzando! Non è il caso di offendersi!*|I didn't mean to cause offence. *Non intendevo offendere.*

offend /ə'fend/ *vt*
offendere: He was offended because I didn't invite him to the party. *Si era offeso perchè non l'avevo invitato alla festa.*|I'm sorry. I didn't mean to offend you. *Mi spiace. Non intendevo offenderti.* – **offensive** *agg offensivo:* an offensive remark *un commento offensivo*

offer[1] /'ɒfə[r]||'ɔː-, 'ɑː-/ *vt, vi*
⟨*sbdy sthg/sthg to sbdy o to do sthg*⟩ *offrire (qc a qn o di fare qc), offrirsi (di fare):* David offered his guests a drink. *David offrì da bere agli ospiti.*|I told Andy I liked his bike, so he

offered it to me for thirty pounds. *Dissi ad Andy che mi piaceva la sua bici: lui allora me la offrì per trenta sterline.*|She offered (to give) me a lift home and I accepted/but I refused. *Si offrì di portarmi a casa in macchina e io accettai/ma io rifiutai.*

offer² *s*

〈**to do sthg** *o* **of sthg**〉 *offerta, proposta (di fare qc o di qc):* The offer of a lift home was too good to refuse. *L'offerta di un passaggio in macchina era troppo buona perchè la rifiutassi.*|We decided we wanted to buy their house, so we made them an offer. *Decidemmo che la loro casa era quella che intendevamo comprare, e così facemmo loro un'offerta.*

office /'ɒfɪs||'ɔː-, 'ɑː-/ *s*

ufficio: Gina works in an office in central London. *Gina lavora in un ufficio nel centro di Londra.*

post office *s ufficio postale, posta*

officer /'ɒfɪsəʳ||'ɔː-, 'ɑː-/ *s*

1 *ufficiale:* an officer in the air force, *un ufficiale dell'aviazione,* **2** *agente (di polizia):* Excuse me, officer, can you direct me to the post office? *Mi scusi, signor vigile, mi sa indicare l'ufficio postale?* **3** *funzionario:* a local government officer, *un funzionario della giunta locale*|a personnel officer, *un direttore del personale*

official¹ /ə'fɪʃəl/ *agg*

ufficiale: an official letter from the tax office, *una lettera ufficiale dell'ufficio delle imposte*|I'm here on official business. *Sono qui in veste ufficiale.*

official² *s*

funzionario, pubblico ufficiale: an official from the tax office, *un funzionario dell'ufficio delle imposte*

often /'ɒfən, 'ɒftən||'ɔː-/ *avv*

spesso, frequentemente: Andy is often late for school. *Sovente Andy arriva tardi a scuola.*|"How often do you go

to Naples?" "About once a month." *"Ogni quanto vai a Napoli?" "Circa una volta al mese."* – confrontare con SELDOM

oh¹ /əʊ/ *inter*

(per esprimere sorpresa) oh, ah: Oh! You made me jump. I didn't hear you come in. *Oh! Mi hai fatto sobbalzare. Non ti ho sentito entrare.*|Oh, no! I've spilt my coffee! *Oh, no! Ho rovesciato il caffè!*

oh² *s*

(per pronunciare lo "zero" come cifra) zero: My phone number is two five oh oh five. *Il mio numero di telefono è due cinque zero zero cinque.* – vedi anche NOUGHT (**Nota**)

oil¹ /ɔɪl/ *s*

〈*non num*〉 **1** *olio, petrolio::* A car engine needs oil as well as petrol. *Il motore di un'auto ha bisogno non solo di benzina ma anche di olio.* **2** *olio:* cooking oil, *olio per friggere*

oil² *vt*

oliare, lubrificare: Andy oils his bike once a week. *Andy lubrifica la bici una volta alla settimana.*

OK *o* **okay** /əʊ'keɪ/ *agg, avv*

(fam) OK, (va) bene, d'accordo: "Sorry!" "That's OK. It was my fault." *"Mi scusi!" "Di niente. È colpa mia."*| "Hello, Sue, how are you?" "I'm OK, thanks." *"Salve Sue, come va?" "Sto bene, grazie."*|"Shall we go to the cinema on Friday?" "OK." *"Andiamo al cinema venerdì?" "D'accordo."*

old¹ /əʊld/ *agg*

〈*compar* **older**, *sup* **oldest**〉 **1** *vecchio, anziano:* an old man/woman, *un vecchio/una vecchia*|The dog is getting old and doesn't want to play any more. *Il cane sta invecchiando e non ha più voglia di giocare.* – contrario YOUNG

■**Nota:** *Quando vecchio/vecchia sono usati come sostantivi,* **old** *diventa*

attributo di man/woman: an old man/
women, *un vecchio/una vecchia.*
2 (*per indicare l'età*): How old is
Lucy? *Quanti anni ha Lucy?*|Kate isn't
old enough to drive a car. *Kate non ha
ancora l'età per guidare la macchina.*|
Lucy is six years old. *Lucy ha sei anni.*
3 *vecchio:* Emilio drives an old Alfa
Romeo. *Emilio guida una vecchia Alfa
Romeo.*|Wendy's parents live in an old
house in the country. *I genitori di
Wendy vivono in una vecchia casa di
campagna.* – *contrario* NEW **4** *antico:*
San Marino is the world's oldest
republic. *San Marino è la più antica
repubblica del mondo.*|Anna is
learning Old English at university.
*Anna studia Inglese antico
all'università.* **5** *vecchio, di prima:*
Look, there's our old house. *Guarda,
quella è la nostra vecchia casa.*|I saw
my old teacher in the pub on
Saturday. *Sabato ho visto il mio
vecchio insegnante al pub.* – *contrario*
NEW **6** *vecchio, di lunga data:* Sue and
Kate are old friends. *Sue e Kate sono
vecchie amiche.*

old² *s pl*
⟨*si usa con* **the**⟩ *i vecchi:* Nurses look
after the old and the sick. *Le
infermiere si prendono cura dei vecchi
e degli ammalati.*

old-fashioned /ˌəʊld 'fæʃənd/ *agg*
antiquato, fuori moda, superato: I
suppose you think I'm old-fashioned
because I don't like disco music.
*Probabilmente tu mi consideri di gusti
antiquati perchè non mi piace la musica
da discoteca.*|He wears rather
old-fashioned clothes. *Si veste piuttosto
fuori moda.*

olive /'ɒlɪv||'ɑː-/ *s*
oliva: olive oil, *olio d'oliva*

Olympic Games /əˈlɪmpɪk geɪmz/
anche **Olympics** *s pl*
olimpiadi, giochi olimpici: The

Olympic Games are held every four
years. *Le olimpiadi si tengono ogni
quattro anni.* — **Olympic** *agg olimpico,
olimpionico:* an Olympic athlete, *un
atleta olimpionico*

omelette *o* **omelet** /'ɒmlɪt||'ɑːm-/ *s*
frittata, omelette: a cheese and onion
omelette, *una omelette con formaggio
e cipolle*

omit /əʊˈmɪt, ə-/ *vt*
⟨*pass rem e p pass* **omitted**, *p pres*
omitting⟩ *omettere, tralasciare:* When I
wrote down the list of team members I
accidentally omitted Andrea. *Quando
ho compilato la lista dei membri della
squadra, ho tralasciato Andrea per
sbaglio.*

■*Nota: Il verbo* omit *è più formale del
verbo* leave out.

on¹ /ɒn||ɔːn, ɑːn/ *prep*
1 *su, sopra, a, in:* The book is on the
table. *Il libro è sul tavolo.*|There is a
mirror on the wall. *C'è uno specchio
sulla parete.*|The map is on page 36.
La cartina è a pagina 36.|She was
wearing a bandage on her right hand.
Aveva una benda alla mano destra.
2 ⟨*complemento di luogo o direzione*⟩
su, sopra, in, a: London is on the
River Thames. *Londra si trova sul
fiume Tamigi.*|On your left/right, you
can see the Tower of London. *Alla
vostra sinistra/destra potete osservare la
Torre di Londra.* **3** ⟨*complemento di
argomento*⟩ *su, circa, riguardo:* a
book on Mahler, *un libro su Mahler*|
The Prime Minister has made a speech
on unemployment. *Il primo ministro
ha fatto un discorso sulla
disoccupazione.* **4** ⟨*complemento di
mezzo o trasporto*⟩ *a, su:* He crossed
the Alps on foot. *Ha attraversato le
Alpi a piedi.*|I got on the
bus/train/plane. *Salii sull'autobus/sul
treno/sull'aereo.* **5** ⟨*complemento di
modo*⟩ *in, a:* Peter spends all his

money on clothes. *Peter spende tutti i suoi soldi in vestiti.*|You can't live on hamburgers. *Non puoi campare a base di hamburger!*|The machine runs on electricity. *La macchina funziona ad elettricità.* **6** ⟨*complemento di tempo*⟩ They go to church on Sundays. *Vanno in chiesa ogni domenica.*|The school holidays begin on Thursday. *Le vacanze scolastiche cominciano giovedì.*|Claudia is going to Milan a week on Monday. *Claudia andrà a Milano otto giorni a lunedì.*|I was born on November 6th 1975. *Sono nato il 6 novembre 1975. – vedi anche La Nota Grammaticale* **Days and Dates 7** ⟨*con riferimento alla televisione, radio, telefono*⟩ **a:** What's on TV tonight? *Cosa c'è alla televisione stasera?*|Kate's on the telephone at the moment. *Kate in questo momento è al telefono.* **8** (*per indicare una condizione o situazione*) *in, a:* I'll be on holiday all next week. *Sarò in vacanza per tutta la prossima settimana.*|The teachers are on strike. *Gli insegnanti sono in sciopero.*|Mr Morgan is on a diet. *Il signor Morgan è a dieta.*|The house is on fire! *La casa è in fiamme!*

on² *avv, agg*

⟨*solo predicativo*⟩ **1** *avanti, ancora:* Go on. What did he say next? *Su, vai avanti! Dopo cos'ha detto?*|Drive on until you come to the post office. *Continua a guidare finché non arrivi all'ufficio postale.* **2** *indosso, addosso:* She put her coat on and went out. *Si mise (indosso) il cappotto e uscì.*|Andy has got his new shoes on. *Andy si è messo le scarpe nuove.* **3** *acceso, inserito, funzionante (di apparecchi):* The lights were on, but there was nobody in the room. *Le luci erano accese ma nella stanza non c'era nessuno.*|Turn the radio on. *Accendi la radio. – contrario* OFF **4** (*con*

riferimento a spettacoli) *in programma:* What's on at the cinema this week? *Cosa danno al cinema questa settimana?*|There are some good plays on in London at the moment. *Ci sono delle buone opere teatrali a Londra in questo momento.*

once¹ /wʌns/ *avv*

1 *una volta:* Andy has only been to Italy once. *Andy è stato in Italia una sola volta.*|Emilio goes to Naples once a month. *Emilio va a Napoli una volta al mese. – vedi anche* TWICE (*Nota*) **2** *un tempo, una volta:* I used to play hockey once, but now I don't have the time. *Una volta giocavo a hockey, ma ora non ne ho il tempo.*|This was once the home of Princess Diana. *In passato questa è stata la casa della principessa Diana.* **3** **at once** *subito, immediatamente:* Come here at once! *Vieni subito qui!* **4** **Once upon a time** *c'era una volta:* Once upon a time there was a little princess . . . *C'era una volta una principessina . . .* ■*Nota: Questa è la formula tradizionale con cui si inizia a narrare una storia, specie una favola.*

once² *cong*

una volta che, (non) appena: Once John gets here we can start. *Appena arriverà John potremo cominciare.*

one¹ /wʌn/ *agg, s*

1 *uno:* It's one o'clock. *È l'una.*|Only one person turned up at the meeting. *Solo una persona si fece viva alla riunione.*|three thousand one hundred, *tremila e cento – vedi anche* FIRST *e La Nota Grammaticale* **Numbers 2** *uno, un certo:* Can we meet one evening next week? *Possiamo vederci una sera della settimana prossima?*|One day, people will land on Mars. *Un giorno si sbarcherà su Marte.* ■*Nota: L'articolo indeterminativo in inglese si rende normalmente con* **a** *o*

an. *Negli elenchi però, o quando si vuol sottolineare una distinzione quantitativa, è preferibile l'aggettivo numerale* **one**: I have two brothers **and** one sister. **One** *inoltre può significare "un certo" o "un particolare":* **One** problem was that we didn't have enough money. *Uno dei problemi era che non avevamo abbastanza soldi.* – *vedi anche* **Le Note Grammaticali Articles** *e* **Some and Any**

one² *pron*

1 *uno, una:* John asked me for a sweet, so I gave him one. *John mi ha chiesto una caramella, e così gliene ho data una.*|One of my great-grandparents was Irish. *Uno dei miei bisnonni era irlandese.* – *vedi anche* **La Nota Grammaticale Some and Any 2** *(per evitare la ripetizione di uno stesso sostantivo) quello, quella:* My desk is the one nearest the door. *La mia scrivania è quella più vicina alla porta.*|Shall I buy the brown shoes or the black ones? *Devo comprare le scarpe marroni o quelle nere?*|This book is mine and that one is John's. *Questo libro è mio e quello è di John.* **3** *(form) (con valore impersonale) uno, si:* One must try to set an example to the young. *Si deve cercare di dare il buon esempio ai giovani.*|the right to express one's opinions freely, *il diritto di esprimere liberamente le proprie opinioni* – *vedi anche* YOU *(Nota)* **4** **one another** *l'un l'altro, reciprocamente* – *vedi anche* EACH *(Nota)*

oneself /wʌnˈself/ *pron*

(form) **1** *⟨si usa come complemento oggetto di un verbo o dopo una preposizione se il soggetto della frase è* one⟩ *sè, se stesso, se stessa, si:* One has to discipline oneself if one is to succeed. *Bisogna imporsi una disciplina se si vuole aver successo.*

2 *⟨forma enfatica di* **one**⟩: To do something oneself is the only way to be sure of doing it properly. *Fare qualcosa da sè è l'unico modo per essere sicuri di farlo bene.*

onion /ˈʌnjən/ *s*

⟨num e non num⟩ cipolla: Do you want onions with your hamburger? *Vuoi delle cipolle con l'hamburger?*

only¹ /ˈəʊnli/ *agg*

⟨solo attributivo⟩ solo, unico: Kate was the only person in the room. *Kate era l'unica persona nella stanza.*|Football and hockey are the only two sports I like. *Il calcio e l'hockey sono gli unici due sport che mi piacciano.*|Kate has a brother and a sister, but Sue is **an only child**. *Kate ha un fratello e una sorella, ma Sue è figlia unica.*

only² *avv*

1 *solo, soltanto:* It's only three o'clock and we've nearly finished. *Sono soltanto le tre e abbiamo quasi finito.*|I've only got fifty pence. *Non ho che cinquanta pence.* Don't get angry. I was only joking. *Non arrabbiarti. Stavo solo scherzando.*|I thought I had flu, but the doctor said it was only a cold. *Pensavo di avere l'influenza, ma il dottore disse che si trattava solo di un raffreddore.* **2** *solo, esclusivamente, unicamente:* Only Kate got the correct answer. *Kate fu l'unica a rispondere correttamente.*|a film for adults only, *un film esclusivamente per adulti*|The cat only wakes up when it's time to eat. *Il gatto si sveglia solo quando è ora di mangiare.* **3** **if only** *(per esprimere un desiderio o un rammarico) se solo, oh se, oh come vorrei che:* If only I had listened to my parents' advice! *Oh, se avessi dato retta ai consigli dei miei genitori!* **4** **only just** *appena:* My watch was slow and I only just caught the train. *Il mio orologio era in ritardo e feci* *appena in tempo a prendere il treno.*|I arrived on time, but only just! *Arrivai in tempo, ma solo per un soffio!*|"I'm hungry." "But you've only just eaten!" *"Ho fame." "Ma se hai appena finito di mangiare!"*

only³ *cong*
(*piuttosto familiare*) *ma, però:* I'd like to go sailing with you, only I get seasick. *Mi piacerebbe andare in barca con te, ma soffro di mal di mare.*

onto /'ɒntə; *davanti a vocali* 'ɒntʊ|| 'ɔːn-, 'ɑːn-/ *prep*
⟨*complemento di moto a luogo*⟩ *su, sopra:* The cat leapt onto the chair. *Il gatto saltò sulla sedia.*|He jumped onto the bus. *Salì sull'autobus con un balzo.*

onwards (*IB*) /'ɒnwədz||'ɔːnwərdz, 'ɑːn-/ *anche* **onward** *avv*
in avanti, in poi: I'm busy from four o'clock onwards, but I could see you before then. *Sono occupato dalle quattro in poi, ma potrei vederti prima.*

open¹ /'əʊpən/ *agg*
1 *aperto:* The door is open. Come on in. *La porta è aperta. Entra pure.*|She's not asleep, her eyes are open. *Non sta dormendo, ha gli occhi aperti.*
2 *aperto:* The post office isn't open yet. *La posta non è ancora aperta.*|The exhibition isn't open to the public. *La mostra non è aperta al pubblico.*
3 *aperto:* The cheetah hunts its prey on open ground. *Il ghepardo caccia la preda in terreno aperto.*|the open countryside, *l'aperta campagna*
4 *aperto, disponibile:* I try to approach a problem with an open mind. *Cerco di affrontare ogni problema con la mente aperta.*|I prefer an open. discussion to a formal debate. *Preferisco una discussione libera a un dibattito formale.*

open² *vt, vi*
1 *aprire, aprirsi:* I opened the car door and got in. *Aprii la macchina ed*

entrai.|He opened the box. *Aprì la scatola.*|Open your eyes! Wake up! *Apri gli occhi! Svegliati!*|The door opened slowly. *La porta si aprì lentamente.*
■*Nota: Quando ci si riferisce a rubinetti, non si usa il verbo* open; *si dice* **turn on/off** *a tap.*
2 (*di attività lavorativa*) *aprire:* What time does the post office open? *A che ora apre l'ufficio postale? – contrario* CLOSE

opener /'əʊpənə/ *s*
arnese per aprire: a tin o can opener, *un apriscatole*|a bottle opener, *un apribottiglie*

opening /'əʊpənɪŋ/ *s*
apertura: The dog must have got out through an opening in the hedge. *Il cane dev'essere uscito attraverso un foro della siepe.*

opera /'ɒpərə||'ɑː-/ *s*
⟨*num e non num*⟩ *opera, lirica:* an opera singer, *un cantante lirico*| a soap opera, *un teleromanzo*

operate /'ɒpəreɪt||'ɑː-/ *v*
⟨*pass rem e p pass* **operated**, *p pres* **operating**⟩ **1** *vt azionare, (fare) funzionare:* How do you operate this machine? *Come si aziona questa macchina?*|How do the automatic doors operate? *Come funzionano le porte automatiche?* **2** *vi* ⟨**on sbdy** *o* **sthg**⟩ *operare:* The surgeon operated on John to remove a lump from his leg. *Il chirurgo operò John alla gamba per rimuovergli un nodulo.*|an operating theatre, *una sala operatoria*

operation /,ɒpə'reɪʃən||,ɑː-/ *s*
1 ⟨*non num*⟩ *funzionamento, azione:* The thieves first put the burglar alarm **out of operation.** *I ladri per prima cosa misero fuori uso il dispositivo antiscasso.* **2** ⟨*num*⟩ *operazione, intervento chirurgico:* He had an operation to remove a lump from his

leg. *Subì un'operazione per un nodulo alla gamba.*|The surgeon had to perform a difficult operation on his heart. *Il chirurgo dovette eseguire un delicato intervento al cuore.*

operator /'ɒpəreɪtəʳ||'ɑː-/ s
1 *operatore, operatrice:* He works as a machine operator in a factory. *Fa l'operaio addetto alle macchine in uno stabilimento.* **2** *centralinista, telefonista:* I couldn't get through to her number, so I phoned the operator. *Non riuscivo a connettermi con il suo numero, e perciò ho chiamato il centralino.*

opinion /ə'pɪnjən/ s
⟨*num e non num*⟩ *opinione, parere:* Andy asked (for) John's opinion before he bought a new bike. *Andy chiese il parere di John prima di comprarsi una bici nuova.*|**In my opinion,**" said John, "you should buy that green one." *"Secondo me," disse John, "dovresti comprare quella verde."*

opportunity /ˌɒpə'tjuːnɪti||ˌɑːpər'tuː-/ s
⟨*pl* **opportunities**⟩ ⟨*num e non num*⟩ ⟨**to do sthg** *o* **for, of**⟩ *occasione, opportunità, possibilità:* Kate and Andy had the opportunity to go to Milan for a month. *Kate ed Andy ebbero l'occasione di andare a Milano per un mese.*|If you get the opportunity of a better job, you should take it. *Se ti capita l'occasione di un impiego migliore, dovresti coglierla al volo.*

oppose /ə'pəʊz/ vt
⟨*pass rem e p pass* **opposed**, *p pres* **opposing**⟩ *opporsi a, contrastare:* The people strongly opposed the plan to build a new motorway through the town. *La gente si oppose fortemente al progetto di costruire una nuova autostrada che attraversasse la città.*

opposite¹ /'ɒpəzɪt||'ɑː-/ s
opposto, contrario: Peter is very friendly and helpful, but his brother is just the opposite. *Peter è molto cordiale e servizievole, ma suo fratello è tutto l'opposto.*|"Stop" is the opposite of "start". *"Stop" è il contrario di "start".*

opposite² *agg, avv, prep*
1 *agg opposto, contrario:* The two cars drove off in opposite directions. *Le due macchine si allontanarono in direzioni opposte.*|the opposite sex, *l'altro sesso* **2** *avv, prep di fronte a, dirimpetto a:* The post office is opposite the church. *L'ufficio postale è di fronte alla chiesa.*|John lives in the house opposite, *John abita nella casa di fronte.*|She sat opposite (to) me on the train. *Si mise a sedere di fronte a me sul treno.*

opposition /ˌɒpə'zɪʃən||ˌɑː-/ s
⟨*non num*⟩ *opposizione, resistenza:* There was strong opposition to the plan for the new motorway. *Ci fu una forte opposizione al progetto della nuova autostrada.*

or /əʳ; *forma enfatica* ɔːʳ/ cong
1 *o, oppure:* I don't know whether to do my homework or watch TV. *Non so se fare i compiti o guardare la televisione.*|Shall we buy crisps or peanuts? *Prendiamo patatine o noccioline?*|I'll either telephone you or write you a letter. *Ti telefonerò oppure ti scriverò una lettera.*|She doesn't smoke or drink. *Nè fuma nè beve.* **2** *o, altrimenti, se no:* Eat your dinner or it'll get cold. *Mangia la cena o si raffredderà.*

oral /'ɔːrəl/ agg
orale, verbale: an oral exercise on telling the time, *un esercizio orale su come si dice l'ora*

orange¹ /'ɒrɪndʒ||'ɔː-, 'ɑː-/ s
arancia

orange² /'ɒrɪndʒ||'ɔː-, 'ɑː-/ agg
arancione, arancio: an orange shirt,
una camicia arancione

orangeade /ˌɒrɪn'dʒeɪd||ˌɔː-, ˌɑː-/ s
⟨non num⟩ aranciata: Would you like
some orangeade? Vuoi dell'aranciata?

orchestra /'ɔːkɪstrə||'ɔːr-/ s
⟨seguito da un verbo al singolare o al
plurale⟩ orchestra: The school
orchestra is/are playing a concert
tonight. L'orchestra della scuola
stasera darà un concerto.|The
orchestra is rehearsing this afternoon.
L'orchestra fa le prove questo
pomeriggio.

order¹ /'ɔːkɪdə||'ɔːr-/ s
1 ⟨non num⟩ ordine, sequenza: The
entries in a dictionary are in
alphabetical order. Le voci di un
vocabolario sono in ordine alfabetico.|
The children lined up in order of
height. I bambini si misero in fila in
ordine di altezza. 2 ⟨non num⟩
ordine, disciplina: A good teacher has
to be able to keep order in the
classroom. Un buon insegnante deve
essere in grado di mantenere l'ordine in
classe. 3 **out of order** guasto: Oh no!
The phone's out of order again! Oh
no! Il telefono è di nuovo guasto!
4 ⟨num⟩ ⟨to do sthg⟩ ordine,
comando (di fare qc): Soldiers are
trained to obey orders. I soldati sono
addestrati ad eseguire gli ordini.|I have
an order to search your room. Ho
l'ordine di perquisire la sua stanza.
5 ⟨num⟩ ordine, ordinazione,
commissione: The waiter came to take
our order. Il cameriere venne al tavolo
a prendere le ordinazioni.|The book
has been **on order** for three weeks,
and it still hasn't arrived in the shop. Il
libro è stato ordinato tre settimane fa,
ed ancora non è arrivato in negozio.
6 **in order to/that** così da, al fine di,
affinché, per: Kate has to pass all her

exams in order to get into college.
Kate deve superare tutti gli esami per
essere ammessa all'università.|The
teacher spoke slowly in order that the
foreign students could understand her.
L'insegnante parlava lentamente così
da farsi capire dagli studenti stranieri.

order² v
1 vt ordinare, comandare (a): The
officer ordered his men to search the
room. L'ufficiale ordinò ai suoi uomini
di perquisire la stanza. 2 vi, vt
ordinare, richiedere: I ordered that
typewriter three weeks ago! Ho
ordinato quella macchina da scrivere
tre settimane fa!|The waiter asked us if
we were ready to order. Il cameriere ci
domandò se eravamo pronti ad
ordinare.

ordinal number /'ɔːdənəl 'nʌmbəʳ||
'ɔːr-/ s
⟨pl **ordinal numbers**⟩ numero ordinale
– vedi anche **La Nota Grammaticale
Numbers**

ordinary /'ɔːdənri||'ɔːrdəneri/ agg
ordinario, comune, normale: It was
just an ordinary day until I heard that
I'd won five thousand pounds. Era un
giorno come tanti altri, finché non
appresi che avevo vinto cinquemila
sterline.|Andy's bike is just an
ordinary one; it's nothing special. La
bici di Andy è davvero ordinaria; non è
niente di speciale.

ore /ɔːʳ/ s
⟨num e non num⟩ minerale
metallifero: iron ore, minerale di ferro

organ /'ɔːgən||'ɔːr-/ s
1 organo: The heart is perhaps the
most important organ in the human
body. Il cuore probabilmente è
l'organo più importante del corpo
umano. 2 organo: Graziella is learning
to play the organ. Graziella sta
imparando a suonare l'organo.

organization /ˌɔːgənaɪ'zeɪʃən||

,ɔːrgənə-/ s
1 ⟨non num⟩ organizzazione: A
successful school outing needs careful
organization. *Perchè una gita scolastica
riesca bene c'è bisogno di una
meticolosa organizzazione.* **2** ⟨num⟩
organizzazione: The World Wildlife
Fund is an organization which helps to
protect wild animals. *Il Fondo
Mondiale per la Natura è
un'organizzazione che aiuta a
proteggere gli animali selvatici.*
organize /'ɔːɡənaɪz||'ɔːr-/ vt
⟨pass rem e p pass **organized**, p pres
organizing⟩ organizzare: Kate spent a
lot of time organizing the school
hockey tournament. *Kate dedicò molto
tempo ad organizzare il torneo
scolastico di hockey.*
origin /'ɒrɪdʒɪn||'ɔːr-, 'ɑː-/ s
origine: What is your country of
origin? *Qual è il tuo paese d'origine?*|
Her surname is of Spanish origin. *Il
suo cognome è di origine spagnola.*
original[1] /ɒ'rɪdʒɪnəl, -dʒənəl/ agg
1 ⟨non usato al compar o sup⟩
originale, iniziale: The original owner
of the house was Princess Diana. *La
proprietaria originale della casa era la
principessa Diana.* **2** originale: an
original idea, *un'idea originale*
original[2] s
originale: Is that painting an original
or a copy? *Quel quadro è originale o
solo una copia?*
originally /ə'rɪdʒɪnəli, -dʒənəli/ avv
originariamente, in origine: Sue
originally came from Huddersfield.
*Sue proviene originariamente da
Huddersfield.*
ornament /'ɔːnəmənt||'ɔːr-/ s
ornamento, soprammobile: Lucy
knocked an ornament off the
mantelpiece and broke it. *Lucy fece
cadere un soprammobile dalla mensola
del caminetto e lo ruppe.*

ostrich /'ɒstrɪtʃ||'ɔː-, 'ɑː-/ s
struzzo
other[1] /'ʌðər/ agg
altro, diverso: I like tea, coffee, and
many other drinks. *Mi piacciono il tè,
il caffè e molte altre bevande.*|Ask
other people what they think.
Domanda ad altri cosa pensano.|John
lives on the other side of town. *John
abita dall'altra parte della città.*
other[2] pron
1 ⟨con riferimento a cose⟩ altro, -altra:
I've found one shoe. Have you seen
the other? *Ho trovato una scarpa. Hai
visto l'altra?*|He walked from one end
of the street to the other. *Andò a piedi
da un capo all'altro della strada.*|That
was a good joke. Do you know any
others? *Che bella barzelletta. Ne sai
altre?* **2** ⟨con riferimento a persone⟩
⟨generalmente al plurale⟩ (gli) altri,
(le) altre: Kate and Andy are here but
I wish the others would hurry up. *Kate
ed Andy ci sono, ma vorrei che gli altri
si spicciassero.*|Others would disagree,
but I think Milan is a beautiful city.
*Altri potranno dissentire, ma io trovo
che Milano sia una bella città.* – vedi
anche **each other** (EACH)
otherwise[1] /'ʌðəwaɪz||'ʌðər-/ cong
altrimenti, se no: I hope they get here
soon, otherwise we'll miss the train.
*Spero che arrivino presto, altrimenti
perderemo il treno.*
otherwise[2] avv
1 altrimenti, per il resto: It rained a lot
on the first two days. Otherwise it was
a marvellous holiday. *È piovuto molto
nei primi due giorni. Ma per il resto è
stata una vacanza meravigliosa.*
2 ⟨piuttosto formale⟩ altrimenti, in
altro modo: Our teacher had said we
could go home early, but the head
decided otherwise. *Il nostro insegnante
aveva detto che potevamo andare a
casa presto, ma la preside decise*

altrimenti.

ought /ɔːt/ *v aus*

⟨**to do sthg**⟩ **1** *(per esprimere obbligo o consiglio)* dovrei (dovresti, ecc.) *(fare qc)*, bisognerebbe *(fare qc):* I ought to finish my homework before I watch TV. *Dovrei finire i compiti prima di guardare la televisione.*|You ought to be ashamed of yourself! *Ti dovresti vergognare!* **2** *(per esprimere probabilità logica)* dovrei (dovresti, ecc.): The bus ought to be here by now. *L'autobus ormai dovrebbe essere qui.* – *vedi anche* **La Nota Grammaticale Modals**

ounce /aʊns/ *anche* **oz** *(abbr scritta)* s oncia: Can I have six ounces of boiled ham, please? *Può darmi sei once di prosciutto cotto, per favore?* – *vedi anche* **La Tavola Weights and Measures**

our /aʊəʳ/ *agg poss*

nostro: We put our books away and went home. *Mettemmo via i libri e andammo a casa.*|Ask that woman if this is our bus. *Domanda a quella donna se questo è il nostro autobus.* – *vedi anche* **La Nota Grammaticale Possessive Adjectives and Pronouns**

ours /aʊəz||aʊərz/ *pron poss*

nostro, nostra: Their house is bigger than ours. *La loro casa è più grande della nostra.* – *vedi anche* **La Nota Grammaticale Possessive Adjectives and Pronouns**

ourselves /aʊə'selvz||aʊər-/ *pron*

1 ⟨*si usa come complemento oggetto o dopo una preposizione quando il soggetto della frase è* we⟩ *noi (stessi):* We saw ourselves on TV when they showed the school on the news. *Ci siamo visti alla televisione quando hanno mostrato la scuola al telegiornale.*|We did the decorating all by ourselves. *Abbiamo pitturato tutto noi stesse.* **2** ⟨*forma enfatica di* **we**⟩

noi stessi, proprio noi, noi in persona: We did it ourselves without any help. *L'abbiamo fatto da noi senza alcun aiuto.*

out /aʊt/ *avv*

1 *fuori, via:* He put his bag down and took the shopping out. *Posò la borsa e tirò fuori gli acquisti.*|The office door opened and Mr Morgan came out. *La porta dell'ufficio si aprì e venne fuori il signor Morgan.*|Lucy stuck her tongue out. *Lucy tirò fuori la lingua.* **2** *fuori (casa, ufficio, ecc.):* I'm afraid she's out at the moment. *Mi dispiace ma al momento è fuori.*|Jane has gone out with her new boyfriend. *Jane è uscita con il suo nuovo ragazzo.* **3** *eliminato (da un gioco, una competizione, ecc.):* If you drop the ball you're out. *Se ti lasci sfuggire la palla, sei eliminato.*|In the last World Cup, Italy were knocked out by France. *Nell'ultimo campionato mondiale di calcio, l'Italia è stata eliminata dalla Francia.* **4** *spento, esaurito:* The candle has gone out. *La candela si è consumata.*| Kate was told to put the light out and go to sleep. *Dissero a Kate di spegnere la luce e dormire.* **5** *forte, ad alta voce:* He cried out in pain. *Strillava dal dolore.*|She shouted out my name. *Gridò forte il mio nome.*|He called out to me. *Mi chiamò ad alta voce.*

out of *prep*

1 *fuori, via:* He took the shopping out of his bag. *Estrasse le compere dalla borsa.*|He jumped out of the window to escape the fire. *Saltò fuori dalla finestra per sfuggire all'incendio.*|She walked out of the room before I could stop her. *Uscì dalla stanza prima che potessi fermarla.* – *vedi anche* **L'Illustrazione Prepositions 2** *fuori di/da:* She's out of the country on business. *È all'estero per affari.*|We had to get out of the way quickly when we saw the car coming towards us. *Dovemmo farci da parte alla svelta, quando ci accorgemmo che la macchina stava dirigendosi verso di noi.* **3** *eliminato:* Who knocked Italy out of the World Cup? *Chi ha eliminato l'Italia dalla Coppa del Mondo?* **4** (*in molte espressioni idiomatiche*): I've been **out of work** since July. *Sono disoccupato da luglio.*|The lift's **out of order** again. *L'ascensore è di nuovo guasto.*|**out of date,** *antiquato, superato*

outdoor /,aut'dɔːʳ/ *agg*
⟨*solo attributivo*⟩ *all'aria aperta, all'aperto:* outdoor activities like horse riding, climbing, etc., *attività all'aperto come equitazione, alpinismo, ecc.*

outdoors /,aut'dɔːz||-ɔːrz/ *avv, s all'aria aperta, fuori:* We thought we'd eat outdoors as it was such a nice day. *Pensammo di mangiare fuori perchè era una giornata così bella.*

outside¹ /'autsaɪd, 'autsaɪd/ *avv fuori, all'aperto:* The dog is outside in the garden. *Il cane è fuori in giardino.*| The shop was closed, so we had to wait outside. *Il negozio era chiuso, così dovemmo aspettare fuori.*

outside² /'autsaɪd/ *prep*
1 *fuori, oltre:* a village just outside Dover, *un paese appena fuori Dover* **2** *fuori di, all'esterno di:* The notice outside the house said "For Sale". *Il cartello fuori della casa diceva "In vendita".*|Please wait outside my office. *Si prega di attendere fuori dell'ufficio.*|I'll meet you outside the cinema. *Ti aspetterò fuori del cinema.*

outside³ /aut'saɪd/ *s sing esterno:* The outside of the house needs painting before the winter. *L'esterno della casa va ridipinto prima dell'inverno.*

outskirts /'autskɜːts||-ɜːr-/ *s pl sobborghi, periferia:* Ted and Jenny

live on the outskirts of London. *Ted e Jenny vivono alla periferia di Londra.*

outwards (*IB*) *o* **outward** /'autwədz|| -ər-/ *avv verso l'esterno, in fuori:* The door opens outwards. *La porta si apre verso l'esterno.*

oval /'əuvəl/ *agg, s ovale*

oven /'ʌvən/ *s forno:* I'm going to bake some bread in the oven. *Farò un po' di pane al forno.*

over¹ /'əuvəʳ/ *prep*
1 ⟨*complemento di moto attraverso luogo*⟩ *oltre, attraverso, al di là di:* The horse jumped over the wall. *Il cavallo saltò oltre il muro.*|A jumbo jet flew over the house. *Un jumbo jet sorvolò la casa.*|They are building a footbridge over the motorway. *Stanno costruendo una passerella per attraversare l'autostrada.*|I looked over the fence into my neighbour's garden. *Mi sporsi al di là dello steccato per guardare il giardino del mio vicino. – vedi anche* ACROSS (*Nota*) **2** (*per indicare completa o parziale copertura*) *al di sopra di:* I put a cloth over the settee while I was decorating. *Stesi un panno sul divano mentre stavo pitturando.*|He pulled his hat down over his eyes. *Si calò il cappello sugli occhi.* **3** *sopra, su:* The lamp hung over the table. *La lampada era appesa sopra il tavolo.* **4** **all over** *per tutto, in ogni parte di:* Emilio has travelled all over Europe. *Emilio ha viaggiato per tutta l'Europa.*|The butcher had blood all over his hands. *Il macellaio aveva le mani tutte coperte di sangue.* **5** *più di, oltre:* You have to be over sixteen to buy cigarettes. *Per poter acquistare sigarette bisogna essere al di sopra dei sedici anni.*|Gina has got over two hundred badges. *Gina ha più di*

duecento distintivi.
over² *avv*
1 *al di sopra, dall'altra parte:* A
helicopter has just flown over. *Un
elicottero è appena passato sopra.|*
We're going over to Ireland by boat.
*Andremo in Irlanda col traghetto.
– vedi anche* ACROSS (*Nota*) **2** ⟨*in
combinazione con avverbi o
preposizioni di luogo, per indicare
distanza*⟩ Come and sit **over here.**
*Vieni a sederti qua vicino.|*Go and sit
over there. *Va' a sederti laggiù.|*Mr
Morgan's desk is over by the window.
*La scrivania del signor Morgan è là
accanto alla finestra.* **3** *giù (da una
posizione eretta):* I knocked the bottle
over. *Feci cadere la bottiglia.|*He fell
over and cut his knee. *Cadde e si tagliò
il ginocchio.* **4** *d'avanzo, rimanente:* If
there is any food left over we can eat it
tomorrow. *Se è rimasto del cibo,
possiamo mangiarlo domani.|*Was
there any money over from the
shopping? *È avanzato del denaro dalla
spesa?*

  be over *vi*
finire: The holidays will soon be over.
*Le vacanze finiranno presto.|*The last
time I went to the dentist's, it was all
over very quickly. *L'ultima volta che
andai dal dentista, finì tutto molto
velocemente.*
overcoat /'əʊvəkəʊt||-vər-/ *s*
cappotto, soprabito
owe /əʊ/ *vt*
⟨*pass rem e p pass* **owed,** *p pres* **owing**⟩
⟨*non usato nelle forme progressive*⟩
dovere (a): How much do I owe you?
*Quanto ti devo?|*I owe you an apology.
Ti devo chiedere scusa.
owing to /'əʊɪŋ tə, tʊ/ *prep*
(*form*) *a causa di, per via di:* The
plane was late, owing to the bad
weather. *Il volo era in ritardo per via
del maltempo.|*Owing to the Queen's

illness, Princess Margaret opened the
exhibition instead. *Poichè la regina era
malata, la principessa Margaret dovette
inaugurare la mostra in sua vece.*
owl /aʊl/ *s*
gufo, civetta
own¹ /əʊn/ *agg, pron*
1 *proprio:* Andy has a room of his
own, but Kate and Lucy have to share.
*Andy ha una stanza tutta sua, ma Kate
e Lucy devono dividere.* "Would you
like to borrow my pen?" "No, thanks.
I've brought my own." *"Vuoi che ti
impresti la mia penna?" "No, grazie.
Ho portato la mia."|*Mind your own
business! *Fatti gli affari tuoi! – vedi
anche* PROPER (*Trabocchetto*) **2** **on
my/your** *ecc* **own** *per conto proprio:*
Kate went to the party on her own.
Kate andò alla festa da sola.|
Sometimes I enjoy being on my own.
*A volte mi piace stare da sola.|*Did you
do it all on your own? *L'hai fatto tutto
da sola?*
own² /əʊn/ *vt*
⟨*non usato nelle forme progressive*⟩
possedere, avere (in proprietà): Ms
Clark owns a video shop in Dover. *La
signora Clark è proprietaria di un
negozio di video a Dover.|*Nationalized
industries are owned by the
government. *Le industrie
nazionalizzate sono proprietà del
governo.* **– owner** *s proprietario*
oxygen /'ɒksɪdʒən||'ɑːk-/ *s*
⟨*non num*⟩ *ossigeno:* How much
oxygen is there in the air? *Quanto
ossigeno c'è nell'aria?|*an oxygen mask,
una maschera a ossigeno

P, p

P, p /piː/
P, p

p /piː/
(*abbr di* pence) pence: The newspaper costs 25p. *Il giornale costa 25 pence.*|a 5p piece, *una moneta da 5 pence – vedi anche* PENNY (*Nota*) *e La Tavola* **Weights and Measures**

pack¹ /pæk/ *s*
pacco, fagotto, confezione: a pack (*o* packet) of cigarettes, *un pacchetto di sigarette*|a pack of playing cards, *un mazzo di carte*|The climber had a pack on his back. *L'alpinista aveva uno zaino sulle spalle.*
■*Nota: La parola* **pack** *non viene di solito riferito a contenitori per articoli voluminosi.*

pack² *vt, vi*
imballare, fare (le valigie): Emilio packed his suitcase for his trip to Naples. *Emilio ha fatto la valigia per il suo viaggio a Napoli.*|When we moved house we had to pack all our belongings in boxes. *Quando abbiamo cambiato casa, abbiamo dovuto imballare tutte le nostre cose.*|The students took a **packed lunch** on their trip to the zoo. *Gli studenti si sono portati il pranzo al sacco per la gita allo zoo.*

package /'pækɪdʒ/ *s*
pacco, involto, plico: The postman delivered a brown paper package. *Il postino ha recapitato un plico marrone.*

packet /'pækɪt/ *s*
pacchetto: a packet of biscuits/crisps, *un pacchetto di biscotti/patatine*

page /peɪdʒ/ *s*
pagina: Turn to the map on page 26. *Guardate la cartina a pagina 26.*

pain /peɪn/ *s*
⟨num e non num⟩ dolore, sofferenza: Peter had a pain in his leg after the hockey match. *Peter aveva male alla gamba dopo la partita di hockey.*|Peter was **in pain** after the match. *Peter era dolorante dopo la partita.*

painful /'peɪnfəl/ *agg*
doloroso, che fa male: Toothache can be very painful. *Il mal di denti può essere estremamente fastidioso.*|a painful injury, *una ferita che fa male*

paint¹ /peɪnt/ *s*
⟨non num⟩ colore, tinta, vernice: What colour paint shall we get? *Che tinta prendiamo?*|We need some paint for the kitchen. *Abbiamo bisogno di tinta per la cucina.*

paint² *vt, vi*
1 colorare, pitturare, verniciare: We painted the kitchen blue. *Abbiamo pitturato la cucina di azzurro.*
2 dipingere: Graziella likes painting pictures of the countryside outside Milan. *Graziella ama dipingere la campagna intorno a Milano.*

paint brush /'peɪntbrʌʃ/ *s*
pennello

painter /'peɪntəʳ/ *s*
1 pittore (-trice): Picasso was a famous painter. *Picasso è stato un pittore famoso.* 2 imbianchino (-a), verniciatore (-trice): a painter and decorator, *un imbianchino e decoratore*

painting /'peɪntɪŋ/ s
1 ⟨*non num*⟩ *pittura:* Painting is
Claudia's favourite hobby. *La pittura è
l'hobby preferito di Claudia.* **2** ⟨*num*⟩
quadro, dipinto: Many of Picasso's
paintings are in private collections.
*Molti quadri di Picasso fanno parte di
collezioni private.*

pair /peə^r/ s
⟨*pl* **pairs** *o* **pair**⟩ **1** *paio, coppia:* a pair
of shoes/gloves, *un paio di scarpe/
guanti*|Work **in pairs.** *Lavorate a
coppie.* **2** *paio:* a pair of jeans/
trousers, *un paio di jeans/pantaloni*|a
pair of scissors, *un paio di forbici*|This
pair of trousers isn't very clean.
*Questo paio di pantaloni non è molto
pulito.*

pajamas /pə'dʒɑːməz||-'dʒɑː-, -'dʒæ-/
s pl
IA di **pyjamas** *pigiama*

pal /pæl/ s
fam di **friend** *amico (-a), compagno
(-a):* Why don't you go and play
football with your pals? *Perchè non vai
a giocare a calcio coi tuoi amici?*
  pen-pal s
corrispondente

palace /'pælɪs/ s
palazzo: Queen Elizabeth II lives in
Buckingham Palace. *La regina
Elisabetta II vive a Buckingham
Palace.*

pale /peɪl/ agg
⟨*compar* **paler,** *sup* **palest**⟩ *pallido,
chiaro:* You look pale. Are you ill? *Sei
pallido. Stai male?*|We painted the
kitchen pale blue. *Abbiamo dato il
celeste alla cucina.*

palm /pɑːm||pɑːm, pɑːlm/ s
palmo: The palms of my hands were
sweating. *Mi sudavano i palmi delle
mani.*

palmistry /'pɑːmɪstri/ s
chiromanzia

pampas /'pæmpəz, -pəs/ s

⟨*seguito da un verbo al singolare o al
plurale*⟩ *pampa, pampe:* the pampas of
South America, *le pampe del
Sudamerica*

pan /pæn/ s
tegame: pots and pans, *pentole e
tegami*|a frying pan, *una padella*

panda /'pændə/ s
⟨*pl* **pandas**⟩ *panda*

panic¹ /'pænɪk/ s
⟨*num e non num*⟩ *panico:* There was
(a) panic as the fire swept through the
cinema. *Scoppiò un panico generale
quando l'incendio divampò nel cinema.*

panic² vi
⟨*pass rem e p pass* **panicked,** *p pres*
panicking⟩ *lasciarsi prendere dal
panico:* I started to panic as the fire
swept through the cinema. *Fui colto
dal panico quando l'incendio divampò
nel cinema.*

panther /'pænθə^r/ s
pantera: a black panther, *una pantera
nera*

pants /pænts/ s pl
1 *mutande, slip:* **2** ⟨*spec IA*⟩ *calzoni,
pantaloni:* He was wearing black pants
and a white shirt. *Portava dei
pantaloni neri ed una camicia bianca.*

paper /'peɪpə^r/ s
1 ⟨*non num*⟩ *carta:* I bought some
writing paper and envelopes. *Ho
comprato della carta da lettere e delle
buste.*|a paper bag, *un sacchetto di
carta*|a brown paper parcel, *un pacco
marrone* **2** *anche* **newspaper** ⟨*num*⟩
giornale: a daily paper, *un quotidiano*

paragraph /'pærəgrɑːf||-græf/ s
paragrafo: Look at the first sentence
of the third paragraph on page 20.
*Guarda la prima frase del terzo
paragrafo a pagina 20.*

parallel /'pærəlel/ agg
parallelo: parallel lines, *linee parallele*

parcel /'pɑːsəl||'pɑːr-/ s
pacco, pacchetto: He wrapped up the

parcel and took it to the post office. *Ha incartato il pacco e lo ha portato all'ufficio postale.*

pardon /'pɑːdn||'pɑːrdn/ *inter* *(formula di cortesia)* scusa! scusi! scusate! prego?: "Are you going to the cinema on Friday?" "Pardon?" "Are you going to the cinema on Friday?" *"Vai al cinema venerdì?" "Scusa?" "Vai al cinema venerdì?"*|"Ouch!" "**I beg your pardon**. I didn't mean to bump into you." *"Ahi!" "Mi scusi. Non intendevo venirle addosso." – vedi anche* EXCUSE *(Nota)*

parent /'peərənt/ *s* genitore *(-trice)*, padre, madre: Parents naturally worry about their children. *I genitori ovviamente si preoccupano per i figli.*
▲*Trabocchetto: La parola* **parents** *si riferisce a* genitori *e non* parenti *o* congiunti *in generale che in inglese si chiamano* **relatives** *o* **relations**. *Si noti inoltre che* **parent**, *quando usato al singolare, può significare tanto* "madre" *quanto* "padre".

park¹ /pɑːk||pɑːrk/ *s* parco, giardini pubblici: Kate and Andy decided to have a picnic in the park. *Kate e Andy decisero di andare a fare un picnic nel parco.*|a car park, *un parcheggio*|a national park, *un parco nazionale*

park² *vt, vi* posteggiare, parcheggiare: It's very difficult to park in the centre of London. *È molto difficile trovare da parcheggiare nel centro di Londra.*|No Parking. (segnale) *Sosta vietata.*|Have you parked the car? *Hai posteggiato la macchina?*

parliament /'pɑːləmənt||'pɑːr-/ *s* parlamento: Parliament is debating the economy today. *Oggi il parlamento discuterà la situazione economica.*|the Houses of Parliament, *il palazzo del*

Parlamento |Member of Parliament, *un membro del Parlamento*

parrot /'pærət/ *s* pappagallo

part /pɑːt||pɑːrt/ *s* **1** *parte, porzione:* You can get from one part of London to another by tube or bus. *Puoi spostarti da una parte all'altra di Londra in metropolitana o in autobus.*|the parts of the body, *le parti del corpo*|Part of what you say is true. *Parte di ciò che dici è vero.*|The difficult part is putting the machine back together again. *Il difficile è rimontare la macchina.* **2** *pezzo (di ricambio):* Mr Morgan needs some new parts for the car. *Il signor Morgan ha bisogno di alcuni pezzi nuovi per l'auto.*

participle /'pɑːtɨsɪpəl||'pɑːr-/ *s* participio .
■*Nota: Il* participio *è una forma verbale. Il* participio presente *termina sempre in* -ing *(come in* looking). *Il* participio passato *invece varia a seconda dei verbi: per i verbi regolari termina in* -ed *(come in* looked), *mentre differisce di caso in caso per i verbi irregolari (ad esempio* broken *da* break, gone *da* go, hit *da* hit *ecc.). In questo dizionario i participi di verbi irregolari sono dati con l'infinito di questi verbi.*

particular /pə'tɪkjᵿlə'||pər-/ *agg* ⟨*non usato al compar o sup*⟩ *particolare, speciale:* The shop didn't have the particular book that I wanted. *Il negozio non aveva il libro che volevo in particolare.*|I've no particular reason for wanting to be a plumber. *Non ho nessuna ragione speciale per voler fare l'idraulico.*
— **particularly** *avv particolarmente, specialmente*

partner /'pɑːtnə'||'pɑːr-/ *s* socio *(-a)*, compagno *(-a)*, *cavaliere/dama:* Do this exercise with your partner. *Fa' questo esercizio insieme col tuo compagno.*|a business partner, *un socio in affari*|I'd like to dance but I haven't got a partner. *Mi piacerebbe ballare ma non ho un cavaliere.*

part-time /pɑːt-taɪm‖pɑːrt-taɪm/ *agg, avv*

a orario ridotto, part time: Anna's father works part-time as a hospital pharmacist. *Il padre dì Anna fa il farmacista d'ospedale a tempo ridotto.*| a part-time job, *un lavoro a orario ridotto* – confrontare con FULL-TIME

party /'pɑːti‖'pɑːrti/ *s*

⟨*pl* **parties**⟩ 1 *festa, ricevimento:* Shall we have a party in your flat? *Organizziamo una festa nel tuo appartamento?*|Kate and Andy are giving a party for their friends. *Kate e Andy daranno una festa per i loro amici.*|a birthday party, *una festa di compleanno* 2 ⟨*con verbo singolare o plurale*⟩ *gruppo, comitiva:* The teacher took a school party to the museum. *L'insegnante ha accompagnato un gruppo di studenti a visitare il museo.*|a party of tourists, *una comitiva di turisti* 3 ⟨*con verbo singolare o plurale*⟩ *partito:* the Labour Party, *il partito laburista*

pass[1] /pɑːs‖pæs/ *vi, vt*

1 *passare, oltrepassare:* We passed the museum on the way to the airport. *Siamo passati davanti al museo ·andando all'aeroporto.*|We passed lots of cars on the motorway. *Abbiamo passato un sacco di macchine sull'autostrada.*|He tried to cross the road and was hit by a passing car. *Tentò di attraversare la strada e fu investito da una macchina di passaggio.* 2 *passare:* Could you pass me the telephone directory, please? *Puoi passarmi l'elenco telefonico per*

favore?|Tardelli passed the ball to Rossi. *Tardelli passò la palla a Rossi.* 3 *superare, essere promosso a:* Kate passed all her exams. *Kate ha superato tutti gli esami.*|Mrs Morgan passed her driving test when she was seventeen. *La signora Morgan ha preso la patente a diciassette anni.* 4 *approvare, varare:* The government has passed a law making racial discrimination illegal. *Il governo ha approvato una legge che dichiara illegale la discriminazione razziale.* 5 *passare, trascorrere:* The time seems to pass very quickly when you're on holiday. *Sembra che il tempo passi molto velocemente quando si è in vacanza.*|The children passed the time before going out by making paper aeroplanes. *Prima di uscire i bambini hanno passato il tempo facendo aeroplani di carta.*

pass[2] *s*

1 *sufficienza:* Kate got seven passes in her exams. *Kate ha passato sette esami.* 2 *lasciapassare, autorizzazione:* You have to show your pass to the security guard before you can enter the building. *Devi esibire il lasciapassare alla guardia di sicurezza prima di essere ammesso nell'edificio.*|a boarding pass for an aeroplane, *una carta d'imbarco per un aereo* 3 *passaggio:* The pass was meant for Rossi, but was intercepted by a defender. *Il passaggio era destinato a Rossi, ma fu intercettato da un difensore.*

passage /'pæsɪdʒ/ *s*

1 *passaggio, corridoio:* a passage down the side of the bank that leads to the car park, *un passaggio di fianco alla banca che porta giù al parcheggio* 2 *brano:* Read the following passage and then answer the questions below. *Dopo aver letto questo brano, rispondete alle seguenti domande.*

Past

L'inglese ha due tempi principali del verbo per il passato; il **past simple** *ed il* **present perfect**. *Ricordatevi che i due non sono intercambiabili, come talvolta lo sono in italiano il passato remoto ed il passato prossimo, ma che esistono regole precise per il loro uso.*

L'uso del past simple

Il **past simple** *è usato per azioni e fatti accaduti in un passato ormai concluso.*

▶ *Può essere indicato il momento in cui è accaduta l'azione nel passato:*

- I watched a funny film on TV **yesterday afternoon**.
  Ieri pomeriggio ho visto un film divertente alla TV.
- They didn't go to the disco **last Sunday**.
  Domenica scorsa non sono andati in discoteca.
- Were you at school **three days ago**?
  Eravate a scuola tre giorni fa?

▶ *Oppure il momento può rimanere sottinteso, ma intuibile attraverso il contesto:*

- We enjoyed visiting the museum.
  Ci è piaciuto visitare il museo.
- Our students didn't have too many problems in England.
  I nostri studenti non hanno avuto troppi problemi in Inghilterra.

▶ *Si usa il* **past simple** *nelle frasi in cui si chiede* **quando** *è successo qualcosa:*

- **When** did he buy his new bike?
  Quando ha comprato la nuova bici?

Past

L'uso del present perfect

Il **present perfect** *si usa per descrivere un'azione accaduta nel passato, ma non è indicato quando.*

▶ *Quindi la forma verbale del* **present perfect** *indica un passato indefinito (generico), ma in qualche modo legato al presente. (Risultato dell'azione passata nell'esempio: ora ho la bici nuova.)*

- I've bought a new bike.
  Ho comprato una nuova bici.

▶ *Si usa con:* **just**, **never/ever** *(nelle interrogative),* **yet**, **already**.

- She's **just** called the doctor.
  Ha appena chiamato il dottore.
- I've **never** read that book.
  Non ho mai letto quel libro.
- Have you **ever** been to Oxford?
  Siete mai stati a Oxford?
- They haven't come **yet**.
  Non sono ancora venuti.

▶ *Si usa per indicare qualcosa che è iniziato nel passato ed è durato fino al momento presente. Si usa con:* **how long**, **for**, **since**.

- **How long** has Sarah lived in London?
  Da quanto tempo Sarah vive a Londra?
- She's been there **for** two years/**since** 1984.
  Ci vive da due anni/dal 1984.

▶ *Osserva che talvolta si può usare il* **present perfect progressive**, *soprattutto per descrivere azioni o stati temporanei.*

- Kate has been playing tennis a lot recently.
  Kate gioca molto a tennis ultimamente.
- I've been living in Dover for two months.
  Vivo a Dover da due mesi.
- "How long have you been waiting?" "Oh, for about ten minutes."
  "Da quanto tempo aspetti?" "Oh, da circa dieci minuti."

Past Simple

forma affermativa	forma negativa	forma interrogativa

verbo regolare: play

I/you he/she/it we/they	played	I/you he/she/it we/they	did not play	did	I/you he/she/it we/they	play...?

verbo irregolare: go

I/you he/she/it we/they	went	I/you he/she/it we/they	did not go	did	I/you he/she/it we/they	go...?

► *Per formare le forme negativa e interrogativa dei verbi regolari e irregolari si usa* **did** *(il passato di* **do***) La forma contratta è* **didn't**:

- I **didn't** play tennis last week.
  La settimana scorsa non ho giocato a tennis.
- "**Did** you go to Sue's party?" "Yes, I did."
  "Sei andata alla festa di Sue?" "Sì."

► *Per formare la forma affermativa del* **past simple** *dei verbi regolari si aggiunge* **-ed** *o* **-d** *all'infinito del verbo (senza* **to***) per tutte le persone.*

wash	wash**ed**
walk	walk**ed**
listen	listen**ed**

► *Se il verbo termina per* **e** *muta si aggiunge solo* **-d**.

| type | type**d** |

► *Quando* **y** *è preceduta da una consonante cambia in* **i**.

| repl**y** | repl**ied** |

► *Quando il verbo termina per consonante preceduta da una sola vocale accentata, la consonante finale raddoppia.*

| st**op** | stop**ped** |

► *La* **l** *raddoppia sempre nell'inglese britannico (nell'inglese americano non raddoppia).*

| trave**l** | travel**led** |

► *In questo dizionario le forme del* **past simple** *e del participio passato seguono quelle dell'infinito di tutti i verbi irregolari, e sono anche indicate nell'elenco di verbi irregolari in fondo al dizionario:* go **went** gone   bring **brought** brought

Present Perfect

forma affermativa	forma negativa	forma interrogativa
I/you have he/she/it has gone we/they have	I/you have not he/she/it has not gone we/they have not	have I/you has he/she/it gone...? have we/they

▶ *Il* **present perfect** *si forma col presente dell'ausiliare* **have** *seguito dal participio passato dei verbi sia regolari che irregolari.*

–*vedi anche* **La Nota Grammaticale** *The Verb "have"*

▶ *Il* **participio passato** *dei verbi regolari si forma aggiungendo* **-ed** *o* **-d** *all'infinito (senza* **to**) *come per formare il* **past simple**. *La formazione del participio passato è soggetta alle stesse variazioni ortografiche del* **past simple**.

▶ *Il participio passato dei verbi irregolari si trova nella terza colonna dell'elenco dei verbi irregolari, ed anche segue l'infinito del verbo nel contesto del dizionario:* go went **gone**
 bring brought **brought**

▶ *In inglese l'ausiliare usato col participio passato è sempre* **have**, *mentre in italiano si usa* **essere** *o* **avere**:

– They haven't come yet.
  Non sono ancora venuti.

▶ *Nelle riposte brevi nel passato prossimo, oltre a* **yes** *o* **no** *generalmente si aggiunge il pronome soggetto e l'ausiliare* **has/have**.

– "Have you read her latest novel?" "Yes, I have."
  "Hai letto il suo ultimo romanzo?" "Si."
– "Has she ever been to Paris?" "No, she hasn't."
  "È mai stata a Parigi?" "No."

passenger /'pæsɪndʒəʳ, -sən-/ s
passeggero (-a): The cabin staff look
after the passengers on an aeroplane.
*L'equipaggio a bordo di un aeroplano
si prende cura dei passeggeri.*|There
were two thousand three hundred
passengers aboard the Titanic. *C'erano
duemila trecento passeggeri a bordo del
Titanic.*

passive /'pæsɪv/ anche **passive voice** s,
agg
passivo
■*Nota: Il passivo è una forma verbale
costituita dai diversi tempi del verbo
be, seguito da un participio passato. La
forma passiva si usa per indicare che il
soggetto della frase è la persona o la
cosa su cui si riflette l'azione espressa
dal verbo:* John was telephoned by
Kate yesterday. *Kate è l'agente
introdotto dalla preposizione by.
L'agente è la persona o la cosa che
compie l'azione espressa dal verbo
passivo. È introdotto nella frase solo
quando si ritiene importante esprimere
da chi o da che cosa è eseguita l'azione.*

passport /'pɑːspɔːt||'pæspɔːrt/ s
passaporto: You need a passport and a
visa to travel to some countries. *Per
poter andare in certi paesi c'è bisogno
del passaporto e di un visto.*

past¹ /pɑːst||pæst/ s
⟨s sing, preceduto da **the**⟩ passato: At
Madame Tussaud's you can see
models of famous people from the
past. *Da Madame Tussaud si possono
vedere modelli di personaggi celebri del
passato.*|In the past, people used to die
much younger. *Nel passato la gente
moriva più giovane.*

past² prep
1 davanti a, oltre, dopo: We drove
past the museum on the way to the
airport. *Siamo passati in macchina
davanti al museo andando
all'aeroporto.*|Our street is first on the

left past the shops. *La nostra via è
subito a sinistra dopo i negozi.* 2 (per
esprimere l'ora) dopo: It's twenty past
four. *Sono le quattro e venti. (4:20)*|(a)
quarter past eight, le otto e un quarto
(8:15) – vedi anche **La Nota
Grammaticale** Telling the Time

past³ agg
⟨solo attributivo⟩ 1 scorso, ultimo:
Emilio has been in Naples for the past
two weeks. *Emilio è a Napoli da due
settimane.*|Prices have greatly
increased during the past year. *I prezzi
hanno subito un forte aumento nell'ultimo anno.* 2 passato: the past tense,
il tempo passato|the past participle, il
participio passato – verde anche **La
Nota Grammaticale** Past a p. 334

pasta /'pæstə||'pɑː-/ s
⟨non num⟩ pasta: Would you like
some spinach pasta for your tea? *Vuoi
della pasta verde per cena?*

patch¹ /pætʃ/ s
toppa, pezza: Andy had to sew a patch
on his jeans where he ripped them.
*Andy ha dovuto cucire una toppa sui
jeans nel punto in cui li ha strappati.*

patch² vt
rattoppare, rappezzare: His jeans were
worn and patched. *I suoi jeans erano
logori e rattoppati.*

path /pɑːθ||pæθ/ s
sentiero: I was walking along the path
by the side of the canal. *Passeggiavo
sul sentiero lungo il canale.*

patience /'peɪʃəns/ s
⟨non num⟩ pazienza: The man finally
lost his patience and shouted at the
children to be quiet. *Alla fine l'uomo
perse la pazienza e urlò ai bambini di
fare silenzio.*|I have no patience with
people who complain all the time. *Non
ho pazienza con le persone che si
lamentano continuamente.*

patient¹ /'peɪʃənt/ agg
paziente: You'll just have to be patient

until your exam results arrive. *Devi soltanto aver pazienza fino a quando non arriveranno i risultati degli esami.*
— **patiently** *avv pazientemente:* She waited patiently for her exam results. *Attendeva con pazienza i risultati degli esami.*

patient² *s*
paziente: The doctor visits her patients in the hospital every morning. *Ogni mattina la dottoressa visita i suoi pazienti in ospedale.*

pattern /'pætən||'pætərn/ *s*
1 *motivo, disegno:* a dress with a nice pattern on it, *un vestito con un bel motivo stampato* **2** *modello, struttura:* Although "grow", "know" and "throw" are irregular verbs, they all follow the same pattern. *"Grow", "know" e "throw", pur essendo verbi irregolari, seguono tutti lo stesso modello.*

pause¹ /pɔːz/ *s*
pausa: There was a pause, then he continued with his speech. *Ci fu una pausa, poi continuò il discorso.*

pause² *vi*
⟨*pass rem e p pass* **paused,** *p pres* **pausing**⟩ *fare una pausa, soffermarsi:* He paused to let the laughter die down, and then continued. *Fece una pausa per far sfogare le risate, e poi proseguì.*

pavement /'peɪvmənt/ *(IB)* anche **sidewalk** *(IA)* *s*
marciapiede: You shouldn't ride your bicycle on the pavement. *Non dovresti andare in bicicletta sul marciapiede.*
▲ *Trabocchetto: Non confondere la parola inglese* **pavement** *e la parola italiana* **pavimento,** *che è tradotto* **floor.**

paw /pɔː/ *s*
zampa

pay¹ /peɪ/ *vt, vi*
⟨*pass rem e p pass* **paid,** *p pres* **paying**⟩ ⟨*sthg o* **to do sthg** *o* **for**⟩

pagare (qc o per fare qc o per): Andy paid a hundred and thirty pounds for his new bike. *Andy ha pagato la bici nuova centotrenta sterline.*|You don't have to pay to get into the British Museum. *Non si deve pagare per entrare nel British Museum.*|I paid him four pounds to clean the windows and they're still dirty! *Gli ho dato quattro sterline per farmi pulire le finestre e sono ancora sporche!*|I must pay the gas bill tomorrow. *Domani devo pagare la bolletta del gas.*
■*Nota: In inglese* **pagare una bolletta** *si dice* **pay a bill,** *senza preposizione, ma quando si paga in cambio di qualcosa, si deve usare la preposizione* **for:** I paid for that dress. *Ho pagato questo vestito.*

pay back *vt*
⟨**pay sbdy/sthg ↔ back**⟩ *rimborsare qn, restituire qc a qn:* Can you lend me a pound? I can pay you back on Friday. *Puoi prestarmi una sterlina? Te la restituirò venerdì.* – vedi anche REPAY *(Nota)*

pay² *s*
⟨*non num*⟩ *paga:* a pay rise, *un aumento di stipendio*|Should teachers' pay be higher? *Lo stipendio degli insegnanti dovrebbe essere più alto?*
■*Nota:* **Pay** *è il termine generico per indicare la retribuzione in denaro di un'attività lavorativa. La parola* **wage** *si riferisce alla paga settimanale di un operaio, mentre* **salary** *è lo stipendio mensile di un professionista.*

payday /'peɪdeɪ/ *s*
giorno di paga: Friday is payday. I can pay you back then. *Venerdì è giorno di paga. Ti potrò rimborsare allora.*

payment /'peɪmənt/ *s*
⟨*num e non num*⟩ *pagamento, saldo:* You can settle your account in weekly or monthly payments. *Il conto si può saldare con pagamenti settimanali o*

mensili.|The telephone company have demanded payment of the bill. *La società per l'esercizio telefonico ha richiesto il pagamento della bolletta.*

PE /ˌpiː ˈiː/ s
⟨*non num*⟩ abbr di **physical education** *educazione fisica*

pea /piː/ s
pisello

peace /piːs/ s
⟨*non num*⟩ **1** *pace, calma, quiete:* Kate sat by the river, enjoying the **peace and quiet** of the countryside. *Kate era seduta accanto ul fiume, godendosi la pace e la tranquillità della campagna.* **2** *pace:* There has been peace in Europe since 1945. *In Europa regna la pace dal 1945.*|peace talks between the governments, *negoziati di pace tra i governi*

peaceful /ˈpiːsfəl/ agg
1 *tranquillo:* It was very peaceful by the river. *C'era una gran pace lungo il fiume.* **2** *pacifico, non violento:* Gorillas are peaceful animals. *I gorilla sono degli animali pacifici.*
— **peacefully** avv *in pace, tranquillamente:* Nations should be able to live peacefully with one another. *Le nazioni dovrebbero saper vivere in reciproca armonia.*

peach /piːtʃ/ s
⟨*pl* **peaches**⟩ *pesca (frutto)*

peanut /ˈpiːnʌt/ anche **groundnut** (*IA*) s
arachide: salted peanuts, *arachidi salate*

peanut butter /ˈpiːnʌt ˈbʌtəʳ/ s
⟨*non num*⟩ *burro di arachidi:* Would you like some peanut butter on your toast? *Vuoi del burro di arachidi con il pane tostato?*

pear /peəʳ/ s
pera

peculiar /prˈkjuːliəʳ/ agg
strano, bizzarro: John's been saying some very peculiar things recently. *È da un po' di tempo che John fa dei discorsi strampalati.*|"I saw a dog with a hat on yesterday." "Really! How peculiar!" *"Ieri ho visto un cane con un cappello." "Davvero! Che strano!"*
— **peculiarly** avv *in modo strano, bizzarramente:* John's been behaving very peculiarly. *John si è messo a comportarsi in modo molto strano.*

pedestrian /prˈdestriən/ s
pedone: Pedestrians have the right of way at zebra crossings. *I pedoni hanno la precedenza sulle strisce pedonali.*|a pedestrian shopping precinct, *un centro commerciale chiuso al traffico*

peek¹ /piːk/ vi
⟨*at sthg*⟩ *sbirciare, guardare:* John was told not to open his presents until Christmas Day, but he couldn't resist peeking. *Avevano detto a John di non aprire i regali fino a Natale, ma lui non potè trattenersi dal dare una sbirciatina.*

peek² s sing
sbirciata, sguardo furtivo: I'll just have a peek in John's bedroom to see if he's there. *Getto solo uno sguardo nella camera da letto di John per vedere se c'è.*

peel¹ /piːl/ vt
sbucciare, pelare: Will you peel the potatoes for dinner, please? *Ti dispiace pelare le patate per la cena, per favore?*|Kate is peeling an orange. *Kate sta sbucciando un'arancia.*

peel² s
⟨*non num*⟩ *buccia, scorza:* orange peel, *buccia d'arancia*

pen /pen/ s
penna: Lucy is learning to write with a pen. *Lucy sta imparando a scrivere con la penna.*|a box for pens and pencils, *un astuccio portapenne e matite*|Have you got any ink? My pen's run out. *Hai dell'inchiostro? La mia penna è scarica.*

penalty /'penltɪ/ s

⟨pl **penalties**⟩ **1** pena, punizione: The penalty for drinking and driving is the loss of your licence and a fine. La pena per la guida in stato di ubriachezza consiste nel ritiro della patente e in una multa. **2** (calcio di) rigore (sport): Our team was awarded a penalty. Alla nostra squadra fu concesso un calcio di rigore.

pence /pens/ s

pl di **penny** pence: The crisps are twenty pence a packet. Le patatine costano venti pence al pacchetto. – vedi anche PENNY (**Nota**) e La Tavola **Weights and Measures**

pencil /'pensl/ s

matita: You'll need some paper and a pencil for this exercise. Per questo esercizio vi servono carta e matita.| Write out a rough plan in pencil. Stilate un piano di massima a matita.|a pencil sharpener, un temperamatite

pen-friend /'pen frend/ anche
pen-pal s

corrispondente: Kate has pen-friends in Bolivia and Hungary. Kate ha corrispondenti in Bolivia e in Ungheria.

penguin /'peŋgwɪn/ s

pinguino

penicillin /ˌpenɪˈsɪlɪn/ s

⟨non num⟩ penicillina: an injection of penicillin, un'iniezione di penicillina| penicillin tablets, compresse di penicillina

penknife /'pen-naɪf/ s

⟨pl **penknives**⟩ temperino

penny /'penɪ/ s

⟨pl **pennies** o **pence**⟩ **1** penny: Lucy puts all her pennies in her piggy bank. Lucy mette tutti i penny nel salvadanaio.|A packet of crisps costs twenty pence. Un pacchetto di patatine costa venti pence. – vedi anche La Tavola **Weights and Measures**

■ **Nota**: Quando si tratta di una somma di denaro o del valore corrispondente si usa il plurale **pence** (o **p**). Quando invece ci si riferisce alle monete spicciole si usa **pennies** al plurale. **2** centesimo, lira: I paid a lot of money to see Michael Jackson, but it was worth every penny. Ho sborsato un bel po' di soldi per vedere Michael Jackson, ma ne valeva la spesa fino all'ultimo centesimo.|It won't cost you a penny to join our club. Non ti costerà una lira iscriverti al nostro club.

pen-pal /'penpæl/ s

variante di **pen-friend** corrispondente

pension /'penʃən/ s

pensione: Mrs Hill lives on an old-age pension of thirty-two pounds a week. La signora Hill si mantiene con una pensione di anzianità di trentadue sterline alla settimana.

people /'piːpəl/ s pl

persone, gente: How many people came to the meeting? Quante persone sono venute alla riunione?|People always ask me the time when I'm out walking the dog. La gente mi chiede sempre l'ora quando porto a spasso il cane. – vedi anche PERSON (**Nota**)

pepper /'pepəʳ/ s

1 ⟨non num⟩ pepe: salt and pepper, sale e pepe **2** ⟨num⟩ peperone: a green/red pepper, un peperone verde/rosso

per /pəʳ; forma enfatica pɜːʳ/ prep

per, a: Light travels at 186,000 miles per second. La luce viaggia a 186.000 miglia al secondo.

■ **Nota**: **Per** si usa soltanto in espressioni che indicano un rapporto spazio/tempo: miles per hour, feet per second, ecc.

per cent /pəˈsent‖pərˈ-/ avv, s

per cento: Fifty-one per cent of the population is female. Il cinquantuno per cento della popolazione è *femminile.*|The bank interest rate is fourteen per cent. *Il tasso d'interesse della banca è del quattordici per cento.* ■*Nota:* **Per cent** *generalmente si scrive* %: 51.5%.

percentage /pə'sentɪdʒ||pər-/ s
⟨*seguito da un verbo al singolare o al plurale*⟩ *percentuale:* The percentage of voters in general elections is about 75%. *La percentuale dei votanti alle elezioni politiche è del 75% circa.*|Only a small percentage of letters fails *o* fail to be delivered. *Soltanto una percentuale minima di lettere non viene correttamente recapitata.*

perfect¹ *agg* /'pɜːfɪkt||'pɜːr-/
1 *perfetto, ideale:* Dartmoor is the perfect place for a summer adventure holiday. *Dartmoor è il posto ideale per una vacanza estiva all'insegna dell'avventura.* **2** (*gramm*) *perfetto* – *vedi anche* **La Nota Grammaticale Past**

perfect² /pə'fekt||pər-/ *vt*
perfezionare: Emilio is still trying to perfect his English pronunciation. *Emilio sta ancora cercando di perfezionare la sua pronuncia inglese.*

perform /pə'fɔːm||pər'fɔːrm/ *vt, vi*
1 *svolgere, adempiere, fare, funzionare:* The doctor performed the operation successfully. *Il medico ha portato a termine l'intervento con successo.*|This new car performs very well. *Questa nuova auto va molto bene.* **2** *rappresentare, recitare:* The students are going to perform a musical at Christmas. *A Natale gli studenti si esibiranno in un musical.*

performance /pə'fɔːməns||pər'fɔːr-/ *s*
⟨*num e non num*⟩ **1** *adempimento, prestazione, rendimento:* Her performance at work has been excellent. *Il suo rendimento sul lavoro è stato eccellente.*|What's the car's performance like? *Come sono le prestazioni della macchina?* **2** *rappresentazione, spettacolo, interpretazione (teat):* The students will give six performances of the musical at Christmas. *A Natale gli studenti daranno sei rappresentazioni del musical.*|Gina's performance in the school play was very good. *L'interpretazione di Gina nella recita scolastica è stata ottima.*

perhaps /pə'hæps, præps||pər-, præps/ *avv*
forse, può darsi, probabilmente: "I wonder where Gina is!" "Perhaps she missed the bus." *"Chissà dov'è finita Gina!" "Probabilmente ha perso l'autobus."*|I'm sorry you can't come tonight. Perhaps another time. *Mi dispiace che tu non possa venire stasera. Sarà per un'altra volta.*|"Will I get a new bike for my birthday?" "Perhaps." *"Mi regaleranno una bici nuova per il mio compleanno?" "Può darsi."*

period /'pɪərɪəd/ *s*
1 *periodo:* There have been long periods of drought in many parts of Africa. *Molte zone dell'Africa hanno sofferto lunghi periodi di siccità.* **2** *ora (di lezione):* We've got maths first period on Monday morning! *Abbiamo matematica alla prima ora del lunedì mattina!*

permission /pə'mɪʃən||pər-/ *s*
⟨*non num*⟩ ⟨**to do sthg** *o* **for**⟩ *permesso (di fare qc o per):* Claudia asked her parents' permission to go to Dover for the summer. *Claudia ha chiesto ai genitori il permesso di andare a Dover in estate.*|The government has given its permission for the new motorway to be built. *Il governo ha accordato il permesso per la costruzione della nuova autostrada.*

permit¹ /pə'mɪt||pər-/ *vt*
⟨*pass rem e p pass* **permitted,** *p pres*

permitting⟩ *permettere:* Smoking is not permitted on the trains. *Non è permesso fumare sulle vetture ferroviarie.*
■*Nota: Il verbo* **permit** *è più formale del verbo* **allow.**

permit[2] /'pɜːmɪt||'pɜːr-/ *s*
permesso, licenza: You need a permit to park here. *Per parcheggiare qui bisogna avere un permesso.*

persecute /'pɜːsɪkjuːt||'pɜːr-/ *vt*
⟨*pass rem e p pass* **persecuted,** *p pres* **persecuting**⟩ *perseguitare:* People have always persecuted others in their search for power. *Nella ricerca del potere si finisce sempre con il perseguitare gli altri.* – **persecution** *s* ⟨*non num*⟩ *persecuzione*

person /'pɜːsən||'pɜːr-/ *s*
1 *persona:* Will the person who lost a watch please come to the office to collect it? *Chi ha perso l'orologio venga per favore a ritirarlo all'ufficio?|* You're the third person who's asked me that question today! *Tu sei il terzo a farmi questa domanda oggi!*
■*Nota: In genere il plurale di* **person** *è* **people: persons** *è di uso raro e molto formale.*
2 *(gramm) persona*
■*Nota: La persona è una caratteristica dei pronomi che si suddividono in tre classi.* **I** *e* **we** *sono pronomi di prima persona,* **you** *è pronome di seconda persona e* **he, she, it** *e* **they** *sono pronomi di terza persona.*

personal /'pɜːsənəl||'pɜːr-/
agg personale: She wrote a personal letter to the head of the company. *Ha scritto una lettera personale al direttore della società.|*"What did Kate say to you?" "I'm not telling you, it's personal." *"Cosa ti ha detto Kate?" "Non te lo posso dire, è una cosa personale."*

personality /ˌpɜːsə'nælɪti||ˌpɜːr-/ *s*

⟨*pl* **personalities**⟩ ⟨*num e non num*⟩ *personalità, carattere:* He has a cheerful personality. *Ha un carattere allegro.*

personal pronoun /'pɜːsənəl 'prəʊnaʊn||'pɜːr-/ *s*
⟨*pl* **personal pronouns**⟩ *pronome personale*
■*Nota: In inglese i pronomi personali soggetto sono* **I, you, he, she, it, we** *e* **they** *e non si possono generalmente omettere, eccetto in frasi imperative. I pronomi personali complemento sono* **me, you, him, her, it, us** *e* **them.** *– vedi anche* **La Nota Grammaticale Personal Pronouns** *a p.344*

persuade /pə'sweɪd||pər-/ *vt*
⟨*pass rem e p pass* **persuaded,** *p pres* **persuading**⟩ ⟨**to do sthg** *o* **that**⟩ *persuadere, convincere (qn a fare qc o che):* I finally persuaded Kate to lend me her new Paul Young record. *Alla fine ho convinto Kate a prestarmi il nuovo disco di Paul Young.|*I persuaded her that her children would be safe with me. *La convinsi che i suoi bambini sarebbero stati al sicuro in mano mia.*

persuasion /pə'sweɪʒən||pər-/ *s*
⟨*non num*⟩ *(opera di) persuasione/ convincimento:* After much persuasion, Kate finally decided to come with us. *Ci volle grande opera di convincimento, ma alla fine Kate si decise a venire con noi.*

pest /pest/ *s*
1 *insetto o animale nocivo:* The crops were destroyed by pests. *Il raccolto è stato distrutto dai parassiti.* **2** *peste:* Go away, you little pest! *Vattene via, piccola peste!*
▲*Trabocchetto: Non confondere le parole* **pest** *e* **peste. Peste** *nel senso di epidemia è generalmente tradotto* **plague.**

pet /pet/ *s*

Personal Pronouns

pronome soggetto	*pronome complemento*
I	me
you	you
he	him
she	her
it	it
we	us
they	them

- **I** really like my sister Kate.
  Mia sorella Kate mi piace molto.

  She often helps **me**.
  Mi aiuta spesso.

- **You** need a new sweater.
  Hai bisogno di un golf nuovo.

  I'll buy **you** one.
  Te ne comprerò uno.

- **He** hates spaghetti.

  Non sopporta gli spaghetti.

  We'd better give **him** something else.
  Faremmo meglio a dargli qualche altra cosa.

- "Where's Sue? Is **she** at home?"
  "Dov' è Sue? È a casa?"

  "No, I saw **her** at the swimming pool."
  "No, l'ho vista in piscina."

- I like my room: **it's** always a mess.
  Mi piace la mia stanza: è sempre in disordine.

  I never tidy **it**.

  Non la metto mai in ordine.

- **We**'re lost.
  Ci siamo persi.

  Can you help **us** please?
  Può aiutarci per piacere?

- I like your friends; **they**'re fun.
  Mi piacciono i tuoi amici; sono divertenti.

  Tell **them** to come again.
  Digli di venire ancora.

Personal Pronouns

Osservazioni

▶ *I pronomi personali soggetto non possono essere sottintesi come in italiano.*

- **You** need a new sweater.
  Hai bisogno di un golf nuovo.

▶ **I** *(io),* **you** *(tu, voi, Voi, Lei),* **he** *(egli, lui),* **she** *(ella, lei),* **it** *(esso, essa),* **we** *(noi),* **they** *(essi, esse, loro) sono pronomi personali soggetto.*

▶ *Il pronome* **I** *si scrive sempre maiuscolo.*

▶ *In inglese c'è soltanto un pronome personale per la seconda persona singolare o plurale:* **you**. *Il pronome* **you** *quindi corrisponde all'italiano: tu, voi, Voi e Lei.*

▶ *In inglese i pronomi personali complemento seguono sempre il verbo:*

- She often helps **me**.
  Mi aiuta spesso.
- I bought **him** a present.
  Gli ho comprato un regalo.

▶ *Come in italiano i pronomi personali complemento inglesi seguono le preposizioni:*

- I bought it **for her**.
  L'ho comprato per lei.

1 *animale domestico:* Dogs and cats are often kept as pets. *I cani ed i gatti sono spesso tenuti come animali domestici.*|a pet monkey, *una scimmia addomesticata* **2 teacher's pet** *beniamino dell'insegnante:* The teacher's pet always puts his hand up first to answer a question. *Il beniamino dell'insegnante alza sempre la mano per primo per rispondere alle domande.*

petal /'petl/ *s*
petalo: a flower with a yellow centre and white petals, *un fiore con un cuoricino giallo e petali bianchi*

petrol /'petrəl/ (*IB*) *anche* **gasoline, gas** (*IA*) *s*
⟨*non num*⟩ *benzina:* We bought eight gallons/forty litres of petrol. *Abbiamo preso otto galloni/quaranta litri di benzina.*

petrol station /'petrəl 'steɪʃən/ *s*
⟨*pl* **petrol stations**⟩ *distributore di benzina:* a self-service petrol station, *un distributore di benzina self-service*

pharmacist /'fɑːməsɪst||'fɑːr-/ *anche* **druggist** (*IA*) *s*
farmacista: Mrs Morgan is a pharmacist at the hospital. *La signora Morgan fa la farmacista all'ospedale.*
■*Nota: In inglese britannico il nostro farmacista è più comunemente chiamato* **chemist***. La parola* **pharmacist** *in genere indica chi svolge le stesse mansioni ma all'interno di un ospedale.*

pharmacy /'fɑːməsi||'fɑːr-/ *s*
⟨*pl* **pharmacies**⟩ *farmacia:* She works in the hospital pharmacy. *Lavora nella farmacia dell'ospedale.*
■*Nota: Il termine più comune per indicare un negozio in cui si vendono medicinali è* **chemist***.*

phew /fjuː/ *anche* **whew** *inter*
⟨*per esprimere stanchezza, sorpresa ecc.*⟩ *uff!, uh!:* Phew! I'm exhausted.

Uff! Sono stanco morto.

philosophy /fɪˈlɒsəfi||-'lɑː-/ *s*
⟨*non num*⟩ *filosofia:* Andy hopes to study philosophy at university. *Andy spera di poter studiare filosofia all'università.*

phone[1] /fəʊn/ *s*
abbr di **telephone** *telefono:* Will you answer the phone? I'm busy. *Puoi rispondere al telefono? Sono occupato.*|Kate's **on the phone** at the moment. *Kate è al telefono in questo momento.*

phone[2] *vt, vi*
⟨*pass rem e p pass* **phoned***, p pres* **phoning**⟩ ⟨**sbdy (up)**⟩ *abbr di* **telephone** *telefonare (a qn):* Can you phone me tonight? *Mi telefoni stasera?*|Kate phoned to say that she couldn't come to the party. *Kate ha telefonato per avvertire che non sarebbe potuta venire alla festa.*|Will you phone the vet up and ask him to come and look at the cat? *Potresti telefonare al veterinario e chiedergli di venire a visitare il gatto?*

phone box /fəʊn bɒks||fəʊn bɑːks/ *s*
⟨*pl* **phone boxes**⟩ *cabina telefonica:* I'm in a phone box outside the station. Can you come and pick me up? *Sono in una cabina telefonica fuori della stazione. Puoi venire a prendermi?*

phone call /'fəʊn kɔːl/ *s*
⟨*pl* **phone calls**⟩ *telefonata:* I had a phone call from Graziella yesterday. She's coming to England on Friday. *Ieri ho ricevuto una telefonata da Graziella. Venerdì verrà in Inghilterra.*

phone-in /'fəʊn ɪn/ (*IB*) *anche* **call-in** (*IA*) *s*
programma televisivo o radiofonico al quale il pubblico può partecipare telefonicamente: a radio phone-in on unemployment, *un programma radiofonico sulla disoccupazione con la partecipazione del pubblico*

phone number /ˈfəʊn nʌmbəʳ/ s
⟨pl **phone numbers**⟩ numero di
telefono: Have you got my phone
number? Hai il mio numero di
telefono?

photo /ˈfəʊtəʊ/ s
⟨pl **photos**⟩ abbr di **photograph** foto:
Who's that girl in the photo? Chi è
quella ragazza nella foto?

photograph[1] /ˈfəʊtəgrɑːf||-græf/
anche **photo** s
fotografia: There's John in the team
photograph. Ecco John nella fotografia
della squadra.|I took a photograph of
the friends I met on holiday. Ho fatto
una fotografia agli amici che ho
conosciuto durante le vacanze.

photograph[2] vt
fare una fotografia a, fotografare: A
newspaper reporter came and
photographed the hockey team when
they won the cup. È venuto un
fotoreporter a fotografare la squadra di
hockey quando ha vinto la coppa.
— **photographer** s fotografo: a
professional photographer, un
fotografo professionista

phrase /freɪz/ s
frase: Study the words and phrases in
this passage. Studia le parole e le frasi
di questo brano.
▲*Trabocchetto*: La parola **phrase**
significa un gruppo di parole che non
ha un senso compiuto. La parola
italiana *frase* sì traduce in inglese con
sentence che significa un gruppo di
parole che ha un senso compiuto.

phrase book /ˈfreɪz bʊk/ s
⟨pl **phrase books**⟩ vocabolarietto: an
English phrase book, un vocabolarietto
di inglese

physical /ˈfɪzɪkəl/ agg
1 fisico, naturale: physical geography,
geografia fisica|This map shows the
main physical features of the region.
Questa cartina indica le principali

caratteristiche fisiche della regione.
2 fisico: physical activities like riding a
horse, swimming, running, etc.,
attività fisiche quali equitazione, nuoto,
corsa, ecc

physical education /ˈfɪzɪkəl
ˌedjʊˈkeɪʃən||-ˌedʒə-/ anche **PE** s
⟨non num⟩ educazione fisica

physics /ˈfɪzɪks/ s
⟨non num⟩ fisica: We have physics on
Thursday afternoons. Abbiamo fisica il
giovedì pomeriggio.

piano /piˈænəʊ/ s
⟨pl **pianos**⟩ piano(forte): Can you play
the piano? Sai suonare il piano?|She
played a tune on the piano. Ha
suonato un motivo al piano. — **pianist**
s pianista

pick[1] /pɪk/ vt
1 scegliere: I hope I get picked for the
school team! Spero di essere
selezionato per la squadra della
scuola!|I picked a book to read on the
train. Scelsi un libro da leggere in
treno. 2 cogliere, raccogliere: to pick
flowers, cogliere i fiori|I picked the
book off the floor. Ho raccolto il libro
da terra
  pick up vt
⟨**pick sbdy/sthg↔up**⟩ 1 prendere
(qn/qc), raccogliere (qc): He picked up
the box and put it in the car. Prese la
scatola e la mise in macchina.|Pick up
all your books and put them back on
the shelf. Raccogli tutti i tuoi libri e
rimettili sullo scaffale. 2 passare a
prendere: I'm at the station. Can you
come and pick me up? Sono alla
stazione. Puoi passare a prendermi?

pick[2] s
take one's pick fare la propria scelta:
There are plenty of cakes to choose
from. Take your pick. C'è un'infinità
di dolci da scegliere. Prendi quello che
vuoi.

picnic /ˈpɪknɪk/ s

picnic: The children had a picnic in the park. *I bambini fecero un picnic nel parco.*

picture /'pɪktʃəʳ/ s

1 *disegno, illustrazione:* I want you to draw a picture of a sleeping cat. *Voglio farti disegnare un gatto che dorme.* **2** *immagine (televisiva ecc.):* The picture on our television suddenly went blurred. *L'immagine della televisione si è improvvisamente offuscata.*

pie /paɪ/ s

torta, crostata: Shall I buy that apple pie? *Compro quella torta di mele?*|We had steak and kidney pie for lunch. *A pranzo abbiamo mangiato un pasticcio di carne e rognone di manzo.*

piece /piːs/ s

1 *pezzo:* Jim wants a piece of apple pie. *Jim vuole un pezzo di torta di mele.*|a piece of paper, *un pezzo di carta* **2** **in one piece** *(fam) intatto, incolume, sano e salvo:* I just fell off my bicycle, but I still seem to be in one piece. *Sono appena caduto dalla bicicletta, ma mi pare di essere ancora tutt'intero.*

pier /pɪəʳ/ s

pontile: The boats were tied up alongside the pier. *Le barche erano ormeggiate lungo il pontile.*

pierce /pɪəs||pɪərs/ vt

⟨*pass rem e p pass* **pierced,** *p pres* **piercing**⟩ *bucare:* Cindy has had her ears pierced. *Cindy si è fatta fare il foro alle orecchie.*

piercing /'pɪəsɪŋ|||'pɪər-/ agg

penetrante, lacerante: a piercing scream, *un urlo lacerante*|A piercing wind blew in our faces. *Un vento penetrante ci soffiava in faccia.*

pig /pɪg/ s

maiale

■*Nota:* Il maschio del maiale si chiama **a boar,** la femmina **a sow** ed un

cucciolo **a piglet,** *ma* **pig** *è la parola usata più comunemente e include le tre categorie. La carne di maiale sì chiama* **pork,** *e la parola* **non** *è numerabile.*

pigeon /'pɪdʒɪn/ s

piccione, colombo

piggybank /'pɪgɪbæŋk/ s

salvadanaiò (spesso a forma di porcellino): Lucy saves all her copper coins in her piggybank. *Lucy tiene tutti gli spiccioli nel salvadanaio.*

piglet /'pɪglɪt/ s

maialino, porcellino – *vedi anche* PIG (*Nota*)

pile[1] /paɪl/ s

1 *pila, mucchio:* Andy left a pile of books on the kitchen table. *Andy ha lasciato una pila di libri sul tavolo della cucina.*|a pile of leaves in the garden, *un mucchio di foglie nel giardino* **2** *(fam) mucchio, sacco:* I've still got a pile of o piles of homework to do for tomorrow. *Devo fare ancora un sacco di compiti per domani.*

pile[2] vt

⟨*pass rem e p pass* **piled,** *p pres* **piling**⟩ ⟨**up**⟩ *ammucchiare:* They piled the leaves (up) in the corner of the garden. *Hanno ammucchiato le foglie in un angolo del giardino.*

pill /pɪl/ s

pillola: Andy has to take a pill each night until the swelling goes down. *Andy deve prendere una pillola ogni sera fino a quando il gonfiore non va via.*|vitamin pills, *compresse di vitamine*

pillow /'pɪləʊ/ s

cuscino, guanciale

pilot /'paɪlət/ s

pilota: The pilot announced that the plane was flying over Dover. *Il pilota annunciò che l'aereo stava volando sopra Dover.* — **pilot** vt *pilotare*

pin[1] /pɪn/ s

spillo: Andy accidentally stuck a pin in

his finger while he was patching his jeans. *Andy per sbaglio si è ficcato uno spillo nel dito mentre rattoppava i jeans.*

  drawing pin *s*
puntina da disegno
  safety pin *s*
spilla da balia

pin² *vt*
⟨*pass rem e p pass* **pinned**, *p pres* **pinning**⟩ *attaccare con gli spilli/le puntine:* Kate pinned a notice to the board. *Kate ha attaccato un avviso alla bacheca con delle puntine.*

pineapple /'paɪnæpəl/ *s*
⟨*num e non num*⟩ *ananas:* Would you like some pineapple? *Vuoi dell'ananas?*

pink /pɪŋk/ *agg*
⟨*compar* **pinker**, *sup* **pinkest**⟩ *rosa*

pint /paɪnt/ *s*
1 *pinta:* a pint of milk, *un mezzo litro di latte* **2** (*pinta di*) *birra:* I'm going to the pub for a pint. *Vado a farmi una birra al pub.*|A pint of lager, please. *Una pinta di birra chiara, per favore.* – vedi anche **La Tavola** Weights and Measures

pipe /paɪp/ *s*
1 *tubo:* the pipes of the central heating system, *le tubature dell'impianto di riscaldamento centrale* **2** *pipa:* Mr Morgan smokes a pipe. *Il signor Morgan fuma la pipa.*|a pipe smoker, *un fumatore di pipa*

piste /piːst/ *s*
⟨*num e non num*⟩ *pista:* You should never go off piste alone. *Non dovresti mai fare il fuoripista da solo.*

pistol /'pɪstl/ *s*
pistola: The sheriff had been shot dead with a pistol. *Lo sceriffo era stato ucciso con un colpo di pistola.*|a water pistol, *una pistola ad acqua*

pit /pɪt/ *s*
1 *buca, fossa:* Lucy was playing in the

sand pit. *Lucy giocava nella buca di sabbia.* **2** *miniera:* I worked for twenty years down the pit(s). *Ho lavorato in miniera per vent'anni.*

pitcher /'pɪtʃəʳ/ *s*
IA di **jug** *brocca, caraffa*

pity¹ /'pɪti/ *s*
1 ⟨*non num*⟩ *compassione, pietà:* I don't need your pity. What I need is help! *Non mi serve la tua compassione. Ho bisogno di aiuto!* **2** ⟨*s sing*⟩ *peccato:* It's a pity you can't come out with us on Friday. *È un peccato che tu non possa uscire con noi venerdì.*|"It rained all the time we were on holiday." "What a pity!" *"È piovuto in continuazione mentre eravamo in vacanza." "Che peccato!"*

pity² *vt*
⟨*pass rem e p pass* **pitied**, *p pres* **pitying**⟩ *compatire, commiserare:* I pity those people who leave school and don't get a job. *Compatisco quelli che, finite le scuole, non trovano lavoro.*

pizza /'piːtsə/ *s*
⟨*pl* **pizzas**⟩ ⟨*num e non num*⟩ *pizza*

place¹ /pleɪs/ *s*
1 *luogo, posto:* I hid the money in a place where nobody would ever think of looking. *Ho nascosto il denaro in un posto dove nessuno penserebbe mai di andare a cercarlo.*|Nobody can be in two places at one time. *Nessuno può essere contemporaneamente in due luoghi.* **2** *località:* Naples is a noisy place. *Napoli è un posto rumoroso.*| Dartmoor is the perfect place for an adventure holiday. *Dartmoor è la località ideale per una vacanza di attività.* **3** (*fam*) *casa, dimora:* Why don't you all come back to my place? *Perchè non tornate tutti da me?*|We're living with my wife's parents at the moment, but we're hoping to buy our own place soon. *Al momento viviamo*

insieme con i genitori di mia moglie, ma presto speriamo di metter su casa per conto nostro. **4** *coperto, posto a tavola:* I just went to get a cup of coffee and someone's taken my place at the table. *Sono andato un attimo a prendermi un caffè e qualcuno si è seduto al mio posto a tavola.*|I've laid three places for dinner. *Ho preparato tre coperti per cena.* **5** *segno, brano, passo (di libri o scritti):* I've lost my place in the book. *Ho perso il segno del libro.*|Make sure you write your name in the right place on the exam paper. *Fate attenzione a scrivere il vostro nome nel posto giusto del foglio d'esame.*

   take place *vi*
avere luogo, accadere: The festival takes place every two years. *Il festival si tiene ogni due anni.*|This is the street where the accident took place. *Questa è la strada dove è avvenuto l'incidente.*

place² *vt*
⟨*pass rem e p pass* **placed,** *p pres* **placing**⟩ *collocare, mettere, posare:* She placed the vase carefully on the mantelpiece. *Posò il vaso con cura sulla mensola del caminetto.*
■*Nota: Il verbo place è più formale e meno comune dell'equivalente* **put.**

plaice /pleɪs/ *s*
⟨*pl* **plaice**⟩ ⟨*num e non num*⟩
pianuzza, passera di mare

plain /pleɪn/ *agg*
⟨*compar* **plainer,** *sup* **plainest**⟩
1 *chiaro, evidente:* She made it plain that she didn't want to come with us. *Ha fatto capire chiaro e tondo che non voleva venire con noi.*|His dissatisfaction was plain for all to see. *Che fosse insoddisfatto era evidente a tutti noi.* **2** *semplice, comune:* He wore a plain blue jacket. *Indossava una giacca azzurra a tinta unita.*|The food was plain but nourishing. *Il cibo era*

semplice ma nutriente. **3** *fondente:* Do you prefer plain chocolate or milk chocolate? *Preferisci il cioccolato fondente o al latte?*

plain² *s*
pianura: A lot of wheat is grown on the plains of North America. *Nelle pianure dell'America del Nord si coltiva molto grano.*

plan¹ /plæn/ *s*
1 ⟨*to do sthg*⟩ *piano, progetto, programma (di fare qc):* The government has a plan to improve the education system. *Il governo ha un programma per il miglioramento del sistema d'istruzione.*|What are your plans for this evening? *Che programmi hai per stasera?* **2** *pianta, disegno:* We made a plan of the school. *Abbiamo fatto una pianta della scuola.*

plan² *vt, vi*
⟨*pass rem e p pass* **planned,** *p pres* **planning**⟩ ⟨*sthg o to do sthg o for*⟩ *organizzare, programmare, avere in mente (qc o di fare qc):* The children are planning a surprise party for their parents. *I bambini stanno organizzando una festa a sorpresa per i genitori.*|They are planning to go to England for the summer. *Hanno in programma di andare in Inghilterra quest'estate.*

plane /pleɪn/ *anche* **aeroplane** *(IB),* **airplane** *(IA) s*
aereo: A plane flew overhead. *Un aereo passò sopra di noi.*|Claudia and Bruno are going to England **by plane.** *Claudia e Bruno andranno in Inghilterra in aereo.*

planet /'plænʒt/ *s*
pianeta: Of the nine planets, Pluto is furthest from the Sun. *Dei nove pianeti, Plutone è quello più lontano dal Sole.*

plank /plæŋk/ *s*
tavola, asse: a plank of wood, *una*

tavola di legno|The floor was made of wooden planks. *Il pavimento era fatto di tavole di legno.*

plant[1] /plɑːnt||plænt/ s
pianta: I'll just go and water the plants in the living room. *Voglio andare a bagnare le piante nel salotto.*|a plant with yellow flowers, *una pianta dai fiori gialli*|a house plant, *una pianta d'appartamento*

plant[2] vt
piantare: They planted a cherry tree in memory of Hiroshima. *Hanno piantato un ciliegio in ricordo di Hiroshima.*

plantation /plæn'teɪʃən, plɑːn-||plæn-/ s
piantagione: a tea plantation in Kenya, *una piantagione di tè in Kenia*

plaster[1] /'plɑːstə[r]||'plæ-/ s
1 ⟨non num⟩ *intonaco, stucco:* The plaster was falling off the walls in the old house. *Nella vecchia casa l'intonaco si scrostava dalle pareti.*
2 ⟨num⟩ *cerotto:* I've cut my finger. Have you got a plaster? *Mi sono tagliato un dito. Hai un cerotto?*

plaster[2] vt
⟨over⟩ *intonacare:* We had to plaster the walls of the old house before we could paint them. *Abbiamo dovuto intonacare le pareti della vecchia casa prima di pitturarle.*

plastic /'plæstɪk/ s
⟨num e non num⟩ *plastica:* The chairs are made of plastic. *Le sedie sono fatte di plastica.*|a plastic bag, *un sacchetto di plastica*

plate /pleɪt/ s
piatto: a dinner plate, *un piatto piano*|a plate of cheese sandwiches, *un piatto di tramezzini al formaggio* – vedi anche DISH (*Nota*)

platform /'plætfɔːm||-fɔːrm/ s
1 *banchina, binario:* The next train leaves from platform four. *Il prossimo treno è in partenza dal binario quattro.*
2 *impalcatura, palco, tribuna:* They built a wooden platform for the speakers at the outdoor meeting. *Per il comizio all'aperto è stata eretta una tribuna destinata agli oratori.*

play[1] /pleɪ/ s
1 ⟨non num⟩ *gioco:* For a young child, play is just as important as school work. *Per un bambino piccolo il gioco è importante almeno tanto quanto l'attività scolastica.* 2 ⟨num⟩ *rappresentazione teatrale, commedia, dramma:* Sue, John and Andy are rehearsing for the school play. *Sue, John e Andy fanno le prove per la commedia che metteranno in scena a scuola.*

play[2] vi, vt
1 ⟨with sthg o sbdy⟩ *giocare:*Lucy is playing with her dolls. *Lucy gioca con le bambole.*|The children are playing in the garden. *I bambini sono a giocare nel giardino.*|Kate and Andy are playing (a game of) chess. *Kate e Andy giocano a scacchi.*|The children are out playing hockey. *I bambini sono fuori a giocare ad hockey.*
2 *suonare:* Kate is learning to play the guitar. *Kate sta imparando a suonare la chitarra.*|We can play the new Paul Young record. *Possiamo mettere il nuovo disco di Paul Young.*|The radio was playing loudly. *La radio era accesa a tutto volume.* 3 *recitare, interpretare il ruolo di:* Andy played (the role of) the king in the school play. *Andy ha interpretato il ruolo del re nella recita scolastica.* – vedi anche ACT (*Nota*)

player /'pleɪə[r]/ s
1 *giocatore (-trice):* a hockey player, *un giocatore di hockey* 2 *suonatore (-trice):* a piano player, *un pianista*
  record player s
  giradischi

playground /'pleɪɡraʊnd/ s
cortile per la ricreazione, campo

giochi: The children play in the playground until school starts. *I bambini giocano nel cortile fino a quando non cominciano le lezioni.*

playroom /'pleɪrum, -ruːm/ *s*
stanza dei giochi: Kate and Andy use the attic as a playroom. *Kate ed Andy usano la soffitta come stanza dei giochi.*

pleasant /'plezənt/ *agg*
piacevole, gradevole: We had pleasant weather for our holiday. *Abbiamo avuto un tempo gradevole durante le vacanze.*|Sweeping roads is not a pleasant job. *Spazzare le strade non è un lavoro piacevole.*|She has a pleasant smile. *Ha un sorriso piacevole.*
— **pleasantly** *avv* piacevolmente, gradevolmente

please[1] /pliːz/ *vt*
⟨*pass rem e p pass* **pleased**, *p pres* **pleasing**⟩ ⟨*non usato nelle forme progressive*⟩ far piacere a, accontentare, soddisfare: I was pleased to hear about your exam results. *Mi ha fatto piacere sapere che sei stato promosso agli esami.*|Andy is very pleased with his new bike. *Andy è molto contento della sua nuova bici.*

please[2] *inter*
per piacere, per favore, prego: Can I have a cup of coffee, please? *Posso avere una tazza di caffè, per favore?*|"Do you want a sweet?" "Yes, please." *"Vuoi una caramella?" "Sì, grazie."*|Please post this letter for me. *Per piacere, mi puoi imbucare questa lettera?*|Please sit down. *Si sieda, prego.* – *vedi anche* THANK (*Nota*)

pleasure /'pleʒəʳ/ *s*
⟨*num e non num*⟩ piacere: It gives me great pleasure to award you this prize. *È un gran piacere per me assegnarle questo premio.*|Walking is one of my few remaining pleasures in life. *Passeggiare è uno dei pochi piaceri che mi rimangono nella vita.*|My poems have never been published; I just write **for pleasure**. *Le mie poesie non sono mai state pubblicate; le scrivo solo per diletto.*

plenty /'plenti/ *s*
⟨**of**⟩ molto, tanto, abbastanza: There's plenty of room for your clothes in the wardrobe. *Nell'armadio c'è un sacco di spazio per i tuoi vestiti.*|Don't rush. We've got plenty of time. *Non precipitarti. Abbiamo tanto tempo.*|"How much money do you need?" "Five pounds will be plenty." *"Quanto ti occorre?" "Cinque sterline sono più che sufficienti."*

plough[1] (*IB*) *o* **plow** (*IA*) /plaʊ/ *s*
aratro

plough[2] (*IB*) *o* **plow** (*IA*) *vt, vi*
arare: They're ploughing the fields ready for planting. *Stanno arando i campi per prepararli alla semina.*

plug[1] /plʌg/ *s*
1 *tappo:* He pulled the plug out and the water ran out of the bath. *Tirò via il tappo e la vasca da bagno si svuotò.*
2 *spina (elettr):* Always take the plugs out of the sockets when you go to bed at night. *Quando vai a letto la sera, ricordati di staccare tutte le spine.*

plug[2] *v*
plug in *vt*
⟨*pass rem e p pass* **plugged**, *p pres* **plugging**⟩ ⟨**plug sthg ↔ in**⟩ inserire qc con la spina, attaccare qc a una presa: Where can I plug the iron in? *Dove posso attaccare il ferro da stiro?*|"The record player isn't working." "That's because you haven't plugged it in!" *"Non funziona il giradischi." "E certo: non hai attaccato la spina!"*

plum /plʌm/ *s*
prugna, susina

plural /'plʊərəl/ *agg, s*
plurale: In English the plural of a noun is usually formed by adding -s or -es to

Plurals of Nouns

singolare	plurale
a big dog	some big dog**s**
a red bu**s**	two red bus**es**
one pon**y**	three pon**ies**
a big kni**fe**	some big kni**ves**
one potat**o**	two potat**oes**
a young wom**an**	some young wom**en**

Osservazioni

▶ *Per formare il plurale generalmente si aggiunge* **-s**. *Il plurale* **-s** *si pronuncia* /s/ *dopo le consonanti* /p,t,k,f,θ/, *e si pronuncia* /z/ *in tutti gli altri casi.*

▶ *Si aggiunge* **-es** *ai sostantivi terminanti in* **s**, **ss**, **sh**, **ch**, **x**. *Esempi:* box**es**, watch**es**, dish**es**. *In questi casi il suffisso* **-es** *si pronuncia* /iz/.

▶ *Se il sostantivo termina in* **y** *preceduta da consonante si cambia* **y** *in* **i** *e si aggiunge* **-es**. *Altrimenti vale la regola generale. Attenzione quindi:* some Italian boys.

▶ *Alcuni sostantivi che terminano in* **f** *o* **fe** *al plurale cambiano in* **-ves**.

▶ *Alla maggioranza dei sostantivi terminanti in* **o** *si aggiunge* **-es**. *Ad alcuni si aggiunge solo la* **-s**:

    photo – photos
    piano – pianos
    radio – radios

▶ *Alcuni sostantivi hanno plurali irregolari:*

child	– children	person	– people/persons
foot	– feet	tooth	– teeth
man	– men	woman	– women
mouse	– mice		

In questo dizionario le forme plurali irregolari seguono la forma del sostantivo singolare.

a word. *In inglese il plurale dei sostantivi generalmente si forma aggiungendo -s o -es alla fine di una parola.*|"Police" is a plural noun. *"Police" è un sostantivo plurale.*| "Children" is the plural of "child". *"Children" è il plurale di "child".* – vedi anche **La Nota Grammaticale Plurals of Nouns** *a p. 353*

plus /plʌs/ *prep*

(*nelle addizioni*) *più:* Three plus two equals five. *Tre più due fa cinque.* | Andy's bike cost a hundred and thirty pounds plus VAT. *La bicicletta di Andy è costata centotrenta sterline più IVA.*

p.m. /ˌpiː ˈem/ *abbr*

(*per indicare le ore pomeridiane*) *del pomeriggio:* School starts at 8.45 a.m. and finishes at 3.45 p.m. *La scuola comincia alle 8.45 del mattino e finisce alle 3.45 del pomeriggio.* – confrontare con A.M. e vedi anche **La Nota Grammaticale Telling the Time**

pocket /ˈpɒkɪt||ˈpɑːkɪt/ *s*

tasca: She took her handkerchief out of her pocket and blew her nose. *Tirò fuori il fazzoletto dalla tasca e si soffiò il naso.*|John always walks around with his hands in his pockets. *John cammina sempre con le mani in tasca.*

pocketbook /ˈpɒkɪtbʊk||ˈpɑː-/ *s*

IA di **purse** *borsellino, portamonete*

pocket money /ˈpɒkɪt ˈmʌni||ˈpɑːkɪt ˈmʌni/ *anche* **allowance** (*IA*) *s*

⟨*non num*⟩ *spiccioli, paga settimanale (data dai genitori ai figli):* My mum told me not to spend all my pocket money on sweets. *La mamma si è raccomandata con me di non spendere tutti gli spiccioli in dolciumi.*

poem /ˈpəʊɪm/ *s*

poesia, componimento poetico: Anna writes poems for the school magazine. *Anna scrive poesie per il giornalino scolastico.*

poet /ˈpəʊɪt/ *s*

poeta, poetessa

poetry /ˈpəʊɪtri/ *s*

⟨*non num*⟩ *poesia, arte poetica:* I never liked poetry at school, but now I've started to enjoy the poems of Roger Woddis. *La poesia non mi è mai piaciuta a scuola, ma ora comincio a gustare le poesie di Roger Woddis.*

point[1] /pɔɪnt/ *s*

1 *punta, estremità:* Be careful with that needle! It's got a very sharp point. *Sta' attento con quell'ago! Ha una punta affilatissima.* **2** *punto (nello spazio o nel tempo):* The bus stops at various points along the route. *L'autobus si ferma in diversi punti lungo il tragitto.*|At one point in the film I thought I was going to die laughing. *Ad un certo punto del film ho creduto di morire dal ridere.*

3 *punto (sport):* The team needs only three more points to win the league. *La squadra ha bisogno di altri tre punti soltanto per vincere il campionato.*

4 *punto essenziale, questione, argomento:* In his newspaper article he makes several interesting points. *Nel suo articolo sul giornale fa molte osservazioni interessanti.*|He spoke for an hour and a half and he still didn't **get to the point.** *Parlò per un'ora e mezza senza mai arrivare al dunque.*|I wanted to discuss his work with him, but he **missed the point** and got angry. *Volevo discutere il suo lavoro insieme con lui, ma non capì nulla e perse la pazienza.* **5** *scopo, motivo:* What's the point of passing all your exams if there are no jobs? *A che serve superare tutti gli esami se non ci sono posti di lavoro?*|There's no point in waiting. She isn't going to come now. *È inutile aspettare. Ormai non arriva più.*

6 *virgola decimale:* eight point five (= 8.5), *otto virgola cinque (= 8,5)*|a

decimal point, *una virgola dei decimali*
■*Nota: L'unità decimale è indicata in inglese con un punto invece di una virgola.*

point² *vi, vt*
⟨**at, to**⟩ *addit are, segnare col dito, mostrare (qn o qc)*: He's pointing at his watch. I think it's time to go! *Sta indicando l'orologio. Credo sia ora di andare!*|He pointed his finger at me and called me a liar. *Puntò il dito verso di me e mi diede del bugiardo.*

poison¹ /'pɔɪzən/ *s*
⟨*num e non num*⟩ *veleno*: One gram of a cobra's poison can kill a hundred and fifty people. *Un grammo di veleno di un cobra può uccidere centocinquanta persone.*|The dog died when it ate the rat poison. *Il cane morì dopo aver mangiato il veleno per topi.*

poison² *vt*
avvelenare: The police said that the victim had been poisoned. *La polizia ha detto che la vittima era stata avvelenata.*

poisonous /'pɔɪzənəs/ *agg*
velenoso: a poisonous snake, *un serpente velenoso*

pole /pəʊl/ *s*
1 *palo, asta*: a flag pole, *un'asta per bandiera* **2** *polo*: the North/South Pole, *il Polo Nord/Sud*

police /pə'liːs/ *s pl*
polizia: I telephoned the police about the robbery. A policeman came and took some notes. *Ho chiamato la polizia per il furto. È arrivato un poliziotto e si è preso degli appunti.*|In Britain, the police do not normally carry guns. *In Gran Bretagna normalmente la polizia non gira armata.*

policeman /pə'liːsmən/ *s*
⟨*pl* **policemen**⟩ *poliziotto, agente di polizia, vigile*: A policeman came and took notes. *Un poliziotto venne e prese*

appunti.

police station /pə'liːs ˌsteɪʃən/ *s*
⟨*pl* **police stations**⟩ *posto di polizia, commissariato*

policewoman /pə'liːsˌwʊmən/ *s*
⟨*pl* **policewomen**⟩ *donna poliziotto*

policy /'pɒlɪsi||'pɑː-/ *s*
⟨*pl* **policies**⟩ ⟨*num e non num*⟩ *politica*: The Prime Minister made a speech on the government's economic policy. *Il Primo Ministro ha fatto un discorso sulla politica economica del governo.*|an insurance policy, *una polizza di assicurazione*

polish¹ /'pɒlɪʃ||'pɑː-/ *vt, vi*
lucidare (-si): Andy had just finished polishing his mum's car when it started to rain. *Andy aveva appena finito di lucidare l'auto della madre, quando cominciò a piovere.*|All the family help with the cleaning and polishing. *Tutta la famiglia aiuta a pulire e a lucidare.*| John hates polishing his shoes. *John odia lucidarsi le scarpe.*

polish² *s*
⟨*non num*⟩ *lucido, cera*: furniture polish, *cera per mobili*|shoe polish, *lucido per scarpe*

polite /pə'laɪt/ *agg*
⟨*compar* **politer**, *sup* **politest**⟩ *beneducato, garbato, cortese*: They were very polite to each other when they first met. *Al loro primo incontro si trattarono a vicenda con molto garbo.*|"Would you like a drink?" is a more polite expression than "Do you want a drink?"| "Would you like a drink?" *è un'espressione più cortese di* "Do you want a drink?" – **politely** *avv cortesemente, gentilmente* – **politeness** *s cortesia, buona educazione* – *vedi anche* EDUCATION (**Trabocchetto**)

political /pə'lɪtɪkəl/ *agg*
politico: a political party, *un partito politico*|Some people are in prison

because of their political ideas. *Alcuni sono in prigione a causa delle proprie idee politiche.*

politician /ˌpɒlɜ'tɪʃən‖ˌpɑː-/ s
uomo politico, donna politica: Britain is run by the politicians and the civil servants. *La Gran Bretagna è retta dai politici e dai funzionari statali.*

politics /'pɒlɜtɪks‖'pɑː-/ s
⟨non num⟩ ⟨seguito generalmente da un verbo al singolare⟩ *politica:* She hopes to study politics at university. *Spera di poter studiare scienze politiche all'università.*|Politics is not the most important thing in life. *La politica non è la cosa più importante della vita.*

pollute /pə'luːt/ vt
⟨pass rem e p pass **polluted**, p pres **polluting**⟩ *inquinare, contaminare:* Many rivers have been polluted by chemicals from factories. *Molti fiumi sono stati inquinati dai prodotti chimici delle fabbriche.*

pollution /pə'luːʃən/ s
⟨non num⟩ *inquinamento, contaminazione:* Pollution is a problem in most large cities. *L'inquinamento è un problema di quasi tutte le grandi città.*|There is not so much pollution in the countryside. *Non c'è tanto inquinamento in campagna.*

polytechnic /ˌpɒlɪ'teknɪk‖ˌpɑː-/ anche **poly** (fam) s
politecnico, scuola politecnica: If Andy can't get into university, he'll probably go to a polytechnic instead. *Se Andy non riuscirà ad entrare all' università, probabilmente frequenterà un politecnico.*
■*Nota: A differenza dell'Italia, in Gran Bretagna il politecnico non è un istituto con indirizzo solamente tecnico ma un'istituzione parauniversitaria per tutti i tipi di facoltà.*

pond /pɒnd‖pɑːnd/ s
stagno, laghetto: In the park there's a

duck pond and a boating lake. *Nel parco c'è uno stagno per le anatre e un laghetto per le barche.*

pool /puːl/ s
pozza: There was a small pool of water on the floor where Andy had kicked the bucket over. *C'era una piccola pozza d'acqua sul pavimento, dove Andy aveva rovesciato il secchio.*|a swimming pool, *una piscina*

poor /pʊər/ agg
⟨compar **poorer**, sup **poorest**⟩
1 *povero:* Emilio comes from a poor family. *Emilio viene da una famiglia povera.*|Governments should do more to help the poor. *I governi dovrebbero fare di più per assistere i poveri.*
2 *povero:* Poor Andy! He's been in bed all weekend with a cold. *Povero Andy! È stato tutto il fine settimana a letto col raffreddore.* 3 *scarso:* I'm afraid that Martin's work has been very poor this term. *Temo che il rendimento di Martin sia stato molto scarso questo trimestre.*

pop¹ /pɒp‖pɑːp/ vi, vt
⟨pass rem e p pass **popped**, p pres **popping**⟩ (far) schioccare, (far) saltare: The cork popped when she pulled it out of the bottle. *Il tappo schioccò quando lei stappò la bottiglia.*

pop in vi
fare una capatina: I've just popped in for a quick chat. *Ho fatto solo una capatina per una chiaccierata.*

pop out vi
fare un salto fuori: I'm just popping out to buy some chocolates. *Faccio un salto fuori per comprare delle cioccolate.*

pop² s
1 ⟨num⟩ *schiocco, botto:* There was a loud pop when she opened the bottle. *Si sentì un forte botto, quando aprì la bottiglia.* 2 ⟨non num⟩ *pop:* Who's your favourite pop star? *Chi è il tuo*

cantante pop preferito?|I don't like pop (music) very much. *La musica pop non mi piace molto.*|a pop concert, *un concerto pop* 3 ⟨*non num*⟩ *bevanda gasata:* a bottle of pop, *una bottiglia di gassosa*

popcorn /'pɒpkɔːn||'pɑːpkɔːrn/ *s* ⟨*non num*⟩ *pop-corn:* We had popcorn and lemonade at the cinema. *Al cinema abbiamo preso pop-corn e limonata.*

pope /pəʊp/ *s* *papa:* Pope John Paul II, *Papa Giovanni Paolo secondo*

popular /'pɒpjʊləʳ||'pɑː-/ *agg* ⟨*with*⟩ *popolare, benvoluto, richiesto, in voga:* Why is football so popular? *Perchè il calcio ha tanto successo?*| Gina is very popular with her schoolfriends. *Gina è molto benvoluta dai compagni di scuola.*

population /ˌpɒpjʊ'leɪʃən||ˌpɑː-/ *s* *popolazione:* What is the population of Milan? *Quanti abitanti ha Milano?* Most of the population don't want more nuclear weapons. *La maggior parte della popolazione non vuole un incremento delle armi nucleari.*

populous /'pɒpjʊləs||'pɑː-/ *agg* *popoloso, densamente popolato:* China is the most populous country in the world. *La Cina è il paese più densamente popolato del mondo.*

pork /pɔːk||pɔːrk/ *s* ⟨*non num*⟩ (*carne di*) *maiale:* a pork chop, *una braciola di maiale*|The pig provides us with pork, ham and bacon. *Il maiale ci dà carne, prosciutto e pancetta.* – *vedi anche* PIG (*Nota*)

porridge /'pɒrɪdʒ||'pɑː-, 'pɔː-/ *s* ⟨*non num*⟩ *porridge* (*farinata d'avena*): I sometimes eat porridge for breakfast. *Qualche volta mangio il porridge a colazione.*

port /pɔːt||pɔːrt/ *s* *porto, città portuale:* Dover is a busy port. *Dover è un porto con molto traffico.*|The ship sailed into port. *La nave è entrata in porto.*

position /pə'zɪʃən/ *s* 1 *posizione, posto:* Can you mark the exact position on the map where you want me to meet you? *Puoi segnare sulla cartina il posto esatto dove vuoi che ti venga a incontrare?*| Centre-forward is my best position at football. *Quello del centravanti è il mio miglior ruolo nel calcio.*|One of the chairs is **out of position**. *Una delle seggiole è fuori posto.* 2 *posizione, atteggiamento:* Why are you standing in that strange position? *Perchè te ne stai lì in quella strana posizione?* 3 *situazione, condizione:* The EEC has tried to improve the position of women in society. *La CEE ha cercato di migliorare la condizione femminile nella società.*|I'm afraid I'm **in no position** to help. I haven't any money either. *Mi spiace di non essere nelle condizioni di aiutarti. Neanch'io ho soldi.* 4 *posto* (*di lavoro*), *impiego:* Gina is hoping to get a position in a bank. *Gina spera di ottenere un posto in banca.*
■*Nota: La parola* **position** *è più formale della parola* **job**.

positive /'pɒzɪtɪv||'pɑː-/ *agg* 1 ⟨*solo predicativo*⟩ *sicuro, convinto:* I'm positive that I gave you back that money. *Sono certo di averti restituito quei soldi.* 2 *concreto, reale, utile:* I'm fed up with waiting. Why don't we do something positive, like phoning the police. *Mi sono stufato di aspettare. Perchè non facciamo qualcosa di concreto, come telefonare alla polizia?*

possess /pə'zes/ *vt* ⟨*non usato nelle forme progressive*⟩ *possedere, avere:* The policeman asked me if I possessed a yellow Fiat Mirafiori. *Il poliziotto mi domandò se*

ero il proprietario di una Fiat Mirafiori gialla.
■*Nota: Il verbo* **possess** *è più formale dei verbi* **have** *e* **own.**

possession /pə'zeʃən/ s
1 ⟨non num⟩ *possesso:* The police found him **in possession of** stolen goods. *La polizia lo ha trovato in possesso di merce rubata.* **2** ⟨num⟩ ⟨generalmente plurale⟩ *proprietà, bene, avere:* We lost all our possessions in the fire. *Abbiamo perso tutti i nostri averi nell'incendio.*

possessive /pə'zesɪv/ agg
1 ⟨about⟩ *avido, geloso (di):* Andy's very possessive about his new bike. He won't let anyone ride it. *Andy è molto geloso della sua bici nuova. Non la lascia usare a nessuno.* **2** *possessivo:* In the sentence "Give me back my book. It's mine", **my** is a possessive adjective, and **mine** is a possessive pronoun. *Nella frase* "Give me back my book. It's mine", **my** *è un aggettivo possessivo e* **mine** *è un pronome possessivo.*|We form the possessive of a noun by adding **'s**: Andy's bike. *La forma possessiva di un sostantivo si ottiene aggiungendovi* **'s**: Andy's bike. *– vedi anche* **Le Note Grammaticali Possessive Adjectives and Pronouns** *a p. 359 e* **Apostrophe -s**

possibility /ˌpɒsɪ'bɪlɪti||ˌpɑː-/ s
⟨pl **possibilities**⟩ ⟨num e non num⟩ *possibilità:* There's a possibility that Kate and Andy will go to Milan next summer. *C'è una possibilità che Kate ed Andy vadano a Milano l'estate prossima.*

possible /'pɒsɪbəl||'pɑː-/ agg
possibile: It is possible that Kate and Andy might go to Milan next summer. *È possibile che Kate ed Andy vadano a Milano la prossima estate.*|John said that he would be here **as soon as possible**. *John ha detto che sarebbe*

stato qui non appena possibile.|"Do you think Andy will lend me his bike?" "It's possible. I'll ask him." *"Pensi che Andy mi presterà la sua bici?" "Può darsi. Glielo chiederò."*

possibly /'pɒsɪbli||'pɑː-/ avv
1 ⟨in frasi interrogative⟩ *per quanto è possibile, per caso:* Could you possibly go and meet Gina at the station? *Per caso potresti andare a prendere Gina alla stazione?* **2** ⟨in frasi negative⟩ *assolutamente, proprio, in alcun modo:* I can't possibly work with all this noise going on. *Non riesco proprio a studiare con tutto questo baccano intorno.* **3** *forse, può darsi:* It is possibly the largest car park in the world. *Si tratta probabilmente del più grande autoparco del mondo.*
▲*Trabocchetto: In inglese* **possibly** *significa soltanto "forse, può darsi":* "Are you coming to the party tomorrow?" "Possibly." *"Vieni alla festa domani?" "Può darsi." La parola* "possibilmente" *in frasi come* "Telefonami, possibilmente appena sarai arrivato" *è tradotta in inglese con* "if you can": "Phone me, as soon as you arrive if you can."

post¹ /pəʊst/ s
1 ⟨num⟩ *palo:* a fence post, *un paletto di staccionata* **2** ⟨non num⟩ *anche* **mail** (IA) *posta, servizio postale:* You can send letters and parcels by post anywhere in the world. *Per posta si possono spedire lettere e pacchi in tutto il mondo.*|Your letter hasn't arrived yet. It must still be **in the post**. *La tua lettera non è ancora arrivata. Dev'essere ancora in viaggio.* **3** ⟨sing⟩ *anche* **mail** (IA) *posta, corrispondenza:* Has the post arrived yet? *È già arrivata la posta?* **4** *posto (di lavoro), impiego:* Graziella's sister has applied for a teaching post in Kenya. *La sorella di Graziella ha fatto domanda*

Possessive Adjectives and Pronouns

Osserva che in inglese la forma dei pronomi ed aggettivi possessivi dipende dalla persona che possiede e non dalla cosa posseduta.
Ad ogni pronome personale soggetto corrisponde il suo aggettivo e pronome possessivo.

pronome soggetto	aggettivo possessivo	pronome possessivo
I	my	mine
you	your	yours
he	his	his
she	her	hers
it	its	—
we	our	ours
they	their	theirs

Osservazioni

▶ *La parola* **his** *si riferisce a persona maschile:*
  – His name's Andy.

  Le parole **her** *e* **hers** *si riferiscono a persona femminile:*
  – Her name's Kate.

  La parola **its** *si riferisce a cosa o animale:*
  – This is our dog. Its name's Ben.

▶ *Non confondere* **its** *(suo, sua) con* **it's** *(esso/essa è), anche se hanno entrambi la stessa pronuncia.*

▶ *Gli aggettivi ed i pronomi possessivi inglesi non sono preceduti dall'articolo:*

  – My car's red.
    La mia macchina è rossa.
  – That red car's mine.
    Quella macchina rossa è la mia.

Possessive Adjectives and Pronouns

▶ *Mentre gli aggettivi precedono il sostantivo, i pronomi lo sottintendono (quindi non sono mai seguiti dal sostantivo).*

aggettivi possessivi

– I've finished **my** breakfast.
  Ho finito la colazione.

– **Your** book is on your desk.
  Il tuo libro è sulla tua scrivania.

– This is **her** car.
  Questa è la sua auto.

– **His** homework is quite good.
  Il suo compito è discreto.

– Here's my cat.
  Ecco il mio gatto.

– We've got **our** bikes.
  Abbiamo le nostre biciclette.

– **Their** car is very fast.
  La loro auto è molto veloce.

pronomi possessivi

I haven't finished **mine**.
Io non ho finito la mia.

Yours is in your schoolbag.
Il tuo è nella tua cartella.

That's **hers**.
Quella è la sua.

His is awful.
Il suo è pessimo.

Its name's Cleo.
Si chiama Cleo.

We've got **ours**, too.
Anche noi abbiamo le nostre.

Theirs is faster.
La loro è più veloce.

Osservazioni

▶ *Attenzione alla costruzione:* **of** + *pronome possessivo.*

– John is **a** friend **of hers**.
  John è un suo amico.

–*vedi anche* **La Nota Grammaticale** Apostrophe -s

per un posto d'insegnante in Kenia.
■*Nota: La parola* **post** *è più formale
della parola* **job.**
post² *anche (IA)* **mail** *vt*
spedire per posta, impostare, imbucare:
I posted your letter this morning. *Ho
imbucato la tua lettera stamattina.*
postage /'pəʊstɪdʒ/ *s*
⟨*non num*⟩ *affrancatura, tariffa
postale:* What's the postage on this
parcel, please? *Per favore, quant'è
l'affrancatura per questo pacco?*
postbox /'pəʊstbɒks||-bɑːks/ *anche*
mailbox (IA) *s*
buca delle lettere: There is a postbox
outside the post office. *C'è una buca
delle lettere fuori dell'ufficio postale.*
− *vedi anche* LETTERBOX
postcard /'pəʊstkɑːd||-kɑːrd/ *s*
cartolina: Claudia sent Emilio and Sue
a postcard from Dover. *Claudia ha
mandato una cartolina da Dover ad
Emilio e a Sue.*
poster /'pəʊstəʳ/ *s*
manifesto, poster: Have you got any
posters on your bedroom wall? *Hai dei
manifesti nella tua camera da letto?|a
poster of Dover, un poster di Dover|
There's a big poster at the dentist's
showing how to clean your teeth *Dal
dentista c'è un poster che indica come
lavarsi i denti.*
postgraduate /ˌpəʊst'grædjuːt||
-'grædʒuːt/ *s, agg*
laureato, per laureati − vedi anche
GRADUATE *(Nota)*
postman /'pəʊstmən/ *anche* **mailman**
(IA) *s*
⟨*pl* **postmen**⟩ *postino*
postwoman /'pəʊstwʊmən/ *s*
⟨*pl* **postwomen**⟩ *postina*
post office /pəʊst 'ɒfɪs||ˈɔː-, 'ɑː-/ *s*
⟨*pl* **post offices**⟩ *ufficio postale, posta:*
I'm just going down to the post office
to get a stamp. *Scendo un attimo
all'ufficio postale per comprare un*

*francobollo.|*The Post Office delivers
millions of letters each day. *Ogni
giorno la posta provvede al recapito di
milioni di lettere.*
pot /pɒt||pɑːt/ *s*
pentola, casseruola: a coffee pot, *una
caffettiera|a pot of jam, un barattolo di
marmellata|a flower pot, un vaso da
fiori*
potato /pə'teɪtəʊ/ *s*
⟨*pl* **potatoes**⟩ ⟨*num e non num*⟩
patata: Would you like some more
mashed potato? *Vuoi ancora del purè
di patate?*
pottery /'pɒtəri||'pɑː-/ *s*
⟨*non num*⟩ *ceramiche:* Kate and Andy
make pottery at school. *Kate ed Andy
fanno ceramiche a scuola.*
pound /paʊnd/ *s*
1 *anche* **£** (*abbr scritta*) *sterlina:* "How
much does this jar of coffee cost?"
"One pound fifty." *"Quanto costa
questo barattolo di caffè?" "Una
sterlina e cinquanta." (generalmente
indicato come £1.50)|*Can you lend me
a pound? *Puoi prestarmi una sterlina?*
2 *anche* **lb** (*abbr scritta*) *libbra:* Two
pounds of potatoes, please. *Due libbre
di patate, per favore.|*This meat costs
one pound fifty a pound. *Questa carne
costa una sterlina e cinquanta alla
libbra. − vedi anche* **La Tavola Weights
and Measures**, *e L'Illustrazione*
Shopping
pour /pɔːʳ/ *v*
1 *vt, vi* ⟨**in, out**⟩ *versare, versarsi:*
Cindy poured herself some coffee.
*Cindy si versò del caffè.|*Oil poured
out of the overturned lorry. *L'olio
usciva a fiotti dal camion rovesciato.|*
Water poured in through the hole in
the boat. *L'acqua entrava a fiotti dal
buco nella barca.|*She poured the dirty
water down the sink. *Versò l'acqua
sporca nel lavandino* **2** *vi* ⟨**down**⟩ *(di
pioggia) piovere a dirotto:* Oh no! It's

pouring (down) again! *Oh no! Piove a dirotto di nuovo!*

poverty /'pɒvəti||'pɑːvərti/ *s*
⟨non num⟩ *povertà:* They lived in poverty for many years. *Vissero in povertà per molti anni.*

powder /'paʊdə'/ *s*
⟨num e non num⟩ *polvere:* coffee powder, *polvere di caffè*|a new soap powder, *un nuovo detersivo in polvere*

power /'paʊə'/ *s*
1 ⟨num e non num⟩ ⟨to do sthg *o* of⟩ *capacità, potere (di fare qc o di):* Only the government had the power to change the situation. *Soltanto il governo aveva il potere di cambiare la situazione.*|Some teachers have little power over their students. *Alcuni insegnanti hanno poco potere sui propri studenti.*|Which party is in power in Italy now? *Quale partito è ora al potere in Italia?* **2** ⟨non num⟩ *forza, energia:* Her voice has great power. *La sua voce ha una grande forza.*|The actor gave a performance of great power. *L'attore diede una rappresentazione di grande energia.* **3** ⟨non num⟩ *energia:* hydroelectric power, *energia idroelettrica*

powerful /'paʊəfəl||'paʊər-/ *agg*
potente: a powerful swimmer, *un nuotatore potente*|The new Maserati is very powerful. *La nuova Maserati è molto potente.*

practical /'præktɪkəl/ *agg*
pratico: practical skills like gardening, knitting, etc, *abilità in attività pratiche quali il giardinaggio, la maglia, ecc.*| Kate is a very practical person. She can fix all kinds of things. *Kate è una persona molto pratica. È capace di riparare le cose più diverse.*

practice *o* **practise** /'præktɪs/ *s*
pratica, esercizio: It takes a lot of practice to learn to play the guitar. *Per imparare a suonare la chitarra ci vuole*

molto esercizio.|You'll need a lot more practice before you're good enough for the team. *Devi allenarti molto di più per poter entrare a far parte della squadra.*

practise *o* **practice** (*IA*) /'præktɪs/ *vi, vt*
⟨pass rem e p pass **practised**, p pres **practising**⟩ ⟨sthg *o* doing sthg⟩ *esercitarsi (a qc o a fare qc), allenarsi (in qc o a fare qc):* We practised the past tense in class this morning. *Ci siamo esercitati con il passato remoto questa mattina in classe.*|He won't pass his piano exam because he never practises. *Non supererà il suo esame di piano perchè non si è mai esercitato.*

praise¹ /preɪz/ *vt*
⟨pass rem e p pass **praised**, p pres **praising**⟩ *lodare, elogiare:* Kate's work was praised by all her teachers. *Il lavoro di Kate è stato lodato da tutti gli insegnanti.*

praise² *s*
⟨non num⟩ *lode, elogio:* I have nothing but praise for their prompt action. *Non ho altro che elogi da fare alla loro pronta azione.*

prawn /prɔːn/ *s*
gambero

pray /preɪ/ *vi, vt*
⟨(that), for sthg *o* sbdy⟩ *pregare (che o per):* The congregation knelt and prayed. *I fedeli si inginocchiarono e pregarono.*

prayer /preə'/ *s*
⟨num e non num⟩ *preghiera:* The children say their prayers each night before they go to bed. *I bambini dicono le preghiere ogni sera prima di andare a letto.*

précis /'preɪsiː||preɪ'siː/ *s*
⟨pl **précis**⟩ *riassunto, sintesi:* The students are writing a precis of the news report. *Gli studenti stanno scrivendo una sintesi del notiziario.*

predator /'predətə^r/ *s*
predatore: Mice are often attacked by eagles and other predators. *I topi sono spesso attaccati da aquile e altri animali predatori.*

prefer /prɪ'fɜː^r/ *vt*
⟨*pass rem e p pass* **preferred**, *p pres* **preferring**⟩ ⟨sthg *o* doing sthg *o* to do sthg⟩ ⟨to⟩ ⟨*non usato nelle forme progressive*⟩ *preferire (qc o fare qc) (a):* The children prefer to work in the sitting room watching television, but I prefer them to work in the bedroom because it's quieter. *I bambini preferiscono studiare nel salotto mentre guardano la televisione, io invece preferisco che studino nella camera da letto perché è più tranquilla.*|I like cats but I prefer dogs. *Mi piacciono i gatti, ma preferisco i cani.*|I've always preferred tennis to swimming. *Ho sempre preferito il tennis al nuoto.*

preference /'prefərəns/ *s*
⟨*num e non num*⟩ ⟨**for**⟩ *preferenza per:* "Which film would you like to see?" "I've no particular preference." *"Quale film vorresti andare a vedere?" "Non ho nessuna particolare preferenza."*|List your choices **in order of preference.** *Fate un elenco delle cose scelte in ordine di preferenza.*

prefix /'priːfɪks/ *s*
prefisso: In English, the prefix **un-** gives a word its opposite meaning: happy — **un**happy. *In inglese il prefisso* **un-** *dà ad una parola il significato opposto:* happy — **un**happy

pregnant /'pregnənt/ *agg*
incinta: Our teacher is pregnant so she is taking some time off to have the baby before she comes back to work. *La nostra insegnante è incinta, così prenderà il permesso di assentarsi per avere il bambino, prima di tornare al lavoro.*

prejudice /'predʒədɪs/ *s*
⟨*num e non num*⟩ *pregiudizio:* racial prejudice, *pregiudizi razziali*|Employers still have many prejudices against women. *I datori di lavoro hanno ancora molti pregiudizi nei confronti delle donne.*

preparation /,prepə'reɪʃən/ *s*
⟨*num e non num*⟩ *preparazione, preparativo:* They've almost completed the preparations for the Pope's visit. *Hanno quasi completato i preparativi per la visita del Papa.*

prepare /prɪ'peə^r/ *vt, vi*
⟨*pass rem e p pass* **prepared**, *p pres* **preparing**⟩ ⟨sthg *o* to do sthg *o* for⟩ *preparare (qc), prepararsi (da fare qc o per):* The town is preparing to receive the Pope. *La città si prepara a ricevere il Papa.*|We are preparing for the new term. *Ci stiamo preparando per il prossimo trimestre.*|The chef is preparing the food for our Christmas party. *Lo chef sta preparando da mangiare per la festa di Natale.*

preposition /,prepə'zɪʃən/ *s*
preposizione: A preposition is a word that shows the relationship between two nouns or phrases. In the sentence: "She sat on the bench and waited for me," **on** and **for** are prepositions. *La preposizione è una parola che esprime il rapporto tra due sostantivi o frasi. Nella frase:* "She sat on the bench and waited for me," **on** *e* **for** *sono preposizioni.*

prescription /prɪ'skrɪpʃən/ *s*
ricetta (medica): Some drugs can only be bought **on prescription.** *Certe medicine si possono solo comprare tramite ricetta medica.*

present[1] /'prezənt/ *s*
1 *regalo:* a birthday present, *un regalo di compleanno* **2** *presente:* At Madame Tussaud's you can see models of famous people from the past and the present. *Da Madame Tussaud si*

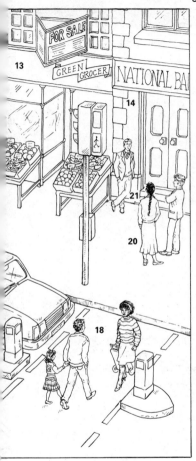

1. A woman is going **into** the supermarket to do her shopping, and a man is coming **out of** the supermarket. He is carrying two bags of shopping.

2. A girl is walking **across** the road. She is going **to** the supermarket too.

3. Sandro and Andy are getting **off** the bus. A young man is waiting to get **on** the bus.

4. Someone is looking **out of** the bus window.

5. Some children are running **along** the street.

6. A woman with a pram is walking **past** the supermarket.

7. A man and woman are walking **towards** the bus.

8. Another man is walking **away from** the bus.

9. A woman is walking **through** the door of the café. Her child is pointing **to/ towards/in the direction of** the bus.

10. A man is walking **round** the corner from the car park.

11. A woman is going **up** the steps **into** the library. A man is coming **down** the steps **from** the library with some books.

12. The café is **next to** a greengrocer's. The greengrocer's is **between** the café and the bank.

13. The greengrocer's has a 'For Sale' notice **on** the wall **above/over** the door.

14. The bank is **near** the café.

15. Kate and Claudia are **inside** the café having a cup of coffee. They have left their bicycles **outside** the café.

16. A car is waiting **at** the pedestrian crossing. A man is sitting **in** the car. In the picture on the other page you can see some people **on** the bus.

17. John is **on** a bicycle **behind** the car.

18. Some people are crossing the road **in front of** the car.

19. The bus stop is **opposite** the supermarket.

20. There is a bank with some people waiting **by** the door for it to open.

21. A man is leaning **against** the wall of the bank, **below/under** the sign.

Present

*Confronta l'uso del **present simple** e del **present progressive** in inglese.*

*L'uso più frequente del **present progressive** è di descrivere azioni in corso: cose che stanno accadendo al momento.*

- He's studying at the moment.
  In questo momento sta studiando.

*L'uso più comune del **present simple** è di indicare:*
▶ *un'azione abituale (ripetuta):*

- She plays tennis every weekend.
  Gioca a tennis ogni fine settimana.

▶ *o uno stato permanente:*

- Andy has two sisters.
  Andy ha due sorelle.

▶ *o un desiderio, una sensazione:*

- Kate wants a sandwich.
  Kate vuole un panino.

Osservazioni

▶ *In inglese si deve usare il presente progressivo, quando i verbi descrivono un'azione che sta accadendo in questo momento. Come puoi osservare in questi esempi l'uso della forma progressiva è facoltativo in italiano.*

- "Where are you going?"
  "Dove vai? (Dove stai andando?)"
- "I'm going home."
  "Vado (Sto andando) a casa."
- "What are you doing?"
  "Cosa fai? (Cosa stai facendo?)"
- "I'm writing a letter."
  "Scrivo (Sto scrivendo) una lettera."

Present Progressive

forma affermativa	forma negativa	forma interrogativa

I am		I am not		am I	
you are		you are not		are you	
he/she/it is	playing	he/she/it is not	playing	is he/she/it	playing...?
we are		we are not		are we	
they are		they are not		are they	

Osservazioni

Per formare il presente progressivo nella forma affermativa si usa:

soggetto	presente del verbo **be**	verbo principale + **ing**
I	am	watch**ing**
he/she/it	is	eat**ing**
we/you/they	are	go**ing**

▶ *I verbi che terminano con una consonante preceduta da una sola vocale accentata raddoppiano la consonante finale prima di aggiungere* **-ing**.	sit stop plan	si**tt**ing sto**pp**ing pla**nn**ing
▶ *Non si raddoppia quando la consonante finale è* **y** *o* **w**.	play show	playing showing
▶ *Non si raddoppia la consonante se è preceduta da due vocali.*	cl**ea**n sl**ee**p	cleaning sleeping

–*vedi anche* **La Nota Grammaticale The Verb "be"**

Present Progressive

Risposte brevi

– "Are you doing your homework?" "Yes, I am."
   "Stai facendo i compiti?" "Sì."
– "Is Lucy coming with us?" "Yes, she is."
   "Lucy viene con noi?" "Sì."
– "Are the Morgans watching TV?" "No, they aren't."
   "I Morgan stanno guardando la TV?" "No."

Nelle risposte brevi nel presente progressivo, oltre a **yes** *o* **no** *generalmente si aggiunge il pronome soggetto e l'ausiliare* **am/is/ are**.

Present Simple

forma affermativa	forma negativa		forma interrogativa	
I want	I do not		do I	
you want	you do not		do you	
he/she/it wants	he/she/it does not	want	does he/she/it	want...?
we want	we do not		do we	
they want	they do not		do they	

Present Simple

Osservazioni

► *Le forme contratte sono* I/you/we/they **don't** *e* he/she/it **doesn't**.

► **Do** *si usa per fare le forme negativa e interrogativa. Si trasforma in* **does** *alla 3a persona singolare, ed il verbo (***want** *nell'esempio) non prende* **-s**.

► *Si aggiunge* **-s** *alla 3a persona singolare nella forma affermativa.*

► *Ma attenzione ai seguenti verbi alla 3a persona singolare nella forma affermativa:*

wat**ch**	watch + **es** = watch**es**	*coi verbi che terminano in* **s**,
pu**sh**	push + **es** = push**es**	**ss**, **sh**, **ch**, **x**
s**ay**	say + s = says	*quando* **y** *è preceduta da*
pl**ay**	play + s = plays	*vocale*
stud**y**	stud + **i** + **es** = stud**ies**	*quando* **y** *è preceduta da*
fl**y**	fl + **i** + **es** = fl**ies**	*consonante*
do	do + **es** = do**es**	*coi verbi che terminano in* **o**
go	go + **es** = go**es**	

Risposte brevi

- "Do you like coffee?" "Yes, I do."
  "Ti piace il caffè?" "Sì."
- "Does she speak French?" "Yes, she does."
  "Parla il francese?" "Sì."
- "Do they know John?" "No, they don't."
  "Conoscono John?" "No."

Nelle risposte brevi nel presente semplice, oltre a **yes** *o* **no** *generalmente si aggiunge il pronome soggetto e l'ausiliare* **do**/**does**/**don't**.

trovano modelli di famose persone del passato e del presente.|**At present** we haven't got enough money to go to Italy. *Al momento non abbiamo abbastanza soldi per andare in Italia.* – vedi anche ACTUAL (***Trabocchetto***)

present² /prɪ'zent/ *vt*
presentare, consegnare: The Duke presented a huge silver cup to the winning team. *Il Duca ha consegnato un'enorme coppa d'argento alla squadra vincente.*|We were presented with a larger bill than we had expected. *Ci fu consegnata un conto più alto del previsto.*
■*Nota: Il verbo* **present** *è più formale del verbo* **give**.

present³ /'prezənt/ *agg*
1 〈*solo attributivo*〉 *attuale:* When did you start at your present school? *Quando hai cominciato a frequentare l'attuale scuola?* – vedi anche ACTUAL (***Trabocchetto***) 2 〈*solo predicativo*〉 *presente:* How many people were present at the meeting? *Quante persone erano presenti alla riunione?*|All those present were asked to sign the protest form. *A tutti i presenti fu chiesto di firmare la lettera di protesta.* 3 *presente:* the present participle, *il participio presente* – vedi anche PARTICIPLE (*Nota) e La Nota Grammaticale* **Present** a p. 366

preserve /prɪ'zɜːv‖-ɜːrv/ *vt*
〈*pass rem e p pass* **preserved,** *p pres* **preserving**〉 *conservare:* preserved fruit/meat, *frutta‖carne in conserva* — **preservation** *s* 〈*non num*〉 *conservazione*

president /'prezɪdənt/ *s*
presidente: the President of the USA, *il presidente degli Stati Uniti d'America*

press¹ /pres/ *vt, vi*
1 *premere, schiacciare:* Andy pressed the button and waited for the doors to open. *Andy schiacciò il pulsante e* aspettò che le porte si aprissero. 2 *spremere, pressare, pigiare:* Wine is made by pressing grapes. *Il vino si fa pigiando l'uva.* 3 *stirare:* Andy pressed his shirt ready for the disco. *Andy si stirò la camicia per andare in discoteca.*

press² *s*
〈*non num*〉 *stampa:* The captain of the winning team gave an interview to the press after the game. *Il capitano della squadra vincente ha concesso un'intervista alla stampa dopo la partita.*|a press conference, *una conferenza stampa*

pretend /prɪ'tend/ *vt, vi*
〈**to do sthg** *o* **that**〉 *fare finta, fingere (di fare qc o che):* Sue pretended to attack Kate so that she could practise her self-defence. *Sue faceva finta di attaccare Kate in modo che lei potesse esercitarsi nell'autodifesa.*|They all pretended to be pleased but I could see that they didn't like their presents. *Tutti fingevano di essere contenti ma mi rendevo conto che i regali non piacevano.*
▲*Trabocchetto: Non confondere i verbi* **pretend** *e* **pretendere.** **Pretend** *significa soltanto* **fingere,** *mentre* **pretendere** *è tradotto da verbi come* **demand, claim** *e* **expect.**

pretty¹ /'prɪti/ *agg*
〈*compar* **prettier,** *sup* **prettiest**〉 *grazioso, carino:* a pretty dress, *un vestito grazioso*|a pretty girl/face, *una ragazza/faccia graziosa*|It's such a pretty garden! *È un giardino così carino!* – vedi anche BEAUTIFUL (*Nota*)

pretty² *avv*
〈*fam*〉 *piuttosto:* "What do you think of my model?" "It's pretty good." *"Che ne pensi del mio modellino?" "Non è male."*|The weather's been pretty awful recently. *Il tempo è stato piuttosto brutto recentemente.*

prevent /prɪ'vent/ *vt*

⟨sbdy from doing sthg⟩ *impedire (di):*
Customs officers try to prevent people
(from) bringing animals into the
country. *I doganieri cercano
d'impedire alla gente di portare animali
nel paese.*|A cold prevented me from
playing football last Saturday. *Il
raffreddore mi ha impedito di giocare a
pallone sabato scorso.*
■*Nota: Il verbo* **prevent** *è più formale
del verbo* **stop.**

prey /preɪ/ *s*
⟨*non num*⟩ *preda:* The cheetah hunts
its prey on open ground. *Il ghepardo
caccia la preda sulla radura.*

price /praɪs/ *s*
prezzo: The price of food seems to go
up every week. *Il prezzo dei generi
alimentari sembra aumentare di
settimana in settimana.*|What's the
price of oranges at the moment? *Qual
è il prezzo delle arance adesso?*
■*Nota:* **Price** *è la traduzione specifica
della parola* **prezzo.** *Più spesso, nell'uso
comune della lingua, si usa
l'espressione* **how much***:* How much
does it cost? *o* How much is it? (=
Quanto costa?)

pride /praɪd/ *s*
⟨*non num*⟩ *orgoglio, fierezza:* Kate
takes great pride in her work. *Kate
tiene molto al suo lavoro.*|His pride
prevented him admitting he had been
wrong. *Il suo orgoglio gli impedì di
ammettere che aveva sbagliato.*

priest /priːst/ *s*
prete, sacerdote

primary /'praɪmərɪ‖-merɪ/ *agg*
⟨*non usato al compar o sup*⟩
principale, primario, fondamentale:
The poor pay was my primary reason
for leaving the company. *Il basso
stipendio fu la causa principale per cui
lasciai la ditta.*|The primary colours are
red, yellow and blue. *I colori
fondamentali sono rosso, giallo e blu.*

primary school (*IB*) *s*
⟨*pl* **primary schools**⟩ *scuola
elementare:* Andy and John went to
different primary schools, but they are
now in the same secondary school.
*Andy e John sono andati a scuole
elementari diverse, ma ora frequentano
la stessa scuola secondaria.*

primate /'praɪmeɪt/ *s*
primate

Prime Minister /ˌpraɪm 'mɪnɪstə*r*/ *s*
⟨*pl* **Prime Ministers**⟩ *Primo Ministro:*
The Prime Minister and other
Members of Parliament recently
visited Bolivia. *Il Primo Ministro ed
altri membri del parlamento sono stati
di recente in visita in Bolivia.*

prince *o* **Prince** /prɪns/ *s*
principe: Prince Charles will be the
next King of England. *Il principe
Carlo sarà il prossimo re d'Inghilterra.*

princess *o* **Princess** /ˌprɪn'ses‖'prɪnsəs/
s
principessa: Princess Diana, *la
principessa Diana*

print /prɪnt/ *vt, vi*
stampare: This dictionary was printed
in England. *Questo dizionario è stato
stampato in Inghilterra.*

print-out /'prɪntˌaʊt/ *s*
tabulato: When Claudia had finished
her calculations on the computer, she
got a print-out of the results. *Quando
Claudia finì di fare i calcoli sul
computer, ottenne un tabulato dei
risultati.*

prism /'prɪzəm/ *s*
prisma

prison /'prɪzən/ *anche* **gaol, jail** *s*
prigione, carcere: He was sentenced to
five years in prison. *Fu condannato a
cinque anni di carcere.* — **prisoner** *s*
detenuto, prigioniero

private /'praɪvɪt/ *agg*
privato: private property, *proprietà
privata* |a door marked "Private", *una*

porta con su scritto "Privato"|He's having private English lessons. *Prende lezioni private d'inglese.*

prize /praɪz/ s
premio: Gina won a prize in a magazine competition. *Gina ha vinto un premio in un concorso organizzato da una rivista.*|a prize of a trip to Venice, *un premio consistente in un viaggio a Venezia*

probable /'prɒbəbəl||'prɑ:-/ agg
probabile: It seems probable that he will be accepted for the post. *Sembra probabile che sarà accettato per il posto di lavoro.*|one of the probable results of this decision . . . , *uno dei probabili risultati di questa decisione . . .*
– *confrontare con* LIKELY

probably /'prɒbəbli||'prɑ:-/ avv
probabilmente: He probably won't come to our party. *Probabilmente lui non verrà alla nostra festa.*|"Are you going to the cinema on Friday?" "Probably." *"Vai al cinema venerdì?" "Probabilmente sì."*

problem /'prɒbləm||'prɑ:-/ s
problema: Andy had a problem with his physics homework, but Kate helped him with it. *Andy aveva dei problemi con i compiti di fisica, ma Kate lo ha aiutato.*|Bruno is trying to **solve the problem** of how to get to England with no money. *Bruno sta cercando di risolvere il problema di come andare in Inghilterra senza soldi.*|People write in to the magazine's problem page to ask for advice. *La gente scrive alla rubrica "La posta del cuore" della rivista chiedendo consigli.*

proceed /prə'si:d/ vi
1 *procedere:* Passengers are kindly requested to proceed to the departure lounge. *I signori passeggeri sono pregati di recarsi in sala d'attesa.*|We shall now proceed to the next item on the agenda. *Procederemo ora al prossimo punto nell'ordine del giorno.*
■*Nota: Il verbo* **proceed** *è più formale del verbo* **go.**

2 ⟨**to do sthg** o **with**⟩*mettersi a fare qc, proseguire (con):* Work on the new school can't proceed until the weather improves. *I lavori per la costruzione della nuova scuola non potranno proseguire fino a quando il tempo non migliorerà.*|We decided to proceed with the sale of our house. *Decidemmo di procedere alla vendita della casa.*

process /'prəʊses||'prɑ:-/ s
processo, procedimento: Organizing our trip was a long and complicated process. *Organizzare il nostro viaggio fu un procedimento lungo e complicato.*

produce¹ /prə'dju:s|-'du:s/ vt
⟨*pass rem e p pass* **produced,** *p pres* **producing**⟩ *produrre:* The factory produces tents and other canvas goods. *La fabbrica produce tende ed altri articoli di tela.*

produce² /'prɒdju:s||'prəʊdu:s/ s
⟨*non num*⟩ *prodotto, prodotti:* The farmer sends his produce to market where it is sold. *L'agricoltore manda i propri prodotti al mercato, dove questi vengono venduti.*|dairy produce, *latticini*
■*Nota:* **Produce** *è usato soltanto nel senso di prodotto agricolo:* farm **produce. Product** *è un termine più generale e si riferisce al risultato di qualsiasi attività produttiva o ad altri processi naturali:* the **products** of industry, *i prodotti dell'industria*| Success is the product of hard work. *Il successo è il risultato di duro lavoro.*

product /'prɒdʌkt||'prɑ:-/ s
prodotto: Their products are of a high quality. *I loro prodotti sono di alta qualità.* – *vedi anche* PRODUCE (*Nota*)

production /prə'dʌkʃən/ s

⟨*non num*⟩ **1** *produzione:* Production of leather goods has fallen recently. *La produzione di merce in pelle è diminuita recentemente.* **2** *produzione:* Our school production of "Macbeth" was a complete disaster. *La nostra produzione scolastica di "Macbeth" fu un completo disastro.*

profession /prə'feʃən/ *s*
professione: the teaching profession, *l'insegnamento, il corpo insegnante*

professional /prə'feʃənəl/ *agg*
professionista: Kevin used to be a professional footballer, but now he plays as an amateur. *Kevin faceva il calciatore professionista, ma ora gioca come dilettante.*|a professional soldier, *un militare di carriera*

professor /prə'fesəʳ/ *s*
professore titolare di cattedra (all'università): She's a professor of medicine at Queen's University. *È una professoressa di medicina a Queen's University.*

profile /'prəʊfaɪl/ *s*
profilo: He has written an interesting profile of the Prime Minister. *Ha scritto un interessante profilo del Primo Ministro.*

program[1] /'prəʊgræm/ *s*
programma: Claudia is writing a (computer) program to work out a maths problem. *Claudia sta scrivendo un programma (per il computer) per risolvere un problema di matematica.*

program[2] *vt*
⟨*pass rem e p pass* **programmed,** *p pres* **programming**⟩ *programmare:* He programmed the video to record the film. *Programmò il video per registrare il film.* — **programmer**
s programmatore

programme (*IB*) *o* **program**(*IA*)
/'prəʊgræm/ *s*
1 *programma:* a TV programme, *un programma televisivo* **2** *programma:* a

programme of events, *un programma di avvenimenti*

progress /'prəʊgres||'prɑː-/ *s*
⟨*non num*⟩ *progresso:* Progress has brought problems as well as wealth to the town. *Il progresso ha portato sia ricchezza sia problemi alla città.*| Claudia is making good progress with her English. *Claudia fa progressi in inglese.*

progressive /prə'gresɪv/ *agg*
progressivo

project /'prɒdʒekt||'prɑː-/ *s*
progetto, piano: The students are doing a class project on primates. *Gli studenti stanno facendo un lavoro di ricerca sui primati.*|a new housing project, *un nuovo progetto immobiliare*

promise[1] /'prɒmɪs||'prɑː-/ *s*
⟨**to do** sthg *o* **that** *o* **of**⟩ *promessa (di fare qc o che):* Andy broke his promise to lend John his bike. *Andy ruppe la promessa di imprestare la sua bicicletta a John.*|We've had promises of help from several people. *Abbiamo ricevuto delle promesse di aiuto da varie persone.*|Why did you make a promise that you couldn't keep? *Perchè hai fatto una promessa che non potevi mantenere?*

promise[2] *vt, vi*
⟨*pass rem e p pass* **promised,** *p pres* **promising**⟩ ⟨**sthg** *o* **to do** sthg *o* (**that**)⟩ *promettere (qc o di fare qc o che):* I promised to take Lucy to the zoo on Saturday. *Ho promesso di portare Lucy allo zoo sabato.*|I promise you (that) I did not take your book. *Ti giuro che non ho preso il tuo libro.*|I'll pay you back on Saturday. I promise! *Ti restituirò i soldi sabato. Te lo prometto!*

promote /prə'məʊt/ *vt*
⟨*pass rem e p pass* **promoted,** *p pres* **promoting**⟩ *promuovere:* She has been

promoted to Manager. *È stata promossa Manager.* — **promotion** s ⟨*num e non num*⟩ *promozione*

pronoun /'prəʊnaʊn/ s *pronome*

■*Nota: Il pronome è una parola che si adopera al posto di un sostantivo o una frase sostantivata. Nella frase* "I saw John yesterday and he said he would come and see me today", **I, he,** *e* **me** *sono pronomi personali.* **Me** *è la forma del pronome personale* **I,** *con funzione di complemento. Nella frase* "This looks like a good place to sit", **this** *è un pronome dimostrativo. Nella frase* "Is this yours or mine?" **yours** *e* **mine** *sono pronomi possessivi. Nella frase* "I cut myself on a tin", **myself** *è pronome riflessivo.* – *vedi anche* **Le Note Grammaticali Personal Pronouns** *e* **Possessive Adjectives and Pronouns**

pronounce /prə'naʊns/ vt, vi ⟨*pass rem e p pass* **pronounced,** *p pres* **pronouncing**⟩ *pronunciare:* How do you pronounce "queue"? *Come si pronuncia* "queue"?

pronunciation /prə‚nʌnsi'eɪʃən/ s ⟨*num e non num*⟩ *pronuncia:* Bruno's knowledge of English is very good, but his pronunciation needs improving. *Bruno conosce molto bene l'inglese, ma deve migliorare la pronuncia.* | What's the correct pronunciation of this word? *Come si pronuncia correttamente questa parola?*

proof /pruːf/ s ⟨*num e non num*⟩ ⟨**of**⟩ *prova (di):* Andy thinks that Roger took his bike, but he has no proof. *Andy pensa che Roger abbia preso la sua bicicletta, ma non ha prove.*

proper /'prɒpə'‖'prɑː-/ agg ⟨*solo attributivo*⟩ *adatto, giusto, vero:* Please put everything back in its proper place. *Per favore, metti tutto al suo posto.* |It's time you got a proper

job. *È ora che tu trova un lavoro vero.* ▲*Trabocchetto: Non confondere le parole* **proper** *e* **proprio. Proprio** *si traduce con* **one's own,** *o con* **typical of:** Everyone has his or her own book. *Ognuno ha il proprio quaderno.*|It's typical of him to get angry at once. *È proprio di lui arrabbiarsi subito.*

properly /'prɒpəli‖'prɑːpərli/ avv *bene, come si deve:* This is an awful piece of work. Take it away and do it properly. *Questo lavoro è orribile. Riprendilo e fallo come si deve.*|He wasn't properly dressed for the occasion. *Non era vestito nel modo adatto all'occasione.*

property /'prɒpəti‖'prɑːpərti/ s ⟨*pl* **properties**⟩ 1 ⟨*non num*⟩ *beni:* We are taught to respect other people's property. *Ci insegnano a rispettare i beni altrui.*|a lost property office at the station, *un ufficio oggetti smarriti alla stazione* 2 ⟨*num e non num*⟩ *proprietà:* There are a lot of properties for sale in the centre of Dover. *Ci sono molte proprietà in vendita nel centro di Dover.*

protect /prə'tekt/ vt ⟨**against, from**⟩ *proteggere (da):* Greenpeace is an organization which tries to protect the environment. *Greenpeace è un'organizzazione che cerca di proteggere l'ambiente.*|He raised his arm to protect his face against the blow. *Alzò il braccio per proteggersi il volto dal colpo.*

protection /prə'tekʃən/ s ⟨*non num*⟩ ⟨**against, from**⟩ *protezione (contro, da):* The hut gave little protection from the rain. *Il rifugio offrì scarsa protezione dalla pioggia.*

protest[1] /'prəʊtest/ s ⟨*num e non num*⟩ ⟨**about, against**⟩ *protesta (riguardo a, contro):* The parents organized a protest against the proposed closure of the school. *I genitori organizzarono una protesta contro la proposta di chiudere la scuola.*|We walked out of the concert **in protest at** the singer's late arrival. *Lasciammo il concerto per protesta contro il ritardo del cantante.*

protest² /prə'test/ *vi*
⟨**about, against, at**⟩ *protestare (per, contro)*: The students protested about the amount of homework they had been given. *Gli studenti protestarono contro la quantità di compiti a casa che gli erano stati dati.* –**protester** *s* *contestatore, dimostrante*

proud /praʊd/ *agg*
⟨*compar* **prouder**, *sup* **proudest**⟩ ⟨*of*⟩ *orgoglioso, fiero (di)*: Mr and Mrs Morgan were very proud of Kate when she passed all her exams. *I signori Morgan furono molto orgogliosi di Kate quando superò tutti gli esami.*| Andy was very proud of his new bike. He showed it to everybody! *Andy era molto orgoglioso della sua bicicletta nuova. La mostrava a tutti!*|He was too proud to ask for help. *Era troppo orgoglioso per chiedere aiuto.*

prove /pruːv/ *vt*
⟨*pass rem* **proved**, *p pass* **proved** *o* **proven**, *p pres* **proving**⟩ ⟨*sthg o* **(that)**⟩ *dimostrare (qc o che)*: The police were unable to prove that the man had stolen the money, so they had to set him free. *La polizia non riuscì a provare che l'uomo aveva rubato il denaro, così dovette rimetterlo in libertà.*

proverb /'prɒvɜːb||'prɑːvɜːrb/ *s*
proverbio: "A bird in the hand is worth two in the bush" is an old English proverb. *"Un uccello in pugno ne vale due nel cespuglio" è un vecchio proverbio inglese.*

provide /prə'vaɪd/ *vt*
⟨*pass rem e p pass* **provided**, *p pres* **providing**⟩ ⟨*with*⟩ *fornire, provvedere a*: Many parents now have to provide school books for their children *o* provide their children with school books. *Molti genitori oggi devono provvedere ai testi scolastici per i propri figli.*

PT /ˌpiː'tiː/ *s*
⟨*non num*⟩ *abbr di* **physical training** *educazione fisica*: I'm no good at PT. *Non sono bravo a educazione fisica.*

pub /pʌb/ *anche* **public house** *(form)* *s*
pub: I'm just going to the pub for a drink. *Vado al pub a bere qualcosa.*

public¹ /'pʌblɪk/ *agg*
pubblico: a public park/library, *un giardino pubblico/una biblioteca pubblica*

public² *s*
⟨*non num, preceduto da* **the**⟩
1 ⟨*seguito da un verbo al singolare o al plurale*⟩ *pubblico*: The park is open to the public at weekends. *Il parco è aperto al pubblico ogni fine settimana.*
2 in public *in pubblico*: I'll tell you about my problem later. I don't want to discuss it in public. *Ti parlerò del mio problema più tardi. Non voglio discutere la cosa in pubblico.*

publication /ˌpʌblɪ'keɪʃən/ *s*
1 ⟨*non num*⟩ *pubblicazione*: The book is ready for publication. *Il libro è pronto per la pubblicazione.* **2** ⟨*num*⟩ *pubblicazione*: The magazine is a new publication for the teenage market. *La rivista è una nuova pubblicazione per il mercato degli adolescenti.*

publicity /pʌ'blɪsɪti/ *s*
⟨*non num*⟩ *pubblicità*: a publicity campaign for the new car, *una campagna pubblicitaria per la nuova auto*

publish /'pʌblɪʃ/ *vt, vi*
pubblicare: This dictionary was published in 1988. *Questo dizionario è stato pubblicato nel 1988.*

pudding /'pʊdɪŋ/ s
⟨num e non num⟩ dolce, dessert:
Would you like a/some pudding? *Vuoi
del dolce?*

pull /pʊl/ vt, vi
tirare: The train was pulled by a large
diesel engine. *Il treno era trainato da
una grossa locomotiva diesel.*|Help me
move this piano. You pull and I'll
push. *Aiutami a spostare questo piano.
Se tu tiri io spingo.*|I tried to pull the
door open. *Ho provato a tirare la porta
per aprirla.*

pullover /'pʊl,əʊvə^r/ s
pullover – vedi anche JUMPER (*Nota*)

pump[1] /pʌmp/ s
pompa: a petrol pump, *un distributore
di benzina*|a bicycle pump, *una pompa
per la bicicletta*

pump[2] vt
pompare, gonfiare: She pumped up
her bicycle tyre. *Ha gonfiato la gomma
della bicicletta.*

punch[1] /pʌntʃ/ vt, vi
dare un pugno a, tirare pugni a,
colpire: Sue pretended to punch Kate
so that she could practise her
self-defence. *Sue faceva finta di tirare
pugni a Kate in modo che lei potesse
esercitarsi nell'autodifesa.*

punch[2] s
pugno: a punch in the face, *un pugno
in faccia*

punchline /'pʌntʃlaɪn/ s
battuta finale: I hate it when someone
tells a joke and then forgets the
punchline. *Mi dà un sacco di fastidio
quando qualcuno racconta una
barzelletta e dimentica la battuta finale.*

punctuate /'pʌŋktʃueɪt/ vt
⟨pass rem e p pass **punctuated**, p pres
punctuating⟩ mettere la punteggiatura
a o in: Punctuate this passage
correctly. *Mettete la punteggiatura in
questo brano dove richiesto.*

punctuation /ˌpʌŋktʃu'eɪʃən/ s
⟨non num⟩ punteggiatura: The most
common punctuation marks are . , ; : !
? ' ". *I segni di punteggiatura più
comuni sono . , ; : ! ? ' ".*

punish /'pʌnɪʃ/ vt
punire: Children who disobey their
teacher will be punished. *I ragazzi che
disobbediscono ai loro insegnanti
saranno puniti.*

punishment /'pʌnɪʃmənt/ s
⟨num e non num⟩ punizione, castigo,
pena: His punishment was to wash the
dishes every day that week. *Per
punizione ha dovuto lavare i piatti per
una settimana.*

pupil /'pju:pəl/ s
alunno, allievo, scolaro: The school
has over a thousand pupils. *La scuola
ha più di mille allievi.*
■*Nota: I ragazzi che frequentano la
scuola sono di solito chiamati **pupils**.
Quelli che vanno all'università o al
college sono invece chiamati **students**.
A volte il termine **students** viene riferito
a tutti e due i gruppi di persone.*

puppy /'pʌpi/ s
⟨pl **puppies**⟩ cucciolo, cagnolino – vedi
anche DOG (*Nota*)

pure /pjʊə^r/ agg
⟨compar **purer**, sup **purest**⟩ puro:
pure water, with no chemicals added,
acqua pura senza additivi

purple /'pɜːpəl||'pɜːr-/ agg
viola

purpose /'pɜːpəs||'pɜːr-/ s
1 scopo, intenzione: What is the
purpose of your visit? *Qual è lo scopo
della sua visita?*|He complained simply
for the purpose of causing trouble.
*Protestò semplicemente con
l'intenzione di causare problemi.* 2 **on
purpose** di proposito, apposta: I didn't
drop the vase on purpose. It was an
accident. *Non ho fatto cadere il vaso
apposta. Mi è sfuggito dalle mani.*

purse /pɜːs||pɜːrs/ s

1 (*IB*) anche **pocketbook** (*IA*)
borsellino, portamonete: Kate put the
money in her purse, put her purse in
her handbag and left the shop. *Kate
mise i soldi nel borsellino, quest'ultimo
nella borsetta ed uscì dal negozio.* **2** *IA*
di **handbag** *borsetta*
push[1] /pʊʃ/ *vt, vi*
spingere, schiacciare, premere: They
had to push the car when it ran out of
petrol. *Quando rimasero senza
benzina dovettero spingere la
macchina.*|Help me move this piano.
You push and I'll pull. *Aiutami a
spostare questo piano. Se tu spingi io
tiro.*|They pushed the door open and
went inside. *Aprirono la porta con una
spinta ed entrarono.*
push[2] *s*
spinta, spintone: My car's run out of
petrol. Can you help me give it a
push? *La mia macchina è rimasta
senza benzina. Puoi aiutarmi a darle
una spinta?*
put /pʊt/ *vt*
⟨*pass rem e p pass* **put**, *p pres* **putting**⟩
1 *mettere, posare:* "Where can I put
my coat?" "Put it in the bedroom."
*"Dove posso mettere il cappotto?"
"Mettilo nella stanza da letto."*|You put
too much salt on your food. *Hai messo
troppo sale sul tuo cibo.*|Put those
photographs back where you found
them! *Rimetti queste fotografie dove le
hai trovate!* **2** *mettere, scrivere:* Put
your name at the top of the page.
*Metti il tuo nome all'inizio della
pagina.*|I never know what to put
when I'm writing a letter to my aunt.
*Non so mai che cosa mettere quando
scrivo una lettera a mia zia.*

　put away *vt*
⟨**put sthg ↔ away**⟩ *mettere qualcosa a
posto:* Lucy, will you put your toys
away now, please. *Lucy, adesso metti i
giocattoli a posto, per favore.*

　put down *vt*
⟨**put sthg ↔ down**⟩ *mettere giù
qualcosa, posare qualcosa:* He put the
books down on the table. *Posò i libri
sul tavolo.*|Stop playing with that vase!
Put it down! *Smetti di giocare con quel
vaso! Mettilo giù!*

　put on *vt*
⟨**put sthg ↔ on**⟩ *mettere, mettersi:* She
put on her overalls and went to work.
Si mise la tuta ed andò al lavoro.

　put out *vt*
⟨**put sthg ↔ out**⟩ *spegnere:* Will you
put the lights out when you go to bed?
*Spegni le luci quando vai a letto, per
favore.*
puzzle[1] /'pʌzəl/ *vt*
⟨*pass rem e p pass* **puzzled**, *p pres*
puzzling⟩ *lasciar perplesso:* He was
puzzled by his new computer. He
couldn't even work out how to switch
it on. *Guardava perplesso il suo nuovo
computer. Non sapeva neanche dove si
accendesse.*
puzzle[2] *s*
1 *rompicapo, rebus:* a book of
mathematical puzzles, *una raccolta di
giochi enigmistici*|a crossword puzzle,
un cruciverba **2** *enigma, mistero:* How
this bird manages to fly is a bit of a
puzzle to scientists. *È un po' un
enigma per gli scienziati come
quest'uccello possa volare.*
pyjamas (*IB*) *o* **pajamas**(*IA*)
/pə'dʒɑːməz||-'dʒæ-, -'dʒɑː-/ *s pl*
pigiama: a pair of pyjamas, *un pigiama*
python /'paɪθən||-θɑːn, -θən/ *s*
pitone

Q, q

Q, q /kjuː/
  Q, q

qualification /ˌkwɒlɪfɪ'keɪʃən||ˌkwɑː-/
  s
  ⟨**to do sthg** *o* **for**⟩ qualifica, titolo,
  requisito (per fare *o* per): For this job
  you need a degree or similar
  qualification. *Per questo impiego si
  richiede una laurea o simile qualifica.*|
  I'm afraid that you don't have the
  experience or qualifications for this
  job. *Temo che lei non abbia nè
  l'esperienza nè i requisiti per questo
  lavoro.*

qualified /ˈkwɒlɪfaɪd||ˌkwɑː-/ *agg*
  ⟨**to do sthg**⟩ abilitato, qualificato: She
  is qualified to teach Italian. *Ha
  l'abilitazione all'insegnamento
  dell'italiano.*|a qualified teacher, *un
  insegnante qualificato*

qualify /ˈkwɒlɪfaɪ||ˈkwɑː-/ *vi, vt*
  ⟨**for**⟩ qualificare (-si) (per): Our team
  qualified for the final of the cup. *La
  nostra squadra si è qualificata per la
  finale di coppa.*|She has qualified as a
  lawyer. *Ha superato gli esami da
  procuratore legale.*

quality /ˈkwɒlɪti||ˈkwɑː-/ *s*
  ⟨*pl* **qualities**⟩ **1** ⟨*non num*⟩ qualità,
  valore: The quality of the meat
  depends on what part of the cow it is
  taken from. *La qualità della carne
  dipende da che parte del bovino la si
  taglia.*|work of very high/low/good/
  poor quality, *lavoro di ottima/pessima/
  buona/scadente qualità*
  2 ⟨*num*⟩ caratteristica, requisito,
  pregio: She has all the qualities needed

to become a good leader. *Ha tutti i
  requisiti per diventare un buon capo.*|
  John has hidden qualities. *John ha
  qualità nascoste.*|qualities of kindness
  and understanding, *doti quali la
  gentilezza e la comprensione*

quantity /ˈkwɒntɪti||ˈkwɑːn-/ *s*
  ⟨*pl* **quantities**⟩ quantità, quantitativo:
  An enormous quantity of food was
  sent to Ethiopia. *Un ingente
  quantitativo di generi alimentari fu
  mandato in Etiopia.*|A small quantity
  of sweets was missing from the shop.
  *Erano sparite un po' di caramelle dal
  negozio.* – vedi anche AMOUNT (*Nota*)

quarrel¹ /ˈkwɒrəl||ˈkwɔː-, ˈkwɑː-/ *s*
  ⟨**with sbdy, about sthg**⟩ lite, litigio
  (con qn, su qc): Kate and Andy had a
  quarrel about whose turn it was to
  wash up. *Kate ed Andy hanno avuto
  un litigio su chi dovesse lavare i piatti.*|
  Kate had a quarrel with Andy. *Kate ha
  fatto lite con Andy.*

quarrel² *vi*
  ⟨*pass rem e p pass* **quarrelled** (*IB*) *o*
  quarreled (*IA*), *p pres* **quarrelling** (*IB*)
  o **quarreling** (*IA*)⟩ ⟨**with sbdy, about
  sthg**⟩ litigare (con qn, su qc): There's
  no need to quarrel over such a small
  matter! *Non è il caso di litigare su una
  tale inezia!*|Kate quarrelled with Andy
  about the use of the computer. *Kate
  ha litigato con Andy per usare il
  computer.*

quarter /ˈkwɔːtəʳ||ˈkwɔːr-/ *s*
  1 *quarto*: There were four of us, so we
  each did a quarter of the work.
  Eravamo in quattro, e così ciascuno di

noi ha fatto un quarto del lavoro.|They divided the cake into quarters. *Hanno diviso la torta in quattro parti.* **2** *quarta parte:* A quarter (of a pound) of ham, please. *Un quarto (di libbra) di prosciutto, per favore.* **3** *(in espressioni di tempo) quarto (d'ora):* We had to wait a quarter of an hour for the bus. *Abbiamo dovuto aspettare l'autobus per un quarto d'ora.*|We had to wait three quarters of an hour for the train. *Abbiamo dovuto aspettare il treno per tre quarti d'ora.* |"Could you tell me the time, please?" "Yes, it's (a) quarter past six." /"It's (a) quarter to six." *"Può dirmi che ore sono, per favore?" "Sì, sono le sei e un quarto."* /"Sono le sei meno un quarto."*
■*Nota: La parola* **quarter** *si usa solo con un orologio a 12 ore, per cui* **a quarter to six** *può significare sia 5.45 che 17.45. In America però si dice* a quarter **of** six *(invece di* a quarter **to** six*) per indicare le 5.45, e* a quarter **after** six *(invece di* a quarter **past** six*) quando sono le 6.15. – vedi anche* **La Nota Grammaticale Telling the Time**

queen /kwiːn/ s
regina: Queen Elizabeth II, *la regina Elisabetta II*
■*Nota:* Queen Elizabeth **II** *si legge* Queen Elizabeth **the second.** *– vedi anche* KINGDOM *(Nota)*

question[1] /'kwestʃən/ s
1 *domanda:* I asked a question. *Ho fatto una domanda.*|The police officer asked me some questions about the accident. *L'agente di polizia mi fece alcune domande sull'incidente.*|Will you please answer my question? *Vuoi rispondere alla mia domanda, per piacere?*|a direct question, *una domanda diretta* **2** *questione, affare:* The question of aid to Africa has been very much discussed lately. *Ultimamente ci sono state molte*

discussioni sulla questione dell'assistenza per l'Africa.|The disarmament question has been raised again in Parliament. *In Parlamento è stato di nuovo sollevata la questione del disarmo.*

question[2] *vt*
⟨**about**⟩ *interrogare (su o riguardo a):* The police questioned the woman about the robbery and then let her go. *La polizia interrogò la donna riguardo alla rapina e poi la lasciò andare.*

question mark /'kwestʃən mɑːk‖ -mɑrk/ ⟨*pl* **question marks**⟩ *punto interrogativo*

questionnaire /ˌkwestʃə'neəʳ, ˌkes-/ s
questionario: The shop is asking its customers to fill in a questionnaire about what they normally buy. *Il negozio richiede ai clienti di completare un questionario sui loro acquisti abituali.*

queue *(IB)*[1] /kjuː/ *anche* **line** *(spec IA)* s
fila, coda (di persone): a long queue at the bus stop, *una lunga fila alla fermata dell'autobus*|We joined the queue for the museum. *Ci mettemmo in coda per entrare nel museo.*

queue[2] *vi*
⟨*pass rem e p pass* **queued**, *p pres* **queuing (up)**⟩ ⟨**for sthg**⟩ *fare la coda/fila (per):* We had to queue (up) for tickets/to get into the cinema. *Abbiamo dovuto fare la fila per i biglietti/per entrare al cinema.*

quick /kwɪk/ *agg*
⟨*compar* **quicker**, *sup* **quickest**⟩ ⟨**to do sthg**⟩ *veloce, rapido (a fare qc):* Which is the quickest way to the airport? *Qual'è la via più rapida per andare all'aeroporto?*|Andy was quick to finish his homework because he wanted to watch the football on TV.

Andy si sbrigò a finire i compiti perchè voleva guardare il calcio alla TV.|"I've finished!" "That was quick!" *"Ho finito!" "Che velocità!"* – contrario
SLOW

quickly /'kwɪkli/ *avv*
velocemente, in fretta: We'll get there on time if we walk quickly. *Se facciamo in fretta ce la faremo ad arrivare puntuali.*|You eat too quickly. *Mangi troppo velocemente.* – contrario
SLOWLY

quiet¹ /'kwaɪət/ *agg*
⟨*compar* **quieter**, *sup* **quietest**⟩
1 *silenzioso, zitto:* It's very quiet. Where is everyone? *Che silenzio! Dove sono andati tutti?*|Be quiet and get on with your homework! *Sta' zitto e va' avanti col compito!* **2** *tranquillo:* Greenwood is a quiet village. Nothing much happens here. *Greenwood è un paesino tranquillo. Non succede quasi mai niente qui.*

quiet² *s*
⟨*non num*⟩ *tranquillità, silenzio:* I can't wait to get home for a bit of **peace and quiet**. *Non vedo l'ora di tornare a casa per avere un po' di pace e tranquillità.*

quietly /'kwaɪətli/ *avv*
piano, sottovoce: Talk quietly so as not to disturb the other people in the library. *Parlate sottovoce per non disturbare gli altri nella biblioteca.*|Just sit there quietly and behave yourself. *Siediti lì senza far rumore e fa' un po' il bravo.*

quite /kwaɪt/ *avv*
1 *abbastanza, piuttosto, discretamente:* At 43, she's quite young for a political leader. *È piuttosto giovane, a quarantatrè anni, per essere una capopartito.*|I've not been out because I've been quite busy lately. *Non sono uscito perchè sono stato piuttosto impegnato di recente.*|The film was

quite good, but the one we saw last week was better. *Il film è stato abbastanza bello, ma quello che abbiamo visto l'altra settimana era migliore.*|I go to the cinema quite often in the winter. *D'inverno vado al cinema con una certa frequenza.*
2 *completamente, del tutto, veramente, proprio:* This new book is quite different from her last one. *Questo suo nuovo libro è tutta un'altra cosa rispetto al precedente.*|Are you quite sure you want to come with us? *Sei proprio sicuro di voler venire con noi?*|I won't be a minute. I'm not quite ready yet. *È solo una questione di secondi. Ormai sono quasi pronto.*
■*Nota: Le due accezioni di* **quite** *sono quasi contrarie ed è solo il contesto che permette di interpretare correttamente questo avverbio. Mentre in frasi interrogative e negative* **quite** *tende ad assumere il secondo (più positivo) significato, nelle frasi affermative può dare adito ad ambiguità. Ad esempio, la frase* "I am **quite** satisfied" *si può intendere sia come "Sono soddisfatto solo fino a un certo punto" che come "Sono pienamente soddisfatto".*

quiz /kwɪz/ *s*
⟨*pl* **quizzes**⟩ *(gioco a) quiz:* We had a quiz on wild animals. *Abbiamo fatto un gioco a quiz sugli animali selvatici.*|I like the quiz shows on TV. *Mi piacciono i giochi a quiz alla tivù.*

quotation /kwəʊ'teɪʃən/ *s*
citazione: Which book of the Bible do these quotations come from? *Da quale libro della Bibbia sono tratte queste citazioni?*|The newspaper had several quotations from her new book. *Il giornale riportava diverse citazioni dal suo nuovo libro.*

quotation marks /kwəʊ'teɪʃən mɑːks||-mɑːrks/ *anche* **inverted commas** *s pl* *virgolette*

quote[1] /kwəʊt/ *vi, vt*

⟨*pass rem e p pass* **quoted,** *p pres* **quoting**⟩ ⟨**from**⟩ *citare (da):* He's always quoting other people. I sometimes think he's got no ideas of his own. *Cita sempre frasi altrui. A volte penso proprio che non abbia idee sue.*

R, r

R, r /ɑːʳ/
  R, r
rabbit /'ræbɪt/ *s*
  coniglio
race¹ /reɪs/ *s*
  ⟨**against, between**⟩ 1 *corsa (contro,
  tra)*: to win/lose a race, *vincere/perdere
  una corsa*|"What race are you in?"
  "I'm in the 100 metres." *"A che corsa
  partecipi?" "Alla 100 metri."*|a horse
  race, *una corsa di cavalli*|a motor race,
  una corsa automobilistica 2 *razza*: the
  human race, *la razza umana*|The
  British are often thought to be a quiet
  and unemotional race. *Spesso si crede
  che i Britannici siano per natura calmi
  e distaccati.*|People of all races
  compete in the Olympic Games.
  *Persone di tutte le razze partecipano ai
  Giochi Olimpici.*
race² *v*
  ⟨*pass rem e p pass* **raced**, *p pres*
  racing⟩ 1 *vi, vt* ⟨**against**⟩ *gareggiare
  (contro, con)*: In the Olympics, he will
  race against some of the best runners
  in the world. *Alle Olimpiadi gareggerà
  con alcuni dei migliori corridori del
  mondo.*|They raced each other down
  the road on their bikes. *Hanno fatto
  una gara in bicicletta fino in fondo alla
  strada.*|horse/motor racing, *corse dei
  cavalli/automobilistiche* 2 *vi
  precipitarsi*: The ambulance raced to
  the scene of the accident.
  *L'ambulanza si precipitò sul luogo
  dell'incidente.*
racial /'reɪʃəl/ *agg*
  razziale: racial prejudice, *pregiudizi
  razziali*
racism /'reɪsɪzəm/ *anche* **racialism** *s*
  ⟨*non num*⟩ *razzismo*: Laws have been
  passed to fight racism at work. *Sono
  state approvate le leggi per combattere
  il razzismo nel mondo del lavoro.*
racist /'reɪsɪst/ *anche* **racialist** *s, agg*
  razzista
rack /ræk/ *s*
  rastrelliera: Hang your coat up on the
  rack in the hall. *Appendi il cappotto
  sull'appendiabiti in anticamera.*|a wine
  rack, *un portabottiglie per vino*
racket *o* **racquet** /'rækɪt/ *s*
  racchetta: a tennis racket, *una
  racchetta da tennis*
radiator /'reɪdieɪtəʳ/ *s*
  1 *radiatore, calorifero*: The radiator's
  cold. Didn't you switch the central
  heating on? *Il calorifero è freddo. Non
  hai acceso il riscaldamento?*
  2 *radiatore*: The car needs a new
  radiator. *La macchina ha bisogno di
  un nuovo radiatore.*
radio /'reɪdiəʊ/ *s*
  radio: Pat always has the radio on
  while he's doing his homework. *Pat fa
  sempre i compiti con la radio accesa.*|
  Shut up! I'm trying to listen to the
  radio. *Stà zitto! Sto cercando di
  ascoltare la radio.*|to switch *o* turn the
  radio on/off, *accendere/spegnere la
  radio*
raft /rɑːft||ræft/ *s*
  zattera: They made a raft to cross the
  river. *Costruirono una zattera per
  attraversare il fiume.*
rail /reɪl/ *s*

1 〈*num*〉 *sbarra, appendiabiti (in un negozio):* The dresses were hanging on a rail. *I vestiti erano appesi all'appendiabiti.*|They leant on the rail of the ship and looked out to sea. *Si appoggiarono alla battagliola della nave e guardarono il mare.* **2** *binario:* Several passengers were injured when a train came off the rails. *Diversi passeggeri furono feriti quando un treno uscì dai binari.* **3** 〈*non num*〉 *ferrovia:* We sent the parcel by rail to Milan. *Abbiamo mandato il pacco a Milano tramite ferrovia.*|Kate and Andy travelled around Europe by rail o by train. *Kate e Andy hanno viaggiato in giro per l'Europa in treno.*

railings /'reɪlɪŋz/ *s pl*
ringhiera: They're painting the park railings again. *Stanno di nuovo dipingendo la ringhiera del parco.*

railway /'reɪlweɪ/ *anche* **railroad** (*IA*) *s*
sistema ferroviario, rete ferroviaria: Her father works on the railways. *Suo padre lavora alla rete ferroviaria.*
■*Nota:* Railway *è spesso usato al plurale, ma mai quando ha funzione di aggettivo come in* **railway train** *o* **railway station.**

railway station /'reɪlweɪ ˌsteɪʃən/ *s*
〈*pl* **railway stations**〉 *stazione ferroviaria:* Does this bus go to the railway station? *Quest'autobus porta alla stazione ferroviaria?*

rain¹ /reɪn/ *s*
〈*non num*〉 *pioggia:* There was heavy rain last night. *Ha piovuto molto la notte scorsa.*|They went for a walk in the rain. *Andarono a fare una passeggiata sotto la pioggia.*

rain² *vi*
〈*si usa soltanto con* **it**〉 *piovere:* We can't go out now. It's raining too hard. *Non possiamo uscire adesso. Sta piovendo troppo forte.*

rainbow /'reɪnbəʊ/ *s*

arcobaleno

raincoat /'reɪnkəʊt/ *s*
impermeabile: She is wearing a raincoat. *Indossa un impermeabile.*

rainy /'reɪni/ *agg*
〈*compar* **rainier,** *sup* **rainiest**〉
piovoso, di pioggia: a rainy day, *una giornata piovosa/di pioggia*|the rainy season in Kenya, *la stagione delle piogge in Kenia*

raise /reɪz/ *vt*
〈*pass rem e p pass* **raised,** *p pres* **raising**〉 **1** *alzare, sollevare:* Raise your hand if you want to answer the question. Don't just shout out. *Alzate la mano se volete rispondere alla domanda. Non urlate.*|The conductor stood on a raised platform in front of the orchestra. *Il maestro era sul palco di fronte all'orchestra.* **2** *aumentare:* You can raise the temperature of the oven by turning this knob. *Puoi aumentare la temperatura del forno girando questa manopola.*|The government wants to raise the school leaving age. *Il governo vuole aumentare la durata della scuola dell'obbligo.*
■*Nota: Attenzione a non confondere i verbi* **raise** *e* **rise. Raise** *è un verbo regolare e transitivo:* The oil companies have **raised** their prices. *Le compagnie di petrolio hanno aumentato i loro prezzi.* **Rise (rose, risen)** *è un verbo irregolare e intransitivo:* Oil prices are still **rising.** *Il prezzo del petrolio sta ancora aumentando.*

rake¹ /reɪk/ *s*
rastrello

rake² *vt, vi*
〈*pass rem e p pass* **raked,** *p pres* **raking**〉 〈**up**〉 *rastrellare:* Kate helped her father to rake up the leaves in the garden. *Kate aiutò suo padre a rastrellare le foglie in giardino.*

ran /ræn/
pass rem del verbo **run**

rang /ræŋ/
pass rem del verbo **ring**

rapid /'ræpɪd/ *agg*
rapido, veloce: We only had time for a rapid tour of the city before we left. *Abbiamo avuto appena il tempo di fare un rapido giro della città prima di partire.*
■*Nota:* L'aggettivo **rapid** *è più formale dell'aggettivo* **quick**.

rapidly /'ræpɪdli/ *avv*
rapidamente, velocemente: After his mistake the speaker rapidly moved on to the next topic. *Dopo aver fatto lo sbaglio, lo speaker passò rapidamente all'argomento successivo.*
■*Nota:* L'avverbio **rapidly** *è più formale dell'avverbio* **quickly**.

rapids /'ræpɪdz/ *s pl*
rapide: There are dangerous rapids further up the river. *Ci sono rapide pericolose su per il fiume.*

rare /reəʳ/ *agg*
⟨*compar.* **rarer**, *sup* **rarest**⟩ *raro:* The cheetah is a rare animal which is in danger of extinction. *Il ghepardo è un animale raro in via di estinzione.*

rarely /'reəli||'reərli/ *avv*
raramente, di rado: He rarely makes grammar mistakes. *Raramente fa degli errori di grammatica.* – *confrontare con* OFTEN
■*Nota:* L'avverbio **rarely** *è un po' formale. Di solito si direbbe:* He doesn't often make grammar mistakes.

rat /ræt/ *s*
ratto: rats and mice, *ratti e topi*

rather /'rɑːðəʳ||'ræðər/ *avv*
1 *piuttosto, abbastanza:* It's rather cold today. *Fa piuttosto freddo oggi.*| He looks rather young to be a policeman. *Sembra piuttosto giovane per essere un poliziotto.*
■*Nota:* Paragona **fairly** *a* **rather**.

Fairly *è spesso usato per qualità che non sono nè buone, nè cattive:* The weather was fairly cold. *Faceva piuttosto freddo (freddo, ma non molto freddo).*|I was driving fairly fast. *Guidavo abbastanza velocemente (velocemente, ma non troppo velocemente).* **Rather** *è più forte di* **fairly** *e spesso indica che una qualità è negativa o non appropriata:* It's rather cold. *Fa piuttosto freddo (più freddo di quanto vorrei).*|I was driving rather fast. *Guidavo abbastanza velocemente (troppo velocemente per le condizioni stradali). Tuttavia in Inglese britannico si può usare* **rather** *per qualcosa che fa molto piacere:* I was rather pleased when I won the prize. *Ero molto contenta di vincere il premio.* **2 I/you** *ecc* **would rather** (*viene generalmente tradotto con "preferirei, preferirebbe", ecc*) "Would you like a cup of tea?" "I'd rather have a coffee, if you don't mind." *"Vuoi una tazza di tè?" "Preferirei un caffè, se non ti dispiace."*|I'd rather stay in than go out with Paul! *Preferirei starmene a casa piuttosto che uscire con Paul!*|What would you rather do now: go for a walk or watch the film on TV? *Che cosa preferiresti fare adesso: andare a fare una passeggiata o guardare un film alla TV?*

ravine /rə'viːn/ *s*
burrone: They built a bridge across the ravine. *Hanno costruito un ponte sopra il burrone.*

raw /rɔː/ *agg*
⟨*non usato al compar o sup*⟩ *crudo:* In Japan, people often eat raw fish. *In Giappone mangiano spesso il pesce crudo.*

raw materials /ˌrɔː mə'tɪərɪəlz/ *s pl*
materie grezze: What raw materials are needed to make plastics? *Che materia grezza è necessaria per fare oggetti di*

plastica?

ray /reɪ/ *s*

raggio: the last rays of the sun before it set, *gli ultimi raggi di sole prima del tramonto*|a ray of light, *un raggio di luce*

razor /'reɪzə^r/ *s*

rasoio: Has anybody seen my razor? I need a shave. *Qualcuno ha visto il mio rasoio? Ho bisogno di radermi.*

're /ə^r/ *contraz di* **are**: We're ready to go, but they're still getting dressed. *Noi siamo pronti per uscire, ma loro si stanno ancora vestendo.*|You're older than John, aren't you? *Tu sei più vecchio di John, vero?*

reach[1] /riːtʃ/ *v*

1 *vt* raggiungere, arrivare a: I hope to reach Naples by Tuesday. *Spero di arrivare a Napoli per martedì.* **2** *vt, vi* ⟨*per lo più usato negativamente*⟩ *raggiungere (allungando la mano):* He couldn't reach the ball without climbing the tree. *Non poteva raggiungere la palla senza arrampicarsi sull'albero.*|"Could you get that book down for me?" "I'm sorry, I can't reach either." *"Puoi prendere quel libro per me?" "Mi dispiace, non ci arrivo neanche io."* **3** *vi* ⟨**for sthg**⟩ *allungare una mano (per prendere):* He reached for the book. *Allungò una mano per prendere il libro.*|He reached across and took my book. *Si allungò e prese il mio libro.*

reach[2] *s*

⟨*non num*⟩ *portata:* I moved the medicines out of the children's reach. *Ho messo i medicinali dove i bambini non possono prenderli.*|The book was just within (my) reach. *Il libro era proprio a portata di mano.*

react /ri'ækt/ *vi*

⟨**to, against**⟩ *reagire (a, contro):* How did he react to the bad news? *Come ha reagito alle brutte notizie?*

reaction /ri'ækʃən/ *s*

⟨**to, against**⟩ *reazione (a):* His reaction to my criticisms surprised me. *Mi stupì il modo in cui reagì alle mie critiche.*

read /riːd/ *vt, vi*

⟨*pass rem e p pass* **read** /red/⟩ *leggere:* They are reading comics/newspapers/a book. *Stanno leggendo fumetti/giornali/un libro.*|Lucy is learning to read. *Lucy sta imparando a leggere.*|Andy read Lucy a story. He read it to her yesterday. *Andy lesse una storia a Lucy. Gliela lesse ieri.*

reader /'riːdə^r/ *s*

1 *lettore, lettrice:* a special offer to all readers of this magazine, *un'offerta speciale per tutti i lettori di questa rivista*|a television **news reader,** *un annunciatore, un'annunciatrice del telegiornale* **2** *libro di lettura:* We're using a book called "A First English Reader". *Stiamo usando un libro chiamato "Un primo libro di lettura inglese".*

reading /'riːdɪŋ/ *s*

⟨*non num*⟩ *lettura:* Reading and writing are taught at school. *A scuola insegnano a leggere e a scrivere.*|His hobbies are football and reading. *I suoi passatempi sono il calcio e la lettura.* a **reading lamp,** *una lampada da tavolo*

ready /'redɪ/ *agg*

⟨*compar* **readier,** *sup* **readiest**⟩ ⟨**to do sthg** *o* **for**⟩ ⟨*solo predicativo*⟩ *pronto (a/per fare qc o per):* Are you ready to start? *Pronti per cominciare?*|Kate! Andy! Dinner's ready! *Kate! Andy! La cena è pronta!*|Go and get ready for school/for bed. *Vai a prepararti per andare a scuola/a letto.*

real /rɪəl/ *agg*

reale, vero: Soap operas are not like real life at all. *Le telenovelle hanno ben poco a che fare con la vita reale.*|"Is that a real diamond?" "No, it's an

imitation." *"È un diamante vero?"*
"No, è un'imitazione."

reality /rɪ'ælɪti/ s

⟨*non num*⟩ *realtà:* He thinks he'll get
a job easily, but **in reality** it's going to
be very hard. *Crede di riuscire a
trovare lavoro facilmente, ma in realtà
sarà molto dura.*

realize *o* **realise** /'rɪəlaɪz/ vt

⟨*pass rem e p pass* **realized,** *p pres*
realizing⟩ ⟨*sthg o* (**that**)⟩ ⟨*non usato
nelle forme progressive*⟩ *rendersi conto
(di qc, che), capire (qc, che):* David
suddenly realized that he didn't have
enough money for the tickets.
*Improvvisamente David si rese conto di
non avere abbastanza soldi per i
biglietti.*|I didn't realize the trip would
be so expensive. *Non mi rendevo
conto che il viaggio costasse tanto.*|Do
you realize what you've done? *Ti rendi
conto di quello che hai fatto?*

really /'rɪəli/ avv

1 *in realtà, proprio:* Robert doesn't
really want to watch the film, he just
doesn't want to go to bed yet. *In realtà
non è che Robert voglia guardare il
film, è semplicemente che non vuole
ancora andare a letto.*|"I must go."
"Oh dear, must you really?" *"Devo
andare." "Oh no, devi proprio?"*
2 *veramente, molto:* I like the pink
trainers. They're really nice. *Mi
piacciono le scarpe da ginnastica rosa.
Sono veramente carine.*|I really like
that film. *Quel film mi piace proprio.*
3 ⟨*si usa per esprimere interesse,
incredulità, dispiacere, ecc*⟩ *davvero,
sul serio:* "I haven't had a cigarette for
a week." "Really? Then why does the
room smell of tobacco smoke?" *"Non
ho fumato una sigaretta per una
settimana." "Davvero? Allora perchè
la stanza puzza di fumo?"*|"Kate has
started learning karate." "Really! How
interesting." *"Kate ha iniziato a fare il*
karatè." "Davvero? Interessante."|
Really, Martin! Must you swear so
much? *Davvero, Martin! Devi proprio
dire tante parolacce?*

rear¹ /rɪɔ'/ s

⟨*non num*⟩ *fondo, retro:* There's a
garden at the rear of the house. *C'è un
giardino al retro della casa.*|in the rear
of the truck, *in fondo al camion*
■*Nota: La parola* **rear** *è più formale
della parola* **back.**

rear² vt

allevare: They reared six hundred pigs
last year. *Hanno allevato seicento
maiali l'anno scorso.*

reason /'ri:zən/ s

1 ⟨*num*⟩ ⟨**for doing sthg**⟩ *ragione,
motivo (per fare qc), causa:* What are
your reasons for behaving like this?
Per quale motivo ti comporti così?|I
agree with Ann for several reasons.
*Sono d'accordo con Ann per diversi
motivi.*|There's no reason to get angry.
Non c'è motivo di arrabbiarsi.|For
some reason, he doesn't like her. *Per
qualche motivo lei non gli piace.*
2 ⟨*non num*⟩ *ragione:* the power of
reason, *il potere della ragione*

reasonable /'ri:zənəbəl/ agg

1 *ragionevole:* It's impossible to have
a reasonable conversation with him.
He always gets angry. *È impossibile
avere una conversazione ragionevole
con lui. Si arrabbia sempre.*
2 *ragionevole:* a reasonable price, *un
prezzo ragionevole*|That garage is very
reasonable. *Quel garage ha prezzi
ragionevoli.*

reasonably /'ri:zənəbli/ avv

1 *saggiamente:* He behaved quite
reasonably. *Si è comportato del tutto
saggiamente.* **2** *ragionevolmente:* a
reasonably-priced pair of shoes, *un
paio di scarpe ad un prezzo
ragionevole*

receipt /rɪ'si:t/ s

ricevuta, scontrino: Please keep your receipt. *Per favore, conservi la sua ricevuta.*

receive /rɪ'siːv/ *vt*
⟨*pass rem e p pass* **received,** *p pres* **receiving**⟩ *ricevere:* Thank you for your letter, which I received yesterday. *Grazie per la sua lettera che ho ricevuto ieri.*
■*Nota: Il verbo receive è più formale del verbo get.*

receiver /rɪ'siːvəʳ/ *s*
ricevitore: She picked up the receiver and dialled the number. *Sollevò il ricevitore e fece il numero.*

recent /'riːsənt/ *agg*
recente: I had seen Kate on a recent visit to Dover. *Avevo incontrato Kate nel corso di una recente visita a Dover.*

recently /'riːsəntli/ *avv*
recentemente, di recente: Have you seen any good films recently? *Hai visto dei bei film recentemente?*

reception /rɪ'sepʃən/ *s*
1 ⟨*num*⟩ *ricevimento:* a wedding reception, *un ricevimento di nozze*
2 ⟨*non num*⟩ *reception:* When you get to the hotel, please sign in at reception, and then you will be taken to your room. *Quando arrivate in albergo, siete pregati di firmare il registro alla reception; sarete poi accompagnati alla vostra stanza.*
3 ⟨*num*⟩ *accoglienza:* Her family gave me a very warm reception. *La sua famiglia mi accolse molto cordialmente.*

receptionist /rɪ'sepʃənɪst/ *s*
recezionista: The receptionist will give you the keys to your room. *Il/La recezionista vi consegnerà le chiavi della vostra stanza.*|The receptionist told me that the doctor could see me on Thursday. *La recezionista mi disse che il dottore poteva vedermi giovedì.*

recipe /'resɪpi/ *s*

⟨**for**⟩ *ricetta (per/di):* I followed the recipe but the cake tasted horrible. *Ho seguito la ricetta ma la torta aveva un sapore orribile.*

recognize *o* **recognise** /'rekəgnaɪz/ *vt*
⟨*pass rem e p pass* **recognized,** *p pres* **recognizing**⟩ *riconoscere:* ⟨non usato nelle forme progressive⟩ It was so long since I'd seen him that I didn't even recognize him. *Era da così tanto che non lo vedevo che non l'ho neanche riconosciuto.*|Naples has changed so much that I could hardly recognize it at first. *Napoli è così diversa che stentavo a riconoscerla in un primo momento.*|We recognized her from her television appearances. *La riconoscemmo per la sua apparizione alla televisione.*

recommend /,rekə'mend/ *vt*
⟨**sbdy sthg** *o* **sthg to sbdy**⟩ *raccomandare:* Can you recommend (me) a good English course? *Mi puoi raccomandare un buon corso d'inglese?*|She recommended me to stay in bed. *Mi raccomandò di stare a letto.*

reconstruct /,riːkən'strʌkt/ *vt*
ricostruire: The police reconstructed the robbery in the hope that people would see it and remember more about it. *La polizia ha ricostruito la rapina nella speranza che la gente, assistendo alla scena, potesse ricordare con più esattezza l'accaduto.*
— **reconstruction** *s ricostruzione:*

record¹ /rɪ'kɔːd||-ɔːrd/ *vt*
1 *prendere nota di:* I recorded all the details of the meeting in my notebook. *Ho preso nota di tutti i dettagli della riunione sul mio blocco.* **2** *registrare:* The band have just finished recording their new album. *Il complesso ha appena finito di registrare il nuovo album.*

record² /'rekɔːd||-ərd/ *s*

1 *resoconto scritto:* We kept a written record of everything we did on holiday. *Tenemmo un resoconto scritto di tutto ciò che avevamo fatto in vacanza.*|The police keep records of all criminals. *La polizia ha uno schedario dove sono segnati tutti i pregiudicati.* **2** *disco:* We sat and listened to records. *Ci sedemmo ad ascoltare dei dischi.* **3** *record:* She broke the world record for the high jump. *Ha superato il record mondiale di salto in alto.* **4** *precedenti:* The school has a good record for sport and music. *La scuola ha dei buoni precedenti per sport e musica.*

recorder /rɪ'kɔːdəʳ||-ɔːr-/ *s*
flauto: It's easy to learn to play the recorder. *È facile imparare a suonare il flauto.*

  cassette recorder *s*
  registratore a cassetta

  tape recorder *s registratore a bobina*

recording /rɪ'kɔːdɪŋ||-ɔːr-/ *s*
registrazione: We listened to a recording of the speech. *Ascoltammo la registrazione del discorso.*

record player /'rekɔːd 'pleɪəʳ||-ərd 'pleɪəʳ/ *s*
⟨*pl* **record players**⟩ *anche* (*IA*) **phonograph** *giradischi:* I sold my old record player and bought a stereo. *Ho venduto il mio vecchio giradischi e ho comprato uno stereo.*

recover /rɪ'kʌvəʳ/ *v*
1 *vt recuperare:* The police recovered the stolen money, but they didn't catch the robbers. *La polizia ha recuperato la refurtiva, ma non ha preso i ladri.* **2** *vi* ⟨**from**⟩ *riprendersi (da), ristabilirsi (da):* Gina is still recovering after/from her operation. *Gina si sta ancora riprendendo dall'operazione.* He still hasn't recovered from the shock. *Non si è ancora ripreso dallo shock.*

recovery /rɪ'kʌvəri/ *s*
1 ⟨*non num*⟩ ⟨**of**⟩ *recupero (di):* There is a reward for the recovery of the stolen jewels. *C'è un premio per il recupero dei gioielli rubati.* **2** ⟨**from**⟩ ⟨*generalmente singolare*⟩ *ripresa (da):* She made a quick recovery after/from her operation. *Si è presto ripresa dopo l'operazione/dall'operazione.*

rectangle /'rektæŋgəl/ *s*
rettangolo
■*Nota:* **Oblong** *è un termine meno tecnico con lo stesso significato di* **rectangle**.

rectangular /rek'tæŋgjʊləʳ/ *agg*
rettangolare: Most beds are rectangular, but they had a huge circular one in the store. *In genere i letti sono rettangolari, ma ne avevano uno grande rotondo nel negozio.*

red /red/ *agg*
⟨*compar* **redder,** *sup* **reddest**⟩ *rosso:* a bright red pullover, *un pullover color rosso acceso*

reduce /rɪ'djuːs||rɪ'duːs/ *vt*
⟨*pass rem e p pass* **reduced,** *p pres* **reducing**⟩ ⟨**from, to**⟩ *ridurre, abbassare (da, a):* The price of those trainers has been reduced so now I can afford to buy them. *Hanno abbassato il prezzo di quelle scarpe da ginnastica e quindi adesso posso permettermi di comprarle.*|The faster trains have reduced the journey time from three hours to two hours. *I treni più veloci hanno ridotto la durata del viaggio da tre a due ore.*

reduction /rɪ'dʌkʃən/ *s*
⟨*num e non num*⟩ *riduzione, sconto:* a (price) reduction of £5, *uno sconto di 5 sterline.*

redwood /'redwʊd/ *s*
sequoia: The biggest tree in the world is a giant redwood. *L'albero più grande del mondo è una sequoia gigante.*

reef /riːf/ s
  barriera corallina: They went
  swimming near the (coral) reef.
  *Nuotarono vicino alla barriera
  corallina.*

refer /rɪ'fɜːʳ/ vi
  ⟨to sthg⟩ **1** *rivolgersi (a), consultare:*
  If you don't know the meaning of a
  word, you should refer to your
  dictionary. *Se non sai cosa significa
  una parola, dovresti consultare il
  dizionario.* **2** *riferirsi (a), fare
  riferimento (a):* Emilio referred in his
  letter to many of the places that Kate
  and Andy will visit in the summer.
  *Nella sua lettera Emilio faceva
  riferimento a molti dei luoghi che Kate
  e Andy visiteranno quest'estate.*

referee /ˌrefə'riː/ s
  arbitro
  ■*Nota: Nel calcio, rugby, hockey,
  pallacanestro, pugilato e bigliardo
  l'arbitro viene chiamato* **referee**. *Nel
  tennis, badminton, cricket e nuoto
  viene chiamato* **umpire**.

reference /'refərəns/ s
  1 ⟨num⟩ *riferimento:* In the book,
  there were many references to places I
  knew. *Nel libro c'erano molti
  riferimenti a posti che conoscevo.*
  2 ⟨non num⟩ *consultazione:* This
  book is for reference only. You can't
  take it out of the library. *Questo libro
  è solo per consultazione. Non si può
  portarlo via dalla biblioteca.|*
  dictionaries and other reference
  books, *dizionari e altri libri di
  consultazione|*the reference section of
  the library, *la parte della biblioteca
  dove ci sono i libri di consultazione.*
  3 ⟨num⟩ *referenze:* Claudia had to ask
  her teacher for a reference when she
  applied for her weekend job in the
  shop. *Claudia ha dovuto chiedere al
  suo insegnante di fornirle referenze
  quando ha fatto domanda per lavorare*

in quel negozio i fine settimana.

reflect /rɪ'flekt/ vt
  riflettere: The water reflected the
  sunlight. *L'acqua rifletteva i raggi del
  sole.|*His face was reflected in the
  mirror. *La sua faccia era riflessa nello
  specchio.*

reflection /rɪ'flekʃən/ s
  ⟨num e non num⟩ *immagine riflessa:*
  He looked at his reflection in the
  mirror. *Guardò la sua immagine
  riflessa nello specchio.*

reflexive pronoun /rɪ'fleksɪv
  'prəʊnaʊn/ s
  ⟨pl **reflexive pronouns**⟩ *pronome
  riflessivo:* In the sentence "Andy hurt
  himself when he fell off his bike",
  "himself" is a reflexive pronoun. *Nella
  frase "Andy hurt himself when he fell
  off his bike", "himself" è pronome
  riflessivo.*

refrigerator /rɪ'frɪdʒəreɪtəʳ/s
  form di **fridge** *frigorifero*

refusal /rɪ'fjuːzəl/ s
  ⟨to do sthg⟩ *rifiuto (di fare qc):* I was
  very upset by his refusal to help me.
  *Mi fece molto male che si fosse rifiutato
  di aiutarmi.*

refuse /rɪ'fjuːz/ vt, vi
  ⟨pass rem e p pass **refused,** p pres
  refusing⟩ ⟨sthg o to do sthg⟩
  1 *rifiutare (qc o di fare qc), rifiutarsi
  (di fare qc):* She offered me a drink
  but I refused because I had to drive
  the car later. *Mi offrì un bicchiere
  ma rifiutai perchè dovevo guidare la
  macchina più tardi.|*She refused to tell
  me where she was going. *Si è rifiutata
  di dirmi dove stesse andando.*
  2 *rifiutare:* He asked if he could go to
  the dance, but his parents refused
  (him) permission. *Domandò se poteva
  andare a ballare ma i suoi genitori gli
  rifiutarono il permesso.*

reggae /'regeɪ/ s
  ⟨non num⟩ *reggae:* Do you like

reggae? *Ti piace il reggae?*|a reggae
band, *un complesso reggae*

region /'riːdʒən/ *s*
regione, area: an important industrial
region in the north of the country.
*un'importante area industriale nel nord
del paese*

regional /'riːdʒənəl/ *agg*
regionale: the regional weather
forecasts, *le previsioni del tempo delle
regioni*

register[1] /'redʒɪstə*r*/ *s*
registro: The teacher had a register of
all the students in her class.
*L'insegnante aveva un registro di tutti
gli studenti della sua classe.*|She **takes
the register** every morning. *Fa
l'appello ogni mattina.*

register[2] *vt*
registrare, segnare, iscrivere: They
registered the birth of their new baby
yesterday. *Registrarono la nascita del
loro bambino ieri.*

regret[1] /rɪ'gret/ *vt*
⟨*pass rem e p pass* **regretted**, *p pres*
regretting⟩ ⟨*sth o doing sth o that*⟩
*(form) rammaricarsi, pentirsi (di qc o
di aver fatto qc):* John regretted
shouting at his friend. He had been
very upset at the time. *John si pentì di
aver urlato al suo amico. Si era molto
alterato in quel momento.*|We deeply
regret your decision to leave. *Ci
rammarichiamo molto per la sua
decisione di lasciarci.*|We regret to
announce that the 11 o'clock train will
be fifteen minutes late. *Siamo
spiacenti di annunciare che il treno
delle 11 ha un ritardo di quindici
minuti.*
■*Nota: L'espressione più comune è* **be
sorry:** He **was sorry** that he had
shouted at his friend. *Si pentì di aver
urlato al suo amico.*

regret[2] *s*
⟨*num e non num*⟩ *rammarico:* It was
with great regret that we said goodbye
to our friends. *Fu con grande
rammarico che salutammo i nostri
amici.*|Graziella had no regrets about
leaving school. She had never really
liked it. *A Graziella non dispiacque di
lasciare la scuola. In realtà non le era
mai piaciuta.*

regular /'regjʊlə*r*/ *agg*
1 *regolare:* We used to make regular
visits to my grandparents every
Sunday afternoon. *Era nostra
abitudine andare a trovare i miei nonni
regolarmente ogni domenica
pomeriggio.* **2** *solito, abituale:* Our
regular postman is ill, so the letters
have been late this week. *Il postino
che viene di solito è ammalato, e quindi
c'è stato un ritardo nel recapito della
corrispondenza questa settimana.*

regularly /'regjʊləli|||-ərli/ *avv*
regolarmente: You should clean your
teeth regularly three times a day.
*Dovresti lavarti i denti regolarmente tre
volte al giorno.*

rehearsal /rɪ'hɜːsəl|||-ɜːr-/ *s*
prova: We had several ordinary
rehearsals, and then the **dress
rehearsal** two nights before the first
performance. *Abbiamo fatto parecchie
prove generali, e infine la prova in
costume due sere prima della prima
rappresentazione.*

rehearse /rɪ'hɜːs|||-ɜːrs/ *vi, vt*
⟨*pass rem e p pass* **rehearsed**, *p pres*
rehearsing⟩ ⟨**for**⟩ *fare le prove (per),
provare:* They are rehearsing for the
school play. *Stanno facendo le prove
per la recita scolastica.*|Kate was
rehearsing her speech all night. *Kate
ha provato il discorso tutta la notte.*

related /rɪ'leɪtɪd/ *agg*
⟨**to, by**⟩ *imparentato (con, in seguito
a):* Andy is related to Anna. They are
cousins. *Andy e Anna sono parenti.
Sono cugini.*|Pat is my sister-in-law.

We are related by marriage. *Pat è mia cognata. Siamo diventate parenti in seguito al matrimonio.*

relation /rɪˈleɪʃən/ *anche* **relative** *s*
1 ⟨*num*⟩ *parente:* All my family and relations came to the wedding. *Tutta la mia famiglia e i parenti vennero al matrimonio.* – *vedi anche* PARENT (*Trabocchetto*) 2 ⟨*non num*⟩ (*form*) *relazione:* I wanted to see you **in relation to** some business matters. *Volevo vederti in relazione a degli affari di lavoro.*

relationship /rɪˈleɪʃənʃɪp/ *s*
⟨*num e non num*⟩ *rapporto:* Andy has a good relationship with his sister Kate. *Andy ha un buon rapporto con sua sorella Kate.*|We have a difficult relationship with our neighbours. *Abbiamo un rapporto difficile con i nostri vicini di casa.*|What relationship is there between smoking and cancer? *Che rapporto esiste tra il fumo e il cancro?*

relative /ˈrelətɪv/ *s*
parente: Now that her cousin has died, she has no living relatives. *Adesso che suo cugino è morto, non ha nessun parente vivo.*

relative pronoun /ˈrelətɪv ˈprəʊnaʊn/ *s*
⟨*pl* **relative pronouns**⟩ *pronome relativo:* In the sentences "The box which I dropped was full of glasses" and "I saw the man who stole the car", "which" and "who" are relative pronouns. *Nelle frasi* "The box which I dropped was full of glasses" *"e* "I saw the man who stole the car," "which" *e* "who" *sono pronomi relativi.*

relax /rɪˈlæks/ *vi, vt*
rilassarsi, rilassare: Mrs Morgan likes to relax when she comes home after a hard day's work. *Alla signora Morgan piace rilassarsi quando torna a casa dopo una dura giornata di lavoro.*|

Relax! You can't do anything about it now. *Rilassati! Non ci puoi fare niente, adesso.*

release[1] /rɪˈliːs/ *vt*
⟨*pass rem e p pass* **released**, *p pres* **releasing**⟩ ⟨*sbdy from sthg*⟩ *liberare (da), rilasciare:* The police released the woman after questioning her about the robbery. *La polizia ha rilasciato la donna dopo averla interrogata sul furto.*

release[2] *s*
⟨*non num*⟩ ⟨**from sthg**⟩ *liberazione (da), rilascio:* After their release, the hostages gave a press conference. *Dopo il loro rilascio, gli ostaggi tennero una conferenza stampa.*

reliability /rɪˌlaɪəˈbɪləti/ *s*
⟨*non num*⟩ *affidabilità, serietà:* He is not well known for his reliability. *Non è considerato una persona affidabile.*

reliable /rɪˈlaɪəbəl/ *agg*
affidabile, di cui ci si può fidare:: The company needs a reliable young person to come and work in the office. *La compagnia ha bisogno di un'affidabile giovane che venga a lavorare in ufficio.*|The car may be old but it's very reliable. It's never broken down. *La macchina è vecchia ma ci si può fidare. Non si è mai guastata.*

relief /rɪˈliːf/ *s*
⟨*s sing e non num*⟩ 1 *sollievo:* After the news of the accident it was a great relief when the children came home safely. *Dopo aver saputo dell'incidente fu un grosso sollievo quando i bambini tornarono a casa sani e salvi.*
2 *sollievo:* These pills should bring you some relief from the pain. *Queste pastiglie dovrebbero attenuarle un po' i dolori.*

relieve /rɪˈliːv/ *vt*
⟨*pass rem e p pass* **relieved**, *p pres* **relieving**⟩ 1 *sollevare:* We were all very relieved when the bus finally

Granny Morgan
Kate's
grandmother

Kate's parents

Mrs Morgan
Kate's mother

Mr Morgan
Kate's father

Andy Morgan
Kate's brother

Lucy Morgan
Kate's sister

Smile, please, Aunty Joan! And you too, Uncle!
Sorridi per favore, zia Joan! E anche tu, zio!

Grandpa Smith
Kate's
grandfather

Mr Farrow
Kate's uncle

Mrs Farrow
Kate's aunt

Cindy Farrow
Kate's cousin

Rick Hunter
Cindy's
boyfriend

Claudia   Sandro   friends of Kate's

arrived. *Fummo tutti molto sollevati quando l'autobus finalmente arrivò.*
2 *attenuare:* These pills should relieve the pain. *Queste pastiglie dovrebbero attenuare i dolori.*

religion /rɪˈlɪdʒən/ *s*
⟨*num e non num*⟩ *religione:* Many people turn to religion in times of need. *Molte persone si rivolgono alla religione nel momento del bisogno.*| You should respect people of other religions. *Dovreste rispettare persone di altre religioni.*

religious /rɪˈlɪdʒəs/ *agg*
1 *religioso:* a religious service for the victims of the fire, *una cerimonia religiosa per le vittime dell'incendio*
2 *religioso:* a very religious person, *una persona molto religiosa*

rely /rɪˈlaɪ/ *vi*
⟨*pass rem e p pass* **relied,** *p pres* **relying**⟩ ⟨**on**⟩ *fidarsi (di), contare (su):* You can never rely on John to remember to do things. *Non puoi mai contare sul fatto che John si ricordi di fare qualcosa.*|I hope we can rely on (having) good weather for our holidays. *Spero possiamo contare sul bel tempo per le nostre vacanze.*

remain /rɪˈmeɪn/ *vi*
rimanere: Kate remained in Italy after Andy had come home. *Kate è rimasta in Italia dopo che Andy era tornato a casa.*|Please remain calm. *Per favore, rimani calmo/a.*
■*Nota: Il verbo* **remain** *è più formale del verbo* **stay.**

remains /rɪˈmeɪnz/ *s pl*
resti: There are the remains of a Roman house in Dover. *Ci sono i resti di una casa romana a Dover.*|We fed the remains of our dinner to the cat. *Demmo i resti della nostra cena al gatto.*

remark[1] /rɪˈmɑːk||-ɑːrk/ *vt*
⟨**that**⟩ *osservare, dire (che):* Kate

remarked that it was getting late and that we should go home. *Kate disse che si stava facendo tardi e che dovevamo andare a casa.*
■*Nota: Il verbo* **remark** *è più formale del verbo* **say.**

remark[2] *s*
⟨**about, on**⟩ *osservazione (a proposito di, su):* After a few remarks about the weather he started to talk about serious matters. *Dopo alcune osservazioni sul tempo, cominciò a parlare di cose serie.*|He made a rude remark about the old man sitting opposite. *Fece un'ineducata osservazione sul vecchio seduto di fronte.*

remarkable /rɪˈmɑːkəbəl||-ɑːr-/ *agg*
notevole: a remarkable achievement, *un notevole risultato*|She's a remarkable woman. *È una donna notevole.*

remember /rɪˈmembəʳ/ *vi, vt*
⟨*sthg o to do sthg o doing sthg o that*⟩ ⟨*non usato nelle forme progressive*⟩ *ricordare (qc o di fare qc o di aver fatto qc o che):* They suddenly remembered that they didn't have any money. *Improvvisamente si ricordarono di non avere soldi.*|He remembers opening the door, but he doesn't know what happened after that. *Ricorda di aver aperto la porta ma non sa che cosa è successo dopo.*|I (can) remember when we didn't have a television. *Ricordo quando non avevamo la televisione.*| Did you remember to invite Sarah? *Ti sei ricordata di invitare Sarah?*| Remember to post that letter I gave you. *Ricordati di imbucare quella lettera che ti ho dato.*
■*Nota: La frase* **remember doing sthg** *significa ricordare di aver fatto qualcosa nel passato:* I **remember switching off** the lights. *Ricordo di aver spento le luci. La frase* **remember**

to do sthg *significa ricordare di fare qualcosa nel futuro avendo cura di non dimenticarsene:* I must **remember to switch off** the lights before I go to bed. *Devo ricordarmi di spegnere le luci prima di andare a letto.*

remind /rɪ'maɪnd/ *vt*
⟨**sbdy to do sthg** *o* **of**⟩ ⟨*generalmente non usato nelle forme progressive*⟩ *ricordare (a qn (di) qc o di fare qc):* You'd better remind Andy about the party. He's probably forgotten it's tonight. *Dovresti ricordare a Andy della festa. Probabilmente ha dimenticato che è stasera.*|Andy reminds me of my cousin. He looks just like him. *Andy mi ricorda mio cugino. Gli assomiglia molto.*|Remind me to phone Kate. *Ricordami di telefonare a Kate.*

remove /rɪ'muːv/ *vt*
⟨*pass rem e p pass* **removed,** *p pres* **removing**⟩ ⟨**from**⟩ *togliere, portar via (da):* Will you please remove your books from my desk? *Per favore, puoi togliere/portar via i tuoi libri dalla mia scrivania?*
■*Nota: Il verbo* **remove** *è più formale dei verbi* **take off** *e* **take away.**

rent¹ /rent/ *s*
affitto: My pension only just pays the rent. *La mia pensione basta appena a pagare l'affitto.*

rent² *vt*
1 ⟨**from sbdy**⟩ *affittare, prendere in affitto (da):* We rent a house from the council. *Abbiamo in affitto una casa popolare.*|They've rented an office in the town. *Hanno preso in affitto un ufficio in città.*|If you don't want to buy a television, you can always rent one. *Se non vuoi comprare una televisione puoi sempre prenderne una in affitto.* **2** ⟨**out**⟩ *affittare, dare in affitto:* The college rents out rooms for private parties. *La scuola dà in affitto*

stanze per feste private. – *vedi anche* HIRE (*Nota*)

repair¹ /rɪ'peər/ *vt*
riparare: My car is in the garage being repaired. *La mia macchina è in riparazione all'autorimessa.*|We had to have the roof repaired last year. *Abbiamo dovuto far riparare il tetto l'anno scorso.*

repair² *s*
⟨*generalmente plurale*⟩ *riparazione:* The repairs to my car cost a lot of money. *Ho pagato un sacco di soldi per far riparare la macchina.*

repay /rɪ'peɪ/ *vt*
⟨*pass rem e p pass* **repaid,** *p pres* **repaying**⟩ *ripagare, restituire i soldi (a):* John wants to borrow some money but he hasn't repaid (me) the £5 I lent him last week yet. *John vuole che gli presti dei soldi ma non mi ha ancora restituito le cinque sterline che gli ho prestato la settimana scorsa.*
■*Nota: Il verbo* **repay** *è più formale del verbo* **pay back.**

repeat /rɪ'piːt/ *vt*
ripetere: I'm sorry but I didn't hear you. Could you repeat the question please? *Mi scusi ma non l'ho sentita. Può ripetere la domanda per favore?*|Listen to these English sentences and repeat them. *Ascolta queste frasi inglesi e ripetile.*

repetition /ˌrepɪ'tɪʃən/ *s*
⟨*num e non num*⟩ *ripetizione:* This accident is a repetition of one that happened here three weeks ago. *Questo incidente è una ripetizione di un altro accaduto qui tre settimane fa.*

replace /rɪ'pleɪs/ *vt*
⟨*pass rem e p pass* **replaced,** *p pres* **replacing**⟩ **1** *riporre:* When you have finished with the book will you please replace it on the shelf. *Quando avete finito di usare il libro siete pregati di riporlo sullo scaffale.*

■*Nota: Il verbo* **replace** *è più formale del verbo* **put back.**

2 ⟨**replace sthg with sthg, be replaced by sthg**⟩ *sostituire (con, da):* Kate's new computer didn't work, so she took it back to the shop and they replaced it (with another one). *Il nuovo computer di Kate non funzionava, così l'ha riportato in negozio e glielo hanno sostituito (con un altro).*

replacement /rɪ'pleɪsmənt/ *s*
sostituzione: Claudia took the shoes back and asked for a replacement. *Claudia portò indietro le scarpe e domandò che gliele sostituissero.*

reply[1] /rɪ'plaɪ/ *s*
⟨*pl* **replies**⟩ *risposta:* I rang up but there was no reply. *Ho telefonato ma non mi ha risposto nessuno.*|After I had written to them twice, I finally got a reply. *Dopo aver scritto loro per due volte, sono finalmente riuscito ad ottenere una risposta.*

reply[2] *vt, vi*
⟨*pass rem e p pass* **replied,** *p pres* **replying**⟩ ⟨**that** *o* **to**⟩ *rispondere (che o a):* "Where have you been?" "Mind your own business," she replied. *"Dove sei stata?" "Non sono affari tuoi," ribattè lei.*|I wrote to him a week ago but he hasn't replied (to my letter) yet. *Gli ho scritto una settimana fa ma non ha ancora risposto (alla mia lettera).*

■*Nota: La parola* **reply,** *sia come sostantivo che come verbo, è più formale della parola* **answer.**

report[1] /rɪ'pɔːt||-'ɔːrt/ *s*
⟨**on, about**⟩ 1 *relazione, rapporto (su):* a government report on the steel industry, *un rapporto governativo sull'industria dell'acciaio*|We had to write a report on the experiment. *Dovevamo scrivere una relazione sull'esperimento.* 2 *pagella (scolastica):* Andy's report was so bad that he

didn't want to show it to his parents. *La pagella di Andy era così brutta che lui non voleva farla vedere ai genitori.*

report[2] *vi, vt*
⟨**sthg** *o* **doing sthg** *o* **that**⟩ *riferire, riportare, denunciare (qc o di aver fatto qc o che):* Did you report the robbery to the police? *Hai denunciato il furto alla polizia?*|The newspaper reported the full story of the fire. *Il giornale riportava l'intera cronaca dell'incendio.*

reported speech /rɪ'pɔːtɪd spiːtʃ/ *s*
⟨*non num*⟩ *discorso indiretto*

reporter /rɪ'pɔːtə[r]||-'pɔːr-/ *s*
cronista, corrispondente: A reporter came and asked us about the robbery. *È venuto un cronista a farci delle domande sulla rapina.*

represent /ˌreprɪ'zent/ *vt*
1 *rappresentare:* On a map, rivers are represented by a blue line. *Sulle cartine i fiumi sono rappresentati da una linea blu.* 2 *rappresentare:* Claudia represents the students on the school committee. *Claudia rappresenta gli studenti nel comitato scolastico.*

representative /ˌreprɪ'zentətɪv/ *s*
rappresentante: Representatives from all the schools attended the meeting. *All'incontro hanno partecipato rappresentanti di tutte le scuole.*

republic /rɪ'pʌblɪk/ *s*
repubblica: the People's Republic of China, *la Repubblica Popolare Cinese*

reputation /ˌrepjʊ'teɪʃən/ *s*
reputazione: Gina's school has a good reputation. *La scuola di Gina ha una buona reputazione.*|Our teacher has a reputation for being very strict. *La nostra professoressa ha fama d'essere molto severa.*

request[1] /rɪ'kwest/ *s*
⟨**for sthg**⟩ *richiesta (di):* In English, a polite request often begins with "Could you . . . ". *Una richiesta cortese in inglese spesso comincia con*

"Could you . . . ".|We sent in a request for Boy George's latest record. *Abbiamo inviato una richiesta dell'ultimo disco di Boy George.*

request[2] *vt*

⟨*sthg o that*⟩ richiedere (*qc o che*): Passengers are kindly requested to proceed to the departure lounge. *I passeggeri sono gentilmente pregati di raggiungere la sala d'imbarco.*

■*Nota: Il verbo* **request** *è più formale del verbo* **ask.**

require /rɪ'kwaɪə'/ *vt*

⟨*pass rem e p pass* **required,** *p pres* **requiring**⟩ ⟨*non usato nelle forme progressive*⟩ **1** ⟨*sthg o that*⟩ richiedere (*qc o che*), avere bisogno (*di qc o che*): I shall require some assistance. *Avrò bisogno di qualche aiuto.*|The project will require careful planning. *Il progetto richiederà metodica programmazione.*

■*Nota: Il verbo* **require** *è più formale del verbo* **need.**

2 ⟨*sbdy to do sthg*⟩ esigere, prescrivere: You are required to show your passport and visa when you travel to the US. *Si è tenuti ad esibire il passaporto ed il visto quando si è in viaggio per gli U.S.A.*

requirement /rɪ'kwaɪəmənt||-aɪər-/ *s*

1 bisogno, esigenza: One of my requirements in a house is a big garden. *Una delle mie esigenze in una casa è che abbia un grande giardino.*
2 requisito: What are the academic requirements for getting into medical school? *Quali sono i requisiti accademici per entrare nella facoltà di medicina?*

rescue[1] /'reskjuː/ *vt*

⟨*pass rem e p pass* **rescued,** *p pres* **rescuing**⟩ ⟨*sbdy from sthg*⟩ salvare, soccorrere (*da*): They rescued the people from the sinking ship. *Salvarono la gente dalla nave che affondava.*

rescue[2] *s*

salvataggio, soccorso: A rescue boat picked up the survivors. *Una scialuppa di salvataggio raccolse i superstiti.*| Several passersby came to our rescue. *Diversi passanti vennero in nostro soccorso.*

research[1] /rɪ'sɜːtʃ, 'riːsɜːtʃ||-ɜːr-/ *s*

⟨*non num*⟩ ricerca: Bruno's brother is doing research at university. *Il fratello di Bruno fa il ricercatore all'università.*|He has completed several pieces of research into heart disease. *Ha compiuto numerose ricerche sui disturbi al cuore.*

research[2] /rɪ'sɜːtʃ||-ɜːr-/ *vt, vi*

⟨*into*⟩ fare delle ricerche (*su*): He is researching (into) the effects of smoking. *Sta conducendo delle ricerche sulle conseguenze del fumo.*

resemble /rɪ'zembl/ *vt*

⟨*pass rem e p pass* **resembled,** *p pres* **resembling**⟩ somigliare, assomigliare a: Kate resembles her mother in the way she looks and walks. *Kate assomiglia a sua madre nell'aspetto così come nell'andatura.* — **resemblance** *s* ⟨*non num*⟩ somiglianza: This book has *o* bears a strong resemblance to his earlier novels. *Questo libro ha molto in comune con i suoi primi romanzi.*

reservation /ˌrezə'veɪʃən||-zər-/ *s*

prenotazione: We made a reservation at the hotel for two nights. *Abbiamo fatto una prenotazione all'albergo per due notti.*

reserve[1] /rɪ'zɜːv||-ɜːrv/ *vt*

⟨*pass rem e p pass* **reserved,** *p pres* **reserving**⟩ riservare, prenotare: I have reserved a seat on the train/a table in the restaurant. *Ho prenotato un posto in treno/un tavolo al ristorante.*

reserve[2] *s*

1 riserva: The EEC keeps large reserves of food. *La CEE ha ingenti riserve alimentari.* **2** riserva: Kate has been first reserve for some time now, but hopes to actually play for the team soon. *È parecchio tempo ormai che Kate fa la prima riserva, ma spera presto di poter giocare realmente nella squadra.*

residence /'rezɪdəns/ *s*
⟨*form*⟩ *residenza*: Number 10 Downing Street is the Prime Minister's official residence. *Al numero 10 di Downing Street è la residenza ufficiale del Primo Ministro.*

resident /'rezɪdənt/ *s*
abitante, residente: The residents of the flats had a meeting to discuss repairs to the building. *I residenti negli appartamenti si sono riuniti per discutere sulle riparazioni del condominio.*|Only residents can eat in the hotel dining room. *La sala da pranzo è riservata ai soli clienti dell'albergo.*

resign /rɪ'zaɪn/ *vi, vt*
⟨*from sthg*⟩ *dimettersi (da), dare le dimissioni (da)*: Mr Morris resigned from his job because the company had started to make missiles. *Il signor Morris ha dato le dimissioni dal suo posto perchè la ditta aveva cominciato a produrre missili.*

resignation /ˌrezɪg'neɪʃən/ *s*
⟨*num*⟩ **1** *dimissioni*: Mr Morris handed in his resignation. *Il signor Morris ha presentato le dimissioni.*
2 ⟨*non num*⟩ *rassegnazione*: A look of resignation came over his face as he realized the money really was lost. *Quando si rese conto che i soldi erano veramente persi, gli si diffuse in volto un'espressione rassegnata.*

resort /rɪ'zɔːt||-ɔːrt/ *s*
luogo di villeggiatura, località di soggiorno: a holiday resort by the sea, *un luogo di villeggiatura sul mare*

resources /rɪ'zɔːsɪz, -'sɔː-||-ɔːr-/ *s pl*
risorse: Coal is one of Europe's greatest natural resources. *Il carbone è una delle più grandi risorse naturali in Europa.*

respect¹ /rɪ'spekt/ *s*
⟨*non num*⟩ **1** *rispetto*: You should show more respect for your grandmother! *Dovresti avere più rispetto per tua nonna!* **2** ⟨*form*⟩ **with respect to** *in riferimento a*: I am writing to you with respect to the suggestion you made in your last letter. *Le scrivo in riferimento alla proposta da Lei fattami nella Sua ultima lettera.*

respect² *vt*
rispettare: I respect him for his honesty. *Lo rispetto per la sua onestà.*
— *vedi anche* CONSIDERATE
(*Trabocchetto*)

respond /rɪ'spɒnd||rɪ'spɑːnd/ *vi, vt*
⟨*to*⟩ *rispondere, reagire (a)*: When I asked him if he'd taken my book he responded by rushing out of the room and banging the door. *Quando gli domandai se avesse preso il mio libro, reagì precipitandosi fuori della stanza e sbattendo la porta.*|He responded rudely to my polite requests. *Ha reagito sgarbatamente alle mie educate richieste.*

response /rɪ'spɒns||rɪ'spɑːns/ *s*
⟨*num e non num*⟩ *reazione, risposta*: His only response was to smile. *La sua unica reazione fu di sorridere.*
▲*Trabocchetto*: Osserva che la parola **response** nel senso di *risposta* è molto meno usata di **answer** o **reply**.

responsibility /rɪˌspɒnsɪ'bɪlɪti|| rɪˌspɑːn-/ *s*
⟨*pl* **responsibilities**⟩ **1** ⟨*non num*⟩ *responsabilità*: Mrs Wilson has a position of great responsibility in the company. *La signora Wilson occupa una posizione di grande responsabilità nella ditta.*|The teacher has to take responsibility for the children while they are in the classroom. *L'insegnante*

deve assumersi la responsabilità dei bambini per tutto il tempo in cui si trovano in classe. **2** ⟨num⟩ *responsabilità:* Her responsibilities include personnel, budgets and administration. *Le sue responsabilità si estendono al personale, alla contabilità e all'amministrazione.*

responsible /rɪˈspɒnsɪbəl||rɪˈspɑːn-/ *agg*

1 ⟨for sthg o doing sthg⟩ *responsabile (di qc, per fare):* He is responsible for dealing with customers' complaints. *Lui è responsabile delle relazioni con la clientela in caso di reclami.*|Who is responsible for this mess? *Chi è responsible per questo caos?* **2** *responsabile:* Kate's a very responsible person; we can put her in charge. *Kate è una persona molto responsabile; possiamo affidare a lei l'incarico.*

rest¹ /rest/ *s*

1 ⟨num⟩ *riposo:* I'm tired. I think I'll stop and have a rest for half an hour. *Sono stanco. Penso che mi fermerò a riposare per una mezz'ora.* **2** ⟨non num⟩ ⟨seguito da un verbo al singolare o al plurale⟩ *resto:* "How would you like the money?" "Two five-pound notes and the rest in tens please." *"In biglietti di quale taglio desidera l'importo?" "Due banconote da cinque sterline e il resto in biglietti da dieci, per favore."*|Kate stayed at home to study while the rest of the family went out for a picnic. *Kate è rimasta a casa a studiare mentre il resto della famiglia è andato a fare un picnic.*

rest² *v*

1 *vi riposare (-si):* I think I'll sit and rest for a while before doing the washing up. *Penso che mi siederò un po' a riposare prima di mettermi a lavare i piatti.* **2** *vt* ⟨against, on⟩ *appoggiare (-si) (contro, su):* Andy

rested his bike against the wall. *Andy appoggiò la bici contro il muro.*|Kate always reads with her elbows resting on the table. *Kate legge sempre con i gomiti appoggiati sul tavolo.*

restaurant /ˈrestərɒnt||-rənt, -rɑːnt/ *s ristorante:* Mr and Mrs Morgan took Kate to a restaurant on her birthday. *I signori Morgan hanno portato Kate al ristorante per il suo compleanno.*

result /rɪˈzʌlt/ *s*

1 ⟨num e non num⟩ *risultato, conseguenza:* Mrs Wilson's success is the result of hard work. *Il successo della signora Wilson è il risultato di molto impegno.*|There is a world shortage of oil, and, as a result, prices are expected to increase. *C'è una scarsità di petrolio a livello mondiale e, di conseguenza, si prevede un aumento dei prezzi.* **2** ⟨num⟩ *risultato, esito:* the football results, *i risultati di calcio*| What was the result of the boxing match? *Qual è stato il risultato dell'incontro di pugilato?*|my exam results, *gli esiti del mio esame*

retire /rɪˈtaɪəʳ/ *vi*
⟨pass rem e p pass **retired**, p pres **retiring**⟩ ⟨from⟩ *andare in pensione, ritirarsi (da):* People retire at 60 or 65. *La gente va in pensione a sessanta o sessantacinque anni.*|She has retired and now lives on her pension. *Ha smesso di lavorare ed ora vive della sua pensione.*|a retired teacher, *un insegnante in pensione*

retirement /rɪˈtaɪəmənt||-ˈtaɪər-/ *s* ⟨num e non num⟩ *pensionamento, collocamento a riposo:* He took early retirement at 55. *Entrò in prepensionamento a cinquantacinque anni.*

return¹ /rɪˈtɜːn||-ˈɜːrn/ *v*

1 *vi* ⟨from, to⟩ *ritornare, tornare (da, a):* He left the house at 6 and returned a few hours later. *È uscito di casa alle*

6 ed è rientrato alcune ore dopo. **2** *vt*
restituire, ricambiare, rispedire: Could
you return my book soon, please?
*Puoi restituirmi il libro fra poco, per
piacere?*

return² *s*

1 〈*num e non num*〉 ritorno: We all
look forward to your return.
*Attendiamo tutti con ansia il tuo
ritorno.*|I found the missing papers on
my return to the office. *Trovai i
documenti che mancavano quando
tornai in ufficio.* **2** 〈*num*〉 biglietto di
andata e ritorno: "Four tickets to
Brighton, please." "Single or return?"
*"Quattro biglietti per Brighton, per
favore." "Solo andata o andata e
ritorno?"* – confrontare con SINGLE

reverse¹ /rɪˈvɜːs||-ɜːrs/ *s*

〈*non num*〉 **1** contrario: They thought
that I had taken the money, but in fact
the reverse was true. I was the one
who found it! *Hanno pensato che
avessi preso io i soldi, mentre era vero
il contrario. Ero stato io a trovarli!*
2 retromarcia: She put the car into
reverse and backed out of the garage.
*Innestò la retromarcia ed uscì dal
garage.*

reverse² *v*

1 *vt* invertire: If you reverse the letters
of "dog" you get "god". *Invertendo
l'ordine delle lettere in "dog" si ottiene
"god".* **2** *vi, vt* innestare la
retromarcia: She put the car in gear
and reversed out of the garage.
*Innestò la retromarcia ed uscì dal
garage.*|He reversed the car into the
driveway. *Imboccò il viale d'accesso a
marcia indietro.*

revise /rɪˈvaɪz/ *v*

〈*pass rem e p pass* **revised**, *p pres*
revising〉 **1** *vt* rivedere, correggere,
ritoccare: Kate didn't like her essay, so
she decided to revise it before she
handed it in. *Kate non era soddisfatta*

del suo tema e perciò ha deciso di
rivederlo prima di consegnarlo. **2** *vi, vt*
〈**for sthg**〉 ripassare *(per qc):* Kate's
busy revising (for her exams). *Kate è
impegnata a ripassare per gli esami.*|I
revised all my history notes last night.
*Ieri sera mi sono ripassato tutti gli
appunti di storia.*

revision /rɪˈvɪʒən/ *s*

1 〈*num e non num*〉 revisione: Kate's
revisions improved the essay a lot.
*Grazie alle sue revisioni Kate è riuscita
a migliorare molto il tema.* **2** 〈*non
num*〉 ripasso: I never do enough
revision for my exams. *Non faccio mai
abbastanza ripasso per gli esami.*

reward¹ /rɪˈwɔːd||-ɔːrd/ *s*

ricompensa, premio: The police are
offering a £10,000 reward for
information about the terrorists. *La
polizia offre un premio di 10.000
sterline in cambio di informazioni sui
terroristi.*

reward² *vt*

〈**sbdy for sthg, with sthg**〉
ricompensare *(qn per qc, con qc):* The
old man rewarded the nurses who had
looked after him by leaving them some
money in his will. *Il vecchio
ricompensò le infermiere che lo
avevano assistito lasciando loro una
somma in eredità.*

rewrite /ˌriːˈraɪt/ *vt*

〈*pass rem* **rewrote**, *p pass* **rewritten**, *p
pres* **rewriting**〉 riscrivere: He rewrote
the introduction three times before he
was happy with it. *Riscrisse
l'introduzione tre volte prima di esserne
soddisfatto.*|Rewrite these sentences in
the passive. *Riscrivete queste frasi
volgendole nella forma passiva.*

rhea /ˈrɪə/ *s*

nandù: The rhea is a flightless bird
which lives in South America. *Il nandù
è un uccello incapace di volare che vive
in America del Sud.*

rhododendron /ˌrəʊdə'dendrən/ s
rododendro

rhyme[1] /raɪm/ s
1 ⟨*num e non num*⟩ *rima:* Some
modern poets no longer write in
rhyme. *Certi poeti moderni non
compongono più in rima.* 2 ⟨*num*⟩
componimento in rima, verso, poesia:
a book of rhymes, *un libro di versi*|a
nursery rhyme, *una filastrocca*

rhyme[2] vi
⟨*pass rem e p pass* **rhymed**, *p pres*
rhyming⟩ ⟨*with*⟩ ⟨*non usato nelle
forme progressive*⟩ *fare rima (con):*
"Town" rhymes with "brown".
"Town" *fa rima con* "brown".|This
poem doesn't rhyme. *Questa poesia
non è in rima.*

rhythm /'rɪðəm/ s
⟨*num e non num*⟩ *ritmo:* The music
has a good rhythm for dancing. *Questa
musica ha un buon ritmo per ballare.*

rib /rɪb/ s
costola

ribbon /'rɪbən/ s
nastro, nastrino: The birthday present
was tied with a ribbon. *Il regalo per il
compleanno era avvolto con un
nastro.*|a young girl with a ribbon in her
hair, *una ragazzina con un nastro nei
capelli*

rice /raɪs/ s
⟨*non num*⟩ *riso:* We had curry and
rice for dinner. *Abbiamo mangiato
riso al curry per cena.*|Rice is grown in
many parts of Asia. *Il riso è coltivato
in molte regioni dell'Asia.*

rich /rɪtʃ/ agg
⟨*compar* **richer**, *sup* **richest**⟩ *ricco:*
People in American soap operas are
always very rich. *I personaggi dei
teleromanzi americani sono sempre
molto ricchi.*|The rich don't have to
worry about getting a job. *I ricchi non
devono preoccuparsi di trovar lavoro.*

rid /rɪd/ v

get rid of vt
liberarsi di, sbarazzarsi di: We got
rid of the flies by spraying them. *Ci
siamo sbarazzati delle mosche spruz-
zando contro dell'insetticida.*|I can't
seem to get rid of this cold. *Non riesco
proprio a liberarmi di questo raffreddore.*

ridden /'rɪdn/
p pass del verbo **ride**

riddle /'rɪdl/ s
indovinello, enigma

ride[1] /raɪd/ v
⟨*pass rem* **rode**, *p pass* **ridden**, *p pres*
riding⟩ 1 vt, vi *cavalcare, andare in
bicicletta o in motocicletta:* Andy rides
his new bike to school every day.
*Andy va ogni giorno a scuola con la
sua bici nuova.*|Kate is learning to ride
(a horse). *Kate sta imparando ad
andare a cavallo.*|She rode along the
beach. *Cavalcava lungo la spiaggia.*
2 vi *viaggiare (come passeggero),
andare in:* I rode in the back of the
car. *Ho fatto il viaggio sul sedile
posteriore della macchina.*
■*Nota: Non confondere i verbi* **drive** *e*
ride. *Si dice* **drive** *a car se si è alla
guida della vettura, ma* **ride** *in a car se
si è soltanto a bordo come passeggeri.*
Ride *può anche essere usato nel senso
di "guidare", ma solo con riferimento
al cavallo o alla bicicletta/motocicletta:*
Cindy is learning to **ride** a motorbike.
*Cindy sta imparando ad andare in
moto.*

ride[2] s
*cavalcata, corsa, giro (su veicolo ma
come passeggero):* We all went for a
ride in her new car. *Siamo andati tutti
a fare un giro con la sua nuova
macchina.*|After our ride we fed and
watered the horses. *Dopo la cavalcata
abbiamo dato da mangiare e da bere ai
cavalli.*|a bicycle ride, *una corsa in
bicicletta*

rider /'raɪdə'/ s

cavaliere, ciclista, motociclista: The rider was thrown off his horse. *Il cavaliere fu sbalzato da cavallo.*

riding /'raɪdɪŋ/ *anche* **horse riding** *s* ⟨*non num*⟩ *equitazione:* a riding lesson, *una lezione d'equitazione*

right¹ /raɪt/ *agg*

1 *destro:* a right turn, *una curva a destra*|her right hand, *la sua mano destra* – *contrario* LEFT **2** *corretto, esatto, giusto:* This answer isn't right. *La risposta non è corretta.*|Have you got the right time, please? *Saprebbe dirmi l'ora esatta, per favore?*|"So you're Kate's brother." "That's right." *"E così tu sei il fratello di Kate." "Precisamente."* – *contrario* WRONG **3 to be right** *avere ragione:* He thinks he's always right. *Crede di avere sempre ragione.*|You're quite right! *Hai perfettamente ragione!* **4** *giusto:* You were right to phone the police. *Hai fatto bene a chiamare la polizia.*|It seems only right to tell him. *Sembra più che giusto dirglielo.* – *contrario* WRONG **5** *appropriato, giusto:* She's in a bad mood, so this is not the right time to ask her for money. *È di cattivo umore, perciò non è questo il momento giusto per chiederle dei soldi.* – *contrario* WRONG

right² *avv*

1 *a destra:* Turn right at the end of the road. *Gira a destra alla fine della strada.* **2** (*usato come rafforzativo*) *proprio:* "Where's Kate?" "She's sitting right behind you." *"Dov'è Kate?" "È seduta proprio dietro di te."*|The car broke down right in the middle of Piccadilly Circus. *La macchina si guastò proprio nel mezzo di Piccadilly Circus.*|I'll telephone him right away. *Gli telefono subito.*|You're going to bed right now. *Adesso vai immediatamente a letto.* **3** *bene, correttamente:* Andy guessed right and

won the prize. *Andy ha indovinato e ha vinto il premio.*|Make sure you spell my name right. *Fate attenzione a scrivere il mio nome correttamente.*

right³ *s*

1 ⟨*s sing*⟩ *destra:* The light switch is on the o your right as you enter the room. *L'interruttore della luce è alla tua destra appena entrato nella stanza.* **2** *diritto, autorità:* the right to vote/work, *il diritto al voto/al lavoro*| You've no right to come in here without knocking! *Lei non ha il permesso di entrare senza bussare!*| equal rights for women, *parità di diritti per le donne* **3** ⟨*non num*⟩ *(il) giusto, (il) bene:* the difference between right and wrong, *la differenza fra il bene e il male*

right⁴ *inter*

(*per esprimere approvazione, risolutezza ecc*) *bene!, benissimo!, d'accordo!:* "Let's get the tickets." "Right!" *"Prendiamo i biglietti." "D'accordo!"*|Right! Shall we start the meeting? *Bene! Possiamo cominciare la seduta?* – *vedi anche* ALL RIGHT

right-hand /,raɪt'hænd/ *agg* ⟨*solo attributivo*⟩ *a/di destra:* a right-hand bend in the road, *una curva (della strada) a destra*

right-handed /,raɪt'hændɪd/ *agg destrorso, che usa la mano destra:* Most people are right-handed. *La maggior parte della gente usa la mano destra.*

rim /rɪm/ *s orlo:* the rim of a cup/bowl, *l'orlo di una tazza/ciotola*

ring¹ /rɪŋ/ *s*

1 *anello:* He wore a wedding ring. *Portava la fede nuziale.*|a diamond ring, *un anello con diamante* **2** *cerchio, circolo:* The children were dancing in a ring. *I bambini ballarano in cerchio.* **3** *pista, ring:* a circus ring, *una pista di circo*|a boxing ring, *un ring* **4** *colpo di campanello, squillo:* I think I heard a ring at the door. *Credo che abbia suonato il campanello alla porta.* **5 give someone a ring** *dare un colpo di telefono a qualcuno:* I'll just give Kate a ring and see if she's coming over tonight. *Do giusto un colpo di telefono a Kate per sapere se viene qui stasera.*

ring² *vi, vt*
⟨*pass rem* **rang**, *p pass* **rung**⟩
1 *suonare:* The telephone's ringing. *Sta suonando il telefono.*|He rang the bell but no one answered the door. *Suonò il campanello ma non rispose nessuno.* **2** *anche* **call** ⟨**up**⟩ *telefonare a:* Mr Morgan rang from the station to say that he would be late home. *Il signor Morgan ha telefonato dalla stazione per avvertire che avrebbe fatto tardi a casa.*|I don't like people ringing me up in the middle of the night. *Non mi piace che mi si telefoni in piena notte.*

ring road /rɪŋ rəʊd/ *anche* **beltway** (*IA*) *s*
⟨*pl* **ring roads**⟩ *circonvallazione, raccordo anulare:* It should be quicker if we take the ring road. *Dovremmo far prima prendendo la circonvallazione.*

rip¹ /rɪp/ *vt, vi*
⟨*pass rem e p pass* **ripped**, *p pres* **ripping**⟩ *strappare (-si):* Andy ripped his new jeans when he fell off his bike. *Andy si è strappato i jeans nuovi cadendo dalla bici.*

rip² *s*
strappo: "How did you get that rip in your jeans?" "I fell off my bike." *"Come ti sei fatto quello strappo sui jeans?" "Sono caduto dalla bici."*

ripe /raɪp/ *agg*
⟨*compar* **riper**, *sup* **ripest**⟩ *maturo:* This melon isn't ripe yet. We can eat it

in a couple of days. *Questo melone non è ancora maturo. Potremo mangiarlo fra un paio di giorni.*
■*Nota: L'aggettivo* **ripe** *è usato soltanto per frutta e per verdura. Quando si parla di una persona matura si usa l'aggettivo* **mature:** Kate is very mature for her age. *Kate è molto matura per la sua età.*

rise¹ /raɪz/ *vi*
⟨*pass rem* **rose**, *p pass* **risen**, *p pres* **rising**⟩ **1** *alzarsi, levarsi, sorgere:* Smoke rose from the chimneys. *Del fumo si alzava dai camini.*|The curtain rose and the play began. *Si levò il sipario e la rappresentazione ebbe inizio.*|The sun's rising. *Il sole sta sorgendo.* **2** *crescere, aumentare:* The population has risen by 5% in the last two years. *Negli ultimi due anni la popolazione è cresciuta del 5%.*|Prices rose again last month. *I prezzi sono nuovamente aumentati lo scorso mese.* – *vedi anche* RAISE (*Nota*)

rise² *s*
1 *crescita, aumento, rialzo:* a price rise, *un rialzo dei prezzi*|a rise in temperature, *un aumento di temperatura* **2** *aumento (di stipendio):* We were given a rise of 3% last year. *L'anno scorso ci venne accordato un aumento del 3%.*

risk¹ /rɪsk/ *s*
⟨*num e non num*⟩ *rischio:* There's little risk of infection. *C'è scarso rischio di infezione.*|You took a risk dashing across the road like that. *Hai corso un rischio ad attraversare la strada così di corsa.*

risk² *vt*
rischiare: He risked his life when he went into the burning building to save the child. *Ha rischiato la propria vita entrando nell'edificio in fiamme per salvare il bambino.*

river /ˈrɪvəʳ/ *s*

fiume: The river was fed by many streams and eventually flowed into the sea. *Il fiume era alimentato da molti affluenti e alla fine sfociava in mare.*| the River Thames, *il fiume Tamigi*

road /rəʊd/ s
strada: Take care when you cross the road. *Fai attenzione quando attraversi la strada.*|I like to travel by road. *Mi piace viaggiare su strada.* – *vedi anche* STREET (*Nota*)

roadie /'rəʊdi/ s
(*fam*) *roadie (membro dello staff al seguito di un complesso pop):* The roadies came on stage to set up the equipment. *I tecnici entrarono in scena per montare l'apparecchiatura.*

roast[1] /rəʊst/ vt, vi
arrostire: The chicken should be roasted for two hours. *Il pollo si dovrebbe arrostire per due ore.*

roast[2] s, agg
arrosto: We had roast beef for dinner. *Abbiamo mangiato del roastbeef per cena.*|the Sunday roast, *l'arrosto della domenica*

rob /rɒb||rɑːb/ vt
⟨*pass rem e p pass* **robbed**, *p pres* **robbing**⟩ *derubare, svaligiare:* They robbed the bank on Saturday night. *Hanno svaligiato la banca sabato notte.*|She was robbed of £200. *Fu derubata di 200 sterline.* – *vedi anche* STEAL (*Nota*)

robber /'rɒbəʳ||'rɑː-/ s
rapinatore, ladro: The bank robbers got away. *I rapinatori della banca riuscirono a scappare.*

robbery /'rɒbəri||'rɑː-/ s
⟨*pl* **robberies**⟩ ⟨*num e non num*⟩ *rapina, furto:* They arrested her for several bank robberies. *L'hanno arrestata per diverse rapine in banca.*

robot /'rəʊbɒt||-bɑːt, -bət/ s
robot: Robots are used in many factories to assemble cars. *In molte*

fabbriche si adoperano dei robot per il montaggio delle automobili.

rock /rɒk||rɑːk/ s
1 ⟨*non num*⟩ *roccia:* They had to drill through solid rock to make the tunnel. *Dovettero perforare la roccia dura per costruire il tunnel.* **2** ⟨*num*⟩ *roccia, masso* You should beware of falling rocks when you're mountain climbing. *Bisognerebbe fare attenzione alla caduta di massi quando si fa alpinismo.* **3** ⟨*non num*⟩ (*musica*) *rock:* Do you like rock music? *Ti piace il rock?*|Kate and Andy went to a rock concert last Friday. *Venerdì scorso Kate e Andy sono andati ad un concerto rock.*

rocket /'rɒkɪt||'rɑː-/ s
razzo: Ariane is a European rocket used for launching satellites. *Ariane è un razzo europeo per il lancio di satelliti.*

rod /rɒd||rɑːd/ s
bacchetta, bastoncino
  fishing rod s
  ⟨*pl* **fishing rods**⟩ *canna da pesca*

rode /rəʊd/
pass rem del verbo **ride**

role /rəʊl/ s
1 *ruolo, parte:* Kate played the role of Juliet in the school play. *Kate ha interpretato la parte di Giulietta nella recita scolastica.* **2** *ruolo:* Mr Jones had to take on the role of manager while Mrs Wilson was in Milan. *Il signor Jones dovette prendere il ruolo di manager mentre la signora Wilson era a Milano.*|The role of women in modern society is changing. *Il ruolo della donna nella società moderna sta cambiando.*

role-play /'rəʊl-pleɪ/ s
gioco dei ruoli (metodo didattico consistente nell'inscenare un dialogo a ruoli fissi): We did a role-play about making a phone call. *Abbiamo finto di fare delle telefonate come esercizio.*

roll¹ /rəʊl/ *v*
1 *vt, vi* ⟨**over**⟩ *rotolare:* The ball rolled down the street/hill. *Il pallone rotolò giù per la strada/collina.*|The dog rolled over onto its back to be stroked. *Il cane si rovesciò a pancia all'aria per farsi accarezzare.*|Roll a dice to decide which player goes first. *Tira il dado per decidere chi comincia a giocare per primo.* **2** *vt* ⟨**up**⟩ *arrotolare:* They rolled up the carpet when they painted the room. *Hanno arrotolato il tappeto quando hanno decorato la stanza.*|She hit the fly with a rolled-up newspaper. *Colpì la mosca con un giornale arrotolato.* **3** *vt* ⟨**out**⟩ *stendere, spiegare:* Roll out the rug on the grass. *Stendi la coperta sull'erba.*|to roll out a map, *spiegare una cartina*

roll² *s*
1 *rotolo:* I must buy a roll of film for my camera. *Devo comprare una pellicola per la macchina fotografica.*|a toilet roll, *un rotolo di carta igienica*
2 *panino:* a bread roll, *un panino*|We had rolls and butter and coffee for breakfast. *Per colazione abbiamo preso dei panini al burro e caffè.*

roller coaster /ˈrəʊlə ˌkəʊstə / *s*
⟨*pl* **roller coasters**⟩ *montagne russe:* Have you ever ridden on a roller coaster? *Sei mai andato sulle montagne russe?*

roller skate¹ /ˈrəʊlə skeɪt/ *s*
⟨*pl* **roller skates**⟩ *pattini a rotelle:* a pair of roller skates, *un paio di pattini a rotelle*

roller-skate² *vi*
⟨*pass rem e p pass* **roller-skated**, *p pres* **roller-skating**⟩ *andare sui pattini a rotelle:* I roller-skated down the hill. *Scesi lungo la collina sui pattini a rotelle.*|We sometimes go roller-skating in the park. *Qualche volta andiamo a pattinare nel parco.*|I really enjoy roller-skating. *Mi piace molto pattinare a rotelle.*

romance /rəʊˈmæns, rə-/ *s*
⟨*num e non num*⟩ *idillio:* Bruno met an English girl on holiday, but their romance lasted only a short time. *Bruno ha incontrato una ragazza inglese in vacanza, ma il loro idillio non è durato molto.*

romantic /rəʊˈmæntɪk, rə-/ *agg*
romantico: a romantic film, *un film romantico*

roof /ruːf/ *s*
tetto: A tile came off the roof in the storm. *Una tegola si è staccata dal tetto durante il temporale.*

room /ruːm, rʊm/ *s*
1 ⟨*num*⟩ *stanza, camera:* Andy's room is never very tidy. *La camera di Andy non è mai troppo ordinata.*|How many rooms are there in your house? *Quante stanze ci sono in casa tua?* – *vedi anche* BATHROOM, BEDROOM, CLASSROOM, PLAYROOM **2** ⟨*non num*⟩ *spazio, posto:* There's not enough room for everyone. *Non c'è abbastanza spazio per tutti.*|Andy's things take up so much room in the attic that there's no room left for Kate's things. *La roba di Andy occupa tanto spazio in soffitta che non c'è più posto per le cose di Kate.*

dining room *s*
sala da pranzo
living room *s*
soggiorno, salotto
sitting room *s*
soggiorno, salotto
waiting room *s*
sala d'attesa

rope /rəʊp/ *s*
⟨*num e non num*⟩ *corda, fune:* There was a rope hanging from the tree. *C'era una corda che pendeva dall'albero.*|The ship was tied to the dockside by thick ropes. *La nave era attraccata al molo con grosse funi.*

skipping rope *s*
corda per saltare

rose[1] /rəʊz/ *s*
rosa: a bunch of roses, *un mazzo di rose*

rose[2] *pass rem del verbo* **rise**

rough /rʌf/ *agg*
⟨*compar* **rougher**, *sup* **roughest**⟩
1 *ruvido:* The wood felt rough to the touch. *Il legno sembrava ruvido al tatto.*|a rough road full of holes, *una strada dissestata piena di buche* – *contrario* SMOOTH **2** *brusco, sgarbato:* Don't be so rough with Lucy! She's only a baby! *Non essere così sgarbato con Lucy! È solo una bambina!* – *contrario* GENTLE **3** (*del mare*) *agitato, mosso:* The sea was so rough that many of us were sick. *Il mare era così agitato che molti di noi stavano male.* **4** *vago, approssimativo:* I've got a rough idea of what I want to do when I leave school. *Ho una vaga idea di cosa voglio fare quando avrò finito la scuola.*

round[1] /raʊnd/ *agg*
⟨*compar* **rounder**, *sup* **roundest**⟩
rotondo sferico: Most coins are round. *In genere le monete sono rotonde.*|The earth is round, not flat. *La terra è sferica, non piatta.*

round[2] *anche* **around** *avv*
1 *intorno, tutt'intorno:* The earth turns round once in twenty four hours. *La Terra gira intorno a si stessa una volta in ventiquattro ore.*|I felt as if everything was going **round and round**. *Avevo l'impressione che tutto mi girasse intorno.* The field has a fence all round. *Il campo ha uno steccato tutt'intorno.*|We gathered round to hear the speaker. *Ci raccogliemmo per sentire l'oratore.* **2** *in giro:* We just drove round for a couple of hours. *Andammo un po' in giro con la macchina per un paio*

d'ore.|There are a lot of colds going round just now. *C'è molto raffreddore in giro in questi giorni.* **3** *a casa di (qn), da (qn):* Sue's invited some of her friends round to watch a video. *Sue ha invitato a casa alcuni amici a guardare un video.*|I went round to Andy's last night. *Sono andato da Andy ieri sera.* **4** *dall'altra parte, in direzione opposta:* Turn that chair round. It's facing the wrong way. *Volta quella sedia dall'altra parte. È dalla parte sbagliata.*|He turned round. *Si voltò.*

round[3] *prep*
1 ⟨*complemento di stato o moto attorno a luogo*⟩ *intorno a, attorno a:* The whole family was sitting round the table. *L'intera famiglia era seduta attorno al tavolo.*|The earth goes round the sun. *La terra gira intorno al sole.* **2** *intorno a, in giro per:* A guide took us round the museum. *Una guida ci portò in giro per tutto il museo.*| There isn't much work round here in the winter. *D'inverno non c'è molto lavoro da queste parti.* **3** *dietro:* the pub round the corner, *il pub dietro l'angolo*|The car went round the corner and disappeared. *La macchina svoltò dietro l'angolo e scomparve.* – *vedi anche* **L'Illustrazione Prepositions**

roundabout /'raʊndəbaʊt/ *s*
1 *anche* **traffic circle** (*IA*) *rotatoria* **2** *giostra:* Lucy wanted to go on the roundabout. *Lucy voleva andare sulla giostra.*

roundup /'raʊndʌp/ *s*
riepilogo, sommario: Here's a roundup of the day's main news stories. *Ecco il sommario delle principali notizie di oggi.*

route /ruːt‖ruːt, raʊt/ *s*
percorso, itinerario: a bus route, *il percorso di un autobus*|It's not the

shortest route but it's the quickest. *Non è la strada più breve ma è la più veloce.*

routine /ruːˈtiːn/ s
routine, tran tran: I do exercises every morning as part of my daily routine. *Faccio ginnastica ogni mattina come parte della mia routine giornaliera.*|I'm fed up with my job. It's just the same old routine every day. *Non ne posso più del mio lavoro. È sempre e solo il solito tran tran ogni giorno.*

row[1] /rəʊ/ s
fila, riga: The England team stood in a row to be presented to the Queen. *I giocatori dell'Inghilterra si schierarono in riga per essere presentati alla regina.*|a row of houses, *una fila di case*

row[2] /raʊ/ s
1 baruffa, lite: Kate and Andy had a row about whose turn it was to do the washing-up. *Kate e Andy ebbero una lite circa chi dei due dovesse lavare i piatti.*|a noisy row, *una lite rumorosa* 2 baccano: Don't make such a row! *Non fare tanto baccano!*

row[3] /rəʊ/ vi, vt
remare: I rowed (the boat) from one end of the lake to the other. *Attraversai il lago in barca a remi da una riva all'altra.*|a rowing boat, *una barca a remi*

royal /ˈrɔɪəl/ agg
reale: the royal family, *la famiglia reale*

rub /rʌb/ vt, vi
⟨pass rem e p pass **rubbed**, p pres **rubbing**⟩ strofinare: Spray the polish onto the furniture, then rub hard with a dry cloth. *Spruzzare il lucido sui mobili e poi strofinare energicamente con un panno asciutto.*|He rubbed his knee where it was sore. *Strofinò il ginocchio dove gli faceva male.*

  rub out vt
⟨**rub sthg ↔ out**⟩ cancellare: He rubbed out his mistake and wrote in the correct figure. *Cancellò l'errore e riscrisse la cifra corretta.*

rubber /ˈrʌbəʳ/ s
1 ⟨non num⟩ gomma, caucciù: rubber tyres, *pneumatici*|a rubber ball, *una palla di gomma* 2 ⟨num⟩ anche **eraser** (IA) gomma, cancellino: I've made a spelling mistake. Can I borrow your rubber? *Ho fatto un errore d'ortografia. Posso usare la tua gomma?*|a blackboard rubber, *un cancellino per lavagna*

rubber plant /ˈrʌbəʳ plɑːnt||-plænt/ s
⟨pl **rubber plants**⟩ ficus

rubbish /ˈrʌbɪʃ/ s
⟨non num⟩ 1 spazzatura, immondizie: Did you put the rubbish in the bin? *Hai messo le immondizie nella pattumiera?*|"What's this?" "Oh, it's just a piece of rubbish." *"Che cos'è?" "Oh, niente, solo spazzatura."* 2 sciocchezze: Rubbish! Sciocchezze!| He's talking rubbish. *Sta dicendo sciocchezze.*

rucksack /ˈrʌksæk/ s
sacco da montagna

rude /ruːd/ agg
⟨compar **ruder**, sup **rudest**⟩ ⟨to sbdy⟩ villano, scortese, maleducato (con qn): The boys are sometimes rude to the teacher. *A volte i ragazzi sono maleducati con l'insegnante.*|I don't like him – he's always so rude *Non mi piace – è sempre così villano.*
▲*Trabocchetto:* Non confondere l'inglese **rude** con l'italiano **rude**. La parola inglese non ha lo stesso significato italiano di **rozzo**, che in inglese si dice **rough**.

rug /rʌg/ s
tappeto

ruin[1] /ˈruːɪn/ vt
rovinare, guastare: Bad weather can ruin a holiday. *Il brutto tempo può*

guastare una vacanza.|Andy's new jeans were ruined when he fell off his bike. *Andy si è rovinato il nuovo paio di jeans quando è caduto dalla bici.*

ruin² /ruːm/ s
ru*dere:* The old castle is now just a ruin. *Il vecchio castello ora è solo un rudere.*

ruins /'ruːɪnz/ s pl
rovine: We went to see the ruins of the castle *o* the castle ruins. *Andammo a vedere le rovine del castello.*| Archaeologists have discovered some Roman ruins near here. *Gli archeologhi hanno scoperto delle rovine romane qui nei dintorni.*

rule¹ /ruːl/ s
1 ⟨num⟩ regola, norma: a card game with very complicated rules, *un gioco a carte con regole complicatissime*| There is a school rule against smoking. *A scuola c'è una norma che proibisce di fumare.*|She broke the rules and so was disqualified. *Ha infranto il regolamento e pertanto è stata squalificata.* **2** ⟨non num⟩ governo, dominio: during the rule of Elizabeth I, *durante il dominio di Elisabetta I*

rule² vt, vi
⟨pass rem e p pass **ruled,** p pres **ruling**⟩ ⟨over⟩ regnare (su): The Emperor ruled for many years. *L'imperatore regnò per molti anni.*

ruler /'ruːlər/ s
1 riga, righello: Use your ruler to measure the distance between A and B/to underline the important words in the passage. *Usa la riga per misurare la distanza tra A e B/per sottolineare le parole importanti nel brano.*
2 governante, sovrano (-a), dominatore (-trice): The Duke was the country's ruler for many years. *Il duca fu il sovrano del paese per molti anni.*

rum /rʌm/ s
⟨non num⟩ rum

rumble /'rʌmbəl/ vi
⟨pass rem e p pass **rumbled,** p pres **rumbling**⟩ rimbombare, brontolare: My stomach rumbles when I'm hungry. *Quando ho fame mi brontola lo stomaco.*|"What's that rumbling noise?" "It's an avalanche!" *"Cos'è questo rimbombìo?" "È una valanga!"*

rumour (IB) o **rumor** (IA) /'ruːmər/ s
voce: I heard a rumour that Kate was going to Italy. Is it true? *Ho sentito dire che Kate stava partendo per l'Italia. È vero?*
▲*Trabocchetto: Non confondere le parole* **rumour** *e* **rumore**. *La parola italiana* **rumore** *è tradotta con la parola inglese* **noise**.

rump steak /rʌmp steɪk/ s
⟨pl **rump steaks**⟩ bistecca di filetto

run¹ /rʌn/ vi, vt
⟨pass rem **ran,** p pass **run,** p pres **running**⟩ **1** vi correre: I had to run to catch the bus. *Mi sono dovuto mettere a correre per prendere l'autobus.*|She ran all the way to school. *Fece tutta la strada di corsa fino a scuola.*|He goes running in the park every day to keep fit. *Va tutti i giorni a fare un po' di corsa nei giardini pubblici per tenersi in forma.* **2** vi ⟨di macchine⟩ funzionare: Don't touch the engine while it's running. *Non toccare il motore mentr'è acceso.*|It runs by electricity. *Funziona ad elettricità.* **3** vi, vt ⟨di mezzi di trasporto⟩ passare, fare servizio: The buses don't run on Sundays. *Gli autobus non fanno servizio di domenica.*|The 9.45 train to Dover is running twenty minutes late. *Il treno delle 9.45 per Dover viaggia con venti minuti di ritardo.* **4** vi ⟨non usato nelle forme progressive⟩ correre, estendersi: The new motorway will run from Edinburgh to Aberdeen. *La nuova autostrada si estenderà da Edimburgo*

ad Aberdeen.|The river runs into the sea. *Il fiume corre nel mare.* **5** *vi, vt* ⟨**down, along**⟩ *(di liquidi) colare, sgocciolare (giù, lungo):* Water was running down the walls. *Lungo le pareti sgocciolava giù dell'acqua.*|Your nose is running. *Ti cola il naso.* **6** *vt gestire, governare:* Who's running this country? *Chi governa questo paese?*| Mr Wilson runs a video shop in the town. *Il signor Wilson gestisce un negozio di video in città.*

  run away *vi*
⟨**run away from sthg**⟩ *fuggire, scappare (da):* The child ran away from home because she was unhappy. *La bambina è scappata di casa perchè era infelice.*

  run out *vi*
⟨**run out of sthg**⟩ *esaurire (-si), rimanere senza:* The car ran out of petrol on the motorway. *La macchina rimase senza benzina sull'autostrada.*| "Can I borrow some sugar, please?" "I'm sorry. We've run out too!" *"Potreste darmi un po' di zucchero, per piacere?" "Spiacente. L'abbiamo esaurito anche noi!"*

  run over *vt*
⟨**run sbdy/sthg ↔ over**⟩ *investire, travolgere:* She was run over by a bus on the way to school. *E stata investita da un autobus mentre andava a scuola.*

run² *s*
corsa: Kate goes for a run every morning before school. *Kate va a correre ogni mattina prima di andare a scuola.*

rung¹ /rʌŋ/ *s*
piolo: It was an old ladder and some of the rungs were missing. *Era una vecchia scala cui mancavano alcuni pioli.*

rung² *p pass del verbo* **ring**

rush¹ /rʌʃ/ *vi, vt*
precipitarsi, correre: Andy rushed

home to watch the football on television. *Andy corse a casa per guardare la partita di calcio alla televisione.*|She rushed to the bathroom. *Si precipitò in bagno.*

rush² *s*
fretta: He never has time to talk to me. He always seems to be **in a rush.** *Non ha mai il tempo di parlarmi. Sembra sempre di fretta.*

rush hour /ˈrʌʃ auəʳ/ *s*
⟨*pl* **rush hours**⟩ *ora di punta:* The buses and tubes are always crowded during the rush hour. *Gli autobus e i metrò sono sempre affollati durante l'ora di punta.*

S, s

S, s /es/

S, s

's – vedi *La Nota Grammaticale*
Apostrophe -s

sack /sæk/ s

1 *sacco:* Thousands of sacks of grain
were sent to Ethiopia during the
famine. *Migliaia di sacchi di cereali
sono stati mandati in Etiopia durante la
carestia.*|a sack of coal, *un sacco di
carbone* 2 **get the sack** *essere
licenziato:* I got the sack for being late
again. *Mi hanno licenziato per essere
di nuovo arrivato in ritardo.*

sacred /'seɪkrɪd/ agg

sacro

sad /sæd/ agg

⟨compar **sadder**, sup **saddest**⟩ *triste:*
"Why are you sad?" "I'm not sad! I'm
angry! I haven't had any pocket
money this week." *"Perchè sei triste?"
"Non sono triste, sono arrabbiato! Non
ho avuto soldi dai genitori questa
settimana."*

safe¹ /seɪf/ agg

⟨compar **safer**, sup **safest**⟩ 1 *sicuro,
sano e salvo:* Don't worry. It's quite
safe here. *Non preoccuparti. Qui
siamo al sicuro.*|It was a great relief to
hear that the children were safe. *Fu un
gran sollievo sentire che i bambini
erano sani e salvi.* 2 *non pericoloso,
sicuro:* It's not safe to cross the road
here. Use the crossing. *È pericoloso
attraversare la strada qui. Usa le strisce
pedonali.* — **safely** avv *senza pericolo,
al sicuro*

safe² s

cassaforte: He kept his valuables in a
safe in the wall. *Teneva i preziosi in
una cassaforte nella parete.*

safe-deposit /ˌseɪfdɪ'pɒzɪt‖seɪfdɪ'pɑː-/
s

⟨non num⟩ *cassetta di sicurezza:* He
kept his money in a **safe-deposit box** in
the bank. *Teneva il denaro in una
cassetta di sicurezza in banca.*

safety /'seɪfti/ s

⟨non num⟩ *sicurezza:* They took the
people to safety away from the
burning house. *Hanno messo la gente
in salvo dalla casa in fiamme.*

safety pin /'seɪfti pɪn/ s

⟨pl **safety pins**⟩ *spilla di sicurezza*

said /sed/

pass rem e p pass del verbo **say**

sail¹ /seɪl/ s

1 *vela* 2 ⟨generalmente singolare⟩ *giro
in barca a vela:* It's a lovely day. Shall
we go for a sail on the river? *È una
bella giornata. Andiamo a fare un giro
in barca a vela sul fiume?*

sail² 1 vi, vt *condurre, andare in
barca a vela:* They sailed (the yacht)
all the way to England. *Hanno
condotto lo yacht fino in Inghilterra.*|
Andy and Kate sometimes go sailing
with their parents. *Qualche volta Andy
e Kate vanno in barca a vela con i
genitori.* 2 vi *salpare:* The ship sails for
New York at noon. *La nave salpa per
New York a mezzogiorno.*

sailing /'seɪlɪŋ/ s

⟨non num⟩ *vela:* Sailing can be a
dangerous sport. *La vela può essere
uno sport pericoloso.*

sailor /'seɪlə^r/ s
marinaio

saint /seɪnt/ anche St (abbr scritta) s
santo, santa: Saint Catherine, Santa
Caterina|Saint Mark,
San Marco

sake /seɪk/ s
1 for the sake of/for someone's sake
per amor di/per amor di qn: Even if
you don't want to, you should go for
your father's sake. Anche se non vuoi,
dovresti andarci per amor di tuo padre.
2 for goodness'/God's sake (usato
come rafforzativo, per esprimere
fastidio, ecc) per amor del cielo/di Dio:
For goodness' sake don't tell Andy
I've borrowed his bike. Per amor del
cielo non dire ad Andy che ho preso la
sua bicicletta.|What's the matter now,
for goodness' sake! Per amor del cielo,
che c'è adesso!
■**Nota**: L'espressione **for God's sake** è
più forte dell'espressione **for goodness'
sake**.

salad /'sæləd/ s
⟨num e non num⟩ insalata: cheese
salad insalata mista con formaggio|
Would you like a/some salad? Vuoi
dell'insalata? |green salad, insalata
verde

salary /'sæləri/ s
⟨pl **salaries**⟩ stipendio: Computer
programmers earn/get good salaries. I
programmatori di computer
guadagnano bene.|a monthly salary of
seven hundred pounds, uno stipendio
mensile di settecento sterline – vedi
anche PAY (**Nota**)

sale /seɪl/ s
1 vendita: They've been busy trying to
arrange the sale of their house. Hanno
avuto molto da fare nel cercare di
organizzare la vendita della casa.|Their
house is **for sale**. La loro casa è in
vendita. **2** svendita, saldi: There's a
sale at the shoe shop this month.

Questo mese c'è una svendita in
calzoleria.|Andy bought some training
shoes in the sale. Andy ha comprato
delle scarpe da ginnastica ai saldi.

salt /sɔːlt/ s
⟨non num⟩ sale: salt and pepper, sale
e pepe — **salty** agg ⟨compar **saltier**,
sup **saltiest**⟩ salato: This soup's a bit
salty. Questa minestra è un po' salata.

same[1] /seɪm/ agg
⟨preceduto da **the**⟩ stesso: Andy
makes the same spelling mistakes in
every essay. Andy fa gli stessi errori
d'ortografia in tutti i componimenti.|
There's a man who gets on the bus and
sits in the same seat every day! C'è un
uomo che sale sull'autobus e si siede
ogni giorno allo stesso posto!|People
who do the same job should get the
same pay. Le persone che fanno lo
stesso tipo di lavoro dovrebbero
ricevere la stessa retribuzione.|John's
new bike is the same colour as Andy's.
La bicicletta nuova di John è dello
stesso colore di quella di Andy.

same[2] pron
⟨preceduto da **the**⟩ **1** stesso: John's
new bike is the same as Andy's. Even
the colour's the same. La bicicletta
nuova di John è uguale a quella di
Andy. Anche il colore è lo stesso.
2 Same to you! (grazie,) altrettanto!:
"Have a good holiday!" "Same to you.
Bye." "Buone vacanze!" "Grazie,
altrettanto. Ciao."

sand /sænd/ s
⟨non num⟩ sabbia: The children were
playing in/on the sand. I bambini
giocavano sulla sabbia. — **sandy**
agg sabbioso: a sandy beach, una
spiaggia sabbiosa

sandal /'sændl/ s
sandalo: He was wearing a pair of
sandals. Indossava un paio di sandali.

sandwich /'sænwɪdʒ||'sændwɪtʃ,
'sænwɪtʃ/ s

tramezzino, sandwich: Would you like a cheese sandwich? *Vuoi un tramezzino al formaggio?*

sang /sæŋ/
pass rem del verbo **sing**

sank /sæŋk/
pass rem del verbo **sink**

sapphire /'sæfaɪəʳ/ s
zaffiro

sardine /sɑːˈdiːn‖sɑːr-/ s
sardina

sat /sæt/
pass rem del verbo **sit**

satellite /'sætɪˌlaɪt/ s
satellite: The television pictures were sent by satellite all round the world. *Le immagini televisive furono trasmesse via satellite in tutto il mondo.*

satisfaction /ˌsætɪsˈfækʃən/ s
⟨num e non num⟩ *soddisfazione:* Andy gets a lot of satisfaction from his new bike. *Andy è molto soddisfatto della bicicletta nuova.*|It gives him a great deal of satisfaction. *Gli dà una grande soddisfazione.*

satisfactory /ˌsætɪsˈfæktəri/ agg
soddisfacente: Andy's exam results were satisfactory, but not excellent. *I risultati degli esami di Andy erano soddisfacenti ma non ottimi.*

satisfy /'sætɪsfaɪ/ vt
⟨pass rem e p pass **satisfied**, p pres **satisfying**⟩ *soddisfare:* Everyone was very satisfied with Kate's work. *Tutti erano molto soddisfatti del lavoro di Kate.*

Saturday /'sætədi‖-ər-/ s
sabato – vedi anche La Nota Grammaticale Days and Dates

sauce /sɔːs/ s
⟨num e non num⟩ *salsa:* Would you like some tomato sauce on your chips? *Vuoi della salsa di pomodoro sulle patatine fritte?*

saucepan /'sɔːspæn, -pən/ s
pentola, casseruola

saucer /'sɔːsəʳ/ s
piattino: a cup and saucer, *una tazza ed un piattino*

sausage /'sɒsɪdʒ‖'sɔː-/ s
salsiccia, salame

save[1] /seɪv/ v
⟨pass rem e p pass **saved**, p pres **saving**⟩ **1** vt ⟨sbdy from sthg⟩ *salvare (da):* The firemen saved the people from the burning house. *I pompieri hanno salvato la gente dalla casa in fiamme.* **2** vt, vi ⟨for sthg⟩ *mettere i soldi da parte (per):* Andy had to save (up) for his new bike. *Andy doveva mettere i soldi da parte per la bicicletta nuova.*|Kate saved some of her chocolate for later. *Kate conservò della cioccolata da consumare più tardi.* **3** vt *risparmiare:* We need to save oil or else it will run out too soon. *Dobbiamo risparmiare l'olio altrimenti finirà troppo presto.*|It'll save time if we eat our sandwiches on the train. *Risparmieremo tempo se mangiamo i panini sul treno.* **4** vt *parare:* The goalkeeper saved a penalty. *Il portiere ha parato un calcio di rigore.*

save[2] s
parata: What a save! From a penalty! *Che parata per un calcio di rigore!*

savings /'seɪvɪŋz/ s pl
risparmi: Andy spent all his savings on his new bike. *Andy ha speso tutti i suoi risparmi per la bicicletta nuova.*

saw[1] /sɔː/
pass rem del verbo **see**

saw[2] s
sega

saw[3] vt, vi
⟨pass rem **sawed**, p pass **sawn** o **sawed**⟩ (spec IA) *segare:* She quickly sawed through the logs and brought them in for the fire. *Segò i ceppi rapidamente e li portò dentro per il fuoco.*

say /seɪ/ vt

⟨*pass rem e p pass* **said**, *p pres* **saying**⟩
⟨**sthg to sbdy** *o* (**that**)⟩ *dire* (*qc a qn o
che*): She said, "I'm going to be late".
Disse: "Farò tardi".|She said (to me)
(that) she would be late. *(Mi) disse che
avrebbe fatto tardi.*|Say goodbye to
Andy. *Di' ciao ad Andy.* – vedi anche
TELL (*Nota*)

scales /skeɪlz/ *s pl*
bilancia: He weighed himself on the
bathroom scales. *Si pesò sulla bilancia
in bagno.*|These scales can't be right,
he thought. *Questa bilancia non va
bene, pensò.*

scar¹ /skɑːʳ/ *s*
cicatrice: He had a scar on his leg after
the accident/operation. *Gli rimase una
cicatrice sulla gamba dopo l'incidente/
l'operazione.*

scar² *vi*
⟨*pass rem e p pass* **scarred**, *p pres*
scarring⟩ *lasciare delle cicatrici su,
sfregiare:* His leg was badly scarred in
the accident. *La gamba rimase
malamente sfregiata nell'incidente.*

scarce /skeəs‖skeərs/ *agg*
⟨*compar* **scarcer**, *sup* **scarcest**⟩ *scarso:*
Even basic commodities were scarce
during the war. *Durante la guerra
scarseggiavano persino i beni di prima
necessità.*

scarcely /'skeəsli‖-ər-/ *avv*
appena, quasi non: She'd been out of
hospital scarcely a month before she
broke her leg again. *Non era uscita
d'ospedale neppure da un mese che si
ruppe di nuovo la gamba.*

scare¹ /skeəʳ/ *vt*
⟨*pass rem e p pass* **scared**, *p pres*
scaring⟩ *spaventare:* The loud noise
scared me. *Il rumore forte mi
spaventò.*|Stop trying to scare me!
Smetti di cercare di spaventarmi!

scare² *s*
⟨*generalmente singolare*⟩ *spavento,
paura:* The loud noise gave me a

scare. *Il rumore forte mi ha
spaventato.*|There was a bomb scare at
the airport last week. *La settimana
scorsa c'è stata paura per una bomba
all'aeroporto.*

scared /skeəd‖skeərd/ *agg*
to be scared ⟨**to do sthg** *o* (**that**) *o* **of**⟩
avere paura (di fare qc o che o di): He
was scared of the dog. *Aveva paura del
cane.*|He was scared that the dog
would bite him. *Aveva paura che il
cane lo mordesse.*|He was scared to
walk past the dog. *Aveva paura di
passare accanto al cane.*

scarf /skɑːf‖skɑːrf/ *s*
⟨*pl* **scarfs** *o* **scarves**⟩ 1 *sciarpa:* Kate
wears a scarf in winter. *Kate d'inverno
indossa una sciarpa.* 2 *anche* **headscarf**
foulard

scene /siːn/ *s*
1 *scena, veduta:* a busy street scene,
veduta di una strada molto animata
2 *luogo, scena:* The ambulance
arrived quickly at the scene of the
accident. *L'ambulanza arrivò subito
sul luogo dell'incidente.* 3 *scena:* In
Act Two, Scene Three, the hero
escapes to Rome. *Nel secondo atto,
terza scena, l'eroe fugge per
Roma.*

scenery /'siːnəri/ *s*
⟨*non num*⟩ 1 *paesaggio:* We went to
Austria to enjoy the magnificent
mountain scenery. *Siamo andati in
Austria per godere il magnifico
paesaggio montuoso.* 2 *scenario:* I
didn't like the play, but the scenery
was impressive. *Non mi è piaciuta
l'opera teatrale, ma lo scenario era
impressionante.*

school /skuːl/ *s*
⟨*num e non num*⟩ *scuola:* There are
lots of good teachers in our school. *Ci
sono parecchi buoni insegnanti nella
nostra scuola.*|Lucy doesn't **go to
school** yet. *Lucy non va ancora a*

scuòla.|Cindy left school when she was eighteen. *Cindy ha lasciato la scuola quando aveva diciotto anni.*|Kate is still **at school**. *Kate va ancora a scuola.*|school uniform, *divisa scolastica*|

  comprehensive school *s*
scuola media superiore

  junior school *s*
scuola media (inferiore)

  nursery school *s*
asilo infantile

  primary school *s*
scuola elementare

  secondary school *s*
scuola secondaria

schoolboy /'sku:lbɔɪ/ *s*
scolaro

schoolchildren /'sku:l,tʃɪldrən/ *s pl*
scolari (-e), scolaresca

schoolgirl /'sku:lgɜ:l||-gɜ:rl/ *s*
scolara

science /'saɪəns/ *s*
⟨*num e non num*⟩ *scienza:* great advancements in science, *grandi progressi nelle scienze*|We've got double science on Thursday afternoon. *Abbiamo due ore di scienze il giovedì pomeriggio.*|Psychology is a science. *La psicologia è una scienza.*

science fiction /'saɪəns 'fɪkʃən/ *s*
⟨*non num*⟩ *fantascienza:* Paolo reads a lot of science fiction. *Paolo legge un sacco di fantascienza.*

scientific /,saɪən'tɪfɪk/ *agg*
scientifico: scientific instruments, *strumenti scientifici*|a scientific method, *un metodo scientifico*

scientist /'saɪəntɪst/ *s*
scienziato, scienziata: Scientists and engineers have developed the Maglev train in Japan. *Scienziati ed ingegneri hanno progettato il treno Maglev in Giappone.*

scissors /'sɪzəz||-ərz/ *s pl*
forbici: a pair of scissors, *un paio di*

forbici|These scissors aren't very sharp. Have you got another pair? *Queste forbici non sono molto affilate. Ne hai un altro paio?*

scone /skɒn, skəʊn||skəʊn, skɑ:n/ *s*
focaccia o dolcetto

score[1] /skɔ:ʳ/ *s*
punteggio: The score was 4 – 1 to Italy. *Il punteggio era 4 – 1 per l'Italia.*

score[2] *vt, vi*
⟨*pass rem e p pass* **scored**, *p pres* **scoring**⟩ *segnare, fare punti:* Andy scored 95 out of 100 in his spelling test. *Andy ha preso 95 su 100 al test d'ortografia.*|Maradona has scored! What a goal! *Maradona ha segnato! Che gol!*

scotch /skɒtʃ||skɑ:tʃ/ *s*
scotch, whisky: A scotch and soda, please. *Uno scotch e soda, per favore.*

scramble /'skræmbəl/ *v*
⟨*pass rem* **scrambled**, *p pres* **scrambling**⟩ 1 *vi arrampicarsi:* The children scrambled up the rock. *I bambini si arrampicarono sulla roccia.* 2 *vt strapazzare:* scrambled eggs on toast, *uova strapazzate su una fetta di pane tostato*

scrape /skreɪp/ *vt*
⟨*pass rem e p pass* **scraped**, *p pres* **scraping**⟩ 1 *raschiare, grattare:* He scraped the mud off his shoes with a stick. *Ha raschiato il fango dalle scarpe con uno stecchetto.* 2 *graffiare, scorticare:* He scraped his knee when he fell off his bike. *Si sbucciò il ginocchio cadendo dalla bicicletta.*

scratch[1] /skrætʃ/ *vt*
1 *graffiare:* Andy scratched the side of the car with his bike. *Andy ha graffiato il lato della macchina con la bici.* 2 *grattare:* The dog is always scratching itself. *Il cane si gratta continuamente.*|Gina scratched her arm where she had been bitten. *Gina si grattava il braccio nel punto in cui*

era stata punta.

scratch² *s*
graffio: a scratch on the car, *un graffio sulla macchina*|Let's start again **from scratch.** *Cominciamo di nuovo dal principio.*

scream¹ /skriːm/ *vi*
⟨with⟩ *gridare, urlare (per, da):* The man was screaming with pain. *L'uomo gridava dal dolore.*

scream² *s*
grido, urlo: You could hear the man's screams. *Si sentivano le grida dell'uomo.*

screen /skriːn/ *s*
schermo: Can you help me put up the screen for the slides? *Puoi aiutarmi a montare lo schermo per le diapositive?*|a television screen, *uno schermo televisivo*

screw¹ /skruː/ *s*
vite

screw² *vt*
avvitare: She screwed the cupboard to the wall. *Ha fissato l'armadietto al muro con le viti.*

screwdriver /'skruːˌdraɪvəʳ/ *s*
cacciavite

scuba /'skjuːbə||'skuːbə/ *s*
autorespiratore: Bruno hopes to go scuba diving in the summer. *Bruno spera di fare dello sport subacqueo durante l'estate.*

sculptor /'skʌlptəʳ/ *s*
scultore

sculpture /'skʌlptʃəʳ/ *s*
⟨num e non num⟩ *scultura:* They have some sculptures/pieces of sculpture in the park. *Hanno delle sculture nel parco.*|Mr Morgan does not like modern sculpture. *Al signor Morgan non piace la scultura moderna.*

sea /siː/ *s*
⟨num e non num⟩ *mare:* He has travelled all over the world by land, sea and air. *Ha viaggiato in tutto il*

mondo via terra, mare e aria.|the Mediterranean Sea, *il mare Mediterraneo*|The children went swimming in the sea. *I ragazzi andarono a nuotare nel mare.*

seafront /'siːfrʌnt/ *s*
⟨num e non num⟩ *lungomare:* We walked along the seafront, enjoying the fresh air. *Passeggiammo sul lungomare, godendoci l'aria fresca.*

search¹ /sɜːtʃ||sɜːrtʃ/ *v*
1 *vi* ⟨for sthg⟩ *cercare:* I've searched everywhere for my homework, but I can't find it. *Ho cercato dappertutto il quaderno con i compiti, ma non riesco a trovarlo.* **2** *vt perquisire, frugare, perlustrare:* The police searched the woods looking for the missing child. *La polizia ha perlustrato i boschi alla ricerca del bambino scomparso.*|The customs officers searched my bags at the airport. *I doganieri mi hanno perquisito i bagagli all'aeroporto.*|She searched the house but couldn't find her purse anywhere. *Ha frugato dappertutto in casa ma non è riuscita a trovare il portafoglio.*

search² *s*
⟨for sthg⟩ *ricerca (di), perquisizione (per):* After a long search they finally found the child. *Dopo lunghe ricerche alla fine trovarono il bambino.*|The customs officers carried out a search for drugs. *I doganieri effettuarono una perquisizione antidroga.*

seasick /'siːˌsɪk/ *agg*
to be seasick *avere il mal di mare:* I always get seasick on cross-Channel ferries. *Mi viene sempre il mal di mare sui traghetti che attraversano la Manica.* — **seasickness** *s* ⟨non num⟩ *mal di mare*

seaside /'siːsaɪd/ *s*
⟨s sing, preceduto da **the**⟩ *spiaggia:* We decided to go to the seaside for our holiday this year. *Quest'anno*

abbiamo deciso di andare in vacanza al mare.|Seaside towns are very quiet in the winter. *Le città di mare sono molto tranquille d'inverno.*

season /'si:zən/ *s*

1 *stagione:* Autumn is my favourite season. *L'autunno è la mia stagione preferita.* **2** *stagione:* I always look forward to the start of the football season. *Aspetto sempre con ansia l'inizio della stagione calcistica.*|It's the rainy season in Mali and everywhere is flooded. *È la stagione delle piogge in Mali e tutto è inondato dall'acqua.*

seat[1] /si:t/ *s*

1 *sedia, sedile:* the front seat of a car, *il sedile anteriore di un'auto*| **2** *posto:* Look! There are two seats at the back of the bus. *Guarda, ci sono due posti in fondo all'autobus.*|Our seats are in the front row. *I nostri posti sono in prima fila.*

seat[2] *vt*

(form) sedersi, essere seduto: Please remain seated. *Per favore state seduti.*

seaweed /'si:wi:d/ *s*

⟨*non num*⟩ *alghe:* The rocks were very slippery as they were covered in seaweed. *Gli scogli erano molto scivolosi perchè coperti di alghe.*

second[1] /'sekənd/ *agg, pron*

1 *secondo:* George was the second (person) to arrive. *Giorgio fu la seconda persona ad arrivare.*|He came second/finished in second place. *È arrivato secondo/è finito al secondo posto.* **2** *(secondo giorno del mese) due:* The date is the second of April. *La data è il due aprile. – vedi anche* **Le Note Grammaticali Days and Dates** *e* **Numbers**

second[2] *s*

secondo: The new Ferrari can reach two hundred kilometres in ten seconds. *La nuova Ferrari può raggiungere i duecento k/h in dieci secondi.*

secondary school /'sekəndəri sku:l|| -deri/ *s*

⟨*pl* **secondary schools**⟩ *scuola secondaria (per alunni dagli 11 ai 16/18 anni):* John and Andy went to different primary schools, but they now attend the same secondary school. *John ed Andy sono andati a scuole elementari diverse, ma ora frequentano la stessa scuola secondaria.*

secondly /'sekəndli/ *avv*

in secondo luogo: Firstly, I would like to thank the team for playing so well. Secondly I would like to thank our supporters. *In primo luogo, vorrei ringraziare la squadra per aver giocato così bene. In secondo luogo, vorrei ringraziare i nostri tifosi.*

■*Nota:* **Secondly** *viene usato per introdurre il secondo di due o più punti di un argomento.*

secret[1] /'si:krɪt/ *s*

segreto: You mustn't tell anyone. It's a secret. *Non devi dirlo a nessuno. È un segreto.*|Can you keep a secret? *Sai mantenere un segreto?*

secret[2] *agg*

segreto: a secret plan/meeting, *un piano/incontro segreto*

secretary /'sekrɪtəri||-teri/ *s*

⟨*pl* **secretaries**⟩ **1** *segretaria, segretario::* They worked as secretaries in London. *Hanno lavorato come segretarie a Londra.*|Many secretaries are being trained to use word processors. *Molte segretarie vengono addestrate nell'uso dei word processor.* **2** *ministro:* the Secretary of State for Education, *il Ministro della Pubblica Istruzione* **3** *segretario:* the General Secretary of the Labour Party, *il segretario del partito laburista*

section /'sekʃən/ *s*

sezione, parte: We each studied a

different section of the map. *Ognuno
di noi ha studiato una zona diversa
della carta geografica.*|A new section
of motorway was opened yesterday.
*Un nuovo tratto dell'autostrada è stato
aperto ieri.*

secure /sɪˈkjʊəʳ/ *agg*
sicuro: He felt secure with his friends.
Si sentì sicuro con i suoi amici.

security /sɪˈkjʊərˌti/ *s*
⟨*non num*⟩ *sicurezza:* Talking to my
mother gave me a feeling of security.
*Parlare con mia madre mi diede un
senso di sicurezza.*|When the economy
is bad, people worry about their **job
security.** *Quando l'economia va male,
la gente si preoccupa della sicurezza
del posto di lavoro.*

see /siː/ *v*
⟨*pass rem* **saw**, *p pass* **seen**, *p pres*
seeing⟩ **1** *vi, vt* ⟨*non usato nelle forme
progressive*⟩ *vedere:* It was so dark I
couldn't see. *Era così buio che non
potevo vedere.*|I looked everywhere
for her but I couldn't see her
anywhere. *L'ho cercata dappertutto ma
non l'ho vista da nessuna parte.*|I saw
him cross the street. *L'ho visto
attraversare la strada.*|I saw him
crossing the street. *L'ho visto mentre
attraversava la strada.*|"Did you see
that programme on the environment
last night?" "No. I didn't watch
television last night." *"Hai visto quel
programma sull'ambiente ieri sera?"
"No. Non ho guardato la televisione
ieri sera."*|We're going to London on
Saturday to **see the sights.** *Andiamo a
Londra sabato per vedere le attrazioni
turistiche.* **2** *vi, vt* ⟨*sthg o (that)*⟩
vedere, capire (qc o che): I tried to
explain but he just couldn't see what I
meant. *Ho cercato di spiegarglielo, ma
non riusciva proprio a capire cosa
volessi dire.*|"I don't want to go out
with you any more." "I see." *"Non*

voglio stare più con te." "Capisco."
3 *vi, vt vedere:* Can you see if
everyone's ready for tea? *Puoi vedere
se tutti sono pronti per il tè?*|We'll see
how he is tomorrow. *Vediamo come
sta domani.*|Let's see if we can fix this.
Vediamo se possiamo aggiustarlo. **4** *vt
vedere:* At weekends Wendy goes to
see her parents in the country. *Ogni
fine settimana Wendy va a trovare i
genitori in campagna.*|The doctor can
see you now. *Il dottore può riceverla
adesso.*|When did you last see Andy?
*Quand'è stata l'ultima volta che hai
visto Andy?*|"Bye! I'll see you tomorrow." "Yes.
See you!" *"Ciao! Ci vediamo domani."
"Ciao! A domani!"*

see to *vt*
⟨**see to sthg/sbdy**⟩ *occuparsi di qn/qc:*
Will you see to the children while I get
their dinner ready? *Puoi badare ai
bambini mentre io preparo loro il
pranzo?*|I wish you'd see to that
dripping tap! *Vorrei proprio che ti
occupassi di quel rubinetto che perde!*

seed /siːd/ *s*
⟨*num e non num*⟩ *seme:* They were
sowing/planting the seeds. *Stavano
seminando.*|grass seed, *semi d'erba*

seem /siːm/ *v*
⟨**to do sthg** *o* **(that)**⟩ ⟨*non usato nelle
forme progressive*⟩ *sembrare (fare qc o
che):* You seem worried. Is anything
wrong? *Sembri preoccupato. C'è
qualcosa che non va?*|It seems that he
doesn't agree with you. *Sembra che
non sia d'accordo con te.*|He doesn't
seem to agree with you. *Non sembra
essere d'accordo con te.*|I seem to have
caught a cold. *Sembra che abbia preso
un raffreddore.*|He seems very nice.
Sembra molto simpatico.|He seems
like a nice man. I don't know why you
don't like him. *Sembra una persona
simpatica. Non capisco perchè non ti*

piaccia.
seldom /'seldəm/ *avv*
raramente: I seldom go to the cinema
these days. *Vado raramente al cinema
in questo periodo.* – confrontare con
OFTEN *Nota: L'avverbio* **seldom** *è un
po' formale. Di solito si direbbe:* I
don't often go to the cinema these
days.
selfish /'selfɪʃ/ *agg*
egoista: Andy, don't be so selfish!
Give Lucy a sweet! *Andy, non essere
così egoista! Da' una caramella a Lucy!*
– **selfishly** *avv egoisticamente*
self-service /ˌself'sɜːvɪs||ˌself'sɜːr-/
agg
self-service: a self-service garage, *un
distributore di benzina a self-service*|a
self-service restaurant, *un (ristorante)
self-service*
sell /sel/ *vt*
⟨*pass rem e p pass* **sold**⟩ *vendere:* John
sold his old bike so that he could buy a
new one. *John ha venduto la bicicletta
vecchia per poterne comperare una
nuova.*|Do you sell elastic bands? *Ha
degli elastici?*
seller /'selər/ *s*
venditore: a newspaper seller, *un
rivenditore di giornali*
semicolon /ˌsemɪ'kəʊlən||
'semɪˌkəʊlən/ *s*
punto e virgola
semi-detached house
/semɪdɪˌtætʃt'haʊs/ *s*
*una casa attaccata ad un'altra da un
lato* – *vedi anche* DETACHED HOUSE
(*Nota*)
send /send/ *vt*
⟨*pass rem e p pass* **sent**⟩ ⟨**sbdy sthg** *o*
sthg to sbdy⟩ *mandare, spedire (qc a
qn):* We sent John to get some fish
and chips. *Abbiamo mandato John a
prendere del pesce con patatine fritte.*|I
sent a letter to Claudia *o* I sent
Claudia a letter asking her to come

and visit us. *Ho spedito una lettera a
Claudia chiedendole di venirci a
trovare.*
senior /'siːniər/ *agg*
di grado superiore: Mrs Wilson has
just been promoted to a senior
position in the company. *La signora
Wilson è stata appena promossa ad un
posto importante nella ditta.*
sense /sens/ *s*
1 ⟨*non num*⟩ *buonsenso, giudizio:*
He's got no **common sense.** He's
always doing silly things. *Non ha alcun
buonsenso. Fa sempre delle cose
insensate.*|What he said doesn't **make
sense.** *Quello che ha detto non ha
senso.* **2** ⟨*non num*⟩ *senso:* Mrs
Morgan has good business sense. *La
signora Morgan ha un buon senso degli
affari.*|She's also got a good **sense of
humour.** *Ha anche un buon senso
dell'umorismo.*|He's got no sense of
direction. He's always getting lost.
*Non ha senso di orientamento. Si perde
sempre.*|Dogs have a good sense of
smell. *I cani hanno un fiuto fine.*
sensible /'sensəbəl/ *agg*
accorto, sensato, ragionevole: John
wasn't very sensible. He spent all his
money on the first day of his holiday.
*John non è stato molto accorto. Ha
speso tutti i soldi il primo giorno delle
vacanze.*|a sensible decision, *una
decisione sensata*
▲ *Trabocchetto: Non confondere
l'aggettivo inglese* **sensible** *con
l'aggettivo italiano* **sensibile**, *che è
generalmente tradotto* **sensitive**.
sensitive /'sensɪtɪv/ *agg*
1 ⟨**to sthg**⟩ *sensibile (a):* The artist is
very sensitive to his surroundings.
*L'artista è molto sensibile al suo
ambiente.* **2** *suscettibile, permaloso:*
Don't be so sensitive. I was only
teasing! *Non essere così permaloso. Ti
stavo solo stuzzicando!* – *vedi anche*

SENSIBLE (*Trabocchetto*)
sent /sent/
pass rem e p pass di del verbo **send**
sentence /'sentəns/ s
1 *frase:* Write the answers to these questions. Use full sentences. *Rispondi per iscritto alle seguenti domande. Usa delle frasi complete.* – *vedi anche* PHRASE (*Trabocchetto*)
2 *sentenza, giudizio, pena:* He was given a long sentence. *Gli fu data una lunga sentenza.*
separate¹ /'sepəreɪt/ vt
⟨*pass rem e p pass* **separated**, *p pres* **separating**⟩ *separare, dividere:* I can't work out how to separate these two wires. *Non riesco a capire come separare questi due fili.*|A fence separated the houses. *Uno steccato separava le case.*|The teacher had to separate the two boys who were fighting. *L'insegnante dovette separare i due ragazzi che si picchiavano.*
separate² /'sepərɪt/ agg
1 *diverso:* Bruno has three separate boxes for his fishing tackle. *Bruno ha tre scatole diverse per l'attrezzatura da pesca.* 2 ⟨**from**⟩ *separato (da):* Kate and Lucy share a room but they have separate beds. *Kate e Lucy dividono la stanza ma hanno letti separati.*|You should keep animal food separate from food for people. *Dovresti tenere il cibo per gli animali separato da quello per le persone.*
separation /ˌsepə'reɪʃən/ s
⟨*num e non num*⟩ (*periodo di*) *separazione:* The calf was very unhappy during its separation from its mother. *Il vitello era molto triste durante il periodo di separazione dalla madre.*
September /sep'tembə'/ s
settembre: School starts again in September. *Le scuole riaprono a settembre.* – *vedi anche* **La Nota**

Grammaticale **Days and Dates**
sequin /'siːkwɪn/ s
paillette, lustrino: a jacket covered in sequins, *una giacca coperta di paillette*
serial /'sɪərɪəl/ s
teleromanzo o commedia radiofonica a puntate: a radio serial about a country town, *una commedia radiofonica a puntate ambientata in una cittadina di campagna*
series /'sɪəriːz/ s
⟨*pl* **series**⟩ *serie:* Complete the series of numbers: 3, 9, 81, . . . *Completa la serie di numeri: 3, 9, 81, . . .* |a series of television programmes about the environment, *una serie di programmi televisivi sull'ambiente*
serious /'sɪərɪəs/ agg
1 *serio:* There is a serious side to Christmas. *C'è un aspetto serio del Natale.*|a very serious person, *una persona molto seria* 2 *serio, grave:* There has been an increase in serious crime. *C'è stato un aumento di delitti gravi.*|Famine is a serious problem *La carestia è un problema grave.*|a serious illness *una malattia seria*
seriously /'sɪərɪəsli/ avv
1 *gravemente, seriamente:* seriously ill, *gravemente malato* 2 **take sbdy/sthg seriously** *prendere qn/qc sul serio:*| Nobody ever takes John seriously. *Nessuno prende mai John sul serio.*
serve /sɜːv||'sɜːrv/ vt, vi
⟨*pass rem e p pass* **served**, *p pres* **serving**⟩ 1 *servire:* Shall I serve tea now? *Posso servire il tè adesso?* Are you being served? *La stanno servendo?* 2 *prestare servizio, servire:* to serve in the navy, *prestare servizio in marina*
service¹ /'sɜːvɪs||'sɜːr-/ s
⟨*num e non num*⟩ 1 *servizio:* The service in this shop isn't very good. *Il servizio in questo negozio non è molto buono.* 2 *servizio, favore:* We really

need the services of a plumber to fix that tap. *Abbiamo proprio bisogno dell'intervento di un idraulico per riparare quel rubinetto.* **3** *revisione (periodica):* My car is due for a service soon. *Dovrò presto portare a far revisionare l'auto.* **4** *servizio:* The train service is very good here. *Il servizio di treni qui è ottimo.*|the postal service, *il servizio postale*

service[2] *vt*
⟨*pass rem e p pass* **serviced**, *p pres* **servicing**⟩ *revisionare:* I must have the car serviced soon. *Presto dovrò far revisionare la macchina.*

set[1] /set/
⟨*pass rem e p pass* **set**, *p pres* **setting**⟩
1 *vt* mettere, porre, posare: He set the tray carefully down on the table. *Posò con cura il vassoio sul tavolo.*
■*Nota: Il verbo* **put** *è più comune del verbo* **set**.
2 *vt* mettere: Will you set the table while I make the dinner? *Puoi apparecchiare la tavola mentre io preparo il pranzo?* **3** *vi* tramontare: The sun sets earlier in winter. *Il sole tramonta prima d'inverno.* **4** *vt* dare, assegnare: The teacher sets us homework every day. *Ogni giorno l'insegnante ci assegna dei compiti.* **5** **set** sbdy/sthg **free** *liberare:* She undid the trap and set the mouse free. *Aprì la trappola e liberò il topo.*

set off
partire: Kate and Andy set off for Milan very excitedly. *Kate ed Andy partirono molto eccitati per Milano.*

set[2] *s*
1 *servizio, completo:* a brush and comb set, *un servizio spazzola e pettine*|a train set, *un trenino*|a tea set, *un servizio da tè* **2** *apparecchio:* a television set, *un televisore*

settle /'setl/ *v*
⟨*pass rem e p pass* **settled**, *p pres*

settling⟩ **1** *vi* stabilirsi: Sue went and settled in Milan several years ago. *Sue è andata a vivere a Milano parecchi anni fa.* **2** *vt, vi* ⟨**sthg** *o* **that** *o* **on sthg**⟩ *stabilire (qc o che), sistemare (qc), decidere (per):* Well, that's that settled. Shall we all go home now? *Bene, quell'affare è sistemato. Ce ne andiamo tutti a casa adesso?*

settle down *vi, vt*
sistemare, sistemarsi: I arrived a week ago and I'm just beginning to settle down. *Sono arrivato una settimana fa e comincio appena a sistemarmi.*|He settled (himself) down in his chair and fell asleep. *Si sistemò sulla poltrona e si addormentò.*

seven /'sevən/ *agg, pron*
sette — **seventh** *agg, pron settimo* – *vedi anche* **La Nota Grammaticale Numbers**

seventeen /,sevən'ti:n/ *agg, pron*
diciassette – *vedi anche* **La Nota Grammaticale Numbers**

seventy /'sevənti/ *agg, pron*
settanta – *vedi anche* **La Nota Grammaticale Numbers**

several /'sevərəl/ *agg, pron*
parecchi, diversi: Kate spent several days in Naples. *Kate ha trascorso parecchi giorni a Napoli.*|There were several people at the party whom I didn't recognize. *Alla festa c'erano diverse persone che io non riconobbi.*| Several of the apples are bad. *Diverse mele sono cattive.*

sew /səʊ/ *vt, vi*
⟨*pass rem* **sewed**, *p pass* **sewn** *o* **sewed** (*spec IA*)⟩ *cucire:* Andy sewed a patch on his jeans. *Andy ha cucito una toppa sui jeans.*

sewing /'səʊɪŋ/ *s*
⟨*non num*⟩ *cucito:* Andy's sewing is good. *Andy cuce bene.*

sewing machine /'səʊɪŋ mə,ʃi:n/ *s*
⟨*pl* **sewing machines**⟩ *macchina da*

cucire

sex /seks/ *s*

⟨*num e non num*⟩ *sesso:* They couldn't work out what sex the tortoise was. *Non riuscivano a capire di che sesso fosse la tartaruga.*

sh *o* **shh** /ʃ/ *inter*

⟨*suono con cui si zittisce qn*⟩ *st, sst:* Shh! Kate is trying to study. *Sst! Kate sta cercando di studiare.*

shade¹ /ʃeɪd/ *s*

1 ⟨*non num*⟩ *ombra (riparo dal sole):* It was so hot they had to sit in the shade. *Faceva così caldo che si sono dovuti sedere all'ombra.*

■*Nota: La parola* **shade** *indica la zona d'ombra che è riparata del sole. La parola* **shadow** *indica la zona d'ombra prodotta da qualcosa.* **2** *anche*

2 *anche* **lampshade** *paralume:* I bought a new shade for my bedside lamp. *Ho comprato un nuovo paralume per la mia lampada da comodino.*

shade² *vt*

⟨*pass rem e p pass* **shaded**, *p pres* **shading**⟩ ⟨**from** *sthg*⟩ *riparare (da):* The trees shaded us from the midday sun. *Gli alberi ci ripararono dal sole di mezzogiorno.*

shadow /ˈʃædəʊ/ *s*

⟨*num e non num*⟩ *ombra (proiettata dalla luce):* The trees made *o* cast long shadows as the sun went down. *Gli alberi proiettavano lunghe ombre mentre il sole calava.*|Have you ever tried walking on your shadow? It's impossible. *Hai mai provato a camminare sulla tua ombra? È impossibile.* – *vedi anche* SHADE (*Nota*)

shake¹ /ʃeɪk/ *vt, vi*

⟨*pass rem* **shook**, *p pass* **shaken**, *p pres* **shaking**⟩ **1** *scuotere, agitare, tremare:* You must shake a can of spray paint before you use it. *Bisogna agitare una bomboletta di vernice spray prima dell'uso.*|He was shaking with cold.

Tremava dal freddo.|She's shaking her watch. It must have stopped. *Sta scuotendo l'orologio. Deve essersi fermato.* **2 shake hands** *darsi o stringersi la mano:* They shook hands and introduced themselves. *Si diedero la mano e si presentarono.*|I shook his hand and said goodbye. *Gli diedi la mano e dissi arrivederci.* **3 shake one's head** *scuotere la testa, scrollare il capo:* I asked her if she wanted a drink, but she just shook her head. *Le chiesi se volesse qualcosa da bere, ma lei si limitò a scrollare il capo.*

shake² *s*

scossa, scrollata: Give the can a shake before you use it. *Agita la bomboletta prima di usarla.*

shaken /ˈʃeɪkən/

p pass del verbo **shake**

shall /ʃəl; *forma enfatica* ʃæl/ *v aus*

⟨*seguito da un infinito senza* **to**⟩

1 ⟨*usato a volte con* **I** *e* **We** *per parlare del futuro*⟩: I/We shall finish the work next week. *Finirò/Finiremo il lavoro la settimana prossima.*|I shan't/shall not be able to come with you on Friday. *Non potrò venire con te venerdì. Nota: Questo è un uso piuttosto formale di* **shall**. *Comunemente si direbbe:* I/We will (I'll/We'll) finish the work next week. – *vedi anche La Nota Grammaticale* **Future 2** (*per esprimere un suggerimento*): Shall we have a party in your flat? *Facciamo una festa nel tuo appartamento?*|It's hot in here. Shall I open the window? *Fa caldo qui. Apro la finestra?*

■*Nota: Non si può usare* **will** *con questo significato.* – *vedi anche La Nota Grammaticale* **Modals**

shallow /ˈʃæləʊ/ *agg*

⟨*compar* **shallower**, *sup* **shallowest**⟩ *basso, poco profondo:* The lake is quite shallow at the edges, but it's very deep in the middle. *Il lago è piuttosto* *basso lungo la riva, ma è molto profondo al centro.*|They paddled in the shallow end of the swimming pool. *Sguazzavano nella parte meno profonda della piscina.* – contrario DEEP

shame /ʃeɪm/ s
⟨non num⟩ **1** *vergogna:*
■*Nota: Il più delle volte si usa l'aggettivo* **ashamed** *con lo stesso significato:* I hope you feel ashamed of yourself! *Spero che tu abbia vergogna di te stesso.*
2 ⟨sing⟩ *peccato:* It's a shame that John can't come to the party. He's always great fun. *È un peccato che John non possa venire alla festa. Lui è sempre molto divertente.*| "I'm afraid I can't come to the party after all!" "Oh, what a shame!" *"Temo dopotutto di non poter venire alla festa." "Oh, che peccato!"*

shampoo¹ /ʃæm'puː/ s
⟨num e non num⟩ *shampoo*

shampoo² vt
fare lo shampoo a: We shampooed the dog/the carpet. *Abbiamo lavato il cane/la moquette con lo shampoo.*

shape¹ /ʃeɪp/ s
forma: What shape is it? *Che forma ha?*|a pencil case in the shape of a racing car, *un portamatite a forma di macchina da corsa*

shape² vt
·⟨pass rem e p pass **shaped**, p pres **shaping**⟩ *dar forma a, formare:* Italy is shaped like a boot. *L'Italia ha la forma di uno stivale.*

share¹ /ʃeəʳ/ vi, vt
⟨pass rem e p pass **shared**, p pres **sharing**⟩ **1** *dividere:* I'm sharing a room with Sue, but we have separate beds. *Divido la stanza con Sue, ma abbiamo letti separati.*|We have to share the textbooks because there aren't enough for us to have one each. *Dobbiamo dividerci i testi perchè non*

ce ne sono abbastanza copie per tutti.
2 ⟨sthg **out between**⟩ *ripartire, dividere (qc fra):* The project work was shared out among o between the five students. *Il lavoro di ricerca fu diviso fra i cinque studenti.*

share² s
parte, porzione: He never does his share of the housework. *Non fa mai la sua parte di lavori domestici.*|We each did an equal share of the work. *Ci dividemmo il lavoro in parti uguali.*

shark /ʃɑːk||ʃɑːrk/ s
squalo, pescecane

sharp /ʃɑːp||ʃɑːrp/ agg
⟨compar **sharper**, sup **sharpest**⟩
1 *tagliente, affilato, acuminato:* a sharp knife, *un coltello affilato*
2 *acuto, aguzzo:* a sharp mind, *una mente acuta*|sharp eyes, *occhi acuti*|a sharp tongue, *una lingua aguzza*

sharpen /'ʃɑːpən||'ʃɑːr-/ vi, vt
affilare

sharpener /'ʃɑːpənəʳ, 'ʃɑːpnəʳ|| 'ʃɑːr-/ s
temperino

shave¹ /ʃeɪv/ vi, vt
⟨pass rem e p pass **shaved**, p pres **shaving**⟩ *fare (-si) la barba, radere (-si):* Mr Morgan shaves every morning before breakfast. *Il signor Morgan si fa la barba ogni mattina prima di colazione.*

shave² s sing
rasatura: Mr Morgan has a shave before breakfast. *Il signor Morgan si fa la barba prima di colazione.*

she /ʃi; forma enfatica ʃiː/ pron pers
⟨pl **they**⟩ *ella, lei:* Ask Kate if she wants a cup of coffee. *Domanda a Kate se vuole una tazza di caffè.*|I don't want to know what ⟨u⟩she⟨c⟩ thinks. I want to know what ⟨u⟩you⟨c⟩ think. *Non voglio sapere che cosa pensa lei, voglio sapere che cosa pensi tu.*

■*Nota: Contrariamente all'italiano, in inglese non si possono omettere i pronomi personali soggetto, incluso il pronome* **she**. – *vedi anche* **La Nota Grammaticale Personal Pronouns**

she'd /ʃid; *forma enfatica* ʃiːd/
1 *contraz di* **she had**: She'd been waiting there for half an hour when I arrived. *Stava aspettando da mezz'ora quando arrivai.* 2 *contraz di* **she would**: She said she'd send me a Christmas card. *Disse che mi avrebbe mandato una cartolina per Natale.*

sheep /ʃiːp/ *s*
⟨*pl* **sheep**⟩ *pecora:* The sheep are grazing. *Le pecore sono al pascolo.*

sheepdog /'ʃiːpdɒg||-dɔːg/ *s*
cane pastore

sheet /ʃiːt/ *s*
1 *lenzuolo:* We change the sheets on the bed every week, and the blankets every month. *Cambiamo le lenzuola del letto ogni settimana e le coperte ogni mese.* 2 *foglio:* Start each answer on a new sheet of paper. *Scrivete ciascuna risposta su un nuovo foglio.*

shelf /ʃelf/ *s*
⟨*pl* **shelves**⟩ *mensola, ripiano, scaffale:* He put the book back on the shelf. *Rimise il libro a posto sullo scaffale.*

she'll /ʃil; *forma enfatica* ʃiːl/
contraz di **she will**: She'll come if she can. *Verrà se può.*

shell /ʃel/ *s*
conchiglia, guscio: the shell of a tortoise, *il guscio di una tartaruga*| collecting shells on the beach, *raccogliendo conchiglie sulla spiaggia*

shelter[1] /'ʃeltəʳ/ *s*
1 ⟨*non num*⟩ *riparo:* It was raining so heavily we had to **take shelter** in the shop doorway. *Pioveva così forte che dovemmo ripararci nell'entrata del negozio.* 2 ⟨*num*⟩ *rifugio:* a bus shelter, *una pensilina*

shelter[2] *vi*

⟨**from sthg**⟩ *ripararsi (da):* We sheltered from the rain in the shop doorway. *Ci riparammo dalla pioggia nell'entrata del negozio.*

she's /ʃiz; *forma enfatica* ʃiːz/
1 *contraz di* **she is**: "Where's Kate?" "She's in the garden." *"Dov'è Kate?" "È nel giardino."* 2 *contraz di* **she has**: She's posted the letter. *Ha imbucato la lettera.*

shine /ʃaɪn/ *v*
⟨*pass rem e p pass* **shone**, *p pres* **shining**⟩ 1 *vi splendere, brillare:* The sun's shining. It's a lovely day. *Splende il sole. È una bella giornata.* 2 *vt fare luce:* He shone his torch into the dark room. *Fece luce con la pila nella stanza buia.*

shiny /'ʃaɪni/ *agg*
⟨*compar* **shinier**, *sup* **shiniest**⟩ *lucido:* a shiny new bike, *una bicicletta nuova e lucida*

ship /ʃɪp/ *s*
nave: The ship sailed into the harbour. *La nave arrivò nel porto.* – *vedi anche* BOAT (*Nota*)
   spaceship *s*
astronave, navicella spaziale

shipwreck /'ʃɪp-rek/ *s*
naufragio

shirt /ʃɜːt||ʃɜrt/ *s*
camicia: to be wearing a shirt, *indossare una camicia*
   T-shirt *s*
maglietta

shiver[1] /'ʃɪvəʳ/ *vi*
rabbrividire, tremare: It was so cold I was shivering. *Faceva così freddo che tremavo.*|I was shivering with cold/fear. *Tremavo di freddo/di paura.*

shiver[2] *s*
brivido: A shiver ran down my spine. *Un brivido mi corse lungo la schiena.*

shock[1] /ʃɒk||ʃɑːk/ *s*
1 ⟨*num e non num*⟩ *colpo, shock:* Her death was a great shock to us all. She

was only 18. *La sua morte fu un duro colpo per tutti noi. Aveva solo 18 anni.*|You gave me a shock. I thought you were still in France. *Mi hai fatto venire un colpo. Pensavo che fossi ancora in Francia.*|After the accident people were taken to hospital suffering from shock. *Dopo l'incidente la gente fu ricoverata in ospedale sotto shock.* **2** ⟨*num*⟩ *scossa:* He got an electric shock when he touched the plug with wet hands. *Ha preso la scossa toccando la presa con le mani bagnate.*

shock² *vt*
scioccare, far venire un colpo a: We were all shocked by/at the news of her death. *Fummo tutti scioccati alla notizia della sua morte.*

shoe /ʃuː/ *s*
scarpa: to be wearing a new pair of shoes, *indossare un nuovo paio di scarpe*

shoelace /'ʃuːleɪs/ *s*
laccio (delle scarpe): Tie your shoelaces. You'll trip up. *Allacciati le scarpe. Puoi inciampare.*|a pair of shoelaces, *un paio di lacci*

shone /ʃɒn‖ʃəʊn/
pass rem e p pass del verbo **shine**

shook /ʃʊk/
pass rem del verbo **shake**

shoot /ʃuːt/ *v*
⟨*pass rem e p pass* **shot**⟩ **1** *vt, vi ᵔsparare (a), colpire:* The robbers shot two police officers. *I ladri hanno colpito due poliziotti.* **2** *vi sfrecciare, passare velocemente:* They all shot out of school at the end of the day. *A fine giornata tutti uscirono dalla scuola come razzi.*|She shot past in her car. *Passò in macchina come un fulmine.*

shop¹ /ʃɒp‖ʃɑːp/ *anche* **store** (*spec IA*) *s*
negozio: I must go to the shops. *Devo andare a fare la spesa.*|The shops shut at five o'clock. *I negozi chiudono alle*

cinque.|a sports shop, *un negozio di articoli sportivi*|a clothes shop, *un negozio di abbigliamento*

shop² *vi*
⟨*pass rem e p pass* **shopped**, *p pres* **shopping**⟩ ⟨**for sthg**⟩ *fare la spesa o gli acquisti, cercare:* We sometimes go to Naples to shop. *A volte andiamo a fare la spesa a Napoli.*|She was shopping for shoes. *Stava cercando delle scarpe.*
— **shopper** *s persona che fa spese o acquisti:* crowds of shoppers, *una folla di persone che fanno spese.*

shop assistant /ʃɒp ə‚sɪstənt/ *s commesso*

shopkeeper /'ʃɒp‚kiːpəʳ‖ʃɑːp-/ *anche* **storekeeper** (*IA*) *s*
negoziante: Claudia asked the shopkeeper for a pound of apples. *Claudia domandò al negoziante una libbra di mele.*

shopping /'ʃɒpɪŋ‖'ʃɑː-/ *s*
⟨*non num*⟩ *acquisti, spesa:* When do you do your shopping? *Quando fai la spesa?*|Carrying the shopping home is always a bit of a chore. *Portare la spesa a casa è sempre un fastidio.*
— **shopping bag** *s borsa della spesa*

shore /ʃɔːʳ/ *s*
⟨*num e non num*⟩ *riva, sponda, costa:* We walked along the sea shore. *Camminammo lungo la riva del mare.*| the shores of the lake, *la riva del lago*

short /ʃɔːt‖ʃɔːrt/ *agg*
⟨*compar* **shorter**, *sup* **shortest**⟩
1 *corto, breve:* I need a short piece of string. *Ho bisogno di un piccolo pezzo di spago.*|The table wobbles because one leg is shorter than the others. *Il tavolo dondola perchè una gamba è più corta dell'altra.*|The school is only a short distance from here. *La scuola è a una breve distanza da qui.* – *contrario* LONG **2** *basso:* John's father is short and fat. *Il padre di John è basso e grasso.* – *contrario* TALL **3** *corto,*

That'll be one pound thirty altogether, please.
Una sterlina e trenta in tutto, per piacere.

And could we have a pound of apples as well, please?
Ci può dare anche una libra di mele, per piacere?

shelf

cigarettes

tins

scales

shopkeeper

CABBAGE 22p EACH

CAULIFL 55p EACH

CARROTS 20p/lb

ONIONS 24p/lb

POTATOES 15p/lb

Yes, certainly. Anything else?
Certo, nient'altro?

No, that's all, thank you.
No, questo è tutto, grazie.

till

counter

shopping list

can of Coke

packet of crisps

READY SALTED

pint of milk

ORAN 14 EACH

packet of biscuits

basket

APPLES 35p/lb

breve: a short time ago, *poco tempo fa*|February is the shortest month. *Febbraio è il mese più corto.*
– *contrario* LONG

shortage /ˈʃɔːtɪdʒ||ˈʃɔːr-/ *s*
⟨*num e non num*⟩ carenza, scarsità: There has been a great shortage of food in Africa. *C'è stata grande scarsità di cibo in Africa.*

short cut /ʃɔːt kʌt||ʃɔːrt kʌt/ *s*
⟨*pl* **short cuts**⟩ scorciatoia: We decided to take a short cut across the field. *Decidemmo di prendere una scorciatoia attraverso il campo.*

shortly /ˈʃɔːtlɪ||ˈʃɔːrt-/ *avv*
presto: The train will shortly be arriving at Victoria station. *Il treno arriverà presto alla stazione di Victoria.* |I'm expecting him to telephone me shortly. *Aspetto che mi telefoni presto.*

shorts /ʃɔːts||ʃɔːrts/ *s pl*
calzoncini, shorts: a pair of shorts, *un paio di calzoncini*

shot[1] /ʃɒt||ʃɑːt/ *s*
sparo, colpo: I heard shots coming from the bank. *Ho sentito degli spari provenienti dalla banca.*

shot[2]
pass rem e p pass del verbo **shoot**

should /ʃəd; *forma enfatica* ʃʊd/ *v aus*
⟨*seguito da un infinito senza* to⟩ **1** (*per esprimere un obbligo o una raccomandazione*): Children should obey their parents. *I ragazzi dovrebbero obbedire ai loro genitori.*| Should I tell the police about the money that I found? *Dovrei avvertire la polizia dei soldi che ho trovato?*| What should I wear to Kate's party? *Cosa dovrei indossare alla festa di Kate?*|You shouldn't eat so much salt. *Non dovresti mangiare tanto sale.*|A year ago the doctor said that I should give up smoking, but I didn't. Now he says I must give it up. *Un anno fa il dottore disse che avrei dovuto*

smettere di fumare, ma non l'ho fatto. Adesso dice che lo devo assolutamente fare. **2** (*per esprimere probabilità*): They should be here soon. *Dovrebbero essere qui tra poco.*|They should have arrived by now. *Dovrebbero essere già arrivati.*

■*Nota:* Nei significati **1** e **2** si potrebbe usare **ought to** al posto di **should**; ma **should** è più comunemente usato in frasi interrogative o negative.

3 ⟨*per formare il condizionale presente e passato nella prima persona singolare e plurale*⟩: I should be very surprised if they came now. *Sarei molto sorpreso se arrivassero adesso.*

■*Nota:* **Should** è più formale di **would**.
– *vedi anche* **La Nota Grammaticale If-Clauses**

4 (*per tutte le persone del congiuntivo*): It's funny that you should say that because … *È buffo che tu lo dica, perchè …* It's not fair that I should get less pocket money than him. *Non è giusto che io prenda meno soldi di lui.*
– *vedi anche* **La Nota Grammaticale Modals**

shoulder /ˈʃəʊldəʳ/ *s*
spalla: She broke her shoulder playing hockey. *Si è rotta la spalla giocando a hockey.*|He shrugged his shoulders. *Scrollò le spalle.* – **shoulder bag** *s* *borsa a tracolla*

shout[1] /ʃaʊt/ *vi, vt*
gridare, urlare: Don't shout! I'm not deaf! *Non gridare, non sono sordo!*| "Hey, come over here," he shouted. *"Ehi, vieni qui", urlò.*

shout at *vt*
⟨**shout at sbdy**⟩ *sgridare qn:* I shouted at my little brother because I was angry with him. *Ho sgridato il mio fratellino perchè ero arrabbiato con lui.*

shout[2] *s*
grido, urlo: I heard a shout and turned round. *Ho sentito un urlo e mi sono*

girato.|Give your brother a shout and tell him that his tea's ready. *Chiama tuo fratello e digli che la cena è pronta.*

show¹ /ʃəu/ *vt*
⟨*pass rem* **showed**, *p pass* **shown** *o* **showed** (*spec IA*)⟩ ⟨**sbdy sthg** *o* **sthg to sbdy**⟩ 1 *mostrare, far vedere:* I can show my new record-player to our friends. *Posso far vedere ai nostri amici il mio nuovo giradischi.*|He showed them his new record player *o* He showed his new record player to them. *Mostrò loro il giradischi nuovo.* 2 *condurre, accompagnare:* In the summer guides show visitors round the castle. *D'estate le guide fanno visitare il castello ai turisti.* 3 *dimostrare:* His answer showed that he hadn't understood the question. *La sua risposta dimostrava che non aveva capito la domanda.*|Kate showed Andy how to fix his bike. *Kate fece vedere ad Andy come riparare la bicicletta.*

show² *s*
1 *spettacolo:* a variety show, *uno spettacolo di varietà* 2 *mostra, salone, fiera:* a flower show, *una fiera dei fiori*|a car show, *un salone dell'automobile*

shower¹ /'ʃauəʳ/ *s*
1 *acquazzone:* It will be mainly dry with one or two showers. *Il tempo si manterrà stabile con la possibilità di qualche breve pioggia.* 2 *doccia:* Andy has a shower every morning. *Andy fa la doccia ogni mattina.*

shower² *vi*
fare la doccia: Andy showers every morning. *Andy fa la doccia ogni mattina.*
■*Nota: Il verbo* **shower** *è meno comune dell'espressione* **have a shower.**

shrank /ʃræŋk/
pass rem del verbo **shrink**

shrink /ʃrɪŋk/ *vi, vt*
⟨*pass rem* **shrank**, *p pass* **shrunk**⟩

restringere (-si), ridurre (-si): Andy's jumper shrank because he had washed it in hot water. *Il maglione di Andy si restrinse perchè lo aveva lavato in acqua calda.*|The number of students has shrunk (from fifty to thirty-two). *Il numero di studenti si è ridotto (da cinquanta a trentadue).*

shrug /ʃrʌg/ *vi, vt*
⟨*pass rem e p pass* **shrugged**, *p pres* **shrugging**⟩ **shrug (one's shoulders)** *scrollare le spalle:* When I asked him why he had done it, he just shrugged (his shoulders). *Quando gli domandai perchè lo avesse fatto, scrollò semplicemente le spalle.*

shrunk /ʃrʌŋk/
pass rem del verbo **shrink**

shuffle /'ʃʌfəl/ *vt, vi*
⟨*pass rem e p pass* **shuffled**, *p pres* **shuffling**⟩ 1 *mischiare, mescolare:* to shuffle the cards, *mischiare le carte*|He shuffled the papers on his desk. *Mischiò le carte sulla sua scrivania.* 2 *strascicare (-si):* The old man shuffled out of the room. *Il vecchio si strascicò fuori dalla stanza.*|Andy shuffled his feet while he waited outside the head's office. *Andy strascicò i piedi mentre aspettava fuori dall'ufficio del direttore.*

shut /ʃʌt/ *vt, vi*
⟨*pass rem e p pass* **shut**, *p pres* **shutting**⟩ 1 *chiudere:* The door's open. Could you shut it please? *La porta è aperta. Puoi chiuderla per favore?* 2 *chiudere:* The shops shut at five o'clock. *I negozi chiudono alle cinque.*

  shut up *vi*
star zitto: Would you two shut up! *Volete star zitti voi due!*

shy /ʃaɪ/ *agg*
⟨*compar* **shyer**, *sup* **shyest**⟩ *timido:* The little boy was too shy to leave his parents at the party. *Il bambino era*

troppo timido per staccarsi dai genitori alla festa. — **shyly** *avv timidamente*

sick /sɪk/

⟨*compar* **sicker,** *sup* **sickest**⟩ **1 to be/feel sick** *avere la nausea:* I think I'm going to be sick. *Credo di stare per vomitare.*|John had drunk too much wine and was beginning to feel sick. *John aveva bevuto troppo vino e cominciava a sentire nausea.* **2** *malato:* My grandfather is a very sick man. *Mio nonno è un uomo molto malato.*| Mr Morgan didn't go to work yesterday because he was sick. *Il signor Morgan ieri non andò a lavorare perchè era malato.*

sickness /'sɪknɪs/ *s*

⟨*num e non num*⟩ *malattia:* Mr Morgan boasts that he's never had a day's sickness in his life. *Il signor Morgan si vanta di non essere mai stato malato, in vita sua neppure per un giorno.*

side /saɪd/ *s*

1 *lato, fianco:* Nobody answered the front door, so we walked round to the side of the house and looked through a window. *Nessuno rispose alla porta, così camminammo fino all'altro lato della casa e guardammo attraverso la finestra.*|His hair is long at the back and short at the sides. *I suoi capelli sono lunghi dietro e corti dai lati.* **2** (*una di due superfici piatte*) *lato:* Write on one side of the paper only. *Scrivi solo su un lato del foglio.*|One side of a coin is known as "heads", the other as "tails". *Un lato di una moneta è conosciuto come "testa" e l'altro come "croce".* **3** (*di figure geometriche*) *faccia, lato:* A cube has six sides. *Un cubo ha sei facce.*|A square has four sides. *Un quadrato ha quattro lati.* **4** *bordo:* We walked along the side of the lake. *Camminammo lungo la riva del lago.*|

A hitch-hiker was standing at *o* by the side of the road. *Un autostoppista stava sul bordo della strada.*|Leave your fishbones on the side of your plate. *Lascia le lische al lato del piatto.* **5** (*con riferimento a un punto o una linea centrale*) *lato:* One side of his face had been badly burnt. *Un lato del suo volto era stato malamente bruciato.*|In Britain, we drive on the left-hand side of the road. *In Gran Bretagna guidiamo sul lato sinistro della strada.*|The factory is on the other side of the river. *La fabbrica è sull'altro lato del fiume.* **6** (*con riferimento a una persona*) *fianco, lato:* Her arms hung loosely by her sides. *Le sue braccia pendevano inermi ai suoi fianchi.*|A policeman stood at each side of him throughout the trial. *C'era un poliziotto a entrambi i suoi lati durante il processo.*|I have a pain in my side. *Ho un dolore al fianco.* **7 side by side** *fianco a fianco, uno accanto all'altro:* The bride and groom stood side by side at the altar. *La sposa e lo sposo stavano fianco a fianco davanti all'altare.* **8** *lato, aspetto:* Try to look at all sides of the problem. *Cerca di guardare tutti i lati del problema.*|Everybody has a good side and a bad side to their character. *Ognuno ha un lato buono e un lato cattivo del proprio carattere.* **9** *squadra, parte:* The Russians and the Americans were on the same side during the Second World War. *I russi e gli americani erano dalla stessa parte durante la seconda guerra mondiale.*

sidewalk /'saɪdwɔːk/ *s*

IA di **pavement** *marciapiede*

sideways /'saɪdweɪz/ *avv, agg*

di lato, di fianco: The robot can move forwards, backwards or sideways. *Il robot può andare avanti, indietro o di lato.*|We had to turn the table sideways to get it through the door. *Dovemmo girare il tavolo di fianco per farlo passare attraverso la porta.*|a furtive sideways glance, *un'occhiata furtiva di sbieco*

sigh /saɪ/ *vi*
sospirare: He sighed with relief/with exasperation. *Sospirò di sollievo/per l'esasperazione.*

sight /saɪt/ *s*
1 ⟨*non num*⟩ *vista:* My sight isn't as good as it used to be so now I wear glasses for reading. *La mia vista non è più così buona come una volta, così adesso porto gli occhiali per leggere.*| My grandfather lost his sight when he was 45. *Mio nonno ha perso la vista a 45 anni.* **2** ⟨*non num*⟩ *vista:* The runners gradually came into sight/moved out of sight. *I corridori comparvero gradualmente in lontananza/scomparvero dalla vista.*|I caught sight of them in the distance. *Li ho scorti in lontananza.*|I lost sight of him in the crowd. *L'ho perso di vista nella folla.* **3** ⟨*num*⟩ *scena:* The accident was one of the worst sights I'd ever seen. *L'incidente fu una delle scene peggiori cui avessi mai assistito.* **4** *spettacolo:* a trip to see the sights of London, *una gita per vedere le attrazioni turistiche di Londra*

sightseeing /'saɪtsiːɪŋ/ *s*
⟨*non num*⟩ *turismo:* We went sightseeing round Florence. *Abbiamo visitato Firenze.* – **sightseer** *s turista*

sign[1] /saɪn/ *s*
1 *segno, simbolo:* The pound sign looks like this: £. *Questo è il simbolo della sterlina: £.* **2** *cartello:* The sign said "No ball games allowed". *Il cartello diceva "È vietato il gioco della palla".*

sign[2] *vt, vi*
firmare: Andy sent a letter to Claudia, and signed it "Love, Andy". *Andy ha*

mandato una lettera a Claudia e l'ha firmata "Con affetto, Andy".|to sign a cheque, *firmare un assegno*

signal[1] /'sɪgnəl/ *s*
segnale: The flag was dropped as a signal to start the race. *Abbassarono la bandierina per segnalare l'inizio della gara.*

signal[2] *vt, vi*
⟨*pass rem e p pass* **signalled** (*IB*) *o* **signaled** (*IA*), *p pres* **signalling** (*IB*) *o* **signaling** (*IA*)⟩ ⟨*sthg o that*⟩ *segnalare (qc o che):* The flag signalled the start of the race. *La bandierina segnalò l'inizio della gara.*

signature /'sɪgnətʃəʳ/ *s*
firma: This cheque is worthless without a signature. *Questo assegno non vale niente senza firma.*

signpost /'saɪnpəʊst/ *s*
cartello stradale: The signpost said there were eight kilometres to Naples. *Il cartello stradale indicava otto chilometri per Napoli.*

silence[1] /'saɪləns/ *s*
⟨*non num*⟩ *silenzio:* Many people find it difficult to work in silence. *Per molti è difficile lavorare in silenzio.*

silence[2] *vt*
⟨*pass rem e p pass* **silenced,** *p pres* **silencing**⟩ *ridurre al silenzio, far tacere:* The teacher silenced the class by raising her hand. *L'insegnante fece tacere la classe, alzando la mano.*

silent /'saɪlənt/ *agg*
silenzioso: The children were silent as they listened to the teacher. *I bambini ascoltavano l'insegnante in silenzio.* – **silently** *avv silenziosamente*

silly /'sɪli/ *agg*
⟨*compar* **sillier,** *sup* **silliest**⟩ *sciocco:* Don't be silly! Spiders don't bite! *Non essere sciocco! I ragni non pungono!*| It's silly to say that! *È sciocco dire ciò!*

silo /'saɪləʊ/ *s*
⟨*pl* **silos**⟩ *silo:* a grain silo, *un silo per*

cereali

silver¹ /'sɪlvəʳ/ *s*

⟨*non num*⟩ *argento:* The cutlery was made of silver. *Le posate erano fatte d'argento.*

silver² *agg*

(*d'*)*argento, argentato:* Andy's new bike was red and silver. *La bicicletta nuova di Andy era rossa ed argento.*|a silver necklace, *una catenina d'argento*

similar /'sɪmələʳ, 'sɪmɪləʳ/ *agg*

⟨**to**⟩ *simile (a):* Andy's and John's bikes are not the same but they're very similar. *La bicicletta di Andy e quella di John non sono uguali ma molto simili.*|John's bike is very similar to Andy's. *La bicicletta di John è molto simile a quella di Andy.*

similarity /ˌsɪmɪ'lærɪti/ *s*

⟨*pl* **similarities**⟩ ⟨*num e non num*⟩ *somiglianza (con):* There are many similarities and many differences between the two schools. *Le due scuole hanno molto in comune ma allo stesso tempo sono molto diverse.*

simple /'sɪmpəl/ *agg*

⟨*compar* **simpler,** *sup* **simplest**⟩
1 *facile, semplice:* It was a simple question, but nobody could answer it. *Era una domanda facile, ma nessuno sapeva rispondere.* **2** *semplice:* All I wanted was a simple calculator, not a mini computer. *Quello che volevo era un semplice calcolatore, non un minicomputer.*|I prefer simple food, well cooked. *Preferisco del cibo semplice e ben cucinato.* **3** *semplice:* "I go" is an example of the present simple. *"I go" è un esempio di presente semplice.*|"I went" is an example of the past simple. *"I went" è un esempio del passato remoto.*

simply /'sɪmpli/ *avv*

semplicemente: Not everyone can lose weight simply by going on a diet. *Non tutti possono perdere peso mettendosi*

semplicemente a dieta.

sin /sɪn/ *s*

⟨*num e non num*⟩ *peccato:* Many people believe that telling lies is a sin. *Molti credono che sia peccato dire bugie.*

since¹ /sɪns/ *avv, prep, cong*

da allora, da, da quando: A lot of new roads have been built since the war. *Un sacco di strade sono state costruite dopo la guerra.*|Sue has been teaching ever since she left college. *Sue insegna da quando ha finito il college.*|I saw John last week but I haven't seen him since. *Ho visto John la settimana scorsa, ma non lo vedo da allora.*
– vedi anche FOR (*Nota*)

since² *cong*

dato che, dal momento che: I suppose I'll have to fix the lamp since you seem unable to. *Suppongo che dovrò aggiustare la lampada, dato che tu non sembri in grado di farlo.*|Since you've got no homework to do this evening, you can wash the dishes. *Visto che non hai compiti da fare stasera, puoi lavare i piatti.*

sincere /sɪn'sɪəʳ/ *agg*

sincero: a sincere wish to help other people, *un sincero desiderio di aiutare gli altri*|I don't think he was being sincere when he said that. *Non credo che fosse sincero quando disse così.*

sincerely /sɪn'sɪəli‖-ər-/ *avv*

1 *sinceramente:* I sincerely hope that you get better soon. *Spero sinceramente che tu guarisca presto.*
2 **Yours sincerely** (*formula con cui si chiude una lettera formale quando la si inizia con il nome del destinatario*) *Distinti saluti:* Dear Mrs Morgan, . . . Yours sincerely, Giorgio Silva. *Gentile Signora Morgan, . . . Distinti saluti, Giorgio Silva. – vedi anche* FAITHFULLY (*Nota*), *e **La Nota Grammaticale** Letter Writing*

sincerity /sɪn'ser̩ti/ s
⟨non num⟩ sincerità: a person of great
sincerity, una persona molto sincera

sing /sɪŋ/ vi, vt
⟨pass rem **sang**, p pass **sung**⟩ cantare:
to sing a song, cantare una canzone

singer /'sɪŋəʳ/ s
cantante: Gina has always wanted to
be a pop singer. Gina ha sempre
desiderato diventare una cantante pop.

single /'sɪŋgəl/ agg
1 ⟨solo attributivo⟩ solo: Kate's essay
did not have a single mistake in it. Nel
compito di Kate non c'era un solo
errore.|Andy had the job of listing
every single book in the library. Andy
aveva il compito di elencare tutti i libri
della biblioteca. 2 nubile, celibe: "Are
you married?" "No, I'm still single."
"Sei sposato/sposata?" "No, sono
ancora celibe/nubile." 3 ⟨solo
attributivo⟩ singolo: a single room in a
hotel, una camera singola in un
albergo|a single bed, un letto a una
piazza – confrontare con DOUBLE
4 ⟨solo attributivo⟩ di andata: "Four
tickets to Brighton, please." "Single or
return?" "Quattro biglietti per
Brighton, per piacere." "Solo andata o
andata e ritorno?" – confrontare con
RETURN — **single-decker (bus)**
s autobus (ad un solo piano)

singular /'sɪŋgjʊləʳ/
s, agg singolare: To form the plural,
just add an "s" to the singular. Per
formare il plurale basta agguingere una
"s" al singolare.|"Politics" is normally
a singular noun. "Politics" è
normalmente un sostantivo singolare.
– vedi anche **La Nota Grammaticale
Plurals of Nouns**

sink¹ /sɪŋk/ vi, vt
⟨pass rem **sank**, p pass **sunk**⟩ (fare)
affondare: The ship sank and all the
passengers were drowned. La nave
affondò e tutti i passeggeri

annegarono.|The stone quickly sank to the
bottom of the pond. La pietra toccò
rapidamente il fondo dello stagno.

sink² s
lavandino, acquaio, lavello: Andy's
washing the dishes in the kitchen sink.
Andy sta lavando i piatti nell'acquaio.

sir /sɜʳ/ forma enfatica sɜːʳ/ s
1 ⟨come forma cortese di indirizzo⟩
signore: Good afternoon, sir, can I
help you? Buona sera, signore, posso
auitarla?|The teacher asked Kate if she
had done her homework. "Yes, sir,"
she replied. L'insegnante domandò a
Kate se aveva fatto i compiti. "Sì,
signore" rispose.
■Nota: Quando ci si rivolge ad uno
sconosciuto, non è necessario usare
l'appellativo sir, generalmente usato
soltanto da coloro che lavorano a
contatto con il pubblico, come
commessi, agenti di polizia, ecc.
2 **Dear Sir** ⟨nell'intestazione di una
lettera formale⟩ signore: Dear Sir, . . .
Yours faithfully, Martin Jones.
Egregio signore, . . . Distinti ossequi,
Martin Jones.|Dear Sir or Madam,
Caro signore o signora
■Nota: **Dear Sir** è usato in lettere
formali quando non si conosce il nome
della persona a cui si scrive. – vedi
anche **La Nota Grammaticale Letter
Writing**
3 **Sir** ⟨titolo usato davanti al nome di
un cavaliere o baronetto⟩ Sir: Sir
Laurence Olivier, Sir Laurence Olivier

sirloin /'sɜːlɔɪn||'sɜːr-/ s
⟨non num⟩ controfiletto: a sirloin
steak, una bistecca di controfiletto

sister /'sɪstəʳ/ s
sorella: That's my sister, Ann. Quella
è mia sorella Ann.|I have a sister and a
brother. Ho una sorella e un fratello.

sister-in-law /'sɪstəʳ ɪn ˌlɔː/ s
⟨pl **sisters-in-law**⟩ cognata

sit /sɪt/ vi

⟨*pass rem e p pass* **sat**, *p pres* **sitting**⟩
sedersi: There were no chairs, so we
sat on the bed. *Non c'erano sedie, così
ci sedemmo sul letto.*|He was sitting in
his favourite armchair. *Era seduto
sulla sua poltrona favorita.*|She was
sitting at her desk, working. *Era
seduta alla scrivania e lavorava.*

sit down *vi*
sedersi: I went back to my seat and sat
down. *Ritornai al mio posto e mi
sedetti.*|Please sit down. *Prego, si
sieda.*|We have to stand up when the
teacher comes in, and wait until she
tells us to sit down. *Dobbiamo alzarci
quando l'insegnante entra, ed aspettare
fino a quando ci dice di sederci.*

sit up *vi*
tirarsi su a sedere, stare seduto diritto:
Lucy, sit up straight! *Lucy, sta seduta
diritta!*

site /saɪt/ *s*
luogo: a camp site, *un campeggio*|a
building site, *un cantiere di
costruzioni*|the site of a famous battle,
il luogo di una famosa battaglia

sitting room /ˈsɪtɪŋ ruːm, -rʊm/ *s*
⟨*pl* **sitting rooms**⟩ *salotto*: After dinner
we went into the sitting room to watch
TV. *Dopo cena andammo in salotto a
guardare la TV.*

situated /ˈsɪtʃʊeɪtɪd/ *agg*
⟨*solo predicativo*⟩ *situato*: Serengeti is
a national park which is situated in
Tanzania. *Serengeti è un parco
nazionale che si trova in Tanzania.*|
The school is situated next to the park.
La scuola è situata vicino al parco.

situation /ˌsɪtʃuˈeɪʃən/ *s*
situazione: The situation in parts of
Africa is still very bad. They still need
more food. *La situazione in alcune
regioni dell'Africa è ancora molto
grave. Hanno tuttora bisogno di più
cibo.*|a newspaper report describing
the political situation in France, *una*

*cronaca giornalistica descrivente la
situazione politica in Francia*

six /sɪks/ *agg, pron, s*
sei — **sixth** *agg, pron sesto* – *vedi anche*
La Nota Grammaticale Numbers

sixteen /ˌsɪkˈstiːn/ *agg, pron, s*
sedici – *vedi anche* **La Nota
Grammaticale Numbers**

sixty /ˈsɪksti/ *agg, pron, s*
sessanta – *vedi anche* **La Nota
Grammaticale Numbers**

size /saɪz/ *s*
1 *dimensione*: The children play with
building blocks of different shapes and
sizes. *I ragazzi giocano con le
costruzioni di dimensioni e forme
diverse.*|The size of the rooms makes
them difficult to heat. *La dimensione
delle stanze ne rende difficile il
riscaldamento.* **2** *taglia*: What size
shoes do you take? *Che numero di
scarpe porti?*|Do you have this dress in
a size 12/in my size? *Ha questo vestito
nella taglia 12/nella mia taglia?*

skate[1] /skeɪt/ *s*
pattino: a pair of ice skates, *un paio di
pattini da ghiaccio*|a pair of roller
skates, *un paio di pattini a rotelle*

skate[2] *vi*
⟨*pass rem e p pass* **skated**, *p pres*
skating⟩ *pattinare*: The children were
skating on the frozen pond. *I bambini
pattinavano sullo stagno ghiacciato.*|
We went roller-skating down the road.
*Correvamo giù per la strada coi pattini
a rotelle.* We went ice-skating at the
skating rink. *Siamo andati a pattinare
su ghiaccio sulla pista di pattinaggio.*
— **skater** *s pattinatore*

skateboard /ˈskeɪtbɔːd||-bɔːrd/ *s*
skate-board: The children were riding
down the pavement on their
skateboards. *I bambini correvano sul
marciapiede sui loro skate-board.*

skeleton /ˈskelɪtn/ *s*
scheletro

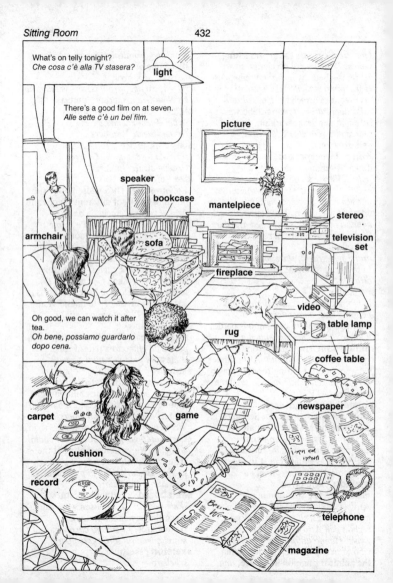

sketch[1] /sketʃ/ s
schizzo: a sketch map, *una piantina*

sketch[2] vi, vt
fare uno schizzo (di): They sketched the old buildings in the town, and then went back to school and coloured in their pictures. *Fecero uno schizzo dei vecchi edifici della città, poi tornarono a scuola che colorarono le figure.*

ski[1] /skiː/ s
sci

ski[2] vi
⟨*pass rem e p pass* **skied**, *p pres* **skiing**⟩ *sciare:* Let's ski down to the next valley. *Andiamo sugli sci fino alla prossima vallata.*|We're going skiing this Christmas. *Andiamo a sciare a Natale.*|a skiing holiday, *una vacanza sulla neve — **skier** s sciatore*

     water skiing s
sci acquatico

skid[1] /skɪd/ vi
⟨*pass rem e p pass* **skidded**, *p pres* **skidding**⟩ *slittare, sbandare:* The car skidded on the ice and went off the road. *La macchina è slittata sul ghiaccio ed è finita fuori strada.*

skid[2] s
slittamento, sbandamento

skilful (*IB*) *o* **skillful**(*IA*) /'skɪlfəl/ agg
abile: a skilful carpenter, *un abile falegname*|a skilful piece of work, *un abile lavoro*

skilfully (*IB*) *o* **skillfully**(*IAⁱ*) /'skɪlfəli/ avv
abilmente: She skilfully avoided the fallen tree and drove on. *Riuscì abilmente ad evitare l'albero ch'era caduto e andò oltre.*

skill /skɪl/ s
⟨*num e non num*⟩ *abilità, capacità:* He rode the horse with great skill. *Cavalcò con grande abilità.* Claudia is going to England to practise her language skills. *Claudia andrà in Inghilterra per sviluppare le sue capacità linguistiche.*

skin /skɪn/ s
⟨*num e non num*⟩ *pelle, buccia:* Babies have soft skin. *I bambini hanno la pelle morbida.*|a banana skin, *una buccia di banana*

skinny /'skɪni/ agg
magro, scarno – vedi anche THIN (*Nota*)

skip /skɪp/ vi
⟨*pass rem e p pass* **skipped**, *p pres* **skipping**⟩ 1 *saltellare, salterellare:* The child skipped down the street. *Il bambino saltellava giù per la strada.* 2 *saltare la corda:* The children were skipping in the playground. *I bambini saltavano la corda in cortile.*

skipping rope /'skɪpɪŋ rəʊp/ s
⟨*pl* **skipping ropes**⟩ *corda per saltare*

skirt /skɜːt‖skɜːrt/ s
gonna

skull /skʌl/ s
cranio

sky /skaɪ/ s
⟨*pl* **skies**⟩ *cielo:* a sunny day with a clear blue sky, *una giornata piena di sole con un limpido cielo blu*|The cloudy skies suggested rain. *Il cielo nuvoloso preannunciava la pioggia.*| Birds were flying in the sky. *Gli uccelli volavano nel cielo.*

skyscraper /'skaɪˌskreɪpəʳ/ s
grattacielo

slam /slæm/ vt, vi
⟨*pass rem e p pass* **slammed**, *p pres* **slamming**⟩ *sbattere:* The door slammed shut in the wind. *Il vento chiuse la porta con violenza.*|He was so angry he slammed the door behind him. *Era così arrabbiato che sbattè la porta dietro di lui.*

slang /slæŋ/ s
⟨*non num*⟩ *gergo*

slap[1] /slæp/ s
schiaffo, ceffone: He gave the child a slap on the hand. *Diede uno schiaffo al*

bambino sulla mano.

slap² *vt*

⟨*pass rem e p pass* **slapped**, *p pres* **slapping**⟩ *dare uno schiaffo a:* John's mother slapped his leg. *La madre di John gli diede uno schiaffo sulla gamba.*

sleep¹ /sliːp/ *s*

⟨*non num*⟩ *sonno:* How much sleep do you need each night? *Di quante ore di sonno hai bisogno per notte?*|Stop talking and **go to sleep**. *Smetti di parlare e dormi.*|I can't **get to sleep**. *Non riesco a dormire.*

sleep² *vi*

⟨*pass rem e p pass* **slept**⟩ *dormire:* She's sleeping. Don't waken her. *Dorme. Non svegliarla.*|I **slept like a log** last night. *Ho dormito come un sasso stanotte.*

■*Nota:* Gli aggettivi derivanti da **sleep** sono **asleep** e **sleepy**: Lucy is **asleep**. *Lucy sta dormendo.* Lucy is **sleepy**. *Lucy ha sonno.*

sleeping bag /'sliːpɪŋ bæg/ *s*

⟨*pl* **sleeping bags**⟩ *sacco a pelo:* Andy and Kate took their sleeping bags when they went camping. *Andy e Kate hanno portato i sacchi a pelo quando sono andati in campeggio.*

sleepy /'sliːpi/ *agg*

⟨*compar* **sleepier**, *sup* **sleepiest**⟩ *assonnato:* I'm feeling sleepy. I think I'll go to bed. *Ho sonno. Penso che andrò a letto.*

sleeve /sliːv/ *s*

manica: a long-sleeved pullover, *una maglia a maniche lunghe*

slept /slept/

pass rem e p pass del verbo **sleep**

slice¹ /slaɪs/ *s*

fetta: a slice of bread/ham/beef, *una fetta di pane/prosciutto/manzo*

slice² *vt*

⟨*pass rem e p pass* **sliced**, *p pres* **slicing**⟩ *affettare:* sliced bread, *pane a*

cassetta

slide¹ /slaɪd/ *vi, vt*

⟨*pass rem e p pass* **slid**, *p pres* **sliding**⟩ *scivolare:* He slid down the bannisters. *È scivolato giù per la balaustra.*|Slide the drawer out carefully. *Apri il cassetto attentamente.*

slide² *s*

1 *scivolo:* The children were playing on the slide. *I bambini giocavano sullo scivolo.* 2 *anche* **hair slide** *fermacapelli* 3 *diapositiva:* Claudia showed us some slides of her skiing holiday. *Claudia ci ha mostrato delle diapositive fatte durante le vacanze sulla neve.*|a slide projector, *un proiettore per diapositive*

slim¹ /slɪm/ *agg*

⟨*compar* **slimmer**, *sup* **slimmest**⟩ *magro, snello:* Mr Morgan looks slimmer since he started his diet. *Il signor Morgan sembra dimagrito da quando si è messo a dieta.* – *contrario* FAT; *vedi anche* THIN (*Nota*)

slim² *vi*

⟨*pass rem e p pass* **slimmed**, *p pres* **slimming**⟩ ⟨*usato generalmente nelle forme progressive*⟩ *dimagrire:* Mr Morgan has been slimming for two months now. *Il signor Morgan è a dieta da due mesi.*

slime /slaɪm/ *s*

⟨*non num*⟩ *melma, sostanza viscida:* The bottom of the boat was covered in green slime. *Il fondo della barca era coperto di melma verde.*

slimy /'slaɪmi/ *agg*

⟨*compar* **slimier**, *sup* **slimiest**⟩ *viscido, melmoso:* a slimy snake, *un viscido serpente*

slip¹ /slɪp/ *vi*

⟨*pass rem e p pass* **slipped**, *p pres* **slipping**⟩ 1 *scivolare:* He slipped and fell on the ice. *È scivolato ed è caduto sul ghiaccio.* 2 *infilarsi:* She slipped into her overalls. *Si infilò la tuta.* 3 *svignarsela:* He slipped out of school when no one was looking. *Se l'è svignata dalla scuola quando nessuno lo guardava.*

slip² *s*

1 *errore, sbaglio:* I made a slip when I was adding up the figures. *Ho fatto un errore facendo la somma.* **2** *bigliettino, talloncino:* I wrote the phone number on a slip of paper and now I can't find it. *Ho scritto il numero di telefono su un foglietto e adesso non riesco a trovarlo.* **3** *sottoveste*

slippery /'slɪpəri/ *agg*

sdrucciolevole, scivoloso: Be careful. The pavement's very slippery after the rain. *Sta' attento. Il marciapiede è molto scivoloso dopo la pioggia.*

slogan /'sləʊgən/ *s*

slogan: The police used a publicity campaign with the slogan "Don't drink and drive". *La polizia si è servita di una campagna pubblicitaria con lo slogan "Non guidare dopo aver bevuto".*

slow¹ /sləʊ/ *agg*

⟨*compar* **slower**, *sup* **slowest**⟩ **1** *lento:* This old car is very slow. *Questa vecchia auto è molto lenta.* – contrario FAST, QUICK **2** **be slow** (*di orologio, sveglia, ecc.*) *andare indietro:* I missed the bus because my watch was (five minutes) slow. *Ho perso l'autobus perchè il mio orologio andava indietro (di cinque minuti).* – contrario FAST

slow² *vi, vt*

⟨**down**⟩ *rallentare:* The car slowed down and then stopped outside the house. *L'auto rallentò e si fermò davanti alla casa.*|The police put signs near the scene of the accident to slow the traffic down. *La polizia mise dei segnali vicino al luogo dell'incidente per rallentare il traffico.*

slowly /'sləʊli/ *avv*

lentamente, piano: Say it again slowly. *Ripetilo lentamente.*|We walked slowly

home after school. *Dopo la scuola c'incamminammo lentamente verso casa.* – contrario FAST, QUICKLY

slum /slʌm/ *s*

⟨*generalmente plurale*⟩ *quartieri poveri, bassifondi:* They cleared the slums in order to build a new housing estate. *Ripulirono i quartieri poveri per costruire un nuovo quartiere residenziale.*

smack¹ /smæk/ *vt*

schiaffeggiare: Many parents don't approve of smacking their children. *Molti genitori non ritengono che sia giusto schiaffeggiare i propri figli.*

smack² *s*

pacca, schiaffo: If you don't behave I'll give you a smack. *Se non la smetti ti do uno schiaffo.*

small /smɔːl/ *agg*

⟨*compar* **smaller**, *sup* **smallest**⟩ *piccolo:* She lives in a small town near London. *Abita in una piccola città vicino Londra.*|These shoes are too small for me. *Queste scarpe sono troppo piccole per me.*|Do you want a large or a small loaf? *Vuole una pagnotta grande o piccola?* – contrario BIG, LARGE

smart /smɑːt‖smɑːrt/ *agg*

⟨*compar* **smarter**, *sup* **smartest**⟩ **1** *elegante, chic:* John always looks very smart when he goes out. *John è sempre molto elegante quando esce.*| smart clothes, *abbigliamento elegante* **2** (*spec IA*) *intelligente, sveglio:* If he's so smart, why did he fail his exams? *Se è così intelligente, come mai non ha superato gli esami?*

smash /smæʃ/ *vi, vt*

⟨**up**⟩ *rompere, infrangere, rompersi, andare in frantumi:* He dropped the plate and it smashed on the floor. *Ha fatto cadere il piatto che è andato in frantumi sul pavimento.*|to smash a window, *fracassare una finestra*|He smashed up his car in the accident. *Ha sfasciato la sua auto nell'incidente.*

smell¹ /smel/ *v*

⟨*pass rem e p pass* **smelt** *o* **smelled** (*spec IA*)⟩ ⟨*generalmente non usato nelle forme progressive*⟩ **1** *vt, vi* sentire odore di, odorare: I can smell gas. Is the cooker on? *Sento odore di gas. Il fornello è acceso?*|She bent down to smell the rose. *Si piegò a odorare la rosa.* **2** *vi* ⟨**of**⟩ sapere (di), odorare (di), puzzare (di): Those flowers smell nice. What are they? *Quei fiori hanno un buon profumo. Che fiori sono?*|The kitchen smelt of garlic. *La cucina odorava di aglio.*|I don't want any of that fish. It smells! *Non voglio quel pesce. Puzza!*

smell² *s*

⟨*num e non num*⟩ odore, profumo, puzzo: There was a strong smell of gas. *Si sentiva un puzzo di gas.*

smelly /'smeli/ *agg*

⟨*compar* **smellier**, *sup* **smelliest**⟩ puzzolente: a smelly old dog, *un vecchio cane puzzolente*

smelt /smelt/
pass rem e p pass del verbo smell

smile¹ /smaɪl/ *s*
sorriso: "Hello," she said with a smile. *"Ciao" disse lei con un sorriso.*|He gave me a big smile when I arrived. *Mi accolse con un bel sorriso.*

smile² *vi*
⟨*pass rem e p pass* **smiled**, *p pres* **smiling**⟩ ⟨**at sbdy** *o* **sthg**⟩ sorridere (a qn o a causa di qc): Kate smiled politely at the teacher's joke. *Kate sorrise cortesemente allo scherzo dell'insegnante.*|He smiled at me in a friendly way. *Mi sorrise amichevolmente.*

smoke¹ /sməʊk/ *s*
⟨*non num*⟩ fumo: The room was full of smoke. *La stanza era piena di fumo.*|a cloud of smoke, *una nuvola di fumo*

smoke² *v*
⟨*pass rem e p pass* **smoked**, *p pres* **smoking**⟩ **1** *vi, vt* fumare: "Cigarette?" "No thanks. I don't smoke." *"Sigaretta?" "No, grazie. Non fumo."*|He smokes a pipe. *Fuma la pipa.*|No smoking, *Vietato fumare* **2** *vi* fumare, fare fumo: The building was still smoking two days after the fire. *Due giorni dopo l'incendio l'edificio fumava ancora.*

smooth /smu:ð/ *agg*
⟨*compar* **smoother**, *sup* **smoothest**⟩ liscio: the smooth surface of glass, *la superficie liscia del vetro*|The baby had soft smooth skin. *Il bimbo aveva una pelle morbida e liscia.* – *contrario* ROUGH

smuggle /'smʌgəl/ *vt*
⟨*pass rem e p pass* **smuggled**, *p pres* **smuggling**⟩ contrabbandare, spacciare: They were caught trying to smuggle whisky. *Furono sorpresi mentre cercavano di contrabbandare whisky.*

smuggler /'smʌgləʳ/ *s*
contrabbandiere

snack /snæk/ *s*
spuntino: I'm a little bit hungry. I think I'll just have a snack before we go out. *Ho un po' fame. Penso che farò solo uno spuntino prima di uscire.*

snail /sneɪl/ *s*
chiocciola

snake /sneɪk/ *s*
serpente

snap /snæp/ *v*
⟨*pass rem e p pass* **snapped**, *p pres* **snapping**⟩ **1** *vi, vt* rompersi, rompere (con un colpo secco): The twig snapped when he stood on it. *Il ramoscello si è spezzato con un colpo secco quando lui lo ha calpestato.*|She snapped the biscuit in half. *Ruppe il biscotto a metà.* **2** **snap one's fingers** schioccare le dita: He snapped his

fingers to attract our attention.
*Schioccò le dita per attirare la nostra
attenzione.* **3** ⟨at⟩ *cercare di mordere:*
The dog snapped at the postman. *Il
cane ha cercato di mordere il postino.*

snatch /snætʃ/ *vt*
afferrare, strappare: He snatched the
paper from my hands and began to
read it. *Mi strappò il giornale dalle
mani e si mise a leggerlo.*|The thief
snatched the old lady's handbag and
ran off. *Il ladro ha afferrato la borsetta
dell'anziana signora ed è fuggito.*

sneeze¹ /sniːz/ *vi*
⟨*pass rem e p pass* **sneezed,** *p pres*
sneezing⟩ *starnutire:* I've got a cold
and I can't stop sneezing. *Ho il
raffreddore e non posso fare a meno di
starnutire.*

sneeze² *s*
starnuto

sniff /snɪf/ *v*
1 *vi tirare su con il naso:* Will you stop
sniffing and blow your nose! *Smettila
di tirar su con il naso e soffiatelo!* **2** *vi,
vt annusare:* The dog kept stopping to
sniff the ground. *Il cane si fermava
continuamente ad annusare il terreno.*

snore /snɔːr/ *vi*
⟨*pass rem e p pass* **snored,** *p pres*
snoring⟩ *russare:* My father snores so
loudly that nobody else can get to
sleep. *Mio padre russa così forte che
nessuno può dormire.*

snow¹ /snəʊ/ *s*
⟨*non num*⟩ *neve:* There's snow on the
ground this morning. *C'è la neve per
terra stamattina.*|Everyone went out to
play in the snow. *Ognuno uscì per
giocare nella neve.*

snow² *vi*
nevicare: Look! It's snowing! *Guarda!
Nevica!*

snow flake /'snəʊfleɪk/ *s*
fiocco di neve

snowman /'snəʊmæn/ *s*
⟨*pl* **snowmen**⟩ *pupazzo di neve*

snowy /'snəʊi/ *agg*
⟨*compar* **snowier,** *sup* **snowiest**⟩
nevoso, innevato: We had some snowy
weather in February. *Abbiamo avuto
un tempo nevoso in febbraio.*

so¹ /səʊ/ *avv*
1 *così:* It was so cold that we had to
go inside. *Faceva così freddo che
dovemmo rientrare.*|He spoke so
quickly I couldn't understand him.
*Parlò così velocemente che non riuscii
a capirlo.*|You shouldn't eat so much
salt. *Non dovresti mangiare con tanto
sale.*|I'm so glad you could come! *Sono
così contento che tu sia potuto venire!*
2 ⟨*al posto di un verbo
precedentemente usato*⟩: "Are you
going to Italy?" "I hope so. Are you?"
"I don't think so." *"Vai in Italia?"
"Spero di sì. E tu?" "Credo di no."*|"Is
Andy coming tonight?" "I expect so."
"What about Roger?" "Oh, I hope
not!" *"Viene Andy stasera?" "Penso di
sì." "E Roger?" "Oh, spero di no!"*
3 *anche:* "I'd love to go to Italy." "So
would I." *"Mi piacerebbe tanto andare
in Italia." "Anche a me."*|"Kate can
speak Italian." "So can I!" *"Kate parla
italiano." "Anch'io!"*|Kate lives in
Dover, and so does Andy. *Kate abita a
Dover, ed anche Andy.*

so² *cong*
1 *così:* I missed the bus so I just went
home again. *Ho perso l'autobus così
sono semplicemente tornato a casa.*
2 *so (that) in modo da, così da,
perchè:* We took a map so (that) we
wouldn't get lost. *Prendemmo una
cartina in modo da non perderci.*|
Andy's invited some friends to his
house so that he can show them his
new bike. *Andy ha invitato degli amici
a casa sua per far vedere loro la sua
bicicletta nuova.*|She drove him to the
station so that he wouldn't miss his

train. *L'ha portato in auto alla stazione perchè non perdesse il treno.* **3 so what?** *e allora?, e con questo?:* "Andy's just got a new bike". "So what?" *"Andy ha appena comprato una bicicletta nuova." "E allora?"*

soak /səʊk/ *vi, vt*
1 *essere/mettere in ammollo::* He left the really dirty clothes to soak before washing them. *Ha lasciato in ammollo i panni molto sporchi prima di lavarli.* **2** *inzuppare:* I got soaked on the way home from school. *Mi sono inzuppato completamente tornando da scuola.*

soap /səʊp/ *s*
⟨*non num*⟩ *sapone:* a bar of soap, *una saponetta*|soap powder, *detersivo*

soap opera /ˈsəʊp ˌɒpərə‖ˈsəʊp,ɑː-/ *s*
⟨*pl* **soap operas**⟩ ⟨*num e non num*⟩ *teleromanzo a puntate:* "Dallas" is a popular soap opera, *"Dallas" è un famoso teleromanzo a puntate.*

sob /sɒb‖saːb/ *vi, vt*
⟨*pass rem e p pass* **sobbed,** *p pres* **sobbing**⟩ *singhiozzare:* Lucy was sobbing in the corner. *Lucy singhiozzava nell'angolo.*

sober /ˈsəʊbəʳ/ *agg*
sobrio

so-called /ˌsəʊ ˈkɔːld/ *agg*
⟨*solo attributivo*⟩ *cosiddetto:* My so-called friends all disappeared when I needed help. *I miei cosiddetti amici si sono dileguati tutti quando ho avuto bisogno di aiuto.*|the so-called third world countries, *i cosiddetti paesi del terzo mondo*
■*Nota: L'aggettivo* **so-called** *viene spesso adoperato per far capire che non si è d'accordo con il termine usato.*

soccer /ˈsɒkəʳ‖-ər/ *anche* **football**
(*in Gran Bretagna*) *s*
⟨*non num*⟩ *calcio, football:* Andy plays soccer for the school. *Andy gioca a calcio per la scuola.*
■*Nota: La parola* **football** *è più usata*

della parola **soccer.**

sociable /ˈsəʊʃəbəl/ *agg*
socievole: a sociable couple, *una coppia socievole*

social /ˈsəʊʃəl/ *agg*
1 *sociale:* Unemployment is a social problem. *La disoccupazione è un problema sociale.*|The Morgans have a busy social life. They're always going out. *I Morgan hanno un'intensa vita sociale. Escono sempre.* **2** *socievole, sociale:* All the primates are very social animals. *Tutti i primati sono animali molto socievoli.*

society /səˈsaɪʌti/ *s*
⟨*pl* **societies**⟩ **1** ⟨*num e non num*⟩ *società:* Western society, *la società occidentale* **2** ⟨*num*⟩ *società, associazione:* a music society, *una società/un club di musica*

sociology /ˌsəʊsiˈɒlədʒi, ˌsəʊʃi-‖-ˈɑːlə-/ *s*
⟨*non num*⟩ *sociologia*

sock /sɒk‖saːk/ *s*
calzino, calzettone: a pair of socks, *un paio di calzini* – *vedi anche* STOCKING (*Nota*)

socket /ˈsɒkʌt‖ˈsaː-/ *s*
presa (di corrente): You should always take the plugs out of the sockets before you go to bed at night. *Bisogna sempre staccare le spine la sera prima di andare a letto.*

sofa /ˈsəʊfə/ *s*
sofà, divano: Andy was sitting on the sofa, reading. *Andy leggeva seduto sul divano.*

soft /sɒft‖sɔːft/ *agg*
⟨*compar* **softer,** *sup* **softest**⟩
1 *morbido, soffice:* a soft chair, *una sedia morbida*|The clay is still soft. If you press it you will leave a mark. *L'argilla è ancora morbida. Se premi con un dito ci rimane il segno.*|Babies have soft skin. *I bambini hanno la pelle morbida.* – *contrario* HARD

2 *dolce, sommesso:* There was some soft music playing in the background. *C'era della dolce musica da sottofondo.*|Her voice was soft and reassuring. *La sua voce era dolce e rassicurante.* – contrario LOUD

soft drink /ˌsɒft drɪŋk/ *s*
⟨*pl* **soft drinks**⟩ *analcolico:* Have you got any soft drinks? *Hai un analcolico?*

softly /ˈsɒftli‖ˈsɔːftli/ *avv*
piano, sommessamente, silenziosamente: He speaks so softly that I sometimes can't hear him. *Parla così piano che a volte non lo sento.*

software /ˈsɒftweəʳ‖ˈsɔːft-/ *s*
⟨*non num*⟩ *software:* Before you use the computer, you need to buy some software. *Prima di usare il computer bisogna comprare il software.*

soil /sɔɪl/ *s*
⟨*non num*⟩ *terreno, terra:* The soil isn't very good here, so not much will grow. *Il terreno non è molto buono qui, quindi non vi crescerà molto.*

solar /ˈsəʊləʳ/ *agg*
⟨*solo attributivo*⟩ *solare:* solar energy, *energia solare*

soldier /ˈsəʊldʒəʳ/ *s*
soldato

sole /səʊl/ *s*
1 *pianta (del piede)* **2** *suola*

solid¹ /ˈsɒlɪd‖ˈsɑː-/ *agg*
1 *solido:* The baby is old enough to ʼeat solid food now. *Il bambino è abbastanza grande per mangiare cibo solido adesso.* **2** *massiccio:* This furniture is made of solid oak. *Questi mobili sono di quercia massiccia.*

solid² *s*
solido: solids, liquids and gases, *solidi, liquidi e gas*

solution /səˈluːʃən/ *s*
⟨**to, for sthg**⟩ *soluzione (di qc):* The students had to work out the solutions to a number of problems. *Gli studenti hanno dovuto risolvere parecchi*

problemi.

solve /sɒlv‖sɑːlv, sɔːlv/ *vt*
⟨*pass rem e p pass* **solved**, *p pres* **solving**⟩ *risolvere:* How did you solve the problem? *Come risolvesti il problema?*

some /səm; *forma enfatica* sʌm/ *agg, pron*
1 *alcuni, qualche, un po':* Would you like some tea/biscuits? *Vuoi del tè/dei biscotti?*|"Have you got any cheese?" "Yes, there's some in the fridge." *"Hai del formaggio?" "Sì, ce n'è un po' nel frigorifero."*|I saw some people I knew there. *Vidi della gente che conoscevo lì.*|Some of these books are quite interesting. *Alcuni di questi libri sono piuttosto interessanti.*
■*Nota: Nelle frasi interrogative e negative si usa generalmente* **any**. – *vedi anche* **La Nota Grammaticale Some and Any**
2 *(si usa riferimento a qualcosa di non specificato)* Come back some other time. *Torna un'altra volta.* For some reason he just got up and left. *Non so per quale motivo si è alzato e se n'è andato.*

somebody /ˈsʌmbɒdi, -bədi‖-bɑːdi/ *anche* **someone** *pron*
qualcuno: We'll have to stop and ask somebody the way. *Dobbiamo fermarci a chiedere indicazioni a qualcuno.* Andy! There's somebody on the phone for you! *Andy! C'è qualcuno al telefono per te!* Somebody's taken my book. *Qualcuno ha preso il mio libro.*
■*Nota: Nelle frasi interrogative e negative si usa* **anybody/anyone**.

somehow /ˈsʌmhaʊ/ *avv*
1 *in qualche modo, in un modo o nell'altro:* I missed the bus, but I had to get to school somehow. *Ho perso l'autobus, ma ho dovuto andare a scuola in qualche modo.* **2** *per un motivo o per un altro:* Somehow I*

Some and Any

Si usano per esprimere una quantità indefinita, di persone o cose (del, della, dello; dei, delle, degli; qualche; alcuni, alcune; un po' di).

▶ **Some** *si usa nelle frasi affermative sia con sostantivi numerabili (che possono essere contati), sia con sostantivi non numerabili:*

- I'd like **some** crisps.
  Vorrei un pacchetto di patatine.
- She'd like **some** coffee.
  Vorrebbe del caffè.

▶ **Any** *si usa nelle domande e nelle frasi negative (**not ... any**): in questo caso indica l'assenza di quantità di persone o cose:*

- Have you got **any** tomato ketchup?
  Hai un po' di ketchup?
- There aren't **any** biscuits.
  Non ci sono biscotti.
- There isn't **any** water.
  Non c'è acqua.

▶ **Some** *e* **any** *sono usati anche come pronomi:*

- "Milk?" "No, thank you. I've got **some**."
  "Latte?" "No grazie. Ne ho."
- "Can you pass the mustard please?" "Sorry, there isn't **any**!"
  "Mi puoi passare la mostarda, per piacere?" "Mi dispiace, non ce n'è."

▶ **No** *e* **none** *indicano assenza di quantità:*

- We've got **no** bread and **no** biscuits.
  Non abbiamo nè pane nè biscotti.
- She wanted **some** chicken, but there was **none** left.
  Voleva del pollo, ma non ce n'era più.

Entrambi sono usati quando il verbo è alla forma affermativa (negli esempi we've got, she wanted).

Some and Any

No, *più enfatico di* **not ... any**, *è un aggettivo, quindi si può usare solo con un sostantivo che può essere sia un sostantivo singolare non numerabile che un sostantivo numerabile plurale.*

▶ **None** *è un pronome. Spesso è seguito da* **of**. *In questo caso può essere seguito da un sostantivo:*

  – **None** of the boys came to the party.
    Nessuno dei ragazzi è venuto alla festa.

Attenzione però

▶ *In queste domande, come puoi osservare, per indicare una quantità indefinita si usa* **some** *e non* **any**.
  Nelle domande l'uso di **some** *e* **any** *dipende dalla risposta che si potrebbe o si vorrebbe avere in quella situazione. Quando pensiamo che la risposta sarà positiva, ad esempio nelle offerte e nelle richieste, si usa* **some**.

  – Can you give me **some** potatoes, please?
    Puoi darmi delle patate per piacere?
  – Would you like **some** orange juice?
    Vuoi del succo d'arancia?
  – Can I have **some** apple pie please?
    Posso avere un po' di torta di mele per piacere?

knew this was going to be a good day. *Non so perchè, ma sapevo che questa sarebbe stata una buona giornata.*

someone /'sʌmwʌn/ *pron*
– *vedi* SOMEBODY

something /'sʌmθɪŋ/ *pron*
qualcosa: I'm hungry. I want something to eat. *Ho fame. Voglio qualcosa da mangiare.*|I've got something to tell you. *Devo dirti una cosa.*|He's late. Something must have happened to him. *È in ritardo. Deve essergli successo qualcosa.*
■*Nota: Nelle frasi interrogative e negative si usa* **anything.**

sometime /'sʌmtaɪm/ *avv*
un giorno, uno di questi giorni: Andy and Kate want to go to Milan sometime. *Andy e Kate vogliono andare a Milano un giorno.*|I'd like to see you sometime this week. *Vorrei vederti un giorno questa settimana.*

sometimes /'sʌmtaɪmz/ *avv*
qualche volta, a volte: He writes good essays sometimes. *A volte fa dei buoni temi.*|I sometimes go to the theatre, but I usually go to the cinema. *A volte vado a teatro, ma di solito vado al cinema.*

somewhere /'sʌmweə'/ *anche*
someplace *(IA) avv*
da qualche parte, in qualche posto: You should be able to park somewhere near the station. *Dovresti poter parcheggiare da qualche parte vicino alla stazione.*|The cinema was full so we had to go somewhere else. *Il cinema era pieno così siamo dovuti andare da un'altra parte.*
■*Nota: Nelle frasi interrogative e negative si usa* **anywhere.**

son /sʌn/ *s*
figlio: Ms Porter has three children: two daughters and a son. *La signora Porter ha tre ragazzi: due figlie ed un figlio.* – *vedi anche* CHILD **(Nota)**

sonata /sə'nɑːtə/ *s*
sonata

song /sɒŋ||sɔːŋ/ *s*
canzone

son-in-law /sʌn-ɪn-lɔː/ *s*
⟨*pl* **sons-in-law**⟩ genero

soon /suːn/ *avv*
presto, fra poco, subito: I hope the bus gets here soon. I'm cold. *Spero che l'autobus arrivi presto. Ho freddo.*|Let me know your decision **as soon as possible.** *Fammi sapere che cosa hai deciso il più presto possibile.*|Bye-bye. See you soon. *Ciao, a presto.*

sore /sɔː'/ *agg*
⟨*compar* **sorer,** *sup* **sorest**⟩ che fa male: I've got a sore throat. *Ho mal di gola.*|My feet are sore from walking such a long way. *Mi fanno male i piedi dopo aver camminato così a lungo.*

sorry /'sɒri||'sɑːri, 'sɔːri/ *agg*
⟨*compar* **sorrier,** *sup* **sorriest**⟩ **1** triste, addolorato: I was very sorry to hear about your mother. *Mi è dispiaciuto molto quando ho spauto di tua madre.* **2 feel sorry for** sbdy dispiacersi per qn: I feel sorry for John. He's always so unlucky. *Mi dispiace per John. È sempre così sfortunato.* **3 be sorry** ⟨**to do** sthg *o* **(that)** *o* **for, about**⟩ dispiacersi (di fare qc o che o di, per): I'm sorry I shouted at you. I didn't mean to get angry. *Mi dispiace di avere urlato contro di te. Non intendevo arrabbiarmi.*|I'm sorry to bother you, but could I borrow some sugar? *Scusami se ti disturbo ma potrei prendere in prestito un po' di zucchero?*|"I'd like a pound of apples, please." "Sorry. We don't sell fruit." *"Vorrei una libbra di mele, per favore." "Mi dispiace. Non vendiamo frutta."* **4 Sorry!** Mi scusi!, scusa!: Sorry! I didn't see you standing there. *Scusa! Non ti vedevo laggiù.*|"Hey, look out." "Sorry!" *"Ehi, sta' attento!"*

"Scusa!" **5** (*si usa per esprimere un cortese rifiuto*): (I'm) sorry but you can't eat your sandwiches in the library. *Mi dispiace ma non si possono consumare panini in biblioteca.* **6** (*si usa per chiedere a qualcuno di ripetere quanto ha appena detto*) *che cosa?*, *come?:* "My name is Kevin Watts." "Sorry?" "Kevin Watts." *"Mi chiamo Kevin Watts." "Scusi?" "Kevin Watts."* – *vedi anche* EXCUSE (*Nota*)

sort[1] /sɔːt‖sɔːrt/ *s*

genere, tipo: You meet all sorts of people when you're on holiday. *Si incontrano ogni tipo di persone quando si è in vacanza.*|What sort of clothes do you like to wear? *Che genere di abiti ti piace indossare?* – *vedi anche* KIND (*Nota*)

sort[2] *vt*

classificare, mettere in ordine, suddividere: Can you sort the books into stories and reference? *Puoi suddividere i libri in racconti e libri di consultazione?*

sort out *vt*

⟨sort sthg ↔ out⟩ *risolvere:* There's been a problem at the office, and Mrs Brown had to go in and sort it out. *Hanno avuto dei problemi in ufficio e la sigora Brown è dovuta andare lì a risolverli.*

SOS /ˌes əʊ 'es/ *s*

'*S.O.S.:* The ship sent out an SOS signal when the engine failed. *La nave ha lanciato un S.O.S. quando il motore si è fermato.*

soul /səʊl/ *s*

1 ⟨num⟩ *anima* **2** *anche* **soul music** ⟨non num⟩ *musica soul*

sound[1] /saʊnd/ *s*

⟨num e non num⟩ *suono, rumore:* I heard a sound from the next room. *Ho sentito un rumore nella camera accanto.*|The sound is no good; there aren't enough loudspeakers. *L'audio*
non è buono; non ci sono abbastanza altoparlanti.*|Listen and repeat the sounds and patterns. *Ascolta e ripeti i suoni e le strutture.*

sound[2] *v*

1 *vi* ⟨non usato nelle forme progressive⟩ *sembrare:* From what Andy was saying, John sounds like a nice person. *Da quello che diceva Andy, John sembra una brava persona.*|I want to see that science fiction film. It sounds really exciting. *Voglio vedere quel film di fantascienza. Sembra che sia davvero entusiasmante.* **2** *vt suonare:* He sounded his horn to warn the cyclist. *Ha suonato il clacson per avvertire il ciclista.*

soup /suːp/ *s*

⟨non num⟩ *minestra, zuppa:* a bowl of tomato soup, *una scodella di crema di pomodoro*

sour /saʊəʳ/ *agg*

⟨compar **sourer**, *sup* **sourest**⟩ *aspro, acido, acre:* The milk went sour in the sun. *Il latte si è inacidito al sole.*|sour green apples, *mele verdi e acri*

south[1] /saʊθ/ *avv*

verso sud: These birds fly south in the winter. *Questi uccelli volano verso sud in inverno.*

south[2] *agg*

⟨of⟩ the South Pole, *il polo sud*| Brighton is south of London. *Brighton è a sud di Londra.*

south[3] *s*

⟨preceduto da **the**⟩ *sud, meridione:* Dover is in the south of England. *Dover si trova nel sud dell'Inghilterra.*

south-east[1] /ˌsaʊθ'iːst/ *s*

⟨preceduto da **the**⟩ *sud-est*

south-east[2] *agg, avv*

sud-est, verso sud-est

southern /'sʌðən‖-ərn/ *agg*

del sud, meridionale: Emilio went on a trip to southern Italy. *Emilio fece un viaggio nell'Italia meridionale.*

southward /'saʊθwəd||-ərd/ – anche
southwards agg, avv
verso sud: a southward journey, un
viaggio verso sud|They were sailing
southward. Stavano navigando verso
sud.

south-west[1] /,saʊθ'west/ s
⟨preceduto da the⟩ sud-ovest: The
wind was blowing from the south-west.
Il vento soffiava da sud-ovest.

south-west[2] agg, avv
sud-ovest, verso sud-ovest

sow[1] /saʊ/ s
scrofa – vedi anche PIG (Nota)

sow[2] /səʊ/ vi, vt
⟨pass rem **sowed**, p pass **sown** o
sowed⟩ seminare: They were sowing
rice for harvesting in the spring.
Seminavano il riso per il raccolto
primaverile.

space /speɪs/ s
1 ⟨num e non num⟩ spazio: There's
not enough space for all of us. Non c'è
abbastanza spazio per tutti noi.|There's
plenty of space in the wardrobe for
your clothes. C'è tanto spazio per i tuoi
vestiti nell'armadio.|There are no car
parking spaces left. Non ci sono più
posti liberi nel parcheggio. **2** ⟨non
num⟩ spazio: to travel through space,
viaggiare nello spazio|a space station,
una stazione spaziale

spacecraft /'speɪs-krɑːft||-kræft/ s
⟨pl **spacecraft**⟩ veicolo spaziale

spaceman /'speɪsmæn/ anche
astronaut s
⟨pl **spacemen**⟩ astronauta, cosmonauta

spaceship /'speɪsʃɪp/ s
astronave, navicella spaziale

spade /speɪd/ s
vanga: to dig with a spade, scavare con
una vanga

spaghetti /spə'geti/ s
⟨non num⟩ spaghetti: Would you like
(some) spaghetti for your dinner? Ti
andrebbe un piatto di spaghetti per
cena?

span /spæn/ s
spanna, apertura: the wing span of an
aircraft, l'apertura alare di un aereo

spanner /'spænər/ anche **wrench**
(IA) s
chiave fissa: She loosened/tightened
the nut with a spanner. Svitò/avvitò il
dado con una chiave fissa.

spare[1] /speər/ vt
⟨pass rem e p pass **spared**, p pres
sparing⟩ risparmiare, avanzare: "How
much do you want to borrow?" "Can
you spare five pounds?" "Quanto vuoi
prendere in prestito?" "Ti avanzano
cinque sterline?"|I wonder if you could
spare me five minutes to answer some
questions about the town? Non
avrebbe cinque minuti per rispondere
ad alcune domande sulla città?

spare[2] agg
⟨non usato al compar o sup⟩ in più, di
riserva: What does Cindy do in her
spare time? Cosa fa Cindy nel tempo
libero?|My jeans are ruined and I
haven't got a spare pair. I miei jeans
sono rovinati e non ne ho un altro
paio.|a spare wheel, una ruota di
scorta

sparrow /'spærəʊ/ s
passero

spat /spæt/
pass rem e p pass del verbo **spit**

speak /spiːk/ vi, vt
⟨pass rem **spoke**, p pass **spoken**⟩ ⟨to
sbdy about sthg⟩ parlare (a o con qn di
qc): The teacher spoke to us about
choosing a career. L'insegnante ci
parlò della scelta di una carriera.|
"Hallo. Is that you, Kate?"
"Speaking." "Pronto. Sei tu, Kate?"
"Sì, sono io."|Can I speak to Andy,
please? Posso parlare con Andy, per
piacere?|Can you speak German? Parli
tedesco?
■Nota: **Speak** e **talk** hanno un

significato affine, ma **talk** *suggerisce che si tratta di una conversazione tra due o più persone, mentre* **speak** *suggerisce che tratta di una sola persona che sta dicendo qualcosa:* The headteacher **spoke** to us about preparing for the exams. Afterwards we **talked** about the exams for some time. *Il direttore ci parlò della preparazione agli esami. Poi parlammo degli esami per un po'. Entrambi sono seguiti dalla preposizione* **to.**

speaker /'spiːkə^r/ *s*
1 *che parla, interlocutore:* To be successful, a politician needs to be a good speaker. *Per riuscire, un politico deve essere un buon oratore.* **2** *anche* **loudspeaker** *altoparlante:* Anna has bought some new speakers for her stereo. *Anna ha comprato delle casse nuove per il suo stereo.*

special[1] /'speʃəl/ *agg*
particolare, speciale: a special case, *un caso speciale*|John made a special effort in his exams this year. *John fece uno sforzo particolare durante i suoi esami quest'anno.*|Lucy's birthday is always a special occasion. *Il compleanno di Lucy è sempre un'occasione speciale.*

special[2] *s*
a TV special on drug abuse, *un servizio televisivo speciale sull'abuso della droga*|What's today's special? *Qual'è la specialità del giorno?*

specialist /'speʃəlɪst/ *s*
specialista: a specialist in child psychology, *uno specialista in psicologia infantile*

specialize *o* **specialise** /'speʃəlaɪz/ *vi*
⟨*pass rem e p pass* **specialized,** *p pres* **specializing**⟩ ⟨**in**⟩ *specializzarsi (in):* John's brother specialized in modern Italian literature at university. *Il fratello di John si è specializzato in letteratura italiana moderna*

all'università.

specially /'speʃəli/ *anche*
especially *avv*
1 *specialmente, apposta:* Bruno went to England specially to see Claudia. *Bruno è andato in Inghilterra apposta per vedere Claudia.*|The building was designed specially for children. *L'edificio fu progettato apposta per ragazzi.* **2** *particolarmente:* It has been specially cold this winter. *Ha fatto particolarmente freddo quest'inverno.*

spectacles /'spektəkəlz/ *s pl*
occhiali: When did you start wearing spectacles? *Da quando porti gli occhiali?*|a pair of spectacles, *un paio di occhiali*
■*Nota: La parola* **spectacles** *è più formale della parola* **glasses.**

speech /spiːtʃ/ *s*
⟨*pl* **speeches**⟩ **1** ⟨*non num*⟩ *parola:* If you suffer brain damage you sometimes lose the power of speech. *In seguito a lesioni al cervello si può perdere l'uso della parola.* **2** ⟨*num*⟩ *discorso:* The Prime Minister has made a speech about economic policy. *Il Primo Ministro ha fatto un discorso concernente la politica economica.*| direct speech, *discorso diretto* indirect speech, *discorso indiretto*

speed /spiːd/ *s*
1 ⟨*num e non num*⟩ *velocità:* In Britain we measure speed in miles per hour. *In Gran Bretagna la velocità si misura in miglia all'ora.*|The new Ferrari has a top speed of 180 m.p.h. *La nuova Ferrari può raggiungere una velocità massima di 180 miglia all'ora.* **2** ⟨*num*⟩ *marcia:* a five-speed bike, *una bici a cinque marce*

spell /spel/ *vt, vi*
⟨*pass rem e p pass* **spelt** *o* **spelled** (*spec IA*)⟩: How do you spell your surname? *Come si scrive il tuo cognome?*|"Rough" is spelt "r o u g*

h". "*Rough*" *si scrive* "r o u g h".|
Andy can't spell. *Andy fa errori di
ortografia.*

spelling /'spelɪŋ/ *s*
⟨*num e non num*⟩ *ortografia:* Andy's
spelling isn't very good. *Andy fa errori
di ortografia.*|The spelling of some
words is different in British and
American English. *Alcune parole si
scrivono in modo diverso nell'inglese
britannico e nell'inglese americano.*

spelt /spelt
pass rem e p pass del verbo **spell**

spend /spend/ *vi, vt*
⟨*pass rem e p pass* **spent**⟩ 1 ⟨*on*⟩
spendere (in): I can't go to the cinema
tonight. I've already spent this week's
pocket money. *Non posso andare al
cinema stasera. Ho già speso i miei
soldi settimanali.*|He spends a lot of
money on clothes. *Spende un sacco di
soldi in vestiti.* 2 *trascorrere, passare:* I
seem to spend a lot of time waiting for
buses. *Passo un sacco di tempo ad
aspettare gli autobus.*|Kate and Andy
are hoping to spend the summer in
Milan. *Kate ed Andy sperano di poter
trascorrere l'estate a Milano.*

spice /spaɪs/ *s*
⟨*num e non num*⟩ *spezia*

spicy /'spaɪsɪ/ *agg*
⟨*compar* **spicier,** *sup* **spiciest**⟩
piccante: I don't like spicy food. *Non
mi piace il cibo piccante.*

spider /'spaɪdəʳ/ *s*
ragno

spill /spɪl/ *vt, vi*
⟨*pass rem e p pass* **spilt** *o* **spilled**⟩
rovesciare(-si), versare(-si): I spilt my
coffee all over my homework. *Ho
versato il caffè sui compiti.*|I knocked
my coffee over and it spilt all over the
carpet. *Ho rovesciato il caffè e si è
versato tutto sulla moquette.*

spin /spɪn/ *vt, vi*
⟨*pass rem e p pass* **spun,** *p pres*

spinning⟩ *girare (-si):* The wheels of
the bus were spinning on the icy road.
*Le ruote dell'autobus giravano a vuoto
sulla strada ghiacciata.*|Kate spun
round to see who had come in. *Kate si
girò intorno per vedere chi era entrato.*

spinach /'spɪnɪdʒ, -ɪtʃ||-ɪtʃ/ *s*
⟨*non num*⟩ *spinaci:* Would you like
some spinach? *Vuoi degli spinaci?*

spine /spaɪn/ *anche* **backbone** *s*
spina dorsale: Alberto fell off a wall
and damaged his spine. *Alberto è
caduto da un muro e si è lesionato la
spina dorsale.*

spirit /'spɪrɪt/ *s*
1 ⟨*num*⟩ *spirito:* the Father, the Son
and the Holy Spirit, *il Padre, il Figlio e
lo Spirito Santo* 2 ⟨*num e non num*⟩
spirito: Their spirits were high as they
set off on holiday. *Erano in ottimo
spirito quando sono partiti per le
vacanze.*|There was good team spirit in
the hockey team. *C'era un buono
spirito di collaborazione nella squadra
di hockey.* 3 ⟨*num*⟩ ⟨*generalmente
plurale*⟩ *liquore:* Mrs Morgan doesn't
drink spirits; she prefers beer. *La
signora Morgan non beve liquori;
preferisce la birra.*

spit /spɪt/ *vi, vt*
⟨*pass rem e p pass* **spat** *o* **spit** (*IA*), *p
pres* **spitting**⟩ ⟨*out*⟩ *sputare:* He spat
out the cherry stones. *Ha sputato i
noccioli delle ciliege.*

spite /spaɪt/ *s*
⟨*non num*⟩ 1 *dispetto:* He didn't need
my books. He just took them out of
spite. *Non aveva bisogno dei miei libri.
Li ha presi solo per dispetto.* 2 **in spite
of** *nonostante, malgrado:* She finished
the marathon in spite of the blisters on
her feet. *Ha terminato la maratona
nonostante le vesciche sui piedi.*
■*Nota: Osserva che la locuzione* **in
spite of** *è sempre seguita da un
sostantivo. Quando si vuole usare un*

*verbo dopo questa locuzione, è
necessario aggiungere* **the fact that** *a in
spite of:* **in spite of the fact that** *it was raining.
Decidemmo di andare nonostante
stesse piovendo.*

splash[1] /splæʃ/ *vi, vt*
schizzare: The rain splashed on the
windows. *La pioggia schizzava sui
vetri delle finestre.*|Everyone standing
next to the pool got splashed when he
jumped in. *Quando si tuffò in acqua,
schizzò tutti quelli che si trovavano
vicino alla piscina.*

splash[2] *s*
tonfo: He jumped in the pool with a
huge splash. *Si è tuffato nella piscina
con un gran tonfo.*

spoil /spɔɪl/ *vt*
⟨*pass rem e p pass* **spoilt** *o* **spoiled**⟩
1 *rovinare:* I knocked paint all over
my picture and spoilt it. *Ho fatto
rovesciare il colore sul mio quadro e
l'ho rovinato.*|Ben spoilt the party by
being sick all over the carpet. *Ben ha
rovinato la festa vomitando sul tappeto.*
2 *viziare:* They spoilt the child when
he was young and now he's
unbearable. *Hanno viziato il figlio
quando era piccolo ed ora è
insopportabile.*|a spoilt child, *un
bambino viziato*

spoke /spəʊk/
pass rem del verbo **speak**

spoken /'spəʊkən/
p pass del verbo **speak**

sponge /spʌndʒ/ *s*
spugna

spooky /'spu:ki/ *agg*
⟨*compar* **spookier,** *sup* **spookiest**⟩
(*fam*) *sinistro:* The attic is dark and a
bit spooky. *L'attico è buio e un po'
sinistro.*

spoon /spu:n/ *s*
cucchiaio

spoonful /'spu:nfʊl/ *s*

⟨*pl* **spoonsful** *o* **spoonfuls**⟩ *cucchiaio,
cucchiaiata:* Add two spoonfuls of
sugar to the mixture. *Aggiungere due
cucchiai di zucchero all'impasto.*

sport /spɔːt||spɔːrt/ *s*
1 ⟨*num e non num*⟩ *sport:* What
sports do you do at school? *Quali
sport praticate a scuola?* **2** ⟨*num*⟩
persona di spirito, persona generosa:
Come on, Andy! Be a sport and lend
me your bike. *Dai Andy! Sii generoso
e imprestami la tua bici.*

sportsbag /'spɔːts bæg||'spɔːrts-/ *s*
borsa per l'attrezzatura sportiva

sports centre /'spɔːts 'sentəʳ||
'spɔːrts-/ *s*
⟨*pl* **sports centres**⟩ *centro sportivo*

spot /spɒt||spɑːt/ *s*
1 *puntino, macchia:* a white dress with
blue spots, *un vestito bianco a puntini
blu*|Leopards have brown spots. *I
leopardi hanno macchie marroni.*|
There were several spots of paint on
the window. *C'erano parecchi schizzi
di tinta sui vetri della finestra.* **2** *posto:*
This looks like a nice spot for a picnic.
*Questo sembra un posto simpatico per
un picnic.*|This is a good spot to watch
the match from. *Questo è un buon
posto per assistere alla partita.*
3 *foruncolo, brufolo:* If I eat too much
chocolate I get spots. *Se mangio
troppa cioccolata mi escono i
foruncoli.*

spread /spred/ *vi, vt*
⟨*pass rem e p pass* **spread**⟩ ⟨**out**⟩
*estendersi, diffondere (-si), spargere
(-si):* The city has spread out into the
countryside. *La città si è estesa nella
campagna.*|The disease is spreading
quickly. *La malattia si sta diffondendo
rapidamente.*|The players spread out
around the field. *I giocatori si sparsero
per il campo.*|She spread the map out
on the table. *Aprì la cartina sul tavolo.*
2 *spalmare:* He spread peanut butter

on his sandwich. *Ha spalmato il burro di arachidi sul panino.*

spring /sprɪŋ/ *s*
1 *primavera:* Claudia hopes to go to England in the spring. *Claudia spera di andare in Inghilterra in primavera.*
2 *molla:* This chair needs new springs. *Questa sedia ha bisogno di molle nuove.*

spun /spʌn/
pass rem e p pass del verbo **spin**

square[1] /skweə'/ *s*
1 *quadrato* **2** *piazza:* the market square, *la piazza del mercato*

square[2] *agg*
1 *quadrato:* a square table top, *un tavolo quadrato* **2** *quadrato:* The town covers eight square kilometres. *La città occupa una superficie di otto chilometri quadrati.*

squash[1] /skwɒʃ||skwɑːʃ, skwɔːʃ/ *vt*
schiacciare: In the rush hour people are all squashed together on the buses and in the tube. *Nelle ore di punta sugli autobus e sulla metropolitana le persone sono schiacciate l'una contro l'altra.*|I put the tomatoes in the bottom of my shopping bag, and they all got squashed. *Ho messo i pomodori sul fondo della borsa per la spesa e si sono tutti schiacciati.*

squash[2] /skwɒʃ||skwɑːʃ, skwɔːʃ/
⟨*non num*⟩ **1** *sciroppo:* Could I have a glass of orange squash, please? *Posso avere un bicchiere di sciroppo di arancia, per favore?* **2** *squash:* Let's have a game of squash! *Facciamo una partita a squash! – vedi anche* COURT ⟨*Nota*⟩

squeeze /skwiːz/ *vt*
⟨*pass rem e p pass* **squeezed**, *p pres* **squeezing**⟩ *premere, stringere:* freshly squeezed orange juice, *una spremuta di arancia*

St
abbr scritta di **1** **Street** *via:* Oxford St,

Via Oxford **2** **Saint** *Santo, Santa:* St Luke's Gospel, *Il Vangelo Secondo San Luca*

stadium /'steɪdɪəm/ *s*
⟨*pl* **stadiums** *o* **stadia**⟩ *stadio*

staff /stɑːf||stæf/ *s*
personale: The teaching staff are having a meeting. *Il personale insegnante è in riunione.*|a staff meeting, *una riunione del personale*| the staff room, *la sala professori*

stage /steɪdʒ/ *s*
1 *fase, stadio:* The invention of the floppy disk was an important stage in the development of micro-computers. *L'invenzione del floppy disk ha rappresentato una fase importante nello sviluppo dei microcomputer.* **2** *palco, palcoscenico:* The band came on stage and started to play. *La banda salì sul palco e cominciò a suonare.*

stair /steə'/ *s*
⟨*generalmente plurale*⟩ *scalino, gradino, scale:* These stairs lead up to the attic. *Queste scale portano all'attico.*|There's a small cupboard under the stairs. *C'è un piccolo ripostiglio sotto le scale.*|to go up the stairs, *salire le scale*

staircase /'steəkeɪs||-ər-/ *s*
scala

stamp[1] /stæmp/ *v*
1 *vi, vt* *battere, pestare, battere il piede per terra:* He stood at the bus stop, stamping his feet in the cold. *Era alla fermata dell'autobus e batteva i piedi per il freddo.* **2** *vt* *timbrare, bollare:* The customs official stamped Claudia's passport. *L'impiegato della dogana ha timbrato il passaporto di Claudia.*

stamp[2] *s*
1 *anche* **postage stamp** *francobollo:* He put a stamp on the letter and posted it. *Affrancò la lettera e la imbucò.* **2** *timbro, bollo*

stand[1] /stænd/ *v*

⟨*pass rem e p pass* **stood**⟩ 1 *vi stare in piedi:* There were a lot of people standing at the bus stop. *C'era molta gente in piedi alla fermata dell'autobus.* 2 *vi* ⟨(**up**)⟩ *alzare (-si):* They all stood (up) when the President entered. *Quando entrò il presidente tutti si alzarono.* 3 *vt* ⟨**against**⟩ *appoggiare (contro):* He stood his bike against the wall. *Appoggiò la bici contro il muro.* 4 *vt sopportare:* I can't stand him! *Non lo sopporto!*

stand[2] *s*
tribuna: We watched the game from the stand. *Assistemmo alla partita dalla tribuna.*

standard[1] /'stændəd||-ərd/ *s*
standard, livello: Kate's work is up to her usual high standard. *Il lavoro di Kate è, come al solito, ad alto livello.*| Some people think that educational standards have fallen. *Alcuni credono che il livello d'istruzione si sia abbassato.*|the standard of living, *il livello di vita*

standard[2] *agg*
normale, standard: a standard fare of 30p wherever you go, *una tariffa unica di 30 pence indipendentemente dal . percorso*|The car comes in a standard model and a de-luxe model. *L'automobile viene prodotta in un modello standard e in uno di lusso.*

star[1] /stɑːʳ/ *s*
1 *stella* 2 *divo, stella, star:* Who's your favourite pop star? *Chi preferisci tra le star della musica pop?*|a film star, *un divo del cinema*

star[2] *vi, vt*
⟨*pass rem e p pass* **starred**, *p pres* **starring**⟩ 1 *essere il protagonista:* Who starred in "Ghostbusters III"? *Chi era il protagonista di "Ghostbusters III"?* 2 *essere interpretato da:* a western starring Clint Eastwood, *un western interpretato da Clint Eastwood*

stare /steəʳ/ *vi*
⟨*pass rem e p pass* **stared**, *p pres* **staring**⟩ ⟨**at**⟩ *fissare:* He stared at me for so long I thought something was wrong. *Mi fissò così a lungo che pensai ci fosse qualcosa che non andasse.*|She sat staring out of the window. *Stava seduta fissando fuori dalla finestra.*
— **stare** *s sguardo (fisso)*

start[1] /stɑːt||stɑːrt/ *v*
1 *vt, vi* ⟨**sthg** *o* **to do sthg** *o* **doing sthg**⟩ *cominciare (qc o a fare qc), iniziare (qc):* The programme starts at 7.30. *Il programma comincia alle 7.30.*|Start each answer on a new page. *Scrivete ogni risposta su una nuova pagina.*|It's starting raining *o* to rain again. *Ha ricominciato a piovere.*| Bruno wants to start a computer club. *Bruno vuole fondare un club del computer.* 2 *vt, vi avviare, mettere in moto, partire:* She started the car and drove off. *Mise in moto l'auto e partì.*| The car wouldn't start this morning. *La macchina non si metteva in moto stamattina.* 3 *vi, vt* ⟨**off**⟩ *avviarsi, partire, cominciare:* We started (off) from Edinburgh at eight o'clock. *Siamo partiti da Edimburgo alle otto.*

start[2] *s*
inizio, partenza: The runners are lined up at the start. *I corridori sono allineati alla partenza.*|The runners got off to a good start. *I corridori hanno fatto un'ottima partenza.*|We made a start on painting the house last week. *Abbiamo cominciato a pitturare la casa la settimana scorsa.*

starvation /stɑːˈveɪʃən||stɑːr-/ *s*
⟨*non num*⟩ *inedia:* Many people in Africa have died of starvation. *Molta gente in Africa è morta di fame.*

starve /stɑːv||stɑːrv/ *vi, vt*
⟨*pass rem e p pass* **starved**, *p pres* **starving**⟩ 1 *soffrire la fame, far patire la fame a:* Many people in parts of

Africa are starving. *In alcune regioni dell'Africa molti soffrono la fame.* 2 *(fam) morire di fame:* I'm starving. Is there anything to eat? *Sto morendo di fame. Non c'è niente da mangiare?*

state¹ /steɪt/ *s*

1 *condizione, stato:* The old bike that John found was in a very bad state. *La vecchia bicicletta che John aveva trovato era in pessime condizioni.* 2 *stato:* In some countries, important industries are owned by the state. *In alcuni paesi le industrie importanti appartengono allo Stato.*|Italy is one of the member states of the EEC. *L'Italia è uno degli stati membri della CEE.* 3 *stato:* the state of Nebraska in the United States of America *lo stato del Nebraska negli Stati Uniti d'America*

state² *vt*

⟨*pass rem e p pass* **stated,** *p pres* **stating**⟩ ⟨**sthg o that**⟩ *dichiarare, affermare (qc o che):* The witness stated that he had seen the woman in the bank. *Il testimone affermò di aver visto la donna in banca.*

statement /'steɪtmənt/ *s*

dichiarazione, affermazione: The Prime Minister made a statement to the press. *Il Primo Ministro fece una dichiarazione alla stampa.*

station /'steɪʃən/ *s*

1 *stazione:* Does this bus go to the (railway) station? *Quest'autobus va alla stazione (ferroviaria)?*|Could you tell me where the bus station is, please? *Potrebbe dirmi, per favore, dov'è la stazione degli autobus?*|an underground station, *una stazione metropolitana* 2 *(insieme ad alcuni sostantivi)* a police station, *una stazione di polizia*|a petrol station, *una stazione di servizio*|a fire station, *una caserma dei pompieri* 3 *stazione:* a TV/radio station, *una stazione*

televisiva/radiofonica

stationary /'steɪʃənəri||-neri/ *agg*

fermo, immobile: The motorway traffic was stationary because of an accident. *Il traffico sull'autostrada era fermo a causa di un incidente.*

stationery /'steɪʃənəri||-neri/ *s*

⟨*non num*⟩ *articoli di cancelleria*

statue /'stætʃuː/ *s*

statua: the statue of Nelson in Trafalgar Square, *la statua di Nelson in Trafalgar Square*

stay¹ /steɪ/ *vi*

1 *stare, rimanere:* Stay where you are! Don't move! *Rimani dove sei! Non muoverti!*|Andy had to stay late at school to finish off some work. *Andy è dovuto rimanere a scuola fino a tardi per finire del lavoro.*|Mrs Morgan always manages to stay cheerful. *La signora Morgan riesce sempre a stare di buon umore.*|Lucy stayed up late to watch a television programme. *Lucy è rimasta sveglia fino a tardi a guardare un programma televisivo. – vedi anche* REMAIN **(Nota)** 2 *stare:* Claudia is going to stay with the Morgans for the summer. *Claudia trascorrerà l'estate dai Morgan.*|Emilio is going to stay at a hotel in Naples. *Emilio alloggerà in un albergo a Napoli.*

stay² *s*

soggiorno: After a short stay in Naples, Emilio returned to Milan. *Dopo un breve soggiorno a Napoli, Emilio è ritornato a Milano.*

steak /steɪk/ *s*

⟨*num e non num*⟩ *bistecca:* Would you like steak and chips for your dinner? *Ti andrebbe una bistecca con patatine fritte per cena?*

steal /stiːl/ *vt, vi*

⟨*pass rem* **stole,** *p pass* **stolen**⟩ ⟨**sthg from sbdy**⟩ *rubare, sottrarre (a):* She was accused of stealing a computer from the school. *Fu accusata di aver* *rubato un computer a scuola.*|Andy's bike has been stolen. *È stata rubata la bici di Andy.*|The murderer escaped in a stolen car. *L'assassino fuggì su un'auto rubata.*

■*Nota: I verbi* steal *(rubare) e* rob *(derubare o svaligiare) sono pressochè sinonimi ma reggono, come in italiano, preposizioni e costruzioni differenti. Il complemento oggetto di* steal *è sempre la cosa che si ruba a* (from) *qualcuno, mentre il complemento oggetto di* rob *può essere la persona che viene derubata di* (of) *qualcosa o il luogo che viene svaligiato di* (of) *qualcosa. Si confronti perciò:* They **stole** fifty pounds **from** the old woman. *Rubarono cinquanta sterline all'anziana signora.* con: They **robbed** the old woman **of** fifty pounds. *Derubarono l'anziana signora di cinquanta sterline.*

steam /stiːm/ s
⟨*non num*⟩ *vapore:* a steam engine, *una locomotiva a vapore*

steel /stiːl/ s
⟨*non num*⟩ *acciaio:* stainless steel knives and forks, *coltelli e forchette di acciaio inossidabile*|the steel industry, *l'industria dell'acciaio*

steep /stiːp/ agg
⟨*compar* **steeper,** *sup* **steepest**⟩ *ripido:* The path was too steep for them to climb. *Il sentiero era troppo ripido perché potessero risalirlo.* |a steep hill, *una collina scoscesa*

steeply /stiːpli/ avv
ripidamente: The hill rises steeply outside the town. *La collina s'innalza ripida fuori città.*

steer /ˈstɪəʳ/ vt, vi
guidare, dirigere, sterzare: He steered the boat between the rocks. *Sterzò la barca tra le rocce.*|She steered round the fallen tree. *Sterzò intorno all'albero che si era abbattuto sulla*

strada.

stem /stem/ s
stelo a broken stem, *uno stelo rotto*

step[1] /step/ s
1 *passo:* The baby took a couple of steps and then fell over. *Il bimbo fece due passi e cadde.*|There was the sound of steps outside. *Fuori si sentì un rumore di passi.* 2 *gradino, scalino:* Be careful. The second step isn't very firm. *Sta' attento. Il secondo scalino non è molto sicuro.*

step[2] vi
⟨*pass rem e p pass* **stepped,** *p pres* **stepping**⟩ *fare un passo, camminare:* We had to step over the rubbish to get to the bin. *Abbiamo dovuto scavalcare le immondizie per poter raggiungere il bidone.*|She stepped aside to let them pass. *Si fece da parte per lasciarli passare.*|He stepped on my foot. *Mi ha calpestato il piede.*

stereo /ˈsterɪəʊ, ˈstɪər-/ s, agg
stereo: Gina's bought a new stereo. *Gina ha comprato un nuovo stereo.*

stern /stɜːn||stɜːrn/ s
poppa

stew[1] /stjuː||stuː/ s
⟨*num e non num*⟩ *stufato:* We're having (a) beef stew for dinner. *C'è stufato di manzo per cena.*

stew[2] vt, vi
stufare, cuocere in umido: We'll have stewed plums for pudding. *E come dolce ci saranno delle prugne cotte.*

steward /ˈstjuːəd||ˈstuːərd/ *anche* **flight attendant** (fem) s
assistente di viaggio: The steward checked that our seat belts were fastened. *L'assistente di viaggio si accertò che le cinture di sicurezza fossero allacciate.*

stick[1] /stɪk/ s
bastone, ramoscello: He threw a stick for the dog to fetch. *Lanciò un ramoscello che il cane andò a*

raccogliere.|They gathered sticks for the fire. *Raccolsero ramoscelli per il fuoco.*

stick² *v*

⟨*pass rem e p pass* **stuck**⟩ **1** *vt ficcare, conficcare:* He stuck a fork in the potatoes to see if they were cooked. *Ficcò una forchetta nelle patate per vedere se fossero cotte.* **2** *vi, vt attaccarsi, appiccicarsi, incollare:* Graziella stuck her new pictures in her photograph album. *Graziella ha incollato le sue foto nuove sull'album.*| The mud sticks to your shoes and you can't get it off. *Il fango si appiccica alle scarpe e non si riesce a staccare.* – *vedi anche* STUCK

stick out *vi, vt*

⟨*stick sthg ↔ out*⟩ *sporgere, tirar fuori, allungare (qc):* Be careful with that shelf. One of the nails is sticking out. *Fa' attenzione a quello scaffale. C'è un chiodo che sporge.*|Lucy stuck out her tongue at her mother and was sent to bed. *Lucy ha fatto le linguacce alla mamma ed è stata mandata a letto.*

sticker /'stɪkə'/ *s*

adesivo: anti-nuclear stickers, *adesivi contro l'energia nucleare*

sticky /'stɪki/ *agg*

⟨*compar* **stickier,** *sup* **stickiest**⟩ **1** *adesivo:* Have you got any sticky labels? *Hai delle etichette adesive?* **2** *appiccicoso:* My hands are all sticky. *Ho le mani tutte appiccicose.*

stiff /stɪf/ *agg*

⟨*compar* **stiffer,** *sup* **stiffest**⟩ *rigido, duro:* a piece of stiff card, *un pezzo di cartoncino rigido*|The car door's a bit stiff. I think it needs a drop of oil. *La porta dell'auto si apre con difficoltà. Penso ci voglia una goccia di olio.*

still¹ /stɪl/ *agg*

1 *fermo, immobile:* Keep still. It won't hurt. *Sta' fermo. Non farà male.* **2** *tranquillo, silenzioso:* There wasn't

a sound in the still night. *Non si sentiva il minimo rumore nella notte silenziosa.*

still² *avv*

1 *ancora:* "Are you going out?" "No. It's still raining." *"Esci?" "No, piove ancora."*|Bruno still hasn't finished his homework. He'll never get to bed tonight. *Bruno non ha ancora finito i compiti. Chissà se andrà a letto stanotte.*

■*Nota:* **Still** *è usato principalmente in frasi affermative e presuppone un'azione continuata:* It is **still** raining. **Yet** *è usato soprattutto in frasi negative ed interrogative e sottintende che qualcosa accadrà in un prossimo futuro:* I haven't finished my homework **yet.** *Non ho ancora finito di fare i compiti.*|Has it stopped raining **yet**? *Non ha ancora smesso di piovere?* **Already** *presuppone che qualcosa accada molto velocemente:* Kate's finished her homework **already.** It only took her 20 minutes. *Kate ha già finito di fare i compiti. Ci ha messo soltanto 20 minuti.*

2 *tuttavia, nonostante ciò:* It was wet and cold but we still had to go out and play hockey. *Faceva freddo e pioveva, ma nonostante ciò dovemmo uscire per giocare ad hockey.*|The radio's a bit old. Still, it works. *La radio è un po' vecchia. Nonostante ciò, funziona.*

sting /stɪŋ/ *vt*

⟨*pass rem e p pass* **stung**⟩ *pungere, pizzicare*

stir /stɜːʳ/ *vt*

⟨*pass rem e p pass* **stirred,** *p pres* **stirring**⟩ *mescolare:* Keep stirring the paint until it's well mixed. *Continua a mescolare la tinta fino a quando non è ben mischiata.*|He couldn't taste the sugar in his coffee because he hadn't stirred it. *Non poteva assaporare lo zucchero nel suo caffè perché non lo* *aveva mescolato.*

stitch[1] /stɪtʃ/ *s*

punto: Andy had eleven stitches in his knee. *Andy aveva undici punti sul ginocchio.*

stitch[2] *vt*

cucire: Andy stitched a patch on his jeans. *Andy ha cucito una toppa sui jeans.*

stock[1] /stɒk||stɑːk/ *s*

⟨*num e non num*⟩ *provvista, scorta, stock:* We don't keep those in stock, but I could order one for you. *Noi non li teniamo in stock ma potrei ordinarne uno per lei.*|I'm afraid we're out of stock, but we're expecting some more next week. *Mi dispiace, ma è esaurito. Dovrebbe arrivarne dell'altro la settimana prossima.*

stock[2] *vt*

tenere: We don't stock those, but I could order one for you. *Non ne teniamo in magazzino, ma potrei ordinarne uno per lei.*

stocking /'stɒkɪŋ||'stɑː-/ *s*

calze: a pair of stockings, *un paio di calze*

■*Nota: La parola* **stockings** *generalmente indica calze lunghe da donna. Il termine comunemente usato per indicare calzini di lana o cotone è* **socks.**

stomach /'stʌmək/ *s*

⟨*num e non num*⟩ *stomaco:* I've got (a) stomach ache. *Ho mal di stomaco.*

stone /stəʊn/ *s*

1 ⟨*non num*⟩ *pietra:* a stone building, *un edificio di pietra*|The bridge was made of stone. *Il ponte era fatto di pietra.* 2 ⟨*num*⟩ *pietra, sasso:* They were throwing stones at the tin. *Colpivano il barattolo con le pietre.* 3 *anche* pit (*IA*) *nocciolo:* a cherry/plum/peach stone *un nocciolo di ciliegia/prugna/pesca*

stood /'stʊd/

pass rem e p pass del verbo **stand**

stool /stuːl/ *s*

sgabello: to sit on a stool, *sedersi su uno sgabello*

stop[1] /stɒp||stɑːp/ *v*

1 *vt, vi* ⟨*sthg o doing sthg*⟩ *mettere fine a, smettere (qc), finire, cessare (di fare qc):* Stop what you're doing and listen to me. *Smetti quello che stai facendo e da' retta a me.*|The workmen stop for lunch at one o'clock. *Gli operai fanno una pausa per il pranzo all'una.*|It's stopped raining *o* The rain has stopped. *È cessato di piovere.*|Will you stop making that noise! *La smetti di far rumore!* 2 *vi, vt* fermare (-si), *arrestare (-si):* The bus stopped and we all got on. *L'autobus si fermò e tutti salimmo.*|The climbers stopped to have a rest. *Gli alpinisti si fermarono per riposare.*|I stopped a policeman to ask him the way. *Ho fermato un agente di polizia per domandargli la strada.* 3 *vt* ⟨*from*⟩ *impedire a qn (di):* I just managed to stop him (from) rushing out after them. *Sono appena riuscito ad impedirgli di correre dietro di loro.*|I'm going out and you can't stop me! *Esco e non puoi impedirmelo!*

stop[2] *s*

1 *arresto, pausa:* The train slowed to a stop and we looked out to see what was happening. *Il treno rallentò fino all'arresto e ci affacciammo per vedere che cosa stesse succedendo.* 2 *anche* bus stop *fermata:* We get off at the next stop. *Noi scendiamo alla prossima fermata.*

full stop *s*

punto

store[1] /stɔːʳ/ *vt*

⟨*pass rem e p pass* **stored,** *p pres* **storing**⟩ *fare provvista di, immagazzinare:* When the Common Market produces too much grain they have to store it in large warehouses.

*Quando i paesi del Mercato Comune
producono cereali in eccedenza devono
conservarli in grandi magazzini.*|The
squirrel was storing nuts for the
winter. *Lo scoiattolo stava facendo
provvista di noci per l'inverno.*

store² *s*
1 *provvista, scorta:* a store of apples,
una scorta di mele **2** *deposito:* a
furniture store, *un deposito di mobili*|a
grain store, *un deposito di cereali*
3 *anche* **department store** *grande
magazzino:* a city centre store, *un
grande magazzino del centro*

storey (*IB*) *o* **story** (*IA*) /'stɔːri/
s
⟨*pl* **storeys** *o* **stories**⟩ *piano:* an
eleven-storey office block, *un palazzo
per uffici di undici piani*

storm /stɔːm‖stɔːrm/ *s*
tempesta, bufera: I think there's going
to be a storm tonight. *Penso ci sarà
una tempesta stanotte.*

stormy /'stɔːmi‖-ɔːr-/ *agg*
⟨*compar* **stormier,** *sup* **stormiest**⟩
burrascoso: stormy weather, *tempo
burrascoso*|stormy seas, *mari
burrascosi*

story /'stɔːri/ *s*
⟨*pl* **stories**⟩ **1** *storia, racconto:* The
teacher read a story to the children.
*La maestra ha letto una storia ai
bambini.*|a children's story book, *un
libro di racconti per bambini*|to tell a
story, *raccontare una storia*
– *confrontare con* HISTORY **2** *IA di*
storey *piano:* That skyscraper has fifty
stories. *Quel grattacielo ha cinquanta
piani.*

stove /stəʊv/ *s*
cucina (fornelli): a gas stove, *una
cucina a gas*
■*Nota: La parola* **cooker** *è più comune
della parola* **stove.**

straight /streɪt/ *agg, avv*
⟨*compar* **straighter,** *sup* **straightest**⟩

1 *dritto:* long straight hair, *capelli
lunghi e lisci*|a straight line, *una linea
dritta*|Carry straight on, you can't miss
it. *Va' sempre dritto, non puoi
sbagliarti.* **2** *direttamente, diritto,
difilato:* Come straight home after
school. *Torna difilato a casa dopo la
scuola.*|We drove straight to Dover
without stopping. *Siamo andati
direttamente a Dover senza fermarci.*

straightaway /ˌstreɪtə'weɪ/ *avv*
subito, immediatamente: I asked him a
question and he answered
straightaway. *Gli feci una domanda e
mi rispose immediatamente.*

straighten /'streɪtn/ *vt, vi*
raddrizzare, raddrizzarsi

strain¹ /streɪn/ *vt, vi*
1 *forzare, sforzarsi:* I was straining
(my ears) to hear what they were
saying in the next room. *Mi stavo
sforzando per sentire quello che si
diceva nella stanza accanto.* **2** *stirare:*
She strained a muscle in her leg
playing hockey. *Si è provocata uno
stiramento muscolare alla gamba
giocando ad hockey.* **3** *passare,
filtrare:* Strain the liquid to remove
any lumps. *Filtra il liquido per
liberarlo da tutti i grumi.*

strain² *s*
⟨*num e non num*⟩ **1** *tensione, sforzo:*
The rope broke under the strain. *La
corda si è spezzata a causa della
tensione.* **2** *fatica, tensione:* He has
been under a lot of strain lately.
*Ultimamente è stato molto sotto
tensione.*|the stresses and strains of
modern life, *le tensioni ed il logorio
della vita moderna*

strainer /'streɪnəʳ/ *s*
passino, colino: a tea strainer, *un
colino per il tè*

strange /streɪndʒ/ *agg*
⟨*compar* **stranger,** *sup* **strangest**⟩
1 *strano, curioso:* A strange thing

happened to me this morning. *Stamattina mi è capitata una cosa strana.*|It's strange that you don't know her. *È strano che non la conosci.*|I saw a very strange man on the bus yesterday. *Ho visto un uomo molto strano ieri sull'autobus.*
2 *sconosciuto:* Milan is still a bit strange to Kate, but she managed to find her way to the station. *Kate non conosce ancora bene Milano, ma è riuscita a ritrovare la strada per la stazione.*

stranger /'streɪndʒəʳ/ s
sconosciuto, forestiero, estraneo: I'm a stranger here myself. *Anch'io sono forestiero.*

strap¹ /stræp/ s
cinturino, cinghia, tracolla: The strap on my bag has broken. *La tracolla della borsa si è rotta.*|a watch strap, *un cinturino d'orologio*

strap² vt
⟨pass rem e p pass **strapped**, p pres **strapping**⟩ *allacciare:* He strapped the bag to his bike. *Ha allacciato la borsa alla bici.*

straw /strɔː/ s
1 ⟨non num⟩ *paglia* 2 ⟨num⟩ *anche* **drinking straw** *cannuccia*

strawberry /'strɔːbəri||-beri, -bəri/ s
⟨pl **strawberries**⟩ *fragola:* a strawberry milkshake, *un frappè alla fragola*

stream /striːm/ s
1 *ruscello:* They jumped across the stream and went into the woods. *Saltarono al di là del ruscello e andarono nel bosco.* 2 *flusso, fiumana:* a stream of people, *una fiumana di gente*|a constant stream of traffic, *un flusso continuo di traffico*

street /striːt/ s
strada, via: We live in the house at the end of the street. *Noi abitiamo nella casa in fondo alla via.*|a one-way street, *una strada a senso unico*

■*Nota:* La parola **street** sta ad indicare una strada di città con negozi o case. La parola **road** può assumere lo stesso significato di **street**, ma può anche indicare una strada di campagna. La parola **way** generalmente non si riferisce ad una particolare strada o via ma è piuttosto usato nel senso di direzione o rotta: What is the quickest **way** to the station from here? *Qual è la strada più corta da qui alla stazione?*|My house is this **way**. *Casa mia è in questa direzione.*

strength /streŋθ, streŋθ/ s
⟨non num⟩ *forza:* Gina is getting her strength back after her illness. *Gina sta recuperando le forze dopo la malattia.*

strengthen /'streŋθən, 'streŋθən/ vt, vi
rinforzare (-si), consolidare (-si): They had to strengthen the fence against the wind. *Hanno dovuto rinforzare il recinto per il vento.*

stress¹ /stres/ s
⟨num e non num⟩ 1 *tensione, stress:* Many people suffer from stress, both at home and at work. *Molti sono sottoposti a stress sia a casa che sul lavoro.* 2 *accento:* In "sympathetic", the stress falls on the third syllable: "sym-pa-THE-tic". *Nella parola "sympathetic" l'accento cade sulla terza sillaba: "sym-pa-THE-tic".*

stress² vt
1 *sottolineare, mettere in rilievo:* The teacher stressed the need for careful revision before the exams. *L'insegnante ha sottolineato il bisogno di un buon ripasso prima degli esami.* 2 *mettere in rilievo, porre l'accento su:* In "bicycle", you stress the first syllable: "BI-cy-cle". *Nella parola "bicycle" l'accento cade sulla prima sillaba: "BI-cy-cle".*

stretch¹ /stretʃ/ v
1 vt, vi *tendere (-si), allargare (-si),*

stretch[1] /strɛtʃ/ v

stirare (-si): My pullover stretched when I washed it. Now it's too long! *Il mio pullover si è allungato quando l'ho lavato. Ora è troppo lungo!*|He stretched the cloth over the jar. *Ha teso la pezza sul barattolo.* 2 *vi estendersi:* The forest stretches for miles. *La foresta si estende per delle miglia.* 3 *vi, vt stirarsi, stiracchiarsi:* He stretched (himself) and yawned. *Si è stiracchiato ed ha sbadigliato.*|The cat stretched out in front of the fire. *Il gatto si è sdraiato davanti al fuoco.*

stretch[2] *s*

tratto, distesa: They found a quiet stretch of road to practise driving. *Trovarono un tratto di strada tranquillo per fare un po' di pratica di guida.*

stretcher /'strɛtʃər/ *s*

barella: They put the injured player on a stretcher and carried her off the pitch. *Hanno messo la giocatrice ferita su una barella e l'hanno portata fuori dal campo.*

strict /strɪkt/ *agg*

⟨*compar* **stricter**, *sup* **strictest**⟩ *severo, rigido:* strict parents/teachers, *genitori/insegnanti severi*

strike[1] /straɪk/ *v*

⟨*pass rem e p pass* **struck**, *p pres* **striking**⟩ 1 *vt, vi colpire:* She struck the ball hard into the net. *Colpì forte la palla mandandola in rete.*

■*Nota: Il verbo* **strike** *è più formale del verbo* hit.

2 *scioperare:* The teachers are striking because of government cuts in education. *Gli insegnanti scioperano a causa dei tagli effettuati dal governo nel campo dell'istruzione.* 3 *trovare, scoprire:* They have struck oil in the North Sea. *Hanno trovato del petrolio nel Mare del Nord.*

strike[2] *s*

sciopero: The miners have gone **on strike.** *I minatori si sono messi in sciopero.*

string /strɪŋ/ *s*

1 ⟨*num e non num*⟩ *spago:* tied up with string, *legato con uno spago*|a piece of string, *un pezzo di spago* 2 ⟨*num*⟩ *corda:* a guitar string, *una corda di chitarra*

strip[1] /strɪp/ *v*

⟨*pass rem e p pass* **stripped**, *p pres* **stripping**⟩ ⟨**off**⟩ 1 *vt spogliare, staccare, togliere:* They had to strip (off) the wallpaper before they could start painting. *Hanno dovuto staccare la carta da parati prima di cominciare a pitturare.* 2 *vi spogliarsi, svestirsi:* When the sun came out the children stripped (off) and jumped into the water. *Quando uscì il sole i bambini si spogliarono e si tuffarono nell'acqua.*

strip[2] *s*

striscia, nastro: a strip of paper, *una strisciolina di carta*|a strip of land, *un lembo di terra*

strip cartoon /ˌstrɪp kɑː'tuːn‖-kɑːr'-/ *s*

⟨*pl* **strip cartoons**⟩ *fumetto:* Do you read the strip cartoons in the paper? *Leggi i fumetti sul giornale?*

stripe /straɪp/ *s*

riga, striscia: A zebra has black and white stripes. *La zebra ha delle strisce nere e bianche.*

strong /strɒŋ‖strɔːŋ/ *agg*

⟨*compar* **stronger**, *sup* **strongest**⟩ 1 *forte:* Gorillas are very strong. *I gorilla sono molto forti.*|a strong wind, *un forte vento* 2 *solido:* They put up a strong fence to keep the animals in. *Hanno eretto un solido steccato per tenere dentro gli animali.* 3 *forte:* This tea's a bit strong for me; I prefer it weak. *Questo tè è un po' forte per me; io lo preferisco leggero.*

struck /strʌk/

pass rem e p pass del verbo **strike**

structure /'strʌktʃər/ *s*

1 *struttura:* the structure of society, *la struttura della società* **2** *costruzione, struttura:* The structure of the building has gone up, now they have to finish it off. *Hanno eretto la struttura dell'edificio, adesso devono completarlo.*

struggle[1] /'strʌgəl/ *vi*

⟨*pass rem e p pass* **struggled,** *p pres* **struggling**⟩ ⟨**with, against**⟩ *lottare (con, contra):* The police struggled briefly with the man. *C'è stato un breve scontro tra la polizia e l'uomo.*| He struggled to get free. *Lottò per liberarsi.*

struggle[2] *s*

lotta: There was a brief struggle before the police took the man. *C'è stata una breve lotta prima che la polizia prendesse l'uomo.*

stuck[1] /stʌk/ *agg*

⟨*solo predicativo*⟩ **1** *bloccato, incastrato:* The drawer's stuck again. I can't open it. *Il cassetto si è incastrato di nuovo. Non riesco ad aprirlo.*|The bus got stuck in a traffic jam this morning. *L'autobus è rimasto bloccato nel traffico stamattina.* **2** *attaccato, appiccicato:* There's a piece of chewing gum stuck to my shoe. *Ho un pezzo di gomma americana appiccicato alla scarpa.* **3** *bloccato:* I'm stuck on question 2. *Sono bloccato alla domanda numero 2.*

stuck[2]

pass rem e p pass del verbo **stick**

student /'stju:dənt||'stju:-/ *s*

1 *studente, studentessa:* The university has about ten thousand students. *L'università ha circa diecimila studenti.* **2** *spec IA allievo (-a):* The students are between eleven and eighteen years of age. *Gli allievi variano fra gli undici ed i diciotto anni d'età. – vedi anche* PUPIL (*Nota*)

study[1] /'stʌdi/ *s*

⟨*pl* **studies**⟩ **1** ⟨*non num*⟩ *studio:* One

room in the school is used for private study. *Una sala della scuola è riservata allo studio individuale.* **2** ⟨*generalmente plurale*⟩ *studi:* Andy is taking computer studies this year. *Quest'anno Andy studierà informatica.* **3** ⟨*num e non num*⟩ *esame, indagine:* They are carrying out a study of pollution in the water supply. *Stanno conducendo un'indagine sull'inquinamento della rete idraulica.* **4** ⟨*num*⟩ *(stanza da) studio:* Mr Morgan has converted the attic into a study. *Il signor Morgan ha convertito l'attico in uno studio.*

study[2] *v*

⟨*pass rem e p pass* **studied,** *p pres* **studying**⟩ **1** *vt, vi studiare:* Sue and Jenny are studying English. *Sue e Jenny studiano inglese.*|Mary is studying to be a doctor. *Mary studia medicina.*|Don't disturb him while he's studying. *Non disturbarlo mentre studia.* **2** *vt esaminare, indagare:* They are studying the effects of pollution on old buildings. *Si stanno indagando gli effetti dell'inquinamento sui vecchi edifici.*

stuff[1] /stʌf/ *s*

⟨*non num*⟩ *roba:* "What's this stuff?" "It's fibreglass. I'm making a model boat." *"Cos'è questa roba?" "È fibra di vetro. Sto facendo un modellino di barca."*|I'm taking all my sports stuff home today. *Oggi porterò a casa tutta la mia roba da sport.*

stuff[2] *vt*

1 *riempire, imbottire:* to stuff a toy animal, *imbottire un animale di pezza*| Her bag was stuffed full of toys. *La sua borsa era piena zeppa di giocattoli.* **2** *farcire:* to stuff the Christmas turkey, *farcire il tacchino natalizio*

stuffing /'stʌfɪŋ/ *s*

⟨*non num*⟩ **1** *ripieno, imbottitura:* The stuffing is coming out of Lucy's teddy bear. *L'imbottitura se ne sta uscendo dall'orsacchiotto di Lucy.* **2** *farcitura:* apricot and walnut stuffing for the turkey, *una farcitura per il tacchino a base di albicocche e noci*

stung /stʌŋ/
pass rem e p pass del verbo **sting**

stunt /stʌnt/ *s*
acrobazia: He did stunts on a high wire above the street. *Fece delle acrobazie su un alto cavo sovrastante la strada.*|His most dangerous stunt was to drive a car into the sea. *La sua acrobazia più pericolosa era guidare la macchina fin dentro al mare.*

stuntman /'stʌntmæn/ *anche*
stuntwoman (*fem*) *s*
⟨*pl* **stuntmen** *o* **stuntwomen** (*fem*)⟩
stunt-man

stupid /'stjuːpɪd||'stuː-/ *agg*
stupido, sciocco: Don't be stupid! Of course you'll pass your exams! *Non essere sciocco! Certo che supererai i tuoi esami!*

stupidity /stjuː'pɪdʒti||stuː-/ *s*
⟨*non num*⟩ *stupidità*

style /staɪl/ *s*
⟨*num e non num*⟩ **1** *stile:* I don't like that style of house. *Non mi piacciono le case in quello stile.*|a hair style, *una pettinatura* **2** *stile:* Claudia always manages to dress with style. *Claudia si veste sempre con stile.*

subject /'sʌbdʒɪkt/ *s*
1 *argomento:* Many subjects were covered in the debate on law and order. *Durante il dibattito sull'ordine pubblico sono stati affrontati molti argomenti.* – *vedi anche* ARGUMENT (**Trabocchetto**) **2** *materia:* Kate is studying nine subjects for her exams. *Kate sta studiando nove materie per gli esami.*|Physics is her best subject. *Fisica è la materia in cui riesce meglio.* **3** *suddito, cittadino:* a British subject, *un cittadino britannico* **4** *soggetto:*

"Kate" is the subject of the sentence "Kate went swimming". *"Kate" è il soggetto della frase "Kate went swimming".*

substance /'sʌbstəns/ *s*
sostanza: The side of the boat was covered in a sticky black substance. *Il fianco della barca era ricoperto di una sostanza nera ed appiccicosa.*

subtract /səb'trækt/ *vt*
⟨**from**⟩ *sottrarre (da):* If you subtract 4 from 10 you get 6. *Se sottrai 4 da 10 ottieni 6.* — **subtraction** *s* ⟨*num e non num*⟩ *sottrazione*

suburb /'sʌbɜːb||-ɜːrb/ *s*
⟨*spesso plurale*⟩ *sobborgo, periferia:* Kate and Andy used to live in a London suburb. *Kate ed Andy prima vivevano in un sobborgo di Londra.*| She lives in the suburbs of Manchester. *Abita alla periferia di Manchester.*

subway /'sʌbweɪ/ *s*
1 (*IB*) *sottopassaggio, passaggio sotterraneo* **2** *IA di* **tube** *metropolitana*

succeed /sək'siːd/ *vi*
⟨**in sthg** *o* **doing sthg**⟩ *riuscire (a, in), aver successo (in):* Andy succeeded in saving enough money to buy a new bike. *Andy è riuscito a mettere da parte abbastanza soldi per comprare una bici nuova.*|Did you succeed in your attempt? *È riuscito il tuo tentativo?*

success /sək'ses/ *s*
⟨*num e non num*⟩ *successo:* Mrs Morgan hopes to find success in her new job. *La signora Morgan spera di avere successo nel nuovo lavoro.*|The party was a great success. Everyone enjoyed it. *La festa è stata un gran successo. È piaciuta a tutti.*

successful /sək'sesfəl/ *agg*
che ha successo, affermato, riuscito: His play was very successful. *La sua opera teatrale ebbe molto successo.*|a successful businesswoman,

un'affermata donna di successo
such /sʌtʃ/ *agg, pron, avv*
1 *tale, così:* It was such a nice day that we went for a picnic. *Era una giornata così bella che andammo a fare un picnic.*|Why are you making such a lot of fuss over such a small matter? *Perché fate tante storie per una cosa così irrilevante?*|She used to write me such interesting letters. *Una volta lei mi scriveva delle lettere così interessanti.* **2** *questo, quello:* Don't say such things! You'll only frighten her! *Non dire certe cose! Non farai che spaventarla!*|I don't usually discuss such business on the telephone. *Di regola non discuto affari come questo al telefono.* **3** **such as** (*si usa per introdurre un esempio*) *come:* The Americans hope that several European countries, such as France, Austria and Germany, will support their plan. *Gli Americani sperano che diverse nazioni europee, come la Francia, l'Austria e la Germania, appoggeranno il loro piano.*
suck /sʌk/ *vt, vi*
succhiare: to suck coke through a straw, *bere la coca-cola con la cannuccia*
sudden /'sʌdn/ *agg*
improvviso: Emilio's decision to go to Naples was very sudden. His father is very ill. *La decisione di Emilio di andare a Napoli è stata improvvisa. Suo padre è molto malato.*|a sudden illness, *una malattia improvvisa*
suddenly /'sʌdnli/ *avv*
improvvisamente, all'improvviso: He suddenly realized that he didn't have enough money for the train fare. *Si è reso improvvisamente conto che non aveva abbastanza soldi per il treno.*| The door opened suddenly. *La porta si aprì all'improvviso.*
suffer /'sʌfəʳ/ *vi*

⟨**from**⟩ *soffrire (di):* I suffer from bad headaches. *Soffro di forti mal di testa.*
sufficient /sə'fɪʃənt/ *agg*
sufficiente: You've had sufficient time to answer all the questions. *Hai avuto tempo a sufficienza per rispondere alle domande.*
■*Nota: L'aggettivo* **sufficient** *è più formale di* **enough**.
suffix /'sʌfɪks/ *s*
suffisso: Adverbs can be formed by adding the suffix "-ly" to the corresponding adjectives. *Gli avverbi si possono formare aggiungendo il suffisso "-ly" agli aggettivi corrispondenti.*
suffocate /'sʌfəkeɪt/ *vt, vi*
⟨*pass rem e p pass* **suffocated,** *p pres* **suffocating**⟩ *soffocare*
suffocation /ˌsʌfə'keɪʃən/ *s*
⟨*non num*⟩ *soffocamento, asfissia:* to die of suffocation, *morire per asfissia*
sugar /'ʃʊgəʳ/ *s*
⟨*non num*⟩ *zucchero:* Do you take sugar in your coffee? *Prendi il caffè con lo zucchero?*|white sugar/brown sugar, *zucchero raffinato/greggio*
suggest /sə'dʒest/|səg'dʒest/ *vt*
⟨**sthg** *o* **doing sthg** *o* **that**⟩ *suggerire, proporre (qc o di fare qc):* Ann suggested that they (should) have a party for Bruno's birthday. *Ann ha proposto di fare una festa per il compleanno di Bruno.*|She suggested inviting Andy. *Ha suggerito di invitare Andy.*
suggestion /sə'dʒestʃən‖səg-/ *s*
suggerimento: She made several suggestions for possible improvements. *Diede vari suggerimenti per eventuali miglioramenti.*|There was a suggestion that we (should) buy our teacher a present. *Qualcuno ha suggerito che comprassimo un regalo per il nostro insegnante.*
suit[1] /suːt, sjuːt‖suːt/ *s*

completo: Andy had to wear a suit to his cousin's wedding. *Andy ha dovuto mettersi il completo per il matrimonio del cugino.*

suit² *vt*
stare bene a, essere adatto a, donare: Andy's new trousers really suit him. *Ad Andy stanno veramente bene i nuovi pantaloni. – vedi anche* FIT (*Nota*)

suitable /'suːtəbəl, 'sjuː-||'suː-/ *agg*
⟨**for**⟩ *adatto (a):* Andy couldn't think of a suitable present for his cousin's wedding. *Andy non riusciva a pensare ad un regalo adatto per il matrimonio del cugino.*

suitcase /'suːtkeɪs, 'sjuːt-||'suːt-/ *s*
valigia: Claudia packed two suitcases for her trip to Dover. *Claudia ha preparato due valigie per andare a Dover.*

sum /sʌm/ *s*
somma, addizione: Lucy is learning to do simple sums at school. *A scuola Lucy sta imparando a fare i conti semplici.*

summarize *o* **summarise** (*IB*)
/'sʌməraɪz/ *vt*
⟨*pass rem e p pass* **summarized,** *p pres* **summarizing**⟩ *riassumere:* Write a paragraph summarizing the story. *Scrivete un breve riassunto del racconto.*

summary /'sʌməri/ *s*
⟨*pl* **summaries**⟩ *riassunto*

summer /'sʌmər/ *s*
⟨*num e non num*⟩ *estate:* The children look forward to the summer holidays. *I bambini non vedono l'ora che vengano le vacanze estive.*|They go to the beach every day in summer. *In estate vanno al mare ogni giorno.*

sun /sʌn/ *s*
sole: Claudia loves lying in the sun on the beach. *A Claudia piace molto sdraiarsi al sole sulla spiaggia.*|The

sun's very bright today. *Il sole è molto forte oggi.*

sunbathe /'sʌnbeɪð/ *vi*
⟨*pass rem e p pass* **sunbathed,** *p pres* **sunbathing**⟩ *prendere il sole:* I like sunbathing. *Mi piace prendere il sole.*

Sunday /'sʌndi/ *s*
domenica: Many people go to church on Sunday(s). *Molti vanno in chiesa la domenica. – vedi La Nota Grammaticale* **Days and Dates**

sung /sʌŋ/
p pass del verbo **sing**

sunglasses /'sʌn,glɑːsɪz||-,glæs-/ *s pl*
occhiali da sole: to wear sunglasses, *portare gli occhiali da sole*

sunk /sʌŋk/
p pass del verbo **sink**

sunlight /'sʌnlaɪt/ *s*
⟨*non num*⟩ *luce del sole:* Many animals do not like sunlight and only come out at night. *Molti animali non amano la luce del sole ed escono solo di notte.*

sunny /'sʌni/ *agg*
⟨*compar* **sunnier,** *sup* **sunniest**⟩ *assolato, soleggiato:* a warm sunny day, *una calda giornata di sole*|a sunny room, *una stanza soleggiata*

sunrise /'sʌnraɪz/ *s*
alba: at sunrise, *all'alba*

sunset /'sʌnset/ *s*
tramonto: a lovely orange sunset, *un bellissimo orange sunset arancione*

sunshine /'sʌnʃaɪn/ *s*
⟨*non num*⟩ *luce del sole:* How many hours of sunshine do you get in August? *Quante ore di sole avete in agosto?*|The dog lay asleep in the sunshine. *Il cane giaceva addormentato al sole.*

super /'suːpər, 'sjuː-||'suː-/ *agg*
(*fam*) *fantastico, splendido:* "Have you seen Andy's new bike?" "Yes. It's really super!" *"Hai visto la bici nuova di Andy?" "Sì, è veramente*

splendida!"|a super new car, *una splendida macchina nuova*

superb /sjuːˈpɜːb, sjuː-‖suːˈpɜːrb/ *agg*
splendido, eccellente, magnifico: The meal we had at the hotel was superb. *Il pasto che ci hanno dato in albergo è stato eccellente.*

superlative /suːˈpɜːlətɪv, sjuː-‖suˈpɜːr-/ *s, agg*
superlativo: "Best" is the superlative of "good". *"Best" è il superlativo di "good". – vedi anche La Nota Grammaticale Comparative and Superlative Adjectives*

supermarket /ˈsuːpəˌmɑːkɪt, ˈsjuː-‖ˈsuːpərˌmɑːr-/ *s*
supermercato: Mr and Mrs Morgan do their weekly shopping in the supermarket. *I signori Morgan fanno la spesa settimanale al supermercato.*

superstar /ˈsuːpəstɑːʳ, ˈsjuː-‖ˈsuːpər-/ *s*
superstar

supervise /ˈsuːpəvaɪz, ˈsjuː-‖ˈsuːpər-/ *vt, vi*
⟨*pass rem e p pass* **supervised,** *p pres* **supervising**⟩ *sorvegliare, soprintendere a:* In her job Mrs Morgan has to supervise the work of people who are being trained. *Per il posto che occupa, la signora Morgan deve controllare il lavoro di quelli che fanno tirocinio.*

supervision /ˌsuːpəˈvɪʒən, ˌsjuː-‖ˌsuːpər-/ *s*
⟨*non num*⟩ *supervisione, sorveglianza:* The new employees work under the supervision of Mrs Morgan. *I nuovi impiegati lavorano sotto la supervisione della signora Morgan.*

supper /ˈsʌpəʳ/ *s*
cena: We had fish, chips and peas for supper. *A cena abbiamo mangiato del pesce con patatine e piselli.*|"What's for supper?" "Baked beans on toast". *"Cosa c'è per cena?" "Fagioli al pomodoro su toast." – vedi anche*

DINNER (*Nota*)

supply¹ /səˈplaɪ/ *vt*
⟨*pass rem e p pass* **supplied,** *p pres* **supplying**⟩ *fornire:* Emilio's company supplies many parts to Alfa Romeo. *La ditta di Emilio fornisce molti pezzi all'Alfa Romeo.*

supply² *s*
⟨*pl* **supplies**⟩ **1** ⟨*num e non num*⟩ *fornitura, rifornimento:* the electricity supply, *l'erogazione di corrente*|She is responsible for the supply of stationery to schools in the area. *È responsabile per il rifornimento di articoli di cancelleria alle scuole nella zona.*
2 ⟨*num*⟩ *provvista:* a large supply of food for the winter, *una grossa provvista di cibo per l'inverno*

support¹ /səˈpɔːt‖-ɔːrt/ *vt*
1 *sostenere, sorreggere:* One of the pillars supporting the bridge has started to crack. *Uno dei pilastri che sorreggono il ponte presenta delle crepe.* **2** *appoggiare, fare il tifo per:* Kate supports Chelsea. *Kate fa il tifo per il Chelsea.*|to support a political party, *appoggiare un partito politico*
▲*Trabocchetto: Non confondere il verbo* **support** *con il verbo* **sopportare,** *che è tradotto* **stand** *o* **bear:** I can't stand him! *Non lo sopporto!*

support² *s*
1 ⟨*non num*⟩ *sostegno, appoggio:* Mr and Mrs Morgan get a lot of support from their friends when they have problems. *Gli amici dei signori Morgan sono sempre di grande aiuto quando questi si trovano in difficoltà.*
2 ⟨*num*⟩ *sostegno, supporto:* One of the roof supports is cracking. *Uno dei sostegni del tetto si sta rompendo.*

suppose /səˈpəʊz/ *vt*
⟨*pass rem e p pass* **supposed,** *p pres* **supposing**⟩ ⟨*non usato nelle forme progressive*⟩ **1** (**that**) *supporre (che):* "What shall we do now that we can't

go out?" "I suppose we'll have to stay in and watch TV." *"Che facciamo adesso, visto che non possiamo uscire?" "Suppongo che dovremmo rimanere in casa a guardare la televisione."*|"We shouldn't tell him yet." "I suppose not." *"Non dovremmo ancora dirglielo." "Suppongo di no."*|"Do you think he's missed the bus?" "I suppose so." *"Pensi che abbia perso l'autobus?" "Suppongo di sì."* 2 **be supposed to do sthg** *essere tenuto a fare qc, dover fare qc:* You were supposed to be here at eight o'clock. What happened? *Saresti dovuto essere qui alle otto. Che cos'è successo?* 3 **be supposed to be** *essere ritenuto:* It's supposed to be a really good film. Shall we go and see it? *È ritenuto veramente un buon film. Lo andiamo a vedere?*

sure /ʃʊəʳ/ *agg*
1 ⟨solo predicativo⟩ *sicuro:* "Is John coming?" "I'm sure (that) he is/I'm not sure." *"Verrà John?" "Sono sicuro che verrà/Non ne sono sicuro."*|Kate is sure to win. She always does. *È sicuro che Kate vincerà. Vince sempre.*|Andy's sure not to want any tea. He's been eating all afternoon. *È sicuro che Andy non vorrà la merenda. Ha mangiato tutto il pomeriggio.* 2 **make sure** *accertarsi:* I'll just phone John and make sure (that) he's coming. *Telefonerò a John per accertarmi che venga.*|I think I locked the door. I'll just go back and make sure. *Penso di aver chiuso la porta a chiave. Torno indietro a controllare.*|Make sure you don't forget your umbrella. *Fai in modo di non dimenticare l'ombrello.*

surely /ˈʃʊəli||ˈʃʊərli/ *avv*
1 *sicuramente, certamente, senza dubbio:* Surely you remember her? *Certamente ti ricorderai di lei?*|He surely doesn't expect us to pay, does

he? *Non si aspetta certo che paghiamo noi, vero?* 2 *fermamente, infallibilmente:* We made our way up the mountain **slowly but surely.** *Salimmo piano ma sicuro fino alla cima della montagna.*

surf[1] /sɜːf||sɜːrf/ *s*
⟨non num⟩ *spuma*

surf[2] *vi*
fare del surfing

surface /ˈsɜːfɪs||ˈsɜːr-/ *s*
superficie: The surface of the table is scratched. *La superficie del tavolo è graffiata.*|The ship sank below the surface and was never seen again. *La nave scomparve sott'acqua e nessuno la vide più.*

surfboard /ˈsɜːfbɔːd||ˈsɜːrfbɔːrd/ *s*
tavola per surfing

surgeon /ˈsɜːdʒən||ˈsɜːr-/ *s*
chirurgo

surgery /ˈsɜːdʒəri||ˈsɜːr-/ *s*
⟨pl **surgeries**⟩ 1 ⟨non num⟩ *intervento chirurgico:* He had to have surgery on his leg. *Ha dovuto subire un intervento chirurgico alla gamba.* 2 ⟨num⟩ *ambulatorio:* We sat in the waiting room until the doctor called us into the surgery. *Ci sedemmo nella sala d'attesa fino a quando il dottore ci chiamò nell'ambulatorio.*

surname /ˈsɜːneɪm||ˈsɜːr-/ *s*
cognome: The most common British surname is Smith. *Il più comune cognome inglese è Smith.*

surprise[1] /səˈpraɪz||sər-/ *s*
⟨num e non num⟩ *sorpresa:* Don't tell Claudia we're having a party for her birthday. It's a surprise. *Non dire a Claudia che faremo una festa per il suo compleanno. È una sorpresa.*|What a surprise! I didn't expect to see you here. *Che sorpresa! Non mi aspettavo di trovarti qui.*

surprise[2] *vt*
⟨pass rem e p pass **surprised,** p pres

surprising⟩ *sorprendere, stupire:* His reaction surprised me. *La sua reazione mi sorprese.*|I'm surprised to see you here. I thought you were still in Milan. *Mi sorprende trovarti qui. Pensavo tu fossi ancora a Milano.*|We were surprised at her behaviour. *Siamo rimasti stupiti dal loro comportamento.*

surprising /sə'praɪzɪŋ||sər-/ *agg* *sorprendente:* It's not surprising that they lost the game. They were hopeless! *Non c'è da stupirsi che abbiano perso la partita. Hanno giocato così male!*

surround /sə'raʊnd/ *vt* *circondare:* The police surrounded the house where the terrorists had taken their hostages. *La polizia circondò la casa nella quale i terroristi avevano portato gli ostaggi.*

surroundings /sə'raʊndɪŋz/ *s pl* *dintorni:* The house is in poor condition, but it's in lovely surroundings. *La casa è in cattive condizioni, ma è situata in una bella zona.*

survey[1] /sə'veɪ||sər-/ *vt* *studiare, esaminare:* They surveyed the students' attitudes to smoking. *Hanno esaminato l'atteggiamento degli studenti verso il fumo.*

survey[2] /'sɜːveɪ||'sɜːr-/ *s* *indagine, studio:* They made *o* carried out a survey of everyone in the school to find out what they thought about smoking. *Hanno fatto un'indagine accurata nella scuola, per sapere quello che ciascuno pensa del fumo.*

survival /sə'vaɪvəl||sər-/ *s* ⟨*non num*⟩ *sopravvivenza:* His chances of survival after the accident aren't very good. *Le sue possibilità di sopravvivere all'incidente non sono molto buone.*

survive /sə'vaɪv||sər-/ *vi, vt* ⟨*pass rem e p pass* **survived**, *p pres*

surviving⟩ *sopravvivere:* The sea was so icy nobody could have survived more than fifteen minutes. *Il mare era così gelido che nessuno avrebbe potuto sopravvivere per più di quindici minuti.*

survivor /sə'vaɪvəʳ||sər-/ *s* *superstite:* The survivors were picked up by helicopter and taken ashore. *I superstiti sono stati raccolti da un elicottero e portati a terra.*

suspect[1] /sə'spekt/ *v* ⟨*non usato nelle forme progressive*⟩ **1** *vt, vi* (**sthg** *o* **that**) *supporre (che):* I suspect that he's missed the bus again. *Mi viene il sospetto che abbia di nuovo perso l'autobus.* **2** *vt* (**sbdy of sthg**) *sospettare (qn di qc):* The police suspect the woman of several robberies. *La polizia sospetta la donna di parecchie rapine.*

suspect[2] /'sʌspekt/ *s* *persona sospetta:* The police questioned the suspect for several hours before letting her go. *La polizia ha interrogato la donna sospetta per ore, prima di lasciarla andare.*

swallow /'swɒləʊ||'swɑː-/ *vt* *inghiottire:* The child swallowed the stone before I could stop him. *Il bambino ha inghiottito il sassolino prima che io riuscissi a fermarlo.*

swam /swæm/ *pass rem del verbo* **swim**

swap *o* **swop**[1] /swɒp||swɑːp/ *vt, vi* ⟨*pass rem e p pass* **swapped**, *p pres* **swapping**⟩ (**for**) *scambiare (con):* Andy swapped his badges for a poster. *Andy ha scambiato i suoi distintivi con un manifesto.*

swap *o* **swop**[2] *s* *scambio:* Andy did a swap with John. *Andy ha fatto uno scambio con John.*

swear /sweəʳ/ *v* ⟨*pass rem* **swore**, *p pass* **sworn**⟩ **1** *vi* ⟨**at sbdy/sthg**⟩ *bestemmiare, imprecare (contro):* The postwoman swore at the dog which was barking at her. *La postina ha imprecato contro il cane che le abbaiava.* **2** *vt* ⟨to do sthg *o* that⟩ giurare *(di fare qc o che)*: She swore to keep my secret. *Ha giurato di mantenere il segreto.*|He swore that he would help us. *Ha giurato che ci avrebbe aiutati.*|I could have sworn that I had my homework with me. *Avrei giurato di aver portato i compiti.*

sweat[1] /swet/ *anche* **perspiration** *s* ⟨*non num*⟩ sudore: His forehead was covered in sweat. *La sua fronte grondava di sudore.*

sweat[2] *anche* **perspire** *vi* sudare: He was sweating in the hot sun. *Sudava al sole caldo.*

sweater /'swetə'/ *s* maglione – *vedi anche* JUMPER (*Nota*)

sweep /swi:p/ *vt* ⟨*pass rem e p pass* **swept**⟩ scopare, spazzare: He swept the kitchen floor. *Ha scopato il pavimento della cucina.*|She swept the chess pieces off the table. *Spazzò via i pezzi della scacchiera dal tavolo.*

sweet[1] /swi:t/ *agg* ⟨*compar* **sweeter**, *sup* **sweetest**⟩ **1** *dolce*: This chocolate's too sweet for me. *Questa cioccolata è troppo dolce per me.* **2** carino, grazioso, dolce: What a sweet little dog! *Che cagnolino grazioso!*

sweet[2] *s* **1** *anche* **candy** *(IA)* caramella: "Do you want a sweet?" "Yes, please." *"Vuoi una caramella?" "Sì, grazie."* **2** dolce, dessert: What would you like for your sweet? *Cosa desidera come dolce?*

swell /swel/ *vi, vt* ⟨*pass rem* **swelled**, *p pass* **swollen** *o* **swelled**⟩ ⟨up⟩ gonfiarsi: Andy fell off his bike, and now his knee has started to swell (up). *Andy è caduto dalla bicicletta ed ora il ginocchio ha*

incominciato a gonfiarsi.|She went to the dentist's this morning, and her face is swollen. *È andata dal dentista stamattina ed ha la faccia gonfia.*

swelling /'swelɪŋ/ *s* gonfiore: Andy has a swelling on his leg. *Andy ha un gonfiore sulla gamba.*

swept /swept/ *pass rem e p pass del verbo* **sweep**

swim[1] /swɪm/ *vi, vt* ⟨*pass rem* **swam**, *p pass* **swum**, *p pres* **swimming**⟩ nuotare: Can you swim underwater? *Sai nuotare sott'acqua?*|She dived into the pool and swam off. *Si è tuffata nella piscina e si è allontanata a nuoto.*|Would you like to go swimming? *Ti va di andare a nuotare?* — **swimmer** *s* nuotatore: a strong swimmer, *un nuotatore resistente*

swim[2] *s* ⟨*generalmente singolare*⟩ nuotata: I'm going for a swim. Would you like to come? *Vado a fare una nuotata. Vuoi venire?*

swimming /'swɪmɪŋ/ *s* ⟨*non num*⟩ nuoto: Bruno is taking swimming lessons. *Bruno sta prendendo lezioni di nuoto.*

swimming pool /'swɪmɪŋ puːl/ *s* ⟨*pl* **swimming pools**⟩ piscina: We're meeting at the swimming pool. *Ci vediamo in piscina.*

swimsuit /'swɪmsuːt, -sjuːt‖-suːt/ *s* costume da bagno

swing[1] /swɪŋ/ *vi, vt* ⟨*pass rem e p pass* **swung**⟩ oscillare (-si), (far) dondolare, (far) girare: She was swinging on a rope from the tree. *Si dondolava su una fune appesa all'albero.*|The door swung shut in the wind. *La porta si chiuse sbattendo a causa del vento.*|He swung his arm round and hit me in the face. *Roteò il braccio di scatto e mi colpì sulla faccia.*

swing[2] *s*

altalena

switch[1] /swɪtʃ/ *s*
interruttore: a light switch, *un interruttore della luce*

switch[2] *v*
 switch off *vt*
 ⟨**switch sthg ↔ off**⟩ *spegnere, staccare:* Will you switch off the light before you go to bed? *Puoi spegnere la luce prima di andare a letto?*
 switch on *vt*
 ⟨**switch sthg ↔ on**⟩ *accendere:* I switched on the bedside lamp. *Ho acceso la lampadina sul comodino.*
 ■*Nota: Quando ci si riferisce ad un apparecchio elettrico si può usare sia* **switch on** *che* **turn on;** *se invece si parla di un rubinetto dell'acqua si può usare soltanto* **turn on.**

swollen /'swəʊlən/
p pass del verbo **swell**

swop /swɒp‖swɑːp/ *v, s*
 – *vedi* SWAP

sword /sɔːd‖sɔːrd/ *s*
spada

swum /swʌm/
p pass del verbo **swim**

swung /swʌŋ/
pass rem e p pass del verbo **swing**

syllable /'sɪləbəl/ *s*
sillaba: "Sympathetic" has four syllables – "sym", "pa", "the", "tic". *"Sympathetic" è formato da quattro 'sillabe – "sym", "pa", "the", "tic".*

symbol /'sɪmbəl/ *s*
simbolo: mathematical symbols, *simboli matematici* |The Common Market is a symbol of European unity. *Il Mercato Comune è un simbolo dell'unità europea.*

sympathetic /ˌsɪmpə'θetɪk/ *agg*
 ⟨**to, towards**⟩ *compassionevole, comprensivo (con, nei confronti di):* The people at work are always very nice. They were very sympathetic to me when my mother died. *Le persone con le quali lavoro sono sempre molto simpatiche. Sono state molto comprensive nei miei confronti quando è morta mia madre.*
 ▲*Trabocchetto: Non confondere l'aggetivo* **sympathetic** *con l'aggettivo* **simpatico,** *che è tradotto da* **nice** *o* **amusing.** *– vedi anche* COMPREHENSIVE (*Trabocchetto*)

sympathy /'sɪmpəθi/ *s*
 ⟨*non num*⟩ **1** *comprensione, compassione:* John didn't get much sympathy from his friends when he fell off his bike. *Gli amici di John non hanno mostrato molta comprensione quando lui è caduto dalla bicicletta.* **2** *comprensione:* I have a lot of sympathy for his views on peace, but I don't agree with everything he says. *Certamente condivido le sue idee sulla pace, ma non sono d'accordo con tutto quello che dice. – vedi anche* SYMPATHETIC (*Trabocchetto*)

symphony /'sɪmfəni/ *s*
 ⟨*pl* **symphonies**⟩ *sinfonia*

syringe /sɪ'rɪndʒ/ *s*
siringa

system /'sɪstɪm/ *s*
sistema: The postal system is very efficient. *Il sistema postale è molto efficiente.*|What system of government do you have in Bolivia? *Che sistema politico avete voi in Bolivia?*|a computer system, *un sistema per computer*

T, t

table /'teɪbəl/ *s*

1 *tavolo, tavola:* Put it on the table for now. *Per il momento mettilo sul tavolo.*|We were all sitting at the table when he came in. *Eravamo tutti seduti a tavola quando entrò lui.*|Will you lay the table while I get the dinner ready? *Apparecchi la tavola mentre preparo la cena?*|It's on the kitchen table. *È sul tavolo da cucina.*|a table lamp, *una lampada da tavolo*|We'd like a table for six, please. *Vorremmo un tavolo per sei, per favore.* **2** *tavola, tabella:* Look at the table of figures showing the team scores for 1986. *Guarda la classifica con i punteggi della squadra per il 1986.*|a multiplication table, *una tabella delle moltiplicazioni*

tablecloth /'teɪbəlklɒθ||-klɔːθ/ *s*
tovaglia

tablet /'tæblɪt/ *s*
pastiglia, compressa: Take two tablets before each meal. *Prendere due compresse prima di ogni pasto.*

table tennis /'teɪbəl 'tenɪs/ *anche* **ping pong** (*fam*) *s*
⟨*non num*⟩ *tennis da tavolo, ping-pong:* Kate and Andy were playing table tennis. *Kate ed Andy giocavano a ping-pong.*|a table tennis bat, *una racchetta da ping-pong*

tact /tækt/ *s*
⟨*non num*⟩ *tatto:* When it looked as though Kate was getting embarrassed, Claudia with great tact started talking about something else. *Quando sembrò*

che Kate si stesse imbarazzando, *Claudia con molto tatto cominciò a parlare di qualcos'altro.*

tactful /'tæktfəl/ *agg*
pieno di tatto, delicato: It wasn't very tactful to mention John's spots in front of him like that! *Non è stato molto delicato parlare delle pustole di John così in sua presenza!* **– tactfully** *avv* con tatto

tactless /'tæktləs/ *agg*
privo di tatto, indelicato: It was a bit tactless of her to tell him he was too fat in front of everybody. *È stato un po' indelicato da parte sua dirgli che era troppo grasso davanti a tutti.*
– tactlessly *avv senza tatto, in modo indelicato*

tag /tæg/ *s*
etichetta, cartellino: a price tag, *un cartellino del prezzo*

tail /teɪl/ *s*
coda: Ben the dog was wagging his tail with excitement. *Ben, il cane, scodinzolava per l'eccitazione.*

tailor /'teɪləʳ/ *s*
sarto

take /teɪk/ *vt*
⟨*pass rem* **took,** *p pass* **taken,** *p pres* **taking**⟩ **1** *prendere:* "Can I have a sweet?" "Yes. Take as many as you like." *"Posso prendere una caramella?" "Sì, prendine quante ne vuoi."*|He took the book off the shelf. *Tirò il libro fuori dallo scaffale.*|The nurse took the old man's hand and led him back to his bed. *L'infermiera prese il vecchio per mano e lo*

riaccompagnò a letto. **2** *prendere, portare con sè:* I always take my camera (with me) when I go on holiday. *Quando vado in vacanza porto sempre la macchina fotografica con me.*|Take your umbrella (with you) in case it rains. *Prendi l'ombrello in caso si metta a piovere. – vedi anche Nota* **3** *portare, trasportare:* I took my coat to the drycleaner's. *Ho portato il cappotto in tintoria.*|When we visit our grandmother, we always take her some flowers. *Quando andiamo a trovare la nonna, le portiamo sempre dei fiori.*

■*Nota: Osserva la differenza tra i verbi* **take** *e* **bring**. *Il verbo* **bring** *indica movimento di qualcosa verso la persona che parla o verso il luogo in cui si trova:* Bring that book here. *Porta qui quel libro.*|They came to my party and **brought** me a present. *Vennero alla mia festa e mi portarono un regalo. Il verbo* **take** *indica movimento di qualcosa verso un altro luogo.:* Take your umbrella when you go out. *Prendi l'ombrello quando esci.*|We went to her party and took her a present. *Andammo alla sua festa e le portammo un regalo.*

4 *condurre, accompagnare:* Mrs Morgan is taking the family to London for the day. *La signora Morgan porterà la famiglia a Londra per una giornata.*| Kate took the dog for a walk. *Kate portò il cane a spasso.* **5** *prendere, accettare:* I offered her five hundred pounds for the car, but she wouldn't take less than a thousand pounds. *Le ho offerto cinquecento sterline per la macchina, ma lei non era disposta ad accettarne meno di mille.*|Given the choice between five hundred pounds and a holiday in Milan, I'd take the money. *Dovendo scegliere fra cinquecento sterline ed una vacanza a*

Milano, io mi prenderei i soldi.
6 ⟨from sbdy/sthg⟩ *portare via, far sparire (da):* Somebody took my purse from my bag when I wasn't looking. *Qualcuno mi ha portato via il portafoglio dalla borsa, mentre ero distratta.*|I'm sorry. I took your coat by mistake. *Spiacente. Ho preso il suo cappotto per sbaglio.* **7** *sottrarre:* If you take three from nine you get six. *Se sottrai tre da nove ottieni sei.*
8 *prendere (un mezzo di trasporto):* The office is on the fifteenth floor. Let's take the lift. *L'ufficio è al quindicesimo piano. Prendiamo l'ascensore.*|He took the train to Dover, where he boarded a cross-Channel ferry. *Prese il treno fino a Dover e di lì si imbarcò su un traghetto per attraversare la Manica.*
9 *occorrere, volerci, impiegare (-ci):* It took John three hours *o* John took three hours to do the shopping. *John ha impiegato tre ore a fare la spesa.*| The journey to school takes about twenty minutes. *Ci vogliono venti minuti per andare a scuola.*|It'll take a lot of work to fix this old bike. *Ci vorrà un bel po' di lavoro per aggiustare questa vecchia bici. – vedi anche* OCCUR (*Trabocchetto*)
10 *sostenere, dare (un esame):* The students have to take an exam at the end of each term. *Alla fine di ogni trimestre gli studenti devono sostenere un esame.*|Mr Morgan took his driving test three times before he passed. *Il signor Morgan ha dato tre volte l'esame di guida prima di passarlo.* **11** *fare, prendersi:* Please take a seat. The doctor will be with you in a moment. *Prego si accomodi. Il dottore sarà con Lei fra un istante.*|Do you take sugar in your coffee? *Prendi zucchero col caffè?*|You don't take enough exercise. *Lei non fa abbastanza moto.*

12 *prendere, fare:* Kate took a photograph of the aeroplane. *Kate ha fatto una foto dell'aeroplano.*|The students take notes during the lectures. *Gli studenti prendono appunti durante le lezioni.*

take back *vt*
⟨take sthg ↔ back⟩ **1** *riportare, restituire qc:* I'm just going to take these books back to the library. *Vado solo a restituire questi libri alla biblioteca.*|My new camera doesn't work so I'm taking it back to the shop. *La mia nuova macchina fotografica non funziona, perciò dovrò portarla indietro al negozio.* **2** *prendere indietro qc, accettare la restituzione di qc:* If your new camera doesn't work, the shopkeeper should take it back and give you another one. *Se la tua nuova macchina fotografica non funziona, il negoziante dovrebbe accettarla indietro e dartene un'altra.*

take off *v*
1 *vt* ⟨take sthg ↔ off⟩ *togliersi, levarsi qc:* Take your coat off and hang it in the hall. *Togliti il cappotto e appendilo nell'ingresso.*|He took off his clothes and put on his pyjamas. *Si svestì e si mise in pigiama.* – *vedi anche* REMOVE *(Nota)* **2** *vi decollare:* The plane took off and climbed steeply. *L'aereo ha decollato innalzandosi rapidamente.*

take out *vt*
⟨take sbdy ↔ out⟩ *portare fuori qn, uscire con qn:* We're all taking Claudia out for a meal on Friday. It's her birthday. *Venerdì porteremo Claudia fuori a cena. È il suo compleanno.*

takeaway /'teɪkəweɪ/ *anche*
carryout *(spec IA)* *agg, s*
rosticceria (o ristorante da cui si possono portare via pietanze calde): a takeaway meal, *un pasto da consumare fuori*|Let's have a Chinese takeaway tonight. *Stasera portiamoci a casa una*

cena cinese.

takeoff /'teɪkɒf||-ɔːf/ *s*
decollo: I think that takeoff is the most exciting part of flying. *Penso che il decollo sia la parte più emozionante del volo.*

tale /teɪl/ *s*
racconto, storia: a fairy tale, *una favola*

talent /'tælənt/ *s*
⟨num e non num⟩ ⟨for⟩ *talento (per):* He showed great skill and talent for kung fu. *Ha dimostrato grande abilità e talento per il kung fu.*

talented /'tæləntɪd/ *agg*
⟨at⟩ *di talento (in), dotato (per):* She is very talented at the piano. *È molto dotata per il pianoforte.*|a talented footballer, *un calciatore di talento*

talk¹ /tɔːk/ *vi, vt*
⟨to sbdy about sthg⟩ *parlare, conversare, discorrere (con qn di qc):* Just a minute. I'm talking to Pat. *Un minuto solo. Sto parlando con Pat.*|We talked about where to go for our holidays. *Abbiamo parlato di dove saremmo andati in vacanza.*|The baby can't talk yet. *Il bambino non sa ancora parlare.* – *vedi anche* SPEAK *(Nota)*

talk² *s*
⟨num e non num⟩ **1** *conversazione, colloquio:* I had a talk to/with John and I think that everything's all right now. *Ho avuto un colloquio con John e penso che ora sia tutto a posto.* **2** *conferenza, discorso:* Bruno gave a talk to the school on skiing. *Bruno ha tenuto una conferenza sullo sci per gli studenti.*

tall /tɔːl/ *agg*
⟨compar **taller**, sup **tallest**⟩ **1** *alto:* Frank is tall and Ted is short. *Frank è alto e Ted è piccolo.*|a tall tree/ building, *un albero/edificio alto* – *contrario* SHORT **2** *(in combinazione*

con unità di misura) alto: "How tall is Lucy now?" "She's 1 metre 10 centimetres." *"Quant'è alta adesso Lucy?" "È un metro e dieci."*|That tree must be twenty feet tall. *Quell'albero deve essere alto venti piedi. – vedi anche* HEIGHT *(Nota)* e HIGH *(Nota)*

tame¹ /teɪm/ *agg*
⟨*compar* **tamer,** *sup* **tamest**⟩
addomesticato: a tame fox, *una volpe addomesticata – contrario* WILD

tame² *vt*
⟨*pass rem e p pass* **tamed,** *p pres* **taming**⟩ *addomesticare, domare:* She tamed a fox and now it lives with the family. *Ha addomesticato una volpe che ora vive in famiglia. –* **tamer** *s domatore (-trice):* a lion tamer at the circus, *un domatore di leoni al circo*

tan /tæn/ *s*
abbronzatura: Kate got a great tan when she was on holiday in Italy. *Kate prese una bella abbronzatura, quando era in vacanza in Italia.*

tank /tæŋk/ *s*
1 *serbatoio, cisterna, vasca:* a fish tank, *una peschiera*|a petrol tank, *una cisterna per benzina*|a water tank, *un serbatoio dell'acqua* **2** *carro armato*

tanker /'tæŋkə^r/ *s*
1 *autocisterna, autobotte:* The tanker pulled into the garage with a load of petrol. *L'autocisterna arrivò in rimessa con un carico di benzina.* **2** *nave cisterna:* Many tankers use the Suez Canal. *Molte navi cisterne adoperano il Canale di Suez.*|an oil tanker, *una petroliera*

tap¹ /tæp/ *anche* **faucet** *(IA) s*
1 *rubinetto:* Turn the tap off, it's dripping. *Chiudi il rubinetto, sta gocciolando.* **2** *colpetto:* There was a tap at the window, and I looked round to see who was there. *Sentii bussare leggermente alla finestra e mi voltai a vedere chi ci fosse.*

tap² *vt, vi*
⟨*pass rem e p pass* **tapped,** *p pres* **tapping**⟩ ⟨**on**⟩ *battere leggermente (su), dare un colpetto (a):* I tapped her on the shoulder to attract her attention. *Le diedi un colpetto sulla spalla per attrarre la sua attenzione.*

tape¹ /teɪp/ *s*
⟨*num e non num*⟩ **1** *nastro:* Have you got some sticky tape for this parcel? *Hai del nastro adesivo per questo pacco?* **2** *nastro (magnetico), cassetta:* Kate's got over a hundred records and tapes. *Kate ha più di cento dischi e cassette.*

tape² *vt, vi*
⟨*pass rem e p pass* **taped,** *p pres* **taping**⟩ *registrare:* I taped their latest record off the radio. *Ho registrato il loro ultimo disco alla radio.*|Did you tape the film last night? *Hai videoregistrato il film ieri sera?*

tape measure /'teɪp ˈmeʒə^r/ *s*
⟨*pl* **tape measures**⟩ *metro a nastro, rotella metrica*

tape recorder /'teɪp rɪˌkɔːdə^r||'teɪp -ɔːr-/ *s*
⟨*pl* **tape recorders**⟩ *registratore*

tarantula /tə'ræntjʊlə||-tʃələ/ *s*
tarantola

task /tɑːsk||tæsk/ *s*
compito, incarico, dovere: The policewoman had the difficult task of telling the family about the accident. *Alla donna poliziotto toccò il difficile compito di comunicare l'incidente alla famiglia.*

taste¹ /teɪst/ *v*
⟨*pass rem e p pass* **tasted,** *p pres* **tasting**⟩ ⟨**of**⟩ **1** *vi, vt* ⟨*non usato nelle forme progressive*⟩ *sapere (di), avere/sentire sapore (di):* This soup doesn't taste of anything! *Questa minestra non sa di niente!*|I'm sure I can taste onion in this cheese. *Sono sicuro di sentire un gusto di cipolla in*

questo formaggio. **2** *vt* gustare, assaggiare: Can I just taste your ice cream? *Posso assaggiare il tuo gelato?*

taste² *s*

1 ⟨*num e non num*⟩ gusto, sapore: I don't like the taste of that. What is it? *Non mi va il sapore di quello. Cos'è?* **2** ⟨*num*⟩ assaggio: I had a taste of my father's whisky. *Ho dato un assaggio al whisky di mio padre.* **3** ⟨*num e non num*⟩ ⟨**in**⟩ gusto (in): Claudia has good taste in clothes. *Claudia ha molto gusto nel vestire.*|That joke was in very bad taste. *È stato uno scherzo di cattivo gusto.*

taught /tɔːt/

pass rem e p pass del verbo **teach**

tax¹ /tæks/ *s*

⟨*num e non num*⟩ tassa, imposta: Taxes are needed to raise money for public spending. *C'è bisogno delle tasse per finanziare la spesa pubblica.*| income tax, *imposta sul reddito*|value added tax (VAT), *imposta sul valore aggiunto (IVA)*

tax² *vt*

tassare: The government taxes petrol very heavily. *Il governo impone delle tasse molto pesanti sulla benzina.*

taxation /tæk'seɪʃən/ *s*

⟨*non num*⟩ tassazione: Taxation provides the money for government spending. *Le tasse servono a finanziare le spese di governo.*

taxi /'tæksi/ *anche* **taxicab, cab** *s*

taxi: Karen takes a taxi to the studio. *Karen prende il taxi per andare allo studio.*

tea /tiː/ *s*

⟨*num e non num*⟩ **1** tè: Would you like a cup of tea? *Vuoi una tazza di tè?*|a packet of tea, *un pacchetto di tè*| Two teas, please. *Due tè, per favore.* **2** cena leggera, cenetta: Is it tea time yet? I'm starving. *Non è ancora ora di cena? Sto morendo di fame.*|"What's

for tea today?" "Fish fingers and beans." *"Cosa c'è oggi per cena?" "Bastoncini di pesce e fagioli." – vedi anche* DINNER **(Nota)**

teach /tiːtʃ/ *vt, vi*

⟨*pass rem e p pass* **taught**⟩ ⟨**to do sthg** *o* **that**⟩ insegnare (a fare qc, che): Sue teaches the children English. *Sue insegna inglese ai bambini.*|He taught us to swim. *Ci ha insegnato a nuotare.*|I was taught that honesty is very important. *Mi è stato insegnato che l'onestà è molto importante.*

teacher /'tiːtʃəʳ/ *s*

insegnante, maestro(-a), professore(-essa): Sue's a teacher. *Sue fa l'insegnante.*|What's the name of their English teacher? *Come si chiama la loro professoressa d'inglese?*

team /tiːm/ *s*

⟨*seguito da un verbo al singolare o al plurale*⟩ squadra, èquipe: In my bedroom there's a photo of my favourite football team. *Nella mia camera da letto c'è una foto della mia squadra di calcio preferita.*|The hockey team is *o* are playing on Wednesday afternoon. It *o* they should win. *La squadra di hockey giocherà mercoledì pomeriggio. Dovrebbe vincere.*

teapot /'tiːpɒt||-pɑːt/ *s*

teiera

tear¹ /teəʳ/ *vt*

⟨*pass rem* **tore**, *p pass* **torn**⟩ strappare, squarciare, lacerare: Andy tore his jeans when he fell off his bike. *Andy si è strappato i jeans cadendo dalla bici.*| Lucy tore the paper in half. *Lucy ha stracciato il foglio di carta a metà.*|The iceberg tore a huge hole in the side of the ship. *L'iceberg aprì una falla enorme sul fianco della nave.*

tear² /teəʳ/ *s*

strappo, squarcio

tear³ /tɪəʳ/ *s*

lacrima: A tear trickled down his

cheek. *Una lacrima gli scivolò lungo la guancia.*

tease /tiːz/ *vi, vt*
⟨*pass rem e p pass* **teased,** *p pres* **teasing**⟩ *prendere in giro, farsi gioco di, stuzzicare:* You shouldn't tease your little sister. It's not nice. *Non dovresti prendere in giro la tua sorellina. Non è bello.*|Don't take him seriously. He's only teasing. *Non prenderlo sul serio. Ti sta solo stuzzicando.*

teaspoon /'tiːspuːn/ *s*
1 *cucchiaino* **2** *anche* **teaspoonful** *(contenuto di un) cucchiaino:* Add two teaspoons of sugar and then mix thoroughly. *Aggiungere due cucchiaini di zucchero e mescolare bene.*

tea towel /'tiː ˌtaʊəl/ *s*
strofinaccio per piatti

technical /'teknɪkəl/ *agg*
tecnico: Anna is studying technical subjects at college. *Anna studia materie tecniche al college.*|a technical college, *un istituto tecnico*
— **technically** *avv* *tecnicamente*

technician /tek'nɪʃən/ *s*
tecnico, perito: Mary is training to be a technician in the power station. *Mary lavora come tecnico apprendista nella centrale elettrica.*

technology /tek'nɒlədʒi||-'nɑː-/ *s*
⟨*pl* **technologies**⟩ ⟨*num e non num*⟩
tecnologia: Schools are teaching their students about new technology with microcomputers and robots. *Nelle scuole s'insegna agli studenti la nuova tecnologia con microcomputer e robot.*
— **technological** *agg* *tecnologico*

teddy bear /'tedi beəʳ/ ⟨*pl* **teddy bears**⟩ *s*
orsacchiotto: Lucy took her teddy bear to bed with her. *Lucy si è portata l'orsacchiotto a letto.*

teenage /'tiːneɪdʒ/ *agg*
⟨*solo attributivo*⟩ *di/da/per*

adolescente: They have two teenage daughters. *Hanno due figlie adolescenti.*|teenage fashions, *articoli di moda per adolescenti*

teenager /'tiːneɪdʒəʳ/ *s*
adolescente, teenager – vedi anche CHILD (***Nota***)

teeth /tiːθ/
pl di **tooth**

telephone[1] /'telɪfəʊn/ *anche* **phone** *s*
telefono: Can you answer the door? I'm on the telephone. *Puoi andare ad aprire la porta? Sono al telefono.*|Can someone answer the telephone, please? *Qualcuno risponda al telefono, per favore.*

telephone[2] *anche* **phone** *vt, vi*
⟨*pass rem e p pass* **telephoned,** *p pres* **telephoning**⟩ *telefonare (a):* I telephoned the police about the accident. *Ho telefonato alla polizia circa l'incidente.*

telephone box /'telɪfəʊn bɒks|| 'telɪfəʊn bɑːks/ *s*
⟨*pl* **telephone boxes**⟩ *cabina telefonica*
■*Nota: Altri vocaboli correntemente in uso per "cabina telefonica" sono* **telephone kiosk** *e* **phone box**.

telephone call /'telɪfəʊn kɔːl/ *s*
⟨*pl* **telephone calls**⟩ *telefonata:* I'm waiting for an important telephone call. *Aspetto una telefonata importante.*

telephone directory /'telɪfəʊn daɪ'rektəri, dʒ-/ *anche* **phone book** *s*
⟨*pl* **telephone directories**⟩ *elenco telefonico, guida del telefono*

telephone number /'telɪfəʊn ˌnʌmbəʳ/ *s*
⟨*pl* **telephone numbers**⟩ *numero del telefono:* Write down your name, address and telephone number. *Scrivete il vostro nome e cognome, indirizzo e numero di telefono.*

telephonist /tɪ'lefənɪst/ *s*
telefonista

telescope /'telɪskəʊp/ *s*
telescopio

television /'telɪˌvɪʒən, ˌtelɪˈvɪʒ-/ *anche*
TV, telly *s*
1 ⟨*num*⟩ *televisore:* a television set,
un televisore|Your book's on top of the
television. *Il tuo libro è sul televisore.*
2 ⟨*non num*⟩ *televisione:* Is there
anything on television tonight? *C'è
qualcosa alla televisione stasera?*|Andy
finished his homework and then
watched television before he went to
bed. *Andy ha finito i compiti e poi ha
guardato la televisione prima di andare
a letto.*|a television programme, *un
programma televisivo*

telex /'teleks/ *s*
⟨*num e non num*⟩ *telex:* The secretary
has sent a telex to Hong Kong. *La
segretaria ha mandato un telex a Hong
Kong.* — **telex** *vt, vi trasmettere per
telex*

tell /tel/ *v*
⟨*pass rem e p pass* **told**⟩ **1** *vt* ⟨**(that)**⟩
dire, informare (che): Did you tell
Kate the news? *Hai dato la notizia a
Kate?*|Emilio told me (that) he had
bought a new car. *Emilio mi ha detto
di aver comprato una nuova auto.*
2 *raccontare:* She usually tells the
children a story before they go to bed.
*Di solito, prima che i bambini vadano
a letto, lei racconta loro una storia.*|
Andy is always telling jokes. *Andy
racconta sempre barzellette.*|I don't
know whether he's telling the truth or
not. *Non so se sta dicendo la verità o
no.* **3** *vt ordinare:* I told you to get
ready for bed. *Ti ho detto di prepararti
per andare a letto.*|Lucy, will you just
do as you're told for once! *Lucy, per
una volta fa' come ti si dice!*
4 *avvertire:* I told you about accepting
lifts from strangers. Don't ever do it
again! *Te l'avevo detto di non accettare
passaggi da estranei. Non farlo mai*

più! **5** *vi rivelare, svelare:* If I whisper
a secret to you will you promise not to
tell? *Se ti bisbiglio un segreto, mi
prometti di non dirlo a nessuno?*
6 ⟨*sthg from sthg*⟩ *sapere,
riconoscere, distinguere (da):* We could
tell who it was by her voice. *La
riconoscemmo dalla voce.*|It was so
dark we couldn't tell where we were.
*Era così buio che non riuscivamo a
capire dove ci trovassimo.*|Some
people can't tell margarine from
butter. *Certa gente non sa distinguere
la margarina dal burro.* **7** **tell the time**
dire l'ora: Lucy is learning to tell the
time. *Lucy sta imparando a leggere le
ore.*|Which of the two clocks tells the
time more accurately? *Quale tra questi
due orologi segna il tempo con più
precisione?*
■*Nota:* Sia **tell** sia **say** significano **dire,**
ma non sono interscambiabili. **Tell** *nel
senso di informare, far sapere è per lo
più seguito dal discorso indiretto e, a
parte in alcune espressioni idiomatiche,
deve essere accompagnato da un
complemento di termine senza* **to:** She
told me that she lived in Milan. *Mi ha
detto che abitava a Milano.* **Say** *invece
ha un significato più generale e serve
per introdurre il discorso diretto;
quando seguito dal complemento di
termine, richiede sempre la
preposizione* **to:** What did she **say to**
you? *Che cosa ti ha detto lei?*
  tell off *vt*
⟨**tell sbdy off**⟩ *sgridare qn:* Lucy was
told off and sent to bed early. *Lucy è
stata sgridata e mandata a letto presto.*

telly /'teli/ *s*
⟨*pl* **tellies**⟩ *tele*

temper /'tempər/ *s*
⟨*num e non num*⟩ *malumore, stizza,
collera:* He was in a temper because he
had missed his train. *Era arrabbiato
perché aveva perso il treno.*|He's in a

bad temper because he can't go to England. *È di cattivo umore perchè non può andare in Inghilterra.*

temperature /'tempərətʃəʳ/ *s*
⟨*num e non num*⟩ **1** *temperatura:* a temperature of 25° Celsius, *una temperatura di 25° centigradi* **2** *febbre:* John's got a temperature and a sore throat so he has to stay in bed. *John ha la febbre e mal di gola, così deve stare a letto.*

temporary /'tempərəri, -pəri‖-pəreri/ *agg*
temporaneo, provvisorio: Cindy got a temporary job while she was on holiday in England. *Cindy ha trovato un impiego temporaneo mentre era in vacanza in Inghilterra.*

tempt /tempt/ *vt*
tentare, allettare: Kate was tempted to keep the money she found, but she took it to the police instead. *Kate fu tentata di tenere per sè i soldi che aveva trovato, ma poi li consegnò alla polizia.*|Cindy was tempted by the idea of a job in London. *Cindy era allettata dall'idea di un impiego a Londra.*

temptation /temp'teɪʃən/ *s*
⟨*num e non num*⟩ ⟨**to do sthg**⟩ *tentazione (a fare qc)*

tempting /'temptɪŋ/ *agg*
allettante, seducente: The cake looked very tempting. *Il dolce era molto ʻallettante alla vista.*

ten /ten/ *agg, pron, s*
dieci — **tenth** *agg, pron decimo* – *vedi anche* **La Nota Grammaticale Numbers**

tender /'tendəʳ/ *agg*
1 *tenero:* She felt very tender as she looked at her baby. *Guardando il proprio neonato, provò un grande senso di tenerezza.* **2** *sensibile:* The wound was very tender for a while. *La ferita rimase per un certo tempo sensibile.* **3** ⟨*di carne*⟩ *tenero:* Is your steak tender enough? *È abbastanza*

tenera la tua bistecca? – *contrario* TOUGH — **tenderly** *avv teneramente, affettuosamente* – **tenderness** *s tenerezza, delicatezza*

tennis /'tenɪs/ *s*
⟨*non num*⟩ *tennis:* We played tennis all afternoon. *Abbiamo giocato a tennis tutto il pomeriggio.*|a tennis racket, *una racchetta da tennis*|a tennis court, *un campo da tennis* – *vedi anche* COURT (*Nota*)

tense[1] /tens/ *agg*
⟨*compar* **tenser**, *sup* **tensest**⟩ **1** *teso, contratto:* Bruno was feeling very tense before the game, but he relaxed as soon as he started playing. *Bruno era molto teso prima della partita, ma si rilassò appena cominciò a giocare.*|His face was tense with anger. *Il suo volto era contratto dalla rabbia.*

tense[2] *s*
tempo

tent /tent/ *s*
tenda: We pitched our tent in a small field. *Abbiamo piantato la tenda in un campicello.*

term /tɜːm‖tɜːrm/ *s*
1 *trimestre:* We did a project on Charles I last term. *Lo scorso trimestre abbiamo fatto una ricerca su Carlo I.*| We usually have exams in the summer term. *Di solito da noi ci sono esami nel trimestre estivo.* **2** *periodo, durata:* The government is elected for a term of five years. *Il governo viene eletto per un periodo di cinque anni.* **3** ⟨*generalmente plurale*⟩ *condizione:* We bought the furniture on very reasonable terms. *Abbiamo comprato i mobili a condizioni molto ragionevoli.*|The terms of the contract were difficult for me to understand. *Le condizioni del contratto erano molto difficili da capire per me.*

terrace /'terɪs/ *s*
1 ⟨*strada con*⟩ *fila di case a schiera:*

We live in the middle of the terrace at number 11. *Abitiamo a metà della serie di case al numero 11.* **2** *terrazza, veranda:* We sat on the terrace in the afternoon sun. *Ci sedemmo sulla veranda al sole pomeridiano.*

terraced house /'terɹst ˌhaʊs/ *anche* **row house** (*IA*) *casa accostata ad altre – vedi* DETACHED HOUSE (*Nota*)

terrible /'terɹbəl/ *agg*
1 *terribile, tremendo:* a terrible accident/storm, *un incidente/temporale tremendo* **2** (*fam*) *pessimo:* John is a terrible singer! *John è un pessimo cantante!*

terribly /'terəbli/ *avv*
malissimo: John played terribly on Saturday. *John ha giocato malissimo sabato.*

terrific /tə'rɪfɪk/ *agg*
1 *enorme, spaventoso:* The wind blew with terrific force. *Il vento soffiava con una forza spaventosa.* **2** (*fam*) *formidabile, fantastico:* Kate's got some terrific photos of animals. *Kate ha delle fantastiche foto di animali.*

terrify /'terɹfaɪ/ *vt*
⟨*pass rem e p pass* **terrified,** *p pres* **terrifying**⟩ *atterrire, terrorizzare:* I'm terrified of spiders. *Io ho il terrore dei ragni.*

terror /'terəʳ/ *s*
⟨*num e non num*⟩ *terrore*

terrorist /'terərɪst/ *s*
terrorista — **terrorism** *s* ⟨*non num*⟩ *terrorismo*

test¹ /test/ *s*
prova, esame, test: He's got a maths test today. *Oggi avrà un compito di matematica.*|Mr Morgan passed his driving test at the fourth attempt. *Il signor Morgan ha passato l'esame di guida al quarto tentativo.* **2** *collaudo:* They're conducting a test of the new space shuttle this week. *Questa settimana si sottoporrà ad un collaudo*

la nuova navetta spaziale.

test² *vt*
1 *provare, sperimentare, collaudare:* Drugs have to be tested before they can be sold to the public. *I medicinali vanno sperimentati, prima di poter essere messi in vendita al pubblico.* **2** *esaminare:* The whole class was tested on their knowledge of the Highway Code. *Hanno esaminato l'intera classe sul codice della strada.*

text /tekst/ *s*
⟨*num e non num*⟩ *testo:* In the exam, there will be a text of about two hundred words to translate. *All'esame ci sarà da tradurre un brano di circa duecento parole.*

textbook /'tekstbʊk/ *anche* **coursebook** *s*
libro di testo, manuale: a maths textbook, *un manuale di matematica*

than /ðən; *forma enfatica* ðæn/ *cong, prep*
⟨*dopo i comparativi*⟩ *di, che:* Kate has been to Italy more than once. *Kate è stata in Italia più di una volta.*|Andy is taller than me. *Andy è più alto di me.*|I understand French better than her. *Capisco il francese meglio di lei. – vedi anche La Nota Grammaticale* **Comparative and Superlative Adjectives**

thank /θæŋk/ *vt*
1 ⟨*sbdy for sthg*⟩ *ringraziare (per):* Claudia thanked her grandmother for the present. *Claudia ha ringraziato la nonna per il regalo.* **2 thank you** *anche* **thanks** *grazie:* "Thank you." "You're welcome./That's all right." *"Grazie." "Prego./Non c'è di che."*|Thank you very much, Andy. *Grazie tante, Andy.*|Thanks for the sweet. *Grazie per la caramella.*|Thanks a lot. *Grazie mille.*|"Would you like a coke?" "No, thank you./Thank you. I'm really thirsty." *"Vuoi una coca?" "No,*

grazie./Sì, grazie. Ho proprio sete."
■*Nota: In inglese non si può rispondere a* **thank you** *con* **please**, *nello stesso modo in cui in italiano si risponde* **prego** *a* **grazie**. *Generalmente non è necessario rispondere in alcun modo a* **thank you**, *benchè a seconda dei casi si possa ricorrere ad espressioni quali:* **not at all**; **don't mention it**; **it's a pleasure**; **that's all right**; **you're welcome**.
3 thank goodness *(esclamazione di piacere o sollievo) grazie al cielo:* "I'm sorry I'm late, Mum." "Well thank goodness you got home. I thought you'd got lost." *"Scusami se sono in ritardo, mamma." "Be', grazie al cielo sei a casa. Pensavo ti fossi smarrito."*

that¹ /ðæt/ *agg, pron dimostr* ⟨*pl* **those**⟩ **1** *quello:* That car belongs to Mr Green. *Quella macchina è del signor Green.*|I can't possibly eat all that! *Non posso certo mangiare tutta quella roba!*|You'll have to change your shirt. That one's got a button missing. *Ti dovrai cambiar camicia. A quella manca un bottone.* **2** ⟨*per riferirsi ad un evento passato*⟩: That ice-cream was delicious. Can I have some more please? *Il gelato era squisito. Potrei averne ancora, per favore?*|I can't come out. It's my turn to wash the dishes and after that I have to do my homework. *Non posso uscire. Tocca a me lavare i piatti, dopodichè devo fare i compiti.* **3** ⟨*per identificare qc o qn*⟩ That's my bike over there. *Quella laggiù è la mia bici.*|"Who's that standing next to you in the photo?" "That's my uncle David." *"Chi è quello in piedi accanto a te nella foto?" "Quello è mio zio David."*|Hello. Is that Mr Morgan? This is John. *Pronto. Parlo con il signor Morgan? Sono John.*
– *confrontare con* THIS

that² /ðæt/ *avv*
(fam) così, tanto, a tal punto: Our house isn't that big really. *A dire il vero, la nostra casa non è poi così grande.*|It doesn't cost that much to fly to America these days. *Attualmente non costa mica tanto andare in America in aereo.*

that³ /ðət; *forma enfatica* ðæt/ *cong*
1 ⟨*spesso sottinteso*⟩ *che:* I hope (that) you enjoy your holiday. *Spero che ti godrai la vacanza.*|Mr Morgan thought (that) John had stolen the money. *Il signor Morgan pensava che John avesse rubato il denaro.*|The box was so heavy (that) I nearly dropped it. *La cassa era così pesante che per poco non l'ho lasciata cadere.* **2 so that** ⟨*per introdurre proposizioni consecutive o finali*⟩ *cosicchè, in modo che, affinchè, perchè:* Speak clearly so that the foreign students can understand you. *Spicca bene le parole, in modo che gli studenti stranieri ti possano capire.*

that⁴ /ðət; *forma enfatica* ðæt/ *pron rel*
1 ⟨*obbligatorio come soggetto*⟩ *che, il/la quale, i/le quali:* How many words can you think of that *o* which begin with the letter X? *Quante parole riesci a farti venire in mente che comincino con la lettera X?*|That's the man that *o* who tried to steal my bike! *Quello è l'uomo che ha tentato di rubarmi la bici!* **2** ⟨*facoltativo come complemento oggetto o nei complementi indiretti*⟩ *che, cui:* Have you read the book (that *o* which) I gave you for your birthday? *Hai letto il libro che ti ho regalato per il compleanno?*|I can't remember the name of the boy (that *o* who) Gina's going out with at the moment. *Non ricordo il nome del ragazzo con cui Gina esce adesso.*|The day (that) Kate and Andy arrived in Milan, there was a strike at the airport. *Il giorno in cui Kate ed Andy sono arrivati a Milano,*

c'era uno sciopero all'aeroporto.
thaw /θɔː/ *vi, vt*
⟨**out**⟩ *sgelare (-si):* We had a lot of
snow this morning, but it's thawing
now. *È venuta giù una montagna di
neve stamattina, ma ora sta sgelando.*
— **thaw** *s disgelo*

the¹ /ðə; *davanti a vocali* ði; *forma
enfatica* ðiː/ *art det*
1 *il, lo, la, i, gli, le:* We have a cat and
a dog. The dog is called Ben.
*Abbiamo un gatto ed un cane. Il cane
si chiama Ben.*|The man from the
insurance company is at the door.
*L'uomo delle assicurazioni è alla
porta.*|At last the sun is shining.
Finalmente splende il sole.|I'm going to
see the doctor tomorrow. *Domani
vado dal dottore.* **2** ⟨*davanti ad alcuni
nomi propri*⟩ *il, lo, la, i, gli, le:* The
Taylors, *I Taylor*|the Mediterranean
Sea, *il Mare Mediterraneo* **3** ⟨*per
riferirsi ad una categoria di persone o
cose*⟩ *il, lo, la, i, gli, le:* The Indian
elephant has smaller ears than its
African cousin. *L'elefante indiano ha
le orecchie più piccole di quello
africano.*|People often think that the
English are reserved. *La gente spesso
pensa che gli Inglesi siano riservati.*|
They're collecting money for the poor.
*Stanno raccogliendo soldi per i
poveri.*|The piano is a difficult
instrument to play well. *Il piano è uno
strumento difficile da suonare bene.*
– *vedi anche La Nota Grammaticale*
Articles

the² *avv*
the . . . the . . . . ⟨*correlativo davanti ai
comparativi*⟩ *quanto . . . tanto . . . :*
The faster you run the quicker you'll
get there. *Quanto più corri, tanto
prima arriverai.*|The less I smoke the
healthier I feel. *Meno fumo, più mi
sento bene.*

theatre (*IB*) *o* **theater**(*IA*) /ˈθɪətəʳ/ *s*

teatro: to go to the theatre, *andare a
teatro – vedi anche* CIRCLE (*Nota*)
 movie theater (*IA*) *s
cinema*

theft /θeft/ *s*
⟨*num e non num*⟩ *furto:* There have
been several thefts at the school lately.
*Negli ultimi tempi ci sono stati parecchi
furti a scuola.*

their /ðəʳ; *forma enfatica* ðeəʳ/
agg poss
loro, di loro: Kate and Andy are doing
their homework. *Kate ed Andy stanno
facendo i compiti.*|Make a list of
European countries and their capitals.
*Fate un elenco delle nazioni europee
con le rispettive capitali.* – *vedi anche
La Nota Grammaticale* **Possessive
Adjectives and Pronouns**

theirs /ðeəz||ðeərz/ *pron poss*
il (la, i, le) loro: The big bedroom is
my parents' room. My bedroom is
opposite theirs. *La camera da letto più
grande è dei miei genitori. La mia è di
fronte alla loro.* – *vedi anche La Nota
Grammaticale* **Possessive Adjectives
and Pronouns**

them /ðəm; *forma enfatica* ðem/ *pron
pers*
1 ⟨*di persone*⟩ *loro, li, le:* "Where are
Kate and Andy?" "I saw them just a
moment ago." *"Dove sono Kate ed
Andy?" "Li ho visti solo un momento
fa."*|My parents got angry because I
hadn't told them the truth. *I miei
genitori si sono arrabbiati perchè non
avevo detto loro la verità.*|They asked
me if I wanted to go to the cinema
with them. *Mi hanno chiesto se volessi
andare al cinema con loro.* **2** ⟨*di cose*⟩
li, le: I looked everywhere for my
gloves, but I couldn't find them. *Ho
frugato dappertutto per i miei guanti,
ma non sono riuscito a trovarli.*|Lucy is
fed up with her old toys and doesn't
want to play with them any more.

Lucy è arcistufa dei suoi vecchi giochi e non ne vuole più sapere di usarli.
– vedi anche La Nota Grammaticale
Personal Pronouns

themselves /ðəm'selvz/ *pron rifl*
1 ⟨*pronome riflessivo complemento di* **they**⟩ *se stessi/stesse, si:* Hedgehogs roll themselves into a ball when they're frightened. *I ricci, quando si spaventano, si avvoltolano in una palla.*|Kate and Andy made themselves a cup of tea. *Kate ed Andy si sono preparati del tè.*|I don't like people who always talk about themselves. *Non mi piacciono quelli che parlano sempre di se stessi.*
2 ⟨*come rafforzativo*⟩ *loro stessi/stesse, proprio loro, da sè:* Mr and Mrs Morgan decorated the house themselves. *I signori Morgan si sono decorati la casa da soli.*|The parts are made in British factories, but the cars themselves are manufactured abroad. *I componenti sono prodotti da ditte inglesi, ma le automobili propriamente dette sono fabbricate all'estero.*

then /ðen/ *avv*
1 *allora, a quel tempo:* Television didn't exist then; all we had was the radio and the cinema. *A quei tempi non esisteva la televisione; non avevamo altro che la radio ed il cinema.*|**By then** Kate will be at college. *Allora Kate sarà già al college.*
2 *poi:* First you have to take the wheel off the bike, then you take the tyre off the wheel. *Prima devi togliere la ruota dalla bici e poi togli la gomma dal cerchione.*
3 *allora, dunque:* "Are you ready?" "Yes." "Let's go then!" *"Sei pronto?" "Sì." "Allora andiamo!"*

there /ðeəʳ/ *avv*
1 *là, lì, ci, vi:* I arrived at the station at 9:30 and waited there for half an hour. *Sono arrivato alla stazione alle nove e mezza e sono rimasto lì ad*

aspettare per mezz'ora.*|"Have you ever been to Milan?" "Yes, I went there last year." *"Sei mai stata a Milano?" "Sì, ci sono andata l'anno scorso."*|Hello. Is Jenny there? *Pronto. C'è Jenny?* "Shall I put the suitcases here?" "No. Put them over there." *"Devo posarle qui le valigie?" "No. Mettile laggiù."* **2 there is/are** ⟨*in combinazione con le forme del verbo* **be** *per indicare l'esistenza di qc*⟩ *c'è/ci sono, vi è/vi sono:* There's something I would like to show you. *C'è qualcosa che ti voglio far vedere.*|There weren't any knives and forks in the drawer. *Non c'era alcun coltello o forchetta nel cassetto.*|Is there a post office near here? *C'è un ufficio postale qui vicino?*

therefore /'ðeəfɔːʳ||'ðeər-/ *avv* *perciò, quindi:* David's flat is in the centre of town and therefore easy to reach. *L'alloggio di David è in centro città e perciò è facile arrivarci.*

thermometer /θə'mɒmɪtəʳ|| θər'mɑː-/ *s* termometro:* She checked the temperature on the thermometer. *Ha controllato la temperatura sul termometro.*

these /ðiːz/ *agg, pron dimostr* *plurale di* **this** *questi:* These carrots taste delicious. *Queste carote sono squisite.*|Where shall I put these? *Dove li devo mettere questi?*|Whose shoes are these? *Di chi sono queste scarpe? – confrontare con* THOSE

they /ðeɪ/ *pron pers*
1 *plurale di* **he, she** *essi, esse, loro:* Kate and Andy asked if they could come with us. *Kate ed Andy domandarono se potessero venire con noi.*|Who are those two girls? Are they your sisters? *Chi sono quelle due ragazze? Sono tue sorelle?*
2 ⟨*pronome impersonale usato quando il soggetto non è una persona specifica*⟩

Do they celebrate Christmas in China? *Si festeggia il Natale in Cina?*| They say it's going to rain again tomorrow. *Dicono che pioverà di nuovo domani.* **3** *plurale di* it *essi, esse:* Don't buy me a ticket if they cost more than five pounds each. *Non prendere un biglietto per me se costano più di cinque sterline l'uno.*|Whose are these shoes? Are they yours? *Di chi sono queste scarpe? Sono tue? – vedi anche La Nota Grammaticale* **Personal Pronouns**

■*Nota: Ricorda che in inglese i pronomi personali soggetto non possono essere omessi.*

they'd /ðeɪd/
1 *contraz di* **they had**: By the time we arrived, they'd already left. *Quando finalmente siamo arrivati, loro se n'erano già andati via.* **2** *contraz di* **they would**: I'm sure they'd come to the party if we invited them. *Sono sicuro che loro verrebbero alla festa se li invitassimo.*

they'll /ðeɪl/
contraz di **they will**: They'll miss the bus if they don't hurry. *Perderanno l'autobus se non si affrettano.*

they're /ðə; *forma enfatica* ðeəʳ, ðeɪəʳ/
contraz di **they are**: They're always late. *Sono sempre in ritardo.*|They're not going to come after all. *Va a finire che non vengono. – vedi anche La Nota Grammaticale* **The Verb "be"**

they've /ðeɪv/
contraz di **they have**: "Where are Kate and Andy?" "They've gone out." *"Dove sono Kate ed Andy?" "Sono usciti." – vedi anche La Nota Grammaticale* **The Verb "have"**

thick /θɪk/ *agg*
⟨*compar* **thicker**, *sup* **thickest**⟩
1 *grosso (di spessore):* "That's a thick book." "Yes, it's an encyclopedia." "Che libro grosso!" "Sì, è un'enciclopedia." – *contrario* THIN
2 (*in combinazione con unità di misura*) *spesso:* "How thick are the planks?" "They're two centimetres thick." *"Di che spessore sono le assi?" "Sono spesse due centimetri."* **3** (*di liquidi*) *denso, viscoso:* thick soup, *minestra densa – contrario* THIN **4** *fitto, denso:* a thick forest, *una fitta foresta*| The smoke was so thick we couldn't see the house. *Il fumo era così denso che non vedevamo la casa. – contrario* THIN

thief /θiːf/ *s*
⟨*pl* **thieves**⟩ *ladro (-a):* A thief had entered the school and taken all the computers. *Un ladro si era introdotto nella scuola e aveva portato via tutti i computer.*|Thieves robbed the bank and stole a hundred thousand pounds. *Dei ladri hanno svaligiato la banca di centomila sterline.*

thigh /θaɪ/ *s*
coscia

thimble /'θɪmbəl/ *s*
ditale

thin /θɪn/ *agg*
1 *sottile, fine:* a thin slice of bread, *una fetta sottile di pane*|very thin wire, *un filo finissimo – contrario* THICK
2 (*di persone*) *magro, esile, scarno:* Ted is fat and Frank is thin. *Ted è grasso e Frank è magro. – contrario* FAT **3** (*di liquidi*) *poco denso, fluido:* The sauce is too thin. It needs more flour. *Questa salsa è troppo poco densa. Bisogna aggiungerci della farina. – contrario* THICK **4** *rado, sparso, scarso:* My father's hair's getting very thin. *I capelli di mio padre stanno diventando molto radi.*|A thin mist hung over the valley. *Una leggera foschia sovrastava la valle. – contrario* THICK
■*Nota: L'aggettivo* **thin** *è la parola equivalente di* **magro**.

L'equivalente di **snello** *è* **slim.** *Quando si considera che una persona sia troppo magra, si usa l'aggettivo* **skinny.**

thing /θɪŋ/ *s*

1 *cosa, affare, oggetto:* There are many interesting things to see in Dover. *Ci sono molte cose interessanti da vedere a Dover.*|things for school like pens and pencils, *accessori per la scuola come penne e matite*|Gina likes making things out of paper. *A Gina piace fare oggetti di carta.*|I just wanted to say one more thing. *Volevo dire solo un'altra cosa.*|Now, the first thing to do is to take the wheel off. *Dunque, la prima cosa da fare è togliere la ruota.*|Things aren't going too well for me at the moment. *Le cose non vanno troppo bene per me in questo momento.* **2** ⟨*s pl*⟩ *roba, oggetti personali:* Andy, will you go up to your room and put all your things away? *Andy, per favore, va' su in camera a mettere via tutta la tua roba.*| Just let me get my things and then we can go. *Lasciami prendere le mie cose e poi possiamo andare.*

think¹ /θɪŋk/ *vi, vt*

⟨*pass rem e p pass* **thought**⟩ **1** ⟨**about** sthg⟩ *pensare (a qc):* Think carefully before you answer. *Pensa bene prima di rispondere.*|You're very quiet. What are you thinking about? *Sei molto silenzioso. A cosa pensi?* **2**ᐩ⟨*non usato nelle forme progressive*⟩ ⟨**(that)**⟩ *pensare, credere:* Who do you think will win the World Cup? *Chi pensi che vincerà la Coppa del Mondo?*|I thought that it was going to rain again today. *Credevo che oggi sarebbe piovuto di nuovo.*|"Is John coming to the party?" "I think so/I don't think so." *"Viene alla festa John?" "Credo di sì/no."*|That's what you think! *Questo è quello che pensi tu!* **3** ⟨*non usato nelle forme progressive*⟩ ⟨**(that)**⟩

pensare (che): I think I'll have a cup of tea. *Penso che prenderò un tè.*|I don't think I'll go to school tomorrow. *Non penso di andare a scuola domani.* **4** ⟨*non usato nelle forme progressive*⟩ ⟨**(that)**⟩ *pensare:* My uncle thinks that all murderers should be executed. *Mio zio pensa che tutti gli assassini dovrebbero essere giustiziati.* **5** ⟨*in combinazione con verbi come* **try, cannot**⟩ *ricordare, richiamare alla mente:* I can't think where I put my briefcase. *Non riesco proprio a ricordare dove ho messo la cartella.*| What were her exact words? Try to think. *Quali furono le sue parole esatte? Sforzati di ricordare.*

   think of *vt*

1 ⟨**think of** sthg/sbdy⟩ *pensare a qc/qn:* We're thinking of you every day while you're in hospital. *Ti pensiamo tutti i giorni mentre sei in ospedale.*|Have you thought of a name for the baby yet? *Avete già pensato a un nome per il bambino?* **2** ⟨**think of doing** sthg⟩ *pensare (di fare qc):* We're thinking of going to the cinema on Tuesday evening. *Pensiamo di andare al cinema martedì sera.* **3** ⟨**think of** sbdy/sthg⟩ ⟨*non usato nelle forme progressive*⟩ *avere un'opinione di qn/qc:* "What do you think of this record?" "It's great!" *"Che te ne pare di questo disco?" "È fantastico!"*|I don't think much of his idea. *La sua idea non mi va molto.*

think² *s sing*

⟨*fam*⟩ *pensiero, pensierino:* "Dad. Can I borrow the car tonight?" "I'll have to have a think about that." *"Papà. Mi presti la macchina stasera?" "Devo farci un pensierino."*

thinly /θɪnli/ *avv*

in modo rado, in strati sottili: There isn't much butter left, so spread it thinly. *Non è rimasto molto burro, perciò spalmalo in strati sottili.*

third /θɜːd‖θɜːrd/ *agg, pron*
1 *terzo:* This is the third time this week you've been late for school. *È la terza volta che fai tardi a scuola questa settimana.* **2** *il tre (di un mese):* The date is the third of May. *La data è il tre di maggio.* – *vedi anche* **Le Note Grammaticali Days and Dates** *e* **Numbers**

thirst /θɜːst‖θɜːrst/ *s*
⟨*non num*⟩ *sete* – *vedi anche* **La Nota Grammaticale The Verb "be"**

thirsty /ˈθɜːsti‖ˈθɜːr-/ *agg*
⟨*compar* **thirstier**, *sup* **thirstiest**⟩ *assetato:* I'm thirsty. Can I have a drink, please? *Ho sete. Mi dai qualcosa da bere, per piacere?*

thirteen /ˌθɜːˈtiːn‖ˌθɜːr-/ *agg, pron, s*
tredici – *vedi anche* **La Nota Grammaticale Numbers**

thirty /ˈθɜːti‖ˈθɜːrti/ *agg, pron, s*
trenta – *vedi anche* **La Nota Grammaticale Numbers**

this¹ /ðɪs/ *agg, pron dimostr*
⟨*pl* **these**⟩ **1** *questo:* This photograph was taken outside the school. *Questa fotografia è stata scattata fuori della scuola.*|Where shall I put this? *Dove devo metterlo?*|That bike belongs to Andy. This one is mine. *Quella bici è di Andy. La mia è questa.* **2** (*per riferirsi al tempo presente*): I got up at eight o'clock this morning. *Stamani mi sono svegliato alle otto.*|I'm afraid I can't come this Friday. Can we meet next Friday instead? *Mi dispiace ma questo venerdì non posso venire. Non potremmo vederci il prossimo venerdì?* **3** (*per identificare qc o presentare qn*): This is my bedroom. *Questa è la mia camera da letto.*|Let me introduce you. Kate, this is Barbara. Barbara, this is Kate. *Lascia che ti presenti. Kate, ecco Barbara. Barbara, questa è Kate.*| Hello, is John there? This is Andy.

Pronto, c'è John? Sono Andy. – *contrare con* THAT

this² *avv*
così, tanto, in questo modo: (*fam*) I've never been out this late before. *Non ho mai fatto tanto tardi prima.*|I know this much, he is not telling the truth. *Di questo solo io son certo, sta mentendo.*

thorough /ˈθʌrə‖ˈθʌrəʊ, ˈθʌrə/ *agg*
completo, esauriente, accurato, minuzioso: Kate's revision was very thorough so she was quite confident about her exams. *Kate aveva fatto un ripasso minuzioso e quindi si sentiva piuttosto sicura riguardo agli esami.*| We made a thorough search for the missing book, but we didn't find it. *Abbiamo condotto un'accurata ricerca, ma non siamo riusciti a trovare il libro che mancava.* – *vedi anche* ACCURATE (*Trabocchetto*)

thoroughly /ˈθʌrəli‖ˈθʌrəʊli, ˈθʌrəli/ *avv*
completamente, a fondo: He checked his essay thoroughly for spelling mistakes. *Ha riletto il tema da cima a fondo per eliminare gli errori d'ortografia.*

those /ðəʊz/ *agg, pron dimostr*
plurale di **that** *quelli:* What are those animals? *Cosa sono quegli animali?*| These are my shoes and those are Andy's. *Queste sono le mie scarpe e quelle sono di Andy.* – *confrontare con* THESE

though¹ /ðəʊ/ *cong*
benchè, sebbene: Andy failed his physics exam, (even) though he had worked very hard for it. *Andy è stato bocciato all'esame di fisica, sebbene avesse studiato sodo.*|I've been to Italy, though I've never been to Rome. *Sono stato in Italia, anche se non sono mai stato a Roma.*
as though *cong*

come se
though² *avv*
⟨*generalmente alla fine della frase*⟩ *comunque:* The holiday was too short. I enjoyed it while it lasted, though. *La vacanza è stata troppo corta. Me la sono goduta comunque finchè è durata.*
thought¹ /θɔ:t/ *s*
1 ⟨*non num*⟩ *pensiero:* Emilio sat there, deep in thought. *Emilio stava lì seduto, assorto nei propri pensieri.*
2 ⟨*num*⟩ *idea, trovata, opinione:* What are your thoughts on the subject? *Quali sono le tue opinioni in proposito?*|I've just had a thought! *Mi è appena venuta un'idea!*
thought²
pass rem e p pass del verbo **think**
thousand /ˈθauzənd/ *agg, pron, s*
1 *mille, migliaio:* a thousand *o* one thousand pages, *mille pagine*|The yacht cost several thousand pounds. *Il panfilo è costato parecchie migliaia di sterline.* – *vedi anche La Nota Grammaticale* **Numbers 2 thousands** ⟨**of**⟩ *migliaia (di):* Thousands of tourists visit Canterbury every year. *Migliaia di turisti visitano ogni anno Canterbury.*
thread¹ /θred/ *s*
⟨*num e non num*⟩ *filo, filato:* a needle and thread, *ago e filo*
thread² *vt*
infilare: to thread a needle, *infilare un ago*
threat /θret/ *s*
minaccia
threaten /ˈθretn/ *vi, vt*
⟨**to do sthg** *o* **sbdy with sthg**⟩ *minacciare (di fare qc, qn di qc):* That man threatened to keep our ball if it went into his garden again. *Quell'uomo minacciò di tenersi il nostro pallone se fosse di nuovo andato a finire nel suo giardino.*|The bank robbers threatened the staff with a

gun. *I rapinatori della banca tennero il personale sotto minaccia con una pistola.*|The employees were threatened with instant dismissal. *Il personale è stato minacciato di licenziamento in tronco.*
three /θri:/ *agg, pron, s*
tre – *vedi anche La Nota Grammaticale* **Numbers**
threw /θru:/
pass rem del verbo **throw**
thrill¹ /θrɪl/ *vi, vt*
(far) rabbrividire, eccitare (-si), entusiasmare (-si) (per): I was thrilled by the idea of going to New York in August. *Ero entusiasta all'idea di andare a New York in agosto.*|a thrilling film, *un film ricco di suspense*|His stories of life at sea thrilled the children. *Le sue storie di vita marinara fecero rabbrividire i bambini.*
thrill² *s*
emozione: Come and have the thrill of a lifetime at the fair! *Vieni alle giostre e proverai un'emozione irripetibile!*
thriller /ˈθrɪlə'/ *s*
poliziesco, giallo, thriller
throat /θrəut/ *s*
gola: I've got a headache and a sore throat. *Ho mal di testa e mi brucia la gola.*|Kate cleared her throat and carried on. *Kate si schiarì la voce e continuò.*
through¹ /θru:/ *prep*
1 ⟨*complemento di moto attraverso luogo*⟩ *attraverso, da una parte all'altra di, tra:* The water ran through the pipe. *L'acqua passò attraverso il tubo.*|We drove through the town. *Abbiamo attraversato la città in macchina.* **2** ⟨*complemento di mezzo*⟩ *per, da:* She climbed in through the window. *È entrata dalla finestra arrampicandosi.*|He looked through the keyhole. *Ha guardato dal buco*

della serratura. **3** ⟨*complemento di causa*⟩ *per, a causa di, grazie a, per colpa di:* Kate passed all her exams through hard work. *Kate ha superato tutti gli esami grazie al suo impegno.*| Several teachers were absent through illness. *Mancavano parecchi professori per malattia.* **4** ⟨*complemento di tempo continuato*⟩ *per (tutta) la durata di, durante, per:* Bruno slept all through the lecture. *Bruno ha dormito per tutta la conferenza.*

■*Nota:* Sia **through** sia **across** si riferiscono all'idea di attraversamento, ma la loro scelta dipende dal contesto. **Through** *indica un movimento attraverso uno spazio delimitato:* I walked **through** the forest. *Ho attraversato a piedi la foresta.*|The plane was flying **through** a cloud. *L'aereo stava passando in mezzo a una nuvola.* **Across** *invece si usa quando ci si sposta su di una superficie piana:* I walked **across** the ice. *Sono passato dall'altra parte camminando sul ghiaccio.*|She swam **across** the river. *Ha attraversato il fiume a nuoto.*

through² *avv*
attraverso, da parte a parte, direttamente: The doctor is ready to see you now. Would you like to come through? *Il dottore può riceverla ora. Vuole passare?*|The roof was leaking and water was coming through into our living room. *C'era una perdita dal tetto e l'acqua si infiltrava direttamente nel salotto.*

throughout /θruːˈaʊt/ *prep*
in/per/attraverso/durante tutto: Many American pop stars are well-known throughout Italy. *Molti divi della musica pop americana sono conosciuti in tutt'Italia.*|Throughout her life she showed a deep love of music. *Durante tutta la sua vita mostrò una profonda passione per la musica.*

throw¹ /θrəʊ/ *vi.vt*
⟨*pass rem* **threw,** *p pass* **thrown** /θrəʊn/⟩ *gettare, lanciare:* She threw the stick for the dog to chase. *Ha lanciato il bastone per farlo inseguire dal cane.*|"Here. Throw it to me." "Make sure you catch it." *"Dai. Lanciamelo." "Sta' attento ad afferrarlo."*|to throw the dice in a game, *gettare il dado in un gioco*|You must throw a six to start. *Per poter cominciare ti deve uscire il sei.*

throw² *s*
lancio, tiro: Have another throw. *Ancora un lancio.*

thumb /θʌm/ *s*
pollice

thumbtack /ˈθʌmtæk/ *s*
IA di **drawing pin** *puntina da disegno*

thunder /ˈθʌndəʳ/ *s*
⟨*non num*⟩ *tuono:* thunder and lightning, *tuoni e lampi*

thunderstorm /ˈθʌndəstɔːm‖ -dərstɔːrm/ *s*
temporale: The noise of the thunderstorm frightened the dog. *Il fragore del temporale spaventò il cane.*

Thursday /ˈθɜːzdi‖ˈθɜːr-/ *s*
giovedì – vedi anche La Nota Grammaticale **Days and Dates**

tick¹ /tɪk/ *s*
1 *anche* **check** (*IA*) (*scritto* ✓) *segno (di spunta):* Put a tick for yes and a cross for no. *Segnate i sì con una lineetta e i no con una croce.*|Each correct answer is marked with a tick. *Ogni risposta esatta è segnata con un* ✓. **2** *ticchettio, tic tac*

tick² *v*
1 *vt* (*IB*) *anche* **check** (*IA*) *spuntare,fare un segno accanto a:* Tick the things you like doing in the list below. *Nell'elenco qui di seguito contrassegnate le cose che vi piace fare.*|Tick (off) your name. *Fa' un*

segno accanto al tuo nome.|Tick the right answer. *Spuntare la risposta giusta.* **2** *vi* ticchettare, fare tic tac: The old clock ticked away in the corner. *Il vecchio orologio ticchettava nell'angolo.*

ticket /'tɪkɪt/ *s*
biglietto: Let's get the tickets. *Facciamo i biglietti.*|a bus ticket, *un biglietto per l'autobus*|cinema tickets, *biglietti del cinema*

tickle /'tɪkəl/ *vt*
⟨*pass rem e p pass* **tickled** *p pres* **tickling**⟩ *fare il solletico a:* Lucy likes being tickled. *A Lucy piace quando le fanno il solletico.*

ticklish /'tɪklɪʃ/ *agg*
che soffre il solletico: Lucy is very ticklish. *Lucy soffre molto il solletico.*

tide /taɪd/ *s*
marea: The tide's out so we can play on the beach. *C'è bassa marea, così possiamo giocare sulla spiaggia.*|at high/low tide, *con l'alta/la bassa marea*|The boats can't leave the harbour until the tide comes in. *Le barche non possono uscire dal porto finché non si alza la marea.*

tidy¹ /'taɪdi/ *agg*
⟨*compar* **tidier,** *sup* **tidiest**⟩ *ordinato, curato:* Andy is not very tidy; his room is always in a mess. *Andy non è molto ordinato, la sua stanza è sempre in disordine.*|I try to keep my desk tidy. *Cerco di tenere in ordine la mia scrivania.*

tidy² *vt, vi*
⟨*pass rem e p pass* **tidied,** *p pres* **tidying**⟩ ⟨(**up**)⟩ *mettere (-si) in ordine, rassettare (-si):* Please tidy your room (up). *Per favore, riordinati la camera.*

tie¹ /taɪ/ *vt, vi*
⟨*pass rem e p pass* **tied,** *p pres* **tying (up)**⟩ *legare (-si), allacciare (-si), annodare (-si):* to tie up a parcel with string, *legare un pacco con lo spago*|to tie one's shoelaces, *allacciarsi le scarpe*|She tied a scarf round her neck. *Si annodò una sciarpa intorno al collo.*

tie² *anche* **necktie** (*IA*) *s*
cravatta: Peter wore a shirt and tie to his interview. *Per il colloquio Peter si mise una camicia con cravatta.*

tiger /'taɪgəʳ/ *s*
tigre

tight /taɪt/ *agg*
⟨*compar* **tighter,** *sup* **tightest**⟩
1 *stretto, teso:* Pull the string tighter and then tie the knot. *Stringi di più lo spago e poi fa' il nodo.* **2** (*di abiti*) *stretto:* These trousers are a bit tight; I'll have to lose some weight. *Questi pantaloni sono un po' stretti; dovrò perdere qualche chilo.* – *contrario* LOOSE

tighten /'taɪtn/ *vt, vi*
stringere (-si), tendere (-si): I had to tighten the screw as it was coming loose. *Ho dovuto stringere la vite perchè si stava allentando.* – *contrario* LOOSEN

tightly /'taɪtli/ *avv*
in modo stretto, fermamente: Tie your shoelace tightly so that it doesn't come undone. *Allacciati bene la stringa in modo che non si sleghi.*

tights /taɪts/ *s pl*
calzamaglia, collant: a pair of tights, *un paio di collant*

till¹ /tɪl, tl/ *anche* **until** *prep, cong*
fino a, finchè: I'm afraid I can't finish the job till tomorrow. Will that be all right? *Temo di non poter finire il lavoro prima di domani. Va bene lo stesso?*|Wait till I get there before you start. *Aspetta che arrivi io prima di cominciare.*|Carry on till you get to the church, then turn left. *Continua dritto fino alla chiesa, poi gira a sinistra.*
■*Nota:* Until è leggermente più formale di **till** e perciò ricorre più sovente

nell'uso scritto.

till² /tɪl/ *anche* **cash register** *s*
cassa, registratore di cassa: Please pay at the till. *Si prega di pagare alla cassa.*

time /taɪm/ *s*

1 ⟨*non num*⟩ tempo: We'll have to hurry. We haven't got much time before the train leaves. *Dovremo sbrigarci. Non abbiamo molto tempo prima che parta il treno.*|I need more time to finish this job. *Mi occorre più tempo per finire questo lavoro.*|The universe exists in space and time. *L'universo esiste nello spazio e nel tempo.* **2 a long time** molto tempo: It takes a long time to learn a language properly. *Ci vuole molto tempo per imparare bene una lingua.*|All these things happened a long time ago. *Tutte queste cose accaddero molto tempo fa.* **3** ⟨*num*⟩ ora, momento: "What time is it?" *o* "What's the time?" "It's five o'clock." *"Che ore sono?" "Sono le cinque."*|What time does the next train leave? *A che ora parte il prossimo treno?*|"Have you got the right time, please?" "Yes. It's half past two." *"Ha l'ora esatta, per favore?" "Sì. Sono le due e mezza."*|The bus is always full at this time. *L'autobus è sempre pieno a quest'ora.*|It's tea time. *È ora di cena.*|It's time (for you) to go to bed. *È ora di andare a letto.* – *vedi anche* **La Nota Grammaticale Telling the Time** **4 in time (for)** in tempo (per): The film starts at 7 o'clock. I hope we get to the cinema in time (for the beginning). *Il film comincia alle sette. Spero che arriveremo al cinema in tempo (per l'inizio).* **5 on time** puntuale, in orario: The bus is always late. It's never on time. *L'autobus è sempre in ritardo. Non è mai in orario.*
■ *Nota: Osserva la differenza fra* **in time**, *che significa in anticipo, non tardi, con sufficiente margine di tempo, e* **on time**, *che invece significa in orario, proprio all'ora esatta, al momento giusto.*
6 take one's time fare con comodo: Don't rush your homework. Take your time and do it properly. *Non buttare giù i compiti. Va' con calma e falli come si deve.* **7** ⟨*num*⟩ volta, occasione: Emilio has been to London four times. *Emilio è stato a Londra quattro volte.*|How many times have I told you not to put your feet on the chairs! *Quante volte vi ho detto di non mettere i piedi sulle sedie!*|Every time we have a picnic, it rains. *Tutte le volte che facciamo un picnic, si mette a piovere.* – *vedi anche* TWICE (*Nota*) **8 one/two/ecc at a time** uno/due/ecc alla volta: John ran down the stairs two at a time. *John scese di corsa le scale due gradini alla volta.* **9 Once upon a time . . .** (*formula tradizionale per cominciare una favola*) una volta: Once upon a time there was an old witch who lived in the forest. *C'era una volta una vecchia strega che viveva nella foresta.*

  part-time *agg, avv*
a orario ridotto, part time

times /taɪmz/ *prep*
(moltiplicato) per: Four times five is *o* are twenty. (4 x 5 = 20) *Quattro (moltiplicato) per cinque fa venti.*

timetable /'taɪmˌteɪbəl/ *s*
orario: a school timetable, *un orario scolastico*|a train timetable, *un orario ferroviario*

tin /tɪn/ *s*

1 ⟨*non num*⟩ stagno, latta: a tin whistle, *un fischietto di latta* **2** ⟨*num*⟩ *anche* **can** (*spec IA*) barattolo, lattina: a tin of fruit, *un barattolo di frutta*|"Do you like tinned peaches?" "No. I prefer fresh ones." *"Ti piacciono le pesche in scatola?" "No. Preferisco quelle fresche."*|a tin of beans, *una lattina di fagioli*

Telling the Time

What's the time? *Che ore sono?*

It's two o'clock.
It's two.

It's (a) quarter **past** two.
It's two fifteen.

It's twenty **past** two.
It's two twenty.

It's half **past** two.
It's two thirty.

It's (a) quarter **to** three.
It's two forty-five.

It's five **to** three.
It's two fifty-five.

Osservazioni

▸ *Si usa sempre* **it's** *per tutte le ore.*

▸ *Oggigiorno a causa dell'uso sempre più frequente di orologi digitali, la seconda forma* (two twenty, ecc.) *è molto comune.*

▸ *La domanda* "What's the time?"/"What time is it?" *di solito si rivolge a persone che si conoscono. Le espressioni più comuni per chiedere l'ora a uno sconosciuto sono:*
  – "Excuse me, have you got the time, please?" *o*
  "Excuse me, could you tell me the time, please?"
  "Mi scusi, potrebbe dirmi l'ora, per piacere?"

▸ *Quando ci si riferisce a un'ora precisa si usa la preposizione* **at**:
  I saw him **at** six o'clock/**at** twenty past nine/**at** lunchtime/**at** midday/**at** midnight.

▸ *Quando ci si riferisce a periodi più lunghi nella giornata si usa la preposizione* **in**:
  We left **in** the morning/**in** the afternoon/**in** the evening; *MA* **at** night.

tingle /'tɪŋgəl/ *vi*
⟨*pass rem e p pass* **tingled,** *p pres* **tingling**⟩ *formicolare, pizzicare:* The cold made my skin tingle. *Il freddo mi faceva pizzicare la pelle.* — **tingle** *s formicolio, pizzicore, fremito:* a tingle of excitement/fear *un fremito d'eccitazione/di paura*

tin opener /'tɪn ˌəʊpənəʳ/ *anche* **can opener** *s*
⟨*pl* **tin openers**⟩ *apriscatole*

tiny /'taɪnɪ/ *agg*
⟨*compar* **tinier,** *sup* **tiniest**⟩ *minuscolo, microscopico:* Micro-computers are powered by tiny electrical circuits. *I microcomputer sono alimentati da minuscoli circuiti elettrici.* |a tiny baby, *un bambino piccino piccino*

tip¹ /tɪp/ *s*
1 *punta, estremità:* a finger tip, *la punta di un dito* **2** *mancia:* After the meal we paid the bill and left a tip for the waiter. *Dopo mangiato, abbiamo pagato il conto e lasciato la mancia al cameriere.* **3** *consiglio, suggerimento:* Let me give you a tip. Now's the time to start training if you want to win the race. *Ti do un consiglio. Se vuoi vincere la corsa, è ora che cominci ad allenarti.*

tip² *vt, vi*
⟨*pass rem e p pass* **tipped,** *p pres* **tipping**⟩ ⟨**over, up**⟩ **1** *inclinare (-si), piegare (-si), pendere da una parte:* The little boy tipped up the table and everything slid onto the floor. *Il ragazzino inclinò il tavolo e fece scivolare tutto per terra.* **2** *rovesciare (-si), capovolgere (-si), ribaltare (-si):* I tipped the glass over but I managed to catch it before any wine got spilt. *Ho rovesciato il bicchiere ma sono riuscito ad afferrarlo prima che si versasse del vino.* **3** *dare la mancia a:* Don't forget to tip the taxi driver. *Non scordarti di dare la mancia al tassista.*

tire¹ /taɪəʳ/ *vi, vt*
⟨*pass rem e p pass* **tired,** *p pres* **tiring**⟩ ⟨**of**⟩ *stancare (-si) (di), affaticare (-si) (per):* The long journey tired Kate and Andy and they slept most of the way. *Il lungo viaggio ha stancato Kate ed Andy che hanno dormito per quasi tutto il tragitto.* |Grandma tires easily, so we won't walk too far. *La nonna si affatica facilmente, perciò non andremo a passeggio troppo lontano.*

tire² *s*
IA di **tyre** *pneumatico, gomma*

tired /taɪəd||taɪərd/ *agg*
1 *stanco, affaticato:* I'm very tired, I think I'll go to bed. *Sono molto stanco, penso che andrò a letto.* **2** ⟨**of sthg** *o* **doing sthg**⟩ ⟨*solo predicativo*⟩ *stufo, annoiato (di):* I'm tired of seeing nothing but football on the television. *Sono stufo di non vedere altro che calcio in televisione.*

tiring /taɪərɪŋ/ *agg*
faticoso: All this gardening is very tiring. I think I need a rest. *Tutto questo lavoro in giardino è molto faticoso. Penso che un po' di riposo non mi farà male.*

tissue /'tɪʃuː, -sjuː||-ʃuː/ *s*
1 ⟨*non num*⟩ *tessuto* **2** *fazzolettino di carta:* My nose is running. Have you got a tissue? *Mi gocciola il naso. Hai un fazzolettino di carta?*

title /'taɪtl/ *s*
titolo: What's the title of that play by Pirandello? *Com'è intitolato quel dramma di Pirandello?*

to¹ /tə; *davanti a vocali* tʊ; *forma enfatica* tuː/ *prep*
1 ⟨*complemento di moto a luogo*⟩ *a, per, verso, in:* We're going to Italy for our holidays. *Andremo in vacanza in Italia.* |Andy sometimes takes the bus to school. *Qualche volta Andy prende l'autobus per andare a scuola.* |Draw a line from A to D. *Traccia una linea da*

A a D. **2** 〈*complemento di termine*〉 *a:* I'm writing a letter to Claudia. *Sto scrivendo una lettera a Claudia.*|I think I'll give this record to John. *Penso di dare questo disco a John.*|He threw the ball to me. *Mi ha lanciato la palla.* **3** 〈*per esprimere contatto, adattamento*〉 *a:* The chewing gum is stuck to the desk. *La gomma da masticare è appiccicata al banco.*|She fixed the shelf to the wall. *Ha fissato lo scaffale alla parete.* **4** 〈*per esprimere relazione*〉 *per, di, a:* Have you got the key to the storeroom? *Hai le chiavi per il magazzino?*|She wrote the answer to my question on a piece of paper. *Scrisse la risposta alla mia domanda su un foglietto.* **5** 〈*complemento di tempo*〉 *a, fino a:* She works from Monday to Friday. *Lavora dal lunedì al venerdì.*|The Second World War lasted from 1939 to 1945. *La seconda guerra mondiale durò dal 1939 al 1945.* **6** 〈*per esprimere l'ora*〉 *a, prima di:* It's ten to five. *Sono le cinque meno dieci.*| (a) quarter to eight, *un quarto alle otto* – *vedi anche* **La Nota Grammaticale Telling the Time**

  as to *prep*
quanto a, per quanto riguarda
to² *cong*
1 〈*davanti a un verbo per introdurre l'infinito, generalmente non tradotto*〉: I want to join the army when I leave school. *Voglio arruolarmi quando avrò finito le scuole.*|He doesn't know what to do next. *Non sa cosa fare dopo.* **2** 〈*in sostituzione di un infinito sottinteso*〉 "Would you like to come with us?" "I'd love to." *"Vorresti venire con noi?" "Molto volentieri."*| "Are you going to buy that house?" "No. We've decided not to." *"State per comprare quella casa?" "No. Abbiamo deciso di no."* **3** 〈*con l'infinito per esprimere finalità o*

intenzione〉 *per, al fine di, con lo scopo di:* You only say these things to upset me. *Tu fai questi discorsi solo per farmi arrabbiare.*|The government is closing hospitals simply in order to save money. *Il governo sta chiudendo gli ospedali semplicemente per risparmiare.*

toast /təust/ *s*
  〈*non num*〉 pane tostato, crostino, *toast:* We have toast and marmalade for breakfast. *A colazione mangiamo dei toast con marmellata d'arance.*| Would you like another piece of toast? *Vuoi un'altra fetta di pane tostato?*
  — toast *vt* tostare

tobacco /tə'bækəu/ *s*
  〈*non num*〉 tabacco: pipe tobacco, *tabacco da pipa* – **tobacconist** *s* tabaccaio

today¹ /tə'deɪ/ *avv*
  oggi, oggigiorno: Kate was ill yesterday, but she's feeling better today. *Kate ieri non stava bene, ma oggi si sente meglio.*|England is very different today from how it was a hundred years ago. *Oggigiorno l'Inghilterra è un posto completamente diverso da com'era cento anni fa.*

today² *s*
  oggi: Today's lesson is about irregular verbs. *La lezione di oggi è sui verbi irregolari.*|From today, all tourists entering Britain will require a visa. *A partire da oggi si richiederà un visto a tutti i turisti che faranno ingresso in Gran Bretagna.*

toe /təu/ *s*
  dito del piede

toenail /'təuneɪl/ *s*
  unghia (del piede)

toffee /'tɒfi||'tɑːfi/ *s*
  〈*num e non num*〉 caramella mou: Would you like a toffee *o* a piece of toffee? *Vuoi una caramella mou?*

together /tə'geðə'/ *avv*

1 *insieme, in compagnia:* Do you and your friends always go to the cinema together? *Andate sempre insieme al cinema, tu ed i tuoi amici?*|The people gathered together to hear the speech. *La gente si è radunata per ascoltare il discorso.* 2 *insieme, contemporaneamente:* You can't all use the computer together! *Non potete usare il computer tutti contemporaneamente!*

toilet /'tɔɪlɪt/ *anche* **lavatory** *s* gabinetto, bagno: The toilet's upstairs. *Il bagno è al piano di sopra.*|Where are the toilets, please? *Dove sono i gabinetti, per favore?*

toilet paper /'tɔɪlɪt 'peɪpəʳ/ *s* ⟨*non num*⟩ carta igienica

toilet roll /'tɔɪlɪt rəʊl/ *s* ⟨*pl* **toilet rolls**⟩ *rotolo di carta igienica*

told /təʊld/ pass rem e p pass del verbo **tell**

tomato /tə'mɑːtəʊ||-'meɪ-/ *s* ⟨*pl* **tomatoes**⟩ *pomodoro:* Do you want tomato ketchup with your hamburger? *Vuoi del ketchup sull'hamburger?*

tomb /tuːm/ *s* tomba, sepolcro

tomorrow[1] /tə'mɒrəʊ||-'mɔː-, -'mɑː-/ *avv* domani: I hope it doesn't rain tomorrow. *Mi auguro che domani non piova.*

tomorrow[2] *s* 1 *domani:* There'll be a report on the match in tomorrow's newspaper. *Ci sarà un resoconto della partita sul giornale di domani.*|the day after tomorrow, *dopodomani* 2 *il domani, il futuro:* The cars of tomorrow will all be fitted with computers. *Le auto del domani saranno tutte dotate di computer.*

ton /tʌn/ *s* 1 *tonnellata (anglosassone)* 2 *anche*

tonne, metric ton *tonnellata (metrica):* a ten-ton lorry. *un camion da dieci tonnellate*

tone /təʊn/ *s* ⟨*num e non num*⟩ 1 *tono, timbro* 2 *tono, espressione:* I don't like your tone, young man. Just remember who you're speaking to. *Non usare quel tono con me, giovanotto. Ricordati con chi stai parlando.*

tongue /tʌŋ/ *s* lingua

tongue twister /'tʌŋ 'twɪstəʳ/ *s* ⟨*pl* **tongue twisters**⟩ *scioglilingua:* "She sells sea shells on the sea shore" is a well-known tongue-twister. "She sells sea shells on the sea shore" *è un famoso scioglilingua.*

tonic water /'tɒnɪk 'wɔːtəʳ||'tɑːnɪk 'wɔːtəʳ, -'wɑːtəʳ/ *anche* **tonic** *s* ⟨*non num*⟩ acqua tonica: "What about a gin and tonic?" "Yes, please." *"Che ne dici di un gin tonic?" "Sì, grazie."*

tonight[1] /tə'naɪt/ *avv* stasera, stanotte: What's on television tonight? *Cosa c'è alla television stasera?*|You won't sleep tonight if you drink any more coffee. *Se prendi ancora del caffè, stanotte non dormirai.* ■*Nota:* La parola **tonight** può riferirsi alla sera soltanto o all'intera nottata.

tonight[2] *s* questa sera, questa notte: For tonight's homework, do exercises 2 and 3. *Come compito per questa sera, fate gli esercizi 2 e 3.*

tonne /tʌn/ *s* tonnellata metrica – vedi anche TON

too /tuː/ *avv* 1 ⟨*davanti ad aggettivo o avverbio*⟩ *troppo:* "Try these blue ones." "They're too small." *"Misurati questi blu." "Sono troppo piccoli."*|"It's very cold." "Yes, it's far too cold to go out." *"È molto freddo." "Sì, è troppo freddo per uscire."* 2 **too many** *troppi:*

There are too many cars on the road these days. *Ci sono troppe macchine per la strada oggigiorno.*|"Would you like some peas?" "Yes, but not too many." *"Gradisce un po' di piselli?" "Sì, ma non troppi."* **3 too much** *troppo:* I think I've drunk too much lemonade. *Credo di aver bevuto troppa limonata.*|I'd like to buy some leather shoes, but they cost too much. *Mi piacerebbe comprarmi delle scarpe di pelle, ma costano troppo.* You worry too much; you should try to relax more. *Tu ti preoccupi troppo; dovresti cercare di distrarti di più.* **4** *anche, pure, inoltre:* Gina is in the school hockey team, and she sometimes plays for the basketball team too. *Gina fa parte della squadra di hockey della scuola e qualche volta gioca pure nella squadra di pallacanestro.*
■*Nota: L'avverbio* too *si può usare alla fine della frase:* I have been to Milan too. *Sono stato anche a Milano. Meno comunemente si usa o in posizione intermedia tra soggetto e verbo:* I too have been to Milan. *Anch'io sono stato a Milano. Ma non si usa ma mai in posizione iniziale.*

took /tʊk/
pass rem del verbo **take**

tool /tu:l/ *s*
arnese, attrezzo, strumento: garden tools, *attrezzi per il giardino*|a tool box, *una cassetta degli attrezzi*

tooth /tu:θ/ *s*
⟨*pl* **teeth**⟩ *dente:* Brush your teeth after each meal. *Lavati i denti dopo ogni pasto.*

toothache /'tu:θeɪk/ *s*
⟨*num e non num*⟩ *mal di denti:* Andy had toothache, so he had to go to the dentist. *Andy aveva mal di denti, così è dovuto andare dal dentista.*|I've got an awful toothache. *Ho un terribile mal di denti.*

toothbrush /'tu:θbrʌʃ/ *s*
spazzolino da denti

toothpaste /'tu:θpeɪst/ *s*
⟨*non num*⟩ *dentifricio*

top[1] /tɒp||tɑ:p/ *s*
1 *cima, sommità vertice:* We climbed to the top of the mountain. *Abbiamo scalato la cima del monte.*|Write your name at the top of the page. *Scrivete il vostro nome in testa alla pagina.*|Birds were singing from the tree tops. *Gli uccelli cantavano dalle cime degli alberi.*|There are traffic lights at the top of the road. *C'è un semaforo in cima alla strada.* **2** *coperchio, tappo, cappuccio:* I can't get the top off this jar. *Non riesco a togliere il tappo da questo barattolo.* **3** *camicetta, blusa, maglietta:* Gina went to buy a new skirt and top for the party. *Gina è andata a comprarsi una gonna e una camicetta nuove per la festa.* **4 on top of** *sopra a, in cima a, addosso a:* There was a pile of magazines on top of the television. *C'era una pila di riviste sopra al televisore.*|Andy fell off his bike, and the bike fell on top of him. *Andy è caduto dalla bici, e la bici gli è andata a finire addosso.*

top[2] *agg, pron*
1 *superiore, più alto:* We live on the top floor of that block of flats. *Abitiamo all'ultimo piano di quel condominio.* **2** *primo, migliore, massimo:* Prince has two records in the top ten. *Prince ha due dischi fra i primi dieci della classifica.*|Kate **came top** of the class in physics last term. *Lo scorso trimestre Kate è stata la prima della classe in fisica.*

topic /'tɒpɪk||'tɑ:-/ *s*
argomento, tema, soggetto: an interesting topic of conversation, *un interessante tema di conversazione* – *vedi anche* ARGUMENT (*Trabocchetto*)

torch /tɔ:tʃ||tɔ:rtʃ/ *anche* **flashlight**
(*IA*) *s*
torcia elettrica, lampadina tascabile:
Shine your torch over here. I can't
see. *Fa' luce con la torcia in questa
direzione. Non vedo.*

tore /tɔ:ʳ/
pass rem del verbo **tear**

torn /tɔ:n||tɔ:rn/
p pass del verbo **tear**

tortoise /'tɔ:təs||'tɔ:r-/ *s*
tartaruga di terra – *confrontare con*
TURTLE

total¹ /'təutl/ *s*
totale: Add up the figures and write
down the total. *Somma i numeri e
scrivi il totale.*|In total more than a
hundred thousand people visited the
exhibition. *In totale hanno visitato la
mostra più di centomila persone.*

total² *agg*
totale, completo, assoluto: There was
total silence while the teacher read out
the results. *Mentre il professore
comunicava gli esiti ad alta voce,
regnava un silenzio assoluto.*

totally /'təutli/ *avv*
completamente, del tutto: I totally
agree with you. You shouldn't have
done it. *Sono completamente
d'accordo con te. Non avrebbe dovuto
farlo.*

touch¹ /tʌtʃ/ *vt, vi*
toccare (-si): Don't touch! *Non
toccare!*|She leant over and touched
the snake. *Si chinò a toccare il
serpente.*|The ball just touched the
post and went into the net. *Il pallone
ha appena toccato il palo ed è finito in
rete.*

touch² *s*
⟨*num e non num*⟩ tocco, contatto,
tatto: Her skin was cold to the touch.
La sua pelle era fredda al tatto.

tough /tʌf/ *agg*
⟨*compar* **tougher**, *sup* **toughest**⟩

1 tenace, resistente, forte, robusto: a
tough character, *un carattere
inflessibile*|I'm sure he won't be upset.
He's tougher than he looks. *Sono
sicuro che non si sconvolgerà. È più
forte di quanto non sembri.* **2** (*di
carne*) duro, coriaceo, stopposo: This
steak's really tough. *Com'è stopposa
questa bistecca! – contrario* TENDER

tour¹ /tʊəʳ/ *s*
1 giro, viaggio a tappe: We went on a
coach tour of Scotland. *Abbiamo fatto
il giro della Scozia in pullman.*|The
band will go on tour next year. *Il
complesso andrà in tournée l'anno
prossimo.* **2** visita, gita, escursione:
The guide took us on a tour of the
castle. *La guida ci ha fatto visitare il
castello.*

tour² *vt, vi*
⟨**round**⟩ fare il giro di, viaggiare (*per*):
This summer we're going touring in
Scotland. *Quest'estate faremo un
viaggio in Scozia.*

tourist /'tʊərɪst/ *s*
turista: a tourist information office, *un
ufficio del turismo*

tow¹ /təʊ/ *vt*
rimorchiare, trainare: The garage sent
a lorry to tow the cars away from the
accident. *L'autorimessa ha mandato
un camion per portar via le macchine
dal luogo dell'incidente.*

tow² *s*
⟨*non num*⟩ rimorchio, traino: "On
Tow" (sign), *"A rimorchio" (cartello)*

toward /tə'wɔ:d||tɔ:rd/ *anche* **towards**
(*IB*) *prep*
1 ⟨*complemento di moto verso luogo*⟩
verso, in direzione di, alla volta di:
The car drove off toward the airport.
*L'auto si allontanò in direzione
dell'aeroporto.* **2** ⟨*complemento di
stato in luogo*⟩ verso: He stood with his
back toward us. *Stava lì in piedi
volgendoci le spalle.*

towel /'tauəl/ s
asciugamano: Have you got a towel so I can dry my hair? *Hai un asciugamano con cui possa asciugarmi i capelli?*|"I'll wash up if you dry". "OK. Where's the **tea towel?**" *"Io lavo i piatti, se tu li asciughi." "D'accordo. Dov'è lo strofinaccio?"*

tower /'tauəʳ/ s
torre: the church tower, *il campanile*| the Tower of London, *la Torre di Londra*

town /taun/ s
città, cittadina: Which part of the town do you live in? *In che zona della città abiti?*
■*Nota:* Generalmente la parola **town** sta a indicare un centro abitato più grande di a **village,** ma più piccolo e meno importante di a **city.**

town hall /ˌtaun 'hɔːl/ s
⟨pl **town halls**⟩ *municipio, palazzo comunale*

toy /tɔɪ/ s
giocattolo: Lucy has a cupboard full of toys. *Lucy ha un armadietto pieno di giocattoli.*|a toy dog, *un cagnolino di peluche*|a toy train, *un trenino*

trace¹ /treɪs/ vt
⟨pass rem e p pass **traced,** p pres **tracing**⟩ 1 *tracciare, ricalcare:* Draw or trace each animal, and then write about it. *Disegnate o ricalcate ogni animale e poi scrivete qualcosa su ciascuno di essi.* 2 *seguire le tracce di, rintracciare:* The police were trying to trace the owner of the stolen car. *La polizia cercava di rintracciare il proprietario della macchina rubata.*

trace² s
traccia: The police could find no trace of the missing girl. *La polizia non è riuscita a trovare nessuna traccia della ragazza dispersa.*

tracing /'treɪsɪŋ/ s
ricalco

track¹ /træk/ s
1 *sentiero:* They followed the track through the woods. *Seguirono il sentiero attraverso i boschi.* 2 *binario (ferr):* The railway track runs alongside the river. *Il binario corre lungo il fiume.* 3 *pista:* a race track, *una pista sportiva*|The hundred metre hurdles is a track event. *I cento metri a ostacoli è una gara su pista.*
4 ⟨generalmente plurale⟩ *orma, impronta:* The police dog followed the criminal's tracks. *Il cane poliziotto seguiva le orme del criminale.*

track² vt
essere sulle tracce di, inseguire: The police are using dogs to track the escaped criminal. *La polizia si serve dei cani per seguire le tracce del criminale evaso.* — **tracker** s *battitore (-trice) (di selvaggina):* a tracker dog, *un cane poliziotto*

tracksuit /'træksuːt, -ʃjuːt||-suːt/ s
tuta da ginnastica: Bruno took off his tracksuit ready for the start of the race. *Bruno si tolse la tuta da ginnastica pronto per l'inizio della gara.*

tractor /'træktəʳ/ s
trattore

trade¹ /treɪd/ s
⟨non num⟩ *commercio, affari, traffico:* Trade has been good, so Mrs Morgan is taking on new staff. *Siccome gli affari sono andati bene, la signora Morgan ha assunto nuovo personale.*| international trade, *commercio internazionale*|a trade fair, *una fiera campionaria*

trade² vi
⟨in sthg, with sbdy⟩ *commerciare (in qc), fare affari (con qn):* The company trades in meat products. *La ditta commercia in carni.*|Some countries will not trade with South Africa. *Alcuni paesi non intrattengono*

relazioni commerciali con il Sudafrica.

trade union /ˌtreɪd ˈjuːnɪən/ *anche* **trades union, union** *(IB)*, *anche* **labor union** *(IA)* s
⟨*pl* **trade unions**⟩ *sindacato*: The trade union is trying to improve the health and safety conditions at the factory. *Il sindacato sta cercando di migliorare le condizioni sanitarie e di sicurezza nella fabbrica.*

tradition /trəˈdɪʃən/ s
⟨*num e non num*⟩ *tradizione*

traditional /trəˈdɪʃənəl/ *agg*
tradizionale: It is traditional for people to exchange presents at Christmas. *È tradizione che la gente si scambi regali a Natale.*|traditional folk dancing, *danze popolari tradizionali*

traffic /ˈtræfɪk/ s
⟨*non num*⟩ *traffico*: Walden is a quiet village. There is not much traffic. *Walden è un paese tranquillo. Non c'è molto traffico.*

traffic circle /ˈtræfɪk ˌsɜːkəl‖ˌsɜːr-/ s
⟨*pl* **traffic circles**⟩ *IA di* **roundabout** *rotatoria*

traffic jam /ˈtræfɪk dʒæm/ s
⟨*pl* **traffic jams**⟩ *ingorgo stradale*: There is always a traffic jam in the rush hour. *C'è sempre un ingorgo all'ora di punta.*

traffic lights /ˈtræfɪk laɪts/ s pl
semaforo: Turn left at the traffic lights. *Giri a sinistra al semaforo.*

tragedy /ˈtrædʒɪdi/ s
⟨*pl* **tragedies**⟩ ⟨*num e non num*⟩ *tragedia*: The explosion of the space shuttle was a major tragedy. *L'esplosione della navetta spaziale è stata una grande tragedia.*

tragic /ˈtrædʒɪk/ *agg*
tragico — **tragically** *avv* *tragicamente*

trailer /ˈtreɪləʳ/ s
rimorchio, roulotte: We put our tent and other equipment in a small trailer and drove off on our camping holiday.

Abbiamo messo la tenda ed altri attrezzi su un piccolo rimorchio e siamo partiti per il campeggio.

train¹ /treɪn/ s
treno: The next train leaves from platform four. *Il prossimo treno parte dal binario quattro.*|Are you going by bus or by train? *Andrai in autobus o in treno?*|We caught the three o'clock train to Newcastle Central Station. *Abbiamo preso il treno delle tre per la stazione centrale di Newcastle.*

train² *vi, vt*
⟨**to do sthg** *o* **for**⟩ *istruire (-si), allenare (-si) (a fare qc), fare pratica/tirocinio (per)*: Ann is training to be an engineer. *Ann sta facendo tirocinio come ingegnere.*|We train on Tuesdays and play on Thursdays. *Ci alleniamo il martedì e giochiamo il giovedì.*|Lucy has trained the dog to fetch sticks. *Lucy ha ammaestrato il cane ad andare a riprendere gli stecchi.*

trainee /treɪˈniː/ s
apprendista, tirocinante: Mark is a trainee salesman. *Mark è commesso viaggiatore in tirocinio.*

trainer /ˈtreɪnəʳ/ s
istruttore, allenatore

trainers /ˈtreɪnəz‖-ərz/ s pl
scarpe da ginnastica

training /ˈtreɪnɪŋ/ s
⟨*non num*⟩ *preparazione, formazione, allenamento, tirocinio*: You have to go on a long training course to be a pilot. *Per diventare piloti bisogna fare un lungo corso di preparazione.*|The team goes training every Tuesday. *La squadra fa allenamento ogni martedì.*

transitive /ˈtrænsɪtɪv, -zɪ-/ *agg, s*
transitivo: In the sentence "Andy **rides** his bike every day", **ride** is a transitive verb, with the object "his bike". In the sentence "Andy **rides** to school every day," **ride** is an intransitive verb, without an object. *Nella frase "Andy*

rides his bike every day", "**rides**" *è un verbo transitivo reggente il complemento oggetto "his bike". Nella frase* "Andy **rides** to school every day", "**rides**" *è un verbo intransitivo senza complemento oggetto.*
– *confrontare con* INTRANSITIVE

translate /trænz'leɪt, træns-/ *vt, vi* ⟨*pass rem e p pass* **translated,** *p pres* **translating**⟩ ⟨**from, into**⟩ *tradurre (da, in):* Claudia had to translate the passage from Italian into English. *Claudia ha dovuto tradurre il brano dall'italiano in inglese.*

translation /trænz'leɪʃən, træns-/ *s* ⟨*num e non num*⟩ *traduzione*

translator /trænz'leɪtəʳ, træns-/ *s traduttore:* Cindy hopes to get a job in Brussels as a translator. *Cindy spera di trovare un posto come traduttrice a Bruxelles.* – *confrontare con* INTERPRETER

transparent /træn'spærənt, -'speər-/ *agg trasparente*

transport[1] /'trænspɔːt‖-ɔːrt/ *s* ⟨*non num*⟩ *trasporto, mezzo di trasporto:* a public transport system, *un sistema di mezzi pubblici*|Canals are a very economical means of transport. *I canali sono un mezzo di trasporto molto economico.*

transport[2] /træn'spɔːt‖-ɔːrt/ *vt trasportare:* They had to transport food by plane because the lorries couldn't get through in the rainy season. *Hanno dovuto trasportare i viveri in aereo perchè i camion non potevano far la traversata nella stagione delle piogge.*

trap[1] /træp/ *s trappola:* a mouse trap, *una trappola per topi*|The bank robbers fell into the trap. *I rapinatori della banca sono caduti nella trappola.*

trap[2] *vt*

⟨*pass rem e p pass* **trapped,** *p pres* **trapping**⟩ ⟨**into**⟩ 1 *prendere in trappola, accalappiare (in):* We trapped three mice in the hotel kitchen. *Con una trappola abbiamo preso tre topi nella cucina dell'albergo.* 2 *intrappolare:* The man was trapped in the overturned car. *L'uomo rimase intrappolato nella macchina capovolta.*

travel[1] /'trævəl/ *vi, vt* ⟨*pass rem e p pass* **travelled** (*IB*) *o* **traveled** (*IA*), *p pres* **travelling** (*IB*) *o* **traveling** (*IA*)⟩ 1 *viaggiare, fare un viaggio:* As a businesswoman, Mrs Morgan travels a lot. *Essendo una donna d'affari, la signora Morgan viaggia molto.* 2 *procedere, viaggiare, muoversi, diffondersi:* The new train travels at over 200 km/h. *Il nuovo treno viaggia a più di 200 km/h.*
– **traveller** *s viaggiatore (-trice)*

travel[2] *s* ⟨*non num*⟩ *(il) viaggiare, (i) viaggi:* The job involves a lot of overseas travel. *L'impiego comporta molti viaggi all'estero.*
■*Nota: La parola travel funge solo da sostantivo non numerabile e significa viaggiare in generale:* Travel is the best education. *Viaggiare è il miglior modo di istruirsi. Per riferirsi ad un singolo viaggio invece della parola* **travel** *si dovrà usare la parola* **journey,** *che è un normale sostantivo numerabile:* I don't use the car for short journeys. *Per viaggi brevi non uso l'auto. La parola* **trip** *è un sinonimo meno formale della parola* **journey,** *specialmente quando si tratta di un viaggio di piacere:* a **trip** to the seaside, *una gita al mare. La parola* **voyage** *infine può indicare unicamente una traversata per mare:* the **voyages** of Christopher Columbus, *i viaggi di Cristoforo Colombo.*

travel agent /'trævəl ˌeɪdʒənt/ *s* ⟨*pl* **travel agents**⟩ *agente di viaggi:* We

Do you always come to school by bike?
Vieni sempre a scuola in bici?

No, dear, you want the 52. It'll be here in a minute.
No, cara, devi prendere il 52. Sarà qui tra un minuto.

bus

City Centre
Bus Sta

bus driver

queue

BUS STOP

Yes, I do, usually. It only takes me ten minutes. It would take half an hour on foot.
Di solito sì. Ci metto solo dieci minuti. A piedi ci metterei mezz'ora.

Excuse me. Does this bus go to Victoria Square?
Mi scusi, quest'autobus va a Piazza Victoria?

Thanks for the lift, Dad.
Grazie per il passaggio, papà.

brake

bicycle

No, it's all right, I'll take the bus.
No, non importa, prenderò l'autobus.

That's OK. Do you want me to come and pick you up later?
Figurati. Vuoi che ti vengo a prendere più tardi?

wheel

pedal

So, how do we get to Madame Tussaud's?
Allora, come andiamo da Madame Tussaud?

TICKETS ⇨

UNDERGROUND

NO ENTRY

NO SMOKING

It's easy, we get the Bakerloo Line to Marylebone. We don't even have to change.
È facile, prendiamo la Linea Bakerloo fino a Marylebone. Non dobbiamo neanche cambiare.

bought our tickets at the local travel agent's. *Abbiamo comprato i biglietti dalla più vicina agenzia di viaggi.*

traveller's cheque (*IB*) o **traveler's check** (*IA*) /'trævələz ˌtʃek/ s ⟨*pl* **traveller's cheques**⟩ *assegno internazionale, travellers' cheque:* I cashed some of my traveller's cheques in Paris. *Ho incassato alcuni dei miei travellers' cheque a Parigi.*

tray /treɪ/ s
vassoio

tread /tred/ vi, vt
⟨*pass rem* **trod,** *p pass* **trodden**⟩ ⟨**on**⟩ *calpestare, mettere il piede sopra, camminare (su):* Paolo trod on a spider. *Paolo ha pestato un ragno.*|I'm sorry. I didn't mean to tread on your foot. *Mi scusi. Non intendevo pestarle il piede.*

treasure /'treʒəʳ/ s
⟨*num e non num*⟩ *tesoro:* They found some Roman treasure buried in the field. *Hanno trovato tesori dell'epoca romana sepolti nel campo.*|The museum is showing some priceless treasures from Egypt. *Al museo c'è una mostra di preziosissimi tesori egiziani.*

treat[1] /triːt/ vt
1 *trattare, comportarsi con:* Some people treat animals very badly. *Certa gente tratta molto male gli animali.*|My parents still treat me like a baby. *I miei genitori mi trattano ancora come un infante.* **2** *curare, medicare:* Andy was being treated at the hospital for his broken ankle. *Andy era in cura all'ospedale per la caviglia rotta.*|to treat an illness, *curare una malattia* **3** *offrire (qc a qn), pagare (qc per qn):* Mrs Morgan treated the children to a day at the zoo. *La signora Morgan ha offerto ai bambini una giornata allo zoo.*|Come on, I'll treat you to a drink. *Suvvia, ti pago io da bere.*

4 *trattare, maneggiare:* You must treat these old books very carefully, or they will fall apart. *Devi trattare questi vecchi libri con molta cura, altrimenti si rompono.*
ill-treat vt
maltrattare

treat[2] s
piacere, godimento, sorpresa: As a special treat Mrs Morgan took the children to the zoo. *La signora Morgan ha voluto fare una bella sorpresa ai bambini portandoli allo zoo.*

treatment /'triːtmənt/ s
⟨*num e non num*⟩ *trattamento, cura, terapia:* The animal received very bad treatment from its owners. *La bestia subì un pessimo trattamento dai suoi padroni.*|Andy got good treatment at the hospital. *Andy ha ricevuto una buona cura in ospedale.*

tree /triː/ s
albero: an apple tree, *un melo*|a family tree, *un albero genealogico*

tremendous /trɪ'mendəs/ agg
1 *tremendo, spaventoso, enorme:* The train goes at a tremendous speed. *Il treno viaggia ad altissima velocità.* **2** (*fam*) *formidabile, fantastico, incredibile:* a tremendous achievement, *un' impresa formidabile* – **tremendously** avv *incredibilmente*

trial /'traɪəl/ s
1 *processo, giudizio:* to be on trial for fraud, *essere sotto processo per frode* **2** *prova:* We have the computer for a trial period of a week. *Abbiamo il computer per un periodo di prova di una settimana.*

triangle /'traɪæŋgəl/ s
triangolo — **triangular** agg *triangolare*

tribe /traɪb/ s
⟨*seguito da un verbo al singolare o al plurale*⟩ *tribù*

trick[1] /trɪk/ s

1 *scherzo:* to play a trick on someone, *giocare un tiro a qn* **2** *trucco, stratagemma, gioco di prestigio:* a simple card trick, *un semplice gioco di prestigio con le carte*|a magic trick, *un esercizio d'illusionismo*

trick² *vt*
⟨**sbdy into sthg** *o* **doing sthg**⟩
ingannare, raggirare, convincere con l'inganno (qn a fare qc): The man tricked old people into giving him all their savings. *L'uomo raggirò i vecchi facendosi dare tutti i loro risparmi.*

tricycle /'traɪsɪkəl/ *s*
triciclo

tried /traɪd/
pass rem e p pass del verbo **try**

trip¹ /trɪp/ *s*
viaggio, gita, escursione: to go on a trip to London, *fare un viaggio a Londra*|a business trip, *un viaggio d'affari* – *vedi anche* TRAVEL (*Nota*)

trip² *vi, vt*
⟨*pass rem e p pass* **tripped**, *p pres* **tripping**⟩ (**over, up**) *(far) inciampare (in), fare lo sgambetto (a):* Emilio wasn't looking where he was going and tripped over a branch. *Emilio non guardava dove stava andando ed inciampò in un ramo.*

trod /trɒd||trɑːd/
pass rem del verbo **tread**

trodden /'trɒdn||'trɑːdn/
p pass del verbo **tread**

trolley /'trɒli||'trɑːli/ *s*
carrello: a supermarket trolley, *un carrello del supermercato*

troops /truːps/ *s pl*
truppe: UN troops try to keep the peace in many countries. *Truppe dell'ONU cercano di mantenere la pace in molti paesi.*

trophy /'trəʊfi/ *s*
⟨*pl* **trophies**⟩ *trofeo:* The team got a silver trophy for winning the league. *La squadra ricevette un trofeo*

d'argento per aver vinto il campionato.

tropical /'trɒpɪkəl||'trɑː-/ *agg*
tropicale: a tropical fruit, *un frutto tropicale*

tropics /'trɒpɪks||'trɑː-/ *s pl*
⟨*preceduto da* **the**⟩ *tropici:* Emilio lived in the tropics for many years. *Emilio è vissuto ai tropici per molti anni.*

trouble¹ /'trʌbəl/ *s*
⟨*num e non num*⟩ **1** *problema, difficoltà:* We had a lot of trouble getting to London. *Abbiamo avuto un bel po' di problemi per arrivare a Londra.*|Lucy is having some trouble with her maths. *Lucy ha qualche difficoltà in matematica.*|This car is more trouble than it's worth. *Questa macchina mi dà più noie che altro.*|The little boy was in trouble so Kate swam out to help him. *Il ragazzino era in difficoltà e perciò Kate lo raggiunse a nuoto per aiutarlo.* **2** *fastidio, guaio, disturbo:* The trouble is, you can't get a driving licence until you're seventeen. *Il problema è che non si può prendere la patente prima dei diciassette anni.*|The trouble with Adrian is that he never does what he's told. *Il guaio con Adrian è che non fa mai quel che gli si dice.*

trouble² *vi, vt*
⟨*pass rem e p pass* **troubled**, *p pres* **troubling**⟩ **1** *preoccupare, turbare:* Is something troubling you at school? *C'è qualcosa che ti preoccupa a scuola?*
■*Nota: Il verbo* **worry** *è più comune del verbo* **trouble** *con questo significato:* Is something **worrying** you? *C'è qualcosa che ti preoccupa?*
2 (*in espressioni di cortesia*) *disturbare, incomodare:* I'm sorry to trouble you, but could I borrow some milk, please? *Mi dispiace di doverti disturbare, ma potresti prestarmi un po' di latte, per favore?*

trousers /'traʊzəz‖-ərz/ *anch* **pants**
(*IA*) *s pl*
pantaloni, calzoni: Andy wore a new
pair of trousers to the party. *Andy si
mise un nuovo paio di pantaloni per
andare alla festa.*

truck /trʌk/ *s*
variante spec IA di **lorry** camion

true /truː/ *agg*
⟨compar **truer**, sup **truest**⟩ vero: a
true story, *una storia vera*|My Mum
says I don't help in the house, but it's
not true. I make my own bed! *La
mamma dice che non aiuto in casa, ma
non è vero. Il letto me lo rifaccio io!*|Is
it true you're getting married? *È vero
che ti stai per sposare?* – contrario
FALSE

truly /'truːli/ *avv*
veramente, sinceramente: I am truly
sorry for what I did. *Mi dispiace
davvero per quello che ho fatto.*|yours
truly, *distinti saluti (nella chiusa di
lettere formali)*

trumpet /'trʌmpɪt/ *s*
tromba: John is learning to play the
trumpet. *John sta imparando a
suonare la tromba.* — **trumpeter**
s trombettiere, trombettista

trunk /trʌŋk/ *s*
1 (*di albero o colonna*) tronco, fusto
2 (*del corpo umano*) busto, torso 3 (*di
elefante*) proboscide: 4 baule, cassone:
When we sailed to Australia we
packed our clothes in a trunk. *Quando
siamo partiti in nave per l'Australia,
abbiamo messo tutti i vestiti in un
baule.*

trunk call (*IB*) /'trʌŋk kɔːl/ *anche*
long-distance call (*spec IA*) *s*
⟨pl **trunk calls**⟩ chiamata interurbana:
Andy made a trunk call to Peter in
Newcastle. *Andy ha fatto una
telefonata interurbana a Newcastle per
parlare con Peter.*

trunks /trʌŋks/ *s pl*

calzoncini: a pair of swimming trunks,
un paio di calzoncini da bagno

trust¹ /trʌst/ *vt*
avere fiducia in, fidarsi di, contare su: I
don't trust him; I'm sure he can't keep
a secret. *Di lui non mi fido; sono certo
che non sa mantenere un segreto.*|Our
parents trust us to behave ourselves
while they're out. *Quando escono, i
nostri genitori contano su di noi perchè
ci comportiamo bene.*

trust² *s*
⟨non num⟩ ⟨in⟩ fiducia (in): It took
the teacher a long time to gain the
students' trust. *Ci volle un bel po'
prima che la professoressa riuscisse a
conquistarsi la fiducia degli allievi.*

truth /truːθ/ *s*
⟨non num⟩ verità: I want you to tell
me the truth. What really happened
last night? *Voglio che tu mi dica la
verità. Cos'è successo veramente ieri
sera?*

truthful /'truːθfəl/ *agg*
veritiero, sincero: a truthful account of
what happened, *un resoconto veritiero
dell'accaduto*|a truthful person, *una
persona sincera*

try¹ /traɪ/ *v*
⟨pass rem e p pass **tried**, p pres **trying**⟩
1 *vt, vi* ⟨to do sthg⟩ cercare, tentare,
sforzarsi (di fare qc): Bruno tried to
get into the hockey team, but failed.
*Bruno ha cercato di entrare nella
squadra di hockey, ma non c'è
riuscito.*|I tried to let her know in
time, but it was too late. *Ho cercato di
avvertirla in tempo, ma era troppo
tardi.*|Try and finish your dinner,
there's a good boy. *Su, cerca di finire
la cena. Ecco, così, da bravo.*|I know
it's hard but please try. *Lo so che è
difficile, ma sforzati per favore.*|I've
tried and tried but I can't do this
exercise. *Ho tentato e ritentato, ma
non riesco a fare questo esercizio.* 2 *vt,*

vi ⟨**doing sthg**⟩ *provare (a fare), fare un esperimento:* Have you tried (out) this new cream for your spots? *Hai provato questa nuova crema per i brufoli?*|Would you like to try some of this soup? It's delicious! *Vuoi assaggiare un po' di questa minestra? È ottima.*
■*Nota Osserva la differenza di significato tra le due forme:* **try to do** *(cercare di fare qualcosa di difficile)* e **try doing** *(provare a far qualcosa come un esperimento):* Andy **tried to open** the door but he couldn't. *Andy cercò di aprire la porta ma non ci riuscì.*|"It's so hot in here!" "**Try opening** the door." *"Fa così caldo qui dentro!" "Prova ad aprire la porta."*

3 ⟨**try sthg** ↔ **on**⟩ *provare, misurare (un abito):* "Try (on) these blue shoes. " "No. I don't like them very much." *"Prova queste scarpe azzurre". "No. Non mi piacciono molto."*|Could I try these jeans (on), please? *Posso misurare questi jeans, per favore?*

try² *s*
⟨*pl* **tries**⟩ *prova, tentativo:* "I can't open this jar." "Let me have a try." *"Non riesco ad aprire questo vasetto." "Lascia che ci provi io."*

T-shirt *o* **tee shirt** /'tiː·ʃɜːt||-ʃɜːrt/ *s maglietta*

tub /tʌb/ *s*
vasetto, vaschetta: a tub of margarine, *un vasetto di margarina*

tube /tjuːb||tuːb/ *s*
1 *tubo, tubazione:* a rubber tube, *un tubo di gomma* **2** *tubetto:* a tube of toothpaste, *un tubetto di dentifricio* **3** *(IB)* anche **underground** *(IB)*, **subway** *(IA) metropolitana:* It'll be quicker if we go by tube. *Faremo prima se andiamo in metropolitana.*

tuck /tʌk/ *vt*
piegare, infilare, rimboccare: Andy, tuck your shirt into your trousers. It's

hanging out. *Andy, infilati la camicia nei pantaloni. Esce tutta fuori.*

Tuesday /'tjuːzdi||'tuːz-/ *s*
martedì – vedi anche **La Nota Grammaticale** Days and Dates

tuition /tjuː'ɪʃən||tuː-/ *s*
⟨*non num*⟩ *insegnamento, lezioni:* Sue gives private tuition in English. *Sue dà lezioni private d'inglese.*

tummy /'tʌmi/ *s*
⟨*pl* **tummies**⟩ *fam di* **stomach** *pancia:* Lucy's got (a) tummy ache. *Lucy ha mal di pancia.*
■*Nota: La parola* **tummy** *è per lo più una parola infantile, corrispondente alla parola* **stomach** *nel linguaggio degli adulti.*

tune /tjuːn||tuːn/ *s*
aria, motivo, melodia: "What do you think of his new record?" "Well, I like the tune, but the words aren't very good." *"Cosa ne pensi del suo nuovo disco?" "Beh, il motivo mi piace, ma le parole non sono granché."*

tunnel /'tʌnl/ *s*
galleria, traforo, tunnel: The train entered the tunnel and everything went dark for a moment. *Il treno entrò in galleria e per un momento piombammo nell'oscurità.* — **tunnel** *vi scavare una galleria, traforare*

turkey /'tɜːki||'tɜːrki/ *s*
tacchino: Many people have (a) turkey for their Christmas dinner. *Molti mangiano il tacchino al pranzo di Natale.*

turn¹ /tɜːn||tɜːrn/ *v*
1 *vi, vt girare:* The wheels started to turn and the train moved forward. *Le ruote cominciarono a girare e il treno si avviò.*|You operate the machine by turning this handle. *La macchina si mette in moto girando questa manopola.* **2** *vt, vi girare, curvare, svoltare:* Turn left at the end of the street. *Svolta a sinistra alla fine della*

strada.|She turned the car into the garage. *Ha girato la macchina per metterla in garage.* **3** *vi girarsi, voltarsi:* When he got to the plane he turned (round) and waved. *Quando arrivò all'aereo si girò e fece un cenno di saluto con la mano.*

turn back *vi*
tornare indietro, fare marcia indietro: We started out for the mountains but had to turn back because the weather was so bad. *Ci incamminammo verso le montagne ma dovemmo tornare indietro perchè c'era così brutto tempo.*

turn down *vt*
1 ⟨turn sthg ↔ down⟩ *abbassare, ridurre qc:* Will you turn the radio down? It's much too loud. *Vuoi abbassare il volume della radio? È troppo alto.* **2** ⟨turn sbdy/sthg ↔ down⟩ *scartare qn, rifiutare qc:* I was offered a ticket for the cup final but I had to turn it down because I was working that day. *Mi fu offerto un biglietto per la finale della coppa ma dovetti rifiutarlo perchè quel giorno lavoravo.*|I applied for the job but was turned down. *Ho fatto domanda per l'impiego ma sono stato rifiutato.*

turn into *vt*
⟨turn sthg into sthg⟩ *trasformare qc in qc:* You can't turn iron into gold. *Non si può trasformare il ferro in oro.*| Caterpillars turn into butterflies. *I bruchi si trasformano in farfalle.*

turn off *vt*
⟨turn sthg ↔ off⟩ *spegnere, chiudere qc:* I turned off the TV and went to bed. *Ho spento la TV e sono andato a letto.*|You haven't turned the tap off properly. *Non hai chiuso bene il rubinetto.*

turn on *vt*
⟨turn sthg ↔ on⟩ *accendere, aprire qc:* He turns the TV on as soon as he gets home. *Accende la TV non appena*

arriva a casa.|I turned on the taps. *Aprii i rubinetti. – vedi anche* SWITCH ON **(Nota)**

turn over *vi, vt*
1 ⟨turn (sthg) over⟩ *girare (-si), rivoltare (-si):* I turned over and went to sleep. *Mi rivoltai e mi addormentai.*|Turn the meat over when it's cooked on one side. *Gira la carne quando è cotta da un lato.* **2** ⟨turn sthg ↔ over⟩ *voltare qc:* When you've finished the grammar exercises, turn over (the page). *Quando avete finito gli esercizi grammaticali, voltate la pagina.*

turn up *vt*
⟨turn sthg ↔ up⟩ *alzare il volume di qc:* Turn the radio up, I can't hear it. *Alza il volume della radio, non riesco a sentire.*

turn² s
1 *giro, rotazione, torsione:* A sharp turn of the steering wheel can make the car skid. *Un brusco giro di volante può far slittare la macchina.* **2** *curva, svolta, deviazione:* The car did a left/right turn. *La macchina fece una svolta a sinistra/destra.* **3** *turno, volta, occasione:* It's my turn to wash the dishes. *Tocca a me lavare i piatti.*|If you throw a six, you have to miss a turn. *Se ti viene il sei, devi saltare un turno.*

turning /'tɜːnɪŋ||'tɜːr-/ *s*
traversa, svolta: Take the second turning on the left. *Imbocca la seconda traversa a sinistra.*

turtle /'tɜːtl||'tɜːrtl/ *s*
tartaruga acquatica, testuggine – confrontare con TORTOISE

tutor /'tjuːtəʳ||'tuː-/ *s*
insegnante privato: He needs extra help with his maths so he goes to a private tutor two evenings a week. *Ha bisogno di aiuto in matematica, così va da un insegnante privato due sere alla*

settimana.

TV /ˌtiː 'viː/ *s*

⟨*num e non num*⟩ *abbr di* **television**
TV: They are watching TV. *Guardano la TV.*

tweezers /'twiːzəz||-ərz/ *s pl*
pinzette: a pair of tweezers, *un paio di pinzette*

twelve /twelv/ *agg, pron, s*
dodici — **twelfth** *agg, pron* dodicesimo
– vedi anche La Nota Grammaticale **Numbers**

twenty /'twenti/ *agg, pron, s*
venti – vedi anche La Nota Grammaticale **Numbers**

twenty-one /ˌtwenti 'wʌn/ *agg, pron, s*
ventuno – vedi anche La Nota Grammaticale **Numbers**

twenty-three /ˌtwenti 'θriː/ *agg, pron, s*
ventitré – vedi anche La Nota Grammaticale **Numbers**

twenty-two /ˌtwenti 'tuː/ *agg, pron, s*
ventidue – vedi anche La Nota Grammaticale **Numbers**

twice /twais/ *avv*
due volte: Gina goes to church twice a week. *Gina va in chiesa due volte alla settimana.*|I've seen "Star Wars" twice. *Ho visto due volte "Guerre stellari".*
■*Nota: In inglese ci sono due vocaboli specifici per una volta (***once***) e due volte (***twice***), dopodiché per tradurre tre volte, quattro volte e via di seguito si dirà semplicemente* **three times, four times** *ecc. – vedi anche* OCCASION (*Nota*)

twig /twig/ *s*
ramoscello: We gathered some twigs and dried leaves to make a fire. *Abbiamo raccolto un po' di ramoscelli e foglie secche per fare un fuoco.*

twin /twin/ *s, agg*
gemello: Norman and Harold are identical twins. *Norman e Harold sono*

gemelli perfetti.|This is my twin brother, Andy. *Questo è mio fratello gemello, Andy.*

twist¹ /twist/ *vt, vi*

1 *intrecciare (-si), attorcigliare (-si):* Twist the wires together before you put them in the plug. *Intreccia i fili prima d'infilarli nella spina.* **2** *svitare:* I twisted the lid off the jar. *Ho svitato il tappo del barattolo.*

twist² *s*
torsione, giro, avvitamento: I couldn't get a very good picture on the TV, so I gave the aerial a twist.| *Non riuscivo ad ottenere delle buone immagini alla tivù, perciò ho dovuto piegare l'antenna.*

twitch /twitʃ/ *vi, vt*
contrarre (-si): The dog twitched in its sleep. *Il cane si contrasse nel sonno.*
— **twitch** *s* *contrazione, strattone*

two /tuː/ *agg, pron, s*
due: I've got two sisters and one brother. *Ho un fratello e due sorelle.*| You're boring, you two. I'm going home. *Siete noiosi voi due. Me ne vado a casa. – vedi anche La Nota Grammaticale* **Numbers**

tying /'tai-iŋ/
p pres del verbo **tie**

type¹ /taip/ *s*
tipo: There are two types of noun in English: countable and uncountable. *In inglese ci sono due tipi di sostantivi: numerabili e non numerabili.*|What type of car are you going to buy? *Che tipo di macchina ti vuoi comprare?*
– vedi anche KIND (*Nota*)

type² *vt, vi*
⟨*pass rem e p pass* **typed**, *p pres* **typing**⟩ *scrivere/battere a macchina:* Andy is learning to type so that he can use his computer more efficiently. *Andy sta imparando a battere a macchina per poter usare il computer in modo più efficiente.*

typewriter /'taɪpˌraɪtə^r/ s
macchina da scrivere: Emilio has an
old typewriter, but he's hoping to get a
word processor soon. *Emilio ha una
vecchia macchina da scrivere, ma
presto spera di comprarsi un word
processor.*

typical /'tɪpɪkəl/ agg
⟨of⟩ *tipico (di):* These houses are
typical of the nineteenth century.
*Queste sono case tipiche del
diciannovesimo secolo.*|Describe a
typical Sunday afternoon in your
family. *Descrivete una tipica domenica
pomeriggio della vostra famiglia.*|It's
typical of my husband to forget my
birthday! *È tipico di mio marito
scordarsi del mio compleanno! – vedi
anche* PROPER (***Trabocchetto***)

typist /'taɪpɪst/ s
dattilografo (-a): a shorthand typist,
una stenodattilografa

tyre (IB) *o* **tire** (IA) /taɪə^r/ s
pneumatico, gomma: Mrs Morgan was
driving on the motorway when the tyre
burst, so she had to stop and change
the wheel. *La signora Morgan guidava
sull'autostrada quando le è scoppiata
una gomma, così si è dovuta fermare a
cambiare la ruota.*

U,u

U, u /juː/
U, u

ugly /'ʌgli/ *agg*
⟨*compar* **uglier**, *sup* **ugliest**⟩ *brutto:*
Our tortoise is old and ugly but I like
him. *La nostra tartaruga è vecchia e
brutta ma a me piace.*|an ugly face/
building, *una brutta faccia/un brutto
edificio*

umbrella /ʌm'brelə/ *s*
⟨*pl* **umbrellas**⟩ *ombrello:* You'd better
put your umbrella up. It's raining.
*Faresti bene ad aprire l'ombrello.
Piove.*

umpire /'ʌmpaɪəʳ/ *s*
arbitro – vedi anche REFEREE (*Nota*)

uncertain /ʌn'sɜːtn||-ɜːr-/ *agg*
incerto: He was uncertain about what
to do next. *Era incerto sul da farsi.*|He
had an uncertain look on his face.
Aveva un'aria incerta. — **uncertainty**
s ⟨*non num*⟩ *incertezza*

uncle /'ʌŋkəl/ *s*
zio: I'm going to stay with my uncle
and aunt in Italy, so I'll be able to see
my cousins again. *In Italia starò dai
miei zii, così rivedrò i miei cugini.*|
Hello, Uncle Robert. *Ciao, zio
Robert.*

uncomfortable /ʌn'kʌmftəbəl/ *agg*
scomodo, a disagio: an uncomfortable
chair, *una sedia scomoda*

uncommon /ʌn'kɒmən||-'kɑ-/ *agg*
insolito, raro: Bernice is quite an
uncommon name. *Bernice è un nome
piuttosto raro.*

unconscious /ʌn'kɒnʃəs||-'kɑːn-/ *agg*
privo di sensi, senza conoscenza: Andy

was unconscious for several minutes
after he fell off his bike and banged his
head. *Cadendo dalla bicicletta Andy ha
battuto la testa ed è rimasto senza
conoscenza per parecchi minuti.*

uncountable /ʌn'kaʊntəbəl/ *agg*
non numerabile: **Bread** is an
uncountable noun. **Bread** *è un
sostantivo non numerabile.*

uncover /ʌn'kʌvəʳ/ *vt*
scoprire: They uncovered the lifeboats
and made them ready to escape from
the sinking ship. *Hanno scoperto le
scialuppe di salvataggio e le hanno
preparate per fuggire dalla nave che
stava affondando.*|The police
uncovered the plans for a big bank
robbery. *La polizia ha scoperto il
piano per un grosso furto alla
banca.*

under¹ /'ʌndəʳ/ *prep*
1 *sotto:* The cat is lying under the
chair. *Il gatto è disteso sotto la sedia.*|
The rain came in under the door. *La
pioggia è entrata da sotto la porta.*|He
can't swim. He can't even put his head
under the water. *Lui non sa nuotare.
Non riesce nemmeno a mettere la testa
sott'acqua.* **2** *meno di, al di sotto di:*
This disco is for the under 16s only. *La
discoteca è soltanto per i minori di 16
anni.*|a two-week holiday in Spain for
under two hundred pounds! *una
vacanza di due settimane in Spagna a
meno di duecento sterline!* **3** *sotto:* Mrs
Morgan has a staff of five working
under her. *La signora Morgan ha
cinque impiegati sotto di sè.*|The team

has done well under the guidance of the new coach. *La squadra ha ottenuto dei buoni risultati sotto la guida del nuovo allenatore.*|The country is under the control of the army. *Il paese è sotto il controllo dell'esercito.*

under² *avv*
al di sotto: The nursery school is for children of 4 and under. *L'asilo infantile è per bambini di quattro anni e al di sotto di quattro anni.*

underclothes /'ʌndəkləʊðz, -kləʊz|| -dər-/ *s pl*
biancheria intima

undergraduate /ˌʌndə'grædʒuət||-ər-/ *s*
studente universitario: Gina's sister is an undergraduate at Bologna University. *La sorella di Gina studia all'università di Bologna. – vedi anche* GRADUATE (*Nota*)

underground¹ /ˌʌndə'graʊnd||-ər-/ *agg*
sotterraneo: The children were exploring some underground caves. *I ragazzi stavano esplorando delle grotte sotterranee.*

underground² *avv*
sóttoterra: Moles live underground. *Le talpe vivono sottoterra.*

underground³ *anche* **tube** (*IB*), **subway** (*IA*) *s*
metropolitana: Travelling by underground is usually quicker than going by bus. *Di solito si viaggia più velocemente in metropolitana che in autobus.*

underline /ˌʌndə'laɪn||-ər-/ *vt*
⟨*pass rem e p pass* **underlined,** *p pres* **underlining**⟩ *sottolineare:* Gina underlined the important words in the text. *Gina ha sottolineato le parole più importanti del brano.*

underneath¹ /ˌʌndə'ni:θ||-ər-/ *prep, avv*
sotto, al di sotto di, di sotto: Place the

carbon paper underneath the sheet you are writing on. *Metti la carta carbone sotto il foglio su cui scrivi.*|He had only a tracksuit on, with nothing underneath. *Aveva indosso solo una tuta da ginnastica, con niente sotto.*

underneath² *s*
parte di sotto: The underneath of the car was badly damaged when it slid into the ditch. *Quando l'auto è finita nel fossato, la parte di sotto è rimasta gravemente danneggiata.*

undershirt /'ʌndərʃɜrt|| *IA di* **vest** *s*
canottiera

understand /ˌʌndə'stænd||-ər-/ *vt, vi*
⟨*pass rem e p pass* **understood**⟩ ⟨*non usato nelle forme progressive*⟩
1 *capire, comprendere:* I can't/I don't understand what you're saying. *Non capisco cosa dici.*|"Don't tell anybody else what I've just told you." "I understand." *"Non dire a nessun altro quello che ti ho appena detto." "Certo, capisco."*|I understand Italian, but I don't speak it very well. *Capisco l'italiano, ma non so parlarlo molto bene.*|My parents have never understood me. They're always trying to make me do things I don't want to do. *I miei genitori non mi hanno mai capito. Cercano sempre di farmi fare quello che io non voglio fare.* **2** *venire a sapere, sentir dire (che):* I understand that you've been living in this country for some time. *Mi risulta che vivi in questo paese da un po' di tempo.*

understanding¹ /ˌʌndə'stændɪŋ|| -ər-/ *s*
⟨*non num*⟩ *comprensione:* We have to develop children's understanding of the world around them. *Dobbiamo sviluppare nei bambini la comprensione del mondo che li circonda.*

understanding² *agg*
comprensivo: My friends were very

understanding when I finished with my boyfriend. They were a great help to me. *I miei amici sono stati molto comprensivi quando ho chiuso con il mio ragazzo. Mi sono stati di grande aiuto.* – vedi anche COMPREHENSIVE (*Trabocchetto*)

undertake /ˌʌndə'teɪk||-ər-/ vt
⟨pass rem **undertook,** p pass **undertaken**⟩ ⟨sth o to do sth o that⟩ assumersi (qc), impegnarsi (a fare qc): Mrs Morgan undertook the running of the whole department. *La signora Morgan si è assunta la responsabilità dell'organizzazione dell'intera sezione.*|You must undertake to pay back the money on the specified date. *Ti devi impegnare a restituire il denaro alla data stabilita.*

undertaker /'ʌndəteɪkə'||-dər-/ s impresario di pompe funebri

underwater /ˌʌndə'wɔːtə'/ agg, avv subacqueo, sott'acqua: Turtles spend most of their time underwater. *Le testuggini stanno per la maggior parte del tempo sott'acqua.*|an underwater camera, *una macchina fotografica subacquea*

underwear /'ʌndəweə'||-dər-/ s ⟨non num⟩ biancheria intima: Andy changes his underwear every day. *Andy si cambia la biancheria intima ogni giorno.*

undo /ʌn'duː/ vt
⟨pass rem **undid,** p pass **undone,** p pres **undoing**⟩ slacciare, sciogliere, disfare: She undid the parcel quickly. *Aprì velocemente il pacco.*|I can't undo my shoes! *Non riesco a slacciarmi le scarpe!*|Your buttons have come undone. *Ti si sono slacciati i bottoni.*

undress /ʌn'dres/ vi, vt svestire (-si), spogliare (-si): Andy undressed quickly and got into bed. *Andy si svestì in fretta e si mise a letto.*|Mr Morgan undressed the baby

and started to bath her. *Il signor Morgan svestì la bambina e cominciò a farle il bagno.*
■*Nota: Più comunemente si direbbe:* Andy **got undressed** quickly and got into bed.

unemployed /ˌʌnɪm'plɔɪd/ agg
1 *disoccupato:* I was unemployed for six months before I started this job. *Sono rimasto disoccupato per sei mesi prima di cominciare questo lavoro.*
2 the unemployed i disoccupati: new training courses to help the unemployed, *nuovi corsi di formazione professionale per aiutare i disoccupati*

unemployment /ˌʌnɪm'plɔɪmənt/ s ⟨non num⟩ disoccupazione: There is high unemployment in many old industrial towns. *In molte vecchie città industriali c'è un alto tasso di disoccupazione.*

unfortunate /ʌn'fɔːtʃənɪt||-'fɔːr-/ agg sfortunato: It was an unfortunate accident. *È stata una disgrazia.*

unfortunately /ʌn'fɔːtʃənɪtli||-'fɔːr-/ avv
malauguratamente, purtroppo: Unfortunately, I can't come to your party after all. *Alla fin fine non posso venire alla tua festa, purtroppo.*

unfriendly /ʌn'frendli/ agg
⟨compar **unfriendlier,** sup **unfriendliest**⟩ scostante, antipatico: She's not unfriendly, she's just shy. *Non è antipatica, è solo timida.*

unhappy /ʌn'hæpi/ agg
⟨compar **unhappier,** sup **unhappiest**⟩ infelice, scontento: He looked unhappy after he failed his exam. *Aveva l'aria triste dopo che gli era andato male l'esame.*|He had an unhappy look on his face. *Aveva un'aria infelice.*

uniform /'juːnɪfɔːm||-ɔːrm/ s ⟨num e non num⟩ uniforme, divisa: Do you have to wear school uniform?

Dovete indossare la divisa a scuola?|
The soldiers all came into town in
uniform. *I soldati vennero tutti in città
in divisa.*

union /'juːnjən/ *s*
  1 union: **2** *anche* **trade union** ⟨*seguito
  da un verbo al singolare o al plurale*⟩
  sindacato: The union has *o* have
  worked hard to improve the safety
  standards at work. *Il sindacato si è
  dato da fare per migliorare le misure di
  sicurezza sul lavoro.*

unique /juː'niːk/ *agg*
  unico: The leaning tower of Pisa is
  unique. *La torre pendente di Pisa è
  unica.*

unit /'juːnɪt/ *s*
  1 *unità, sezione:* the family unit, *il
  nucleo familiare*|The
  course/coursebook is divided into 15
  units. *Il corso/libro di testo è diviso in
  quindici unità.* **2** *mobile componibile:*
  The flat has been fitted with new
  kitchen units. *Hanno messo una nuova
  cucina componibile nell'appartamento.*
  3 *unità:* The pound is the unit of
  currency in the United Kingdom. *La
  sterlina è l'unità monetaria del Regno
  Unito.*

universal /ˌjuːnɪ'vɜːsəl||-ɜːr-/ *agg*
  generale, universale: The reappearance
  of Halley's Comet was of universal
  interest. *La ricomparsa della cometa di
  Halley ha suscitato l'interesse generale.*

universe *o* **Universe** /'juːnɪvɜːs||-ɜːrs/ *s*
  ⟨*preceduto da* **the**⟩ (*l'*)*universo*

university /ˌjuːnɪ'vɜːsɪti||-ɜːr-/ *s*
  ⟨*pl* **universities**⟩ *università:* Much
  scientific research is done at
  universities and polytechnics. *Molta
  ricerca scientifica è condotta presso le
  università ed i politecnici.*|She is
  studying modern languages at
  university. *Studia lingue straniere
  all'università.*|He wants to go to
  university when he leaves school.

*Finite le scuole, vuole andare all'uni-
versità. – vedi anche* POLYTECHNIC
(Nota)

unkind /ˌʌn'kaɪnd/ *agg*
  ⟨*compar* **unkinder,** *sup* **unkindest**⟩
  poco gentile, scortese: It was an unkind
  thing to say. *Non era una cosa gentile
  da dirsi.*|It was unkind of you to
  mention John's spots. *È stato poco
  gentile da parte tua far menzione dei
  foruncoli di John.*

unless /ʌn'les, ən-/ *cong*
  a meno che non, se non: Unless you
  hurry you'll miss the train. *Se non ti
  sbrighi perderai il treno.*|Don't let
  anyone in unless you know who it is.
  *Non fare entrare nessuno a meno che
  tu non sappia chi è.*|You must do gym
  unless you have a note from your
  parents. *Devi fare ginnastica a meno
  che tu non abbia una giustificazione da
  parte dei tuoi genitori.*

unlike[1] /ˌʌn'laɪk/ *agg*
  ⟨*solo predicativo*⟩ *diverso:* Andy is
  quite unlike his father. *Andy è del
  tutto diverso da suo padre.*|It's unlike
  Peter to be so early. His watch must
  be fast! *Non è da Peter arrivare così
  presto. Il suo orologio deve andare
  avanti!*

unlike[2] *prep*
  a differenza di, contrariamente a:
  Unlike you, I very much enjoy
  watching television. *A differenza di lei,
  mi piace molto guardare la televisione.*

unlikeable /ʌn'laɪkəbəl/ *agg*
  antipatico: an unlikeable old man, *un
  vecchio antipatico*

unlikely /ʌn'laɪkli/ *agg*
  ⟨**to do sthg** *o* **that**⟩ *improbabile, poco
  probabile (che):* Kate may be early,
  but it's unlikely. *Kate potrebbe
  arrivare in anticipo, ma è poco
  probabile.*|Kate's unlikely to be early.
  *È poco probabile che Kate arrivi
  presto. – contrario* LIKELY

■*Nota: Gli aggettivi* **likely** *e* **unlikely** *possono riferirsi ad una persona o ad un evento. Osserva l'esempio con* persona: He/She is likely/unlikely to come. *È probabile/improbabile che* venga.|They're likely/unlikely to be interested in the idea: *È probabile/improbabile che siano interessati all'idea.*

unload /ʌn'ləʊd/ *vt*
scaricare: unloading grain from a ship, *scaricando cereali da una nave*

unlock /ʌn'lɒk||-'lɑːk/ *vt*
aprire (con la chiave): He took out his key, unlocked the door and went in. *Ha preso la sua chiave, ha aperto la porta ed è entrato.*

unlucky /ʌn'lʌki/ *agg*
⟨*compar* **unluckier,** *sup* **unluckiest**⟩
sfortunato (a fare qc o che): I'm always unlucky. *Sono sempre sfortunato.*| She's wearing number 13. That's unlucky. *Porta il numero 13. Che sfortuna.*|You were unlucky to miss the train by just one minute! *Sei stato sfortunato a perdere il treno per un solo minuto!*

unnecessary /ʌn'nesəsəri||-seri/ *agg*
non necessario, inutile: It's really unnecessary for you to come. *Non è veramente necessario che tu venga.*

untidy /ʌn'taɪdi/ *agg*
⟨*compar* **untidier,** *sup* **untidiest**⟩
disordinato: Andy's room is always untidy. His father is always telling him to tidy it up. *La stanza di Andy è sempre in disordine. Suo padre gli sta sempre a dire di riordinarla.*

until /ʌn'tɪl, ən-/ *anche* **till** *prep, cong*
fino a, finché (non): I watched TV until ten o'clock, then went to bed. *Ho guardato la tivù fino alle dieci e poi sono andato a letto.*|We must wait until John gets here. *Dobbiamo aspettare che arrivi John.*|Keep going until you get to the post office and then turn left. *Continua fino a quando non arrivi*

all'ufficio postale e poi gira a sinistra.
– vedi anche TILL (*Nota*)

unusual /ʌn'juːʒuəl, -ʒəl/ *agg*
insolito, raro: What an unusual teapot! *Che teiera insolita!*|It's unusual for Peter to be so early. His watch must be fast! *È strano che Peter sia arrivato così presto. Il suo orologio deve essere avanti.*

unusually /ʌn'juːʒuəli, -ʒəli/ *avv*
insolitamente, stranamente: The children are unusually quiet. I wonder what they are doing! *I bambini sono stranamente tranquilli. Mi chiedo cosa stiano facendo.*

up¹ /ʌp/ *avv*
1 *su, di sopra, in alto:* She threw the ball up in the air. *Lanciò la palla su in aria.*|I looked up and saw a helicopter flying overhead. *Guardai in alto e vidi un elicottero passare di sopra.*|The children are up in the attic. *I bambini sono su in soffitta.*|She climbed up the tree. *Si arrampicò sull'albero.*|I ran up the stairs. *Corsi su per le scale.*
– *contrario* DOWN **2** *a/verso nord:* Kate and Andy will be travelling up to Scotland at the weekend. *Kate e Andy andranno su in Scozia il fine settimana.* – *contrario* DOWN **3** ⟨*per indicare un aumento di livello, prezzo, ecc*⟩: The number of exam passes is up this year. *Quest'anno è aumentato il numero delle sufficienze agli esami.*|The price of petrol has gone up. *Il prezzo del petrolio è salito.* – *contrario* DOWN
4 ⟨*per sottolineare che un'azione viene portata a termine*⟩: Come on, Lucy. Eat up your dinner. *Dai, Lucy. Finisci la cena.*|The earth's natural resources are gradually being used up. *Le risorse naturali della terra a poco a poco si stanno esaurendo.*|It's cold outside, so button up your coat. *È freddo fuori, perciò abbottonati per bene il cappotto.*
■*Nota:* He tore the newspaper

significa che aveva strappato il giornale in più parti, ma che era ancora in un solo pezzo. He tore **up** the newspaper *significa che lo aveva fatto a pezzi.*

5 up to a (*per indicare un'azione negativa*): The children are very quiet. I wonder what they're up to! *I bambini sono molto silenziosi. Mi chiedo cosa stiano combinando!*|The television is up to its usual tricks. I can't get a picture at all. *La televisione mi sta facendo i soliti scherzi. Non si riesce a ricevere un'immagine che sia una.* **b** (*per assegnare la responsabilità o la scelta a qn*): It's up to the captain to set an example to the rest of the team. *Spetta al capitano servire d'esempio al resto della squadra.*|"Shall we have fish or sausages for dinner?" "I don't mind. It's up to you." *"Mangiamo pesce o salsiccia a cena?" "Per me fa lo stesso. Decidi tu."*

up² *prep*

1 *su, su per*: He walked up the hill. *È salito sulla collina.*|She climbed up the ladder. *È salita sulla scala.*|The smoke all goes up the chimney. *Il fumo va tutto su per il camino.* – *contrario* DÒWN **2** *lungo, per*: I walked a little way up the road with him, and then turned back. *Camminai un po' per la strada con lui, e poi tornai indietro.*

upbringing /'ʌp,brɪŋɪŋ/ *s*
educazione, allevamento – *vedi anche* EDUCATION (*Trabocchetto*)

uphill /,ʌp'hɪl/ *agg, avv*
in salita, in su: We have to cycle uphill to school, but at least it's downhill all the way home! *Per andare a scuola dobbiamo pedalare in salita, ma almeno è tutta discesa fino a casa.*

upon /ə'pɒn||ə'pɑːn/ *prep*
(*form*) *su* We acted upon our lawyer's advice. *Abbiamo agito su consiglio del nostro avvocato.*

upper /'ʌpəʳ/ *agg*

(*solo attributivo*) *superiore*: Andy scratched the upper part of his leg when he fell off his bike. *Quando è caduto dalla bicicletta Andy si è graffiato la parte superiore della gamba.*

upset /ʌp'set/ *vt*

(*pass rem e p pass* **upset,** *p pres* **upsetting**) **1** *turbare*: John was very upset when he failed his exams. *John fu molto turbato quando fu bocciato agli esami.*|Kate upset Lucy by calling her names. *Kate turbò Lucy insultandola.*

■*Nota: Il verbo* **upset,** *difficile da tradurre, equivale ad uno stato emotivo generalmente causato da un'altra persona o da un evento poco piacevole. Implica sentimenti di tristezza, delusione e rabbia.*

2 *rovesciare*: Kate upset a full cup of coffee all over her homework. *Kate ha rovesciato una tazza piena di caffè sui compiti.*

3 *rovinare, sconvolgere*: Our plans for a picnic were upset when it started to rain. *I nostri piani per il picnic furono rovinati quando cominciò a piovere.*

upside down /,ʌpsaɪd 'daʊn/ *avv*
a testa in giù, alla rovescia: Gina was hanging upside down from the tree. *Gina penzolava dall'albero a testa in giù.*|He turned the box upside down so that everything fell out. *Capovolse la scatola e tutto si rovesciò fuori.*

upstairs /,ʌp'steəz||-ərz/ *avv, agg*
di sopra, al piano di sopra: "Where are you?" "I'm upstairs." *"Dove sei?" "Sono di sopra."*|Is the bathroom upstairs or downstairs? *Il bagno è di sopra o giù?*|Lucy went upstairs to bed. *Lucy andò di sopra a coricarsi.* – *contrario* DOWNSTAIRS

up-to-date /ʌp tə 'deɪt/ *agg*
aggiornato, ben informato, attuale: Kate's ideas about the role of women are very much up-to-date. *Le idee di*

*Kate sul ruolo della donna sono
decisamente al passo con i tempi.*
upward /'ʌpwəd||-ərd/ *anche* **upwards**
(IB) *avv*
in su, verso l'alto – *contrario*
DOWNWARD
urge¹ /ɜːdʒ||ɜːrdʒ/ *vt*
⟨*pass rem e p pass* **urged**, *p pres*
urging⟩ **1** *incitare, spronare:* The
supporters urged the team (on) to
victory. *I tifosi incitavano la squadra a
vincere.* **2** ⟨**sbdy to do sthg**⟩ *insistere,
pregare (di fare qc):* We all urged John
to think about taking his exams again.
*Noi tutti pregammo John di pensare a
dare gli esami ancora una volta.*|We
urged him to slow down but he
wouldn't listen. *Lo pregammo di
rallentare ma non ci diede ascolto.*
urge² *s*
⟨**sbdy to do sthg**⟩ *impulso (a fare qc),
voglia (di fare qc):* Andy felt no urge
to take his exams yet again! *Andy non
aveva nessuna voglia di fare di nuovo
gli esami!*|I had this overwhelming
urge for a bar of chocolate. *Avevo una
gran voglia di una tavoletta di
cioccolato.*
urgent /'ɜːdʒənt||'ɜːr-/ *agg*
urgente: Can I speak to Mrs Morgan,
please. It's urgent! *Posso parlare con
la signora Morgan per favore? È
urgente!*|I have an urgent message for
Mrs Morgan. It's about tomorrow's
conference. *Ho un messaggio urgente
per la signora Morgan. Si tratta della
conferenza di domani.*
urgently /'ɜːdʒəntli||'ɜːr-/ *avv*
d'urgenza, urgentemente: I must speak
to Mrs Morgan urgently. *Devo parlare
urgentemente con la signora Morgan.*
us /əs, s; *forma enfatica* ʌs/ *pron pers*
noi, ci, ce: They couldn't see us
because we were hiding behind the
wall. *Non ci vedevano perchè eravamo
nascosti dietro il muro.*|Mr and Mrs

Thomas always send us a Christmas
card. *I signori Thomas ci mandano
sempre un biglietto d'auguri a Natale.*|
Kate and Andy were sitting in front of
us on the bus. *Kate ed Andy erano
seduti davanti a noi sull'autobus.* – *vedi
anche La Nota Grammaticale* **Personal
Pronouns**
use¹ /juːz/ *s*
⟨*num e non num*⟩ **1** *uso:* The use of
make-up is not allowed in the school.
A scuola è vietato l'uso dei cosmetici.|
Should the police have the use of guns
on patrol? *È giusto concedere l'uso
delle armi a poliziotti di ronda?*|You
need to get a ticket before you have
the use of the library. *Per poter usare
la biblioteca c'è bisogno di un
tesserino.*|Paul lost the use of his left
hand after his accident. *Dopo
l'incidente Paul ha perso l'uso della
mano sinistra.* **2** *uso:* A
micro-computer has many uses in the
home and office. *Il microcomputer si
presta a molti usi sia a casa che in
ufficio.* **3** **make use of** *fare uso di,
utilizzare:* How can I make use of all
this information in one essay? *Come
posso utilizzare tutto questo materiale
in un solo compito?* **4** Is this book any
use? *Questo libro è utile?*|What's the
use of worrying about your exams
now? They're over! *A che serve
preoccuparsi degli esami ora? Sono
finiti!*|It's no use worrying now! *Non
serve preoccuparsi adesso!*
use² /juːs/ *vt*
⟨*pass rem e p pass* **used**, *p pres* **using**⟩
1 *usare, servirsi di:* I use a computer
for my writing now. *Ora uso il
computer per scrivere.*|Use the
information from the questionnaire to
write a report. *Scrivi una relazione
utilizzando il materiale del
questionario.*|Andy uses his bike to get
to school. *Andy si serve della bicicletta*

per andare a scuola.|How many eggs do you use in this recipe? *Quante uova occorrono per questa ricetta?* **2** *finire:* I can't write my essay. Somebody's used (up) all of the paper. *Non posso scrivere il tema. Qualcuno ha finito tutta la carta.*|The car's using a lot of petrol. I think it needs a service. *L'auto consuma un sacco di benzina. Penso che abbia bisogno di una revisione.*

used /ju:zd/ *agg*
usato, di seconda mano: We couldn't afford a new car so we bought a used one. *Non potevamo permetterci una macchina nuova, così ne abbiamo comprata una di seconda mano.*

used to[1] /'ju:st tə, tʊ, tu:/ *v aus*
⟨do sthg⟩ ⟨*si usa solo nel passato con riferimento a qualcosa che succedeva sempre o regolarmente e che non succede più*⟩ Andy used to play football every week until he broke his leg. *Andy giocava a calcio tutte le settimane, fino a quando non si è rotto la gamba.*|Kate didn't use to like cheese *o* (form) Kate used not to like cheese, but she does now. *A Kate non è mai piaciuto il formaggio, ma ora le piace.*
■*Nota: La forma negativa si può formare con* **didn't use** *o* **used not to/usedn't to** (*formale*).

used to[2] *agg*
⟨sthg *o* doing sthg⟩ ⟨*solo predicativo*⟩ *abituato a:* Kate got used to Italian food on holiday, and now she cooks it herself at home. *Kate si è abituata alla cucina italiana quando è stata in vacanza, ed ora cucina lei stessa all'italiana a casa.*|I'm not used to all this cold weather. I'm freezing! *Non sono abituata a tutto questo freddo. Sto gelando!*|I'm not used to getting up so early. *Non sono abituato ad alzarmi così presto.*

useful /'ju:sfəl/ *agg*
utile: That tool looks very useful. *Quell'arnese sembra molto utile.*|Learn these useful words for your essay. *Imparate queste parole utili per la composizione.*|Claudia's a useful person to know. *Claudia è una conoscenza utile.*

useless /'ju:sləs/ *agg*
inutile, inservibile: This old typewriter is useless. Half the letters are broken and the ribbon's too faint. *Questa vecchia macchina da scrivere è inservibile. Metà delle lettere sono rotte e il nastro è consumato.*

usual /'ju:ʒuəl, 'ju:ʒəl/ *agg*
1 *solito:* I missed my usual train to school and had to catch a later one. *Ho perso il treno che prendo di solito per andare a scuola e ho dovuto prenderne uno più tardi.*|I'll try to get home at the usual time. *Cercherò di tornare a casa alla solita ora.*|It's not usual for Peter to be so early. His watch must be fast! *Di solito Peter non arriva mai così presto. Il suo orologio deve essere avanti!* **2** **as usual** *come al solito:* Here are the boys. They're late, as usual. *Ecco i ragazzi. Sono in ritardo, come al solito.*|As usual I have to do everything myself! *Come al solito devo fare tutto da sola!*

usually /'ju:ʒuəli, 'ju:ʒəli/ *avv*
di solito: I'm washing the car today, but Kate does it usually. *Lavo io l'auto oggi, ma è Kate che lo fa di solito.*| "How do you go to school?" "We usually walk or go by bus, but we sometimes go by car." "*Come andate a scuola?*" "*Di solito a piedi o con l'autobus, ma qualche volta andiamo con la macchina.*"|We usually have a big breakfast. *Di solito facciamo una colazione abbondante.*

V, v

V, v /viː/
V, v

vacancy /'veɪkənsi/ *s*
⟨*pl* **vacancies**⟩ **1** *stanza libera:* The sign in the hotel window said "No Vacancies". *Sul cartello alla finestra dell'albergo c'era scritto "completo".* **2** *posto libero:* There are very few job vacancies for young people at the moment. *Al momento ci sono pochi posti di lavoro per i giovani.*|We have a vacancy for a typist. *Abbiamo un posto per una dattilografa.*

vacant /'veɪkənt/ *agg*
(*piuttosto formale*) *libero, vacante:* I'm afraid that there are no jobs vacant at the moment. *Mi dispiace, ma al momento non ci sono posti vacanti.*| Excuse me! Is that seat vacant? *Mi scusi, è libero quel posto?*

vacation /vəˈkeɪʃən||veɪ-/ *s*
variante spec IA di **holiday** *vacanza:* Where will you go on vacation this year? *Dove andate in vacanza quest'anno?*|Cindy is on vacation in Europe. *Cindy è in vacanza in Europa.*|Cindy hopes to get a vacation job in the summer. *Cindy spera di trovare un lavoro per le vacanze estive.*

vacuum cleaner /'vækjuəm 'kliːnə*/ *anche* **vacuum** (*fam*) *s*
⟨*pl* **vacuum cleaners**⟩ *aspirapolvere*

vain /veɪn/ *agg*
vanitoso: a very vain child, *un bambino molto vanitoso*|Paul is so vain he admires himself in every shop window! *Paul è così vanitoso che si rimira in ogni vetrina!*

valid /'vælɪd/ *agg*
1 *valido:* I'm afraid that getting up late is not a valid excuse for being late for school! *Mi dispiace, ma il fatto che uno si alzi tardi non mi sembra una valida scusa per arrivare a scuola in ritardo!* **2** *valido:* This season ticket is valid for three months. *Questo abbonamento è valido per tre mesi.*

valley /'væli/ *s*
valle: They walked down the hill to the town in the valley below. *Sono scesi dalla collina e si sono diretti verso la città situata nella valle sottostante.*|Let's ski down to the next valley. *Sciamo fino alla prossima vallata.*

valuable /'væljuəbəl, -jubəl||'væljəbəl/ *agg*
1 *di valore, costoso:* Andy borrowed his father's valuable watch and then lost it. *Andy si è fatto prestare dal padre il suo costoso orologio e poi lo ha perso.* **2** *prezioso:* Thank you for your valuable help. I'd never have done it on my own. *Grazie per il tuo prezioso aiuto. Non ce l'avrei mai fatta da solo.*

value[1] /'væljuː/ *s*
⟨*num e non num*⟩ *valore:* The watch was of great value. It was also of sentimental value to Andy's father. *Era un orologio di grande valore. Aveva anche un valore sentimentale per il padre di Andy.*|Your help has been of great value to me. *Il tuo aiuto mi è stato prezioso.*

value[2] *vt*
⟨*pass rem e p pass* **valued**, *p pres*

valuing⟩ 1 ⟨at⟩ *valutare:* John's watch was valued at seventy-five pounds. *L'orologio di John è stato valutato settantacinque sterline.* 2 *tenere a, apprezzare:* I very much value your help. Thank you. *Apprezzo molto il tuo aiuto. Grazie.*

vampire /'væmpaɪəʳ/ s
vampiro: a vampire bat, *un vampiro (pipistrello)*

van /væn/ s
furgone: a delivery van, *un furgone per le consegne*|The parcel was delivered by van. *Il pacco è stato recapitato con un furgone.*

vanish /'vænɪʃ/ vi
svanire: One minute I could see her in the crowd, and the next minute she'd gone. It was as if she'd vanished! *Un attimo prima l'avevo vista tra la folla, un attimo dopo non c'era più. Era come se fosse svanita!*

vanity /'vænɪti/ s
⟨*non num*⟩ *vanità:* What vanity! Paul admires himself in every shop window. *Che vanità! Paul si rimira in ogni vetrina.*

variety /vəˈraɪəti/ s
⟨*pl* **varieties**⟩ ⟨*num e non num*⟩ *varietà, molteplicità:* School's so boring. There's no variety. *La scuola è così noiosa. Non c'è varietà.*|Paolo likes his new job. It's got a lot of variety. *A Paolo piace il suo nuovo lavoro. È molto vario.*|People didn't want to go on the trip for a variety of reasons. *La gente non voleva fare quel viaggio per vari motivi.*|You can see a wide variety of different animals at the zoo. *Allo zoo c'è una grande varietà di animali diversi.*

various /'veərɪəs/ agg
⟨*solo attributivo*⟩ 1 *vario, diverso:* There are various ways of working out this sum, and all are correct. *Questo calcolo può essere fatto in vari modi e sono tutti corretti.* 2 *diverso:* Various people said they'd seen the man, but none of them could describe him. *Diverse persone dicevano di aver visto l'uomo, ma nessuno di loro poteva descriverlo.*

vary /'veərɪ/ vi, vt
⟨*pass rem e p pass* **varied,** *p pres* **varying**⟩ *variare:* "What do you do in your new job?" "Well, it varies a lot." *"In che cosa consiste il tuo nuovo lavoro?" "Be', varia molto."*|The weather varies so much in England you never know what to wear. *Il tempo è così variabile in Inghilterra che non sai mai cosa mettere.* — **variable** agg *variabile*

vase /vɑːz||veɪs, veɪz/ s
vaso: I'll just get a vase for these flowers. *Prendo un vaso per questi fiori.* a glass vase, *un vaso di vetro*

veal /viːl/ s
(*carne di*) *vitello* – vedi anche COW (*Nota*)

vegetable /'vedʒtəbəl/ s
ortaggio: People are eating less meat and more vegetables. *La gente mangia meno carne e più verdura.*|a fruit and vegetable stall in the market, *una bancarella con frutta e verdura al mercato*

vehicle /'viːɪkəl/ s
veicolo: There are so many vehicles entering the city that travel is getting very slow. *Sono tanti i veicoli che affluiscono in città che la circolazione è rallentata molto.*

veil /veɪl/ s
velo: She wore a black hat and veil at the funeral. *Al funerale portava un cappello nero con il velo.*|Some Muslim women wear veils. *Alcune donne musulmane indossano veli.*

vein /veɪn/ s
vena: You can see the patterns of your veins on the back of your hand. *Sul*

dorso della mano si vedono le ramificazioni delle vene.

veranda *o* **verandah** /vəˈrændə/ *anche* **porch** (*IA*) *s*
⟨*pl* **verandas**⟩ *veranda:* They were sitting on the veranda, enjoying the afternoon sun. *Erano seduti sulla veranda a godersi il sole del pomeriggio.*

verb /vɜːb‖vɜːrb/ *s*
verbo: In "He seems happy" and "She left home", "seems" and "left" are verbs. *Nelle frasi "He seems happy" e "She left home" "seems" e "left" sono verbi.*

verse /vɜːs‖vɜːrs/ *s*
1 ⟨*non num*⟩ *poesia:* The story was written in verse. *Il racconto era scritto in versi.*|Not all verse rhymes. *Non tutta la poesia è in rima.* **2** ⟨*num*⟩ *strofa:* I want you to read the second verse of this poem. *Voglio che tu legga la seconda strofa di questa poesia.*| Let's sing verse three again. *Cantiamo di nuovo la terza strofa.* **3** *versetto*

version /ˈvɜːʃən‖ˈvɜːrʒən/ *s*
versione: I have heard both John's and Andy's version of the fight, and they're not the same. *Ho sentito sia la versione della lite di John che quella di Andy e le due non coincidono.*

very¹ /ˈveri/ *avv*
molto: "It's very cold outside." "Yes. It's too cold to go out." *"Fa molto freddo fuori." "Sì, fa troppo freddo per uscire."*|"The Eiffel Tower is very big." "Yes. It's much bigger than I thought." *"La torre Eiffel è molto grande." "Sì. È molto più grande di quanto pensavo."*|"Is it very big?" "No. It's quite small." *"È molto grande?" "No. È piuttosto piccolo."*| Ann is a very helpful girl. *Ann è sempre pronta ad aiutare.*|"Here you are." "Thanks very much." *"Ecco."* *"Grazie mille."*|Thank you very much

indeed! *Grazie mille!*

very² *agg*
⟨*solo attributivo*⟩⟨*come rafforzativo*⟩ *proprio:* This is the very pen I lost last month! *Questa è proprio la penna che ho perso il mese scorso!*|I found what I was looking for in the very last cupboard! *Ho trovato quello che cercavo proprio nell'ultimo armadietto!*

vest /vest/ (*IB*) *anche* **undershirt** (*IA*) *s*
canottiera: Put your vest on. It's cold outside. *Mettiti la canottiera. Fa freddo fuori.*

vet /vet/ *anche* **veterinary surgeon** (*IB* form), **veterinarian** (*IA*) *s*
veterinario: We had to call the vet when the dog was ill. *Quando il cane era ammalato abbiamo dovuto chiamare il veterinario.* — **veterinary** *agg* ⟨*solo attributivo*⟩ *veterinario*

vicar /ˈvɪkəʳ/ *s*
(della Chiesa Anglicana) pastore, (della Chiesa Cattolica) vicario

victim /ˈvɪktɪm/ *s*
vittima: an accident victim, *una vittima di un incidente*

victorious /vɪkˈtɔːriəs/ *agg*
vittorioso: The victorious team were welcomed home by a huge crowd. *La squadra vittoriosa tornando a casa è stata accolta da una gran folla.*

victory /ˈvɪktəri/ *s*
⟨*num e non num*⟩ *vittoria:* It was a hard-earned victory for the hockey team. *È stata una vittoria difficile per la squadra di hockey.*

video /ˈvɪdiəʊ/ *s*
⟨*pl* **videos**⟩ **1** *anche* **videocassette** *videocassetta, video:* After supper we sometimes watch a video. *A volte dopo cena guardiamo una videocassetta.*|Have you seen the new David Bowie video? *Hai visto la nuova videocassetta di David Bowie?*|We've got Gina's wedding on video. *Abbiamo un video del matrimonio di*

Gina. **2** *anche* **video recorder**
videoregistratore: We rent our
television and video. *Prendiamo a
noleggio televisione e video
registratore.*

view[1] /vjuː/ *s*
1 *vista:* We went to Switzerland for
the mountain scenery, and we had a
fine view of the mountains from our
hotel window. *Siamo andati in
Svizzera per il paesaggio montuoso e
dalla finestra del nostro albergo
godevamo una splendida vista delle
montagne.* **2** ⟨**of**, **on**⟩ *punto di vista
(circa, riguardo a):* What is your view
of whaling? *Cosa ne pensi della caccia
alla balena?*|Kate has strong views on
everything. *Kate ha opinioni ben
precise su tutto.*

view[2] *vt*
vedere: We put the house up for sale
and several people came to view it,
but none of them made an offer.
*Abbiamo messo la casa in vendita e
diverse persone sono venute a vederla,
ma nessuno ha fatto un'offerta.*

village /'vɪlɪdʒ/ *s*
paese: The people from the villages go
into the nearby town to do their
weekly shopping. *La gente dei paesi va
a fare la spesa settimanale nella città
vicina.*|a quiet village in the country,
un tranquillo paese di campagna – *vedi
anche* TOWN (*Nota*)

vinegar /'vɪnɪgəʳ/ *s*
⟨*non num*⟩ *aceto:* Do you want salt
and vinegar on your chips? *Vuoi sale
ed aceto sulle patatine?*

violence /'vaɪələns/ *s*
⟨*non num*⟩ *violenza:* Many people
feel that too much violence is shown
on television. *Molti ritengono che in
televisione si mostrino troppe scene di
violenza.*|The violence of the storm
blew down some trees. *La violenza
della tempesta ha abbattuto degli*
alberi.

violent /'vaɪələnt/ *agg*
violento: He's a very violent person. *È
una persona molto violenta.*|a violent
storm, *una violenta tempesta*

violet /'vaɪələt/ *agg*
viola

violin /ˌvaɪə'lɪn/ *s*
violino: Bruno is learning to play the
violin. *Bruno sta imparando a suonare
il violino.*

visible /'vɪzɪbəl/ *agg*
visibile: The coastline was just visible
through the clouds. We would be
landing soon! *Il litorale si vedeva
appena tra le nuvole. Saremmo presto
atterrati!*

vision /'vɪʒən/ *s*
1 ⟨*non num*⟩ *vista:* My father has
poor vision so he has to wear glasses.
*Mio padre non vede molto bene, per
questo deve portare gli occhiali.*
2 *visione:* Andy had a vision of his
new bike all the time he was saving for
it. *Andy sognava continuamente la
bicicletta nuova mentre metteva da
parte i soldi per comprarla.*

visit[1] /'vɪzɪt/ *vi, vt*
andare a trovare, visitare: Claudia is
going to visit her grandmother at the
weekend. *Claudia andrà a trovare la
nonna il fine settimana.*|When you're
in Dover you must visit the castle.
*Quando vai a Dover devi visitare il
castello.*

visit[2] *s*
visita, soggiorno: I had a visit from
Kate last week. *Kate è venuta a
trovarmi la settimana scorsa.*|Kate paid
me a visit last week. *Kate mi ha fatto
visita la settimana scorsa.*|Did you
enjoy your visit to England? *È stato
piacevole il tuo soggiorno in
Inghilterra?*

visitor /'vɪzɪtəʳ/ *s*
visitatore (-trice): Claudia's

grandmother doesn't get many visitors. *La nonna di Claudia non riceve molte visite.*|a hospital visitor/a prison visitor, *chi va in visita in un ospedale/in una prigione*

visual /'vɪʒuəl/ *agg*
visivo: We use many visual aids in teaching – things like posters, maps, drawings etc. *Nell'insegnamento ci serviamo di molti sussidi visivi – quali manifesti, carte geografiche, disegni, ecc.*
  audiovisual *agg*
  audiovisivo

vital /'vaɪtl/ *agg*
vitale: It's vital that I pass my exams this year. I can't take them again. *È di vitale importanza che io superi gli esami quest'anno. Non posso rifarli.*|Good training is vital if you are going to use a computer successfully. *Per poter usare bene un computer è estremamente importante fare un buon corso di preparazione.*

vitamin /'vɪtəmɪn, 'vaɪ-||'vaɪ-/ *s*
vitamina: Fresh fruit and vegetables will give you a regular supply of vitamins and minerals. *Il consumo di frutta e verdura fresche assicura un regolare apporto di vitamine e sali minerali.*

vocabulary /və'kæbjʊləri, vəʊ-||-leri/ *s*
⟨*pl* **vocabularies**⟩ 1 *vocabolario:* Claudia increased her English vocabulary during her holiday in Dover. *Durante le vacanze a Dover Claudia ha arricchito il suo vocabolario della lingua inglese.*
2 *vocaboli, vocabolario:* You'll find the vocabulary for this exercise at the back of the book. *Troverete i vocaboli per questo esercizio alla fine del libro.*

voice /vɔɪs/ *s*
voce: John has got a very loud voice. You can hear him in the next room. *John ha un tono di voce molto alto. Lo*

si sente dalla stanza accanto.*|I've got a sore throat and I've lost my voice. *Ho mal di gola ed ho perso la voce.*

volleyball /'vɒlibɔːl||'vɑː-/ *s*
⟨*non num*⟩ *pallavolo:* Andy has started to play volleyball for the youth club. *Andy ha cominciato a giocare a pallavolo per il club giovanile.*

volt /vəʊlt/ *s*
volt

volume /'vɒljuːm||'vɑːljəm/ *s*
1 ⟨*num e non num*⟩ *volume:* How do you work out the volume of a sphere? *Come si calcola il volume di una sfera?*|a volume of three cubic metres, *un volume di tre metri cubi* 2 ⟨*non num*⟩ *volume:* The TV is far too loud. Turn down the volume! *Il volume del televisore è troppo alto. Abbassalo per favore!*|The volume of noise from the factory was deafening. *Il rumore della fabbrica era assordante.* 3 ⟨*num*⟩ *volume:* There were several volumes of Dario Fo on the shelves. *Sugli scaffali c'erano parecchi volumi di Dario Fo.*|a volume of poetry, *un volume di poesia*

voluntary /'vɒləntəri||'vɑːlənteri/ *agg*
1 *spontaneo:* She made a voluntary statement to the police about her part in the crime. *Ha dichiarato spontaneamente alla polizia di essere stata complice al delitto.* 2 *volontario:* He is a voluntary worker at the hospital. *Lavora come volontario all'ospedale.*|a voluntary organization which helps prisoners when they leave jail, *un'organizzazione di volontari che aiuta i detenuti quando escono dal carcere*

volunteer[1] /ˌvɒlən'tɪəʳ||'vɑː-/ *s*
volontario: We need some volunteers to help get the hall ready for the school concert. *Abbiamo bisogno di volontari che diano una mano ad allestire il salone per il concerto*

scolastico.

volunteer² *vi*

⟨**to do sthg** *o* **for**⟩ *offrirsi (di fare qc o
per qc)*: John and Andy volunteered to
prepare the hall for the concert. *John
e Andy si sono offerti spontaneamente
di allestire il salone per il concerto.*

vote¹ /vəʊt/ *s*

1 *voto:* We had *o* took a vote to
choose the school representative.
*Abbiamo votato per scegliere il
rappresentante scolastico.* **2** *voto:*
Andy won by 54 votes to 43. *Andy ha
vinto con 54 voti contro 43.*|There
were 77 votes in favour, and only 23
against. *Risultarono 77 voti a favore e
solo 23 contrari.* **3** ⟨*s sing*⟩ ⟨*preceduto
da* **the**⟩ *diritto di voto:* In Britain we
have the vote at eighteen. *In Gran
Bretagna si ha diritto al voto a diciotto
anni.*

vote² *vi*

⟨*pass rem e p pass* **voted,** *p pres*
voting⟩ ⟨**to do sthg** *o* **for**⟩ *votare (per):*
Most people voted for Andy/to have
Andy as school representative. *La
maggioranza ha votato per Andy come
rappresentante scolastico.*

vowel /ˈvaʊəl/ *s*

vocale: The English vowels are a, e, i,
o, u. *Le vocali in inglese sono a, e, i,
o, u.* – *vedi anche* CONSONANT (*Nota*)

voyage /ˈvɔɪ-ɪdʒ/ *s*

viaggio (per mare), traversata: The
Titanic sank on its very first voyage. *Il
Titanic affondò durante la sua prima
traversata.* – *vedi anche* TRAVEL (*Nota*)

W, w

W, w /'dʌbəljuː/
W, w

wag /wæg/ vt, vi
⟨pass rem e p pass **wagged,** p pres
wagging⟩ dimenare, scodinzolare: The
dog wagged its tail when it saw Lucy
coming home from school. Il cane
scodinzolò quando vide Lucy che
tornava da scuola.|The dog's tail
wagged happily. Il cane scodinzolava
allegramente.

wage /weɪdʒ/ s
⟨spesso plurale⟩ paga: Paolo gets his
wages every Thursday. Paolo prende
la paga ogni giovedì.|The job has a
weekly wage of a hundred and twenty
pounds. Il posto prevede una paga
settimanale di centoventi sterline. – vedi
anche PAY (**Nota**)

waist /weɪst/ s
vita (parte del corpo): You need to
know your waist, hip and leg
measurements when you go to buy a
pair of trousers. Quando si va a
comprare un paio di pantaloni bisogna
sapere la misūra della vita, del bacino e
delle gambe.

wait¹ /weɪt/ vi
⟨for sbdy/sthg o to do sthg⟩ aspettare,
attendere (qn/qc o di fare): We had to
wait a long time for the bus. Abbiamo
dovuto aspettare a lungo l'autobus.|
Kate was waiting for the postwoman
to come. She was expecting her exam
results. Kate attendeva che la postina
arrivasse. Aspettava i risultati dell'
esame. We were waiting to hear the
results of the election. Aspettavamo

di sentire i risultati delle elezioni.|You
shouldn't keep people waiting. It's
rude. Non dovresti far aspettare la
gente. Non è cortese.|Wait a minute.
I've forgotten my money. Aspetta un
minuto. Ho dimenticato i soldi.
■ **Nota:** Il verbo **wait** è sempre seguito
dalla preposizione **for** quando
precede un sostantivo: to wait for a
bus/for a friend.

wait² s
attesa: We had a long wait for the bus.
Abbiamo dovuto aspettare l'autobus a
lungo.

waiter /'weɪtəʳ/ s
cameriere, cameriera: The waiter
brought us the menu so that we could
choose our meal. Il cameriere ci portò
il menu per farci scegliere il pranzo.

waiting room /weɪ'tɪŋ ruːm, -rʊm/ s
⟨pl **waiting rooms**⟩ sala d'attesa o
d'aspetto: I think I caught a cold in the
doctor's waiting room! Penso di aver
preso il raffreddore nella sala d'attesa
del medico!|We sat in the waiting
room until the train came. Ci
sedemmo nella sala d'aspetto fino a
quando non arrivò il treno.

waitress /'weɪtrɪs/ s
⟨pl **waitresses**⟩ cameriera: The
waitress was busy serving at another
table. La cameriera stava servendo a
un altro tavolo.

wake /weɪk/ vi, vt
⟨pass rem **woke** o **waked,** p pass **woken**
o **waked,** p pres **waking**⟩ ⟨up⟩
svegliarsi, svegliare: Andy always
wakes (up) at 7 o'clock and gets up at

7.15. *Andy si sveglia sempre alle 7 e si alza alle 7.15.*|A loud noise woke me up last night. *Un rumore forte mi ha svegliato la notte scorsa.*|Don't make so much noise or you'll wake the baby. *Non fare tanto rumore che svegli il bambino.*

walk[1] /wɔːk/ *vi, vt*
camminare, andare a piedi: Gina walks to school each morning, but she gets a lift home. *Gina va a scuola a piedi ogni mattina, ma al ritorno a casa le danno un passaggio in macchina.*|"Has the baby started to walk yet?" "Yes. She walks two steps and then falls over!" *"La bambina ha già cominciato a camminare?" "Sì. Fa due passi e poi cade!"*

walk[2] *s*
passeggiata: The walk to school takes Gina about twenty minutes. *Per andare a scuola a piedi Gina impiega venti minuti.*|It's a lovely day. Shall we go for a walk? *È una bella giornata. Andiamo a fare una passeggiata?*

wall /wɔːl/ *s*
1 *muro:* Chester is an old Roman town with a wall around it. *Chester è un'antica città romana circondata da mura.*|The car crashed into the garden wall. *L'auto è andata a sbattere contro il muro del giardino.* **2** *parete, muro:* Shall we paint or wallpaper the walls? *Pitturiamo le pareti o mettiamo la carta da parati?*|There's a photo of the hockey team on the wall. *Sulla parete c'è una foto della squadra di hockey.*

wallet /ˈwɒlɪt||ˈwɑː-/ *s*
portafoglio: When they went to London Andy lost his wallet and Kate lost her purse. *Quando sono andati a Londra Andy ha perso il portafoglio e Kate il borsellino.*

wallpaper /ˈwɔːlˌpeɪpə[r]/ *s*
⟨*non num*⟩ carta da parati

want /wɒnt||wɔːnt, wɑːnt/ *vt*

⟨*non usato nelle forme progressive*⟩
1 ⟨*sth o to do sth*⟩ *volere (qc o fare qc):* I'm hungry. I want something to eat. *Ho fame. Voglio mangiare qualcosa.*|What do you want to do when you leave school? *Cosa vuoi fare quando finisci la scuola?*|Do you want a sweet? *Vuoi una caramella?*|Andy wants to go to the airport to meet Cindy, but Mrs Morgan wants Kate to go instead. *Andy vuole andare all'aeroporto a prendere Cindy, ma la signora Morgan vuole che Kate vada al suo posto.*
■*Nota: Osserva che quando si parla di qualcuno che voglia che qualcun altro faccia qualcosa, la costruzione della frase inglese è diversa da quella della frase italiana:* **to want sbdy to do sth,** *volere che qn faccia qc:* I want you to come too. *Voglio che venga anche tu.*|We wanted Kate to sing for us. *Volevamo che Kate cantasse per noi.*
2 ⟨*sth o doing*⟩ *avere bisogno (di qc o di fare qc):* That wall wants a coat of paint. *Quel muro ha bisogno di una passata di colore.*|The car wants servicing again! *La macchina ha bisogno di essere revisionata di nuovo!* **3** *ricercare:* She is wanted by the police. *È ricercata dalla polizia.*|a wanted man, *un ricercato*

war /wɔː[r]/ *s*
⟨*num e non num*⟩ *guerra:* Many countries were at war for six years from 1939 to 1945. *Molti paesi sono stati in guerra per sei anni, dal 1939 al 1945.*|My uncle was killed in the war. *Mio zio è stato ucciso in guerra.*

ward /wɔːd||wɔːrd/ *s*
corsia: Anna was taken into the maternity ward to have her baby. *Anna fu portata al reparto maternità per partorire.*

warden /ˈwɔːdn||ˈwɔːrdn/ *s*
1 *direttore, guardiano:* Kate's aunt is

warden of an old people's home. *La zia di Kate è direttrice di una casa di riposo.* **2** *guardia, guardiano:* a traffic warden, *un vigile urbano*

wardrobe /'wɔːdrəʊb||'wɔːr-/ s *guardaroba, armadio:* Mrs Morgan made Andy go upstairs and hang his clothes up in his wardrobe. *La signora Morgan ha mandato Andy di sopra ad appendere i suoi vestiti nel guardaroba.*

warm[1] /wɔːm||wɔːrm/ agg
⟨*compar* **warmer,** *sup* **warmest**⟩
1 *caldo:* The water's nice and warm for swimming. *L'acqua è piacevolmente calda. È ideale per nuotare.*|It isn't warm enough to go out without a coat. *Non fa caldo abbastanza per uscire senza cappotto.* **2** *caldo:* Lucy put on her warmest clothes to go out in the snow. *Lucy si è messa i vestiti più caldi che aveva per andare fuori sulla neve.*

■*Nota: L'aggettivo* **warm** *implica un grado di calore minore di* **hot** *e generalmente una sensazione gradevole.*

warm[2] vt, vi
⟨*up*⟩ *(ri)scaldare, (ri)scaldarsi:* The cat was warming herself in front of the fire. *La gatta si scaldava accanto al fuoco.*|She was slowly warming up after being out in the snow. *Si andava pian piano riscaldando dopo essere stata sulla neve.*

warn /wɔːn||wɔːrn/ vt, vi
⟨*sbdy about o that*⟩ *avvertire (qn di o che), mettere in guardia (contro):* The teacher warned us about the danger of accepting lifts from strangers. *L'insegnante ci ha messo in guardia contro i pericoli cui si va incontro accettando passaggi da sconosciuti.*|She warned us not to accept lifts from strangers. *Ci ha avvertito di non accettare passaggi da sconosciuti.*|The radio warned that bad weather was on

the way. *Per radio hanno annunziato l'arrivo del cattivo tempo.*

warning /'wɔːnɪŋ||'wɔːr-/ s
⟨*num e non num*⟩ ⟨**to do sthg** *o* **of**⟩ *avvertimento, avviso:* The teacher gave us a warning about accepting lifts from strangers. *L'insegnante ci ha avvertito di non accettare passaggi da sconosciuti.*|a warning sign, *un segnale di pericolo – vedi anche* ADVICE (*Trabocchetto*)

was /wəz; *forma enfatica* wɒz||wəz; *forma enfatica* wɑːz/
1ª e 3ª pers sing del pass del verbo **be:** Kate was ill yesterday, but she's feeling better today. *Kate era malata ieri, ma si sente meglio oggi.*|I was sitting next to Andy. *Ero seduta accanto a Andy. – vedi anche* **La Nota Grammaticale The verb "be"**

wash[1] /wɒʃ||wɔːʃ, wɑːʃ/ vt, vi *lavare, lavarsi:* Go and wash your face. It's filthy! *Va a lavarti la faccia. È sudicia!*|Look at this mess. I'll have to wash the floor now. *Guarda che pasticcio. Adesso devo lavare il pavimento.*

 wash up vi
lavare i piatti: I'll wash up if you dry. *Io lavo i piatti se tu li asciughi.*

wash[2] s
1 *lavata:* I'll just go and have a wash before lunch. *Vado a darmi una lavata prima di pranzo.*|Will you give the car a wash this weekend? *Dai una lavata all'auto questo fine settimana?* **2** ⟨*s sing*⟩ ⟨*preceduto da* **the**⟩ *bucato:* "Mum! Where's my blue shirt?" "It's in the wash. You'll have to wear your red one." *"Mamma! Dov'è la camicia azzurra?" "È tra la biancheria da lavare. Dovrai metterti quella rossa."*

washbasin /'wɒʃ,beɪsən||'wɔːʃ-, 'wɑːʃ-/ *anche* **washbowl** s *lavabo, lavandino:* The washbasin has cracked, so we have to get washed in the kitchen sink. *Il lavabo si è incrinato, così dobbiamo lavarci nel lavello della cucina.*

washing /'wɒʃɪŋ||'wɔː-, 'wɑː-/ *s*
⟨*non num*⟩ *bucato:* Mr Morgan is hanging out the washing to dry. *Il signor Morgan sta stendendo il bucato fuori.*|He does the washing every Monday. *Fa il bucato ogni lunedì.*

washing up *s*
piatti da lavare: When was the last time you did the washing up? *Quand'è che hai lavato i piatti l'ultima volta?*

washing machine /'wɒʃɪŋ məˈʃiːn|| 'wɔ- məˈʃiːn, 'wɑː- məˈʃiːn/ *s*
⟨*pl* **washing machines**⟩ *lavatrice*

wasn't /'wɒzənt||'wɑː-/
contraz di **was not**: Kate wasn't listening to what I was saying. *Kate non stava ascoltando quello che dicevo.*|I was in the same class as you at school, wasn't I? *Ero nella tua stessa classe a scuola, vero? – vedi anche* **La Nota Grammaticale The Verb "be"**

wasp /wɒsp||wɑːsp, wɔːsp/ *s*
vespa

waste[1] /weɪst/ *s*
⟨*num e non num*⟩ **1** *perdita, spreco:* It's a waste of time waiting for John – he's always late! *È una perdita di tempo aspettare John – è sempre in ritardo!*|Nuclear weapons are a waste of money. *Le armi nucleari sono uno spreco di soldi.*|I wouldn't want to see all our efforts go to waste. *Non mi piacerebbe vedere tutti quegli sforzi sprecati.* **2** *rifiuti:* The factory dumps its waste in an old mine. *La fabbrica getta i rifiuti in una vecchia miniera.*|a waste-paper basket, *un cestino per la carta straccia*

waste[2] *vt*
⟨*pass rem e p pass* **wasted**, *p pres* **wasting**⟩ *sprecare:* I wasted a lot of time waiting for Martin. *Ho perso un sacco di tempo aspettando Martin.*|

Don't waste the paper. That's all we've got. *Non sprecare la carta. È tutta quella che abbiamo.*

wastepaper basket /ˌweɪstˈpeɪpə ˌbɑːskɪt||'weɪstˌpeɪpər, bæ-/ *s*
cestino (per carta)

watch[1] /wɒtʃ||wɑːtʃ, wɔːtʃ/ *vt, vi*
1 *guardare:* They are watching TV. *Guardano la TV.*|The police are watching the house, but they haven't seen anybody go in or out. *La polizia tiene la casa in osservazione, ma non ha visto entrare od uscire nessuno.*| Watch Jim prepare the sauce. He'll show you how to do it properly. *Guarda come Jim prepara la salsa. Ti farà vedere come si fa.* **2** *prendersi cura di, stare attento a:* Will you watch the children while I go out for a couple of minutes? *Dai uno sguardo ai bambini? Starò via per un paio di minuti.*

watch[2] *s*
⟨*pl* **watches**⟩ *orologio:* "Have you got the time?" "Sorry. My watch has stopped." *"Sai l'ora?" "Mi dispiace, ma mi si è fermato l'orologio."*|a digital watch, *un orologio digitale*
■*Nota: La parola* **watch** *si riferisce a orologi da polso o da tasca soltanto, mentre la parola* **clock** *si riferisce a qualsiasi altro tipo di orologio.*

water[1] /'wɔːtə||'wɔː-, 'wɑː-/ *s*
⟨*non num*⟩ *acqua:* a drink of water, *un bicchiere d'acqua*|We need food and water to survive. *Per sopravvivere c'è bisogno di cibo e di acqua.*|We ran out of the changing room and jumped into the water. *Ci siamo precipitati fuori dello spogliatoio e ci siamo tuffati in acqua.*|mineral water, *acqua minerale*

water[2] *vt*
innaffiare: to water the plants/the garden, *innaffiare le piante/il giardino*

watering can /'wɔːtərɪŋ kæn||'wɔː-,

'wɑː-/ s
⟨*pl* **watering cans**⟩ *innaffiatoio*
water skiing /'wɔːtəʳ ˌskiːɪŋ||'wɔː-,
'wɑː-/ s
⟨*non num*⟩ *sci nautico:* Water skiing is
not an Olympic sport. *Lo sci nautico
non è uno sport olimpionico.*
wave[1] /weɪv/ v
⟨*pass rem e p pass* **waved**, *p pres*
waving⟩ ⟨**at**⟩ **1** *vi, vt fare un cenno
con la mano:* The children waved to
their parents from the plane. *I
bambini salutarono i genitori dall'aereo
con un cenno della mano.*|Wave your
hand. *Saluta (con la mano).*|They
waved goodbye. *Salutarono con un
cenno della mano.* **2** *vi sventolare,
ondeggiare:* The flags waved in the
wind. *Le bandiere sventolavano.*
wave[2] s
1 *cenno, segno:* The children gave a
wave from the plane. *I bambini fecero
un cenno di saluto dall'aereo.* **2** *onda:*
The waves crashed onto the shore. *Le
onde si frantumavano sulla costa.*
3 *onda:* light waves/radio waves, *onde
luminose/radio* **4** (*dei capelli*)
ondulazione
wavy /'weɪvɪ/ agg
⟨*compar* **wavier**, *sup* **waviest**⟩
ondulato: Gina has naturally wavy
hair. *I capelli di Gina sono ondulati
per natura.*
wax /wæks/ s
⟨*non num*⟩ *cera:* Madame Tussaud's is
a wax museum. *Il Madame Tussaud è
un museo delle cere.*|Candle wax
dripped onto the table. *La cera della
candela gocciolò sul tavolo.*
way /weɪ/ s
1 *rotta, direzione, strada:* Can you tell
me the way to the station, please? *Può
dirmi come andare alla stazione, per
favore?*|I've just looked at the map
and I think we're going the wrong
way. *Ho appena controllato sulla*

cartina e penso che siamo andati per la
strada sbagliata.*|Look both ways
before you cross the road. *Guarda da
tutti e due i lati prima di attraversare la
strada.*|I bought some sweets **on the
way** home from school. *Ho comprato
delle caramelle lungo il tragitto da
scuola a casa.* – *vedi anche* DIRECT
(*Nota*) *e* STREET (*Nota*) **2** **a long way**
lontano, distante: It's a long way from
London to Edinburgh. *Londra è molto
distante da Edimburgo.* – *vedi anche*
FAR (*Nota*) **3** **in the/my/your/**ecc. **way**
(*nel senso di ostacolare qualcuno*): I
couldn't see the television because
John was in the way. *Non potevo
vedere la televisione perchè John era in
mezzo.*|I'll move this table into
another room if it's in your way.
*Sposto questo tavolo nell'altra stanza se
ti è d'intralcio.*|The dog couldn't get
out of the way in time and was
knocked down by the car. *Il cane non
potè spostarsi in tempo e fu investito
dalla macchina.* **4** ⟨**to do sthg** *o* (**that**)⟩
modo: Mr Morgan is teaching Lucy
the right way to cross the road. *Il
signor Morgan sta insegnando a Lucy
il modo giusto di attraversare la
strada.*|I could tell she was
embarrassed by the way she smiled.
*Mi accorsi che era in imbarazzo per il
modo in cui sorrideva.*|The word
"controversy" can be pronounced (in)
three different ways. *La parola
"controversy" può essere pronunciata
in tre modi differenti.*|In some ways,
John is very clever. *In certe cose John
è molto in gamba.* **5** **in a way** *in un
certo senso:* It's a strange idea, but in a
way, it's true. *È un'idea strana, ma in
un certo senso è vero.* **6** **by the way** *a
proposito:* So I'll see you next week,
then. By the way, I passed my driving
test, so I can pick you up in the car.
Allora ci vediamo la prossima

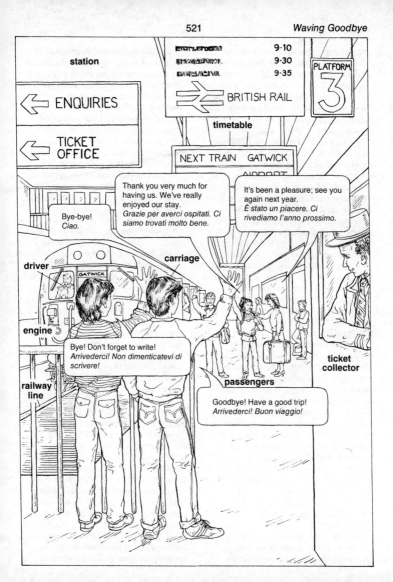

settimana. *A proposito, ho passato
l'esame di guida, quindi posso venire a
prenderti in macchina.*|Did you get our
postcard, by the way? *A proposito, hai
ricevuto la nostra cartolina?* **7 get one's
own way** *spuntarla:* Andy always sulks
if he doesn't get his own way. *Andy
mette sempre il broncio se non può fare
di testa sua.* **8 give way** ⟨to⟩ *cedere
(a):* John is very stubborn. He never
gives way in an argument – even
when he's wrong! *John è così testardo
che non cede mai in una discussione,
neanche quando ha torto!*|Give way to
traffic on the main road! *Dai la
precedenza sulla strada principale!*

we /wi; *forma enfatica* wiː/ *pron pers*
noi: We wanted to go to the cinema
but our parents wouldn't let us.
*Volevamo andare al cinema ma i nostri
genitori non ci hanno lasciato andare.*|
We British prefer tea to coffee. *Noi
britannici preferiamo il tè al caffè.*
– *vedi anche* **La Nota Grammaticale
Personal Pronouns**

weak /wiːk/ *agg*
⟨*compar* **weaker,** *sup* **weakest**⟩
1 *debole:* This old bridge is too weak
for lorries. They have to use the new
one. *Questo vecchio ponte non può
reggere il peso dei camion. Devono
usare quello nuovo.* **2** *debole:* The old
lady is too weak to climb the stairs.
She has to use the lift. *La vecchietta è
troppo debole per salire le scale. Deve
usare l'ascensore.* **3** *leggero:* This tea's
awfully weak. I prefer mine a bit
stronger. *Questo tè è troppo leggero.
Io lo preferisco un po' più forte.*
– *contrario* STRONG— **weaken** *vt, vi
indebolire, indebolirsi* – **weakness** *s
debolezza, punto debole*

wealth /welθ/ *s*
⟨*non num*⟩ *ricchezza:* She made her
wealth in the micro-computer
industry. *Ha accumulato ricchezze*

nell'industria dei microcomputer.|The
wealth of a country can be measured
by its natural resources. *Si può
determinare la ricchezza di un paese in
base alle sue risorse naturali.*

wealthy /'welθi/ *agg*
⟨*compar* **wealthier,** *sup* **wealthiest**⟩
ricco: a very wealthy family, *una
famiglia molto ricca*

weapon /'wepən/ *s*
arma: The airport police searched all
the passengers' bags for weapons. *La
polizia dell'aeroporto ha perquisito le
valigie di tutti i passeggeri alla ricerca
di armi.*

wear /weəʳ/ *v*
⟨*pass rem* **wore,** *p pass* **worn**⟩ **1** *vt
portare, indossare:* She is wearing a
coat/a raincoat. *Indossa un cappotto/
un impermeabile.*|I only wear glasses
for reading. *Porto gli occhiali soltanto
per leggere.* **2** *vi, vt consumare,
logorare:* The heels on these shoes
have worn (down) so I'll have to have
them repaired. *I tacchi di queste scarpe
si sono consumati, così dovrò farli
riparare.*|You've worn a hole in the
carpet with all your pacing up and
down! *Hai fatto un buco nel tappeto a
furia di andare su e giù!*

 wear off *vi*
calmarsi, diminuire: The effects of the
pill are beginning to wear off now, and
the pain's coming back. *L'effetto della
pillola ora si sta esaurendo e il dolore
sta tornando.*

 wear out *vt, vi*
1 ⟨**wear sthg ↔ out**⟩ *consumarsi,
consumare, logorare:* You'll wear the
carpet out, pacing up and down like
that! *Consumerai il tappeto a furia di
camminare su e giù in quel modo!*|
These old shoes are worn out now.
*Queste vecchie scarpe sono ormai
consumate.* **2** ⟨**wear sbdy out**⟩
logorare, affaticare: Lucy's wearing me

out; she won't keep still. *Lucy mi sta logorando; non riesce a stare ferma.*|I haven't stopped working all day. I'm worn out! *Non mi sono fermato un attimo oggi. Sono esausto!*

weather /'weðə^r/ s
⟨non num⟩ *tempo:* "What's the weather like?" "It's awful!" *"Com'è il tempo?" "È terribile!"*|I hate this cold weather. *Odio questo freddo.*

we'd /wid; *forma enfatica* wiːd/
1 *contraz di* **we had**: We'd already seen that film. *Avevamo già visto quel film.* **2** *contraz di* **we would**: We'd like to show you our holiday photos. *Vorremmo mostrarvi le fotografie delle nostre vacanze.*

wedding /'wedɪŋ/ s
matrimonio, nozze: My cousin got married last week. It was a lovely wedding. *Mio cugino si è sposato la settimana scorsa. È stato un bel matrimonio.*|a white wedding, *un matrimonio in bianco*

Wednesday /'wenzdi/ s
mercoledì – vedi anche **La Nota Grammaticale Days and Dates**

weed /wiːd/ s
erbaccia: The farmers use chemicals to kill the weeds in the crop. *Gli agricoltori usano prodotti chimici per distruggere le erbacce nella coltura.*
— **weed** vt *diserbare, liberare dalle erbacce:* I think I'll go and weed the garden. *Penso che andrò a liberare il giardino dalle erbacce.*

week /wiːk/ s
1 *settimana:* I usually go to the cinema twice a week. *Di solito vado al cinema due volte alla settimana.*|the days of the week, *i giorni della settimana*| We're off to Italy next week. *La settimana prossima andiamo in Italia.*
2 *settimana:* Cindy works a five-day week. *Cindy lavora cinque giorni alla settimana.*|a forty-hour week, *una*

settimana lavorativa di quarant'ore|She gets a hundred and twenty pounds a week. *Guadagna centoventi sterline alla settimana.* **3** *settimana:* Next Tuesday we're going to England for two weeks. *Martedì prossimo andremo in Inghilterra per due settimane.*

weekday /'wiːkdeɪ/ s
giorno feriale: We only go to school on weekdays. *Andiamo a scuola soltanto nei giorni feriali.*

weekend /ˌwiːk'end, 'wiːkend|| 'wiːkend/ s
fine settimana, week-end: We don't go to the cinema on Wednesday, but at the weekend. *Non andiamo al cinema il mercoledì, ma il fine settimana.*

weekly /'wiːkli/ agg, avv
settimanale, settimanalmente: I only read the weekly papers. *Leggo solo settimanali.*|We make our weekly trip to my grandmother's every Sunday. *Andiamo a trovare la nonna ogni settimana, di domenica.*|I do the shopping weekly at the supermarket. *Faccio la spesa settimanalmente al supermercato.*

weep /wiːp/ vi, vt
⟨pass rem e p pass **wept**⟩ *piangere:* He wept when he heard the news of his wife's death. *Pianse quando ricevette la notizia della morte di sua moglie.*
■*Nota: Il verbo* **weep** *è più formale del verbo* **cry**.

weigh /weɪ/ vt
1 *pesare:* Bruno weighs himself every morning to see if he's put on any weight. *Bruno si pesa ogni mattina per vedere se è aumentato di peso.* **2** ⟨non usato nelle forme progressive⟩ *pesare:* A male gorilla can weigh two hundred kilos. *Un gorilla maschio può pesare duecento chili.*

weight /weɪt/ s
⟨num e non num⟩ *peso:* Ted is (of) average weight for his height. *Quello*

di Ted è un peso medio considerata l'altezza.|Bruno's trying to lose weight. *Bruno cerca di dimagrire.*

welcome¹ /'welkəm/ *agg*

1 ⟨to sthg⟩ benvenuto (in, a): You're always welcome here, you know. *Sei sempre il benvenuto qui, lo sai.*| Welcome to your new school! *Benvenuto nella tua nuova scuola!*| Welcome home! *Bentornato!*|a welcome change, *un cambiamento benvenuto* **2** ⟨to do sthg o to⟩ ⟨solo predicativo⟩ You're welcome to stay for as long as you like. *Puoi stare fino a quando vuoi.*|"Can I borrow your bike?" "You're welcome to it. It's useless!" *"Puoi prestarmi la bicicletta?" "Prendila pure. Non serve a niente!"* **3 You're welcome!** *prego!, non c'è di che:* "Thank you very much for your help." "You're welcome!" *"Grazie mille del tuo aiuto." "Prego, non c'è di che!"*

welcome² *vt*

⟨pass rem e p pass **welcomed**, p pres **welcoming**⟩ ⟨sbdy to sthg⟩ accogliere, dare il benvenuto a: We all went to welcome them home from England. *Andammo tutti ad accoglierli al loro ritorno dall'Inghilterra.*

welcome³ *s*

benvenuto: They gave us a warm welcome when we arrived in England. *Quando siamo arrivati in Inghilterra ci hanno accolto calorosamente.*

we'll /wil; *forma enfatica* wi:l/ *contraz di* **we will:** Hurry up or we'll be late! *Fai presto o faremo tardi.*|We'll do the washing up, won't we, Andy? *Laviamo noi i piatti, vero, Andy?* – *vedi anche* **Le Note Grammaticali Future** *e* **Modals**

well¹ /wel/ *avv*

⟨compar **better**, sup **best**⟩ **1** bene, in una buona maniera: Andy is a good pupil and always does well in exams.

Andy è un bravo allievo e riesce sempre bene agli esami.|Make sure you wash your hands well before you make the lunch. *Lavati bene le mani prima di preparare il pranzo.*|Claudia doesn't speak English very well. *Claudia non parla l'inglese molto bene.*|a well-written essay, *un tema scritto bene* – *contrario* BADLY

■*Nota: L'esclamazione* **Bene!** *nel senso di elogio o approvazione è tradotta in inglese con la parola* **good** *(non* **well***):* "We're going for a picnic". "Oh, good!" *"Andiamo a fare un picnic." "Oh, bene!"*

2 Well done! *(formula usata per congratularsi con qualcuno) Bravo!, ben fatto!:* "I've passed my driving test." "Well done!" *"Ho passato l'esame di guida." Bravo!"*

3 as well anche: "I hear that Claudia's going to England." "Yes, and Sandro's going as well." *"Ho saputo che. Claudia va in Inghilterra." "Sì, ci va anche Sandro."*|Andy cooked a meal for the whole family, and did the washing up as well! *Andy ha cucinato per l'intera famiglia ed ha anche lavato i piatti!* **4 as well as** come pure, in aggiunta a: Kate doesn't have time to play hockey as well as prepare for her exams. *Kate non ha tempo di giocare ad hockey e prepararsi nello stesso tempo per gli esami.*|Cindy owns a motorbike as well as a car. *Cindy ha una moto in aggiunta alla macchina.*

well² *agg*

⟨compar **better**, sup **best**⟩ ⟨solo predicativo⟩ bene, in salute: "How are you?" "Very well, thank you." *"Come stai?" "Molto bene, grazie."*|"Kate's not well." "Oh dear. And she's normally such a healthy girl." *"Kate non sta bene." "Oh poverina. Proprio lei che è una ragazza così sana."*

– *contrario* ILL

well³ *inter*

1 (*si usa per esprimere accettazione, consenso*) *bene:* "Can I borrow your camera?" "Well, I suppose so." *"Posso prendere in prestito la tua macchina fotografica?" "Ebbene, suppongo di sì."*|"I'd like to cash this cheque, please." "Very well, sir." *"Vorrei incassare quest'assegno, per favore." "Benissimo, signore."* **2** (*si usa per incitare qualcuno a rispondere o spiegare*) *allora:* Well? Why are you late? *Allora? Perchè sei in ritardo?* **3** (*si usa per esprimere sorpresa*) *beh:* Well! I never expected you to buy me a present! *Beh! Non avrei mai pensato che mi avresti comprato un regalo!* **4** (*si usa per esprimere dubbio*) *insomma:* Well, I don't think you should go out alone at night. *Insomma, penso che non dovresti uscire da sola la sera.*|"Did you enjoy the concert?" "Well, it wasn't bad." *"Ti è piaciuto il concerto?" "Insomma, non era male."* **5** (*si usa per cominciare o continuare un racconto*) *dunque:* Well, there was this old man who lived in the forest . . . *Dunque, c'era questo vecchio che viveva da solo nella foresta . . .* |You know Claudia. Well, you'll never guess who I saw her with yesterday! *Conosci Claudia. Beh, non indovineresti mai con chi l'ho vista ieri!* **6 Oh well!** (*si usa per esprimere positiva rassegnazione*) *Oh beh!:* "We can't afford to go to Italy this year." "Oh well! I suppose we could go next year instead." *"Non possiamo permetterci di andare in Italia quest'anno." "Oh beh! Suppongo che potremmo invece andarci il prossimo anno."*

well⁴ *s*

pozzo: The villagers go to fetch their water from the well. *I paesani vanno a prendere l'acqua al pozzo.*|an oil well in the North Sea, *un pozzo petrolifero nel mare del Nord*

well-known /ˌwelˈnəʊn/ *agg* ⟨**for**⟩ *famoso:* She's a well-known politician. *È una famosa donna politica.*|Pisa is well-known for its leaning tower. *Pisa è molto famosa per la sua torre pendente.*

went /went/

pass rem del verbo **go:** "We went to Milan last weekend." "How did you go?" "By plane." *"Siamo andati a Milano la settimana scorsa." "Come siete andati?" "In aereo."*

wept /wept/

pass rem e p pass del verbo **weep**

we're /wɪəʳ; *forma enfatica* wiːəʳ/

contraz di **we are:**

We're gong to Kate's for supper. Are you coming? *Andiamo a cena da Kate. Vieni?*|Sue and I can't go because we're too busy. *Sue ed io non possiamo andare, perchè siamo troppo occupate.* – *vedi anche* **La Nota Grammaticale The Verb "be"**

were /wəʳ; *forma enfatica* wɜːʳ/

2ᵃ pers sing. e 1ᵃ, 2ᵃ e 3ᵃ pers pl del pass del verbo **be:** "Were you at Claudia's party?" "No, I wasn't." *"Sei stato alla festa di Claudia?" "No, non ci sono stato."*|We were watching television when the phone rang. *Guardavamo la televisione quando il telefono suonò.* – *vedi anche* **La Nota Grammaticale The Verb "be"** **2** (*si usa per esprimere un desiderio o una improbabilità*): I wish I were ten years younger! *Vorrei essere dieci anni più giovane!*|If I were very rich, I would buy a yacht and sail round the world. *Se fossi molto ricco comprerei uno yacht e girerei il mondo.*|He talks to that dog as if it were a human being! *Parla a quel cane come se fosse un essere umano!*

■**Nota:** *Quest'uso di* **were** *è formale. Nella maggior parte dei casi si può anche usare la forma* **was:** *If I* **was** *very rich. – vedi anche* **La Nota Grammaticale If-clauses**

weren't /wɜːnt||'wɜːrənt, wɜːrnt/ *contraz di* **were not:** Kate and Andy weren't at school yesterday. *Kate ed Andy non erano a scuola ieri.*|I wish I weren't so fat. *Vorrei non essere così grasso.* – *vedi anche* **La Nota Grammaticale The Verb "be"**

west[1] /west/ *avv* *verso ovest, a ovest:* We were travelling west. *Viaggiavamo verso ovest.*

west[2] *agg* ⟨**of**⟩ *occidentale, a ovest di:* the west coast of America, *la costa occidentale d'America*|Turin is west of Milan. *Torino si trova a ovest di Milano.*

west o **West**[3] *s* ⟨*preceduto da* **the**⟩ *ovest, occidente:* The sun sets in the west. *Il sole tramonta ad occidente.* Do we need nuclear weapons to defend the West against the Soviet Union? *Ci occorrono armi nucleari per difendere l'Occidente dall'Unione Sovietica?*

western[1] /'westən||-ərn/ *agg* *occidentale:* Western parts of the country will have rain, but the east will remain dry. *Le regioni occidentali saranno piovose, ma quelle orientali rimarranno asciutte.*|Kung fu is very different from western boxing. *Kung fu è molto diverso dal pugilato di tipo occidentale.*

western[2] *s* ⟨*spesso scritto con la lettera maiuscola*⟩ *western:* "What's on at the cinema?" "There's a western on at the Odeon." *"Che cosa c'è al cinema?" "C'è un western all'Odeon."*

westward /'westwəd||-ərd/ *agg, avv* ⟨*solo attributivo*⟩ *ovest, verso ovest:* a westward journey, *un viaggio verso ovest*|We sailed westward. *Navigammo verso ovest.*

wet[1] /wet/ *agg* ⟨*compar* **wetter,** *sup* **wettest**⟩ **1** *bagnato:* These clothes are still wet. You can't wear them. *Questi vestiti sono ancora bagnati. Non puoi metterteli.*|The sign on the seat said "Wet Paint". *Sul sedile c'era un cartello con su scritto "vernice fresca".* **2** *piovoso:* Tomorrow will be another wet and windy day. *Domani sarà un'altra giornata piovosa e ventosa.* – *contrario* DRY

wet[2] *s* ⟨*preceduto da* **the**⟩ *pioggia:* You can't go out in the wet. You'll get soaked! *Non puoi uscire sotto la pioggia. T'inzupperai!*

wet suit /'wet suːt/ *s* *muta:* A rubber wet suit will keep you warm when you go diving. *Una muta di gomma ti proteggerà dal freddo durante le immersioni.*

we've /wiv; *forma enfatica* wiːv/ *contraz di* **we have** *abbiamo:* We've finished our homework. Can we watch TV now? *Abbiamo finito i compiti. Possiamo guardare la TV adesso?*|We've got a new teacher. *Abbiamo una nuova insegnante.* – *vedi anche* **La Nota Grammaticale The Verb "have"**

whale /weɪl/ *s* *balena*

what[1] /wɒt||wɑːt, wʌt/ *pron* **1** *che (cosa):* What's happened? *Che è successo?*|What would you like to eat? *Che cosa vuoi da mangiare?*|What is John doing? *Che cosa sta facendo John?*|What's your name? *Come ti chiami?*|"What's 2 + 9?" "11." *"Quanto fa 2 + 9?" "11."*|What are you going to spend the money on? *In che cosa spenderai i tuoi soldi?*|"I

painted the kitchen door purple."
"You did what?!" *"Ho pitturato la
porta della cucina color viola." "Che
cosa hai fatto?!"* **2** *quello che, la cosa
o le cose che, ciò che:* After the
burglary, the police told us to make a
list of what was missing. *Dopo il furto
la polizia ci domandò di fare una lista
di quello che mancava.*|I know what
you mean. *Capisco quello che vuoi
dire.*|She told me what to do. *Mi disse
cosa fare.*|What annoys me is that she
didn't even say thank you. *Quello che
mi infastidisce è che non disse neanche
grazie.* **3** *come:* "I saw Claudia
yesterday." "What?" "I said I saw
Claudia yesterday."| *"Ho visto Claudia
ieri." "Come?" "Ho detto che ho visto
Claudia ieri."*
■*Nota*: *Quest'uso di* what *è
considerato ineducato. L'espressione
preferibile è* **Pardon?** *o* **Sorry?**
4 **What (. . .) for?** *Perchè?:* "I'm going
to phone John." "What for?" *"Vado
a telefonare a John." "Perchè?"*|What
did you turn the TV off for? *Perchè
hai spento la TV?* **5** **What if . . . ?** *e se
. . . ?:* "We're going to have a picnic
on Saturday." "What if it rains?"
*"Andiamo a fare un picnic sabato." "E
se piove?"*|What if human beings
didn't need to sleep? *E se gli esseri
umani non avessero bisogno di
dormire? – vedi anche* **what about**
(ABOUT), **what is** sbdy/sthg **like?**
(LIKE)
what² *agg*
1 ⟨*in domande*⟩ *che:* What colour is
your car? *Di che colore è la tua
macchina?*|What time is it? *Che ora
è?*|What language do they speak in
Yugoslavia? *Che lingua si parla in
Jugoslavia? – vedi anche* WHICH (*Nota*)
2 ⟨*in esclamazioni*⟩ *che:* What a
strange thing to say! *Che strana cosa
da dire!*|What lovely weather we've

been having! *Che bel tempo che
abbiamo avuto!*
whatever¹ /wɒt'evəʳ/||wɑ:-, wʌ-/
pron, agg
1 *quello che, ciò che:* Help yourself to
whatever you want. *Prendi quello che
vuoi.*|I'll take whatever job I'm
offered. *Accetterò qualunque lavoro
mi venga offerto.* **2** *qualunque,
qualsiasi cosa:* Whatever time I
telephone, she's never at home. *A
qualsiasi ora le telefoni, non è mai in
casa.*|Whatever your taste in music,
there'll be something to interest you
on this record. *Qualunque siano i tuoi
gusti musicali, in questo disco c'è
qualcosa che ti potrà interessare.*|
Whatever you do, don't be late!
*Qualunque cosa tu faccia, non fare
tardi!* **3** (*si usa per esprimere sorpresa
o rabbia*) *che cosa diamine, cosa mai:*
Your hands are filthy! Whatever have
you been doing? *Hai le mani luride.
Che diamine stavi facendo?*|They're
late. Whatever could have happened
to them? *Sono in ritardo. Che cosa
mai può essere loro capitato?* **4** (*fam*)
qualsiasi, qualunque cosa: "Do you
want tea, coffee, or Coke?"
"Whatever. I don't mind." *"Vuoi del
tè, del caffè o della coca-cola?" "Una
cosa qualsiasi. Non importa."*|We're
having a jumble sale, so we'd like your
old clothes, records, books, (or)
whatever. *Faremo una vendita di
beneficenza, così cercheremo vestiti,
dischi, libri usati, qualsiasi cosa.*
whatever² *anche* **whatsoever** *avv*
⟨*si usa in modo enfatico soltanto in
proposizioni interrogative e negative*⟩
affatto, di sorta: I have no money
whatever. *Non ho neanche un
centesimo.*|I have nothing whatever to
say to you. *Non ho assolutamente nulla
da dirti.*
what's /wɒts||wɑ:ts, wʌts/

1 *contraz di* **what is***:* What's happening? *Che cosa sta succedendo?* **2** *contraz di* **what has***:* What's happened? *Che cosa è successo?*

wheat /wiːt/ *s*

⟨*non num*⟩ grano: They're harvesting the wheat for bread. *Stanno raccogliendo il grano per il pane.*

wheel[1] /wiːl/ *s*

ruota: A tyre on Andy's bike burst, so he had to take the wheel off to repair it. *Una delle gomme della bicicletta di Andy è scoppiata, così ha dovuto smontare la ruota per ripararla.*

wheel[2] *vt*

spingere: Andy wheeled his bicycle down the path, then got on and rode off down the road. *Andy ha spinto la bicicletta lungo il sentiero, poi vi è salito e si è messo a pedalare lungo la strada.*|The nurses wheeled the bed into the ward. *Gli infermieri hanno spinto il letto in corsia.*

wheelchair /'wiːltʃeəʳ/ *s*

sedia a rotelle: More public buildings are being designed for easier wheelchair access. *Un numero crescente di edifici pubblici viene progettato in modo da facilitare l'accesso di sedie a rotelle.*

when /wen/ *avv, cong*

1 (*in domande dirette e indirette*) quando: When will dinner be ready? *Quando sarà pronta la cena?*|When did the colony become independent? *Quando diventò indipendente la colonia?*|The doctor asked me when I had first noticed the lump. *Il dottore mi domandò quando avevo notato il gonfiore la prima volta.*|I'm not sure when she's arriving. *Non so esattamente quando arriverà.*

2 quando, al tempo in cui: When King George died, Elizabeth became Queen. *Quando Re George morì, Elisabetta divenne Regina.*|When I was

a boy, I used to go fishing every weekend. *Quando ero ragazzo, andavo a pesca ogni fine settimana.*|I was just falling asleep when the telephone rang. *Stavo proprio per addormentarmi quando il telefono squillò.* **3** quando, ogni volta che: The dog always comes when you call. *Il cane viene sempre quando lo chiami.*| When the sun shines, everybody is happy. *Quando il sole brilla, tutti sono contenti.* **4** se; considerando che: Why should I try to help you when you won't even listen! *Perchè dovrei cercare di aiutarti se tu non vuoi neanche darmi ascolto!* **5** Since when . . . ? *Da quando...?:* "I think the engine's overheating." "Since when did you know anything about cars?!" *"Credo che il motore sia surriscaldato." "Da quando ti intendi di macchine?!"*

whenever /wen'evəʳ/ *avv, cong*

1 quando, in qualsiasi momento: Come and see me whenever you like. *Vieni a trovarmi ogni volta che ne hai voglia.*|Whenever the baby hears a dog barking, he starts crying. *Tutte le volte che il bambino sente abbaiare un cane, si mette a piangere.* **2** quando mai: The next war, whenever it comes, will be a long and bloody one. *La prossima guerra, quando arriverà, sarà lunga e sanguinosa.* **3** (*usato per esprimere sorpresa o rabbia*) ma quando, quando mai: Whenever did you find the time to buy all those presents? *Quando mai hai trovato il tempo di comprare tutti quei regali?*|Whenever is it going to stop raining? *Quando mai smetterà di piovere?*

where /weəʳ/ *avv, cong*

1 ⟨*in domande dirette o indirette*⟩ dove: Where do you live? *Dove abiti?*| Where are you going? *Dove vai?*| "Where do you come from?" "I was born in Florence." *"Di dove sei?"* *"Sono nato a Firenze."*|I can't remember where I put my glasses. *Non ricordo dove ho messo gli occhiali.* **2** *dove, in cui:* This is the town where I was born. *Questa è la città in cui sono nata.*|I know a restaurant where you can get a plate of spaghetti for only a pound. *Conosco un ristorante dove si paga solo una sterlina per un piatto di spaghetti.*|My passport is in the drawer where I keep all my old bank statements. *Il mio passaporto è nel cassetto in cui tengo tutti i miei resoconti bancari.* **3** *dove:* The money should still be where you left it. *Il denaro dovrebbe ancora essere dove lo hai lasciato.*|Where there used to be a cinema, they've now built a supermarket. *Dove prima c'era un cinema hanno costruito un supermercato.*

wherever /weər'evəʳ/ *avv, cong*
1 *dovunque, dove:* Sit wherever you like. *Siediti dove ti pare.*|Wherever David Bowie goes, he is recognized. *David Bowie, dovunque vada, è riconosciuto.* **2** *dovunque:* I'm determined to find that pen, wherever it is. *Voglio trovare quella penna a tutti i costi, dovunque sia.* **3** *(usato per esprimere sorpresa o rabbia) dove:* Wherever have you been? We've been looking everywhere for you. *Ma dove sei stato? Ti abbiamo cercato dappertutto.*|I don't remember this photograph at all. Wherever could it have been taken? *Non riesco proprio a ricordarmi di questa fotografia. Dove mai può essere stata scattata?*

whether /'weðəʳ/ *cong*
1 *anche if (si usa in domande indirette per esprimere la possibilità di scelta tra due alternative) se:* He asked me whether I was coming to the party. *Mi ha domandato se venivo alla festa.*|She

wanted to know whether I agreed with her or not. *Voleva sapere se ero d'accordo con lei o no. – vedi anche* IF *(Nota)* **2** *(si usa per esprimere che la scelta fatta non ha importanza):* Whether you're young or old, you'll enjoy this new book. *Che tu sia giovane o vecchio, questo nuovo libro ti piacerà.*|I'm leaving **whether you like it or not**. *Me ne vado, ti piaccia o no.*

which¹ /wɪtʃ/ *agg, pron*
(in domande dirette e indirette) quale: Which shoes shall I wear tonight? *Quali scarpe devo mettermi stasèra?*| There are nine planets in the solar system. Which (one) is furthest from the sun? *Ci sono nove pianeti nel sistema solare. Qual è il più lontano dal sole?*|I asked the ticket collector which platform my train left from. *Ho domandato al controllore da quale piattaforma sarebbe partito il mio treno.*|Do you know which of these bikes is Andy's? *Sai quale di queste è la bicicletta di Andy?*
■*Nota:* **Which** *implica una scelta di possibilità limitata:* I have three apples left. **Which** do you want? **What** *presuppone una scelta più o meno illimitata:* **What** do you want to eat tonight?

which² *pron rel*
1 *anche that (si usa per distinguere qualcosa da oggetti dello stesso tipo) che:* a door which opens and closes automatically, *una porta che si apre e si chiude automaticamente*|This is the book (which) I was telling you about. *Questo è il libro di cui ti parlavo.*| Animals which eat meat are known as carnivores. *Gli animali che mangiano carne sono conosciuti come carnivori.*|I gave Kate back the records (which) I had borrowed from her. *Ho ridato a Kate i dischi che avevo preso in prestito da lei.* **2** *(si usa per fornire ulteriori*

informazioni⟩ The bus, which is usually very reliable, didn't come. So I had to walk home. *L'autobus che di solito è molto puntuale non è proprio passato. Così sono dovuta tornare a casa a piedi.*|The Morgans showed us round their house, which they bought just after the twins were born. *I Morgan ci mostrarono la casa che avevano comprato subito dopo la nascita dei gemelli.* **3** ⟨*si usa in riferimento a una clausola precedente*⟩ They picked Gina for the team, which made Claudia a bit jealous. *Scelsero Gina per la squadra, il che rese Claudia un po' gelosa.*
■*Nota: Nei significati 2 e 3 la clausola che è introdotta da* **which** *deve essere separata dal resto della frase per mezzo di virgole.*

whichever /wɪtʃˈevəʳ/ *agg, pron*
1 *quello che:* The students choose whichever courses they want. *Gli studenti possono scegliere i corsi che vogliono.*|"Which bus shall we get, the 43 or the 52?" "Whichever comes first." *"Che autobus prendiamo, il 43 o il 52?" "Quello che arriva prima."*
2 *qualsiasi, qualunque:* The answer is always the same, whichever way you work it out. *La risposta è sempre la stessa, in qualsiasi modo la si ottenga.*|Whichever of the planets is the largest, it's certainly not Mars. *Quale che sia il pianeta più grande, certo non è Marte.*
3 ⟨*usato per esprimere sorpresa*⟩ *quale:* There are five different bikes for sale. Whichever (one) shall I buy? *Ci sono cinque bici diverse in vendita. Quale devo comprare*

while[1] /waɪl/ *anche* **whilst** (*IB*) *cong*
1 *mentre:* They arrived while we were having dinner. *Sono arrivati mentre cenavamo.*|While you were asleep, I was doing the housework! *Mentre tu dormivi, io sbrigavo le faccende*

domestiche! **2** *mentre:* They have lots, while I have little. *Loro ne hanno parecchio, mentre io ne ho poco.*

while[2] *s sing*
1 *un po' (di tempo):* Andy plays football for a while before he goes home. *Andy gioca a calcio per un po' prima di andare a casa.*|Why don't you sit down for a while? I won't be long. *Perché non ti siedi per un po'? Non mi ci vorrà mòlto.* **2 worth one's/someone's while** *valere la pena, convenire (a qn):* It's not worth my while spending a lot of time revising my English. I know I'll fail the exam. *Non mi conviene passare tanto tempò a ripassare l'inglese. Lo so che sarò bocciato all'esame.*

whip[1] /wɪp/ *s*
frusta

whip[2] *vt*
⟨*pass rem e p pass* **whipped**, *p pres* **whipping**⟩ **1** *frustare:* They whipped the horses to get them into the stables. *Hanno frustato i cavalli per farli entrare nella scuderia.* **2** *montare, sbattere:* He whipped the cream with a whisk. *Ha montato la panna con una frusta.*|whipped cream, *panna montata*

whisk /wɪsk/ *s*
frusta: an egg whisk, *una frusta*
— **whisk** *vt montare, sbattere*

whisky /ˈwɪski/ *s*
⟨*pl* **whiskies**⟩ ⟨*num e non num*⟩ *whisky:* I'll have a whisky, please. *Io prendo un whisky, grazie.*

whisper[1] /ˈwɪspəʳ/ *vi, vt*
sussurrare, bisbigliare: They were whispering about the others so that they wouldn't be heard. *Bisbigliavano qualcosa sugli altri in modo da non essere sentiti.*|He whispered a few words to his friend. *Sussurrò qualcosa all'amico.*

whisper[2] *s*
sussurro, bisbiglio: They spoke in a

whisper so that the others wouldn't hear. *Bisbigliavano tra di loro per non farsi sentire dagli altri.*

whistle[1] /'wɪsəl/ s

1 *fischietto:* The referee blew his whistle and the game was over. *L'arbitro fischiò e la partita terminò.*
2 *fischio:* I heard a whistle and turned round. *Ho sentito un fischio e mi sono girato.*

whistle[2] v

⟨pass rem **whistled**, p pres **whistling**⟩
1 *vi fischiare:* The referee whistled and the game was over. *L'arbitro fischiò la fine della partita.*|He whistled to attract my attention. *Fischiò per attirare la mia attenzione.* **2** *vt fischiettare:* He whistled a song. *Fischiettava una canzone.*

white /waɪt/ agg

⟨compar **whiter,** sup **whitest**⟩ *bianco:* John wore his white shoes to the party. *John si mise le scarpe bianche per la festa.*

who[1] /huː/ pron

1 ⟨con funzione di soggetto in proposizioni interrogative⟩ *chi:* "Who is coming with you?" "John and Barbara." *"Chi viene con te?" "John e Barbara."*|Who invented the telephone? *Chi ha inventato il telefono?*|Do you know who that person is? *Sai chi è quella persona?* **2** (non formale) ⟨con funzione di oggetto in proposizioni interrogative⟩ *chi:* Who did you see at the party? *Chi hai visto alla festa?*|Who is Kate phoning? *A chi telefona Kate?*

who[2] pron rel

1 *anche* **that** *che, il quale* ⟨si usa per distinguere qualcuno da altre persone dello stesso tipo⟩: The player who scores the most points wins the game. *Il giocatore che segna più punti vince il gioco.*|The boy who Andy hit was furious *Il ragazzo che Andy ha*

picchiato era furioso **2** *che, il quale* ⟨si usa per fornire ulteriori informazioni⟩: a biography of President Kennedy, who was assassinated in 1963, *una biografia del Presidente Kennedy, il quale fu assassinato nel 1963*|My brother Tom, who everyone calls Speedy, was late again. *Mio fratello Tom, che tutti chiamano Speedy, era in ritardo di nuovo.*

■*Nota: La clausola introdotta da* who *deve essere separata dal resto della frase per mezzo di virgole. – vedi anche* WHOM (*Nota*)

whoever /huːˈevəʳ/ pron

1 *chiunque, chi:* Whoever scores the most points wins the game. *Chi fa più punti, vince il gioco.*|The police are determined to catch whoever stole the money. *La polizia è decisa a catturare chi ha rubato il denaro.* **2** *chiunque:* Come out from behind that curtain, whoever you are! *Vieni fuori da dietro quella tenda, chiunque tu sia!* **3** (usato per esprimere sorpresa o rabbia) *chi:* Whoever can that be that be knocking at the door at this time of night? *Chi mai può essere a bussare alla porta a quest'ora della notte?*

whole[1] /həʊl/ agg

⟨non usato al compar o sup⟩ *tutto, intero:* Kate hopes to spend the whole summer in Italy. *Kate spera di passare tutta l'estate in Italia.*|The whole family usually helps to do the housework. *Di solito tutta la famiglia aiuta nelle faccende domestiche.*

whole[2] s

⟨generalmente singolare⟩ *tutto, intero:* The whole of the school went to welcome the team at the airport. *Tutta la scuola è andata a ricevere la squadra all'aeroporto.*|I've just managed to do the whole of the crossword. *Sono riuscita a fare tutto il cruciverba.*

whom[1] /huːm/

pron

(form) ⟨*pronome oggetto riferente a una persona*⟩ chi: Whom did Prince Charles marry? *Chi ha sposato il Principe Charles?*

whom² *pron rel*

(form) the person from whom I received the information *o* the person whom I received the information from, *la persona da cui ho ricevuto l'informazione*|Her father, whom I have never met, is an engineer. *Suo padre, che non ho mai incontrato, è un ingegnere.*

■*Nota: In linguaggio comune,* **whom** *è generalmente sostituito da* **who.**

who's /huːz/

1 *contraz di* **who is**: Who's coming with you? *Chi viene con te?* 2 *contraz di* **who has**: Who's hidden my shoes? *Chi ha nascosto le mie scarpe?*

whose¹ /huːz/ *agg, pron*

⟨*si usa per fare domande circa l'appartenenza di qualcosa a qualcuno*⟩ di chi: Whose watch is this? *o* Whose is this watch? *Di chi è quest'orologio?*| Whose house are we going to have the party in? *A casa di chi faremo la festa?*|I've found a pair of earrings, but I don't know whose they are. *Ho trovato un paio d'orecchini ma non so di chi sono.*

whose² *agg rel*

il cui: Are you the person whose car is parked outside? *È lei la persona la cui macchina è parcheggiata fuori?*|Make a list of countries whose name begins with S. *Fai una lista di paesi il cui nome comincia con S.*|Andy is one month older than John, whose birthday is on August 14th. *Andy è un mese più vecchio di John, il cui compleanno è il 14 agosto.*

why /waɪ/ *avv, cong*

1 ⟨*si usa in domande dirette e indirette*⟩ perchè, per quale

ragione: Why are you crying? *Perchè stai piangendo?*|"The teachers are on strike." "Why?" *"Gli insegnanti sono in sciopero." "Perchè?"*|The teacher asked me why I was late. *L'insegnante mi domandò perchè ero in ritardo.*

2 perchè, il motivo per cui: Peter wants to borrow some money from you. That's why he's being so friendly. *Peter vuole che gli impresti dei soldi. Ecco perchè è cosi amichevole.*|There's a simple reason why I can't marry you. I'm married already. *C'è un semplice motivo per cui non posso sposarti. Sono già sposata.* 3 **Why not?** *Perchè no?:* "I haven't done my homework." "Why not?" *"Non ho fatto i compiti." "Perchè no?"*|"Let's eat out this evening." "Why not!" *"Andiamo a mangiare fuori stasera." "Perchè no!"*

wicked /'wɪkɪd/ *agg*

cattivo, malvagio: You're a naughty boy! That was a wicked thing to do. *Sei cattivo! È stata proprio una cattiveria.*

wide¹ /waɪd/ *agg*

⟨*compar* **wider,** *sup* **widest**⟩ 1 largo, ampio: a very wide road, *una strada molto larga*|The gate isn't wide enough for me to drive the car through. *Il cancello non è abbastanza largo perchè ci possa passare attraverso con la macchina.* – *contrario* NARROW 2 *(per indicare un'unità di misura)* largo: The cupboard is one metre tall, two metres wide and one metre deep. *L'armadio è alto un metro, largo due e profondo un metro.*|How wide is the swimming pool? *Quanto è larga la piscina?*

wide² *avv*

del tutto: He stood there with his mouth wide open. *Rimase lì con la bocca aperta.*|Open wide! *Apri bene la bocca!*|The baby was **fast asleep** a moment ago, and now she's **wide awake.**

Un momento fa la bambina dormiva profondamente, ed ora è del tutto sveglia.

widow /'wɪdəʊ/ s
vedova: She divorced her first husband, and was left a widow when her second husband died. *Ha divorziato dal primo marito ed è rimasta vedova del secondo.*
– widower s *vedovo*

width /wɪdθ/ s
larghezza, ampiezza: They measured the width of the bed. *Hanno misurato la larghezza del letto.*

wife /waɪf/ s
moglie: I now pronounce you man and wife. *Vi dichiaro ora marito e moglie.*| I'd like you to meet my wife, Margaret. *Le presento mia moglie, Margaret.*

wig /wɪg/ s
parrucca: Mr Johnson wears a wig because he's bald. *Il signor Johnson porta la parrucca perchè è calvo.*

wild¹ /waɪld/ agg
⟨compar **wilder,** sup **wildest**⟩
1 selvaggio, selvatico: a film about wild animals, *un film sugli animali selvatici*|We saw some lovely wild flowers in the woods. *Abbiamo visto dei bei fiori selvatici nel bosco.*
2 eccitato, pazzo, stravolto: wild with anger/excitement, *infuriato, furioso/impazzito dall'entusiasmo*|The crowd went wild when they saw their favourite pop singer. *La folla impazzì alla vista del suo cantante pop preferito.*

wild² s
⟨preceduto da **the**⟩ la natura: Animals behave differently in zoos from the way they do in the wild. *Negli zoo gli animali si comportano in modo diverso che non allo stato selvatico.*

wildlife /'waɪldlaɪf/ s
⟨non num⟩ flora e fauna: You can see

lots of interesting wildlife on a Kenyan safari. *Facendo un safari nel Kenya, si possono vedere moltissimi esemplari interessanti di natura.*

wildly /'waɪldli/ avv
come un pazzo: He was running wildly, not really knowing where he was going. *Correva all'impazzata, senza avere la minima idea di dove stesse andando.*

will¹ /wɪl/ v aus
⟨seguito da un infinito senza il **to**⟩
⟨abbr della forma negativa: **won't**⟩
1 (si usa per esprimere il futuro): Kate and Andy will arrive in Milan at about six o'clock. *Kate ed Andy arriveranno a Milano alle 6 circa.*|Claudia will be going to England in the Spring. *Claudia andrà in Inghilterra in primavera.*|If you don't work hard, you won't pass your exams. *Se non lavori duro non supererai gli esami.*| The new train will carry five hundred passengers. *Il nuovo treno potrà trasportare cinquecento passeggeri.*
– vedi anche La Nota Grammaticale Future 2 (si usa per esprimere volontà): We'll/We will help you if you like. *Ti aiutiamo se vuoi.*|I'll have a cheeseburger and chips, please. *Un hamburger al formaggio e patatine, per favore.*|"Will you come to town with me on Saturday?" "Yes. I'd love to." *"Vuoi venire in città con me sabato?" "Sì, con piacere."*|Andy won't lend Kate his bike. *Andy non impresterà la sua bicicletta a Kate.*|The car won't start. *La macchina non si avvia.*
■**Nota:** La forma negativa **won't** è spesso usata per esprimere rifiuto.
3 (si usa per esprimere un'importante richiesta): Will you please be quiet! *Per favore state zitti!* – confrontare con SHALL e vedi anche **La Nota Grammaticale Modals**

will² s

1 *volontà:* He was forced to sign against his will. *Fu costretto a firmare contro la sua volontà.* **2** *testamento:* Claudia was left o Claudia inherited five thousand pounds in her grandmother's will. *Nel testamento la nonna ha lasciato a Claudia cinquemila sterline.*

willing /'wɪlɪŋ/ *agg*
⟨to do sthg⟩ *disposto (a fare qc):* We couldn't find anybody who was willing to stay after the school concert and help with the clearing up. *Non siamo riusciti a trovare nessuno che fosse disposto a rimanere dopo il concerto della scuola per aiutare a riordinare.*

willingly /'wɪlɪŋli/ *avv*
volentieri, di buon grado: I would willingly help but I have to go home and make the dinner. *Ti aiuterei volentieri, ma devo andare a casa a preparare la cena.*

win¹ /wɪn/ *v*
⟨pass rem e p pass **won**, p pres **winning**⟩ **1** *vi, vt vincere:* Bruno won the race by ten metres. *Bruno ha vinto la gara con un distacco di dieci metri.*| Bruno won and Paolo came second. *Bruno ha vinto e Paolo è arrivato secondo.* **2** *vt vincere:* Bruno won a silver cup by coming first in the race. *Bruno ha vinto una coppa d'argento per essere arrivato primo nella gara.*| Mr Morgan won a hundred pounds in a lottery. *Il signor Morgan ha vinto cento sterline in una lotteria.*

win² *s*
vittoria: Our team has had three wins and two defeats so far this season. *In questa stagione la nostra squadra ha riportato fino ad ora tre vittorie e due sconfitte.*

wind¹ /wɪnd/ *s*
⟨num e non num⟩ *vento:* A strong wind blew across the playing fields. *Un forte vento soffiava sui campi da gioco.*

wind² /waɪnd/ *vt*
⟨pass rem e p pass **wound**, p pres **winding**⟩ **1** *avvolgere:* She wound the rope around the post so that the horse wouldn't run away. *Avvolse la fune intorno al palo in modo che il cavallo non potesse scappare.* **2** ⟨up⟩ *caricare:* I forgot to wind the old clock (up) and now it's stopped. *Ho dimenticato di caricare il vecchio orologio ed ora si è fermato.* **3** ⟨down, up⟩ *abbassare, alzare:* She wound down the car window to ask for directions. *Abbassò il finestrino dell'auto per chiedere informazioni.*

windmill /'wɪnd,mɪl/ *s*
mulino a vento: Many people now use windmills to generate electricity. *Molti ora usano mulini a vento per produrre energia elettrica.*

window /'wɪndəu/ *s*
1 *finestra:* I looked out of the window. *Ho guardato fuori dalla finestra.* **2** *vetrina:* I like those jeans in the window. Have you got my size? *Mi piacciono quei jeans in vetrina. Ha la mia taglia?*

windowsill /'wɪndəu,sɪl/ *s*
davanzale: lots of potted plants on the windowsill, *molte piante sul davanzale*

windscreen /'wɪndskriːn/ (IB) anche **windshield** (IA) *s*
parabrezza

windsurfing /'wɪnd ,sɜːfɪŋ||-,sɜːr-/ *s*
⟨non num⟩ *windsurfing:* Have you ever done any windsurfing? *Hai mai fatto del windsurfing?*

windy /'wɪndi/ *agg*
⟨compar **windier**, sup **windiest**⟩ *ventoso:* The weather is wet and windy. *Piove e c'è vento.*|a windy day, *una giornata ventosa*

wine /waɪn/ *s*
⟨non num⟩ *vino:* a bottle of wine, *una bottiglia di vino*

wing /wɪŋ/ *s*

ala: Lucy found a bird with a broken wing. *Lucy ha trovato un uccello con un'ala spezzata.*

wink /wɪŋk/ *vi*

⟨**at sbdy**⟩ *fare l'occhiolino, ammiccare (a qn):* After he told me off he winked at me to show that he wasn't really cross. *Dopo avermi rimproverato mi fece l'occhiolino per farmi capire che non era veramente arrabbiato.*

winner /'wɪnəʳ/ *s*

vincitore: The winner got a prize of a hundred pounds. *Il vincitore ha avuto in premio cento sterline.*

winter /'wɪntəʳ/ *s*

inverno: Many people like to go somewhere warm in the winter. *A molti in inverno piace andare nei paesi caldi.*

wipe¹ /waɪp/ *vt*

⟨*pass rem e p pass* **wiped**, *p pres* **wiping**⟩ *pulire, pulire con lo straccio, strofinare:* I'll just wipe the table before we lay it. *Voglio soltanto pulire il tavolo prima di apparecchiare.|*Wipe your shoes on the mat before you come in. *Puliscití le scarpe sullo zerbino prima di entrare.|*Lucy's spilt her drink. I'll have to wipe it up. *Lucy ha rovesciato il bicchiere ed io devo pulire.|*Lucy, wipe your nose please, dear. *Lucy, per favore soffiati il naso, cara.*

wipe² *s*

pulita: I'll just give the table a wipe before we lay it. *Voglio soltanto dare una pulita al tavolo prima di apparecchiare.*

wire /waɪəʳ/ *s*

⟨*num e non num*⟩ *filo (di ferro):* a barbed wire fence, *un recinto di filo spinato|*The wires in the plug have come loose. *I fili nella spina si sono allentati.*

wireless /'waɪələs||'waɪər-/ *s*

(*antiquato*) *radio:* a wireless operator on a ship, *un operatore radiofonico su una nave*

■*Nota: Ora il termine più usato è* **radio.**

wisdom /'wɪzdəm/ *s*

⟨*non num*⟩ *saggezza:* a person/act of great wisdom, *una persona molto saggia/un'azione molto accorta*

wise /waɪz/ *agg*

⟨*compar* **wiser,** *sup* **wisest**⟩ *saggio, avveduto, prudente:* a wise person/act, *una persona saggia/un'azione prudente* – **wisely** *avv saggiamente*

wish¹ /wɪʃ/ *vt*

⟨**that** *o* **for**⟩ ⟨*non usato nelle forme progressive*⟩ **1** *volere, desiderare (che):* Lucy said she wished that she could go to Italy with Kate. *Lucy disse che avrebbe voluto poter andare in Italia con Kate.|*I wish I didn't have to do all this homework! *Vorrei non dover fare tutti questi compiti!* **2** (*si usa per augurare qn a qn*) *augurare:* We wish you every success in your new job. *I nostri migliori auguri per il suo nuovo lavoro.|*Wish me luck! *Augurami buona fortuna!* **3** (*formula di cortesia nel chiedere, offrire ecc.*) *desiderare:* The headteacher wishes to see you now. *Il preside desidera vederti ora.*

wish² *s*

1 ⟨**to do sthg** *o* **that**⟩ *desiderio (di fare qc o che):* a wish to do well in the exams, *un desiderio di andare bene all'esame|*It was my grandmother's wish that I should have her jewellery. *Mia nonna ha voluto che io avessi i suoi gioielli.* **2** *desiderio:* She blew out the candles on the cake and made a wish. *Spense le candeline sulla torta ed espresse un desiderio.*

witch /wɪtʃ/ *s*

strega

with /wɪð, wɪθ/ *prep*

1 *con:* Ann is with her new boyfriend.

Ann è con il suo nuovo ragazzo.|Mix the flour with the milk and pour into the bowl. *Mischiate la farina con il latte e versate il tutto nella terrina.*| Claudia is going to stay with Kate and Andy in Dover. *Claudia starà da Kate e Andy a Dover.* **2** *con:* a car with blue stripes, *un'auto con delle strisce azzurre*|It's big and black, with eight legs. *È grande e nero con otto zampe.*| Do you want your hamburger with or without onions? *Come vuoi l'hamburger, con o senza cipolle?*| Come and get a poster with your name on. *Vieni a prendere un poster con il tuo nome.* **3** *con:* Fill in the form with a black pen. *Riempi il modulo con una penna nera.*|Can you do it with your hands? *Puoi farlo con le mani?*|A baby eats with a spoon. *Un bambino mangia con il cucchiaio.*|What will you buy with your birthday money? *Cosa vuoi comprare con i soldi che hai ricevuto per il compleanno?* **4** (*indica un rapporto tra varie persone o cose*) *di, con:* The furniture is covered with dust. *I mobili sono coperti di polvere.*| The bucket quickly filled with water. *Il secchio si riempì subito d'acqua.*|This cake is made with flour, milk and eggs. *Questa torta si fa con farina, latte e uova.*|Yes. I agree with you. *Sì, sono d'accordo con te.*|Kate! Stop fighting with your brother! *Kate! Smettila di litigare con tuo fratello!*|Claudia's in love with Bruno. *Claudia è innamorata di Bruno.*|"What's the matter with your foot?" "John trod on it." *"Che ti sei fatto al piede?" "John me lo ha pestato."*

within /wɪð'ɪn||wɪð'ɪn, wɪθ'ɪn/ *prep*

1 *entro:* We should land in Naples within a couple of hours/within the hour. *Dovremmo atterrare a Napoli entro un paio di ore/un'ora.*|Dover is within 120 km of London. *Dover si*

trova a 120 km da Londra. **2** (*form*) *dentro, tra:* Within these very castle walls a battle was fought. *Una battaglia fu combattuta proprio dentro le mura di questo castello.*

without /wɪð'aʊt||wɪð'aʊt, wɪθ'aʊt/ *prep, avv*

1 *senza:* You always come to school without your books. *Tu vieni sempre a scuola senza libri.*|Do you want your hamburger with or without onions? *Come vuoi l'hamburger, con o senza cipolle?*|We wouldn't have won without Gina in the team. *Non avremmo vinto senza Gina nella squadra.*|We haven't any coke so you'll just have to do without. *Non abbiamo coca-cola quindi devi farne a meno.* **2** ⟨**doing sthg**⟩ *senza (fare):* Can't you even read the paper without falling asleep? *Non puoi neanche leggere il giornale senza addormentarti?*

witness[1] /'wɪtnɪs/ *s*

testimone: The police interviewed the witnesses to the accident. *La polizia ha interrogato i testimoni dell'incidente*

witness[2] *vt*

essere testimone di: She witnessed the whole thing. It was terrible. *Ha assistito a tutta la scena. È stato terribile.*

woke /wəʊk/

pass rem del verbo **wake**

woken /'wəʊkən/

p pass del verbo **wake**

wolf /wʊlf/ *s*

⟨*pl* **wolves**⟩ *lupo*

woman /'wʊmən/ *s*

⟨*pl* **women**⟩ /'wɪmɪn/ *donna:* A man and two women came into the room. *Un uomo e due donne entrarono nella stanza.*|Kate will grow up to be a very intelligent woman. *Kate diventerà una donna molto intelligente da grande.*| The old woman looked at herself in the mirror. *La vecchia si guardò nello specchio. – vedi anche* LADY (*Nota*) *e* OLD (*Nota*)

won /wʌn/
pass rem e p pass del verbo **win**

wonder¹ /'wʌndə(r)/ *vi*
⟨**about sthg**⟩ 1 *chiedersi, pensare di:* I wonder if Lisa is coming tonight? *Mi chiedo se Lisa verrà stasera?*|I wonder what happened to Lisa. *Mi chiedo cosa sia successo a Lisa.* 2 (*si usa nel rivolgersi cortesemente a qualcuno*): I wonder if you could open the door for me? *Ti dispiacerebbe aprirmi la porta?*

wonder² *s*
⟨*num e non num*⟩ 1 *meraviglia:* the seven wonders of the world, *le sette meraviglie del mondo* 2 **No wonder** *non c'è da stupirsi:* (It's) No wonder you're freezing if you go out without a coat on in this weather! *Non mi stupisce che tu stia morendo di freddo se esci senza cappotto con questo tempo!*

wonderful /'wʌndəfəl||-dər-/ *agg*
meraviglioso, stupendo: Mozart wrote wonderful operas. *Mozart ha scritto delle opere meravigliose.*|John woke up feeling wonderful on the first day of the school holidays. *John si svegliò in gran forma il primo giorno di vacanza.*

won't /wəʊnt||wɔːnt/
contraz di **will not**: They won't arrive in Milan until 6 o'clock. *Non arriveranno a Milano che alle 6.*|I won't do the washing up! *Non laverò i piatti! – vedi anche* WILL (*Nota*)

wood /wʊd/ *s*
1 ⟨*non num*⟩ *legno:* a plank of wood, *una tavola di legno*|Put some more wood on the fire. *Ho freddo. Aggiungi della legna al fuoco.* 2 *anche* **woods** *bosco:* We went for a walk in the wood(s) looking for wild flowers. *Andammo a fare una passeggiata nel bosco in cerca di fiori selvatici.*

wooden /'wʊdn/ *agg*
di legno: a wooden spoon, *un cucchiaio di legno*

wool /wʊl/ *s*
⟨*non num*⟩ *lana:* a dress made of wool, *un vestito di lana*|I need another ball of wool to finish knitting this jumper. *Ho bisogno di un altro gomitolo di lana per finire il maglione.*

woollen (*IB*) *o* **woolen**(*IA*) /'wʊlən/ *agg*
di lana: a woollen dress/jumper, *un vestito/un maglione di lana*

word /wɜːd||wɜːrd/ *s*
1 *parola:* Learn these words for homework. *Come compiti per casa imparate queste parole.*|What's the French word for "canal"? *Come si dice "canal" in francese?*|a word puzzle, *un rebus* 2 ⟨*generalmente singolare*⟩: Can I have a word with you for a moment? *Posso parlarti un attimo?* 3 ⟨*s sing*⟩ *parola:* Bruno always keeps his word. If he said he'll be here he will be here. *Bruno tiene sempre fede alla parola data. Se ha detto che verrà, verrà.* 4 **in other words** *in altre parole:* Peter isn't the most pleasant person. In other words, I don't like him! *Peter non è certo la persona più simpatica. In altre parole, non mi piace.*

wore /wɔː(r)/
pass rem del verbo **wear**

work¹ /wɜːk||wɜːrk/ *v*
1 *vi* ⟨**on**⟩ *lavorare (a), essere impegnato (in):* You'll have to work hard if you want to pass your exams. *Dovrai lavorare sodo, se vuoi passare gli esami.*|Mr Morgan's working in the garden, planting roses. *Il signor Morgan lavora in giardino, pianta le rose.*|Scientists are working on a cure for cancer. *Gli scienziati sono impegnati nella ricerca di una cura per il cancro.* 2 *vi lavorare:* Mr Harris is a banker. He works in the City of

London. *Il signor Harris fa il banchiere. Lavora nella City di Londra.*|Some unemployed people haven't worked for years. *Certi disoccupati è da anni che non lavorano più.* **3** *vi, vt* funzionare: Do you know how to work this machine *o* make this machine work? *Sai fare funzionare questa macchina?*|This plan will never work. *Questo piano non funzionerà mai.*

work² *s*

1 ⟨*non num*⟩ lavoro: You'll never pass your exams if you don't do any work. *Non sarai mai promosso agli esami, se studi senza impegno.*|It's hard work moving all this furniture. *È un lavoraccio spostare tutta questa mobilia.*|Mrs Morgan sometimes brings work home from the office. *A volte la signora Morgan si porta del lavoro a casa.*|It was a difficult piece of work, sewing that sleeve. *Ricucire quella manica è stato un lavoro delicato.*|The teacher didn't believe that the essay was all my own work. *Il professore non credette che il tema fosse tutto opera mia.*

■*Nota:* Osserva che il sostantivo **work** è non numerabile. Nel senso di **compito**, **un lavoro** è tradotto **a piece of work**. Nel senso di **impiego**, **un lavoro** è tradotto **a job**.

2 ⟨*non num*⟩ lavoro: Mrs Morgan isn't at home. She's at work. *La signora Morgan non è in casa. È al lavoro.*|She goes to work by bus. *Lei prende l'autobus per andare a lavorare.*|There isn't much work for young people at the moment. *In questo momento non c'è molto lavoro per i giovani.*|to be out of work/in work, *essere disoccupato/avere un lavoro* **3** ⟨*num e non num*⟩ opera (*d'arte*): the works of Dickens, *le opere di Dickens*|This symphony is Mozart's finest work. *Questa sinfonia è*

l'opera migliore di Mozart.

worker /'wɜːkə'||'wɜːr-/ *s* operaio, -a, lavoratore, -trice: factory workers, *operai di fabbrica*|office workers, *impiegati*|a farm worker, *un contadino – vedi anche* FARM (*Nota*)

workman /'wɜːkmən||'wɜːrk-/ *s* ⟨*pl* **workmen**⟩ operaio: Two workmen were digging a hole. *Due operai scavavano una buca.*

■*Nota:* Non c'è un equivalente femminile della parola **workman** quindi spesso la parola **worker** è preferita per riferirsi a entrambi uomini e donne.

world /wɜːld||wɜːrld/ *s* ⟨*preceduto da* **the**⟩ il mondo: the population of the world, *la popolazione mondiale*|Are there too many people in the world, or is the food in the wrong places? *Siamo in troppi sulla terra, o le risorse alimentari si trovano nei posti sbagliati?*

worm /wɜːm||wɜːrm/ *s* verme: They fed the bird with worms. *Nutrivano l'uccello di vermi.*

worn /wɔːn||wɔːrn/ *p pass del verbo* **wear**

worry¹ /'wʌri||'wɜːri/ *vi, vt* ⟨*pass rem e p pass* **worried**, *p pres* **worrying**⟩ ⟨*that o* **about**⟩ preoccuparsi (*che o di, per*), preoccupare: Don't worry. She'll be all right. *Non preoccuparti. Non le sarà successo nulla.*|It's nothing to worry about. Just a cold. *Non è niente di preoccupante. È solo un raffreddore.*|It worries me that Andy rides his bike so fast. *Mi preoccupa il fatto che Andy corra così forte con la bici.*|I'm worried about Sandro. He looks very pale. *Sono preoccupato per Sandro. Sembra molto pallido. – vedi anche* TROUBLE (*Nota*)

worry² *s* ⟨*pl* **worries**⟩ ⟨*num e non num*⟩ preoccupazione: Having no money is just one of her worries. *Il fatto di non avere soldi è solo una delle sue preoccupazioni.*|You could see the worry on her face. *Potevi leggerle in viso quanto fosse preoccupata.*

worse[1] /wɜːs‖wɜːrs/ *agg*
1 *compar di* **bad** peggiore: John's writing is worse than usual. I just can't read it. *La grafia di John è peggiore del solito. È illeggibile.* 2 *compar di* **ill** ⟨*solo predicativo*⟩: Grandma's been very ill, and I'm afraid she's getting worse. *La nonna è stata molto malata e temo che stia peggiorando.*

worse[2] *avv*
compar di **badly** peggio: Andy did even worse than last time in his history exam. *L'esame di storia di Andy è andato ancora peggio della volta scorsa.*

worship[1] /ˈwɜːʃɪp‖ˈwɜːr-/ *s*
⟨*non num*⟩ culto, adorazione: A church is a place of worship. *La chiesa è un luogo di culto.*

worship[2] *vi, vt*
⟨*pass rem e p pass* **worshipped** (*IB*) *o* **worshiped** (*IA*), *p pres* **worshipping** (*IB*) *o* **worshiping** (*IA*)⟩ assistere ad una funzione religiosa, adorare: to worship God, *adorare Dio*

worst[1] /wɜːst‖wɜːrst/ *agg*
1 *sup di* **bad** il peggiore: Peter is the worst player I've ever seen. *Peter è il peggior giocatore che io abbia mai visto.*|This winter is the worst in living memory. *Questo inverno è il peggiore che si ricordi.* 2 **at (the) worst** *nel peggiore dei casi*: Well, I suppose at worst we can only lose! *Beh, suppongo che nel peggiore dei casi possiamo soltanto perdere!*

worst[2] *avv*
sup di **badly** peggio: Ethiopia has suffered (the) worst from the famine. *L'Etiopia è la nazione che ha peggio sofferto la carestia.*

worth /wɜːθ‖wɜːrθ/ *agg*
1 **to be worth** valere: John's stamp collection is worth three hundred pounds. *La collezione di francobolli di John vale trecento sterline.*|Ten pounds to watch a football match! It's not worth it! *Dieci sterline per guardare una partita di calcio! Non ne vale la pena!* 2 ⟨**doing sthg**⟩ valere la pena (di fare qc), essere il caso (di fare qc): It's an excellent film. It's really worth seeing. *È un ottimo film. Merita d'essere visto.*|This watch isn't worth repairing. *Non vale la pena di riparare quest'orologio.*|Don't lock the door. It isn't worth it. *Non sprangare la porta. Non è il caso.*

worthless /ˈwɜːθləs‖ˈwɜːrθ-/ *agg*
privo di valore: This banknote is a forgery. It's worthless. *Questa banconota è falsa. Non vale nulla.*

would /wʊd/ *v aus*
⟨*seguito da un infinito senza il* **to**⟩
1 *pass rem di* **will** ⟨*soprattutto in discorso indiretto*⟩: He said he'd/he would be here at ten o'clock. *Ha detto che sarebbe arrivato qui alle dieci.*| Andy wouldn't lend Kate his bike. *Andy non volle imprestare la sua bicicletta a Kate.* 2 ⟨*in frasi condizionali*⟩: I would buy a computer if I had the money. *Comprerei un computer se avessi i soldi.*|If you went to bed earlier, you wouldn't feel so tired in the mornings. *Se andassi a letto presto non ti sentiresti così stanco.*|If you had worked harder, you would have passed the exams. *Se avessi studiato di più avresti superato i tuoi esami.* 3 ⟨*esprime un'azione abituale nel passato*⟩: We used to get the same bus to school, and we would always sit together. *Prendevamo lo stesso autobus per andare a scuola e ci sedevamo sempre vicino.* 4 (*usato con i verbi* **like, prefer,** *ecc*): Would you

like some coffee? *Gradirebbe del caffè?*|How would you like the money? *(in una banca) Di quale taglio desidera le banconote?*|What would you like to do when you leave school? *Cosa vorresti fare quando finisci la scuola?*| I'd rather go to the cinema than the zoo again. *Preferirei andare al cinema piuttosto che tornare allo zoo.* – *vedi anche* I/you *ecc.* **would rather** (RATHER) **5** *(si usa per esprimere una richiesta educatamente ma con decisione)* Would you please be quiet! *Potresti star zitto per favore!*|"Would you mind opening that suitcase?" asked the customs officer. *"Potrebbe aprire quella valigia?" domandò il doganiere.* – *vedi anche Le Note Grammaticali* If-clauses *e* Modals

wouldn't /'wʊdnt/
contraz di **would not**

wound¹ /waʊnd/ s
ferita: When Andy fell off his bike he had to go to the hospital to have his wounds cleaned. *Quando Andy è caduto dalla bicicletta è dovuto andare in ospedale a farsi medicare le ferite.*

wound² /wu:nd/ vt
ferire: He was wounded in the shooting, but it wasn't serious. *Era rimasto ferito nella sparatoria, ma non era niente di grave.*|

wound³ /waʊnd/
pass rem e p pass del verbo **wind**

wow /waʊ/ inter
(esprime sorpresa ed ammirazione) accidenti!, perbacco!: "Have you seen my new bike?" "Wow! It's great!" *"Hai visto la mia bicicletta nuova?" "Accidenti! È stupenda!"*

wrap /ræp/ vt
⟨*pass rem e p pass* **wrapped,** *p pres* **wrapping**⟩ *avvolgere, incartare:* We spent Christmas Eve wrapping presents. *Abbiamo passato la vigilia di Natale ad incartare regali.*|Wrap up the

parcel securely before you send it through the post. *Incarta bene il pacchetto prima di spedirlo per posta.*

wrapping /'ræpɪŋ/ s
⟨*num e non num*⟩ *carta:* The wrapping came off the parcel in the post. *La carta con cui era avvolto il pacco si è strappata durante il viaggio.*|There were lots of sweet wrappings on the pavement outside the sweet shop. *C'erano un sacco di carte di caramelle sul marciapiede, fuori della pasticceria.*

wreck¹ /rek/ s
relitto, rottame: The lorry came and towed the wrecks away from the scene of the accident. *Il camion arrivò e portò via i rottami dal luogo dell'incidente.*
  shipwreck s
  naufragio

wreck² vt
1 *distruggere, far naufragare:* The ferry was wrecked in the storm. *Il traghetto naufragò nella burrasca.*
2 *rovinare, far naufragare:* Our plans for a picnic were wrecked by the bad weather. *Il cattivo tempo ha rovinato i nostri piani per il picnic.*

wreckage /'rekɪdʒ/ s
⟨*non num*⟩ *relitti, rottami:* The rescue services searched through the wreckage of the plane looking for survivors. *Le squadre di soccorso hanno guardato tra i rottami dell'aereo in cerca di superstiti.*|Wreckage from the ferry was washed up on the shore. *I relitti del traghetto furono spinti a riva.*

wrench /rentʃ/
IA di **spanner** *chiave fissa*

wrestle /'resəl/ vi
⟨*pass rem e p pass* **wrestled,** *p pres* **wrestling**⟩ ⟨**with**⟩ *fare la lotta (con)*
  – **wrestler** s *lottatore*

wriggle /'rɪgəl/ vi, vt
⟨*pass rem e p pass* **wriggled,** *p pres*

wriggling⟩ *dimenarsi, agitarsi, muovere:* Stop wriggling and sit still! *Smettila di agitarti e sta seduto come si deve!*|The snake wriggled (its way) through the grass. *Il serpente avanzò strisciando tra l'erba.*

wrinkle /'rɪŋkəl/ *s*
ruga: My grandmother has lots of wrinkles. *Mia nonna ha molte rughe.*
— **wrinkled** *agg rugoso*

wrist /rɪst/ *s*
polso: Claudia broke her wrist when she fell off the trampoline. *Claudia si è rotta il polso cadendo dal trampolino.*

write /raɪt/ *vi, vt*
⟨*pass rem* **wrote**, *p pass* **written**, *p pres* **writing**⟩ 1 ⟨*sthg down o out o up*⟩ *scrivere:* Lucy is just learning to write. She can write her name. *Lucy sta imparando a scrivere. Sa scrivere il suo nome.*|to write a letter/an essay/a report, *scrivere una lettera/un tema/una relazione*|Write (down) the answer in your exercise books. *Scrivete la risposta sul quaderno degli esercizi.*| Kate wrote off for some information on skiing holidays. *Kate ha scritto per chiedere informazioni sulle vacanze sulla neve.*|For homework we had to write up the experiment. *Come compito per casa abbiamo dovuto scrivere un resoconto dell'esperimento.*|Write out your answers in full from your notes. *Scrivete le risposte per esteso sulla base degli appunti presi.* 2 ⟨*that o to sbdy*⟩ *scrivere (che o a qn):* She wrote me a letter *o* she wrote a letter to me.. *Mi ha scritto una lettera.*|Gina has many pen-friends and is always writing to them. *Gina ha molti corrispondenti e scrive loro continuamente.*|I forgot to write and thank Claudia for my birthday present. *Ho dimenticato di scrivere per ringraziare Claudia del regalo per il mio compleanno.*|She

wrote to say that she couldn't come over in the Spring/saying that she couldn't come over in the Spring. *Ha scritto per dire che non poteva venire in primavera/dicendo che non poteva venire in primavera.*

writer /'raɪtəʳ/ *s*
scrittore, scrittrice: a writer of detective stories, *uno scrittore di gialli*

writing /'raɪtɪŋ/ *s*
1 ⟨*num e non num*⟩ *scritto:* The teacher asked us to put our ideas down in writing so that she could consider them carefully. *L'insegnante ci ha chiesto di mettere le nostre idee per iscritto in modo da poterle esaminare attentamente.*|We studied the writing/writings of Salinger in English. *Abbiamo studiato le opere di Salinger in inglese.* 2 ⟨*non num*⟩ *anche* **handwriting** *grafia, scrittura:* John's writing is so bad the teacher can't read it. *La grafia di John è così brutta che l'insegnante non la capisce.*

writing paper /'raɪtɪŋ 'peɪpəʳ/ *s*
⟨*non num*⟩ *carta da lettere*

wrong¹ /rɒŋ||rɔːŋ/ *agg*
1 *sbagliato, errato:* That's the wrong answer. *È la risposta sbagliata.*|I thought we would arrive in time, but I was wrong. *Pensavo che saremmo arrivati in tempo, ma mi sbagliavo.*| Sorry. Wrong number. *Mi scusi, ho sbagliato numero.* |"Can you tell me the time, please?" "I'm sorry. My watch is wrong." *"Potrebbe dirmi che ora è, per favore?" "Mi dispiace, il mio orologio non segna l'ora giusta."*
– *contrario* RIGHT 2 *sbagliato, riprovevole:* Most people think that stealing is wrong. *La maggior parte della gente ritiene che rubare sia riprovevole.*|You were wrong to get angry with him. *Hai sbagliato ad arrabbiarti con lui.* – *contrario* RIGHT
3 *sbagliato:* This is the wrong time to

think about going on holiday. We
haven't got any money. *Questo non è
proprio il momento adatto per pensare
ad andare in vacanza. non abbiamo
soldi.* – contrario RIGHT **4 What's
wrong?** ⟨**with**⟩ *Cosa c'è, Che cos'è
successo? (a):* "You're crying! What's
wrong?" "I fell over and hurt my leg."
*"Ma tu piangi! Che cos'è successo?"
"Sono caduto e mi sono fatto male alla
gamba."*|"What's wrong with John?"
"Oh, he's not feeling very well."
*"Cosa è successo a John?" "Oh, non si
sente molto bene."*

wrong² anche **wrongly** *avv*
1 *nel modo sbagliato:* There were two
possible answers to the question and I
guessed wrong. *C'erano due risposte
possibili alla domanda e io non ho
indovinato.*|I always spell "develop"
wrong. *Scrivo sempre "develop" nel
modo sbagliato.* – contrario RIGHT
2 go wrong *stare per rompersi:* The
car's gone wrong again. *La macchina
sta per rompersi di nuovo.*

wrong³ *s*
⟨*non num*⟩ **1** *male:* the difference
between right and wrong, *la differenza
fra il bene e il male* **2 be in the wrong**
aver torto: John was in the wrong. He
should never have run straight across
the road like that. *John aveva torto.
Non avrebbe mai dovuto attraversare la
strada di corsa in quel modo.*

wrongly /'rɒŋli|||'rɔːŋ-/ *avv*
1 *nel modo sbagliato:* He answered
the questions wrongly. *Rispose alle
domande in modo sbagliato.*|She was
wrongly accused of murder. *Fu
ingiustamente accusata di omicidio.*
2 *male:* He acted wrongly in not
reporting the accident to the police. *Si
comportò male non denunciando
l'incidente alla polizia.*

wrote /rəʊt/
pass rem del verbo **write**

X, x

X, x /eks/
 X, x
Xmas /'krɪsməs, 'eksməs/
 abbr fam di **Christmas** *Natale*

Y, y

Y, y /waɪ/
Y, y

yacht /jɒt‖jɑːt/ *s*
yacht: Several yachts were sailing on the lake. *Diversi yacht veleggiavano sul lago.*

yard /jɑːd‖jɑːrd/ *s*
1 *iarda:* The street is four hundred yards long. *La via è lunga quattrocento iarde. – vedi anche La Tavola* **Weights and Measures** **2** *cortile:* The lorries were parked in the factory yard. *I camion erano parcheggiati nel cortile della fabbrica.*|Kate and Andy went out to play in the yard. *Kate ed Andy sono usciti a giocare nel cortile.*
  backyard *s*
  cortile, giardino

yawn[1] /jɔːn/ *vi*
sbadigliare: Lucy yawned. It was time to go to bed! *Lucy sbadigliò. Era ora di andare a letto!*

yawn[2] *s*
sbadiglio: Andy gave a big yawn. "I'm tired," he said. *Andy fece un gran sbadiglio. "Sono stanco," esclamò.*

year /jɪəʳ, jɜːʳ‖jɪər/ *s*
1 *anno:* In which year did Christopher Columbus discover America? *In che anno Cristoforo Colombo ha scoperto l'America?* **2** *anno:* Lucy is just six years old. *Lucy ha appena sei anni.*| We have lived in Milan for eight years now. *Sono otto anni ora che viviamo a Milano.* **3** *anno, annata:* Kate's work has been very good this year. *Il rendimento di Kate è stato eccellente quest'anno.*|The school year starts in

September and finishes in June. *L'anno scolastico comincia a settembre e finisce a giugno.*|The financial year begins and ends in April. *L'esercizio finanziario comincia e finisce in aprile.*|leap year, *anno bisestile*|new year, *anno nuovo*|Happy New Year! *Buon anno!*

yearly /ˈjɪəli, ˈjɜː-‖ˈjɪərli/ *agg, avv*
annuale, annualmente: They publish the college handbook yearly. *La guida del college esce ogni anno.*|The Dover Arts Festival is a yearly event. *Il festival artistico di Dover è un avvenimento annuale.*

yell[1] /jel/ *vi, vt*
⟨**at sbdy**⟩ *gridare, urlare (a qn):* I didn't see the car coming until they yelled at me to get out of the way. *Non ho visto arrivare la macchina finchè non mi hanno urlato di scansarmi.*

yell[2] *s*
grido, urlo: I gave a yell as I saw the car speeding towards the old man. *Lanciai un grido quando vidi la macchina procedere a tutta velocità verso il vecchio.*

yellow /ˈjeləʊ/ *agg*
giallo

yes /jes/ *avv*
sì: "Can I speak to Kate, please?" "Yes, I'll just call her." *"Posso parlare con Kate, per favore?" "Sì, ora la chiamo."*|"John's a great football player." "Yes, he is." *"John è un gran calciatore." "Sì, davvero."*|"Did you go to the cinema last week?" "Yes, we

did." *"Siete andati al cinema la settimana scorsa?" "Sì, ci siamo andati."*

■*Nota: In inglese non è considerato educato rispondere ad una domanda con un semplice* **Yes.** *Generalmente è perciò necessario ripetere il verbo ausiliare della domanda:* "Is Kate there?" "Yes, she is."|"Do you like cheese?" "Yes, I do."

yesterday /ˈjestədi||-ər-/ *avv, s*
ieri: Kate was ill yesterday, but she's feeling better today. *Kate ieri era malata, ma oggi sta meglio.*|I haven't seen Andy since yesterday morning. *È da ieri mattina che non vedo Andy.*| Yesterday was the hottest day of the year so far. *Ieri è stato il giorno più caldo dell'anno finora.*|the day before yesterday, *l'altro ieri*

yet[1] /jet/ *avv*
⟨*generalmente in frasi interrogative o negative*⟩ *ancora, già:* Have you finished your homework yet? *Hai già finito i compiti?*|I'm not ready yet. *Non sono ancora pronto. – vedi anche* STILL *(Nota)*

yet[2] *cong*
eppure, tuttavia, ma: Gina is very small, yet she's a great hockey player. *Gina è molto piccola, eppure è una grande giocatrice di hockey.*

■*Nota:* But *è molto più comune di* yet.

yoghurt *o* **yogurt** /ˈjɒɡət||ˈjəʊɡərt/ *s*
⟨*non num*⟩ *yogurt:* I don't like natural yoghurt *Non mi piace lo yogurt naturale.*

you /jə, jʊ; *forma enfatica* juː/ *pron pers*
⟨*pl* you⟩ **1** ⟨*soggetto*⟩ *tu, voi:* You are sitting in my chair. *Sei seduto sulla mia sedia.*|Andy! Kate! Are you coming? *Andy! Kate! Venite?* **2** ⟨*complemento*⟩ *te, ti, ve, vi:* I love you. *Ti amo.*|I'll either phone you or write you a letter. *O ti telefono o ti scrivo una lettera.*|I

wouldn't want to go on holiday with you two! *Non vorrei andare in vacanza con voi due.*

■*Nota: In inglese* you, *oltre a fungere da pronome di seconda persona singolare e plurale, corrisponde anche alla nostra terza persona nelle forme di cortesia:* Lei, Le, Loro: **Pleased to meet you.** *Piacere di conoscerLa.*
3 *si, sè:* You have to be 17 before you can get a driving licence. *Si deve aver compiuto i diciassette anni per poter ottenere la patente.*

■*Nota: In stile formale si preferisce* one *come pronome indefinito:* **One** just doesn't know how to deal with animals if **one** has never owned any. *Non si può sapere come trattare gli animali, se non se ne sono mai avuti. – vedi anche* **La Nota Grammaticale Personal Pronouns**

you'd /jəd, jʊd; *forma enfatica* juːd/
1 *contraz di* **you had:** If you'd finished your homework in time you could have watched the football on TV. *Se avessi finito i compiti in tempo avresti potuto guardare il calcio alla tivù.*
2 *contraz di* **you would:** If you took the six o'clock train, you'd arrive in Dover at 7:30. *Se prendessi il treno delle sei, arriveresti a Dover alle 7.30.*

you'll /jəl, jʊl; *forma enfatica* juːl/
contraz di **you will** – *vedi anche* **Le Note Grammaticali Future** *e* **Modals**

young[1] /jʌŋ/ *agg*
compar **younger**, *sup* **youngest**
giovane, piccolo: Peter and Anna have two young children. *Peter e Anna hanno due bambini piccoli.*|Kate is too young to drive a car. *Kate è troppo giovane per guidare la macchina.*|A young horse is called a colt. *Un cavallo giovane si chiama puledro. – contrario* OLD

young[2] *s pl*
1 ⟨*preceduto da* **the**⟩ *i giovani, la*

gioventù: Older people always think that the young behave badly. *Le vecchie generazioni pensano sempre che i giovani si comportino male.* **2** *i piccoli, la prole:* The seagull protected her young from the cat. *Il gabbiano proteggeva i suoi piccoli dal gatto.*

your /jə^r; *forma enfatica* jɔː^r/ *agg poss*

1 *tuo:* Kate! I've found your tennis racket. *Kate! Ho trovato la tua racchetta da tennis.*|What's your name? *Come ti chiami?* **2** *vostro:* Open your books at page 69. *Aprite il libro a pagina 69.*|Put your things away now please. *Mettete via le vostre cose adesso, per favore.* **3** *Suo, Loro:* Thank you for your letter of March 5. *Grazie per la Sua lettera del 5 marzo.* – *vedi anche La Nota Grammaticale* **Possessive Adjectives and Pronouns**

you're /jə^r; jɔː^r||jər; *forma enfatica* juər, jɔːr/ *contraz di* **you are***:* You're coming tonight, aren't you, Sue? *Vieni stasera, vero, Sue?*|You're Italian, aren't you? *Siete italiani, vero?* – *vedi anche La Nota Grammaticale* **The Verb "be"**

yours /jɔːz||juərz, jɔːrz/ *pron poss*

1 *tuo, tua:* Andy! That's John's bike. This is yours. *Andy! Quella è la bici di John. Questa è la tua.*|Who's Roger? Is he a friend of yours? *Chi è Roger? È uno dei tuoi amici?* **2** *vostro, vostra:* Our house is bigger than yours. *La nostra casa è più grande della vostra.* **3** *Suo, Sua, Loro* **4 Yours faithfully/Yours sincerely** (*nella chiusura delle lettere, prima della firma*) *distinti saluti/cordiali saluti:* Dear Sir, . . . Yours faithfully, Claudia Garzia *Egregio signore, . . . Distinti saluti, Claudia Garzia*|Dear Mr Morgan, . . . Yours sincerely, Claudia Garzia *Egregio Sig. Morgan, . . . Cordiali saluti, Claudia Garzia*

■*Nota:* **Yours sincerely** *e* **Yours faithfully** *non si usano indistintamente in inglese.* **Yours sincerely** *è usato infatti soltanto quando si conosce il nome della persona a cui si scrive.* – *vedi anche Le Note Grammaticale* **Letter Writing** *e* **Personal Pronouns**

yourself /jə'self||jər-/ *pron rifl* 〈*pl* **yourselves**〉 **1** 〈*usato come oggetto di un verbo o dopo una preposizione*〉 *te, ti, ve, vi:* You'll hurt yourself if you're not careful. *Ti farai male se non stai attento.*|I hope you enjoy yourself in New York. *Spero che ti diverta a New York.*|You should discuss this matter among yourselves. *Dovreste discutere questa questione tra di voi.* **2** 〈*forma enfatica di* **you**〉 *tu stesso, voi stessi, proprio tu/voi:* You yourselves admitted that you had made a mistake. *Siete stati voi stessi ad ammettere di aver fatto un errore.*| Don't try to move that furniture (by) yourself. *Non cercare di spostare quei mobili da solo.*

youth /juːθ/ *s*

1 〈*non num*〉 *gioventù, giovinezza, adolescenza:* In his youth he was a famous footballer. Now he owns a sports shop. *In gioventù è stato un famoso calciatore. Ora ha un negozio di articoli sportivi.* **2** 〈*num*〉 *giovane, ragazzo:* The police are looking for two youths who attacked an old woman and stole her handbag. *La polizia è alla ricerca di due giovani che hanno assalito una donna anziana e le hanno rubato la borsetta.*

■*Nota:* **Youth** *si riferisce soltanto a una persona giovane di sesso maschile.* **3** 〈*non num*〉 〈*seguito da un verbo al singolare o al plurale*〉 *giovani, gioventù:* The youth of today are used to not having a job. *La gioventù d'oggi è abituata alla disoccupazione.*|The government are starting several youth training schemes. *Il governo sta promuovendo diversi corsi di formazione professionale per i giovani.*

youth hostel / juːθ ˌhɒstl‖ˌhɑː-/ *s* ⟨*pl* **youth hostels**⟩ *ostello della gioventù:* We stayed in several youth hostels during our walking holiday. *Siamo stati in diversi ostelli della gioventù durante il nostro giro turistico a piedi.*

you've /jəv; *forma enfatica* juːv/ *contraz di* **you have**: You've been to Italy, haven't you? *Sei stata in Italia, vero?*|You've got a nice house. *Hai una bella casa.* – *vedi anche La Nota Grammaticale* The Verb "have"

Z,z

Z, z /zed||zi:/
Z, z

zebra /'zi:brə, 'ze-||'zi:brə/ s
⟨pl **zebras**⟩ zebra

zebra crossing /'zi:brə krɒsɪŋ, 'ze-||'zi:brə krɔ:sɪŋ/ s
⟨pl **zebra crossings**⟩ (in Gran Bretagna) strisce pedonali: You should always try to cross the road at a zebra crossing. Si dovrebbe sempre cercare di attraversare la strada sulle strisce pedonali.

zero /'zɪərəʊ||'zi:rəʊ/ s
⟨pl **zeros** o **zeroes**⟩ zero – vedi anche NOUGHT (*Nota*)

zip[1] /zɪp/ anche **zipper** (*IA*) s
cerniera/chiusura lampo: Andy forgot to fasten o do up the zip on his sports bag and his trainers fell out. *Andy si è dimenticato di chiudere la lampo della sacca sportiva e gli sono cadute fuori le scarpe da ginnastica.*

zip[2] vt
⟨pass rem e p pass **zipped**, p pres **zipping**⟩ ⟨up⟩ chiudere con una cerniera lampo: He zipped the bag shut. *Ha chiuso la cerniera lampo della borsa.*|Kate zipped up her anorak and went out into the snow. *Kate si chiuse ben bene la giacca a vento e andò fuori in mezzo alla neve.*

zodiac /'zəʊdiæk/ s
zodiaco: What sign of the zodiac are you? *Di che segno dello zodiaco sei?*

zone /zəʊn/ s
zona, fascia: A danger zone was cleared around the unexploded bomb. *L'area intorno alla bomba inesplosa* venne evacuata come zona di pericolo.|Newspaper reporters were not allowed into the war zone. *I corrispondenti della stampa non erano ammessi sulla scena dei combattimenti.*

zoo /zu:/ s
zoo, giardino zoologico: We went to the zoo to see the new pandas. *Andammo allo zoo a vedere i nuovi panda.*

zzz inter
(suono usato per imitare chi dorme) zzz

italiano – inglese

A,a

A, a *A, a*

A *s* (*voto*) A

a *prep* **1** (*stato in luogo*) in, at **2** on **3** (*moto a luogo*) to

abbassare *vt* **1** to lower, to reduce **2** (*finestrino*) to wind down **3** (*volume*) to turn down

abbassarsi *vr* to duck, to come down.

abbastanza *avv* **1** (*a sufficienza*) enough **2** (*alquanto*) rather, fairly

abbattere *vt* to knock down

abbazia *s* abbey

abbigliamento *s* clothing

abbottonare *vt* to fasten

abbracciare *vt* to hug, to give a hug

abbraccio *s* hug: *abbraccio affettuoso,* cuddle

abbreviazione *s* abbreviation

abbronzatura *s* tan

abile *agg* **1** skilful **2** (*capace*) able

abilità *s* skill

abilitato *agg* qualified

abilitazione *s* qualification

abilmente *avv* skilfully

abitante *s* **1** (*di città*) inhabitant **2** (*di casa*) resident

abitare *vi* to live

abito *s* **1** (*da donna*) dress **2** (*da uomo*) suit

abiti *s pl* clothes

abituale *agg* **1** usual **2** (*cliente*) regular

abituarsi *vr* to get used to: *abituarsi a qc,* to get used to sthg

abituato *agg* (*a qc*) used (to sthg)

abitudine *s* habit

abolire *vt* to abolish

abolizione *s* abolition

accadere *vi* to happen, to occur, to take place

accalappiare *vt* to catch, to trap

accalcarsi *vr* to crowd

accanto *avv* near

accanto a *prep* beside

accendere *vt* **1** (*luce, radio*) to switch on, to turn on **2** (*fuoco*) to light

accennare *vi, vt* **1** (*alludere*) to hint at **2** (*citare*) to mention

accento *s* **1** (*pronuncia*) accent **2** (*fonetico*) stress

accertarsi *vr* to make sure

acceso *agg* on, bright

accettabile *agg* acceptable

accettare *vt* to accept, to take, to approve

acciaio *s* steel

accidentale *agg* accidental

accidentalmente *avv* accidentally

accidenti! *inter* **1** (*rabbia*) damn!,

hell! **2** (*meraviglia*) wow!, good grief!

acclamare *vt* to cheer

accoglienza *s* welcome, reception

accogliere *vt* to welcome

accompagnare *vt* **1** to accompany **2** (*condurre*) to lead, to take

acconsentire *vi* to agree

accontentare *vt* to please

accontentarsi *vr* to be satisfied (with)

accordarsi *vr* **1** to agree **2** (*di colori*) to match

accordo *s* **1** agreement: *d'accordo*, all right | *andare d'accordo con qn*, to get on well with sbdy | *essere d'accordo*, to agree | *non essere d'accordo*, to disagree **2** (*affari*) deal

accorgersi *vr* **1** (*notare*) to notice **2** (*capire*) to realize

accostamento *s* (*di colori*) match

accrescere *vt* to increase

accuratamente *avv* carefully, thoroughly – *vedi anche* ACCURATE (*Trabocchetto*)

accurato *agg* thorough – *vedi anche* ACCURATE (*Trabocchetto*)

accusa *s* **1** accusation **2** (*diritto*) charge: *arrestare sotto accusa di*, to arrest on a charge of

accusare *vt* **1** to accuse **2** (*diritto*) to charge: *essere accusato di furto*, to be charged with theft

aceto *s* vinegar

acido *agg* sour, acid

acino *s* grape

acne *s* acne

acqua *s* water: *acqua minerale*, mineral water | *acqua tonica*, tonic water, tonic

acquaio *s* sink

acquario *s* aquarium

acquazzone *s* shower

acquistare *vt* **1** (*comprare*) to buy, to purchase **2** (*esperienza*) to gain

acquisto *s* purchase, buy

acquisti *s pl* shopping: *fare acquisti*, to shop

acre *agg* sour

acro *s* acre

acrobazia *s* acrobatic feat, stunt

acuminato *agg* sharp

acuto *agg* **1** sharp **2** (*musica*) high

adagiare *vt* to lay

adattare, adattarsi *vt, vr* **1** to adapt **2** (*modificare*) to adjust **3** (*essere adatto*) to fit

adatto *agg* proper, suitable, fit

addetto *s* employee

addietro *avv* (*di tempo*) ago

addio *inter* farewell

addirittura *avv* even

additare *vt* to point at

addizionale *agg* additional

addizionare *vi, vt* to add (up)

addizione *s* addition, sum

addobbare *vt* to decorate

addolorarsi *vr* (*per*) to be sorry (for), to mourn

addolorato *agg* sorry

addomesticare *vt* to tame

addomesticato *agg* tame

addormentarsi *vr* to fall asleep

addosso *avv* on

addosso a *prep* on

adeguato *agg* suitable

adempiere *vi* (*dovere*) to perform

adempimento *s* performance

adesivo[1] *agg* sticky

adesivo[2] *s* sticker

adesso *avv* now

adolescente[1] *agg* adolescent

adolescente[2] *s* teenager, adolescent

adolescenza *s* adolescence

adorare *vt* (*divinità*) to worship

adulto[1] *agg* adult, mature

adulto[2] *s* adult

aeromobile *s* aircraft

aeroplano *s* aeroplane, plane

aeroporto *s* airport

affamato *agg* hungry

affare *s* 1 (*faccenda*) affair 2 (*transazione*) business 3 (*occasione*) bargain
 affari *s pl* business: *farsi gli affari propri*, to mind one's own business

affascinante *agg* 1 fascinating 2 (*persona*) charming

affascinare *vt* to fascinate, to charm

affaticare *vt* to tire, to wear out

affaticato *agg* tired

affatto *avv* 1 completely 2 (*in frasi negative*) at all

affermare *vt* to state, to remark

affermativo *agg* affirmative

affermato *agg* (*di successo*) successful

affermazione *s* 1 (*considerazione*) statement 2 (*pretesa*) claim

afferrare *vt* to snatch, to catch hold of

affettare *vt* to slice

affetto *s* affection: *con affetto (alla fine di una lettera)*, love

affettuoso *agg* fond

affezionarsi *vr* to grow fond (of)

affezionato *agg* fond: *essere molto affezionato a*, to be devoted to

affidabile *agg* reliable

affidabilità *s* reliability

affilare *vt* to sharpen

affilato *agg* sharp

affinchè *cong* so that, in order that, in order to

affittacamere *s* (*masc*) landlord, (*fem*) landlady

affittare *vt* 1 to rent 2 (*noleggiare*) to hire

affitto *s* rent: *dare in affitto*, to rent (out) | *prendere in affitto*, to rent

affollare, affollarsi *vt, vr* to crowd

affollato *agg* crowded

affondare *vt* to sink

affrancatura *s* postage

affrettarsi *vr* to hurry

affronto *s* insult

agenda *s* diary

agente *s* agent
 agente di polizia *s* police officer
 agente di viaggi *s* travel agent

aggeggio *s* gadget

aggettivo *s* adjective

aggiornato *agg* up-to-date

aggiungere *vt* to add

aggiunta *s* addition

aggiustare *vt* to fix, to mend

aggrapparsi *vr* to hang on to

aggredire *vt* to attack

aggressione *s* attack

agiatezza *s* comfort

agire *vi* to act

agitare *vt* to shake

agitarsi *vr* (*preoccuparsi*) to fuss,

to become upset

agitato *agg* **1** (*mare*) rough
2 (*persona*) nervous

agnello *s* lamb

ago *s* needle

agonia *s* agony

agosto *s* August

agricolo *agg* agricultural

agricoltore *s* farmer

agricoltura *s* agriculture, farming

aguzzo *agg* sharp

ah *inter* ah

AIDS *s* AIDS

aiutante *s* assistant

aiutare *vt* **1** to help **2** (*assistere*) to
aid, to assist

aiuto *s* **1** help, aid: *di grande aiuto,*
helpful | *grida di aiuto,* call for
help | *aiuto!* help! **2** (*assistenza*)
aid, assistance

ala *s* wing

alba *s* sunrise, dawn

albeggiare *vi* to dawn

albergo *s* hotel

albero *s* tree: *albero genealogico,*
family tree

album *s* album

alcolico *agg* alcoholic

alcolizzato *s, agg* alcoholic

alcool *s* alcohol

alcuno *agg* (*frasi negative*) any, no
– *vedi anche La Nota Grammaticale
Some and Any*

alcuni *agg, pron pl* some, a few

alfabetico *agg* alphabetical

alfabeto *s* alphabet

alfabeto Morse *s* Morse code

alga *s* seaweed

algebra *s* algebra

aliante *s* glider

alito *s* breath

allacciare, allacciarsi *vt, vr*
1 (*cintura*) to fasten **2** (*scarpe*)
to tie: *allacciarsi le scarpe,* to tie
one's shoelaces

allagamento *s* flood

allarmare *vt* to alarm

allarme *s* alarm

allegramente *avv* happily

allegro *agg* happy

alleluia *inter* hallelujah

allenamento *s* training

allenare *vt* to coach, to train

allenarsi *vr* to train, to practise

allenatore, allenatrice *s* coach,
trainer

allentare *vt* to loosen

allettare *vt* to tempt

allevamento *s* **1** (*animali*) farming
2 (*bambini*) upbringing

allevare *vt* **1** (*bambini*) to bring up
2 (*animali*) to rear, to keep

allievo, allieva *s* pupil, student

alloggiare *vi, vt* **1** (*abitare*) to stay
2 (*dare alloggio*) to accommodate

alloggio *s* (*provvisorio*)
accommodation

allora *avv* then, well then, so: *da
allora,* (ever) since | *e allora?* so
what?

alludere *vi* to hint (at)

allungare *vt* **1** to lengthen
2 (*sporgere*) to stick out

allusione *s* hint

alluvione *s* flood

almeno *avv* at least

alt *s, inter* halt

altalena *s* swing

altare *s* altar

alterare *vt* to alter

alternativa *s* alternative

alternativo *agg* alternative

alterno *agg* alternate: *a mesi alterni,* every other month

altezza *s* height

alto *agg* **1** (*monte, suono*) high, loud: *a voce alta,* aloud, loudly **2** (*persona*) tall: *Quanto è alto Paolo?* How tall is Paolo?
in alto *avv* high, up

altoparlante *s* speaker, loudspeaker

altrettanto! *inter* same to you!

altrimenti *avv* or, or else, otherwise

altro *agg, pron* **1** other, (*un altro*) another **2** else: *qualcun altro,* someone else | *nient'altro,* nothing else | *l'un l'altro,* each other

alunno, alunna *s* pupil

alzare *vt* **1** to lift, to raise **2** (*finestrino*) to wind up **3** (*volume*) to turn up

alzarsi *vr* **1** (*in piedi*) to stand up **2** (*dal letto*) to get up **3** (*prezzi, temperatura*) to rise

amaca *s* hammock

amare *vt* to love

amaro *agg* bitter

ambedue *agg, pron* both

ambientale *agg* environmental

ambiente *s* environment, atmosphere

ambizione *s* ambition

ambizioso *agg* ambitious

ambulanza *s* ambulance

ambulatorio *s* surgery

amichevole *agg* friendly

amicizia *s* friendship

amico, amica *s* friend

ammalarsi *vr* to fall ill

ammalato[1] *agg* ill

ammalato[2] *s* **1** sick person **2** (*paziente*) patient

ammasso *s* mass

ammazzare *vt* to kill

ammesso *agg* **1** admitted **2** (*permesso*) allowed
ammesso che *cong* even if

ammettere *vt* to admit

ammiccare *vi* to wink

amministrare *vt* to manage

amministratore, amministratrice *s* manager

amministrazione *s* management

ammirare *vt* to admire

ammiratore, ammiratrice *s* admirer, fan

ammissione *s* admission

ammobiliato *agg* furnished

ammollo *s* soak: *mettere in ammollo,* to soak

ammucchiare *vt* to pile (up)

amore *s* love: *per l'amor del cielo,* for goodness' sake

ampiezza *s* width

ampio *agg* **1** wide, broad **2** (*di abiti*) loose

amplificare *vt* to magnify

amuleto *s* charm

anagrafe *s* register

analcolico *s* soft drink

analisi *s* analysis

analizzare *vt* to analyse

ananas *s* pineapple

anatra *s* duck

anatroccolo *s* duckling

anca *s* hip

anche *cong* **1** also, too, as well **2** (*perfino*) even

anche se *cong* even if

ancora[1] *avv* **1** (*frasi affermative*) still **2** (*frasi negative*) yet **3** (*di più*) more **4** (*di nuovo*) again

ancora[2] *s* anchor

andare *vi* **1** to go: *andare a piedi,* to walk | *andare a prendere,* to fetch | *andare in aereo,* to fly | *andare in automobile,* to go by car | *andare in barca,* to sail | *andare in bicicletta,* to ride a bicycle, to cycle **2** (*stare*) to be, to get on: *Come va?* How are you getting on? How are things? | *andare d'accordo* (*con*), to get on (with) | *va bene,* (it's) OK, all right **3** to fit: *Questa gonna non mi va più.* This skirt doesn't fit me any more. **4** (*inter*) *Andiamo!* Come on! | *Ma va!* Come on! **5** (*macchina*) to work, to go

andare via *v* to go away

andarsene *v* to go away, to leave

andata *s* going: *biglietto di andata/ di andata e ritorno,* single/return ticket

anello *s* **1** ring **2** (*vincolo*) link

angelico *agg* angelic

angelo *s* angel

angolo *s* **1** (*di una via, una strada*) corner: *all'angolo,* at the corner | *dietro all'angolo,* round the corner **2** (*geom*) angle: *un angolo retto,* a right angle

angoscia *s* grief

anima *s* soul

animale *s* animal: *animale domestico,* pet

animato *agg* (*vivace*) lively

animo *s* mind: *stato d'animo,* mood

annata *s* year

anniversario *s* anniversary

anno *s* year: *Ha sei anni.* He is six years old. | *Quanti anni hai?* How old are you?

anno nuovo *s* new year

anno bisestile *s* leap year

annodare *vt* to knot

annoiare *vt* to bore

annoiarsi *vr* to get bored: *annoiarsi a morte,* to be bored to death – *vedi anche* ANNOY (*Trabocchetto*)

annuale *agg* yearly, annual

annualmente *avv* yearly

annuire *vi* to nod, to agree

annullare *vt* to cancel

annunciare *vt* to announce

annuncio *s* announcement: *annuncio pubblicitario,* advertisement

annusare *vt* to sniff

ansia *s* anxiety: *aspettare con ansia,* to be looking forward to | *con ansia,* impatiently

ansietà *s* anxiety, concern

ansiosamente *avv* anxiously

ansioso *agg* **1** anxious **2** (*desideroso*) eager

antenna *s* aerial, antenna

anteriore *agg* **1** (*nel tempo*) previous **2** (*nello spazio*) front: *parte anteriore,* front

antico *agg* ancient

antilope s antelope

antipatia s dislike

antipatico agg nasty, unfriendly, unlikeàble

antiquato agg old-fashioned, out of fashion

anzi cong 1 (con valore rafforzativo) in fact, indeed 2 (al contrario) on the contrary, not at all

anziano agg old

apparire vi to appear

ape s bee

aperto agg open: all'aperto, outdoor, outdoors | all'aria aperta, in the open air

apertura s 1 (gioco) opening 2 (spazio) break, gap

apostrofo s apostrophe

apparecchiare vt (la tavola) to lay, to set

apparecchiatura s equipment

apparecchio s 1 device 2 (TV, radio) set
  apparecchio ortodontico s brace

apparenza s appearance

appartamento s flat, apartment

appartenere vi to belong

appena avv 1 (only) just 2 hardly, scarcely
  non appena cong once, as soon as

appendere vt to hang

appezzamento s land

appiccicarsi vr to stick

appiccicoso agg sticky

appisolarsi vr to doze off

applaudire vi to clap

applauso s clapping, clap

applicare vt 1 to apply 2 (fissare) to fix

applicarsi vr to apply oneself

appoggiare vt 1 to lay (down) 2 (gomiti, testa) to lean, to rest 3 (sostenere) to support

appoggiarsi vr to lean, to rest

appoggio s support

apposta avv 1 (deliberatamente) on purpose, deliberately 2 specially

apprendista s trainee

apprensivo agg nervous

apprezzare vt to value

approdare vi to land

appropriato agg appropriate

approssimarsi vr to approach

approssimativamente avv approximately

approssimativo agg approximate, rough

approvare vt 1 to approve 2 (legge) to pass

approvazione s approval

appuntamento s 1 (dal medico, di affari) appointment 2 (amoroso) date

appunto s note

aprile s April

aprire vt 1 to open 2 (radio, gas) to turn on 3 (con una chiave) to unlock

aprirsi vr to open

apriscatole s tin opener

aquila s eagle

arachide s peanut

arancia s orange

aranciata s orangeade

arancio s (colore) orange

arancione agg, s orange

arare *vt* to plough
aratro *s* plough
arbitro *s* 1 umpire 2 (*spec calcio*) referee – *vedi anche* REFEREE (*Nota*)
archetto *s* bow
arco *s* bow
arcobaleno *s* rainbow
arduo *agg* hard
area *s* area
argentato *agg* silver
argento *s* silver
argine *s* bank
argomento *s* 1 topic, subject 2 (*problema*) matter, question – *vedi anche* ARGUMENT (*Trabocchetto*)
aria *s* 1 air: *condizionamento dell'aria*, air conditioning 2 (*aspetto*) look: *avere l'aria stanca*, to look tired 3 (*musica*) tune
aritmetica *s* arithmetic
arma *s* weapon
 arma da fuoco *s* firearm
armadio *s* 1 cupboard 2 (*per abiti*) wardrobe
arnese *s* 1 tool, instrument 2 (*oggetto*) gadget
arrabbiato *agg* 1 angry 2 (*contrariato*) cross 3 (*furioso*) furious, mad
arrampicarsi *vr* 1 to climb 2 (*faticosamente*) to scramble (up)
arrampicata *s* climb
arredare *vt* to furnish
arrendersi *vr* to give up
arrestare *vt* 1 to stop, to halt 2 (*diritto*) to arrest

arrestarsi *vr* to stop, to halt
arresto *s* stop
arricciare, arricciarsi *vt, vr* to curl
arrivare *vi* 1 to arrive, to come 2 (*giungere*) to get to, to reach
arrivederci *inter* goodbye: *arrivederci a domani*, see you tomorrow
arrivo *s* arrival
arrossire *vi* to blush
arrostire *vt* to roast: *arrostire alla griglia*, to grill | *arrostire alla brace*, to barbecue
arrosto *s, agg* roast
arrotolare *vt* to roll
arte *s* art: *arte drammatica*, drama | *arte poetica*, poetry | *un'opera d'arte*, a work of art | *una galleria d'arte*, an art gallery | *arti marziali*, martial arts
articolo *s* 1 (*grammatica*) article: *articolo determinativo*, definite article | *articolo indeterminativo*, indefinite article 2 (*commerciale*) article: *articolo importato*, import
articoli *s pl* goods: *articoli di cancelleria*, stationery | *articoli di gioielleria*, jewellery
artigianato *s* handicraft
artiglio *s* claw
artista *s* artist
artistico *agg* artistic
arto *s* limb
ascensore *s* lift
asciugamano *s* towel
asciugare *vt* to dry: *asciugare i piatti*, to dry up
asciutto *agg* dry
ascoltare *vt* to listen

asfissia s suffocation

asino s donkey

aspettare vt to wait for: *aspettare con ansia,* to look forward to

aspettarsi vr to expect

aspetto s appearance, look

aspirante s candidate

aspirapolvere s vacuum cleaner

aspirare vi (a) to aim (for)

aspro agg sour

assaggiare vt to taste

assaggio s taste

assai avv much

assalire vt to attack

assalto s attack

assassinare vt to murder

assassinio s murder

assassino s murderer, killer

asse s board, plank

assegno s cheque: *carta assegni,* cheque card | *assegno internazionale,* traveller's cheque

assemblea s meeting

assembramento s gathering, crowd

assennato agg sensible

assentarsi vr to go away

assente agg absent, away

assenza s absence

assetato agg thirsty

assicurare vt to insure

assicurazione s insurance

assistente s assistant
  assistente di volo s air steward, flight attendant

assistenza s aid, assistance

assistere vt 1 (*curare*) to nurse 2 (*essere testimone*) to witness

assito s floorboard

associazione s society: *associazione benefica,* charity

assolato agg sunny

assolutamente avv completely

assoluto agg complete, total

assomigliare vi to resemble, to look like

assomigliarsi vr to be alike

assonnato agg sleepy

assortimento s choice

assumere vt to employ

assumersi vr (*responsabilità*) to undertake

asta s pole

astronauta s astronaut

astronave s spaceship

atlante s atlas

atleta s athlete

atletica s athletics

atletico agg athletic

atmosfera s atmosphere

atrio s hall

attaccare vt 1 (*assalire*) to attack 2 (*congiungere*) to attach, to fasten 3 (*appiccicare*) to stick

attaccarsi vr to stick

attacco s attack

attardarsi vr to loiter

atteggiamento s attitude, pose

attendere vt 1 (*al telefono*) to hold on 2 to wait for

attenersi vr 1 (a) to keep (to) 2 (*seguire*) to follow

attentamente avv carefully

attento agg careful, cautious
  stare attento 1 (*ad un pericolo*) to look out, to watch (for), to beware 2 (*prestare attenzione*) to pay attention: *stai attento!* be careful!

attenuare *vt* to weaken, to relieve

attenzione *s* attention: *prestare attenzione a,* to pay attention to | *attenzione! pavimento bagnato!* caution! wet floor! | *attenzione! look out!*

fare attenzione *v* 1 (*ad un pericolo*) to look out, to beware 2 (*prestare attenzione*) to pay attention

atterraggio *s* landing

atterrare *v* 1 *vt* to knock down 2 *vi* (*aeronautica*) to land

atterrire *vt* to terrify

attesa *s* wait

attimo *s* moment, minute

attirare *vt* to attract

attività *s* activity

attivo *agg* 1 (*che partecipa*) active 2 (*dinamico*) energetic

atto *s* act

attorcigliare *vt* to twist

attore *s* actor

attorno *avv* around

attorno a *prep* around

attraente *agg* attractive

attrarre *vt* to attract

attrattiva *s* attraction

attraversare *vt* to cross

attraverso *prep* 1 through 2 (*da una parte all'altra*) across 3 (*di tempo*) over

attrazione *s* attraction

attrezzatura *s* equipment, kit, apparatus

attrezzo *s* tool

attrice *s* actress

attuale *agg* current, present – *vedi anche* ACTUAL (*Trabocchetto*)

attualità *s* current affairs

audace *agg* daring

audiovisivo *agg* audiovisual

augurare *vt* to wish

augurio *s* wish: *Auguri!* Good luck!

aula *s* classroom

aumentare[1] *vi* 1 to increase 2 (*prezzi*) to increase, to rise, to go up 3 (*di dimensione*) to grow 4 (*di numero*) to multiply

aumentare[2] *vt* to raise, to increase

aumento *s* increase, rise

aureo *agg* golden

aurora *s* sunrise

autentico *agg* genuine, original

autista *s* driver

autobotte *s* tanker

autobus *s* bus, single-decker: *autobus a due piani,* double-decker

autocarro *s* lorry

autocisterna *s* tanker

autografo *s* autograph: *fare l'autografo,* to autograph, to sign

automaticamente *avv* automatically

automatico *agg* automatic

automobile *s* car

autonomo *agg* independent

autopompa antincendio *s* fire engine

autore, autrice *s* author

autorespiratore *s* scuba

autorimessa *s* garage

autorità *s* authority

autoritario *agg* bossy

autorizzare *vt* to licence

autostop *s* hitchhiking: *fare l'autostop,* to hitch-hike

autostoppista *s* hitch-hiker

autostrada *s* motorway
autunno *s* autumn, fall
avanti *avv* **1** forward, ahead, on
  2 (*di orologio*) fast
avanzare *vi* to advance
avanzato *agg* advanced
avaro[1] *agg* mean
avaro[2] *s* miser
avere *vt* **1** to have (got), to own:
  avere freddo, to feel cold | *Cos'hai?*
  What's the matter? | *Ha sei anni.*
  She's six (years old). **2** (*ottenere*)
  to get – *vedi anche* **La Nota**
  Grammaticale The Verb "have"
aviazione *s* (*militare*) air force
avidità *s* greed
avido *agg* **1** greedy **2** (*fig*) eager
avveduto *agg* wise
avvelenare *vt* to poison
avvenente *agg* attractive
avvenimento *s* event
avventura *s* adventure
avventuroso *agg* adventurous
avverbio *s* adverb
avvertimento *s* warning
avvertire *vt* to warn
avviare, avviarsi *vt, vr* to start
avvicinare *vt* to approach
avvicinarsi *vr* to approach, to
  come up to
avviso *s* **1** (*avvertenza*) notice
  2 (*di pericolo*) warning – *vedi*
  anche ADVICE (**Trabocchetto**)
avvitare *vt* to screw
avvocato *s* lawyer
avvolgere *vt* **1** (*persona, oggetto*)
  to wrap **2** (*rotolo*) to wind
azienda *s* firm
azionare *vt* to operate

azione *s* action
azzuffarsi *vr* to fight
azzurro *s, agg* blue, light blue

B,b

B, b B, b

baby-sitter *s* baby-sitter: *fare il/la baby-sitter*, to baby-sit

baccano *s* row

bacchetta *s* rod

baciare, baciarsi *vt, vr* to kiss

bacinella *s* basin

bacino *s* dock: *entrare in bacino*, to dock

bacino carbonifero *s* coalfield

bacio *s* kiss: *dare il bacio della buonanotte a qn*, to kiss sbdy goodnight

badare *vi* (*a*) **1** (*bambino*) to look after **2** (*fare attenzione*) to mind: *Bada!* Mind! Look out!

badminton *s* badminton

baffi *s pl* moustache

bagaglio *s* luggage, baggage

bagnato *agg* wet

bagno *s* **1** (*stanza da bagno*) bathroom **2** (*gabinetto*) lavatory **3** (*il lavarsi*) bath

fare il bagno *vi* **1** (*lavarsi*) to have a bath, to bath **2** (*immergersi, nuotare*) to bathe

balcone *s* balcony

balena *s* whale

ballare *vi* to dance

ballerino, ballerina *s* dancer

ballo *s* dance, dancing

balzare *vi* to jump, to leap

balzo *s* jump, leap

bambina *s* **1** little girl **2** (*neonata*) baby girl

bambinesco *agg* childish

bambino *s* **1** child **2** (*ragazzino*) little boy, kid **3** (*neonato*) baby, infant – *vedi anche* CHILD (*Nota*)

bambola *s* doll, (*diminutivo*) dolly

banana *s* banana

banca *s* bank

banchina *s* (*ferrovia*) platform

banco *s* **1** (*di bar*) counter **2** (*di scuola, scrivania*) desk **3** (*tavolo*) bench

banda *s* **1** (*musicale*) band **2** (*masnada*) gang

bandiera *s* flag

bar *s* café, bar

baracca *s* hut

barattolo *s* **1** (*di vetro*) jar **2** (*di terracotta*) pot **3** (*scatoletta, lattina*) tin

barba *s* beard

farsi la barba *vr* to shave

barbabietola *s* beetroot

barbecue *s* barbecue

barbiere *s* barber

barbuto *agg* bearded

barca *s* boat: *barca a remi*, rowing boat | *barca a vela*, sailing boat

barella *s*   stretcher

barile *s*   barrel

barista *s*   (*masc*) barman, (*fem*) barmaid

barriera corallina *s*   reef

baruffa *s*   (*litigio*) row, quarrel

barzelletta *s*   joke

base *s*   1 base 2 (*fig: di una teoria*) basis

baseball *s*   baseball: *giocare a baseball*, to play baseball

basket *s*   basketball

bassifondi *s pl*   (*quartieri poveri*) slums

basso *agg*   1 (*persona*) short 2 (*monte, temperatura*) low 3 (*fiume, lago*) shallow

bastoncino *s*   rod

bastone *s*   stick: *un bastone di golf*, a golf club

battere *vt*   1 (*picchiare, sconfiggere*) to beat 2 (*sbattere*) to bang, to hit: *battere alla porta*, to bang at the door 3 (*pestare: i piedi*) to stamp 4 (*baseball*) to bat

battere a macchina *vt*   to type

batteria *s*   1 battery 2 (*musica*) drums

batterista *s*   drummer

battesimo *s*   christening

battezzare *vt*   to christen

battipanni *s*   beater

battito *s*   beat

baule *s*   chest, trunk

beh *inter*   well

belletto *s*   make-up

bellezza *s*   1 beauty 2 (*di persona*) beauty, good looks

bello *agg*   1 (*donna, bambino,*

oggetto) beautiful, lovely 2 (*uomo*) good-looking, handsome 3 (*buono*) nice, lovely, fine – *vedi anche* BEAUTIFUL (*Nota*)

benché *cong*   even if, although

bene¹ *avv*   1 well: *ballare bene*, to dance well | *abbastanza bene*, quite well | *Ti sta bene.* It suits you. | *Va bene!* OK! All right! 2 (*convenientemente*) properly, rightly 3 (*rafforzativo*) really, quite

bene² *inter*   1 (*d'accordo!*) all right!, fine!, OK 2 (*bravo!*) good! well done! – *vedi anche* WELL (*Nota*)

bene³ *s*   good: *il bene e il male*, good and evil | *La frutta fa bene.* Fruit is good for you. | *Ti farà bene.* It'll do you good. | *voler bene a*, to love

beneducato *agg*   polite

beneficenza *s*   charity: *un concerto di beneficenza*, a charity concert

beni *s pl*   1 (*merci*) goods 2 (*proprietà*) possession, property

beniamino *s*   pet: *beniamino dell'insegnante*, teacher's pet

benissimo¹ *avv*   very well

benissimo² *inter*   great! fine!

benvenuto *agg, s, inter*   welcome: *dare il benvenuto*, to welcome

benvoluto *agg*   popular, well-liked

benzina *s*   petrol, (*IA*) gas

bere *vt*   to drink

bernoccolo *s*   bump, lump

berretto *s*   cap

bersaglio per freccette *s*   dartboard

bestemmiare *vi* to swear
bestia *s* beast
bestiame *s* cattle
betoniera *s* cement mixer
bevanda *s* drink: *bevanda gassata,* pop
biancheria intima *s* underwear, underclothes
bianco *agg* white
biblioteca *s* library
bibliotecario, bibliotecaria *s* librarian
bicchiere *s* glass
bici *s* bike
bicicletta *s* bicycle: *andare in bicicletta,* to ride (a bike), to cycle
bidone *s* **1** (*di petrolio, ecc*) drum **2** (*pattumiera*) dustbin
biforcazione *s* fork
bigliettaio *s* (*d'autobus*) conductor
bigliettino *s* slip
biglietto *s* **1** (*d'entrata*) ticket **2** (*d'auguri*) card: *biglietto d'auguri per il compleanno,* birthday card **3** (*messaggio*) note **4** (*banconota*) note **5** (*treno, ecc*) ticket: *biglietto di andata/di andata e ritorno,* single/return ticket | *un biglietto dell'autobus,* a bus ticket
bilancia *s* **1** scales **2** (*economia*) balance
bilanciarsi *vr* to balance
binario *s* **1** (*banchina*) platform **2** (*rotaie*) track, rail
bingo *s* bingo
binocolo *s* binoculars
biologia *s* biology
biologico *agg* biological
biologo *s* biologist

biondo *agg* fair, blond
birichino *agg* naughty
biro *s* biro
birra *s* beer, ale: *birra chiara,* lager
bisbigliare *vi, vt* to whisper
bisbiglio *s* whisper
biscotto *s* biscuit
bisestile *agg* leap
anno bisestile *s* leap year
bisogno *s* need
aver bisogno di *vt* **1** to need **2** (*richiedere*) to require, to want
bistecca *s* steak
bivio *s* fork
bizzarramente *avv* peculiarly
bizzarro *agg* odd, peculiar
blando *agg* mild, gentle, soft
bloccare *vt* to block, to hold up
bloccarsi *vr* (*porta, ascensore*) to stick
bloccato *agg* stuck
blocco *s* block
bloc-notes *s* notebook
blu *agg* blue
blusa *s* blouse, top
boa *s* boa
bocca *s* mouth
boccale *s* mug
bocciare *vt* to fail
essere bocciato *vi* to fail
boia *s* hangman
bolla *s* bubble
bollare *vt* to stamp
bolletta *s* bill
bollicina *s* bubble: *fare le bollicine,* to bubble
bollire *vi, vt* to boil
bollitore *s* kettle
bollo *s* stamp

bontà s goodness

bordo s 1 edge, border 2 (*di marciapiede*) kerb

borsa s bag: *borsa per la spesa*, carrier bag, shopping bag | *borsa a tracolla*, shoulder bag
borsa di studio s grant

borsellino s purse

borsetta s (hand)bag, purse

bosco s wood

botta s 1 (*colpo*) bang 2 (*urto*) bump, knock

bottiglia s bottle

bottone s button

boxe s boxing

bracciale s bracelet

braccialetto s bracelet

bracciante s farm labourer

braccio s arm

braciola s chop: *braciola di maiale*, pòrk chop

branco s herd

brano s passage

bravo agg good, clever: *Kate è brava nelle lingue.* Kate is good at languages. – *vedi anche* BRAVE (*Trabocchetto*)

bravo! inter good! well done!

bretelle s pl braces

breve agg 1 short 2 (*discorso, tempo*) brief

brevemente avv briefly

briciola s crumb: *briciole di pane*, breadcrumbs

brillante agg 1 bright 2 (*intelligenza, conversazione*) brilliant

brillare vi 1 to shine 2 (*lampeggiare*) to flash

brivido s shiver

brocca s jug

brontolare vi (*rumore*) to rumble

bruciare vi, vt 1 to burn 2 (*in fiamme*) to be on fire

bruciatura s burn

brufolo s spot

bruma s mist

brusco agg 1 abrupt 2 (*di modi*) rough

brusio s buzz

brutto agg 1 (*persona, oggetto*) ugly 2 (*tempo*) bad

buca s 1 hole 2 (*fossa*) pit
buca delle lettere s postbox, letterbox

bucare vt to pierce

bucato s wash, washing

buccia s peel, skin

buco s hole

bufera s storm

buffo agg funny

bugia s lie

bugiardo s liar

buio[1] agg dark

buio[2] s dark, darkness

bulbo s bulb

bullo s bully

bungalow s bungalow

buono agg 1 good: *buon compleanno/anno*, happy birthday/New Year 2 (*carattere*) good, good-natured, good-tempered

buongiorno inter, s 1 (*al mattino*) good morning 2 (*al pomeriggio*) good afternoon

buonanotte inter, s good night

buon pomeriggio inter, s good

afternoon

buonsenso *s* common sense

buonasera *inter, s* good evening

burla *s* joke

burrascoso *agg* stormy

burro *s* butter

burro di arachidi *s* peanut butter

burrone *s* ravine

bussare *vi* to knock

bussola *s* compass

busta *s* envelope

busto *s* bust

C,c

C, c C, c

cabina telefonica *s* (tele)phone box, telephone kiosk

caccia *s* hunt, hunting

cacciare *vi, vt* to hunt

cacciatore *s* hunter

cacciavite *s* screwdriver

cadavere *s* (dead) body

cadere *vi* **1** to fall **2** (*oggetto*) to drop **3** (*aereo, piatti*) to crash (down)
  far/lasciar cadere *vt* to drop

caduta *s* fall

caffè *s* **1** (*bevanda*) coffee **2** (*bar*) café

cagna *s* bitch

cagnolino *s* puppy

calamita *s* magnet

calare[1] *vi* **1** (*prezzi, temperatura*) to fall, to go down **2** (*sole*) to go down

calare[2] *vt* to lower

calcagno *s* heel

calciare *vt* to kick

calciatore *s* footballer

calcio *s* **1** kick: *dare un calcio,* to kick **2** (*sport*) football, soccer: *calcio di rigore,* penalty

calcolare *vt* to calculate

calcolatore *s* calculator

calcolo *s* calculation

caldo[1] *agg* **1** warm **2** (*molto, eccessivo*) hot

caldo[2] *s* heat

calendario *s* calendar

calma *s* peace, calm: *con calma,* calmly

calmo *agg* **1** calm **2** (*mare*) smooth

calo *s* fall

calore *s* heat

caloria *s* calorie

calorifero *s* radiator, heater

calpestare *vt* to tread

calvo *agg* bald

calza *s* **1** (*da donna*) stocking **2** (*corta*) sock – *vedi anche* STOCKING (***Nota***)

calzamaglia *s* tights

calzare *vi* to fit

calzettone *s* knee-length sock

calzino *s* sock

calzoncini *s pl* shorts
  calzoncini da bagno *s* swimming trunks

calzoni *s pl* trousers, (*IA*) pants

cambiamento *s* change

cambiare, cambiarsi *vi, vt, vr* to change: *cambiare idea,* to change one's mind

cambio *s* change: *tanto per fare un cambio,* just for a change

camera *s* room, (*poet*) chamber:

Camera dei Comuni, House of Commons | *Camera dei Lord,* House of Lords

camera da letto *s* bedroom

cameriera *s* waitress

cameriere *s* waiter

camicetta *s* blouse, top

camicia *s* shirt

caminetto *s* fireplace

camino *s* 1 (*focolare*) fireplace 2 (*comignolo, ciminiera*) chimney

camion *s* lorry, truck

cammello *s* camel

camminare *vi* to walk

campagna *s* 1 country, countryside 2 (*propaganda*) campaign

campana *s* bell

campanello *s* bell

campanile *s* church tower

campeggiare *vi* to camp

campeggiatore *s* camper

campeggio *s* 1 camping 2 (*zona adibita al campeggio*) camping site

camper *s* camper

campionato *s* championship

campione *s* champion

campo *s* 1 field 2 (*da gioco*) ground: *campo giochi,* playground | *campo da golf,* golf course | *campo da tennis,* tennis court

canale *s* canal

canarino *s* canary

cancellare *vt* 1 to rub out 2 (*un appuntamento*) to cancel

cancelleria *s* stationery

cancellino *s* rubber, eraser

cancello *s* gate

candela *s* candle

candidato *s* candidate

cane *s* dog: *cane da guardia,* guard dog | *cane da pastore,* sheepdog | *cane poliziotto,* tracker dog – *vedi anche* DOG (*Nota*)

canguro *s* kangaroo

canna *s* cane

canna da pesca *s* fishing rod

cannuccia *s* straw: *bere con la cannuccia,* to suck through a straw

canoa *s* canoe: *andare in canoa,* to canoe

canottiera *s* vest

cantante *s* singer

cantare *vi, vt* to sing

cantina *s* cellar

canzone *s* song

capace *agg* able, capable

capacità *s* 1 ability, skill, capacity 2 (*autorità*) power

capanna *s* hut

capello, capelli *s* hair

capezzale *s* bedside

capire *vt* 1 to understand: *far capire,* to hint | *Scusi, non ho capito.* I'm sorry, I don't understand. 2 (*capire qc*) to see 3 (*capire qn*) to follow 4 (*accorgersi*) to realize

capitale *s* capital

capitano *s* captain

capitare *vi* to happen

capitolo *s* chapter

capo *s* 1 (*anatomico*) head 2 (*ufficio*) head, boss: *essere a capo di,* to lead, to head 3 (*partito*) leader 4 (*tribù*) chief

capocchia *s* head

capoclasse *s* monitor

capocuoco *s* chef

capotreno *s* guard

capovolgere *vt* to turn upside-down, to tip (over)

capovolto *agg* upside-down

cappello *s* hat

cappotto *s* coat, overcoat

cappuccio *s* 1 hood 2 (*di penna*) cap

capra *s* goat

caramella *s* sweet, candy: *caramella mou*, toffee

caramello *s* caramel

carattere *s* 1 character 2 (*personalità*) character, nature 3 (*lettera*) letter

caratteristica *s* characteristic, feature

caratteristico *agg* characteristic, typical, distinguishing

carbone *s* coal: *un fuoco di carbone*, a coal fire

carcere *s* prison, jail, gaol

cardigan *s* cardigan

cardinale *agg* cardinal: *numerali cardinali*, cardinal numbers

carenza *s* 1 shortage 2 (*punto debole*) weakness

carestia *s* famine

carica *s* to charge

caricare *vt* 1 (*nave, pistola*) to load 2 (*orologio*) to wind up 3 (*attaccare*) to charge

carico *s* load

carino *agg* pretty, sweet

carità *s* charity

carne *s* meat: *carne tritata*, mince, minced beef

carnefice *s* hangman

caro *agg* 1 dear, darling 2 (*costoso*) expensive

carota *s* carrot

carovita *s* cost of living

carpentiere *s* carpenter

carponi *avv* on one's hands and knees: *camminare carponi*, to crawl

carrello *s* trolley

carro *s* wagon **carro armato** *s* tank

carrozza *s* 1 (*a cavalli*) coach 2 (*di treno*) carriage

carta *s* 1 paper: *carta da lettere*, writing paper | *carta da parati*, wallpaper | *carta igienica*, toilet paper | *carta straccia*, waste-paper 2 (*geografica*) map 3 (*da gioco*) (playing) card: *un mazzo di carte*, a pack of cards | *una partita a carte*, a game of cards **carta d'imbarco** *s* boarding pass

cartella *s* 1 (*d'affari*) briefcase 2 (*di scolaro*) (school) bag

cartellino *s* label

cartello *s* sign: *cartello stradale*, signpost

cartina *s* map

cartolina *s* (post)card

cartone *s* 1 (*materiale*) cardboard 2 (*scatola*) carton **cartone animato** *s* cartoon

casa *s* 1 (*edificio*) house 2 (*abitazione*) home: *andare a casa*, to go home | *essere in casa*, to be at home | *fatto in casa*, home-made | *giocare in casa*, to have a home game

casalinga *s* housewife

casco *s* helmet

caserma dei pompieri *s* fire station

caso *s* **1** case, instance: *in questo caso,* in that case | *nel caso,* in case **2** (*casualità*) chance: *per caso,* by chance, by accident **3** (*vicenda*) case, incident, event

  far caso a *vt* to pay attention to

cassa *s* **1** (*contenitore*) crate, chest: *cassa di birra,* crate of beer | *cassa per gli attrezzi,* tool chest **2** (*di banca*) cash desk **3** (*di negozio*) till

cassaforte *s* safe

casseruola *s* pot, saucepan

cassetta *s* **1** cassette, tape **2** (*da imballaggio*) crate

  cassetta delle lettere *s* letterbox

  cassetta di sicurezza *s* safe-deposit box

cassetto *s* drawer

cassettone *s* chest of drawers

cassiere *s* cashier

cassone *s* trunk

castano *agg* brown

castello *s* castle

castigo *s* punishment

casuale *agg* chance – *vedi anche* CASUAL (*Trabocchetto*)

catino *s* washing-up bowl

cattedrale *s* cathedral

cattivo *agg* **1** bad **2** (*persona*) nasty, wicked **3** (*bambino*) naughty, bad **4** (*qualità, salute*) poor

cattolico *s, agg* Catholic

catturare *vt* to catch

cauccIù *s* rubber

causa *s* cause, reason

  a causa di *prep* owing to

causare *vt* to cause

cautela *s* caution, care

cauto *s* cautious, careful

cavalcare *vt* to ride (a horse)

cavalcata *s* ride

cavaliere *s* **1** rider **2** (*nel ballo*) partner

cavallo *s* horse

cavatappi *s* corkscrew

caviglia *s* ankle

cavo *s* cable: *cavi dell'elettricità* electricity cables

cavolfiore *s* cauliflower

cavolo *s* cabbage

ce[1] *avv* there

ce[2] *pron pers* us, to us

cecità *s* blindness

cedere *vi* to give way

ceffone *s* slap

celare, celarsi *vt, vr* to hide

celebrare *vt* to celebrate

celibe[1] *agg* single

celibe[2] *s* single man

celsius *agg* Celsius

cemento *s* cement

cena *s* supper, dinner, (*leggera*) tea – *vedi anche* DINNER (*Nota*)

cenare *vi* to have dinner

cenere *s* ash

cenno *s* **1** (*allusione*) hint **2** (*con la mano*) wave: *fare un cenno con la mano,* to wave **3** (*del capo*) nod

centigrado *agg* centigrade

centimetro *s* centimetre

centinaio *s* hundred: *centinaia di,* hundreds of

cento *num* hundred – *vedi anche La Nota Grammaticale* Numbers

centrale *agg* **1** central **2** (*nel mezzo*) middle
centrale del latte *s* dairy

centralinista *s* (telephone) operator

centro *s* centre: *centro della città,* the town centre | *centro sportivo,* sports centre

ceppo *s* log

cera *s* **1** wax **2** (*per scarpe, pavimento*) polish

ceramiche *s pl* pottery

cercare *v* **1** *vt* to look for, to search for, to hunt for **2** *vt* (*consultare*) to look up **3** *vt* (*ricercare*) to search **4** *vi* (*tentare*) to try

cerchio *s* **1** circle **2** (*di persone*) ring

cereale *s* cereal, grain

cerniera lampo *s* zip: *chiudere la cerniera lampo,* to zip up

cerotto *s* plaster

certamente *avv* certainly, naturally, of course, surely

certo[1] *agg* certain

certo[2] *avv* of course, certainly: *Ma certo!* Of course! | *Certo che no!* Of course not! | *No di certo!* Certainly not!

cervello *s* brain

cervo *s* deer

cespuglio *s* bush

cessare *vi, vt* to stop
far cessare *vt* to stop

cestino *s* basket: *cestino per carta,* wastepaper basket

cesto *s* basket

cetriolo *s* cucumber

che[1] *agg, pron interrogativo*
1 what: *Che ora è?* What's the time? | *Che cosa?* What? | *Che fai?* What are you doing? | *Che cos'è successo?* What's wrong? **2** (*di un numero limitato di cose*) which: *Che vestito preferisci?* Which dress do you prefer?

che[2] *pron relativo* **1** (*soggetto; persona*) who, that **2** (*soggetto, oggetto; cosa o animale*) which, that **3** (*oggetto; persona*) who, (*formale*) whom, that

che[3] *cong* **1** that **2** (*comparativa*) than – *vedi anche La Nota Grammaticale* Comparative and Superlative Adjectives

che[4] *inter* what (a), how: *Che stupido!* How silly!

chef *s* chef

chewing-gum *s* gum, chewing gum

chi *pron interrogativo* **1** (*soggetto*) who **2** (*complemento*) who, whom: *di chi,* whose

chiacchierare *vi* to chat

chiacchierata *s* chat

chiamare *vt* **1** to call **2** (*dare un nome*) to name, to call **3** (*per telefono*) to ring (up), to phone

chiamarsi *vr* to be called: *Come ti chiami?* What's your name?

chiamata *s* (phone) call

chiaramente *avv* clearly

chiarire *vt* to make clear, to clear up

chiaro *agg* **1** (*colore*) light, pale

2 (*capelli*) fair 3 (*limpido*) clear
4 (*evidente*) clear

chiaro di luna *s* moonlight

chiasso *s* noise: *fare chiasso,* to
make a noise

chiassoso *agg* noisy, loud

chiave *s* key

chiave fissa *s* spanner

chicco *s* seed, grain: *chicco di
caffè,* coffee bean | *chicco d'uva,*
grape

chiedere *vt* 1 to ask (for)
2 (*informarsi*) to inquire

chiedersi *vr* to wonder

chiesa *s* church

chilo *s* kilo

chilogrammo *s* kilogram

chilometro *s* kilometre

chimica *s* chemistry

chimico *agg* chemical: *sostanza
chimica,* chemical

chinare, chinarsi *vt, vr* to bow, to
bend

chiocciola *s* snail

chiodo *s* nail

chiosco *s* kiosk

chip *s* (*computer*) chip

chirurgo *s* surgeon

chitarra *s* guitar

chiudere *vt* 1 to close, to shut 2 (*a
chiave*) to lock 3 (*TV, radio*) to
turn off

chiudersi *vr* to shut, to close

chiunque[1] *pron relativo*
whoever

chiunque[2] *pron* anybody

chiusa (di canale) *s* lock

chiusura lampo *s* zip

ci[1] *pron pers* 1 us, ourselves

2 (*con lui, da lui*) with him, to him
3 (*con lei, da lei*) with her, to her

ci[2] *pron dimostrativo* it, this, that

ci[3] *avv* (*qui*) here, (*là, lì*) there:
c'è, there is | *ci sono,* there are

cianfrusaglie *s pl* odds and ends

ciao *inter* 1 (*incontrando qn*) hello,
hi 2 (*lasciando qn*) goodbye, bye

ciascuno[1] *agg* each, every

ciascuno[2] *pron* everybody,
everyone, each one

cibo *s* food

cicatrice *s* scar

ciclista *s* cyclist, rider

cieco *agg* blind

cielo *s* 1 sky 2 (*religioso*) heaven:
Oh cielo! Oh dear! | *per l'amor del
cielo,* for goodness' sake

cifra *s* figure, number

ciglio *s* eyelash

ciliegia *s* cherry

cima *s* top

ciminiera *s* chimney

cimitero *s* cemetery

cin cin *inter* cheers

cinema *s* cinema

cinghia *s* strap

cinghiale *s* boar

cinquanta *num* fifty – *vedi anche*
***La Nota Grammaticale* Numbers**

cinque *num* five: *il cinque maggio,*
the fifth of May – *vedi anche* ***La
Nota Grammaticale* Numbers**

cintura *s* belt

cinturino *s* strap

ciò *pron dimostrativo* this, that: *ciò
che,* what

ciocco *s* log

cioccolata, cioccolato *s*

chocolate: *tavoletta di cioccolato*, chocolate bar | *una tazza di cioccolata*, a cup of (hot) chocolate

cioccolatino *s* chocolate: *una scatola di cioccolatini*, a box of chocolates

ciondolo *s* charm

cipolla *s* onion

circa *avv* about, concerning, on

circo *s* circus

circolare *agg* round, circular

circolo *s* 1 circle, ring 2 (*gruppo*) circle, club

circondare *vt* to surround

circonvallazione *s* ring road

cisterna *s* tank

nave cisterna *s* tanker

citare *vt* to quote

citazione *s* quotation

città *s* 1 town 2 (*grande*) city – *vedi anche* TOWN (*Nota*)

cittadina *s* (small) town

civetta *s* owl

civile *agg* 1 civil: *guerra civile*, civil war 2 (*educato*) polite

civilizzare *vt* to civilize

civiltà *s* civilization, culture

clacson *s* horn

classe *s* 1 class: (*di*) *prima classe*, first class | *la classe operaia*, the working class | *viaggiare in seconda classe*, to go second class 2 (*classe, anno di scuola*) class, form

classico *agg* classical

classificare *vt* 1 to classify 2 (*carte*) to sort 3 (*dare un voto*) to mark

cliente *s* customer: *riservato ai clienti dell'albergo*, for residents only

clima *s* climate

clinica *s* clinic

club *s* club

coca-cola *s* Coca Cola, Coke

cocchio *s* coach

coccodrillo *s* crocodile

coccola *s* cuddle

coccolare *vt* to cuddle

cocktail *s* cocktail: *cocktail di gamberetti*, prawn cocktail

coda *s* 1 tail 2 (*di persone*) queue

codice *s* code

cogliere *vt* to pick (up): *cogliere l'occasione*, to take the opportunity

cognata *s* sister-in-law

cognato *s* brother-in-law

cognome *s* surname

colazione *s* 1 (*prima*) breakfast: *fare colazione*, to have breakfast 2 (*seconda*) lunch

colino *s* strainer

colla *s* 1 glue 2 (*gomma arabica*) gum

collant *s* tights

collaudare *vt* to test

collaudo *s* test

collegamento *s* link, connection

collegare *vt* to connect, to link

collegarsi *vr* to join

collegio elettorale *s* constituency

collera *s* (bad) temper, anger

colletto *s* collar

collezionare *vt* to collect

collezione *s* collection: *collezione di francobolli*, stamp collection

collina *s* hill

collo *s* neck

collocamento a riposo
s retirement

collocare *vt* to locate, to place

colloquio *s* **1** interview: *sottoporre a colloquio,* to interview
2 (*conversazione*) talk, conversation

colmo *agg* full

colombo *s* pigeon, dove

colonna *s* column

colonnello *s* colonel

colorare *vt* to colour

colore *s* **1** colour: *Di che colore è . . . ?* What colour is . . . ?
2 (*vernice*) paint

coloro *pron dimostrativo*
1 (*soggetto*) they
2 (*oggetto*) them

colpa *s* **1** (*responsabilità*) fault: *È colpa mia.* It's my fault.
2 (*colpevolezza*) guilt

colpetto *s* tap

colpevole *agg* guilty

colpevolezza *s* guilt

colpire *vt* **1** to hit, to strike **2** (*con violenza*) to knock **3** (*con un calcio*) to kick **4** (*con arma da fuoco*) to shoot **5** (*col pugno*) to punch

colpo *s* **1** hit, knock **2** (*pugno*) blow **3** (*sparo*) shot **4** (*di porta*) bang **5** (*rumore*) bang **6** (*leggero*) tap **7** (*morale*) shock, blow **8** (*di telefono*) ring: *dare un colpo di telefono a qn,* to give sbdy a ring
di colpo *avv* suddenly

coltello *s* knife

coltivare *vt* to grow

comandante *s* (*di nave*) captain

comandare *vt, vi* **1** to order, to command **2** (*governare*) to rule

comando *s* order, command

combaciare *vi* to match

combattere *vt* to fight

combinare, combinarsi *vt, vr* **1** to combine **2** (*organizzare*) to arrange

combinazione *s* combination

combriccola *s* gang

combustibile *s* fuel

come *avv* **1** (*in che modo*) how, what . . . like: *Com'è?* What is he/she/it like? – *vedi anche* LIKE (*Nota*) **2** (*nella maniera di*) as, like, such
come se *cong* as if, as though

cometa *s* comet

comica *s* comedienne, comic

comico[1] *agg* comic

comico[2] *s* comedian, comic

cominciare *vt* to start, to begin

comitato *s* committee

comitiva *s* party

commedia *s* **1** play, comedy **2** (*televisiva*) comedy
commedia musicale *s* musical

commentare *vt* to comment

commento *s* comment

commerciante *s* merchant

commerciare *vi* to trade

commercio *s* trade: *commercio internazionale,* international trade

commesso *s* shop assistant

commiserare *vt* to pity

commissariato *s* police station

commissione *s* committee

comodino *s* bedside table

comodità *s* comfort, convenience

comodo *agg* comfortable, convenient

compagnia *s* company: *compagnia aerea,* airline

compagno[1] *s* partner

compagno[2] *agg* like, similar

comparativo *agg* comparative

comparire *vi* to appear

comparsa *s* appearance

compassione *s* pity, sympathy

compassionevole *agg* sympathetic

compatire *vt* to pity

competere *vi* to compete

competizione *s* competition

compiere *vt* to finish, to complete

compilare *vt* to fill in

compito *s* 1 (*dovere*) task 2 (*compito in classe*) test

compiti *s pl* homework

compleanno *s* birthday

complemento oggetto *s* object

complessivamente *avv* altogether

complesso *s* band

completamente *avv* quite, fully, entirely, completely, totally

completare *vt* to complete, to finish

completo[1] *agg* 1 complete, entire 2 (*lista, hotel*) full

completo[2] *s* 1 (*di atrezzi*) set, kit 2 (*abito*) suit

complicato *agg* complicated

complimentare *vt* (*per*) to compliment (on)

complimento *s* compliment

componimento *s* composition

comporre *vt* 1 (*musica*) to compose 2 (*un numero*) to dial

comportamento *s* behaviour, manner(s)

comportarsi *vr* 1 to behave 2 (*comportarsi come*) to act

compositore *s* composer

composizione *s* composition

comprare *vt* to buy

comprendere *vt* 1 (*capire*) to understand 2 (*contenere*) to include

comprensione *s* understanding, sympathy

comprensivo *agg* understanding, sympathetic – *vedi anche* COMPREHENSIVE (*Trabocchetto*)

compreso *agg* included, including

compressa *s* tablet

computer *s* computer

comune[1] *agg* common, ordinary

comune[2] *s* (town) council

comunicare *vt* 1 to communicate 2 (*far sapere*) to inform

comunicato *s* announcement

comunicazione *s* communication: *satellite per le comunicazioni,* communications satellite

comunista *s, agg* communist

comunque *avv* 1 (*in ogni modo*) anyway, anyhow 2 (*tuttavia*) however, though

con *prep* with, in, from

concentrare, concentrarsi *vt, vr* to concentrate

concentrazione *s* concentration

concernere *vt* to concern, to affect

concerto *s* concert: *concerto rock,* rock concert

conchiglia *s* shell

concludere *vt* to end: *per concludere,* finally

conclusione *s* end, ending, finish

concorrente *s* competitor

concorso *s* competition, contest

condanna *s* sentence: *condanna a morte,* death sentence

condizione *s* 1 (*stato*) condition, state: *condizioni favorevoli,* reasonable terms | *in ottima condizione,* in very good condition 2 (*situazione*) position

condominio *s* block of flats

condotta *s* behaviour

condurre *vt* to lead

conferenza *s* talk

confermare *vt* to confirm

confettura *s* jam, (*di arance o altri agrumi*) marmalade

confezionare *vt* 1 (*pacco*) to wrap up, to pack 2 (*produrre*) to manufacture

confezione *s* pack

conficcare *vt* to stick

confine *s* 1 (*frontiera*) border 2 (*limite*) limit

conflitto *s* conflict: *essere in conflitto (con),* to conflict (with)

confondere *vt* 1 (*scambiare*) to mistake, to mix up 2 (*imbarazzare*) to confuse

confortare *vt* to comfort

confortevole *agg* comfortable

conforto *s* comfort

confrontare *vt* to compare

confronto *s* comparison

confusione *s* 1 confusion 2 (*disordine*) mess

congelare *vt* to freeze

congelatore *s* freezer

congiunzione *s* conjunction

congratularsi *vr* to congratulate

congratulazioni *s pl* congratulations

coniglio *s* rabbit

connettere *vt* to connect, to join

conoscenza *s* knowledge: *riprendere conoscenza,* to become conscious again

conoscere *s* 1 to know 2 (*fare conoscenza*) to meet

consapevole *agg* conscious

consegna *s* delivery

consegnare *vt* 1 to deliver 2 (*premio*) to present

conseguenza *s* effect, result

conseguimento *s* achievement

conseguire *vt* to obtain, to gain

conservare *vt* 1 to keep 2 (*cibo, monumenti*) to preserve

conservarsi *vr* 1 to keep 2 (*durare*) to last

considerare *vt* to consider

considerazione *s* consideration

consigliare *vt* to advise

consiglio *s* 1 (*suggerimento*) advice, tip 2 (*assemblea*) council, committee
consiglio di amministrazione *s* management

consistere (di) *vi* to consist of

consolare *vt* to comfort

consolazione *s* comfort

consolidare, consolidarsi *vt, vr* to strengthen

consonante *s* consonant

consultare *vt* to refer to

consultazione *s* reference

consumare *vt* 1 (*scarpe, vestiti*) to wear (out) 2 (*cibo*) to consume

consumarsi *vr* to wear out

consumato *agg* worn-out

consumo *s* consumption, use

contagiare *vt* to infect

contagio *s* infection

contagioso *agg* infectious

contaminare *vt* to pollute

contaminazione *s* pollution

contare *vi, vt* **1** (*calcolare il numero*) to count **2** (*fare affidamento*) to count (on), to rely on, to depend (on)

contatore *s* meter

contattare *vt* to contact

contatto *s* contact: *mettersi in contatto,* to contact | *tenersi in contatto,* to keep in contact, to keep in touch

contenere *vt* **1** to contain **2** (*capacità, locale, contenitore*) to hold

contenitore *s* **1** container **2** (*per spazzatura*) bin

contento *agg* glad, happy, content

contenuto *s* **1** (*di recipiente*) contents **2** (*di libro, film*) content

continentale *agg* continental

continente *s* continent

continuare *vt, vi* to continue, to go on, to keep: *continuare qc,* to carry on with sthg

continuo *agg* **1** (*ininterrotto*) continuous **2** (*a ripetizione*) continual, constant – *vedi anche* CONTINUAL (*Nota*)

conto *s* **1** count, account: *per conto proprio,* on one's own | *perdere il conto,* to lose count **2** (*in banca*) account **3** (*di ristorante*) bill

contrabbandare *vt* to smuggle

contrabbandiere *s* smuggler

contrapporre *vt* to contrast

contrariamente *avv* unlike

contrario *agg* **1** opposite **2** (*direzione*) reverse **al contrario** *avv* **1** on the contrary **2** (*in modo opposto*) the other way round

contrastare *vt* to oppose

contrasto *s* contrast

contratto *s* contract

contro *prep* **1** against **2** at

controllare *vt* **1** to check, to inspect **2** (*avere sotto controllo*) to control

controllo *s* **1** check, control, inspection **2** (*dominio*) control

conveniente *agg* **1** convenient, suitable **2** (*di prezzo*) cheap – *vedi anche* CONVENIENT (*Trabocchetto*)

convenienza *s* convenience

convenire *vi* **1** to be necessary, must: *Non mi conviene.* It's not worth my while. **2** (*essere d'accordo*) to agree

conversare *vi* to talk

conversazione *s* conversation, talk

convincere *vt* **1** to convince **2** (*a fare qc*) to persuade

convinto *agg* sure, positive

convinzione *s* belief

cooperare *vi* to cooperate

cooperazione *s* cooperation

coordinare *vt* to coordinate

coperchio *s* **1** lid **2** (*di scatola, vasetto*) top

coperta *s* blanket

copertina *s* cover

coperto¹ *s* place

coperto² *agg* **1** (*chiuso*) closed
2 (*cielo*) cloudy

copertura *s* cover

copia *s* copy

copiare *vt* to copy

coppia *s* **1** (*due*) pair, couple
2 (*fidanzati, sposi*) couple

coprire *vt* to cover: *coprire di,* to
cover with

coraggio *s* courage, bravery

coraggioso *agg* brave, courageous

corallo *s* coral

corda *s* **1** rope: *corda per saltare,*
skipping rope **2** (*di chitarra*) string
3 (*per il bucato*) line

cordiale *agg* friendly
cordiali saluti (*in una lettera*)
Yours sincerely

cordialità *s* friendliness

cordialmente *avv* kindly

coricarsi *vr* to lie down

cornice *s* frame

corno *s* horn

coro *s* choir

corona *s* crown

corpo *s* body

corporeo *agg* physical

correggere *vt* **1** to correct
2 (*compiti*) to mark

corrente *s* **1** current, stream
2 (*elettrica*) current **3** (*spiffero,
corrente d'aria*) draught

correntemente *avv* (*parlare*)
fluently

correre *vi* **1** to run **2** (*precipitarsi*)
to rush, to dash

corretto *agg* right, correct, exact

corridoio *s* corridor, passage

corriera *s* coach

corrispondenza *s* post, mail

corrispondere *vt* to match

corsa *s* **1** run **2** (*competizione*)
race **3** (*footing*) jog, jogging
4 (*precipitarsi*) dash

corsia *s* **1** (*di ospedale*) ward **2** (*di
strada*) lane

corso *s* course

corteccia *s* **1** (*di albero*) bark **2** (*di
pane*) crust

cortese *agg* polite

cortile *s* **1** yard **2** (*per il gioco*)
playground

corto *agg* short

cosa *s* thing
Che cosa? **1** What?: *Cosa c'è?*
What's wrong? **2** (*quando non si è
capito*) Sorry?

coscia *s* thigh

cosciente *agg* conscious

coscienza *s* conscience

così *avv* **1** so, as **2** (*prima di agg o
s*) such
così da (*al fine di*) in order to

cosicchè *cong* so that

cosiddetto *agg* so-called

cosmetici *s pl* cosmetics

costa *s* **1** coast **2** (*riva, spiaggia*)
shore

costante *agg* constant

costare *vi* to cost: *Mi è costato due
sterline.* It cost me two pounds. |
Quanto costano? How much do
they cost?

costituire *vt* (*fondare*) to found

costo *s* cost, expense: *costo della
vita,* cost of living

costola *s* rib

costoso *agg* 1 expensive 2 (*di valore*) valuable

costringere *vt* to force, to make

costruire *vt* to build, to construct, to make

costruzione *s* 1 construction 2 (*di un discorso*) structure 3 (*edificio*) building

costume *s* costume, fancy dress: *costume da bagno,* swimsuit – *vedi anche* COSTUME (*Trabocchetto*)

cotone *s* cotton: *cotone idrofilo,* cottonwool | *filo di cotone,* cotton | *camicetta in cotone,* cotton blouse

coyote *s* coyote

cranio *s* skull

cravatta *s* tie

creare *vt* to create

creatività *s* creativity

creativo *agg* creative

creazione *s* creation

credenza *s* 1 (*mobile*) cupboard 2 (*fede, convinzione*) belief

credere *vi* to think, to believe

credito *s* credit

crema *s* cream: *crema pasticcera,* custard

crepa *s* crack

crepitio *s* crack

crescere *vi* 1 to grow, to grow up 2 (*di volume*) to rise

crescita *s* growth

crespo *agg* curly

cricket *s* cricket

criminale *s* criminal

crimine *s* crime

crisi *s* crisis

cristiano *agg, s* Christian

critica *s* criticism

criticare *vt* to criticize

critico[1] *agg* critical

critico[2] *s* critic

croccante *agg* crisp

croce *s* cross

crollare *vi* to come down

crollo *s* fall

cronista *s* reporter

crosta *s* crust

crostata *s* pie

crostino *s* toast

crudele *agg* cruel

crudelmente *avv* cruelly

crudeltà *s* cruelty

crudo *agg* raw

cucchiaiata *s* spoonful

cucchiaino *s* teaspoon

cucchiaio *s* 1 (*posata*) spoon 2 (*contenuto*) spoonful

cucciolo *s* puppy

cucina *s* 1 (*stanza*) kitchen 2 (*fornello*) stove, cooker: *cucina a gas,* gas cooker

cucinare *vt* to cook

cucire *vt* 1 to sew 2 (*fissare con dei punti*) to stitch

cucito *s* sewing

cugino, cugina *s* cousin

cui *pron relativo* 1 (*complemento: persona*) who, whom, that 2 (*complemento: cose o animali*) which, that: *tra cui,* including **il/la cui,** *ecc. pron possessivo* whose

culla *s* cot

culto *s* worship

cultura *s* education, culture

cuocere *vi, vt* to cook: *cuocere ai ferri,* to grill | *cuocere al forno,* to bake | *cuocere in umido,* to stew

cuoco *s* cook

cuoio *s* leather

cuore *s* heart: *nel cuore della notte,* in the middle of the night

cupo *agg* deep, dark, dull

cupola *s* dome

cura *s* 1 (*assistenza*) care 2 (*accuratezza*) care 3 (*medico*) treatment, cure: *una cura per il raffreddore,* a cure for colds

curare *vt* 1 (*assistere*) to care, to nurse 2 (*medico*) to treat, to cure

curiosità *s* curiosity

curioso *agg* 1 curious 2 (*insolito*) strange

curva *s* 1 (*di strada*) turn, bend 2 (*di fiume*) bend: *una curva stretta,* a sharp bend

curvare, curvarsi *vi, vr* to bend

cuscino *s* 1 cushion 2 (*guanciale*) pillow

custode *s* guard

custodire *vt* to keep

D,d

D, d D, d

da *prep* **1** (*agente*) by: *scritto da Eliot*, written by Eliot **2** (*da luogo*) from: *da Londra a Milano*, from London to Milan **3** (*attraverso*) through: *dalla finestra*, through the window **4** (*tempo*) for (*durata*), since (*a partire da*): *Abito qui da tre anni/dal 1985.* I've been living here for three years/since 1985. – *vedi anche* FOR (*Nota*) **5** (*di ufficio*) as **6** (*modo*) like: *Ti comporti da bambino.* You're behaving like a child.

da solo *avv* on one's own

dado *s* **1** (*da gioco*) dice **2** (*tecnico*) nut

dama *s* **1** lady **2** (*nel ballo*) partner **3** (*gioco*) draughts, checkers

damigella d'onore *s* bridesmaid

danneggiare *vt* **1** to damage **2** (*persona*) to harm

danno *s* damage

dannoso *agg* harmful

danza *s* dancing: *danza classica*, ballet

dappertutto *avv* everywhere

dapprima *avv* at first

dare *vt* **1** to give: *dare in prestito*, to lend | *dare la colpa a qn*, to blame sbdy | *dare un colpo di*

telefono a qn, to give sbdy a ring | *dare le dimissioni*, to hand in one's resignation | *dare via*, to give away | *darsi la mano*, to shake hands **2** (*dare i compiti*) to set **3** (*inter*) dai! come on!

data *s* date: *data di nascita*, date of birth

datare *vt* to date

dato che *cong* since

datore di lavoro *s* employer

dattero *s* date

dattilografo, dattilografa *s* typist

davanti[1] *s* front

davanti[2] *avv* in front

davanti a *prep* in front of, opposite – *vedi anche* FRONT (*Trabocchetto*)

davanzale *s* windowsill

davvero *avv* really, indeed

dazio *s* duty: *esente da dazio*, duty-free

dea *s* goddess

debole *agg* weak

debolezza *s* weakness

decente *agg* decent

decidere *vt* to decide

decidersi *vr* to make up one's mind

decina *s* ten: *decine di*, dozens of

decisamente *avv* definitely

decisione *s* decision: *prendere la*

decisione, to make the decision

deciso *agg* determined, definite

decollare *vi* to take off

decollo *s* takeoff

decorare *vt* to decorate

decorazione *s* decoration

dedicare *vt* to devote

definitivamente *avv* for good

definizione *s* definition

deliberato *agg* decided, determined – *vedi anche* DELIBERATE (*Trabocchetto*)

delicatamente *avv* gently

delicato *agg* 1 (*sorriso, carezza*) gentle 2 (*pieno di tatto*) tactful 3 (*ferita*) tender

delitto *s* crime

deliziare *vt* to delight

delizioso *agg* 1 (*cibo*) delicious 2 (*persona, oggetto, luogo*) lovely

deltaplano *s* hang glider

deludente *agg* disappointing

deludere *vt* to disappoint

delusione *s* disappointment

democratico *agg* democratic

democrazia *s* democracy

denaro *s* money

denso *agg* thick

dente *s* tooth (*pl* teeth): *mal di denti,* toothache

dentiera *s* false teeth

dentifricio *s* toothpaste

dentista *s* dentist

dentro *avv, prep* 1 in, inside 2 (*movimento*) into 3 (*entro*) within

denunciare *vt* to report

dépliant *s* brochure

deporre *vt* to lay, to put down

deposito *s* store, depot

depressione *s* depression

deprimente *agg* depressing, miserable

deprimere *vt* to depress

deputato *s* (*in Gran Bretagna*) Member of Parliament

derubare *vt* to rob

descrivere *vt* to describe

descrizione *s* description

deserto[1] *agg* deserted

deserto[2] *s* desert

desiderare *vt* to wish, to like, to fancy: *Desidera?* Can I help you?

desiderio *s* wish

desideroso *agg* eager, anxious

dessert *s* dessert, pudding, sweet

destarsi *vr* to wake up, to awake

destinazione *s* destination

destra *s* right: *a destra,* right, right-hand

destro *agg* right

destrorso *agg* right-handed

detective *s* detective

detestare *vt* to hate

dettagliatamente *avv* in detail

dettaglio *s* detail

di *prep* 1 of: *la fine della strada,* the end of the road | *la città di Londra,* the city of London 2 (*possessivo*) of, 's: *È di John.* It's John's. – *vedi anche La Nota Grammaticale* **Apostrophe -s** 3 (*comparativo*) than: *più vecchio di me,* older than me 4 from: *John è di Londra.* John's from London.

di fianco *avv* sideways

di fronte a *prep* opposite – *vedi anche* FRONT (*Trabocchetto*)

diagramma s diagram, chart
dialogo s dialogue
diapositiva s slide
diario s diary
diavolo s devil
dibattere vt to debate
dibattito s debate
dicembre s December
dichiarare vt 1 to declare
2 (*constatare*) to state
3 (*rivendicare*) to claim
dichiarazione s statement, declaration
diciannove num nineteen – *vedi anche La Nota Grammaticale* **Numbers**
diciassette num seventeen – *vedi anche La Nota Grammaticale* **Numbers**
diciotto num eighteen – *vedi anche La Nota Grammaticale* **Numbers**
dieci num ten – *vedi anche La Nota Grammaticale* **Numbers**
dieta s diet: *essere a dieta,* to be on a diet, to diet
dietro avv, prep behind: *dietro l'angolo,* round the corner
difendere vt to defend
difesa s defence
difetto s fault
difettoso agg faulty
differente agg different
differenza s difference, distinction: *a differenza di,* unlike
difficile agg difficult, hard
difficoltà s difficulty, trouble: *essere in difficoltà,* to be in trouble
diffondere, diffondersi vt, vr to spread

diluire vt to weaken
dimagrire vi to slim
dimenare vt to wag
dimenarsi vr to wriggle
dimensione s size
dimenticare vt 1 to forget
2 (*lasciare un oggetto*) to leave behind
dimentico agg forgetful
dimettersi vr to resign
diminuire vt, vi 1 to decrease
2 (*prezzi*) to lower
diminuzione s 1 decrease
2 (*temperatura*) fall
dimissioni s pl resignation: *dare le dimissioni,* to resign, to hand in one's resignation
dimorare vi to live
dimostrare vt, vi 1 (*mostrare*) to show 2 (*la verità*) to prove
3 (*manifestare*) to demonstrate
dimostrazione s demonstration
dinamico agg dynamic
diniego s refusal, negative
dinosauro s dinosaur
dintorni s pl surroundings
dio s god: *Dio mio!* Good grief!
dipendente s employee
dipendere vi to depend
dipingere vt to paint
dipinto s painting
diplomatico[1] agg diplomatic
diplomatico[2] s diplomat
diplomazia s diplomacy
dire vt 1 to say: *dicono che il film sia . . .,* the film is supposed to be . . . 2 (*raccontare*) to tell
3 (*parlare*) to speak 4 (*osservare*) to remark – *vedi anche* TELL (*Nota*)

direttamente *avv* directly, straight

direttiva *s* instruction

diretto *agg* direct

direttore, direttrice *s* **1** director **2** (*di azienda*) manager (*masc*), manageress (*fem*) **3** (*di scuola*) head teacher **4** (*di giornale*) editor

direttore d'orchestra *s* conductor

direzione *s* **1** (*senso*) direction: *in direzione di,* in the direction of | *In quale direzione è . . . ?* Which direction is . . . ? **2** (*conduzione*) management

dirigente *s* director, manager, executive

dirigere *vt* **1** to direct **2** (*ditta*) to manage, to control **3** (*partito*) to lead **4** (*negozio*) to run **5** (*al timone*) to steer **6** (*orchestra*) to conduct

dirigersi *vr* **1** to head **2** (*nave*) to steer

dirimpetto *avv* opposite

diritto¹ *s* right

diritto² *agg, avv* straight

disaccordo *s* disagreement

disapprovare *vt* to object to

disastro *s* disaster

disattento *agg* careless

discendente *s* descendant

dischetto *s* (*computer*) disk, (*flessibile*) floppy disk

disco *s* **1** disc **2** (*musicale*) record **3** (*combinatore*) dial

discorrere *vi* to talk

discorso *s* speech: *discorso diretto,* direct speech | *discorso indiretto,* indirect speech, reported speech

discoteca *s* disco

discretamente *avv* fairly well, quite well

discreto *agg* fair, all right

discussione *s* argument, discussion, disagreement

discutere *vt* to discuss

disegnare *vt* to draw

disegnatore, disegnatrice tecnico *s* draughtsman

disegno *s* **1** drawing, picture **2** (*motivo*) pattern **3** (*progetto*) design

diserbare *vi* to weed

disfare *vt* to undo

disfarsi di *vr* to give away, to get rid of

disgelo *s* thaw

disgrazia *s* misfortune, accident – *vedi anche* DISGRACE (*Trabocchetto*)

disgustoso *agg* disgusting, nasty

disinvolto *agg* casual

disoccupato *s, agg* unemployed

disoccupazione *s* unemployment

disordinato *agg* messy, untidy, disorganized

disordine *s* mess: *in disordine,* messy, | *mettere in disordine,* to mess up

disorganizzato *agg* disorganized

dispari *agg* odd

disperatamente *avv* desperately

disperato *agg* **1** desperate **2** (*senza speranza*) hopeless

dispetto *s* (*rancore*) spite

dispiacere¹ *s* grief, sadness

dispiacere² *vi* to mind

dispiacersi *vr* to feel sorry: *mi dispiace,* I'm sorry

disponibile *agg* **1** (*reperibile*) available **2** (*disposto ad aiutare*) cooperative

disporre *vt* (*collocare*) to arrange

disposto *agg* willing: *disposto a collaborare,* cooperative

disputare *vi* to argue

dissimulare *vt* to hide

distante *agg* distant, far, far away

distanza *s* **1** distance **2** (*molta*) (a long) way: *C'è molta distanza da Milano a Dover.* It's a long way from Milan to Dover.

distendersi *vr* to lie (down)

distesa *s* stretch

distinguere *vt* **1** to distinguish **2** (*l'uno dall'altro*) to tell (apart)

distintamente *avv* clearly

distintivo[1] *agg* distinguishing

distintivo[2] *s* badge

distinto *agg* clear
　distinti saluti (*in una lettera*) Yours faithfully

distrattamente *avv* carelessly

distretto *s* district

distribuire *vt* **1** to give out **2** (*carte*) to deal **3** (*biglietti*) to issue

distributore (di benzina) *s* petrol station

distruggere *vt* to destroy, to wreck

distruzione *s* destruction

disturbare *vt* to disturb, to bother, to trouble

disturbarsi *vr* to bother

disturbo *s* bother, trouble

ditale *s* thimble

dito *s* **1** (*della mano*) finger **2** (*del piede*) toe

ditta *s* firm, company

divario *s* gap

divenire *vi* to become, to get

diventare *vi* to become, to get

diversamente *avv* differently

diverso *agg* **1** different **2** (*un altro*) another **3** (*opposto*) unlike
　diversi *agg, pron pl* several

divertente *agg* **1** funny **2** (*persona, storia*) humorous

divertimento *s* **1** (*il divertirsi*) fun, enjoyment **2** (*passatempo, spettacolo*) entertainment, amusement

divertire *vt* **1** to amuse **2** (*intrattenere piacevolmente*) to entertain

divertirsi *vr* to have fun, to enjoy oneself

dividere *vt* **1** to divide: *dividere a metà,* to halve **2** (*separare*) to separate **3** (*condividere*) to share

dividersi *vr* to divide

divinità *s* (*masc*) god, (*fem*) goddess

divisa *s* uniform

divisione *s* division

divo, diva *s* star

divorziare *vt* to divorce

divorzio *s* divorce

dizionario *s* dictionary

doccia *s* shower: *fare la doccia,* to shower

docilmente *avv* obediently

dodici *num* twelve – *vedi anche* **La Nota Grammaticale Numbers**

dogana *s* customs

dolce[1] *agg* **1** sweet **2** (*clima, carattere*) mild **3** (*voce*) gentle, soft

dolce[2] *s* cake, dessert

dolcemente *avv* gently

dolciumi *s pl* sweets, candy

dolere *vi* to ache, to hurt

dollaro *s* dollar

dolore *s* 1 (*morale*) grief 2 (*fisico*) pain, ache: *dolore atroce,* agony | *una fitta di dolore,* an attack of pain

doloroso *agg* painful

domanda *s* 1 question 2 (*richiesta di informazioni*) inquiry 3 (*di lavoro*) application: *fare domanda,* to apply (for) | *un modulo per domanda di lavoro,* an application form

domandare *vt* 1 to ask 2 (*informazioni*) to inquire

domani *avv* tomorrow

domare *vt* to tame

domatore *s* tamer

domattina *avv* in the morning

domenica *s* Sunday

domestico *agg* domestic

dominare *vt* to dominate

dominatore *s* ruler

dominazione *s* domination

dominio *s* domination, rule

donare *vt* 1 to donate 2 (*addirsi*) to suit

donazione *s* donation

dondolare, dondolarsi *vt, vr* to swing

donna *s* woman

dono *s* gift: *avere il dono di,* to have a gift for

dopo[1] *avv* after, afterwards

dopo[2] *prep* after

dopodomani *avv* the day after tomorrow

dopotutto *avv* after all

doppio *agg* double

dorato *agg* gold, golden

dormire *vi* to sleep, to be asleep

dotato *agg* talented: *essere dotato per,* to have a gift for

dottore, dottoressa *s* doctor

dove *avv* where

dovere[1] *s* duty

dovere[2] *v aus, vt* 1 (*v aus*) must, to have to, to need: *Ti dovresti vergognare!* You ought to/should be ashamed of yourself! 2 (*avere un debito*) to owe – *vedi anche La Nota Grammaticale* Modals

dovunque *avv* wherever

dovuto (a) *agg* due to

dozzina *s* dozen

drago *s* dragon

dramma *s* drama, play

drammatico *agg* dramatic

dritto *agg* straight

droghiere *s* grocer

dubbio *s* doubt: *senza dubbio,* doubtless

dubbioso *agg* doubtful

dubitare *vt* to doubt

duca *s* duke

duchessa *s* duchess

due *num* two – *vedi anche La Nota Grammaticale* Numbers

dunque *cong* now, well

duramente *avv* hard

durante *prep*   during, in
durare *vi*   to last
durata *s*   duration, length
duro *agg*   **1** hard **2** (*rigido*) stiff
    3 (*voce*) harsh **4** (*persona, carne*) tough

E,e

E,e *cong* E, e

e and: *e tu?* what about you? | *e allora?* so what?

ecc (*abbr di eccetera*) etc

eccellente *agg* excellent, superb

eccezionale *agg* exceptional

eccezionalmente *avv* exceptionally

eccezione *s* exception

eccitamento *s* excitement

eccitante *s* exciting

eccitare, eccitarsi *vt, vr* to thrill

eccitato *s* excited

eccitazione *s* excitement

ecco *avv* 1 (*vicino*) here: *Eccolo.* Here he/it is. | *Eccomi.* Here I am. | *Eccoti qui.* Here you are. 2 (*lontano*) there

echeggiare *vi* to echo

eco *s* echo

economia *s* 1 (*scienza*) economics: *economia domestica,* home economics 2 (*di una nazione*) economy

economico *agg* 1 (*pertinente all'economia*) economic 2 (*di poco costo*) economical, cheap – *vedi anche* ECONOMICAL (*Nota*)

edicola *s* newspaper kiosk

edificio *s* building, block

edilizia *s* building, construction

works

edizione *s* edition

educare *vt* to educate, to bring up

educativo *agg* educational

educato *agg* polite

educazione *s* 1 upbringing 2 training, education: *educazione fisica,* physical education, games 3 manners: *buona educazione,* good manners – *vedi anche* EDUCATION (*Trabocchetto*)

effervescente *agg* fizzy

effettivamente *avv* actually

effettivo *agg* actual

effetto *s* effect

effettuare *vt* to make

efficace *agg* effective, efficient
   in modo efficace *avv* efficiently

efficiente *agg* efficient
   in modo efficiente *avv* efficiently

egli *pron pers* he

egoista *agg* selfish

egoisticamente *avv* selfishly

eguaglianza *s* equality

eguagliare *vt* to equal

ehi! *inter* hey!

ehm *inter* er

elefante *s* elephant

elegante *agg* elegant, smart: *mettersi tutto elegante,* to dress up

elegantemente *avv* elegantly

eleggere *vt* to elect

elencare *vt* to list

elenco *s* 1 list 2 (*di membri*) register

elenco telefonico *s* telephone directory

elettorale *agg* electoral

elettore *s* constituent

elettricista *s* electrician

elettricità *s* electricity

elettrico *agg* 1 electric 2 (*corrente, impianto*) electrical – *vedi anche* ELECTRIC (*Nota*)

elettromagnetico *agg* electromagnetic

elettronico *agg* electronic

elevato *agg* high

elezione *s* 1 election: *elezioni politiche*, general election 2 choice

elicottero *s* helicopter

eliminare *vt* to eliminate

ella *pron pers* she

elmetto *s* helmet

elogiare *vt* to praise

elogio *s* praise

emergenza *s* emergency

emergere *vi* to emerge

emettere *vt* to issue

emicrania *s* headache

emigrare *vi* to emigrate

eminente *agg* distinguished

emisfero *s* hemisphere

emozione *s* (*forte emozione*) thrill

emù *s* emu

energetico *agg* energy, energy-giving – *vedi anche* ENERGETIC (*Trabocchetto*)

energia *s* energy: *energia elettrica*, electrical power

energico *agg* energetic

enigma *s* puzzle, riddle

enorme *agg* enormous, huge

entrambi *agg, pron* both, either

entrare *vi* to go in, to come in, to enter

entrata *s* 1 entrance 2 (*ingresso*) gateway

entro *prep* within, in

entusiasmo *s* enthusiasm

entusiasta *agg* enthusiastic

epoca *s* age

eppure *cong* yet

equilibrio *s* balance: *tenere/tenersi in equilibrio*, to balance

equipaggiamento *s* equipment, kit

equipaggio *s* crew

équipe *s* team

equitazione *s* (horse) riding

equivalente *agg* equivalent

era *s* age

erba *s* grass

erbaccia *s* weed

erede *s* heir

ereditario *agg* hereditary

erogazione *s* supply

errato *agg* wrong, incorrect: *in modo errato*, incorrectly

errore *s* mistake, error: *per errore*, by mistake

esagerare *vi, vt* to exaggerate

esagerazione *s* exaggeration

esame *s* exam, examination: *fare un esame*, to take an exam

esaminare *vt* 1 to examine 2 (*problema*) to survey, to study 3 (*libri*) to look through 4 (*medico*) to test

esattamente *avv* exactly, just,

accurately

esattezza *s* accuracy

esatto *agg* exact, right, accurate

esauriente *agg* comprehensive, thorough

esaurirsi *vr* to run out

esausto *agg* worn-out

escludere *vt* to exclude

esclusivamente *avv* only

esclusivo *agg* exclusive

escogitare *vt* to make up

escursione *s* 1 trip, excursion 2 (*a piedi*) hike

escursionista *s* (*a piedi*) hiker

esecuzione *s* execution

esempio *s* example, instance, lead

esemplare *s* copy, issue

esequie *s pl* funeral

esercitare *vt* to exercise

esercitarsi *vr* to practise

esercito *s* army

esercizio *s* exercise, practice

esibire *vt* to exhibit

esibizione *s* exhibition

esigenza *s* requirement

esigere *vt* to demand, to require

esile *agg* thin

esistenza *s* existence, life

esistere *vi* to exist

esitare *vi* to hesitate

esitazione *s* hesitation

esito *s* 1 (*risultato*) result 2 (*successo*) success

espandere, espandersi *vt, vr* to expand

espansione *s* expansion

esperienza *s* experience

esperto *agg* 1 expert 2 experienced

esplodere, far esplodere *vi, vt* to blow up, to explode

esplorare *vt* to explore

esplosione *s* explosion

esplosivo *s* explosive

esporre *vt* to display

esposizione *s* 1 (*mostra*) exhibition 2 (*in una vetrina*) display

espressione *s* 1 expression 2 (*aspetto*) look

esprimere *vt* to express

essenziale *agg* essential

essere[1] *v aus* to be: *c'e/ci sono,* there is/there are | *essere di Liverpool,* to come from Liverpool | *Sei mai stato in Inghilterra?* Have you ever been to England? – *vedi anche La Nota Grammaticale* The Verb "be"

essere[2] *s* being

essere umano *s* human being

essi, esse *pron pers* they

esso, essa *pron pers* (*animale, oggetto*) it

est *s* east: *verso est,* east(wards)

estate *s* summer

estendersi *vr* to spread, to stretch

esterno *agg, s* outside: *verso l'esterno,* outwards

estero *s* foreign countries: *all'estero,* abroad

esteso *agg* wide, broad: *per esteso,* in full

estinto *agg* extinct

estinzione *s* extinction

estivo *agg* summer: *vacanze estive,* summer holidays

estraneo *s* stranger

estrarre *vt* to mine
estremamente *avv* extremely, most
estremità *s* bottom, tip, point
estremo *agg* extreme
esultare *vi* to cheer
età *s* age
eternamente *avv* for ever
etichetta *s* 1 label 2 (*prezzo, nome*) tag: *un'etichetta con il nome,* a name tag
etichettare *vt* to label
evadere *vi* to escape
evasione *s* escape
evidente *agg* plain, obvious
evitare *vt* to avoid
evviva! *inter* hurray!
ex *prefisso* former
extra *agg, s* extra

F, f

F, f F, f

fa *avv* ago: *due anni fa*, two years ago

fabbrica *s* factory – *vedi anche* FACTORY (*Trabocchetto*)

fabbricante *s* manufacturer

fabbricare *vt* to manufacture

fabbricazione *s* manufacture

faccenda *s* matter, affair, business: *faccende domestiche*, housework | *non sono faccende che ti riguardino*, it's none of your business

faccia *s* 1 (*volto*) face 2 (*lato*) side

facciata *s* face

facile *agg* easy, simple

facilmente *avv* easily

facoltà *s* faculty

fagiolino *s* French bean

fagiolo *s* bean

fagotto *s* bundle

falciare *vt* to mow

falciatrice *s* lawnmower

falda *s* flap

falegname *s* carpenter

fallimento *s* failure

fallire *vi, vt* to fail, to miss

fallito *s* failure

fallo *s* fault: *commettere un fallo su*, to foul

falso *agg* false, insincere

fama *s* fame

fame *s* 1 hunger 2 (*carestia*) famine: (*far*) *soffrire la fame*, to starve | *avere fame*, to be hungry

famiglia *s* 1 family 2 (*casa*) household

familiare *agg* familiar

familiarmente *avv* familiarly

famoso *agg* famous, well-known

fanatico *agg* fanatic

fango *s* mud

fangoso *agg* muddy

fantascienza *s* science fiction

fantasia *s* fancy, imagination

fantasma *s* ghost

fantasticare *vt* to imagine

fantastico *s* 1 fantastic 2 (*espressione di entusiasmo*) fantastic, great, super

farcire *vt* to stuff

farcitura *s* stuffing

fare *vt* 1 (*fabbricare*) to make 2 (*compiti, spesa*) to do – *vedi anche* MAKE (*Nota*) 3 (*pasto, bagno*) to have

farcela *v* to manage

farsi *vr* to get, to grow: *si sta facendo tardi*, it's getting late

farfalla *s* butterfly: *nuoto a farfalla*, butterfly (stroke)

farina *s* flour

farmacia *s* chemist's, pharmacy

farmacista *s* chemist, pharmacist
– *vedi anche* PHARMACIST (*Nota*)

farmaco *s* medicine

faro *s* lighthouse

fascia *s* band, zone

fascino *s* charm, fascination

fascio *s* bundle

fase *s* stage

fastidio *s* nuisance, bother

fastidioso *agg* annoying

fatica *s* labour, strain

faticoso *agg* tiring

fatto *s* 1 event 2 fact

fattoria *s* farm – *vedi anche*
FACTORY (*Trabocchetto*)

fattorino *s* messenger

favola *s* fairy tale
da favola *agg* fabulous

favoloso *agg* fabulous

favore *s* favour, service
per favore *inter* please

favorevole *agg* favourable:
favorevole a, in favour of

favorito *agg* favourite

fazzoletto *s* handkerchief, hankie:
fazzoletto di carta, tissue

febbraio *s* February

febbre *s* temperature: *avere la*
febbre, to have a temperature

fecondo *agg* fertile

fede *s* 1 trust 2 faith, belief

fedele *agg* faithful

fedelmente *avv* faithfully

federazione *s* 1 federation
2 league

fegato *s* liver

felice *agg* happy

felicità *s* happiness

felicitazioni *s pl* congratulations

felino *s* cat

feltro *s* felt

femmina *s* female

femminile *agg* feminine, female
– *vedi anche* FEMININE (*Nota*)

femminista *s* feminist

fenditura *s* break

feriale *agg* week, working
giorno feriale *s* weekday

ferire *vt* 1 to injure 2 (*in guerra*) to
wound 3 (*fig*) to wound, to hurt

ferirsi *vr* to hurt oneself

ferita *s* injury, wound

fermacapelli *s* (hair)slide

fermaglio *s* brooch

fermamente *avv* tightly, firmly

fermare, fermarsi *vt, vr* to stop, to
halt

fermata *s* 1 stop: *fermata*
dell'autobus, bus stop 2 (*treno*)
halt

fermo *agg* still, stationary

feroce *agg* fierce

ferocemente *avv* fiercely

ferro *s* iron

ferro da stiro *s* iron

ferrovia *s* rail, railway

fertile *agg* fertile

festa *s* 1 (*festività*) holiday, festival
2 (*ricevimento*) party, celebration:
festa nazionale, holiday

festeggiamento *s* celebration

festeggiare *vt* to celebrate

festival *s* festival

fetta *s* slice

fiamma *s* flame

fiammifero *s* match

fianco *s* 1 (*lato*) side: *fianco a*

fianco, side by side **2** (*anatomico*) hip

di fianco *avv* sideways

fiato *s* breath: *essere senza fiato,* to be out of breath

ficcare *vt* to stick

ficus *s* rubber plant

fidanzamento *s* engagement

fidanzato *agg* engaged

fidarsi di *vr* to rely on, to trust

fiducia *s* trust, faith: *avere fiducia,* to trust

fiduciosamente *avv* trustingly, hopefully

fiducioso *agg* trusting, hopeful

fiera *s* fair, show

fierezza *s* pride

fiero *agg* proud

figlia *s* **1** daughter **2** (*ancora giovane*) child – *vedi anche* CHILD (*Nota*)

figlio *s* **1** son **2** (*ancora giovane*) child – *vedi anche* CHILD (*Nota*)

figura *s* figure, illustration

figurarsi *vr* to imagine, to fancy

fila *s* **1** (*di oggetti*) row **2** (*di persone*) queue, line: *fare la fila,* to queue | *mettere/mettersi in fila,* to line up

film *s* film

filmare *vt* to film

filmina *s* filmstrip

filo *s* (*da cucito*) thread, cotton, (*per il bucato*) line: *filo di ferro,* wire

a filo di *prep* level with

filosofia *s* philosophy

filtrare *vt* to strain

finale *agg* final, last, eventual

finalmente *avv* at last, in the end, eventually

finchè *cong* **1** as long as **2** until, till

fine[1] *agg* fine, thin

fine[2] *s* **1** end: *fine settimana,* weekend **2** (*film, libro*) ending **3** (*sport*) finish

al fine di *prep* in order to

alla fine *avv* finally, in the end

finestra *s* window

fingere *vt* to pretend

finire *vt* **1** to end, to finish: *per finire,* finally **2** (*smettere*) to stop **3** (*consumare*) to use up

finito *agg* (*partita, scuola, ecc*) over

fino a *prep* **1** (*tempo*) until, till **2** (*tempo, spazio*) as far as, to

finora *avv* so far

finta *s*

fare finta *vi* to pretend

finto *agg* false, insincere

fiocco *s* **1** (*di neve, cereali*) flake **2** (*nodo*) bow

fiore *s* flower

firma *s* signature

firmare *vt* to sign

fischiare *vi* to whistle

fischiettare *vi* to whistle

fischietto *s* whistle

fischio *s* whistle

fisica *s* physics

fisico *agg* physical

fissare *vt* **1** (*guardare intensamente*) to stare at **2** (*saldare*) to fix, to attach, to fit

fitto *agg* **1** (*bosco, pelo*) thick **2** (*liquido*) dense

fiumana *s* stream

fiume s 1 river 2 (*fiume minore*) stream

fiuto s sense of smell

flacone s bottle

flauto s flute, recorder

fluire vi to flow

flusso s flow, stream

fodera s (*rivestimento*) cover

foglia s leaf

foglio s sheet

folata s gust

folk s, agg folk

folla s crowd

folle agg mad, crazy

fondamenta s pl foundations

fondamentale agg primary

fondamento s basis

fondare vt to found

fondente agg (*cioccolato*) plain

fondere vi, vt to melt

fondo s 1 bottom 2 (*parte posteriore*) rear, back 3 (*base*) foot 4 (*riserva di denaro*) fund **a fondo** avv thoroughly **in fondo** avv 1 at the bottom, below 2 (*parte posteriore*) at the back

fontana s fountain

football s football

footing s jogging: *fare footing*, to jog

forare vt (*con un trapano*) to drill

forbici s pl scissors

forca s (*attrezzo*) fork

forchetta s fork

forcone s fork

foresta s forest

forestiero s, agg 1 (*da diversa città*) stranger 2 (*di diversa nazionalità*) foreigner, foreign

forma s shape, form: *a forma di*, shaped like | *in forma*, fit

formaggio s cheese

formale agg formal

formalmente avv formally

formare vt to form, to shape

formarsi vr to form

formazione s training

formica s ant

formichiere s anteater

formicolare vi to tingle

formicolio s tingle

formidabile agg very good, great

formulario s form

fornaio s baker

fornello s cooker

fornire vt to provide, to supply

fornitura s supply

forno s oven

forse avv 1 perhaps, maybe 2 (*possibilmente*) possibly

forte[1] agg 1 strong 2 (*suono, rumore*) loud, high 3 (*caldo, freddo*) intense 4 (*pioggia*) heavy 5 (*resistente: pianta*) hardy

forte[2] avv 1 hard 2 (*piovere*) heavily 3 (*correre*) fast

fortuna s 1 (*destino*) fortune 2 (*buona sorte*) luck, good luck: *buona fortuna!* good luck! | *per fortuna*, fortunately

fortunatamente avv fortunately

fortunato agg lucky, fortunate

foruncolo s spot

forza s 1 strength, power, energy 2 (*violenza*) force

forzare vt to force

foschia s mist

fosco *agg* misty

fossa *s* pit, grave

foto *s* photo

fotografare *vt* to photograph

fotografia *s* photograph

fotografico *agg* photographic: *macchina fotografica,* camera

fotografo *s* photographer

foulard *s* scarf

fragola *s* strawberry

fraintendere *vt* to mistake

frammento *s* fraction, chip

francamente *avv* frankly

franco *agg* frank

francobollo *s* stamp

frantumi *s* piece, bit: *andare in frantumi,* to smash

frappé *s* milkshake

frase *s* phrase, sentence – *vedi anche* PHRASE (*Trabocchetto*)

frate *s* monk

fratellino *s* little brother, kid brother

fratello *s* brother

frazione *s* fraction

freccetta *s* dart

freccia *s* arrow

freddo *s, agg* cold: *avere freddo,* to be cold | *colpo di freddo,* chill | *Fa freddo. It's cold.* | *Sto morendo dal freddo. I'm freezing.*

fremito *s* tingle

frenare *vi* to brake

freno *s* brake

frequentare *vt* to attend

frequente *agg* frequent

frequentemente *avv* frequently, often

frequenza *s* frequency

fresco *agg* fresh, cool, crisp: *mettere in fresco,* to chill

fretta *s* hurry: *avere fretta,* to be in a rush | *fare in fretta,* to hurry

friggere *vt* to fry

frigorifero *s* refrigerator, fridge

frittata *s* omelette

frizzante *agg* fizzy

fronte *s* forehead

  di fronte *avv* opposite

  di fronte a *prep* opposite: *essere di fronte a,* to face – *vedi anche* FRONT (*Trabocchetto*)

fronteggiare *vt* to face

frontiera *s* border

frugare *vi* to search

frullato *s* milkshake

frullino *s* beater

frumento *s* corn

frusta *s* **1** (*per cavalli*) whip **2** (*per cucina*) whisk

frustare *vt* to whip

frutta *s* fruit

fruttivendolo *s* greengrocer

frutto *s* fruit

fucile *s* gun

fuga *s* escape

fuggire *vi* to escape, to get away, to run away

fulmine *s* lightning

fumare *vi, vt* to smoke

fumetto *s* strip cartoon

  giornaletto a fumetti *s* comic

fumo *s* smoke

fune *s* rope, line

funerale *s* funeral

fungere (da) *vi* to act (as)

funivia *s* cable car

funzionamento *s* operation

funzionare *vi* **1** to work, to go
2 (*sistema*) to function: *far
funzionare,* to operate, to run
funzionario *s* **1** (*dirigente*) official
2 (*militare, di polizia*) officer
funzione *s* function
fuoco *s* fire: *fuoco di legna,* log
fire | *prendere fuoco,* to catch fire
fuori *avv, prep* **1** outside, outdoors
2 (*fuori casa*) out **3** out of: *fuori
moda,* out of fashion | *in fuori,*
outwards
furente *agg* furious
furgone *s* van
furiosamente *avv* furiously
furioso *agg* furious, fierce
furto *s* **1** theft **2** (*rapina*) robbery
3 (*furto in un appartamento*)
burglary
fusto *s* trunk
futuro *agg, s* future

G, g

G, g G, g
gabinetto *s* toilet, lavatory, (*fam*) loo
galleggiare *vi* to float
galleria *s* 1 (*passaggio per auto, ecc*) tunnel: *scavare una galleria*, to tunnel 2 (*architettura*) gallery 3 (*a teatro*) circle
  galleria d'arte *s* art gallery
gallina *s* chicken, hen – *vedi anche* CHICKEN (*Nota*)
gallo *s* cock
gallone *s* gallon
gamba *s* leg
gambero *s* prawn
gara *s* 1 contest, competition 2 (*incontro*) match
garage *s* garage
garantire *vt* to guarantee
garanzia *s* guarantee
garbatamente *avv* politely, gently
garbato *agg* polite
gareggiare *vi* (*corsa*) to race
gas *s* gas
gatto *s* cat
  gattino *s* kitten
gazzella *s* gazelle
gelare *vi, vt* to freeze
gelatina *s* jelly
gelato¹ *agg* frozen, icy
gelato² *s* ice cream

gelido *agg* icy, frosty
gelo *s* frost
gelosia *s* jealousy
geloso *agg* jealous
gemello *s, agg* twin
gemere *vi* to groan
gemito *s* groan(ing)
gemma *s* (precious) stone
generale¹ *agg* general
generale² *s* general
generalizzare *vt* to generalize
generalizzazione *s* generalization
generalmente *avv* generally, in general
generazione *s* generation
genere *s* sort, kind
  in genere *avv* mostly
generi alimentari *s pl* groceries
genero *s* son-in-law
generosità *s* generosity
generoso *agg* generous
gengiva *s* gum
genio *s* genius
genitore *s* parent
gennaio *s* January
gente *s* people, folk
gentile *agg* 1 kind, good-natured 2 (*clima, tempo*) mild 3 (*lettere*) dear: *Gentile Signora,* Dear Madam – *vedi anche La Nota Grammaticale* Letter Writing

gentilmente *avv* kindly, nicely

genuino *agg* genuine

geografia *s* geography

gerente *s* manager

gergo *s* slang

geroglifico *s* hieroglyph

gesso *s* chalk

gestione *s* management

gestire *vt* to run, to manage

gesto *s* gesture

gestore *s* manager

gettare *vt* to throw

getto *s* (*d'acqua*) jet

gettone *s* (*da gioco*) counter

geyser *s* geyser

ghepardo *s* cheetah

ghiacciare *vt* to chill, to freeze: *una bevanda ghiacciata,* a chilled drink

ghiacciato *agg* icy, chilled

ghiaccio *s* ice

già *avv* 1 already 2 (*in frasi negative*) yet

giacca *s* jacket

  giacca a vento *s* anorak

giacere *vi* to lie

giallo *s, agg* yellow

giardinaggio *s* gardening: *fare del giardinaggio,* to garden

giardiniere *s* gardener

giardino *s* garden: *giardini pubblici,* public gardens, park | *giardino sul retro,* back garden

  giardino zoologico *s* zoo

gigante *s* giant

gigantesco *agg* gigantic

gin *s* gin

gingillarsi *vr* to mess about

ginnasta *s* gymnast

ginnastica *s* 1 (*disciplina sportiva*) gymnastics 2 (*esercizio fisico*) exercise

ginocchio *s* knee

giocare *vi* to play

giocatore *s* player

giocattolo *s* toy

gioco *s* 1 game: *giochi olimpici,* Olympic Games | *gioco di prestigio* (*con le carte*), card trick, | *prendersi gioco di,* to make fun of

gioia *s* joy: *con gioia,* happily

gioielleria *s* jeweller's shop

gioielli *s pl* jewellery

gioiello *s* jewel

gioioso *agg* joyful

giornalaio *s* newsagent

giornale *s* (news)paper: *giornale radio,* news | *giornale a fumetti,* comic

giornaliero *agg* daily

giornalismo *s* journalism

giornalista *s* journalist

giornalmente *avv* daily

giornata *s* day: *a mezza giornata,* half-day | *Buona giornata!* Have a nice day!

giorno *s* day: *Che giorno è oggi?* What's the date today?/(*della settimana*) What day is it today? | *giorno di paga,* payday | *giorno feriale,* weekday | *giorno lavorativo,* working day | *giorno libero,* day off | *il giorno prima/dopo,* the day before/after | *l'altro giorno,* the other day | *un giorno . . . ,* one day . . .

buongiorno *inter, s* 1 (*al mattino*)

good morning 2 (*al pomeriggio*)
good afternoon

giostra *s* roundabout

giostre *s* (*fiera, luna park*) funfair

giovane[1] *agg* young

giovane[2] *s* youth: *i giovani*, the young

giovedì *s* Thursday

gioventù *s* youth

giovinezza *s* youth

giradischi *s* record player

giraffa *s* giraffe

girare *vi, vt* 1 (*su se stesso*) to spin 2 (*pagina, chiave, ecc*) to turn

girarsi *vr* to turn

giro *s* 1 (*della città*) tour: *fare il giro di*, to tour | *giro in macchina*, drive | *in giro*, around, round, about 2 (*in bici*) ride 3 (*curva*) turn

prendere in giro *v* to make fun of

gita *s* trip, tour

giù *avv* 1 down 2 (*al piano di sotto*) downstairs 3 (*verso il basso*) downwards

giudicare *vt* to judge

giudice *s* judge

giudiziario *agg* legal

giudizio *s* 1 judgment, sentence 2 (*processo*) trial 3 (*ragione*) sense, judgment

giugno *s* June

giullare *s* minstrel

giungere *vi* to arrive, to come

giungla *s* jungle

giuntura *s* joint

giurare *vi, vt* to swear

giuridico *agg* legal

giustizia *s* justice

giustiziare *vt* to execute

giusto *agg* 1 (*onesto, corretto*) fair 2 (*esatto*) right 3 (*persona: equo*) just 4 (*adatto*) fit, suitable

gli *art det* the – *vedi anche La Nota Grammaticale* **Articles**

gloria *s* glory

gloriarsi (di) *vi, vt* to boast

glorioso *agg* glorious

goccia *s* drop

goffo *agg* awkward

gol *s* goal

gola *s* 1 throat: *mal di gola*, sore throat 2 (*golosità*) greed

golf *s* golf

golosità *s* greed

goloso *agg* greedy

gomito *s* elbow

gomma *s* 1 (*per cancellare*) rubber 2 (*pneumatico*) tyre

gomma da masticare/americana *s* chewing gum

gonfiare *vt* to blow up, to pump up

gonfiarsi *vr* to swell

gonfiore *s* swelling, bump

gonna *s* skirt

gorilla *s* gorilla

gota *s* cheek

gotico *s, agg* Gothic

governante *s* ruler

governare *vt* 1 to govern 2 (*dominare*) to rule

governo *s* government, rule

gradevole *agg* pleasant, enjoyable

gradevolmente *avv* pleasantly

gradino *s* step, stair

gradire *vt* to like, to enjoy: *gradirebbe . . . ?* would you like . . . ?

grado s degree, grade

graduale agg gradual

gradualmente avv gradually

graffiare vt 1 (con le unghie) to scratch 2 (sbucciare: ginocchio) to scrape 3 (di animale con unghie, artigli) to claw

graffio s scratch

grafia s 1 spelling 2 writing

grafico s graph, chart, diagram

grammatica s grammar

grammo s gramme

grammofono s gramophone

granaglie s pl grain, cereal

granchio s crab

grande agg 1 (dimensioni) big, large 2 (importante, illustre) great **grande magazzino** s (department) store

gran parte s much, a lot

grandioso avv grand

granello s grain

grano s wheat, corn: un campo di grano, a field of corn

Gran Premio s Grand Prix

granturco s maize, corn: fiocchi di granturco, cornflakes

grasso agg fat

graticola s grill

gratis avv free, for nothing

gratitudine s gratitude

grato agg grateful

grattacielo s skyscraper

grattare vt 1 to scratch, to scrape 2 (grattugiare) to grate

grattarsi vr to scratch oneself

grattugia s grater

grattugiare vt to grate

gratuitamente avv free

gratuito agg free

grave agg serious, grave

gravemente avv seriously, gravely

grazie s thank you, thanks: Grazie al cielo! Thank goodness! | No, grazie. No, thanks. | Sì, grazie. Yes, please.

grazioso agg pretty, lovely, sweet

gregge s flock

greggio agg raw

grembiule s apron

gridare vt 1 to shout, to cry 2 (strillare) to scream

grido s 1 shout, cry, scream: grido di incoraggiamento, cheer 2 (di aiuto, richiamo) call

grigio s, agg grey, dull

griglia s grill

grondaia s gutter

grosso agg big, thick

gru s crane

gruppo s 1 group 2 (comitiva) party

guadagnare vt to earn: guadagnarsi la vita, to earn one's living

guaio s trouble

guancia s cheek

guanciale s pillow

guanto s glove

guardacoste s coastguard

guardare vt 1 (oggetto statico) to look at 2 (oggetto in movimento) to watch 3 (fronteggiare) to face **guardarsi da** vr to beware of

guardaroba s wardrobe

guardia s guard: fare la guardia a, to guard | mettere in guardia, to warn

guardiano *s*   guard, warden

guarigione *s*   recovery

guarire *vt*   to cure

guastare *vt*   to ruin, to mess up

guastarsi *vr*   to break

guasto[1] *agg*   broken, out of order

guasto[2] *s*   failure, fault

guerra *s*   war

guerreggiare *vi*   to fight

gufo *s*   owl

guida *s*   **1** guide **2** (*all'avanguardia*) lead **3** (*manuale turistico*) guide book: *fare da guida,* to guide | *guida telefonica,* telephone directory

guidare *vt*   **1** (*macchina*) to drive **2** (*fig: paese, partito*) to lead, to guide

guidatore *s*   driver

guinzaglio *s*   lead, leash

guscio *s*   shell

gustare *vt*   to taste

gusto *s*   **1** (*sapore*) taste, flavour **2** (*senso estetico*) taste: *avere buon gusto,* to have good taste | *di cattivo gusto,* in bad taste

gusti *s pl*   likes

H,h

H, h H, h
hamburger *s* hamburger
hobby *s* hobby
hostess *s* air hostess
hot dog *s* hot dog
hotel *s* hotel
hovercraft *s* hovercraft

I, i

I, i I, i

i *art det* the – *vedi anche La Nota Grammaticale* Articles

iarda *s* yard

iceberg *s* iceberg

idea *s* idea: *cambiare idea,* to change one's mind

identico *agg* identical

identificare *vt* to identify

identificazione *s* identification

identikit *s* identikit

identità *s* identity

idillio *s* romance

idrogeno *s* hydrogen

ieri *avv* yesterday: *ieri sera,* last night | *l'altro ieri,* the day before yesterday

ignorante *s, agg* ignorant

ignoranza *s* ignorance

ignorare *vt* **1** (*non sapere*) to be unaware of **2** (*trascurare*) to ignore – *vedi anche* IGNORE (*Trabocchetto*)

il *art det* the – *vedi anche La Nota Grammaticale* Articles

illecito *agg* illegal

illegale *agg* illegal

illuminare *vt* to light

illustrare *vt* to illustrate

illustrazione *s* illustration, picture

imballare *vt* to pack

imbarazzante *agg* awkward, embarrassing

imbarazzare *vt* to embarrass

imbarazzato *agg* embarrassed, ashamed

imbarazzo *s* embarrassment

imbarcarsi *vr* to board, to get on

imbarcazione *s* boat

imbellettarsi *vr* to make up

imbianchino *s* (house) painter

imbottigliare *vt* to bottle

imbottire *vt* to stuff

imbottitura *s* stuffing

imbrogliare *vt* to fool, to cheat

imbroglione *s* cheat

imbucare *vt* to post, to mail

imbuto *s* funnel

immagazzinare *vt* to store

immaginare, immaginarsi *vt, vr* to imagine, to fancy

immaginazione *s* imagination

immatricolazione *s* registration

immediatamente *avv* immediately, instantly, right away, at once

immediato *agg* immediate

immigrante *s* immigrant

immigrare *vi* to immigrate

immigrazione *s* immigration

imminente *agg* (*di libri, film, occasioni, ecc.*) forthcoming

immobile *agg* still, stationary

immondizie *s pl* rubbish

immune *agg*   immune
immunità *s*   immunity
impacciato *agg*   awkward
imparare *vt*   to learn
imparentato *p pass*   related
impastatrice *s*   mixer
impaziente *agg*   impatient, eager
impazienza *s*   impatience: *con impazienza,* impatiently, eagerly
impedimento *s*   obstruction
impedire *vt*   to prevent, to stop
impegnarsi *vr*   (*a fare qc*) to undertake (to do sthg)
impegno *s*   engagement
imperatore *s*   emperor
impermeabile *s*   raincoat
impiantito *s*   floorboard
impiccare *vt*   to hang
impiegare *vt*   1 to use, to employ 2 (*metterci*) to take
impiegato *s*   clerk
impiego *s*   employment
implorare *vt*   to beg
imponente *agg*   grand
importante *agg*   important
importanza *s*   importance: *Non ha importanza.* It doesn't matter.
importare[1] *v*   1 *v impers* to matter, to care: *Non importa.* It doesn't matter. | *Non m'importa.* I don't care. 2 *v impers* (*essere necessario*) to be necessary, to need, to have to: *Non importa che tu venga.* You needn't come./You don't have to come. 3 *vt* (*merci*) to import
importazione *s*   import
impossibile *agg*   impossible
imposta *s*   tax: *imposta sul reddito,*

income tax | *imposta sul valore aggiunto (IVA),* value added tax (VAT)
impostare *vt*   to post, to mail
imprecare *vi*   to swear
impresa *s*   1 (*ditta*) firm 2 (*affare*) business
impresario di pompe funebri *s*   undertaker
impressionare *vt*   1 (*turbare*) to shock, to horrify 2 (*bene*) to impress – *vedi anche* IMPRESS (*Nota*)
imprigionare *vt*   to jail
improbabile *agg*   unlikely, doubtful
impronta *s*   (*orma*) track
improvvisamente *avv*   suddenly
improvviso *agg*   sudden: *all'improvviso,* suddenly
impulso *s*   urge
in *prep*   1 (*stato in luogo*) in, at, on: *andare in autobus,* to go by bus 2 (*moto a luogo*) to, into
inavvertitamente *avv*   accidentally
incantare *vt*   to fascinate
incantevole *agg*   charming
incapace *agg*   incapable, helpless
incarcerare *vt*   to jail
incaricare *vt*   to instruct
incarico *s*   job, task
incartare *vt*   to wrap
incassare *vt*   to cash
incastrarsi *vr*   to become stuck
incastrato *agg*   stuck
incendio *s*   fire
incertezza *s*   uncertainty
incerto *agg*   uncertain
inchiesta *s*   inquiry
inchinarsi *vr*   to bow

inchino s bow

inchiodare vt to nail

inchiostro s ink

inciampare, fare inciampare vi, vt to trip

incidente s 1 (*automobilisto*) accident 2 (*caso fortuito*) incident – *vedi anche* INCIDENT (*Trabocchetto*)

incidenza s frequency

incinta agg pregnant

incitare vt to urge

inclinare vt to tip: *essere inclinato,* to lean

includere vt to include

incluso agg included, including

incollare vt to glue, to stick

incontrare, incontrarsi vt, vr to meet

incontro s 1 meeting 2 (*sportivo*) match

incoraggiamento s encouragement

incoraggiante agg encouraging

incoraggiare vt to encourage

incoronare vt to crown

incredibile agg incredible, tremendous

incredibilmente avv exceptionally, very

incrinare, incrinarsi vt, vr to crack

incrinatura s crack

incubo s nightmare

indaffarato agg busy

indagare vt to study

indagine s survey, study: *far delle indagini su,* to do research into

indebolire, indebolirsi vt, vr to weaken

indelicato agg tactless

indicare vt 1 to indicate, to point: *indicare la strada per,* to direct 2 (*contrassegnare*) to mark

indicazione s direction

indice s (*in un libro*) index

indietreggiare vi to back, to move backwards

indietro avv 1 back, behind: *sta' indietro,* stand back 2 (*movimento*) backwards: *andare/essere indietro* (*orologio*), to be slow

indifeso agg helpless

indifferente agg casual

indipendente agg independent

indipendenza s independence

indire vt (*elezioni*) to hold

indirizzare vt to address

indirizzo s address: *libretto degli indirizzi,* address book

individuale agg individual

individuo s individual

indizio s clue

indole s nature

indossare vt 1 to wear, to have on 2 to put on

indossatore, indossatrice s model

indosso avv on

indovinare vt to guess

indovinello s riddle

indurre vt to cause

industria s industry

industriale agg industrial

inedia s starvation

inerme agg helpless

infantile agg childish

infanzia s childhood

infastidire vt to annoy

infelice agg unhappy, miserable

inferiore agg lower

infermiere, infermiera *s* nurse

inferno *s* hell

infettare *vt* to infect

infettivo *agg* infectious

infezione *s* infection

infilare *vt* to tuck, to slip: *infilare il filo in un ago,* to thread a needle

infilarsi *vr* **1** (*un vestito*) to slip on, to pull on **2** (*in una stanza*) to slip into

infinito *s* (*modo verbale*) infinitive

influenza *s* **1** (*influsso*) influence **2** (*malattia*) flu, influenza

influenzare *vt* to influence

influire *vt* **1** to influence **2** (*avere un effetto negativo*) to affect

influsso *s* influence

informale *agg* casual

informare *vt* to inform

informarsi *vr* to inquire

informazione *s* information: *informazioni,* news

infortunio *s* accident

infrangere *vt* to smash

infrazione *s* **1** offence **2** (*calcio*) foul

infuriato *agg* mad, furious

ingannare *vt* to fool, to trick

ingegnere *s* engineer – *vedi anche* ENGINEER (*Nota*)

ingegneria *s* engineering

ingegnosamente *avv* cleverly

ingenuo *agg* childlike

inghiottire *vt* to swallow

inginocchiarsi *vr* to kneel

ingiuria *s* insult

ingiuriare *vt* to insult

ingordo *agg* greedy

ingorgo *s* traffic jam

ingrandire *vt* to magnify, to enlarge

ingrassare *vi* to gain weight

ingresso *s* **1** (*porta*) entrance, entry **2** (*atrio*) hall **3** (*accesso*) admission

iniettare *vt* to inject

iniezione *s* injection

ininterrotto *agg* continuous, nonstop

iniziale *s, agg* initial, original

iniziare *vt* to start, to begin

iniziativa *s* initiative

inizio *s* **1** beginning, start **2** (*fila, treno*) head

all'inizio *avv* at first

innaffiare *vt* to water

innaffiatoio *s* watering can

innamorarsi *vr* (*di qn*) to fall in love (with sbdy)

innamorato *agg* in love

innevato *agg* snowy

inno *s* hymn

innocuo *agg* harmless

inoltre *avv* besides, furthermore

inondare *vt* to flood

inondazione *s* flood

inopportuno *agg* awkward

inorridire *vi, vt* to horrify

inquieto *agg* worried, anxious

inquinamento *s* pollution

inquinare *vt* to pollute

insalata *s* salad

insegnamento *s* education

insegnante *s* teacher: *insegnante privato,* tutor

insegnare *vt* to teach, to instruct

inseguimento *s* chase

inseguire *vt* to chase, to track

inserire *vt* (*con la spina*) to plug in

inserito *agg* on, plugged in

inservibile *agg* useless

inserzione *s* advertisement

insetto *s* insect

insieme *avv* together

insistere *vi* to insist, to urge

insolitamente *avv* unusually

insolito *agg* unusual, uncommon

insomma! *inter* honestly!, well!

insopportabile *agg* unbearable, impossible

insudiciare *vt* to make dirty

insufficienza *s* lack

insultare *vt* to insult

insulto *s* insult

intelaiatura *s* frame

intelligente *agg* intelligent, clever, smart

intelligenza *s* intelligence: *con intelligenza*, cleverly

intendere *vt* to mean, to intend

intenso *agg* intense, dense, heavy

intenzionale *agg* deliberate

intenzionalmente *avv* deliberately

intenzione *s* intention, purpose: *avere intenzione* (*di fare qc*), to intend, to mean (to do sthg)

interamente *avv* entirely

interessante *agg* interesting

interessare *vi, vt* **1** to interest **2** (*riguardare*) to concern

interessarsi *vr* **1** to be interested (in) **2** to care (for)

interessato *agg* interested

interesse *s* interest, concern

interferenza *s* interference

interferire *vi* to interfere

interlocutore *s* speaker

internazionale *agg* international

interno *s, agg* inside

intero *agg* whole, entire

interpretare *vt* **1** (*spiegare, tradurre*) to interpret **2** (*film, commedia*) to star

interpretazione *s* (*teatro*) performance

interprete *s* interpreter: *fare da interprete,* to interpret

interrogare *vt* to question

interrogativo *agg* interrogative

interrompere, interrompersi *vt, vr* to interrupt

interruttore *s* switch

interruzione *s* interruption

intervallo *s* break

intervento chirurgico *s* operation, surgery

intervista *s* interview

intervistare *vt* to interview

intimo *agg* close: *un amico intimo,* a close friend

intonacare *vt* to plaster

intonaco *s* plaster

intorno *prep, avv* round

intransitivo *agg* intransitive

intrappolare *vt* to trap

intrattenere *vt* to entertain, to amuse

intrecciare, intrecciarsi *vt, vr* to twist

introdurre *vt* to introduce

introduzione *s* introduction

intromettersi *vr* to interfere

inutile *agg* useless, unnecessary

invalido *s, agg* disabled

invece *avv* instead

inventare *vt* to invent, to make up

inventore *s* inventor

invenzione *s* invention

inverno *s* winter

invertire *vt* to reverse

investigatore *s* detective

investire *vt* (*un passante*) to run over, to knock over

invidia *s* envy

invidioso *agg* envious

invisibile *agg* invisible

invisibilità *s* invisibility

invitare *vt* to invite, to ask

invito *s* invitation

involontariamente *avv* accidentally

involontario *agg* accidental

involto *s* package

inzuppare, inzupparsi *vt, vr* to soak

io *pron pers* I

io stesso/stessa *pron pers* I, myself

ippopotamo *s* hippopotamus

irritante *agg* annoying, irritating

irritare *vt* to irritate

irritazione *s* irritation

iscrivere *vt* to register

iscriversi *vr* 1 (*partito, competizione*) to join 2 (*in un hotel*) to register

isola *s* island, isle: *isola deserta,* desert island

ispettore *s* inspector

ispezionare *vt* to inspect

ispezione *s* inspection

istantaneo *agg* instant

istante *s* instant: *all'istante,* instantly

istinto *s* instinct

istituto *s* (*superiore*) school, college

istruire *vt* 1 (*dare un'istruzione*) to educate 2 (*dare istruzioni*) to instruct

istruttore, istruttrice *s* 1 instructor 2 (*sportivo*) trainer

istruzione *s* 1 instruction 2 (*scolastica*) education: *istruzione superiore,* higher education

itinerario *s* route

J,j

J, j J, j
jazz *s* jazz
jeans *s* jeans
jeep *s* jeep
jet *s* jet
jogging *s* jogging: *fare jogging,* to
 jog
judo *s* judo

K,k

K, k K, k
karatè *s* karate
ketchup *s* ketchup
kindergarten *s* nursery school
koala *s* koala bear
kung fu *s* kung fu

L, l

L, l L, l

la¹ *art det* the – *vedi anche La Nota Grammaticale* **Articles**

la² *pron pers* **1** (*persona*) her **2** (*cosa*) it

là *avv* there

labbro *s* lip

laccio *s* (*delle scarpe*) shoelace

lacerante *agg* piercing

lacerare *vt* to tear

lacrima *s* tear

lacuna *s* gap

ladro *s* **1** thief **2** (*ladro di appartamento*) burglar **3** (*rapinatore*) robber

laghetto *s* pond

laggiù *avv* down there

lago *s* lake

lamentarsi *vr* to complain

lampada *s* lamp: *lampada da comodino*, bedside light

lampadina *s* bulb

 lampadina tascabile *s* torch

lampeggiare *vi* to flash

lampione *s* lamppost

lampo *s* **1** (*in un temporale*) (flash of) lightning **2** (*bagliore*) flash

lana *s* wool: *di lana* woollen

lancetta *s* (*di orologio*) hand

lanciare *vt* to throw

lancio *s* throw

larghezza *s* breadth, width

largo *agg* **1** wide **2** (*gonna, pantaloni*) loose

lasciapassare *s* pass

lasciare *vt* **1** to leave: *lasciar stare qc*, leave sthg alone **2** (*permettere*) to let

 lasciar cadere *vt* to drop

laser *s* laser

lateralmente *avv* sideways

lato *s* side: *da un lato . . . dall'altro*, on the one hand . . . on the other (hand)

latta *s* tin, can

lattaio *s* milkman

latte *s* milk

latticini *s pl* dairy produce

lattina *s* can, tin

lattuga *s* lettuce

laurea *s* degree

laurearsi *vr* to graduate

laureato *s, agg* graduate

lavabo *s* washbasin, basin

lavagna *s* blackboard

lavandino *s* **1** (wash)basin **2** (*della cucina*) sink

lavare, lavarsi *vt, vr* to wash: *lavare i piatti*, to wash up

lavata *s* wash

lavatrice *s* washing machine

lavello *s* sink

lavorare *vi* to work: *lavorare sodo,* to work hard
  lavorare a maglia *vi* to knit
lavoratore *s* worker
lavoro *s* 1 work, job 2 (*in economia*) labour
  lavori domestici *s pl* housework
le[1] *art det* the – *vedi anche La Nota Grammaticale* Articles
le[2] *pron pers* 1 (*fem sing*) (to) her 2 (*formula di cortesia*) (to) you 3 (*fem pl*) (to) them
lecca lecca *s* lollipop
leccare *vt* to lick
leccata *s* lick
lecito *agg* legal
lega *s* league
legale *agg* legal
legame *s* link
legare *vt* 1 to tie, to fasten 2 (*connettere*) to link
legge *s* law, act
leggere *vi, vt* to read
leggero *agg* 1 light 2 (*caffè, tè*) weak
legittimo *agg* legal
legno *s* wood
  di legno *agg* wooden
lei *pron pers* 1 (*fem, soggetto*) she 2 (*fem, complemento*) her: *lei stessa,* herself 3 (*forma di cortesia*) you: *lei stesso/stessa,* yourself
lembo *s* 1 edge 2 (*striscia*) strip
lentamente *avv* slowly
lente *s* lens: *lente d'ingrandimento,* magnifying glass
lento *agg* slow
lenza *s* line
lenzuolo *s* sheet

leone *s* lion
leonessa *s* lioness
leopardo *s* leopard
lesione *s* injury
lessare *vt* to boil
lettera *s* letter
letteratura *s* literature
lettino *s* cot
letto *s* bed: *andare a letto,* to go to bed | *fianco del letto,* bedside | *letto matrimoniale,* double bed
lettore, lettrice *s* reader
lettura *s* reading
leva *s* lever
levarsi *vr* 1 (*dal letto*) to get up 2 (*aeroplano*) to take off 3 (*lievitare*) to rise
levriero *s* greyhound
lezione *s* lesson, tuition
li *pron pers* them
lì *avv* there
libbra *s* pound
liberale *s* liberal
liberamente *avv* freely
liberare *vt* 1 (*popolo, animale*) to free 2 (*prigioniero*) to release, to set free
liberarsi *vr* to get loose
  liberarsi di *vr* to get rid of
liberazione *s* release, liberation
libero *agg* 1 free 2 (*gabinetto, posto*) vacant
libertà *s* freedom
librarsi *vr* to hover, to glide
libreria *s* 1 (*negozio*) bookshop 2 (*mobile*) bookcase
libretto *s* (small) book: *libretto degli indirizzi,* address book | *libretto degli assegni,* cheque book

libro *s* book: *libro di testo,*
textbook

licenza *s* licence, permit

lieto *agg* glad: *molto lieto (nelle
presentazioni),* pleased to meet you

limitare *vt* to limit

limite *s* limit: *limite di velocità,*
speed limit | *porre un limite a,* to
limit

limonata *s* lemonade

limone *s* lemon

limpido *agg* clear

linea *s* line
linea ferroviaria *s* railway line

lineetta *s* dash

lingua *s* 1 (*anatomico*) tongue:
mostrare la lingua, to stick out
one's tongue 2 (*linguaggio*)
language: *lingue straniere,* modern
languages

linguaggio *s* language

liquido *s* liquid

liquirizia *s* liquorice

liquore *s* spirit

lira *s* 1 (*italiana*) lira 2
(*straniera*) pound: *lira sterlina,*
pound

lirica *s* (*musica*) opera

liscio *agg* smooth, even

lista *s* list: *fare una lista di,* to list

lite *s* quarrel, row

litigare *vi* to quarrel, to argue

litigio *s* 1 quarrel 2 (*discussione*)
argument, row

litro *s* litre

livello *s* 1 level: *livello del mare,*
sea level 2 level, standard: *livello
di vita,* standard of living

livido *s* bruise: *fare/farsi un livido,*
to bruise

lo[1] *art det* the – *vedi anche La
Nota Grammaticale* **Articles**

lo[2] *pron pers* 1 (*persona*) him
2 (*cosa*) it

locale *agg* local

località *s* 1 place 2 (*di soggiorno*)
resort

localizzare *vt* to locate

lodare *vt* to praise

lode *s* praise

logica *s* logic

logicamente *avv* logically

logico *agg* logical

logorare *vt* to wear (out)

logoro *agg* worn-out

lontananza *s* distance: *in
lontananza,* in the distance

lontano *agg* far: *Non è molto
lontano.* It's not very far. | *È molto
lontano.* It's a long way (away). |
più lontano, further

loro[1] *pron pers* 1 (*soggetto*) they
2 (*complemento*) them
loro stessi/stesse *pron pers*
themselves

loro[2] *agg possessivo* their
il/la loro, *ecc pron possessivo*
theirs

Loro[1] *pron pers* (*formula di
cortesia*) you
Loro stessi/stesse *pron
pers* yourselves

Loro[2] *agg possessivo* your
il/la Loro, *ecc pron possessivo*
yours

lotta *s* fight, struggle: *lotta libera,*
wrestling

lottare *vi* to fight, to struggle

lottatore *s* wrestler
LP *s* LP, album
lubrificare *vt* to oil
luccicare *vi* to glitter
luce *s* **1** light **2** (*del giorno*) daylight **3** (*del sole*) sunlight, sunshine
lucidare *vt* to polish
lucido[1] *agg* shiny
lucido[2] *s* polish
luglio *s* July
lui *pron pers* **1** (*soggetto*) he **2** (*complemento*) him
  lui stesso *pron pers* himself
luminoso *agg* bright, light
luna *s* moon
luna park *s* fair
lunatico *agg* moody
lunedì *s* Monday
lunghezza *s* length
lungo[1] *agg* long: *È lungo due metri*. It's two metres long.
lungo[2] *avv* along
lungomare *s* seafront
luogo *s* place, site: *aver luogo,* to occur
lupo *s* wolf
lusso *s* luxury
lussuoso *agg* luxurious
lustrino *s* sequin
lutto *s* mourning: *essere in lutto per,* to mourn

M, m

M, m M, m
ma *cong* but
macchia *s* spot, mark
macchiare *vt* to mark
macchina *s* **1** (*meccanismo*)
  machine **2** (*automobile*) car
  macchina calcolatrice *s* calculator
  macchina da cucire *s* sewing
  machine
  macchina da scrivere *s* typewriter
  macchina fotografica *s* camera
macchinario *s* machinery
macedonia di frutta *s* fruit cocktail
macellaio *s* butcher
macelleria *s* butcher's
madre *s* mother
maestà *s* majesty
maestro, maestra *s* **1** (*insegnante*)
  (primary school) teacher
  2 (*istruttore, istruttrice*) instructor
magari *avv* (*forse*) maybe
magazzino *s* depot, warehouse
  grande magazzino *s* department
  store
maggio *s* May
maggioranza *s* majority
maggiore *agg* **1** (*più grande*)
  bigger, larger **2** (*più importante*)
  major **3** (*il più anziano tra due*)
  elder
  la maggior parte *s* (*di*) most (of),

the majority (of)
maggiorenne *s* adult
magia *s* magic
magicamente *avv* magically
magico *agg* magic
magistrato *s* judge
maglia *s* sweater, jumper
maglietta *s* **1** (*a maniche corte*)
  T-shirt **2** (*da donna*) top
maglione *s* sweater, jumper
magnetico *agg* magnetic
magnifico *agg* magnificent, grand,
  superb
mago *s* magician
magro *agg* thin, slim
mai *avv* never, ever
maiale *s* **1** (*animale*) pig **2** (*carne*)
  pork
maialino *s* piglet
mais *s* maize, corn: *fiocchi di mais,*
  cornflakes
maiuscola *s* capital (letter)
malapena *s*
  a malapena *avv* only just
malato *agg* ill, sick
malattia *s* illness, sickness
male[1] *avv* **1** bad, badly: *Non è
  così male.* It's not that bad. **2** (*in
  modo errato*) wrongly
  stare male *vi* to be ill
male[2] *s* **1** (*spirituale*) evil

2 (*danno*) harm **3** (*dolore*) pain, ache: *mal di denti,* toothache | *mal di stomaco,* stomach ache | *mal di testa,* headache

far male *v* **1** (*dolere*) to hurt, to ache **2** (*ferire*) to hurt, to harm

maleducato *agg* rude

malgrado *prep* in spite of

malissimo *avv* terribly

maltrattare *vt* to ill-treat

malumore *s* bad mood: *di malumore,* bad-tempered

malvagio *agg* wicked

mamma *s* mum, (*IA*) mom: *Mamma mia!* Good grief!

mammella *s* breast

mammina *s* mummy, (*IA*) mommy

manager *s* manager

mancante *agg* missing, absent

mancanza *s* lack, absence

mancare *vi, vt* **1** (*non esserci*) to miss, to lack **2** (*sbagliare mira*) to miss

mancia *s* tip: *dare la mancia,* to tip, to leave a tip

mancino *agg* left-handed

mandare *vt* to send

mandibola *s* jaw

mandria *s* herd

mandriano *s* cowboy

maneggiare *vt* to handle

mangiare *vt* to eat

mangiatore *s* eater

mangione *s* (big) eater

mango *s* mango

manica *s* sleeve

manico *s* handle

maniera *s* manner, way

maniere *s pl* manners

manifestante *s* demonstrator

manifestazione *s* demonstration: *fare una manifestazione,* to demonstrate

manifesto *s* poster

maniglia *s* handle

mano *s* hand: *a mano,* by hand | *mano nella mano,* hand in hand

manodopera *s* labour

manovale *s* labourer

manovella *s* handle

mansarda *s* attic

mantenere *vt* to keep

manuale *s* manual, textbook

manualmente *avv* manually

manzo *s* beef

mappa *s* map

maratona *s* marathon

marca *s* make

marcare *vt* to mark

marchio *s* mark

marcia *s* **1** march **2** (*di motore*) gear, speed

marciapiede *s* pavement, (*IA*) sidewalk

marciare *vi* to march

mare *s* sea

marea *s* tide: *alta marea,* high tide | *bassa marea,* low tide

margarina *s* margarine

margherita *s* daisy

marina *s* navy

marinaio *s* sailor

marito *s* husband

marmellata *s* jam, (*d'arance, o altro agrume*) marmalade – *vedi anche* MARMALADE (*Nota*)

marrone *agg, s* brown

martedì *s* Tuesday

martellare *vi, vt* to hammer

martello *s* hammer

marzo *s* March

mascella *s* jaw

maschera *s* fancy dress: *festa in maschera,* fancy dress party

maschile *agg* masculine, male – *vedi anche* FEMININE (*Nota*)

maschio *agg, s* male

massa *s* mass

massaia *s* housewife

massiccio *agg* solid

massimo *agg, s* maximum

masso *s* rock

masticare *vi, vt* to chew

matematica *s* mathematics, (*fam*) maths

materia *s* **1** (*argomento*) matter **2** (*scolastica*) subject

materia prima *s* raw material

materiale *s, agg* material

matita *s* pencil

matrimonio *s* **1** marriage **2** (*cerimonia*) wedding

mattinata *s* morning

mattino, mattina *s* morning: *del mattino,* in the morning, a.m. | *Sono le sette del mattino.* It's seven o'clock in the morning./It's seven a.m. – *vedi anche **La Nota Grammaticale** Telling the Time*

matto *agg* mad, crazy

mattone *s* brick

maturare *vi* to mature

maturo *agg* **1** (*persona*) mature **2** (*frutto*) ripe – *vedi anche* RIPE (*Nota*)

mazza *s* bat

mazzo *s* bunch

me *pron pers* me, myself

me stesso/stessa *pron pers* myself

meccanicamente *avv* mechanically

meccanico¹ *agg* mechanical

meccanico² *s* mechanic

medaglia *s* medal

media *s* average: *di media,* on average

mediano *agg* average, medium, middle

medicare *vt* to treat

medicina *s* medicine

medicinale *s* medicine

medico *s* doctor

medio *agg* **1** average **2** (*misura*) average, medium

meglio *avv, agg, s* **1** (*compar*) better **2** (*sup*) best: *fare del proprio meglio,* to do one's best

mela *s* apple

melma *s* slime, mud

melmoso *agg* slimy, muddy

melodia *s* tune

membro *s* member: *diventare membro di,* to join

memoria *s* memory

mendicante *s* beggar

menestrello *s* minstrel

meno *avv, agg, s* **1** (*compar*) less **2** (*sup*) least **3** (*sottrazione, temperatura*) minus

a meno che (non) *cong* unless

mensa *s* canteen

mensile *agg* monthly

mensilmente *avv* monthly

mensola *s* **1** shelf **2** (*di camino*) mantelpiece

mentale *agg* mental

mentalmente *avv* mentally

mente *s* mind

mentire *vi* to lie

mento *s* chin

mentre *avv* while, as

menu *s* menu

menzionare *vt* to mention

menzogna *s* lie

meraviglia *s* wonder

meravigliare *vt* amaze

meravigliosamente *avv* marvellously

meraviglioso *agg* wonderful, marvellous, fantastic, fabulous

mercante *s* merchant

mercato *s* market

merce *s* goods

mercoledì *s* Wednesday

meridionale *agg* southern

meridione *s* south

meritare *vt* to deserve

merito *s* credit: *prendere il merito*, to get the credit

meschino *agg* mean

mescolare *vt* 1 (*liquido*) to mix, to stir 2 (*carte*) to shuffle 3 (*oggetti*) to jumble

mese *s* month

messaggero *s* messenger

messaggio *s* message

metà *s* half

metallo *s* metal

meteora *s* meteor

meteorite *s* meteorite

meticoloso *agg* fussy

metodo *s* method

metrico *agg* metric

metro *s* metre

metropolitana *s* underground, tube, (*IA*) subway

mettere *vt* 1 to put: *Quanto tempo ci si mette?* How long does it take? 2 (*sistemare*) to place, to fit 3 (*la sveglia*) to set

mettersi *vr* (*indossare*) to put on

mezzanotte *s* midnight

mezzo *s* 1 (*parte centrale*) middle 2 (*metà*) half

mezzogiorno *s* noon, midday

mi *pron pers* me, myself

microcircuito *s* chip

microcomputer *s* microcomputer

microfono *s* microphone

microscopio *s* microscope

miele *s* honey

mietere *vt* to harvest

mietitrebbiatrice *s* combine harvester

migliaio *s* thousand

miglio *s* 1 (*unità di misura per distanza*) mile 2 (*pianta*) millet

miglioramento *s* improvement

migliorare *vi, vt* to improve

migliore *agg, s* 1 (*compar*) better 2 (*sup*) best 3 (*colloquiale*) the top

mignolo *s* little finger

miliardo *num* thousand million, (*IA*) billion

milione *num* million

milionesimo *num* millionth

militare *agg* military

mille *num* thousand

millesimo *num* thousandth

millimetro *s* millimetre

minaccia *s* menace, threat

minacciare *vt* to threaten

minaccioso *agg* menacing

minatore *s* miner

minerale *s, agg* mineral: *minerale*

di ferro, iron ore

minestra *s* soup

mini *s* mini

miniatura *s* miniature

miniera *s* mine, pit

minimamente *avv* least

minimo[1] *agg* least, minimum

minimo[2] *s* minimum

ministro *s* minister, secretary: *primo ministro,* Prime Minister

minoranza *s* minority

minore *agg* **1** less, least **2** (*opera*) minor **3** (*più giovane*) younger

minuscolo *agg* tiny, minute

minuto *s* minute

minuzioso *agg* thorough

mio *agg possessivo* my

il mio, la mia, *ecc pron possessivo* mine

mira *s* aim

miracolo *s* miracle

miracoloso *agg* miraculous

mirare *vi* to aim

miscelatore *s* mixer

mischiare *vt* **1** to mix **2** (*carte*) to shuffle

mischiarsi *vr* to mix

miscuglio *s* mixture

miserabile *agg* poor – *vedi anche* MISERABLE (*Trabocchetto*)

misteriosamente *avv* mysteriously

misterioso *agg* mysterious

mistero *s* mystery, puzzle

mistura *s* mixture

misura *s* **1** measure **2** (*dimensione*) measurement: *prendere le misure,* to measure

misurare *vt* to measure

misurazione *s* measurement

mite *agg* mild

mm *abbr* mm, millimetre

mobili *s pl* furniture

mobilia *s* furniture

moda *s* fashion: *alla moda,* fashionable | *fuori moda,* old-fashioned

modellare *vt* to model

modellino *s* model

modellista *s* designer

modello *s* model, pattern

moderno *agg* modern, up-to-date

modesto *agg* modest

modifica *s* **1** adjustment **2** (*ad abito*) alteration

modificare *vt* to alter

modo *s* way, manner

ad ogni modo *avv* anyway, anyhow

in modo da *cong* so that

in qualche modo *avv* somehow

modulo *s* form

moglie *s* wife

molecola *s* molecule

molla *s* spring

mollare *vt* to let go

molle *agg* loose, soft

mollemente *avv* loosely, softly

molo *s* dock

molteplicità *s* variety

moltiplicare, moltiplicarsi *vt, vr* to multiply

moltiplicazione *s* multiplication

molto[1] *agg, pron* **1** (*con agg e avv*) very **2** (*quantità*) much, many, a lot of, plenty of: *molto tempo,* a long time – *vedi anche* AMOUNT (*Nota*) *e* LOT (*Nota*) **3** (*con comparativi*) much, far

molto[2] *avv* a lot, very much, much

momento *s* moment, instant: *al momento*, at present | *dal momento che*, since

monaca *s* nun

monaco *s* monk

mondo *s* world

monella *s* naughty girl

monello *s* naughty boy

moneta *s* coin

mongolfiera *s* balloon

monitor *s* monitor

monotonia *s* monotony

monotono *agg* monotonous

montacarichi *s* lift

montagna *s* mountain
  montagne russe *s pl* roller coaster

montare *vt* **1** to get on, to ride **2** (*panna, uova*) to whip, to whisk

monte *s* mountain

monumento *s* monument

moquette *s* carpet

morale *agg* moral

moralità *s* morals

morbido *agg* soft

mordere *vi, vt* to bite

morire *vi* to die

morso *s* bite

morte *s* death

morto *agg* dead

mosca *s* fly

mossa *s* move

mosso *agg* rough

mostra *s* show, exhibition

mostrare *vt* to show, to exhibit

mostro *s* monster

motivo *s* **1** (*causa*) reason: *per quale motivo . . . ?* why . . . ?,

what . . . for ? **2** (*disegno*) pattern **3** (*musica*) tune

moto *s* movement, exercise: *fare moto*, to exercise | *mettere in moto (motore)*, to start

motobarca *s* motorboat

motocicletta *s* motorbike, motorcycle

motore *s* engine, motor

motoscafo *s* motorboat

movimentato *agg* busy

movimento *s* movement, move

mozzare *vt* to cut off

mucca *s* cow

mucchio *s* pile, lot

mulino *s* mill
  mulino a vento *s* windmill

multa *s* fine: *dare la multa a*, to fine

multare *vt* to fine

mungere *vt* to milk

municipio *s* town hall

muovere, muoversi *vt, vr* to move

muro *s* wall

muscolo *s* muscle

museo *s* museum

musica *s* music

musicale *agg* musical

musicista *s* musician

muta *s* wetsuit

mutande *s pl* **1** pants **2** (*da donna*) knickers

mutare *vi, vt* to change

N,n

N, n N, n
nandù s rhea
nano s dwarf
narice s nostril
narrare vt to narrate
narrativa s fiction
narratore s narrator
nascere vi to be born
nascita s birth
nascondere, nascondersi vt, vr to hide
naso s nose
nastro s 1 ribbon 2 (*adesivo, magnetico*) tape: *nastro adesivo,* sticky tape
natale agg home, birth: *città natale,* home town
Natale s Christmas, (*fam*) Xmas: *un regalo di Natale,* a Christmas present
nato agg born
natura s nature
naturale agg natural
naturalmente avv naturally
naufragare vi to be shipwrecked
naufragio s shipwreck
nausea s sickness: *avere la nausea,* to feel sick
nave s ship: *nave cisterna,* tanker
navicella spaziale s spaceship
nazionale agg national

nazionalità s nationality
nazione s nation, land
nè . . . nè cong 1 (*verbo in forma affermativa*) neither . . . nor . . . 2 (*verbo in forma negativa*) either . . . or . . .
neanche avv 1 not even 2 (*verbo in forma affermativa*) neither 3 (*verbo in forma negativa*) either
nebbia s fog
nebbiolina s mist
nebbioso agg foggy, misty
necessario agg necessary
necessità s necessity
negativo agg, s negative
negato agg bad, hopeless
negazione s negative
negoziante s shopkeeper
negozio s shop: *negozio di alimentari,* grocer's
negro agg, s black
nemico s enemy
nemmeno avv – *vedi* NEANCHE
neppure avv – *vedi* NEANCHE
nero agg black
nervo s nerve
nervoso agg nervous, irritable, edgy – *vedi anche* NERVOUS (*Trabocchetto*)
nesso s connection, link
nessuno[1] agg no, not . . . any

nessuno² *pron* **1** (*riferito a persone*) (*verbo in forma affermativa*) nobody, no one **2** (*riferito a persone*) (*verbo in forma negativa*) anybody, anyone **3** (*riferito a cose*) none, not . . . any

neve *s* snow

nevicare *vi* to snow

nevicata *s* fall of snow

nevoso *agg* snowy

nidificare *vi* to nest

nido *s* nest: *nido d'infanzia,* nursery

niente *pron, avv* **1** (*verbo in forma affermativa*) nothing **2** (*verbo in forma negativa*) anything: *di niente,* not at all | *Non fa niente!* Never mind! | *Non posso fare più niente.* I can't do any more.

nipote *s* **1** (*di nonni*) grandchild, (*fem*) granddaughter, (*masc*) grandson **2** (*di zii*) (*fem*) niece, (*masc*) nephew

no *avv* no

nocca *s* knuckle

nocciolo *s* stone

noce *s* walnut, nut

noce moscata *s* nutmeg

nocivo *agg* harmful

nodo *s* knot

noi *pron pers* **1** (*soggetto*) we **2** (*complemento*) us
noi stessi/stesse *pron pers* ourselves

noia *s* **1** (*stato di noia*) boredom **2** (*persona, cosa noiosa*) bore

noiosità *s* boredom

noioso *agg* boring, dull, annoying

noleggiare *vt* to hire, to rent

noleggio *s* hire

nome *s* **1** name: *a nome di,* on behalf of **2** (*gramm*) noun

nomina *s* appointment

nominare *vt* to appoint

non *avv* not, (*contraz*) n't

noncurante *agg* casual

nonna *s* grandmother, grandma, gran, granny

nonnina *s* granny, grandma, gran

nonni *s pl* grandparents

nonnino *s* grandpa, grandad

nonno *s* grandfather, grandpa, grandad

nono *num* ninth

nonostante *prep* in spite of

nord *s* north

nord-est *s* north-east

nord-ovest *s* north-west

norma *s* rule

normale *agg* normal, ordinary

normalmente *avv* normally, usually

nostalgico *agg* (*di casa*) homesick

nostro *agg possessivo* our
il nostro, la nostra, *ecc pron possessivo* ours

nota *s* note: *prendere nota (di qc),* to make a note (of sthg)

notare *vt* to notice, to note, to observe

notevole *agg* remarkable

notizia *s* (piece of) news: *notizia lampo,* news flash | *ricevere notizie da,* to hear from

notiziario *s* news

noto *agg* well-known, famous

notorietà *s* fame

notte *s* night
novanta *num* ninety
novantesimo *num* ninetieth
nove *num* nine
novembre *s* November
novità *s* news
nozione *s* idea
nozze *s pl* wedding, marriage
nube *s* cloud
nubile *agg* single
nubile *s* single woman
nucleare *agg* nuclear
nudo *s* bare
nulla *pron, avv* – *vedi* NIENTE
numerabile *agg* countable
  non numerabile *agg* uncountable
numerare *vt* to number
numero *s* 1 number: *numero di telefono*, phone number 2 (*dato statistico*) figure 3 (*di rivista*) issue
nuocere *vi* (*a*) to harm
nuora *s* daughter-in-law
nuotare *vi* to swim
nuotata *s* swim
nuotatore *s* swimmer
nuoto *s* swimming
nuovo *agg* new: *nuovo fiammante*, brand-new
  di nuovo *avv* again
nutrire, nutrirsi *vt, vr* to feed
nuvola *s* cloud
nuvoloso *agg* cloudy
nuziale *agg* bridal, wedding
nylon *s* nylon

O, o

O, o O, o

o *cong* or: *o . . . o . . .*, either . . .
   or . . .

obbligare *vt* to force

obiettivo *s* aim

obiezione *s* objection

oblungo *s* oblong

oca *s* goose – *vedi anche* GOOSE
   (*Nota*)

occasionale *agg* occasional

occasionalmente *avv* occasionally

occasione *s* **1** (*opportunità*)
   opportunity, chance: *avere
   occasione di fare qc,* to have the
   chance to do sthg **2** (*circostanza*)
   occasion **3** (*di vendita*) bargain
   – *vedi anche* OCCASION
   (*Trabocchetto*)

occhiali *s pl* glasses, spectacles:
   occhiali da sole, sunglasses

occhiata *s* look

occhio *s* eye

occhiolino *s* wink: *fare l'occhiolino
   a qn,* to give sbdy a wink

occidentale *agg* west, western

occidente *s* west

occorrere *vi* to be needed, to
   need: *Mi occorre una penna.* I
   need a pen. | *Occorre farlo.* It must
   be done. | *Occorrono due ore.* It
   takes two hours. – *vedi anche*
   OCCUR (*Trabocchetto*)

occupare *vt* to occupy
   occuparsi di *vr* **1** (*curare: una
   persona*) to look after
   2 (*organizzazione di qc*) to see to
   3 (*trattare: persona, oggetto,
   argomento*) to deal with

occupato *agg* **1** (*posto*) taken
   2 (*gabinetto*) engaged
   3 (*indaffarato*) busy **4** (*linea
   telefonica*) busy, engaged

occupazione *s* occupation,
   employment, job

oceano *s* ocean

ochetta *s* gosling

odiare *vt* to hate

odio *s* hate

odorare *vi, vt* to smell

odore *s* smell: *sentire odore (di),* to
   smell

offendere *vt* to offend, to insult
   offendersi *vr* to take offence

offensivo *agg* offensive

offerta *s* offer

offesa *s* offence

offrire *vt* to offer: *Cosa posso
   offrirti? What can I get you?*

offrirsi *vr* to offer, to volunteer

oggetto *s* object, article

oggi *avv* today

oggigiorno *avv* nowadays, today

ogni *agg* each, every

ognuno *pron* each (one)

oh *inter* oh: *oh se,* if only

olimpiadi *s pl* Olympic Games

olimpico *agg* Olympic

olio *s* oil: *olio d'oliva,* olive oil

oliva *s* olive

ologramma *s* hologram

oltre *prep* **1** (*più di*) more than, over **2** (*spazio*) past, by – *vedi anche* **L'Illustrazione Prepositions**

oltre a *prep* in addition to

oltrepassare *vt* to pass

ombra *s* **1** (*zona riparata*) shade **2** (*proiezione di un corpo*) shadow – *vedi anche* SHADE (*Nota*)

ombrello *s* umbrella

omelette *s* omelette

omettere *vt* to omit

omicida *s* murderer

omicidio *s* murder

oncia *s* ounce

onda *s* wave

ondeggiare *vi* to wave

ondulato *agg* wavy

ondulazione *s* wave

onestà *s* honesty

onestamente *avv* honestly

onesto *agg* honest, fair, frank

onorare *vt* to honour

onorario *s* fee

onore *s* honour

opera *s* work: *opera lirica,* opera

operaio *s* worker

operare *vt* to operate (on)

operatore *s* operator

operazione *s* operation

opinione *s* opinion, view

opporsi a *vr* to oppose, to object to

opportunità *s* opportunity, chance

opposizione *s* opposition

opposto *agg* opposite

oppure *avv* or, or else

opuscolo *s* brochure

ora[1] *avv* now

ora[2] *s* **1** hour **2** (*momento di fare qc*) time: *A che ora parte il treno?* What time does the train leave? | *Che ore sono?* What time is it? | *È l'ora del te.* It's tea time. | *l'ora esatta,* the correct time | *non vedere l'ora di,* to be looking forward to | *ora di coricarsi,* bedtime | *ora di punta,* rush hour

orale *agg* oral

orario *s* timetable

orchestra *s* orchestra

ordinale *agg* ordinal

ordinare *vt* **1** (*merce*) to order **2** (*comandare*) to order, to command **3** (*disporre*) to arrange

ordinario *agg* ordinary

ordinato *agg* tidy, neat

ordinazione *s* order

ordine *s* **1** order: *il giusto ordine,* the correct order | *mettere in ordine,* to tidy up **2** (*comando*) order, command

orecchino *s* earring

orecchio *s* ear

organizzare *vt* **1** to organize **2** (*pianificare*) to plan, to arrange

organizzazione *s* organization

organo *s* organ

orgoglio *s* pride

orgoglioso *agg* proud

orientale *agg* east, eastern

oriente *s* east

originale *agg* original

originariamente *avv* originally
originario *agg* original
origine *s* origin: *all'origine,*
  originally
orlatura *s* border
orlo *s* edge, rim
orma *s* track
ormai *avv* already
ornamento *s* ornament
ornare *vt* to decorate
oro *s* gold
orologio *s* **1** clock **2** (*da polso*)
  watch
oroscopo *s* horoscope
orribile *agg* horrible, awful
orrore *s* horror
orsacchiotto *s* teddy bear
orso *s* bear
ortaggio *s* vegetable
ortografia *s* spelling
osare *vt, vi* to dare: *Non osare*
  farlo! Don't you dare do it! | *non*
  oso fare . . . I dare not do . . .
oscillare *vi* to swing
oscurità *s* dark(ness)
oscuro *agg* dark
ospedale *s* hospital
ospitare *vt* to accommodate
ospite *s* **1** (*chi riceve ospitalità*)
  guest **2** (*chi offre ospitalità*) (*masc*)
  host, (*fem*) hostess
osservare *vt* to observe, to note
osservazione *s* observation,
  remark
ossigeno *s* oxygen
osso *s* bone
ostacolo *s* obstacle

ostello della gioventù *s* youth
  hostel
ostruire *vt* to obstruct, to block
ostruzione *s* obstruction, blockage
ottanta *num* eighty
ottavo *num* eighth
ottenere *vt* to achieve, to obtain, to
  gain, to get
ottimo *agg* excellent
otto *num* eight: *domani a otto,* a
  week tomorrow – *vedi anche La*
  Nota Grammaticale **Numbers**
ottobre *s* October
ovale *agg, s* oval
ovatta *s* cotton wool
ovest *s* west: *verso ovest,*
  westward(s)
ovunque *avv* everywhere
ovviamente *avv* obviously,
  naturally
ovvio *agg* obvious

P,p

P, p P, p

pacca *s* smack

pacchetto *s* 1 (*confezione*) packet, parcel 2 (*di sigarette*) packet

pacco *s* package, parcel

pace *s* peace

pacifico *agg* peaceful

padella *s* frying pan

padre *s* father

padrona di casa *s* landlady, hostess

padrone di casa *s* landlord, host

paesaggio *s* landscape, scenery

paese *s* 1 (*nazione*) country 2 (*terra*) land 3 (*villaggio*) village

paga *s* 1 pay: *paga settimanale*, pocket money 2 (*di operaio*) wages

pagamento *s* payment

pagare *vt* to pay: *far pagare*, to charge | *pagare i danni*, to pay damages | *quanto fate pagare per . . . ?* what do you charge for . . . ? – *vedi anche* PAY (*Nota*)

pagella *s* (school) report

pagina *s* page

paglia *s* straw

pagnotta *s* loaf

paillette *s* sequin

paio *s* 1 (*quantità*) pair, couple 2 (*calzoni, occhiali*) pair

palazzo *s* 1 building

2 (*aristocratico, antico*) palace: **palazzo comunale** *s* town hall

palco *s* 1 (*piano rialzato*) platform 2 (*di teatro*) box

palcoscenico *s* stage

palestra *s* gym

palla *s* ball

pallacanestro *s* basketball

pallavolo *s* volleyball

pallido *agg* 1 (*persona*) pale 2 (*luce, colore*) pale, light

palloncino *s* balloon

pallone *s* ball, football: *pallone aerostatico*, balloon

pallottola *s* bullet

palmo *s* palm

palo *s* 1 pole 2 (*sport: calcio*) post: *palo della luce*, lamppost

palombaro *s* deep-sea diver

palpare *vt* to feel

palpebra *s* eyelid

pampa *s* pampas

panca *s* bench

pancetta *s* bacon

panchina *s* bench

pancia *s* 1 stomach 2 (*nel linguaggio infantile*) tummy

panda *s* panda

pandolce *s* bun

pane *s* 1 bread 2 (*pagnotta*) loaf: *pane tostato*, toast

panico *s* panic
panificio *s* baker's
panino *s* sandwich, roll
panna *s* cream: *panna montata,* whipped cream
panno *s* cloth
pantaloni *s pl* trousers, *(IA)* pants
pantera *s* panther
papa *s* pope
papà *s* daddy, dad
papera *s* gosling
pappagallo *s* parrot
parabrezza *s* windscreen
paradiso *s* heaven, paradise
paragonare *vt* to compare
paragone *s* comparison
paragrafo *s* paragraph
parallelo *agg* parallel
paralume *s* lampshade
parare *vt* *(sport)* to save
parata *s* *(nel calcio)* save
parcheggiare *vt* to park
parcheggio *s* car park
parco *s* park: *parco nazionale,* national park
parecchio *agg, pron* much, a lot (of)
   parecchi *agg, pron* several, many, quite a few
parente *s* relative, relation – *vedi anche* PARENT (*Trabocchetto*)
parentesi *s* bracket: *fra parentesi,* in brackets
parere[1] *s* opinion
parere[2] *vi* to look (like), to appear
parete *s* wall
pari *agg* 1 *(numero)* even 2 *(uguale)* equal: *essere pari,* to

equal | *Il risultato è di due pari.* The result is two all.
parità *s* equality
parlamento *s* parliament
parlare *vi* to speak, to talk – *vedi anche* SPEAK (*Nota*)
parola *s* 1 word 2 *(facoltà)* speech
parrucca *s* wig
parrucchiere *s* hairdresser
parte *s* 1 part 2 *(porzione)* share 3 *(commedia, film)* role, part
   a parte *prep* apart from
   da parte di *prep* from, on behalf of
   da qualche parte *avv* somewhere
   da qualsiasi parte *avv* anywhere
partenza *s* 1 departure 2 *(sport)* start
participio *s* participle
particolare *agg* particular, special
particolarmente *avv* particularly, especially
partire *vi* 1 to leave 2 *(avviarsi)* to set off 3 *(sport)* to start
partita *s* 1 *(di carte)* game 2 *(sport)* game, match: *partita di calcio,* football match
partito *s* party
partorire *vt* to bear, to give birth to
part-time *agg* part-time
Pasqua *s* Easter
passaggio *s* 1 pass, passage 2 *(entrata)* gateway 3 *(in macchina)* lift
passaporto *s* passport
passare *vi, vt* 1 to pass 2 *(tempo, vacanze)* to spend 3 *(verdura)* to strain
   passare a prendere *v* to call for

passatempo *s* hobby, amusement

passato *agg, s* past

passeggero *s* passenger

passeggiata *s* walk

passera di mare *s* plaice

passerella *s* footbridge

passero *s* sparrow

passino *s* strainer

passione *s* passion, love

passivo *agg* passive – *vedi anche* PASSIVE (*Nota*)

passo *s* step

pasta *s* (*pasta asciutta*) pasta

pastello a cera *s* crayon

pasticcio *s* mess

pastiglia *s* tablet

pasto *s* meal

pastore *s* shepherd

patata *s* potato

patatina *s* 1 (*fritta*) chip 2 (*in pacchetto*) crisp

patente *s* (driving) licence

patria *s* home (country)

pattinare *vi* 1 to skate 2 (*a rotelle*) to roller-skate 3 (*su ghiaccio*) to ice-skate

pattinatore *s* skater

pattini *s pl* 1 skates 2 (*a rotelle*) roller skates 3 (*da ghiaccio*) ice skates

patto *s* agreement

paura *s* 1 fear 2 (*spavento*) fright, scare

aver paura *v* 1 (*temere*) to fear, to be afraid 2 (*spaventarsi*) to be frightened, to be scared – *vedi anche* FRIGHTENED (*Nota*)

pausa *s* pause, break: *fare una pausa,* to pause

pavimento *s* floor – *vedi anche* PAVEMENT (*Trabocchetto*)

paziente[1] *s* patient

paziente[2] *agg* patient

pazientemente *avv* patiently

pazienza *s* patience

pazzamente *avv* madly

pazzo *agg* mad, crazy

peccato *s* 1 (*religione*) sin 2 (*in espressioni di dispiacere*) pity, shame

pecora *s* sheep

pedonale *agg* pedestrian: *strisce pedonali,* zebra crossing

pedone *s* pedestrian

peggio *agg, avv, s* 1 (*compar*) worse 2 (*sup*) worst

peggiorare *vi* to get worse

peggiore *agg, s* 1 (*compar*) worse 2 (*sup*) worst

pelare *vt* to peel

pelle *s* 1 (*umana*) skin 2 (*cuoio*) leather

pelliccia *s* fur

pellicola *s* film

pelo *s* 1 hair 2 (*di animale: pelliccia*) fur

peli *s pl* hair (*non num*)

peloso *agg* 1 (*persona*) hairy 2 (*animale*) furry

pena *s* penalty, punishment

valere la pena *v* (*fare qc*) to be worth (doing sthg)

pendente *agg* leaning

pendere *vi* to hang

pendola a colonna *s* grandfather clock

penetrante *agg* piercing

penicillina *s* penicillin

penna *s* **1** (*per scrivere*) pen: *penna stilografica*, fountain pen **2** (*di uccello*) feather

pennarello *s* felt pen

pennello *s* paint brush

penoso *agg* miserable

pensare *vi* **1** to think **2** (*ritenere*) to think, to believe: *A che pensi?* What are you thinking about?

pensiero *s* thought

pensionamento *s* retirement

pensionato *s* **1** (*persona in pensione*) pensioner **2** (*istituto*) hostel

pensione *s* pension: *andare in pensione*, to retire

pentirsi di *vr* to regret

pentola *s* pot, pan

pepe *s* pepper

peperone *s* pepper

per *prep* for, from, through, to: *per errore*, by mistake | *per le otto*, by eight o'clock – *vedi anche* **L'Illustrazione** **Prepositions**

pera *s* pear

perbacco *inter* gosh, wow

per cento *avv* per cent

percentuale *s* percentage

perchè *avv, cong* **1** (*domande*) why **2** (*risposte*) because **3** (*fine*) for **4** (*inter: a quale scopo?*) what for? **5** (*affinchè*) so that

perciò *cong* therefore

percorso *s* route, way

percuotere *vt* to beat

perdere *vt* **1** to lose **2** (*autobus, treno*) to miss **3** (*soldi, tempo*) to waste

perdersi *vr* to get lost

perdinci *inter* gosh

perdita *s* **1** loss **2** (*soldi, tempo*) waste

perdonare *vt* to forgive, to excuse

perduto *agg* lost

perfetto *agg* perfect

perfezionare *vt* to perfect

pericolo *s* **1** danger **2** (*minaccia*) menace

pericolosamente *avv* dangerously

pericoloso *agg* dangerous

periferia *s* outskirts, suburb

periodicità *s* frequency

periodico *s* magazine

periodo *s* **1** period **2** (*termine di tempo*) term

perito *s* technician

perlomeno *avv* at least

perlopiù *avv* mostly

permaloso *agg* sensitive

permesso *s* **1** permission **2** (*documento*) permit **3** (*licenza*) licence

permettere *vt* **1** to allow, to permit: *Non è permesso fumare.* Smoking is not allowed. | *Permesso.* Excuse me. **2** (*lasciare fare*) to let **3** (*concedere licenza*) to licence

permettersi *vr* to afford

però *cong* but, however

perquisire *vt* to search

perquisizione *s* search

persecuzione *s* persecution

perseguitare *vt* to persecute

persino *avv* even

perso *agg* lost: *perso completamente*, (*fig*) out of one's depth

persona s person: *in persona,* himself/herself – *vedi anche* PERSON (*Nota*)

personaggio s character

personale[1] *agg* personal

personale[2] s staff

personalità s personality

persuadere *vt* to persuade, to convince

persuasione s persuasion

pesante *agg* heavy

pesantemente *avv* heavily

pesare *vi, vt* to weigh

pesca[1] s (*frutto*) peach

pesca[2] s (*il pescare*) fishing

pescare *vt* to fish, to catch

pesce s fish: *pesce rosso,* goldfish

pescecane s shark

pescivendolo s fishmonger

peso s weight

pessimo *agg* terrible, very bad

pestare *vt* (*con i piedi*) to stamp

peste s (*di persona*) pest

petalo s petal

petroliera s oil tanker

petrolio s oil

pettinare *vt* to comb
  pettinarsi *vr* to comb one's hair

pettine s comb

petto s 1 chest 2 (*di donna*) bust

pezza s patch

pezzo s 1 piece 2 (*di ricambio*) part 3 (*di terra, di zucchero*) lump 4 (*di cioccolato*) bar
  in pezzi *avv* apart, in pieces

piacente *agg* good-looking

piacere[1] s 1 pleasure, enjoyment: *con piacere,* gladly | *fa piacere a,* to please 2 (*nel*

presentarsi) how do you do? 3 (*favore*) favour
  per piacere *inter* please

piacere[2] *vi* to like: *Mi piace la musica.* I like music. | *Non mi piacciono le patate.* I don't like potatoes.

piacevole *agg* pleasant, enjoyable, nice

piacevolmente *avv* pleasantly

pianerottolo s landing

pianeta s planet

piangere *vi* to cry, to weep

pianista s pianist

piano[1] *agg* level, even

piano[2] *avv* quietly, slowly, softly

piano[3] s 1 (*progetto*) plan, project 2 (*in un edificio*) floor, storey: *a più piani,* multi-storey | *al piano di sopra,* upstairs 3 (*livello*) level

pianoforte s piano

pianta s 1 (*botanico*) plant 2 (*di una città*) plan 3 (*di piede, scarpa*) sole

piantagione s plantation

piantare *vt* to plant

pianterreno s ground floor

piantina s sketch map

pianto s crying, weeping

pianura s plain

pianuzza s plaice

piattaforma s platform, deck

piattino s saucer

piatto[1] *agg* flat, even

piatto[2] s 1 dish, plate: *piatto fondo,* bowl 2 (*portata*) course

piazza s square

piccante *agg* spicy

picchiare *vt* **1** to beat **2** (*leggermente*) to tap, to hit

piccione *s* pigeon

piccolissimo *agg* minute

piccolo *agg* **1** small, little **2** (*giovane*) young, small, baby **i piccoli** *s pl* **1** (*umani*) the children **2** (*degli animali*) the young

picnic *s* picnic

piede *s* foot: *a piedi*, on foot | *a piedi nudi*, barefoot | *andare a piedi*, to walk | *stare in piedi*, to stand

piegare *vt* **1** (*ripiegare: un foglio*) to fold **2** (*curvare*) to bend

piegarsi *vr* **1** (*sporgersi, appoggiarsi*) to lean **2** (*curvarsi*) to bend

pienamente *avv* fully

pieno *agg* full

pietà *s* pity

pietanza *s* dish

pietra *s* stone: *pietra preziosa*, precious stone

pigiama *s* pyjamas

pigiare *vi, vt* to press

pignolo *agg* fussy

pigrizia *s* laziness

pigro *agg* lazy

pila *s* **1** pile **2** (*batteria*) battery

pillola *s* pill

pilota *s* pilot

pilotare *vt* **1** (*aereo*) to pilot, to fly **2** (*auto*) to drive

ping-pong *s* table tennis, ping pong

pinguino *s* penguin

pinta *s* pint

pinzette *s pl* tweezers

pioggia *s* rain: *di pioggia*, rainy

piolo *s* step, rung

piombo *s* lead

piovere *vi, vt* **1** to rain **2** (*a dirotto*) to pour

piovoso *agg* rainy, wet

piovra *s* octopus

pipa *s* pipe

pipistrello *s* bat

piscina *s* swimming pool

pisello *s* pea

pista *s* **1** (*da pattinaggio*) ring **2** (*da sci*) piste **3** (*percorso, traccia*) track

pistola *s* gun, pistol

pitone *s* python

pittore, pittrice *s* painter

pittura *s* **1** (*vernice*) paint **2** (*dipinto*) painting, picture

più *avv, agg, s* **1** (*compar*) more: *più di*, (*davanti a numero*) over, more than **2** (*sup*) most **3** (*addizione, temperatura*) plus **in più** *avv* spare **non . . . più** *avv* **1** (*quantità*) not . . . any more **2** (*tempo*) not . . . any more/longer **per lo più** *avv* mostly – *vedi anche* *La Nota Grammaticale* **Comparative and Superlative Adjectives**

piuma *s* feather

piumone *s* duvet

piuttosto *avv* **1** (*preferibile*) rather **2** (*alquanto*) quite, fairly (*con agg positivo*), rather (*con agg negativo*)

pizza *s* pizza

pizzicare *vi* to tingle

pizzicore *s* tingle

plastica s plastic

plastico agg plastic

plurale s, agg plural

pneumatico s tyre

poco[1] agg, pron little
  pochi s pl few

poco[2] s little
  un po' s (quantità) some

poco[3] avv little, not much
  fra poco avv soon
  un po' avv (tempo) a while

poesia s 1 (genere letterario) poetry 2 (opera) poem

poeta, poetessa s poet

poi avv then, afterwards

poiché cong since, as

politecnico s polytechnic – vedi anche POLYTECHNIC (*Nota*)

politica s politics, policy

politico[1] agg political

politico[2] s politician

polizia s police

poliziesco s thriller

poliziotto s policeman

pollice s 1 (dito) thumb 2 (misura) inch

pollo s chicken

polo s pole

polpo s octopus

polso s wrist

poltrona s armchair

polvere s 1 powder 2 (pulviscolo) dust

polveroso agg dusty

pomello s knob

pomeriggio s afternoon

pomo s knob

pomodoro s tomato

pompa s pump

pompare vt to pump

pompelmo s grapefruit

pompiere s fireman: *i pompieri*, fire brigade

ponte s bridge
  ponte di coperta s deck

pontile s pier

pop agg, s pop

popcorn s popcorn

popolare agg popular

popolazione s population

popoloso agg populous

poppa s stern

porcellana s china

porcellino s piglet

porco s pig

porre vt to put, to set (claim)

porta s 1 (di casa, stanza) door: *porta d'ingresso/principale,* front door 2 (di città) gate 3 (calcio) goal

portacenere s ashtray

portafoglio s wallet

portamonete s 1 (da donna) purse 2 (da uomo) wallet

portare vt 1 to bring, to take – vedi anche TAKE (*Nota*) 2 (trasportare) to carry 3 (condurre: strada) to lead 4 (indossare) to wear 5 (fig: nome, segni) to bear
  portare fuori qn v to take sbdy out

portata s 1 (piatto) course 2 reach: *a portata di mano,* within reach

portiere s (nel calcio) goalkeeper

porto s port, harbour

porzione s share

posare vt to lay, to put (down)

posarsi vr (atterrare) to land

posate *s pl* cutlery

posizione *s* **1** position **2** (*nei confronti di una teoria*) attitude, position

possedere *vt* **1** to have **2** (*beni*) to own **3** (*fortuna*) to possess

possessivo *agg* possessive

possesso *s* possession

possibile *agg* possible

possibilità *s* possibility, opportunity

posta *s* **1** mail, post **2** (*ufficio postale*) post office

posta aerea *s* airmail

posteggiare *vi*, *vt* to park

poster *s* poster

posteriore *agg* back

posticcio *agg* false

postina *s* postwoman

postino *s* postman

posto *s* **1** (*luogo*) place, spot: *del posto*, local **2** (*a sedere*) seat **3** (*di lavoro*) post, position

potente *agg* powerful

potere[1] *s* power: *essere al potere*, to rule

potere[2] *v aus* **1** (*permesso, capacità*) to be able to, can **2** (*permesso, probabilità*) may – *vedi anche La Nota Grammaticale* **Modals**

povero *agg* poor

povertà *s* poverty

pozza *s* pool

pozzo *s* well

pranzare *vi* to have lunch

pranzo *s* lunch: *pranzo al sacco*, packed lunch

prateria *s* grassland

pratica *s* **1** practice **2** (*allenamento*) training: *fare pratica*, to practise, to train

pratico *agg* practical

prato *s* (*di giardino*) lawn

precedente *agg* **1** previous **2** (*di due*) former

precedentemente *avv* previously, formerly

precipitare *vi* to fall

precipitarsi *vr* to dash, to rush

precisamente *avv* exactly

precisione *s* accuracy: *con precisione*, accurately

preciso *agg* accurate

preda *s* prey

predatore *s* predator

preferenza *s* preference

preferire *vt* to prefer

preferito *agg* favourite

prefisso *s* **1** (*grammaticale*) prefix **2** (*telefonico*) dialling code

pregare *vt* **1** (*religione*) to pray **2** (*supplicare*) to beg: *siete gentilmente pregati di . . .*, you are kindly requested to . . .

preghiera *s* prayer

pregio *s* quality

pregiudizio *s* prejudice

prego *inter* **1** (*risposta a ringraziamento*) you're welcome – *vedi anche* THANK (*Nota*) **2** (*invito*) please

prego? *inter* (*quando non si ha capito*) pardon?

premere *vt* to press, to squeeze

premio *s* **1** (*materiale: ad una gara*) prize: *Gran Premio*, Grand Prix **2** (*figurato: ricompensa*) reward

premura *s* consideration
premuroso *agg* kind, considerate
prendere *vt* 1 to take, to get: *prendere il sole,* to sunbathe | *prendere in giro,* to tease, to make fun of | *prendere in prestito,* to borrow 2 (*autobus, treno*) to catch 3 (*servirsi*) to help oneself 4 (*cibo, bevande*) to have 5 (*raccogliere*) to pick up 6 (*con una trappola*) to trap
andare a prendere 1 to collect, to fetch 2 (*ritirare*) to collect
prendersi *vr* to take
prenotare *vt* to book, to reserve, to make a reservation
prenotazione *s* reservation
preoccupare *vt* to worry, to trouble, to concern
preoccuparsi *vr* to worry, to care
preoccupato *agg* anxious
preoccupazione *s* worry, care, concern
preparare *vt* 1 to prepare, to get sthg ready: *preparare la tavola,* to lay the table 2 (*qn a qc*) to train
prepararsi *vr* to prepare, to get ready
preparativo *s* arrangement, preparation
preparazione *s* preparation, training
preposizione *s* preposition
prepotente[1] *agg* bossy
prepotente[2] *s* bully: *fare il prepotente,* to bully
presa *s* 1 (*di corrente*) socket 2 (*tenuta*) hold 3 (*al gioco: di palla*) catch

prescrivere *vt* to require
presentare *vt* 1 (*far conoscere*) to introduce 2 to present
presentazione *s* introduction
presente *s, agg* present
preside *s* head teacher
presidente *s* 1 president 2 (*di assemblea*) (*masc*) chairman, (*fem*) chairwoman
pressa *s* press
pressare *vt* to press
presso *prep* by, close
prestare *vt* 1 to lend: *prestare attenzione,* to pay attention 2 (*di banca*) to loan
prestazione *s* performance
prestigiatore *s* magician
prestito *s* loan: *dare in prestito,* to lend | *prendere in prestito,* to borrow
presto *avv* 1 (*in breve tempo*) soon 2 (*di buon'ora*) early: *al mattino presto,* early in the morning
presumere *vt* to assume
prete *s* priest, minister
pretendere *vt* to demand, to claim – *vedi anche* PRETEND (**Trabocchetto**)
pretesa *s* demand, claim
prevalentemente *avv* mostly
previsione *s* forecast
prezioso *agg* valuable
prezzo *s* 1 price 2 (*tariffa, onorario*) fee 3 (*di biglietto*) fare
prigione *s* prison, jail: *mettere in prigione,* to jail
prima *avv* before, early
prima colazione *s* breakfast
primario *agg* primary

primate *s* primate

primavera *s* spring

primo *num* first: *Primo Ministro*, Prime Minister

il primo *s* **1** the first **2** (*tra due*) the former

principale *agg* main, major, chief

principalmente *avv* mainly

principe *s* prince

principessa *s* princess

principiante *s* learner, beginner

principio *s* beginning

prisma *s* prism

privare *vt* to deprive

privato *agg* private

privo *agg* deprived, lacking

essere privo di *v* to lack: *privo di tatto*, tactless | *privo di valore*, worthless

probabile *agg* probable, likely

probabilità *s* probability, chance

probabilmente *avv* probably

problema *s* **1** problem **2** (*difficoltà*) trouble, difficulty

proboscide *s* trunk

procedere *vi* **1** to proceed **2** (*su strada*) to proceed, to move

procedimento *s* process

processo *s* **1** (*procedimento*) process **2** (*diritto*) trial: *essere sotto processo*, to be on trial

procurare *vt* to get, to obtain

prodotto *s* produce, product – *vedi anche* PRODUCE (*Nota*)

produrre *vt* to produce, to manufacture, to make

produttore, produttrice *s* manufacturer

produzione *s* production, manufacture

professione *s* profession, occupation

professionista *s* professional

professore, professoressa *s* **1** (*scuole medie*) teacher **2** (*università: titolare di cattedra*) professor

profilo *s* profile

profondamente *avv* deeply: *profondamente addormentato*, fast asleep

profondità *s* depth

profondo *agg* deep

poco profondo *agg* shallow

profumo *s* perfume, smell

progettare *vt* to plan, to design

progettista *s* designer, draughtsman

progetto *s* plan, project, design

programma *s* **1** (*computer*) program **2** (*TV*) programme **3** (*progetto*) plan

programmare *vt* **1** (*progettare*) to plan **2** (*computer*) to program

progressivo *agg* progressive

progresso *s* progress, advance

proibire *vt* to forbid

proiettile *s* (*pallottola*) bullet

promessa *s* promise

promettente *agg* hopeful, promising

promettere *vt* to promise

promozione *s* promotion

promuovere *vt* to promote

pronome *s* pronoun: *pronome personale*, personal pronoun | *pronome relativo*, relative pronoun – *vedi anche* PRONOUN (*Nota*)

pronto *agg* 1 ready 2 (*intelligente*) quick, bright
pronto soccorso *s* first aid
pronto? *inter* (*al telefono*) hallo?
pronuncia *s* pronunciation, accent
pronunciare *vt* to pronounce
proporre *vt* to suggest
proporsi di *vr* to intend
proposito *s* intention, aim
a proposito *avv* by the way
di proposito *avv* on purpose
proposizione *s* clause
proposta *s* offer
proprietà *s* property, possession
proprietario *s* owner
proprio[1] *agg possessivo* own (*sempre accompagnato dall'aggettivo possessivo* **my, his, her, our,** *ecc*) – *vedi anche* PROPER (*Trabocchetto*)
proprio[2] *avv* 1 (*appena*) just 2 (*veramente*) indeed, really
prosciutto *s* ham
proseguire *vi* to proceed
prossimo *agg* 1 near, close 2 next 3 (*anno*) forthcoming
proteggere *vt* to protect
protesta *s* protest, complaint
protestare *vt* to protest, to complain
protezione *s* protection
prova *s* 1 (*dimostrazione*) proof 2 (*esame*) examination 3 (*teatrale*) rehearsal: *fare le prove,* to rehearse 4 (*collaudo*) trial, test 5 (*tentativo*) try, attempt
provare *vt* 1 to try 2 (*dimostrare*) to prove 3 (*al teatro*) to rehearse
provenire da *vi* to come from

proverbio *s* proverb
provvedere *vt* to provide (for), to keep
provvisorio *agg* temporary
provvista *s* stock, supply: *fare provvista di,* to store
prudente *agg* careful, cautious, wise
prudenza *s* care
prugna *s* plum
pub *s* pub
pubblicare *vt* to publish
pubblicazione *s* publication
pubblicità *s* 1 (*attività*) advertising, publicity: *fare della pubblicità,* to advertise 2 (*singolo spot o inserzione*) advertisement
pubblicizzare *vi, vt* to advertise
pubblico[1] *agg* public
pubblico[2] *s* public, audience
puerile *agg* childish
pugilato *s* boxing: *fare pugilato,* to box
pugile *s* boxer
pugno *s* 1 (*mano chiusa*) fist 2 (*colpo*) punch: *dare un pugno,* to punch
puledro *s* foal
pulire *vt* 1 to clean 2 (*vetri*) to wipe
pulita *s* (*con lo straccio*) wipe
pulito *agg* clean, neat
pulizia *s* cleaning
addetto alle pulizie *s* cleaner
pullman *s* coach
pullover *s* pullover, jumper, jersey
punire *vt* to punish
punizione *s* 1 punishment 2 (*sport*) penalty

punta *s* **1** point **2** (*di dito, lingua*) tip

puntare *vt* **1** to aim **2** (*scommettere*) to bet

puntata *s* bet

punteggiatura *s* punctuation

punteggio *s* score

puntina da disegno *s* drawing pin

puntino *s* dot, spot

punto *s* **1** (*segno*) dot, spot **2** (*cucito*) stitch **3** (*sport*) point **4** (*punteggiatura*) full stop
 due punti *s* colon
 punto di domanda *o* **interrogativo** *s* question mark
 punto di vista *s* view, opinion
 punto e virgola *s* semicolon

punto morto *s* deadlock

puntuale *agg* on time

pupazzo di neve *s* snowman

purè di patate *s* mashed potatoes

puro *agg* pure

purtroppo *avv* unfortunately

puzzare *vi* to smell (bad)

puzzle *s* jigsaw (puzzle)

puzzo *s* smell

puzzolente *agg* smelly

Q, q

Q, q Q, q

qua *avv* here

quaderno *s* exercise book

quadrato *s* square

quadretto *s* small picture, small square: *a quadretti,* checked

quadro *s* painting
  quadro degli avvisi *s* notice board

qualche *agg indef* some, a few
  da qualche parte *avv* somewhere
  qualche volta *avv* sometimes

qualcosa *pron indef* **1** (*frase affermativa*) something **2** (*frase interrogativa o negativa*) anything: *Hai qualcosa da bere?* Have you got any drinks?

qualcuno *pron indef* **1** (*frase affermativa*) somebody, someone **2** (*frase interrogativa o negativa*) anybody, anyone

quale *agg, pron interrogativo* **1** what **2** (*scegliendo*) which
  il/la quale, *ecc pron relativo* **1** (*persona*) who(m), that (*spesso non si usa*) **2** (*animale, oggetti*) which (*spesso non si usa*) **3** (*per indicare possesso*) whose

qualifica *s* qualification: *avere/ottenere una qualifica,* to qualify

qualificarsi *vr* to qualify

qualificato *agg* qualified

qualità *s* quality

qualora *cong* if

qualsiasi *agg indef* any
  in qualsiasi modo *avv* however
  in qualsiasi momento *avv* whenever
  qualsiasi cosa *s* **1** whatever, whichever **2** anything

qualunque *agg indef* – *vedi* QUALSIASI

quando *avv* **1** when **2** (*in qualsiasi momento*) whenever
  quand'anche *cong* even if

quantità *s* quantity, amount

quantitativo *s* quantity

quanto *agg, pron interrogativo* **1** (*con agg*) how: *Quanto è alto l'albero?* What height is the tree?/How tall is the tree? **2** (*con s*) how much, how many
  quanto tempo…? *avv* how long…?
  per quanto *avv* **1** (*per quello che*) as far as **2** (*tuttavia*) however

quaranta *num* forty – *vedi anche La Nota Grammaticale* **Numbers**

quartiere *s* district: *quartiere residenziale,* housing estate

quarto *num, s* **1** (*num*) fourth **2** (*la*

quarta parte) quarter – *vedi anche*
QUARTER (*Nota*)

quasi *avv* almost, nearly

quasi che *cong* as if, as though

quattordici *num* fourteen – *vedi
anche La Nota Grammaticale*
Numbers

quattro *num* four: *il quattro marzo,*
the fourth of March – *vedi anche
La Nota Grammaticale* **Numbers**

quei *agg dimostrativo* – *vedi*
QUELLO

quello[1] *agg dimostrativo* that

quello[2] *pron dimostrativo* **1** that
(one) **2** he, she
quello che *pron* what, whichever
quelli *agg dimostrativo* those
quelli *pron dimostrativo* **1** those
(ones) **2** they

questi *agg, pron dimostrativo* these

questionario *s* questionnaire

questione *s* matter, question

questo *agg, pron dimostrativo* this:
E con questo? So what? | *questa
notte,* tonight

qui *avv* here

quiete *s* peace

quindi *cong* therefore

quindici *num* fifteen: *il quindici
agosto,* August the fifteenth |
quindici giorni, fortnight – *vedi
anche La Nota Grammaticale*
Numbers

quinto *num* fifth

quotidianamente *avv* daily

quotidiano[1] *agg* daily

quotidiano[2] *s* daily paper

R, r

R, r R, r

rabbia *s* anger

rabbioso *agg* furious

rabbrividire *vi* to shiver: *far rabbrividire*, to thrill

racchetta *s* racket: *racchetta da tennis*, tennis racket

raccogliere *vt* 1 (*da terra*) to pick (up) 2 (*radunare*) to gather 3 (*grano, frutta*) to harvest 4 (*collezionare*) to collect

raccogliersi *vr* 1 to gather, to collect 2 to concentrate

raccolto *s* harvest, crop

raccontare *vt* to tell, to narrate

racconto *s* 1 story 2 (*favola*) tale

raccordo anulare *s* ring road

raddoppiare *vt* to double

raddrizzare, raddrizzarsi *vt, vr* to straighten

radere, radersi *vt, vr* to shave

radiatore *s* radiator

radio *s* radio, wireless

radiocronaca *s* commentary

radiocronista *s* commentator

rado *agg* thin
  di rado *avv* rarely

radunare, radunarsi *vt, vr* to gather

raduno *s* gathering

raffica *s* gust

raffinato *agg* fine

rafforzare, rafforzarsi *vt, vr* to strengthen

raffreddore *s* cold

ragazza *s* 1 girl 2 (*amica*) girlfriend – *vedi anche* CHILD (*Nota*)

ragazzino, ragazzina *s* kid

ragazzo *s* 1 boy 2 (*amico*) boyfriend – *vedi anche* CHILD (*Nota*)

raggio *s* ray

raggirare *vt* to trick

raggiungere *vt* to reach, to join

raggiungimento *s* achievement

raggruppare, raggrupparsi *vt, vr* to group

ragione *s* reason: *aver ragione*, to be right

ragionevole *agg* reasonable, sensible

ragionevolmente *avv* reasonably

ragno *s* spider

rallentare *vi, vt* 1 (*la macchina*) to slow (down) 2 (*il traffico*) to hold up

rammaricarsi *vr* to regret

rammarico *s* regret

ramo *s* branch

ramoscello *s* twig, stick

rana *s* frog

rapidamente *avv* rapidly, fast

rapide *s pl* rapids
rapido[1] *agg* quick, rapid, fast
rapido[2] *s* (*treno*) express
rapimento *s* kidnapping
rapina *s* robbery
rapinatore *s* robber
rapire *vt* (*una persona*) to kidnap
rapitore *s* kidnapper
rappezzare *vt* to patch
rapporto *s* 1 report 2 (*legame*) link, connection, relationship
rappresentante *s* representative, agent
rappresentare *vt* 1 to represent 2 (*commedia, ecc*) to perform
rappresentazione *s* performance: *rappresentazione teatrale,* play
raramente *avv* seldom, rarely
raro *agg* rare, unusual, uncommon
raschiare *vt* to scrape
rasoio *s* razor
rassegnazione *s* resignation
rassettare *vt, vi* to clear up, to tidy
rastrellare *vt* to rake
rastrelliera *s* rack
rastrello *s* rake
ratto *s* rat
rattoppare *vt* to patch
rattristare *vt* to depress
razza *s* race
razziale *agg* racial
razzismo *s* racism
razzista *s* racist
razzo *agg* rocket
re *s* king
reagire *vt* to react, to respond
reale *agg* 1 (*vero*) real, actual 2 (*regale*) royal
realizzare *vt* to achieve

realtà *s* reality
in realtà *avv* actually
reato *s* offence
reazione *s* reaction, response
rebus *s* puzzle
recapitare *vt* to deliver
recapito *s* (*consegna*) delivery
recare *vt* to bear, to carry
recente *agg* recent
di recente recently
recentemente *avv* recently
reception *s* reception
recinto *s* fence
recipiente *s* container
recitare *vt* (*teatro*) to act, to play, to perform
recitazione *s* (*teatro*) acting
reclamare *vi, vt* 1 (*protestare*) to complain 2 (*pretendere, richiedere*) to claim
reclame *s* advertisement
reclamizzare *vi, vt* to advertise
reclamo *s* complaint
record *s* record
recuperare *vt* to recover
recupero *s* recovery
redattore *s* editor
reddito *s* income
referenze *s pl* reference
regalare *vt* to give (as a present)
regalo *s* present, gift
reggae *s* reggae
reggere *vt* to bear
reggipetto *s* bra
reggiseno *s* bra
regia *s* direction
regime alimentare *s* diet
regina *s* queen
regionale *agg* regional

regione s region

regista s director

registrare vt 1 (*musica*) to record, to tape 2 (*nome, documento*) to register

registratore s 1 (*a bobina*) tape recorder 2 (*a cassetta*) cassette recorder
registratore di cassa s till, cash register

registrazione s 1 (*musica*) recording 2 (*nome, documento*) registration

registro s register

regnare vi rule

regno s kingdom

regola s rule

regolamento s rules

regolare agg regular

regolare, regolarsi vt, vr to control, to adjust

regolarmente avv regularly

relazione s 1 (*rapporto*) relation, relationship 2 (*resoconto*) report, account

religione s religion

religioso agg religious

relitto s wreck
relitti s pl wreckage

remare vi, vt to row

rendere vt 1 (*restituire*) to give back 2 (*fare*) to make
rendere conto di v to account for
rendersi conto di v to realize

rendimento s performance

rendita s income

rene s kidney

reparto s 1 (*negozio, ufficio*) department 2 (*ospedale*) ward

repubblica s republic

reputazione s reputation

requisito s 1 requirement 2 (*titolo*) qualification

residente s resident

residenza s residence

resistenza s opposition, resistance

resoconto s 1 account 2 (*scritto*) record

respirare vi to breathe

respiro s breath

responsabile agg responsible: *essere responsabile di,* to be in charge of

responsabilità s responsibility

ressa s crowd

restare vi to stay, to remain, to keep

resti s pl (*di cose antiche*) remains

restituire vt 1 to give back, to return 2 (*soldi*) to pay back

resto s 1 rest 2 (*soldi*) change

restringere vt to limit

rete s 1 net 2 (*calcio*) goal

retro s back, rear

retromarcia s reverse: *fare retromarcia,* to reverse

retta s 1 (*di un collegio, ecc*) fee 2 (*geom*) straight line
dare retta v to listen to: *Dammi retta!* Listen to me!

rettangolare agg rectangular

rettangolo s rectangle

revisionare vt to service

revisione s 1 revision 2 (*macchina*) service

riassumere vt to summarize

riassunto s summary, précis

ribaltare vt to knock over, to tip

ribollire *vi* to bubble
ricalcare *vt* to trace
ricalco *s* tracing
ricambiare *vt* to return, to repay
ricchezza *s* wealth
riccio *agg* curly: *capelli ricci,* curly hair
ricciolo *s* curl
riccioluto *agg* curly
ricco *agg* rich, wealthy
ricerca *s* 1 search 2 (*scientifica*) research
ricercare *vt* to look for
ricetta *s* 1 (*cucina*) recipe 2 (*medica*) prescription
ricevere *vt* to get, to receive, to have: *ricevere notizie da qn,* to hear from sbdy
ricevimento *s* reception, party
ricevitore *s* receiver
ricevuta *s* receipt
richiamo *s* call
richiedere *vt* 1 (*esigere*) to request, to ask for 2 (*aver bisogno*) to require
richiesta *s* 1 request, demand 2 (*pretesa*) claim 3 (*istanza*) application
richiesto *agg* popular, in demand
ricompensa *s* reward
ricompensare *vt* to reward
riconoscente *agg* grateful
riconoscere *vt* to recognize, to identify
ricordare *vt* 1 to remember – *vedi anche* REMEMBER (*Nota*) 2 (*qc a qn*) to remind
ricordo *s* memory
ricostruire *vt* to reconstruct

ricostruzione *s* reconstruction
ridare *vt* to give back
ridere *vi* to laugh: *ridere di qn,* to laugh at sbdy | *ridere per qc,* to laugh at sthg
ridurre *vt* 1 to reduce 2 (*produzione*) to lower
riduzione *s* reduction
riempire *vt* 1 to fill 2 (*imbottire, farcire*) to stuff
riempirsi *vr* to fill
riepilogo *s* summary, roundup
riferimento *s* reference: *fare riferimento,* to refer
riferire *vt* to report
riferirsi *vr* to refer
rifiutare *vt* to turn down, to refuse
rifiutarsi *vr* to refuse
rifiuto *s* refusal
rifiuti *s pl* waste
riflessione *s* reflection, consideration
riflessivo *agg* reflexive
riflettere *vt* to reflect
rifornimento *s* supply
rifugio *s* shelter
riga *s* 1 line, row 2 (*righello*) ruler
righello *s* ruler
rigido *agg* 1 stiff, hard 2 (*severo*) strict
riguardare *vt* to concern: *per quanto riguarda,* with respect to, in/with regard to, as to
riguardo a *prep* in/with regard to, concerning
rilasciare *vt* to release
rilascio *s* release
rilassare, rilassarsi *vt, vr* to relax
rilievo *s* (*importanza*) stress: *mettere*

in rilievo, to stress, to highlight

rima *s* rhyme: *fare rima,* to rhyme | *in rima,* rhyming

rimanere *vi* **1** to stay, to remain: *Rimanga in linea, per favore.* Hold on, please. **2** (*avanzare*) to be left, to have left

rimanere senza qc *v* to run out of sthg

rimbalzare *vi* to bounce

rimbalzo *s* bounce

rimboccare *vt* (*coperte*) to tuck (in)

rimbombare *vi* **1** to rumble **2** (*tuono*) to crack

rimborsare *vt* to pay back

rimedio *s* cure

rimettere *vt* to put back

rimorchiare *vt* to tow

rimorchio *s* **1** (*operazione*) tow **2** (*veicolo*) trailer

rimpiangere *vt* to regret

rimpianto *s* regret

rimuovere *vt* to remove, to clear

rincorrere *vt* to chase

rincrescere *vi* to be sorry, to mind

rinforzare *vt* to strengthen

rinfrescare *vt* to cool

ring *s* boxing ring

ringhiare *vi* to growl

ringhiera *s* railings

ringhio *s* growl

ringraziare *vt* to thank

rintracciare *vt* to trace, to get hold of

rinunciare *vi* to give up

ripagare *vt* to repay

riparare *vt* **1** to repair, to mend, to fix **2** (*da sole, luce*) to shade

ripararsi *vr* to shelter

riparazione *s* repair: *È in riparazione.* It's being repaired.

riparo *s* shelter

ripartizione *s* division

ripassare *vt* to revise

ripasso *s* revision

ripetere *vt* to repeat

ripetizione *s* repetition

ripetuto *agg* repeated, continual

ripiano *s* shelf

ripidamente *avv* steeply

ripido *agg* steep

ripiegare *vt* to fold

ripieno *s* stuffing

riporre *vt* to replace

riportare *vt* **1** (*fare un resoconto*) to report **2** (*restituire*) to bring back, to take back

riposare, riposarsi *vt, vr* to rest, to have a rest

riposo *s* rest

riprendere **1** (*prendere indietro*) to take back **2** (*filmare*) to film

ripresa *s* recovery

riprodursi *vr* to multiply

riprovevole *agg* wrong

risalire a *vi* to date from

risalto *s* stress: *dare risalto,* to highlight

risarcimento *s* compensation

risarcire *vt* to compensate

risata *s* laugh, laughter

riscaldamento *s* heating: *riscaldamento centrale,* central heating

riscaldare *vt* **1** to warm (up) **2** (*casa, stanza*) to heat

riscaldarsi *vr* to warm (up)

rischiarare *vt* to light (up), to clear (up)

rischiare *vt* to risk

rischio *s* risk, chance: *correre il rischio,* to run a risk

riscrivere *vt* to rewrite

riserva *s* reserve: *di riserva,* spare

riservare *vt* to reserve, to book

risiedere *vi* to live

riso *s* 1 (*il ridere*) laugh, laughter 2 (*pianta*) rice

risolvere *vt* to solve, to sort out

risorse *s pl* resources

risparmi *s pl* savings

risparmiare *vt* to save, to spare

rispedire *vt* to return

rispettabile *agg* decent: *in modo rispettabile,* decently

rispettare *vt* to respect

rispetto *s* respect

rispondere *vt* 1 to answer, to reply 2 (*ad una lettera*) to write back, to respond

rispondere di qc *v* to account for sthg

risposta *s* 1 answer, reply 2 (*reazione*) response, reaction

ristabilirsi *vr* to recover

ristorante *s* restaurant

risultare *vi* to be the result

risultato *s* result

ritardare *vt* to delay

ritardo *s* delay

in ritardo *avv* late

ritenere *vt* to judge

ritirarsi *vr* 1 to retire 2 (*dalla scuola, da un lavoro*) to drop out

ritmo *s* rhythm

ritornare *vi* to come back, to go back, to return

ritorno *s* return

ritrarre *vt* to draw back, to draw in

riunione *s* meeting

riuscire *vi* 1 (*a fare qc*) to manage, to succeed 2 (*avere successo*) to be successful, to be able to

riuscito *agg* successful

riva *s* 1 (*di mare, lago*) shore 2 (*di fiume*) bank

rivedere *vt* to revise

rivendicare *vt* (*esigere*) to claim

rivendicazione *s* claim

rivista *s* magazine

rivolgersi *vr* 1 to turn (round): *essere rivolto verso,* to face 2 (*indirizzare la parola*) to address

roba *s* things, stuff

robot *s* robot

robusto *agg* hardy

roccia *s* rock

rododendro *s* rhododendron

rognone *s* kidney

romantico *agg* romantic

romanziere, romanziera *s* novelist

romanzo *s* novel: *romanzo rosa,* romance

rompere, rompersi *vt, vr* 1 to break 2 (*un bicchiere*) to smash 3 (*con un colpo secco*) to snap

rompicapo *s* puzzle

ronzare *vi* to buzz

ronzio *s* buzz

rosa[1] *agg* (*colore*) pink

rosa[2] *s* rose

rossetto *s* lipstick

rosso *agg, s* red

rossore *s* blush

rotatoria *s* roundabout

rotazione *s* turn

rotella metrica *s* tape measure

rotolare *vi* to roll

rotolo *s* roll: *rotolo di carta igienica,* toilet roll

rotondo *agg* round

rotta *s* course, way

rottame *s* wreck
  rottami *s pl* wreckage

roulotte *s* caravan, trailer

routine *s* routine

rovescia *s* wrong side: *alla rovescia,* upside down

rovesciare *vt* **1** to knock over, to tip (over) **2** (*liquido*) to spill

rovesciarsi *vr* **1** to tip (over) **2** (*liquido*) to spill

rovescio *s* wrong side: *a rovescio,* backwards, upside down

rovinare *vt* to spoil, to ruin, to wreck

rovine *s pl* ruins

rubare *vt* to steal – *vedi anche* STEAL (*Nota*)

rubinetto *s* tap: *chiudere il rubinetto,* to turn the tap off

rudere *s* ruin

ruga *s* wrinkle

rugiada *s* dew

rugoso *agg* wrinkled

rullino *s* roll, film

rum *s* rum

rumore *s* **1** noise **2** (*suono*) sound – *vedi anche* RUMOUR (*Trabocchetto*)

rumoroso *agg* **1** noisy **2** (*suono*) loud

ruolo *s* role

ruota *s* wheel: *ruota di scorta,* spare wheel

ruscello *s* stream

russare *vi* to snore

ruvido *agg* rough

S, s

S, s S, s
sabato *s* Saturday
sabbia *s* sand
sabbioso *agg* sandy
sacchetto *s* small bag: *sacchetto per la spesa,* carrier bag
sacco *s* sack: *sacco a pelo,* sleeping bag
  un sacco di *s* a lot of, a great deal of
sacerdote *s* priest, minister
sacro *agg* sacred
saggezza *s* wisdom
saggiamente *avv* reasonably, wisely
saggio¹ *agg* wise
saggio² *s* essay
sala *s* **1** hall **2** (*soggiorno, sala d'attesa*) lounge: *sala d'attesa,* waiting room | *sala da pranzo,* dining room |*sala d'imbarco, (aeroporto)* departure lounge
salame *s* sausage, salami
salato *agg* salty
saldamente *avv* firmly
saldi *s pl* sale
saldo¹ *agg* firm
saldo² *s* payment
sale *s* salt
salire *vi* **1** to go up, to come up, to climb: *salire le scale,* to climb the

stairs **2** (*mezzo di trasporto*) to get in, to get on: *salire sul treno,* to get on the train | *Salì in auto.* She got in the car.
salita *s* climb: *in salita,* uphill
salone *s* hall, lounge
salotto *s* sitting room, living room
salpare *vi* to sail
salsa *s* sauce
salsiccia *s* sausage
saltare *vi, vt* to jump, to leap: *saltare la corda,* to skip
  far saltare *v* to blow up
saltellare *vi* to skip
salto *s* jump, leap: *salto in alto/in lungo,* high/long jump
  fare un salto *v* (*fare una visita*) to drop in, to pop in
saltuariamente *avv* occasionally
salumeria *s* delicatessen
salutare *vt* to greet
salute *s* health: *Alla salute!* Cheers!
saluto *s* greeting: *cordiali saluti,* Yours sincerely | *distinti saluti,* Yours faithfully – *vedi anche* **La Nota Grammaticale** Letter Writing
salvadanaio *s* piggy bank
salvare *vt* **1** to save **2** (*soccorrere*) to rescue
salvataggio *s* rescue
salve *inter* hi, hello

sandalo *s* sandal

sandwich *s* sandwich

sangue *s* blood

sanguinare *vi* to bleed

sano *agg* **1** healthy **2** (*in forma*) fit
  sano e salvo *agg* safe and sound

santo *agg* holy:
  santo cielo! *inter* goodness!, Good
  Heavens!

santo, santa *s* saint

sapere[1] *vt* **1** to know **2** (*sapere
  fare qc*) can, to be able to **3** (*venire
  a sapere*) to hear, to find out
  sapere di *vi* **1** (*aver sapore*) to
  taste (of) **2** (*aver odore*) to smell
  of

sapere[2] *s* knowledge

sapone *s* soap: *sapone in scaglie,*
  soap flakes

saponetta *s* bar of soap

sapore *s* flavour, taste: *avere un
  sapore orribile,* to taste horrible

sardina *s* sardine

sarto *s* tailor

sasso *s* stone

satellite *s* satellite

sazio *agg* full

sbadigliare *vi* to yawn

sbadiglio *s* yawn

sbagliare *vi, vt* **1** to make a
  mistake: *sbagliare l'ortografia,* to
  spell sthg wrong(ly) | *sbagliare
  numero (al telefono),* to get the
  wrong number **2** (*fallire*) to miss:
  sbagliare la mira, to miss (one's
  aim)

sbagliato *agg* wrong, incorrect: *in
  modo sbagliato,* wrong(ly)

sbaglio *s* **1** mistake, error
  2 (*distrazione*) slip

sbandamento *s* skid

sbandare *vi* to skid

sbarazzarsi di *vt* to get rid of

sbarcare *vi, vt* to land, to get off
  sbarcare da *v* to get off

sbarra *s* bar, rail

sbattere *vi, vt* **1** to beat **2** (*porta*)
  to slam, to bang **3** (*uova, panna*)
  to whip, to whisk **4** (*ali, bandiera*)
  to flap
  andare a sbattere *v* to crash
  sbattere contro *v* to hit
  sbattere gli occhi *v* to blink

sbirciare *vt* to peek, to peep

sbirciata *s* peek, peep

sbrigarsi *vr* to hurry

sbucciare *vt* to peel

scacchi *s pl* chess: *una partita a
  scacchi,* a game of chess

scacchiera *s* draughtboard

scadente *agg* poor, bad

scaduto *agg* out of date

scaffale *s* **1** shelf **2** (*per libri*)
  bookshelf

scala *s* **1** (*in una casa*) staircase
  2 (*a pioli*) ladder

scalare *vt* to climb

scalata *s* climb

scaldare *vt* to heat, to warm (up)

scaldarsi *vr* to warm (up)

scale *s pl* stairs

scalino *s* stair, step

scalzo *agg* barefoot

scambiare *vt* **1** (*confondere*) to
  mistake, to mix up **2** (*fare uno
  scambio*) to swap

scambio *s* swap

scappare *vi* to run away, to escape, to get away

scaricare *vt* to unload

scarico *s* (*dell'acqua*) drain

scarno *agg* thin

scarpa *s* shoe: *scarpe da ginnastica,* trainers

scarpone *s* boot

scarsità *s* shortage, lack

scarso *agg* scarce, poor

scatola *s* **1** box: *una scatola di cartone,* a cardboard box **2** (*lattina*) can, tin

scavalcare *vt* to climb over, (*con un salto*) to jump (over)

scavare *vt* to dig: *scavare una galleria,* to tunnel

scegliere *vt* to choose, to pick

scelta *s* choice: *non avere scelta,* to have no choice

scemo[1] *agg* foolish, stupid, silly

scemo[2] *s* fool: *da scemo,* foolishly

scena *s* **1** scene **2** (*teatro*) stage

scenario *s* scenery

scendere *vi* **1** to go down, to come down, to descend **2** (*da bici, autobus*) to get off **3** (*temperatura, prezzi*) to drop, to fall

scheggia *s* chip

scheggiare, scheggiarsi *vt, vr* to chip

scheletro *s* skeleton

schema *s* diagram

schermo *s* screen

scherzare *vi* to joke

scherzo *s* trick: *fare uno scherzo a qn,* to play a trick on sbdy

schiaccianoci *s* nutcracker

schiacciare *vt* **1** to squash **2** (*pulsante, pedale*) to press, to push **3** (*patate*) to mash

schiaffeggiare *vt* to slap, to smack

schiaffo *s* slap, smack

schianto *s* crash, crack

schiena *s* back

schienale *s* back

schietto *agg* frank

schifoso *agg* foul

schioccare *vi* to pop, to crack: *schioccare le dita,* to snap one's fingers

schiocco *s* pop, snap, crack

schizzare *vt* to splash

schizzinoso *agg* fussy

schizzo *s* sketch: *fare uno schizzo di (disegnare),* to sketch

sci *s* **1** (*attrezzo*) ski **2** (*sport*) skiing: *sci nautico,* water skiing

scialuppa di salvataggio *s* lifeboat, rescue boat

sciare *vi* to ski

sciarpa *s* scarf

sciatore *s* skier

sciatto *agg* untidy, careless

sciattone *s* mess, untidy person

scientifico *agg* scientific

scienza *s* science

scienze naturali *s pl* natural history

scienziato, scienziata *s* scientist

scimmia *s* **1** monkey **2** (*più grande*) ape

scintillare *vi* to glitter

scioccare *vt* to shock

sciocchezza *s* nonsense, rubbish

sciocco[1] *agg* silly, stupid, foolish

sciocco[2] *s* fool

sciogliere *vt* **1** (*disfare: nodo*) to undo **2** (*liquefare: neve*) to melt

sciogliersi *vr* **1** (*liberarsi*) to get loose **2** (*liquefarsi*) to melt

scioglilingua *s* tongue twister

scioltamente *avv* loosely

sciolto *agg* **1** (*laccio, capelli*) loose **2** (*nel parlare una lingua straniera*) fluent

scioperare *vi* to strike, to go on strike

sciopero *s* strike

sciroppo *s* (*bibita*) squash

scivolare *vi* **1** (*e cadere*) to slip **2** (*scorrere*) to slide

scivolo *s* slide

scivoloso *agg* slippery

scodella *s* bowl

scodinzolare *vi* to wag its tail

scogliera *s* cliff

scolara *s* schoolgirl, pupil

scolare *vt* to drain

scolaresca *s* **1** schoolchildren, pupils **2** (*classe*) class

scolaro *s* schoolboy, pupil

scombinare *vt* to mix up, to mess up

scombussolare *vt* to upset

scommessa *s* bet

scommettere *vt* to bet

scomodo *agg* uncomfortable

scompagnato *agg* odd

scomparsa *s* disappearance

scompartimento *s* compartment

scompigliare *vt* to mess up

sconfiggere *vt* to beat

sconosciuto[1] *agg* unknown, strange

sconosciuto[2] *s* (*forestiero*) stranger

scontento *agg* unhappy

sconto *s* reduction

scontrarsi *vr* to crash

scontrino *s* receipt

scontro *s* crash, smash

sconvolgere *vt* to upset

scopa *s* broom, brush

scopare *vt* to sweep

scoperta *s* discovery

scopo *s* **1** purpose, aim **2** (*funzione*) function

scoppiare *vi* to burst, to blow up: *fare scoppiare,* to burst

scoppio *s* bang

scoprire *vt* **1** to discover, to find out **2** (*un segreto*) to uncover **3** (*oro, petrolio*) to strike

scoraggiare *vt* to discourage

scorciatoia *s* short cut

scordare, scordarsi *vi, vr* to forget

scorrere *vi, vt* **1** (*fiume*) to flow **2** (*pagine, libro*) to look through

scorrettamente *avv* incorrectly

scorretto *agg* incorrect

scorso *agg* last, past: *la settimana scorsa,* last week

scorta *s* store, stock

scortese *agg* rude, unkind

scorticare *vt* to scrape

scorza *s* peel, (*di un albero*) bark

scosceso *agg* steep

scossa *s* shock

scostante *agg* unfriendly

scottare *v* **1** *vt* to burn **2** *vi* to be hot

scottatura *s* burn

scovare *vt* (*trovare*) to find

scritto *s* writing

scrittore, scrittrice *s* writer

scrittura *s* writing

scrivania *s* desk

scrivere *vt* to write

  scrivere a macchina *vi, vt* to type

scrofa *s* sow – *vedi anche* PIG (*Nota*)

scrollare *vt* to shake: *scrollare le spalle,* to shrug one's shoulders

scrollata *s* shake

scudetto *s* badge

sculacciare *vt* to smack

scultore, scultrice *s* sculptor

scultura *s* sculpture

scuola *s* school

  scuola elementare *s* primary school

  scuola media *s* (*per alunni dagli 11 ai 16/18 anni*) secondary school

scuotere *vt* to shake

scurire *vi* to get dark

scuro¹ *agg* **1** dark **2** (*colore*) dark, deep

scuro² *s* dark, darkness

scusa *s* **1** apology **2** (*attenuante*) excuse

  scuse *s pl* apology

scusare *vt* to excuse

  mi scusi *inter* **1** (*quando si interpella*) excuse me **2** (*quando si chiede scusa*) sorry **3** (*quando non si è capito*) I beg your pardon?

scusarsi *vr* to apologize

sdraiarsi *vr* to lie (down)

sdrucciolevole *agg* slippery

se *cong* **1** (*condizionale*): if: *se fossi in te,* if I were you **2** (*dubbio*) whether – *vedi anche* **La Nota**

Grammaticale **If-clauses**

  e se . . . ? *cong* what if . . . ?

  se no *avv* if not, otherwise

  se non *cong* unless

sè, se stesso *pron riflessivo* **1** (*persona, masc*) himself **2** (*persona, fem*) herself **3** (*cosa o animale*) itself **4** (*indefinito*) oneself **5** (*pl*) themselves

sebbene *cong* even if, although, though

seccante *agg* annoying

seccare *vt* to annoy, to bother

seccatura *s* nuisance, bother

secchio *s* bucket

secco *agg* dry

secolo *s* century: *da secoli,* for ages

secondario *agg* minor

secondo¹ *num* second: *in secondo luogo,* secondly

secondo² *s* second

secondo³ *prep* according to: *a seconda di,* according to | *secondo me,* in my opinion

sedere¹ *s* bottom

sedere², sedersi *vi, vr* **1** to sit (down) **2** (*essere seduto*) to be sitting

sedia *s* chair, seat

  sedia a rotelle *s* wheelchair

  sedia a sdraio *s* deckchair

sedici *num* sixteen – *vedi anche* **La Nota Grammaticale Numbers**

sedile *s* seat

sega *s* saw

segare *vt* to saw

segnalare *vt* to signal

segnale *s* signal

segnare *vt* **1** (*fare un segno*) to

mark, to tick **2** (*registrare*) to register **3** (*goal*) to score **4** (*col dito*) to point

segno *s* **1** sign, mark: *Ho perso il segno.* I've lost my place. **2** (*a penna*) tick **3** (*con la mano*) wave

segretario, segretaria *s* secretary

segreto *s* secret

seguente *agg* following

seguire *vt* to follow: *seguire le tracce di*, to track

sei *num* six – *vedi anche* **La Nota Grammaticale Numbers**

selezione *s* choice

self-service *s* self-service, cafeteria

selvaggio *agg* wild

selvatico *agg* wild

semaforo *s* traffic lights

sembrare *vi* **1** to seem, to appear, to look **2** (*di aspetto*) to look **3** (*di suono*) to sound

seme *s* seed

seminare *vt* to sow

semplice *agg* simple, plain

semplicemente *avv* simply

sempre *avv* always: *per sempre*, forever, for good

senape *s* mustard

senno *s* sense, wisdom

seno *s* breast

sensato *agg* sensible

sensazione *s* feeling

sensibile *agg* **1** sensitive – *vedi anche* SENSIBLE (***Trabocchetto***) **2** (*di ferita*) tender

senso *s* **1** sense, meaning: *in un certo senso*, in a way **2** (*sensazione*) feeling: *privo di*

sensi, unconscious

sentenza *s* sentence

sentiero *s* path, track, lane

sentimento *s* feeling

sentire *vt* **1** (*percepire, provare*) to feel **2** (*udire*) to hear

sentirsi *vr* to feel

sentirsi di fare qc *vr* to feel like doing sthg

senza *prep* without

rimanere senza *v* to run out (of)

separare, separarsi *vt, vr* to separate

separato *agg* **1** separate **2** (*case*) detached, apart

separazione *s* separation

sepolcro *s* grave, tomb

sepoltura *s* burial

seppellimento *s* burial

seppellire *vt* to bury

sequenza *s* order

sequestrare *vt* to kidnap

sequestro *s* kidnapping

sequoia *s* redwood

sera *s* evening: *questa sera*, this evening, tonight | *di sera*, in the evening

serata *s* evening, night

serbatoio *s* tank: *serbatoio della benzina*, petrol tank

sereno *agg* calm, fine

seriamente *avv* **1** seriously, gravely **2** (*ferirsi*) seriously, badly

serie *s* series

serietà *s* **1** seriousness **2** (*fidatezza*) reliability

serio *agg* serious, grave, formal: *prendere sul serio*, to take seriously, | *sul serio*, really

serpente *s* snake

serratura *s* lock

servire *vt* to serve

servirsi *vr* to help oneself (to sthg)
  servirsi di *vr* to use

servizio *s* 1 service 2 (*lavoro*) duty
  3 (*di piatti*) set
  essere in servizio *vi* (*macchina*) to
  run, to work
  prestare servizio *v* to serve

sessanta *num* sixty – *vedi anche La
  Nota Grammaticale* Numbers

sesso *s* sex

sete *s* thirst: *avere sete*, to be
  thirsty

settanta *num* seventy – *vedi anche
  La Nota Grammaticale* Numbers

sette *num* seven – *vedi anche La
  Nota Grammaticale* Numbers

settembre *s* September

settentrionale *agg* northern

settentrione *s* north

settimana *s* week: *due settimane*, a
  fortnight

settimanale *agg* weekly

settimanalmente *avv* weekly

settore *s* field

severo *agg* strict, harsh, hard

sezione *s* section, division

sfacciataggine *s* cheek

sfacciato *agg* cheeky

sfarzo *s* grandeur

sfasciare *vt* to smash

sfavore *s* disgrace

sfidare *vt* to dare

sfolgorante *agg* brilliant

sfondo *s* background

sfortunatamente *avv*
  unfortunately

sfortunato *agg* 1 unlucky
  2 (*situazione*) unfortunate

sforzarsi *vr* to try (hard), to strain

sforzo *s* 1 effort 2 (*fisico*) strain
  3 (*duro lavoro*) hard work

sfrecciare *vi* to shoot

sfregiare *vt* to scar

sgabello *s* stool

sgaiattolare *vi* to slip

sgarbato *agg* rude, rough

sgelare *vi* to thaw

sgombrare *vt* to clear

sgonfio *agg* flat

sgridare *vt* to shout at sbdy, to tell
  sbdy off

sguardo *s* 1 look: *sguardo furtivo*,
  peek 2 (*fisso*) stare

shampoo *s* shampoo

shock *s* shock

shorts *s* shorts

si *pron riflessivo* 1 (*masc*) himself
  2 (*fem*) herself 3 (*cosa o animale*)
  itself 4 (*pl*) themselves
  5 (*indefinito*) one, oneself, you,
  yourself: *si deve*, one/you must
  *Nota: Coi verbi intransitivi
  pronominali,* si *generalmente non si
  traduce.*

sì *avv* yes: *un mese sì e uno no*,
  every other month

siccome *cong* since, because

sicuramente *avv* certainly, surely

sicurezza *s* 1 safety, security 2 (*di
  sè*) confidence

sicuro *agg* 1 (*al sicuro*) safe,
  secure: *essere al sicuro*, to be safe
  2 (*sicuro di sè*) confident
  3 (*chiaro*) definite 4 (*certo*) sure,
  positive, certain

sidro *s* cider

siepe *s* hedge

siero (del latte) *s* buttermilk

sigaretta *s* cigarette: *un pacchetto di sigarette*, a packet of cigarettes

sigaro *s* cigar

significare *vt* to mean

significato *s* meaning

signora *s* 1 lady: *signore e signori*, ladies and gentlemen 2 (*quando ci si rivolge*) madam – *vedi anche* MADAM (*Nota*) 3 (*abbr prima del cognome*) Mrs, Ms – *vedi anche* Ms (*Nota*)

signore *s* 1 gentleman 2 (*quando ci si rivolge*) sir – *vedi anche* SIR (*Nota*) 3 (*abbr prima del cognome*) Mr

signorina *s* 1 young lady 2 (*quando ci si rivolge*) Miss 3 (*abbr prima del cognome*) Ms, Miss – *vedi anche* Ms (*Nota*)

silenzio *s* silence, quiet

silenziosamente *avv* silently, softly

silenzioso *agg* silent, still, quiet

sillaba *s* syllable

silo *s* silo

simbolo *s* symbol, sign

similarità *s* similarity

simile *agg* similar, alike

simile a *agg* like, similar to

similmente *avv* in the same way

simpatico *agg* nice – *vedi anche* SYMPATHETIC (*Trabocchetto*)

sinceramente *avv* honestly, sincerely, truly

sincerità *s* sincerity

sincero *agg* sincere, truthful

sindacato *s* (trade) union

sinfonia *s* symphony

singhiozzare *vi* (*piangere*) to sob

singhiozzo *s* sob, hiccup: *avere il singhiozzo*, to hiccup

singolare *agg* singular

singolo *agg* single, individual

sinistra *s* left, left (hand)

sinistro[1] *agg* 1 left, left-hand 2 (*che incute paura*) spooky

sinistro[2] *s* accident

sintesi *s* summary, précis

sipario *s* curtain

siringa *s* syringe

sistema *s* system, method

sistemare *vt* 1 (*questione, problema*) to settle 2 (*mobili, oggetti*) to arrange

sistemarsi *vr* to settle (down)

situare *vt* to locate

situato *agg* situated, located

situazione *s* situation

skate-board *s* skateboard

slacciare *vt* to undo, to loosen

slip *s* pants

slittamento *s* skid

slittare *vi* to skid

slogan *s* slogan

smarrire *vt* to lose

smarrito *agg* missing, lost

smemorato *agg* forgetful

smettere *vt* to give up, to stop: *Smettila!* Stop it!

smontare *vt* 1 to take sthg apart 2 (*scendere*) to get off, to get down

snello *agg* slim

sobborgo *s* suburb

sobborghi *s pl* outskirts, suburbs

sobrio *agg* sober

soccorrere *vt* to help, to aid, to rescue

soccorso *s* help, aid: *pronto soccorso*, first aid

sociale *agg* social

società *s* 1 society 2 (*compagnia*) company

socievole *agg* sociable

socio *s* 1 (*d'affari*) partner 2 (*partito, club*) member

sociologia *s* sociology

soddisfacente *agg* satisfactory

soddisfare *vt* to satisfy, to please

soddisfatto *agg* content, satisfied

soddisfazione *s* satisfaction

sodo *agg* 1 hard 2 (*uovo*) hard-boiled.

sofà *s* sofa, couch

sofferenza *s* grief, pain

soffiare *vi* to blow: *soffiarsi il naso*, to blow one's nose

soffice *agg* soft

soffitta *s* attic

soffitto *s* ceiling

soffocamento *s* suffocation

soffocare *vi, vt* to suffocate, to choke

soffocarsi *vr* to choke

soffrire *vi* to suffer: *soffrire la fame*, to starve

software *s* software

soggetto *s* subject, topic

soggiorno *s* 1 (*permanenza*) visit, stay 2 (*stanza*) living room, lounge

soglia *s* doorstep, doorway

sognare *vt, vi* to dream (of)

sognatore, sognatrice *s* dreamer

sogno *s* dream

solamente *avv* only

solare *agg* solar

soldato *s* soldier

soldi *s pl* money: *soldi in contanti*, cash

sole *s* 1 sun 2 (*luce*) sunshine **prendere il sole** *v* to sunbathe

soleggiato *agg* sunny

solidamente *avv* firmly

solido *agg* solid, strong, firm

solitario *agg* lonely

solito *agg* usual **di solito** *avv* generally, usually

sollecitudine *s* consideration

solletico *s* tickle: *fare il solletico*, to tickle | *che soffre il solletico*, ticklish

sollevare *vt* 1 to lift, to raise 2 (*dare sollievo*) to relieve

sollievo *s* relief

solo[1] *agg* 1 alone 2 (*isolato*) lonely, by oneself, on one's own: *da solo*, on one's own, by oneself 3 (*unico*) only, single

solo[2] *avv* only, just

soltanto *avv* only, just

soluzione *s* solution, answer, key

somigliante *agg* similar, like

somiglianza *s* resemblance, similarity

somigliare *vi* to resemble, to look like

somma *s* sum, amount

sommare *vt* to add

sommario *s* roundup, summary

sommergere *vt* (*inondare*) to flood

sommessamente *avv* softly

sommesso *agg* soft

sommità *s* top

sonata *s* sonata

sonnecchiare *vi* to doze

sonnellino *s* doze: *fare un sonnellino,* to have a doze

sonno *s* sleep

sopportare *vt* to bear – *vedi anche* SUPPORT (*Trabocchetto*)

sopra *prep, avv* over, above, on
di sopra (*in casa*) *avv* upstairs
sopra a *prep* on top of

soprabito *s* coat

sopracciglio *s* eyebrow

soprammobile *s* ornament

soprattutto *avv* mainly, above all, especially

sopravvenire *vi* to arrive suddenly, to turn up

sopravvivenza *s* survival

sopravvivere *vi* to survive

soprintendere *vi* to supervise

sordo[1] *agg* deaf

sordo[2] *s* deaf person

sorella *s* sister

sorellina *s* little sister, kid sister

sorgere *vi* to come up, to rise

sorprendente *agg* surprising

sorprendere *vt* to surprise

sorpresa *s* surprise, amazement

sorreggere *vt* to support

sorridere *vi* to smile

sorriso *s* smile

sorte *s* luck

sorveglianza *s* supervision

sorvegliare *vt* to supervise, to guard

sospettare *vt* to suspect

sospingere *vt* to drive, to push

sospirare *vi* to sigh

sosta *s* **1** stop, halt: *sosta vietata,* no parking **2** (*pausa*) break, rest

sostantivo *s* noun

sostanza *s* substance, matter

sostegno *s* support: *di sostegno,* back-up

sostenere *vt* to support, to back up

sostentare *vt* to keep

sostentarsi di *vr* to live on

sostituire *vt* to replace

sostituzione *s* replacement

sottacqua *avv* underwater

sotterraneo *agg* underground

sottile *agg* thin

sotto *prep, avv* **1** under, underneath, beneath **2** (*più in basso*) below **3** (*temperatura*) below

sottolineare *vt* **1** to underline **2** (*fig*) to stress

sottopassaggio *s* subway

sottoterra *avv* underground

sottoveste *s* slip

sottovoce *avv* quietly

sottrarre *vt* **1** (*rubare*) to steal **2** (*portare via*) to take away **3** (*matematica*) to subtract

sottrazione *s* subtraction

sovrano *s* ruler

sovrintendere *vt* to supervise

spaccare *vt* to chop

spadroneggiare *vi* to boss

spaghetti *s pl* spaghetti (*s sing*)

spago *s* string

spaiato *agg* odd

spalla *s* shoulder

spalleggiare *vt* to back, to support

spalmare *vt* to spread

spanna *s* span

sparare *vt* to shoot

spargere *vt* to spread

sparire *vi* to disappear

sparo *s* shot

spasso *s* **1** (*divertimento*) fun **2** (*passeggiata*) walk: *andare a spasso*, to go for a walk

spaventare *vt* to scare, to frighten

spaventato *agg* frightened

spavento *s* scare, fright

spaventosamente *avv* awfully

spaventoso *agg* frightening, horrible, dreadful

spaziale *agg* space

spazio *s* **1** space **2** (*posto*) space, room **3** (*spazio in bianco*) gap

spazzare *vt* to sweep

spazzata *s* sweep

spazzatura *s* rubbish

spazzola *s* brush

spazzolare *vt* to brush

spazzolino da denti *s* toothbrush

specchio *s* mirror

speciale *agg* special, particular

specialista *s* specialist

specializzarsi *vr* to specialize

specialmente *avv* **1** especially, particularly **2** (*in via speciale*) specially

specie *s* kind

spedire *vt* to send, to post

spedizione *s* expedition

spegnere *vt* **1** (*luce, radio*) to switch off **2** (*luce, radio, acqua*) to turn off **3** (*fuoco*) to put out

spendere *vt* to spend

spensierato *agg* happy-go-lucky

spento *agg* **1** (*radio, luce*) off **2** (*fuoco*) out

speranza *s* hope

sperare *vt* to hope: *Spero di sì.* I

hope so. | *Spero di no.* I hope not. | *speriamo che . . . ,* hopefully . . .

spesa *s* **1** (*acquisti*) shopping: *fare la spesa*, to do the shopping, to shop **2** (*costo*) expense

spesso[1] *agg* thick

spesso[2] *avv* often, frequently

spettacolo *s* **1** show, entertainment **2** (*rappresentazione*) performance **3** (*panorama, vista*) sight

spettare *vi* to be due

spettatori *s pl* audience

spettro *s* ghost

spezia *s* spice

spezzare, spezzarsi *vt, vr* to break: *spezzare il cuore a qn*, to break sbdy's heart

spiacente *agg* sorry

spiacere *vi* to be sorry, to mind: *mi spiace che . . . ,* I'm sorry/afraid that . . . | *se non ti spiace*, if you don't mind

spiaggia *s* beach, seaside: *una spiaggia di sabbia*, a sandy beach

spianare *vt* **1** to make level **2** (*pasta*) to roll

spiccioli *s pl* change, pocket money

spiedino *s* kebab

spiegare *vt* to explain, to account for

spiegazione *s* explanation

spiffero *s* draught: *pieno di spifferi*, draughty

spigolo *s* corner

spilla *s* brooch

spillo *s* pin: *spillo di sicurezza*,

safety pin

spilorcio *s* miser

spina *s* 1 (*elettr*) plug 2 (*di pesce*) bone

spina dorsale *s* spine

spinaci *s* spinach

spingere *vt* 1 to push 2 (*muovere spingendo*) to drive 3 (*bici, carrozzella*) to wheel

spinta *s* push: *dare una spinta a qc,* to give sthg a push

spintone *s* push

spirito *s* spirit

spiritoso *agg* humorous

splendente *agg* bright

splendere *vi* to shine

splendidamente *avv* beautifully

splendido *agg* splendid, superb, beautiful: *Che splendido cane!* What a beautiful dog! | *Splendido!* Great!

splendore *s* grandeur

spogliare, spogliarsi *vt, vr* to undress, to strip

spogliatoio *s* changing room

spoglio *agg* bare: *un albero spoglio,* a bare tree

spolverare *vt* to dust

sponda *s* shore, bank

spontaneo *agg* spontaneous, voluntary

sporadico *agg* occasional

sporco[1] *agg* dirty, filthy

sporco[2] *s* dirt

sporgenza *s* ledge

sporgere *vi* to stick out

sporgersi da *vr* to lean out of

sport *s* sport

sportivo *agg* casual

sposa *s* bride

sposare *vt* to marry

sposarsi *vr* to get married

sposato *agg* (*con*) married (to)

sposo *s* bridegroom

spostare, spostarsi *vt, vr* to move

sprecare *vt* to waste

spreco *s* waste

spremere *vt* 1 (*arance*) to squeeze 2 (*olive*) to press

spronare *vt* to urge

spruzzo *s* jet

spugna *s* sponge

spuma *s* (*di mare*) surf

spunta *s* tick: *fare la spunta,* to tick

spuntare *vt* (*fare un segno*) to tick

spuntarla *v* to succeed, to get one's own way

spuntino *s* snack

spunto *s* hint

sputare *vi* to spit

squadra *s* team, side

squallido *agg* miserable

squalo *s* shark

squarciare *vt* to tear, to rip

squarcio *s* tear, rip

squash *s* squash

squillo *s* ring

srotolare *vt* to roll out

sss, st *inter* sh

stabilimento *s* factory

stabilire, stabilirsi *vt, vr* to settle

staccare *vt* 1 to strip (from) 2 (*luce, elettricità*) to switch off

staccionata *s* fence

stadio *s* 1 (*campo da gioco*) stadium 2 (*parte, tappa*) stage

stagione *s* season

stagno *s* 1 (*laghetto*) pond

2 (*metallo*) tin

stalliere *s* groom

stamattina *avv* this morning

stampa *s* **1** (*riproduzione*) print
2 (*i giornali*) press

stampare *vt* to print

stancare, stancarsi *vt, vr* to tire

stanco *agg* tired

standard *s* standard

stanotte *avv* tonight

stantio *agg* stale

stanza *s* room: *stanza da letto*,
bedroom | *stanza per i giochi*,
playroom

star *s* star

stare *vi* **1** (*essere*) to be: *Come
stai?* How are you? **2** (*rimanere*) to
stay **3** (*in piedi*) to stand
4 (*abitare*) to live
stare per fare qc *v* to be going to
do sthg: *Sta per piovere.* It's going
to rain.

starnutire *vi* to sneeze

starnuto *s* sneeze

stasera *avv* tonight

stato *s* **1** state, condition
2 (*politico*) state

statua *s* statue

statura *s* height

stazione *s* station: *stazione di
servizio*, petrol station, garage |
stazione ferroviaria, railway station

steccato *s* fence

stella *s* star

stelo *s* stem

stendere *vt* **1** (*spiegare*) to lay, to
spread **2** (*distendere*) to stretch

stereo *s* stereo

sterlina *s* pound – *vedi anche* **La**

Tavola **Weights and Measures**

sterzare *s* to steer

stesso *agg* **1** (*medesimo, uguale*)
same **2** (*rafforzativo*) (*masc*)
himself, (*fem*) herself, (*cosa,
animale*) itself

stile *s* **1** style: *stile libero*, freestyle
2 (*moda*) fashion

stima *s* evaluation

stimare *vt* to evaluate

stimolante *agg* exciting

stipendio *s* salary

stiracchiarsi *vr* to stretch, to have
a stretch

stirare *vt* **1** (*abiti*) to press, to iron
2 (*allungare*) to stretch

stirarsi *vr* to stretch

stivale *s* boot

stizza *s* temper, bad mood

stock *s* stock

stoffa *s* material, cloth

stomaco *s* stomach

storia *s* **1** (*materia*) history
2 (*racconto*) story, tale: *storia
d'amore*, romance
fare storie *v* to make a fuss

storico[1] *agg* historic, historical
– *vedi anche* HISTORIC (*Nota*)

storico[2] *s* historian

storiografo, storiografa
s historian

stormo *s* flock

stoviglie *s* crockery

straccio *s* cloth: *straccio per la
polvere*, duster

strada *s* **1** road **2** (*in città*) street
3 (*percorso*) way – *vedi anche*
STREET (*Nota*)
(strada) traversa *s* turning

stranamente *avv* unusually

straniero[1] *agg* foreign

straniero[2] *s* foreigner

strano *agg* strange, odd, peculiar

strappare *vt* **1** (*fare a pezzi*) to tear, to rip **2** (*togliere*) to snatch

strapparsi *vr* to tear, to rip

strappo *s* tear, rip

strascicare *vt* (*i piedi*) to shuffle

strascicarsi *vr* to shuffle one's feet

stratagemma *s* trick

stravagante *agg* **1** odd **2** fancy

strega *s* witch

stress *s* stress

stretta *s* **1** hold **2** hug

stretto[1] *agg* **1** (*strada, stanza, ecc*) narrow **2** (*aderente*) tight

stretto[2] *avv* tightly

strillare *vi* to scream, to cry

strillo *s* scream, cry

stringere *vt* to tighten, to squeeze: *stringere a sè,* to hug | *stringersi la mano,* to shake hands

striscia *s* **1** (*riga*) stripe, band **2** (*striscia di carta, stoffa, ecc*) strip

strisce pedonali *s pl* zebra crossing

strisciare *vi* to crawl

strizzare *vt* to squeeze

strofa *s* verse

strofinaccio *s* **1** cloth **2** (*da cucina*) tea towel

strofinare *vt* to rub, to wipe

strofinata *s* rub

strumento *s* instrument, device: *strumento musicale,* musical instrument

struttura *s* structure

struzzo *s* ostrich

stucco *s* plaster

studente, studentessa *s* student

studiare *vt* **1** to study **2** (*imparare*) to study, to learn **3** (*un problema*) to survey

studio *s* **1** study **2** (*di un problema*) survey

stufa *s* heater: *stufa a carbone/ gas/elettrica,* coal/gas/ electric fire

stufare *vt* (*cuocere*) to stew

stufato *s* stew

stufo *agg* bored, tired (of), fed up

stupefacente *agg* amazing

stupefare *vt* to amaze

stupendo *agg* wonderful, great, gorgeous

stupidamente *avv* foolishly

stupidità *s* stupidity

stupido[1] *agg* stupid, daft, silly, foolish

stupido[2] *s* fool

stupire *vt* to surprise, to amaze, to impress

stupirsi *vr* to be amazed: *non c'e da stupirsi,* no wonder

stupore *s* amazement

stuzzicare *vt* (*provocare*) to tease

su[1] *prep* **1** on, onto, upon **2** (*intorno a*) about

su[2] *avv* up: *in su,* uphill, upwards

subacqueo *agg* underwater

subito *avv* **1** (*adesso*) at once, immediately **2** (*presto*) soon

succedere *vt* to happen: *Che succede?* What's the matter?

successivo *agg* next, following

successo s 1 success 2 (*canzone, disco*) hit
 avere successo v 1 to be successful 2 (*riuscire*) to succeed
succhiare vt to suck
succo s juice
succoso agg juicy
sud s south
 verso sud avv southward(s)
sudare vt to sweat
suddito s subject
sud-est s south-east
sudicio agg filthy
sudore s sweat
sud-ovest s south-west
sufficiente agg sufficient
sufficientemente avv enough
sufficienza s (*scolastico*) pass (mark)
suffisso s suffix
suggerimento s 1 suggestion 2 (*cenno*) hint, tip
suggerire vt to suggest
sughero s cork
sugoso agg juicy
suo, sua, *ecc* agg possessivo 1 (*di lui*) his 2 (*di lei*) her 3 (*di cosa o animale*) its 4 (*formula di cortesia*) your
 il suo, la sua, *ecc* pron possessivo 1 (*di lui*) his 2 (*di lui*) hers 3 (*di cosa o animale*) its 4 (*formula di cortesia*) yours – *vedi anche La Nota Grammaticale* **Possessive Adjectives and Pronouns**
suocera s mother-in-law
suocero s father-in-law
suola s sole
suolo s 1 ground 2 (*terra*) land

suonare vt, vi 1 (*strumento*) to play 2 (*campanello*) to ring 3 (*risuonare*) to sound: *suonare il clacson,* to blow one's horn | *suonare la batteria,* to drum
suonatore, suonatrice s player
suono s sound
suora s nun
superare vt to exceed, to pass
superato agg out of date, old-fashioned
superbia s pride
superbo agg 1 (*altezzoso*) proud 2 (*splendido*) superb
superficie s surface
superiore agg 1 upper 2 (*avanzato*) advanced
superlativo agg superlative
supermercato s supermarket
superstar s superstar
superstite s survivor
supervisione s supervision
supplementare agg additional
supplicare vt to beg
supporre vt 1 to suppose 2 (*sospettare*) to suspect
supporto s support
supposizione s guess
surfing s surfing: *fare del surfing,* to surf
suscettibile agg sensitive
susina s plum
sussidio s grant: *sussidio di disoccupazione,* dole
sussultare vi to jump
sussurrare vt to whisper
sussurro s whisper
svago s leisure
svaligiamento s burglary

svaligiare *vt* to rob
svaligiatore *s* burglar
svanire *vi* to vanish
sveglia *s* alarm clock
svegliare, svegliarsi *vt, vr* to wake (up)
sveglio *agg* 1 awake 2 (*fig: intelligente*) smart, bright
svendita *s* sale
sventolare *vi* to blow, to wave
svestire, svestirsi *vt, vr* to undress, to strip
svignarsela *vi* to slip out
svista *s* slip, mistake
svolgere *vt* 1 (*un rotolo*) to roll out 2 (*un compito*) to perform
svolgimento *s* performance
svolta *s* turn, turning

T, t

T, t T, t

tabaccaio *s* tobacconist

tabacco *s* tobacco

tabella *s* table

tabellone *s* notice board

tabulato *s* print-out

taccagno *agg* mean

tacchino *s* turkey

taccuino *s* notebook

tacere *vi* to be silent: *far tacere,* to silence

taglia *s* size

tagliare *vt* **1** to cut: *farsi tagliare i capelli,* to have one's hair cut | *tagliare a pezzi,* to chop | *tagliare l'elettricità,* to cut off the electricity **2** (*erba*) to mow

tagliarsi *vr* to cut

tagliente *agg* sharp

taglio *s* cut: *un taglio di capelli,* a hair cut | *taglio netto,* chop

tale *agg* such

un tale *pron* someone

talento *s* talent: *di talento,* talented

talloncino *s* slip

tallone *s* heel

tamburellare *vi* to drum

tamburo *s* drum

tanto[1] *agg, pron* **1** (*quantità*) such a lot (of), so much **2** (*numero*) such a lot (of), so many

tanto[2] *avv* **1** (*con aggettivi e avverbi*) so **2** (*con verbi*) so much **3** (*a lungo*) so long

tanto[3] *cong* (*comunque*) however, but

tappo *s* **1** (*barattolo, serbatoio*) cap **2** (*lavandino*) plug **3** (*di sughero*) cork, top

tarantola *s* tarantula

tardi *avv* late

targa *s* numberplate: *numero di targa,* registration number

tariffa *s* **1** charge **2** (*autobus, treno*) fare

tartaruga *s* tortoise: *tartaruga acquatica,* turtle

tasca *s* pocket

tassa *s* **1** tax **2** (*scolastica*) fee

tassare *vt* to tax

tassazione *s* taxation

tasto *s* key

tatto *s* **1** (*senso*) touch **2** (*delicatezza*) tact: *pieno di tatto,* tactful | *privo di tatto,* tactless | *senza tatto,* tactlessly

tavola *s* **1** table **2** (*asse*) board, plank

tavola per surfing *s* surfboard

tavolo *s* table

taxi *s* taxi, cab

tazza *s* **1** cup: *una tazza di caffè,* a cup of coffee | *una tazza da caffè,* a coffee cup **2** *(grande)* mug

te *pron pers* *(complemento)* you, yourself

tè *s* tea

teatro *s* theatre

tecnicamente *avv* technically

tecnico, tecnica *s* technician, engineer

tecnico *agg* technical: *un istituto tecnico,* a technical college

tecnologia *s* technology

tecnologico *agg* technological

tegame *s* pan

teiera *s* teapot

telaio *s* frame

tele *s* telly

telecronaca *s* commentary

telecronista *s* commentator

telefonare *vt, vi* to (tele)phone, to ring (up)

telefonata *s* (phone) call: *telefonata interurbana,* trunk call

telefonista *s* telephonist, operator

telefono *s* (tele)phone: *numero di telefono,* (tele)phone number

telegiornale *s* news

teleromanzo *s* *(a puntate)* serial, soap opera

telescopio *s* telescope

televisione *s* television

televisore *s* television set

telex *s* telex: *trasmettere per telex,* to telex

tema *s* **1** subject, topic **2** essay

temere *vt* to fear, to be afraid

temperato *agg* mild

temperatura *s* temperature

temperino *s* penknife

tempesta *s* storm

tempo *s* **1** *(cronologico)* time: *a quei tempi,* (in) those days | *allo stesso tempo,* at the same time | *di questi tempi,* these days | *in tempo,* in time | *tempo pieno,* full-time | *un tempo,* once **2** *(meteorologico)* weather **3** *(verbale)* tense

temporale *s* thunderstorm

temporaneo *agg* temporary

tenda *s* **1** *(di finestra)* curtain **2** *(da campeggio)* tent

tendere *vt* to stretch, to tighten

teneramente *avv* tenderly

tenere *vt* **1** to keep **2** *(in mano)* to hold **3** *(in negozio, in magazzino)* to stock – *vedi anche* KEEP *(Nota)*

tenere a *vt* to value, to care, to be keen to: *Ci teneva ad andare.* He was keen to go.

tenerezza *s* tenderness

tenero *agg* **1** tender **2** *(affezionato)* fond

tenersi *vr* **1** to hold **2** *(avvenire)* to take place

tennis *s* tennis

tensione *s* stress, strain

tentare *vt* **1** *(cercare di fare qc)* to attempt **2** *(mettere qn in tentazione)* to tempt, to try

tentativo *s* attempt, try, go

tentazione *s* temptation

terminare *vt* to end

termine *s* **1** end **2** term, condition: *i termini di un contratto,* the terms of a contract

termometro *s* thermometer

terra *s* **1** *(pianeta)* earth **2** *(paese)*

land **3** (*appezzamento*) ground,
land **4** (*sostanza*) soil, ground

a terra *avv* (*gomma*) flat

per terra *avv* on the floor

terrazza *s* terrace

terreno *s* **1** ground **2** (*sostanza*)
soil

terribile *agg* terrible, awful

terribilmente *avv* awfully

terrificante *agg* horrifying

terrina *s* basin

terrore *s* terror, fright

terrorismo *s* terrorism

terrorista *s* terrorist

terrorizzare *vt* to terrify

terzo *num* third

teso *agg* tense, tight

tesoro *s* **1** treasure **2** (*termine
affettuoso*) darling

tessera *s* card, ticket

tessuto *s* **1** (*stoffa*) material, cloth
2 (*anatomico*) tissue

test *s* test

testa *s* head: *essere in testa,* to lead,
to head | *fare di testa propria,* to
get one's own way

testamento *s* will

testimone *s* witness: *essere
testimone di,* to witness

testo *s* text

testuggine *s* turtle

tetto *s* roof

thriller *s* thriller

ti *pron pers* (*complemento*) you,
yourself

ticchettare *vi* to tick

tic tac *s* tick

tifoso *s* fan

tigre *s* tiger

timbrare *vt* to stamp

timbro *s* **1** stamp **2** (*di voce*) tone

timidamente *avv* shyly

timido *agg* shy

timore *s* fear

tinta *s* paint

tipico *agg* typical, characteristic

tipo *s* **1** (*genere*) kind, type, sort
2 (*persona*) type, fellow,
individual **3** (*fattura*) make

tirare *vt* **1** to pull: *tirare le tende,* to
draw the curtains **2** (*allungare*) to
stretch

tirchio *agg* mean

tiro *s* throw

tirocinante *s* trainee

tirocinio *s* training

titolo *s* **1** title, heading
2 (*qualifica*) qualification

tizio *s* fellow

toast *s* toast

toccare *vt* **1** to touch: *Tocca a me?*
Is it my go? **2** (*maneggiare*) to
handle

toccarsi *vr* to touch

tocco *s* touch

togliere *vt* **1** to take off, to remove
2 (*strappare*) to strip

togliersi *vr* (*abiti*) to take off

toilette *s* toilet, lavatory, loo

toletta *s* dressing table

tomba *s* tomb, grave

tonfo *s* splash

tonnellata *s* **1** (*britannica*) ton
2 (*metrica*) tonne

tono *s* tone

topo *s* mouse

toppa *s* patch

torcia elettrica *s* torch

tornare *vi* to go back, to return

toro *s* bull

torre *s* tower

torsione *s* twist

torso *s* trunk

torta *s* cake, gateau, pie

torto *s* wrong: *avere torto,* to be wrong

tosse *s* cough

tossire *vi* to cough

tostare *vt* to toast

totale[1] *agg* total, complete

totale[2] *s* total

tovaglia *s* tablecloth

tra *prep* **1** among, between: *tra due persone,* between two people | *tra gli alberi,* among the trees **2** *(tempo)* in, within: *tra una settimana,* in a week | *tra un anno,* (with)in a year

traccia *s* **1** *(scia)* trace **2** *(fig)* mark

tracciare *vt* to trace

tracolla *s* strap

tradizionale *agg* traditional

tradizione *s* tradition

tradurre *vt* to translate

traduttore *s* translator

traduzione *s* translation

traffico *s* traffic

tragedia *s* tragedy

traghetto *s* ferry (boat)

tragicamente *avv* tragically

tragico *agg* tragic

trainare *vt* *(rimorchiare)* to tow

traino *s* tow

tralasciare *vt* to omit

trambusto *s* fuss, confusion

tramezzino *s* sandwich

tramontare *vi* to set

tramonto *s* sunset

tranne *prep* except

tranquillamente *avv* quietly, calmly, peacefully

tranquillità *s* quiet

tranquillo *agg* quiet, peaceful, still

transitivo *agg* transitive

tran tran *s* routine

trapano *s* drill

trappola *s* trap

trasalire *vi* to jump

trascinare *vt* to drag

trascinarsi *vr* to crawl

trascorrere *vt* to spend, to pass

trasferirsi *vr* to move (house)

trasformare *vt* to turn into, to make

trasformarsi *vr* to turn into

trasgredire *vt* to break

traslocare *vi* to move (house)

trasparente *agg* transparent

trasportare *vt* to carry, to transport

trasporto *s* transport: *mezzi di trasporto pubblici,* public transport

trattamento *s* treatment

trattare *vt* to treat

trattare con qn *vi* to deal with sbdy

trattenere *vt* to keep, to hold

trattenimento *s* entertainment

trattino *s* dash

tratto *s* **1** *(pezzo)* stretch **2** *(caratteristica)* feature **3** *(linea)* line

trattore *s* tractor

traveller's cheque *s* traveller's cheque

traversata *s* voyage

travestirsi *vr* to dress up

tre *num* three – *vedi anche La Nota Grammaticale* **Numbers**

tredici *num* thirteen – *vedi anche La Nota Grammaticale* **Numbers**

tremare *vi* to shake, to shiver

tremendo *agg* tremendous

trenino *s* train set

treno *s* train: *treno merci,* goods train

trenta *num* thirty – *vedi anche La Nota Grammaticale* **Numbers**

trentatrè giri *s* album, LP

triangolare *agg* triangular

triangolo *s* triangle

tribù *s* tribe

tribuna *s* stand, platform

tribunale *s* court

triciclo *s* tricycle

trimestre *s* (*di scuola*) term

triste *agg* sad, miserable

tristezza *s* sadness, grief

tritare *vt* to mince

trofeo *s* trophy

tromba *s* trumpet

trombettiere *s* trumpeter

troncare *vt* to cut off

tronco *s* trunk

tropicale *agg* tropical

tropici *s pl* tropics

troppo[1] *agg, pron* (*quantità*) too much
   troppi *s pl* (*numero*) too many

troppo[2] *avv* **1** (*con aggettivo*) too **2** (*con verbo*) too much

trovare *vt* **1** to find **2** (*su una carta*) to locate **3** (*ritenere*) to consider, think
   andare a trovare *v* to visit

trucco *s* **1** trick **2** (*cosmetico*) make-up

truppe *s pl* troops

tu *pron pers* (*soggetto*) you
   tu stesso *pron pers* you, yourself

tubatura *s* drainpipe

tubetto *s* tube

tubo *s* pipe, tube

tuffarsi *vr* to dive

tuffatore *s* diver

tuffo *s* dive

tunnel *s* tunnel

tuo, tua, *ecc agg possessivo* your
   il tuo, la tua, *ecc pron possessivo* yours

tuono *s* thunder

turbare *vt* to upset, to trouble

turismo *s* tourism, sightseeing

turista *s* tourist, sightseer

turno *s* **1** turn **2** (*tentativo*) go, try **3** (*mossa: al gioco*) move

tuta da ginnastica *s* tracksuit

tuttavia *avv* still, however, yet

tutto[1] *agg* all, whole, entire
   tutti *agg* all

tutto[2] *pron* everything, all: *tutto sommato,* altogether
   del tutto *avv* quite, altogether, fully, entirely
   in tutto *avv* **1** in all **2** throughout
   tutti *pron pl* all, everybody: *tutti e due,* both of them

TV *s* TV

U, u

U, u U, u
ubbidiente *agg* obedient
ubbidienza *s* obedience
ubbidire *vt* to obey
ubicazione *s* location
ubriaco *agg* drunk
uccello *s* bird
uccidere *vt* to kill
udire *vt* to hear
udito *s* hearing
uff! *inter* phew!, whew!
ufficiale *s* 1 (*funzionario*) official 2 (*militare*) officer
ufficio *s* office: *ufficio del turismo,* tourist information office | *ufficio postale,* post office
uguale *agg* equal: *essere uguale a,* to equal, to be equal to
ugualmente *avv* equally
uhm *inter* h'm
ulteriore *agg* further
ultimamente *avv* recently, lately
ultimo *agg* 1 last, latest, final 2 (*in una classifica*) bottom, last
ululare *vi* to howl
umano *agg* human
umidità *s* moisture
umido *agg* moist: *cuocere in umido,* to stew
umore *s* (*disposizione*) temper, mood, humour: *di buon umore,* in a good mood

umorismo *s* humour: *il senso dell'umorismo,* sense of humour
un *art indet* – *vedi* UNO
una *art indet* – *vedi* UNO
undici *num* eleven – *vedi anche La Nota Grammaticale* **Numbers**
unghia *s* 1 nail, (*della mano*) fingernail, (*del piede*) toenail 2 (*artiglio*) claw
unicamente *avv* only
unico *agg* 1 (*il solo*) only 2 (*straordinario*) unique
uniforme *s* uniform
uniformemente *avv* uniformly
unire *vt* to join, to link, to combine
unirsi *vr* to join
unità *s* unit
universale *agg* universal
università *s* university
universo *s* universe
uno, una[1] *art indet* a, an – *vedi anche La Nota Grammaticale* **Articles**
uno, una[2] *num* one: *È l'una.* It's one o'clock. – *vedi anche La Nota Grammaticale* **Numbers**
uno, una[3] *pron* 1 one 2 (*qualcuno*) somebody: **l'uno** *pron* each: *l'un l'altro,* each other | *l'uno o l'altro,* either

uomo *s* 1 (*essere umano*) man
2 (*individuo*) man

uovo *s* egg: *un uovo alla coque*, a
boiled egg | *un uovo sodo*, a
hard-boiled egg | *uova strapazzate*,
scrambled eggs

urgente *agg* urgent

urgentemente *avv* urgently

urgenza *s* hurry, rush: *d'urgenza*,
urgently

urlare *vt, vi* 1 to scream, to yell
2 (*animale, vento*) to howl
3 (*contro qn*) to scream (at), to
yell (at): *urlare dal dolore*, to cry
out in pain

urlo *s* scream, shout, yell

urrà[1] *inter* hurray

urrà[2] *s* cheer

urtare *vt* to bump into, to hit

urto *s* bump

usanza *s* custom

usare *vt* to use

usato *agg* used

uscire *vi* to go out: *uscire assieme*,
to go out together

uscita *s* exit

usa *s* use

ustione *s* burn

utile *agg* useful, helpful

utilità *s* convenience, usefulness

utilizzare *vt* to make use of

V, v

V, v V, v

vacante *agg* vacant, empty

vacanza *s* holiday, vacation

vago *agg* rough

vagone *s* carriage, car: *vagone merci,* (goods) wagon

valanga *s* avalanche

valere *vi* to be worth: *valere la pena,* to be worth (one's) while

valido *agg* valid

valigia *s* suitcase, case: *fare le valigie,* to pack

valle *s* valley

valore *s* value, worth: *di valore,* valuable | *privo di valore,* worthless

valutare *vt* to value, to evaluate

valutazione *s* evaluation

vampiro *s* vampire (bat)

vanga *s* spade

vanità *s* vanity

vanitoso *agg* vain

vantaggio *s* advantage: *essere in vantaggio (sport),* to be in the lead

vantarsi *vr* to boast

vanteria *s* boast

vanto *s* boast

vapore *s* steam

varare *vt* (*una legge*) to pass

variabile *agg* variable

variare *vi, vt* to vary

varietà *s* variety

vario *agg* various

vasellame *s* crockery

vasetto *s* **1** jar **2** (*vaschetta: per gelato*) tub

vaso *s* **1** (*decorativo, per fiori*) vase **2** (*marmellata, ecc*) pot, jar

vassoio *s* tray

vecchia *s* old woman

vecchio[1] *agg* old

vecchio[2] *s* old man

vedere *vt* **1** to see: *far vedere,* to show **2** (*prendere in visione*) to view

vedova *s* widow

vedovo *s* widower

veduta *s* view, scene

veicolo *s* vehicle: *veicolo spaziale,* spacecraft

vela *s* **1** sail **2** (*sport*) sailing

veleno *s* poison

velenoso *agg* poisonous

velivolo *s* aircraft, aeroplane

velo *s* veil

veloce *agg* **1** quick, rapid, fast **2** (*corridore, macchina*) fast

velocemente *avv* **1** quickly, rapidly, fast **2** (*corridore, macchina*) fast

velocità *s* speed

vena *s* vein

vendere *vt* to sell

vendita s sale
venditore s seller
venerdì s Friday
venire vi to come
ventaglio s fan
venti num twenty – *vedi anche La Nota Grammaticale* **Numbers**
ventidue num twenty-two – *vedi anche La Nota Grammaticale* **Numbers**
ventilatore s fan
ventitrè num twenty-three – *vedi anche La Nota Grammaticale* **Numbers**
vento s wind
ventoso agg windy
ventuno num twenty-one – *vedi anche La Nota Grammaticale* **Numbers**
veramente avv 1 (*rafforzativo*) really, indeed 2 (*in realtà*) in fact 3 (*in verità*) truly, honestly
veranda s veranda, terrace
verbale agg oral
verbo s verb
verde agg, s green
verdura s vegetable
vergogna s shame, disgrace: *avere vergogna,* to be ashamed
vergognosamente avv disgracefully
vergognoso agg disgraceful
verifica s inspection, check
verificare vt to check
verità s truth: *a dire la verità,* in fact
veritiero agg truthful
verme s worm
vernice s paint: *vernice fresca,* wet paint
verniciare vt to paint
verniciatore, verniciatrice s painter
vero agg 1 (*verità*) true 2 (*autentico*) real, genuine 3 (*rafforzativo*) real, proper, actual
versamento s deposit
versare vt 1 (*in un bicchiere, ecc*) to pour 2 (*rovesciare*) to spill 3 (*svuotare*) to empty 4 (*in banca*) to deposit
versarsi vr to pour, to spill
versetto s verse
versione s version
verso[1] prep to, towards
verso[2] s 1 (*poesia*) verse, rhyme 2 (*direzione*) way, direction: *per molti versi,* in many ways
vertice s top
vespa s wasp
vestire vt to dress
vestirsi vr to dress, to get dressed
vestito s dress
vestiti s pl clothes
veterinario[1] agg veterinary
veterinario[2] s vet
vetrina s window
vetro s glass
vi[1] pron pers (*complemento*) you, yourself
vi[2] avv 1 (*lì*) there 2 (*qui*) here
via[1] avv away, out, off
via[2] s street
viaggiare vi to travel
viaggiatore s traveller
viaggio s 1 journey, trip: *andare a fare un viaggio,* to tour | *viaggio*

d'affari, business trip **2** (*per mare*) voyage – *vedi anche* TRAVEL (*Nota*)

viale *s* avenue: *viale d'accesso*, drive

vicario *s* vicar

vicino[1] *s* (*di casa*) neighbour

vicino[2] *avv* near, close

vicino[3] *prep* **1** near (to), close (to) **2** (*accanto*) by, next to

vicolo *s* lane

video *s* video

videocassetta *s* videocassette

videoregistratore *s* video(tape) recorder

vietare *vt* to forbid

vigile *s* policeman
  vigile del fuoco *s* fireman: *vigili del fuoco*, fire brigade
  vigile urbano *s* traffic warden

vigilia *s* eve: *vigilia di Natale*, Christmas Eve | *vigilia di Capodanno*, New Year's Eve

vignetta *s* cartoon

villa *s* detached house

villaggio *s* village

villano *agg* rude

villetta *s* cottage

vincere *vi, vt* to win

vincitore *s* winner

vino *s* wine

viola *agg* (*colore*) purple, violet

violento *agg* violent

violenza *s* violence

violino *s* violin

viottolo *s* lane

virgola *s* comma

virgolette *s pl* quotation marks

virile *agg* masculine

viscido *agg* slimy

viscoso *agg* thick

visibile *agg* visible

visione *s* vision

visita *s* visit, call
  visita guidata *s* guided tour
  visita medica *s* medical examination

visitare *vt* to visit

visitatore, visitatrice *s* visitor

visivo *agg* visual

viso *s* face

vista *s* **1** (*senso*) sight **2** (*veduta*) sight, view, vision

vita *s* **1** life **2** (*periodo*) lifetime **3** (*anatomico*) waist

vitale *agg* vital

vitamina *s* vitamin

vite *s* screw

vitello *s* calf

vittima *s* victim

vittoria *s* victory, win

vittorioso *agg* victorious

vivace *agg* **1** lively **2** (*di intelligenza*) bright

vivacità *s* life, liveliness

vivente *agg* living

vivere *vi* to live, to exist

vivo *agg* live, living, (*predicativo*) alive

viziare *vt* to spoil

viziato *agg* spoilt

vocabolarietto *s* phrase book, pocket dictionary

vocabolario *s* **1** dictionary **2** (*lessico*) vocabulary

vocale *s* vowel

voce *s* **1** voice **2** (*diceria*) rumour – *vedi anche* RUMOUR (*Trabocchetto*)

ad alta voce *avv* aloud

voglia *s* urge, wish: *aver voglia di,* to fancy, to feel like | *avere una voglia matta di,* to be dying for

voi *pron pers* you

voi stessi *pron pers* you, yourselves

volare *vi* to fly

volentieri *avv* willingly, gladly

volere *vt* **1** to want **2** (*desiderare*) to wish, to like: *Vorrei un caffè.* I'd like a coffee.

volerci *v* (*impiegare tempo*) to take: *Ci vuole un'ora.* It takes one hour.

volo *s* flight

volontà *s* will

volontario[1] *agg* voluntary

volontario[2] *s* volunteer

volt *s* volt

volta *s* **1** (*turno*) turn **2** (*occasione*) time: *c'era una volta,* once upon a time | *due volte,* twice | *qualche volta,* sometimes | *quante volte?* how many times? | *una volta,* once

voltare, voltarsi *vt, vr* to turn (over)

volume *s* volume

vostro, vostra, *ecc agg possessivo* your

il vostro, la vostra, *ecc pron possessivo* yours

votare *vt* **1** to vote **2** (*a favore: di un piano*) to pass

voto *s* **1** vote **2** (*scolastico*) mark, grade: *mettere il voto a,* to mark

vuotare *vt* to empty

vuoto *agg* **1** empty, free **2** (*libero:* *posto, gabinetto*) vacant

W,w

W, w W, w
weekend *s* weekend
western *s* western
whisky *s* whisky, scotch
windsurfing *s* windsurfing

X,x

X, x X, x

Y,y

Y, y Y, y
yacht *s* yacht
yogurt *s* yoghurt

Z,z

Z, z *Z, z*
zaffiro *s* sapphire
zampa *s* paw
zappa *s* hoe
zappare *vt* to hoe
zattera *s* raft
zebra *s* zebra
zenzero *s* ginger
zero *s* **1** (*matematico*) zero, nought
  2 (*numero di telefono*) oh
  3 (*sport*) nil, zero – *vedi anche*
  NOUGHT (*Nota*)
zia *s* aunt
zietta *s* aunty
zio *s* uncle
zitto *agg* quiet, silent: *Stai zitto!* Be
  quiet! Shut up!
zoccolo *s* hoof
zodiaco *s* zodiac
zolletta *s* lump: *zolletta di*
  zucchero, sugar lump
zona *s* zone, area
zoo *s* zoo
zucchero *s* sugar: *zucchero*
  caramellato, caramel
zuffa *s* fight
zuppa *s* soup

Countries and nationalities/Paesi e nazionalità

Paese, zona o continente

Nazionalità

Paese, zona o continente		Nazionalità
Africa	Africa /'æfrɪkə/	African /'æfrɪkən/
Albania	Albania /æl'beɪnɪə/	Albanian /æl'beɪnɪən/
Algeria	Algeria /æl'dʒɪərɪə/	Algerian /æl'dʒɪərɪən/
Arabia Saudita	Saudi Arabia /ˌsaʊdi ə'reɪbɪə/	Saudi Arabian /ˌsaʊdi ə'reɪbɪən/
Argentina	Argentina /ˌɑːdʒən'tiːnə‖ˌɑːr-/	Argentinian /ˌɑːdʒən'tɪnɪən‖ˌɑːr-/
Asia	Asia /'eɪʃə,-ʒə‖-ʒə,ʃə/	Asian /'eɪʃən,-ʒən‖-ʒən,ʃən/
Australia	Australia /ɒ'streɪlɪə‖ɔː-,ɑː-/	Australian /ɒ'streɪlɪən‖ɔː-,ɑː-/
Austria	Austria /'ɒstrɪə‖'ɔː-,ɑː-/	Austrian /'ɒstrɪən‖'ɔː-,ɑː-/
Bahrain	Bahrain /bɑː'reɪn/	Bahraini /bɑː'reɪni/
Belgio	Belgium /'beldʒəm/	Belgian /'beldʒən/
Birmania	Burma /'bɜːmə‖'bɜːr/	Burmese /ˌbɜː'miːz‖ˌbɜːr/
Bolivia	Bolivia /bə'lɪvɪə/	Bolivian /bə'lɪvɪən/
Brasile	Brazil /brə'zɪl/	Brazilian /brə'zɪlɪən/
Bulgaria	Bulgaria /bʌl'geərɪə/	Bulgarian /bʌl'geərɪən/
Canada	Canada /'kænədə/	Canadian /kə'neɪdɪən/
Cecoslovacchia	Czechoslovakia /tʃekəsləʊ'vækɪə,-'vɑː-/	Czechoslovakian /tʃekəsləʊ'vækɪən,-'vɑː-/
Cile	Chile /'tʃɪli/	Chilean /'tʃɪlɪən/
Cina	China /'tʃaɪnə/	Chinese /ˌtʃaɪ'niːz/
Cipro	Cyprus /'saɪprəs/	Cypriot /'sɪprɪət/
Columbia	Colombia /kə'lʌmbɪə/	Colombian /kə'lʌmbɪən/
Costarica	Costa Rica /ˌkɒstə 'riːkə‖ˌkəʊ-/	Costa Rican /ˌkɒstə 'riːkən‖ˌkəʊ-/
Cuba	Cuba /'kjuːbə/	Cuban /'kjuːbən/
Danimarca	Denmark /'denmɑːk‖-mɑːrk/	Danish /'deɪnɪʃ/
Ecuador	Ecuador /'ekwədɔːʳ/	Ecuadorean /ˌekwə'dɔːrɪən/
Egitto	Egypt /'iːdʒɪpt/	Egyptian /ɪ'dʒɪpʃən/
Etiopia	Ethiopia /ˌiːθi'əʊpɪə/	Ethiopian /ˌiːθi'əʊpɪən/

Paese, zona o continente

Nazionalità

Europa	Europe /'juərəp/	European /ˌjuərə'pi:ən/
Finlandia	Finland /'fɪnlənd/	Finnish /'fɪnɪʃ/
Francia	France /frɑ:ns‖fræns/	French /frentʃ/
Galles	Wales /weɪlz/	Welsh /welʃ/
Gana	Ghana /'gɑ:nə/	Ghanaian /gɑ:'neɪən/
Germania	Germany /'dʒɜ:məni‖-ɜ:r-/	
Germania Occidentale	West Germany /ˌwest 'dʒɜ:məni‖-ɜ:r-/ Federal Republic of Germany /ˌfedərəl rɪ,pʌblɪk əv 'dʒɜ:məni/	German /'dʒɜ:mən/
Germania Orientale	East Germany /ˌi:st 'dʒɜ:məni‖-ɜ:r/ German Democratic Republic /ˌdʒɜ:mən demə,krætik rɪ'pʌblɪk‖dʒɜ:r-/	German
Giamaica	Jamaica /dʒə'meɪkə/	Jamaican /dʒə'meɪkən/
Giappone	Japan /dʒə'pæn/	Japanese /ˌdʒæpə'ni:z/
Giordania	Jordan /'dʒɔ:dn‖'dʒɔ:r/	Jordanian /dʒɔ:'deɪnɪən‖dʒɔ:r/
Gran Bretagna	Britain /'brɪtən/	British /'brɪtɪʃ/
Grecia	Greece /gri:s/	Greek /gri:k/
Guatemala	Guatemala /ˌgwɑ:tə'mɑ:lə/	Guatemalan /ˌgwɑ:tə'mɑ:lən/
Guiana	Guyana /gaɪ'ænə/	Guyanese /ˌgaɪə'ni:z/
Hong Kong	Hong Kong /ˌhoŋ 'koŋ‖'hɑ:ŋ ˌkɑ:ŋ/	
India	India /'ɪndɪə/	Indian /'ɪndɪən/
Indonesia	Indonesia /ˌɪndə'ni:ʒə,-zɪə‖-ʒə,-ʃə/	Indonesian /ˌɪndə'ni:ʒən,-zɪən‖-ʒən,-ʃən/
Inghilterra	England /'ɪŋglənd/	English /'ɪŋglɪʃ/
Irak	Iraq /ɪ'rɑ:k,-æk/	Iraqi /ɪ'rɑ:ki,-æki/
Iran	Iran /ɪ'rɑ:n,-æn/	Iranian /ɪ'reɪnɪən/
Irlanda del sud (Repubblica Irlandese)	Irish Republic /ˌaɪərɪʃ rɪ'pʌblɪk/	Irish /'aɪərɪʃ/

Paese, zona o continente

Nazionalità

Islanda	Iceland /'aɪslənd/	Icelandic /aɪs'lændɪk/
Israele	Israel /'ɪzreɪl/	Israeli /ɪz'reɪli/
Italia	Italy /'ɪtəli/	Italian /ɪ'tælɪən/
Iugoslavia	Yugoslavia /ˌjuːgəʊ'slɑːvɪə/	Yugoslavian /ˌjuːgəʊslɑːvɪən/
Kenia	Kenya /'kenjə,'kiː-/	Kenyan /'kenjən,'kiː-/
Kuwait	Kuwait /kʊ'weɪt/	Kuwaiti /kʊ'weɪti/
Libano	Lebanon /'lebənən/	Lebanese /ˌlebə'niːz/
Libia	Libya /'lɪbɪə/	Libyan /'lɪbɪən/
Lussemburgo	Luxemburg /'lʌksəmbɜːg‖-bɜːrg/	Luxemburg /'lʌksəmbɜːg‖-bɜːrg/
Malesia	Malaysia /mə'leɪzɪə‖-ʒə,-ʃə/	Malaysian /mə'leɪzɪən‖-ʒən,-ʃən/
Malta	Malta /'mɔːltə/	Maltese /ˌmɔːl'tiːz/
Marocco	Morocco /mə'rɒkəʊ‖-'rɑː-/	Moroccan /mə'rɒkən‖-rɑː-/
Messico	Mexico /'meksɪkəʊ/	Mexican /'meksɪkən/
Nicaragua	Nicaragua /ˌnɪkə'rægjuə‖-'rɑːgwə/	Nicaraguan /ˌnɪkə'rægjuən‖-'rɑːgwən/
Nigeria	Nigeria /naɪ'dʒɪərɪə/	Nigerian /naɪ'dʒɪərɪən/
Norvegia	Norway /'nɔːweɪ‖'nɔːr-/	Norwegian /nɔː'wiːdʒən‖nɔːr-/
Nuova Zelanda	New Zealand /njuː 'ziːlənd/	New Zealand /njuː 'ziːlənd/
Olanda	Holland /'hɒlənd‖'hɑː-/	Dutch /dʌtʃ/
Paesi Bassi	The Netherlands /ðə 'neðələndz‖-ðer-/	Dutch /dʌtʃ/
Pakistan	Pakistan /ˌpɑːkɪ'stɑːn,ˌpækɪ'stæn/	Pakistani /ˌpɑːkɪ'stɑːni,ˌpæk-‖-stɑːni/
Paraguai	Paraguay /'pærəgwaɪ/	Paraguayan /ˌpærə'gwaɪən/
Perù	Peru /pə'ruː/	Peruvian /pə'ruːvɪən/
Polonia	Poland /'pəʊlənd/	Polish /'pəʊlɪʃ/
Portogallo	Portugal /'pɔːtʃʊgəl‖'pɔːr/	Portuguese /ˌpɔːtʃʊ'giːz‖,pɔːr-/
Regno Unito	United Kingdom /juːˌnaɪtɪd 'kɪŋdəm/ (of Great Britain and Northern Ireland) /əv greɪt ˌbrɪtən ənd ˌnɔː'ðən 'aɪələnd‖-,nɔː'rðərn 'aɪər-/	British

Paese, zona o continente | Nazionalità

Paese, zona o continente		Nazionalità
(Inghilterra, Galles, Irlanda del nord, Isole Normanne, Scozia)	(UK) (England, Wales, Northern Ireland, Channel Islands, Scotland)	
Romania	Romania /ruːˈmeɪnɪə‖rəʊ-/	Romanian /ruːˈmeɪnɪən‖rəʊ-/
Scozia	Scotland /ˈskɒtlənd‖ˈskɑː t/	Scottish /ˈskɒtɪʃ‖ˈskɑː-/
Singapore	Singapore /ˌsɪŋəˈpɔː‖ˈsɪŋəpɔːr/	Singaporean /ˌsɪŋəˈpɔːrɪən/
Siria	Syria /ˈsɪrɪə/	Syrian /ˈsɪrɪən/
Spagna	Spain /speɪn/	Spanish /ˈspænɪʃ/
Stati Uniti d'America	United States of America (USA) /juːˌnaɪtɪd ˌsteɪts əv əˈmerɪkə/	American /əˈmerɪkən/
Sud Africa	South Africa /saʊθ ˈæfrɪkə/	South Africa /saʊθ ˈæfrɪkən/
Sudan	Sudan /sʊˈdæn, -ˈdɑːn/	Sudanese /ˌsuːdəˈniːz/
Svezia	Sweden /ˈswiːdn/	Swedish /ˈswiːdɪʃ/
Svizzera	Switerland /ˈswɪtsələnd‖-sər-/	Swiss /swɪs/
Tailandia	Thailand /ˈtaɪlænd, -lənd/	Thai /taɪ/
Tanzania	Tanzania /ˌtænzəˈnɪə/	Tanzanian /ˌtænzəˈnɪən/
Tunisia	Tunisia /tjʊˈnɪzɪə‖tuːˈniːʒə/	Tunisian /tjʊˈnɪzɪən‖tuːˈniːʒən/
Turchia	Turkey /ˈtɜːki‖ˈtɜːr-/	Turkish /ˈtɜːkɪʃ‖ˈtɜːr-/
Ungheria	Hungary /ˈhʌŋgəri/	Hungarian /hʌŋˈgeərɪən/
Unione Sovietica	Soviet Union /ˌsəʊvɪət ˈjuːnjən, ˌsɒ-‖ˌsəʊ-, ˌsɑː-/	Soviet /ˌsəʊvɪət, ˈsɒ-‖ˈsəʊ-, ˌsɑː-/ o Russian /ˈrʌʃən/
Uruguay	Uruguay /ˈjʊərəgwaɪ/	Uruguayan /ˌjʊərəˈgwaɪən/
Venezuela	Venezuela /ˌvenɪˈzweɪlə/	Venezuelan /ˌvenɪˈzweɪlən/
Vietnam	Vietnam /ˌvjetˈnæm‖-ˈnɑːm/	Vietnamese /ˌvjetnəˈmiːz/
Zaire	Zaire /zaɪˈɪər/	Zairean /zaɪˈɪərɪən/
Zimbabwe	Zimbabwe /zɪmˈbɑːbweɪ/	Zimbabwean /zɪmˈbɑːbweɪən/

Nota: Tutte le parole nella colonna delle **Nazionalità** possono essere usate sia come aggettivi che come sostantivi, tranne che nei seguenti casi in cui si usa una parola differente per indicare una persona di quella nazionalità: a Briton, a Czech *o* Slovak, a Dane, a Dutchman/-woman, an Englishman/-woman, a Finn, a Frenchman/-woman, an Icelander, an Irishman/-woman, a Luxemburger, a New Zealander, a Pole, a Scot, a Spaniard, a Swede, a Welshman/-woman, a Yugoslav.

Alcune città italiane

Firenze	Florence /'flɒrəns‖'flɑ:-/
Milano	Milan /mɪ'læn/
Napoli	Naples /'neɪpəlz/
Roma	Rome /rəʊm/
Torino	Turin /'tjʊərɪn‖'tu:rən, tu:'rɪn/
Venezia	Venice /'venɪs/

Alcune città del Regno Unito e degli Stati Uniti

Cardiff	Cardiff /'kɑ:dif‖'kɑ:r/
Dublino	Dublin /'dʌblin/
Edinburgo	Edinburgh /'edinbərə/
Londra	London /'lʌndən/
Nuova York	New York /ˌnju: 'jɔ:k‖nu: jɔ:ərk, nju:-/
Washington	Washington /'wɒʃɪŋtən‖wɑ:-/

Weights and Measures/Pesi e Misure

Pesi

Alcuni equivalenti:

ounces (oz) *(once)* e **pounds** (lbs) *(libbre)*:
16 **ounces** (16 ozs) = 1 **pound** (1 lb)
grams (g) *(grammi)* e **kilograms** (kgs) *(chilogrammi)*:
1000 **grams** (1000 g) = 1 **kilogram** (1 kilo/kg)

28 grams (g)	= 1 ounce (oz)
113 grams	= 4 ounces (ozs) (¼ of a pound)
227 grams	= 8 ounces (½ a pound)
454 grams	= 1 pound (16 ozs)
500 grams (½ kilogram)	= 1 pound 1⅓ ounces
1 kilogram (1 kilo)	= 2 pounds 3 ounces

Lunghezze e misure

Alcuni equivalenti:

Sistema metrico	*Sistema inglese*	
2.5 centimetres *(centimetri)*	= 1 inch *(pollice)*	
15 centimetres	= 6 inches	
30 centimetres	= 1 foot *(piede)*	= 12 inches
61 centimetres	= 2 feet *(piedi)*	= 24 inches
91 centimetres	= 1 yard *(iarda)*	= 3 feet/36 inches
1 metre *(metro)*	= 1 yard 3 inches	

Distanze

1,6 chilometri = 1 miglio . . . . 1 mile = 1.6 kilometres

Miglia	10	20	30	40	50	60	70	80	90	100	Miles
Chilometri	16	32	48	64	80	96	112	128	144	160	Kilometres

Misure dei liquidi

In Gran Bretagna e negli Stati Uniti i liquidi si misurano di solito in **pints**, **quarts** *e* **gallons**. **Pints** *(GB) e* **quarts** *(USA) vengono usati per quantità piccole, spesso in bottiglie (a* **pint/ quart** *of milk);* **gallons** *vengono usati per grandi quantità: es. la benzina.*

Alcuni equivalenti:

1 pint = 0.57 litres (*litri*)
1 quart = 2 pints = 1.14 litres
1 gallon = 4 quarts = 4.55 litres

Litri		Misure GB
0,57	=	1 pint
1	=	1.7 pints
5	=	1.1 gallons
10	=	2.2 gallons
15	=	3.3 gallons
20	=	4.4 gallons
25	=	5.5 gallons
30	=	6.6 gallons
35	=	7.7 gallons
40	=	8.8 gallons
45	=	9.9 gallons

Denaro inglese

Unità base: pound (*sterlina*)

Pound = £   Pence = p   £1 = 100p
£2.72 = two pounds seventy-two p /pi:/

Monete (Coins)
 1p a penny (one p)
 2p two pence (two p)
 5p five pence (five p)
10p ten pence (ten p)
20p twenty pence (twenty p)
50p fifty pence (fifty p)
£1 a pound, one pound

Banconote (Notes)
 £5 five pounds
£10 ten pounds
£20 twenty pounds
£50 fifty pounds

Irregular verbs/Verbi irregolari

verb	past simple	past participle
awake	awoke, awakened	awoken
be	I/he/she/it was, you/we/they were	been
bear	bore	borne
beat	beat	beaten
become	became	become
begin	began	begun
bend	bent	bent
bet	bet, betted	bet, betted
bite	bit	bitten
bleed	bled	bled
blow	blew	blown
break	broke	broken
bring	brought	brought
build	built	built
burn	burned, burnt	burned, burnt
burst	burst	burst
buy	bought	bought
catch	caught	caught
choose	chose	chosen
come	came	come
cost	cost	cost
cut	cut	cut
deal	dealt /delt/	dealt
dig	dug	dug
dive	dived, (IA), dove	dived
do	did	done
draw	drew	drawn
dream	dreamed, dreamt	dreamed, dreamt
drink	drank	drunk
drive	drove	driven
eat	ate	eaten
fall	fell	fallen
feed	fed	fed
feel	felt	felt
fight	fought	fought
find	found	found
fly	flew	flown
forbid	forbade, forbad	forbidden
forecast	forecast	forecast
forget	forgot	forgotten
forgive	forgave	forgiven
freeze	froze	frozen
get	got	got, (anche gotten IA)
give	gave	given
go	went	gone
grind	ground	ground
grow	grew	grown
hang	hung, hanged	hung, hanged

verb	past simple	past participle
have	had	had
hear	heard	heard
hide	hid	hidden, hid
hit	hit	hit
hold	held	held
hurt	hurt	hurt
keep	kept	kept
kneel	knelt, (*spec. IA*) kneeled	knelt, (*spec. IA*) kneeled
knit	knitted, knit	knitted, knit
know	knew	known
lay	laid	laid
lead	led	led
lean	leaned, (*anche* leant *spec. IB*)	leaned, (*anche* leant *spec. IB*)
leap	leapt, (*spec. IA*) leaped	leapt, (*spec. IA*) leaped
learn	learned, learnt	learned, learnt
leave	left	left
lend	lent	lent
let	let	let
lie	lay	lain
light	lit, lighted	lit, lighted
lose	lost	lost
make	made	made
mean	meant	meant
meet	met	met
mistake	mistook	mistaken
misunderstand	misunderstood	misunderstood
mow	mowed	mown, mowed
overtake	overtook	overtaken
pay	paid	paid
prove	proved	proved, (*anche* proven *IA*)
put	put	put
read	read /red/	read /red/
repay	repaid	repaid
rewrite	rewrote	rewritten
rid	rid, ridded	rid, ridded
ride	rode	ridden
ring	rang	rung
rise	rose	risen
run	ran	run
saw	sawed	sawn, sawed
say	said	said
see	saw	seen
sell	sold	sold
send	sent	sent
set	set	set
sew	sewed	sewn, sewed
shake	shook	shaken
shave	shaved	shaved
shine	shone, shined	shone, shined
shoot	shot	shot
show	showed	shown, showed

verb	past simple	past participle
shrink	shrank, shrunk	shrunk
shut	shut	shut
sing	sang	sung
sink	sank, sunk	sunk
sit	sat	sat
sleep	slept	slept
slide	slid	slid
smell	(*spec. IB*), smelt, (*spec. IA*) smelled	(*spec. IB*), smelt, (*spec. IA*) smelled
sow	sowed	sown, sowed
speak	spoke	spoken
speed	sped, speeded	sped, speeded
spell	(*spec. IB*) spelt, (*spec. IA*) spelled	(*spec. IB*) spelt, (*spec. IA*) spelled
spend	spent	spent
spill	(*spec. IB*) spilt, (*spec. IA*) spilled	(*spec. IB*) spilt, (*spec. IA*) spilled
spin	spun, span	spun
spit	spat (*anche* spit *IA*)	spat (*anche* spit *IA*)
split	split	split
spoil	spoiled, spoilt	spoiled, spoilt
spread	spread	spread
spring	sprang, (*anche* sprung *IA*)	sprung
stand	stood	stood
steal	stole	stolen
stick	stuck	stuck
sting	stung	stung
strike	struck	struck
swear	swore	sworn
sweep	swept	swept
swell	swelled	swollen, swelled
swim	swam	swum
swing	swung	swung
take	took	taken
teach	taught	taught
tear	tore	torn
tell	told	told
think	thought	thought
throw	threw	thrown
tread	trod	trodden, trod
understand	understood	understood
undertake	undertook	undertaken
undo	undid	undone
upset	upset	upset
wake	woke, waked	woken, waked
wear	wore	worn
weep	wept	wept
wet	wetted, wet	wetted, wet
win	won	won
wind /waind/	wound	wound
write	wrote	written